DER JUNGE KOCH
DIE JUNGE KÖCHIN

Hermann Grüner
Frank Brandes
Conrad Krödel
Reinhold Metz
Marco Voll
Thomas Wolffgang

Mitarbeit:
Heiko Antoniewicz
Michael Hummel
Karl-Heinz Schandl

36. Auflage

Fachbuchverlag Pfanneberg GmbH & Co. KG
Düsselberger Str. 23
42781 Haan-Gruiten
Bestell-Nr.: 04038

Autoren

Hermann Grüner, 82467 Garmisch-Partenkirchen
Frank Brandes, 18209 Bad Doberan
Conrad Krödel, 25335 Elmshorn
Reinhold Metz, 86825 Bad Wörishofen
Marco Voll, 37130 Gleichen
Thomas Wolffgang, 06847 Dessau-Roßlau

Lektorat

Hermann Grüner

Verlagslektorat

Benno Buir

Bildbearbeitung

Verlag Europa-Lehrmittel, 73760 Ostfildern

36. Auflage 2015

Druck 5 4 3 2 1
Alle Drucke derselben Auflage sind parallel einsetzbar, da sie bis auf die Behebung von Druckfehlern untereinander unverändert sind.

ISBN 978-3-8057-0701-5

Alle Rechte vorbehalten. Das Werk ist urheberrechtlich geschützt.
Jede Verwertung außerhalb der gesetzlich geregelten Fälle muss vom Verlag genehmigt werden.

© 2015 by Fachbuchverlag Pfanneberg GmbH & Co. KG, 42781 Haan-Gruiten
http://www.pfanneberg.de
http://www.der-junge-koch.de

Umschlag: braunwerbeagentur, 42477 Radevormwald, unter Verwendung eines Motivs von Teubner Foodfoto, Füssen
Layout und Satz: tiff.any GmbH, 10999 Berlin
Druck: Stürtz GmbH, 97080 Würzburg

Vorwort

Das Medienpaket
„Der junge Koch/Die junge Köchin"

2007 wurde „Der junge Koch", das Standardwerk für die Berufsausbildung zum Koch/zur Köchin, zum Medienpaket mit CD im Buch und Online-Web-Support.

Seit der 35. Auflage 2013 ist es fachlich **komplett überarbeitet**, stark erweitert und hat ein neues, pädagogisch fundiertes und modernes Layout. Zum Medienpaket gehören jetzt auch Apps und E-Book.

Das Buch

Das Lehrbuch für den handlungsorientierten und lernfeldorientierten Unterricht unterstützt Schülerinnen und Schüler beim selbstständigen Lernen, indem sie Gesuchtes schnell finden und Zusammenhänge herstellen können. Die Grundlagen hierfür bildet die umfassende Darstellung der Lerninhalte, die didaktisch und methodisch so aufbereitet sind, dass die Entwicklung von *Lernkompetenz* gefördert und eine *nachhaltige Festigung des Lernstoffs* ermöglicht wird.

Neu seit der 35. Auflage

- *Ein größeres Format*

- *Ein neues Layout*
  Modern, ansprechend – und didaktisch aufbereitet: Auf gegenüberliegenden Doppelseiten werden Texte und Bilder ansprechend präsentiert. In den breiten Hauptspalten in der Mitte befindet sich die Hauptinformation, läuft der „rote Faden". Die Randspalten links und rechts enthalten Zusatzinformationen: weitere Bilder, Tipps, ergänzende und vertiefende Textteile.

- *Neue Autoren*

- *Neue Inhalte, mehr Seiten*
  In der Grundstufe wurden systemgastronomische Themen integriert, alle Kapitel wurden fachlich überprüft, modernisiert und zum Teil ausgeweitet. Viele neue Abbildungen – es sind inzwischen über 2.000 Fotos und Grafiken – ergänzen die Texte. Der „Junge Koch" ist um über 70 Seiten im Umfang angewachsen.

Die vorliegende 36. Auflage wurde durchgesehen und aktualisiert, vor allem im Bereich Lebensmittelhygiene. Sie kann parallel zur 35. Auflage im Unterricht verwendet werden.

Die CD

Dem Buch beigelegt ist eine CD mit nützlichen Produkten, die den Unterrichtseinsatz ergänzen, Hausarbeit und Vorbereitungen unterstützen sowie den Berufsalltag begleiten:
- Alle Abbildungen des Buches, Grafiken und Tabellen für die Übernahme in Hausarbeiten und Arbeitsblätter oder die Bearbeitung im Unterricht
- Ein elektronisches Wörterbuch wichtiger Fachbegriffe
- Vollständige Gesetzestexte

Hinweise zur CD

Die CD enthält Software sowie zusätzliches Material für Unterricht und Selbststudium. Im Startmenü der CD ist alles übersichtlich zusammengefasst. Wenn Sie die CD in Ihr Laufwerk einlegen, öffnet sich (bei Standardeinstellungen Ihres PCs) unser Startmenü automatisch. Hat Ihr PC nicht die Standardeinstellung, wählen Sie über Arbeitsplatz oder Ihren Windows-Explorer Ihr CD-Laufwerk an. Eine der Dateien der CD ist CD_Start.exe. Diese öffnen Sie mit einem Doppelklick. Im Startmenü können Sie nun die Software entweder direkt von CD starten oder auf Ihrem PC menügeführt installieren. Das Zusatzmaterial liegt in Form von PDF-Dateien vor, die Sie sich entweder direkt über das Menü ansehen und ausdrucken oder aber auf Ihren PC kopieren können.

Die Website www.der-junge-koch.de

Die umfassende Informations- und Austauschplattform für den Bereich Küche bietet u. a.:
- Aktuelle Informationen zum Buch
- Support für die Inhalte der CD
- Informationen und Materialien für Prüfungsvorbereitung, Unterricht und Selbststudium, z. B. Download eines Prüfungstrainers
- **Für registrierte Lehrkräfte: Unterrichtsmaterialien zum kostenlosen Download**
- Trends aus dem Bereich Küche
  Nach wie vor aktuell: Viele Informationen rund um die Avantgarde-Küche von Heiko Antoniewicz

Die Apps

Rezepte des „Jungen Kochs" sowie Prüfungsaufgaben zur Vorbereitung auf die Abschlussprüfung werden als App zur Verfügung gestellt – für registrierte Nutzer der Buch-CD kostenlos.

Das E-Book

„Der junge Koch/Die junge Köchin" ist auch als E-Book mit Jahreslizenz erhältlich. Ausführliche Informationen dazu im Verlag oder online auf www.pfanneberg.de. Dort kann das E-Book auch online bestellt werden.
So einfach funktioniert es:
1. Im Online-Shop www.pfanneberg.de Freischaltcode (Jahreslizenz) erwerben.
2. Auf www.digitale-schulbuecher.de die Software für Ihr digitales Bücherregal unter Angabe Ihrer E-Mail-Adresse und eines selbst gewählten Passworts herunterladen oder online nutzen.
   Die Software für das „digitale Bücherregal" läuft auf Mac und PC mit allen gängigen Betriebssystemen, auch Tablet-Versionen für iPads und Android-Geräte sind erhältlich.

Kein Schulbuch kann in jeder Unterrichtssituation gleich gut eingesetzt werden, kein Autor ist fehlerfrei: Für Anregungen und Kritik sind Autoren und Verlag jederzeit dankbar.

Wir wünschen Ihnen viel Erfolg beim Einsatz des Medienpaketes „Junger Koch".

Im Winter 2014/15   Autoren und Verlag

Inhaltsverzeichnis

Vorwort 3
Inhaltsverzeichnis 5

◯ EINFÜHRUNG

EINFÜHRUNG IN DIE BERUFE 13

1	Geschichtliche Entwicklung des Gastgewerbes	13
1.1	Gastfreundschaft	13
1.2	Gastgewerbe	13
1.3	Gastgewerbliche Betriebe heute	14
2	Ausbildung	15
2.1	Ausbildungsordnung	15
2.2	Ausbildungsberufe des Gastgewerbes: Übersicht	16
3	Personal im Gastgewerbe	17

HYGIENE 19

1	Mikroben	19
1.1	Vorkommen	19
1.2	Arten und Vermehrungsformen	19
1.3	Lebensbedingungen der Mikroben ..	20
1.4	Lebensäußerungen der Mikroben	22
2	Lebensmittelinfektionen – Lebensmittelvergiftungen	23
2.1	Salmonellen	23
2.2	Eitererreger (Staphylokokken)	24
2.3	Bodenbakterien (Botulismus-Bakterien)	25
2.4	Fäulniserreger	25
2.5	Schimmel	25
3	Schädlingsbekämpfung	26
4	Reinigung und Desinfektion	27
4.1	Reinigen in Lebensmittelbetrieben ..	27
4.2	Desinfizieren in Lebensmittelbetrieben	28
4.3	Ablauf einer gründlichen Reinigung	29
	Aufgaben	29

UMWELT- UND VERBRAUCHERSCHUTZ 30

1	Umweltschutz	30
2	Verbraucherschutz	32
2.1	Lebensmittel- und Futtermittelgesetzbuch (LFGB)	32
2.2	Kennzeichnung von Lebensmitteln ..	33
2.3	Verordnung über Lebensmittelhygiene (Basishygiene)	36
2.4	Lebensmittelüberwachung	42
	Fachbegriffe	42
	Aufgaben	42

◯ KÜCHE

ARBEITSSICHERHEIT 43

1	Unfallverhütung	43
1.1	Fußboden	43
1.2	Tragen und Heben von Lasten	43
1.3	Messer, schneidende Maschinen	44
1.4	Maschinen	44
1.5	Elektrische Anlagen	45
1.6	Feuerschutz	46
1.7	Sicherheitszeichen	46
	Fachbegriffe	47
2	Erste Hilfe	48
2.1	Schnitt- und Stichwunden	48
2.2	Ohnmacht und Bewusstlosigkeit	48
2.3	Verbrennungen und Verbrühungen	49
2.4	Nasenbluten	49
2.5	Fremdkörper im Auge	50
2.6	Unfälle mit elektrischem Strom	50
	Aufgaben	50

ARBEITSPLANUNG 51

1	Informationen beschaffen und auswerten	51
1.1	Fachbuch	51
1.2	Fachzeitschriften/Fachzeitungen	52
1.3	Internet	52
1.4	Prospekte	52
2	Planen	52
2.1	Checklisten/Prüflisten	52
2.2	Ablauf/Zeitleiste	53
2.3	Tabellen	54
2.4	Rezepte	55
2.5	Arbeitsabläufe schematisch beschreiben	57
	Aufgaben	58

ERNÄHRUNG 59

1	Einführung	59
2	Kohlenhydrate	60
2.1	Aufbau – Arten	60
2.2	Küchentechnische Eigenschaften	61
2.3	Bedeutung für den menschlichen Körper	63
	Aufgaben	63
3	Fette	64
3.1	Aufbau – Arten	64
3.2	Küchentechnische Eigenschaften	66
3.3	Bedeutung für den menschlichen Körper	68
	Aufgaben	69
4	Eiweiß (Protein)	70
4.1	Aufbau – Arten	70
4.2	Küchentechnische Eigenschaften	71
4.3	Bedeutung für den menschlichen Körper	75
	Aufgaben	76
5	Vitamine	77
5.1	Bedeutung für den menschlichen Körper	77

5.2	Aufgaben und Vorkommen	78	2.2	Erweiterungen	115
5.3	Erhaltung bei der Vor- und Zubereitung	78	2.3	Pflege der Messer	119
	Aufgaben	79	2.4	Unfallverhütung	120
6	**Mineralstoffe**	**80**	**3**	**Kochgeschirr**	**121**
6.1	Bedeutung für den menschlichen Körper	80	3.1	Werkstoffe für Geschirr	121
6.2	Aufgaben und Vorkommen	80	3.2	Geschirrarten	122
6.3	Erhaltung bei der Vor- und Zubereitung	80	**4**	**Maschinen und Geräte**	**124**
7	**Begleitstoffe**	**81**	4.1	Fleischwolf	124
	Aufgaben	81	4.2	Kutter	124
8	**Wasser**	**82**	4.3	Fritteuse	125
8.1	Wasserhärte	82	4.4	Druckfritteuse	127
8.2	Küchentechnische Eigenschaften	82	4.5	Brötchentoaster (Buntoaster)	127
8.3	Bedeutung für den menschlichen Körper	83	4.6	Kippbratpfanne	128
	Aufgaben	83	4.7	Kochkessel	129
9	**Enzyme**	**84**	4.8	Grill	129
9.1	Wirkungsweise	84	4.9	Mikrowellengerät	130
9.2	Bedingungen der Enzymtätigkeit und deren Steuerung	85	4.10	Umluftgerät	131
			4.11	Herd mit Backrohr	132
10	**Verdauung und Stoffwechsel**	**86**	4.12	Durchlaufofen	132
11	**Vollwertige Ernährung**	**88**	4.13	Induktionstechnik	132
11.1	Energiebedarf	88	4.14	Garen unter Dampfdruck	133
11.2	Nahrungsauswahl	89	4.15	Heißluftdämpfer/Kombidämpfer	134
11.3	Verteilung der täglichen Nahrungsaufnahme	92		Aufgaben	135
	Aufgaben	92			
12	**Alternative Ernährungsformen**	**93**	**GRUNDTECHNIKEN DER KÜCHE**		**136**
12.1	Vegetarische Kost – Pflanzliche Kost	93	**1**	**Vorbereitende Arbeiten**	**136**
12.2	Vollwerternährung und vollwertige Ernährung	93	1.1	Einführung	136
13	**Kostformen**	**94**	1.2	Waschen	136
13.1	Vollkost	94	1.3	Wässern	136
13.2	Leichte Vollkost	94	1.4	Schälen	137
13.3	Natriumarme Kost	95	**2**	**Bearbeiten von Lebensmitteln**	**138**
13.4	Eiweißarme Kost	95	2.1	Schneiden	138
13.5	Diabetikerkost	95	2.2	Schnittformen	139
13.6	Reduktionskost	96	2.3	Blanchieren	139
13.7	Begriffserklärungen	97			
	Aufgaben	97	**GAREN VON SPEISEN**		**140**
14	**Berechnungen zur Ernährung**	**98**	**1**	**Grundlagen**	**140**
14.1	Berechnung des Nährstoffgehalts von Speisen	99	**2**	**Garen mittels feuchter Wärme**	**141**
14.2	Berechnung des Energiegehaltes von Speisen	100	2.1	Kochen	141
15	**Qualität von Lebensmitteln**	**101**	2.2	Garziehen	142
16	**Haltbarmachungsverfahren**	**102**	2.3	Dämpfen	142
16.1	Lebensmittelverderb	103	2.4	Dünsten	142
16.2	Werterhaltung	103	2.5	Druckgaren	143
	Aufgaben	107	2.6	Gratinieren oder Überbacken	143
			3	**Garen mittels trockener Wärme**	**144**
ARBEITSGESTALTUNG		**108**	3.1	Braten	144
1	**Küchenorganisation**	**108**	3.2	Grillen	146
1.1	Individualgastronomie	108	3.3	Frittieren	146
1.2	Systemgastronomie	109	3.4	Schmoren	147
1.3	Vorgefertigte Produkte	110	3.5	Backen	147
	Aufgaben	114	3.6	Mikrowellen	147
	Projekt: Vorgefertigte Produkte	114	3.7	Zusammenfassende Übersicht – Garverfahren	148
2	**Arbeitsmittel**	**115**	**4**	**Zubereitungsreihen**	**148**
2.1	Grundausstattung	115	4.1	Zubereitungsreihe Hackfleisch	148
			4.2	Zubereitungsreihe Geflügel	150
			4.3	Zubereitungsreihe Gemüse	152
				Aufgaben	153

5	Erstellen von Garprogrammen	154
	Aufgaben	154
6	Speisenproduktionssysteme	155

ANRICHTEN UND EMPFEHLEN VON SPEISEN ... 156

1	Anrichten von Speisen	156
	Fachbegriffe	156
2	Beschreiben und Bewerten von Speisen	157
	Aufgaben	161

BERECHNUNGEN ZUR SPEISENPRODUKTION ... 162

1	Umrechnung von Rezepten	162
	Fachbegriffe	162
2	Warenanforderung	163
3	Kostenberechnung bei Rezepten	164
4	Mengenberechnung bei Verlusten	165
5	Kostenberechnung bei Verlusten	166

ZUBEREITUNG EINFACHER SPEISEN ... 167

1	Speisen von Gemüse	167
1.1	Schnittarten bei Gemüse	168
1.2	Vor- und Zubereitung	170
1.3	Besonderheiten bei vorgefertigten Gemüsen	181
	Aufgaben	181
2	Pilze	182
2.1	Vorbereiten	182
2.2	Zubereiten	182
	Aufgaben	184
3	Salate	185
3.1	Salatsaucen – Dressings	185
3.2	Salate aus rohen Gemüsen/Rohkost	187
3.3	Salate aus gegartem Gemüse	189
3.4	Anrichten von Salaten	190
3.5	Kartoffelsalate	191
3.6	Salatbüfett	192
	Aufgaben	192
4	Beilagen	193
4.1	Kartoffeln	193
4.2	Klöße	202
4.3	Teigwaren	206
4.4	Reis	209
	Aufgaben	210
5	Eierspeisen	211
5.1	Gekochte Eier	211
5.2	Pochierte Eier	212
5.3	Spiegeleier	212
5.4	Rührei	213
5.5	Omelett	213
5.6	Frittierte Eier	214
5.7	Ei im Näpfchen	214
5.8	Pfannkuchen – Eierkuchen	215
	Aufgaben	215

SERVICE

GRUNDKENNTNISSE IM SERVICE ... 216

1	Mitarbeiter im Service	216
1.1	Umgangsformen	216
1.2	Persönliche Hygiene	216
1.3	Arbeitskleidung	217
1.4	Persönliche Ausrüstung	217
2	Einrichtung und Geräte	218
2.1	Einzeltische und Festtafeln	218
2.2	Tischwäsche	219
2.3	Bestecke	224
2.4	Gläser	229
2.5	Porzellangeschirr	231
2.6	Sonstige Tisch- und Tafelgeräte	234
2.7	Tisch- und Tafeldekoration	235
	Aufgaben	236
3	Restaurant	237
3.1	Überblick über die Vorbereitungsarbeiten	237
3.2	Herrichten von Servicetischen	238
3.3	Herrichten von Tischen und Tafeln	239
3.4	Gedecke	247
3.5	Festliche Tafel – Bankett-Tafel	250
3.6	Arten und Methoden des Service in der Gastronomie	251
3.7	Grundlegende Richtlinien	252
3.8	Richtlinien und Regeln zum Tellerservice	253
3.9	Plattenservice	256
3.10	Zusammenfassung der Servierregeln	260
	Aufgaben	260
4	Quick-Service-Restaurant	261
4.1	Herrichten der Kassentheke	261
4.2	Vorbereitungsarbeiten in der Lobby	262
4.3	Vorbereitungsarbeiten außerhalb des Restaurants	262
4.4	Servierformen	262
4.5	Besondere Serviceformen in der Systemgastronomie	264
4.6	Zusammenfassung der Servierregeln	265
	Fachbegriffe	265
5	Frühstück	266
5.1	Arten des Frühstücks	266
5.2	Bereitstellen von Frühstücksspeisen	267
5.3	Herrichten von Frühstücksplatten	268
5.4	Frühstücksservice	269
	Aufgaben	275
	Projekt: Attraktives Frühstücksbüfett	276
	Projekt: Sonntagsbrunch für die ganze Familie	277

GETRÄNKE UND GETRÄNKESERVICE ... 278

1	Wässer	278
1.1	Trinkwasser	278
1.2	Natürliches Mineralwasser	278

2	Säfte und Erfrischungsgetränke	280
2.1	Fruchtsäfte	280
2.2	Smoothies	280
2.3	Gemüsesäfte/Gemüsenektar	280
2.4	Fruchtnektare und Süßmoste	281
2.5	Fruchtsaftgetränke	281
2.6	Fruchtsaftschorlen	281
2.7	Limonaden	281
2.8	Near Water/Aqua Plus	282
2.9	Diätetische Erfrischungsgetränke	282
2.10	Fruchtsaftgehalt von Getränken	282
2.11	Mineralstoffgetränke	282
	Fachbegriffe	282
3	Alkoholfreie Mischgetränke	283
4	Milch und Milchgetränke	284
	Aufgaben	285
5	Aufgussgetränke	286
5.1	Kaffee	286
5.2	Tee	289
5.3	Kakao und Schokolade	292
5.4	Servieren von Aufgussgetränken	293
	Aufgaben	294
6	Alkoholische Gärung	295
7	Bier	296
7.1	Herstellung	296
7.2	Biergattungen, Bierarten, Biersorten	298
7.3	Biermischgetränke	300
7.4	Ausschenken von Bier	300
	Aufgaben	301
8	Wein	302
8.1	Rebsorten	303
8.2	Gebietseinteilung für Weine	304
8.3	Weinbereitung	306
8.4	Güteklassen für Wein	307
8.5	Weinlagerung	309
8.6	Weine europäischer Länder	310
	Französische Fachbegriffe	312
	Italienische Fachbegriffe	313
	Spanische Fachbegriffe	314
8.7	Beurteilen von Wein	314
8.8	Likörweine (Süd- und Dessertweine)	315
8.9	Servieren von Wein aus Flaschen	316
9	Schaumwein	320
9.1	Herstellung	320
9.2	Servieren von Schaumwein	322
	Aufgaben	323
10	Weinhaltige Getränke	324
	Aufgaben	324
	Projekt: Weinprobe	325
11	Spirituosen	326
11.1	Brände	328
11.2	Geiste	330
11.3	Alkohol mit geschmackgebenden (aromatisierenden) Zusätzen	330
11.4	Liköre	331
	Aufgaben	331
12	Getränkebüfett	332
12.1	Getränkeangebot	332
12.2	Serviertemperaturen	335
12.3	Bereitstellen von Getränken	335
12.4	Getränkeschankanlagen	336
12.5	Getränkeservice aus Schankgefäßen	338
12.6	Büfettkontrollen	339
	Aufgaben	342

MAGAZIN

MAGAZIN		343
1	Warenbeschaffung	343
2	Wareneingang	346
3	Warenlagerung	347
3.1	Grundsätze der Lagerhaltung	347
3.2	Lagerräume	348
4	Warenausgabe	350
5	Lagerkennzahlen	351
	Aufgaben	352
6	Büroorganisation	353
6.1	Schriftliche Arbeiten	353
6.2	Ablage- und Ordnungssysteme	353
7	Datenverarbeitung	354
7.1	Geräte (Handware)	354
7.2	Software	354
7.3	Datensicherung und Datenschutz	355
	Projekt: Arbeiten im Magazin	356
	Projekt: Zwischenprüfung	357

LEBENSMITTEL

LEBENSMITTEL		359
1	Gemüse	359
1.1	Gemüse in der Ernährung	359
1.2	Nährwerterhaltung	359
1.3	Einkauf	360
1.4	Einteilung	360
1.5	Kohlgemüse	362
1.6	Wurzelgemüse	364
1.7	Blattgemüse	365
1.8	Fruchtgemüse	367
1.9	Hülsenfrüchte	369
1.10	Zwiebelgemüse	370
1.11	Sonstige Gemüse	370
1.12	Exotische Gemüse	371
1.13	Keimlinge – Sprossen	372
1.14	Lagerung von Gemüse	373
1.15	Vorgefertigte Produkte – Convenience	373
	Aufgaben	374

2	Pilze	375
2.1	Aufbau und Zusammensetzung	375
2.2	Angebot	375
2.3	Behandlung in der Küche	376
2.4	Lagerung	376
3	Kartoffeln	377
3.1	Arten	377
3.2	Lagerung	378
3.3	Vorgefertigte Produkte – Convenience	378
	Aufgaben	378
4	Obst	379
4.1	Bedeutung für die Ernährung	379
4.2	Verwendung	379
4.3	Einteilung	379
4.4	Kernobst	380
4.5	Steinobst	380
4.6	Beerenobst	381
4.7	Südfrüchte	381
4.8	Schalenobst	383
4.9	Trockenobst	383
4.10	Erzeugnisse aus Obst	384
	Aufgaben	384
5	Getreide	385
5.1	Arten	385
5.2	Bedeutung für die Ernährung	385
5.3	Aufbau und Zusammensetzung der Getreide	385
5.4	Vermahlung des Getreides	386
5.5	Getreideerzeugnisse	387
5.6	Backwaren	388
5.7	Teigwaren	389
5.8	Reis	390
	Aufgaben	391
6	Süßungs- und Geliermittel	392
7	Gewürze, Küchenkräuter und würzende Zutaten	394
7.1	Vom Schmecken und Riechen	394
7.2	Gewürze	395
7.3	Küchenkräuter	398
7.4	Würzsaucen	402
7.5	Speisesalz	402
7.6	Essig	403
	Aufgaben	403
8	Speisefette und Speiseöle	404
8.1	Bedeutung für die Ernährung	404
8.2	Fette in der Küchentechnik	404
8.3	Geschmacklicher Einfluss der Fette	405
8.4	Arten	406
8.5	Aufbewahrung	408
	Aufgaben	408
9	Milch und Milchprodukte	409
9.1	Zusammensetzung und Bedeutung für die Ernährung	409
9.2	Arten	409
9.3	Aufbewahrung	411
9.4	Veränderungen bei der Verarbeitung	411
	Aufgaben	411
10	Käse	412
10.1	Bedeutung für die Ernährung	412
10.2	Herstellung	412
10.3	Arten	413
10.4	Fettgehaltsstufen	414
10.5	Verwendung	415
10.6	Aufbewahrung	415
	Aufgaben	415
11	Hühnerei	416
11.1	Aufbau	416
11.2	Bedeutung für die Ernährung	416
11.3	Kennzeichnung	416
11.4	Qualität	417
11.5	Verwendung in der Küche	418
11.6	Aufbewahrung	419
	Aufgaben	419
12	Fleisch	420
12.1	Bedeutung für die Ernährung	420
12.2	Fleischuntersuchung	420
12.3	Aufbau des Fleisches	421
12.4	Veränderungen nach dem Schlachten	421
12.5	Lagerung	423
12.6	Verderben des Fleisches	423
12.7	Arten des Fleischbezugs	424
12.8	Qualitätsbeurteilung	425
12.9	Fleischteile und deren Verwendung	427
12.10	Hackfleisch und Erzeugnisse aus rohem Fleisch	432
12.11	Innereien	433
12.12	Verwendung von Knochen	434
12.13	Haltbarmachen	434
12.14	Fleisch- und Wurstwaren	436
	Aufgaben	439
13	Geflügel und Wildgeflügel	440
13.1	Bedeutung für die Ernährung	440
13.2	Hausgeflügel	440
13.3	Wildgeflügel	444
	Aufgaben	445
14	Wild	446
14.1	Bedeutung für die Ernährung	446
14.2	Arten und Verwendung	446
14.3	Gesetzliche Bestimmungen	448
	Aufgaben	448
15	Fisch	449
15.1	Aufbau	449
15.2	Einteilung	449
15.3	Bedeutung für die Ernährung	450
15.4	Süßwasserfische	450
15.5	Seefische	453
15.6	Fischdauerwaren	457
	Aufgaben	458
16	Krebstiere und Weichtiere	459
16.1	Krebstiere	459
16.2	Weichtiere	465
	Aufgaben	468
17	Kaviar	469

ZUBEREITUNG SPEISEN

BRÜHEN 470
1 Übersicht 470
2 Vorbereitungen 470
3 Helle Grundbrühen 473
3.1 Fleisch- und Knochenbrühe 474
3.2 Kalbsbrühe 474
3.3 Geflügelbrühe 475
3.4 Gemüsebrühe 475
3.5 Fischbrühe 475
4 Braune Grundbrühen 476
4.1 Braune Kalbsbrühe 476
4.2 Wildbrühe 476
4.3 Entfetten von Fonds, Extrakten, klaren Brühen und Saucen 477
5 Extrakte 477
Aufgaben 477

SUPPEN 478
1 Übersicht der Suppenarten 478
2 Klare Suppen 479
2.1 Fleisch- und Knochenbrühe 479
2.2 Kraftbrühen 480
2.3 Suppeneinlagen 484
3 Gebundene Suppen 488
3.1 Legierte Suppen – Samtsuppen 489
3.2 Rahmsuppen – Cremesuppen 492
3.3 Püreesuppen 492
3.4 Gebundene braune Suppen 493
3.5 Gemüsesuppen 494
4 Sondergruppen 495
4.1 Kaltschalen 495
4.2 Regionalsuppen 496
4.3 Nationalsuppen 496
5 Anrichten und Dekorieren von Suppen ... 497
Fachbegriffe 497
Aufgaben 497
6 Vorgefertigte Brühen, Suppen und Saucen – Convenienceprodukte ... 498
Projekt: Suppen aus den Regionen 499

SAUCEN 501
1 Übersicht Grundsaucen 501
2 Braune Saucen 501
2.1 Grundlagen 501
2.2 Braune Grund- oder Kraftsauce 504
2.3 Bratensauce (Jus) 507
2.4 Wildsauce 507
3 Weiße Saucen 508
3.1 Grundlagen 508
3.2 Weiße Grundsaucen 509
3.3 Béchamelsauce 510
3.4 Varianten zur klassischen Zubereitung von weißen Saucen 512
4 Aufgeschlagene Saucen 513
4.1 Holländische Sauce 513
4.2 Buttersauce 517
5 Kalte Grundsauce 518
6 Eigenständige Saucen 520
6.1 Warme Saucen 520
6.2 Kalte Saucen 521
6.3 Würzsaucen – Würzpasten – Dips 521
7 Merkmale und Anrichten von Saucen .. 523
8 Buttermischungen 524
8.1 Kalte Butter 524
8.2 Heiße Butter 525
Fachbegriffe 526
Aufgaben 526
Projekt: Saucen im Vergleich 527

SCHLACHTFLEISCH 528
1 Vorbereiten 528
1.1 Kalb 528
1.2 Rind 532
1.3 Schwein 535
1.4 Schaf 536
1.5 Durchschnittliche Rohgewichte für Fleischportionen 537
Aufgaben 537
2 Zubereiten 538
2.1 Garverfahren 538
2.2 Kochen von Schlachtfleisch 538
2.3 Dünsten von Schlachtfleisch 540
2.4 Braten von Schlachtfleisch 541
2.5 Grillen von Schlachtfleisch 548
2.6 Frittieren von Schlachtfleisch 549
2.7 Schmoren von Schlachtfleisch 551
Fachbegriffe 558
Aufgaben 558

WILD 559
1 Vorbereiten 559
2 Zubereiten 562
2.1 Braten im Ofen 562
2.2 Braten in der Pfanne 565
2.3 Schmoren 566
Fachbegriffe 567
Aufgaben 567

GEFLÜGEL UND WILDGEFLÜGEL 568
1 Vorbereiten 568
1.1 Herrichtungstechniken 568
2 Zubereiten von Hausgeflügel 571
2.1 Durchschnittliche Garzeiten 571
2.2 Kochen von Geflügel 572
2.3 Dünsten von Geflügel 572
2.4 Schmoren von Geflügel 574
2.5 Braten von Geflügel 575

2.6	Frittieren von Geflügel	577
2.7	Grillen von Geflügel	578
3	**Zubereiten von Wildgeflügel**	579
3.1	Braten von Wildgeflügel	579
3.2	Schmoren von Wildgeflügel	580
4	**Geflügel als Menükomponente**	580
	Fachbegriffe	581
	Aufgaben	581
	Projekt: Materialkosten am Beispiel Fleisch	582

FISCHE 583

1	**Vorbereiten**	583
1.1	Rundfische	583
1.2	Plattfische	585
1.3	Knorpelfische am Beispiel Seeteufel	586
2	**Zubereiten**	586
2.1	Garziehen und Blausieden	587
2.2	Dämpfen der Fische	587
2.3	Dünsten der Fische	588
2.4	Braten von Fisch	589
2.5	Frittieren von Fisch	590
2.6	Backen von Fisch	591
2.7	Grillen und Heißräuchern von Fisch	591
	Fachbegriffe	592
	Aufgaben	592
	Projekt: Fischwoche	593

KREBS- UND WEICHTIERE 594

1	**Hummer**	594
1.1	Vorbereiten von rohem Hummer	594
1.2	Vorbereiten von gegartem Hummer	595
1.3	Zubereiten	596
2	**Krebse**	597
2.1	Flusskrebse	597
2.2	Seewasserkrebse	598
3	**Miesmuscheln**	599
4	**Sankt-Jakobs-Muscheln**	600
5	**Austern**	601
6	**Tintenfisch, Kalmar und Krake**	602
	Fachbegriffe	602
	Aufgaben	602

GEBÄCKE, SÜSSSPEISEN UND SPEISEEIS 603

1	**Teige und Massen**	603
1.1	Teiglockerung	604
1.2	Hefeteig	604
1.3	Blätterteig	606
1.4	Mürbeteig	609
1.5	Grundtechniken bei Teigen und Massen	611
1.6	Biskuitmasse	612
1.7	Brandmasse	613
1.8	Ausbackteig	614
1.9	Schaummasse (Baisermasse)	614
1.10	Strudel	615
1.11	Hippenmasse	615
2	**Cremespeisen**	616
2.1	Übersicht	616
2.2	Einfache Cremes	617
2.3	Cremes mit Gelatinebindung	619
2.4	Cremes mit Eierbindung	624
2.5	Cremes mit Stärkebindung	626
3	**Aufläufe/Soufflés**	627
4	**Pfannkuchen**	628
5	**Omeletts – süß**	629
6	**Puddinge**	630
7	**Flammeris**	633
	Aufgaben	634
8	**Süße Saucen**	635
9	**Gelee**	637
10	**Fruchtsalat**	638
11	**Glasuren**	639
12	**Speiseeis/Eisspeisen**	640
12.1	Speiseeissorten	640
12.2	Hygiene	640
12.3	Speiseeis aus der Eismaschine	641
12.4	Eisbecher	642
12.5	Halbgefrorenes	644
	Fachbegriffe	647
	Aufgaben	647
	Projekt: Dessertbüfett	648

VORSPEISEN – KALTE PLATTEN 649

1	**Basiszubereitungen**	649
1.1	Farcen und Füllmassen	649
1.2	Gelee	652
2	**Kalte Vorspeisen**	654
2.1	Canapés	654
2.2	Vorspeisen-Cocktails	656
2.3	Kombinierte Salate	658
2.4	Vorspeisenvariationen	659
2.5	Feinkostprodukte	662
3	**Zwischengerichte**	665
4	**Anrichten von Kalten Platten**	667
4.1	Vorbereitende Arbeiten	667
4.2	Gestaltung von Platten	669
4.3	Gestaltung von Schauplatten	670
	Fachbegriffe	675
	Aufgaben	675

ANGEBOT SPEISEN

BÜFETTANGEBOT 676

1	**Planung**	676
1.1	Planung im Service	676
1.2	Planung in der Küche	677

2	Durchführung	678
2.1	Vorbereiten des Büfetts	678
	Aufgaben	680
	Projekt: Kleine Gerichte	681

ZWISCHENMAHLZEITEN ... 682

DEUTSCHE REGIONALGERICHTE ... 683

NATIONALGERICHTE ... 688

MENÜ UND SPEISEKARTE ... 693

1	**Aufbau eines Menüs**	**693**
1.1	Umfang eines Menüs	693
1.2	Regeln kulinarischer Abstimmung	694
1.3	Grundsätze richtiger Ernährung	696
1.4	Organisatorische Möglichkeiten	696
2	**Gestaltung der Speisekarte**	**697**
2.1	Aufgaben der Speisekarte	697
2.2	Anordnung des Textes	698
2.3	Rechtschreibung auf der Speisekarte	699
2.4	Rechtliche Bestimmungen	701
2.5	Karten für Extraessen	703
2.6	Menübeispiele mit zugehörenden Gedecken	704
3	**Kalkulation von Speisen**	**706**

SONDERVERANSTALTUNGEN ... 708

1	**Der Gast im Mittelpunkt**	**708**
2	**Aktionen**	**708**
2.1	Aktionsbeispiele	708
3	**Planung und Durchführung**	**709**
3.1	Jahresplanung	709
3.2	Detailplanung	709
3.3	Planungsbeispiel Küche	710
3.4	Erfolgskontrolle durch Manöverkritik	717
3.5	Weitere Aktionen	718
	Aufgaben	718
	Projekt: Festliches Essen	719

WERBUNG UND VERKAUFSFÖRDERUNG ... 721

1	**Werbung**	**721**
1.1	Positionierung	721
1.2	Ziele der Werbung	722
1.3	Maßnahmen der Werbung	722
1.4	Arten der Werbung	723
	Aufgaben	725
2	**Unser Gast**	**726**
2.1	Gästetypen	726
2.2	Das Verkaufsgespräch	728

GARNITUREN UND ZUBEREITUNGSARTEN (AKA) ... 729

SACHWORTVERZEICHNIS ... 730

INTERNET-ADRESSEN ... 750

BILDQUELLEN ... 751

Einführung in die Berufe

1 Geschichtliche Entwicklung des Gastgewerbes

🇬🇧 historical evolution of the hotel and restaurant business
🇫🇷 développement (m) historique de l'hôtellerie

1.1 Gastfreundschaft 🇬🇧 hospitality 🇫🇷 hospitalité (w)

Nicht immer hatten „Reisende" die „Taschen voller Geld". Außerdem waren sie als Fremde rechtlos und hatten weder Anspruch auf öffentlichen Schutz noch auf öffentliche Hilfe. Griechen, Römer und Germanen betrachteten es deshalb als sittliche Pflicht, Reisenden/Fremden Schutz, Obdach und Speise anzubieten, d. h. Gastfreundschaft zu gewähren.

Das Grundprinzip dieser Art von Gastfreundschaft ist die Gegenseitigkeit. Wer dem Fremden Speis und Trank, Bett und Sicherheit gewährte, durfte unter ähnlichen Umständen seinerseits Vergleichbares erwarten.

1.2 Gastgewerbe

🇬🇧 hotel/restaurant business 🇫🇷 hôtellerie (w) et restauration (w)

Mit dem immer stärker werdenden Reise- und Geschäftsverkehr im 12. Jahrhundert veränderte sich die Situation. Die ursprünglichen Einrichtungen waren den zunehmenden Anforderungen und Bedürfnissen nicht mehr gewachsen. Aus diesem Grunde entwickelte sich das **Beherbergen** und **Bewirten** immer mehr zu einem Gewerbe. Es entstand das, was wir das **Gastgewerbe** nennen. Zwischen dem **Gasthof** der Anfangszeit mit seinem bescheidenen und begrenzten Angebot und dem modernen **Hotel,** das höchsten Ansprüchen gerecht wird, liegt jedoch ein langer Entwicklungsprozess. Dieser Prozess war stets gekennzeichnet durch die enge Beziehung zwischen dem Gastgewerbe auf der einen und den Bedürfnissen der Menschen auf der anderen Seite.

Der Gast im Mittelpunkt

Anforderungen und Erwartungen des Gastes beeinflussen unser Handeln. **Unser Ziel: Der zufriedene Gast.**

Der Gast steht im Mittelpunkt unseres Tuns, nicht nur, weil er Geld bringt, sondern weil wir als Gastgeber Verpflichtungen nachkommen wollen. Der Gast ist nicht für uns da, sondern wir haben für den Gast fit zu sein.

Einführung

EINFÜHRUNG IN DIE BERUFE

1.3 Gastgewerbliche Betriebe heute

🇬🇧 hotel and restaurant commercial operations today
🇫🇷 entreprises (w) de l'industrie (w) hôtelière d'aujourd'hui

Ausschlaggebend für die Unterscheidung von Hotels und Restaurants sind:
- Zweck des Unternehmens,
- Art und Umfang des Angebotes,
- Art, Umfang und Komfort der Einrichtung.

Den beiden elementaren Angeboten **Beherbergung** und **Bewirtung** entsprechen die beiden Betriebsarten **Hotel** und **Restaurant**. Darüber hinaus gibt es heute eine Vielzahl abgewandelter Betriebsarten, die sich aus den unterschiedlichsten Bedürfnissen entwickelt haben.

Bewirtungsbetriebe

Ein **Restaurant** ist ein Bewirtungsbetrieb, der seinen Gästen eine größere Auswahl von Speisen und Getränken anbietet und mit einem gewissen Komfort ausgestattet ist.

Die übrigen Bewirtungsbetriebe unterscheiden sich in der Art wie sie geführt werden und an welche Kunden sie sich wenden (Zweckbestimmung). Grob unterteilen lassen sich **Individualgastronomie** und **Systemgastronomie**. Die Tabelle zeigt Beispiele.

Individualgastronomie		Systemgastronomie
Unter klassischer Gastronomie oder auch **Individualgastronomie** (lat. individuum = das Unteilbare) versteht man in der Regel inhabergeführte kleine und mittelständische Restaurantbetriebe. Ihren Charakter erhält die Individualgastronomie z. B. durch die Eigenschaften des Gastwirtes (Huberts Wirtshaus) oder durch die besondere Lage des Restaurants (Unter den Linden). Die Führung des Restaurants, die Zusammenstellung der Speisen- und Getränkekarte und die Auswahl der Lieferanten steuert der Inhaber des Betriebes selbst. Er kann seinem Restaurant damit ein eigenständiges und unverwechselbares Erscheinungsbild geben.	Der **Übergang zwischen Systemgastronomie und Individualgastronomie** ist teilweise fließend. Mehrere einzelne Restaurants können zusammen systemgastronomisch betrieben werden, indem z. B. mit Standardrezepturen gearbeitet oder ein nach außen einheitliches Erscheinungsbild gezeigt wird. Auch viele Einzelbetriebe der klassischen Gastronomie arbeiten nach internen Standards, um Arbeitsabläufe zu vereinheitlichen und den Gästen eine gleichbleibende (Service-)Qualität anzubieten.	Die **Systemgastronomie** zeichnet sich dadurch aus, dass die Restaurants über ein multiplizierbares Konzept verfügen. Ihr Charakter ist nicht an den Standort oder an den Gastwirt gebunden. In den Betrieben einer Restaurantkette gleichen sich in der Regel das Angebot an Speisen und Getränken, die Servierform oder das Erscheinungsbild der Mitarbeiter. Die Betriebe werden in der Regel durch zentrale Vorgaben (Standards) gesteuert. Der Inhaber hat nur eingeschränkte Entfaltungsmöglichkeiten, wird aber durch die Zentrale z. B. bei Einkauf oder Werbung unterstützt.
• Gasthof zur Post • Restaurant Sonne • Café Müller • Frankies Bistro • Da Ginos	• Bedienrestaurants • Autobahnraststätte • Wirtshaus • Café • Schnellrestaurant • Lieferdienste • Betriebsverpflegung	• Maredo • Marché • Starbucks • McDonald's • Hallo Pizza • Eurest

Beherbergungsbetriebe

Beispiele: Hotel, Pension, Kurpension, Kurheim, Fremdenheim, Gasthof, Motel, Hotel garni.

Ein **Hotel** ist ein Beherbergungsbetrieb, der über eine größere Bettenzahl, eine anspruchsvollere Ausstattung der Zimmer und der sonstigen Räumlichkeiten verfügt. Es ist auf die Bewirtung der Gäste eingestellt und besitzt außer einem Restaurant für die Hausgäste meist ein zusätzliches Restaurant für Passanten.

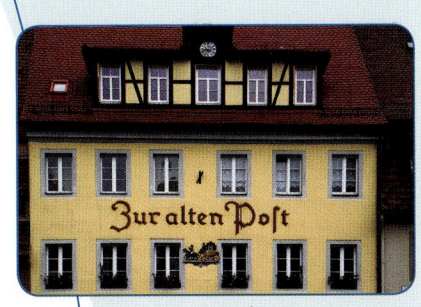

- **Hotel garni**
  ist die Bezeichnung für ein Hotel, das zur Bewirtung lediglich Frühstück und u. U. kalte Speisen anbietet.

- **Gasthöfe**
  sind vorzugsweise in ländlichen Gegenden angesiedelt, haben eine geringere Anzahl von Betten und sind in ihrem Angebot auf bescheidenere Ansprüche ausgerichtet.

- **Pensionen**
  bewirten nur Hausgäste, die meist für mehrere Tage oder Wochen ihren Urlaub dort verbringen.

- **Motels**
  sind Betriebe, die vor allem auf motorisierte Gäste spezialisiert sind. Sie liegen in der Regel in der Nähe von Fernstraßen und bieten genügend Parkmöglichkeiten (oft direkt vor der Zimmertür) an.

- **Systemhotellerie**
  umfasst Hotelbetriebe, die unter einer gemeinsamen Marke geführt werden. Die einzelnen Betriebe verpflichten sich zu Standards, z. B. bei der Ausstattung der Zimmer oder dem gemeinsamen Wareneinkauf. Die Gäste sollen die „Marke" überall wiedererkennen.

❷ Ausbildung

 education • formation (w)

Den Anforderungen der modernen Arbeitswelt trägt die berufliche Ausbildung Rechnung.

2.1 Ausbildungsordnung

🇬🇧 training program 🇫🇷 règlement (m) sur la formation

Grundlage für die Ausbildung ist die **„Verordnung über die Berufsausbildung im Gastgewerbe"**. In ihr sind die Berufe festgelegt und deren Ausbildungsinhalte beschrieben (Berufsbilder).

Gliederung der Ausbildung

Die Ausbildungsdauer für die Fachkraft beträgt **zwei** Jahre, für die anderen Berufe **drei** Jahre. Fachkräfte können ihre Ausbildung in einem dritten Jahr wahlweise als Hotel-, Restaurant- oder Systemgastronomiefachkraft fortsetzen. Diese Möglichkeit ergibt sich aufgrund der exakten Gliederung der Ausbildung (Stufenausbildung siehe Übersicht S. 16).

Ausbildungsrahmenpläne

Die Ausbildungsinhalte der einzelnen Stufen sind in der Verordnung vorgegeben. Darüber hinaus sind sie in den Ausbildungsplänen für Betriebe inhaltlich detailliert den jeweiligen Ausbildungshalbjahren zugeordnet. Daraus leiten die Betriebe interne Ausbildungspläne ab.

Berufsbezeichnungen
Die staatlich anerkannten Berufe sind:
- Koch/Köchin
- Fachkraft im Gastgewerbe
- Restaurantfachmann/ Restaurantfachfrau
- Hotelfachmann/Hotelfachfrau
- Hotelkaufmann/Hotelkauffrau
- Fachmann/Fachfrau für Systemgastronomie

Einführung

EINFÜHRUNG IN DIE BERUFE

2.2 Ausbildungsberufe des Gastgewerbes: Übersicht

🇬🇧 trade professions of the hotel and restaurant business: Summary
🇫🇷 métiers (m) de formation professionnelle de l'industrie hôtelière: aperçu (m)

Berufliche Fortbildung und Weiterbildungsmöglichkeiten

Hotelfachschule mit Abschluss zum Hotelbetriebswirt
Meisterprüfungen in den gastgewerblichen Berufen, Fachwirt im Gastgewerbe, Hausdamenseminare, Sommelierlehrgänge, Barmixerschulung, Diätlehrgänge u.s.w.

Fachmann/-frau für Systemgastronomie	Restaurantfachmann/-frau	Hotelfachmann/-frau	Hotelkaufmann/-frau	Koch/Köchin

3. Ausbildungsjahr/Fachstufe 2

• Organisation von Produktions- und Betriebsstätte • Ablaufgestaltung • Personalverwaltung • Rechnungswesen	• Verkauf im Restaurant • Führen einer Station • Verwaltungsorganisation	• Arbeiten im Empfangsbereich • Arbeiten im Verkaufsbüro • Arbeiten in der Marketingabteilung • Führungsaufgaben im Wirtschaftsdienst	• Arbeiten im Büro • Arbeiten im Rechnungswesen • Arbeiten in der Personalverwaltung	• Klassische Zubereitung und Einsatz von Convenienceprodukten unter Berücksichtigung von Ernährungslehre und Wirtschaftlichkeit • Aktionswochen • Speisefolgen

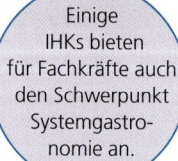

Fachkraft im Gastgewerbe

Einige IHKs bieten für Fachkräfte auch den Schwerpunkt Systemgastronomie an.

2. Ausbildungsjahr/Fachstufe 1 | 2. Jahr

- Beratung und Verkauf im Restaurant
- Marketing (Gastronomisches Konzept)
- Wirtschaftsdienst (Housekeeping)
- Warenwirtschaft

- Küchen- und arbeitstechnische Verfahren
- Vegetarische Küche
- Zwischenmahlzeiten
- Suppen und Saucen
- Einfache Süßspeisen

1. Ausbildungsjahr/Grundstufe

- Arbeiten in der Küche
- Arbeiten im Service
- Arbeiten im Magazin
- Übergreifende Lernziele
- Gastorientiertes Handeln

1 Mikroben

❸ Personal im Gastgewerbe

🇬🇧 staff in the hospitality trade 🇫🇷 personnel (m) qualifié de l'industrie (w) hôtelière

Individualgastronomie

Die Organisationsformen werden durch die Größe des Hotels und der damit verbundenen, notwendigen Anzahl der Mitarbeiter bestimmt. In größeren Betrieben werden die hier dargestellten Bereiche weiter aufgeteilt. In kleineren werden mehrere Funktionen zusammengefasst. Nachfolgend ist ein Organisationsmodell eines mittleren Betriebes dargestellt.

Hotelleitung

Hoteldirektor/-in

Direktionsassistent/-in

Rechnungswesen

Leiter Rechnungswesen
Personalchef
Controller
Buchhalter
Auszubildende

- Ordnungsgemäße Buchführung
- Statistiken und Auswertungen
- Verwaltung der Hauptkasse
- Bearbeitung des Personalwesens mit Lohn- und Gehaltsabrechnungen
- Personaleinstellung und -entlassung
- Erstellen von Stellenbeschreibungen

Empfang

Empfangschef
Empfangssekretäre
Reservierungssekretäre
Kassierer
Auszubildende

- Reservieren und Vermieten von Zimmern
- Führen der Gästekorrespondenz
- Durchführen der Empfangsbuchhaltung
- Abrechnen mit dem Gast

Etage/Housekeeping

Hausdame
Hausdamenassistentin
Wäschereibeschließerin
Zimmermädchen
Auszubildende

- Reinigen und Pflegen der Gästezimmer, Flure und Treppenhäuser
- Pflege der Grünpflanzen
- Pflegen, Lagern und Ausgeben der gesamten Wäsche sowie des Reinigungsmaterials

Food-and-Beverage-Manager/-in

Magazin

Magazinverwalter
Magazinmitarbeiter
Auszubildende

- Kontrollieren des Wareneingangs
- Bereitstellen und Überwachung des Warenausgangs
- Überwachen der Warenbestände
- Durchführen von Bestandskontrollen (Inventuren)

Küche

Küchenchef
Souschef
Chef de partie
Commis de partie
Auszubildende

- Erstellen von Speisekarten und Menükarten
- Wareneinkauf
- Speisenherstellung
- Erstellen von kalten und warmen Büfetts
- Bereitstellen des Frühstücksbüfetts
- Zubereitung von Personalessen
- Catering

Service

Restaurantleiter
Chef de rang
Demichef de rang
Commis de rang
Auszubildende

- Gäste empfangen und beraten
- Speisen- und Getränkeservice durchführen
- Abrechnen mit Gast und Betrieb
- Frühstück und Etagenservice durchführen
- Bankettveranstaltungen durchführen
- Tranchieren und Flambieren

Einführung

EINFÜHRUNG IN DIE BERUFE

Systemgastronomie

Unternehmenszentrale (Headquarter)

Gebietsleiter (Area Coach, District Manager)

Restaurantleiter (Restaurant General Manager)

- Führung des Restaurants, Verantwortung der Einhaltung aller betrieblichen Standards
- Planung des Umsatzes und des Gewinns gemeinsam mit Vorgesetzen
- Durchführung von Local-Store-Marketing
- Einstellung und Entlassung von Crewmitarbeitern
- Aus- und Weiterbildung von Schichtführern und Assistenten
- Durchführung von Kostenkontrollmaßnahmen, Überwachung der betrieblichen Kennzahlen

Restaurantassistent (Assistant Restaurant Manager)

- Unterstützung des Restaurantleiters bei der Führung des Restaurants
- Bestellung der Waren nach der Umsatzplanung des Restaurantleiters
- Gestaltung des Dienstplanes nach der Umsatzplanung des Restaurantleiters
- Erarbeitung des Trainingsplanes für die Mitarbeiter und Besprechung des Planes mit den Crewtrainern
- Aus- und Weiterbildung der Schichtführer
- Überwachung der Einhaltung der betrieblichen Standards
- Erledigung administrativer Aufgaben, Vertretung des Restaurantleiters

Schichtführer (Shiftleader, Teamleader)

- Unterstützung des Restaurantmanagements bei der Führung des Restaurants
- Einteilung der Mitarbeiter nach den Vorgaben des Dienstplanes
- Behandlung von Gästereklamationen
- Abrechnung der Kassen
- Planung der vorzubereitenden Zutaten nach Vorgaben des Restaurantleiters/Assistenten

Crewtrainer (Teamtrainer)

- Herstellung und Verkauf von Produkten nach vorgegebenen Standards
- Kontrolle der ihm unterstellten Mitarbeiter im Hinblick auf Einhaltung der Standards
- Schulung der Mitarbeiter nach Vorgaben des Trainingsassistenten

Küchenmitarbeiter (Crewmember back of house BOH)

- Vor- und Zubereitung aller Produkte nach den vorgegebenen Standards
- Einhaltung der Standards bei Lagerung der Produkte, Reinigung der Gebrauchsgegenstände
- Kontrolle der Haltezeiten

Servicemitarbeiter (Crewmember front of house FOH)

- Verkauf von Speisen und Getränken, Kassieren
- Annahme von telefonischen Bestellungen
- Beratung der Gäste nach den vorgegebenen Standards
- Reinigung des Verkaufs- und Gästebereiches, Öffnungs- und Schlussdienstarbeiten
- Einhaltung von Standards bei allen Arbeiten

Auslieferungsfahrer (Driver)

- Repräsentation des Unternehmens nach außen
- Auslieferung der bestellten Speisen und Getränke
- Kassieren am Haus des Gastes

Hygiene

Hygiene bedeutet: Lehre von der Gesundheit und der Gesundheitspflege des Menschen.
Allgemein wird Hygiene als Sauberkeit verstanden; man sagt z. B. unhygienisch und meint meist unsauber. Lebensmittelhygiene umfasst mehr, nämlich
- Ursachen, die zum Verderb der Lebensmittel führen, und
- Maßnahmen, um den Verderb zu verhindern.

Damit dient die Lebensmittelhygiene dem Schutz des Verbrauchers und der Erhaltung seiner Gesundheit.

1 Mikroben   🇬🇧 microbes 🇫🇷 microbes (m)

Hauptursache des Lebensmittelverderbs sind die Kleinstlebewesen. Wegen ihrer geringen Größe sind sie mit dem bloßen Auge nicht zu erkennen; erst die Vergrößerung durch das Mikroskop macht sie sichtbar.
Obwohl die einzelnen Mikroben nicht zu erkennen sind, sind sie teilweise
- als **Kolonien sichtbar**, weil sie wegen der starken Vermehrung in sehr großer Zahl auftreten, z. B. als Schimmel auf Brot
- an **Auswirkungen erkennbar**, z. B. an schmieriger Wurst, riechendem Fleisch, gärendem Fruchtsaft.

> Die Begriffe Kleinstlebewesen oder Mikroorganismen oder Mikroben bedeuten dasselbe.

1.1 Vorkommen

Mikroben kommen **überall** vor. Besonders zahlreich sind sie jedoch im **Erdboden** und in **Abwässern** vorhanden. Durch die **Luft** werden die Keime[1] ebenfalls verbreitet. Im **Umgang mit Lebensmitteln** treten die Mikroben vermehrt dort auf, wo Nahrung, Wärme und ausreichend Feuchtigkeit gleichzeitig vorhanden sind.

Beispiele
- **Hände**, die mit den unterschiedlichsten Gegenständen in Berührung kommen
- **Handtücher**, besonders dann, wenn diese von mehreren Personen gleichzeitig benutzt werden (Gemeinschaftshandtuch) und mehrere Tage im Gebrauch sind
- **Berufswäsche**, wenn sie nicht rechtzeitig gewechselt wird,
- **Reinigungswerkzeuge** wie Spüllappen, Schwammtücher, Spülbürsten, Topfreiber, wenn diese nach Gebrauch nicht gründlich ausgewaschen und getrocknet werden.

[1] Als **Mikroben** bezeichnet man Keime, die Krankheiten hervorrufen können.
[2] **Eubakterien** ist ein Oberbegriff. **Bazillen** sind Arten von Eubakterien, die Sporen bilden können, **Clostridien** wachsen unter Sauerstoffabschluss. Der Begriff Bakterien ist als Gattungsbezeichnung nicht mehr gebräuchlich. **Keime** nennt man Arten, die Krankheiten verursachen. Für manche Lebensmittel, z. B. Speiseeis, sind Höchstwerte festgelegt. Auf eine Unterscheidung der Eubakterien wird verzichtet, weil das für die betriebliche Praxis ohne Bedeutung ist.

1.2 Arten und Vermehrungsformen

Im Zusammenhang mit den Lebensmitteln unterscheidet man folgende **Mikrobenarten**:

Eubakterien	Hefen	Schimmelpilze

Eubakterien[2] sind Einzeller.
Bei günstigen Lebensbedingungen wachsen die Eubakterien innerhalb von etwa 20 Minuten bis zu einer bestimmten Größe und vermehren sich dann durch **Zellteilung** (Abb. 1).

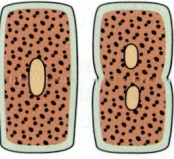

Abb. 1 Eubakterien vermehren sich durch Teilung.

Einführung
HYGIENE

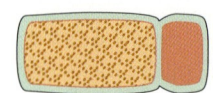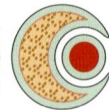

Wenn die Lebensbedingungen schlecht sind, können die Bazillen, eine Untergruppe der Eubakterien, Sporen bilden. Sporen sind eine Überlebensform. Die Zelle gibt zunächst den Zellsaft weitgehend ab und bildet dann aus der verbleibenden Zellhaut eine besondere Umhüllung. Eine **Spore** ist entstanden (Abb. 1). Alle Lebensvorgänge ruhen, und der Zellrest ist besonders widerstandsfähig gegen Wärmeeinwirkung und Desinfektionsmittel. Bei günstigen Lebensbedingungen werden aus den Sporen wieder Bazillen.

Abb. 1 Bazillen bilden Sporen.

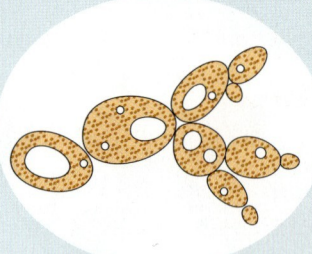

Abb. 2 Hefen vermehren sich durch Sprossung.

Hefen sind Einzeller, die sich vorwiegend von **Zuckerstoffen** ernähren. Sie vermehren sich durch Sprossung; dabei sprießt aus der Mutterzelle jeweils eine Tochterzelle (Abb. 2).

Schimmelpilze (Abb. 3) sind Mehrzeller, die sehr anspruchslos sind und auch noch auf verhältnismäßig trockenen Lebensmitteln wachsen können. Sie vermehren sich auf zwei Arten: Auf dem Lebensmittel verbreiten sie sich durch **Sporen**, im Lebensmittel über das **Wurzelgeflecht (Myzel)**. Vergleiche S. 25.

Pilzarten, die ungiftig sind und z. B. bei Käse mitgegessen werden, bezeichnet man als **Edelpilze** oder Edelschimmel.

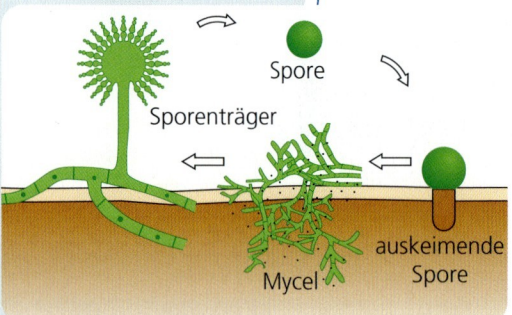

Abb. 3 Schimmel bildet Sporen.

1.3 Lebensbedingungen der Mikroben

Wie alle Lebewesen, so entwickeln sich auch Kleinstlebewesen nur, wenn bestimmte Lebensbedingungen erfüllt sind. Bei eingeschränkten Bedingungen sind Wachstum und Vermehrung verlangsamt oder eingestellt; die Mikroben können auch absterben.

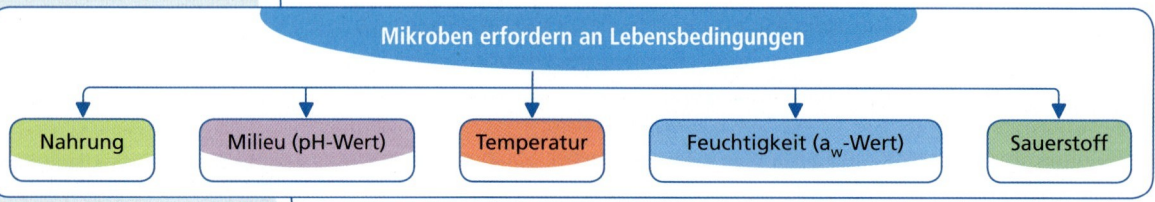

Nahrung

Die meisten Mikroben bevorzugen bestimmte Nährstoffe, folgende Grobeinteilung ist möglich.

Art	bevorzugt befallen	Beispiel
Eiweiß spaltende Mikroben	Fleisch, Wurst, Fisch, Geflügel	Salmonellen
	Milch, Frischkäse, Creme	Fäulnisbakterien
Kohlenhydrat spaltende Mikroben	Kompott, Fruchtsaft, Creme	Hefen
Fett spaltende Mikroben	Butter, Margarine, Speck	
Schimmel	alle Lebensmittel	Schimmelpilze

Milieu (pH-Wert)

Wie Menschen oft bestimmte Geschmacksrichtungen bevorzugen, so besitzen auch Mikroben vergleichsweise eine Vorliebe entweder für Säuren oder für Basen (Laugen). **Säuren** sind gekennzeichnet durch **H^+-Ionen**, **Basen** besitzen **OH^--Ionen**. In reinem Wasser ist die Anzahl der H^+- und OH^--Ionen ausgeglichen. Der **pH-Wert ist eine Messzahl**, die angibt, wie stark eine Säure oder Lauge ist.

Die meisten Eubakterien bevorzugen neutrale bis schwach laugenhafte Umgebung. Durch Säurezugabe kann darum deren Tätigkeit eingeschränkt werden.

● $H^+ + OH^- \rightarrow H_2O$.
Wasser hat den pH-Wert 7, es ist neutral.

● Beispiele
- Fisch in Marinade (Rollmops),
- Essiggurken,
- Fleisch in Essigbeize, Sauerkraut.

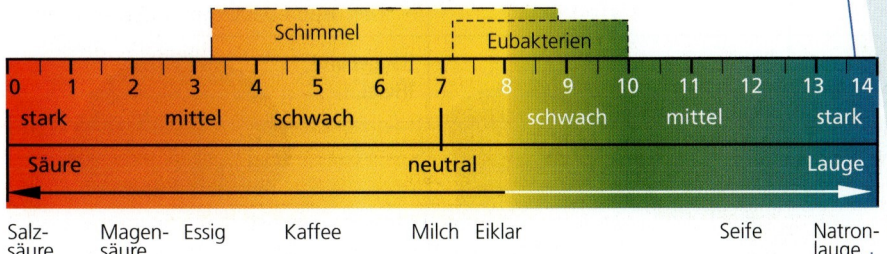

Abb. 1 pH-Wert mit Beispielen von Wachstumsbereichen

Temperatur

Mikroben bevorzugen je nach Art bestimmte Temperaturen. Man unterscheidet drei Gruppen:

- **Niedrige Temperatur liebende (psychrophil)** ① Man nennt sie darum auch „Kühlschrankbakterien". Sie kommen vor allem in Verbindung mit Fleisch und Fisch vor.
- **Mittlere Temperatur bevorzugende (mesophil)** ② Dazu zählen die Darmbakterien, Fäulnisbakterien, aber auch Hefen.
- **Höhere Temperatur liebende (thermophil)** ③ Hierzu gehören die sporenbildenden Bazillen.

Zwischen +6 °C und +60 °C vermehren sich Kleinstlebewesen am stärksten. Verarbeitung und Lagerung von Lebensmitteln in diesem Bereich können problematisch sein. Man spricht darum vom **kritischen Bereich**.

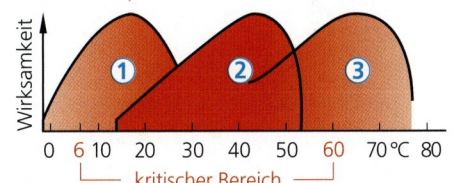

Abb. 2 Wachstumsbereiche für Mikroben

Feuchtigkeit (a_w-Wert)

Mikroben benötigen Wasser als Lösungsmittel für die Nährstoffe und als **Transportmittel**, um die Bausteine der Nährstoffe in das Zellinnere zu bringen. Da die Mikroben selbst zu etwa 70 % aus Wasser bestehen, ist das Wasser für sie auch **Baustoff**.

Vom gesamten Wassergehalt eines Lebensmittels steht den Mikroben nur ein Teil zur Verfügung. Man bezeichnet diesen Anteil auch als das **freie** oder **aktive Wasser** und spricht auch von **Wasseraktivität**, gemessen als a_w-Wert. Der a_w-Wert ist eine Messzahl. Reines Wasser hat den a_w-Wert 1,0; absolut wasserfreie Stoffe haben den a_w-Wert 0.

Die Lebensbedingungen der Mikroben können verschlechtert werden, wenn man den a_w-Wert senkt, indem man Wasser entzieht.

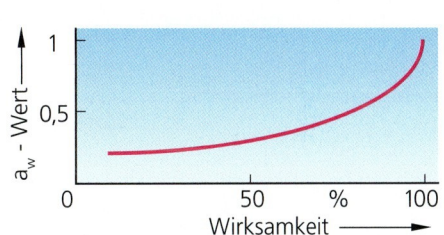

Abb. 3 Mikroben benötigen Feuchtigkeit

a_w-Wert-Senkung ist möglich durch:
- Trocknen – Wasser verdunstet und ist im Lebensmittel nicht mehr vorhanden, z. B. Trockenobst, Püree-Pulver, getrocknete Küchenkräuter;
- Salzbeigabe – Wasser wird chemisch an Salz gebunden und ist damit nicht mehr aktiv, z. B. Pökelwaren, Salzheringe;
- Zuckerzugabe – Wasser wird chemisch an Zucker gebunden, z. B. bei Konfitüre, Gelee, Sirup, kandierten Früchten o. Ä.
- Frosten – Wasser wird zu festem Eis. In diesem Zustand ist es nicht mehr aktiv.

Einführung — HYGIENE

Sauerstoff

Die meisten Kleinstlebewesen sind auf Sauerstoff angewiesen. Es gibt aber auch Arten, die ohne Sauerstoff auskommen, und solche, die sowohl mit als auch ohne Sauerstoff leben können.

Aerobier	Anaerobier	Fakultative Anaerobier
• benötigen Sauerstoff • leben auf und in den Lebensmitteln	• leben ohne Sauerstoff • leben in den Lebensmitteln, in Konserven	• leben mit und ohne Sauerstoff • leben in und auf den Lebensmitteln
• Bazillen, Fäulniserreger (s. S. 25) • Essigbakterien, Schimmelpilze	• Botulinus-Bazillen (s. S. 25)	• Hefen • Milchsäurebakterien, Fäulniserreger
Edelpilzkäse (Schimmelpilze)	Bombage (Botulinus)	Roggenbrot (Hefe)

1.4 Lebensäußerungen der Mikroben

Mikroben verändern die Lebensmittel auf zwei Arten:

1. Abbau von Nährstoffen zur eigenen Ernährung und zum Wachstum der Zelle. Dadurch verändern sich die Lebensmittel.

2. Ausscheidungen, die in oder an den Lebensmitteln bleiben und diese beeinflussen.

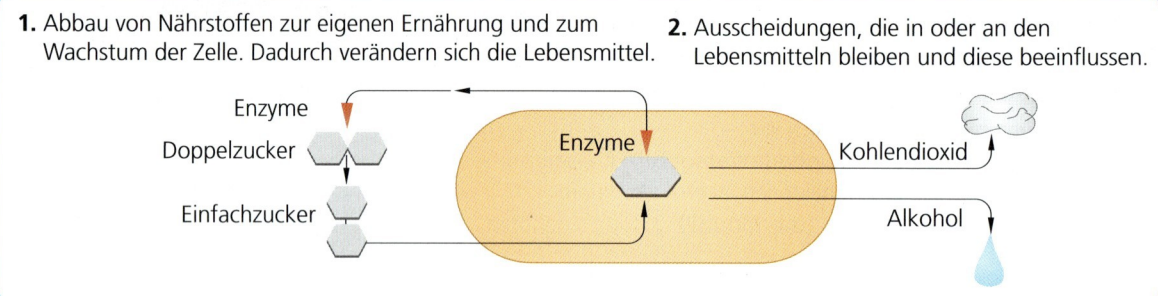

Abb. 1 Veränderungen der Lebensmittel durch Mikroben am Beispiel **Hefegärung**.

Bedeutung der Mikroben im Umgang mit Lebensmitteln

Verbesserung des Ausgangspunktes genutzt bei	Schädigung des Ausgangspunktes tritt auf als	Schutz der Umwelt durch
• Herstellungsverfahren, z. B. Bier, Wein, Brot; • Veredelungsverfahren, z. B. Bildung von Geruchs- und Geschmacksstoffen bei Brot, Sauermilch; • Konservierungsverfahren, z. B. Sauerkraut. Diese **erwünschten Veränderungen** werden durch gesteuerten Einsatz bestimmter Mikroben erreicht und bei der **Lebensmittelverarbeitung** behandelt.	• Lebensmittelverderb, z. B. Schimmelbildung, Gärigwerden, Ranzigwerden; • Lebensmittelvergiftung durch Ausscheidungen der Gift bildenden Mikroben; • Lebensmittelinfektion durch Übertragung der Krankheitserreger. **Unerwünschte und gesundheitsschädigende Veränderungen** vermeiden. Siehe folgenden Abschnitt.	• biologische Reinigung der Abwässer und natürliche Selbstreinigung der Gewässer; • Abbau von Abfällen und Resten zu organischen Substanzen (Kompost), die den Pflanzen wieder als Nahrung zur Verfügung stehen.

2 Lebensmittelinfektionen – Lebensmittelvergiftungen

🇬🇧 food poisoning 🇫🇷 intoxications (w) alimentaires

Der Genuss verdorbener Lebensmittel führt fast immer zu Übelkeit, Kopfschmerzen, Erbrechen und Durchfall. Man unterscheidet:

- **Lebensmittelvergiftungen** werden von **Giften (Toxinen)** verursacht, die in den Lebensmitteln vorhanden sind und mit diesen aufgenommen werden. Beispiel: Botulinusvergiftete Bohnen oder Wurstkonserven. Die Beschwerden treten bereits nach einigen Stunden auf.

- **Lebensmittelinfektionen** werden von **krankmachenden Mikroben** verursacht, die in Lebensmitteln vorhanden sind und mit ihnen aufgenommen werden. Die Krankheit besteht in einem Kampf (Abwehrreaktion) des Körpers gegen die „Eindringlinge". Infektionen treten erst längere Zeit nach der Nahrungsaufnahme auf (Inkubationszeit).

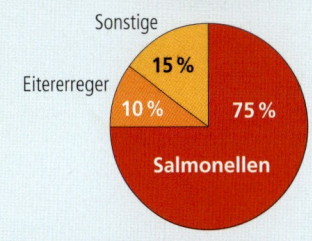

Abb. 1 Salmonellen verursachen die häufigsten Lebensmittelvergiftungen.

Rund 75 % der durch Lebensmittel verursachten Krankheitsfälle werden durch **Salmonellen** hervorgerufen. Die Eitererreger stehen mit 10 % an zweiter Stelle (Abb. 1). Beide Krankheitserreger riecht und schmeckt man nicht, denn sie verursachen keinen unangenehmen Geruch oder Geschmack und sind darum besonders gefährlich. Überprüft man die Krankheitsausbrüche, sucht nach den Ursachen und fragt man, wo Fehler gemacht worden sind, so stellt man fest: Menschliche Fehler sind die Hauptursache (Abb. 2).

Abb. 2 Menschliche Fehler sind die Hauptursache.

● Speisen entweder heiß bereithalten oder rasch abkühlen und bei Bedarf wieder erwärmen.

Diese Tatsachen müssen beachtet werden, wenn man Krankheiten vermeiden will, die durch Lebensmittel hervorgerufen werden. Schutz der Gesundheit bedeutet:
- Ansteckung der Lebensmittel durch Keime verhindern. Dazu muss der Weg der Krankheitserreger auf die Lebensmittel bekannt sein.
- Keimvermehrung verhindern – Lebensmittel kühlen. Wie rasch sich Mikroben bei günstigen Lebensbedingungen vermehren können, zeigt die Grafik (Abb. 3).

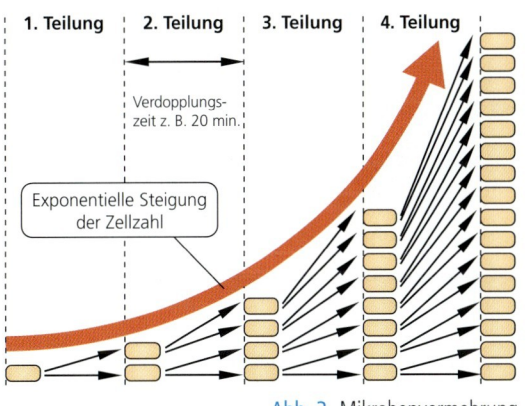

Abb. 3 Mikrobenvermehrung

2.1 Salmonellen

Salmonella-Bakterien stammen **ursprünglich immer von Tieren**, sie werden aber auch über andere Lebensmittel wie z. B. Eier übertragen. Salmonellen verursachen beim Menschen Lebensmittelinfektionen. Sie können im Darm von Tieren und Menschen leben, ohne diesen unmittelbar zu schaden. Man nennt die Betroffenen **Dauerausscheider**. Bei unzureichender Körperhygiene (Händewaschen) gelangen die Salmonellen an die Lebensmittel.

Keime können bei nicht fachgerechter Arbeitsweise auch von einem Lebensmittel auf ein anderes übertragen werden, so z. B. wenn Behältnisse und Arbeitsgeräte nach dem Auftauen von Hähnchen nicht gründlich gereinigt werden. Man spricht dann von **Kreuzkontamination**.

● Bevorzugt befallen werden tierische Lebensmittel wie Geflügel, Hackfleisch, Eier sowie Produkte aus diesen Rohstoffen wie Geflügelsalat, Cremes, Mayonnaise. Salmonellen sterben bei etwa 80 °C ab, das Gift wird beim Erhitzen zerstört.

● Besonders gefährdet sind Personen mit einem geschwächten Magen-Darm-Trakt.

Einführung

HYGIENE

Pasteurisierte und sterilisierte Lebensmittel enthalten wegen der Erhitzung keine Salmonellen. Erkrankungen treten vor allem nach dem Genuss von infiziertem, rohem Schlachtfleisch, Geflügel und Eiern auf.
- Belehrungen des Personals sind vorgeschrieben.
- Verpackungsmaterial von tiefgekühltem Geflügel aus der Küche bringen, Tauwasser wegschütten.
- Nach Umgang mit Eiern und Geflügel Hände, Tisch usw. gründlich reinigen.
- Händewaschen schützt vor Übertragung.

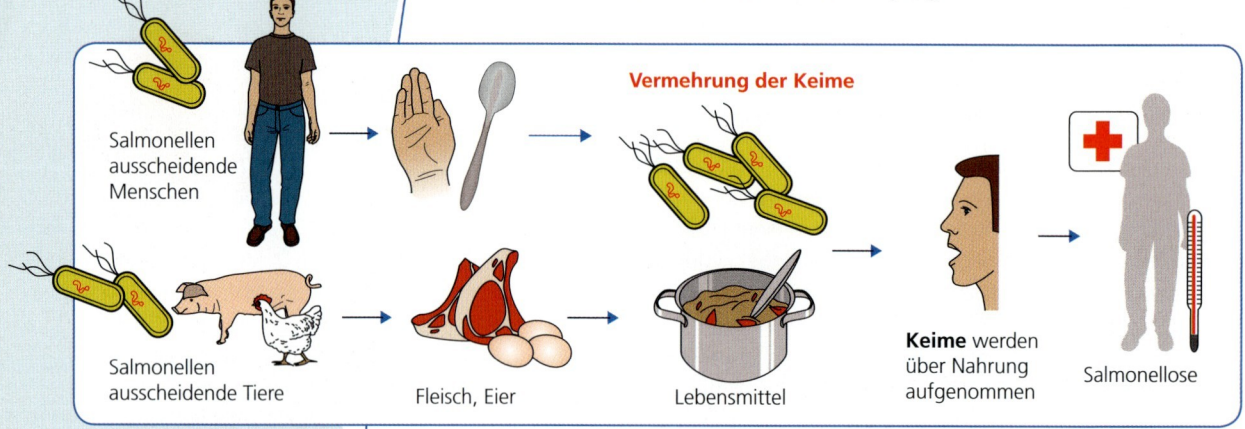

Abb. 1 Lebensmittelinfektion am Beispiel Salmonellen

2.2 Eitererreger (Staphylokokken)

Eitererreger kommen vor allem in **eitrigen Wunden** vor, werden aber auch bei **Schnupfen** über die Atemluft ausgeschieden.

Eitererreger bevorzugen Lebensmittel mit viel Feuchtigkeit und hohem Eiweißgehalt bei warmer Aufbewahrung. **Besonders anfällig** sind darum Salate, gekochter Schinken, Cremes und Tortenfüllungen.

Die Eitererreger **sondern Gift (Toxine) ab**. Die Bakterien werden bei etwa 80 °C zerstört. Das Gift der Eitererreger ist jedoch **gegen Wärme widerstandsfähig**.
- Verletzungen vollständig mit wasserdichtem Material abdecken.
- Nicht unkontrolliert niesen.
- Cremes rasch abkühlen.
- Salate kühl aufbewahren.

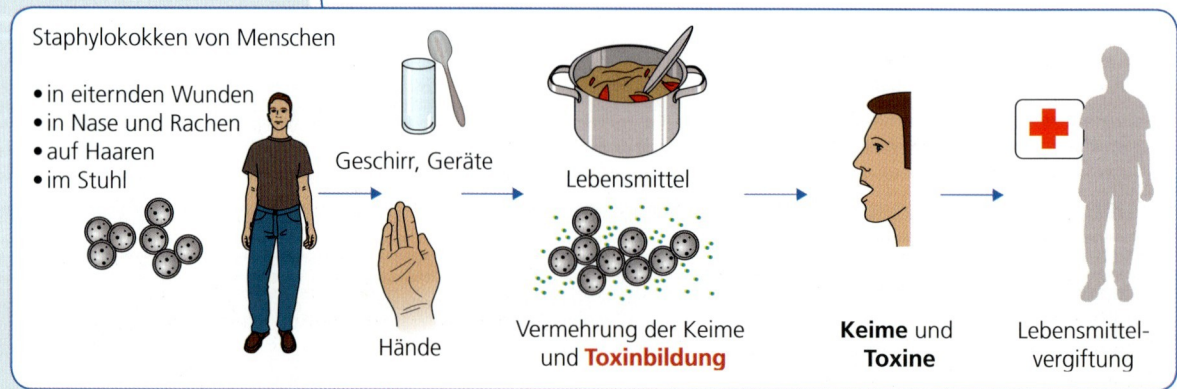

Abb. 2 Lebensmittelvergiftung am Beispiel von Eitererregern

2.3 Bodenbakterien (Botulinus-Bakterien)

Botulinus-Bakterien entstammen immer dem Erdreich. Besonders anfällig sind eiweißhaltige Lebensmittel unter Luftabschluss, z. B. in **Dosen, Gläsern** und **vakuumverpackten Waren**. Bodenbakterien sind Anaerobier und können darum auch unter Luftabschluss wirken.

Befallene Lebensmittel haben einen üblen Geruch, bei Konserven ist die Flüssigkeit getrübt. Konserven sind aufgebläht (Bombage, s. Bild S. 22). Diese deutlich wahrzunehmenden Veränderungen lassen den Genuss vermeiden. Sporen der Bodenbakterien und die Toxine überdauern das Kochen.

- Gemüse sorgfältig waschen.
- Vakuumverpackte Lebensmittel kühl lagern.
- Bombagen nicht verwenden.

2.4 Fäulniserreger

Fäulniserreger kommen überall vor, besonders zahlreich im Erdboden und in Abwässern. An die Lebensmittel gelangen sie bei **unsauberer Arbeitsweise** und durch Übertragung von Insekten (Fliegen).

Fäulniserreger bevorzugen Wärme, können mit oder ohne Sauerstoff leben und vermehren sich vor allem auf eiweißreichen Lebensmitteln. Das Schmierigwerden von Fleisch und Wurst ist auf ihre Tätigkeit zurückzuführen.

• Befallene Lebensmittel sind unansehnlich und riechen übel. Darum sind Vergiftungserscheinungen durch Fäulniserreger selten.

Abb. 1 Botulismus

2.5 Schimmel

Die Tätigkeit von Schimmelpilzen kann Lebensmittel verbessern, wie z. B. Käse wie Camembert oder Roquefort. Meist ist Schimmel aber unerwünscht. Die unerwünschten Schimmelpilze kommen als Sporen in der Luft vor und befallen **alle Lebensmittel**. Schimmel ist anspruchslos, bevorzugt Backwaren, ungeräucherte Wurstwaren und Obst.

Auf den Lebensmitteln wird der Schimmel als **Pilzrasen** sichtbar.

Die **Pilzwurzeln**, sie werden **Myzel** genannt, wachsen in den Lebensmitteln.

Schimmelpilze bilden Toxine (Gifte). Weil nicht erkennbar ist, wie weit das Pilzgeflecht im Lebensmittel reicht, sind vom Schimmel befallene Lebensmittel sorgfältig zu beurteilen, denn Pilzgifte schädigen die Leber.

- Kühle und trockene Aufbewahrung schützt vor Schimmelbefall.
- Schimmelige Lebensmittel wegwerfen oder Schimmelstellen großzügig ausschneiden.

• Schimmelpilze wachsen auf und in den Lebensmitteln.

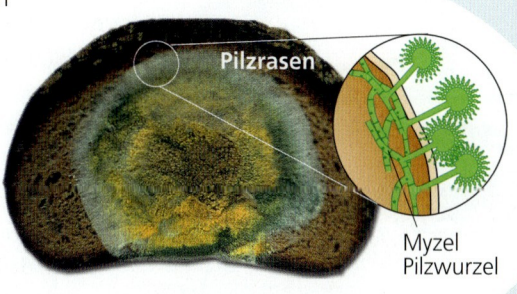

Abb. 2 Schimmel auf Brot

Einführung

HYGIENE

3 Schädlingsbekämpfung

🇬🇧 pest control 🇫🇷 lutte (w) antiparasitaire

Schädigung der Lebensmittel kann erfolgen durch
- Fraßschäden, z. B. Speckkäfer, Mehlmilbe,
- Verunreinigungen, z. B. durch Kot, Reste abgestorbener Tiere,
- Übertragung von Mikroben, z. B. durch Fliegen.

Als **Schädlinge** bezeichnet man Tiere, die Lebensmitteln Schaden zufügen.

Moderne Bauweisen machen den Schädlingen das Einnisten schwerer als dies früher der Fall war. Dennoch finden sie vielfach Gelegenheit, Schlupfwinkel aufzuspüren. Da Schädlinge sehr scheu sind, wird ihre Anwesenheit oft nur an den „Spuren" morgens zu Arbeitsbeginn erkannt. Eine konsequente Bekämpfung hilft, Schäden und Reklamationen zu vermeiden.

Schaben, Motten, Milben, Käfer

Insekten bevorzugen Wärme, leben in Ritzen und hinter Möbeln und Geräten. Sie schaden durch Fraß und Verunreinigungen.

- Abhilfe durch gründliche Reinigung.
- Mehrmalige Anwendung von chemischen Bekämpfungsmitteln, damit auch die erst später ausschlüpfende Brut erfasst wird.

Deutsche Schabe
Körper bis 12 mm lang,
Spannweite bis 12 mm

Fliegen

Brutstätten sind Abfälle und Kot. Fliegen schaden durch Übertragung von Krankheits- und Fäulniserregern.

- Bekämpfung durch Fliegengitter.
- Abdecken der Lebensmittel, damit die Fliegen ferngehalten werden.
- Abfallbehälter gut verschließen und regelmäßig reinigen.
- Eventuell chemische Bekämpfungsmittel einsetzen.

Weizenkörner mit **Fraßschäden**

Raupe bis 6 mm lang in einem Weizenkorn

Stubenfliege bis 8 mm lang

Silberfischchen

Das scheue Nachttier lebt versteckt in Ritzen und bevorzugt Kohlenhydrate. Es schadet vor allem durch Verunreinigungen. Bekämpfung wie bei Fliegen.

Getreidemotte
bis 19 mm
Flügelspannweite

Silberfischchen

Mäuse, Ratten

Nager gelangen durch offene Türen, Kellerfenster und Rohrschächte in die Betriebsräume.

- Bekämpfung durch Gitter an den Kellerfenstern.
- Aufstellen von Fallen. Auslegen von Berührungsgiften, die zu innerem Verbluten der Schädlinge führen.

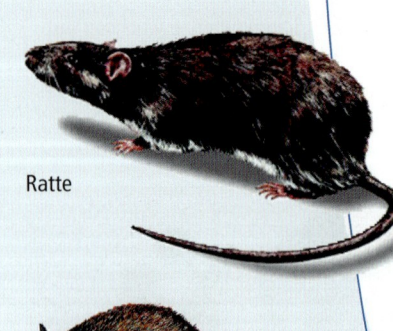
Ratte

Maus

Schädlingsbekämpfungsmittel

- müssen so eingesetzt werden, dass Lebensmittel nicht geschädigt werden,
- dürfen nur nach Anwendungsvorschrift eingesetzt werden,
- sind in den Originalpackungen getrennt von Lebensmitteln zu lagern.

4 Reinigung und Desinfektion

🇬🇧 cleaning and disinfection 🇫🇷 nettoyage (m) et désinfection (w)

Reinigen ist das Entfernen von Schmutz oder Verunreinigungen. Als **Schmutz** bezeichnet man in Lebensmittelbetrieben alle Stoffe, die auf einer Oberfläche unerwünscht sind, also nicht nur die Erde, die Kartoffeln anhaftet, sondern z. B. auch Reste einwandfreier Speisen auf Tellern und Geschirren.

Diese **Verunreinigungen** können gefährliche Brutstätten für Mikroben und Ungeziefer sein. Darum sind Reinigen, eventuell mit anschließender Desinfektion, wichtige Schritte um die Hygieneanforderungen zu erfüllen.

Rein sind Gegenstände, von denen Schmutz, Verunreinigungen und Mikroben weitgehend entfernt sind.

Als sauber bezeichnet man Gegenstände dann, wenn das Auge keinen Schmutz mehr erkennen kann.

4.1 Reinigen in Lebensmittelbetrieben

Die Vorgänge beim Reinigen sind hier am Beispiel des Spülens beschrieben.

Beim Reinigen/Spülen sind mehrere Faktoren beteiligt (Abb. 1). Je nach Art der Verschmutzung werden sie verändert und bestimmen aufeinander abgestimmt den Ablauf.

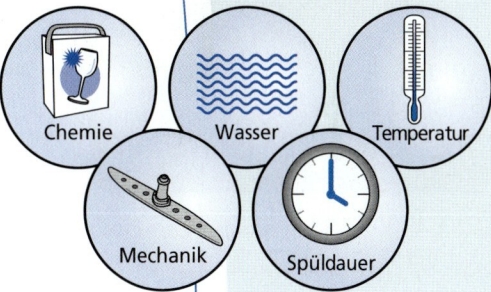

Abb. 1 Reinigungsfaktoren

Wasser

In Lebensmittelbetrieben muss zum Reinigen **Trinkwasser** verwendet werden. Das Wasser hat mehrere Aufgaben:

- **Auflösen von Schmutz**, z. B. Zucker, Salz, ungeronnenes Eiweiß;
- **Quellen von Schmutz**, z. B. Reste von Teigen, Teigwaren, Braten, Eierspeisen;
- **Abtragen von Schmutz**; die losgelösten Schmutzteilchen werden in der Schwebe gehalten und weggespült.

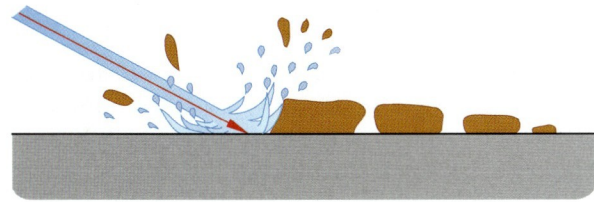

Abb. 2 Wasserdruck hebt den Schmutz ab.

Wärme fördert die Reinigungswirkung, denn

- **Fett schmilzt** und wird leichter abgespült,
- **Auflösen und Quellen** gehen **rascher** vor sich.

Die günstigste Spültemperatur liegt um 60 °C. Zu heißes Wasser lässt den Schmutz „festbacken" und kann zu Verbrennungen führen.

Reinigungsmittel

Wassermoleküle ziehen sich gegenseitig stark an. Es entsteht eine Oberflächenspannung, die am einzelnen Wassertropfen gut erkennbar ist (Abb. 3).

 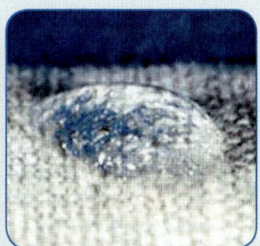

Abb. 3 Wassertropfen – Oberflächenspannung

HYGIENE

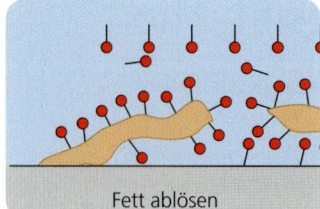 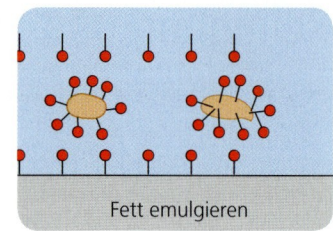

Abb. 1 Fett wird abgelöst und emulgiert.

Durch den Zusatz von Reinigungsmitteln wird das **Wasser entspannt**, es verliert seine Oberflächenspannung und **benetzt besser**. Dadurch schiebt es sich leichter unter den Schmutz und kann auch **Fett ablösen**. Die waschaktiven Teilchen legen sich dann um das Fett, **emulgieren** es und **halten es in der Schwebe**, sodass es sich nicht wieder festsetzt und abtransportiert werden kann (Abb. 1).

Mechanische Einwirkung

Beim Reinigen kommen zu Wasser, Wärme und Reinigungsmittel immer auch mechanische Kräfte. Das können sein:

- **Wasserdruck,** z. B. bei Spülmaschinen für Haushalt und Gewerbe. Die „Kraft" erhält das Wasser durch eine Pumpe. Die Düsen konzentrieren diese Kraft auf eine eng begrenzte Fläche, von der dann der Schmutz abgehoben wird.
- **Spüllappen oder Schwammtücher**, wie sie häufig beim Spülen von Hand verwendet werden.
- **Spülbürste und Reiber**; sie werden nur bei harten Gegenständen und festsitzendem Schmutz, z. B. festgebrannten Resten, verwendet. Harte Gegenstände dringen in weichere ein. Darauf ist bei der Anwendung von Werkzeugen und Scheuermitteln zu achten, wenn Beschädigungen an der zu reinigenden Fläche vermieden werden sollen.

Abb. 2 Druckreiniger

> Besser mechanisch als chemisch.
> Besser heiß als ätzend.

4.2 Desinfizieren in Lebensmittelbetrieben

Infizieren bedeutet anstecken, Krankheitserreger übertragen, eine Infektion verursachen. Durch **Desinfizieren** sollen **Ansteckungen vermieden** werden. Die Gegenstände werden so behandelt, dass sie nicht mehr anstecken. **Desinfektionsmittel töten Mikroben ab.**

Damit die Desinfektionsmittel nicht durch den Schmutz in ihrer Wirkung gehindert werden, gilt: **Zuerst reinigen, dann desinfizieren.** Die **Wirkung der Desinfektionsmittel** ist abhängig von

Informationen über Desinfektionsmittel, die im Umgang mit Lebensmitteln zugelassen sind: Deutsche Gesellschaft für Hygiene und Mikrobiologie
www.dghm.de

- **Konzentration** der Lösung: je konzentrierter, desto wirkungsvoller;
- **Anwendungstemperatur:** je heißer, desto wirksamer;
- **Einwirkungszeit:** je länger, desto wirksamer; je länger die Einwirkungszeit, desto geringer kann die Konzentration des Mittels sein.

Nach dem **Anwendungsbereich** unterscheidet man:

- **Grobdesinfektionsmittel** mit breitem Anwendungsbereich, z. B. für Küchen, in denen ja alle Nährstoffe vorkommen, und
- **Feindesinfektionsmittel** z. B. für Hände.

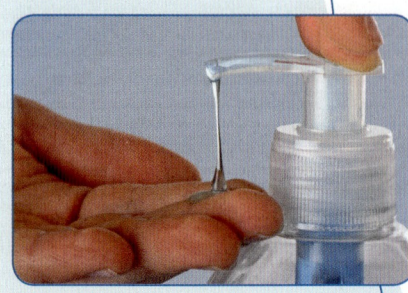

Abb. 3 Hände desinfizieren

4 Reinigung und Desinfektion

Arbeitsschutz

Unverdünnte Desinfektionsmittel sind in der Regel ätzend. Vorsicht im Umgang! Desinfektionsmittel müssen in besonderen Behältnissen aufbewahrt werden.

Umweltschutz

Reinigungs- und Desinfektionsmittel können die Umwelt belasten. Darum:

- **Möglichst wenig Chemie.**
- **Richtig dosieren**, denn zu hohe Zugabe bringt keine bessere Wirkung.
- **Temperatur** so hoch wie möglich halten, **Einwirkungszeit** so lange wie möglich.

Gefahr – Hautätzend

Handschutz benutzen

4.3 Ablauf einer gründlichen Reinigung

- **Grobreinigung**   Groben Schmutz, Speisereste entfernen
- **Reinigung**   mit heißem Wasser und Reinigunsmittel
- **Nachspülen**   *mit heißem Wasser*
- **Trocknen**   mit sauberen Tüchern oder Zellstoff
- **Desinfektion**   mit geeignetem Desinfektionsmittel
- **Nachspülen**   mit Leitungswasser
- **Trocknen**

Augenschutz benutzen

Aufgaben

1. Die Hauptursache für den Lebensmittelverderb sind Kleinstlebewesen. Nennen Sie mindestens fünf Beispiele.
2. Im Zusammenhang mit Lebensmitteln wird von Koloniebildung gesprochen. Erklären Sie.
3. Nennen Sie Beispiele aus dem Küchenbereich, wo Mikroben vermehrt auftreten.
4. Erklären Sie im Zusammenhang mit der Aufbewahrungstemperatur von Lebensmitteln den „kritischen Bereich".
5. Manche Lebensmittel werden durch Säure haltbar wie z. B. Sauerkraut und Essiggurken. Begründen Sie.
6. Mikroben können in Lebensmitteln zu erwünschten Veränderungen führen. Geben Sie drei Beispiele.
7. Warum soll Verpackungsmaterial von tiefgekühltem Geflügel sofort entsorgt werden?
8. Ein Großteil des Lebensmittelverderbs ist durch menschliche Fehler verursacht. Geben Sie drei Beispiele.
9. Nennen Sie Schädlinge, die in Lebensmittelbetrieben vorkommen können.
10. Schädlinge werden oft nur an ihren „Spuren" erkannt. Was versteht man unter „Spuren"? Wo können sich Schädlinge „verstecken"?
11. Beschreiben Sie was geschieht, wenn ohne Verwendung von Spülmitteln abgespült wird.
12. Worauf ist beim Einsatz von Hochdruckreinigern zu achten?

Umwelt- und Verbraucherschutz

1 Umweltschutz

🇬🇧 environmental protection 🇫🇷 protection (w) de l'environnement (m)

Es ist bekannt, dass wir die Umwelt in absehbarer Zeit zerstören, wenn sich unser Verhalten nicht grundlegend ändert. Auf welche Weise belasten wir die Umwelt?

> Umweltschutz ist nur im Zusammenwirken vieler Faktoren möglich.

- **Wir verbrauchen unbedacht zu viel Rohstoffe und zu viel Energie.**
  Bestimmte Vorkommen sind in weniger als 100 Jahren erschöpft. Das zeigen uns Berechnungen für die Energiearten Erdöl und Erdgas und z. B. für die Rohstoffe Kupfer und Zinn.

- **Wir schaffen zu viel Abfall oder Müll.**
  Die Abfallmengen, insbesondere die durch überflüssige Verpackungen, sind zwar verringert worden, doch sind noch erhebliche Einsparungen möglich. Durch sachgerechte Sortierung der Materialien ist eine höhere Recyclingquote möglich.

Einsparung von Rohstoffen bedeutet Müllvermeidung, z. B. wenn
- Verpackungsmaterial (Papier, Kunststoffe) sinnvoll eingesetzt wird,
- Mehrwegflaschen statt Einwegflaschen verwendet oder Nachfüllpackungen eingesetzt werden.

- **Wir belasten die Umwelt durch unser Verhalten.**
  Verbrennungsrückstände aus den Motoren sowie Treibgase gefährden die Luftschicht der Erde;
  Schwefel aus Verbrennungsrückständen führt zu saurem Regen, der wiederum Wälder und Gewässer belastet;
  Unkrautvernichtungs- und Schädlingsbekämpfungsmittel gelangen in Lebensmittel und Trinkwasser und schaden so unmittelbar unserer Gesundheit.

Einerseits muss der **Staat** durch entsprechende Gesetze und Verordnungen Rahmenbedingungen schaffen, die Behörden zum Handeln berechtigen und auch zum Handeln zwingen.

Andererseits ist aber auch die **Verantwortung des Einzelnen** gefordert. Entsprechend den Hauptbereichen der Umweltbelastung kann man unterscheiden:

Einsparung von Energie

Beispielsweise durch

- vernünftiges Heizen: Absenken der Raumtemperatur um 1 °C spart 6 Prozent Energie,
- richtiges Lüften: kein Dauerlüften, sondern kurzzeitig und dafür mehrmals (Stoßlüften),
- Beachten der Saisonzeiten bei Obst und Gemüse: Der Energieaufwand für Treibhäuser und für lange Transporte ist nicht notwendig,
- überlegte Benutzung der Verkehrsmittel.

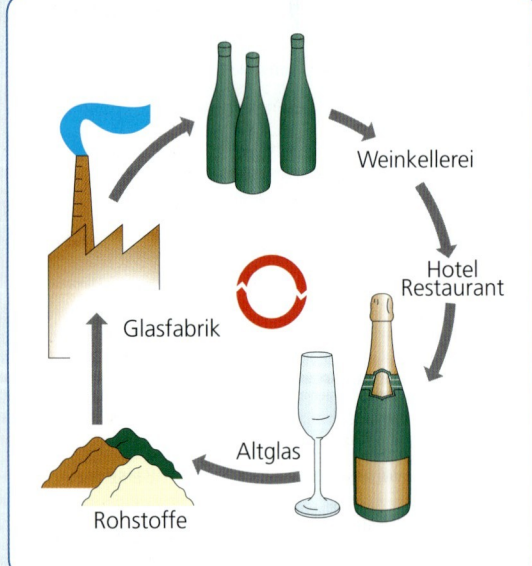

Abb. 1 Recycling ➡
re = zurück, cycle = Kreislauf

Recycling

Recycling ist ein Wertekreislauf. Wertstoffe werden **sortiert** und soweit möglich einer **Wiederverwertung** zugeführt.

- **Glas** fällt in großen Mengen in Form von Flaschen an.
- **Altpapier**, auch Verpackungsmaterial, jedoch ohne Kunststoffanteile, wird neu aufgearbeitet.
- **Verbrauchtes Fett**, z. B. aus der Fritteuse, ist getrennt zu lagern und wird als Sondermüll abgeholt.
- **Speisereste und Lebensmittelabfälle** werden am sinnvollsten als Vieh-(Schweine-)futter genutzt oder in Biogasanlagen verwertet.

> ● Bei der Lagerung von Abfällen ist unbedingt auf Sauberkeit und Ordnung zu achten. Hygiene und damit die Gesundheit ist wichtiger als Abfallverwertung.

Schutz des Abwassers

Beispiele:

- **Fettabscheider;** Fettreste, die beim Spülen vom Wasser weggetragen werden, kommen im Abfluss-System mit den kalten Rohren in Verbindung. Sie erstarren und haften an den Wänden. Mit der Zeit würde auf diese Weise der Querschnitt der Rohre immer enger und sie verstopfen.
- **Stärkeabscheider** halten die von den Kartoffelschälmaschinen freigelegten Stärketeilchen zurück. Diese würden sich auf dem Grund der Kanalrohre festsetzen und den Wasserdurchfluss hindern.
- **Richtige Dosierung von Spül- und Desinfektionsmitteln.** Jedes Zuviel der für Sauberkeit und Hygiene durchaus notwendigen Helfer der Chemie bleibt „unverbraucht" und wirkt in der Umwelt weiter, dort aber als Belastung.

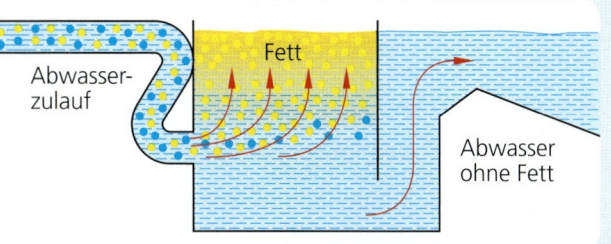

Abb. 1 Fettabscheider, Schema

Umwelt im Zusammenhang

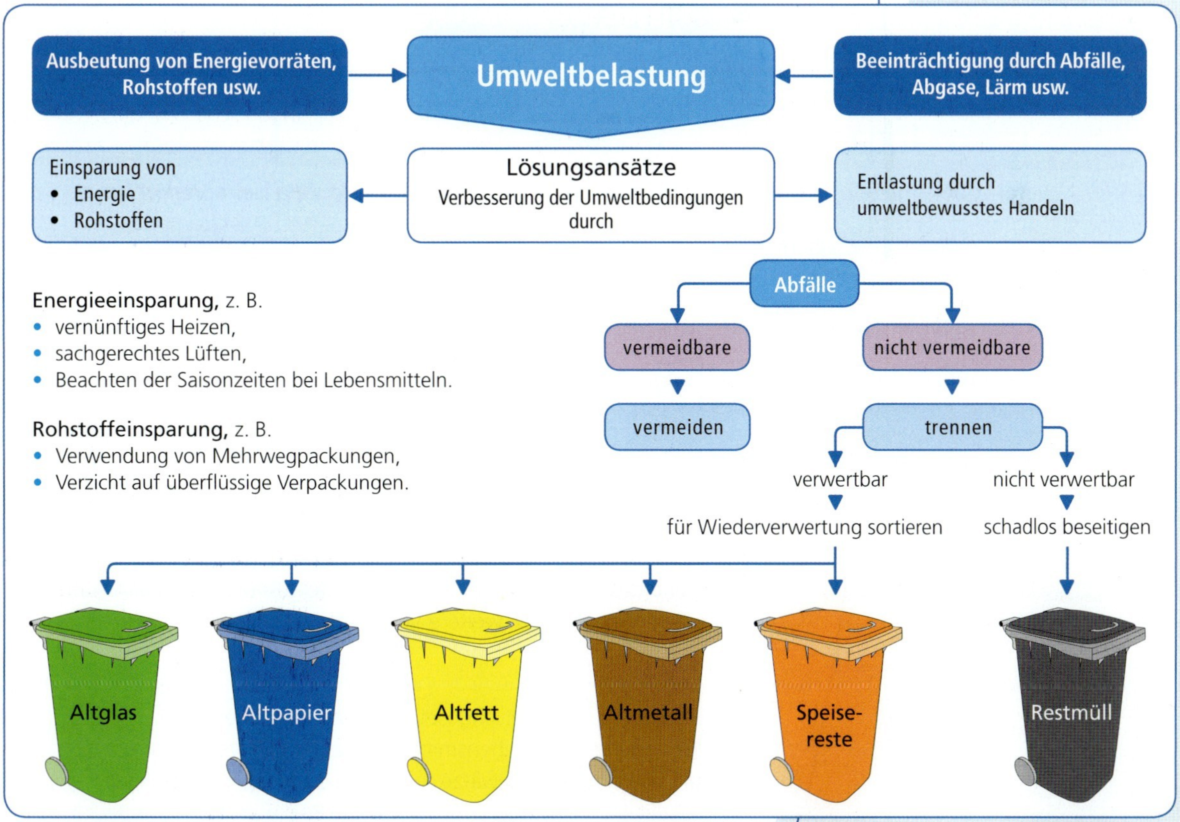

Umweltbelastung
- Ausbeutung von Energievorräten, Rohstoffen usw.
- Beeinträchtigung durch Abfälle, Abgase, Lärm usw.

Lösungsansätze – Verbesserung der Umweltbedingungen durch
- Einsparung von
  - Energie
  - Rohstoffen
- Entlastung durch umweltbewusstes Handeln

Energieeinsparung, z. B.
- vernünftiges Heizen,
- sachgerechtes Lüften,
- Beachten der Saisonzeiten bei Lebensmitteln.

Rohstoffeinsparung, z. B.
- Verwendung von Mehrwegpackungen,
- Verzicht auf überflüssige Verpackungen.

Abfälle
- vermeidbare → vermeiden
- nicht vermeidbare → trennen
  - verwertbar → für Wiederverwertung sortieren: Altglas, Altpapier, Altfett, Altmetall, Speisereste
  - nicht verwertbar → schadlos beseitigen: Restmüll

Einführung

UMWELT- UND VERBRAUCHERSCHUTZ

2 Verbraucherschutz

🇬🇧 consumer protection 🇫🇷 protection (w) du consommateur

Als die Menschen noch von den selbst angebauten Feldfrüchten lebten und ihre eigenen Haustiere zur Fleischversorgung hatten, wusste man genau, was auf den Tisch kam. Doch schon im Mittelalter lebte der Bauer außerhalb der Stadt und der Handwerker im Stadtgebiet. Damit waren Erzeugung von Lebensmitteln und Verbrauch bereits damals voneinander getrennt.

Heute kann man den Weg eines Lebensmittels vom Erzeuger zum Verbraucher oft nicht nachvollziehen. Das ist der Grund, warum der Gesetzgeber **Regelungen zum Schutz des Verbrauchers** erlassen hat. Diese Bestimmungen binden Erzeuger, Verarbeiter und Handel.

Wichtige Vorgaben des Gesetzgebers zeigen die folgenden Beispiele.

Auch wenn man im Einzelfall, besonders als Betroffener, sich über Vorschriften beschwert: Der Schutz des Verbrauchers, des Gastes ist wichtiger als Erschwernisse in Produktion oder Vertrieb.

2.1 Lebensmittel- und Futtermittelgesetzbuch (LFGB)

🇬🇧 food and feed article law
🇫🇷 loi (w) sur la protection des produits alimentaires

Das Lebensmittel- und Futtermittelgesetzbuch (LFGB) ist die rechtliche Grundlage im Umgang mit Lebensmitteln.

Zweck des Gesetzes ist

Schutz vor Gesundheitsschädigungen	Schutz vor Täuschung
§ 1 (1) 1 … bei Lebensmitteln … den **Schutz** der Verbraucher durch Vorbeugung gegen eine Gefahr oder Abwehr einer Gefahr für die menschliche Gesundheit sicherzustellen.	**§ 1 (1) 2** vor Täuschung beim Verkehr mit Lebensmitteln … zu schützen.
§ 5 Verbote zum Schutz der Gesundheit Es ist verboten, 1. Lebensmittel für andere derart herzustellen oder zu behandeln, dass ihr Verzehr gesundheitsschädlich … ist, 2. Stoffe, die keine Lebensmittel sind und deren Verzehr gesundheitsschädlich ist, in den Verkehr zu bringen …	**§ 11 Vorschriften zum Schutz vor Täuschung** Es ist verboten, Lebensmittel unter irreführender Bezeichnung, Angabe oder Aufmachung gewerbsmäßig in den Verkehr zu bringen oder für Lebensmittel allgemein oder im Einzelfall mit irreführenden Darstellungen oder sonstigen Aussagen zu werben.

Während das Lebensmittel- und Futtermittelgesetz (LFGB) das Grundsätzliche regelt, bestimmen weitere Vorschriften die Einzelheiten.

Beispiele:

- Gesetze: Milchgesetz, Fleischbeschaugesetz
- Verordnungen: Lebensmittelkennzeichnungsverordnung
- Leitsätze: Leitsätze für Fleisch und Fleischerzeugnisse
- Richtlinien: Richtlinien für Feine Backwaren und für Backmittel

2 Verbraucherschutz

2.2 Kennzeichnung von Lebensmitteln

🇬🇧 labelling of foodstuff 🇫🇷 marquage (m) distinctif des produits alimentaires

Wer in einer Bäckerei „lose Ware" wie Kleingebäck von der Verkäuferin erhält oder im Restaurant ein Menü bestellt und wissen will, welche Zutaten enthalten sind, kann das Personal direkt fragen. Anders ist es, wenn sich der Kunde selbst bedient.

Die Lebensmittelkennzeichnungsverordnung (LMKV) schreibt darum vor, was zur Information des Verbrauchers auf dem Etikett von verpackten Waren (Fertigpackungen) stehen muss.

Beispiel

① **Verkehrsbezeichnung**, das ist der Name des Produkts
② **Menge**
③ **Mindesthaltbarkeit** oder **Verbrauchsdatum**
④ **Zutatenliste**
⑤ **Hersteller oder Vertreiber,** damit der Verbraucher weiß, an wen er sich bei Reklamationen wenden kann.

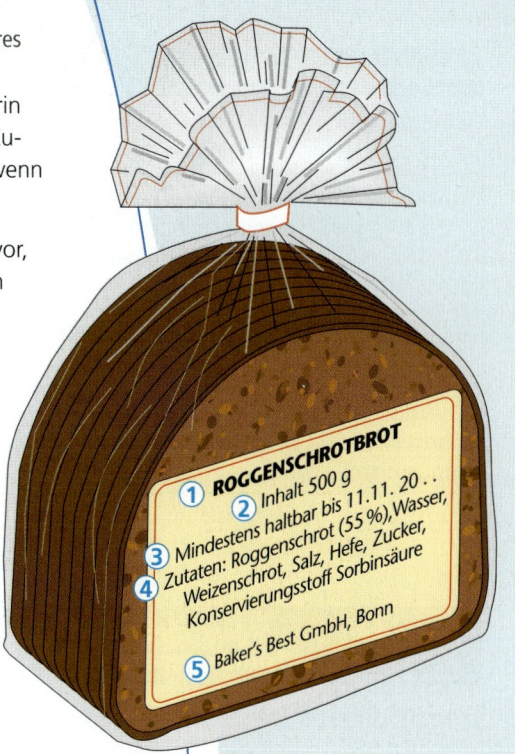

Zutaten sind alle Stoffe, die bei der Herstellung eines Lebensmittels verwendet werden. Beim frischen Brot z. B. Mehl, Getreideschrot, Wasser, Salz und Hefe.

Diese Zutaten sind in absteigender Folge anzugeben, also die größten Anteile zuerst, die geringsten zuletzt.

Wenn nun das Brot geschnitten, verpackt und auf Vorrat gehalten wird, kann es leicht schimmeln. Darum gibt man manchmal Sorbinsäure als Konservierungsstoff bei. Konservierungsstoffe sind Zusatzstoffe (siehe unten).

Wenn eine Zutat
- den Namen gibt, z. B. Roggenschrotbrot, Erdbeerjoghurt, oder
- wesentlich ist, z. B. Kräuterbutter,

muss der Anteil dieser Zutat in Prozent genannt werden. Man nennt diese Besonderheit auch **Mengenkennzeichnung** oder **QUID-Richtlinie.**

Zusatzstoffe sind eine besondere Gruppe von Zutaten, die zugegeben werden, um besondere Wirkungen zu erzielen. Solche erwünschten Wirkungen können sein:
- *besondere Beschaffenheit,* z. B. Gelatine bei Joghurt, damit sich keine Flüssigkeit absetzt.
- *Erzielung bestimmter Eigenschaften oder Wirkungen*, z. B. Carotin, um dem Pudding/Creme eine schöne Farbe zu geben,
- *Konservierung*, die die Haltbarkeit verlängert.

Jeder Zusatzstoff hat eine Nummer. Wenn auf dem Etikett nicht die genaue Bezeichnung des Zusatzstoffes genannt ist, sondern nur der Gruppenname, muss diese **E-Nummer** angegeben werden.

Beispiel

- Mit Konservierungsstoff Sorbinsäure oder
- Mit Konservierungsstoff (E 200)

QUantitative = mengenmäßige
Ingredient = Zutaten-
Declaration = angabe

Empfindliche Personen können auf bestimmte Stoffe allergisch reagieren. Diesen Menschen ist die Zutatenliste eine Hilfe, denn man kann dort ungünstig wirkende Stoffe erkennen und dann das Produkt meiden.

Einführung

UMWELT- UND VERBRAUCHERSCHUTZ

Die Zusatzstoffe werden je nach der Verwendung in Gruppen eingeteilt.

Gruppenname	Wirkung	Beispiele	Anwendung z. B.
Emulgatoren	halten Gemische von Fett und Wasser zusammen	Mono- und Diglyceride	Fertigsuppen, Salatmayonnaise
Antioxidantien	hemmen die Verbindung der Lebensmittel mit dem Sauerstoff der Luft und verzögern so den Verderb	Ascorbinsäure (Vitamin C), Tocopherol (Vitamin E), Milchsäure	Konfitüren, Salatsaucen, Pflanzenöle
Farbstoffe	geben den Zubereitungen eine ansprechende Farbe	Riboflavin, Carotin	Cremespeisen, Pudding, Kräuterliköre
Chemische Konservierungsmittel	hemmen die Tätigkeit von Mikroben und verhindern so den Verderb	Benzoesäure, Sorbinsäure, PHB-Ester	Feinkostprodukte wie Fleisch- oder Heringssalat, Toastbrot

Mindesthaltbarkeits- und Verbrauchsdatum

Lebensmittel sind nur beschränkt haltbar. Darum müssen die Hersteller den Weiterverarbeiter, den Händler und den Endverbraucher darüber informieren, wie lange ein Produkt bei sachgemäßer Lagerung *mindestens haltbar* ist. Diesen Zeitpunkt nennt das **Mindesthaltbarkeitsdatum**.

Wenn die auf dem Etikett genannte Frist abgelaufen ist bedeutet das nicht, dass ein Lebensmittel verdorben ist, dass man es nicht mehr verwenden dürfte. Es muss jedoch sorgfältig auf Mängel geprüft werden.

Das **Verbrauchsdatum** ist bei leicht verderblichen Lebensmitteln wie z. B. Hackfleisch anzugeben.

Die Kennzeichnung lautet:
Verbrauchen bis spätestens 12.10. …

Haltbarkeit	vorgeschriebene Kennzeichnung
weniger als drei Monate	→ mindestens haltbar bis (Tag und Monat)
bis 18 Monate	→ mindestens haltbar bis (Monat und Jahr)
länger als 18 Monate	→ mindestens haltbar bis (Jahr)

Nach dem als Verbrauchsdatum genannten Termin darf das Lebensmittel **nicht mehr verwendet** werden.

Salami (200 g Paket)
20,00 €/kg   **4,00 €**

Preisangaben

Sinn dieser Bestimmungen ist es, dem Verbraucher/Gast Preisvergleiche zu ermöglichen. Darum ist jeder, der Waren oder Dienstleistungen anbietet, zur konkreten Angabe der Preise verpflichtet. Die Preise müssen Endpreise sein, es dürfen keine weiteren Zuschläge hinzukommen. In der Gastronomie spricht man von **Inklusivpreisen**.

- Im Einzelhandel muss bei Lebensmitteln neben dem Gewicht und dem Einzelpreis auch der Preis pro kg (€/kg) genannt werden.
- Gaststätten und Restaurants müssen neben dem Eingang ein Verzeichnis wesentlicher Speisen und Getränke anbringen. Das erlaubt dem Gast eine erste Orientierung vor dem Betreten des Lokales.
- Bei Getränken (außer bei Aufgussgetränken) muss neben dem Preis auch die Menge genannt werden. Also nicht: Glas Wein 4,00 €.
- Eine Angabe wie:
  „Forelle blau, nach Größe"
  ist nicht erlaubt. Richtig ist es so:

Forelle blau, nach Größe
Preis: xx,yy € je 100 g

Qualitätssiegel auf Lebensmitteln

Das deutsche Bio-Siegel

„Bio" (Kurzform für biologische Landwirtschaft) ist ein durch EU-Recht geschützter Begriff. Wer Waren mit der **Aufschrift „Bio"** kennzeichnet, muss die Kriterien für das Bio-Siegel einhalten. Zusätzlich dürfen diese Waren das Bio-Siegel (Logo) tragen.

Für die Erteilung des Bio-Siegels müssen mindestens 95 % der Zutaten eines Produktes aus **ökologischem Landbau** stammen. Das bedeutet, dass

- keine Strahlung zur Konservierung eingesetzt wird,
- keine gentechnisch veränderten Organismen zur Erzeugung verwendet werden (z. B. gentechnisch verändertes Saatgut),
- keine künstlichen Pflanzenschutzmittel eingesetzt werden,
- keine mineralischen Dünger benutzt wurden,
- keine Geschmacksverstärker, künstlichen Aromen, Farbstoffe und Emulgatoren verarbeitet werden und
- Tiere artgerecht gehalten werden.

Das deutsche Marken- und Patentamt überwacht im Auftrag des Bundesverbraucherschutzministeriums die Verwendung des Bio-Siegels.

> Bei einer unrechtmäßigen Verwendung des Bio-Siegels wird das Produkt eingezogen und eine Geldstrafe bis zu einer Höhe von 30 000 € ausgesprochen.

Das EU-Bio-Siegel

Alle verpackt in den Handel kommenden Bio-Lebensmittel *müssen* das EU-Bio-Siegel tragen. Unverpackte Produkte *können* freiwillig gekennzeichnet werden.

Auch hier müssen 95 % der Zutaten aus ökologischer Landwirtschaft stammen. Landwirte, die von einer traditionellen Landwirtschaft auf Bio-Landwirtschaft umstellen, müssen eine zweijährige Umstellungsphase einhalten. Kontrollbehörden der EU überwachen und kontrollieren die Einhaltung der EU-Verordnung für biologische Landwirtschaft (→ CD).[1]

> Das deutsche Bio-Siegel und das EU-Bio-Siegel dürfen parallel verwendet werden.

Das MSC-Siegel

Das Marine Stewardship Council ist eine gemeinnützige Organisation, die sich gegen eine Überfischung der Weltmeere einsetzt. Die Förderung der **Nachhaltigkeit** (d. h. es darf nur so viel gefischt werden, wie nachwächst) ist das Hauptziel der Organisation.

Eine Expertenkommission aus Wissenschaftlern, Fischereiexperten und Umweltschützern prüft, ob die Vorgaben für Fischerei eingehalten werden und vergibt danach das MSC-Siegel.

Produkte mit einem MSC-Siegel lassen sich zurückverfolgen: Mit Hilfe eines Rückverfolgungscodes auf der Verpackung kann der Endverbraucher nachvollziehen, woher der Fisch stammt.

> Das MSC-Siegel wird nur für Wildfisch vergeben, nicht für Fisch aus Aufzucht (Aquakulturen).

---

[1] Hinweise dieser Art bedeuten: zusätzliche Informationen auf der CD

Einführung

UMWELT- UND VERBRAUCHERSCHUTZ

Lebensmittelhygieneverordnung EG-852/2004: siehe Buch-CD

2.3 Verordnung über Lebensmittelhygiene (Basishygiene)

🇬🇧 food hygiene regulations
🇫🇷 décret (m) sur l'hygiène des produits alimentaires

Für den hygienischen Umgang mit Lebensmitteln hatte bisher jeder Staat eigene Vorschriften, deren Einzelregelungen aber ähnlich und damit vergleichbar waren. Um den Warenaustausch zwischen den Staaten zu erleichtern, hat die EG eine Verordnung geschaffen, die in allen Mitgliedstaaten einheitlich gilt. Wesentlicher Inhalt ist die Verpflichtung zu Eigenkontrollen HACCP.

Was bedeutet die Abkürzung?

HACCP	wörtlich
H = Hazard	= Gefahr, Risiko
A = Analysis	= Analyse
C = Critical	= kritisch(er)
C = Control	= Kontroll-
P = Points	= Punkte
sinngemäß	
Risiko-Analyse und kritische Prüf- und Steuerungspunkte	

Anmerkung: das englische Wort control darf hier nicht mit Kontrolle übersetzt werden. Hier bedeutet es unter Kontrolle haben, steuern.

HACCP-Konzept

HACCP ist ein Konzept für die Produktsicherheit. Mit Hilfe dieses Verfahrens wird jeder Abschnitt der Speisen- und Getränkeproduktion auf Gefahrenstellen für die Gesundheit unserer Gäste überprüft.

Kontrollpunkte kann man auch mit **Schlüsselsituationen** übersetzen. An diesen Stellen muss man prüfen und nötigenfalls eingreifen. In diesem Sinne sind die Vorschriften zu verstehen.

Die 7 HACCP-Grundsätze (Artikel 5)

1. Durchführung einer Gefahrenanalyse
Der komplette Herstellungsprozess jedes Produktes muss analysiert werden, um mögliche Gefahrenstellen zu vermeiden oder auszuschalten. Jeder Herstellungsschritt, von dem eine mögliche Gefahr für den Gast ausgeht, wird markiert (z. B. in einem Ablaufplan).

2. Bestimmung der kritischen Kontrollpunkte „Critical Control Points (CCP)":
Mit Hilfe der in Schritt 1 herausgefundenen Gefahrenstellen werden Prüf- und Steuerungspunkte im Herstellungsprozess festgelegt. Dort ist ein Eingreifen möglich, um eine Gefährdung für den Gast auszuschließen/zu reduzieren.

3. Festlegung von Grenzwerten und Überwachungsmerkmalen:
Nun werden für jeden Prüf- und Steuerungspunkt konkrete Merkmale bestimmt (z. B. Temperatur, pH-Wert) und die dafür geltenden Grenzwerte. So wird klar, welche Werte zulässig sind.

4. Festlegung von Überwachungsmaßnahmen:
Hier wird bestimmt, **wie** (mit welchen Verfahren) die Messwerte aus Punkt 3 ermittelt werden sollen (z. B. Kerntemperaturmessung oder pH-Test).

5. Festlegung von Korrekturmaßnahmen:
Es wird bestimmt, was passiert, wenn die Grenzwerte an kritischen Kontrollpunkten nicht eingehalten wurden: welche Maßnahmen ergriffen werden, um wieder gültige Werte zu erzielen.

6. Überprüfung des HACCP-Konzeptes:
Es muss festgelegt werden, wie überprüft werden kann, ob alle Mitarbeiter die Vorschriften der Schritte 1 bis 5 einhalten.

Außerdem muss das gesamte HACCP-Konzept immer auf dem neuesten Stand sein, z. B. jedesmal angepasst werden, wenn sich etwas am Herstellungsprozess ändert.

7. Dokumentation des HACCP-Konzeptes:
Nur eine lückenlose Aufzeichnung gewährleistet ein sicheres HACCP-Konzept!

Daher muss der Betrieb dokumentieren, dass an jedem Punkt von allen Mitarbeitern alles ordnungsgemäß erfüllt wurde. Die Aufzeichnungen sollen der Größe des Betriebes angemessen sein. Sie müssen für Prüfzwecke längere Zeit aufbewahrt werden.

Die nebenstehende Grafik zeigt, dass viele Erkrankungen in Verbindung mit Lebensmitteln durch menschliches Verhalten bedingt sind: Erhitzungsfehler, Übertragung durch Menschen, Hygienemängel, Herstellungsfehler, Lagerungsfehler. Alles Dinge, die nicht sein müssten.

Das HACCP-Konzept dient der vorbeugenden Anwendung von Hygienemaßnahmen. Es umfasst die Bereiche: **Betriebshygiene**, **Personalhygiene** und **Umgang mit Lebensmitteln (Produkthygiene)**.

Die Verantwortung liegt beim Unternehmer.

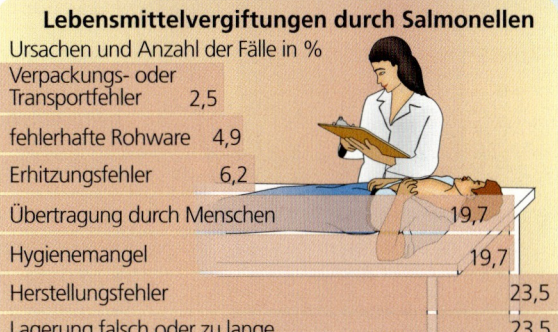

Lebensmittelvergiftungen durch Salmonellen	
Ursachen und Anzahl der Fälle in %	
Verpackungs- oder Transportfehler	2,5
fehlerhafte Rohware	4,9
Erhitzungsfehler	6,2
Übertragung durch Menschen	19,7
Hygienemangel	19,7
Herstellungsfehler	23,5
Lagerung falsch oder zu lange	23,5

Abb. 1 Ursachen von Lebensmittelvergiftungen

Betriebshygiene

Hygienisch einwandfreies Arbeiten ist nur dort möglich, wo auch die äußeren Voraussetzungen dazu vorhanden sind. Zum Schutze des Verbrauchers nennen Gesetze und Verordnungen **Mindestanforderungen**. Betriebsräume müssen darum von den entsprechenden Behörden genehmigt werden.

Voraussetzungen sind:

- **Wände** müssen hell und leicht zu reinigen sein. Nur so wird eine Verschmutzung leicht erkannt und ist problemlos zu entfernen. Darum sollen die Wände bis zu mindestens 2 Meter Höhe mit Fliesen belegt oder wenigstens mit heller Ölfarbe gestrichen sein.

Abb. 2 Hochgezogene Fliesen verhindern Schmutzablagerungen

- **Fußböden** müssen wasserdicht sein. Darum verwendet man in der Regel Fliesen und verschließt die verbleibenden Fugen mit Zement. Die Rutschgefahr wird herabgesetzt durch eine besondere Oberflächengestaltung, wie z. B. durch Nocken oder Stege.
- **Toiletten** müssen so angeordnet sein, dass sie nicht direkt mit den Produktionsräumen in Verbindung stehen. So wird die Gefahr der Keimverschleppung herabgesetzt.
- **Waschplätze** müssen sich in der Nähe der Arbeitsplätze befinden und mit fließendem Wasser ausgestattet sein. Sie müssen getrennt von den Reinigungsbecken für Geschirr oder Rohstoffe angebracht werden.
- **Kühlräume** sind sauber zu halten, denn Lebensmittelreste und Verschmutzungen bieten Bakterien Nahrung.
- **Zwischenreinigen** verbessert die Hygiene. Nach jedem Arbeitsvorgang Arbeitsflächen und Geräte reinigen.
- **Tücher**, in der Küche verwendet werden, sind täglich zu waschen.
- Bei **Spülmaschinen** dürfen Programme (Zeit, Temperatur) nicht geändert werden, denn unter geänderten Bedingungen können Bakterien überleben.
- **Ungeziefer** ist zu bekämpfen, denn es kann Keime übertragen.

Das Lebensmittelrecht schreibt vor, dass die Einrichtungsgegenstände so beschaffen sein müssen, dass sie bei bestimmungsgemäßem Gebrauch die menschliche Gesundheit nicht schädigen können. Darum dürfen sie nicht rosten und müssen leicht zu reinigen sein.

Neben den Eigenschaften des Materials, das zur Herstellung von Einrichtungsgegenständen verwendet wird, kommt es wesentlich auf die Art der Formgebung und Verarbeitung an. Wo keine Schmutzecken sind, kann sich auch kein Schmutz festsetzen. Daran sollte auch bei der Auswahl der Geräte gedacht werden.

Einführung

UMWELT- UND VERBRAUCHERSCHUTZ

> Das Verhalten der Menschen entscheidet wesentlich über den Stand der Hygiene innerhalb eines Betriebes.

Personalhygiene

„Alle Hygienemaßnahmen haben nur dann Aussicht auf Erfolg, wenn die persönliche Hygiene der Mitarbeiter einwandfrei ist." Dieser Satz aus einem Handbuch der Hygiene macht deutlich:

Beschäftigte in Lebensmittelbetrieben

- erhalten eine Erstbelehrung über Hygiene durch das Gesundheitsamt,
- werden zu Hygienefragen durch den Betrieb geschult,
- müssen übertragbare Krankheiten melden,
- dürfen mit ansteckenden Krankheiten nicht beschäftigt werden.

Personalhygiene-Regeln
1. Vor Beginn der Arbeit Ringe und Armbanduhr ablegen.
2. Vor Beginn der Arbeit und nach dem Gang zur Toilette Hände gründlich waschen.
3. Beim Husten oder Niesen sich von den Lebensmitteln abwenden.
4. Verletzungen, z. B. kleine Schnitte an den Händen, mit wasserundurchlässigem Verband versorgen.
5. Beim Umgang mit Lebensmitteln ist eine Kopfbedeckung zu tragen.
6. Beim Umgang mit Lebensmitteln ist das Rauchen verboten.

Hände – Handtuch

Hände sind gefährliche Überträger von Mikroben. Darum muss die persönliche Hygiene besonders beachtet werden. Hände werden unter fließendem warmem Wasser gereinigt.

Seife hilft den Schmutz zu lösen. Seifenspender müssen mit der gewaschenen Hand nicht mehr berührt werden und verhindern darum die Übertragung von Bakterien. Seifenstücke sollen nicht verwendet werden.

Handtücher werden bei der Benutzung **feucht** und durch Lebensmittelreste **verschmutzt**. Bei Raumtemperatur bietet das Mikroben nahezu **ideale** Vermehrungsgelegenheiten.

Besonders problematisch sind Gemeinschaftshandtücher, die von mehreren Personen benutzt werden. Sie bergen neben der Möglichkeit der Bakterienvermehrung auch die der Bakterienübertragung von Mensch zu Mensch.

> Übliche Handtücher sind darum eine Gefahr für die Hygiene.

Darum hat man andere Möglichkeiten zum Trocknen der Hände geschaffen: **Papierhandtücher** und **Stoffhandtuchspender**.

Berufskleidung

Mit modernen Waschmitteln ist es zwar möglich, auch bei niederen Temperaturen weiße Wäsche zu erhalten.

Papierhandtücher sind aus saugfähigem Papier und zum einmaligen Gebrauch bestimmt. Gebrauchte Stücke kommen in den Papierkorb und werden vernichtet.

„Weiß" ist aber nicht immer „hygienisch einwandfrei". Nur bei **hoher Temperatur** werden die **Mikroben** getötet. Für Berufswäsche, die ja bei fast allen Nahrungsmittelberufen auch mit eiweißhaltigen Speiseresten verschmutzt ist, empfiehlt es sich darum, die **Hauptwäsche bei 95 °C** durchzuführen.

Stoffhandtuchspender geben jeweils ein Stück frisches Tuch zur einmaligen Benutzung frei. Gebrauchtes Tuch und unbenutztes Tuch sind voneinander getrennt, sodass Bakterien nicht übertragen werden können.

Produkthygiene: Umgang mit Lebensmitteln

Lebensmittel können mit Keimen belastet sein. Vermehren sich diese während der Lagerung und Zubereitung, können sie zu einer Gesundheitsgefährdung für die Gäste werden.

Darum sind beim Umgang mit Lebensmitteln bestimmte Hygienemaßnahmen einzuhalten.

2 Verbraucherschutz

Warenannahme und Lagerung

- **Saubere Behältnisse** verhindern, dass Keime über Kontaktflächen (Regale usw.) verschleppt werden.
- **Verderbliche Lebensmittel** kühl lagern, damit sich Bakterien nicht vermehren können.
- **Fleisch und Fleischwaren** (rein) von unvorbereiteten pflanzlichen Lebensmitteln (unrein) getrennt lagern und getrennt bearbeiten.

Verarbeitung

- **Tiefgefrorenes Fleisch und Geflügel** sachgerecht auftauen, Tauwasser wegschütten, Verpackung entsorgen, Tisch, Geräte und Hände reinigen.
- **Vorbereitete Lebensmittel** bis zur Weiterverarbeitung kühl lagern.
- **Zubereitete Speisen** bis zur Ausgabe entweder **heiß halten** oder rasch abkühlen und bei Bedarf **wieder erwärmen**, denn im kritischen Bereich (+ 6 bis + 60 °C) vermehren sich Bakterien rasch.
- **Abfälle** außerhalb der Küche lagern, damit Bakterien ferngehalten werden.

Sachgerechte kurzfristige Vorrätighaltung

Um den Spitzenbelastungen in der gewerblichen Küche gerecht werden zu können, muss ein Teil der Vorbereitungs- und Zubereitungsarbeiten im Voraus, unabhängig vom eigentlichen Service, erfolgen. Um zu verhindern, dass sich in der Zwischenzeit Bakterien auf den noch warmen Zubereitungen vermehren, muss für die Zwischenlagerung **rasch abgekühlt** werden.

Zeitliche und thermische Entkoppelung

Werden Vorbereitung und endgültige Zubereitung getrennt oder entkoppelt, spricht man von zeitlicher und thermischer Entkoppelung.

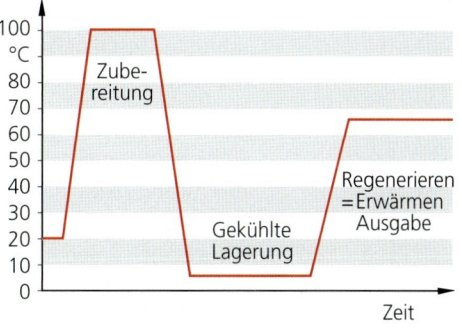

Abb. 1
Zeitliche und thermische Entkoppelung

Sachgerechtes Abkühlen

Je größer ein Lebensmittel oder das Gargeschirr, desto länger dauert die Abkühlung bis ins Innere.

Die Abkühlung fördern

- das Umfüllen in flaches Geschirr, denn die Wärme kann besser entweichen,
- Töpfe ohne Kompensboden, denn diese speichern die Wärme,
- Geschirr in kaltes Wasserbad gestellt, Inhalt öfter umrühren,
- das Einsetzen von Tauchkühlern.

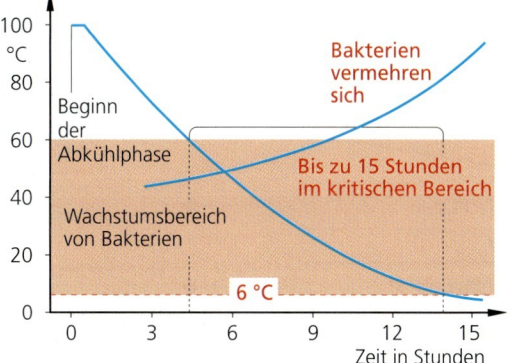

Abb. 2
Temperaturverlauf in einem Topf mit 25 Liter Sauce beim Abkühlen im Kühlraum

Durchführung der Hygienevorschriften

Hier verlangt die Lebensmittelhygieneverordnung die **Eigenkontrolle** der Betriebe. Die amtliche Lebensmittelüberwachung ist dann gleichsam die „Kontrolle der Kontrolle".

Tipp: Auch daran ist zu denken: Wenn eine Kühlmaschine ununterbrochen läuft, wenn sie nicht mehr abschaltet, ist sie überlastet. Eine ausreichende Kühlung ist nicht mehr gewährleistet.

Einführung

UMWELT- UND VERBRAUCHERSCHUTZ

Die Betriebe müssen

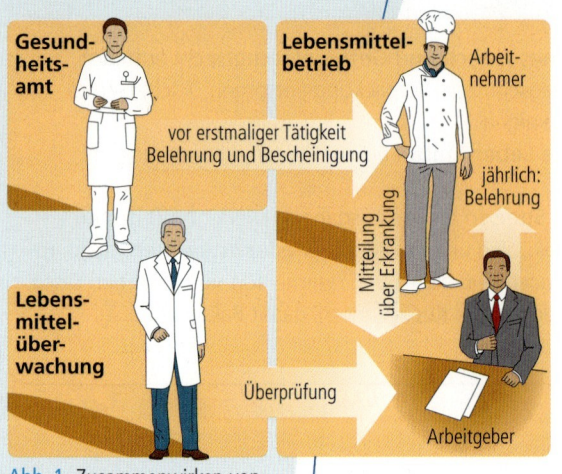

Abb. 1 Zusammenwirken von Behörde und Betrieb

- **Kontrollpunkte festlegen (CP).** Darunter versteht man Schlüsselsituationen, an denen die Qualität oder die gesundheitliche Unbedenklichkeit eines Produktes gefährdet sein kann. *Beispiel:* Fleisch wird nicht im Kühlraum gelagert. Wird die Gesundheit gefährdet, spricht man von **kritischen Kontrollpunkten (CCP).**
- **Sicherungsmaßnahmen festlegen.** *Beispiel:* Die Anweisung „Fleisch, Fisch und Milchprodukte sind unmittelbar nach der Annahme der Waren in die entsprechenden Kühlräume zu bringen."
- **Einen Reinigungs- und Hygieneplan aufstellen.**
- **Die Maßnahmen an den kritischen Punkten** durch betriebseigene Kontrollen überwachen. Kontrollen müssen durch die Lebensmittelkontrolle nachprüfbar sein.

Es ist darum notwendig, die durchgeführten Kontrollen und die Ergebnisse schriftlich festzuhalten, weil nur auf diese Weise die geforderte Sorgfalt nachgewiesen werden kann.

In Anlehnung an die 7 HACCP-Grundsätze (s. S. 36) zeigt die folgende Abbildung den Herstellungsprozess (vgl. Grundsatz 1) einer Portion Rührei im Frühstücksgeschäft. Angegeben sind Kontroll- und kritische Kontrollpunkte (vgl. Grundsatz 2), Grenzwerte und Überwachungsmaßnahmen (Grundsätze 3 und 4), sowie ggf. einzuleitende Korrekturmaßnahmen (Grundsatz 5):

Herstellungsprozess mit HACCP-Selbstkontrolle am Beispiel Rühreizubereitung in der Systemgastronomie

Ab 30 Portionen sind Rückstellproben anzulegen.

Rühreiherstellung		Grenzwerte	Korrekturmaßnahmen
2 Eier aufschlagen	CCP	**Sichtkontrolle:** Dotter hoch, Eiklar in 2 getrennten Schichten	Lagertemperatur und MHD überprüfen
Pfanne aufheizen	CCP	**Temperaturmessung:** 130°C +/− 5°C	Herdplatte überprüfen, ggf. neu justieren
Eier in Pfanne geben & stocken lassen			
Eimasse fortlaufend vom Boden lösen (Winkelpalette), für 180 Sekunden garen	CCP	**Zeitmessung:** mindestens 180 sek., maximal 240 sek. **Kerntemperatur:** 70°C **Sichtkontrolle:** Ei komplett gestockt	Falls Rührei nicht gar: erneut Temperatur prüfen
Mit 2 Prisen Salz würzen	CP	Dosierhilfe (Streuer) verwenden	
Auf Frühstücksteller anrichten	CP	Rand freilassen, Rührei gleichmäßig verteilen	
Sofort servieren			

2 Verbraucherschutz

Schriftliche Pläne für Reinigungs- und Hygienemaßnahmen sind von Vorteil:

- Sie legen die geforderten Arbeiten unmissverständlich fest.
- Sie bleiben auch bei Personalwechsel bestehen.
- Sie dienen gegenüber dem Lebensmittelkontrolldienst als Nachweis.

Kontrollpunkte sind insbesondere an den Stellen erforderlich, wo die Verantwortung in andere Hände übergeht.

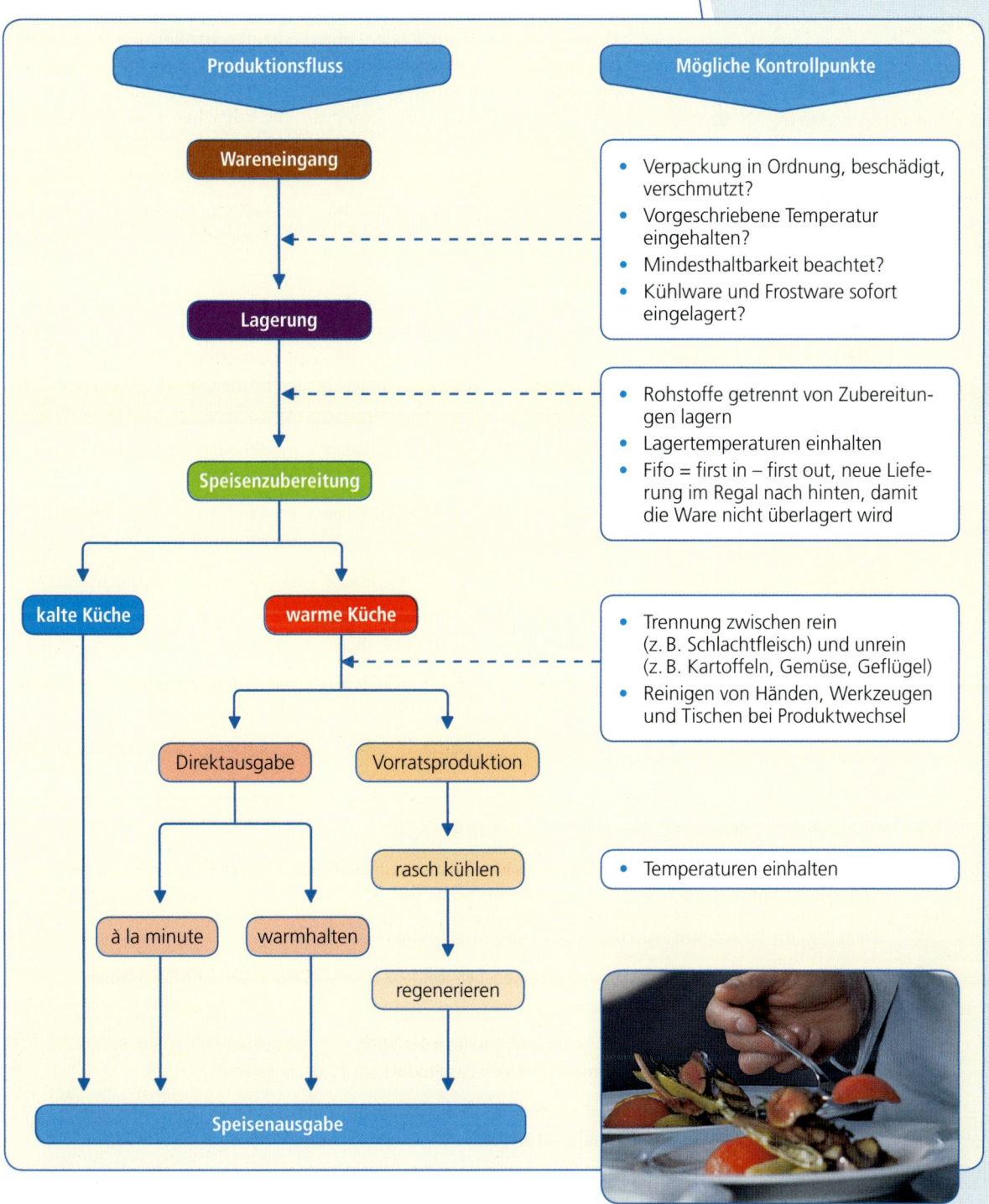

Einführung

UMWELT- UND VERBRAUCHERSCHUTZ

Die Kontrollen werden nach dem Zufallsprinzip durchgeführt. Liegen Beschwerden von Verbrauchern/Gästen vor, wird die Kontrolle angeordnet. Der Betriebsinhaber und das Personal sind nach dem Gesetz verpflichtet, die amtlichen Kontrolleure nicht zu behindern. Sie müssen auch Fragen über die Rohstoffe und die Herstellungsverfahren beantworten.

Werden Proben entnommen, so hat der Betriebsinhaber das Recht auf eine Gegenprobe. Diese kann er auf eigene Kosten untersuchen lassen. Damit hat er bei einer ungerechtfertigten Anklage ein wichtiges Beweismittel zu seiner Entlastung.

2.4 Lebensmittelüberwachung

🇬🇧 food supervision 🇫🇷 contrôle (m) des produits alimentaires

Was nützen die strengsten Vorschriften, wenn sie nicht kontrolliert werden?

Die Kontrolle der Lebensmittelbetriebe ist Sache der Bundesländer. Aus diesem Grund können die zuständigen Behörden unterschiedliche Namen tragen. Die Grundsätze der Verfahren sind dennoch gleich.

Überwachungsbeamte oder **Lebensmittelkontrolleure** sind fachlich ausgebildete Personen; oft haben sie einen Beruf aus dem Lebensmittelgewerbe und sind darum sachkundig.

Bei den **Kontrollen** dürfen sie während der Geschäftszeiten

- Räume und Einrichtungen des Betriebes auf den hygienischen Zustand überprüfen,
- Rohstoffe und Endprodukte auf Hygiene und die Einhaltung lebensmittelrechtlicher Vorschriften überprüfen (ob z. B. ein Wiener Schnitzel aus Kalbfleisch ist),
- Proben von Produkten nehmen und diese zur lebensmittelrechtlichen Untersuchung senden.

Fachbegriffe

antibakteriell	gegen Bakterien wirkend
bakterizid	Bakterien abtötend
desinfizieren	Krankheitserreger unschädlich machen
Inkubationszeit	Zeit zwischen der Ansteckung und den ersten Krankheitserscheinungen
Infektion	Ansteckung durch in den Körper eingedrungene Krankheitserreger

Fachbegriffe

Keime	Krankheiten verursachende Mikroorganismen
Kontamination	Verschmutzung, Verunreinigung, Übertragung von Keimen
Tenside	Stoffe, die die Oberflächenspannung des Wassers herabsetzen
-zid (als Endsilbe)	= tötend
Recycling	Wiederverwertung

Aufgaben

1. Welches sind die zwei wesentlichen Ziele des Lebensmittelrechts?

2. „Wenn ich verpacktes Brot kaufe, erfahre ich, welche Zutaten enthalten sind. Warum ist das für frisches Brot in der Bäckerei nicht vorgeschrieben?" Welche Antwort geben Sie?

3. Worin liegt der Unterschied zwischen Zutaten und Zusatzstoffen?

4. Aus welchen Gründen können Zusatzstoffe beigegeben werden? Nennen Sie drei Bereiche mit je einem Beispiel.

5. Auf einem Becher mit Joghurt steht: „Mindestens haltbar bis 14.03. ...". Im Kühlschrank ist ein Becher nach hinten gerutscht und übersehen worden. Darf man das Produkt am 20.03. noch essen?

6. Eine Packung mit Hackfleisch zeigt die Aufschrift: „Verbrauchen bis spätestens 04.09. ...". Darf dieses Hackfleisch am 06.09. ... noch verarbeitet werden?

Arbeitssicherheit

1 Unfallverhütung

🇬🇧 prevention of accidents 🇫🇷 prévention (w) des accidents

Ein Blick auf die Unfallstatistik zeigt, dass innerhalb des Gaststättengewerbes die Küche der gefährlichste Bereich ist.

Betrachtet man die Unfallschwerpunkte, stehen die so genannten Wegeunfälle im Vordergrund. Ein Großteil davon entfällt auf Verletzungen, die beim Laufen, Gehen und Steigen auch außerhalb der Küche entstehen. Im Bereich des Restaurants überwiegt diese Art. In der Küche stehen Schnittverletzungen im Umgang mit Messern und Geräten im Vordergrund, gefolgt von Unfällen, die im Umgang mit Maschinen entstanden sind. Aber auch falsches Heben und Tragen sowie Verbrennungen und Verbrühungen führen zu Verletzungen.

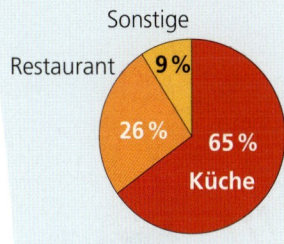

Abb. 1 Unfallbereiche

1.1 Fußboden 🇬🇧 floor 🇫🇷 plancher (m)

Etwa 20 % der Unfälle, die sich in der Küche ereignen, sind Stürze. Wenn auch oft Eile und Hast zum Sturz beitragen, so sind die eigentlichen Ursachen meist
- ein verschmutzter und damit nicht rutschfester Boden,
- Gegenstände, die im Laufbereich abgestellt und vom Verletzten übersehen worden sind.

Stürze können vermieden werden. Deshalb
- Wege frei halten,
- Schuhe mit rutschfesten Sohlen tragen; abgetragene Straßenschuhe taugen nicht für den Beruf,
- Verschüttetes sofort aufwischen,
- kleinere Fettmengen am Boden mit Salz bestreuen,
- vor dem Betreten des Gefrierraumes Schuhsohlen abstreifen, denn an feuchten Sohlen bildet sich sofort eine Eisschicht.

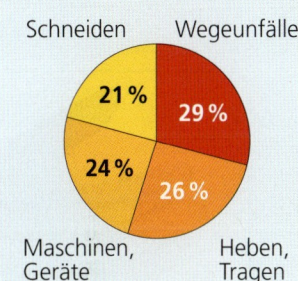

Abb. 2 Unfallschwerpunkte

1.2 Tragen und Heben von Lasten

Das Heben und Tragen ist nicht nur mühsam, es belastet auch die Wirbelsäule. Diese besteht aus fein gestalteten, nicht austauschbaren Wirbelkörpern, die zusammen eine leicht geschwungene S-Form bilden. Zwischen den Wirbelkörpern sind die Bandscheiben eingelagert. Dieses faserige Knorpelgewebe ermöglicht die Beweglichkeit der Wirbelsäule.

Wer falsch hebt und trägt, wird auf die Dauer nicht ohne Bandscheibenschäden bleiben. Diese können von einfachen Schmerzen beim Aufrichten des Körpers bis zu Ischias und Lähmung reichen.

Beim **Tragen von Lasten** soll der Körper gleichmäßig belastet werden, damit Spannungen in der Wirbelsäule vermieden werden. Darum ist die Last nach Möglichkeit auf beide Arme zu verteilen (Abb. 3).

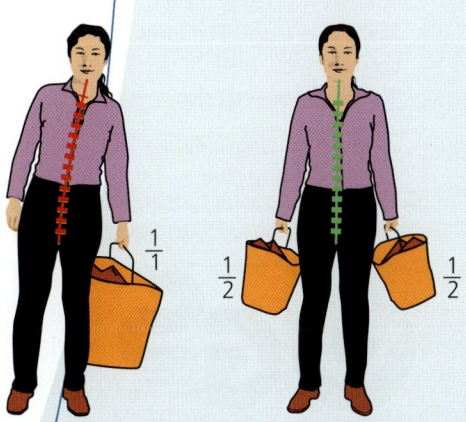

Abb. 3 Falsches und richtiges Tragen

Küche

ARBEITSSICHERHEIT

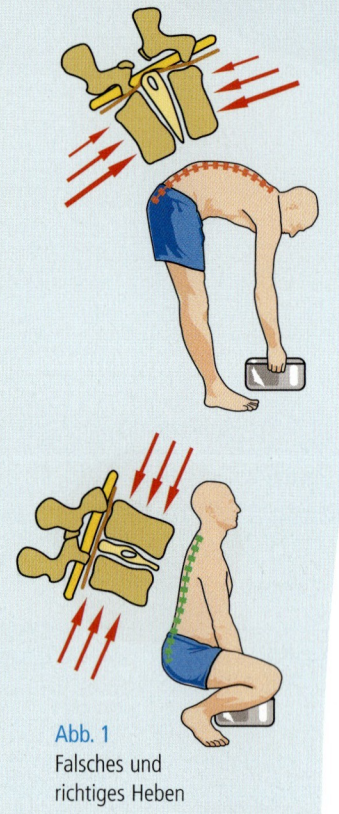

Abb. 1
Falsches und richtiges Heben

Lasten werden aus den Knien aufgenommen. Dann ist die Belastung auf die Wirbel gering und gleichmäßig verteilt. Die „Arbeit" leisten die Beinmuskeln (Abb. 1).

1.3 Messer, schneidende Maschinen
🇬🇧 knives/cutting machines 🇫🇷 couteaux (m)/machines (m) à couper

In Verbindung mit Messern und schneidenden Werkzeugen entstehen etwa 12 % der Unfälle im Gastgewerbe. Auf die Beschäftigten in der Küche bezogen, geschieht jeder dritte Unfall in Verbindung mit Messern. Mit zu den schlimmsten Unfällen in der Küche gehören die „ausrutschenden Messer" bei der Fleischzerlegung.

Besonders gefährdet sind:

- Hände (Schnitt- und Stichwunden).
- Bauchgegend (Darmverletzung).
- Oberschenkel (Schlagader).

Wirksamen Schutz bei der Fleischzerlegung bieten:

- Stechschutzschürze,
- Stechschutzhandschuh.

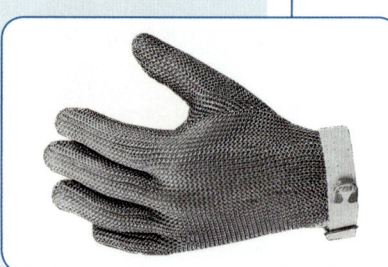

Abb. 2 Stechschutzhandschuh

> Schneidewerkzeuge nie ins Spülwasser legen! Wer nicht Bescheid weiß, greift in das Wasser und verletzt sich.
>
> Schutzvorrichtungen dürfen nicht entfernt werden.

1.4 Maschinen 🇬🇧 machines 🇫🇷 machines (w)

Die Berufsgenossenschaft prüft neue Maschinen und Geräte, ob sie den Unfallverhütungsvorschriften entsprechen, und stellt darüber ein Prüfungszeugnis aus. Auf dieses Prüfungszeugnis ist beim Einkauf zu achten, denn der Betriebsinhaber ist verpflichtet, dafür zu sorgen, dass die im Betrieb verwendeten Maschinen unfallsicher sind.

Maschinen und Geräte dürfen nur dann benutzt werden, wenn sie den jeweiligen Sicherheitsvorschriften entsprechen. Da der Unternehmer im Gastgewerbe nicht alle Vorschriften für Technisches kennen kann, wird empfohlen, bei der Bestellung zur Bedingung zu machen, dass die Maschinen den anerkannten sicherheitstechnischen Regeln entsprechen.

Es gibt einige Kennzeichnungen, die Hersteller von Geräten verwenden dürfen, an denen man sich orientieren kann.

VDE: Das VDE-Kennzeichen ist ein Garant für geprüfte Sicherheit und Qualität. Das Gütezeichen des unabhängigen und international tätigen VDE-Prüf- und –Zertifizierungsinstituts genießt das Vertrauen der Verbraucher: Die Tests des Instituts gelten in Fachkreisen als besonders gewissenhaft.

GS: Das GS-Zeichen steht für **G**eprüfte **S**icherheit. Es ist ein auf dem Geräte- und Produktsicherheitsgesetz basierendes Zeichen, das von einer GS-Stelle zuerkannt wird. Mit dem Zeichen muss außerdem das Prüfinstitut genannt werden, das das Prüfzeichen vergeben hat.

1 Unfallverhütung

1.5 Elektrische Anlagen

🇬🇧 electrical appliances 🇫🇷 systèmes (m) électriques (m)

Bereits Spannungen über 50 V können zum Tod führen, wenn sie durch den menschlichen Körper fließen.

Für gewerbliche Räume sind Geräte und Steckvorrichtungen mit Schutzkontakt vorgeschrieben. Isolationsfehler werden dabei nach außen nicht wirksam, weil Fehlspannungen über den Schutzleiter abgeleitet werden und nicht durch den menschlichen Körper fließen.

Verlängerungskabel ohne Schutzleiter setzen die Schutzwirkung außer Kraft. Wer an Geräten mit Schutzleitungen oder Schuko-Steckdosen Änderungen vornimmt, handelt verantwortungslos. Eine kleine Verwechslung, und der Schutzleiter kann todbringend sein.

In der Küche ist es besonders gefährlich, beschädigte Leitungen selbst zu reparieren, denn bei Feuchtigkeit kann der elektrische Strom die Isolierung überwinden und dadurch zu Unfällen führen.

Sicherungen sind Schutzeinrichtungen. Sie unterbrechen den Stromkreis, wenn eine bestimmte Belastung durch zu hohen Verbrauch oder Kurzschluss überschritten wird. Von einem **Kurzschluss** spricht man, wenn elektrischer Strom ohne Widerstand von einem Pol zum anderen fließt, z. B. bei schadhafter Isolierung von Verbindungskabeln.

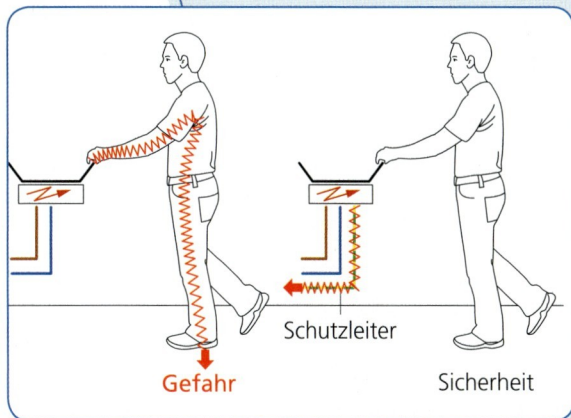

Abb. 1 Wirkung des Schutzleiters

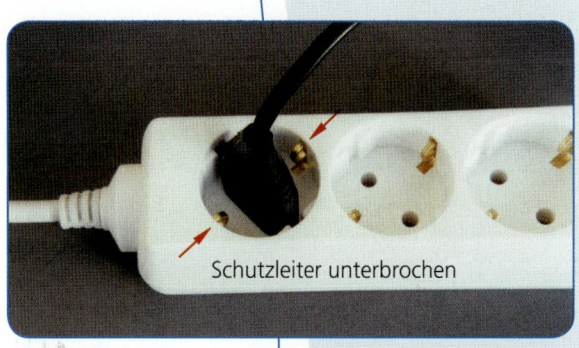

Abb. 2 Unterbrochene Schutzleitung

● Nur der Elektrofachmann darf installieren und Änderungen vornehmen.

Schutzmaßnahmen bei elektrischen Unfällen

Elektrischer Strom wirkt nur, wenn er fließen kann. Darum:

- Vor Rettungsmaßnahmen Stromkreis unterbrechen (z. B. Sicherungsschalter umlegen, Retter ist isoliert, z. B. auf Unterlage von Karton).
- Nach einem „Stromschlag" zum Arzt, denn die elektrische Spannung kann die Herztätigkeit beeinflussen.

Kenn- und Prüfzeichen an elektrischen Betriebsmitteln

Küche

ARBEITSSICHERHEIT

1.6 Feuerschutz

🇬🇧 fire preventing 🇫🇷 protection (w) contre l'incendie

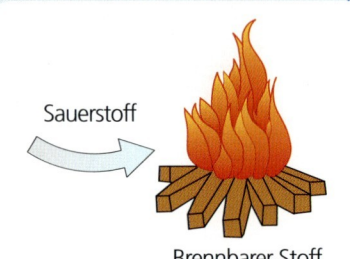

Abb. 1 Brandfaktoren

Wenn ein Brand entsteht, wirken zusammen:
- brennbarer Stoff,
- Sauerstoff,
- Entzündungstemperatur.

Soll ein Brand gelöscht werden, muss mindestens einer dieser Faktoren ausgeschaltet werden.

Als Löschmittel ist Wasser aber nur geeignet bei Bränden mit Holz, Pappe und Papier.

Es ist ungeeignet für Öl, Fett, Benzin usw., denn diese flüssigen Stoffe würden bei Wassereinwirkung nur verspritzen und damit den Brandherd vergrößern.

Grundsätzlich wird die Brandstelle von unten her bekämpft. Das verhindert den Sauerstoffzutritt und erstickt die Flamme.

Bei der Anschaffung von Feuerlöschern ist eine Beratung durch den Fachmann erforderlich, denn entsprechend dem möglichen Einsatz ist die zweckmäßigste Art des Löschmittels zu wählen.

Abb. 2 Trocken-Feuerlöscher

> Wasser entzieht die Entzündungswärme.
>
> Feuerlöscher entziehen den Sauerstoff.

1.7 Sicherheitszeichen

🇬🇧 security signs 🇫🇷 signes (m) de sécurité

Sicherheitszeichen geben Informationen in bildhafter Form. Durch die Art der Gestaltung sollen sie, ohne weitere Erläuterung, „für sich sprechen". Ähnlich wie bei den Verkehrszeichen macht schon die Form und Farbe Aussagen über die Art der Information.

Warnzeichen

Achtung = leichtere Kategorie

Gefahr = schwerwiegende Kategorie

Achtung	Achtung Gewässer gefährdend	Achtung Gase unter Druck	Achtung Entzündend wirkende Stoffe

Gefahr Hautätzend	Gefahr Akute Toxizität	Gefahr Entzündbare Stoffe	Gefahr Explosive Stoffe

Signalwörter unterhalb des Symbols geben an, ob es sich um eine leichtere oder schwerwiegende Gefahrenkategorie handelt.

1 Unfallverhütung

Verbotszeichen

 Mit Wasser löschen verboten

 Feuer, offenes Licht und Rauchen verboten

 Rauchen verboten

 Kein Trinkwasser

Gebotszeichen

sind Sicherheitszeichen, die ein bestimmtes Verhalten vorschreiben.

 Gehörschutz benutzen

 Augenschutz benutzen

 Handschutz benutzen

 Fußschutz benutzen

Erste Hilfe und Rettungszeichen

 Fluchtweg

 Rettungsweg

 Notausgang

 Erste Hilfe

 Rettungsangabe für Erste Hilfe

 Krankentrage

 Feuerlöscher

 Löschschlauch

Fachbegriffe

Gefahrenstelle	caution: hazardous area
Leicht entzündlich	highly inflammable
Ätzend	caustic, corrosive
Giftig	poisonous
Gesundheitsschädlich	harmful
Umweltgefährlich	enviromentally dangerous compound
Nicht mit Wasser löschen	do not extinguish with water
Rauchen verboten	no smoking
Rauchen, offenes Licht, Feuer verboten	no naked flames
Kein Trinkwasser	not drinking water
Gehörschutz tragen	wear hearing aid

Fachbegriffe

Augenschutz benutzen	wear safety goggles
Schutzhandschuhe tragen	wear safety gloves
Schutzschuhe tragen	wear safety boots
Fluchtweg	emergency exit
Erste Hilfe	first aid
Krankentrage	stretcher
Feuerlöscher	fire extinguisher
Verbotszeichen	prohibition sign
Warnzeichen	cautionary sign
Gebots- und Richtzeichen	mandatory sign
Erste Hilfe und Rettungszeichen	first aid/emergency sign

Küche — ARBEITSSICHERHEIT

2 Erste Hilfe

🇬🇧 first aid 🇫🇷 premiers secours (m)

Erste Hilfe hat die Aufgabe, bei Verletzungen oder Unfällen weitere Schäden zu vermeiden.

> Die eigentliche Hilfe gibt der Arzt.

Es ist falsch, Verletzungen selbst kurieren zu wollen und den Weg zum Arzt als überflüssig anzusehen. Kleinere Verletzungen müssen nicht sofort behandelt werden. Es genügt, wenn innerhalb von sechs Stunden der Arzt aufgesucht wird.

Selbst die kleinste Wunde kann bei unsachgemäßer Behandlung zu einer Entzündung der Lymphgefäße, der sogenannten Blutvergiftung, oder zu einem Wundstarrkrampf führen oder „wild", also mit Wucherungen, ausheilen.

2.1 Schnitt- und Stichwunden

Im Umgang mit Messern kommt es, besonders bei Beginn der Ausbildung, häufig zu Schnitt- und Stichwunden. Dabei kann der harmlos aussehende glatte Schnitt über tieferliegende Verletzungen hinwegtäuschen.

Es ist dringend zu beachten:
- Wunden nicht auswaschen.
- Keine keimtötenden Flüssigkeiten und Puder anwenden.

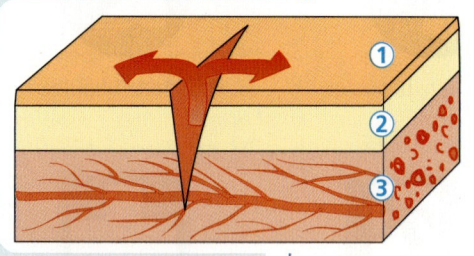

Abb. 1 Schnittwunde
① Oberhaut
② Unterhautfettgewebe
③ Fleisch mit Blutadern

Maßnahmen:

Bei **kleineren Schnittverletzungen** mit geringer Blutung deckt man zunächst mit einem Heftpflaster ab. Ein Gummifinger oder ein Einweghandschuh sorgen dafür, dass Speisen nicht beeinträchtigt werden.

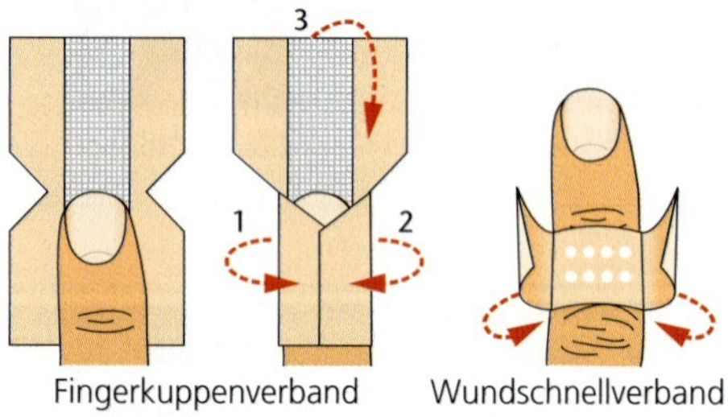

Größere Wunden mit keimfreiem Verband abdecken, das verletzte Glied hochlagern. Die Blutung wird dadurch geringer. Bei stärkerem Blutverlust Druckverband anlegen. Dazu legt man über den keimfreien Verband eine weitere Binde und zieht diese fester an. Abbindungen dürfen nur in Notfällen vorgenommen werden, der Verletzte muss anschließend sofort zum Arzt.

Wunden sollten nach der Ersten-Hilfe-Leistung bald, jedoch innerhalb von sechs Stunden von einem Arzt versorgt werden.

Fingerkuppenverband   Wundschnellverband

Abb. 2 Heftpflaster

2.2 Ohnmacht und Bewusstlosigkeit

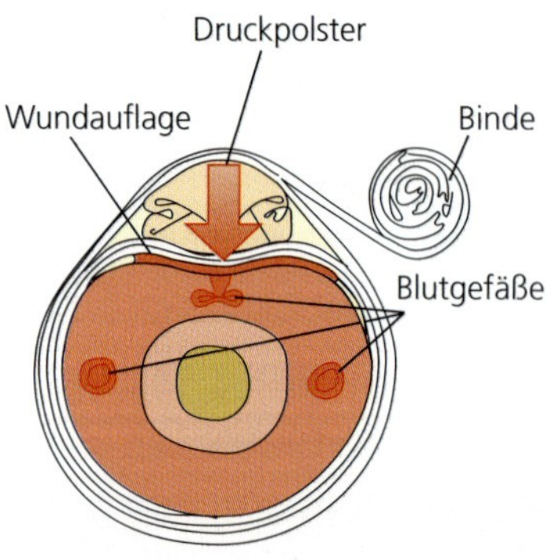

Bei einer **Ohnmacht** ist der Mensch kurze Zeit (1 bis 2 Minuten) „ohne Macht über sich selbst".

Bewusstlosigkeit ist länger andauernd. Der Mensch ist in diesem Zustand hilflos, es droht Erstickungsgefahr durch Verlegung der Atemwege.

Ursachen können sein: Sauerstoffmangel (schlechte Luft), große Hitzeeinwirkung, elektrischer Strom sowie Missbrauch von Alkohol und Drogen. Auch plötzliche Aufregung und großer Schmerz können die Bewusstlosigkeit auslösen.

Abb. 3 Druckverband
(Druckpolster, Wundauflage, Binde, Blutgefäße)

Bewusstlosigkeit erkennt man daran, dass die betroffene Person nicht ansprechbar ist. Ohnmächtige und Bewusstlose werden
- in stabile Seitenlage gebracht,
- von beengender Kleidung befreit,
- wenn möglich mit frischer Luft versorgt (Fenster auf)
- in ärztliche Behandlung übergeben.

2.3 Verbrennungen und Verbrühungen

Verbrennungen und Verbrühungen sind in der Küche sehr häufig, sie sind zudem äußerst schmerzhaft.

Jede Verbrennung oder Verbrühung ist eine Schädigung der Haut. Je nach Schwere unterscheidet man:
- Verbrennungen 1. Grades: die Haut wird rot,
- Verbrennungen 2. Grades: es entstehen Blasen,
- Verbrennungen 3. Grades: Haut und darunterliegende Gewebe verkohlen oder verkochen.

Erste Maßnahmen

Bei **Verbrennungen** an Armen und Beinen den betroffenen Körperteil in kaltes Wasser tauchen – und zwar so lange, bis die Schmerzen aufhören. Das dauert etwa 15 Min. Kein Eiswasser verwenden, denn das würde zu weiteren Schädigungen führen.

Bei **Verbrühungen**, z. B. durch kochend heiße Flüssigkeit oder Dampf, die Bekleidung aufschneiden und vorsichtig entfernen. Auf keinen Fall vom Körper reißen, das würde die schützende Haut zerstören.

Dann:

Nur bei leichten Verbrennungen (1. Grad: leichte Rötung der Haut) darf Fett oder Salbe zur Schmerzlinderung verwendet werden. Brandblasen nicht aufstechen!

Bei Verbrennungen 3. Grades, z. B. durch Frittürenfett, ist die Haut zerstört. Die Stelle ist darum wie eine Wunde mit einem keimfreien Verband zu behandeln.

Bei größeren Verbrennungsflächen (z. B. Kleidung hat Feuer gefangen) den Verletzten zudecken. Schluckweise alkoholfreie Flüssigkeit zu trinken geben, damit die Nieren durch die Giftstoffe nicht geschädigt werden. An der Haut festklebende Kleidungsstücke nicht abreißen. Krankenwagen rufen, nicht selbst ins Krankenhaus transportieren.

2.4 Nasenbluten

Nasenbluten entsteht bei hohem Blutdruck, der als Ursache Überanstrengung, Aufregung, aber auch äußere Einwirkungen haben kann.

Man beugt den Kopf leicht vornüber und legt kalte Umschläge in den Nacken (s. Abb. 3).

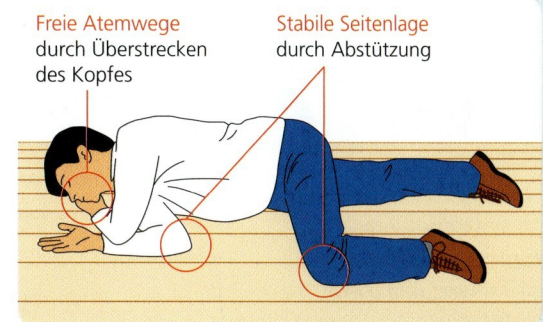

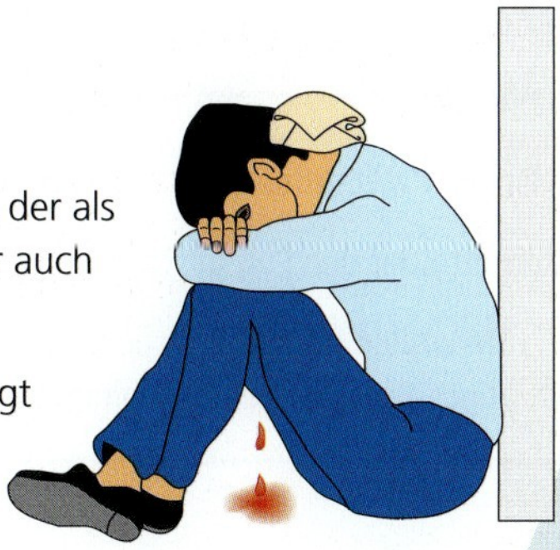

Freie Atemwege durch Überstrecken des Kopfes
Stabile Seitenlage durch Abstützung

Abb. 1 Stabile Seitenlage

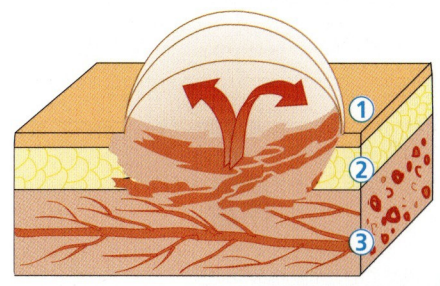

Abb. 2 Brandblase
① Oberhaut
② Unterhautfettgewebe
③ Fleisch mit Blutadern

● Unbedingt sofort zum Arzt!

● Ist die Blutung nicht stillbar, Arzt rufen.

Abb. 3 Haltung bei Nasenbluten

Küche

ARBEITSSICHERHEIT

2.5 Fremdkörper im Auge

Fremdkörper unter dem Oberlid: Oberlid über Unterlid ziehen und wieder nach oben schieben. Die Wimpern des Unterlides halten den Fremdkörper fest.

Fremdkörper unter dem Unterlid: Verletzten nach oben sehen lassen und das Unterlid herunterziehen. Mit Taschentuch vorsichtig zur Nase hin herauswischen.

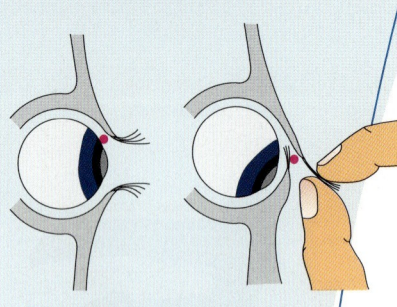

Abb. 1 Fremdkörper im Auge unter dem Oberlid

2.6 Unfälle mit elektrischem Strom

In Küchen arbeitet man mit Spannungen von 230 und 400 Volt. Die Stärke des „Schlages", den man beim Berühren einer elektrischen Leitung erhält, hängt von der Leitfähigkeit des Bodens ab.

Bei Stromunfällen zuerst Strom abschalten.

Dazu:

Schalter betätigen oder Stecker herausziehen oder durch Sicherung trennen.

Ist das nicht möglich, den Verletzten mit **nicht leitenden, trockenen Gegenständen** (siehe Abb. 2 Ⓑ) aus dem Stromkreis retten.

Dabei auf **Bodenisolierung** (siehe Abb. 2 Ⓐ) achten, z. B. Karton, Küchentücher.

Den Verletzten flach lagern; ist er scheintot, mit Wiederbelebung beginnen; wenn er wieder bei Bewusstsein ist, Wasser zu trinken geben.

Ein durch Stromeinwirkung Verunglückter muss auf jeden Fall zu einem Arzt gebracht werden, auch wenn keine Gefährdung erkennbar ist.

Der Stromfluss durch den Körper kann zu Herzstörungen führen.

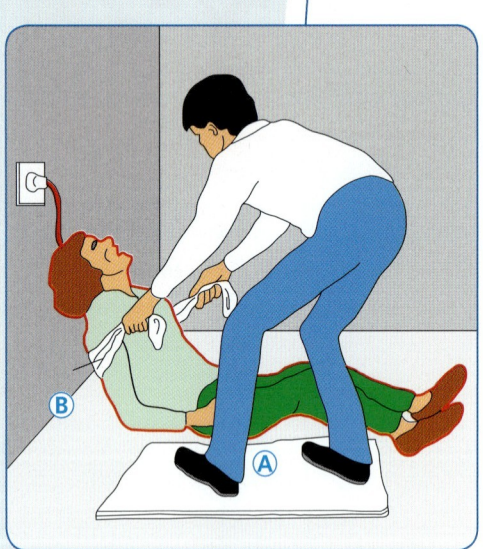

Abb. 2 Rettung bei Stromunfall

Aufgaben

1. Nennen Sie die Hauptgründe für Sturzunfälle.
2. „Zu einem Brand kann es auch kommen, wenn gar keine Flamme vorhanden ist," sagt Karl. Heiner meint: „Das gibt es nicht!" Nehmen Sie Stellung.
3. Nach welchem Prinzip wird ein Brand mittels eines Feuerlöschers bekämpft? Warum muss man mit dem Feuerlöscher „von unten gegen den Brand angehen"?
4. Erklären Sie, wie ein Druckverband wirkt.
5. Worin liegt der Unterschied zwischen Bewusstlosigkeit und Ohnmacht? Wie leisten Sie jeweils Erste Hilfe?
6. Michael hat sich heißes Frittürenfett über den Fuß geschüttet. Was unternehmen Sie?
7. Ihr Kollege „hängt am Strom". Sie wollen helfen und zuerst den Stromkreis an der Sicherung unterbrechen. Doch der Sicherungskasten ist abgesperrt. Was unternehmen Sie?

Arbeitsplanung

Wichtige Ziele der Berufsausbildung sind Selbstständigkeit und fachliche Sicherheit. Diese Fähigkeiten werden für so wichtig erachtet, dass sie im Mittelpunkt der Abschlussprüfung stehen.

Beispiele aus den Prüfungsanforderungen:
- **Ausbildungsberuf Koch:**
  Selbstständig nach Vorgaben ein Menü erarbeiten und mit einem Arbeitsablaufplan versehen.
- **Ausbildungsberuf Restaurantfachmann/-frau:**
  Planen des Services für eine Veranstaltung. Dazu: Ablaufplan sowie Menüvorschläge einschließlich korrespondierender Getränke und eine Liste organisatorischer Vorarbeiten erstellen.
- **Ausbildungsberuf Hotelfachmann/-frau:**
  Planen einer verkaufsfördernden Maßnahme ... Ablaufplan erstellen ... Prüfliste erarbeiten.

Um diese Anforderungen erfüllen zu können, muss man fähig sein
- Informationen zu beschaffen und auszuwerten,
- Arbeitsabläufe zu organisieren und das
- Ergebnis zu bewerten.

Diese Überlegungen bestimmen die folgenden Abschnitte.

❶ Informationen beschaffen und auswerten

🇬🇧 obtaining and analysing information 🇫🇷 collecter et depouiler des informations (w)

Niemand kann alles wissen, das ist auch nicht notwendig. Wichtig ist: man muss wissen, wo etwas steht und wie man damit umgeht. Das nennt man Beschaffen von Informationen.

1.1 Fachbuch

Das **Inhaltsverzeichnis** zeigt die Gliederung und den Aufbau eines Buches. Es verschafft einen Überblick und steht meist am Anfang.

Das **Sachwortverzeichnis** verweist auf Einzelheiten, auf die sinntragenden Wörter, die im Text meist hervorgehoben sind. Es führt ins Detail und steht am Ende des Buches.

Sucht man nach einem bestimmten Begriff, von dem man nicht weiß, in welchem Abschnitt er behandelt wird, dann schlägt man im Sachwortverzeichnis nach. Es ist nach dem Alphabet geordnet.

Abb. 1 Beispiel eines Inhaltsverzeichnisses

Abb. 2 Beispiel eines Sachwortverzeichnisses

Küche

ARBEITSPLANUNG

Um einen Überblick zu erhalten ist es sinnvoll,
- interessante Beiträge auszuschneiden oder zu kopieren und
- geordnet abzulegen.

Abb. 1 Fachzeitschriften/-zeitungen

Web-Support für Bücher: Aktuelles zu Buch und CD-Inhalten

Zu den Medienpaketen „Der junge Koch/Die junge Köchin", „Fachkraft & Gast", „Hotel & Gast", „Restaurant & Gast" und „Systemgastronomie & Gast" gehört neben den Büchern je eine **im Buch enthaltene CD** mit Software-Produkten und **ein eigener Web-Support**.

Aktuelle Ergänzungen, Zusatzmaterial und Wissenswertes rund um die Ausbildung unter
**www.der-junge-koch.de,
www.fachkraft-und-gast.de,
www.restaurant-und-gast.de,
www.hotel-und-gast.de** sowie
http://systemgastronomie.pfanneberg.de: Internet-Unterstützung für Auszubildende und Lehrkräfte.

1.2 Fachzeitschriften /-zeitungen

Fachzeitschriften und -zeitungen können immer aktueller sein als Fachbücher, denn sie erscheinen monatlich oder wöchentlich. Wer Neues sucht, wer Entwicklungen beobachten will, wird sich darum laufend aus der Fachpresse informieren.

Es macht aber keinen Sinn, Fachzeitungen einfach zu „sammeln". Bei Bedarf weiß man nur: „Da war doch …" und dann beginnt das große Suchen.

Zu Ablagemöglichkeiten siehe Abschnitt Büroorganisation.

1.3 Internet

Das Internet bietet eine Fülle von Informationen, allerdings in unterschiedlicher Art und Qualität.

- **Angebote für Lebensmittel und Geräte** erhält man über die Seiten der einzelnen Firmen. Diese haben ein Interesse, leicht gefunden zu werden und gestalten darum ihre Web-Adresse auch entsprechend. Ein Versuch mit www.Firmenname.de oder … .com lohnt meist.

- **Rezepte** gibt es unter vielen Adressen. Ein „Profi" sollte jedoch bedenken, dass manches, was im zahlenmäßig kleinen Bereich einer Familie ein netter Gag, eine Überraschung sein kann, im gewerblichen Bereich allein wegen des Zeitaufwandes nicht machbar ist. Es gilt, kritisch auszuwählen. Ein zusätzlicher Rat: im „Ernstfall" arbeitet man nur mit Rezepten, die man bereits erprobt hat.

1.4 Prospekte

Prospekte dienen zunächst der Werbung. Sie informieren aber auch z. B. über Tischporzellan, Besteck oder Wäsche. Man erhält sie, wenn man Firmen anschreibt oder Ausstellungen besucht. Wenn man die Anschriften nicht kennt, versucht man es im Internet z. B. www.Firmenname.de oder sieht im Anzeigenteil der Fachzeitung nach. Prospekte müssen kritisch gelesen werden. Nicht alles, was geschrieben wird, stimmt auch.

2 Planen

🇬🇧 planning 🇫🇷 projecter

Beim **Planen** werden die gesammelten Informationen „auf die Reihe gebracht", also geordnet und für den jeweiligen Zweck ausgewählt.

2.1 Checklisten / Prüflisten

Wer kennt das nicht: das Problem hatten wir doch schon einmal. Wie haben wir es damals gemacht? Eigentlich müssten wir das doch noch wissen.

Warum haben wir es nicht notiert? Sinn einer Checkliste ist es, einmal Gedachtes, bereits Bewährtes festzuhalten und damit für die Zukunft

- die Arbeit zu erleichtern und
- Sicherheit zu haben.

Die in einer Checkliste festgehaltenen Überlegungen, ergänzt durch Erfahrungen,

- lassen rationeller arbeiten,
- führen zu Perfektionierung,
- geben Sicherheit und
- entlasten im Tagesgeschäft.

Anlegen von Checklisten

- Bei Vorgängen
  1. die gesamte Aufgabe in Teile zerlegen,
  2. die Teilschritte in die richtige zeitliche Reihenfolge bringen und festhalten,
  3. eine Kontroll- oder Prüfspalte anbringen.

- Bei Zusammenstellungen/Auflistungen
  1. alle Teile einzeln – wirklich einzeln – auflisten,
  2. Ähnliches zu Gruppen zusammenfassen, z. B. Lebensmittel, Geschirr, Besteck usw., denn das erleichtert die Arbeit,
  3. Kontrollspalte (zum Abhaken) anbringen.

Wird der **Tabulator** verwendet, legt man die Abstände der einzelnen Spalten mit Tabstopps im „Lineal" fest.

Die **Tabellenfunktion** kann über Fenster oder Symbol aufgerufen werden. Anzahl der Spalten und deren Breite werden entsprechend eingestellt.

Checkliste für Hochzeit Müller, Herbststraße 4

Anzahl	Gegenstand	Erl.	Bemerkung
	Geschirr		
4	Chafing-Dish		
85	Suppenteller		
85	Teller tief		vorwärmen!
85	Brotteller		

Eine Checkliste kann erstellt werden
- mit Hilfe eines Lineals (am einfachsten)
- mit Hilfe eines Rechners über
  - Tabulatorfunktion oder
  - Tabellenfunktion (in der Textverarbeitung)
  - spezielle Software

2.2 Ablauf / Zeitleiste

Wer rationell arbeiten will, muss die einzelnen Arbeitsschritte in einer sinnvollen Reihenfolge erledigen, also den zeitlichen Ablauf planen. In der Praxis sagt man auch: „Man muss die Sache auf die Reihe bringen." Dabei sind in der Küche z. B. Garzeiten zu berücksichtigen oder Zeiten, in denen eine Creme stocken (fest werden) muss. Im Service ist z. B. an das Kühlen von Getränken oder die Beschaffung von Blumen zu denken.

Beispielmenü (einfach) für untenstehenden Ablaufplan

Kraftbrühe mit Grießnocken

Wiener Schnitzel mit Kartoffelsalat

Erdbeercreme

Abb. 1 Ablaufplan im Querformat

Küche

ARBEITSPLANUNG

Bei der Abschlussprüfung Koch/Köchin z. B. ist ein Ablaufplan zu erstellen, der bewertet wird. Dort sind die Arbeitsschritte der Prüfungsaufgabe zusammen mit der geplanten Arbeitszeit anzuführen.

Mögliche Überlegungen
- Die Kraftbrühe ansetzen kommt an die erste Stelle, denn das Auslaugen von Fleisch und Knochen benötigt Zeit.
- Obwohl die Erdbeercreme am Ende des Menüs steht, benötigt die Gelatine längere Zeit, um abzubinden.
- Danach die Kartoffeln, bei denen man nicht so festgelegt ist, usw.

Arbeitspläne können auf unterschiedliche Art angelegt werden.

- **Querformat**
  Der Ablauf wird von links nach rechts dargestellt. Diese Form der Darstellung bringt Vorteile, wenn mehrere Vorgänge gleichzeitig ablaufen (vorherige Seite)
- **Hochformat**
  Der Ablauf wird von oben nach unten dargestellt.

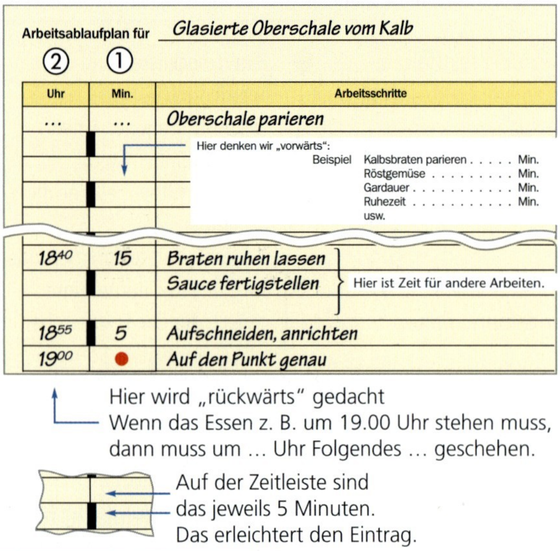

Bei der Anlage dieses Ablaufplanes kann mit zwei Spalten gearbeitet werden.

① In dieser Spalte wird der allgemeine Ablauf eingetragen, also die festen Zeiten z. B. für das Garen von Salzkartoffeln. Diese Zeiten können den Rezepturen entnommen werden.

② In dieser Spalte geht es um die konkrete Anwendung. Wenn ein Essen z. B. um 19.00 Uhr stehen muss, dann muss um … Uhr Folgendes … geschehen.

Hier wird also rückwärts gedacht. Vergleichen Sie die unterschiedlichen Darstellungen hier bei Abb. 1 und vorige Seite.

Abb. 1 Ablaufplan im Hochformat

2.3 Tabellen

Es kommt immer wieder vor, dass bestimmte Dinge (Rohstoffe, Geschirrteile) mehrfach benötigt werden. Eine Tabelle hilft, die Einzelmengen übersichtlich zusammenzufassen und den Gesamtbedarf zu ermitteln. Eine Tabelle ordnet Zahlenmaterial und macht es dadurch leichter überschaubar. Beachtet man nur wenige Gestaltungsregeln, ist es kein Problem, selbst eine Tabelle anzulegen.

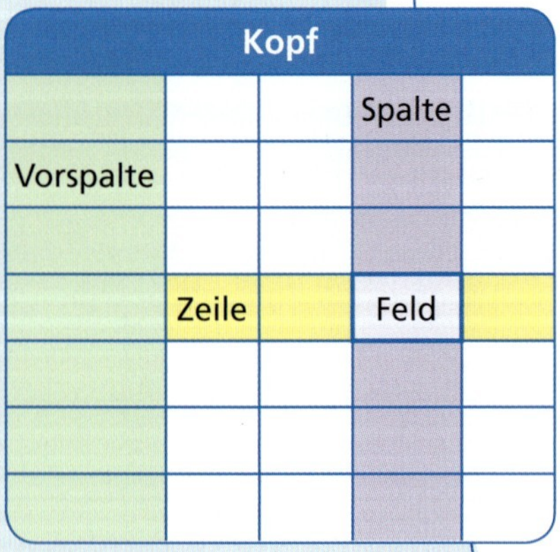

Eine Tabelle besteht aus

- Tabellenkopf ▶ nennen Ordnungsgesichtspunkte
- Vorspalte
- waagerechten Zeilen
- senkrechten Spalten

Es ist von Vorteil, wenn die Merkmale mit der höheren Anzahl (Rohstoffe, Geschirrteile) in die Vorspalte eingetragen werden, denn diese kann umfassender sein als der Tabellenkopf. Oder anders gesagt: auf einem Blatt sind mehr Zeilen als Spalten unterzubringen. Eine Tabelle kann zwar mit jedem Textverarbeitungsprogramm angelegt werden. Es ist jedoch von Vorteil, eine Tabellenkalkulation, z. B. Excel, zu verwenden, weil dann mithilfe des Rechenprogramms erforderliche Berechnungen durchgeführt werden können.

Abb. 2 Tabelle

2.4 Rezepte

Erfassen von Rezepten

Rezepte sind Arbeitsanweisungen für das Zubereiten von Speisen oder Getränken.

Rezepte bestehen mindestens aus folgenden Abschnitten:
1. Aufzählung der Zutaten und
2. Arbeitsanleitung.

Die **Mengenangaben** erfolgen
- bei Frischware für das Rohgewicht, weil man beim Vorbereiten diese abwiegt,
- bei Tiefkühlware und vorgefertigten Produkten als Nettogewicht.

Beim Abwiegen der Rohstoffe ist es praktischer, wenn in der Tabelle die Mengenangaben links stehen, also vor dem Namen der Zutat. Diese Anordnung kann auch innerhalb einer Tabellenkalkulation verwendet werden.

Die **Arbeitsanleitung** soll
- die Arbeitsschritte in der korrekten Reihenfolge anführen,
- auf kritische Punkte hinweisen, eventuell begründen, z. B.
  - **technologisch**
    „Gesamtes Mehl auf einmal beigeben, damit sich keine Klumpen bilden (bei Brandteig)."
    „Langsam erhitzen, damit sich das Eiweiß lösen kann (Klären)."
  - **hygienisch (critical control point)**
    „Nach dem Auftauen unbedingt Tisch, Geschirr und Hände waschen."
    „Material zum Abkühlen in flache Gefäße umfüllen."

Bei Gerichten, die „auf Abruf" zubereitet werden, empfiehlt es sich, zu trennen zwischen Vorbereitungsarbeiten und Arbeitsschritten bei der Fertigstellung. Z. B. ein neuer Abschnitt: Bei Abruf mit frischer Butter kurz erhitzen, dann …

Rezepte können/sollen **erweitert** werden durch

① **Bewertungsmerkmale**, z. B. „Apfelschnitte nur kurz dünsten, damit Form erhalten bleibt."

② **Hygieneanweisungen**, die z. B. wegen der Vorschriften der Hygieneverordnung erforderlich sind, z. B. „noch am gleichen Tag verarbeiten, nicht länger als 2 Stunden warm halten."

③ **Hinweise zum Anrichten**, denn dann erhält der Gast immer „das, was er schon kennt" (Wiedererkennungseffekt). Also die ideale Anrichteweise festhalten, als Foto, als Skizze oder in Worten.

④ **Hinweise zum Verkaufsgespräch**, denn das Service will beraten und verkaufen. Die Küche kann behilflich sein. Treffende Wendungen, die das Gericht beschreiben, Hinweise auf typische Beilagen, auf passende Getränke. Vergleiche Seiten ab 149 mit folgendem Symbol:

Lammkeule im Kräutermantel

Zutaten:
1	Lammkeule (750–1.250 g)
3–5	Knoblauchzehen
	Thymian, Rosmarin, Oregano, Olivenöl

Für die Sauce:
500 g	Kalbsknochen
	Suppengemüse, Salz, Pfeffer
250 ml	Trockener Sherry
1 EL	Creme double

Zubereitung Keule:
Lammkeule waschen und trocken tupfen. Knoblauchzehen schälen und in feine Stifte schneiden. Mit einem schmalen Messer ca. 1,5 cm tiefe Taschen in die Lammkeule schneiden. Knoblauchstifte in diese Taschen stecken …

Rezepte sind übersichtlich, wenn die Zutaten getrennt von den Arbeitsanweisungen stehen.

Zutaten und Arbeitsanleitung

verbunden	getrennt
600 g Butter mit 300 g Zucker vermengen, 3 Eier unterarbeiten	600 g Butter 300 g Zucker 3 Eier Butter und Zucker vermengen, Eier …

Küche

ARBEITSPLANUNG

Abb. 1 Rezeptbuch

Verwalten von Rezepten

Rezepturen halten Information fest. Sollen diese bei Bedarf zur Verfügung stehen, muss man sie „verwalten".

Das **Rezeptbuch** ist die älteste Art, Rezepte festzuhalten. Das ist einfach, hat aber den Nachteil, dass die Rezepte nicht austauschbar sind und das Buch in seinem Umfang begrenzt ist.

Ein **Rezeptordner** oder Ringbuch ist in Anlage und Gestaltung variabel. Man steckt das Rezept in eine Sichthülle und ordnet es entsprechend ein. Ergänzungen oder Abbildungen können leicht hinzugefügt werden. Wird ein Rezept benötigt, kann man in der Hülle mit an den Arbeitsplatz nehmen.

Eine **Datei im Computer** ist beliebig erweiterbar und unter verschiedensten Gesichtspunkten zu verwalten.

Verwendet man entsprechende Datenbanken, können sie einfach auf unterschiedliche Produktionsmengen umgerechnet werden. Bei Bedarf werden die Rezepte ausgedruckt.

Um die Rezepte bei Bedarf zügig aufzufinden, empfehlen sich zwei **Ablagesysteme**.

Die **Speisenfolge** als Ordnungsgesichtspunkt hilft bei der Menügestaltung. Man gliedert nach

- Vorspeisen
- Suppen
- Fischgerichte,
- Fleischgerichte
  - Kalb
  - Schwein
  - usw.
- Gemüse
  - Gericht
  - Beilage
  - usw.
- Speiseeis
- Cremespeisen
- Aufläufe
- Kuchen

Abb. 2 Rezeptordner

Abb. 3 Rezeptblatt aus der Datenbank

Name des Rezeptes	[Mit …]
Zutaten	
Zubereitung	
Beilagen	

Gruppierung nach **Hauptrohstoffen** hilft z. B. in folgenden Fällen:

- Gast wünscht besondere Produkte z. B. Jagdessen, Fischerfest. Dann gelten nicht die üblichen Menü-Regeln. Man versucht innerhalb der Speisenfolge möglichst oft Wild oder Fisch einzusetzen.

- Sonderangebote sollen gezielt genutzt werden. Z. B. Karpfen oder Lachs oder Erdbeeren sind besonders günstig. Ein Händler bietet einen Restposten gefrosteten Blattspinat an.

Mithilfe der Datenverarbeitung kann man jedes Rezept einmal speichern und dann unter beiden Gesichtspunkten abrufen.

2.5 Arbeitsabläufe schematisch beschreiben

🇬🇧 schematic description of work processes
🇫🇷 décrire schématique le déroulement du travail

Die DIN 66001 ist ein international genormtes Schema zur Darstellung von geplanten Abläufen. Sie wird in vielen Unternehmen eingesetzt, um wiederkehrende Arbeiten eindeutig festzulegen.

In der Küche helfen die Symbole in solchen Beschreibungen der schnellen Auffassung und Umsetzung von Arbeitsanweisungen, auch bei Mitarbeitern unterschiedlicher Muttersprachen.

Die folgende Tabelle zeigt die wichtigsten Elemente:

Symbol	Offizielle Bezeichnung	Beschreibung
Beginn/Ende	Terminationspunkt Grenzpunkt	Ein abgerundetes Rechteck zu **Beginn** und am **Ende** jedes Ablaufplanes. Die Beschriftung am Anfang dient als Überschrift, am Ende als Übergang zur eventuellen nächsten Handlung.
→	Flusslinie	Mit **Linien** werden die einzelnen Elemente verbunden. Um die Richtung besonders deutlich zu machen, dürfen **Pfeilspitzen** eingesetzt werden. Die Linie darf nur von oben nach unten bzw. links nach rechts verlaufen, nicht schräg.
Handlung	Operation	Ein **Rechteck** mit Beschriftung ist ein einzelner **Handlungsschritt**. Wichtig: Die Beschriftung darf nur einen Handlungsschritt beinhalten. Zusammenfassungen von mehreren Schritten sind nur erlaubt, wenn sie sehr ähnlich sind, z. B. „mit Salz & Pfeffer (je 2 g) würzen".
Frage? ja/nein	Verzweigung	An der **Raute** kann sich der Ablauf **verzweigen**, z. B. bei einer Produktvariation. Wichtig: Die Frage muss eine Entscheidungsfrage (ja/nein) beinhalten. Die weiterführenden Linien müssen entsprechend beschriftet sein.
Dokumentation	Eingabe bzw. Ausgabe	**Informationen**, die im Ablauf nötig sind (z. B. Zuhilfenahme einer Rezeptur) oder aus ihm entstehen (z. B. Dokumentation in einer Checkliste) werden in einem **Parallelogramm** notiert.

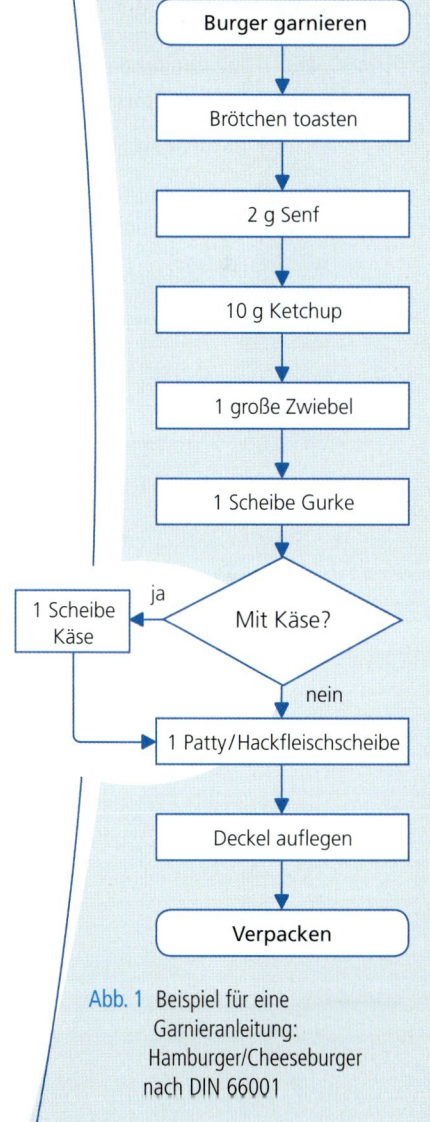

Abb. 1 Beispiel für eine Garnieranleitung: Hamburger/Cheeseburger nach DIN 66001

Küche

ARBEITSPLANUNG

Aufgaben

1. Aus einem Fachbuch kann man sich auf mindestens zwei Wegen Informationen beschaffen. Nennen Sie zwei Arten und geben Sie jeweils ein Beispiel. Denken Sie z. B. an die Begriffe Suppen und Windbeutel.

2. Warum macht es wenig Sinn, Fachzeitungen einfach zu sammeln? Machen Sie Vorschläge, wie Rezepte „abgelegt" werden können.

3. Versuchen Sie über das Internet Informationen zu „Tomate" und „Tomatensuppe" zu erhalten. Bedenken Sie, nur durch Eingrenzung der Suchanfrage erhält man vernünftige Ergebnisse!

4. Schlagen Sie in diesem Buch bei „Zubereitungsreihen" Gebratene Poularde nach. Wählen Sie eine passende Beilage und fertigen Sie für die Zubereitung einen Ablaufplan mit einer Zeitleiste.

5. Entwerfen Sie mit dem Lineal oder mit der „Tabelle" des Textverarbeitungsprogramms eine Check- oder Prüfliste. Versetzen Sie sich in folgende Situation: Nächste Woche kochen Sie in der Freizeit für eine Gruppe von acht Bekannten Spaghetti mit Tomatensauce. An dem Ort, an dem Sie kochen werden, sind keine Waren und kein Geschirr vorhanden. Füllen Sie die Checkliste vollständig aus!

6. Damit es auch zeitlich klappt, fertigen Sie zur Situation bei Aufgabe 5 einen Ablaufplan auf einer Zeitleiste.

7. Als Nachspeisen sind an einem Tag zwei Puddings geplant, Reispudding für 30 Personen und Kabinettpudding für 25 Personen.

    a) Schlagen Sie die Rezepte in diesem Buch nach.

    b) Rechnen Sie die Rezepte auf die genannte Personenzahl um.

    c) Erstellen Sie eine Tabelle und fassen Sie die notwendigen Zutaten zu einer Materialanforderung zusammen.

Ernährung

1 Einführung

🇬🇧 introduction 🇫🇷 introduction (w)

Zum Aufbau des Körpers und zur Erhaltung des Lebens bedarf der Mensch der Ernährung. Wenn wir essen oder trinken, nehmen wir die verschiedensten Lebensmittel zu uns.

Die Inhaltsstoffe der **Lebensmittel** unterscheidet man nach der **Zusammensetzung** und nach den **Aufgaben im Körper**.

Unterscheidung nach der Zusammensetzung

- **Nährstoffe** wie Kohlenhydrate, Fette und Eiweiß
- **Wirkstoffe** wie Vitamine und Mineralstoffe
- **Begleitstoffe** wie Ballaststoffe, Geruchs- und Geschmacksstoffe, sekundäre Pflanzenstoffe

> Im Lebensmittelrecht wird als Lebensmittel alles bezeichnet, was vom Menschen gegessen, gekaut oder getrunken werden kann. Vergleiche Art. 2 EU-Verordnung 178/2002 auf der CD.

Unterscheidung nach den Aufgaben im Körper

- **Energiestoffe** wie Kohlenhydrate und Fett. Sie sind Energielieferanten für Atmung, Herztätigkeit, Aufrechterhaltung der Körpertemperatur und Arbeitsleistung.
- **Baustoffe** benötigt der Körper für das Wachstum und den Ersatz von verbrauchten Körperzellen. Baustoffe des menschlichen Körpers sind Eiweiß, Mineralstoffe und Wasser.
- **Reglerstoffe** regeln Abläufe im Körper und dienen dem Schutz vor bestimmten Krankheiten. Dazu zählen **Vitamine** und **Mineralstoffe**.

- Zu den **Begleitstoffen** gehören:
  - **Ballast- oder Faserstoffe.** Sie können durch die Verdauung nicht aufgeschlossen werden, regen aber die Darmbewegung an und beugen damit einer Verstopfung vor.
  - **Aroma- und Geschmacksstoffe** fördern die Absonderung von Verdauungssäften und damit den Appetit.
  - **Sekundäre Pflanzenstoffe (SPS)**

Die einzelnen Nährstoffe werden unter folgenden Gesichtspunkten behandelt:
- Wie ist der **Aufbau** des Nährstoffs? Welche Arten unterscheidet man?
- Welche **küchentechnischen Eigenschaften** sind zu beachten? Wie können sie bei der Nahrungszubereitung genutzt werden?
- Welche **Bedeutung für den menschlichen Körper** haben die einzelnen Nährstoffe?

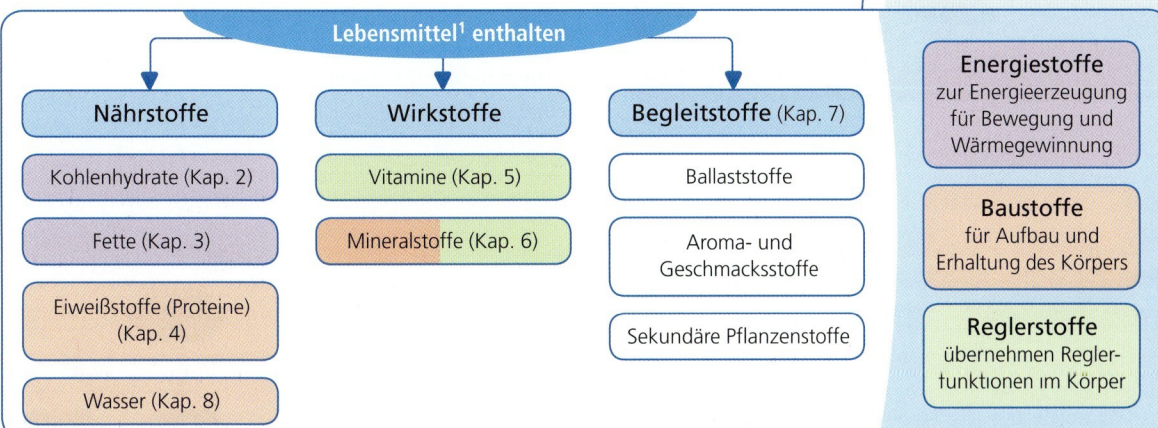

1 Nach Auskunft der Deutschen Gesellschaft für Ernährung (DGE) spricht man wie im Gesetz nur noch von Lebensmitteln. Man unterscheidet nicht mehr zwischen Nahrungs- und Genussmitteln.

Küche — ERNÄHRUNG

2 Kohlenhydrate

🇬🇧 carbohydrates 🇫🇷 hydrates (m) de carbone

2.1 Aufbau – Arten

Kohlenhydrate liefern die größte Menge an Nährstoffen. Die Übersicht zeigt beispielhaft die unterschiedlichen Anteile der Kohlenhydrate an Lebensmitteln. Nährwerttabellen geben zusätzliche Auskunft.

Kohlenhydrate entstehen in Pflanzen. Pflanzen bilden aus dem Kohlendioxid (CO_2) der Luft und dem Wasser (H_2O) des Bodens mit Hilfe des Blattgrüns (Chlorophyll) sowie des Sonnenlichtes **Einfachzucker**.

Diesen Vorgang nennt man **Fotosynthese**. Die dazu erforderliche Energie liefert die Sonne.

Unter dem Begriff Kohlenhydrate wird eine ganze Gruppe von Nährstoffen zusammengefasst. Sie bestehen zwar alle aus den gleichen Atomen, unterscheiden sich aber im chemischen Aufbau.

Nach der Anzahl der zum Aufbau verwendeten Einfachzucker unterscheidet man:
- Einfachzucker → ein Baustein
- Zweifachzucker → je zwei Bausteine
- Vielfachzucker → je 5 bis 5.000 Bausteine

100	Zucker
72	Makkaroni
52	Mischbrot
19	Kartoffeln ohne Schalen
18	Big Mac
12	Cola
5	Trinkmilch

60	Trockenobst
50	Hülsenfrüchte
22	Milchshake
16	Bananen
12	Äpfel
12	Crispy Stripes
10	Gemüse

Abb. 1 Durchschnittlicher Kohlenhydratgehalt in %

Einfachzucker (Monosaccharide) ①,
je ein Baustein einfacher Zucker, z. B.:
- **Traubenzucker** in Obst und Honig
- **Fruchtzucker** in Obst und Honig
- **Schleimzucker** in Milch.

Zweifachzucker ②
- (Disaccharide) → je **zwei** Bausteine Einfachzucker
- Gebrauchszucker ist **Rohr-** oder **Rübenzucker** von Zuckerrohr oder Zuckerrübe.
- **Malzzucker** in gekeimtem Getreide und Bier
- **Milchzucker** in Milch und Milchprodukten

Vielfachzucker (Polysaccharide) ③,
viele Bausteine Einfachzucker
- **Stärke** besteht aus 300 bis 500 Einfachzuckermolekülen und dient den Pflanzen als Vorratsstoff, den sie z. B. in Knollen (Kartoffel) oder Körnern (Getreide) ablagern.

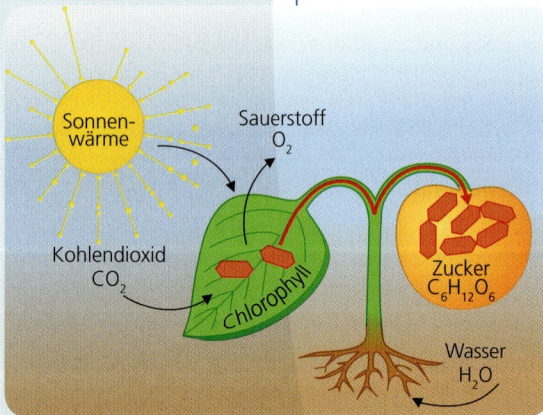

Abb. 2 Fotosynthese

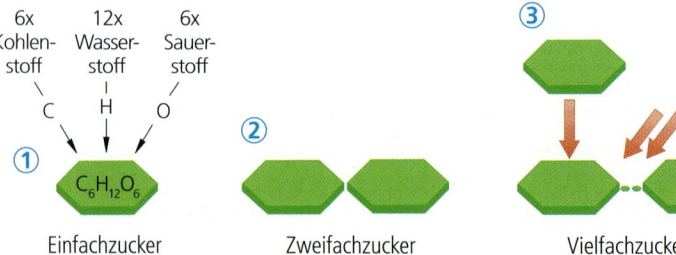

Stärke besteht aus:
Amylopektin ④, das verzweigte Ketten von Einfachzuckern hat und wasserunlöslich ist, und *Amylose* ⑤ mit unverzweigten Ketten, die sich in Wasser lösen.
- **Dextrine** ⑥ entstehen durch Abbau, wenn Stärke ohne Wasser erhitzt wird, z. B. in der Mehlschwitze.
- **Zellulose** ⑦ ist die Gerüstsubstanz der Pflanzen. Die Moleküle der Zellulose sind so dicht angeordnet, dass sie von der menschlichen Verdauung nicht zu Einfachzucker abgebaut werden können.

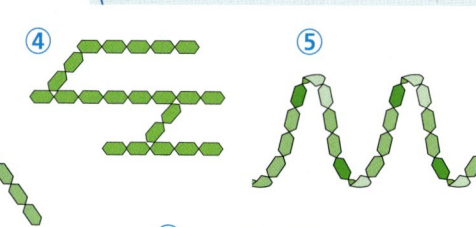
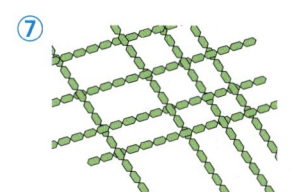

2.2 Küchentechnische Eigenschaften

Versuche

1. Schmelzen Sie in einer kleinen Pfanne etwa 200 g Zucker und erhitzen Sie, bis er zu rauchen anfängt. Während dieser Zeit entnehmen Sie wiederholt Proben und geben diese auf eine geölte Metallplatte. Kosten Sie und vergleichen Sie dabei Farbe und Geschmack.
2. Schwitzen Sie würfelig geschnittene Zwiebeln goldbraun an, beachten Sie den aufsteigenden Geruch und probieren Sie nach dem Abkühlen.
3. Schneiden Sie von einem Apfel oder einer Kartoffel eine 3 cm dicke Scheibe und schaben Sie eine kleine Mulde aus; diese füllen Sie mit Zucker. Überprüfen Sie nach 20 Min.
4. Lösen Sie in 0,5 l Wasser von ca. 37 °C ein Päckchen Hefe auf. Trennen Sie diese Aufschlämmung in zwei Kolbengläser. Glas a) erhält keinen Zusatz, in Glas b) geben Sie 30 g Zucker. Vergleichen Sie nach einer Stunde.
5. Bringen Sie 0,75 l Wasser zum Kochen, rühren Sie 120 g Weizenstärke, die mit 0,25 l Wasser vermengt ist, ein und bringen Sie das Ganze zum Kochen. Welche Veränderung tritt ein?
6. Vergleichen Sie die Beschaffenheit (Konsistenz) der heißen und der erkalteten Masse aus Versuch 5.
7. Schmelzen Sie 150 g wasserfreies Fett in einem Topf mit etwa 10 bis 12 cm Durchmesser, rühren Sie 150 g Mehl darunter und geben Sie davon ein bis zwei Kochlöffel voll auf einen Teller. Den Rest lassen Sie goldgelb werden. Vergleichen Sie Geruch und Geschmack.

Gebrauchszucker

ist Rohr- oder Rübenzucker, ein Zweifachzucker, zu kaufen unter dem Namen „Zucker".

Zucker löst sich leicht in Wasser. Warmes Wasser kann mehr Zucker aufnehmen als kaltes. Auf Vorrat gehaltene Zuckerlösungen (Läuterzucker), z. B. für Fruchtsalate, zum Verdünnen von Glasuren, dürfen nicht zu dick hergestellt werden. Nach dem Abkühlen kristallisiert sonst der Zucker aus.

Zucker schmilzt bei Hitze. Dabei wird aus den Kristallen zunächst eine klare, durchsichtige Masse. Erkaltet ist der geschmolzene Zucker hart. Karamell ist entstanden, die Grundmasse für die meisten Bonbonarten. Bei weiterem Erhitzen wird **Karamell** gelb, später goldbraun. So wird er für Karamellcreme und für Krokant verwendet. Mit zunehmender Hitze wird die Farbe des Karamells immer dunkler, der Geschmack wird allerdings bitterer.

• Dieses Prinzip wird u. a. verwendet, wenn Saucen nachgedunkelt werden, beim Färben von Cremes und Glasuren oder auch von Getränken (Cola).

Zucker zieht Wasser an, er wirkt hygroskopisch (hygro = Feuchtigkeit; kopisch = anziehend) und verklumpt deshalb in feuchten Räumen. Am schnellsten verklumpt Puderzucker. Zucker wirkt auch konservierend, denn er entzieht Kleinstlebewesen das erforderliche Wasser und senkt so den a_w-Wert.

• Gebrauchszucker löst sich leicht in Wasser, schmilzt bei Wärmeeinwirkung, zieht Wasser an.

Küche

ERNÄHRUNG

Einfachzucker

> Einfachzucker (Traubenzucker, Fruchtzucker) sind besonders stark wasseranziehend. Sie werden verwendet zu Gebäck, das feucht bleiben soll.

Einfachzucker, z. B. Traubenzucker und Fruchtzucker, sind **besonders stark wasseranziehend.** Diese Eigenschaft nutzt man bei Gebäck (z. B. Honigkuchen), das längere Zeit weich bleiben soll. Honig ist das Lebensmittel mit dem höchsten Einfachzuckergehalt.

Ist Zucker in Lebensmitteln in größerer Menge enthalten (Marmelade, Gelee), bindet er so viel Wasser an sich, dass Bakterien nicht mehr wirken können, Zucker konserviert also, weil er den a_w-Wert senkt.

Stärke

> Stärke ist in kaltem Wasser unlöslich, quillt in warmem Wasser, verkleistert bei etwa 70 °C, wird beim Erhitzen ohne Wasser zu Dextrin, ist verkleistert leichter verdaulich.

Stärke ist in kaltem Wasser unlöslich. Sie ist schwerer als Wasser und setzt sich darum ab. Rohe Stärke ist vom Körper kaum verwertbar. Darum werden stärkehaltige Lebensmittel gegart. Mehl wird zu Brot verbacken, Teigwaren werden gekocht, Kartoffeln isst man nur in gegartem Zustand.

Ab einer Temperatur von 70 °C beginnt Stärke zu **verkleistern.** Dabei entwickeln sich Bindekräfte, die das Wasser festhalten, es wird „gebunden". Nach diesem Prinzip entsteht auch die Bindung durch Mehlschwitze. Die **durch Stärke gebundene Flüssigkeit nennt man Kleister.**

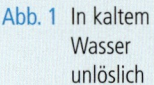
Abb. 1 In kaltem Wasser unlöslich

Abb. 2 In warmem Wasser quellend

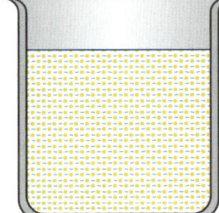
Abb. 3 Stärkekleister

Wird erkalteter Stärkekleister gerührt, lässt die Festigkeit nach, weil man einen Teil der Bindekräfte zerstört.

> Stärkekleister ist abgekühlt dicker als in warmem Zustand, verliert seine Festigkeit durch Rühren, schützt den Nährstoff Eiweiß vor dem Ausflocken, gibt bei längerer Aufbewahrung Wasser ab.

Stärkekleister verliert nach einiger Zeit an Bindekraft. Man nennt das **Entquellung** oder **Retrogradation.** Dies führt teilweise zu unerwünschten Veränderungen an Lebensmitteln: Brötchen verlieren die Frische, sie werden altbacken, und Vanillecreme „zieht Wasser".

Stärkekleister kann z. B. bei Saucenbindung die Eiweißgerinnung verhindern, weil er eine **Schutzschicht zwischen den Eiweißmolekülen** bildet.

Dextrin

> Dextrin entsteht aus Stärke beim Erhitzen ohne Wasser, schmeckt süßlich, gibt schwächere Bindung als Stärke.

Dextrine entstehen durch Abbau der Stärkemoleküle beim Erhitzen ohne Wasser. In der Kruste von Gebäcken geben Dextrine z. B. Farbe und Aroma. In der Küche wird die Stärke beim Herstellen einer Mehlschwitze (Roux) zu Dextrinen abgebaut. Mit Dextrin gebundene Flüssigkeiten haben eine geringere Zähigkeit als mit Stärke gebundene. Darum wird auch für helle gebundene Suppen (Spargel, Blumenkohl) eine helle Roux hergestellt, obwohl die Verwendung von Mehlbutter (Beurre manié) verarbeitungstechnisch einfacher wäre.

Zellulose

Die Zellulose ist der Hauptbestandteil von pflanzlichen Zellwänden. Zellulose ist für den Menschen unverdaulich. Gemüse wird von einem empfindlichen Magen leichter vertragen, wenn es gekocht wird, da auf diese Weise die Zellwände aufgebrochen werden. Bei Rohkost wird die Verträglichkeit häufig dadurch erreicht, dass das Gemüse zerkleinert wird. Zellulose regt die Verdauung an.

● Zellulose der Zellwände wird durch Hitze und mechanische Einwirkung gelockert, ist für den menschlichen Körper unverdaulich, regt als Ballaststoff die Verdauung an.

2.3 Bedeutung für den menschlichen Körper

Durch die Verdauung werden Stärke, Dextrin und Zuckerstoffe zu ihren Bausteinen, den Einfachzuckern, abgebaut. Diese liefern vorwiegend Energie.

Die Verdauung der Kohlenhydrate beginnt bereits im Mund, wo die Enzyme des **Mundspeichels** den Stärkeabbau einleiten. **Bauchspeichel** und Dünndarmsäfte liefern weitere Enzyme, die alle Kohlenhydrate zu Einfachzuckern abbauen; die Einfachzucker gelangen dann durch die Darmwand ins Blut.

Die Leber wirkt bei der Versorgung des Körpers mit Energie als Ausgleichsorgan. Vorübergehende Überschüsse an Zuckerstoffen speichert sie als **Glykogen**. Sinkt der Blutzuckerspiegel, wandelt die Leber Glykogen wieder in Einfachzucker um und gibt diesen an das Blut ab.

Dauernde Überschüsse an Kohlenhydraten werden in Fett umgewandelt und als Energievorrat im Unterhautfettgewebe abgelagert. Zu viele Kohlenhydrate führen damit letztlich zu einer Gewichtszunahme.

Bei Zuckerkranken (Diabetikern) ist die Insulin-Produktion gedrosselt oder eingestellt, die Regelung des Blutzuckerspiegels ist gestört. Diabetiker bedürfen einer besonderen Kost (Seite 95).

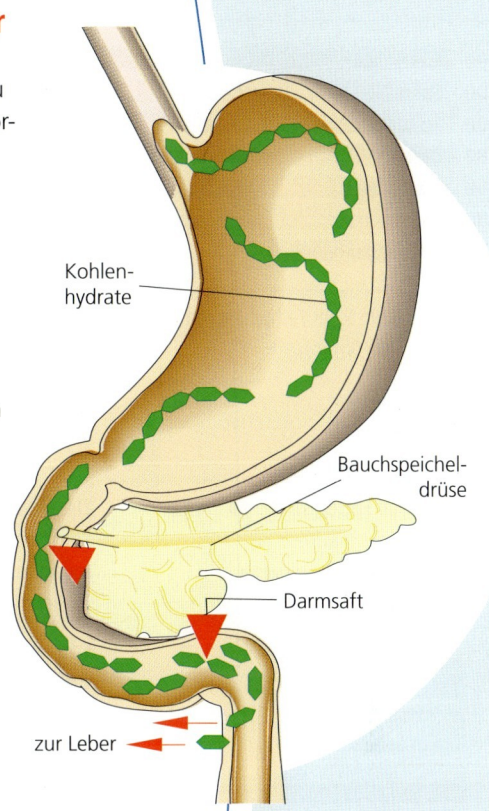

Abb. 1 Verdauung der Kohlenhydrate

Aufgaben

1. Erklären Sie den Unterschied zwischen Lebensmitteln und Nährstoffen.
2. Worin liegt die Ursache für den hohen Energiebedarf bei Kindern?
3. Auch der erwachsene Mensch benötigt Baustoffe. Erläutern Sie diese Feststellung.
4. Beschreiben Sie, wie die Kohlenhydrate in der Pflanze entstehen.
5. Welche Gruppen von Kohlenhydraten werden unterschieden?
6. Zucker verändert beim Erhitzen Farbe und Geschmack. Nennen Sie Beispiele aus der Lebensmittelzubereitung, bei denen diese Veränderungen genutzt werden.
7. Bei welchen Zubereitungen entsteht Stärkekleister? Welche Aufgabe hat er dabei?
8. Warum darf Puddingpulver nicht mit heißer Milch angerührt werden?

3 Fette

🇬🇧 fats 🇫🇷 graisses (w)

Die Übersichten zeigen Fettgehalte von Lebensmitteln, die als Fettlieferanten bekannt sind. Daneben gibt es Lebensmittel, bei denen man zunächst nicht an den hohen Fettgehalt denkt, weil das Auge das Fett nicht erkennt.

100	Plattenfett
100	Speiseöle
100	Schweineschmalz
82	Butter
80	Margarine
80	Speck, fett
40	Halbfettmargarine

Abb. 1 Durchschnittlicher Fettgehalt von Fettlieferanten in % – Sichtbare Fette

73	Macadamia-Nuss
40	Leberwurst
16–28	Hartkäse
21	Schweinefleisch, mittelfett
14	Lachs
10	Eier
1	Seelachs

Abb. 2 Durchschnittlicher Fettgehalt ausgewählter Lebensmittel in % – Verborgene Fette

3.1 Aufbau – Arten

Die Pflanze baut Fett auf aus Kohlenstoff, Wasserstoff und Sauerstoff. Es sind dies zwar die gleichen Grundstoffe (Elemente) wie bei den Kohlenhydraten, eine andersartige chemische Zusammensetzung führt jedoch zu völlig anderen Eigenschaften.

Bausteine des Fettes sind Glycerin und Fettsäuren.

Fett entsteht, wenn an ein Molekül Glycerin drei Fettsäuren angelagert werden. Von den verschiedenen Fettsäuren sind am Aufbau der Speisefette überwiegend beteiligt: Stearinsäure, Ölsäure, Palmitinsäure, Linolsäure.

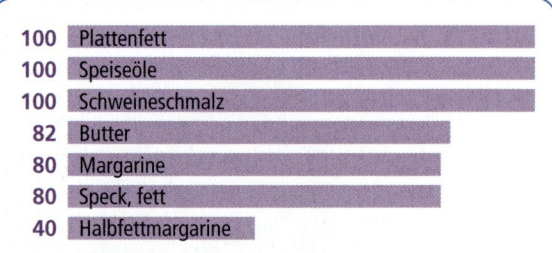

Bei festen Fetten ist der Anteil an Stearinsäure und Palmitinsäure hoch, bei Ölen (flüssigen Fetten) überwiegen Ölsäure und Linolsäure.

Fettsäuren bestimmen die Eigenschaften des Fettes.

Die Fettsäuren bestehen aus einer Kohlenstoffkette, an die Wasserstoffatome gebunden sind.

Bei **gesättigten Fettsäuren** sind an alle Kohlenstoffatome je zwei Wasserstoffatome gebunden. Damit sind alle Bindungsmöglichkeiten genutzt, die Fettsäure ist gesättigt. Zu weiteren Veränderungen ist sie nur ungern bereit, sie reagiert träge.

Bei **ungesättigten Fettsäuren** sind noch Bindekräfte frei. Nach der Anzahl der freien Bindekräfte bezeichnet man die Fettsäuren als einfach, zweifach oder mehrfach ungesättigt. Die freien Stellen können noch Bindungen eingehen. Ungesättigte Fettsäuren reagieren darum leicht.

Eigenschaft	Fettsäure	ungesättigt	gesättigt
Reaktionsbereitschaft		hoch	gering
Ernährungswert		hoch	gering
Veränderung durch Sauerstoff und Wärme		stark	gering
Lagerfähigkeit		beschränkt	lange

Fette mit einem hohen Anteil an gesättigten Fettsäuren haben wirtschaftliche Vorteile: Sie sind länger verwendbar (z. B. Fritteuse) und länger lagerfähig.

Fette mit einem hohen Anteil an ungesättigten Fettsäuren sind aber für die Ernährung wertvoller.

Behandlung der Fette

Naturbelassene Fette

Naturbelassene Fette enthalten neben dem Fett Teile des Rohstoffs, aus dem sie gewonnen worden sind. Diese können erwünscht sein, wie z. B. bei naturbelassenem Olivenöl (Olio vergine), sie können aber auch den Geschmack und das Aussehen beeinträchtigen.

Raffination

Raffination bedeutet wörtlich: Verfeinern. Das geschieht durch Beseitigung wertmindernder Bestandteile. Bei der Raffination von Fetten werden Bestandteile entzogen, die den Geruch oder den Geschmack beeinträchtigen. Aber es werden dabei auch solche Fettbegleitstoffe entfernt oder zerstört, die für die Ernährung wertvoll sind.

Abb. 1 Salatöl

Härtung

Tierische Fette, wie Butter, Schmalz, Talg, waren früher die hauptsächlichen Speisefette. Diese sind halbfest oder fest.

Ölhaltige Früchte (wie z. B. Oliven) und ölhaltige Samen (z. B. Erdnuss, Kokosnuss) liefern dagegen flüssiges Öl. Um der Gewohnheit entgegenzukommen, werden diese Öle gehärtet, also halbfest oder fest gemacht.

Das ist möglich, weil die Ölsäure und die Stearinsäure eine Kettenlänge von 18 Kohlenstoffatomen haben. Die Formeln zeigen, dass sich die beiden Fettsäuren nur in zwei Wasserstoffatomen unterscheiden: Stearinsäure $C_{18}H_{36}O_2$, Ölsäure $C_{18}H_{34}O_2$.

Durch eine chemische Reaktion ist es möglich, an die Ölsäure zwei Atome Wasserstoff anzulagern. Damit wird aus der Ölsäure eine Stearinsäure und in der Folge aus einem Öl ein festes Fett (S. 64).

Durch entsprechende Kombinationen ist es möglich, Fette mit jedem erwünschten oder technologisch erforderlichen Schmelzbereich herzustellen.

Abb. 2 Margarine aus gehärtetem Öl

3.2 Küchentechnische Eigenschaften

Versuche

1. Füllen Sie einen flachen Topf mit etwa 25 cm Durchmesser halb mit kaltem Wasser. Geben Sie kleine Mengen verschiedener Fettarten auf je ein Stückchen Papier (ca. 5 × 5 cm), beschriften Sie entsprechend und legen Sie die Papiere mit dem Fett auf das Wasser. Erwärmen Sie langsam und stellen Sie mit Hilfe eines Thermometers die jeweilige Schmelztemperatur fest.
2. Erhitzen Sie in einem engen Topf 250 g Butter oder Margarine, bis sie „kocht". Stellen Sie mit einem Thermometer (Einteilung bis 200 °C) die Temperatur fest. Auf welche Temperatur ist die Fritteuse Ihres Betriebes eingestellt?
3. Wie verändert sich Butter (Margarine) aus Versuch 2, wenn man länger erhitzt? Warum treten die Veränderungen bei Frittürenfett nicht auf?
4. Erhitzen Sie in einer kleinen Eisenpfanne bei starker Wärmezufuhr eine kleine Menge wasserfreies Fett. Beobachten Sie den Rand der Pfanne. Wie riecht das Fett nach längerem Erhitzen? Achtung! Passenden Deckel bereithalten – falls das Fett zu brennen beginnt, die Pfanne damit abdecken.
5. Bereiten Sie 3 Reagenzgläser mit je 10 cm³ Salatöl vor. Geben Sie in Glas a) keinen Zusatz, in Glas b) einen Teelöffel Eiklar, in Glas c) etwas Spülmittel. Schütteln Sie jedes Glas etwa eine halbe Minute. Beobachten Sie dann Tröpfchengröße und Aufrahmungsgeschwindigkeit.
6. Nur von der Lehrkraft durchzuführen! Über einem Bunsenbrenner in einer Porzellanschale etwas wasserfreies Fett bis zum Rauchen erhitzen und entzünden. Durch ein Glasrohr (etwa 80–100 cm) einige Tropfen Wasser in das Fett leiten. Was geschieht? Fett durch Abdecken löschen.
7. Legen Sie das Einschlagpapier von Butter mit den anhaftenden Fettresten auf das Fensterbrett. Kosten Sie die Butter-Reste nach einem Tag.

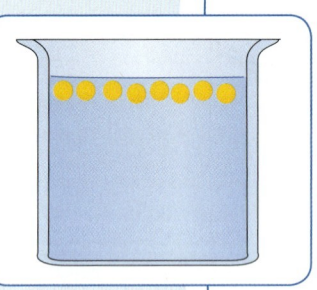

Fett ist spezifisch leichter als Wasser und steigt darum nach oben.

Fett und Öle haben eine geringere Dichte als Wasser. Darum schwimmen „Fett-Augen" auf der Suppe, darum „schwimmt" auf manchen Saucen Fett. Diese unterschiedliche Dichte macht es leicht, Fett von Wasser zu trennen. Bei erkalteten Flüssigkeiten kann das erstarrte Fett einfach abgehoben werden.

Fette können emulgiert werden.

Als **Emulsionen** bezeichnet man dauerhafte Vermischungen von Fett und Wasser. Um eine Emulsion zu erhalten, sind Emulgatoren erforderlich. Emulgatoren setzen die Oberflächenspannung herab, sodass Fett und Wasser sich nicht mehr abstoßen.

Das ist durch den besonderen Aufbau der Emulgatoren möglich: Ein Ende des Emulgatormoleküls verbindet sich mit dem Fett, ist fettfreundlich, das andere verbindet sich mit dem Wasser, ist wasserfreundlich. So entsteht gleichsam eine Klammer zwischen Stoffen, die sich normalerweise abstoßen.

Wie lange eine Emulsion hält, hängt von der Größe der Fetttröpfchen ab. Wird z. B. beim Rühren einer Mayonnaise das Öl zu rasch beigegeben, bilden sich zu wenig Eiweiß-Schutzhüllen, und die Mayonnaise gerinnt. Bei der Milch kann durch das Homogenisieren, bei dem man die Fetttröpfchen zerkleinert, das Aufrahmen verhindert werden.

In der Küche findet man als Emulgatoren z. B. Eigelb, aber auch Seife und Spülmittel.

3 Fette

Fette haben unterschiedliche Schmelzbereiche.

Als Schmelzpunkt bezeichnet man die Temperatur, bei der ein Körper vom festen in den flüssigen Zustand übergeht. Speisefette sind Gemische aus Fetten unterschiedlicher Zusammensetzung.

Darum schmelzen sie nicht bei einem ganz bestimmten **Schmelzpunkt**, sondern innerhalb eines **Schmelzbereiches**. Den Zusammenhang zwischen der Art der am Fettaufbau beteiligten Fettsäuren und dem Schmelzbereich zeigt die Zusammenstellung.

> ● **Beispiele für Emulsionen**
> • Milch: 3,5 % Fett und Wasser
> • Sahne: 30 % Fett und Wasser
> • Butter: 82 % Fett und Wasser
> Auch Mayonnaise, holländische Sauce, Buttercreme, Leberwurst usw. sind Emulsionen

Fettart	Schmelzbereich	Fettsäuren in %	
		gesättigte	ungesättigte
Kokosfett	40–50 °C	90	10
Butter	30–35 °C	50	50
Schweinefett	25–35 °C	40	60
Erdnussöl	ca. 5 °C	20	80

Der Schmelzbereich bestimmt die Verwendung.

- **Öle** verwendet man für Salate, Mayonnaise.
- **Weiche Fette** wie Butter, Margarine nutzt man als Streichfett; sie bilden auch die Grundlage für Rührkuchen und Rührcremes (Buttercreme).
- **Feste Fette** sind stark wärmebelastbar. Entsprechende Speisen sollen so warm wie möglich verzehrt werden, weil ihr Schmelzbereich in der Nähe der Körpertemperatur liegt. Das Fett könnte sich an der Gaumenplatte festlegen.

Fette sind unterschiedlich hoch erhitzbar.

Alle Fette sind über 100 °C hinaus erhitzbar und erlauben darum andere Garverfahren, als dies möglich ist, wenn nur Wasser verwendet wird. Außerdem können sich die Geschmack gebenden Röststoffe erst ab etwa 120 °C bilden.

Alle Fette beginnen von einer bestimmten Temperatur an zu rauchen und sich zu zersetzen. Man spricht deshalb vom **Rauch- oder Zersetzungsbereich**. Oberhalb dieses Temperaturbereichs entsteht Acrolein, das gesundheitsschädlich ist.

Die Temperaturbelastungsfähigkeit ist von der Fettart abhängig.

Butter und **Margarine** sollten deshalb nicht über 150 °C erhitzt werden. Sie eignen sich zum Dünsten, nicht aber zum Braten.

Butterschmalz kann stärker erhitzt werden.

Reine Pflanzenfette können zwar höher erhitzt werden. Die Temperatur sollte jedoch 175 °C nicht überschreiten. Dadurch wird die Bildung von schädlichem **Acrylamid** im Gargut eingeschränkt.

In Fettbackgeräten (Fritteusen) kann das Backfett länger genutzt werden, wenn es regelmäßig gefiltert und damit von Resten gegarter Speisen befreit wird.

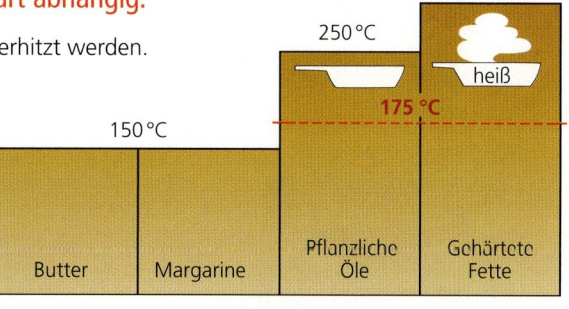

Abb. 1 Erhitzbarkeit von Fetten

Fette trennen.

Fette bilden Trennschichten und verhindern das Zusammenkleben oder Festkleben. Darum fettet man Backbleche und Kuchenformen.

Die splitterig lockere Struktur von Blätterteig ist nur möglich, weil Fettschichten die einzelnen „Teigblätter" voneinander trennen. Beim Backen kann der entstehende Wasserdampf die Teigschichten anheben.

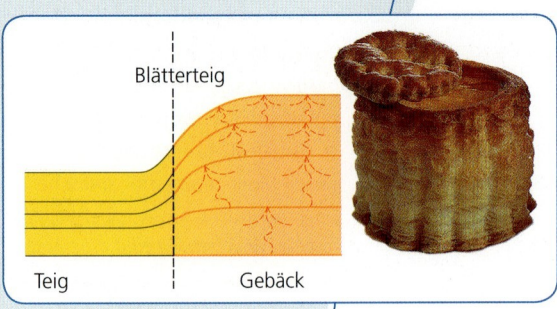

Abb. 1 Lockerung von Blätterteig beim Backen

Fette verderben

Fette können sich in ihre Bestandteile Glycerin und Fettsäuren trennen. Ursachen dieser Zersetzung können sein:

- **Einwirkung von Luftsauerstoff.** Diese Veränderung ist bei allen Fetten möglich, läuft aber bei den Fettarten, die ungesättigte und damit reaktionsfreudigere Fettsäuren enthalten, rascher ab. Licht und Wärme begünstigen diese Veränderung. Darum soll z. B. die Fritteuse zurückgeschaltet werden, wenn sie nur in Betriebsbereitschaft ist.
- **Einwirkung von Mikroben,** die vor allem in wasserhaltigen Fetten wie Butter oder Margarine vorhanden sind.

Fette sind darum **kühl, dunkel** und möglichst **verpackt** aufzubewahren. Lebensmittel mit hohem Fettanteil sollten auch in tiefgekühltem Zustand nicht länger als sechs Monate gelagert werden.

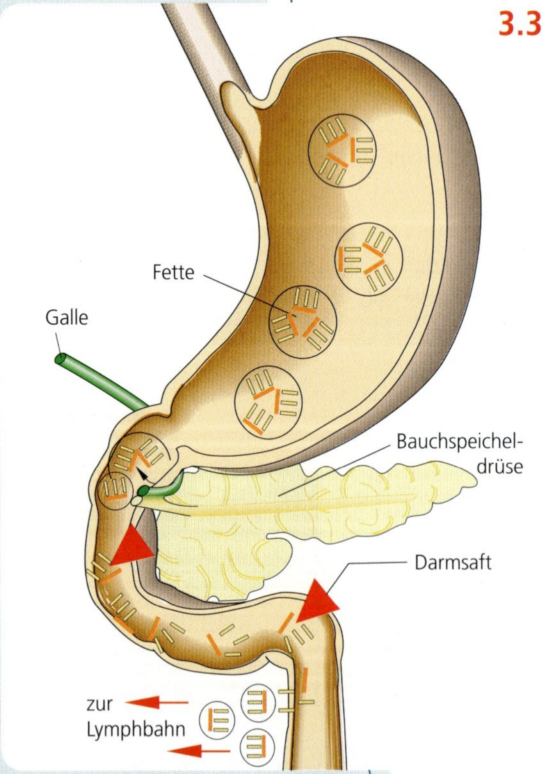

3.3   Bedeutung für den menschlichen Körper

Im Körper werden die mit der Nahrung aufgenommenen Fette durch die Verdauung in ihre Bausteine **Glycerin** und **Fettsäuren** zerlegt.

Dazu werden sie zunächst erwärmt. **Gallensaft emulgiert** die Fette und vergrößert so die Gesamtoberfläche des Fettes.

Verdauungssäfte aus der Bauchspeicheldrüse und dem Dünndarm **spalten die Fette**.

Die Fettbausteine Glycerin und Fettsäuren wandern durch die Darmwand, werden zu körpereigenem Fett zusammengesetzt und in der **Lymphbahn transportiert**.

Die Bedeutung des Nährstoffes Fett für die Ernährung ist durch folgende Eigenschaften gekennzeichnet:
- Fett ist der Nährstoff mit dem höchsten Energiegehalt: 1 Gramm Fett ≙ 37 kJ.[1]

Abb. 2 Verdauung der Fette

[1] Der physiologische Brennwert ist je nach Fettart unterschiedlich. 37 kJ/g entsprechen den Werten der Nährwertkennzeichnungsverordnung.

3 Fette

- Fett liefert **essenzielle Fettsäuren**, auf deren Zufuhr der Körper angewiesen ist, weil er sie nicht selbst bilden kann. Alle essenziellen Fettsäuren sind **ungesättigte Fettsäuren**. Zu den mehrfach ungesättigten Fettsäuren zählen die Omega-3- und Omega-6-Fettsäuren. Sie übernehmen im Körper wichtige Regelaufgaben. So schützt z. B. die Omega-3-Fettsäure vor Herz-Kreislauf-Erkrankungen und beugt Entzündungen vor.
- Fett ist Träger der **fettlöslichen Vitamine A, D und E**. Diese können im Körper nur dann verwertet werden, wenn bei der Verdauung zugleich Fett zugegen ist. Bei gemischter Ernährung ist das gewährleistet. Nur wenn z. B. spezielle Rohkosttage eingelegt werden, ist auf eine Fettzufuhr, etwa durch Salatöl, zu achten.

Überschüssiges Fett wird als **Energiereserve** im Unterhautfettgewebe gespeichert. Bei Bedarf kann es wieder zur Energiegewinnung herangezogen werden.

Ein Ernährungsproblem ist heute die Überversorgung mit Fett. Dem verhältnismäßig **geringen Energieverbrauch** steht eine **reichliche Fettaufnahme** gegenüber. Wir neigen dazu, zu viel Energie aufzunehmen. Wir bewegen uns meist zu wenig und essen vielfach reichlich.

Eine Einschränkung des **Fettverbrauchs** im persönlichen Bereich ist möglich.

- **Streichfett** in Maßen anwenden; z. B. bei fettreichem Belag wie Leberwurst oder Fettkäse darauf verzichten.
- **Brat- und Kochfett** nur in notwendiger Menge verwenden, evtl. auf fettreiche Zubereitungen wie Pommes frites und Bratkartoffeln verzichten.
- **Begleitfette** verringern; man nennt diese Fette auch verborgene Fette, weil sie beim Verzehr nicht sichtbar sind, z. B. in Fettkäse, Teewurst, Mayonnaise und Saucen.

Gesättigte Fettsäuren sind für die Ernährung weniger wertvoll. Der Ernährungsbericht besagt, dass allgemein ausreichend ungesättigte Fettsäuren aufgenommen werden. Eine spezielle Auswahl, etwa Diätmargarine, ist nur auf ärztliche Anordnung erforderlich.

Aufgaben

1. Welche Gemeinsamkeiten und welche Unterschiede bestehen zwischen Kohlenhydraten und Fetten hinsichtlich der Zusammensetzung?
2. Wenn Salatmarinaden, z. B. Vinaigrette, längere Zeit stehen, setzt sich das Öl oben ab. Erklären Sie warum.
3. Bei Eis spricht man vom Schmelzpunkt, bei Fetten vom Schmelzbereich. Erklären Sie.
4. Von Erdnüssen wird berichtet, dass sie Grundlage für Salatöl und festes Fett sein können. Ist das möglich? Wenn ja, begründen Sie.
5. Bei vielen Rezepturen steht: „Vor dem Service mit einigen Butterflocken vollenden." Nehmen Sie dazu Stellung.
6. Kurt isst ein Blätterteiggebäck und trinkt dazu eine kalte Cola. „Komisch", sagt er, „meine Gaumenplatte ist so glitschig." Versuchen Sie zu erklären.
7. Ein Stück Frühstücksbutter wiegt 25 g. Der Fettgehalt beträgt 82 %; ein Gramm Fett liefert 37 kJ. Der Tagesbedarf eines Leichtarbeiters liegt bei 10 000 kJ am Tag. Wie viel % des täglichen Energiebedarfes liefert das Stückchen Frühstücksbutter?
8. Es gibt gesättigte und ungesättigte Fettsäuren. Womit sind die gesättigten Fettsäuren gesättigt?

Küche

ERNÄHRUNG

[1] Man spricht nur noch von Proteinen. Der Begriff Proteide gilt als veraltet.

4 Eiweiß (Protein)[1]

🇬🇧 proteins 🇫🇷 protéines (w)

Über die Versorgung mit Eiweiß gibt die Tabelle Auskunft.

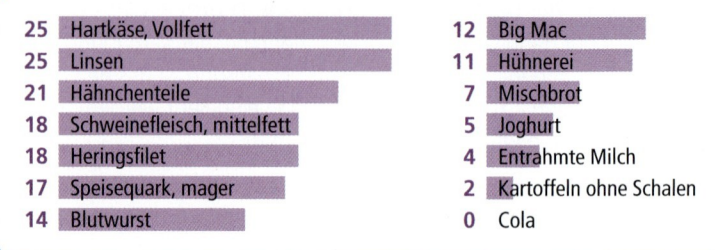

25	Hartkäse, Vollfett	12	Big Mac
25	Linsen	11	Hühnerei
21	Hähnchenteile	7	Mischbrot
18	Schweinefleisch, mittelfett	5	Joghurt
18	Heringsfilet	4	Entrahmte Milch
17	Speisequark, mager	2	Kartoffeln ohne Schalen
14	Blutwurst	0	Cola

Abb. 1 Durchschnittlicher Eiweißgehalt in %

4.1 Aufbau – Arten

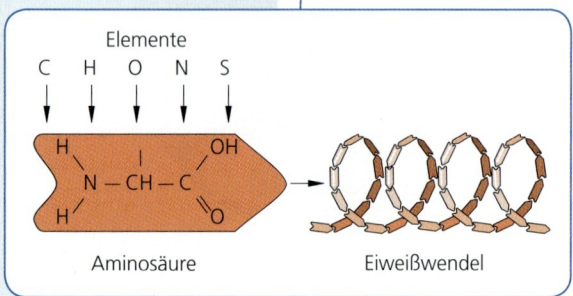

Abb. 2 Grundaufbau der Eiweiße

Eiweiß unterscheidet sich in der chemischen Zusammensetzung von den Kohlenhydraten und den Fetten. Wie diese enthält es zwar die Elemente Kohlenstoff (C), Wasserstoff (H) und Sauerstoff (O), zusätzlich aber **immer Stickstoff** (N). Bei manchen Eiweißarten können noch Schwefel (S) oder Phosphor (P) hinzukommen.

Aus diesen Elementen entstehen die **Aminosäuren**, die Bausteine aller Eiweißarten. Die Aminosäuren verketten sich wendelartig.

Das Bild zeigt den Grundaufbau aller Eiweißstoffe. Die Vielfalt der Eiweißarten entsteht, wenn verschiedene Aminosäuren sich in unterschiedlichen Folgen aneinanderfügen und zusätzlich andere Stoffe (Nichteiweißstoffe) anlagern.

Die vielen Eiweißarten unterscheidet man nach der Zusammensetzung und der Form.

Unterscheidung nach der Zusammensetzung

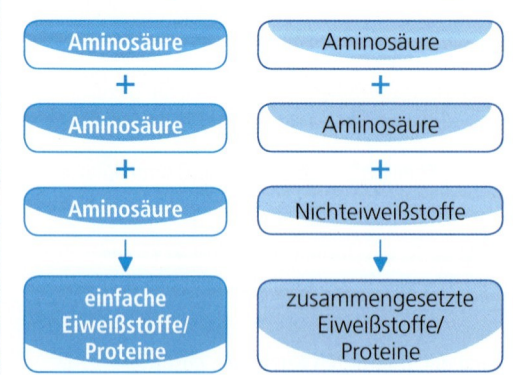

Unterscheidung nach der Form

Die gewendelten Eiweißstoffe formen sich weiter. Bilden sie kugelige Gebilde, nennt man sie **Globuline** (Globus – Kugel) oder **kugelförmige Eiweißstoffe**. Globulin ist reichlich enthalten in Fleisch, Fisch und Hülsenfrüchten. Verbinden sich die Eiweißstoffe kabelartig, so nennt man sie **fibrilläre** Proteine oder **faserförmige Eiweißstoffe** (Fiber [lat.] Faser).
Die faserförmige Beschaffenheit gibt Festigkeit, wie sie für Bindegewebe erforderlich ist.

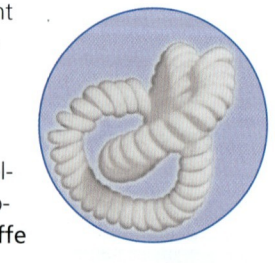

4 Eiweiß (Protein)

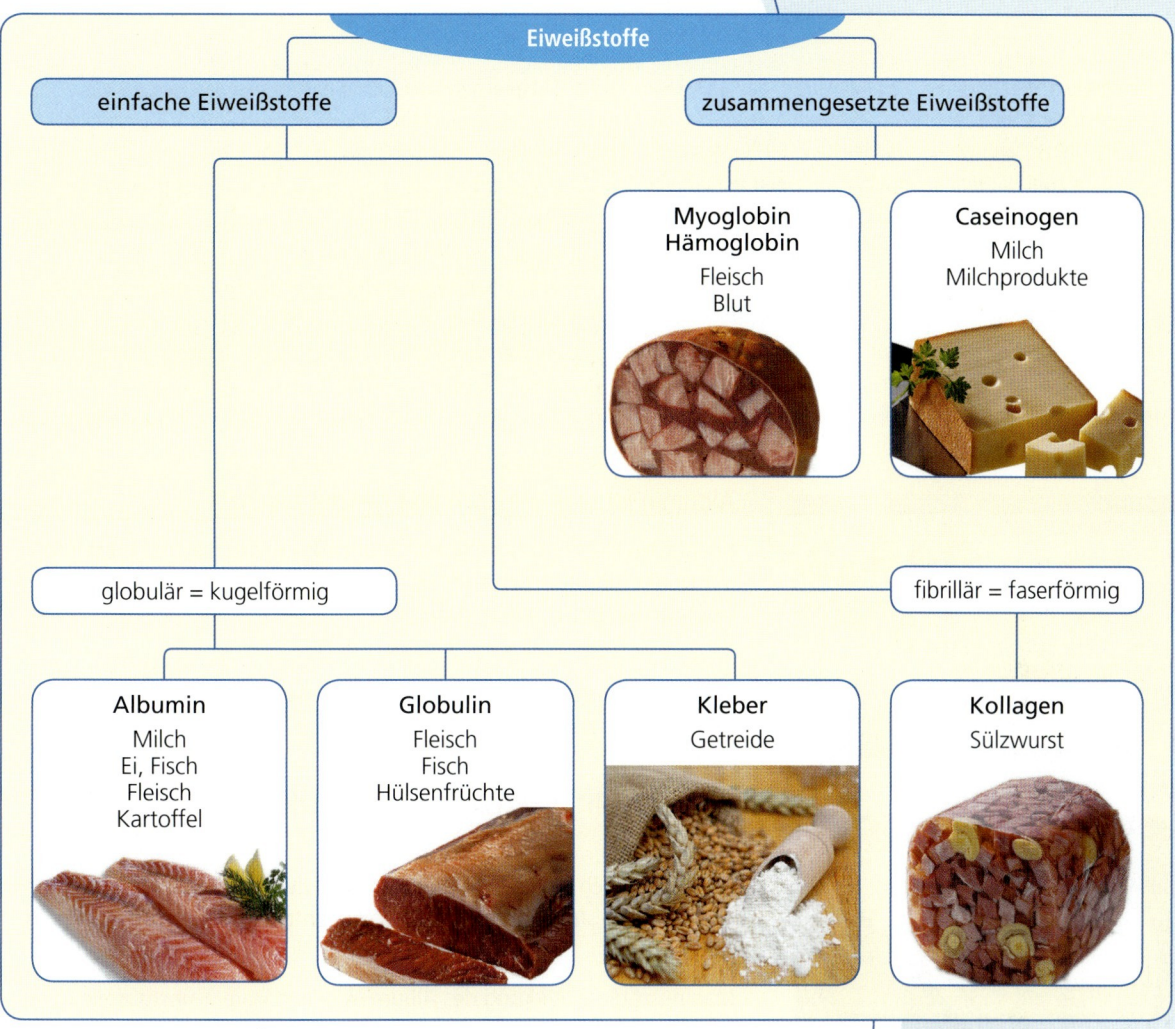

4.2 Küchentechnische Eigenschaften

Versuche

1. Bearbeiten Sie 50 g mageres Hackfleisch mit dem Mixer und vermengen Sie es anschließend mit 150 g Wasser. Seihen Sie nach 5 Min. ab.
2. Bearbeiten Sie Hackfleisch wie oben, setzen Sie aber dem Wasser 6 bis 8 g Salz zu.
3. Bereiten Sie aus 100 g Weizenmehl und Wasser einen mittelfesten Teig, lassen Sie ihn 20 Min. ruhen und kneten Sie ihn in der Hand unter fließendem Wasser. Formen Sie die zurückbleibende gelbe, klebrige Masse zu einer Kugel und backen Sie diese in einer Backröhre.
4. Vermischen Sie lauwarme Milch mit einigen Tropfen Zitronensaft oder Essig. Wenn Dickmilch entstanden ist, erhitzen Sie diese. Führen Sie den Versuch nicht mit Zitronensaft oder Essig, sondern mit Lab (Apotheke) durch und verkosten Sie Quark und Molke aus beiden Versuchen.
5. Gelatine ist aus Häuten und Knochen gewonnenes Leimeiweiß oder Kollagen. Für die folgenden Versuche dient sie an Stelle der Häute als Grundlage. Tauchen Sie ein Blatt Gelatine in ein Becherglas mit kaltem Wasser, ein zweites Blatt in ein Becherglas mit kaltem Wasser, dem einige Tropfen Zitronensaft oder Essig zugefügt sind.
6. Weichen Sie zwei Blatt Gelatine 5 Min. in kaltem Wasser ein. Gießen Sie dann das Wasser ab und erwärmen Sie langsam. Stellen Sie die aufgelöste Gelatine an einen kühlen Ort. ▶

▶
7. Bereiten Sie aus einem Bouillonwürfel, der auch kleingehackte Kräuter enthält, 0,75 l Brühe. Teilen Sie die Flüssigkeit, wenn sie auf mindestens 50 °C abgekühlt ist, in zwei Hälften. Vermischen Sie einen Teil mit einem Eiklar und erwärmen Sie langsam unter stetem Rühren. Wenn die Brühe aufwallt, heben Sie mit einer Schöpfkelle den Schaum ab.
Vergleichen Sie das Aussehen beider Brühen.

8. Stellen Sie ein Wasserbad und drei kleine Kuchenformen (oder Dariole-Formen, Formen für Sülzkoteletts) bereit. Entsprechend der Größe der Formen bereiten Sie ein Gemenge aus Milch und Ei im Verhältnis 1:1, also eine Royale.

9. Füllen Sie die Formen a) und b). In den Rest für Form c) rühren Sie je anteiliges Ei einen Teelöffel Stärke (Mondamin, Gustin) und füllen Sie dann die Form. Erhitzen Sie im Wasserbad. Wenn die Masse in den Formen stockt, entnehmen Sie Form a). Die Formen b) und c) weiter erhitzen, bis die Gerinnung eintritt. Stellen Sie die Temperaturen mit einem Thermometer fest.

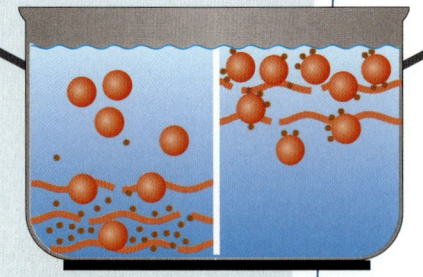

Albumin ist wasserlöslich und gerinnt bei 70 °C.

Kocht man Fleisch, geschälte Kartoffeln oder Linsen, setzt sich am Topfrand ein weißgrauer **Schaum** ab. Dieser besteht hauptsächlich aus ausgelaugtem und geronnenem Albumin.

In der Gastronomie wird dieser Schaum von der Brühe abgeschöpft, damit eine klare Suppe serviert werden kann. Im Haushalt sollte man darauf verzichten, denn Albumine sind wertvolle Eiweißstoffe.

Albumin zieht in Flüssigkeiten Trübstoffe an.

Beim Erwärmen von Eiweiß werden Bindekräfte frei, die Trübstoffe anziehen und an sich binden. Wenn bei stärkerer Wärmeeinwirkung das Eiweiß dann gerinnt, steigt es nach oben und nimmt die Trübstoffe mit sich. Mit einem Schaumlöffel kann es von der Oberfläche abgeschöpft werden.

Man nutzt diese Wirkung des Albumins, wenn klare, trübstofffreie Flüssigkeiten erzielt werden sollen.

Abb. 1 Geronnener Schaum wird abgeschöpft

Beispiele
- Klären von Brühen,
- Herstellen von Aspik,
- Bereitung von Weingelee.

Albumin bindet Flüssigkeiten.

Albumin lagert beim Erwärmen Flüssigkeit an und bindet sie. Dies nutzt man z. B. bei der Herstellung von Karamellcreme und Eierstich. Zu beiden Produkten werden Milch und Eier in etwa gleichem Verhältnis vermischt. In kaltem Zustand ist die Mischung flüssig, denn die Bindekräfte haben sich noch nicht entfaltet.

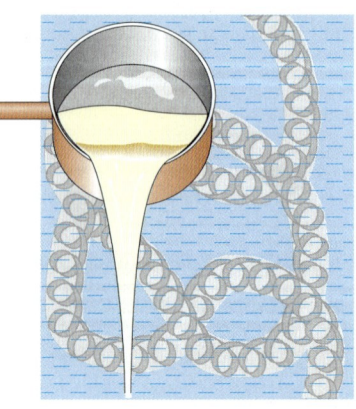

Bei etwa 70 °C binden die Eiweißstoffe. Es entsteht eine kompakte, geleeartige Masse.

Beim **Legieren** von Suppen und Saucen nutzt man die gleiche Art von Bindung. Weil die Eiermenge geringer gehalten wird, entsteht bei diesen Zubereitungen eine **sämige Bindung.**

Steigt die Temperatur zu hoch, brechen die Bindekräfte zusammen: Das Gel „bricht" und teilt sich in Gerinnsel und ungebundene Flüssigkeit. In zu hoch erhitzten Suppen und Saucen schwimmen Gerinnsel.

Globulin bildet die Grundlage der Wurstherstellung.

Globulin kommt fast immer zusammen mit Albumin vor, z. B. in Fleisch, Fisch, Milch und Eiern. Im Unterschied zu Albumin löst sich Globulin nur in salzigen Flüssigkeiten. Wird es erwärmt, gerinnt es bei etwa 70 °C.

Von besonderer Bedeutung sind die Globuline bei der Herstellung von **Wurstmasse.** Der Fleischer bezeichnet sie als **Brät.** Der Koch stellt Vergleichbares her und nennt es **Farce.**

Durch feine Zerkleinerung im Kutter werden aus der Fleischfaser die Globuline freigelegt. Nach **Beigabe von Salz** lösen sie sich und **lagern Wasser an,** das in Form von Eis beigegeben wird. Das fertige Brät wird in Därme gefüllt. Beim abschließenden Brühen (75 °C) gerinnen die Eiweißstoffe und machen die **Wurst schnittfest.**

Klebereiweiß bildet das Gerüst im Brot.

Das Weizenmehl enthält die Eiweißarten Gliadin und Glutenin. Bei der Teigbereitung nehmen sie Wasser auf, quellen und verbinden sich zu einer zähen, dehnbaren Masse, dem Kleber.

Damit der Kleber gut ausgebildet wird, bearbeitet man Weizenteige, bis sie sich vom Gefäß lösen oder bis sie Blasen werfen.

Während des Backens wird Kohlendioxid durch die Tätigkeit der Hefe frei oder von Backpulver abgegeben. Der Kleber hält diese Gase fest, es entstehen die Poren, der Teig wird gelockert.

Abb. 1 Kleber bildet das Brotgerüst.

Eigenschaften des Klebers:
- **quellfähig**, er nimmt den überwiegenden Teil der Teigflüssigkeit auf;
- **elastisch**, man kann Teige ausrollen, sie können sich aber auch wieder verkürzen, sie „schnurren", wenn man sie nicht ruhen lässt;
- **dehnbar**, wobei er das lockernde Kohlendioxid festhält und die Poren des Gebäckes bildet.

Beim Backen gerinnt das Klebereiweiß und bildet das elatsische Gerüst des Gebäckes.

Bei Mürbeteigen erwartet man ein lockeres, leicht brechendes Gebäck. Darum wird die Ausbildung des Klebers vermieden. Man knetet die Mürbeteige nicht, sondern vermengt die Zutaten nur kurz.

Bindegewebe verkürzt sich beim Erhitzen.

Die einzelnen Fleischfasern sind vom Bindegewebe umschlossen und werden durch dieses zusammengehalten. Bei Wärmeeinwirkung verkürzt sich das Bindegewebe, es zieht sich zusammen, wie das beim Ausbraten von Frühstücksspeck gut erkennbar ist. Dabei drückt es den Fleischsaft aus den Fasern. Das Fleisch wird trocken.

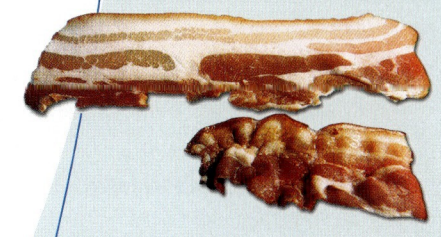

Küche

ERNÄHRUNG

Abb. 1 Einschnitte bei Koteletts

Durch entsprechende Behandlung des Fleisches wird dem entgegengewirkt:

- **Klopfen** – Bindegewebefasern reißen ein,
- **Einschneiden** – Speck- oder Bindegeweberand wird durchtrennt.
- **Wolfen** – Bindegewebe werden bei der Herstellung von Hackfleisch fein zerschnitten und können darum die Muskelfasern nicht mehr zusammenziehen.

Kollagen bildet eine Gallerte.

Schwarten, Knorpel und Knochen enthalten viel Kollagen oder Leimeiweiß. Dieses wird durch Kochen gelöst und geht in die Flüssigkeit über. In gereinigter und getrockneter Form wird es als **Gelatine** angeboten.

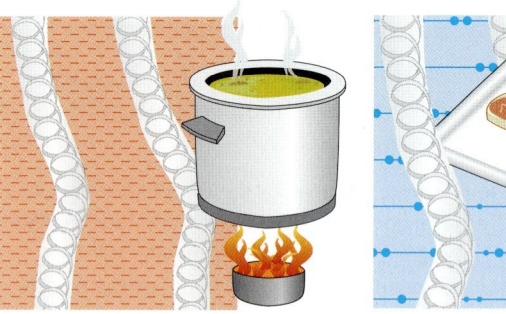
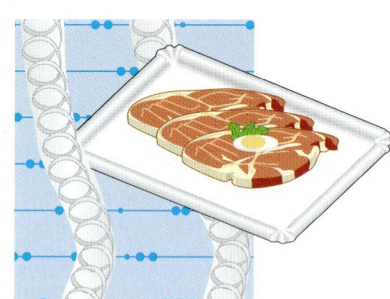

Abb. 2 Spargel in Aspik

Gelatine wird eingeweicht und in warmer Flüssigkeit gelöst. Dabei zeigt sich noch keine Bindung. Beim Abkühlen bildet sich eine Gallerte, z. B. bei **Aspik** oder **Sülze**. Bei Wiedererwärmen wird die Gallerte wieder flüssig.

In der kalten Küche gibt Gelatine Mousses und Terrinen Zusammenhalt und Stand.

Der Patissier nutzt Gelatine, um geschlagene Sahne vor dem Absetzen von Flüssigkeit zu schützen, für Weingelee und Geleefrüchte.

Caseinogen gerinnt durch Säure und Lab.

Milch enthält den Eiweißstoff Caseinogen. Beim Caseinogen ist mit dem Eiweißteil der Mineralstoff Calcium eng verbunden. Darum gerinnt Milch beim Kochen nicht. Wenn jedoch durch **Milchsäure** das Calcium abgetrennt wird, gerinnt das Eiweiß z. B. bei Sauermilch und Joghurt.

Wird die geronnene Milch erwärmt, trennt sie sich in Eiweißgerinnsel (Quark) und Flüssigkeit (Molke).

Ähnlich verhält sich die Milch, wenn ihr Lab zugesetzt wird. Lab ist ein Enzym aus dem Magen der Kälber.

Abb. 3 Geronnene Milch wird zu Käse verarbeitet

Koagulation/koagulieren bedeutet ausflocken, Eiweißgerinnsel bilden.

Denaturierung/denaturieren bedeutet wörtlich den ursprünglichen natürlichen Zustand nehmen, umwandeln.

Gerinnung – Koagulation – Denaturierung

Wenn ein Eiweiß geronnen ist, kann dies nicht mehr rückgängig gemacht werden, der Vorgang ist nicht umkehrbar, **irreversibel**. Meist geschieht das durch Wärmezufuhr/Erhitzen. Es können aber auch Säure oder Enzyme (Lab) zur Gerinnung führen. Die Fachsprache verwendet für das Gerinnen von Eiweiß besondere Begriffe, die nebenstehend erläutert sind.

Eiweiß verdirbt rasch.

Eiweißhaltige Lebensmittel verderben besonders leicht, denn viele Mikroben bevorzugen Eiweiß. Lebensmittel, die von Mikroben befallen sind, riechen und schmecken unangenehm. Bei Fleisch und Wurst zeigt sich der Mikrobenbefall in einer schmierigen Oberfläche.

● Verdorbene, eiweißhaltige Lebensmittel sind gesundheitsschädlich; sie führen zu Übelkeit, Durchfall und Erbrechen.

4.3 Bedeutung für den menschlichen Körper

Wie die anderen Nährstoffe müssen auch die Eiweißstoffe durch die Verdauung zu Bausteinen abgebaut werden. Bei Eiweiß sind das die **Aminosäuren**. Diese gelangen dann durch die Darmwand in den Blutkreislauf.

Der Eiweißabbau beginnt im **Magen**. Die **Salzsäure** des Magensaftes lässt das Eiweiß zunächst **gerinnen**. Enzyme spalten dann die Eiweißmoleküle in Bruchstücke. Diese werden anschließend von den Enzymen des Bauchspeichels und des Darmsaftes zu den Aminosäuren abgebaut.

Eiweißstoffe dienen dem Körper vorwiegend als **Baustoff**. Bei Kindern und Heranwachsenden ist das Eiweiß notwendig zum **Aufbau**, bei Erwachsenen zum **Ersatz** verbrauchter oder abgenutzter Körpersubstanz.

Führt man dem Körper mehr Eiweißstoffe zu, als er zum Aufbau und zur Erneuerung benötigt, verwendet er diese zur **Energiegewinnung**.

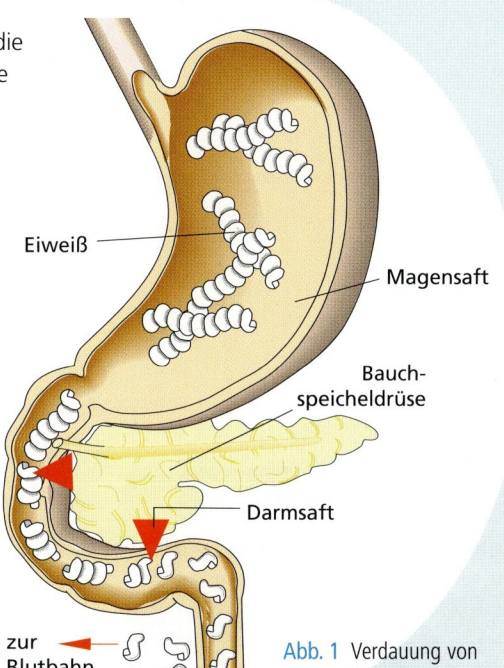

Abb. 1 Verdauung von Eiweiß

Unentbehrliche / essenzielle Aminosäuren – Biologische Wertigkeit

Die Aminosäuren werden im Körper zu körpereigenem Eiweiß aufgebaut. Jede Eiweißart (Haut, Bindegewebe, Haare) wird dabei nach einem ganz bestimmten, im Voraus festgelegten Muster gebildet. Manche Aminosäuren kann der Körper selbst bilden. Bei anderen ist er jedoch auf die Zufuhr von außen angewiesen. Man nennt diese Aminosäuren **lebensnotwendig** oder **unentbehrlich** oder **essenziell**.

Eiweißarten mit vielen essenziellen Aminosäuren sind darum für den Körper besonders wertvoll.

Der Anteil der einzelnen Aminosäuren im Nahrungseiweiß entspricht nicht immer der Zusammensetzung von Körpereiweiß. Die Verwertbarkeit von Nahrungseiweiß wird durch die **essenzielle Aminosäure** bestimmt, die mit dem geringsten Anteil vorhanden ist. Man nennt darum die essenzielle Aminosäure, die mit dem geringsten Anteil vorhanden ist, die **begrenzende Aminosäure**. Sie bestimmt auch die biologische Wertigkeit.

Die **biologische Wertigkeit** einer Eiweißart gibt an, wie viel Gramm Körpereiweiß aus 100 Gramm Nahrungsmitteleiweiß gebildet werden können. Die biologische Wertigkeit ist eine Prozentzahl. „Vom Hundert" ≙ %.

● Der Körper kann nicht „weiterbauen", wenn ein bestimmter Baustein fehlt. Auch wenn genügend andere Bausteine vorhanden sind, bleiben die Kombinationsmöglichkeiten begrenzt.

Küche

ERNÄHRUNG

Beispiele für ein Berechnung

Fischfilet 100 Gramm, Eiweißanteil 17 %, biologische Wertigkeit 80 %.

> Das Filet enthält 17 % = 17 Gramm Eiweiß.
> Davon kann der Körper 80 % nutzen. Das sind ≈ 13,6 Gramm.

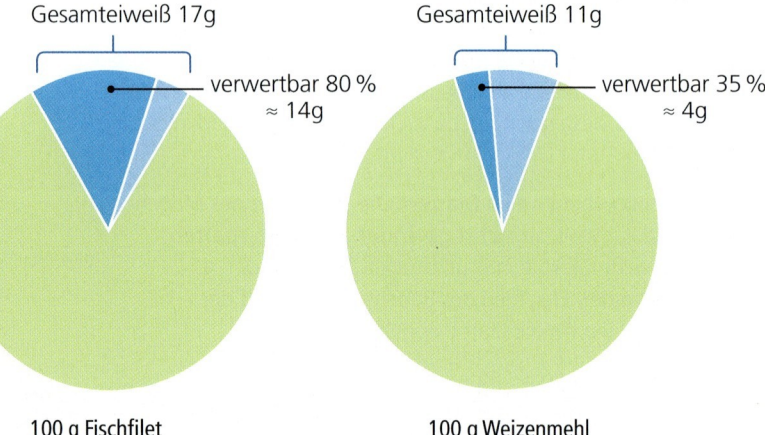

100 g Fischfilet — Gesamteiweiß 17g, verwertbar 80 % ≈ 14g

100 g Weizenmehl — Gesamteiweiß 11g, verwertbar 35 % ≈ 4g

Vergleich mit 100 g Weizenmehl, das einen Eiweißanteil von 11 % und eine biologische Wertigkeit von 35 % hat.

> In 100 Gramm Weizenmehl sind 11 % = 11 Gramm Eiweiß.
> Davon sind für den Körper 35 % verwertbar, das sind etwa 4 Gramm.

Tierisches Eiweiß enthält mehr essenzielle Aminosäuren als pflanzliches. Unterschiedliche Eiweißarten können sich gegenseitig ergänzen und damit zusammen eine höhere biologische Wertigkeit haben.

Vegetarier achten bei der Zusammenstellung der Kost besonders auf die begrenzenden Aminosäuren. Bei sinnvoller Kombination können sie den Eiweißbedarf voll decken.

Abb. 1 Weizenmehl

Aufgaben

1. „Eiweiß muss sein." Erklären Sie das unter Verwendung des Begriffes essenzielle Aminosäuren.
2. Nennen Sie Merkmale, nach denen die Eiweißarten unterschieden werden.
3. Durch welche küchentechnischen Vorgänge kann man Eiweiß zum Gerinnen bringen?
4. Der Eiweißbedarf je kg Körpergewicht ist je nach Lebensalter unterschiedlich. Begründen Sie.
5. Milch hat eine hohe biologische Wertigkeit. Darum ist Quark ein Eiweißlieferant von hoher Qualität. Können Sie diesen Satz näher begründen?
6. „Fleisch ist ein Stück Lebenskraft", sagt die Werbung. Man kann dazu unterschiedlicher Meinung sein. Sammeln Sie Argumente.

5 Vitamine

5.1 Bedeutung für den menschlichen Körper

Für eine gesunde Ernährung unabdingbar sind als Wirkstoffe die **Vitamine** und **Mineralstoffe** (Kapitel 6). Wegen ihrer Aufgaben im Körper werden diese Nahrungsbestandteile auch als **Regler- und Schutzstoffe** bezeichnet. Der menschliche Organismus ist auf eine regelmäßige Zufuhr angewiesen, weil er diese Stoffe nicht selbst bilden und nur begrenzt speichern kann.

Früher wurden die Vitamine in der Reihenfolge der Entdeckung mit Buchstaben bezeichnet. Heute haben die Vitamine Namen, die entweder zu ihrer Funktion oder zur chemischen Beschaffenheit Bezug haben. In der Tabelle auf der nächsten Seite werden alte und neue Bezeichnungen genannt.

Bei falscher Ernährung kann es zu **Versorgungslücken** kommen:

- *Falsche Ernährung*
  z. B. nur „Cola und Pommes"
  Chips und Schokolade
  Blitzdiät, Ess-Brech-Sucht
- *Falscher Umgang mit Lebensmitteln*
  (Vgl. Grafiken auf den beiden Folgeseiten)
- *Erhöhter Bedarf*
  Ausgedehntes Training führt zu Verlust durch Schweiß.
  Starkes Rauchen vermindert die Aufnahme.
  Medikamente können ausschwemmen.

Eine Unterversorgung mit Vitaminen oder **Hypovitaminose** äußert sich im einfachsten Falle mit Abgespanntheit und einer Störung des Wohlbefindens. Ein Mangel über einen längeren Zeitraum führt jedoch in vielen Fällen zu ernsthaften Erkrankungen. Man nennt diese Art von Erkrankungen deshalb auch **Mangelkrankheiten** (s. Tabelle nächste Seite).

Bestimmte **Vitaminpräparate** können ohne ärztliches Rezept gekauft werden. Und die Werbung verspricht wahre Wunder dem, der diese Präparate konsumiert. Dazu sollte man wissen:

- Längerfristig sollte man nicht ohne den Rat des Arztes Vitaminpräparate einnehmen.
- Werden zu viel wasserlösliche Vitamine aufgenommen, scheidet der Körper diese über die Niere mit dem Harn aus.
- Werden zu viele fettlösliche Vitamine aufgenommen, speichert sie der Körper. Das kann zu Gesundheitsstörungen führen, die man **Hypervitaminose** nennt. Das bedeutet eine Erkrankung durch zu viele Vitamine.

> Bei richtiger Ernährung mit gemischter Kost wird der gesunde menschliche Körper in den allermeisten Fällen ausreichend mit Vitaminen versorgt (Ernährungsbericht).

> Mangelerscheinungen erkennt der Arzt, er verordnet zum Ausgleich entsprechende Medikamente.

Küche

ERNÄHRUNG

5.2 Aufgaben und Vorkommen

Auswahl von Vitaminen, deren regelmäßige Zufuhr für den menschlichen Körper wichtig ist.

Vitamin	Mangelkrankheit	Vorkommen	empfindlich gegen			
			Licht	Luft	Wasser	Wärme
fettlöslich						
A Retinol Vorstufe ist **Karotin**	Entzündungen der Haut und der Schleimhäute, Nachtblindheit, Widerstandskraft gegen Infektionen lässt nach	Butter, Schweineleber, Eigelb, Milch, Carotin in Karotten, Möhren, Aprikosen	++	++	–	–
D Calciferol	Wachstumsstörungen, Knochenerweichung, Rachitis	Butter, Margarine, Milch, Hefe	+	++	–	–
wasserlöslich						
B_1 Thiamin	Verdauungsstörungen, Muskelschwund, rasche Ermüdung, Nervosität, Beri-Beri	Hefe, Vollkornerzeugnisse, Vollmilch, Quark, Ei, Fleisch, Fisch, Kartoffeln	–	+	+	+
B_2 Riboflavin	Schlaflosigkeit, Nervosität	Schweineleber, Niere, Vollmilchprodukte	–	–	+	+
C Ascorbinsäure	Ermüdung, „Frühjahrsmüdigkeit", Zahnfleischerkrankung, Skorbut	Südfrüchte, Obst, Hagebutten, schwarze Johannisbeeren, Kartoffeln, alle grünen Pflanzen	++	++	++	++
Folsäure	Müdigkeit, Leistungsminderung, schlechte Wundheilung	Gemüse, Weizenkeime, Bierhefe	+	–	–	++

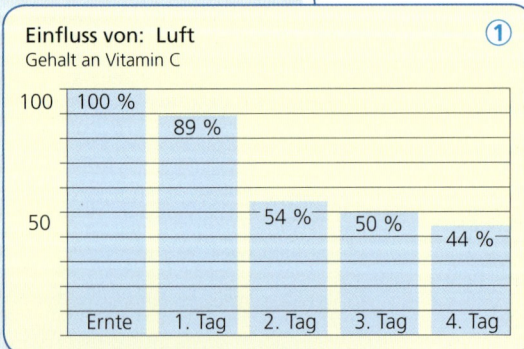

① Einfluss von: Luft, Gehalt an Vitamin C — Ernte 100 %, 1. Tag 89 %, 2. Tag 54 %, 3. Tag 50 %, 4. Tag 44 %

5.3 Erhaltung bei der Vor- und Zubereitung

Bereits bei Transport und Lagerung von Obst und Gemüse wird durch den Einfluss von Luft, Wärme und Licht ein Teil der Vitamine zerstört (① – ③).

Aber auch die **Art der Vorbereitung** hat großen Einfluss auf das Ausmaß der Verluste (siehe ④ und ⑤).

5 Vitamine

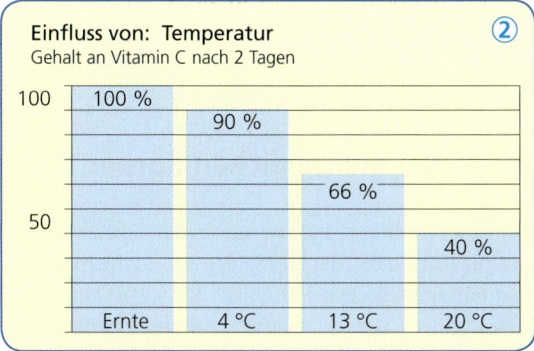

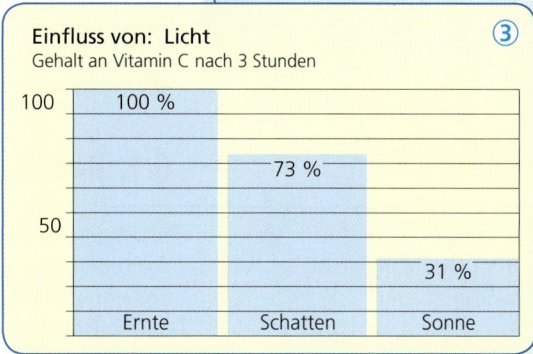

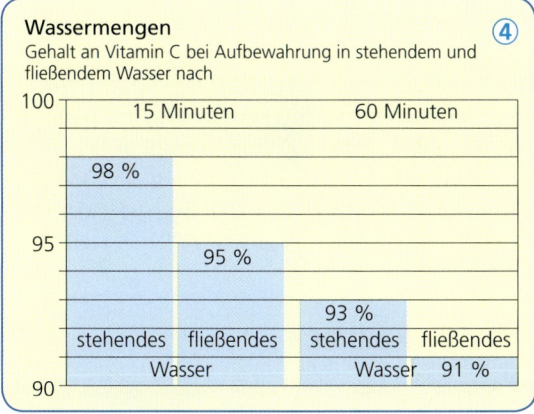

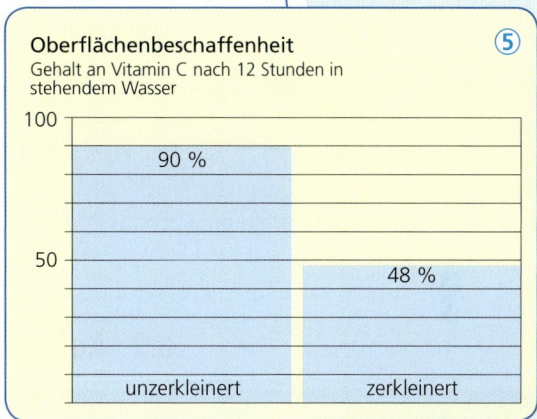

Um Vitaminverluste zu vermindern, ist zu beachten:
- Gemüse kühl und dunkel aufbewahren, am besten im Kühlraum,
- kurz und unzerkleinert waschen,
- geschälte Kartoffeln möglichst kurz und in möglichst wenig Wasser aufbewahren,
- geputzte Gemüse nicht in Wasser legen, sondern mit Folie abdecken.

Aufgaben

1 Vitamine werden in zwei Gruppen eingeteilt. Nennen Sie diese und begründen Sie die Aufteilung aus der Sicht der Lebensmittelzubereitung.

2 Opti sagt: „Heute enthält das Essen mehr Vitamine als früher."
„Im Gegenteil", meint Pessi, „alles konserviert, nichts mehr frisch."
Erstellen Sie eine Tabelle nach nebenstehendem Muster und tragen Sie die möglichen Argumente ein.

Heute enthält die Nahrung im Vergleich zu früher	
mehr Vitamine weil …	weniger Vitamine weil …

3 Die Frühjahrsmüdigkeit wird mit Vitaminmangel in Verbindung gebracht. Erläutern Sie.

4 Welche Handlungsweisen bei Transport, Lagerung und Verarbeitung führen zu großen Vitaminverlusten?

5 „Reichlich Vitamine schaden nie." Stimmt diese Aussage?

6 Nennen Sie Lebensmittel mit viel Vitamin C und solche mit Vitamin D.

7 Suchen Sie natürliche Vitaminquellen. Welche Vitamine findet man vorwiegend in

a) Obst und Gemüse, b) Karotten und c) Vollkornbrot?

8 Ein Vitamin kann auf dreierlei Weise benannt sein, z. B. Vitamin C, Ascorbinsäure oder antiskorbutisches Vitamin. Versuchen Sie eine Erklärung.

Küche ERNÄHRUNG

6 Mineralstoffe

🇬🇧 mineral elements 🇫🇷 éléments (m) minéraux

6.1 Bedeutung für den menschlichen Körper

Eine ausreichende Versorgung des Körpers mit Mineralstoffen ist lebensnotwendig.

Mineralstoffe sind die unverbrennbaren anorganischen Bestandteile der Lebensmittel. Die Mineralstoffe werden vom Körper zwar nicht verbraucht, doch wird über den Stoffwechsel immer ein Teil ausgeschieden und muss darum mit der Nahrung ständig wieder zugeführt werden. Dies gilt vor allem bei erhöhter Belastung.

Mineralstoffe werden eingeteilt nach:

Aufgaben
- **Baustoffe** für den Aufbau von Knochen, Zähnen, Körperzellen, z. B. Calcium, Phosphor, Magnesium
- **Reglerstoffe**, welche die Eigenschaften der Körpersäfte beeinflussen, z. B. Natrium, Kalium, Chlor

Anteil im Körper
- **Mengenelemente**, der Tagesbedarf wird in Gramm gemessen, z. B. Kochsalz, Calcium, Phosphor
- **Spurenelemente**, von denen täglich nur wenige Milligramm notwendig sind, wie z. B. Eisen, Jod, Fluor

6.2 Aufgaben und Vorkommen

Mineralstoff	notwendig für	kommt reichlich vor in
Calcium	Aufbau der Knochen und Zähne, Blutgerinnung	Milch und Milchprodukten, Gemüse, Mineralwasser
Magnesium	Muskelkontraktion, Enzymtätigkeit	Gemüse, Kartoffeln, Hülsenfrüchten
Kalium	Erregung von Muskeln und Nerven	Kartoffeln, Gemüse, Obst, Milch, Milchprodukte
Eisen	Blutbildung, Sauerstofftransport	Leber, grünem Gemüse, Vollkornbrot
Phosphor	Aufbau der Nerven und Knochen	Leber, Fleisch, Fisch, Milch und Milchprodukten, Vollkornbrot, Nüssen
Jod	Tätigkeit der Schilddrüse	Seefischen, Meerestieren, Jodsalz (enthält je kg 5 mg Jod)
Kochsalz	ausreichende Gewebespannung	in fast allen Nahrungsmitteln

6.3 Erhaltung bei der Vor- und Zubereitung

- Gemüse kurz und unzerkleinert waschen,
- geputzte Gemüse nicht längere Zeit in Wasser legen,
- Einweich- und Kochwasser weiterverwenden.

Mineralstoffe sind wasserlöslich. Darum entstehen beim Waschen, beim Aufbewahren von Gemüsen in Wasser und beim Blanchieren große Verluste.

Einen **erhöhten Bedarf an Wirkstoffen** können Schwangere, Stillende sowie Säuglinge und ältere Menschen haben. Bei starker Belastung (Beruf, Sport) kann ebenfalls ein Mehrbedarf auftreten.

In diesen Fällen ist es möglich, dass der Bedarf durch bewusste Nahrungsauswahl (siehe auch vorstehende Tabelle) ergänzt werden muss. Vitamin- und Mineralstoffpräparate sollten über längere Zeit jedoch nur nach Rücksprache mit dem Arzt eingenommen werden.

7 Begleitstoffe

🇬🇧 dietary fibres 🇫🇷 fibres (w) alimentaires

Ballaststoffe oder Faserstoffe wurden früher für überflüssig gehalten. Man betrachtete die unverdauliche Zellulose als unnützen Ballast. Heute weiß man, dass diese Stoffe wichtige Aufgaben übernehmen, indem sie sogenannten Zivilisationskrankheiten vorbeugen.

Ballaststoffe

- quellen im Verdauungstrakt auf, erhöhen dadurch die Speisemenge und wirken so der Verstopfung entgegen,
- verzögern die Aufnahme der Nährstoffe in die Blutbahn – das Essen hält länger vor,
- begünstigen die im Darm lebenden Mikroben (Darmflora).

Viele nehmen heute zu wenig Ballaststoffe auf, weil man mehr Fleisch, Milchprodukte und Zuckerreiches isst, jedoch weniger Brot und Kartoffeln verzehrt als früher.

Sekundäre Pflanzenstoffe (SPS) oder **bioaktive Pflanzenstoffe** entstehen in geringen Mengen in den Pflanzen und dienen diesen z. B. als Abwehrstoffe gegen Schädlinge. Im menschlichen Körper wirken sie **gesundheitsfördernd**, weil sie vor der schädlichen Wirkung freier Radikale schützen und so z. B. das Risiko für bestimmte Krebserkrankungen senken. Seit langem ist z. B. die Wirkung von Zwiebeln und Knoblauch bekannt.

> ● Für eine ausreichende Ballaststoffversorgung: Nicht nur weißes Brot essen. Reichlich Gemüse und Obst in den Speiseplan einbauen.

> ● **Bioaktive Pflanzenstoffe**
> - stärken das Immunsystem,
> - wirken antibakteriell,
> - halten den Stoffwechsel stabil,
> - beugen Herz- und Krebserkrankungen vor.

> ● Will man die Vorteile der bioaktiven Pflanzenstoffe nutzen, gilt der einfache Grundsatz: Reichlich Gemüse und Obst unterschiedlicher Art. Es ist nicht notwendig, auf bestimmte Arten besonders zu achten.

Versorgung mit Vitaminen, Mineralstoffen und Wirkstoffen (Übersicht)

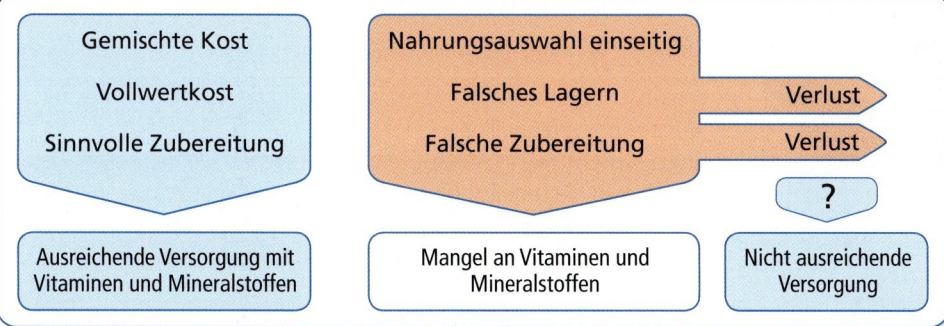

Aufgaben

1. Nennen Sie vier Regeln, die in der Küche beachtet werden müssen, damit Vitamine und Mineralstoffe möglichst erhalten werden.
2. Welche „Fehler" der gewerblichen Küche führen zu hohen Verlusten an Wirkstoffen? Gibt es Gründe, die diese Verfahren rechtfertigen?
3. Man sagt, je höher der Ballaststoffanteil, desto geringer die Gefahr eines Darmkrebses. Erklären Sie den Zusammenhang.
4. Nennen Sie drei Gruppen von Menschen mit einem erhöhten Bedarf an Vitaminen und Mineralstoffen und begründen Sie den Mehrbedarf.

Küche — ERNÄHRUNG

8 Wasser

🇬🇧 water 🇫🇷 eau (w)

Chemisch reines Wasser (H_2O) setzt sich aus zwei Atomen Wasserstoff und einem Atom Sauerstoff zusammen. Im natürlichen Wasserkreislauf durchdringt der Regen jedoch verschiedene Erdschichten. Diese wirken einerseits als Filter, andererseits löst das Wasser aus diesen Schichten Mineralstoffe.

8.1 Wasserhärte

Die Menge der im Wasser gelösten Mineralstoffe bestimmt die **Wasserhärte**. Sie wird nach der internationalen Einheit Millimol (mmol/l) gemessen. Je nach Mineralstoffgehalt spricht man von hartem oder weichem Wasser. Hartes Wasser bildet beim Erhitzen Kalkablagerungen, die sich in Gefäßen, Heizungskesseln und Rohren absetzen.

8.2 Küchentechnische Eigenschaften

Wasser laugt aus

Durch den besonderen chemischen Aufbau des Wassermoleküls verhalten sich die einzelnen Wasserteilchen wie Magnete: Sie haben einen positiven und einen negativen Pol. So können sie sich **leicht zwischen andere Stoffe** schieben und deren Anziehungskräfte aufheben. Diese Stoffe bleiben dann im Wasser gelöst. Heißes Wasser ist „beweglicher" als kaltes und löst darum schneller.

Die lösende Wirkung des Wassers ist

- **erwünscht** bei Aufgussgetränken wie Tee oder Kaffee oder bei der Herstellung von Bouillon,
- **unerwünscht**, wenn Auslaugverluste vermieden werden sollen. Dann bringt man die Lebensmittel möglichst nur kurz mit Wasser in Berührung,
  z. B. werden die Gemüse kurz und unzerkleinert gewaschen.

Wasser lässt Lebensmittel aufquellen

Manchen Lebensmitteln wie Linsen, gelben Erbsen, Pilzen, Dörrobst wird das Wasser entzogen, um sie haltbar zu machen. Bringt man diese Lebensmittel wieder ins Wasser, weicht man sie also ein, so saugen sie sich mit Wasser voll und quellen.

Wasser dient als Garmedium

Bei den Garverfahren Kochen, Dämpfen, Dünsten und Schmoren wird die Wärme durch das Wasser und Dampf auf die Lebensmittel übertragen.

Nach dem Lebensmittelrecht muss Trinkwasser klar, farb-, geruch- und geschmacklos sein und darf keine gesundheitsschädlichen Stoffe enthalten.

Abb. 1 Wasser laugt aus.

① heißes Wasser (Lösemittel)
② frisches Kaffeepulver
③ Kaffee (Extraktlösung)

Höhere Temperatur bedeutet kürzere Garzeit

Bei höherer Temperatur laufen Garvorgänge rascher ab, die Gardauer wird dadurch verkürzt. Während Wasser bei normalem Luftdruck bei etwa 100 °C kocht, **steigt der Siedepunkt bei höherem Druck**.

Dieser erwünschte Überdruck entsteht im **Dampfdrucktopf**, den man auch als „Schnell"-Kochtopf bezeichnet.

Gewerblich wird die durch Druckerhöhung ermöglichte Temperatursteigerung beim Erhitzen von Konserven genutzt.

Verringert man dagegen den Druck, so „kocht" das Wasser bereits bei geringerer Temperatur.

Diesen Zustand stellt man absichtlich her, wenn man Luft abpumpt (entzieht) und so einen Unterdruck, ein Vakuum erzeugt, z. B. beim Eindicken von Kondensmilch, um den Kochgeschmack zu vermeiden.

Abb. 1 Erhöhte Temperatur verkürzt die Garzeit.

8.3 Bedeutung für den menschlichen Körper

Wasser dient dem Körper als **Baustoff**, denn der Körper besteht zu etwa 60 % aus Wasser.

Als **Lösungsmittel** hilft das Wasser die Bausteine der Nährstoffe sowie die Vitamine und Mineralstoffe aus den Speisen zu lösen, sodass sie die Darmwand durchdringen und im Blut zu den Körperzellen transportiert werden können.

Als **Transportmittel** nimmt Wasser die gelösten Stoffe in Blut und Lymphe auf und bringt sie zu den Verbrauchsstellen. Von dort werden die Rückstände zu den Ausscheidungsorganen Leber und Nieren gebracht.

Zur **Wärmeregelung** gibt der Körper durch die Poren der Haut Wasser ab. Dieses verdunstet und kühlt dadurch den Körper ab.

Der Körper bedarf einer täglichen **Wassermenge von** 2 bis 2,5 Litern. Diese wird teilweise durch den Wassergehalt der Lebensmittel gedeckt, zum größeren Teil muss sie aber durch etwa 1,5 l Getränke ergänzt werden.

● Der Wasserbedarf des Menschen ist erhöht bei
- trockener und heißer Witterung, weil die Schweißabsonderung ansteigt, wie auch bei
- körperlicher Anstrengung und dem
- Genuss kräftig gesalzener oder scharfer Speisen.

Aufgaben

1. Welche Nachteile sind mit der Verwendung von hartem Wasser verbunden?
2. Der Mensch benötigt täglich mindestens 2 Liter Wasser. Kaum jemand trinkt so viel. Wie wird dann der Flüssigkeitsbedarf gedeckt?
3. Wasser laugt aus. Nennen Sie je drei Beispiele, wo dieser Vorgang erwünscht bzw. nicht erwünscht ist.
4. Warum werden in einem Dampfdrucktopf die Lebensmittel schneller gar?
5. Haben Sie schon einmal mit dem Dampfdrucktopf gearbeitet? Gibt es auch Nachteile?

Küche

ERNÄHRUNG

9 Enzyme

🇬🇧 enzymes 🇫🇷 enzymes (m)

Enzyme sind Wirkstoffe, die Veränderungen in den Zellen und damit auch in den Lebensmitteln entweder überhaupt erst ermöglichen oder aber beschleunigen, ohne sich dabei zu verbrauchen.

Man bezeichnet Wirkstoffe wie z. B. die Enzyme auch als **Katalysatoren**; werden diese in lebendigen Organismen gebildet, spricht man von **Biokatalysatoren**.

Neben dem aus dem Griechischen kommenden Wort Enzym verwendet man auch den lateinischen Begriff Ferment. Beide Begriffe bedeuten dasselbe.

9.1 Wirkungsweise

Enzyme bewirken die verschiedensten Abläufe:
- **Sie bauen in der Pflanze Nährstoffe auf** – aus Einfachzuckern werden Zweifach- und Vielfachzucker.
- **Sie verändern die Lebensmittel** – Schlachtfleisch reift, angeschnittene Äpfel werden braun.
- **Sie bauen Nährstoffe ab** – beispielsweise bei der Verdauung.
- **Sie bauen arteigene Körperstoffe auf** – z. B. Haare, Haut, Fett im Unterhautfettgewebe.

Enzyme bestehen aus **Eiweiß** und einer Wirkstoffgruppe. Diese **Wirkstoffgruppe** ist spezialisiert. Darum sind auch die Enzyme nur zu besonderen Veränderungen an jeweils einem speziellen Nährstoff fähig, können also auch bewusst sehr differenziert eingesetzt werden.

Enzyme sind
- **wirkungsspezifisch**, sie können nur eine bestimmte Wirkung einleiten, z. B. Aufbau von Fetten,
- **stoffspezifisch** (substratspezifisch), d. h., ein bestimmtes Enzym kann z. B. nur Kohlenhydrate verändern, nicht aber auch Fett oder Eiweißstoffe (Abb. 1).

Das nachstehende Beispiel des Stärkeabbaues zeigt, dass für jede Stufe ein anderes Enzym erforderlich ist. So kann z. B. die Amylase nur den Vielfachzucker Stärke in Zweifachzucker spalten. Dieses Beispiel aus dem Bereich der Kohlenhydrate ist auf alle anderen Stoffe übertragbar.

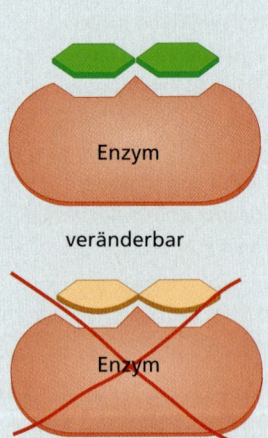

Abb. 1 Enzyme sind stoffspezifisch.

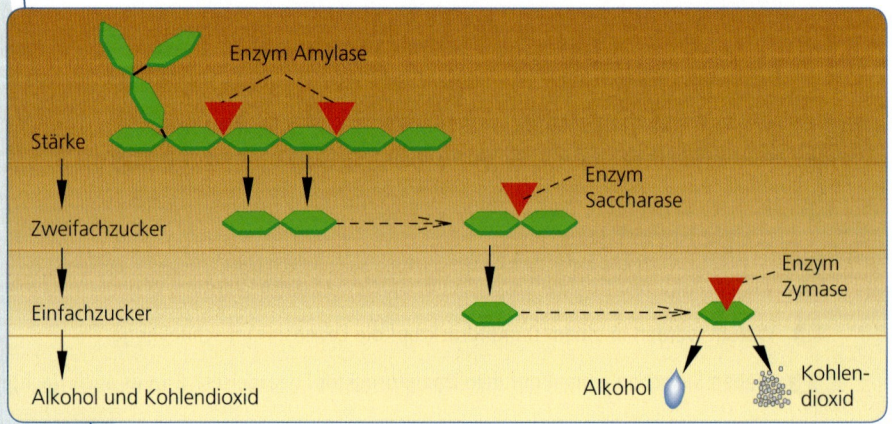

Abb. 2 Abbau von Stärke durch Enzyme

84

9 Enzyme

9.2 Bedingungen der Enzymtätigkeit und deren Steuerung

Versuche
1. Bereiten Sie aus 100 cm³ Wasser und 5 g Stärke einen Kleisterbrei. Verteilen Sie ihn auf die Gläser 1 bis 4.
2. In die Gläser 2, 3 und 4 wird je ein Teelöffel Speichel gegeben und untergerührt. Stellen Sie Glas 2 in den Kühlschrank, Glas 3 in ein Wasserbad mit 37 °C; Glas 4 muss aufgekocht und anschließend in ein Wasserbad gestellt werden.
3. Zerdrücken Sie ein Stückchen rohes Fischfilet, vermischen Sie es mit einem Teelöffel Speichel und füllen Sie es in Glas 5, das Sie anschließend ins Wasserbad stellen.
4. Nach ca. 20 Min. vergleichen Sie die Gläser. Nr. 1, 2, 4 und 5 zeigen keine Veränderungen. In Glas 3 hat sich der Stärkebrei verflüssigt. Prüfen Sie mit wässeriger Jodlösung!

Die **Wirksamkeit** der Enzyme ist abhängig
- **von der Temperatur.** – Bis ca. 40 °C steigt die Wirksamkeit an; bei höheren Temperaturen wird das Eiweiß geschädigt, es verändert sich und die Wirksamkeit des Enzyms lässt nach.
- **vom verfügbaren Wasser (a_w-Wert).** – Für die Veränderungen muss Wasser vorhanden sein, damit sich die Teilchen „bewegen" können. Das Wasser, das den Enzymen verfügbar ist, nennt man auch aktives Wasser.
- **vom Säurewert (pH-Wert).** – Die Enzyme bevorzugen neutrale bis leicht saure Umgebung. Durch eine Verschiebung des pH-Wertes kann deshalb die Enzymtätigkeit beeinflusst werden.

Bei der **Herstellung von Lebensmitteln** beeinflusst man die Wirkung der Enzyme:
- **Fördern der Enzymtätigkeit** z. B. beim Fermentieren von Tee und Kaffee.
- **Hemmen der Enzymtätigkeit** z. B. beim Blanchieren von Gemüse vor dem Frosten oder durch die Zugabe von Säure (Essigsäure, Benzoesäure) zur Konservierung.

Bei der **Verdauung der Nährstoffe** wirken die körpereigenen Enzyme und zerlegen die Nährstoffe in die Bausteine.

Zusatzwissen

Die wissenschaftlichen Namen der Enzyme werden entsprechend einer internationalen Vereinbarung nach dem Stoff benannt, auf den sie einwirken. Alle Enzyme haben die Endsilbe „ase".

Abgebaut wird zum Beispiel:
- Stärke – Amylum durch Amylasen
- Malzzucker – Maltose durch Maltasen
- Fette – Lipide durch Lipasen
- Eiweiß – Protein durch Proteasen.

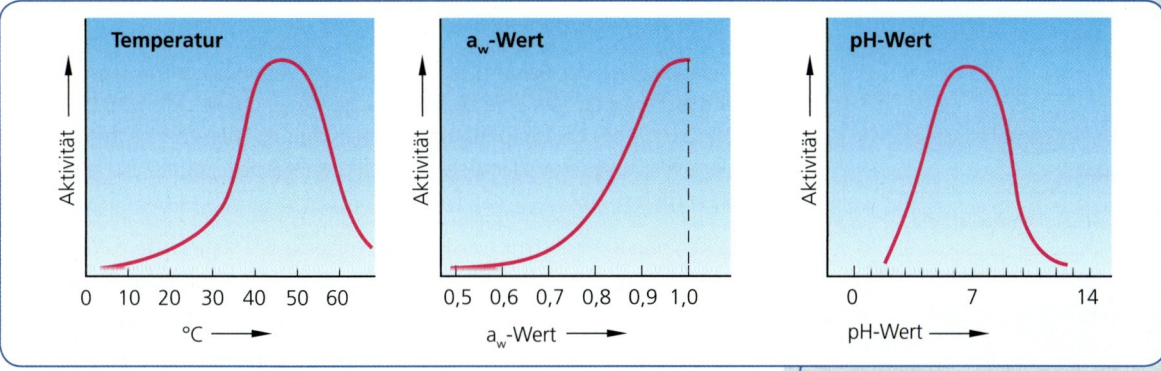

Abb. 1 Wirksamkeit der Enzyme

10 Verdauung und Stoffwechsel

🇬🇧 digestion and metabolism 🇫🇷 digestion (w) et métabolisme (m)

Mit den Lebensmitteln nehmen wir die Nährstoffe auf, die der Körper zum Aufbau (Muskeln, Knochen) und zur Energiegewinnung (Kraft, Wärme) benötigt. Dies wurde schon bei der Behandlung der einzelnen Nährstoffe aufgezeigt. Hier eine zusammenfassende Darstellung.

Vom Lebensmittel zu den Bausteinen der Nährstoffe

	Mund	Magen	Galle	Bauchspeicheldrüse	Blut/Lymphe
Kohlenhydrate	Enzyme des **Mundspeichels** beginnen mit dem Abbau von Stärke.			Enzyme der **Bauchspeicheldrüse** zerlegen Zuckerstoffe weiter. Enzyme des **Darmsaftes** zerlegen restlichen Zweifach- zu Einfachzucker.	**Einfachzucker** werden vom **Blut** aufgenommen.
Eiweiß		Salzsäure und Proteasen leiten im **Magen** den Eiweißabbau ein.		Enzyme in **Bauchspeichel** und **Darmsaft** zerlegen die Eiweißteile zu Aminosäuren.	**Aminosäuren** werden vom **Blut** aufgenommen.
Fett			**Gallensaft** emulgiert Fett zu feinsten Tröpfchen.	Das Enzym Lipase aus **Bauchspeicheldrüse** spaltet Fett in Glycerin und Fettsäuren.	**Glycerin** und **Fettsäuren** werden von der **Lymphbahn** aufgenommen.

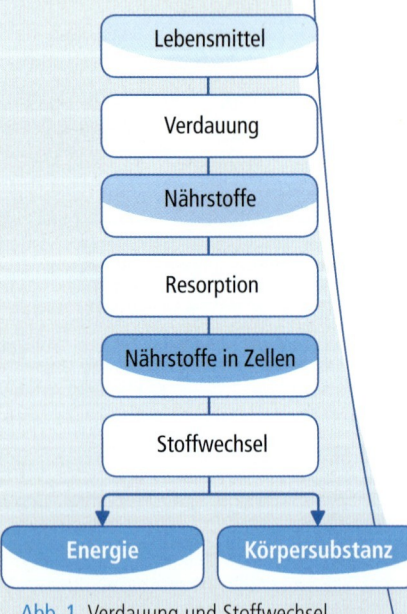

Abb. 1 Verdauung und Stoffwechsel

Lebensmittel nennt der Gesetzgeber alles, was gegessen, gekaut oder getrunken wird.

Durch die Verdauung werden die Lebensmittel zerkleinert (Zähne, Magen) und in die Bausteine zerlegt. **Verdauung ist der Abbau der Nahrung in die Bausteine der Nährstoffe.** Das geschieht im Magen-Darm-Kanal, vorwiegend im Dünndarm. Als Werkzeuge für die Aufspaltung der Nährstoffe in die Bausteine dienen vorwiegend die **Enzyme**.

Die Bausteine der Nährstoffe (Einfachzucker, Aminosäuren, Glycerin und Fettsäuren) sind so kleine Moleküle, dass sie durch die Darmwand in die Blutbahn oder die Lymphbahn gelangen können. Diesen Übergang aus dem Verdauungskanal in den „eigentlichen Körper" bezeichnet man als **Resorption**.

Durch den Blutkreislauf werden die Bausteine der Nährstoffe zu den Körperzellen gebracht. Dort finden die eigentlichen Veränderungen statt:

Einfachzucker werden in Verbindung mit Sauerstoff zu Energie (Kraft, Körperwärme), aus Aminosäuren wird körpereigenes Eiweiß aufgebaut usw. Diese Vorgänge nennt man **Stoffwechsel**.

10 Verdauung und Stoffwechsel

Verdauung im Überblick

Im Mund
Speichel enthält das Enzym **Amylase**. Es beginnt mit dem Abbau der Stärke. Zugleich macht der Speichel die durch das Kauen zerkleinerte Nahrung gleitfähig.

Im Magen
Magensaft enthält **Salzsäure** und eiweißabbauende Enzyme. Die Säure tötet die meisten der mit der Nahrung aufgenommenen Mikroben ab und lässt das Eiweiß gerinnen. Im angesäuerten Speisebrei beginnen **Proteasen** mit dem Abbau der Eiweißstoffe.

Im Zwölffingerdarm
kommt **Gallenflüssigkeit** zum Speisebrei. Galle wird von der Leber produziert und in der Gallenblase gespeichert. Die Galle emulgiert das Fett, es entstehen viele kleinste Fettteilchen, die sich leichter aufspalten lassen. Von der Bauchspeicheldrüse fließen **Lipasen** (fettspaltende Enzyme), **Peptidasen** (eiweißspaltende Enzyme) und **kohlenhydratspaltende Enzyme** in den Speisebrei.

Im Dünndarm
kommen weitere Verdauungsenzyme dazu. Die Nährstoffe werden zu folgenden Bausteinen zerlegt:
- Kohlenhydrate werden zu Einfachzucker,
- Fette zu Glycerin und Fettsäuren,
- Eiweißstoffe zu Aminosäuren.

Diese Bausteine gelangen als verwertbare Anteile der Nahrung durch die Wand des Dünndarms in den Körper. Einfachzucker und Aminosäuren werden vom Blut transportiert, Fett wird von der Lymphe aufgenommen.

Im Dickdarm
wird dem Speisebrei Wasser entzogen, er wird eingedickt. Die verbleibenden unverdaulichen Nahrungsbestandteile werden als **Kot** ausgeschieden. Die Flüssigkeit wird über die Nieren als **Harn** ausgeschieden.

Lebensmittelunverträglichkeiten/-allergien

Lebensmittelallergien sind sehr starke Reaktionen der körpereigenen Immunsysteme gegenüber fremden Stoffen. Dabei betrachtet der Körper bestimmte Stoffe – meist sind es Eiweißarten – als „Feinde" und bildet zur Abwehr **Antikörper**. Diese bleiben auch nach dem Abklingen der Allergie im Körper.

Lebensmittelintoleranz/Pseudoallergie wird ebenfalls von Lebensmittelbestandteilen ausgelöst, es bilden sich jedoch keine Antikörper.

Empfehlungen für den Umgang mit beiden Arten:
- Allergieauslöser vermeiden, also bestimmte Lebensmittel,
- Ernährung abwechslungsreich und vollwertig zusammenstellen,
- nach Möglichkeit frische Lebensmittel selbst zubereiten,
- beim Einkauf auf Zutatenliste achten.

Verdauungsorgane — **Verdauungssäfte**

- Mund — Mundspeichel
- Speiseröhre
- Leber — Magensalzsäure
- Gallenblase — Magensaft
- Bauchspeicheldrüse — Gallensaft
- Zwölffingerdarm — Bauchspeichel
- Dünndarm — Darmsäfte
- Dickdarm
- After

Um die Beiträge der einzelnen Lebensmittel für die Energieversorgung des Körpers miteinander vergleichen zu können, wird deren Energiegehalt genannt. Dazu verwendet man als Maßbezeichnung kJ ≙ Kilojoule oder kcal ≙ Kilokalorie.

Es liefern
1 g Kohlenhydrate	17 kJ / 4,2 kcal
1 g Eiweiß	17 kJ / 4,2 kcal
1 g Fett[1]	37 kJ[1] / 9,3 kcal

[1] Wert nach Nährwertkennzeichnungsverordnung

Küche — ERNÄHRUNG

11 Vollwertige Ernährung

🇬🇧 full value nutrition 🇫🇷 régime (m) alimentaire complet

Durch eine vollwertige Ernährung sollen die Leistungsfähigkeit des Menschen gefördert und ernährungsbedingte Erkrankungen vermieden werden.

Grundsätze vollwertiger Ernährung

- **Die richtige Nahrungsmenge:**
  Die Energiezufuhr muss auf den Bedarf des Körpers abgestellt sein. Wer über längere Zeit den Bedarf des Körpers mit der Energiezufuhr nicht zur Übereinstimmung bringt, hat Gewichtsprobleme (vgl. unten).
- **Die richtige Zusammenstellung:**
  Nicht die Menge allein macht es, es muss auch das Richtige sein, was man zu sich nimmt. Das bedeutet, dass bei einer vollwertigen Ernährung darauf zu achten ist, dass alle essenziellen Nährstoffe auch in ausreichender Menge zugeführt werden.
- **Die richtige Verteilung der Nahrung:**
  Der menschliche Körper unterliegt biologisch bedingten Schwankungen innerhalb des Tagesablaufs. Wer den zeitlich unterschiedlichen Bedarf des Körpers beachtet, lebt besser.

11.1 Energiebedarf

Der Körper bedarf selbst bei Ruhe und Schlaf zur Erhaltung der Lebensvorgänge, wie Atmung, Kreislauf, Verdauung usw., einer gewissen Energiemenge. Diese nennt man Grundumsatz.

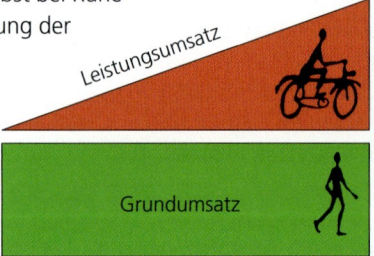

Abb. 1 Energiebedarf

Faustregel:
100 kJ je kg Körpergewicht

Der **Grundumsatz** ist abhängig von
- Alter – mit zunehmendem Alter wird der Grundumsatz geringer,
- Geschlecht – bei Frauen geringer als bei Männern,
- Körpermasse – je „gewichtiger", desto höher der Grundumsatz.

Grundumsatz (Durchschnittswerte)				
Alter	männlich		weiblich	
	kJ	kcal	kJ	kcal
25	7.300	1.750	6.000	1.440
45	6.800	1.630	5.600	1.340
65	6.200	1.490	5.200	1.250

Leistungsumsatz		
Art der Arbeit	Leistungsumsatz je Tag in kJ	
	Mann (70 kg)	Frau (60 kg)
leicht	2.100–2.500	1.700–2.100
mittelschwer	2.500–4.200	2.100–3.400
schwer	4.200–6.700	über 3.400

11 Vollwertige Ernährung

Der **Leistungsumsatz** ist die Energiemenge, die wir benötigen, wenn wir uns bewegen. Mit der Schwere der Arbeit und der Menge an sportlicher Leistung steigt der Leistungsumsatz.

Ein junger Mann mit 70 kg verbraucht bei leichter bis mittelschwerer Tätigkeit täglich etwa 11.000 kJ/2.640 kcal.

Das sind täglich je 1 kg des Körpergewichts:		bei 70 kg
Eiweißstoffe (Protein)	0,5–1 g	60 g
Fett	0,7–0,8 g	50 g
Kohlenhydrate	6–7 g	450 g
Wasser	30–40 g	2–3 l
Spuren von Mineralstoffen und Vitaminen		

Wer abnehmen will, schafft das am raschesten über eine Verringerung der Energiezufuhr. Viel schwerer ist eine Verringerung des Gewichtes über verstärkte Aktivität, z. B. Sport. Trotzdem fördert Sport die Gesundheit.

11.2 Nahrungsauswahl

Wichtig: Eine Ernährung ist dann vollwertig, wenn alle erforderlichen Nährstoffe in der benötigten Menge aufgenommen werden.

Dafür eignet sich am besten eine abwechslungsreiche, gemischte Kost. Die Deutsche Gesellschaft für Ernährung (DGE) gibt mit der Ernährungspyramide (s. Abb. 1) eine Hilfe, um die Lebensmittelauswahl zu überprüfen.

Erläuterungen zur Ernährungspyramide

Getränke sind der mengenmäßig größte Anteil der täglichen Nahrungsaufnahme und bilden darum unten an der Pyramide einen breiten Balken.

Die Hülsenfrüchte (reife Bohnen, Erbsen und Linsen) sind wegen ihres hohen Kohlenhydratgehaltes nicht dem Gemüse, sondern der Gruppe Kartoffeln, Getreide zugeordnet.

Weil nur die Meeresfische das Spurenelement Jod liefern, sind sie als eigene Gruppe angeführt.

Die Süßwasserfische sind den anderen Eiweißlieferanten Fleisch und Ei zugeordnet.

Die Farben bei den Texten bedeuten:
- Grün reichlich
- Gelb mit Bedacht
- Rot wenig verzehren

- Grundumsatz
- \+ Leistungsumsatz
- = Gesamtumsatz

Bei Angaben zum Nährwert wird oft von D-A-CH-Referenzwerten gesprochen. D – A – CH ist ein Kunstwort für Deutschland (D) – Österreich (A) – Schweiz (CH). Diese Länder haben sich auf einheitliche Werte geeinigt.

„Iss das Richtige."

Abb. 1 Ernährungspyramide

Küche

ERNÄHRUNG

> Wer sich richtig ernähren will, muss also nicht nur weniger essen, sondern auch das Richtige auswählen.

Veränderte Lebensbedingungen und geänderte Essgewohnheiten machen es erforderlich, über die Zufuhr von Wirkstoffen grundsätzlich nachzudenken.

Im Gegensatz zu früher ist die **körperliche Belastung geringer**: Kraftarbeit übernehmen die Maschinen. Dafür ist der Mensch nervlich mehr angespannt. Die Ernährung ist heute aber **energiereicher**.

Man isst „besser". Das bedeutet mehr (verstecktes) Fett, mehr Zucker, weniger Ballaststoffe. Damit ist die Nahrung energiereicher und zugleich ärmer an Wirkstoffen. Man spricht darum auch von „leeren Kalorien".

Nährstoffdichte

Bei mangelnder Bewegung und im Alter hat der Körper einen verringerten Energieverbrauch. Der Bedarf an Vitaminen und Mineralstoffen bleibt jedoch gleich. Bei richtiger Ernährung hat man darum auf eine energiearme aber wirkstoffreiche Nahrungsauswahl zu achten. In dieser Situation hilft die Nährstoffdichte bei der Nahrungsauswahl.

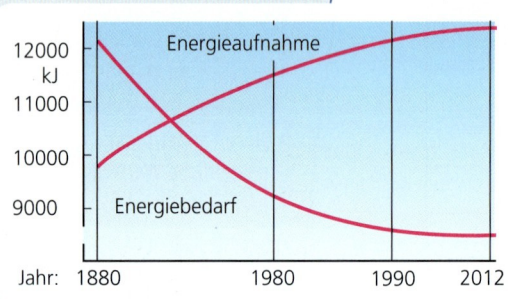

Abb. 1 Energieaufnahme und Energiebedarf

Vollwertig essen und trinken ist einfach, wenn die 10 Regeln der DGE beachtet werden.

1. Vielseitig essen
Genießen Sie die Vielfalt der Lebensmittel, kombinieren Sie. Es gibt keine „guten" oder „verbotenen" Lebensmittel.

2. Getreideprodukte und Kartoffeln
Brot, Nudeln, Reis, bevorzugt aus Vollkorn, sowie Kartoffeln enthalten kaum Fett, aber viele Wirkstoffe.

3. Gemüse und Obst – Nimm „5" am Tag
Fünf Portionen Gemüse oder Obst am Tag versorgen den Körper gut mit Wirkstoffen. Es kann sich z. B. um einen rohen Apfel, kurz gegartes Gemüse oder auch um Saft handeln.

4. Täglich Milch und Milchprodukte, ein- bis zweimal in der Woche Fisch; Fleisch, Wurstwaren sowie Eier in Maßen
Bei Fleischerzeugnissen und Milchprodukten ist auf den Fettgehalt zu achten.

5. Wenig Fett und fettreiche Lebensmittel
Fett ist auch Geschmacksträger. Darum schmecken fettreiche Speisen meist besonders gut. Weil es viel Energie liefert, macht Fett aber auch „fett". Auf unsichtbare Fette in Fleischerzeugnissen, Süßwaren, Milchprodukten und in Gebäck achten.

6. Zucker und Salz in Maßen
Genießen Sie zuckerreiche Lebensmittel und Getränke mit reichlich Zucker nur in Maßen.

7. Reichlich Flüssigkeit
Wasser hat im Körper vielfältige Aufgaben. Trinken Sie rund 1,5 Liter jeden Tag.

8. Schmackhaft und schonend zubereiten
Garen Sie bei niederen Temperaturen und kurz. So bleiben Geschmack und Nährstoffe erhalten.

9. Nehmen Sie sich Zeit, genießen Sie Ihr Essen
Bewusstes Essen hilft, richtig zu essen. Auch das Auge isst mit.

10. Achten Sie auf Ihr Wunschgewicht und bleiben Sie in Bewegung
Mit dem richtigen Gewicht fühlen Sie sich wohl und mit reichlich Bewegung bleiben Sie in Schwung. Tun Sie etwas für Fitness, Wohlbefinden und Ihre Figur.

Die **Nährstoffdichte ist ein Messwert**, der angibt, in welchem Verhältnis ein wichtiger/essentieller Nahrungsbestandteil wie Vitamine oder Mineralstoffe zum Energiegehalt steht.

Nährstoffdichte = $\frac{\text{Nährstoffgehalt (mg)}}{\text{Energiegehalt (kJ)}}$

Beispiele:

- **Zucker** ist ein fast reines Kohlenhydrat ohne Vitamin C. Darum ist die Nähstoffdichte in Bezug zu Vitamin C gleich Null.
- **Blattsalate** liefern kaum Energie, haben aber einen hohen Anteil an Vitamin C. Darum hat die Nährstoffdichte in Bezug zu Vitamin C einen hohen Wert.

Wenn man die gleiche Nährstoffmenge z. B. Vitamin C bei geringer Energiemenge unterbringt, ist die Nährstoffdichte hoch.

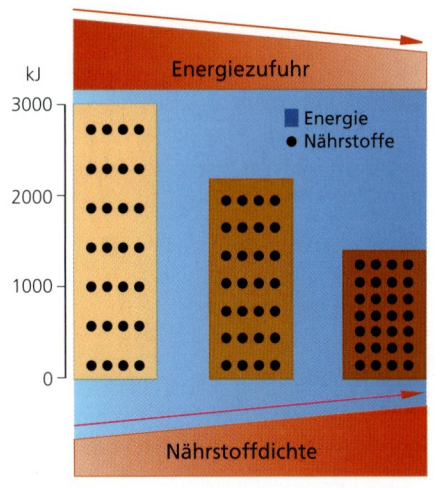

Abb. 1 Energiezufuhr und Nährstoffdichte

Das „richtige" Körpergewicht

Heute halten Ernährungswissenschaftler das persönliche „Wohlfühlgewicht" für das Beste. Sie schränken aber ein: Solange es im vernünftigen Rahmen bleibt. Der Bereich, in dem ein vernünftiges Körpergewicht liegen soll, lässt sich auf verschiedene Weise feststellen:

Das **Normalgewicht** nach Broca:
Körpergröße (cm) − 100 = Körpergewicht (kg)
Überschreitet man die Werte um mehr als 10 %, spricht man von Übergewicht.

Der **Body Mass Index (BMI)**, wörtlich „Körper-Gewichts-Messwert", erlaubt eine individuellere Beurteilung.
BMI = Körpergewicht in kg/(Körpergröße in m)^2

Der ermittelte BMI wird nun im Zusammenhang mit dem Alter ausgewertet. Der Wert kann auch aus einer Tabelle abgelesen werden Ein junger Mann ist 170 cm groß und wiegt 60 kg. Wie ist sein BMI-Wert?

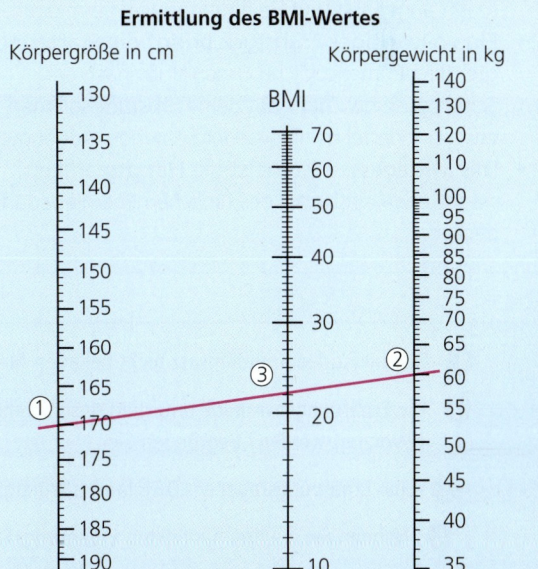

Auswertung des BMI-Wertes			
	Untergewicht	Normalgewicht	Übergewicht
Alter		BMI-Wert	
	unter	zwischen	über
19 bis 24 Jahre	19	19–24	24
25 bis 34 Jahre	20	20–25	25
35 bis 44 Jahre	21	21–26	26
45 bis 54 Jahre	22	22–27	27
55 bis 64 Jahre	23	23–28	28
über 65 Jahre	24	24–29	29

Küche — ERNÄHRUNG

Waist-to-Height-Ratio (WtHR)
Taillenumfang in cm) / Körpergröße in cm

Bei Überschreitung des Grenzwertes ist eine Umstellung der Ernährungs- und Bewegungsgewohnheiten dringend angezeigt.

Studien haben gezeigt, dass es für die Beurteilung des idealen Körpergewichtes wichtig ist, an welchen Körperstellen das Fett sitzt. Während Fett an Oberschenkel und Po für den Körper eher eine schützende Wirkung hat, wird ein hoher Bauchfettanteil mit gesundheitlichen Risiken wie z. B. Herzinfarkt in Verbindung gebracht. Als Folge dieser Erkenntnis wurde die **Waist-to-height-ratio** (WtHR) (wörtlich: Taille-zu-Größe-Verhältnis) vorgestellt.

Für Personen, die jünger als 40 Jahre sind, ist ein Wert über 0,5 kritisch. Im Alter von 40 bis 50 Jahren liegt die Grenze zwischen 0,5 und 0,6, bei über Fünfzigjährigen bei 0,6.

11.3 Verteilung der täglichen Nahrungsaufnahme

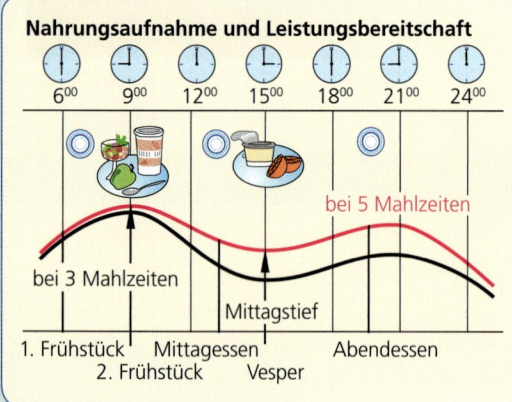

Der Körper hat eine innere „biologische" Uhr, die nicht nur unser Leistungsvermögen beeinflusst, sondern auch Signale aussendet, die uns an die Nahrungsaufnahme erinnern.

Ein Teil der täglich aufgenommenen Nahrung ist zur Deckung des Leistungsumsatzes notwendig, damit der Körper wieder „Kraft" erhält. Darum sollte die Nahrungsaufnahme der Leistungsbereitschaft angepasst werden. Das Schaubild zeigt die Zusammenhänge zwischen Leistungsbereitschaft und Nahrungsaufnahme.

Regeln für die Verteilung der Nahrungsaufnahme

- **Fünf kleine Mahlzeiten sind besser als drei große**, denn die Energiezufuhr ist der Leistungsbereitschaft angepasst und Heißhunger wird vermieden.
- **Ein vollwertiges Frühstück bringt die Startenergie**, die der menschliche Organismus nach der Schlafpause benötigt. Mit dem Frühstück soll man etwa ein Viertel der Tagesenergiemenge aufnehmen.
- **Das Mittagessen ist meist die Hauptmahlzeit**, sie soll etwa ein Drittel des täglichen Energiebedarfs decken.
- **Das Abendessen darf nicht belasten.** Das Abendessen zu Hause bietet Gelegenheit, eventuelle Mängel einer Außerhaus-Verpflegung (Kantine) auszugleichen und für eine ausreichende Zufuhr an Vitaminen und Mineralstoffen zu sorgen.
- **Zwischenmahlzeiten sollen so liegen, dass sie die Leistungsbereitschaft fördern**, also zwischen 9 Uhr und 10 Uhr, wenn die Leistungskurve absinkt, und gegen 15 Uhr nach dem Mittagstief.

Aufgaben

1. Warum ist der Grundumsatz nicht bei allen Menschen gleich?
2. Die Ernährungspyramide unterteilt unsere Lebensmittel in Gruppen. Welche Lebensmittelgruppen sollen bevorzugt werden? Begründen Sie.
3. Eine Ernährungsregel der DGE lautet: Würzig, aber nicht salzig. Erklären Sie den Unterschied.
4. Nennen Sie die drei häufigsten Ernährungsfehler, die zu Übergewicht führen.
5. „Wir essen zu viele leere Lebensmittel", ist ein häufig gehörter Vorwurf. Nehmen Sie dazu Stellung.
6. Zwischenmahlzeiten erhöhen die Leistungsfähigkeit. Erläutern Sie.

12 Alternative Ernährungsformen

🇬🇧 nutrition alternatives 🇫🇷 formes (w) de nutrition alternatives

Unterschiedliche Gründe veranlassen Menschen, sich alternativ zu ernähren. Alternativ bedeutet hier: sich bewusst für einen anderen Weg entscheiden. Naturbelassene, unverarbeitete Rohstoffe, Frischkost, kein oder nur wenig Fleisch, Vollkornprodukte, das sind die Stichworte in der Argumentation um alternative Ernährungsformen.

12.1 Vegetarische Kost – Pflanzliche Kost

Vegetarier wollen bewusst eine vorwiegend aus pflanzlichen Produkten bestehende Ernährung. Sie essen keine Lebensmittel, die von getöteten Tieren stammen. Darüber hinaus lehnen Vegetarier meist auch Genussmittel wie Alkohol oder Nikotin ab.

Bei Vegetariern werden unterschieden:
- **Ovo-Lakto-Vegetarier** essen neben Pflanzen auch Produkte von Tieren, also Eier, Milch und Milcherzeugnisse.
- **Lakto-Vegetarier** verzichten zusätzlich auf den Genuss von Eiern, weil ein befruchtetes Ei schon Leben in sich birgt.
- **Veganer** leben nur von pflanzlichen Produkten. Sie lehnen alles ab, was von Tieren kommt, sogar Honig.

	Pflanzen	Milch, Käse	Eier
	lat. *vegetabilia* Pflanzen	lat. *laktis* Milch	lat. *ovum* Ei
Ovo-Lakto-Vegetarier	✓	✓	✓
Lakto-Vegetarier	✓	✓	✗
Veganer	✓	✗	✗

12.2 Vollwerternährung und vollwertige Ernährung

Definition der Vollwerternährung (gekürzt)

Vollwerternährung ist eine überwiegend lakto-vegetabile Ernährungsform, in der Lebensmittel bevorzugt werden, die möglichst wenig verarbeitet sind.

… etwa die Hälfte der Nahrungsmenge ist als unerhitzte Frischkost (Rohkost) zu verzehren. Lebensmittelzusatzstoffe sollten vermieden werden. Die Vollwerternährung ist zu unterscheiden von der vollwertigen Ernährung.

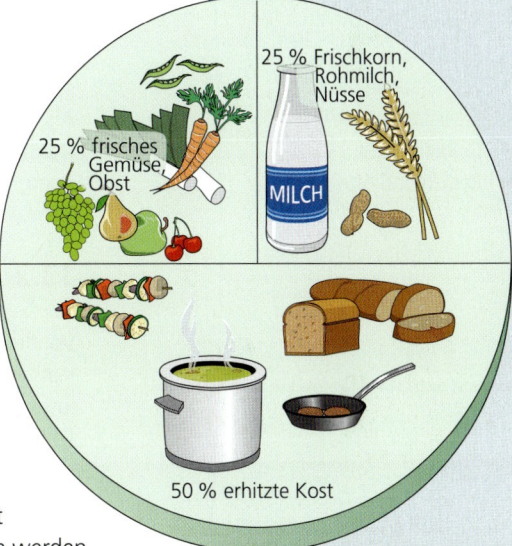

Abb. 1 Zusammensetzung der Vollwerternährung

Vergleich

Vollwertige Ernährung

Vollwertige Ernährung nennt die DGE eine Ernährung, die folgende Punkte beachtet:
- **Richtige Nahrungsmenge** entsprechend dem jeweiligen Grund- und Leistungsumsatz.
- **Richtige Zusammenstellung der Nahrung (gesunde Mischkost),** sodass dem Körper alle notwendigen Nährstoffe zugeführt werden.
- **Richtige Behandlung** siehe die **10 Regeln der DGE** (Seite 90).

Vollwerternährung

Die Vollwerternährung berücksichtig als ganzheitliches Ernährungskonzept darüber hinausgehende Ziele.
- **Hoher Anteil an Frischkost (50 %)** Gemüse, Obst und Getreide in gering verarbeiteter Form.
- **Eine möglichst schonende Zubereitung** der frischen Lebensmittel aus ökologischem Anbau.
- **Schonung der Umwelt** durch Verwendung saisonaler Produkte aus der Region, durch Einsparung von Verpackung.

⑬ Kostformen

🇬🇧 full value nutrition 🇫🇷 régime (m) alimentaire complet

Beispiele für Kostformen:
- **Ausgewählte Lebensmittel**
  Lebensmittel mit einem geringen Anteil an Einfachzucker für Diabetiker, ballaststoffarme, leicht verdauliche Lebensmittel bei leichter Vollkost.
- **Ausgewählte Garverfahren**
  Kochen, Dämpfen, Dünsten, nicht aber Braten oder Grillen, damit sich keine Röststoffe bilden.

Neben der Vollkost kennt man heute
- Leichte Vollkost
- Natriumarme Kost/Diät
- Eiweißarme Kost/Diät
- Diabetikerkost
- Reduktionskost/Diät

Das Wort **Diät** bedeutete bei den Griechen ursprünglich **gesunde Lebensweise**. Heute versteht man darunter allgemein meist Nahrungszusammenstellungen zum Abnehmen wie Nulldiät, Kartoffeldiät usw. Eine **Diät** im Sinne der Ärzte sind verordnete strenge Ernährungsvorschriften bei bestimmten Krankheiten.

Kostformen nennt man Ernährungsweisen, die sich von der „normalen", frei gewählten Ernährung unterscheiden. Beispiele siehe links.

Diät wird vom Arzt verordnet.

Bei einer verordneten Diät gibt der Arzt Anweisungen, welche Lebensmittel in welcher Menge verwendet werden dürfen und wie diese zuzubereiten sind. Die Ernährungsmedizin hat die Vielfalt der Diätformen stark eingeschränkt.

13.1 Vollkost

Als Vollkost wird die „normale" Ernährung bezeichnet, wenn diese die Nährstoffe im richtigen Verhältnis enthält und den jeweils erforderlichen Energiebedarf deckt.

13.2 Leichte Vollkost

Von leichter Vollkost spricht man, wenn bei der Zusammenstellung der Kost auf alle Lebensmittel verzichtet wird, die Unverträglichkeiten auslösen, wie z. B. Hülsenfrüchte, Kohlgemüse. Die leichte Vollkost wurde früher Schonkost genannt. Leichte Vollkost wird verordnet, wenn die Verdauungsorgane entlastet werden sollen.

Grundregeln:
- Entlastung der Verdauungsorgane von großen Speisenmengen – also mehrere kleine Mahlzeiten,
- Entlastung der Verdauungsorgane von schwer verdaulichen Speisen, z. B. fette Lebensmittel, Speisen, die mit größeren Fettmengen zubereitet werden, Speisen mit viel Röststoffen,
- Entlastung der Verdauungsorgane von blähenden Lebensmitteln wie Kohlarten, Hülsenfrüchten, rohem Obst,
- Entlastung der Verdauungsorgane von Speisen und Zutaten, die die Schleimhaut reizen, z. B. scharfe Gewürze, Räucher- und Pökelwaren, Fleischbrühen, Getränke mit Alkohol oder Kohlensäure.

Anwendung:
- Kleine Mengen eines Gerichts in ansprechender Form bereiten,
- leicht verdauliche Lebensmittel verwenden,
- Garverfahren anwenden, die die Bildung von Röststoffen und die Verwendung von Fett einschränken – man wird bevorzugt kochen, dünsten, dämpfen oder in Alufolie garen,
- reizarm würzen.

13.3 Natriumarme Kost

Natrium wird vor allem mit Kochsalz (NaCl) aufgenommen. Es bindet die Körperflüssigkeit. Dadurch kann der Blutdruck ansteigen und der Kreislauf belastet werden. Durch Verzicht auf Kochsalz kann die Normalisierung der Körperfunktionen unterstützt werden.

Grundregeln:
- Die Menge des verwendeten Kochsalzes ist zu beschränken,
- Lebensmittel mit hohem Kochsalzgehalt (Dauerwurst, Gepökeltes, Fischkonserven) sind zu meiden.

Anwendung:
- Das Salzen der Speisen unterlassen,
- durch entsprechende Zubereitungsarten wie Kurzbraten, Grillen, Gratinieren und richtiges Würzen für die Entwicklung von Geschmacks- und Aromastoffen sorgen.

13.4 Eiweißarme Kost

Im gesunden Körper wird Eiweiß (Protein) vorwiegend als Baustoff verwendet. Wird mehr Eiweiß aufgenommen als dafür erforderlich ist, dient das Eiweiß als Energielieferant.

Ist die Funktion von Leber oder Nieren gestört, treten beim Abbau von Eiweißstoffen Substanzen auf, die dem menschlichen Körper schädlich sind. Eine gezielte Eiweißzufuhr achtet darauf, dass jeder Überschuss an Eiweiß vermieden wird. Darum muss die Nahrung entsprechend des Bedarfs an unentbehrlichen (essenziellen) Aminosäuren ausgewählt werden.

Grundregeln und Anwendungen:
- Die vorgeschriebenen Eiweißträger (eiweißhaltige Nahrungsmittel) dürfen nicht ohne Zustimmung des Arztes ausgetauscht werden, damit die erforderlichen Aminosäuren aufgenommen werden,
- die Rezeptmengen sind genau einzuhalten, damit dem Körper zwar eine ausreichende Eiweißmenge zugeführt wird, doch ein Zuviel vermieden wird,
- Salz darf nur sparsam verwendet werden.

13.5 Diabetikerkost

Die Zuckerkrankheit oder Diabetes mellitus gehört zu den häufigsten Stoffwechselkrankheiten. Etwa sechs Millionen Bundesbürger leiden darunter. Im gesunden Körper sorgt das Insulin dafür, dass die Zuckerstoffe in der richtigen Menge in die Zellen gelangen und dort die gespeicherte Energie freigeben. Beim Zuckerkranken kann der Körper die mit der Nahrung aufgenommenen Kohlenhydrate nicht vollständig verwerten. Es ist zu wenig Insulin vorhanden. Die Zuckerstoffe können aus diesem Grund nicht in die Zellen gelangen und häufen sich im Blut an. Der Blutzuckerspiegel steigt.

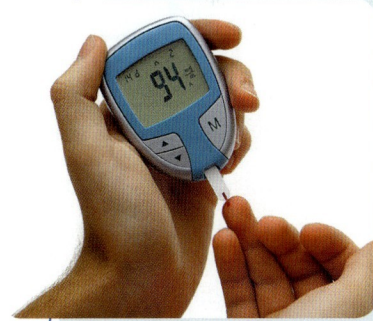

Zwei Formen von Diabetes werden unterschieden. Man bezeichnet sie mit Typ 1 und Typ 2.

- **Typ-1-Diabetiker** leiden meist von Jugend an unter **absolutem Insulinmangel**. Deswegen müssen sie das Hormon zuführen. Diese Menschen spritzen Insulin.
- Zum **Diabetes Typ 2** zählen 90 % der Patienten. Bei dieser Personengruppe produziert der Körper zwar noch **Insulin**, doch es **reicht nicht** aus, der Zuckerstoffwechsel ist darum gestört. Die Patienten sind oft übergewichtige, ältere Menschen.

Abb. 1 Verteilung der Mahlzeiten

Bei Diabetikern des Typs 2 kann die mangelhafte körpereigene Regelung durch ein entsprechendes Verhalten unterstützt werden.
1. Abbau von Übergewicht, denn dann kann die vom Körper noch produzierte Menge Insulin zur Regelung ausreichen.
2. Vermeidung von leicht verdaulichem/schnell resorbierbarem Zucker und
3. Verteilung der Nahrungsmenge auf mehrere Mahlzeiten. Auf diese Weise werden „Spitzen" im Blutzuckerspiegel vermieden (siehe Abb. 1).
4. Bewegung/Sport

Für eine Diabetes-Kost gelten folgende Grundregeln und Anwendungen:

- Der Energiegehalt der Ernährung muss den tatsächlichen Bedürfnissen angepasst sein (Einstellung durch den Arzt),
- der Energiebedarf ist auf mindestens fünf, besser sieben Mahlzeiten zu verteilen,
- zum Süßen können Zuckeraustauschstoffe oder Süßstoff verwendet werden,
- der Genuss von Zucker (z. B. Marmelade, Bonbons) ist einzuschränken,
- der Fettverbrauch der Diabetiker ist eingeschränkt, weil der Körper aus Fett wie aus Kohlenhydraten Energie gewinnt.

Der früher gebräuchliche Begriff Broteinheit wird bei der Kennzeichnung von Lebensmitteln nicht mehr verwendet.

13.6 Reduktionskost

Reduktionskost ist bei Übergewicht erforderlich. Übergewicht entsteht, wenn auf die Dauer mehr Energie aufgenommen wird als der Körper verbraucht. Die mit fortschreitender Technisierung und einem hohen Lebensstandard verbundene sitzende Lebensweise und eine verfeinerte, ballaststoffarme Ernährung führen oft zu einem Missverhältnis zwischen Energieaufnahme und Energieverbrauch.

Übergewicht begünstigt Bluthochdruck, Arterienverkalkung, Herzinfarkt und Thrombose.

Daraus ergeben sich für den Übergewichtigen folgende Grundregeln:

- Quellen der zu hohen Energiezufuhr beseitigen (z. B. Vorliebe für fette Wurst, fette Käsesorten, Süßwaren, Marmeladen, alkoholische Getränke),
- energiearme Lebensmittel bevorzugen.

Für eine energiearme Diät gilt darum:

- Gemüse und Vollkornprodukte in den Vordergrund stellen, denn sie liefern bei geringer Energiezufuhr die lebenswichtigen Wirkstoffe,
- die Eiweißversorgung durch fettarme Milchprodukte (z. B. Magerquark) oder fettarmen Fisch ergänzen,
- fettarme Zubereitungsarten wie Kochen, Dämpfen, Dünsten und Grillen anwenden.

13.7 Begriffserklärungen

- **Appetit** ist der Wunsch, etwas Bestimmtes zu essen. Er wird ausgelöst, wenn der Mensch bestimmte Speisen sieht oder sich vorstellt.

- **Hunger** ist der Drang zu essen, ein auf irgend etwas Essbares gerichteter Wunsch. Hunger ist nicht das Verlangen nach einer bestimmten Speise. Über die Entstehung des Hungergefühls im Einzelnen gibt es verschiedene Theorien. Ausgelöst wird Hunger entweder durch Energie- oder Nährstoffmangel.

- **Sättigung** ist das Gefühl mit dem Essen aufhören zu können, weil Hunger oder Appetit zufriedengestellt sind. Sättigung steht auch mit der Verweildauer der Speisen im Magen im Zusammenhang. Leicht verdauliche Speisen verlassen den Magen schnell und bald tritt wieder ein Hungergefühl auf.

- **Nährstoffdichte** sagt aus, in welchem Verhältnis die Menge eines bestimmten Nährstoffes, z. B. Vitamin C, zum Energiegehalt (kJ) eines Lebensmittels steht.

- **Energiedichte** ist vergleichbar mit dem Gehalt an Energie; kJ oder kcal sind die Messgrößen. Lebensmittel mit großer Energiedichte (Zucker, Öl) haben meist eine geringe Nährstoffdichte.

- **Jo-Jo-Effekt** bezieht sich auf die Tatsache, dass Personen, die rasch abnehmen, auch schnell wieder zunehmen. Jo-jo bedeutet auf-ab. Dieser (für viele unerwünschte) Vorgang beruht auf der Tatsache, dass ein Lebewesen die aufgenommene Energie möglichst sparsam einsetzt. Wenn dem Körper über längere Zeit reichlich Energie zugeführt worden ist, hat er die nicht benötigte Menge als Fett für „schlechte Zeiten" gespeichert, und man hat dadurch zugenommen.
Nun beginnt eine Abmagerungskur, und für den Körper sind das „schlechte Zeiten". Das bedeutet, dass die aufgenommene Nahrung bestmöglich ausgewertet wird. Trotz vieler Einschränkungen verliert man nur langsam an Gewicht. Wenn dann nach einer bestimmten Zeit wieder „normal" gegessen wird, bleibt das Sparprogramm der bestmöglichen Auswertung jedoch erhalten. Das bedeutet: Man nimmt sofort wieder zu. Dieses Zunehmen-Abnehmen-Zunehmen kann nur beendet werden, wenn die Energiezufuhr dauerhaft dem tatsächlichen Energiebedarf angeglichen wird.

- **SPS – Sekundäre Pflanzenstoffe** bilden die Pflanzen, um z. B. Schädlinge abzuwehren oder mit Duftstoffen Insekten zur Bestäubung anzulocken.
Heute weiß man, dass diese Stoffe auch im menschlichen Körper bedeutende Aufgaben übernehmen: Sie wirken positiv auf die Verdauung, beugen Krebs sowie Herz-Kreislauf-Erkrankungen vor und stärken die Gesundheit.

Beispiele für Nährstoffdichte

- Zucker enthält viel Energie, aber kein Vitamin C. Folglich ist die Nährstoffdichte des Zuckers für Vitamin C gleich Null.
- Umgekehrt enthalten Blattsalate wenig Energie, aber viel Vitamin C. So ist z. B. die Nährstoffdichte des Endiviensalates für Vitamin C 140. Das bedeutet: Man erhält viel Vitamin C im Verhältnis zur Energieaufnahme.
- Je höher die Nährstoffdichte, desto höher ist das Lebensmittel für die Versorgung mit dem entsprechenden Nährstoff zu bewerten. (Vergleiche Abbildung auf Seite 91).

Aufgaben

1. „Wir ernähren uns alternativ", sagen Freunde zu Ihnen. Was versteht man darunter? Was wollen sie mit dieser Wendung zum Ausdruck bringen?
2. „Ich bin Ovo-Lakto-Vegetarier. Was können Sie mir an warmen Gerichten empfehlen?" Ihre Vorschläge?
3. Nennen und begründen Sie mindestens drei Grundregeln zu leichter Vollkost.
4. Wenn der Arzt einem Patienten Reduktionskost verordnet hat, sind bei Speiseempfehlungen bestimmte Regeln zu beachten. Nennen Sie diese.
5. Welcher Unterschied besteht zwischen Diabetes Typ 1 und Diabetes Typ 2?
6. Erklären Sie den Begriff Jo-Jo-Effekt.

Küche

ERNÄHRUNG

14 Berechnungen zur Ernährung

🇬🇧 computations of nutrition 🇫🇷 calculs (m) concernant l'alimentation (w)

Berechnungen zur Ernährung beziehen sich auf

Nährstoffgehalt
- Eiweiß
- Fett
- Kohlenhydrate

gemessen in **Gramm (g)**

Es geht um die *Zusammensetzung* der aufgenommenen Nahrung.

Energiegehalt
- Gehalt der Nahrungsmittel an Energie gemessen in **Kilojoule (kJ)** oder **Kilokalorien (kcal)**

Es geht um die *Menge* der aufgenommenen Energie. Soll die Aufnahme von Nährstoffen und Energie kontrolliert werden, sind die Werte zu berechnen. Grundlage dazu sind Nährwerttabellen.

Umgang mit der Nährwerttabelle

Die Lebensmittel sind nach Gruppen geordnet. Steht in einem Rezept z. B. 500 g Blumenkohlröschen, so ist das vorbereitete Ware und man muss zum Einkaufsgewicht zurückrechnen. Dabei helfen die Werte aus der Spalte **Abfall**.

Nicht immer können alle Teile der eingekauften Ware auch verzehrt werden. Die Tabelle nennt die Werte auf das Einkaufsgewicht bezogen. Aus 100 *eingekauften* Kartoffeln ist der *essbare Anteil* z. B. 80 g geschälte Kartoffeln.

Lebensmittel	Abfall	Der essbare Teil von 100 g eingekaufter Ware enthält:				
	%	Protein (g)	Fett (g)	Kohlenhydrate (g)	Energie (kJ)	Energie (kcal)
Gemüse						
Aubergine	17	1	+	2,2	60	14
Avocado	25	1	18	0,3	715	171
Blumenkohl	38	2	0,2	1,6	55	14
Bohnen, grün (Schnittbohnen)	6	0,2	0,2	5,0	135	32
Broccoli	39	2	2	1,7	65	16
Chicorée	11	1	0,2	2,1	60	14
Fische						
Seelachs (Filet)	0	18	1	*	345	81
Seezunge (Filet)	29	8	1	*	350	81
Bach-, Regenbogenforelle	48	10	1	*	220	53
Hecht	45	10	0,6	*	190	45
Karpfen	48	9	3	*	250	60
Aal, geräuchert	24	14	22	*	1045	250
Brathering	8	15	14	*	770	184

Zeichenerklärung: + = Nährstoff nur in Spuren enthalten, * es liegen keine genauen Analysen vor. Nährwerttabellen können geringfügig voneianander abweichen, denn es gibt z. B. nicht die Kartoffel oder das Steak. Variierende Rohstoffe führen zu unterschiedlichen Daten.

14 Berechnungen zur Ernährung

14.1 Berechnung des Nährstoffgehalts von Speisen

Es wird ermittelt, welche Mengen der einzelnen Nähr- und Wirkstoffe in den Speisen enthalten sind. Daraus kann dann geschlossen werden, ob die *Zusammensetzung* der Nahrung vernünftig ist.

❶ Beispiel
Wie viel Gramm der einzelnen Nährstoffe werden mit einem Schnitzel von 180 Gramm mittelfettem Schweinefleisch aufgenommen?

Aus der Nährwerttabelle

Lebensmittel	100 g eingekaufte Ware enthalten			
	Protein g	Fett g	Kohlenhydrate g	Energie kJ
Schweinefleisch mittelfett	19	12	+	770

Lösungshinweise

❶ Aus der Tabelle die erforderlichen Werte suchen.

❷ Die Tabelle nennt Werte für 100 g. Folglich müssen die Rezeptmengen in Vielfache, z. B. 180 g ≙ 1,8 × 100 g, oder Teile, z. B. 70 g ≙ 0,7 × 100 g, der Tabellenmenge umgewandelt werden.

Lösung:

12 g × 1,8 = 21,6 g Fett
19 g × 1,8 = 34,2 g Eiweiß

Antwort: Das Schnitzel enthält 21,6 g Fett und 34,2 g Eiweiß.

Aufgaben

❷ Für eine Portion pochierten Seelachs werden 180 g Filet gerechnet. Wie viel Gramm Eiweiß und Fett nimmt man mit einer Portion zu sich?

❸ Eine Regenbogenforelle für Forelle blau wiegt 300 g. Berechnen Sie nach den Werten der Tabelle den Nährstoffgehalt.

Bei Prüfungen können Aufgaben die für die Berechnung erforderlichen Werte auch im Text enthalten, sodass sie ohne Tabelle gelöst werden können.

❹ Für Rinderfilet nennt die Nährwerttabelle je 100 g Fleisch folgende Gehalte: 22 g Eiweiß, 2 g Fett. Ein Filetsteak wiegt 180 g. Wie viel Gramm Eiweiß und Fett nimmt man mit dem Steak zu sich?

❺ Goldbarschfilet wird tiefgekühlt in Portionen mit 180 g angeboten. Die Nährwerttabelle gibt folgende Auskunft: Eiweiß 18 %, Fett 4 %. Berechnen Sie den Anteil von Eiweiß und Fett in Gramm.

❻ Auf einem Etikett von Magerquark ist ein Eiweißgehalt von 18 % angegeben. Im Rahmen einer Diät sollen täglich 90 g Eiweiß verzehrt werden. Mit wie viel Gramm Quark kann das erreicht werden?

❼ Getrocknete Linsen enthalten beim Einkauf 23 % Eiweiß, 48 % Kohlenhydrate und 2 % Fett. Sie nehmen beim Garen 160 % Wasser auf. Wie viel % beträgt der Eiweißgehalt der gegarten Linsen?

❽ Auf einer Flasche mit Fruchtnektar steht: 8 % verwertbare Kohlenhydrate. Wie viel Gramm Kohlenhydrate sind in einem Glas Fruchtsaft mit 0,2 Liter enthalten?

❾ Der Nährwert eines Cheeseburgers (120 g) beträgt laut Tablettaufleger 1.255 kJ, bei 11 % Fett und 13 % Eiweiß. Wie viel Gramm an Fett und Eiweiß nimmt man beim Verzehr zu sich?

❿ Die Chesterkäsezubereitung (20 g) des Zinger Burgers enthält 55 % Trockenmasse bei 45 % Fett i. Tr. Wie viel Gramm Fett enthält ein Cheeseburger, wenn für alle anderen Zutaten ein Gesamtfettgehalt von 17 g angenommen wird?

⓫ Der tägliche Kalziumbedarf eines Erwachsenen beträgt 0,9 g. Ein kleiner Vanille-Milchshake (0,25 l) enthält 290 mg Kalzium. Wie viel % des Tagesbedarfs werden durch einen großen Vanille-Milchshake (0,5 l) gedeckt?

Küche ERNÄHRUNG

14.2 Berechnung des Energiegehaltes von Speisen

Es wird ermittelt, welche *Energiemenge* mit der Nahrung aufgenommen wird. Dazu rechnet man die aus der Nährwerttabelle entnommenen Werte auf die Rezeptmengen um.

1 Beispiel
Ein Rezept für 4 Portionen Kartoffelbrei lautet: 800 g Kartoffeln, 250 g Milch, 50 g Butter, Salz, Gewürze. Wie viel Kilojoule enthält eine Portion?

Aus der Nährwerttabelle

Lebensmittel	100 g enthalten			
	Protein g	Fett g	Kohlenhydrate g	Energie kJ
Butter	1	83	–	3090
Milch	3,5	3,5	5	270
Kartoffeln	2	–	15	240

Lösung:
800 g Kartoffeln   240 kJ × 8   = 1920 kJ
250 g Milch   270 kJ × 2,5 =   675 kJ
 50 g Butter   3090 kJ × 0,5 = 1545 kJ

4 Portionen enthalten   ❸ 4140 kJ
1 Portion enthält   ❹ 1035 kJ

Lösungshinweise

❶ Zunächst müssen in der Tabelle, die hier auszugsweise wiedergegeben ist, die erforderlichen Werte gesucht werden.

❷ Man ermittelt den Energiegehalt jeder Zutat, indem man den Wert aus der Tabelle (für je 100 g) entsprechend vervielfacht.

❸ Den Gesamtenergiegehalt ermittelt man, indem man die Werte jeder Zutat zusammenzählt.

❹ Den Gehalt einer Portion erhält man, wenn der Gesamtwert durch die Zahl der Personen geteilt wird.

Aufgaben

❷ 100 Gramm mageres Schweinefleisch enthalten 19 Gramm Eiweiß und 7 Gramm Fett.
1 Gramm Eiweiß = 17 kJ
1 Gramm Fett = 37 kJ
Wie viel kJ enthält ein Schnitzel mit 180 Gramm?

❸ Auf dem Etikett einer Flasche mit Fruchtsaftgetränk steht: „8 % verwertbare Kohlenhydrate".
Hinweise: Kohlenhydrate liefern je Gramm 17 Kilojoule, das Gewicht des Saftes wird mit 1000 g je Liter angenommen. Wie viele Kilojoule liefert ein Glas mit 0,2 Liter Fruchtsaft?

❹ Ein Liter Bouillon enthält 4 g Fett, 6 g Eiweiß und 1 g Kohlenhydrate und hat einen Gesamtenergiegehalt von 275 kJ. Ein g Fett liefert 37 kJ.
Wie viel % des Energiegehaltes macht der Fettanteil in der Bouillon aus?

❺ Wie unterschiedlich Kartoffeln sein können:
Für 10 Portionen Salzkartoffeln rechnet man 2 kg Kartoffeln, für 10 Portionen Pommes frites 2 kg Kartoffeln und 150 g Backfett. 100 g Kartoffeln liefern 240 kJ, 100 g Backfett liefern 3.700 kJ.
a) Berechnen Sie den Energiegehalt je einer Portion.
b) Wie viel % ist der Energiegehalt der Pommes frites höher als der von Salzkartoffeln?

❻ Nach den Empfehlungen der Deutschen Gesellschaft für Ernährung sollen täglich 30 Gramm Ballaststoffe aufgenommen werden. Jemand isst 150 Gramm Vollkornbrot mit 7 % Ballaststoffen und 30 Gramm Knäckebrot mit 15 % Ballaststoffgehalt. Wie viel % des empfohlenen Tagesbedarfs sind damit gedeckt?

❼ Wildfleisch enthält durchschnittlich 17 g Eiweiß und 3 g Fett je 100 g Fleisch. 1 g Eiweiß liefert 17 kJ und 1 g Fett 37 kJ. Wie viel Kilojoule werden mit einem Rehrückensteak mit einem Fleischgewicht von 180 g aufgenommen?

15 Qualität von Lebensmitteln

🇬🇧 food quality 🇫🇷 qualité (w) des produits alimentaires

Der Begriff **Qualität** fasst eine **Summe von Eigenschaften** zusammen, die, je nach Betrachtungsgesichtspunkt, unterschiedlich sein können. Bei der Beurteilung der Qualität unterscheidet man

- **Gesundheitswert** oder biologischen Wert. Darunter versteht man den Wert für die Ernährung, z. B. den Anteil an essenziellen Aminosäuren, mehrfach ungesättigten Fettsäuren, Vitaminen und Mineralstoffen.
- **Genusswert** oder sensorische Qualität. Dazu zählen Geruch, Geschmack, Beschaffenheit (Konsistenz), aber auch Farbe und Form der Lebensmittel.
- **Eignungswert** oder Gebrauchswert, womit die Eignung der Lebensmittel für Lagerung oder für einen bestimmten Verwendungszweck oder für die Konservierung gemeint ist.

Qualitätsnormen

Wenn früher Waren direkt beim Erzeuger, also z. B. beim Landwirt oder Fleischer gekauft wurden, wusste man, an wen man sich zu wenden hatte, wenn einmal die Qualität nicht stimmte. Heute bezieht man vorwiegend über den Handel und dabei bleibt der Erzeuger unbekannt. Ist die Qualität nicht zufriedenstellend, könnte sich der Lieferant auch darauf berufen, dass er den Erzeuger nicht kennt. Darum sind für den Handel Qualitätsnormen verbindlich.

Qualitätsnormen

- unterscheiden die Waren nach Qualität,
- geben dem Verbraucher einen Überblick,
- gelten für den gesamten Handel.

Die Güte oder Qualität einer Ware wird unterschiedlich gekennzeichnet.

Beispiele

- Bei **Fleisch** folgt die Qualität den Buchstaben E, U, R, O, P (EUROP), wobei E vorzüglich bedeutet und der letzte Buchstabe P gering,
- Für **Obst** und **Gemüse** gelten die Güteklassen Extra, I, II, III. Die Anzahl der Produkte, für die Qualitätsnormen gelten, wurde von der EU verringert.

Die Sortierung nach Qualitätsstufen berücksichtigt nur äußere Werte wie Aussehen, Größe, Form als wertbestimmende Merkmale; innere Werte wie Geschmack oder Vitamingehalt bleiben unberücksichtigt.

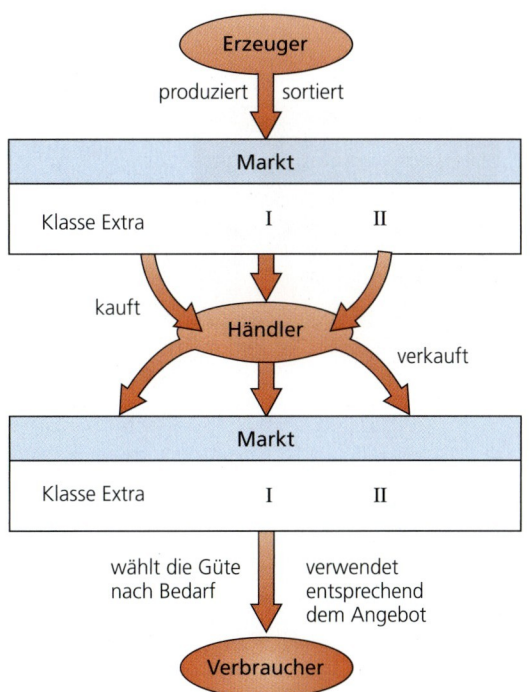

Klasse Extra
auserlesene Ware,
z. B. als Tafelobst

Klasse I
hochwertige Ware,
ohne Fehler

Klasse II
gute Ware, mit
kleinen Fehlern,
preiswert

Klasse III
Verarbeitungsware,
z. B. Apfelsaft

Küche — ERNÄHRUNG

16 Haltbarmachungsverfahren

🇬🇧 methods of food preservation 🇫🇷 méthodes (w) de conservation des aliments

Die meisten Lebensmittel sind unmittelbar nach der Ernte oder nach der Herstellung am wertvollsten. Man bevorzugt z. B. gartenfrische Erdbeeren, fangfrische Forellen, ofenfrische Baguettes.

Andere Lebensmittel erfordern eine Zeit der Reife. Man wünscht z. B. abgehangenes Fleisch oder alten Weinbrand. Der Kunde hat also bestimmte Wertvorstellungen, was wann am besten schmeckt, wie das Nahrungsmittel beschaffen sein sollte.

Lebensmittel sind immer Veränderungen unterworfen. Neben den erwünschten, qualitätsfördernden Veränderungen gibt es auch solche, die nicht erwünscht sind und zum Verderb führen.

Je nach Art der Lebensmittel laufen diese Vorgänge unterschiedlich schnell ab.

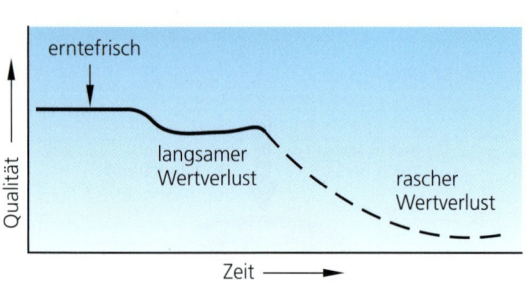

Abb. 1 Qualitätsverlauf bei Lagerung von Lebensmitteln

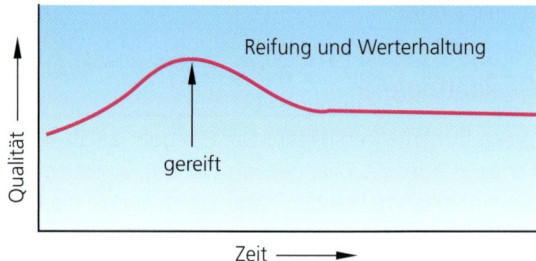

Abb. 2 Qualitätsverlauf bei reifenden Lebensmitteln

Man unterscheidet deshalb

- **leicht verderbliche Lebensmittel,**
  die meist einen hohen Wasser- oder Eiweißgehalt aufweisen. Darum werden sie von den lebensmittelverderbenden Mikroben bevorzugt. Beispiele: Milch, Fisch, Hackfleisch. Bei diesen Lebensmitteln sind die Aufbewahrungstemperaturen vorgeschrieben. Nach Ablauf des Verbrauchsdatums dürfen sie nicht mehr verwendet werden.

- **verderbliche Lebensmittel,**
  die bei richtiger Behandlung verhältnismäßig lange zu lagern sind. Beispiele: Äpfel, Zwiebeln, Kartoffeln, Pflanzenfett.

- **haltbare Lebensmittel,**
  die meist wenig Wasser enthalten und bei richtiger Lagerung nur sehr langsam oder nicht verderben. Beispiele: Zucker, Reis, Linsen.

Bei der Werterhaltung von Lebensmitteln geht es darum, den erwünschten Zustand der Lebensmittel möglichst zu erhalten.

Man spricht von

- **Aufbewahrung,**
  wenn die Eigenschaften für verhältnismäßig **kurze Zeit** erhalten werden sollen, z. B. vom Einkauf bis zur Verarbeitung in den folgenden Tagen;

- **Lagerung,**
  wenn Lebensmittel für **längere Zeit** verzehrbereit sein sollen. Man lagert z. B. Kartoffeln, Möhren, Äpfel;

- **Konservierung,**
  wenn die Lebensmittel für lange Zeit erhalten werden sollen.

16.1 Lebensmittelverderb

Ursachen des Verderbs

Meist wirken mehrere Vorgänge zusammen, wenn Nahrungsmittel verderben. Es können sein

- **physikalische Veränderungen:**
  Zellwände von Obst und Gemüse platzen bei Frost; Austrocknung, Aromaverluste durch Verdunstung,
- **biochemische Veränderungen:**
  Wirkung der Eigenenzyme, Bräunung von Schnittflächen, z. B. bei rohen Kartoffeln, Äpfeln.
- **Veränderungen durch Mikroorganismen:**
  Schmierigwerden von Fleisch, Gären von Marmelade, Verschimmeln von Brot usw.

Die häufigsten **Ursachen des Verderbens** sind **Enzyme**, die zu biochemischen Veränderungen führen, und **Mikroorganismen**.

Die verschiedenen Konservierungsverfahren haben darum zum Ziel, die Wirksamkeit der Mikroorganismen auszuschalten oder wenigstens einzuschränken.

Entsprechend den Lebensbedingungen ergeben sich folgende **Möglichkeiten der Konservierung:**

● Physikalische Veränderungen wie Frostschäden oder Austrocknung können durch richtige Lagerung und Verpackung weitgehend vermieden werden. Bei den einzelnen Lebensmitteln wird darauf besonders hingewiesen.

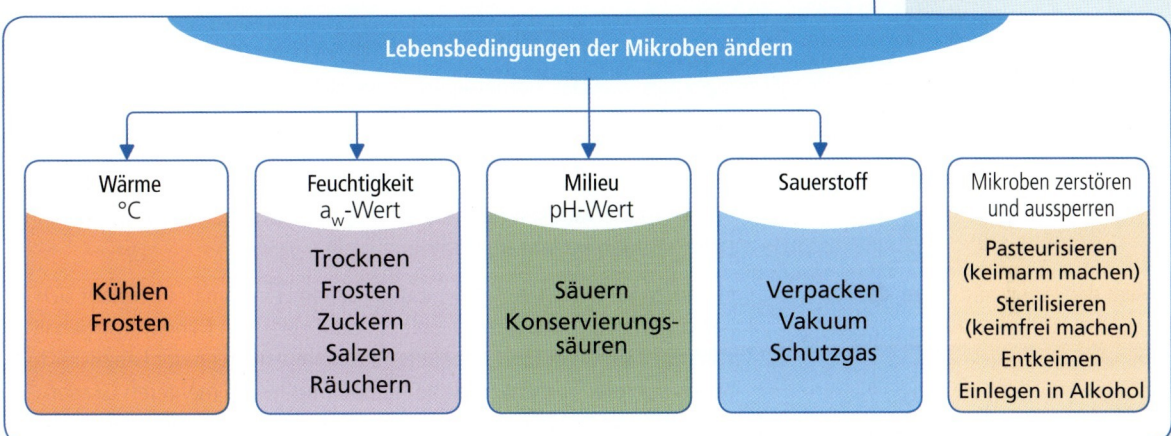

Abb. 1 Möglichkeiten der Konservierung

16.2 Werterhaltung

Kühlen

Kühlen ist die zur kurzfristigen Aufbewahrung am häufigsten angewandte Methode; Kühlschrank und Kühlraum dienen dazu.

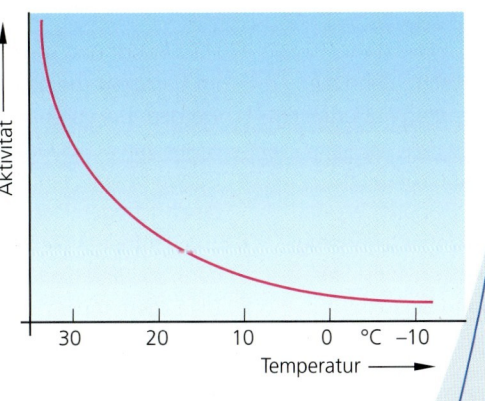

● Je stärker man ein Lebensmittel abkühlt, desto langsamer verdirbt es. Diese Grundregel gilt bis zu etwa + 6 °C.

Abb. 2 Mikrobenaktivität

Küche

ERNÄHRUNG

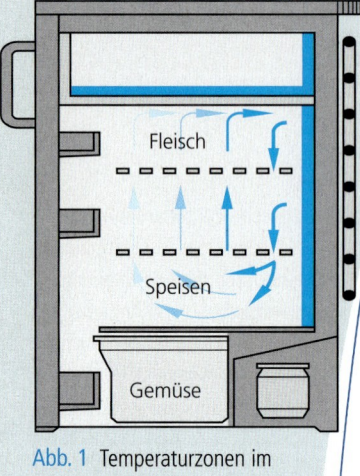

Abb. 1 Temperaturzonen im Kühlschrank

Da Pflanzenteile wie Gurken oder Kopfsalat auch nach der Ernte noch „weiterleben", können bei zu starker Abkühlung die Stoffwechselvorgänge in den Zellen zum Erliegen kommen. Das Gemüse verdirbt, obwohl es gekühlt ist. **Salatgemüse sind besonders empfindlich.**

Darum hat man **Kühlräume** mit unterschiedlicher Temperatur für
Fleisch und Fleischwaren: +2 °C bis +4 °C
Gemüse, Obst: +6 °C bis +8 °C

Im Kühlschrank ist es **unter dem Verdampfer am kältesten**, in der Gemüseschale am wärmsten. Die **Lebensmittel sind abzudecken** oder zu verpacken, damit sie vor fremden Gerüchen geschützt sind und nicht abtrocknen.

Kühlräume müssen in regelmäßigen Abständen vollständig gereinigt werden, weil sich an den Wänden und an den Einrichtungsgegenständen Mikroben festsetzen. Die kälteliebenden Arten können auch bei Kühlraumtemperaturen wirken.

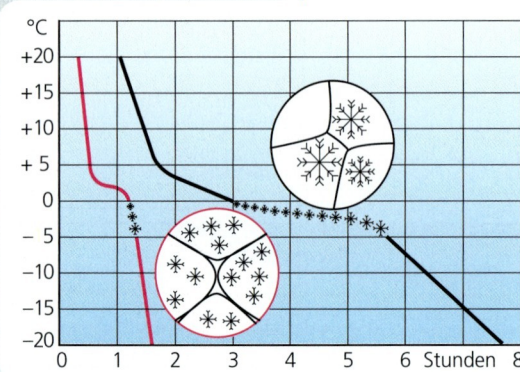

Abb. 2 Schockfrosten und Frosten

● Für die gewerblichen Betriebe ist vorgeschrieben, dass in „Fleischkühlräumen" keine anderen Lebensmittel gelagert werden dürfen, weil die Gefahr besteht, dass von diesen Mikroben und Schädlinge auf das Fleisch übertragen werden können.

Tiefgefrieren – Frosten

Das Tiefgefrieren eignet sich für längere Lagerung. Es ist die schonendste Methode, Lebensmittel für längere Zeit haltbar zu machen. Aber auch tiefgefrorene Lebensmittel sind **nicht unbegrenzt haltbar**, denn durch den Wärmeentzug ist die Tätigkeit der Mikroben und Enzyme nur verlangsamt. Ganz zum Stillstand kommt sie nicht.

In den Zellen der pflanzlichen und tierischen Lebensmittel befindet sich Zellsaft, in dem Mineralstoffe gelöst sind. Durch den Mineralstoffgehalt wird der Gefrierpunkt verschoben, und beim Abkühlen der Lebensmittel bilden sich die Eiskristalle erst bei Temperaturen von mehreren Graden unter 0 °C. Will man eine qualitativ hochwertige Frostware, muss dieser Bereich der „maximalen Kristallbildung" rasch durchlaufen werden. Das geschieht bei –35 °C; man spricht darum auch von **Schockfrosten**.

● Wird den Lebensmitteln zu langsam Wärme entzogen, bilden sich unregelmäßig große Eiskristalle, die dann beim Auftauen zu Qualitätsverlusten führen.

Hinweise

- Nur frische, einwandfreie Ware frosten, denn die Qualität kann nicht verbessert, sondern nur erhalten werden.
- Gemüse vor dem Frosten kurz blanchieren und anschließend sofort abschrecken. Dadurch werden Enzyme zerstört, das Gemüse ist länger lagerfähig.
- Gefrierware luftdicht verpacken, denn sonst verdampft Zellflüssigkeit (Gefrierbrand bei Fleisch).
- Hackfleisch und rohe Zubereitungen daraus dürfen im Gastgewerbe üblicherweise nicht eingefroren werden. Die vorgeschriebene Gefriergeschwindigkeit ist nur mit Schockfroster möglich.
- Genau beschriften, denn gefrostete Ware ist auch im durchsichtigen Plastikbeutel nur schwer erkennbar.
- Zum Einfrieren die Ware möglichst breit auslegen, denn so kann die Kälte schneller eindringen.
- Die Lagertemperatur muss mindestens –18 °C betragen.

Mängel bei der Lagerung von Tiefkühlkost

Wenn die Lagertemperatur stark schwankt, z. B. wenn wiederholt Warmes zum Abkühlen in den Froster gegeben wird, dann tauen die Randschichten gefrosteter Ware an und Wasser verdunstet aus den Randschichten.

- Bei loser Ware in Packungen ist dieses Wasser als **„Schnee"** sichtbar. Die Ware ist ausgetrocknet und von geringer Qualität.
- Bei Einzelstücken kommt es zu **Gefrierbrand**, wenn die Verpackung verletzt ist oder unverpackte Ware im Froster gelagert wird. An den defekten Stellen der Verpackung geht das Wasser der Zellen in die Umgebungsluft über. Das Produkt trocknet aus und schmeckt „strohig".

Abb. 1 Schneebildung bei stückiger Ware

Richtiges Auftauen

- Kleine Stücke, wie portionierte Stücke von Fisch oder Fleisch, nur antauen. Die Wärme dringt rasch bis zum Kern vor, sodass der Tausaft nicht ausfließen kann.
- Große Stücke, wie z. B. Kalbskeule, langsam, am besten im Kühlraum, auftauen, denn so entstehen die geringsten Verluste.
- Blockware, wie z. B. pürierten Spinat, in ein Gefäß mit etwas Wasser geben und erhitzen.

Überblick über weitere Verfahren der Haltbarmachung

Die Lebensmittelbevorratung über einen längeren Zeitraum wird heute fast ausschließlich von der Lebensmittelindustrie und vom Handel übernommen. Dort werden weitere Konservierungsverfahren angewandt.
Für die sachgerechte Lagerung und den richtigen Umgang mit den Produkten genügt hier ein Überblick.

Abb. 2 Hähnchen mit Flecken durch Gefrierbrand

Verderbnis- und Krankheitserreger werden bei höheren Temperaturen abgetötet. Zugleich verändert sich unter der Wärmeeinwirkung das Lebensmittel. So hat z. B. ein Gulasch aus der Dose eine faserigere, trockenere Fleischbeschaffenheit als bei einem selbst hergestellten Gericht. Um die Veränderungen in Grenzen zu halten, wendet man darum beim Konservieren nur so viel Wärme an, wie für die erwünschte Haltbarkeit unbedingt erforderlich ist.

Sterilisieren

Viele Verderbniserreger werden bei 100 °C abgetötet und die Lebensmittel sind dann lange haltbar. Eiweißhaltige Lebensmittel werden jedoch auch von sporenbildenden Mikroben befallen (Vgl. S. 20). Die Überlebensform der Bazillen, **die Sporen**, werden bei Kochtemperatur nicht zerstört. Man erhitzt darum unter Druck auf rund 120 °C.

Haltbarkeit: mehrere Jahre.

Weiterverwendung: Das eigentliche Garen entfällt, weil die Lebensmittel durch die Sterilisierung schon gegart sind. Vielfach müssen sie nur noch auf Serviertemperatur gebracht oder fertiggestellt werden.

Küche

ERNÄHRUNG

Pasteurisieren

Manche Lebensmittel müssen nicht so lange haltbar sein oder sie verändern sich bei starker Erhitzung in einer Weise, die nicht erwünscht ist. Dann wird nur kurze Zeit erhitzt und rasch wieder abgekühlt. Die Lebensmittel sind dann zwar nicht so lange haltbar, doch wird z. B. eventueller Kochgeschmack vermieden.

Lagerfähigkeit: Auch bei kühler Aufbewahrung nur begrenzt.

Trocknen

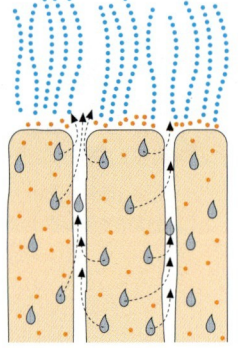

Durch Wasserentzug werden die Mikroben und Enzyme in der Wirksamkeit gehemmt. Man wendet das Trocknen vor allem bei Reis, Teigwaren, Hülsenfrüchten, Gewürzen, Küchenkräutern und bei Dörrobst an.

Lagerfähigkeit: Mehrere Jahre. Auf trockene Luft ist zu achten. Verpackt aufbewahren, um Geruchsübertragungen zu vermeiden.

Beim **Gefriertrocknen** wird das Lebensmittel zunächst gefroren. Anschließend verdunstet das Eis direkt zu Wasserdampf. Dabei bleibt die Beschaffenheit des Lebensmittels gut erhalten. Die Qualität ist besser als beim gewöhnlichen Trocknen.

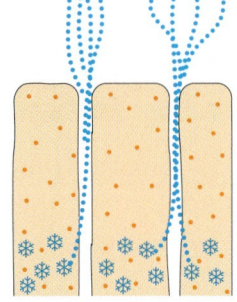

Beim Trocknen verdampft das Wasser an der Oberfläche.

Beim Gefriertrocknen geht das Eis direkt in Dampf über.

Salzen, Pökeln

Salz wirkt wasserentziehend und senkt den a_w-Wert, der Gehalt an verfügbarem Wasser wird verringert.

Haltbarkeit: Sehr unterschiedlich und von den angewendeten Verfahren abhängig. Während z. B. gekochter Schinken im Kühlschrank aufzubewahren ist, kann roher Schinken bei Raumtemperatur lagern.

Pökeln ist ein besonderes Salzungsverfahren, bei dem statt einfachem Kochsalz ein Pökelsalz (Nitrit) eingesetzt wird. Beim späteren Abbau entsteht aus Nitrit Stickstoffoxid, das konservierend wirkt. Dadurch wird z. B. Ranzigwerden von Fett verzögert. Außerdem verleiht es dem Fleisch eine angenehme rötliche Farbe. Nitrit ist in großen Mengen giftig, deswegen wird es in einer Salz-Nitrit-Mischung verwendet.

Räuchern

Der Rauch, der beim Verglimmen von Spänen, Sägemehl oder Hölzern entsteht, wird an Fisch oder Fleischwaren vorbeigeführt, um diese dadurch haltbarer zu machen und geschmacklich zu verändern. Beim **Heißräuchern** werden Temperaturen von mehr als 75 °C erreicht. Hier trägt auch der Wasserverlust zur Haltbarkeit bei. Beim **Warmräuchern** liegt die Räuchertemperatur bei etwa 40 °C. Das **Kalträuchern** (um 20 °C) dauert oft mehrere Tage oder Wochen.

Haltbarkeit: mehrere Monate.

Zuckern

Zucker bindet Wasser, die Mikroben werden in ihrer Tätigkeit gehemmt. Beim Kochen von Konfitüre und Gelee wird die Frucht-Zucker-Mischung durch die hohe Temperatur zusätzlich keimfrei.

Haltbarkeit: Mindestens ein Jahr.

Säuern

Durch Zugabe von Säure (Essig) oder Bildung von Säure in den Lebensmitteln (Milchsäure im Sauerkraut) werden die Mikroben gehemmt.

Haltbarkeit: Beschränkt, vielfach wird zusätzlich sterilisiert, z. B. Sauerkraut, Essiggurken.

Alkoholkonservierung

Legt man Lebensmittel in hochprozentigen Alkohol ein, werden diese für lange Zeit haltbar. Außerdem führt der Alkohol zu einem Wasserentzug im Lebensmittel. Dabei ist jedoch zu bedenken, dass sich Farbe, Geschmack und Konsistenz verändern. Außerdem sind die Lebensmittel nicht mehr für jede Gästegruppe (z. B. Kinder, Kranke) geeignet.

Haltbarkeit: Bis zu zwei Jahren.

Chemische Konservierungsstoffe

Diese Stoffe wirken direkt auf die Mikroorganismen, zerstören sie oder behindern sie erheblich. Die Konservierungsstoffe sind auf ihre gesundheitliche Unbedenklichkeit geprüft und dürfen nur bestimmten Lebensmitteln in festgesetzten Höchstmengen beigegeben werden.

● Auf den Gehalt an chemischen Konservierungsstoffen muss hingewiesen werden.

Vakuumieren

Beim Vakuumieren (auch Vakuumverpacken genannt) von Nahrungsmitteln werden diese in eine Folie eingeschweißt, und durch eine Öffnung wird die Luft aus der Folie herausgesaugt. Bei dieser Methode werden zwar keine Mikroorganismen getötet, jedoch werden das Wachstum und die Toxinproduktion von aeroben Bakterien und Pilzen eingeschränkt. Häufig wird beim Vakuumverpacken zusätzlich ein Schutzgas wie Kohlenstoffdioxid oder Stickstoff eingesetzt. Dieses ist geruchslos, geschmacksneutral und verdrängt Bakterien.

Haltbarkeit: Wird ein vakuumverpacktes Produkt zusätzlich gekühlt, kann es eine Haltbarkeit von bis zu sechs Wochen erreichen.

Hürden-Effekt

Alle Haltbarmachungsverfahren verändern die Lebensmittel in irgendeiner Form. Durch Kombination unterschiedlicher Verfahren kann man haltbar machen und zugleich die Veränderungen gering halten. Dabei wird den Mikroben gleichsam anstelle einer großen Sperre eine Reihe von Hürden entgegengestellt.

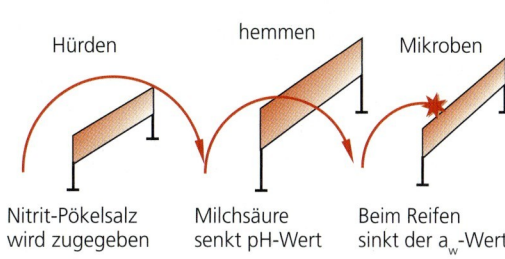

Abb. 1 Hürden-Effekt am Beispiel Rohwurst

Hürden — hemmen — Mikroben
Nitrit-Pökelsalz wird zugegeben · Milchsäure senkt pH-Wert · Beim Reifen sinkt der a_w-Wert

Aufgaben

1. Nennen Sie Teilbereiche der Qualitätsbeurteilung von Lebensmitteln.
2. Welches sind die Ursachen für den raschen Verderb bestimmter Lebensmittel?
3. Wie kann die Lagerdauer von leicht verderblichen Lebensmitteln verbessert werden?
4. Nicht verkaufte geschlachtete Forellen werden unverpackt in den Tiefkühlraum bei −18 °C gelegt. Wie denken Sie hinsichtlich der Qualität darüber?
5. Sie öffnen eine Tiefkühlpackung mit Pommes frites und finden große Eiskristalle, so genannten „Schnee" vor. Erläutern Sie.
6. Dem neuen Azubi ist nicht klar, warum im Fleischkühlraum eine andere Temperatur angezeigt wird als im Gemüsekühlraum. Erklären Sie.
7. „Im Fleischkühlraum ist noch Platz, da stellen wir den Kopfsalat hinein." Darf man das? Begründen Sie die Entscheidung.
8. „Bringe die Desserts in den Tiefkühler, damit sie schnell abkühlen." Welcher Nachteil ist mit diesem Arbeitsauftrag verbunden?

Arbeitsgestaltung

1 Küchenorganisation

🇬🇧 kitchen organization 🇫🇷 organisation (w) en cuisine

Die Küche ist eine Produktionsstätte mit vielfältigen Aufgaben, die nur bewältigt werden können, wenn die Produktionsprozesse sachlich und zeitlich klar gegliedert werden. Einfach gesagt: Jeder muss wissen, wer was wann zu tun hat.

> Dieses Ordnen von Aufgaben bezeichnet man als **Organisation von Arbeitsabläufen**.

1.1 Individualgastronomie

Postenküche

Die einzelnen Tätigkeiten sind sachlich aufgegliedert und einzelnen **Posten** (Arbeitsgebieten) zugeordnet. Dabei kommt man zu folgender Grobeinteilung:

Warme Küche		Kalte Küche	Konditorei
Saucenkoch **Saucier**	Gemüsekoch **Entremetier**	Koch der kalten Küche **Gardemanger**	Küchenkonditor **Pâtissier**
• Zubereiten von Fleisch, Fisch, Wild, Geflügel • Herstellen von Saucen	• Zubereiten von Gemüse, Kartoffeln, Reis, Teigwaren • Herstellen von Suppen, Eierspeisen	• Vorbereiten von Fleisch, Fisch, Wild, Geflügel • Herstellen von Vorspeisen, kalten Platten, kalten Saucen	• Herstellen von Kuchen, Gebäck, Pasteten, Puddings, Aufläufen, Eis

In größeren Küchen wird die Arbeit weiter unterteilt, die Aufgabengebiete werden enger und spezialisierter. Die einzelnen Komponenten eines Gerichtes (Fleisch sowie Gemüse und Kartoffeln) werden von verschiedenen Posten gefertigt und dann zusammengefügt. Im Mittelpunkt einer solchen Küche steht in der Regel der Herdblock.

- Küchenchef **Chef de cuisine**
  - Saucenkoch **Saucier**
    - Bratenkoch **Rôtisseur**
    - Fischkoch **Poissonnier**
  - Gemüsekoch **Entremetier**
    - Suppenkoch **Potager**
  - Koch der kalten Küche **Gardemanger**
    - Vorspeisenkoch **Hors-d'œuvrier**
    - Küchenmetzger **Boucher**
  - Küchenkonditor **Pâtissier**
  - Vertretungskoch **Tournant**

Koch-Zentrum

In einem Koch-Zentrum fertigt ein Koch das Gericht allein und trägt dafür die Verantwortung. Die Geräte sind meist U-förmig, gleichsam „um den Koch herum" angeordnet. Die Vorproduktion kann zeitlich unabhängig erfolgen, vorgefertigte Produkte können auf einfache Weise in den Ablauf eingefügt werden.

Das folgende Beispiel vergleicht den Arbeitsablauf für *Rumpsteak mit Bratkartoffeln und Salat* in Postenküche und Koch-Zentrum.

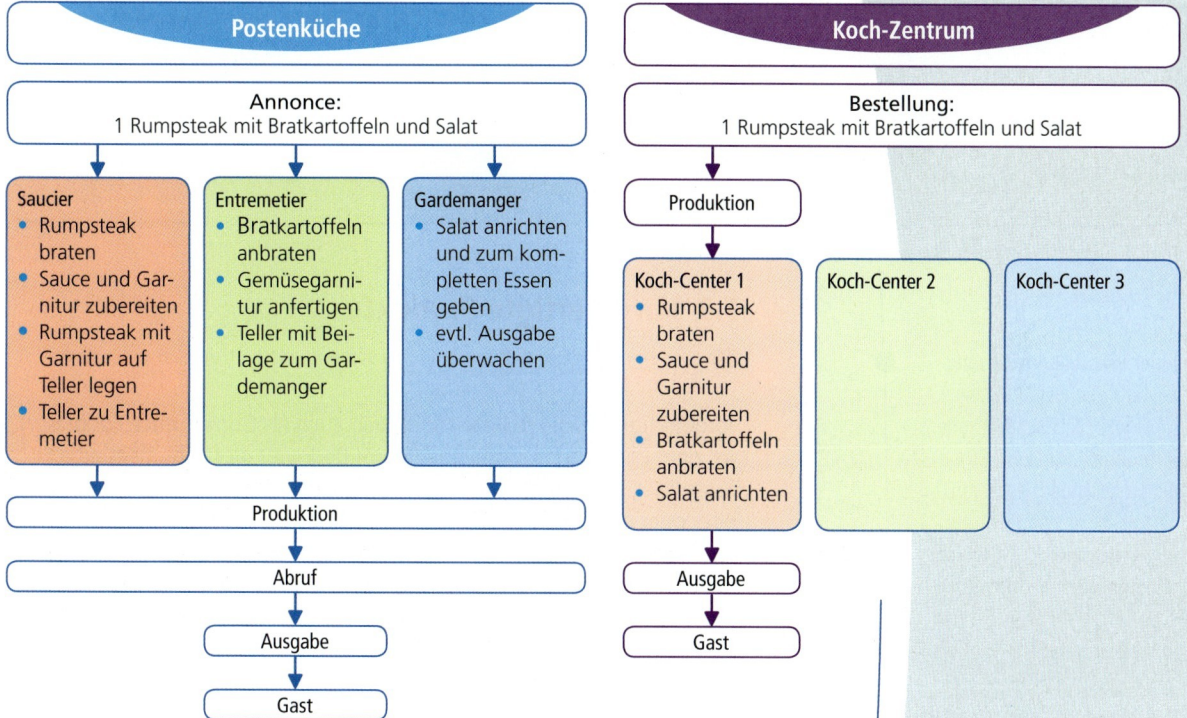

1.2 Systemgastronomie

Stationenküche in einem Quick-Service-Restaurant

In einem **Schnellrestaurant der Systemgastronomie** sind die Arbeitsabläufe darauf ausgerichtet, einer großen Menge an Gästen innerhalb kürzester Zeit in einwandfreier und gleichbleibender Qualität die bestellten Speisen zuzubereiten.

Der Umfang der angebotenen Speisen ist meist überschaubar. Daher kann für die zu erwartenden Gäste eine gewisse Menge an Produkten bereits **im Voraus (vor der eigentlichen Bestellung) produziert** werden. Die Betriebe legen fest, wie lange die Produkte maximal an der Produktionskontrolle warm gehalten werden (in der Regel 10 Minuten).

In einigen Restaurantketten werden die Speisen nicht vorproduziert, sondern **auf Bestellung hergestellt (Made-for-you-Konzept)**. Um trotzdem eine rasche Servicezeit zu gewährleisten, wird die Bestellung schon beim Erfassen vom Kassensystem direkt auf einen Bildschirm an der jeweiligen Station übertragen.

- An der Station wird das Produkt (z. B. ein Chickenburger) garniert. Rohe Zutaten (z. B. Salat) sind dort bereits vorgeschnitten. Zu garende Produkte (z. B. Hähnchenfilet) sind, der erwarteten Gästeanzahl entsprechend, bereits gegart und für eine bestimmte Haltezeit (z. B. 10 Minuten) in Warmhalteschränken gelagert. So wird bei einer Bestellung das Produkt nur noch zusammengestellt.

Küche — ARBEITSGESTALTUNG

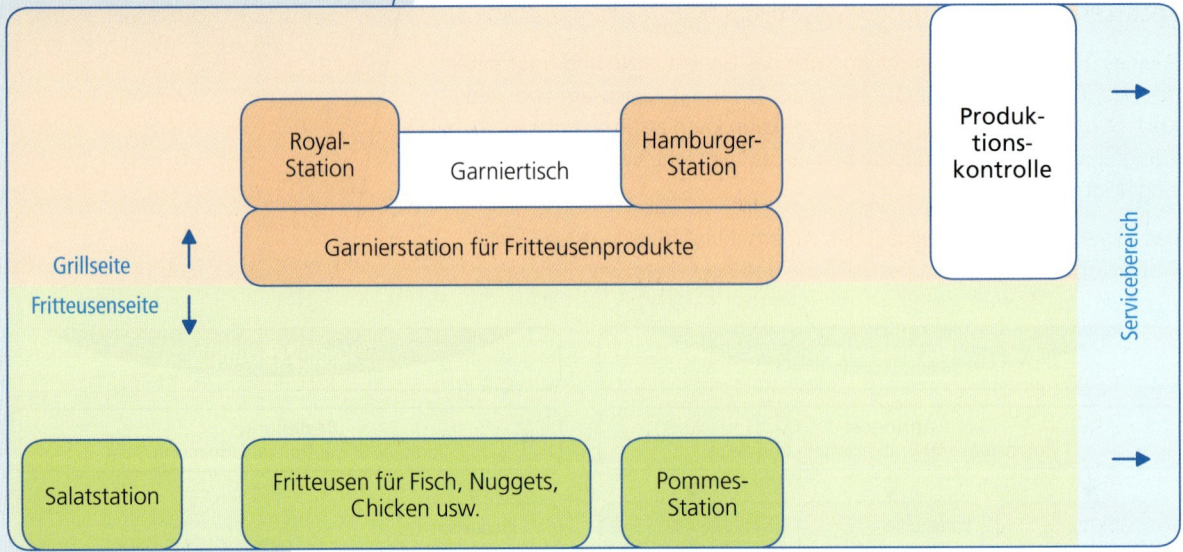

Abb. 1 Typische Stationen Schnellrestaurant

Jeder Herstellungsvorgang besteht aus vielen **Einzelschritten**. Sie sind zwar alle erforderlich, um zum Ergebnis zu gelangen, doch müssen sie **nicht zwangsläufig zeitlich zusammenhängend** erledigt werden. So werden z. B. Kartoffeln geschält und in Wasser gelagert, bis sie gegart werden; Teigwaren und Reis kocht man vor und bringt sie bei Bedarf wieder auf Verzehrtemperatur. Eine Aufteilung von Arbeitsabläufen ist also nichts Neues.

1.3 Vorgefertigte Produkte

🇬🇧 convenience food 🇫🇷 produits (m) alimentaires prétraités et précuisinés

Vorgefertigte Produkte bezeichnet man auch als Convenience Food. Der aus dem Englischen kommende Begriff bedeutet wörtlich „bequeme Lebensmittel, bequemes Essen". Die „Bequemlichkeit", die der Restaurantleiter oder der Koch mit vorgefertigten Produkten einkauft, ist von Ware zu Ware unterschiedlich.

In der klassischen Küche wurden alle Arbeitsschritte von der Rohware bis zum fertigen Gericht im Hause erledigt. Man nennt das **Eigenfertigung**.

Heute werden viele Produkte ganz selbstverständlich in vorbereiteter Form bezogen. So sind z. B. Erbsen, ob aus der Dose oder als Tiefkühlware von der Schote befreit; für Pommes frites aus dem Tiefkühler sind Kartoffeln gewaschen, geschnitten, von kleinen Abschnitten befreit und blanchiert worden. Bei diesen Beispielen spricht man von **Fremdfertigung**.

Gegenüberstellung: Eigenfertigung – Fremdfertigung

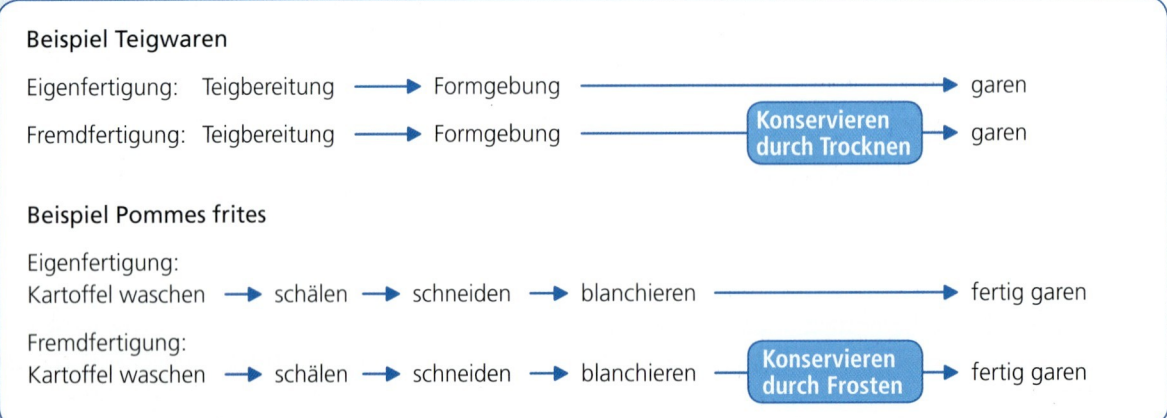

1 Küchenorganisation

Beispiele für vorgefertigte Produkte aus dem Katalog eines Anbieters aus folgenden Bereichen:

Geflügel	Fisch	Gemüse

Rohe Putenbrust
Verwendung offen

Flunderfilet
Verwendung offen

Brokkoli, geputzt
Verwendung offen

Putenbrustfilet, paniert
nur noch braten

Schollenfilet, paniert
nur noch braten

Gemüse, geschnitten
für Ratatouille

Poulardenbrust mit Sauce
nur noch erwärmen

Matjesfilet
servierfertig

Gemüsekomposition
nur noch erwärmen

Die abgebildeten Beispiele zeigen unterschiedliche Stufen der Vorbereitung.

Je weiter untenstehend, desto stärker vorbereitet, desto höher ist der Convenience-Grad.

Service

Küche

ARBEITSGESTALTUNG

Arbeiten mit vorgefertigten Produkten

Vorgefertigte Produkte sind Grundlagen. Sie können und sollten individuell zubereitet, verfeinert und abgeschmeckt werden.

Rezepturen sind einzuhalten. Die vorgegebenen Rezepturen, z. B. die Menge der zuzusetzenden Flüssigkeit, sind erprobt und aufeinander abgestimmt. Nicht nach Augenmaß arbeiten, sondern abwiegen und abmessen!

Arbeitsanweisungen beachten, um Mängel zu vermeiden. So gibt es z. B. für Kartoffelpüree Trockenprodukte, die man nach dem Einrühren in die Flüssigkeit weiterrühren darf, aber auch anderes Ausgangsmaterial, das durch diese Behandlung zäh wird.

Garzeiten beachten. Vorgefertigte Lebensmittel sind in den meisten Fällen vorgegart. Durch zu lange Wärmeeinwirkung in der Küche leidet die Qualität erheblich.

Vergleich

	Eigenfertigung	Fremdfertigung
Vorteile	• starker Einfluss auf Qualität, Geschmack und Aussehen • unabhängig vom Zulieferer • Ausnutzung vorhandener Kapazität	• maschinelle Bearbeitung ist kostengünstiger als Handarbeit • Spitzenbelastungen können abgefangen werden
Nachteile	• mehr Personal, Geräte und Maschinen • größere Lagerhaltung	• kein Niveauunterschied zwischen den Betrieben • Abhängigkeit von Lieferanten

Betriebswirtschaftliche Überlegungen

Aus rein kaufmännischer Sicht spricht viel für den Einsatz von Convenience-Produkten. Nicht zuletzt deshalb ist Vorgefertigtes weit verbreitet.

- **Zeitersparnis** bei der Zubereitung kann zu **Einsparungen im Personalbereich** führen. Es werden weniger Mitarbeiter benötigt.

- Die geringeren Schnitt-, Schäl- und Lagerverluste erlauben eine **genauere Einkaufsplanung** und eine **Reduzierung des Lageraufwandes**. Bestellmengen-Berechnungen werden vereinfacht (Schälverluste müssen nicht berücksichtigt werden).

- Bei den meisten Lebensmitteln kommt es zu saisonalen Preisschwankungen. Convenience-Produkte dagegen werden das ganze Jahr zu Fixpreisen angeboten. **Kalkulationen werden daher vereinfacht.** Alle Speisen können das ganze Jahr zum gleichen Preis angeboten werden, ohne dass sich der Gewinn durch unterschiedliche Einkaufspreise für den Winter oder Sommer ändert.

Die einfache Zubereitung von Convenience-Produkten führt leicht zur Überlegung, **Personal ohne gastronomische Ausbildung** einzustellen. Niedrigere Gehälter führen zwar zu Einsparungen, die negativen Folgen für den Betrieb (siehe Kasten oben rechts) sind aber zu bedenken.

Für die Zubereitung von Speisen mit Hilfe vorgefertigter Produkte müssen oft zusätzliche Geräte angeschafft werden (z. B. spezielle Dampfgarer oder Regenerieröfen).

Kostenverlauf Eigenfertigung – Fremdfertigung

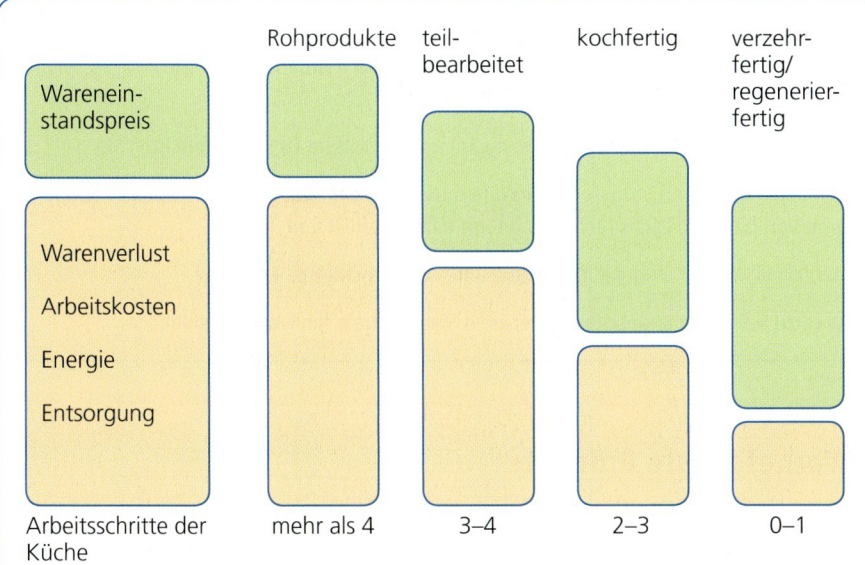

Überlegungen zu Marketing und Image

Individualgastronomie: Frische gegen Verfügbarkeit

Mit dem Einsatz von Convenience-Produkten kann **ganzjährig ein umfangreiches Sortiment an Speisen** angeboten werden. Es gibt Gäste, die dies schätzen. Wirbt das Restaurant dagegen damit, frische und saisonale Zutaten zu verwenden, ist der Einsatz von Convenience-Produkten nur eingeschränkt oder nicht möglich.

Trotz einiger Vorteile haben Convenience-Produkte ein **schlechtes Image** in der Öffentlichkeit. Kaum ein Gastwirt gibt gern zu, dass er vorgefertigte Produkte verwendet. In welchem Maß er sie einsetzt und wie stark er sie individuell verfeinert, ist sein persönlicher Kompromiss zwischen Wirtschaftlichkeit und Image.

Abb. 1 Gefüllte Kaninchenkeule

Systemgastronomie: Schnelligkeit und Wiedererkennung

Schnellrestaurants werden wegen der kurzen Zeitspanne zwischen Aufnahme einer Bestellung und dem Servieren der Speise gewählt. Das ist **ohne den Einsatz von vorgefertigten Produkten nicht zu verwirklichen**.

Für die klassische Gastronomie ist die Entwicklung eines „**Einheitsgeschmacks**" nicht erwünscht (s. o.). In der Systemgastronomie dagegen wird er **angestrebt**, um den Wiedererkennungswert zu erhöhen.

In der Systemgastronomie sind sich die Gäste bewusst, dass vorgefertigte Produkte eingesetzt werden. Für das Marketing ist es daher wichtig, die **Frische der eingesetzten Lebensmittel** herauszustellen.

Abb. 2 Werbeslogan einer Restaurantkette

Küche — ARBEITSGESTALTUNG

Aufgaben

1. Nennen Sie mindestens fünf Beispiele für Produkte, die vor der Ausgabe nur noch erwärmt und abgeschmeckt werden.

2. Sie hören, wie der Küchenchef sagt: „Mit vorgefertigten Produkten baue ich Arbeitsspitzen ab." Was meint er damit?

3. Vergleichen Sie den Kilopreis für frischen Spinat und Frostware im Mai und im Oktober. Berichten Sie.

4. Bei Preisvergleichen von Frischware mit vorgefertigter Ware müssen Vorbereitungsverluste berücksichtigt werden. Beim Filetieren von frischem Lachs rechnet man mit einem Verlust von 35 %.

    a) Wie viel kg frischer Lachs müssen eingekauft werden, um 1 kg Lachsfilet zu erhalten?

    b) Frischer Lachs wird zu 5,90 €/kg angeboten. Berechnen Sie den Preis für 1 kg Lachsfilet.

PROJEKT

Vorgefertigte Produkte

Ihr Unternehmen plant, das Angebot an Kartoffelbeilagen zu erweitern. Zukünftig sollen neben Pommes frites und Kroketten auch Bratkartoffeln für den Gast zur Auswahl stehen.

Planung

Es steht noch nicht fest, auf welcher Fertigungsstufe die neue Beilage eingeführt werden soll. Das kann im Rahmen der Produktentwicklung frei bestimmt werden. Zunächst sind Informationen zu beschaffen, z. B.

- Angebotsformen und Lieferanten für vorgefertigte Kartoffeln (geschält, geschält und in Scheiben usw.).
- Suchen Sie nach einem Rezept für Bratkartoffeln eigener Fertigung.
- Besorgen Sie die entsprechenden vorgefertigten Produkte und frische Kartoffeln.
- Erstellen Sie für jede Produktionsmethode einen Ablaufplan wie auf Seite 54. Beachten Sie dabei, dass alle Zubereitungen zur gleichen Zeit zu einem Vergleich bereitstehen müssen.
- Lesen Sie auf den Seiten 159 und 160, wie beim Bewerten von Speisen vorgegangen wird.
- Bereiten Sie ein Bewertungsblatt vor. Auf Seite 160 finden Sie ein Muster, das Sie für Ihre Aufgabe abwandeln können.

Durchführung

- Bereiten Sie die Kartoffeln und die Convenience-Produkte genau nach Anweisung zu.
- Neutralisieren Sie die Proben, das bedeutet, der Prüfende weiß nicht, welches Produkt vor ihm steht. Am einfachsten verwendet man für alle Zubereitungen gleiches Geschirr und verteilt Nummern.
- Halten Sie das Ergebnis fest, das kann geschehen
    - in Form von Noten wie auf Seite 160 oder
    - in Form einer Beschreibung. Ab Seite 157 finden Sie dazu Hilfen.
- Machen Sie Notizen zur aufgewendeten Arbeitszeit.

Auswertung

- Wenn Sie Noten vergeben haben, werden die Werte jetzt zusammengezählt. „Sieger" ist die Zubereitung mit der geringsten Summe.
- Wenn Sie die Bewertung mit Worten bevorzugt haben, ist das Ergebnis umfassender, doch eine Rangfolge lässt sich meist nur schwer herstellen.

2 Arbeitsmittel

🇬🇧 equipment identification 🇫🇷 outils (m) de travail

Das wichtigste Werkzeug in der Küche ist das Messer. Je nach Einsatzgebiet gibt es spezielle Messer, die sich hauptsächlich in Größe, Form und Beschaffenheit der Klinge unterscheiden. Für alle Arten gilt:

- **Ein Messer muss gut in der Hand liegen.** Dabei ist einmal das Verhältnis von Griff zu Klinge wichtig. Zum anderen kommt es auf das Gewicht an. Wenn ein Messer zu leicht ist, liegt es nicht gut in der Hand.
- **Die Klinge muss federnd und zugleich hart sein.** Dann ist sie belastbar und zugleich schnitthaltig. Von Schnitthaltigkeit oder Standfestigkeit spricht man, wenn die Schneide die Schärfe lange hält.
- **Der richtige Messergriff schützt vor Unfällen.** Eine raue Oberfläche gewährleistet einen sicheren Griff. Der Fingerschutz ist besonders wichtig, denn er verhindert das Abgleiten der Hand in die Schneide.

> Unfälle mit Messern stehen in der Küche an erster Stelle.

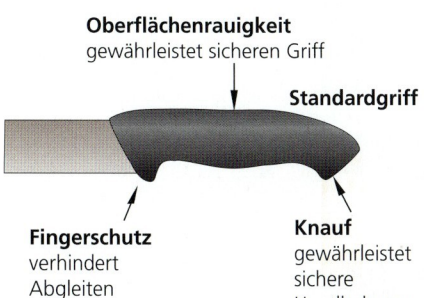

Oberflächenrauigkeit gewährleistet sicheren Griff

Standardgriff

Fingerschutz verhindert Abgleiten auf Schneide

Knauf gewährleistet sichere Handhabung

2.1 Grundausstattung

Küchenmesser, mittelgroß
Schneiden von Kartoffeln, Gemüsen, Obst, Fleisch und Fisch

Gemüsemesser/Officemesser
Putzen und Zurichten von Gemüsen, Pilzen und Salaten

Wetzstahl
Abziehen und Auf-Schnitt-Halten der Messer

Küchengabel
Ausstechen und Entnehmen von Fleisch. Wenden großer Braten

Tourniermesser
Kartoffel-, Gemüse- oder Fruchtteile durch glatte Schnitte gleichmäßig formen

Buntschneidemesser
Gekochte rote Rüben, Sellerie, Möhren, Gurken oder Kürbis in Scheiben mit gerieften Flächen schneiden

2.2 Erweiterungen

Vorwiegend für Gemüse

Gemüse- und Kartoffelhobel (Mandoline)
Schneiden von Gemüsen und Kartoffeln. Stärke beliebig einstellbar. Klingen mit unterschiedlichen Schneiden ermöglichen Scheiben mit glatten oder gefurchten Flächen (Waffelkartoffeln).

Küche

ARBEITSGESTALTUNG

Sparschäler
Gleichmäßig dünnes Schälen von Gemüsen/ Früchten

Ausbohrer
Ausbohren kugeliger oder olivenartiger Formen aus Kartoffeln, Gemüsen und Früchten. Entfernen von Kerngehäusen. Aushöhlen von Gemüsen und Früchten

Vorwiegend für Fleisch

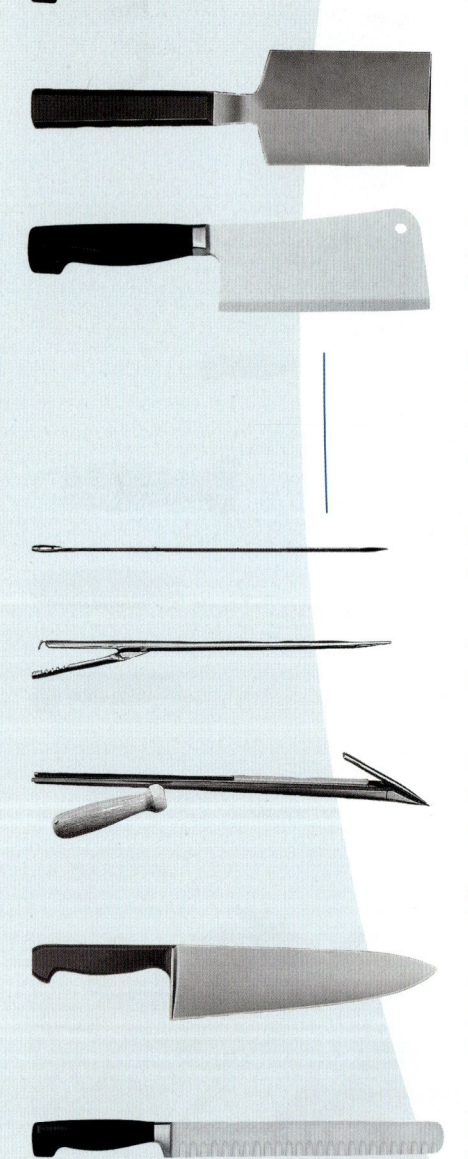

Ausbeinmesser
Abziehen von Häuten. Zerlegen von Fleisch, ausbeinen

Plattiereisen
Plattieren von rohem Fleisch, wodurch Bindegewebe zerreißt; beim Erhitzen zieht sich Fleisch weniger zusammen, es bleibt saftiger

Hackbeil
Ausschlagen von Kotelettsträngen. Abschlagen von Knochen und Rippenteilen. Zerkleinern von Knochen. Schutzbrille tragen.

Knochensäge
Durchsägen starker Knochen, z. B. Haxen, Rückgrat- und Schlussknochen

Bindenadel/Dressiernadel/Bridiernadel
Formgeben bei rohem Geflügel durch Zusammenbinden (Bridieren)

Spicknadel
Einziehen feiner Speckstreifen in Wild- und Schlachtfleisch

Spickrohr/Lardoir
Einbringen von dicken Speckstreifen in große Schmorfleischstücke (Lardieren)

Vorwiegend in der kalten Küche

Schlagmesser
Durchtrennen größeren Geflügels. Abschlagen von Rückenteilen. Aufschlagen gekochter Hummer und Langusten. Hacken beliebigen Materials; Schutzbrille tragen.

Kuhlenmesser/Spezialmesser
Portionieren von zartem Schneidgut, z. B. Galantinen, Terrinen, Pasteten

Tranchiermesser
Schneiden von Braten, Fleisch- und Wurstwaren

Lachsmesser
Schneiden feiner Scheiben von Räucherlachs und mariniertem Lachs

Filetiermesser
Messer mit flexibler Klinge zum Filetieren von Plattfischen

Käsemesser
Schneiden geeigneter Käsesorten

Flossenschere/Fischschere
Abschneiden von Flossen und von Köpfen kleinerer Plattfische

Zestenmesser (Juliennereißer)
Abschneiden feiner Zestenstreifen von Zitrusfrüchten

Kanneliermesser
Zum leichteren Schälen von Zitrusfrüchten sowie zum Verzieren von Gemüsen und Früchten durch Einschneiden gestreckter Rillen (Riefelung/Kannelierung)

Vorwiegend in der Küchenkonditorei

Tortenmesser
Schneiden von Torten in Portionen und Anrichten der Stücke

Konditormesser
Schneiden von Backwerk aller Art. Queraufschneiden von Tortenböden zum Füllen

Teigkneifer
Verzieren von ungebackenen Teigoberflächen durch Kneifen, z. B. bei Pasteten mit Füllungen

Teigrädchen
Schneiden (Ausrädeln) dünn ausgerollter Teige

Küche

ARBEITSGESTALTUNG

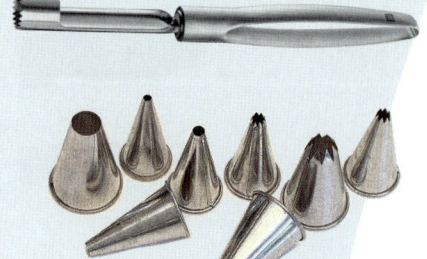

Apfelausstecher
Ausstechen des Apfelzentrums (Blüte-Kernhaus- Stiel)

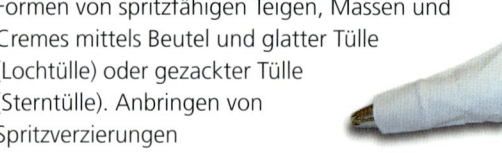

Spritztüllen
Formen von spritzfähigen Teigen, Massen und Cremes mittels Beutel und glatter Tülle (Lochtülle) oder gezackter Tülle (Sterntülle). Anbringen von Spritzverzierungen

Ausstecher
Ausstechen von rohen Teigen und gebackenen Massen, von Marzipan oder Früchten (Ananas, Melone)

Spachtel
Abkratzen und Putzen von Bratplatten, Backblechen und Arbeitsflächen

Palette
Auf- und Glattstreichen von Füllungen. Absetzen und Anrichten von Gebäckstücken

Winkelpalette
länglich wird verwendet, wenn z. B. auf einem Backblech Biskuitmasse gleichmäßig dünn ausgestrichen werden soll; in kurzer breiter Form ähnlich wie Spachtel zum Umsetzen von Speisen.

Wegdrücken durch Wölbung

Sägen durch Zähne

Tiefkühlmesser
Abtrennen tiefgefrorener Lebensmittel. Das Profil von Klinge und Schneide ist so gestaltet, dass es wie eine Säge arbeitet. Normale Messer sind zum Schneiden gefrorener Lebensmittel ungeeignet. Beim Schneiden wird durch Reibungswärme Flüssigkeit aus dem Schneidgut frei. Durch diese wird das gewöhnliche Messer am zu schneidenden Gut festgehalten

Vorwiegend in der Systemgastronomie

Tomatenschneider
Schneidet Tomaten in exakt gleiche Scheiben, z. B. für das Garnieren von Burgern oder Sandwiches. Je nach Tomatengröße werden mit einem Schnitt 8 bis 12 Scheiben gleichzeitig geschnitten.

Tomatenentstieler
Mit dem Tomatenentstieler (auch Garnierschneider) wird vor dem Schneiden der Tomate der Stielrest entfernt

Frucht- und Gemüseteiler
Teilt Obst und Gemüse in sechs exakte Ecken. Zur Vorbereitung für Cocktails oder im Bereich der kalten Küche

Saucendispenser und Senfdispenser
Gibt aus einer Saucenkartusche bzw. aus dem Vorratsbehälter eine standardisierte Menge an Sauce/Senf. Zur besseren Unterscheidung sind die Dispenser in unterschiedlichen Farben erhältlich.

Abb. 1 Frucht- und Gemüseteiler

2.3 Pflege der Messer

Für den laufenden Gebrauch wird das Messer durch **Abziehen am Stahl** auf Schnitt gehalten. Dabei muss es unbedingt im richtigen Winkel zum Stahl geführt werden.

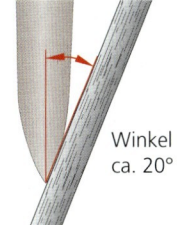 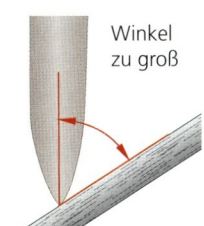 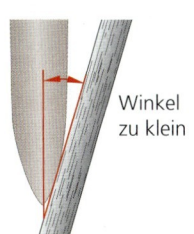

Abb. 1 Schneidewinkel wird beibehalten
Abb. 2 Messer wird rasch stumpf
Abb. 3 Abziehen ohne Wirkung

Bei einem Schneidewinkel von 20° schneidet das Messer am besten.

Ist der Winkel beim Abziehen zu groß, wird das Messer nach kurzer Zeit stumpf.

Wird der Winkel zwischen Stahl und Messer zu klein/spitz gewählt, ist das Abziehen ohne Wirkung. Das Messer wird nicht geschärft.

Bei Beginn der Abziehbewegung liegt das Ende der Messerklinge an der Spitze des Stahls (Abb. 1 folgende Seite).

Küche

ARBEITSGESTALTUNG

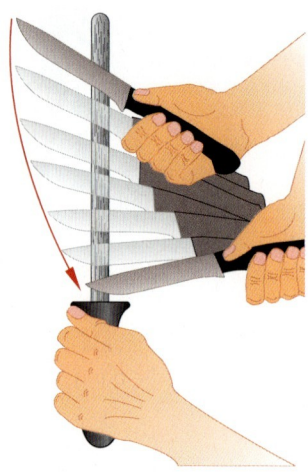
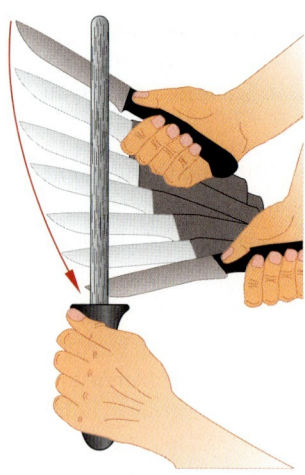

> **Wichtig:** Beide Messerseiten **abwechselnd** (einmal links, einmal rechts) mit dem Stahl bestreichen. Würde man mehrmals die gleiche Seite bearbeiten, bliebe ein Grat an der Schneide.

Dann führt man das Messer unter **leichtem Druck** so, dass die Messerspitze in der Nähe des Stahlgriffs endet.

Das **Schleifen der Messer** wird notwendig, wenn durch das Abziehen nicht mehr die erwünschte Schärfe erreicht wird.

Der Schleifstein muss rund, fettfrei und rau sein. Er muss in Wasser laufen oder durch eine Tropfvorrichtung feucht gehalten werden. Bei trockenem Schleifen zerstört die Reibungswärme die Härte der Klinge.

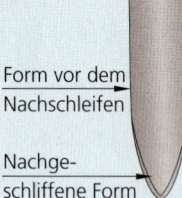

Form vor dem Nachschleifen

Nachge-schliffene Form

Abb. 1 Nachgeschliffen

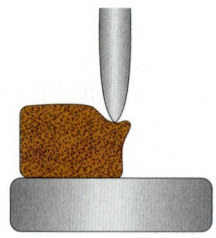

Zu steil geschliffen
Die Schärfe hält nur kurze Zeit. Beim Schneiden ist viel Kraft erforderlich.

Hohl geschliffen
Das Profil ist ausgeschliffen, die Klinge wird schnell verbraucht. Das Schneidegut fällt nicht gut von der Klinge.

Richtig geschliffen
Der Klingenquerschnitt ist leicht bauchig und drückt darum das Schneidegut von der Klinge.

2.4 Unfallverhütung

> „Stumpfe Messer brauchen Kraft, was häufig einen Unfall schafft."

- Messer sind beim Arbeiten vom Körper weg oder seitlich des Körpers zu führen,
- trockener Griff und trockene Hände vermindern die Abrutschgefahr,
- fallenden Messern nicht nachgreifen,
- nicht benötigte Messer aufräumen,
- Messer nie in das Spülbecken legen.

3 Kochgeschirr

🇬🇧 cookware/cooking utensils 🇫🇷 batterie (w) de cuisine

3.1 Werkstoffe für Geschirr

Edelstahl

Edelstahl ist Stahl mit Zusätzen anderer Metalle, die ihn rostfrei und säurefest machen. Durch eine spezielle Oberflächenbehandlung werden alle Unebenheiten entfernt, sodass sich keine Speisereste festsetzen können und das Reinigen erleichtert wird. Gute Wärmeübertragung.

Gargeschirre aus Edelstahl haben **Kompensböden**. Sie sind so konstruiert, dass der Topfboden die Veränderungen des Metalles durch Wärme ausgleicht (kompensiert). In kaltem Zustand sind die Bodenflächen leicht nach innen gewölbt. Die **Pflege ist einfach**, alle Reinigungsmittel sind anwendbar. Weißlich-matter Niederschlag stammt von Kalkablagerungen und ist mit Säure (Essig) oder Flüssigreiniger zu entfernen. Bläuliches Schimmern ist auf Spülmittelrückstände zurückzuführen und wird durch gründliches Nachspülen vermieden.

Emaillierter Stahl

Bei Geschirren ist Stahl mit einer Emailleschicht überzogen. Dadurch sind sie **vor Rost geschützt** und geschmacksneutral. Die glasharte Emaillierung ist jedoch **schlagempfindlich** und **springt bei raschem Temperaturwechsel**. Zum Reinigen sind alle Mittel geeignet, doch darf nicht mit harten Gegenständen gekratzt werden.

Guss

Gussgeschirr leitet die Wärme sehr gut und ist robust. Gussgeschirr **eignet sich nicht zur Aufbewahrung** von Speisen, weil diese dann Eisengeschmack annehmen können.

Stahl

Geschirr aus Stahl hat die gleichen Eigenschaften wie Gussgeschirr, doch besitzt die geschliffene Oberfläche eine feinere Struktur.

Kunststoffe

Unter dem Begriff Kunststoffe werden vielerlei Materialien zusammengefasst. Weil die meisten Gegenstände nicht starr, sondern elastisch sind, spricht man auch von Plastik. In der Küche muss man die Kunststoffe auch nach der Wärmebeständigkeit unterscheiden.

Thermoplaste haben eine weichere Beschaffenheit und sind meist nur bis etwa 80 °C temperaturbeständig. **Duroplaste** sind härter und bis 100 °C, kurzzeitig auch höher erwärmbar. Behälter für die Vorratshaltung sowie Schüsseln für den Salatposten und die Kalte Küche sind aus diesem Material.

Die in der Küche verwendeten Geschirre und Behältnisse müssen
- in lebensmittelrechtlicher Hinsicht einwandfrei sein, dürfen also die Speisen nicht negativ beeinflussen,
- den Belastungen des Küchenalltags standhalten,
- problemlos zu reinigen sein.

Geschirre aus Edelstahl sind für alle Zwecke verwendbar. Die lange Haltbarkeit, vielseitige Verwendbarkeit und das saubere Aussehen rechtfertigen die hohen Anschaffungskosten.

Überhitzte emaillierte Töpfe nie mit kaltem Wasser abschrecken, denn sonst springt der Überzug. Besser: langsam auskühlen lassen.

Man schützt dieses Geschirr vor Rost, indem man es nach dem Reinigen leicht einfettet.

Stahlpfannen eignen sich besonders zum Braten. Pfannen ohne festgebrannte Speisereste werden nur ausgewischt.

Gegenstände aus Kunststoff haben eine weichere Oberfläche als solche aus Metall. Sie dürfen darum nicht mit dem Topfreiber oder mit Scheuerpulver bearbeitet werden.

Küche

ARBEITSGESTALTUNG

3.2 Geschirrarten

Abb. 1 Kochtopf, Marmite

Abb. 2 Stielkasserolle, Casserole

Abb. 3 Stielkasserolle, flach, Sautoir

Abb. 4 Schwenkkasserolle, Sauteuse

Abb. 5 Stielbratpfanne, Poêle lyonnaise

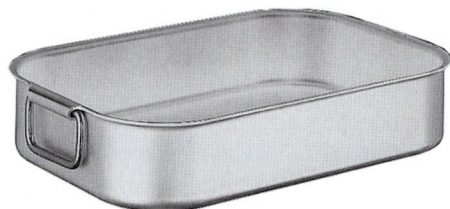

Abb. 6 Schmorpfanne, Braisière

Abb. 7 Bratenpfanne, Rôtissoire

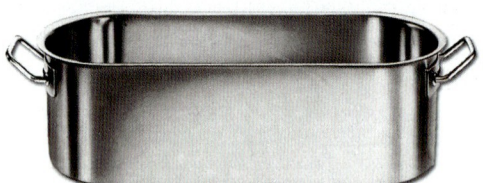

Abb. 8 Fischkessel mit Einsatz, Poissonnière

Der Unterschied zwischen Sautoir und Sauteuse:

rühren — Sautoir

schwenken — Sauteuse

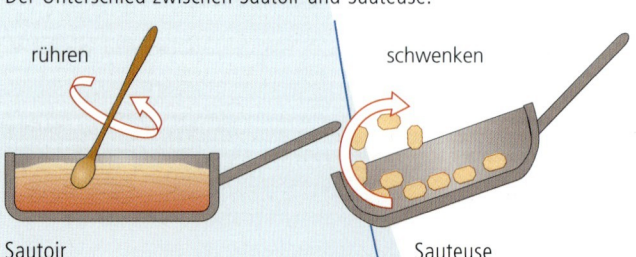

Abb. 9 Wasserbadbehälter, Casserole de Bain-Marie

Zubehör

Abb. 1 Saucenseiher, Passe-sauce

Abb. 2 Spitzsieb, Chinois

Abb. 3 Abtropfschüssel, Egouttoir

Antihaftbeschichtung

Beschichtete Geschirre sind auf der Innenseite mit einer Kunststoffschicht ausgekleidet. Man findet das besonders bei Pfannen und Backformen. Die Beschichtung verhindert das Ansetzen von Speisen, auch wenn nur mit wenig oder ohne Fett gebraten oder gebacken wird. Darum verwendet man diese Geschirre bevorzugt für Eierzubereitungen und in der Diätküche. Pfannen mit Antihaftbeschichtung müssen vor Überhitzung geschützt werden. Sie dürfen nicht längere Zeit leer auf der Herdplatte stehen.

● Beschichtete Flächen sind empfindlich gegen Kratzen und Reiben.

Gastro-Norm

Das Gastro-Norm-(GN)-System löst die unterschiedlichen Größen von Vorrats-, Bearbeitungs- und Garbehältnissen ab.

Einschübe in Regalwagen, Herde und Kühlschränke sowie Grundflächen von Bain-Marie oder Speisenausgabe sind aufeinander abgestimmt.

Ausgehend von einem Grundmaß von 53 × 32,5 cm gibt es praxisgerechte Unterteilungen mit unterschiedlicher Tiefe. Entsprechende Deckel vervollständigen das System. So können vorbereitete Lebensmittel in GN-Geschirre eingesetzt und in die Kühlung gebracht werden. Bei Bedarf wird dann in diesem Geschirr gegart und anschließend das Ganze zur Ausgabe gebracht.

Abb. 4 Gastro-Norm-Schalen aus Porzellan/Keramik

Vorteil des Systems:
- Teile passen untereinander und in alle Geräte,
- Arbeitszeitersparnis, weil das Umsetzen von Geschirr zu Geschirr entfällt.

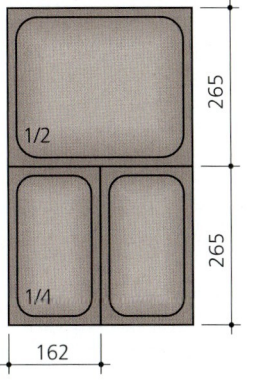

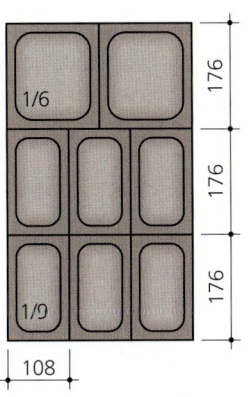

Abb. 5 System Gastro-Norm

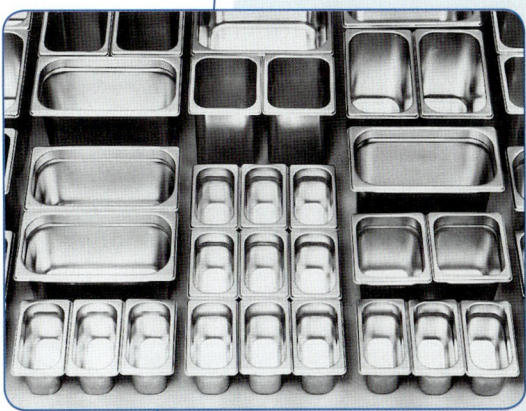

Abb. 6 Systemgeschirr

Küche

ARBEITSGESTALTUNG

4 Maschinen und Geräte

🇬🇧 kitchen machines and utensils 🇫🇷 matériel (m) électro-mécanique

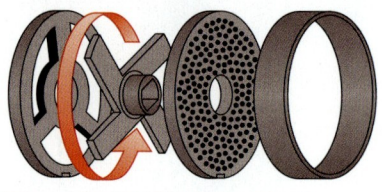

Abb. 1 Messersatz mit einem Messer

Abb. 2 Messersatz mit zwei Messern

4.1 Fleischwolf 🇬🇧 meat mincer 🇫🇷 hachoir (m) à viande

Der Fleischwolf, auch Wolf genannt, ist eine Zerkleinerungsmaschine. Mit ihr werden Fleisch, aber auch Fisch und Gemüse in eine für die Weiterverarbeitung erforderliche Zerkleinerungsform gebracht.

Der Wolf arbeitet nach dem Prinzip des **Scherschnitts**. Wie bei einer Schere wird das Schneidegut zwischen zwei geschliffenen Metallteilen (Messer und Lochscheibe) zerschnitten. Die Schnecke transportiert das Fleisch zu den Messern. Der Zerkleinerungsgrad wird von der Größe der Löcher in der Lochscheibe bestimmt.

Hinweise zur Benutzung

Der Verschlussring muss richtig angezogen werden.
- **Bei zu strengem Sitz** reiben Messer und Lochscheiben aneinander und Metallabrieb gelangt ins Fleisch.
- **Bei zu lockerem Sitz** wickeln sich Bindegewebe um die Messer, weil sie nicht mehr zerschnitten werden.

Der Wolf muss richtig beschickt werden. Das Fleisch soll in lockeren Fäden aus der Lochscheibe kommen.
- **Presst man Fleisch zu stark** in die Einfüllöffnung, so kann das Material von den Messern nicht mehr richtig verarbeitet werden. Das Fleisch wird warm und schmiert.
- **Läuft der Wolf leer,** reiben Messer und Lochscheiben aneinander und erwärmen sich. Dabei geht die Schärfe verloren.

Ein schlecht eingestellter Wolf oder stumpfe Messer führen zu zerquetschtem, grauem, fettig-schmierigem Material. Das ist eine Qualitätsminderung.

Unfallverhütung

Der Wolf muss so beschaffen sein, dass die Schnecke von der Hand nicht erreichbar ist, weil die saugende Wirkung leicht die Hand mitzieht. Bei kleineren Geräten sind darum Durchmesser und Höhe der Einfüllöffnung vorgeschrieben; gößere Maschinen sind an der Einfüllöffnung mit einem nicht entfernbaren Schutz versehen.

> Nach den Bestimmungen der Hygieneverordnung darf die Lagertemperatur von Hackfleisch nicht höher als +7 °C sein.

Abb. 3 Kutter

4.2 Kutter 🇬🇧 food processor 🇫🇷 cutter (m)

Das Wort Kutter ist abgeleitet vom englischen Wort to cut = schneiden, abschneiden. Der Kutter ist eine Zerkleinerungsmaschine, die nach dem Prinzip des **Messerschnitts** arbeitet. Das Schneidegut liegt dabei auf einer Unterlage (drehende Schüssel), die Messer ziehen durch das Schneidegut. Durch das Kuttern kann eine homogene Masse hergestellt werden, wie sie für Farcen (Brät) erforderlich ist. Eine Haube, die mindestens die halbe Schüssel bedeckt, verhindert das Herausschleudern von Material.

4 Maschinen und Geräte

Hinweise zur Benutzung

Der Abstand zwischen Messern und Schüssel muss richtig gewählt werden. Das Fleisch wird nur unvollständig zerschnitten, wenn der Abstand zu weit ist. Die Welle macht bis zu 3 000 Umdrehungen je Minute, deshalb muss die Halterungsschraube der Messer fest angezogen werden. An den rotierenden Messern entsteht Reibungswärme, die Eiweiß zum Gerinnen bringen kann. Es darf darum nur gut gekühltes Material verwendet werden.

Unfallverhütung

Der Deckel des Kutters muss die Messerwelle abdecken. Die rotierenden Messer wären, wie z. B. der laufende Propeller eines Flugzeuges, nicht zu erkennen. Darum muss durch eine Sperrschaltung gewährleistet werden, dass der Deckel nur bei stehenden Messern geöffnet werden kann.

Dem Kutter ähnlich, nur kleiner, ist der **Mixer**. Während beim Kutter die Schneidewelle liegt, steht sie beim Mixer senkrecht.

Abb. 1 Arbeitsweise des Kutters

4.3 Fritteuse 🇬🇧 deep-fryer 🇫🇷 friteuse (w)

In der Fritteuse wird die zum Garen benötigte Wärme durch heißes Fett übertragen. Flüssigkeiten leiten die Wärme viel rascher als z. B. Luft. Darum ist die Garzeit im Fettbad wesentlich kürzer.

Bei einem **Fett-Topf**, der je nach Bedarf zwischen Herdmitte und Rand hin- und hergeschoben wird, steigt die Temperatur am Boden bis auf 250 °C an. Das erwärmte Fett steigt auf und reißt Schwebeteilchen mit. Diese setzen sich als dunkle Punkte auf dem Gargut ab.

Bei **Fritteusen** liegen die Heizschlangen in einem bestimmten Abstand über dem Boden. Der unter den Heizschlangen liegende Bereich (Kaltzone) ist an der Bewegung des Fettes nicht beteiligt.

Abb. 2 Fritteuse

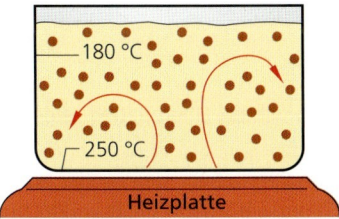

Abb. 3 Fett-Topf

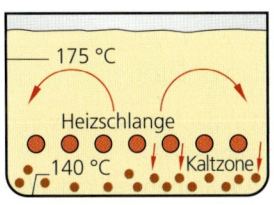

Abb. 4 Fritteuse Schemazeichnung

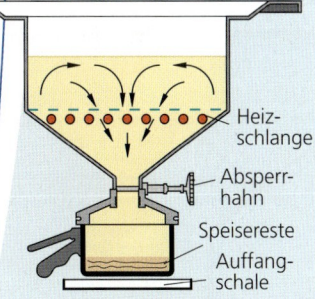

Abb. 5 Fettbad mit Läuterung

Fallen Schwebeteilchen zwischen den Heizschlangen nach unten, so bleiben sie am Boden liegen, setzen sich ab und werden nicht erneut nach oben transportiert. Weil die in der Kaltzone abgesetzten Teilchen nicht verbrennen, wird das Fett weniger belastet und ist darum länger verwendbar.

Küche

ARBEITSGESTALTUNG

Nur geeignete Fette verwenden.
Die Fett-Temperatur soll 175 °C nicht übersteigen. Überhitztes Fett bildet das schädliche Acrylamid. Während der Arbeitspausen ist das Gerät abzudecken und auf etwa 100 °C zurückzuschalten. Dadurch wird die Haltbarkeit des Fettes verlängert.

Hinweise zur Benutzung

Feste Fette müssen, bevor sie in die Fritteuse gegeben werden, erst in einer Kasserolle flüssig gemacht werden. An Heizschlangen, die nicht vollständig von Fett umgeben sind, entstehen sehr hohe Temperaturen, welche die Heizelemente und das Fett schädigen. Ist die Fritteuse mit erkaltetem Fett gefüllt, schaltet man zum Anheizen den Thermostat zunächst auf etwa 70 °C.

Erst wenn das Fett flüssig geworden ist und damit zirkulieren kann, wird auf Gartemperatur geschaltet.

Neuere Geräte sind so gestaltet, dass Garrückstände in einen herausnehmbaren Topf fallen (vorige Seite Abb. 5). Auf diese Weise reinigt sich das Fett selbstständig.

Während des Garens wird das Fett durch chemische Veränderungen „verbraucht". Verbrauchtes Fett ist bräunlich, schäumt leicht, raucht bereits bei niederen Temperaturen, riecht und schmeckt scharf und kratzig.

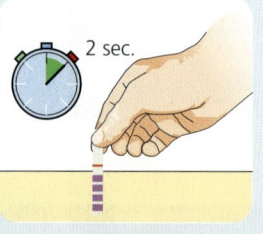

Verschiedene Testverfahren erlauben eine rasche Überprüfung der Fettqualität. Die Abbildung zeigt einen Teststreifen, der den Anteil an verderbnisfördernden freien Fettsäuren anzeigt.

Nach dem Lebensmittelrecht gilt verbrauchtes Fett als verdorben, ebenso Speisen, die darin gegart werden.

Verbrauchtes Fett muss vollständig ausgewechselt werden.

Ersetzt man nur einen Teil des verbrauchten Fettes durch frisches, ist nach kurzer Zeit wieder das gesamte Fett verdorben. Das alte, verdorbene Fett bewirkt die rasche Zersetzung des neuen.

Backrückstände bilden einen Bodensatz. Dieser sollte möglichst täglich entfernt werden. Dazu lässt man das abgekühlte Fett aus dem Ablasshahn durch ein Sieb ablaufen, nimmt dann die Heizschlange heraus und entfernt den Bodensatz.

Anschließend sind das Frittiergerät und die Heizschlange mit warmem Wasser und einem Spülmittel gründlich zu reinigen. Auf keinen Fall dürfen Reste des Spülmittels zurückbleiben. Diese zerstören das Fett. Darum wird mehrmals mit klarem Wasser nachgespült und die Fritteuse gründlich ausgetrocknet.

Unfallverhütung

Fett in der Fritteuse oder in der Pfanne kann sich bei Überhitzung selbst entzünden.
- Auf **keinen Fall mit Wasser zu löschen versuchen**. Das Wasser wird sofort zu Dampf, reißt das Fett mit sich und vergrößert die Brandfläche.
- Brennendes Fett mit passendem Deckel abdecken.
- Bei größeren Bränden Feuerlöscher verwenden.

Abb. 1 Fettbrand

Umweltschutz

Verbrauchtes Fett in Behältnisse abfüllen und der Fettverwertung übergeben. Wird es in den Ablauf geschüttet, führt es dort zu Ablagerungen an den Wänden der Rohre und schließlich zu Verstopfungen.

4.4 Druckfritteuse

Bei der Druckfritteuse wird das Frittierbecken während des Ausbackvorganges mit einem Deckel verschlossen. Durch den entstehenden Druck nehmen die Produkte weniger Fett auf, Vitamine und Mineralstoffe bleiben besser erhalten.

Die Hitzeübertragung findet gezielter statt, da im Vergleich zu herkömmlichen Fritteusen kaum Wärme an die Umluft abgegeben wird. Das spart nicht nur Zeit und Energie, sondern verlängert auch die Nutzungsdauer des Frittieröls.

• Eine Druckfritteuse wird überwiegend zum Garen von Fleisch (z. B. für Chicken Wings, Schnitzel) eingesetzt, kann aber auch – ohne den Deckel zu verschließen – als offene Fritteuse (z. B. für Pommes) betrieben werden.

Wie funktioniert eine Druckfritteuse?

1. Thermostatgesteuerte Heizelemente Ⓐ umschließen den Frittierkorb.
2. Frische oder gefrorene Speisen werden im Frittierkorb in das vorgeheizte Öl gegeben. Der Druckdeckel Ⓑ wird heruntergeklappt und mit der Spindel Ⓒ fest verschlossen.
3. Bereits geringe Mengen Feuchtigkeit aus dem Frittierprodukt genügen, um ausreichend Druck Ⓓ aufbauen zu können. Dieser Druck verhindert, dass nicht zu viel Feuchtigkeit aus dem Produkt entweichen und Öl einziehen kann Ⓔ.
4. Der rechteckige Frittierkorb Ⓕ fördert diesen Vorgang zusätzlich.
5. Die Kältezone Ⓖ unterhalb der Heizelemente verhindert ein Verbrennen von abgefallenen Produktresten.
6. Mit dem integrierten Filtersystem Ⓗ wird das Gerät nach jedem Frittiervorgang mühelos und schnell gereinigt.

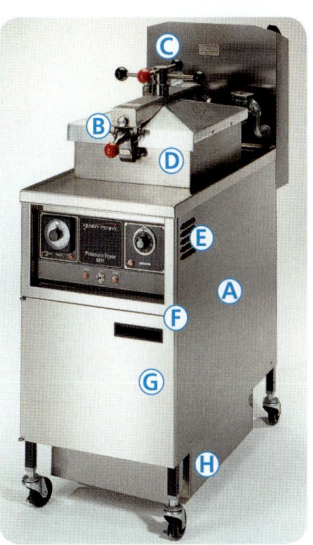

4.5 Brötchentoaster (Buntoaster)

Der Brötchentoaster ist eines der wichtigsten Küchengeräte in systemgastronomischen Schnellrestaurants der Burgerbranche. Er wird benutzt, um die Innenseiten der (bereits vorgeschnittenen) Brötchenhälften (engl. Buns) zu toasten.

Durch den Karamellisierungsprozess beim Toasten wird das Brötchen erwärmt und die Oberfläche zugleich versiegelt, sodass Saucen wie z. B. Ketchup nicht vom Brötchen aufgesaugt werden.

Zwei Arten von Buntoaster sind verbreitet, die sich in der Bedienung grundlegend unterscheiden.

Der **vertikale Buntoaster** funktioniert ähnlich wie ein Durchlaufofen. Die Brötchenhälften werden oben in den Toaster hineingesteckt und beim Durchlaufen getoastet. Auf diese Weise können weit über 1 000 Brötchen pro Stunde nacheinander einzeln getoastet werden.

Dieser Toaster wird beim Made-for-you-Konzept eingesetzt (s. S. 109).

Abb. 1 Vertikaler Brötchentoaster

Küche

ARBEITSGESTALTUNG

Der **horizontale Brötchentoaster** kann maximal 12 Brötchen aufnehmen, die dann für ca. 40 bis 50 Sekunden getoastet werden. Durch Herunterklappen des Hebels beginnt der Toastvorgang. Da hier immer eine größere Menge an Brötchen getoastet wird (oder der Toaster gleich für 50 Sekunden blockiert ist), ist dieser Toaster eher für eine Produktion von Burgern auf Vorrat geeignet.

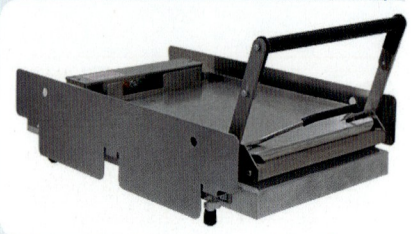

Abb. 1 Horizontaler Brötchentoaster

4.6 Kippbratpfanne

🇬🇧 tilt frypan 🇫🇷 poêle (w) à frire basculante

Die Kippbratpfanne hat einen mit Gas oder Strom direkt beheizten Boden aus Metall. Darum sind alle Zubereitungsarten möglich, die starke Hitze erfordern.
Bei Bedarf kann sie aber auch zum Kochen, z. B. von Klößen, oder zum Dünsten verwendet werden.

Kippbar sind die Pfannen, weil sie zwischen zwei Säulen gelagert sind. Die Auslaufnase ermöglicht ein einfaches Entleeren.

Abb. 2 Kippbratpfanne

Hinweise zur Benutzung

Zum Anbraten ist kräftig vorzuheizen, damit die Fett-Temperatur beim Einlegen nicht zu stark absinkt, damit das Bratgut kein Wasser zieht.

Wird eine mit Flüssigkeit gefüllte Kippbratpfanne geleert, ist das Drehrad zum Kippen am Anfang besonders vorsichtig zu bedienen, sonst schwappt der Inhalt über den vorderen Rand und kann zu Verbrühungen führen.

Geleerte Pfannen müssen sofort mit heißem Wasser „aufgefüllt" werden. Das Wasser verhindert das Festbrennen der Rückstände.

Würde man jedoch kaltes Wasser verwenden, käme es im Pfannenboden durch den Temperaturunterschied zu starken Spannungen, die zu Rissen führen können.

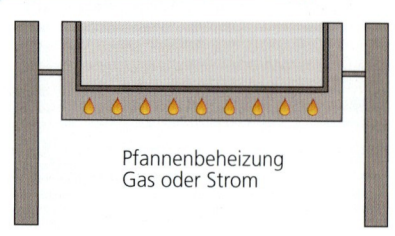

Abb. 3 Schnitt durch Kippbratpfanne

4 Maschinen und Geräte

4.7 Kochkessel 🇬🇧 cooking kettle 🇫🇷 bouilloire (m)

Alle Kochkessel haben doppelte Wände. Zwischen diese wird Dampf geleitet, der die Wärme durch die Innenwand auf das Gargut überträgt. Der durch Abkühlung kondensierte Dampf fließt nach unten ab. Diese Art der Beheizung durch zirkulierenden Wasserdampf ist bei allen Kesseln gleich. Unterschiedlich dagegen ist die Dampferzeugung. Bei Kesseln, die mit Gas, Öl oder Strom beheizt werden, wird unmittelbar unter dem Kessel das zurükkfließende Wasser wieder zu Dampf erhitzt. In Großküchen wird der benötigte Dampf aus der zentralen Heizanlage zugeführt.

Weil bei Kochkesseln auch durch die Seitenwände Wärme auf das Gargut übertragen wird, kommt der Kesselinhalt viel schneller zum Kochen. Man nennt Kessel darum **Schnellkocher**. Sie haben meist ein Fassungsvermögen zwischen 60 und 100 l.

Kippkochkessel erleichtern die Arbeit. (Kippbare Kochkessel)

Bei **Druckkesseln** wird der Deckel fest verschraubt. Über dem Kochgut entsteht Dampf, der durch ein Sicherheitsventil auf einem bestimmten Druck gehalten wird. Bei erhöhtem Druck kocht das Wasser oberhalb des normalen Siedepunkts, also bei höheren Temperaturen als 100°C. Höhere Temperaturen verkürzen die Garzeit.

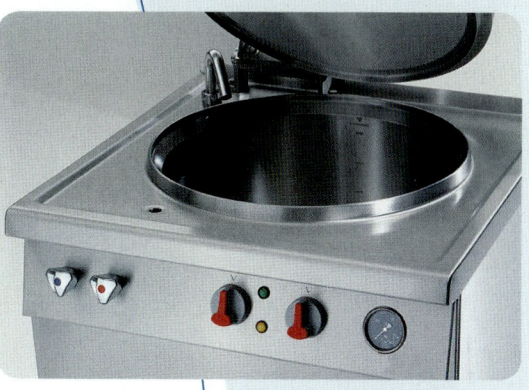

Abb. 1 Kochkessel

● Bei Druckkesseln darf auf keinen Fall das Überdruckventil verändert oder beschwert werden.

Hinweise zur Benutzung

Ein Kochkessel kann nicht wie ein Kochtopf, der auf den Herd gestellt wird, verwendet werden. Der Boden des Kochtopfes nimmt die Hitze der Herdplatte unmittelbar auf und wird darum sehr heiß. Aus diesem Grund kann man im Topf anrösten und anbraten.

Boden und Wände eines Kochkessels werden dagegen nur bis etwa 130°C erhitzt. In Kochkesseln kann man darum nur kochen. Die Roux für Saucen muss außerhalb des Kessels, z. B. in einer Kippbratpfanne, angeschwitzt werden, für Schmorbraten muss das Fleisch bereits angebraten sein.

Beim **Kochen von Teigwaren** muss genügend Wasser im Kessel sein; ein Sieb vor der Auslauföffnung ist notwendig, um das Kochwasser ablassen zu können.

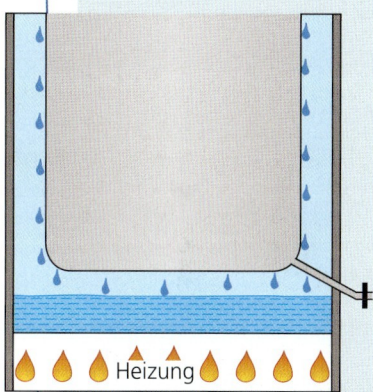

Abb. 2 Schnitt durch Kochkessel

Beim **Kochen von Salzkartoffeln** verwendet man Siebeinsätze, damit die unteren Schichten nicht durch den Druck der darüberliegenden Kartoffeln zerquetscht werden.

● Die volle Energieabgabe ist bei Kochkesseln nur zum Ankochen notwendig. Nach dem Aufkochen wird darum die Wärmezufuhr verringert.

4.8 Grill 🇬🇧 grill 🇫🇷 gril (m)

Ein Grill gart das Gargut durch trockene Wärme. Es kann sich dabei um Strahlungswärme wie bei einem Hähnchengrill (siehe Seite 130) oder um Kontaktwärme handeln. Die direkte Hitzeeinwirkung führt zu kurzen Garzeiten und einem saftigen Produkt. In der Praxis lassen sich verschiedene Grillarten unterscheiden.

Küche — ARBEITSGESTALTUNG

Abb. 1 Drehgrill

Drehgrill

Bei einem Drehgrill wird das Fleisch in der Mitte des Grills auf einem Spieß in der Strahlungswärme des Grills gedreht und so von allen Seiten gleichmäßig gegart. Der Grillspieß kann dabei horizontal (Hähnchengrill/Ochsengrill) oder vertikal (Dönergrill) angebracht sein. Die Wärmezufuhr muss stets an die Entfernung des Grillguts zur Wärmequelle angepasst und nachreguliert werden.

Clamshellgrill

Bei einem Clamshellgrill handelt es sich um einen Kontaktgrill. Nach dem Auflegen der Patties auf den Grill senken sich die Oberteile des Grills. So wird das Grillgut von beiden Seiten gleichzeitig gegart. Nach einer einprogrammierten Zeit (ca. 2 Min.) hebt sich das Oberteil wieder und das Gargut kann vom Grill genommen werden. Für beide Seiten sind unterschiedliche Gartemperaturen einstellbar. Moderne Geräte verfügen über eine Produkterkennung und passen Anpressdruck, Garzeit und Gartemperatur selbstständig an.

Als Variation der Clamshellgrills existieren **Flachgrills**. Hier fehlt die schließende Oberseite, daher muss das Gargut manuell gewendet werden. Auf ein gleichmäßiges Garen muss geachtet werden.

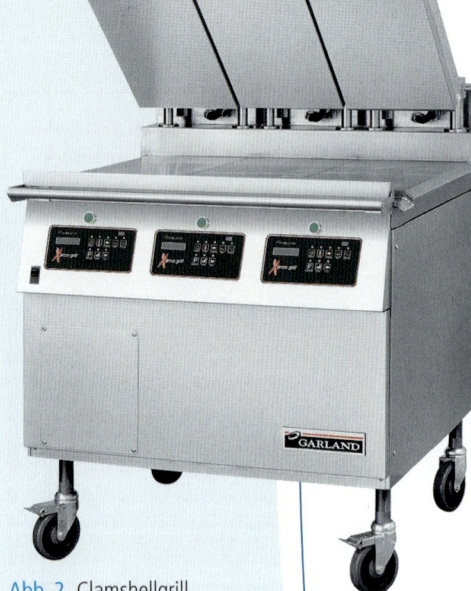

Abb. 2 Clamshellgrill

Durchlaufgrill („Broiler")

Ein Durchlaufgrill grillt Patties (Hackfleischscheiben) während der Passage durch den Grill. Die gefrorenen Patties werden dabei einzeln oder je nach Modell mehrere gleichzeitig in den Grill geschoben. Dort erhitzt eine (Gas-)Flamme das Fleisch, sodass es nach kurzer Zeit (ca. 2 Minuten) wieder den Grill verlässt und warm gehalten bzw. weiterverarbeitet werden kann.

4.9 Mikrowellengerät

🇬🇧 microwave oven 🇫🇷 four (m) à micro-ondes

Der wesentliche Teil eines Mikrowellengerätes ist das Magnetron. Das ist eine besondere Röhre, die elektromagnetische Wellen erzeugt. Diese werden in den Garraum geleitet. Dort dringen sie in die Lebensmittel ein und bringen die darin enthaltenen Wassermoleküle (Dipole) zum Schwingen. Durch diese Bewegungen reiben sich die Moleküle aneinander. Es entsteht Wärme – auf die gleiche Weise, wie wenn wir die Hände aneinander reiben.

Abb. 3 Mikrowellengerät

4 Maschinen und Geräte

Darum erzeugen Mikrowellen Wärme **an jeder Stelle der Speisen zur gleichen Zeit**. Das ist der wesentliche Unterschied zu allen anderen Garverfahren, bei denen die Wärme nach und nach von außen nach innen vordringt.

Metallgeschirr ist nicht geeignet, weil es die Mikrowellen reflektiert (zurückwirft).

Behälter aus Glas, Porzellan, Kunststoffen u. Ä. sind für Mikrowellen durchlässig, erwärmen sich aber selbst nicht.

In **Lebensmittel** dringen Mikrowellen ein und erzeugen Wärme. Die gleichzeitige Erwärmung aller Moleküle der Speisen führt zu sehr kurzen Garzeiten.

Im Einzelfall sind diese abhängig von der
- Leistungsfähigkeit des Gerätes und damit verbunden der
  - Eindringtiefe der Strahlen, der
  - Dicke der Speisen sowie dem
  - Wassergehalt der Speisen; wasserreiche garen rascher.

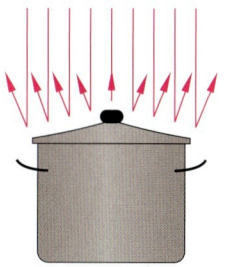

Abb. 1 MW durchdringen Porzellan.

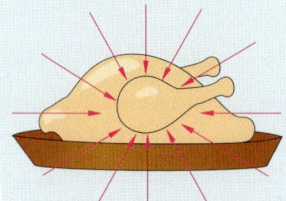

Abb. 2 MW dringen in Lebensmittel ein.

Hinweise zur Benutzung

Beim **Wiedererwärmen** (Regenerieren) bereits zubereiteter Speisen auf die Zeitangaben der Hersteller achten.

Beim **An- und Auftauen** die Auftauautomatik oder eine kleine Leistungsstufe verwenden. Wird dem gefrorenen Lebensmittel zu rasch Energie zugeführt, kann sich die Wärme nicht ausreichend verteilen. Es entstehen **überhitzte Stellen/Hotspots**, die zu Verbrennungen führen können.

Nicht geeignet sind Mikrowellen zum Braten, weil keine Röststoffe erzeugt werden.

Die **Pflege** der Geräte ist einfach. Da keine Speisenteilchen anbrennen, genügen Lappen und warmes Wasser.

> **Unfallverhütung**
> Mikrowellengeräte unterbrechen den Stromkreis, wenn die Tür geöffnet wird, sie setzen damit das Magnetron außer Betrieb. Könnte man bei Betriebsbereitschaft in die Röhre greifen, würde das Blut in der Hand gerinnen, bevor die Nervenzellen der Haut einen Schmerz melden.

4.10 Umluftgerät   🇬🇧 convection steamer   🇫🇷 four (m) à air pulsé

Bei Umluftgeräten wird fortlaufend erhitzte Luft am Gargut vorbeigeführt. Dadurch sind die Garverfahren Braten, Backen und Kochen möglich, ebenso das Auftauen von Tiefkühlware.

Die durch eine Ventilation zwangsweise umgewälzte Luft ermöglicht es, gleichzeitig auf mehreren Ebenen zu garen. Bei der Strahlungswärme im Bratrohr des Ofens ist dies nicht möglich. Mit den meisten Geräten kann auch gedämpft werden. Alle Garautomaten arbeiten auch mit Umluft.

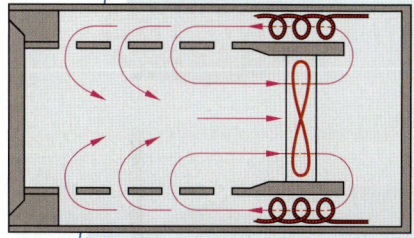

Abb. 3 Umluftgerät

Hinweise zur Benutzung

Die Gartemperatur bei Umluft ist niedriger zu wählen als bei Strahlungswärme im Rohr.

Bei nicht ausreichender Bräunung von Bratgut ist auf ausreichende Befettung zu achten; feuchte Luft zu Beginn des Bratens lässt man durch die Abluftklappen abziehen.

Küche

ARBEITSGESTALTUNG

4.11 Herd mit Backrohr 🇬🇧 stove with baking oven
🇫🇷 fourneau (m)

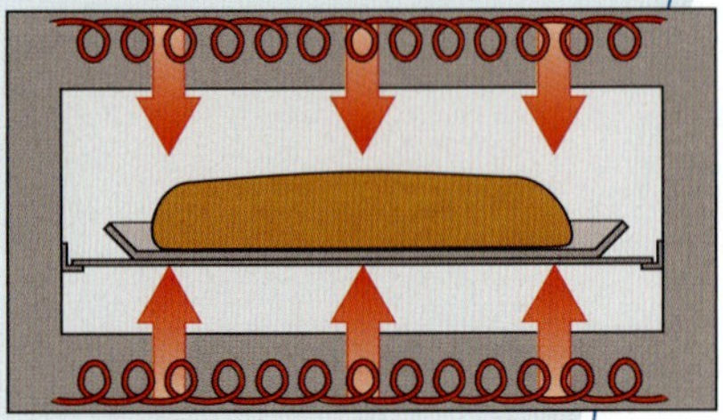

Beim sogenannten Küchenherd erfolgt die Wärmeübertragung zum Kochgeschirr durch direkten Kontakt, unabhängig davon, welche Energieart eingesetzt wird.

Dieses System ermöglicht bei entsprechender Regelung der Wärmezufuhr alle Garverfahren außer Grillen.

Im Backrohr wird die Wärme durch Strahlung auf das Gargut übertragen. Mit Strahlungswärme kann man backen und braten, z. B. Roastbeef, Rehrücken.

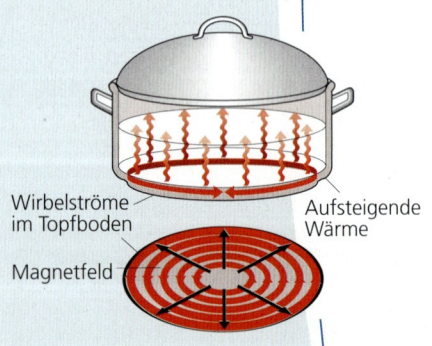

Abb. 1 Backrohr

4.12 Durchlaufofen 🇬🇧 continuous-flow oven
🇫🇷 four (m) avec acheminement continuel

Der Vorteil eines Durchlaufofens im Vergleich zu einer herkömmlichen Backröhre ist die höhere Kapazität. Bevor der erste Backvorgang abgeschlossen ist, kann bereits ein weiteres Produkt nachgeschoben werden.

Abb. 2 Durchlaufofen

Schnellrestaurants und Lieferdienste verwenden für das Backen von Pizzas sogenannte Durchlauföfen. Hier wird die Pizza auf einer Art Förderband an elektrischer Strahlungswärme vorbeigeführt.

Durchlauföfen arbeiten bei Temperaturen bis zu 400 °C und können auf mehreren Ebenen 500 Pizzas pro Stunde backen.

4.13 Induktionstechnik 🇬🇧 induction technology
🇫🇷 technique (w) à l'induction

Induktionsherde übertragen die Wärme auf eine besondere Art auf das Gargut. Elektrische Energie schafft in der Induktionsspule zunächst ein Magnetfeld. Erst im Boden des Kochgeschirrs erzeugt dieses Magnetfeld die zum Garen erforderliche Wärme (siehe Abb. 3).

Darum gibt es keine Hitzeabstrahlung von aufgeheizten Kochplatten, die Hitzebelastung für das Personal und der Energieverbrauch sind geringer.

Die Induktionstechnik ist nur mit Geschirr aus Eisen oder Guss möglich. Geschirr aus Kupfer, Aluminium, Porzellan oder Glas kann nicht verwendet werden.

Abb. 3 Magnetfeld erzeugt Wärme

Abb. 4 Wärme entsteht nur im Metall der Pfanne

4.14 Garen unter Dampfdruck 🇬🇧 cooking with steam pressure
🇫🇷 cuire à la vapeur

Bei normalem Luftdruck (1 bar) siedet das Wasser bei 100 °C. Mit zunehmendem Druck steigt der Siedepunkt. Diesen physikalischen Zusammenhang nutzt man bei Dampfgargeräten.

Abb. 1 Dampfdrucktopf

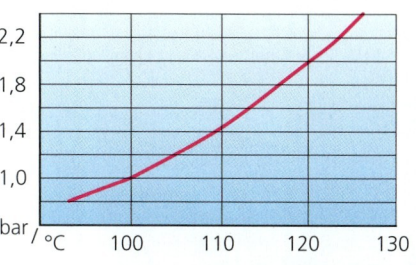

Abb. 2 Der Siedepunkt ist druckabhängig.

> Für die Küche ist folgender Zusammenhang wichtig:
> Je höher der Druck, desto höher die Temperatur.
> Je höher die Temperatur, desto kürzer die Garzeit.

Darum auch die Bezeichnungen **Schnellkochtopf** oder **Schnellgargerät**. Das Garen bei höherer Temperatur kann auch zu veränderten Ergebnissen führen, z. B. faserigem Fleisch.

Das Gastgewerbe kennt zwei technische Lösungen.

Beim **Dampf-Drucktopf** entsteht der Dampf im festverschlossenen Topf. Ein Ventil regelt den Dampfdruck (Abb. 1, oben).

Beim **Dampf-Schnellgargerät/Steamer** wird der Dampf außerhalb des Garraumes in einem besonderen Dampfbereiter erzeugt und dann auf die Lebensmittel im Garraum geleitet (Abb. 3, rechts).

Hinweise zur Benutzung

Zum Garen unter Druck eignen sich besonders Lebensmittel mit längerer Garzeit. Bedienungsvorschriften der Hersteller sind unbedingt einzuhalten. Unfallgefahr!

Die Garzeiten bewegen sich in engen Grenzen. Bei kurzem Überschreiten verkochen die Lebensmittel stark, die Vitaminverluste sind hoch.

Beim Druckgaren kann man nicht „zwischendurch prüfen". Darum muss von Anfang an rezeptgenau gearbeitet werden.

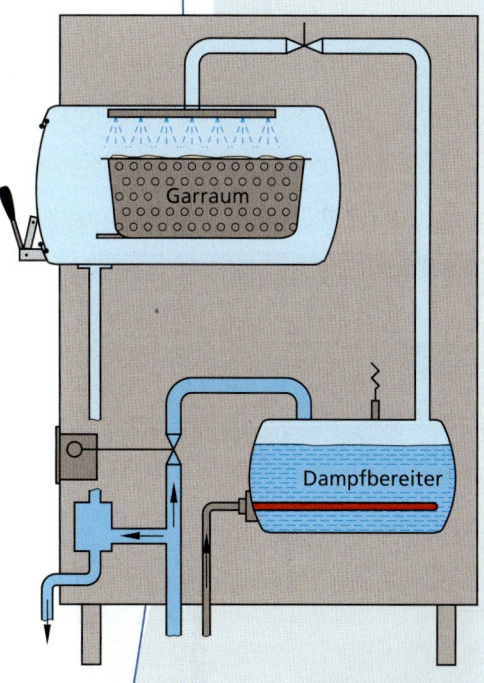

Abb. 3 Trockendampf-Schnellgarer

Küche

ARBEITSGESTALTUNG

4.15 Heißluftdämpfer/Kombidämpfer

🇬🇧 convection steamer 🇫🇷 four (m) à air chaud

In der herkömmlichen Küche sind viele Garverfahren gebunden an
- **bestimmte Gargeräte**, z. B. Herdplatte, Backrohr,
- **bestimmte Geschirre**, z. B. Bratpfanne, Bratgeschirr (Rôtissoire), Schmorgeschirr (Braisière).

Kombigeräte können im gleichen Garraum **wechselnde Garbedingungen** schaffen und zwischen den Verfahren **zeitlich wechseln**, z. B.
- feuchte oder trockene Garverfahren
- Strahlung oder Umluft als Wärmeüberträger
- angaren sehr heiß, weitergaren bei geringerer oder abfallender Temperatur,
- Garen mit abfallender Temperatur.

Diese unterschiedlichen Bedingungen nennen die meisten Gerätehersteller **Betriebsarten**.

Durch immer feinere Sensoren (Fühler) ist es möglich, **Garprofile** zu programmieren. Das sind Idealabläufe z. B. für die Zubereitung bestimmter Fleischteile wie Schweinebraten oder Hähnchenkeulen.

Garprofile erfassen und regeln die einzelnen Garfaktoren, sodass wiederkehrende Abläufe zu stets gleichen Ergebnissen führen.

Abb. 1 Heißluftdämpfer

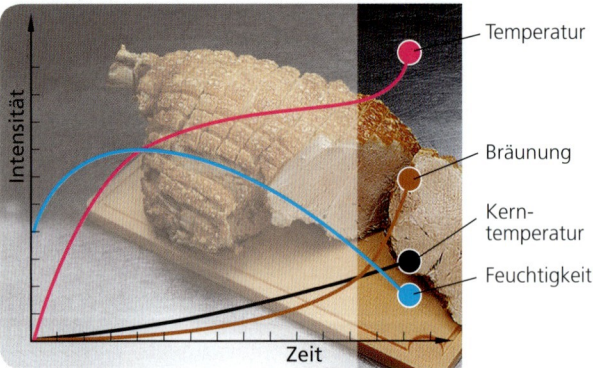

Abb. 2 Garprofil für Braten

Wenn der Koch die neuen Techniken sinnvoll nutzen will, muss er die klassischen Garverfahren entsprechend aufgliedern.

Wie dabei vorgegangen werden kann, zeigen Beispiele bei „Erstellen von Garprogrammen", Seite 154.

Bei Bedarf wählt man das entsprechende Programm, der Garverlauf wird selbstständig gesteuert, die Voreinstellungen werden angezeigt. Die Abb. 3 zeigt z. B.: Bei 220 °C garen, bis die Kerntemperatur von 74 °C erreicht ist, danach schaltet das Gerät automatisch ab.

In der Küche sind viele Vorgänge an bestimmte Temperaturen gebunden. Um rascher eine bestimmte Temperatur zu erreichen, wird vielfach die Temperaturregelung verändert.

Ein Exkurs auf der Folgeseite zeigt die Zusammenhänge.

Abb. 3 Temperatureinstellungen

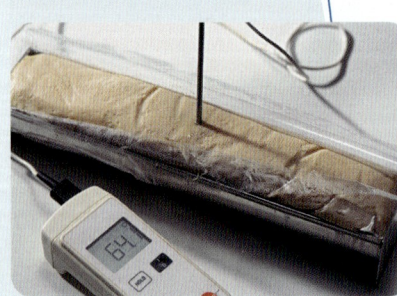

Abb. 4 Kerntemperatur

Exkurs: Temperaturregler oder Thermostat

Von Regelung spricht man, wenn ein fester Wert, z. B. die Temperatur im Fettbad (Frittüre), eingehalten wird, obwohl Wärmeverluste entstehen, z. B. durch Einlegen von kalten Speisen zum Garen.

Betrachten Sie die Temperaturregelung am Beispiel des Fettbackgerätes (Abb. 1).

Die Temperatur des Fettbades soll gleichbleiben, z. B. 160 °C. Man nennt diese Temperatur den **Sollwert**. Das Fett kühlt aber laufend ab. Man nennt das Wärmeverlust. Ein Thermometer, auch Fühler genannt, stellt fest, wie hoch die Temperatur tatsächlich ist. Dies nennt man den **Istwert**.

Fällt nun der Istwert unter den gewünschten Sollwert, so erhält ein Schalter den Befehl, den Strom für die Heizung einzuschalten. Durch die Wärmezufuhr nähert sich der Istwert dem Sollwert, das Fett wird so heiß, wie man es wünscht. Erst dann wird der Stromkreis wieder unterbrochen.

In gleicher Weise funktioniert eine Kühlung, nur wird hierbei der Abzug von Wärme geregelt.

Wer die Zusammenhänge einer Temperaturregelung kennt, der weiß auch, dass es **sinnlos ist, den Wahlschalter am Thermostat „vorzudrehen"**. Dadurch wird z. B. das Fett nicht schneller warm. Der Schalter kann nur auf „ein" stehen – mehr Energiezufuhr ist nicht möglich.

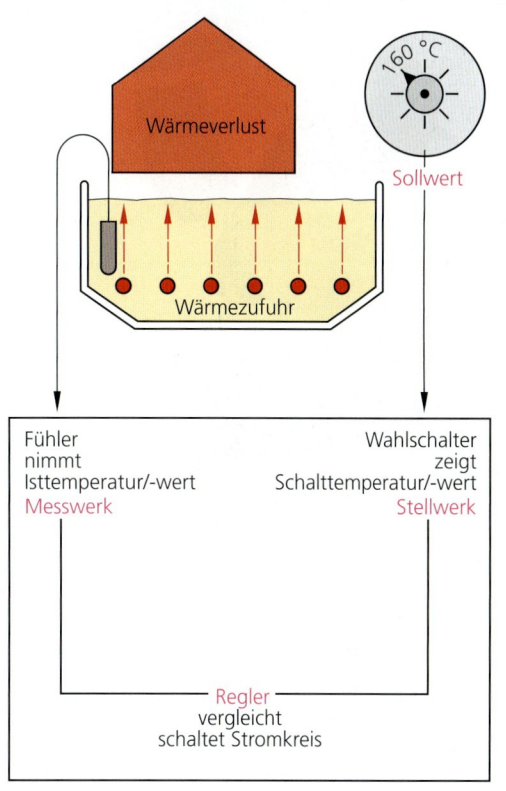

Abb. 1 Temperaturregelung

Aufgaben

1. Welche Vorschriften gelten für die Lagerung von Hackfleisch?
2. Beim Garen im Fettbad lösen sich immer Teilchen vom Gargut. Erläutern Sie in diesem Zusammenhang den grundlegenden Unterschied zwischen einem Fett-Topf und der Fritteuse.
3. Warum muss in bestimmten Zeitabständen das Fett der Fritteuse vollständig ausgewechselt werden?
4. Wie verhält man sich, wenn das Fett in einer Pfanne oder Fritteuse zu brennen beginnt?
5. Sie entleeren einen heißen Kipper, in dem Rindfleisch angebraten worden ist. Wie geht es weiter? Begründen Sie.
6. Warum wird eine Flüssigkeit im Kochkessel schneller heiß als vergleichsweise im Kochtopf?
7. „Ei in Mikrowelle explodiert!" stand in der Zeitung. Wie kann es dazu kommen?
8. Der eine sagt: „Im Mikro garen die Speisen von innen nach außen." Der andere meint: „Stimmt nicht, sie garen an jeder Stelle zur gleichen Zeit." Wer hat recht? Begründen Sie.
9. „Lasst mich doch in Ruhe mit eurer Technik. Ich habe noch gelernt, wie Escoffier gekocht hat. Und der hat gewusst, wie es geht." Sprechen Sie über Vor- und Nachteile von modernen Gargeräten.
10. Moderne Geräte regeln die Temperatur selbstständig. Man verwendet in diesem Zusammenhang die Begriffe Sollwert und Istwert. Erklären Sie.

Grundtechniken der Küche

1 Vorbereitende Arbeiten

🇬🇧 preparatory work 🇫🇷 travaux préparatoires

1.1 Einführung

Die meisten Lebensmittel werden vor dem Genuss bearbeitet und/oder zubereitet. Neben dem Haushalt übernehmen diese Aufgaben das Lebensmittelgewerbe und die Gastronomie.

Die vielfältigen Arbeiten scheinen auf den ersten Blick unübersehbar. Eine genauere Betrachtung zeigt jedoch viele Gemeinsamkeiten.

- Zu den vorbereitenden Arbeiten zählen das Waschen, Wässern, Weichen, Putzen, Schälen.

- Zur Bearbeitung (nächstes Kapitel) werden Schneiden, Raffeln, Reiben, Blanchieren usw. gerechnet.

- Durch die Garverfahren werden viele Lebensmittel erst genussfähig. Die Garverfahren werden in einem getrennten Abschnitt behandelt

1.2 Waschen 🇬🇧 to wash 🇫🇷 laver

Pflanzliche Rohstoffe sind von Natur aus mit **Verunreinigungen** behaftet. Am deutlichsten sind diese bei Kartoffeln und Wurzelgemüse sichtbar. Unabhängig vom sichtbaren Schmutz befinden sich an den Lebensmitteln aber auch immer **Kleinstlebewesen**. Ferner können Reste von **Pflanzenschutzmitteln** an der Oberfläche haften. Durch sachgerechtes Waschen werden Schmutz, Keime und Rückstände weitgehend entfernt.

Lebensmittel werden möglichst **im Ganzen gewaschen,** weil dabei die **Verluste** an Inhaltsstoffen **geringer** sind. Bei zerkleinerter Ware sind viele Zellen verletzt und die Inhaltsstoffe werden **ausgelaugt.** Hartnäckiger Schmutz wird zusätzlich mit einer Bürste mechanisch bearbeitet.

Gemüsewaschmaschinen arbeiten mit entsprechendem Wasserdruck, der Bewegung erzeugt. Weil sich während des Waschens Schmutz und Keime im Wasser verteilen, muss mit **fließendem Wasser nachgespült** werden. Am Ende des Waschvorganges muss das saubere, hygienisch einwandfreie Lebensmittel stehen.

1.3 Wässern 🇬🇧 to water 🇫🇷 tremper

Obwohl das Wässern von Lebensmitteln immer Nährstoffverluste mit sich bringt, ist es in **manchen Fällen** nicht zu vermeiden.

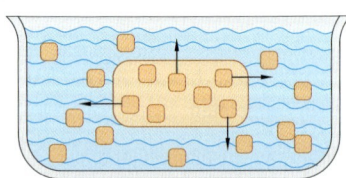

Abb. 1 Wasser laugt aus.

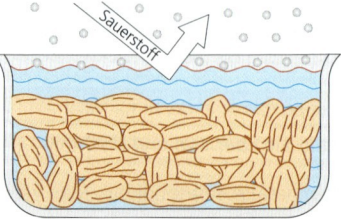

Abb. 2 Wasser hält Luftsauerstoff fern.

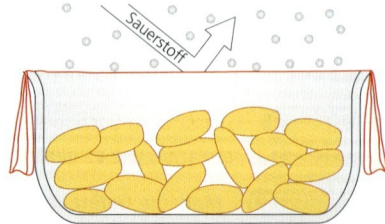

Abb. 3 Folie hält Luftsauerstoff fern.

Bestandteile der Lebensmittel können den Geschmack beeinträchtigen, z. B. Bittergeschmack bei Endiviensalat, stark arteigener Geschmack bei Nieren.

Blutreste können störend wirken, z. B. an Hirn und Kalbsbries. Wasser kann diese unerwünschten Stoffe auslaugen (Abb. 1, S. 136).

Bei der kurzfristigen Vorratshaltung (mise en place) muss **Luftsauerstoff** ferngehalten werden, damit die enzymatische Bräunung unterbleibt, z. B. bei geschälten rohen Kartoffeln, Sellerie, Äpfeln (Abb. 2, S. 136).

In vielen Fällen genügt es, die Lebensmittel mit einer Folie oder einem feuchten Tuch zu bedecken, um die helle Farbe zu erhalten und vor dem Braunwerden zu schützen (Abb. 3, S. 136).

1.4 Schälen 🇬🇧 to peal 🇫🇷 peler

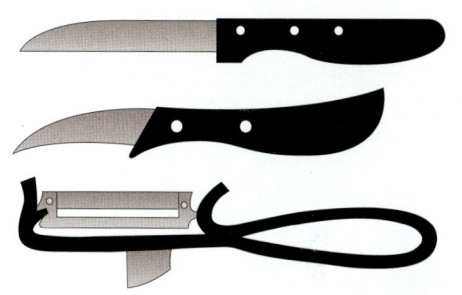

Viele Gemüse und Obstarten müssen von ungenießbaren oder schlecht verdaulichen Randschichten befreit werden. Als Arbeitsgeräte verwendet man dazu:
- **Küchenmesser** mit gerader oder gebogener Klinge,
- **Tourniermesser** mit gebogener Klinge
- **Sparschäler** in verschiedenen Ausführungen.

Rohe Lebensmittel

Runde Formen, z. B. Äpfel, Sellerie, schält man mit dem Tourniermesser spiralenförmig, damit man ohne abzusetzen gleichmäßig arbeiten kann. ①

Längliche Formen, z. B. Kartoffeln, Birnen, Gurken, Karotten, schält man in Längsrichtung. ②

Spargel wird mit einem Sparschäler auf dem Unterarm liegend geschält. ③

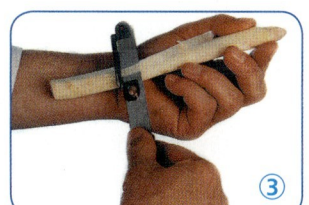

Gegarten und gebrühten Lebensmitteln, z. B. gekochten Kartoffeln, gebrühten Tomaten, Pfirsichen, zieht man die Schale (Haut) ab. Durch die vorausgegangene Wärmeeinwirkung löst sie sich leichter als in rohem Zustand.

Zum Abziehen stellt man das Messer steil, die abgehobene Schale wird zwischen Messer und Daumen festgehalten und nach unten gezogen. ④

Wurzelgemüse, z. B. Möhren, Rettiche, können abgeschabt werden. Das Messer steht dabei fast im rechten Winkel zur Oberfläche des Gemüses.

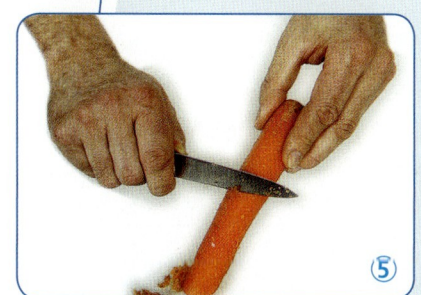

Beim Schaben wird lediglich eine dünne Schicht entfernt, sodass nur wenig Inhalts- und Geschmacksstoffe, die oft gerade in den Randschichten konzentriert sind, verlorengehen. ⑤

Küche

GRUNDTECHNIKEN DER KÜCHE

2 Bearbeiten von Lebensmitteln

🇬🇧 food conditioning 🇫🇷 conditionnement (m) des aliments

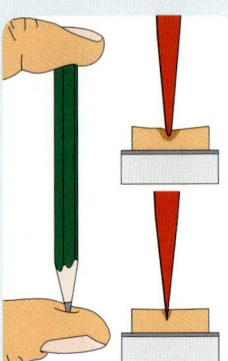

Abb. 1 Schneidedruck

2.1 Schneiden 🇬🇧 to cut 🇫🇷 couper

Lebensmittel müssen vor einer weiteren Bearbeitung oft grob zerteilt oder fein geschnitten werden. Deshalb zählt das Schneiden zu den wichtigen Grundfertigkeiten (siehe „Schnittformen" auf Seite 168, 169).

Ziele des Schneidens können sein:
- verzehrfertige Stücke, z. B. bei portioniertem Fleisch;
- Verkürzung der Garzeit, z. B. Blumenkohl in Röschen, Kartoffeln in Stücken;
- Vergrößerung der Oberfläche, z. B. Röstgemüse, Zwiebelwürfelchen;
- ansprechendes Aussehen, z. B. Zuschneiden von Kartoffeln in bestimmte Formen (tournieren), streifig oder blättrig geschnittenes Gemüse.

Beim **Schneidevorgang** mit dem Messer wirken zusammen:

- **Schneidedruck**, der sich auf die sehr kleine Fläche der Messerschärfe konzentriert. Je schärfer das Messer, desto leichter dringt es in das Schneidegut ein.

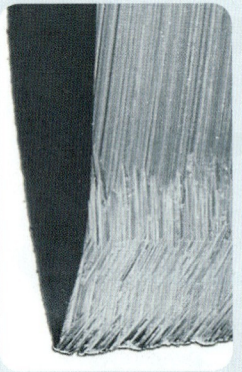

Abb. 2 Vergrößerter Querschnitt

- **Schneidebewegung**, die man auch den „Zug" nennt. Wer ohne Schneidebewegung arbeitet, drückt das Messer nur in das Material und schneidet nicht richtig. Das ist leicht erkennbar, wenn man eine Vergrößerung des Querschnitts der Messerklinge näher betrachtet: Die sägende Wirkung entsteht erst durch die Schneidebewegung.

Deshalb gilt:
Je größer die Schneidebewegung, desto geringer ist der erforderliche Schneidedruck. Dies wird vor allem beim Elektromesser deutlich.

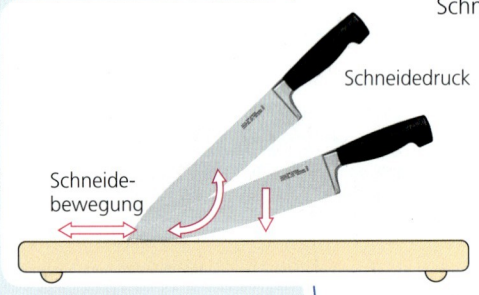

Abb. 3 Wiegeschnitt

Beim Schneiden mit dem Kochmesser werden Schneidedruck und Schneidebewegung durch eine wiegende Bewegung miteinander verbunden. Man spricht darum auch vom **Wiegeschnitt.**

Beim richtigen Schneiden dient die Haltehand dem Messer als Führung (siehe Abb. 4). Die Klinge gleitet an den Knöcheln der gekrümmten Finger entlang, der zurückweichende Finger gibt den Abstand zum folgenden Schnitt frei.

Die gezeigte Haltung der Hand (Krallengriff) ermöglicht gleichmäßigen Schnitt und schützt vor Verletzungen, weil die Fingerspitzen Abstand zur Klinge haben.

> Kleine Stücke sind schwieriger zu halten, darum erhöhte Verletzungsgefahr.

Abb. 4 Korrekte Finger- und Handhaltung

2 Bearbeiten von Lebensmitteln

Das Prinzip des Schneidevorganges ist auch bei den folgenden Beispielen verwirklicht.

Bei der Aufschnittmaschine kommt die Schneidebewegung von der rotierenden Messerscheibe, der Schneidedruck wird über den Schlitten ausgeübt.

Beim Gemüsehobel stehen die Messer schräg, damit das Schneidegut ziehend durchschnitten wird.

Unfallverhütung

- Trockener Messergriff und trockene Hände vermindern die Abrutschgefahr,
- fallenden Messern nicht nachgreifen,
- nicht benötigte Messer aufräumen,
- Messer so ablegen, dass Griffe und Klingen nicht über die Tischkante hinausragen,
- Messer nicht ins Spülwasser legen,
- rutschsichere und ausreichend große Schneidebretter verwenden.

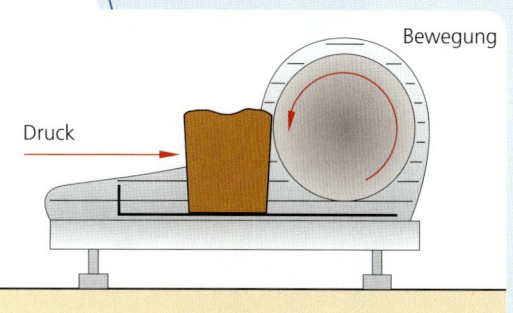

Abb. 1 Aufschnittmaschine

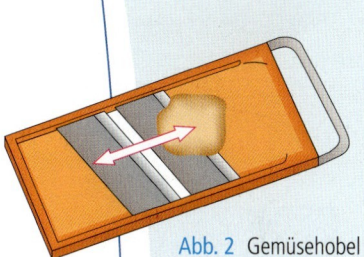

Abb. 2 Gemüsehobel

2.2 Schnittformen

Die unterschiedlichen Schnittformen sind praxisbezogen in den Abschnitten Gemüse und Kartoffeln (Seite 168 bis 169 und 193 bis 200) dargestellt.

2.3 Blanchieren 🇬🇧 to blanch 🇫🇷 blanchir

Das Wort Blanchieren stammt vom französischen blanchir und bedeutet im ursprünglichen Sinne: weiß machen, bleichen. Wenn man also zerkleinerte Äpfel oder Selleriestückchen blanchiert, wird das Wort noch in diesem Sinne verwendet. Der Anwendungsbereich hat sich aber erweitert.

Werden Lebensmittel nicht sofort weiterverarbeitet, schreckt man sie nach dem Blanchieren in kaltem Wasser (Eiswasser) ab. So wird die Gefahr der Mikrobenvermehrung unterbunden, das Nachgaren vermieden, Farbe und Biss werden erhalten.

Vorteile des Blanchierens
- Gefüge wird gelockert, z. B. bei Kohl für Kohlrouladen,
- Verfärbungen werden verhindert, weil Enzyme zerstört werden, z. B. bei hellen Obst- und Gemüsesorten, bei Lebensmitteln, die gefrostet werden.
- Hygiene wird verbessert, weil Wärme Mikroben zerstört.

Nachteile des Blanchierens
- Auslaugverluste an wasserlöslichen Inhaltsstoffen, z. B. Vitaminen, Mineralstoffen,
- Zerstörung hitzeempfindlicher Vitamine, z. B. Vitamin C.

Blanchieren zählt zu den Vorbereitungsarbeiten und nicht zu den Garverfahren.

> Heute gilt:
> Blanchieren oder Abwällen ist kurzfristige Behandlung der Rohstoffe mit siedendem Wasser oder im Dampfgarer.

> Beispiele für missverständliche Verwendung des Wortes:
> - Spinat blanchieren: Die dünnen Blätter sind durch die kurze Wärmeeinwirkung bereits gar. Das „Blanchieren" ist also hier keine Vorbereitung, sondern bereits ein Garen.
> - Kartoffeln blanchieren, z. B. bei Eigenherstellung von Pommes frites: Hier handelt es sich um ein Garen in zwei Stufen: Vorbacken (auch blanchieren genannt) und Fertigstellen bei Abruf.

Garen von Speisen

Durch Garen werden Lebensmittel in genussfähigen Zustand gebracht. Wärme bewirkt in den Lebensmitteln:

- **Lockerung,** die Nährstoffe werden den Verdauungssäften leichter zugänglich,
- **Eiweißgerinnung** und
- **Stärkeverkleisterung,** wodurch die Nährstoffe für den menschlichen Körper besser verwertbar werden,
- **Geschmacksveränderung, Geschmacksverbesserung,** besonders beim Braten und Backen,
- **Mikrobenzerstörung.**

1 Grundlagen 🇬🇧 basics 🇫🇷 principes (m) de base

Die zum Garen erforderliche Wärme kann auf drei Arten auf die Lebensmittel übertragen werden. Das ist unabhängig von der Art, wie die Wärme erzeugt wird.

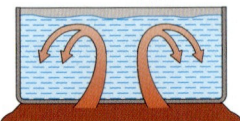

Strömung oder **Konvektion:**
In Flüssigkeiten (Wasser, Fett) und in Luft steigen warme Teilchen nach oben, abgekühlte fallen nach unten. So kommt es zu einem Kreislauf.

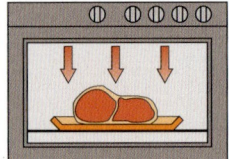

Strahlung oder **Radiation:**
Von jeder Wärmequelle gehen Strahlen aus. Treffen sie auf Lebensmittel, so erwärmen sie diese. Beispiel: Backrohr, Infrarotstrahler.

Kontakt oder **Leitung:**
Stoffe, die in direktem Kontakt stehen (Heizplatte → Pfanne → Steak), leiten die Wärme unmittelbar. Auf diese Art wird die Wärme am schnellsten übertragen.

Wird zum Garen Wasser verwendet, ist die Gartemperatur auf 100 °C begrenzt – beim Drucktopf auf ca. 120 °C.

Höhere Temperaturen sind möglich, wenn Luft oder Fett die Wärme übertragen oder die Wärme durch direkten Kontakt mit den Lebensmitteln in Verbindung kommt. Da die Veränderungen, die beim Garen in den Lebensmitteln ablaufen, sehr von der jeweils erreichbaren Temperatur abhängig sind, unterscheidet man die Garverfahren in:

Feuchte Garverfahren:
Das sind solche, bei denen während des Garens Feuchtigkeit vorhanden ist, z. B. Kochen, Dämpfen, Dünsten.

Trockene Garverfahren:
Das sind solche, bei denen während des Garens kein Wasser vorhanden ist, wie z. B. Braten, Grillen, Frittieren oder Backen.

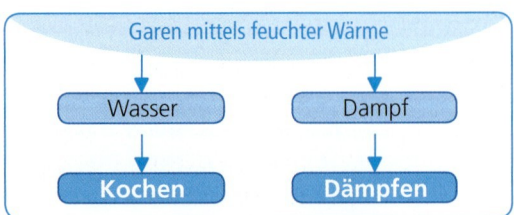

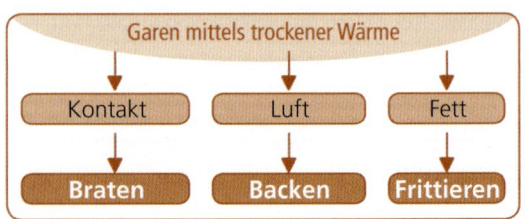

2 Garen mittels feuchter Wärme

🇬🇧 moist heat cookery methods 🇫🇷 faire cuire à la chaleur humide

Beim Garen mittels feuchter Wärme unterscheidet man nach der **Höhe der Gartemperatur**:

- unter 100 °C → Garziehen/Pochieren
- um 100 °C → Kochen
- über 100 °C → Druckgaren

2.1 Kochen 🇬🇧 to boil 🇫🇷 bouillir

Abb. 1 Tafelspitz in der Brühe

Die vorbereiteten Rohstoffe werden mit so viel Flüssigkeit angesetzt, dass diese das gesamte Gargut bedeckt. Die Temperatur im Gargut steigt nach und nach bis fast 100 °C.

Wenn die Kochflüssigkeit aufwallt, nimmt man die Wärmezufuhr zurück, denn „mehr als kochen = wallen" kann das Wasser nicht. Es ist deshalb Energieverschwendung, wenn man versucht, kochender Flüssigkeit noch mehr Wärme zuzuführen, dies führt nur zum Verdampfen, also zum Flüssigkeitsverlust (s. jedoch Reduzieren).

> ● Kochen ist Garen in wässriger Flüssigkeit bei etwa 100 °C.

Die Rohstoffe werden in kochender oder kalter Flüssigkeit zugesetzt. Während des Garens treten folgende Veränderungen ein:
- **Stärke** nimmt Wasser auf und verkleistert, z. B. bei Reis und Teigwaren,
- **Eiweiß der Fleischfasern** gerinnt, wird locker und leicht kaubar,
- **Bindegewebe** lagert Wasser an, wird locker und leicht kaubar,
- **wasserlösliche Bestandteile**, z. B. Mineralstoffe, Vitamine und Geschmacksstoffe, gehen in die Flüssigkeit über.

Pellkartoffeln

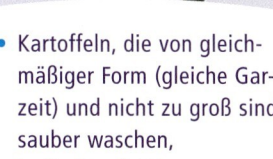

Zutaten
1 kg Kartoffeln
5 g Kümmel

- Kartoffeln, die von gleichmäßiger Form (gleiche Garzeit) und nicht zu groß sind, sauber waschen, in Kochtopf geben,
- Wasser auffüllen, bis die Kartoffeln bedeckt sind,
- Kümmel zugeben,
- aufkochen lassen, dann 30 Min. weiterkochen,
- Wasser abschütten, Kartoffeln schälen.

Salzkartoffeln

Zutaten
1,2 kg Kartoffeln
15 g/l Salz

- Kartoffeln waschen und schälen,
- vierteln oder halbieren, tournieren, je nach Größe,
- in Topf geben, mit kaltem Wasser auffüllen, salzen,
- 20 Min. kochen,
- abgießen und abdampfen lassen.

> Halten Sie aus beiden Zubereitungsarten für Kartoffeln das Kochwasser zurück und vergleichen Sie dessen Aussehen und Geschmack.

Fleischbrühe – gekochtes Rindfleisch

> Vergleichen Sie die Brühe und das gekochte Fleisch aus beiden Kochverfahren.

Zutaten
zweimal je
250 g Rindfleisch (z. B. Brustspitz, Querrippe)
1,5 l Wasser
Wurzelwerk, Salz

- ein Stück Fleisch in kaltem, gesalzenem Wasser zusetzen, bei mäßiger Wärmezufuhr zum Kochen bringen
- anderes Stück Fleisch vorsichtig in kochendes gesalzenes Wasser einlegen
- nach einer Stunde Garzeit jeweils Wurzelwerk (Möhren, Lauch, Petersilie) beigeben
- jede Art etwa insgesamt 1,5 Std am Siedepunkt halten, aber nicht kochen.

Küche — GAREN VON SPEISEN

2.2 Garziehen 🇬🇧 to poach 🇫🇷 pocher

> Garziehen oder Pochieren ist Garen in wässriger Flüssigkeit zwischen 75 und 98 °C.

Das Garziehen wird angewandt bei Lebensmitteln mit lockerer Struktur, z. B. leichten Farcen, ganzen Fischen.

Weil das Wasser unter dem Siedepunkt bleibt, kommt es nicht zum Wallen, und das Abkochen der jeweils äußeren Schicht wird vermieden.

Pochierte Eier

Zutaten
- 4 frische Eier
- 2 EL Essig
- 1,5 l Wasser

- Wasser mit Essig aufkochen (Essig wirkt zusammenziehend auf das Eiweiß)
- Eier einzeln in flache Schälchen schlagen
- Eier ins nicht mehr wallende Wasser gleiten lassen
- nach 4 Min. mit einem Schaumlöffel entnehmen
- Ränder glatt schneiden, auf Toast servieren.

> Wie verändern sich die Eier, wenn sie in sprudelnd kochendes Wasser gegeben werden? Beschreiben Sie die Veränderungen.

2.3 Dämpfen 🇬🇧 to steam 🇫🇷 étuver

> Dämpfen ist Garen mittels Wasserdampf bei 100 °C.

Abb. 1 Dämpfen

Die Lebensmittel liegen beim Dämpfen in einem Siebeinsatz. Der Boden des Dämpfers ist mit Wasser bedeckt. Bei Wärmezufuhr wird das Wasser zu Dampf, der die Wärme auf die Lebensmittel überträgt. Steamer erzeugen den Dampf außerhalb des Garraums und leiten diesen auf das Gargut.

Die Auslaugverluste sind gering, weil die Lebensmittel nicht direkt mit dem Wasser in Berührung kommen. Geschmack und Aussehen der Speisen sind mit gekochten vergleichbar.

Gedämpfte Kartoffeln

Zutaten
- 1,2 kg Kartoffeln
- 8 g/l Salz

- Kartoffeln waschen und schälen,
- vierteln oder halbieren/tournieren (je nach Größe),
- Kartoffelstücke in Dämpfeinsatz geben und Salz daraufstreuen,
- Wasser bis zur Markierung (etwa 1 cm unterhalb Dämpfeinsatz) in Dämpftopf gießen,
- Dämpfeinsatz einhängen, Wasser zum Kochen bringen und Deckel auflegen,
- vom Beginn der Dampfentwicklung an 25 Min. dämpfen.

2.4 Dünsten 🇬🇧 to stew 🇫🇷 cuire à l'étuvée

> Dünsten ist Garen in wenig Flüssigkeit bei etwa 100 °C, meist unter Zugabe von etwas Fett. Die meist geringe Menge Flüssigkeit kann zugesetzt sein oder aus dem Gargut kommen.

Vorbereitete Rohstoffe werden mit wenig Flüssigkeit und etwas Fett in einen Topf gegeben und abgedeckt. Bei stark wasserhaltigen Rohstoffen tritt durch die Wärmeeinwirkung so viel Saft aus, dass auf eine Zugabe von Flüssigkeit verzichtet werden kann. Man spricht dann vom Dünsten im eigenen Saft.

Während des Garens muss darauf geachtet werden, dass die Flüssigkeitsmenge im rechten Maß ist.

Zu wenig Flüssigkeit → Dünsten geht in Braten, evtl. Anbrennen über.

Zu viel Flüssigkeit → Dünsten geht in Kochen über.

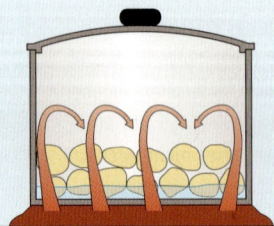

Abb. 2 Dünsten

2 Garen mittels feuchter Wärme

Gedünstete Möhren	• Walzenförmige Möhren abschaben oder mit einem Sparschäler schälen und abspülen,
Zutaten	• in gleichmäßige, 4 cm lange Stäbe schneiden,
1,2 kg Möhren	• Möhrenstäbe in einen Topf geben, Butter, Zucker und Salz dazugeben,
30 g Butter	
0,25 l Wasser	• Wasser untergießen, Inhalt zum Kochen bringen und Topf zudecken,
15 g Zucker	
3 g Salz	• bei mäßiger Wärmezufuhr 10 Min. dünsten.

Glasieren 🇬🇧 to glaze 🇫🇷 glacer

Zuckerhaltige Gemüse, wie Karotten, Maronen, kleine Zwiebeln, geben während des Dünstens Zuckerstoffe an den Dünstfond ab. Durch Verdunstung kocht dieser gegen Ende der Garzeit zu einer sirupartigen Glasur ein. Dieser Vorgang wird durch die Beigabe von etwas Zucker und Butter unterstützt. Durch schwenkende Bewegung wird das Gemüse mit der „Glasur" rundherum überzogen und erhält ein appetitlich-glänzendes Aussehen.

> Eine **besondere Art des Dünstens** ist das **Glasieren**.

● Beispiele:
Glasierte Karotten, glasierte Rübchen, glasierte Perlzwiebeln, glasierte Maronen.

2.5 Druckgaren 🇬🇧 pressure cooking 🇫🇷 cuisson (w) sous pression

● Druckgaren ist Kochen oder Dämpfen bei etwa 120 °C.

Beim Druckgaren wird der Wasserdampf durch einen Deckel, mit dem der Topf fest verschlossen ist, zurückgehalten. Ein eingebautes Ventil regelt die Druckstärke. Bei normalem Luftdruck siedet Wasser bei 100 °C (Siedepunkt). Wird darüber hinaus noch weitere Wärme zugeführt, verdampft das Wasser und entweicht. Bei Druckgargeräten wird der Wasserdampf zurückgehalten, so baut sich ein Überdruck auf.

Mit steigendem Druck steigt die Gartemperatur. Die höhere Gartemperatur wirkt intensiver und verkürzt damit die Garzeit.

Darum spricht man auch vom „Schnellkochtopf". Beim Druckgaren ist die Temperatur im Vergleich zum üblichen Kochen zwar nur um etwa 20 °C erhöht, doch ist zu bedenken, dass die für das Garen wesentlichen Veränderungen, wie Stärkeverkleisterung oder Eiweißgerinnung, erst bei etwa 70 °C beginnen und dann mit zunehmender Temperatur immer rascher ablaufen, schließlich auch zu negativen Veränderungen führen.

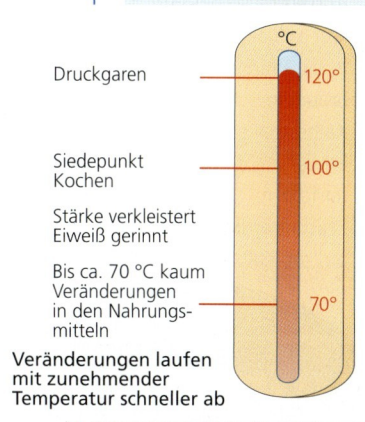

Abb. 1 Wärme verändert Lebensmittel.

2.6 Gratinieren oder Überbacken 🇬🇧 to brown 🇫🇷 gratiner

Die feuchten Garverfahren erhalten den Eigengeschmack der Speisen. Will man jedoch Geschmack und Aussehen verändern, können die bereits gegarten Lebensmittel zusätzlich überbacken werden. Dabei entsteht durch die Einwirkung von Oberhitze eine goldgelbe bis braune Kruste mit zusätzlichen Geschmacksstoffen.

Die gegarten Lebensmittel werden
- bedeckt mit geriebenem Käse und Butterflocken oder Mornaysauce
- überbacken nur mit Oberhitze, z. B. im Salamander.

● Gratinieren ist eine **besondere Art der Fertigstellung** bereits gegarter Speisen, kein eigenständiges Garverfahren.

● Beispiele:
Blumenkohl überbacken, gratinierter Spargel.

Küche

GAREN VON SPEISEN

3 Garen mittels trockener Wärme

🇬🇧 dry heat cookery methods 🇫🇷 faire cuire à la chaleur sèche

Unter Garen in trockener Wärme versteht man: **Garen ohne Wasser**.

Die Wärme kann auf das Gargut übertragen werden durch:

- direkten Kontakt → Pfanne, Grillplatte
- heißes Fett → Fritteuse
- heiße Luft → Rohr, Umluftgerät
- Strahlung → Rohr, Salamander

Dabei liegen die Temperaturen zwischen 150 °C bei heißem Fett und bis zu 260 °C bei heißer Luft. Durch die starke Wärmeeinwirkung bildet sich eine Kruste. Die dabei entstehenden Röststoffe geben das typische Bratenaroma.

Kalbssteak, gebraten

Zutaten

4	Kalbssteaks zu je 150 g
30 g	Bratfett
	Salz, Pfeffer, Mehl
20 g	Butter

- Kalbssteaks plattieren und wieder zur Steakform zusammendrücken,
- salzen, pfeffern, in Mehl wenden,
- Fett erhitzen, Fleisch einlegen und auf beiden Seiten anbraten,
- Wärmezufuhr reduzieren, weiterbraten, dabei wenden und mit dem Bratfett begießen,
- gebratene Kalbssteaks auf Abtropfgitter legen,
- Fett aus der Pfanne leeren, Butter in die Pfanne geben und hell bräunen,
- Kalbssteaks zur Geschmacksverbesserung darin nachbraten und anrichten,
- Bratbutter durch ein kleines Sieb auf die Kalbssteaks geben.

3.1 Braten 🇬🇧 to roast 🇫🇷 rôtir

> Braten ist Garen mittels trockener Wärme. Man unterscheidet:
>
> - **Braten in der Pfanne:** Wärme wird durch direkten Kontakt und/oder durch geringe Fettmenge übertragen.
> - **Braten im Ofen:** Wärme wird durch direkten Kontakt und Strahlung oder heiße Luft übertragen.

Braten in der Pfanne 🇬🇧 to pan-fry 🇫🇷 rôtir

Zum Braten in der Pfanne oder **Kurzbraten** verwendet man wasserfreie Fette, denn wasserhaltige Arten würden spritzen und ließen sich nicht ausreichend erhitzen. Durch die starke Wärmeeinwirkung gerinnt das Eiweiß in den Randschichten. Es bilden sich Geschmack gebende Röststoffe. Die Wärme dringt nach und nach ins Innere.

Kurzbratfleisch muss gewendet werden, weil die Wärme nur vom Pfannenboden ausgeht, zu einseitig wirkt.

Sautieren 🇬🇧 to sauté 🇫🇷 sauter

Sautieren ist eine besondere Form des Kurzbratens. Das zerkleinerte Gargut, z. B. Geschnetzeltes, brät in einer besonderen Pfanne (Sauteuse) bei starker Wärmeeinwirkung.

Es darf nur so viel in die Pfanne gegeben werden, dass alles nebeneinander liegen kann und darum rasch die Wärme aufnimmt. Durch Schwenken der Pfanne wird das Gargut gewendet.

Abb. 1 Kurzbraten   Abb. 2 Schwenken

3 Garen mittels trockener Wärme

Filetgulasch

Zutaten
600 g	Rinderfilet
40 g	Zwiebelwürfel
60 g	geklärte Butter
0,1 l	Weißwein
0,3 l	gebundene braune Sauce
	Salz, Pfeffer oder Paprika

- Fleisch in gleichmäßige Würfel schneiden,
- geklärte Butter in einer Pfanne erhitzen,
- gewürzte Fleischwürfel dazugeben, auf der Bodenfläche verteilen,
- bei starker Wärmezufuhr rasch braun anbraten,
- durch Schwenken der Pfanne die Fleischwürfel wenden, dann in ein gewärmtes Geschirr leeren,
- Zwiebelwürfel in der benutzten Bratpfanne anschwitzen und mit Wein ablöschen,
- Sauce dazugeben, durch Einkochen im Geschmack kräftigen,
- gebratene Fleischwürfel einschwenken, nicht kochen lassen und in einem Töpfchen anrichten.

> Butter klären: dazu zerlaufen lassen, vom Bodensatz abgießen, weil bei starker Hitze Eiweiß und Milchzucker verbrennen.

Braten im Ofen to roast rôtir

Beim Braten im Ofen oder **Langzeitbraten** sind zwei Stufen zu unterscheiden:
- Anbraten im Ofen bei hoher Temperatur,
- Weiterbraten bei etwa 140 °C bis zum gewünschten Garzustand.

Die Wärme wird übertragen durch
- Strahlung im Rohr des Ofens
- Strömung im Konvektionsofen.

Gebratenes Schweinerippenstück

Zutaten
1 kg	vorbereitetes Schweinekarree, Knochen und Parüren des Karrees, kleingehackt
150 g	Röstgemüse
40 g	Bratfett
10 g/l	Speisestärke
	Salz, Pfeffer

- Fett in einem Bratgeschirr auf der Ofenplatte erhitzen,
- Schweinekarree würzen, im erhitzten Bratfett wenden, dann auf die Knochenseite legen,
- in ein vorgeheiztes Ofenrohr (220 bis 250 °C) schieben und 20 Min. braten,
- Knochen, Parüren, Röstgemüse zugeben, Temperatur senken und weitere 40 bis 50 Min. braten,
- das Fleisch öfter mit dem Bratfett begießen,
- gebratenes Fleisch auf Blech mit Abtropfgitter legen,
- Fett behutsam aus dem Bratgeschirr gießen, sodass der Bratsatz erhalten bleibt,
- Flüssigkeit auffüllen, Bratrückstände zur Saucenbildung loskochen, Abtropfsaft des Fleisches dazugeben,
- Sauce mit angerührter Stärke leicht binden.

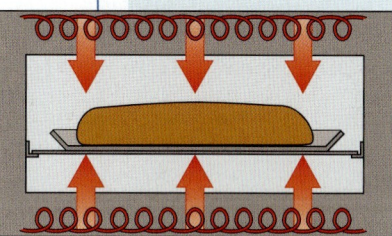

Abb. 1 Strahlungswärme im Rohr des Ofens

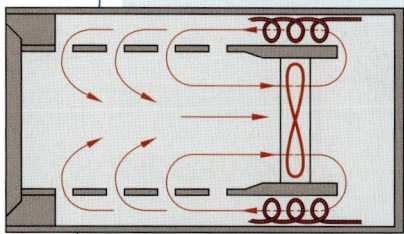

Abb. 2 Strömung im Konvektionsofen

GAREN VON SPEISEN

3.2 Grillen 🇬🇧 to grill 🇫🇷 griller

> Grillen ist Garen mittels Strahlungs- oder Kontaktwärme.

Die trockene Wärmeeinwirkung führt rasch zu einer geschmackgebenden Kruste. Ähnlich wie beim Kurzbraten wählt man die Garstufe entsprechend der Fleischart.

> Keine Pökelware auf den Grill! Es entstehen Nitrosamine.

Damit die Randschichten nicht austrocknen, wird das Gargut mit Öl oder Fett bestrichen. Aus dem Nitrit des Pökelsalzes und den Aminosäuren des Fleisches können sich bei starker Wärmeeinwirkung am Grill *Nitrosamine* bilden. Diese sind krebserregend.

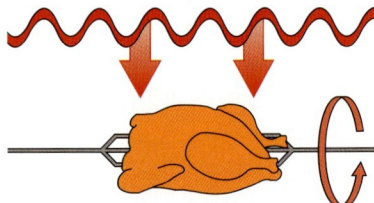

Abb. 1 Strahlungswärme beim Grillen

Rumpsteak vom Grill

Zutaten
- 4 Rumpsteaks, je 180 g
- 4 Scheiben Kräuterbutter
- Salz, Pfeffer, Öl

- Rumpsteaks würzen und mit Öl beträufeln,
- heißen Grillrost mit Öl bestreichen, damit das Fleisch nicht anhängt.
- Fleischscheiben nebeneinander auflegen und bei intensiver Wärmeeinwirkung grillen,
- Rumpsteaks wiederholt mit Öl bestreichen, um zu starkes Austrocknen zu vermeiden, und mit einer Grillzange umdrehen,
- beim zweiten und dritten Wenden das Fleisch im rechten Winkel zur Zeichnung auf die Grillstäbe legen (Grillkaro),
- nach 6 Min. Grilldauer die rosa gebratenen Rumpsteaks anrichten und Kräuterbutter auflegen.

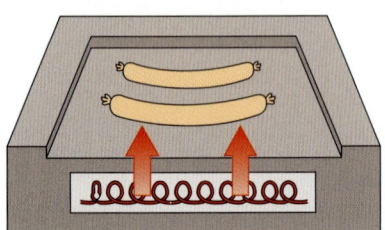

Abb. 2 Grillplatte gibt Kontaktwärme

3.3 Frittieren 🇬🇧 deep frying 🇫🇷 frire

> Frittieren ist Garen in Fett schwimmend bei Temperaturen zwischen 150 und 175 °C.

Das heiße Fett umgibt das Gargut meist von allen Seiten, darum wird die Wärme rasch übertragen. Kurze Garzeiten sind die Folge.

Zum Frittieren dürfen nur wärmebeständige Spezialfette verwendet werden. Bei Temperaturen über 175 °C entsteht das gesundheitsschädliche Acrylamid.

Abb. 3 Schnitt durch Fettbackgerät

Frittierte Shrimps

Zutaten
- 16 Shrimps
- 1 Ei, Panierbrot
- Mehl
- 4 Zitronenviertel
- Salz, Pfeffer

- Shrimps in Mehl und zerschlagenem Ei wenden und Panierbrösel andrücken,
- Backfett der Fritteuse auf 160 °C erhitzen,
- Shrimps einlegen und 3 Min. frittieren,
- Shrimps aus dem Backfett heben, würzen,
- zum Abtropfen auf Tuch oder Küchenkrepp legen,
- frittierte Shrimps und Zitronenstücke auf einer Platte mit Papierserviette anrichten,
- keine Cloche verwenden, damit die rösche Backkruste erhalten bleibt.

3.4 Schmoren 🇬🇧 to braise 🇫🇷 braiser

Durch das Anbraten des Fleisches entstehen Farbe und Geschmacksstoffe, die für Schmorgerichte typisch sind. Nach dem Aufgießen geht das Garen in Kochen über, die Bindegewebe lagern Wasser an und werden gelockert. Schmoren wendet man vor allem bei bindegewebereichen Fleischteilen an.

> Schmoren ist ein kombiniertes Garverfahren. Beim Anbraten mit Fett entstehen Farb- und Geschmacksstoffe, beim anschließenden Weitergaren in siedender Flüssigkeit wird Zellgefüge gelockert.

Schmorbraten/Schmorsteaks

Zutaten
- 2 kg entbeinte Rinderschulter
- 300 g Röstgemüse
- 0,3 l Rot- oder Weißwein, brauner Kalbsfond
- 10 g/l Speisestärke,
- 2 EL Tomatenmark
- 60 g Fett,
- Salz, Paprika
- 1 Gewürzbeutel (Lorbeerblatt, Thymianzweig, 5 Knoblauchzehen, 1 Nelke, 10 Pfefferkörner, 100 g Petersilienstiele)

- Gewürztes Fleischstück oder Portionsscheiben in Schmorpfanne in heißem Fett allseitig anbraten,
- Röstgemüse beifügen, weiterbraten, bis das Gemüse braune Farbe zeigt.
- Tomatenmark dazugeben, kurze Zeit mitrösten,
- mit Wein ablöschen, einkochen, bis Ansatz glänzt.
- Braunen Kalbsfond in die Schmorpfanne gießen, bis das Fleisch zu einem Viertel seiner Dicke darin liegt, und aufkochen
- Gewürzbeutel dazulegen, Geschirr zudecken und im Ofen bei niedriger Temperatur etwa 2 Stunden schmoren.
- Während des Garens Fleisch mehrmals wenden und verdunstete Flüssigkeit ersetzen.
- Geschmortes Fleisch aus dem Geschirr nehmen.
- Sauce durch ein Sieb passieren, abfetten und mit angerührter Stärke leicht binden.

3.5 Backen 🇬🇧 baking 🇫🇷 cuire au four

Die grundlegenden Vorgänge der Wärmeübertragung zeigen Schemazeichnungen zum Braten auf Seite 145, Abb. 1 + 2.

Beim Backen bildet sich in den Randschichten eine aromatische **Kruste** mit geschmacksgebenden Röststoffen.

In der **Krume** gerinnen die Eiweißstoffe (Kleber des Mehles, Ei) und bilden ein elastisches Porengerüst. Die Stärke verkleistert und nimmt dabei Flüssigkeit auf.

> Beim Backen wirken Strahlungswärme oder Umluft bei 160 °C bis 250 °C auf Teiglinge oder Backmassen ein.

3.6 Mikrowellen 🇬🇧 microwaves 🇫🇷 micro-ondes (w)

Mikrowellen erzeugen durch Molekülbewegung Wärme innerhalb der Lebensmittel gleichzeitig an jeder Stelle.

Deshalb ist nur kurze Zeit erforderlich, um die Speisen auf Verzehrtemperatur zu bringen. Mikrowellengeräte eignen sich darum vorzüglich zum Wiedererwärmen (Regenerieren) bereits gegarter Lebensmittel, z. B. bei ruhigem Geschäftsgang.

Wird mittels des Mikrowellengerätes gegart, so entsprechen die Veränderungen in den Lebensmitteln etwa denen bei feuchten Garverfahren.

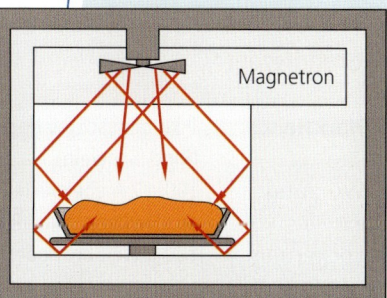

Abb. 1 Schnitt durch Mikrowellengerät

Küche

GAREN VON SPEISEN

3.7 Zusammenfassende Übersicht – Garverfahren

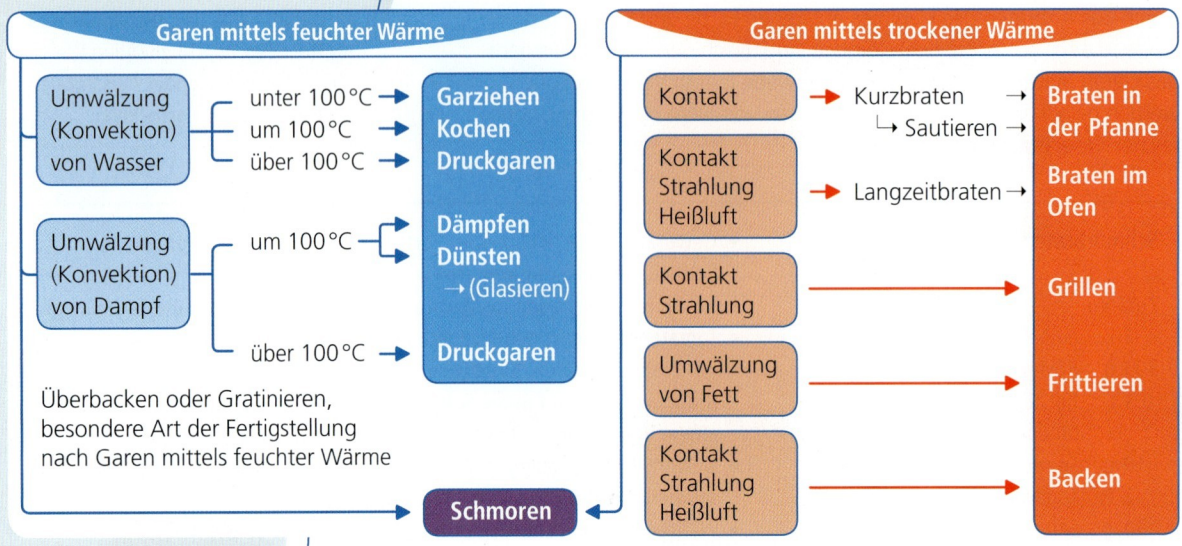

④ Zubereitungsreihen

🇬🇧 preparation series 🇫🇷 séries (w) de la préparation

Escoffier schreibt in seinem Kochkunstführer:
Die Zubereitungsarten umfassen die wichtigsten Grundlagen der Kochkunst. Sie stellen die Grundlagen dar, die für jeden geregelten Arbeitsgang erforderlich sind und deren unbedingte Beherrschung das Kochen erst zur Wissenschaft erhebt.
Nur derjenige, der Ursachen und Wirkung der einzelnen Zubereitungsarten genau kennt, beherrscht die Kochkunst in vollem Umfange.

Bei den folgenden Zubereitungsreihen entstehen aus einem **Grundrezept durch wechselnde Garverfahren unterschiedliche Gerichte**.

So werden die Grundkenntnisse über die Garverfahren gefestigt, und die Auswirkungen der unterschiedlichen Garverfahren können direkt verglichen werden.

4.1 Zubereitungsreihe Hackfleisch

Grundrezept

Hackfleisch:	1 kg gemischtes Hackfleisch (Rind, Schwein),
Würzung:	100 g Zwiebelwürfel, anschwitzen, Salz, Pfeffer,
Lockerung:	100 g Weißbrot oder Semmeln eingeweicht, ausgedrückt,
Verbesserung:	100 g Ei (2 Stück)

- Alle Zutaten in eine Schüssel geben und zu einer glatten Hackfleischmasse vermengen.

- Geschmackliche Abwandlungen sind möglich durch Beigabe von zerkleinerten frischen Kräutern, Paprikaschoten, Pilzen, Roten Rüben, Käse, Gewürzgurken, Kapern, Sardellen und Knoblauch, ferner durch Gewürze oder Würzsaucen.

Aus einem Grundrezept mit Hackfleisch entstehen durch unterschiedliche **Garverfahren:**

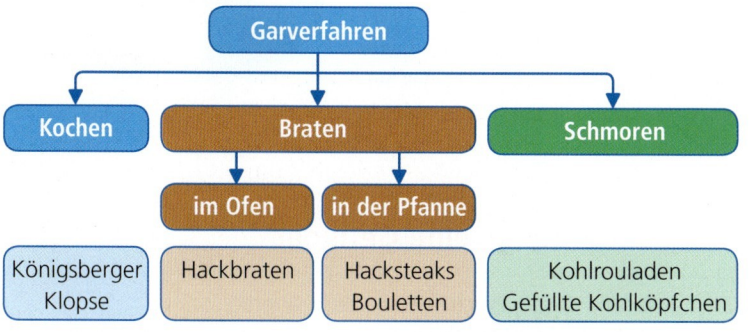

Kochen
Fleischklopse
Mit nassen Händen Klopse formen, je Portion 2 Klopse à 60 g. Fleischbrühe mit gespickter Zwiebel aufkochen.

Abb. 1 Königsberger Klopse

Wenn nicht vorhanden: Aus 1 l Wasser und Fleischbrühwürfel Brühe herstellen; am Siedepunkt halten, Klopse etwa 10 Min. in der Brühe garen und mit Schaumlöffel herausnehmen. Aus 40 g Fett und 50 g Mehl eine helle Schwitze bereiten und mit 1 l Fleischbrühe eine Sauce herstellen. Abschmecken mit Sauerrahm, Senf und Kapern. Klopse in der Sauce servieren.

Schmoren
Gefüllte Kohlköpfchen
Strunk eines Weißkohlkopfes ausstechen. Kopf blanchieren, bis die Blätter formbar sind. Große Kohlblätter abnehmen, nebeneinander auslegen, kleine dazuordnen, salzen und pfeffern. Mit nassen Händen 100 g schwere Hackfleischbällchen abdrehen, in die Mitte setzen und mit Kohlblättern umhüllen. Gefüllte Köpfchen einzeln in einem Tuch fest zu Kugeln formen. Flaches Schmorgeschirr mit Fett ausstreichen. Die Bodenfläche mit Zwiebel- und Möhrenscheiben auslegen. Kohlköpfchen nebeneinander einsetzen. Geschirr in einen vorgeheizten Ofen schieben und die Köpfchen braun anbraten. Mit Brühe (vgl. Rezept Klopse) untergießen und zugedeckt bei mittlerer Wärmezufuhr 45 bis 60 Min. schmoren. Verdunstung durch Flüssigkeitsbeigabe ausgleichen. Gegarte Köpfchen mit einem Schaumlöffel entnehmen. Schmorfond passieren, mit angerührter Stärke leicht binden und über die gefüllten Kohlköpfchen geben.

Braten   im Ofen
Hackbraten
Hackmasse brotlaibähnlich formen, mit nasser Hand glätten. In Semmelbröseln wälzen und in ein ausgefettetes Bratgeschirr legen. Im vorgeheizten Ofen bei mäßiger Wärme etwa eine Stunde braten. Ab und zu begießen. Hackbraten entnehmen. Bratsatz mit Wasser ablöschen und loskochen. In 200 g Sahne 2 EL Stärke verrühren, dem Bratsatz beigeben, aufkochen und die Sauce passieren. Hackbraten in Portionsscheiben schneiden und Sauce angießen.

Wir empfehlen[1]

„Wertvolles Hackfleisch wird gut gewürzt, zu Klößchen geformt und gegart. Wir servieren in sämiger Sauce, der Kapern eine besondere Note geben."

„Ein traditionelles Gericht für die Wintermonate. Die gewürzte Hackfleischmasse wird in Kohlblätter gehüllt und dann langsam geschmort. Diese Kombination ergibt ein saftiges Gericht mit einer sehr aromatischen Sauce."

„Die Hackmasse wird mit Zwiebelwürfeln ergänzt und zu einem Laib geformt, der durch das Braten im Ofen ein besonderes Aroma erhält. Wir servieren davon zwei Scheiben mit einer delikaten Sauce und …"

---

[1] Beschreibung von Speisen Seite 157

Küche

GAREN VON SPEISEN

Wir empfehlen[1]

„Die fein gewürzte Hackfleischmasse wird zu flachen Bällchen geformt und in der Pfanne außen kross gebraten, das Innere bleibt dabei saftig."

Braten in der Pfanne

Hacksteaks

Hacksteaks in Portionsgröße von 120 g formen. Fett in einer Bratpfanne erhitzen. Hacksteaks einlegen und auf beiden Seiten, unter mehrmaligem Wenden, gleichmäßig braun braten. Bratdauer etwa 10 Minuten.

Abb. 1 Hacksteaks

4.2 Zubereitungsreihe Geflügel

Grundmaterial: Brathähnchen/Poularde, bratfertig
Zubereitungen unter Berücksichtigung verschiedener Garverfahren.

```
                          Garverfahren
   ┌──────┬──────────┬──────────┬──────────┬──────────┬──────────┐
 Kochen  Dünsten   Schmoren    Braten     Grillen   Frittieren
```

Kochen	Dünsten	Schmoren	Braten		Grillen	Frittieren
Gekochte Poularde	Gedünstete Poularde	Geschmorte Hähnchenkeule	Gebratene Poularde (im Ofen)	Panierte Hähnchenbrust, gebraten (in der Pfanne)	Hähnchen vom Grill	Gebackenes Hähnchen

Kochen

Gekochte Poularde

Poularde blanchieren. Dann in einem passenden Topf knapp mit Wasser bedeckt aufsetzen, an den Kochpunkt bringen und bei geringer Wärmezufuhr etwa 45 Min. sieden. Schaum und Fett durch Abschöpfen entfernen. Flüssigkeit nur leicht salzen. Lauch, Sellerie, Möhre zusammenbinden und zur Ergänzung des Brühengeschmacks mitkochen. Gegarte Poularde entnehmen, in eiskaltem Wasser abschrecken und mit Folie bedecken. Poularde in Brusthälften und Keulen zerlegen und in der passierten Brühe aufbewahren. Verwendungsmöglichkeiten für die gekochte Poularde: Suppeneinlage, Geflügelragout, Geflügelsalat. Brühe zu Suppen, Saucen und zum Ansetzen einschlägiger Zubereitungen.

Dünsten

Gedünstete Poularde

„Poulardenstücke durch Dünsten schonend gegart mit samtiger aber leichter Sauce, die mit Weißwein und etwas Zitrone pikant abgeschmeckt ist. Dazu reichen wir Basmatireis oder hausgemachte Nudeln."

Poularde blanchieren. Stücke von hellem Lauch und Sellerie (4:1) in passendem Topf mit Butter farblos anschwitzen. Poularde dazulegen. Mit wenig Weißwein ablöschen, so viel Wasser auffüllen, dass ein Drittel des Geflügelkörpers darinliegt. Aufkochen, Flüssigkeit salzen. Topf zudecken und die Poularde bei mäßiger Wärmezufuhr dünsten, von Zeit zu Zeit umdrehen. Gedünstete Poularde nach 45 Min. entnehmen und mit Folie bedeckt abkühlen lassen. Danach zerlegen und die schwammige Haut abziehen. Vom passierten Dünstfond unter Verwendung von Mehlbutter und Sahne eine Sauce herstellen. Wird die Sauce mit Sahne und Eigelb legiert, darf sie danach nur kurz aufkochen, sonst flockt das Eigelb aus.

Geeignete Beilage:
Reis oder Nudeln

[1] Beschreibung von Speisen Seite 157

Schmoren

Geschmorte Hähnchenkeulen

Schlussknochen an der Innenseite der Keulen entfernen. Salzen und pfeffern. In einem mit Fett erhitzten Geschirr mit der Außenseite zuerst anbraten. Zwiebel- und Möhrenstückchen dazulegen und weiterbraten, bis das Gemüse leicht Farbe hat. Mit Weißwein ablöschen, Flüssigkeit einkochen. Eine zerschnittene Tomate oder etwas Tomatenmark beigeben.
Wenn der Ansatz glänzt, mit Jus oder Wasser auffüllen und aufkochen.
Ein Kräutersträußchen (Petersilie, Bruchstück Lorbeerblatt, Zweig Thymian) dazulegen und zugedeckt 15 Min. schmoren.
Danach Keulen entnehmen. Fond passieren, abfetten und mit wenig angerührter Stärke binden. Keulen in der Sauce servieren.

„… mit einer kräftigen aromatischen Sauce, die am besten mit geschmacklich neutralen Beilagen wie Teigwaren, Reis oder Kartoffelpüree zur Geltung kommt."

Geeignete Beilage:
Kartoffelpüree, Gurkensalat

Braten in der Pfanne

Gebratene Hähnchenbrust

Eine rohe Hähnchenbrust erhält genau in der Mitte neben dem aufrecht stehenden Brustknochen einen Längsschnitt. Von hier aus die Brusthälften entlang der Knochen ablösen und die Flügel abschlagen.
Brustteile salzen, mit Paprika bestreuen. Butter in einer Pfanne erhitzen, die panierten Brustteile einlegen und bei mäßiger Wärmeeinwirkung beidseitig hellbraun braten.
Gebratene Hähnchenbrust mit zwei Zitronensechsteln und frittierter Petersilie anrichten.

Abb. 1 Gebratene Hähnchenbrust

„Das zarte Fleisch von der Brust eines Hähnchens ist mit einer goldbraunen knusprigen Panierung umhüllt, die das Fleisch saftig hält und einen typischen Geschmack verleiht."

Geeignete Beilage:
Pommes frites, Tomatensalat

Braten im Ofen

Gebratene Poularde

Bratfertige Poularde salzen und pfeffern. In erhitztem Bratfett wenden und auf der Seite liegend bei etwa 220 °C im Ofen beidseitig anbraten. Ofentemperatur auf 180 °C senken und das Verfahren fortsetzen. Poularde dabei mehrmals wenden und mit dem Bratfett begießen. Die Bratdauer beträgt 50 bis 55 Min. Etwa 10 Min. vor Garzeitende Zwiebel- und Möhrenwürfel beifügen und mitbräunen.
Gebratene Poularde aus dem Geschirr nehmen. Das Fett behutsam vom Bratsatz abgießen. Kalbsjus oder wenig Wasser in das Geschirr geben und den Bratsatz loskochen. Sauce passieren, nochmals aufkochen und mit angerührter Stärke leicht binden.

„Einen besonderen Geschmack verleiht die schön gebräunte knusprige Haut. Zu der dazugehörenden Sauce passen am besten …"

Geeignete Beilage:
Salate der Saison

Frittieren

Gebackenes Hähnchen/Wiener Backhähnchen

Hähnchen längs spalten, in Brusthälften und Keulen teilen. Knochen an den Innenseiten der Teile entfernen. Flügelspitzen abschlagen. Die Oberschenkelknochen aus den Keulen herauslösen.
Hähnchenteile mit Salz, Paprika, Zitronensaft und gehackter Petersilie würzen. In Mehl und Ei wenden und Panierbrot andrücken.

Abb. 2 Gebackenes Hähnchen

Küche

GAREN VON SPEISEN

In einer Fritteuse bei 160 °C die panierten Geflügelteile ausbacken. Der Garpunkt ist erreicht, wenn das Fleisch an der Oberfläche schwimmt. Dann entnehmen und zum Abtropfen auf eine saugfähige Unterlage (Küchenkrepp) legen. Mit Kresse und Zitronenstücken auf einer Papierserviette anrichten. Frittierte Fleischteile müssen sofort serviert werden.

„Unter der röschen Kruste des Backhähnchens finden Sie ein besonders saftiges Hähnchenfleisch."

Geeignete Beilage: Salatplatte.

4.3 Zubereitungsreihe Gemüse

Grundmaterial: Fenchel, auch andere Gemüsearten können in vergleichbarer Weise verwendet werden.

Allgemeine Vorbereitung:
Fenchelknollen von braunen Stellen befreien, gründlich waschen, denn zwischen den Schichten kann Sand sitzen. Grüne Fenchelkräuter zur Garnitur aufbewahren.

Garverfahren

Kochen | Dünsten | Überbacken | Braten | Schmoren | Frittieren

Zum Vergleich: Fenchelrohkost

Kochen

Fenchel als Beilage
Sud aus Wasser, etwas Öl, Salz und Zitronensaft aufkochen. Fenchel halbieren und den Strunk so entfernen, dass die Fenchelblätter noch zusammenhalten. Nun den Fenchel quer in 7-mm-Stücke schneiden und 6 Minuten kochen, abgießen und mit Butterflocken verfeinern.

„Besonders schonend gegart, Vitamine werden bestmöglich erhalten, als Gemüsebeilage mit vielen Gerichten kombinierbar."

Dünsten

Gedünsteter Fenchel
Fenchel quer in Scheiben von etwa 7 mm schneiden. Etwas Butter zergehen lassen, einen Schuss Weißwein zugeben, Fenchelscheiben einlegen, etwas Salz und Pfeffer darübergeben und 6 Min. dünsten.

„… angenehm weich, aromatisch, im Geschmack an Anis erinnernd, knackig, aber nicht hart, noch etwas Biss."

Überbacken

Überbackener Fenchel
Fenchel halbieren und Strunk entfernen. Kochen oder Dünsten, in feuerfestes Geschirr ordnen, mit Béchamelsauce überdecken, mit geriebenem Käse bestreuen und überbacken.

„Nach dem Garen (Kochen, Dünsten) zusätzlich mit aromatischem Käse bedeckt und überbacken. Das bringt auf zweifache Weise zusätzliche Geschmackswerte."

Braten

Gebratener Fenchel
Fenchelknollen in Längsrichtung achteln, etwa 6 Min. kochen, in zerschlagenem Ei und Paniermehl wenden, in Öl braten. Wird gebratener Fenchel als selbstständiges Gericht serviert, gibt man Béarner Sauce dazu.

Abb. 1 Überbackener Fenchel

4 Zubereitungsreihen

Schmoren

Geschmorter Fenchel

Fenchel wie zum Überbacken vorbereiten. In feuerfestes Geschirr oder Schmortopf sautierte Speck- und Zwiebelwürfel einstreuen, die ca. 7 Min. vorgekochten, abgetropften Fenchelhälften einordnen, mit Demiglace untergießen und zugedeckt im heißen Rohr gar schmoren.

„Weich, leicht kaubar, hat durch das Schmoren ein kräftiges Aroma."

Frittieren

Gebackener Fenchel

Fenchelknollen in Längsrichtung achteln, etwa 6 Min. kochen, abtropfen lassen. Die Stücke durch Backteig ziehen, bei etwa 170 °C in Fett schwimmend backen.

Beigaben: Tomatensauce, Blattsalate

Zum Vergleich: Ungegart

Fenchelsalat

Fenchelknolle längs halbieren, in Querrichtung sehr fein schneiden und lockern, damit die Segmente auseinander fallen. Salatmarinade nur aus Zitronensaft, Salz und Öl anmachen, damit der reine Fenchelgeschmack zur Geltung kommt

Abb. 1 Rohkostplatte

„Fein geschnitten, darum knackig, aber nicht hart, appetitanregend und erfrischend. Für Energiebewusste."

Fenchelrohkost

Bei Fenchelrohkost wird im Unterschied zu Fenchelsalat mit anderen rohen Zutaten ergänzt. Fenchel vorbereiten wie zu Fenchelsalat, säuerlich schmeckenden Apfel schälen, entkernen und grob raffeln, Nüsse reiben, Salat mit Joghurt anmachen.

Wenn die Zubereitungen fertiggestellt sind, werden die Ergebnisse bewertet und verglichen. Siehe Seite 157.

① Aufgaben

1. Welches Gericht erhält innerhalb seiner Zubereitungsreihe die besten Noten für Geschmack?
2. Für die Gerichte einer Zubereitungsreihe sind die Materialkosten ähnlich. Welches ist jeweils am ansprechendsten?
3. Versuchen Sie einen Zusammenhang herauszufinden zwischen der Art des Garverfahrens und der Bildung von Geschmacksstoffen.
4. Bilden Sie selbst eine Zubereitungsreihe mit möglichst vielen Garverfahren. Beispiel: Rohstoff Kartoffel und die Zubereitungsmöglichkeiten im Sachwortverzeichnis suchen.
5. Sowohl bei der Zwischenprüfung als auch bei der Gehilfenprüfung sind die eigenen Produkte zu präsentieren. Das bedeutet: die Speisen beschreiben und empfehlen. Sie haben bei den vorausgegangenen Zubereitungen Beispiele für Formulierungen zur Empfehlung gesehen. Auf Seite 156 ist das näher beschrieben.
   a) Suchen Sie bei der Zubereitung immer nach Formulierungen, wie ein Gericht wirksam einem Gast empfohlen werden kann. Sammeln Sie Formulierungen, die Appetit machen.
   b) Notieren Sie diese, damit Sie einen „Vorrat" haben. Ergänzen Sie Ihre Rezepte damit.
   c) Sprechen Sie zu einem/er Kollegen/in wie zu einem Gast. Z. B. Das ist … Dazu reichen wir …

Küche

GAREN VON SPEISEN

⑤ Erstellen von Garprogrammen

🇬🇧 providing of cooking programs 🇫🇷 fournir des programmes (m) de cuisson (w)

„Wer mehr weiß, kann kreativ sein, denn er kann vorausschauend denken," sagt ein geschätzter Fachmann, und ein anderer „Nur wer Vorgänge durchschaut, kann sinnvoll damit umgehen." Nach den Zubereitungsreihen hier eine Anleitung, die zeigt, wie Garprogramme für Kombidämpfer eigenständig erstellt werden können.

Diese Geräte haben zwar für viele Zubereitungen bereits fertige Programme gespeichert, doch immer besteht die Möglichkeit, eigene Programme einzubringen.

Heißluftgargeräte verstehen nicht „Bei milder Hitze kurz garen." Es werden konkrete Angaben mindestens zur Temperatur und zur Gardauer benötigt. Herkömmliche Garanweisungen bewährter Rezepte müssen darum auf die Sprache der Kombigarer übertragen werden.

Die Beispiele unten zeigen, wie man zunächst eigene Erfahrung in konkreten Werten festlegt und in eine Tabelle einträgt. Wenn Überlegungen so festgehalten werden, kann man später ohne Probleme ändern oder verfeinern.

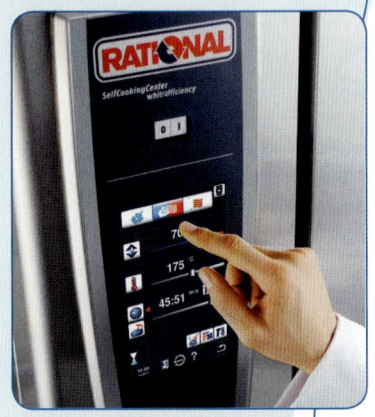

Unterschiedliche Muster von Firmen für das Festhalten von Daten für eigene Programme

Gargut/ Anmerkungen	Menge/ Einschubteile	Programmplatz	Schritt	Verfahren	Temperatur	Garzeit (Min.) oder Kerntemp. (°C)	Zusätzliche Einstellungen
Schweine-hackbraten	3 x 2,5 kg	115	①	Dämpfen	100 °C	10 Min.	
			②	Heißluft	140 °C	15 min	Dampfauf
			③				

Programmnummer: **Produkt: Schweinebauch**

	1. Schritt	2. Schritt	3. Schritt	4. Schritt	5. Schritt	6. Schritt	7. Schritt	8. Schritt	9. Schritt
Garmedium	feuchte Hitze	f. u. tr. Hitze	trockene Hitze						
(0–100)	100 %	70 %	70 %						
🌡	100 °C	160 °C	220 °C						
⏱ / 🥩	30 Min.	76 °C	78 °C						

Aufgaben

1. Vergleichen Sie die Beschreibung des Garvorgangs beim Rezept für Hackbraten, Seite 149, mit dem Beispiel Schweinehackbraten im Muster oben. Finden Sie dort alle erforderlichen Angaben?
2. Fertigen Sie eine Tabelle für den Garablauf nach einem Muster in der Abbildung oben.
3. Welche Größen/Werte müssen bei jedem Programmschritt festgehalten werden?
4. Erstellen Sie für Hacksteaks, Seite 150, eine Gar-Ablauf-Tabelle.

6 Speisenproduktionssysteme

🇬🇧 food production systems 🇫🇷 systèmes (m) de production (w) des repas (m)

Ideal ist es, wenn Speisen frisch gekocht auf den Tisch kommen. Doch ist das in der gewerblichen Küche wegen der Arbeitsbelastung nur sehr eingeschränkt möglich. Und doch kennt man diese Art von Speisenzubereitung. Ein Steak wird auf Abruf gebraten – à la minute – und sofort serviert. Dieses Verfahren nennt man **Kochen und Servieren** oder **Cook & Serve**.

Vieles wird zeitlich vor dem Service produziert, bis zur Ausgabe warmgehalten und bei Abruf angerichtet, z. B. Schmorgerichte wie Gulasch oder große Braten. In diesem Fall gilt: **Kochen und Warmhalten** oder **Cook & Hold**.

Bei **Kochen und Kühlen** oder **Cook & Chill** stehen Produktion und Service nicht mehr in direkter Verbindung.

Die Zubereitungen werden nach dem Garen schnellstens auf +3 °C gekühlt und bei dieser Temperatur vorrätig gehalten. Bei Bedarf bringt man die Speisen auf Serviertemperatur, man regeneriert.

Das Verfahren „Kochen und Kühlen" wenden z. B. Fluggesellschaften für die Bordverpflegung an. Hotels, die in Verbindung mit Kongressen zeitgleich eine große Anzahl von Gästen versorgen müssen, portionieren auf den Tellern vor, bringen diese im Hordenwagen in die Kühlung und erhitzen/regenerieren kurz vor dem Service.

Die Speisen werden nach der Zubereitung rasch gekühlt, dann portioniert und in die gekühlten Trolleys gepackt. So haben Mikroben keine Gelegenheit, sich zu vermehren, und den Gästen kann nach dem Regenerieren/Wiedererwärmen eine warme Mahlzeit serviert werden.

Abb. 1 Speisen auf Tellern regenerieren

Kochen und Servieren	Kochen und Warmhalten	Kochen und Kühlen
Cook & Serve	**Cook & Hold**	**Cook & Chill**
Vorbereiten ▼ Garen ▼ Ausgeben	Vorbereiten ▼ Garen ▼ Warmhalten ▼ Ausgeben	Vorbereiten ▼ Garen ▼ Schnellkühlen ▼ Kühllagern ▼ Regenerieren ▼ Ausgeben

Anrichten und Empfehlen von Speisen

Hier in der Grundstufe wird das Anrichten von Tellergerichten vorgestellt. Bei praktischen Prüfungen ist die Zubereitung vom Prüfling zu präsentieren, wobei neben Portionierung auch Anrichteweise und Gesamteindruck der Zubereitung bewertet werden.

> Das Auge des Gastes isst mit, drum tu was dafür.

Abb. 1 Anrichten von Tellergerichten

1 Anrichten von Speisen

🇬🇧 arranging food 🇫🇷 arranger des mets (m)

Nach dem Zubereiten werden die Speisen angerichtet, damit zum Verkauf vorbereitet und serviert.

Beim Anrichten auf dem Teller werden die einzelnen Zubereitungen portionsgerecht zu einem Gericht zusammengestellt. Dabei denkt man sich den Teller dreigeteilt.

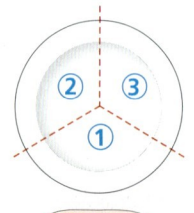

- **Fleischscheiben** ① und Sauce liegen im unteren, dem Gast zugewandten Drittel, damit der Gast sie leicht in Stücke schneiden kann.
  Besteht eine Portion aus mehreren Tranchen (Scheiben), wird zum Gast hin exakt ausgerichtet.
- **Beilagen** ② (Kartoffeln, Reis, Teigwaren) liegen oben links.
- **Gemüse** ③ liegen oben rechts. Werden mehrere Gemüse angerichtet, achtet man auf das Farbenspiel.
- **Warme Speisen** richtet man auf vorgewärmtem Teller aus dem Wärmeschrank oder Rechaud an.
- Ein angerichteter Teller soll nicht überladen sein, der **Tellerrand** oder die **Fahne muss sauber sein.** Nötigenfalls abwischen.
- Haben Teller ein **Firmenzeichen**, eine **Vignette**, wird so angerichtet, dass sich das Zeichen beim Einsetzen dem Gast gegenüber befindet.

Manche Gerichte gewinnen, wenn man sie anschneidet und z. B. eine Füllung sichtbar wird wie bei gefüllten Keulchen oder Rouladen.

Eine glänzende Oberfläche wirkt kostbarer, lässt appetitlicher erscheinen. Dabei hilft in der warmen Küche z. B. zerlassene Butter, die mit einem Pinsel sparsam aufgetragen wird, in der kalten Küche wird mit Aspik überglänzt.

Man kann auch eine Garnierung, ein bisschen Schmuck, „etwas obendrauf" anbringen. Etwa gehackte Petersilie oder in Butter gebräunte Brösel, eine Rosette Kräuterbutter auf einer Zitronenscheibe, einen Sahnetupfer usw.

Fachbegriffe	
à part	Getrennt anrichten, z. B. in einer Sauciere oder Gemüseschale (Legumier)
Fahne	Rand eines Tellers
glasieren	Überglänzen, z. B. Kartoffeln mit flüssiger Butter
gratinieren/ überbacken	Ein Gericht unter starker Wärmeeinwirkung (Oberhitze) bräunen

Fachbegriffe	
nappieren	Mit Sauce überziehen
Rechaud	Wärmeschrank, Wärmeplatte
saucieren	Sauce angießen oder untergießen
Tranche	Scheibe, z. B. von Braten, Geflügelbrust
tranchieren	In Scheiben schneiden

2 Beschreiben und Bewerten von Speisen

🇬🇧 describing and analysing meals 🇫🇷 décrire et évaluer des mets (m)

Den Unterschied zwischen Bewerten und Beschreiben von Speisen erkennt man am besten, wenn die Sichtweisen von Küche und Restaurant gegenübergestellt werden.

Am Beispiel des *Wiener Schnitzels*, das jedem bekannt ist, wird der Unterschied zwischen Bewerten und Beschreiben einer Speise dargestellt.

Küche	Service
Produktion erfordert Rezept	Beratung der Gäste ist eine **Empfehlung**
Beispiel • Fett in der Pfanne erhitzen, • paniertes Schnitzel einlegen, • nach … Min. wenden, • ist fertig, wenn …	**Beispiel** • Saftiges Schnitzel von einem Kalb aus der Region, • frisch zubereitet, • aromatisch, • mit krosser Panierung
Das ist eine **Vorgangsbeschreibung** und wendet sich an den Verstand.	Das ist eine **Gegenstandsbeschreibung** und wendet sich an das Gefühl.
Die **Bewertung** des Produktes durch den Koch erfolgt sachlich mit dem Ziel, die Produktion zu erfassen und zu verbessern.	Die **Beschreibung** eines Gerichtes im Restaurant hat das Ziel, die Gäste zu informieren und zu einem Kauf zu animieren.

Beschreiben von Speisen

Besucht man Quick-Service-Restaurants, fällt auf, dass man über das Angebot anders informiert wird als in einem Restaurant. Großformatige Aufnahmen zeigen dort, was zu kaufen ist. Dadurch hat der Gast eine klare Vorstellung, wie das von ihm ausgewählte Gericht aussehen wird.

Restaurants übernehmen bisweilen die Idee, z. B. in Form von bebilderten Eiskarten. Auch dort sieht man im Voraus, wie das Gewählte aussehen wird.

Im Allgemeinen ist der Gast jedoch auf die mündliche Information durch die Servicemitarbeiter angewiesen. Fachkräfte kennen die Frage: „Was ist eigentlich …?" Die erwünschte Information ist Aufgabe und Verkaufs-Chance zugleich. Wir haben mit Worten zu beschreiben, wir haben mit Worten Appetit zu machen.

Essen kann man sehen, riechen und schmecken. Darum wendet sich die Beschreibung von Lebensmitteln an möglichst viele Sinne und nennt je nach Hauptbestandteil geschmacksbestimmende Zutat, Form, Farbe oder Beschaffenheit.[1]

---

[1] Beispiele einer Beschreibung bei den Zubereitungsreihen ab Seite 149 bei „Wir empfehlen".

Küche

ANRICHTEN UND EMPFEHLEN VON SPEISEN

Worte, die verkaufen helfen

Beschaffenheit	Sinnesempfindungen	Konsistenz – Beißgefühl (Wortauswahl)	
• … lecker gefüllt mit … • … eingelegt in eine würzige Marinade • … gut gereift, … vitaminschonend gedünstet • … kross gebraten, • … täglich frisch, … frisch vom Markt • … nach hauseigenem Rezept	• buntes Gemüse • knackiger Salat • duftendes Gebäck • knuspriger Blätterteig • zarte Creme • edelbittere Schokolade	• cremig • fein • flockig • flüssig • geliert • knackig • knusprig • kompakt • körnig	• kross • lecker • leicht • locker • mürbe • rösch • saftig • sahnig • schaumig

Geschmack

Der Geschmack kann unterschiedlich sein: ausgeprägt, arttypisch, kräftig, pikant bis kaum wahrnehmbar. Auch die unterschiedliche Stärke einer Geschmacksausprägung lässt sich beschreiben.

Beispiele (Beispiele für einfache Gerichte auf den Seiten 149 bis 153)

gerade erkennbar	deutlich feststellbar	vorherrschend
süß, süßlich	angenehm süß	zuckersüß
herb/bitter, bitterlich, etwas bitter	halbbitter, zartbitter	zusammenziehend

Farbe

- hellgelb
- strohgelb
- goldgelb
- leicht gebräunt
- rötlich
- fruchtig rot
- tiefrot
- rotbraun
- zart grün
- grünlich
- hellgrün
- kräftig grün
- goldbraun
- nussbraun
- karamellfarben
- schokoladenbraun

Mischgeschmack

entsteht, wenn Grundrichtungen des Geschmacks vorherrschend werden.

Beispiele

süß-sauer	Hering nordische Art, Chinasauce
bitter-süß	Schokolade, Kakao
fruchtig-süß	Ananas, Erdbeere, Passionsfrucht, Saftorange
herb-fruchtig	Grapefruit

Temperatur

Beispiele, wie Wärme oder Kühle positiv oder negativ empfunden und beschrieben werden können.

Temperatur	(–) kühler	(+) wärmer
positiv	• angenehm kühl • richtig temperiert	• schön warme Suppe • frisch aus dem Ofen
negativ	• kaltes Essen • die Suppe ist zu kalt	• das Bier ist zu warm • so heiß, dass man … nicht essen kann • da verbrennt man sich ja den Mund

Weitere Kriterien

Der **Geruch** kann sein ausgeprägt, ausgewogen, typisch, fruchtig, harmonisch, …

An die **Genussgefühle** wenden sich Wörter wie typisch, angenehm, fein, harmonisch, weich, dezent, herzhaft, erfrischend, belebend.

Negative Wörter werden im Verkaufsgespräch nur verneinend verwendet.

- kräftig, jedoch nicht scharf
- weich, aber doch bissfest
- nicht faserig, butterweich gedünstet
- gut gewürzt, aber nicht scharf
- gut gekühlt, aber nicht kalt

Beispiele für Genussgefühle	
typisch	typisch für die Region, typische Würzung für Wild
angenehm	angenehm kühl, aber nicht kalt
weich	weich, dass es auf der Zunge zergeht
fein	fein abgestimmte Würzung
harmonisch	harmonische Kombination von … und …

Bewerten von Speisen

Die Bewertung oder Beurteilung von Speisen und Getränken in der Gastronomie nennt man auch **Degustation**. Man kennt verschiedene Verfahren. Hier wird das vergleichende Verfahren nach dem Benotungssystem verwendet.

Bei einer vergleichenden Verkostung oder Degustation sind folgende **Regeln** zu beachten:

- Nur Gleiches mit Vergleichbarem verkosten.
- Jede Rezeptur genau einhalten.
- Gleiche Gefäße, gleiche Temperatur, usw.
- Proben „neutralisieren", das bedeutet, dass die Prüfenden nicht wissen, mit welchem Produkt sie es zu tun haben.
- Während der Verkostung nicht reden.
- Ergebnisse schriftlich festhalten.
- Zwischen den Proben die Geschmacksempfindung mit Brot oder Wasser neutralisieren.

Eignungsprofil für		Schinkencanapé Frischkäsehappen	
Kriterien	Extremwert	Rangplatzskala 1–7	Extremwert
Materialeinsatz	niedrig		hoch
Arbeitsaufwand	niedrig		hoch
Lagerung fertige Speise	gut möglich		schlecht möglich
Transportfähigkeit	unempfindlich		sehr empfindlich
Eignung für Veranstaltung	gut geeignet		schlecht geeignet
Präsentierbarkeit	gut		schlecht

Küche — ANRICHTEN UND EMPFEHLEN VON SPEISEN

Abb. 1 Tomatensuppen zum Test

Geschmackstest Beispiel Tomatensuppe

Sehen
Wie ist die Farbe? Kräftig, natürlich, blass oder wenig ansprechend? Kräftig rot oder gedeckt (Sahne)? Lassen Sie die Suppe vom Löffel oder über eine Untertasse laufen.

Wie ist die Beschaffenheit, Konsistenz? Zu dünn, flüssig, cremig, dicklich, pampig?

Riechen
Rühren Sie mit dem Löffel mehrmals um und entnehmen Sie einen vollen Löffel. Halten Sie den vollen Löffel vor die Nase, atmen Sie ein. Wie ist der Geruch? Fruchtig, schwach, fremd, angenehm, ausdruckslos? Wie stark?

Schmecken
Nehmen Sie die Suppe in den Mund, auf die Zunge. Wie ist der Geschmack? Gehaltvoll, aromatisch, fruchtig oder säuerlich, leer mit „Fremdgeschmack"?

Vor dem Schlucken achten Sie auf das, was Sie am Zungenende (unterhalb des Gaumens) empfinden. Bittergeschmack?

Nach dem Schlucken: Wie ist der Nachgeschmack? Füllig, rund, angenehm, leer, bitter, kratzend? Beim Wein bezeichnet man dieses Empfinden als „Abgang".

Intensität/Stärke	(–) schwach	(+) stark
positiv	mild, dezent, angenehm	kräftig, intensiv, ausgeprägt
negativ	schwach, wenig Geschmack, geschmacklos	aufdringlich, zu stark hervortretend

Verwenden Sie die richtigen Worte

Bei der Beschreibung muss man abstufend bewerten können. Hier als Beispiel die Intensität oder Stärke der Eindrücke.

Die Ergebnisse der Verkostung oder Degustation werden in den Prüfungsbogen eingetragen und verglichen.

Degustation Produktgruppe: Saucen

Produkt: Holländische Sauce

Note	1 2 3 4 5	1 2 3 4 5	1 2 3 4 5	
Probe A	○○○○○	○○○○○	○○○○○	_____
Probe B	○○○○○	○○○○○	○○○○○	_____
Probe C	○○○○○	○○○○○	○○○○○	_____
Probe D	○○○○○	○○○○○	○○○○○	_____
Probe E	○○○○○	○○○○○	○○○○○	_____

Beurteilen Sie die einzelnen Proben anhand der Merkmale Aussehen, Konsistenz und Geschmack.

Bitte kreuzen Sie die zutreffende Bewertung an! (Bewertung: 1 = sehr gut; 2 = gut; 3 = befriedigend; 4 = ausreichend; 5 = mangelhaft)

Welches dieser Produkte würden Sie insgesamt in Ihrer Beurteilung auf den **1. Platz** setzen?

Probe Nr.: _____

Abb. 2 Muster eines Bewertungsblattes

Eignungsprofil

Ein Eignungsprofil zeigt auf einen Blick, wo die Schwerpunkte eines Rezeptes liegen.

- Wie hoch liegen die Materialkosten, der Arbeitsaufwand?
- Kann im Voraus produziert werden, z. B. für Empfänge, Tagungen?
- Kann die Zubereitung transportiert werden?
- Wie gut kann die Zubereitung aufwahrt werden?
- Welchen „Eindruck" macht die Zubereitung, wie lässt sie sich präsentieren? („Einfach" wie ein Nudelsalat oder „gehoben" wie etwa Scampi auf gedünsteter Selleriescheibe)?

Abb. 1 Schinkencanapé   Abb. 2 Frischkäsehappen

Besonderheiten in der Systemgastronomie

Viele **systemgastronomische Restaurants** verfolgen das Ziel, stets gleichbleibende Qualität auch im Geschmack der angebotenen Speisen und Getränke zu bieten.

Der Grund für den Besuch einer Filiale ist häufig eine bestimmte, gewohnte (Geschmacks-)Erwartung. Um die Küchenmitarbeiter in die Lage zu bringen, dieser Geschmackserwartung gerecht zu werden, ist es wichtig, eine Speise genau (d. h. durch Sehen, Riechen und Schmecken) bewerten zu können.

In der Systemgastronomie werden oft Convenience-Produkte (vgl. S. 113) verwendet, die durch die industrielle Herstellung Geschmacksabweichungen vermeiden. Die Unternehmenszentralen großer Restaurantketten haben entsprechende „Verkostungsabteilungen". Die Mitarbeiter dort haben die Aufgabe, durch Bewertung der einzukaufenden Convenience-Produkte Standards für den Produktgeschmack zu entwickeln.

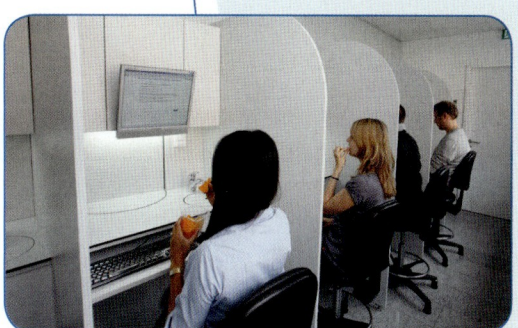

Abb. 3 Sensoriklabor

Aufgaben

1. Suchen Sie zu jedem der angeführten Eigenschaftswörter eine passende Speise: zartrosa, hellrot, hellbraun, goldbraun, knusprig braun, cremig-weiß, goldgelb.

2. Nennen Sie zu jedem Eigenschaftswort eine Zubereitung: neue, geeist, al dente, knackig, körnig, cremig, knusprig, saftig, sämig, leicht.

3. Für eine einfach durchzuführende Degustation werden verschiedene Orangensäfte eingekauft, und es wird auch Saft selbst gepresst. Gehen Sie nach den Regeln bei der Verkostung vor und halten Sie die Ergebnisse fest.

4. Zusätzlich zu Aufgabe 3 werden die Ergebnisse unter Berücksichtigung der Preise diskutiert. Kann das Beste auch preislich vertreten werden? Welches Produkt ist unter Berücksichtigung des Preises unsere Wahl?

5. Fertigen Sie selbst Tomatensuppe, z. B. mehrere Rezepte aus Frischware, Tomaten aus der Dose, Tomatenmark und Produkte verschiedener Firmen.

    a) Führen Sie sachgerecht eine Degustation durch und halten Sie die Ergebnisse im Bewertungsbogen fest.

    b) Versuchen Sie, ein Eignungsprofil zu erstellen, z. B. in einem Blatt Eigenfertigung und Suppe aus der Tüte eintragen (vgl. oben).

    c) Suchen Sie nach verkaufsfördernden Formulierungen.

Berechnungen zur Speisenproduktion

1 Umrechnung von Rezepten

Rezepte enthalten eine Auflistung der für eine Zubereitung erforderlichen Zutaten. Diese können bezogen sein auf
- **Rezeptmenge,** z. B. ergibt 12 Portionen,
- **Grundmenge eines Hauptrohstoffs,** z. B. eine Gans, eine Lammkeule.

Für die tägliche Produktion müssen die in den Rezepten genannten Mengen auf die Produktionsmengen umgerechnet werden.

Fachbegriffe

Herstellmenge oder Produktionsmenge	die Menge, die zu fertigen ist
Rezeptmenge	Mengen/Portionen, die das Rezept nennt
Umrechnungszahl oder Schlüsselzahl	das Vielfache oder Teil der Rezeptmenge im Verhältnis zur Produktionsmenge

1 Beispiel

Ein Rezept für Markklößchen ergibt 35 Portionen. Wie lautet die Umrechnungszahl
a) für 100 Portionen,
b) für 20 Portionen?

$$\text{Umrechnungszahl} = \frac{\text{Herstellmenge}}{\text{Rezeptmenge}}$$

z. B. $\frac{100}{35} \approx 3 \qquad \frac{20}{35} \approx 0{,}6$

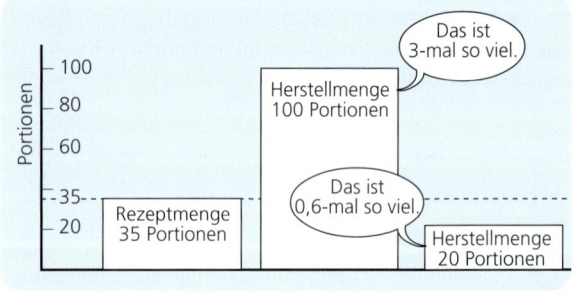

Aufgaben

2 In einem Sandwichrestaurant werden für einen Werktag (200 Gäste) u. a. üblicherweise folgende Mengen vorbereitet:

- 3 × 2 kg Eisbergsalat waschen und schneiden
- 2 kg Paprika waschen und schneiden
- 250 Brotrohlinge ausfrieren
- 50 Putenfilets marinieren
- 10 Salatgurken in Scheiben schneiden

Für den Sonntag werden 350 Gäste erwartet. Geben Sie die Umrechnungszahl an und rechnen Sie die Vorbereitungsmengen um.

3 Auf Seite 191 steht ein Rezept für Kartoffelsalat, das von 1 kg ungeschälten Kartoffeln ausgeht. Dieses soll auf ein Grundrezept von 10 Portionen je 250 g umgerechnet werden.

a) Ermitteln Sie das Gesamtgewicht des Rezeptes aus den Hauptzutaten Kartoffeln (Schälverlust 20 %), Zwiebeln, Öl und Fleischbrühe.
b) Berechnen Sie die Umrechnungszahl.
c) Erstellen Sie das Rezept für 10 Portionen.

4 Bei der Umrechnung eines Rezeptes erhält man als Ergebnis 3,4 Eier. Welche Möglichkeiten ergeben sich?

❷ Warenanforderung

🇬🇧 ordering of goods 🇫🇷 commande (w) des marchandises (w)

Die Warenanforderung ist die schriftliche Grundlage für die Warenausgabe des Magazins z. B. an die Küche. In vielen Betrieben gilt: **Keine Ware ohne Beleg.**

Zur Warenanforderung fassen die einzelnen Posten den Bedarf für die vorgesehenen Zubereitungen zunächst in einer Tabelle zusammen und übertragen dann die Werte in die Warenanforderung.

Warenanforderung	Abteilung: .... Datum:				
Rezept Lebensmittel	Bez. l, kg, St.	Bayer. Creme	Biskuit	Mürbeteig	Gesamt
Milch	l	1			1
Eier	St.	8	4	1	13
Zucker	kg	0,250	0,100	0,100	0,450
Sahne	l	1			1
Gelatine		16			16
Vanille	Schote	1			
Mehl					

Hinweise:
Meist ist es günstiger, wenn die Zutaten senkrecht angeordnet und die Rezepte in Spalten angeordnet werden, denn die Anzahl der erforderlichen Zutaten ist meist höher als die an einem Tag anfallenden Zubereitungen. Benutzt man ein Tabellenkalkulationsprogramm, z. B. Excel, übernimmt dieses die Rechenarbeit, ebenso wie die Warenwirtschaftssysteme.

Mürbeteig
🇬🇧 short pastry
🇫🇷 pâte (w) brisée

Grundrezept zum Ausrollen (ca. 600 g Teig)

300 g Mehl = 3 Teile
200 g Fett = 2 Teile
100 g Zucker = 1 Teil
  1   Ei
       Zitrone, Vanille, Salz

Bayerische Creme
🇬🇧 Bavarian Creme
🇫🇷 crème bavaroise

Grundrezept (30 bis 35 Port.)

1 l   Milch
8   Eigelb
250 g   Zucker
         Vanilleschote
1 l   Sahne
14–18   Blatt Gelatine

Biskuitmasse
🇬🇧 biscuit sponge
🇫🇷 appareil à biscuit (m)

Grundrezept (1 Boden, ⌀ 26 cm)

200 g   Ei
100 g   Zucker
 50 g   Mehl
 50 g   Weizenstärke
        Zitronenabgeriebenes

Aufgaben

❶ Fertigen Sie ein entsprechendes Tabellenblatt für die obigen Rezepte.

❷ Tragen Sie den Bedarf für die oben abgebildeten Rezepte ein.

❸ Bilden Sie die Summen in der Spalte Gesamt.

❹ Für einen festlichen Nachmittagskaffee bieten wir 80-mal Windbeutel mit Sauerkirschen. Suchen Sie im Fachbuch die entsprechende Rezeptur und rechnen Sie um. Mit der Schlagsahne aus 1 Liter Sahne kann man 20 Windbeutel füllen. Erstellen Sie eine Warenanforderung.

Küche — BERECHNUNGEN ZUR SPEISENPRODUKTION

❸ Kostenberechnung bei Rezepten

 cost calculation of recipes 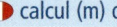 calcul (m) des recettes

Die Berechnung der Kosten einer Rezeptur dient als Grundlage für die spätere Kalkulation. Man spricht auch von Warenkosten oder Wareneinsatz.

❶ Beispiel

Zu einem Mürbeteig verwendet man 2 kg Zucker zu 0,90 €/kg, 4 kg Butter zu 4,10 €/kg, 6 kg Mehl zu 0,60 €/kg und Gewürz für 0,60 €. Berechnen Sie die Kosten für 1 kg Mürbeteig.

Lösung

Menge	Ware	Einzelpreis	Preis der Ware
2,000 kg	Zucker	0,90 €	1,80 €
4,000 kg	Butter	4,10 €	16,40 €
6,000 kg	Mehl	0,60 €	3,60 €
–	Gewürze		0,60 €
12,000 kg	Teig kosten		22,40 €
1,000 kg	Teig kostet		1,87 €

Lösungshinweis

Den Preis für jede einzelne Ware erhält man, wenn die Menge mit dem Einzelpreis malgenommen wird.

← Hier direkt einsetzen

← Von Gesamt**menge** und Gesamt**preis** auf Preis für die Einheit schließen.

Antwort: 1 kg Mürbeteig kostet 1,87 €.

Achten Sie auf gleiche Größen, z. B. Gewicht in kg ➜ Preis für 1 kg.

Anwendung des Taschenrechners mit M -Tasten

Menge	Warenbezeichnung	Einzelpreis	Preis der Ware
☐	X	☐	M± ☐
			M±
			MR Summe

Taschenrechner-Hinweise

M -Tasten ➜ **M** von **m**emory ➜ merken

TR mit M-Tasten führen Rechenvorgänge aus (hier Multiplikation) und speichern zugleich die Werte. Ein Vorteil, denn man muss die Zwischenergebnisse nicht nochmals für die Gesamtsumme eintippen.

M± Berechnung ausführen und addieren oder abziehen

MR **M**emory = Speicher, **R**ecall = Abruf. Die Summe aus dem Speicher wird angezeigt.

MC **M**emory **C**lear – löscht den Speicher

Rechner mit STO -Tasten bedienen ebenfalls Speicher; Abruf über RCL .

Aufgaben

❷ Für holländische Sauce für 15 Personen werden benötigt: 900 g Butter zu 4,10 €/kg, 12 Eigelb (½ Eipreis) je Ei 0,16 €, 100 g Schalotten zu 3,20 €/kg, 50 g Weinessig zu 1,80 €/l und Gewürze für 0,30 €. Berechnen Sie die Kosten für eine Portion.

❸ Für 15 gegrillte Tomaten benötigt man: 1 kg Tomaten zu 1,20 €/kg, 20 g Speiseöl zu 4,80 €/kg, 30 g Butter zu 3,90 €/kg und Gewürze für 0,20 €. Berechnen Sie die Materialkosten für eine gegrillte Tomate.

4 Mengenberechnung bei Verlusten

🇬🇧 quantity computation of waste
🇫🇷 calcul (m) de quantités en consideration (w) des pertes (m)

Beim Vorbereiten von Lebensmitteln werden nicht genießbare und geringwertige Teile entfernt. Durch diese Verluste ist der verwertbare Anteil geringer als das Einkaufsgewicht. Dies muss bei der Materialanforderung berücksichtigt werden. Rechnerisch handelt es sich meist um eine Prozentrechnung, weil die zu berücksichtigenden Verluste in Prozenten genannt werden.

Sachlich werden unterschiedliche Begriffe nebeneinander gebraucht. Vgl. rechts.

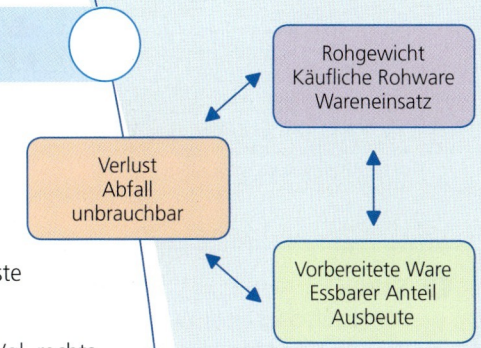

❶ Beispiel

Aus 5,000 kg Kartoffeln bleiben nach dem Schälen 4,000 kg geschälte Ware. Aus dieser einfachen Situation ergeben sich zwei Möglichkeiten der Fragestellung.
a) Wie viel kg beträgt der Schälverlust?
b) Wie viel Prozent beträgt der Schälverlust?

Kartoffeln	5,000 kg	=	100 %
Schälverlust	*1,000 kg*	=	*20 %*
Geschälte Kartoffeln	4,000 kg	=	80 %

Wenn man den Sachverhalt so darstellt, erhält man eine klare Zuordnung der Werte und kann einfach auf die fehlenden Werte (hier kursiv) schließen.

❷ Vom Einkauf zur vorbereiteten Ware

a) Bei Spargel rechnet man mit einem Schälverlust von 23 Prozent. Es wurden 12,300 kg Spargel eingekauft. Wie viel kg geschälter Spargel sind zu erwarten?

b) Man bereitet 4,300 kg Rotkohl vor und rechnet für Außenblätter und Strunk mit einem Abfall von 22 Prozent. Mit wie viel ganzen Portionen von 150 g Rohware kann man rechnen?

❸ Von der vorbereiteten Ware zur Materialanforderung/Einkauf

a) Im Rahmen der Tageskarte wird *Gurkengemüse mit Dill* angeboten. Für Schalen und Kerne ist mit einem Abfall von 22 Prozent zu rechnen. Wie viel kg Gurken sind für 30 Portionen je 160 g vorzubereiten?

b) Für Schwarzwurzeln in Sahne rechnet man je Portion 80 g geschälte Ware. Der Schälverlust wird mit 38 % angenommen. Wie viel kg Schwarzwurzeln sind für 45 Portionen einzukaufen?

❹ Verluste in Prozent berechnen

a) Für einen Warenvergleich wurden 2,500 kg Champignons vorbereitet. Die geputzten Pilze wiegen 2,360 kg.
Wie viel Prozent beträgt der Verlust?

b) Aus 4,480 kg Rindfleisch wurden 21 Portionen zu je 160 g Bratengewicht erzielt.
Berechnen Sie den Bratverlust in Prozent.

c) In der Postmixanlage in einem Restaurant wird Orangen- und Zitronenbrause aus Sirupkonzentrat (20 l pro Behälter) und Leitungswasser (Mischungsverhältnis lt. Standard 1:10) hergestellt. Nachdem 538 Becher á 0,4 l gezapft wurden, muss der Sirupbehälter schon getauscht werden, da er leer ist. Von welchem Schankverlust in Prozent kann man hier ausgehen?

Küche — BERECHNUNGEN ZUR SPEISENPRODUKTION

5 Kostenberechnung bei Verlusten

 calculation with waste costs
 calcul (m) des coûts en consideration (w) de pertes (w)

Wenn beim Vorbereiten oder Zubereiten von Rohstoffen Verluste entstehen, wird das Produkt entsprechend teurer. Der Einkaufspreis muss auf das Produkt umgelegt werden.

1 Beispiel

Man kauft 5 kg einer Ware zu 1,00 €/kg und erhält daraus 4 kg vorbereitete Ware.
Wie viel € sind für 1 kg vorbereitete Ware zu berechnen?

Einkauf
5 kg je 1,00 € = 5,00 €

| 1 |
| 2 |
| 3 |
| 4 |
| 5 |

5 × 1,00 € = 5,00 €
5,00 € : 4 = 1,25 €

Vorbereitet
5,00 € : 4 = 1,25 €/kg

| 1 |
| 2 |
| 3 |
| 4 |

Der Küchenchef
Wenn ich von 5 kg einer Ware nur 4 kg vorbereitete Ware erhalte, dann müssen diese 4 kg auch die Kosten von den gesamten 5 kg tragen. Ich muss also die gesamten Kosten beim Einkauf auf die vorbereitete Warenmenge verteilen.

Das hilft beim Schätzen! Beim Vorbereiten ist
- das Gewicht der vorbereiteten Ware immer geringer als im Einkauf, denn man entfernt Geringwertiges,
- der kg-Preis der vorbereiteten Ware immer höher, denn es verbleibt Höherwertiges in geringerer Menge.

Aufgaben

2 Für einen Preisvergleich schälte man 5,000 kg Kartoffeln zu 1,20 € je kg und erhielt daraus 3,800 kg geschälte Ware.
Wie viel € sind für 1 kg geschälte Kartoffeln zu veranschlagen?

3 Kartoffeln werden für 0,80 € je kg angeboten. Man rechnet mit einem Schälverlust von 22 %.
Berechnen Sie den Preis für 1 kg geschälte Kartoffeln.

4 Der 2-kg-Beutel mit Mayonnaise zum Nachfüllen der Saucendispenser an der Garnierstation lässt sich nicht komplett entleeren. Nach Aufschneiden des Beutels stellen Sie fest, dass ca. 85 g in dem Beutel zurückbleiben. Wie hoch ist der Gebindeverlust in % und in Euro, wenn ein neuer Beutel 8,62 € kostet?

5 Eine Dose mit 850 Gramm Inhalt enthält 550 Gramm abgetropfte Ware und kostet 0,80 €. Für eine Beilage rechnet man 120 Gramm. Berechnen Sie die Kosten für eine Portion.

6 Man kaufte 5,200 gefrostetes Rindfleisch zu 8,20 €/kg. Nach dem Auftauen wog das Fleisch 4,850 kg.
Berechnen Sie den Preis für 1 kg aufgetautes Rindfleisch.

7 Schweinefleisch zum Braten kostet je kg 5,90 €. Für eine tischfertige Portion rechnet man 160 Gramm Braten.
Wie viel € sind bei einem Bratverlust von 20 % dafür zu berechnen?

8 Spargel soll in Portionen mit 250 Gramm gekochtem Spargel angeboten werden. Man rechnet mit einem Schälverlust von 30 %.
Wie viel € Materialkosten sind für eine Portion zu rechnen?

9 Für Salat von frischen Früchten schneiden wir Orangenfilets. Man rechnet mit einem Verlust von 55 Prozent. Wie viel € sind für 1 kg vorbereitete Orangenfilets zu berechnen, wenn 1 kg Orangen im Einkauf 3,80 € kostet?

Zubereitung einfacher Speisen

❶ Speisen von Gemüse

🇬🇧 vegetable dishes 🇫🇷 plats (m) de légumes (m)

Innerhalb der Ernährung hat das Gemüse die Aufgabe, dem Körper ausreichend Vitamine, Mineralstoffe und Ballaststoffe zuzuführen. Folglich gilt es, bei der Vor- und Zubereitung von Gemüsen die Verluste an Vitaminen und Mineralstoffen so gering wie möglich zu halten.

Wirkstoffe gehen hauptsächlich verloren durch:
- **Lufteinwirkung** ⟶ lagern
- **Lichteinwirkung** ⟶ lagern
- **Auslaugen** ⟶ waschen
  ⟶ wässern
  ⟶ kochen
- **Wärmeeinwirkung** ⟶ bereithalten

Wirkstoffe bleiben besser erhalten, wenn man Folgendes beachtet:
- Gemüse kühl und dunkel aufbewahren.
- Wann immer möglich, bereits **vor** dem Zerkleinern waschen.
- Geputzte Gemüse nicht im Wasser liegen lassen, sondern feucht abdecken.
- Blanchieren nur, wenn unbedingt erforderlich.
- Falls das Gemüse nach dem Blanchieren nicht sofort weiterverwendet wird, rasch abkühlen, möglichst mit Eiswasser.
- Dünsten und Dämpfen bevorzugen, denn beim Kochen entstehen die größten Verluste.
- Zum Kochen Gemüse in sprudelnd kochendes Wasser geben.
- In kleineren Mengen nach und nach garen oder wiedererwärmen, denn Warmhalten (z. B. im Bain-Marie) zerstört Vitamine.
- Einweichwasser von Hülsenfrüchten mitverwenden, weil es Nährstoffe in gelöster Form enthält.
- Viele Gemüse lassen sich auch roh zu Frischkost und Salaten verarbeiten und abwechslungsreich zubereiten.

Abb. 1 Gemüsekühlraum

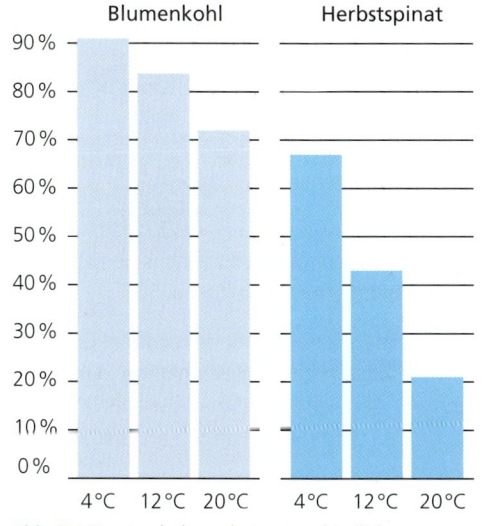

Abb. 2 Vitaminerhaltung bei unterschiedlichen Lagertemperaturen

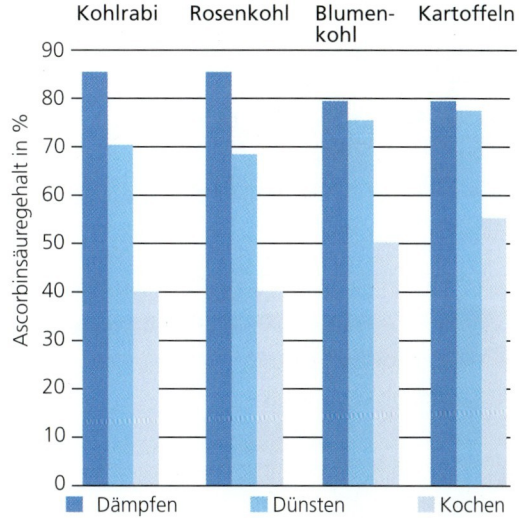

Abb. 3 Vitaminerhaltung beim Garen

1.1 Schnittarten bei Gemüse

🇬🇧 cutting of vegetables 🇫🇷 façons (w) de tailler les légumes (m)

Die unterschiedlichen Schnittformen werden von der Gemüseart und der vorgesehenen Verwendung bestimmt.

Feine Gemüsestreifen (Julienne)

Karotten und Sellerie zunächst in dünne Scheiben schneiden, Lauch in Stücke, dann in feine Streifen schneiden. Julienne sind etwa 3 bis 4 cm lang.

Für Suppeneinlagen werden auch zarte Wirsingblätter und Spinat zu Julienne geschnitten. Die dicken Blattrippen sind zuvor zu entfernen.

Abb. 1 Julienne

Feine Gemüsewürfel (Brunoise)

Möhren, Rüben und Sellerie in Scheiben schneiden oder hobeln. Die Dicke der Scheiben bestimmt die Größe der Würfel.

Mit dem Messer die Scheiben in Streifen und diese dann in Würfel schneiden. Vom Lauch wird hauptsächlich der helle Teil verwendet. Die Breite der Lauchstreifen ergibt die Kantenlänge der Vierecke.

Sie finden Verwendung als Einlagen für Suppen und Saucen sowie für Sülzen und Farcen.

Abb. 2 Brunoise

Nach Bauernart (Paysanne)

Die Bauern zerkleinern das Gemüse auf einfache Art. Für Suppe schneiden sie es blättrig.

In vierkantige Stäbe von 1 bis 1,5 cm Breite teilen und diese in 1 bis 2 mm dicke Blättchen schneiden. Lauch, Wirsingkohl und Zwiebeln in Quadrate gleicher Größe schneiden. Die Gemüseblättchen können durch Kartoffelblättchen ergänzt werden.

Für rustikale Suppen und Eintöpfe wie Pichelsteiner oder Gaisburger Marsch.

Abb. 3 Paysanne

Gemüsestäbe (Bâtonnets de légumes)

Die geputzten Gemüse, z. B. Möhren, Sellerie, Kartoffeln, Kohlrabi, Gurken oder Zucchini, werden zunächst in dicke Scheiben geschnitten und diese dann in Stäbe.

In der feinen Küche werden Gemüse mit dem Office- oder Tourniermesser in viele verschiedene, gleichmäßige, dekorative Formen geschnitten. Abgeleitet vom französischen Wort *tourner = drehen, runden* wird dieses Formen als **Tournieren** bezeichnet.

Gemüsestäbe werden nach dem Schneidevorgang kurz blanchiert und dann zur Fertigstellung in Butter sautiert.

Abb. 4 Gemüsestäbe von Kohlrabi

Das **Buntmesser** gibt gegarten Gemüsen z. B. für Salate ein ansprechendes Aussehen.

Schnittform	Gemüse
Tournieren	Karotten, Sellerie, weiße Rübchen, Zucchini, Gurke, Kürbis, Kartoffeln
Perlen, Kugeln	Karotten, Sellerie, weiße Rübchen, Zucchini, Kürbis, Gurke, Kohlrabi
Löffel	Fenchel, Kürbis

Abb. 1 Schneiden mit dem Buntmesser

Abb. 2 Tournierte, in ansprechende Formen geschnittene Gemüse

Abb. 3 Gemüseperlen und Fenchel-Löffel

Schnittarten bei Zwiebeln

Schneiden zu Ringen

Die geschälte ganze Zwiebel nach Entfernen des Lauchansatzes quer in gleichmäßige Scheiben schneiden.

Die Ringe werden durch die einzelnen Schalen (Blätter) gebildet, die sich leicht auseinanderdrücken lassen. Zum rohen Verzehr 1 mm, zum Frittieren 2 mm dick schneiden.

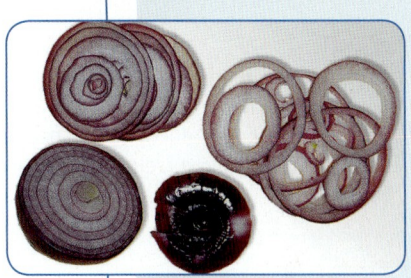

Abb. 4 Zwiebelringe

Schneiden in Würfel

Zwiebeln schälen, längs halbieren und den Lauchansatz entfernen. Die Schnitte so führen, dass sie vor der Zwiebelwurzel enden.

Dadurch hält die Zwiebel zusammen und lässt sich durch senkrechte und quer geführte Schnitte in Würfel schneiden. Der Abstand der Einschnitte bestimmt die Größe der Würfel.

Abb. 5 Zwiebelwürfel

Schneiden zu Blättchen

Zwiebeln schälen, längs halbieren, Lauchansatz abschneiden und die kleine Blattschicht aus der Mitte der Schnittflächen entfernen. Längsschnitte strahlenartig, also zur Zwiebelmitte hin, in gewünschtem Abstand so führen, dass sie vor der Zwiebelwurzel enden.

Mit senkrechten Querschnitten entsprechend breite Zwiebelteile abschneiden. Beim Auflockern fallen die Teile in Blätter auseinander.

Abb. 6 Zwiebelblättchen

Küche

ZUBEREITUNG EINFACHER SPEISEN

1.2 Vor- und Zubereitung

🇬🇧 preparation and cooking of vegetables 🇫🇷 préparation (w) des légumes

Bei der Zubereitung von Gemüse ist ein Garverfahren zu wählen, das
- die Nährstoffe möglichst erhält,
- dem Eigengeschmack der Gemüse gerecht wird,
- die Inhaltsstoffe für die Verdauung entsprechend aufschließt,
- die Verwendung innerhalb der Speisenfolge berücksichtigt.

Vorbereitete Gemüse, die nicht gleich weiterverarbeitet werden, sind flach zu lagern, feucht abzudecken und kühl aufzubewahren.

Grundzubereitungsarten

Gemüse werden am häufigsten durch feuchte Garverfahren zubereitet, weil diese den Eigengeschmack schonen. Nur bei speziellen Zubereitungen wendet man kombinierte oder trockene Garverfahren an.

Übersicht

Kochen, Dämpfen	Dünsten	Schmoren	Frittieren
Wasser oder Dampf übertragen Wärme.	Garen unter Beigabe von Fett und geringer Menge Flüssigkeit.	Garen zunächst in Fett, dann unter Zugabe von Flüssigkeit.	Garen im Öl- oder Fettbad. Wärmeüberträger ist Fett.
Beim Dämpfen geringste Auslaugverluste. Geschmack und Farbe bleiben weitgehend erhalten.	Keine Auslaugverluste. Geschmack wird durch Fett abgerundet.	Geschmacksvarianten durch Bildung von Röststoffen.	Geschmacksaufwertung durch Backkrustenbildung. Verwendung entsprechend der Struktur.
Beispiele: Artischocken, Blumenkohl, Spargel, Rote Bete, Bohnen, Spinat, Rosenkohl, Lauch, Grünkohl, Schwarzwurzeln, Speiserüben.	Beispiele: Beinahe alle Gemüsearten, ausgenommen ganze Blumenkohlköpfe, Spargel gebündelt, Artischocken, Rote Bete, ganze Sellerieknollen.	Beispiele: Auberginen, Zucchini, Zwiebeln, Gurken, Fenchel, Gemüsepaprika, Weißkohl, Wirsing (auch gefüllt).	Beispiele: **roh:** Auberginen, Zucchinischeiben, Champignons, Tomatenstücke. **vorgekocht:** Blumenkohlröschen, Schwarzwurzelstücke, Spargelstücke, Artischockenböden, Selleriescheiben.

Gegartes Gemüse wird rechtzeitig über einem Durchschlag abgegossen. Bei der Bestimmung des Garpunktes ist zu beachten, wie das Gemüse bis zur Weiterverwendung aufbewahrt wird.

- **Blumenkohl, weißer Spargel** und **Artischocken, Knollensellerie** und **Rote Bete** bleiben bis zur Weiterverwendung in der heißen Flüssigkeit und garen nach. Im Zweifelsfall kann durch Zugabe von kaltem Wasser oder Eisstücken ein Übergaren vermieden werden.
- **Andere Gemüsearten** sind in einen Durchschlag abzugießen und sofort mit Eiswasser zu kühlen. Beim späteren Fertigstellen erreichen sie ihren Garpunkt. Spinat ist nur ganz leicht auszudrücken. Gemüse, die erst später verarbeitet werden, legt man flach in Behältnisse, deckt sie feucht zu und stellt sie kühl.
- **Zarte Gemüse** gart man in mehreren Teilmengen nacheinander. Denn je größer die Kochmenge, desto länger die Dauer der Hitzeeinwirkung; diese schadet den Inhalts- und Geschmacksstoffen.
- **Garflüssigkeiten** sollten nach Möglichkeit weiterverwendet werden, z. B. zu entsprechenden Suppen oder zu Buttersaucen, die zu Spargel und Blumenkohl gereicht werden können.

> Gemüse ist gar, wenn es noch knackig ist, einen „Biss" hat. Übergartes Gemüse verliert nicht nur an Wirkstoffen, es ist auch im Genusswert geringer.

Artischocken 🇬🇧 artichokes 🇫🇷 artichauts (m)

Stiel dicht unter dem Blütenkopf abbrechen. Gleichzeitig die in den Artischockenboden reichenden Fasern des Stieles mit herausziehen. Die Artischocke waschen, von der Blattspitze werden etwa 4 cm abgeschnitten (Abb. 1).

Die äußere Blattreihe entfernen und die verbleibenden Blätter mit einer Schere stutzen. Boden zuschneiden und sofort mit Zitrone einreiben, da die Schnittflächen schnell braun werden (Abb. 2). Enzyme in der Artischocke bewirken in Verbindung mit Luft diese Farbveränderung.

Auf das Festbinden einer Zitronenscheibe am Artischockenboden sollte man verzichten, denn die intensive Säure beeinträchtigt den feinen Geschmack.

Abb. 1 Entstielen und Zuschneiden

Artischockenböden

🇬🇧 artichoke bottoms 🇫🇷 fonds (m) d'artichauts

Artischocken bearbeiten wie oben. Alle starken Blätter abbrechen, den nun sichtbaren Boden über dem Ansatz der zarten Mittelblätter abschneiden. Holzige Teile an der Bodenwölbung und die verbliebenen Staubgefäße (Heu) in der Bodenvertiefung entfernen (Abb. 3). Boden gegen Verfärben in mit Zitronensaft gesäuertes Wasser legen.

Böden in vorbereiteten Dünstfond legen und garen. In ausgebuttertem Geschirr einordnen, mit gekochten Brokkoliröschen belegen, mit Mornaysauce überziehen, mit Parmesan bestreuen, mit flüssiger Butter beträufeln und überbacken.

Abb. 2 Weitere Vorbereitungsschritte

Auberginen 🇬🇧 eggplants 🇫🇷 aubergines (w)

Waschen, Stielansatz entfernen. Evtl. Schale mit Sparschäler abnehmen. Fruchtkörper der Verwendung entsprechend in Stücke oder Scheiben teilen.

Dünsten in Öl oder Butter.

Zum **Braten** Scheiben von 1 cm Dicke salzen, Wasser ziehen lassen, abtupfen und in Öl goldgelb braten.

Gefüllte Auberginen siehe Zucchini

Abb. 3 Entfernen der Staubgefäße (Heu)

Blumenkohl 🇬🇧 cauliflower 🇫🇷 chou-fleur (m)

Strunk mit Hüllblättern zurückschneiden. Bei Freilandware Köpfe wegen möglicherweise eingenistetem Ungeziefer 10 Minuten in Salzwasser legen. Vor Zubereitung dicken Strunkteil über Kreuz einschneiden, um gleichmäßiges Garen des ganzen Kopfes zu erreichen.

Blumenkohl kochen, abtropfen, **gratinieren** oder auf **englische Art** mit Butter (Seite 180).

Eine andere Methode: Röschen vom Strunk abbrechen oder abschneiden, diese dann gründlich waschen und kurz in Salzwasser legen, dann in Salzwasser „al dente" kochen und abseihen. In der Zwischenzeit Semmelbrösel in Butter leicht rösten, mit gehacktem Ei und geschnittenem Schnittlauch, Salz und Pfeffer vermischen und die noch heißen Röschen einschwenken.

Abb. 4 Blumenkohlröschen

Küche

ZUBEREITUNG EINFACHER SPEISEN

Brokkoli 🇬🇧 broccoli 🇫🇷 brocoli (m)

Hüllblätter entfernen. Röschen vom dicken Strunk abschneiden. Behutsam, doch gründlich waschen. In Salzwasser kochen. Mandelblättchen in Butter rösten. Beim Anrichten auf die Röschen geben.

Chicorée 🇬🇧 belgian endive 🇫🇷 endive (w)

Äußere unschöne Blätter abnehmen. Strunk, der die meisten Bitterstoffe enthält, mit spitzem Messer kegelförmig herausschneiden. Danach Chicorée waschen. Ist der Chicorée etwas bitter, so kann er auch in geschnittenem Zustand gewaschen werden, damit die Bitterstoffe ausgelaugt werden.

Für geschmorten Chicorée das Gemüse längs halbieren, blanchieren und auf einem Gitter abtropfen.

In einem Topf Zwiebel- und Speckwürfel anschwitzen, Chicorée mit Speckscheiben oder rohem Schinken umhüllen, einsetzen, mit Demiglace halb hoch angießen und zugedeckt im Rohr schmoren.

Abb. 1 Geschmorter Chicorée

Erbsen 🇬🇧 green peas 🇫🇷 petits pois (m)

Enthülsen und waschen. Bald kochen, denn rohe Erbsen verlieren an der Luft Farbe und Geschmack. In Eiswasser abschrecken. Bei Abruf in Butter sautieren.

Fenchel 🇬🇧 fennel 🇫🇷 fenouil (m)

Stiele an der Knollenbildung abtrennen. Dillähnliche, fadendünne Blätter zu späterer Beigabe aufheben. Wurzelende glattschneiden, Verfärbungen an den Knollen entfernen. Gründlich waschen, Erdunreinheiten zwischen den Blattscheiden ausspülen.

Von der Knolle die löffelförmigen Einzelblätter abbrechen und kochen oder bei halbiertem Fenchel Strunk entfernen und in Streifen schneiden und dünsten.

Fenchellöffel können verschiedenartig gefüllt werden.

Geschmorten Fenchel zubereiten wie Chicorée.

Abb. 2 Fenchellöffel, gefüllt

Frühlingszwiebeln 🇬🇧 scallions 🇫🇷 ciboules (w)

Zu lange, grüne Blattröhren und Wurzeln abschneiden. Äußere Blatthülle entfernen, Zwiebeln unter fließendem Wasser waschen, dabei gründlich in die Blattröhren brausen.

Den weißen Anteil der Frühlingszwiebeln, ca. 5 bis 7 cm, kurz blanchieren und in Butter sautieren. Die grünen Abschnitte als Ringe für Suppeneinlagen bzw. anstelle von Schnittlauch verwenden.

Karotten/Möhren 🇬🇧 carrots 🇫🇷 carottes (w)

Bei jungen, kugelförmigen Karotten Kraut und Wurzeln abschneiden, kalt waschen, sofort in stark kochendes Salzwasser schütten, 2 Minuten blanchieren. Karotten abschütten, Hautteilchen unter fließendem Wasser rasch abspülen, oder:

Bei walzenförmigen Möhren die äußere Schicht abschaben oder mit einem Sparschäler schälen, ganz belassen oder in entsprechende Stücke teilen.

Für **glasierte Karotten** in Stifte oder Scheiben schneiden, in Butter kurz angehen lassen, mit wenig Flüssigkeit auffüllen, Zucker zugeben, entstandenen Fond sirupartig einkochen und Karotten darin schwenken.

1 Speisen von Gemüse

Grünkohl 🇬🇧 kale, green cabbage 🇫🇷 chou vert (m)

Bedarf für 10 Portionen	
2,5 kg	Grünkohlblätter mit Stängel
50 g	Schmalz vom Schwein
250 g	Speckwürfel
350 g	Zwiebelwürfel
100 g	Mehlschwitze
0,5 l	Schinkenbrühe
	Salz, Pfeffer, Muskat

Bei diesem typischen Saisongemüse werden die einzelnen krausen Blätter zunächst gewaschen und dann mit den Fingern von der Mittelrippe gestreift oder keilförmig abgeschnitten.

- Die gewaschenen Grünkohlblätter in Salzwasser blanchieren und sofort in Eiswasser abkühlen.
- Nach dem Abtropfen die Blätter grob hacken.
- Speckwürfel in Schmalz glasig schwitzen und Zwiebelwürfel zugeben
- Grünkohlstängel mit anschwitzen, mit Brühe auffüllen und ca. 1 Std. zugedeckt im heißen Rohr schmoren. Falls nötig, zusätzlich Brühe nachgießen.
- Kalte Mehlschwitze mit heißem Grünkohl-Schmorfond vermischen und aufkochen.
- Grünkohlblätter zugeben, nochmals gut aufkochen und abschmecken.

Grüne Bohnen 🇬🇧 string beans 🇫🇷 haricots (m) verts

Stielansatz und spitzes Ende abnehmen (abspitzen), evtl. vorhandene Fäden gleich mit abziehen. Danach waschen und entsprechend Art und Größe brechen oder schneiden; kleine, dünne Sorten (Prinzessbohnen) bleiben ganz.

Kochen, in Eiswasser abschrecken, abschütten und in Butter sautieren. Gekochte Bohnen mit Frühstücksspeck bündeln und dünsten.

Gurken 🇬🇧 cucumbers 🇫🇷 concombres (m)

Für warme Gerichte nach dem Waschen mit Sparschäler Schale abnehmen. Bei Freilandgurken Enden abschneiden, kosten, ob Bitterstoffe enthalten sind. Gurken längs teilen, Kerne entfernen und in die zum Garen vorgesehenen Stücke schneiden.

Gurkenstücke in wenig Flüssigkeit dünsten.

Für **gefüllte Gurken** die beiden Enden abschneiden; längs halbieren oder in Walzen schneiden, Kernmasse entnehmen.

Mit Kalbsfarce füllen und in ein gebuttertes Geschirr legen, mit Alu-Folie bedecken und garen.

Abb. 1 Gurken

Kaiserschote (Zuckerschote) 🇬🇧 snow peas 🇫🇷 pois mange-tout (m)

Diese Erbsenschote hat eine abgeflachte Hülse, die besonders zart ohne die pergamentartige Innenhaut ist. Den Stielansatz abschneiden, evtl. vorhandene Fäden ziehen, die Schoten gründlich waschen.

Kochen, in Eiswasser abschrecken, abschütten und in Butter sautieren.

Lauch/Porree 🇬🇧 butterhead leek 🇫🇷 poireau (m)

Grüne Blattscheiden und Wurzeln abnehmen. Äußere Blatthülle entfernen. Pflanze längs durchschneiden. Hälften unter fließendem Wasser waschen. Wurzelenden schräg nach oben halten, damit der zwischen den Blattlagen haftende Sand wegschwemmen kann.

Für **Lauch in Rahm** fingerbreite Stücke schneiden, kurz dünsten und mit Bechamelsauce und Sahne binden.

> Grünes Gemüse wird nach dem Kochen kurz in Eiswasser abgeschreckt. Der Kochprozess wird unterbrochen, das Blattgrün bleibt erhalten, das Gemüse bleibt knackig.

Küche

ZUBEREITUNG EINFACHER SPEISEN

Abb. 1 Platte mit siebenerlei Gemüse

Kohlrabi 🇬🇧 kohlrabi 🇫🇷 chou-rave (m)

Blätter von den Knollen nehmen. Zarte Blätter zur Weiterverwendung aufbewahren. Knollen vom Wurzelende zur Blattseite hin schälen, holzige Stellen abschneiden. Kohlrabi abspülen, in Stäbe oder Scheiben schneiden. Für Scheiben große Knollen zuvor halbieren oder vierteln.
In Salzwasser kochen und mit etwas Butter sautieren oder mit etwas Bechamelsauce oder etwas Sahne binden.

Für **gefüllte Kohlrabi** je nach Größe Kappe abschneiden oder quer halbieren, aushöhlen. Füllen mit einer Mischung aus Fleischfarce und angeschwitztem Gemüse. In eine gebutterte Form setzen, mit Brühe untergießen und zugedeckt dünsten.

Mangold/Stielmangold 🇬🇧 swiss chard 🇫🇷 bette (w)

Schnittmangold wird wie Spinat vorbereitet.
Der **Stielmangold** wird ganz gewaschen, der Stiel dann keilförmig aus dem Blatt herausgeschnitten, beide Teile werden gesondert verwendet. Der Stiel wird vor der Zubereitung in fingerbreite Stücke oder in noch dünnere Streifen geschnitten und gedünstet.

Ganze Mangoldblätter blanchieren und mit Hackfleischmischung oder Fischfarce füllen und schmoren.

Abb. 2 Mangold-Ricotta-Lasagne

Paprikaschoten 🇬🇧 bell pepper 🇫🇷 piments (m) doux

Waschen, Stiel mit daran befindlichem Samenstempel und Scheidewände herausschneiden. Früchte ausspülen und im Ganzen oder zerkleinert weiterverarbeiten. Tomatenpaprika verliert beim Kochen sein Aroma, weshalb man ihn nur roh für Salate verwenden sollte.

Für **gefüllte Paprika** gleich große und gleichförmige Schoten auswählen. Waschen, Stielseite quer als „Deckel" abschneiden.

Samenstempel und Scheidewände aus der Frucht nehmen.

Hackfleisch, vorgegarten Reis, angeschwitzte Zwiebelwürfel, Salz und Pfeffer vermengen. In die Schoten füllen und die „Deckel" daraufdrücken. Schoten in ein ausgefettetes Geschirr stellen.

Rinderbrühe, Demiglace oder Tomatensauce bis zu halber Höhe der gefüllten Schoten angießen. Mit Alu-Folie bedecken und im Ofen schmoren.

Abb. 3 Paprika gefüllt

Rosenkohl 🇬🇧 brussels sprouts 🇫🇷 choux de Bruxelles (m)

Beschädigte oder welke Blättchen abbrechen. Braune Endfläche des Strunks entfernen, jedoch nicht zu stark kürzen, sonst fallen beim Zubereiten zu viele Blättchen ab. Strünke über Kreuz einschneiden, damit Strünke und Blätter gleichmäßig garen.

Eine andere Methode:
Die Rosenkohlköpfchen in einzelne Blätter zerpflücken und diese dann waschen.

Rosenkohl in Salzwasser garen, in Eiswasser abschrecken, in Butter mit Zwiebeln und Speckwürfeln sautieren.

Abb. 4 Rosenkohl mit Speck

1 Speisen von Gemüse

Rote Rüben/Rote Bete 🇬🇧 beets 🇫🇷 betteraves (w) rouges

Blattwerk so weit abdrehen, dass der Stielansatz an der Rübe bleibt, Wurzelende nicht entfernen. Bei verletzter Außenhaut tritt der Farbstoff in das Kochwasser und das Innere bleicht aus. Rüben einweichen, mit einer Bürste reinigen, danach kochen. Gegarte Rüben abgießen, kalt überbrausen und die Haut abstreifen. Knollen zur gewünschten Form schneiden (Scheiben, Würfel, Stäbchen).

Neben der hauptsächlichen Verwendung als Salat kann die vorgekochte rote Rübe auch in Butter sautiert warm gereicht werden.

Abb. 1 Rote Bete

Rotkohl/Rotkraut/Blaukraut 🇬🇧 red cabbage 🇫🇷 chou rouge (m)

Bedarf für 10 Portionen	
90 g	Schmalz/Öl
130 g	Zwiebelstreifen
1 kg	Rotkraut
150 g	Apfelschnitze
10 g	Salz
20 g	Zucker
0,2 l	Brühe
3 EL	Essig
1	Gewürzbeutel (Lorbeerblatt, Nelke, zerdrückte Pfefferkörner, Zimtrinde)
	Abschmecken mit Johannisbeergelee, Zitronensaft

Unbrauchbare Außenblätter entfernen. Köpfe von der Strunkseite aus vierteln. Strunkanteile an den Kohlvierteln abschneiden, starke Blattrippen zurückschneiden oder ganz entfernen. Kohlviertel abspülen und in feine Streifen schneiden oder hobeln.

- Fett zerlassen, Zwiebeln darin farblos anschwitzen.
- In Streifen geschnittenes Rotkraut beifügen, durchrühren, kurze Zeit erhitzen.
- Zucker, Salz, Apfelschnitze, Essig sowie Wasser beifügen,
- alles gut vermengen.
- Gewürzbeutel in das Kraut stecken, Geschirr zudecken und den Inhalt bei mäßiger Hitze gar dünsten.
- Während des Garens das Gemüse öfter durchrühren.
- Es muss immer ein wenig Flüssigkeit vorhanden sein, damit das Gemüse nicht anbrennt.
- Am Ende der Garzeit die sichtbare Flüssigkeit entweder einkochen oder leicht binden mit angerührter Stärke oder durch rechtzeitige Beigabe von fein geriebenen Kartoffeln.
- Gewürzbeutel entfernen und das Rotkraut mit Johannisbeergelee und Zitronensaft abschmecken.

Sellerie, Knollensellerie 🇬🇧 celeriac 🇫🇷 céleri-rave (m)

Blattstängel und kleine Wurzeln abtrennen. Unter fließendem Wasser mit einer Bürste reinigen. Sellerieknollen können ungeschält im Ganzen oder geschält und geschnitten gegart werden. Geschälter Sellerie verliert durch Oxidation leicht seine helle Farbe, deshalb legt man geschnittene Knollen sofort in gesäuertes Wasser.

In Salzwasser kochen, dann panieren oder in Bierteig tauchen.
Schalen als Geschmacksträger für Brühen, Saucen und Suppen verwenden.

Die Selleriestauden können im Ganzen oder quer halbiert gegart werden.

Sellerie, Bleichsellerie 🇬🇧 celery 🇫🇷 céleri (m)

Blattwerk über der Verästelung der fleischigen Stangen abtrennen und als Würze für andere Zubereitungen verwenden. Wurzel der Staude glattschneiden. Faserprofil der äußeren Stangen mit einem Sparschäler abnehmen. Stauden waschen, Stangen spreizen und Unreinheiten aus dem Inneren herausspülen.

Bleichsellerie in Stücke von 5 bis 7 cm schneiden und blanchieren. Speck- und Zwiebelwürfel in wenig Fett anschwitzen, Bleichsellerie zugeben, mit Brühe oder Demiglace angießen und zugedeckt im Rohr schmoren.

Abb. 2 Bleichsellerie

Küche

ZUBEREITUNG EINFACHER SPEISEN

Schwarzwurzeln 🇬🇧 black salsify 🇫🇷 salsifis (m)

Wurzeln in kaltes Wasser legen und anhaftende Erde abbürsten. Nach gründlichem Überbrausen mit einem Sparschäler schälen. Wurzelspitze sowie Blattansatz entfernen. Zur Erhaltung der hellen Farbe geschälte Wurzeln sofort in gesäuertes Wasser legen. (1 l Wasser, 1 EL Essig). Geschälte Wurzeln in 4 bis 5 cm lange Stücke schneiden, in vorbereiteten, bereits kochenden Fond legen und zugedeckt garen.

Schwarzwurzeln zählen zu den klassischen Wintergemüsen.

Für **Schwarzwurzeln in Sahne** etwas Bechamelsauce und Rahm zugeben.
Für **gebackene Schwarzwurzeln** die gegarten Stücke mit Ausbackteig oder Panierung umhüllen und frittieren.

Spargel 🇬🇧 white asparagus 🇫🇷 asperges (w)

Spargelschäler (Messer mit verstellbarer Sparführung, s. Abb. 1) unterhalb des Spargelkopfes ansetzen und die Schale in dünnen Streifen zum Ende hin rundum abschälen. Spargel abspülen, mit Bindfaden bündeln und an den Enden so abschneiden, dass die Stangen gleich lang sind.

Spargel in ausreichend leicht gezuckertem Salzwasser auf Biss kochen.
Für **gebackenen Spargel** gekochte Stangen mit Ausbackteig oder Panierung umhüllen und frittieren.

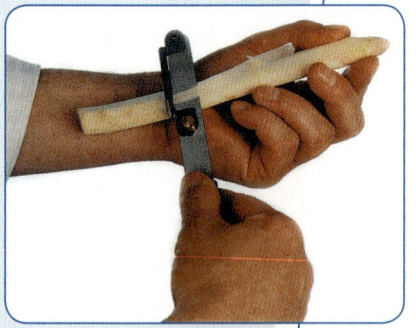

Abb. 1 Spargel schälen

Spargel, grüner 🇬🇧 green asparagus 🇫🇷 asperges (w) vertes

Beim Schälen beginnt man etwa 5 cm oberhalb des Stangenendes.

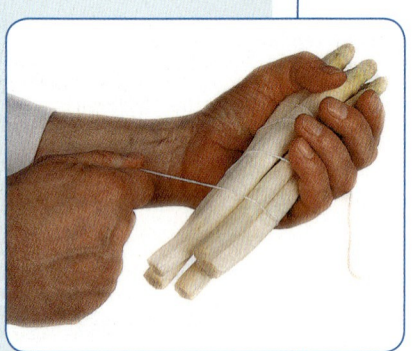

Abb. 2 Spargel portionsweise bündeln

Abb. 3 Spargelenden vor dem Kochen abschneiden

Spinat 🇬🇧 spinach 🇫🇷 épinards (m)

Spinat verlesen, von welken Blättern, beschädigten Teilen, Wurzeln und harten Stängeln befreien. Danach in reichlich Wasser waschen. Wasser mehrmals wechseln. Dazu Gemüse immer aus dem Wasser heben, der Sand verbleibt am Boden des Geschirrs. Dann zum Abtropfen locker in einen großen Durchschlag legen.

Für **Spinat** als Beilage zarte Blätter dünsten. Für **Spinatröllchen** blanchierte, abgetropfte Spinatblätter versetzt aufeinanderlegen, damit jeweils eine genügend große Fläche entsteht. Blattflächen salzen und pfeffern.

Leichte Farce aus Fisch, Schlachtfleisch oder Geflügel esslöffelgroß auf die Spinatblätter häufen und einhüllen. Spinatwickel in flaches, ausgefettetes Geschirr legen. Entsprechend der Füllung Fisch- oder Fleischbrühe untergießen und zugedeckt dünsten. Dünstfond leicht gebunden über die Spinatwickel gießen.

1 Speisen von Gemüse

Tomatenfleischwürfel 🇬🇧 tomato concasse 🇫🇷 tomates (w) concassées

Tomate waschen, kurz blanchieren, in kaltem Wasser abschrecken, dann die Haut abziehen, vierteln und die Kerne entfernen. Die Tomatenfleischstücke je nach Bedarf so belassen oder nochmals in Längsstreifen oder in Würfel schneiden.

Gefüllte Tomaten:
Gleich große Tomaten waschen, Stielansätze ausstechen, Deckel abschneiden oder Tomate halbieren, Inhalt entnehmen. Die Tomaten würzen und in ein flaches, mit Butter ausgefettetes Geschirr setzen.

Mögliche Füllungen:
- Pilzfüllsel (Duxelles, Seite 183)
  Mit Parmesan bestreuen, mit flüssiger Butter beträufeln und im Salamander überbacken.

- Blumenkohlröschen, Brokkoliröschen
  Mit Mornaysauce überziehen, mit Käse bestreuen, mit Butter beträufeln und überbacken.

- Blattspinat und Butterbrösel darübergeben.

- Gemüsemais in Butter sautieren

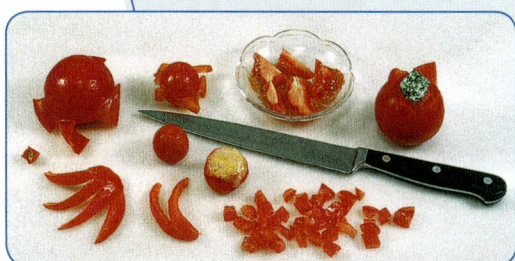
Abb. 1 Tomatenfleischstücke (Tomates concassées);

Abb. 2 Gefüllte Käsetomate; Grilltomate

Weißkohl 🇬🇧 white cabbage 🇫🇷 chou blanc (m)

Unschöne Außenblätter entfernen. Den Kohlkopf vom Strunk aus vierteln oder sechsteln. Strunkanteil abtrennen. Kohlstücke abspülen, dicke Rippen flach klopfen und einzelne Blattlagen entsprechender, vorgesehener Zubereitung zerkleinern.

Zum **Füllen** wird **Weiß- oder Wirsingkohl** als ganzer Kopf belassen oder man bricht die Blätter einzeln ab.

Dazu wird der Strunk ausgeschnitten, der Kopf gewaschen und in Salzwasser oder im Dämpfer so lange gegart, bis die Blätter elastisch sind und sich formen lassen.

Die Kohlblätter gibt man in Eiswasser, lässt sie darin abkühlen und anschließend in einem Durchschlag abtropfen.

Abb. 3 Kohlköpfchen und Kohlrouladen

Gefüllte Kohlköpfchen 🇬🇧 stuffed cabbage 🇫🇷 tête de choux farcis (m)

Große Blätter auslegen und jedem Blatt eine Anzahl kleinerer Mittelblätter zugeben. Mit Salz und Pfeffer würzen, in die Mitte ein Bällchen Fleischfüllung setzen und die Blätter darumschlagen. Mit Hilfe eines Tuches den gefüllten Kohl zu Köpfchen formen, die man in vorgefettete Geschirre ordnet. Kohlköpfchen können anstatt mit Fleischfüllung auch mit kleinen Kohlstückchen gefüllt werden.

Wirsing 🇬🇧 savoy cabbage 🇫🇷 chou de Milan (m)

Die beschädigten Blätter abnehmen. Danach den Wirsingkopf in Viertel schneiden und die Strunkanteile direkt am Blattansatz abtrennen. Da Wirsingkohlblätter locker aneinanderliegen und von blasiger Struktur sind, ist der Befall durch Ungeziefer eher gegeben. Aus diesem Grund muss Wirsing besonders gründlich gewaschen werden.

> ● Gedünsteter Weißkohl und Wirsing erhalten durch etwas angerührte Stärke oder durch rechtzeitige Zugabe von fein geriebenen rohen Kartoffeln eine leicht sämige Bindung.

Küche

ZUBEREITUNG EINFACHER SPEISEN

Sauerkraut 🇬🇧 sauerkraut 🇫🇷 choucroute (w)

Bedarf für 10 Portionen

100 g	Zwiebelstreifen
100 g	Apfelschnitze
60 g	Fett
50 g	Speckwürfel
0,3 l	Wasser
0,1 l	Weißwein
1,5 kg	Sauerkraut
1 EL	Honig
	Salz
1	Gewürzbeutel (Kümmel, Nelke, Wacholderbeeren, Lorbeerblatt)

- Speckwürfel, Zwiebelstreifen und Äpfel in erhitztem Fett farblos anschwitzen.
- Wasser angießen und aufkochen.
- Sauerkraut aufgelockert in den kochenden Ansatz geben und durchrühren.
- Alles rasch zum Kochen bringen.
- Gewürzbeutel in die Mitte stecken.
- Das Geschirr zudecken und den Inhalt bei mäßiger Hitze garen.
- Verdampfende Flüssigkeit ersetzen.
- Nach etwa halber Garzeit den Weißwein angießen.
- Wenn das Sauerkraut gar ist, den Gewürzbeutel entfernen.
- Das Kraut mit Honig vollenden.

> Gegartes Sauerkraut soll hell sein, appetitlich glänzen, fast keine sichtbare Flüssigkeit aufweisen, einen feinen säuerlichen Geschmack haben und beim Verzehren den Zähnen noch leichten Widerstand bieten, al dente sein.

Zucchini 🇬🇧 zucchini 🇫🇷 courgettes (w)

Zucchini (auch Zucchetti genannt) waschen. Das verbliebene sechseckige Stielende abschneiden. Junge, sehr kleine Früchte können ungeschält verwendet werden. Größere enthalten Bitterstoffe. Die Schale sowie das große Kerngehäuse sind deshalb zu entfernen.

Für **gefüllte Zucchini** Früchte waschen, längs halbieren. Fruchtfleisch einschneiden, ohne die Schale zu beschädigen. Früchte kurze Zeit frittieren oder auf den Schnittflächen braten. Weiches Fruchtfleisch entnehmen. Schalenhälften in gefettete Backplatte legen.

Gegarten Reis, Tomatenfleischwürfel, Kurzbratfleisch von Lamm in Schalottenbutter angebraten, reduzierte Lammjus, Gewürze sowie das gehackte Fruchtfleisch mischen. In die Schalenhälften füllen.
Mit Parmesan bestreuen, mit Butter beträufeln und im Ofen backen.

Abb. 1 Gefüllte Zucchini

Ratatouille (Südfranzösischer Gemüsetopf) 🇬🇧 ratatouille 🇫🇷 ratatouille (w)

Bedarf für 10 Portionen

3 EL	Olivenöl
1–2	Knoblauchzehen
300 g	Paprika rot/grün
300 g	Zucchini
200 g	Zwiebeln
1 TL	Tomatenmark
300 g	Auberginen
300 g	Tomaten
	Salz, Pfeffer, Thymian, Oregano, Basilikum

- Zwiebelwürfel und durchgedrückte Knoblauchzehen in Öl anschwitzen,
- Paprikastreifen zugeben und kurz mitdünsten,
- Scheiben oder Würfel von Zucchini und Auberginen sowie das Tomatenmark einrühren,
- zugedeckt kurz dünsten lassen, evtl. etwas Brühe angießen und würzen.
- Kurz vor dem Anrichten Tomatenfleischstücke unterheben und
- mit den frischen, gehackten Kräutern geschmacklich vollenden.

1 Speisen von Gemüse

Zwiebeln 🇬🇧 onions 🇫🇷 oignons (m)

Zwiebeln schälen, die am Zwiebelboden haftenden Wurzelfasern und den vertrockneten Lauchansatz entfernen. Entsprechend der Verwendung in Stücke, Würfel, Streifen oder Ringe schneiden (s. S. 169).

> Zwiebelpüree kann geschmacklich variiert werden, indem man vor dem Legieren kleingehackte Champignons oder frische gehackte Küchenkräuter untermischt.

Zwiebelpüree 🇬🇧 mashed onions 🇫🇷 purée (w) d'oignons (Soubise)

500 g	Zwiebeln
50 g	Rundkornreis
90 g	Butter
0,4–0,5 l	Milch
3 EL	Sahne
2	Eigelb
	Salz, Pfeffer

Zwiebelpüree wird zur Ergänzung von Zubereitungen verwendet.

- Zwiebelscheiben blanchieren, abtropfen, mit Butter andünsten.
- Rundkornreis zugeben, kochende Milch angießen, würzen, zugedeckt im Ofen ohne Farbgebung weichdünsten.
- Ansatz durch ein feines Sieb streichen, wieder erhitzen,
- Sahne mit Eigelb verrühren, unter das Zwiebelpüree rühren und mit Butter verfeinern.

Verwendungsmöglichkeiten:

- zum Füllen und Überbacken von Gemüsen, Kalbsrücken und Lammrücken;
- zum Überbacken auf gebratenen Koteletts, Steaks und Medaillons von Kalb und Lamm.

Des Weiteren verarbeiten wir Zwiebeln zu Röstzwiebeln, Zwiebelbrot, gebackene Zwiebelringe, zu Zwiebelsuppe, Zwiebelsauce oder Zwiebelkuchen.

Schalotten und **Perlzwiebeln** können als Gemüsebeilage im Ganzen zubereitet werden. Dazu müssen sie geschält und kurz blanchiert oder gedünstet werden. Sehr beliebt sind glasierte Rotweinschalotten, die kurz in Butter und Rotwein gedünstet werden. Dann bestreut man sie mit Salz und Zucker und schwenkt sie in der sich bildenden sirupartigen Flüssigkeit bis sie glänzen.

Abb. 1 Glasierte Schalotten

Flan 🇬🇧 flan 🇫🇷 flan (m)

Gemüse wird nach dem Kochen oder Blanchieren püriert. Das Püree abschmecken und mit Vollei und Sahne verrühren. Diese Masse in gebutterte Timbales oder ähnliche Förmchen füllen und im Wasserbad pochieren. Nach dem Stürzen wird der Flan als Beilage zu Hauptgerichten oder als Zwischengericht serviert. Der Flan kann auch kalt als Terrine gereicht werden.

Püree von … 🇬🇧 mashed … 🇫🇷 … en purée

Gemüse wie z. B. Brokkoli, Erbsen, Kürbis, Möhren, Sellerie, Spinat
Garverfahren: Kochen, Dämpfen, Dünsten

Abb. 2 Kürbisflan

Hinweise

Vegetarier verzichten bewusst auf Fleisch und Fisch. Das ist bei Rezepturen für Füllungen und Saucen zu Gemüsezubereitungen zu beachten, wenn diese empfohlen werden.

Veganer schließen auch Nahrungsmittel aus, die von Tieren produziert werden wie Eier, Milch, Milchprodukte oder Honig. Geeignete Rezepte verwenden vielfach Tofu.

Küche

ZUBEREITUNG EINFACHER SPEISEN

Verschiedene Arten der Fertigstellung – Übersicht

Die gegarten Gemüse lassen sich auf vielfältige Weise fertigstellen. Dabei zeigen sich Gemeinsamkeiten zwischen manchen Arten.

Die folgende Aufstellung zeigt diese Gemeinsamkeiten und macht zugleich die Unterschiede deutlich.

auf englische Art	🇬🇧 english style 🇫🇷 à l'anglaise
Gemüse	Erbsen, Bohnen, Brokkoli, Blumenkohl, Bleichsellerie, Spargel, Blattspinat
Garverfahren	Kochen, Dämpfen
Fertigstellung	Gegartes Gemüse abgetropft anrichten. Butterstückchen darauflegen oder gesondert geben. Gewürze und gehackte Kräuter separat reichen.

in brauner Butter	🇬🇧 in brown butter 🇫🇷 au beurre noisette
Gemüse	Bohnen, Blattspinat, Blumenkohlröschen, Rosenkohl
Garverfahren	Kochen, Dämpfen
Fertigstellung	In flachem Geschirr Butter bräunen. Gegartes, abgetropftes Gemüse dazugeben, durchschwenken und anrichten.

mit Butterkrüstchen	🇬🇧 with bread-crumbs 🇫🇷 aux croûtons
Gemüse	Chicorée, Blumenkohl, Brokkoli, Fenchel, Spargel, Sellerie
Garverfahren	Kochen, Dämpfen, Dünsten
Fertigstellung	Gegartes Gemüse anrichten. Butter bräunen, kleine geröstete Weißbrotwürfel oder grobe Brösel beifügen und über das Gemüse geben.

glasiert	🇬🇧 glaced 🇫🇷 glacé
Gemüse	Karotten, Schwarzwurzeln, Speiserübchen, Kohlrabi, Perlzwiebeln, Maronen, Zucchini
Garverfahren	Dünsten
Fertigstellung	Gemüsefond sirupartig einkochen, evtl. noch Butterstückchen beigeben. Gemüse durch Schwenken glasieren (überglänzen). Bei Maronen und braunglasierten Zwiebeln Zucker beim Ansetzen zunächst zu Karamell schmelzen.

in Sahne	🇬🇧 with cream 🇫🇷 à la crème
Gemüse	Karotten, Schwarzwurzeln, Kohlrabi, Erbsen, Gurken, Auberginen
Garverfahren	Dünsten
Fertigstellung	Dünstfond kurz halten. Bevor das Gemüse gar ist, Sahne angießen. Offen weiterkochen, bis leichte Bindung erreicht ist.

gratiniert	🇬🇧 gratinated 🇫🇷 au gratin
Gemüse	Blumenkohl, Brokkoli, Fenchel, Schwarzwurzeln, Spargel, Bleichsellerie, Rosenkohl
Garverfahren	Kochen, Dämpfen, Dünsten
Fertigstellung	Reduziertem Dünstfond Mornaysauce beigeben. Abgetropfte Gemüse in ausgefetteten Backplatten anrichten. Mit Sauce überziehen, Käse bestreuen, Butter beträufeln, im Salamander gratinieren.

1.3 Besonderheiten bei vorgefertigten Gemüsen

🇬🇧 particularities of prepared vegetables
🇫🇷 particularités (w) des légumes préfabriqués

Das Gemüse ist eine große Warengruppe, die zudem in fast jeder Speisenzusammenstellung vorkommt. Darum werden in Verbindung mit Gemüse auch die arbeitstechnischen und wirtschaftlichen Zusammenhänge zwischen Frischware und vorgefertigten Produkten betrachtet.

Gemüse bedürfen immer der Vorbereitung, denn sie müssen von nicht genießbaren Teilen befreit werden. Diese Arbeiten können in der eigenen Küche durchgeführt oder von der Zulieferindustrie übernommen werden.

Das breite Angebot an vorgefertigten Produkten kann unterschieden werden
- nach dem Grad der Vorbereitung und
- nach der Art der Qualitätserhaltung/Haltbarmachung.

Werden vorgefertigte Produkte verwendet,
- ist der Warenbedarf je Portion geringer,
- spart die Küche Arbeitszeit,
- sind die Mehrkosten beim Einkauf gegenüber den möglichen Einsparungen – vor allem an Arbeitszeit – abzuwägen.

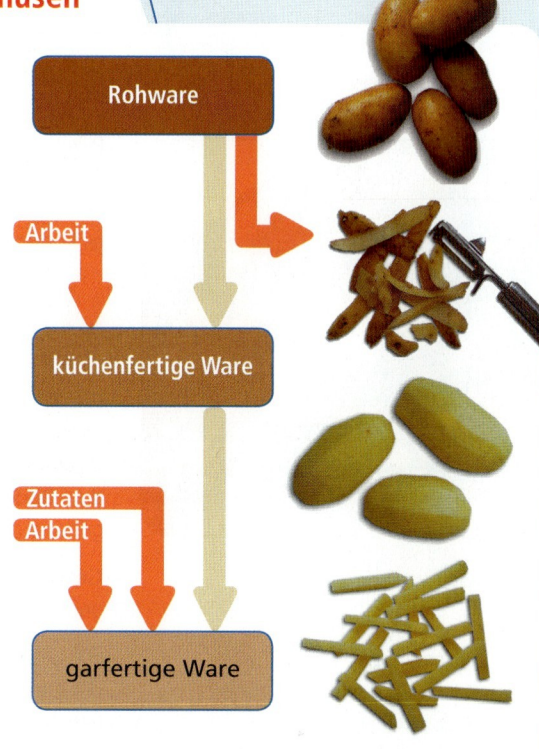

Abb. 1 Vorgefertigtes Produkt am Beispiel Pommes frites

Vorbereitete Rohware, gekühlt
- Gemüse oder Kartoffeln sind bereits gewaschen und geputzt bzw. geschält erhältlich.
- Blattsalate kann man schon gewaschen und gezupft kaufen.
- Kartoffelkloßmasse ist frisch als Rohmasse zu beziehen.

Nasskonserven
Gemüse sind fertiggegart, sie werden im eigenen Fond erwärmt, abgetropft und
- mit Butterflocken vollendet oder
- mit Sauce gebunden.

Tiefkühlware
Gemüse haben kürzere Garzeit, weil durch das Blanchieren und Frosten die Zellstruktur bereits gelockert wurde.
- Stückgemüse (Bohnen, Erbsen) in kochendes Wasser geben.
- Blockgemüse (Spinatblock) unter Zugabe von wenig Wasser langsam erwärmen.

Trockenware
Die meisten Trockengemüse werden zunächst eingeweicht, damit die Zellen das beim Trocknen entzogene Wasser wieder aufnehmen können.
Einweichwasser nach Möglichkeit mitverwenden.

Aufgaben

1. Wodurch gehen wichtige Wirkstoffe der Gemüse verloren?
2. Beschreiben Sie die Vorbereitung von Spargel.
3. Was soll mit den Garflüssigkeiten der Gemüse geschehen?
4. Welches Gemüse hat den höchsten Vorbereitungsverlust?
5. Nennen Sie vier Schnittformen für Gemüse.
6. In welche Formen können Zwiebeln geschnitten werden?
7. Nennen Sie die Grundzubereitungsarten für Gemüse.
8. Wie werden Gemüse vor dem Frittieren behandelt?

Küche

ZUBEREITUNG EINFACHER SPEISEN

2 Pilze

🇬🇧 mushrooms 🇫🇷 champignons (m)

Pilze sind nicht lange lagerfähig, da sie leicht verderbliches Eiweiß enthalten. Sie sollen deshalb nach der Ernte bzw. Lieferung rasch verarbeitet werden. An Druck- und Faulstellen tritt der Eiweißabbau sofort ein, es kommt zum Verderb.

2.1 Vorbereiten   🇬🇧 preparation 🇫🇷 préparation (w)

Frische Pilze wie Champignons, Pfifferlinge und Steinpilze werden am häufigsten verwendet. Sie sind sorgfältig zu putzen. Nach gründlichem Waschen Pilze aus dem Wasser heben, damit die erdigen Bestandteile auf dem Boden des Gefäßes bleiben. Nicht abgießen. Gewaschene Pilze umgehend garen.

Getrocknete Pilze sind vor dem Verwenden einzuweichen, damit genügend Wasser eindringen kann.

> Sollen gegarte Pilze aufbewahrt werden, sind sie sofort abzukühlen und bei Bedarf wieder zu erwärmen.

Die getrockneten Pilze legt man zunächst zum Anquellen in Wasser und wäscht sie anschließend. Danach werden sie mit Wasser bedeckt eingeweicht.

Das Einweichwasser kann beim Garen mit verwendet werden; es enthält wertvolle Inhaltsstoffe.

2.2 Zubereiten   🇬🇧 cooking 🇫🇷 cuisson (w)

Gedünstete Champignons   🇬🇧 stewed mushrooms 🇫🇷 champignons (m) étuvés

Zutaten für 10 Portionen
- 2 kg Champignons
- 60 g Zitronensaft
- 140 g Butter
- 20 g Salz

- Champignons putzen, waschen und zum Abtropfen in einen Durchschlag legen.
- Butter, Zitronensaft, Salz und einen Schuss Wasser in geräumigem Geschirr zum Kochen bringen.
- Champignons hineingeben, durchrühren und zugedeckt etwa 6 Minuten dünsten.

Gebackene Champignons   🇬🇧 deep fried field-mushrooms 🇫🇷 champignons (m) frits

Zutaten für 10 Portionen
1 kg gleichmäßig große, rohe Champignons
für Panierung:
3 Eier, Mehl und Semmelbrösel
Zitrone, Salz, weißer Pfeffer
Fett zum Backen

- Champignons putzen, dabei evtl. die Stiele etwas kürzen, waschen und abtrocknen.
- Mit Mehl, Ei und Brösel panieren.
- In heißem Fett (Frittüre) backen, abtropfen lassen.
- Mit Zitrone, Pfeffer und Salz würzen.

Rahmmorcheln
🇬🇧 morels in cream 🇫🇷 morilles (w) à la crème

Zutaten für 10 Portionen
200 g	getrocknete Morcheln
160 g	feine Zwiebelwürfel
120 g	Butter
1 TL	geschnittener Schnittlauch
0,5 l	Sahne
	Salz, Pfeffer

- Pilze in lauwarmem Wasser anquellen, gründlich waschen, mit Wasser bedeckt einweichen.
- Gequollene Morcheln aus dem Wasser heben.
- Einweichwasser aufbewahren.
- Zwiebelwürfelchen mit Butter anschwitzen.
- Morcheln salzen, pfeffern und zu den Zwiebeln geben.
- Das vom Bodensatz abgegossene Einweichwasser beifügen und die Pilze zugedeckt etwa 25 Minuten dünsten.
- Sahne an die Morcheln gießen und bei offenem Geschirr einkochen, bis die Flüssigkeit leicht gebunden ist.
- Angerichtete Rahmmorcheln mit Schnittlauch bestreuen.

Steinpilze mit Brotkrüstchen
🇬🇧 ceps with croûtons 🇫🇷 cèpes (m) aux croûtons

Zutaten für 10 Portionen
1,5 kg	Steinpilze
80 g	feine Schalottenwürfel
60 g	kleine, geröstete Weißbrotwürfel
80 g	Öl
60 g	Butter
1 EL	gehackte Petersilie
	Knoblauchsalz, Pfeffer

- Steinpilze putzen, gründlich waschen und abgetropft mit einem Tuch trockenreiben.
- Pilze in flache Stücke schneiden.
- Öl in geräumiger Stielpfanne erhitzen.
- Zerkleinerte Pilze salzen, pfeffern, in die heiße Pfanne geben und leicht anbraten.
- Pilze in ein vorgewärmtes Geschirr geben.
- In der gleichen Pfanne Butter aufschäumen lassen.
- Schalottenwürfel und Pilze wieder beifügen, Brotkrüstchen dazustreuen.
- Alles nochmals kurz erhitzen und mit Petersilie bestreut anrichten.

Duxelles
🇬🇧 duxelles 🇫🇷 duxelles (w)

Zutaten
250 g	feine Zwiebel- und/oder Schalottenwürfel
700 g	feingehackte, rohe Champignons
150 g	Butter
50 g	gehackte Petersilie
4 cl	Sherry (trocken)
	Salz, Pfeffer

Duxelles ist eine Grundzubereitung aus gehackten Pilzen, die zur Vervollständigung von Speisen, zum Füllen von Gemüsen, Fleisch- und Teigtaschen verwendet wird.

- Zwiebeln und Schalotten farblos anschwitzen.
- Champignons zugeben, salzen, pfeffern.
- Sherry zugießen und so lange dünsten, bis der ausgetretene Pilzsaft eingekocht ist.
- Petersilie untermischen und Duxelles in ein flaches Geschirr geben und auskühlen lassen.

Duxelles kann durch Zugabe von Schinkenwürfeln variiert oder mit Demiglace leicht gebunden werden.

Sautierte Pfifferlinge mit Speck
🇬🇧 sauted chanterelles 🇫🇷 chanterelles (w) sautées au lard

Zutaten für 10 Portionen
1,5 kg	Pfifferlinge
200 g	magerer, durchwachsener Räucherspeck in Würfelchen
200 g	Schalottenwürfelchen
2 EL	gehackte Petersilie
	Salz, Pfeffer
60 g	Butter

- Pfifferlinge putzen, gründlich waschen und zum Abtropfen in einen Durchschlag geben.
- Flaches Geschirr ausfetten. Pilze zugeben, salzen, im alsbald austretenden Saft 10 Minuten garen bis Fond reduziert ist.
- Speckwürfel in Stielpfanne anbraten, abgetropfte Pfifferlinge dazugeben.
- Schalotten und Butter beifügen, leicht pfeffern und bei starker Hitze und mehrfachem Schwenken sautieren.
- Gehackte Petersilie untermengen und anrichten.

Küche

ZUBEREITUNG EINFACHER SPEISEN

Risotto mit Waldpilzen  risotto with wood mushrooms · risotto avec champignons de bois

Zutaten für 10 Portionen

500 g	Risottoreis
2	Schalotten
1	Knoblauchzehe
40 g	Butter
¼ l	Weißwein
1–1,5 l	Geflügelbrühe
1 kg	Waldpilze, gemischt
¼ l	Sahne
	Salz, weißer Pfeffer
25 g	Wildkräuter, gehackt
	Bergkäse, gerieben

- Schalottenwürfel und die mit Salz verriebenen Knoblauchscheiben in Butter anschwitzen, Graupen zugeben, etwas angehen lassen und mit Weißwein und Brühe auffüllen. Bei kleiner Hitze ca 15 Min. köcheln lassen, bei Bedarf weitere Flüssigkeit zugeben.
- Anschließend ohne Hitze zugedeckt ca. 5 Min. quellen lassen.
- Pilze putzen, in Scheiben schneiden und scharf in etwas Öl anbraten, danach mit den Kräutern unter den Reis rühren.
- Die Sahne zugeben, mit Salz und Pfeffer abschmecken und servieren.
- Geriebenen Bergkäse dazu reichen.

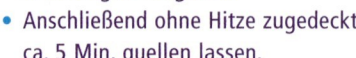

Gedünstete Austernpilze · oyster mushrooms · pleurotes (m)

Zutaten für 10 Portionen

1,5 kg	vom Strunk befreite Austernpilze
200 g	Schalottenwürfelchen
60 g	Butter
2 EL	gehackte Küchenkräuter (Petersilie, Schnittlauch, Kerbel, Zitronenmelisse, Kresse usw.)
	Salz, Pfeffer, Zitrone

- Austernpilze waschen und abtropfen lassen.
- Schalotten in Butter glasig angehen lassen, Pilze zugeben und
- kurz zugedeckt leicht dünsten, dann im eigenen Saft schwenken (sautieren).
- Kräuter einstreuen, würzen und anrichten.

Beilagen zu Pilzgerichten in Rahmsauce
Als Beilage eignen sich Semmelknödel, Serviettenknödel, Salzkartoffeln, Kartoffelschnee, Nudeln und Gnocchi.

Shiitake-Pilze  chinese mushrooms  shitakés (m)

Dieser Pilz wird vorwiegend für japanische und chinesische Gerichte verarbeitet.

Mu-Err-Pilze · wood ear mushrooms · Mu-Err champignons

Dieser asiatische Baumpilz, auch Wolkenohren genannt, wird bevorzugt in der chinesischen Küche verarbeitet und bringt vor allem durch seine schwarze Farbe einen besonderen farblichen Effekt.

Aufgaben

1. Was ist bei der Lagerung von Pilzen zu beachten?
2. Was versteht man unter „Duxelles"?
3. Welche Beilagen eignen sich zu Pilzgerichten?
4. Nennen Sie vier Pilzgerichte mit Beilagen (speisekartengerecht).
5. Nennen Sie vier Hauptgerichte, bei denen Pilze als Garnitur oder Zutat verwendet werden.
6. Was haben Sie bei der Verwendung von getrockneten Pilzen zu beachten?

3 Salate

🇬🇧 salad 🇫🇷 salades (w)

Allgemein versteht man unter Salaten Zubereitungen aus frischen grünen Blättern, Gemüse, Pilzen, Kartoffeln, Obst, aber auch Fleisch, Fisch, Geflügel usw. und einer Salatsauce (Marinade).
Hier werden die Salate aus **pflanzlichen Zutaten** behandelt, Salate aus anderen Zutaten sind im Bereich kalte Küche und Patisserie zu finden.

3.1 Salatsaucen – Dressings

🇬🇧 salad dressings 🇫🇷 sauces (w) froides pour des salades

Abb. 1 Säureträger

Für die Bezeichnungen von Salatsaucen, Marinaden, Dressings und Dips gibt es keine verbindlichen Richtlinien.

Salatsaucen oder **Marinaden** sind überwiegend klar und flüssig. **Blattgemüse** werden darin gewendet oder damit beträufelt. Festere Gemüsearten vermischt man mit der Marinade und lässt sie darin längere Zeit durchziehen.

Dressings sind vorwiegend sämig. Die emulgierende Bindekraft kommt von Joghurt, Sahne, Mayonnaise, Salatmayonnaise oder von gekochtem Eigelb, das durch ein Sieb gestrichen worden ist. Ein **Dressing** wird meist über den angerichteten Salat gegeben und erst vom Gast entsprechend vermischt.

Dips sind kalte, dickflüssige Saucen zum Eintauchen kleinerer Happen, z. B. Fingerfood. Der Name leitet sich ab vom englischen *to dip* = eintauchen.

Der Fachhandel bietet neben den klassischen Salatsaucen auch Salatsaucen für unterschiedliche Spezialitäten. Die meisten dieser Produkte sind mit nicht kennzeichnungspflichtigen Bindemitteln/Emulgatoren versetzt, damit sich die Bestandteile bei der Lagerung nicht entmischen.

Säure
- Säure verleiht eine erfrischend pikante Note.
- Säure ist enthalten in Essig, Zitronensaft und Orangensaft, in Joghurt und Sauerrahm.

Öl/Fett
- fördert die Geschmacksentfaltung und die Ausnutzung fettlöslicher Vitamine,
- dient als Gleitmittel, besonders wichtig bei roh belassenem Salat,
- Öle liefern Sonnenblumen, Erdnüsse, Oliven, Disteln, Kürbiskerne, Traubenkerne, Maiskeimlinge und Walnüsse sowie Mischungen mit Sahne oder Mayonnaise.

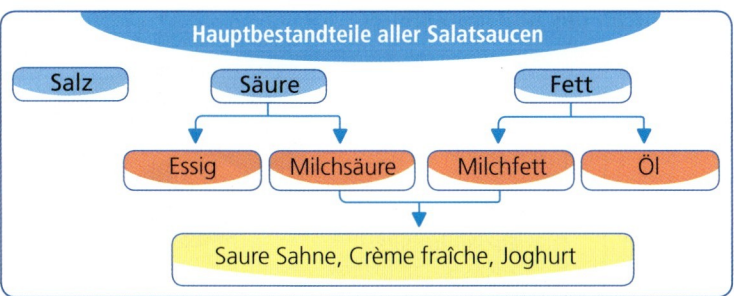

Hauptbestandteile aller Salatsaucen

Salz — Säure — Fett
Essig | Milchsäure | Milchfett | Öl
Saure Sahne, Crème fraîche, Joghurt

Für den Gebrauch in der Küche wird die angefertigte Salatsauce (Marinade) zweckmäßig in Flaschen gefüllt und kühl gehalten. Vor jeder Entnahme ist die Sauce kräftig durchzuschütteln, damit eine günstige Verteilung von Öl und anderen Geschmackszutaten erfolgt. Die meisten Salatsaucen basieren auf Grundrezepten. Das persönliche Können besteht darin, die Rezepte so zu ergänzen, dass durch die Verbindung von Sauce und Naturalien ein wohlschmeckender Salat entsteht. Bei den folgenden Rezepten ist Speiseessig mit 5 % Säuregehalt vorgesehen.

Abb. 2 Herstellung eines Dressings

Küche

ZUBEREITUNG EINFACHER SPEISEN

Salatsaucen auf Essig/Öl-Grundlage

Vinaigrette

Bedarf
- 1 Teil Essig
- 1–2 Teile Öl
- Salz, Pfeffer

- Salz in Essig auflösen, Öl dazurühren und
- mit wenig Pfeffer würzen,
- mit Zucker abrunden.
- Essig kann durch Zitronen- oder Limettensaft ersetzt werden.

Geeignet zu allen Salaten.

Salatsauce mit Senf – French Dressing

Bedarf
- 1 Teil Essig
- 1–2 Teile Öl
- Salz, französischer Senf, Knoblauch, Pfeffer

- Salatschüssel mit der Schnittfläche einer halbierten Knoblauchzehe ausreiben.
- Darin Salz, Essig und Senf verrühren,
- Öl langsam dazurühren.
- Leicht mit Pfeffer abschmecken.

Geeignet zu Blattsalat und Gemüsesalat.

Salatsauce mit Kräutern

Bedarf
- 1 Teil Essig
- 1–2 Teile Öl
- Salz, Pfeffer
- Kräuter (Petersilie, Kerbel, Estragon, Schnittlauch)
- Schalotten

- Salz in Essig auflösen, Öl einrühren, würzen.
- Frisch gehackte Kräuter und Schalotten zugeben.

Geeignet zu Salaten ohne Obst.

Salatsauce mit geröstetem Speck

Bedarf
- 1 Teil Essig
- 1–2 Teile Öl
- geröstete Speckstreifen und Zwiebelstreifen
- Salz, Pfeffer

- Salatsauce mit Essig und Öl herstellen.
- Die in einer Pfanne angeschwitzten, noch warmen Speckstreifen und Zwiebelstreifen auf oder unter den angemachten Salat geben.

Geeignet zu Kopf-, Löwenzahn-, Brunnenkresse-, Feld-, Kraut- oder Kartoffelsalat.

Salatsaucen aus Milchprodukten

Salatsauce mit Sahne

Bedarf
- 4 Teile Sahne
- 1 Teil Zitronensaft
- Salz, Pfeffer oder Edelsüßpaprika

- Flüssige Zutaten verrühren,
- mit Salz und Gewürzen abschmecken.

Geeignet zu Blattsalat, Salat mit Obst, Gemüsesalat.

Salatsauce mit Joghurt

Bedarf
- 1 Becher Joghurt (250 g)
- 2 EL Orangensaft
- 1 TL Zitronensaft
- Spritzer Worcestersauce
- 2 EL Öl
- Salz, Pfeffer

- Joghurt, Orangen-, Zitronensaft und Worcestershire Sauce glattrühren.
- Öl darunterschlagen und würzen.

Geeignet zu allen Salaten.

Salatsauce mit saurer Sahne und Dill

Bedarf
5 Teile saure Sahne oder Crème fraîche
1 Teil Zitronen- oder Limettensaft
Salz, Pfeffer
1 EL geschnittener Dill

- Sahne und Zitronensaft glattrühren,
- mit Gewürzen und Dill ergänzen.

Geeignet zu Blattsalat, Gemüsesalat.

Salatsauce mit Roquefort – Roquefort-Dressing

Bedarf
50 g Roquefort
3 EL Sahne
1 EL Chablis (weißer Burgunder) oder Weißwein
1 EL Limettensaft
1 EL Öl
Pfeffer

- Passierten Roquefort, Sahne, Weißwein und Limettensaft glattrühren.
- Öl darunterrühren und würzen.
- Wenig Salz verwenden, weil Roquefort kräftig gewürzt ist.

Geeignet zu Blattsalat, Löwenzahn-, Bleichsellerie-, Tomatensalat.

Salatsaucen auf Ei-Grundlage

Salatsauce mit gekochtem Eigelb

Bedarf
2 gekochte Eigelbe
Msp. Sardellenpaste
1 TL scharfer Senf
1 TL Essig
3 EL Öl
1 EL Sahne
Pfeffer

- Fein passiertes Eigelb, Sardellenpaste, Senf und Essig glattrühren.
- Öl tropfenweise unterrühren,
- abschließend Sahne und Pfeffer dazugeben.

Geeignet zu Blattsalat und Gemüsesalat.

Salatsauce mit Tomaten – Cocktailsauce

Bedarf
2 Teile würzige Mayonnaise
1 Teil püriertes Tomatenfleisch oder Ketchup
1 EL geschlagene Sahne
Salz, Pfeffer, Zucker, Worcestersauce, Spritzer Weinbrand, Msp. Meerrettich

- Mayonnaise und Tomatenpüree glattrühren,
- Sahne unterheben und würzen.

Geeignet zu Blattsalat und Gemüsesalat.

3.2 Salate aus rohen Gemüsen/Rohkost

🇬🇧 salads of raw vegetables   🇫🇷 salades (w) de légumes crus

Zur Verarbeitung gelangen **Blattsalate** und **Gemüse**:

Blattsalate		
Lollo rosso	Endivie	Löwenzahn
Eichblattsalat	Feldsalat (Ackersalat)	Radicchio
Friséesalat	Kopfsalat (grüner Salat)	Chinakohl
Chicorée	Brunnenkresse	Rucola
Eissalat (Krachsalat)	Gartenkresse	

Blattsalate werden verlesen, dabei von welken Teilen, Strünken und starken Blattrippen befreit und anschließend gewaschen. Dazu verwendet man reichlich Wasser, damit anhaftender Sand und Schmutz leicht abgespült werden können und die Blätter nicht geknickt werden. Salate dürfen nicht im Wasser liegen bleiben, weil es sonst zu Auslaugverlusten kommt und wertbestimmende, lösliche Inhaltsstoffe verloren gehen.

Küche

ZUBEREITUNG EINFACHER SPEISEN

Die großen Blätter des Kopfsalats sind in mundgerechte Stücke zu zerpflücken.

Damit gewaschener Salat in Verbindung mit der Marinade den vollen Geschmack behält, wird er in der Salatschleuder oder in einem Drehkorb durch Schwingen von noch anhaftenden Wasserperlen befreit. Bis zum Fertigstellen ist er flach und kühl aufzubewahren.

Abb. 1 Rohkostsalat

Gemüse			
Bleichsellerie	Paprikaschoten	Knollensellerie	Radieschen
Möhren	Fenchel	Pilze	Rotkohl
Gurken	Weißkohl	Rettich	Tomaten

Gemüse, die roh gereicht werden, muss man gründlich waschen, Gurken, Knollen und Wurzeln schälen; Tomaten evtl. brühen und abziehen, Paprikaschoten von Stiel, Scheidewänden und Samenkernen befreien.

Die Zerkleinerung richtet sich nach der Beschaffenheit der Gemüse und erfolgt durch:

- Zerpflücken (Blattsalate)
- Schneiden in Streifchen (Kohlarten)
- Hobeln in Scheibchen (Gurken, Rettich)
- Raspeln (weichere Gemüse und Obst)
- Raffeln (Gemüse mit fester Struktur)
- Reiben (Zwiebeln, Meerrettich, Nüsse).

Abb. 2 Gurke

Anmachen – Marinieren

Die vorbereiteten Salatbestandteile werden mit der jeweiligen Marinade in einer Salatschüssel angemacht. Das Mischen bzw. Wenden mit dem Salatbesteck muss gründlich, jedoch behutsam erfolgen, damit alle Bestandteile zwar von Marinade umgeben sind, aber unbeschädigt bleiben.

- **Unmittelbar vor dem Service fertiggestellt** werden Blattsalate und Salate aus zartem Gemüse, wie z. B. Gurke und Tomate, damit sie frisch und knackig bleiben. Würde man sie zu früh anmachen, zöge das Salz Flüssigkeit. Der Salat würde weich.
- **Längere Zeit vor dem Service fertiggestellt** werden Salate aus festeren, saftarmen Gemüsearten, wie z. B. Möhren, Kohl, Paprikaschoten und Sellerie. Die Marinade kann dann einziehen und der Geschmack kommt voll zur Geltung.

Abb. 3 Paprika

Zubereitungsbeispiele

Apfel-Möhren-Rosinen-Salat

Möhren raffeln, Äpfel raspeln und mit Orangensaft vermischen. In Orangensaft eingeweichte Rosinen dazugeben. In halben Orangenschalen, Gläsern oder Glasschalen anrichten. Ein Löffel halbsteif geschlagene Sahne, abgeschmeckt mit geriebenem Meerrettich, aufsetzen und mit Haselnussscheibchen bestreuen.

Birnen-Radieschen-Kresse-Salat

Reife Birnen längs halbieren, Kerngehäuse entfernen. Fruchtfleisch mit einem olivenförmigen Kartoffelausbohrer entnehmen. Johannisbeersaft darüberträufeln, Radieschenscheiben und Kresse beifügen. Dickmilch und Öl verrühren, die Salatteile darin wenden und in die ausgehöhlten Birnenhälften einfüllen; geschnittenen Schnittlauch aufstreuen.

Rotkraut-Apfel-Weintrauben-Salat

Rotkraut und Äpfel in feine Streifen schneiden und mit Zitronensaft vermischen. Abgezupfte weiße Weinbeeren halbieren und ohne die Kerne zu den streifigen Zutaten geben. Mit ein wenig geriebener Zwiebel, Johannisbeergelee und Öl anmachen. Zum Durchziehen bedeckt kühl stellen. In Glasschalen anrichten und mit grob gehackten Walnusskernen bestreuen.

Radicchio-Fenchel-Melonen-Salat

Melone in Scheibchen, Fenchelknolle und Radicchio in Streifchen schneiden, mit Orangensaft beträufeln und alles vermischen. Gleiche Teile Frischkäse, pikante Mayonnaise und püriertes Tomatenfleisch verrühren, mit geriebenem Meerrettich und geschnittenem Fenchelgrün abschmecken. Die Salatbestandteile damit anmachen, auf Glasplatten anrichten und mit Brunnenkresse einfassen.

3.3 Salate aus gegartem Gemüse

🇬🇧 salads of cooked vegetables 🇫🇷 salades (w) de legumes cuits

Für diese Salate kommen vorwiegend in Betracht:

Gemüse			
Artischocken	Blumenkohl	Brokkoli	Bohnenkerne
Knollensellerie	Lauch	Möhren	Pilze
Erbsen	Rote Rüben	Spargel	Grüne Bohnen

Die Gemüse können im rohen oder gekochten Zustand in verschiedene Formen geschnitten werden. Bei Knollen und Rüben ist auch der Einsatz von Ausbohrern, Ausstechern oder eines Buntmessers (geriefte Schneide, s. S. 115) möglich.

Die zugeschnittenen rohen Gemüse sind in leicht gesalzenem Wasser unter Zusatz von wenig Öl zu kochen. Dabei soll das Gemüse voll aufgeschlossen, aber nicht übergart werden.

Um Aroma und Geschmack zu erhalten, müssen die gekochten Gemüse in ihrem Garfond abkühlen. In der heißen Flüssigkeit zieht das Gemüse noch nach, deshalb ist der Garprozess rechtzeitig zu unterbrechen.

Die Schnittfläche von ungegarten, hellen Gemüsen verfärben sich unter Einwirkung von Luftsauerstoff. Besonders empfindlich sind Artischocken und Sellerie. Um dem entgegenzuwirken, legt man die Gemüse bis zum Garen in Wasser, das mit Essig oder Zitronensaft gesäuert ist.

Anmachen – Marinieren

Salate aus gegarten Gemüsen sind im Voraus anzumachen, damit die Marinade einziehen kann. Kräuter, die in Säure rasch ihre schöne grüne Farbe verlieren, gibt man erst kurz vor dem Anrichten bei.

In der Regel sollte nur der jeweilige Tagesbedarf an Salaten mariniert werden.

Die abgetropften Gemüse werden mit der vorgesehenen Salatsauce in einer Salatschüssel gemischt.

Bis zum Anrichten legt man die Salate in flache Gefäße, deckt sie mit Folie zu und hält sie kühl.

Wird mit pikanter Mayonnaise oder Salatmayonnaise angemacht, ist das abgetropfte Gemüse zunächst flach auf einem Tuch oder Küchenkrepp trockenzulegen. Noch anhaftende Feuchtigkeit würde die Mayonnaise zu dünnfließend machen und den Geschmack des Salates beeinträchtigen.

Küche

ZUBEREITUNG EINFACHER SPEISEN

3.4 Anrichten von Salaten

🇬🇧 presentation of salads 🇫🇷 présentation (w) des salades

Alle Salatteile sollen mundgerecht zerkleinert sein, weil man zum Verzehren nur eine Gabel benutzt. Die Salate sind locker und appetitlich anzurichten.

Geschmacksvariationen ergeben sich durch die Gemüsesorten und die unterschiedlichen Saucen sowie Ergänzungen, z. B. Kräuter oder Nüsse, mit denen die Salate fertiggestellt werden.

Die Farben frischer Salate üben eine appetitanregende Wirkung aus, deshalb ist beim Zusammenstellen und beim Anrichten der Salate auf wechselnde Farben zu achten. Aufgestreute Kräuter unterstützen manchmal das Farbenspiel.

Flache Schalen oder Platten aus Glas, aber auch kleine tiefe Teller oder Dessertteller sind zum Anrichten besonders vorteilhaft, weil sie Frische, Farbe und Form der Salate am wirkungsvollsten betonen.

Einfache Salate   🇬🇧 simple salads 🇫🇷 salades (w) simples

Blattsalat oder Gemüse als einzelner Salat, z. B. Kopfsalat, Tomatensalat, Krautsalat, Gurkensalat, Bohnensalat oder Chicoréesalat.

Es ist zwischen den folgenden Möglichkeiten des Anrichtens zu unterscheiden:

Gemischte Salate

🇬🇧 mixed salads 🇫🇷 salades (w) mêlées

Blattsalate und Gemüse werden miteinander vermischt, z. B. Kopf-Tomaten-Kresse-Salat oder Feld-Sellerie-Rote Rüben-Salat.

Salatkomposition

🇬🇧 assorted salad 🇫🇷 salades (w) assorties

Blattsalate und Gemüse sortiert nebeneinander anrichten, z. B. Chicorée-, Radieschen-, Gurken- und Eissalat oder Kopf-, Spargel-, Brokkoli- und Tomatensalat. Farbenspiel beachten.

Glasteller ⎯⎯⎯

Porzellanteller als Untersatz ⎯⎯⎯

Abb. 1 Salathygiene – Anrichten mit Handschuh

Abb. 2 Salat von geräucherten Forellen

Abb. 3 Pilzsülze mit rotem Chicorée, Frisee, Kirschtomaten und Walnussdressing

Abb. 4 Feldsalat mit Kartoffeldressing und Radieschensprossen

3.5 Kartoffelsalate

🇬🇧 potato salads 🇫🇷 salades (w) de pommes de terre

Zu einem guten Kartoffelsalat sind Kartoffeln zu wählen, die nicht zerfallen. Geeignete Sorten sind „Hansa" und „Sieglinde", beide sind mild bis kräftig im Geschmack, **festkochend** und darum formhaltend.

Zubereitungsbeispiele

Kartoffelsalat 🇬🇧 potato salad 🇫🇷 salade (w) de pommes de terre

Zutaten für 10 Portionen	
1 kg	Salatkartoffeln
100 g	feine Zwiebelwürfel
60 g	Öl
0,2 l	Fleischbrühe
4–6 EL	Essig
1 Msp.	hellen Senf
	Salz, Pfeffer
	Salatblätter zum Garnieren
1 EL	gehackte Kräuter

- Gewaschene Kartoffeln mit der Schale kochen,
- abgießen und zum Ausdampfen flach ausbreiten.
- Die noch warmen Kartoffeln schälen und in feine Scheiben schneiden.
- Fleischbrühe zusammen mit Zwiebeln und Essig aufkochen,
- Salz, Pfeffer und Senf beigeben, abschmecken,
- Öl dazurühren und die heiße Marinade über die Kartoffelscheiben gießen.
- Kartoffelsalat behutsam schwenken, bis er leicht gebunden ist.
- Beim Anrichten Kartoffelsalat mit Salatblättern einfassen und mit Kräutern bestreuen.

Kartoffelsalat mit Mayonnaise

Kartoffelsalat mit halber Brühen- und Ölmenge herstellen, würzig abgeschmeckte Mayonnaise unterziehen. Beim Anrichten Salat mit Radieschenscheiben einfassen und geschnittenen Schnittlauch aufstreuen.

Abb. 1 Kartoffelsalat mit Mayonnaise

Kartoffelsalat mit Löwenzahn und Speck

Anstelle von Öl: 100 g Bauchspeckstreifen knusprig braten. Diese mit dem ausgetretenen Fett dem Kartoffelsalat beimischen, dazu 2 EL kurzgeschnittenen, leicht angemachten Löwenzahn.

Dieser Salat ist zum alsbaldigen direkten Verzehr bestimmt; noch lauwarm schmeckt er am feinsten.

Kartoffelsalate können geschmacklich variiert werden.

Abb. 3 Kartoffelsalat als Sockel mit marinierten Sardellen

Abb. 2 Kartoffelsalat mit Löwenzahn und Speck

Küche

ZUBEREITUNG EINFACHER SPEISEN

3.6 Salatbüfett

🇬🇧 salad bar 🇫🇷 buffet (m) à salades

In vielen Betrieben wird heute den Gästen Salat in Form eines Salatbüfetts angeboten. Ein nach Möglichkeit gekühltes Büfettmöbel steht an gut sichtbarer und leicht erreichbarer Stelle im Restaurant und lädt die Gäste zur Selbstbedienung ein.

Aufbau

Ein Salatbüfett sollte möglichst viel von der ganzen Palette der im Buch vorausgehend beschriebenen Salate anbieten, also sowohl viele Blatt- und Rohkostsalate mit extra bereitgestellten Dressings als auch bereits angemachte Gemüsesalate oder Salatkompositionen aus verschiedenen Zutaten wie Gemüse, Früchte, Fisch, Eier, Frischkäse und gegartem Fleisch.

Abb. 1 Salatbüfett

Abrechnung

Salate am Büfett können abgerechnet werden:
- Durch Verwendung verschiedener Teller- oder Glasschalengrößen,
- durch Wiegen der Salatmenge,
- über einen Pauschbetrag,
- ohne getrennte Abrechnung, wenn der Salat bereits im Gericht einkalkuliert ist.

Worte, die verkaufen helfen

- frisch
- knackig
- gesund
- energiearm
- wirkstoffreich
- hohe Nährstoffdichte
- appetitanregend
- herbwürzig
- ein Stück Natur
- ursprünglich
- unverfälscht
- kühlend im Sommer
- sehr bekömmlich
- marktfrische Ware
- vitaminschonend zubereitet
- leicht, nicht belastend
- erfrischend durch den Gehalt an angenehmen Bitterstoffen

Aufgaben

1. Nennen Sie Salate, die aus pflanzlichen Produkten hergestellt werden.
2. Unter welchen Voraussetzungen kann ein Salat als „vollwertig" bezeichnet werden?
3. Erklären Sie bei Salatsaucen die Bedeutung der Zutatengruppen:
   a) Öle, Rahm, Sahne oder Mayonnaise   b) Essig, Zitronen- oder Orangensaft, Joghurt oder Sauerrahm.
4. Welche Gemüse eignen sich für die Zubereitung von Rohkostsalat?
5. Welche Geschirrteile können zum Anrichten von Salaten verwendet werden?
6. Nennen Sie fünf verschiedene Salatsaucen und notieren Sie deren Zutaten.
7. Nennen Sie fünf Gemüse, die vor der Verarbeitung zu Salat gegart werden müssen.
8. Was versteht man unter „Dressing"?
9. Erstellen Sie eine Checkliste für die Bestückung und Kontrolle eines Salatbüfetts.
10. Welche Vorteile bringt ein Salatbüfett für
    a) den Gastronomiebetrieb   b) die Gäste?
11. Welche Abrechnungsverfahren können beim Salatbüfett angewandt werden?

4 Beilagen

🇬🇧 side dishes 🇫🇷 garnitures (w)

Zu einem kompletten Gericht gehören neben Fleisch- oder Fischspeisen, Gemüsen oder Salaten auch stärkehaltige Beilagen. Wegen ihres hohen Stärkegehalts schmecken diese Beilagen neutral und eignen sich deshalb gut als Ergänzung. Der **Sättigungswert** beruht auf dem hohen Stärkegehalt. Die Grundlage für Beilagen dieser Art bilden Kartoffeln und Getreideerzeugnisse.

4.1 Kartoffeln

🇬🇧 potatoes 🇫🇷 pommes (w) de terre

Kartoffeln sind ein wesentlicher Bestandteil der Speisenzusammenstellungen, sie sind im Geschmack neutral und
- erlauben vielfältige Zubereitungsarten,
- harmonieren je nach Art mit den unterschiedlichsten Zubereitungen,
- enthalten Nähr- und Wirkstoffe in einem ausgewogenen Verhältnis.

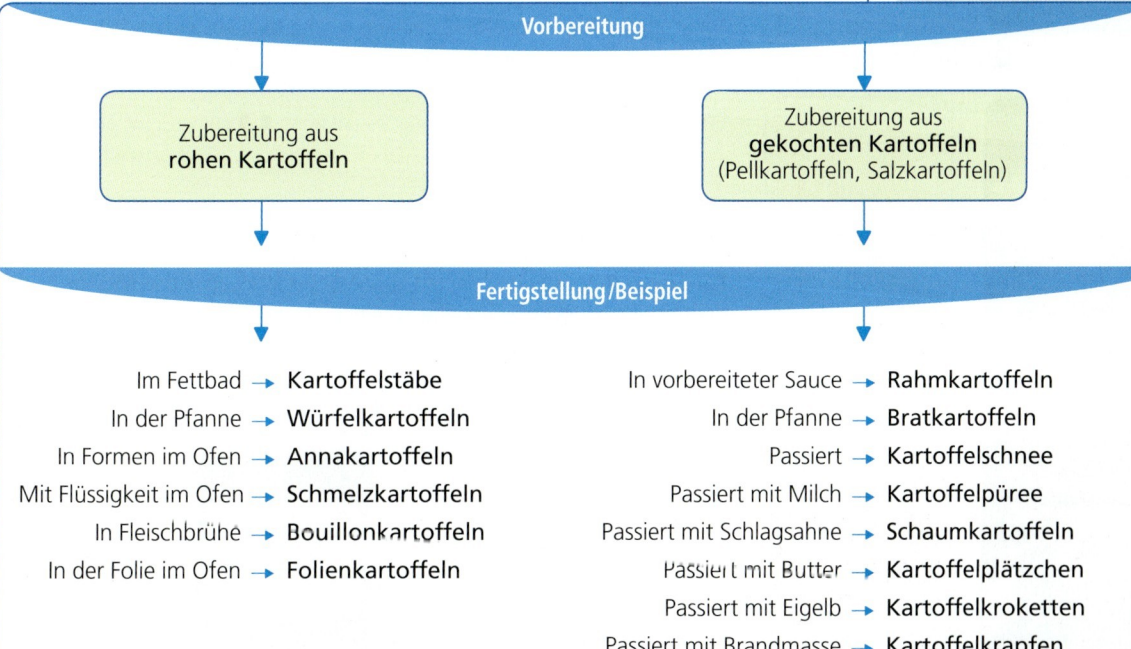

Abb. 1 Kartoffelsorten

① Grata
② Sieglinde
③ Rosella
④ Clivia
⑤ Erstling
⑥ Bamberger Hörnchen

Übersicht über Kartoffelzubereitungen (Beispiele auf den folgenden Seiten)

Die vielfältigen Kartoffelzubereitungen werden überschaubar, wenn man sie nach den Arten der Vorbereitung und Fertigstellung unterscheidet.

Diese Denkweise hilft, dem Bekannten das Neue zuzuordnen, und erleichtert so den Überblick.

Vorbereitung

| Zubereitung aus **rohen Kartoffeln** | Zubereitung aus **gekochten Kartoffeln** (Pellkartoffeln, Salzkartoffeln) |

Fertigstellung/Beispiel

Im Fettbad → **Kartoffelstäbe**	In vorbereiteter Sauce → **Rahmkartoffeln**
In der Pfanne → **Würfelkartoffeln**	In der Pfanne → **Bratkartoffeln**
In Formen im Ofen → **Annakartoffeln**	Passiert → **Kartoffelschnee**
Mit Flüssigkeit im Ofen → **Schmelzkartoffeln**	Passiert mit Milch → **Kartoffelpüree**
In Fleischbrühe → **Bouillonkartoffeln**	Passiert mit Schlagsahne → **Schaumkartoffeln**
In der Folie im Ofen → **Folienkartoffeln**	Passiert mit Butter → **Kartoffelplätzchen**
	Passiert mit Eigelb → **Kartoffelkroketten**
	Passiert mit Brandmasse → **Kartoffelkrapfen**

Küche

ZUBEREITUNG EINFACHER SPEISEN

Zubereitungen aus rohen Kartoffeln

Für Kartoffeln, die zugeschnitten werden, verwendet man aus wirtschaftlichen Gründen große Knollen, denn bei diesen entsteht in der Regel weniger Schälverlust. Da sich geschälte wie auch geschnittene rohe Kartoffeln unter Einwirkung von Luftsauerstoff verfärben, bewahrt man sie kurzfristig bis zur Weiterverwendung in stehendem, kaltem Wasser auf. Durch das Schneiden der Kartoffeln werden Zellen zerstört und an den Oberflächen haftet ausgetretene Stärke.

Beim Frittieren würde dies zu einer ungleichmäßigen Bräunung führen, deshalb müssen die geschnittenen Kartoffeln zunächst gewaschen werden.

Abb. 1 Kartoffelnester

In Fett gebacken

Kartoffeln, die in der Fritteuse gebacken werden, müssen abtropfen und sorgfältig abgetrocknet werden.

Die anhaftende Flüssigkeit bringt sonst das Fett zum Schäumen, führt zur Gefahr von Verbrennungen und begünstigt den Fettverderb. Um die **Acrylamidbildung** gering zu halten, soll die Fetttemperatur **nicht** über 170 °C steigen.

Dünner geschnittene Arten

Diese werden in einem Arbeitsgang bei 170 °C mittelbraun frittiert.

Danach werden die Kartoffeln aus dem Fett genommen, abgeschüttelt und neben der Fritteuse sofort gewürzt, damit das Salz haften bleibt.

Bis zum Servieren hält man sie in einem flachen, offenen Geschirr warm.

> Blond statt braun! Vergolden statt verkohlen! Frittiertes nicht über dem Fettbad salzen!

Strohkartoffeln 🇬🇧 straw potatoes 🇫🇷 pommes (w) paille

1 mm starke Streifchen, 5 bis 6 cm lang geschnitten. Aus diesen Schnittarten fertigt man mit Hilfe eines Doppelsiebes Kartoffelnester (siehe Abb. 1).

Abb. 2 Strohkartoffeln

Streichholzkartoffeln 🇬🇧 allumettes potatoes 🇫🇷 pommes (w) allumettes

In Streichholzgröße geschnitten.

Waffelkartoffeln 🇬🇧 waffles potatoes 🇫🇷 pommes (w) gaufrettes

Rund beschnittene Kartoffeln, mit Spezialhobel Mandoline und entsprechender Messereinstellung in geriefte Scheiben geschnitten. Nach jedem Schnitt Kartoffel um 90° drehen, dadurch entsteht ein Waffelmuster.

Abb. 3 Streichholzkartoffeln

Kartoffelchips 🇬🇧 chips potatoes 🇫🇷 pommes (w) chips

Aus gleichmäßigen, rohen Kartoffelwalzen 1 mm dünn geschnittene Scheiben.

Abb. 4 Waffelkartoffeln

Abb. 5 Kartoffelchips

Dicker geschnittene Arten

Diese werden zunächst bei etwa 130 °C vorgebacken (blanchiert). Dabei garen sie ohne Farbe anzunehmen. Auf Abruf bäckt man sie dann portionsweise bei etwa 170 °C mittelbraun und knusprig. Das Innere bleibt dabei weich.

Nachdem das Fett abgetropft ist, werden sie unter schüttelnder Bewegung gesalzen und angerichtet.

> ● Gebackene Kartoffeln darf man nicht abdecken, da sonst die Kruste aufweicht.

Pommes frites

🇬🇧 french fried potatoes 🇫🇷 pommes (w) frites

1 cm dicke und 5 bis 6 cm lange Kartoffelstäbe.

Gebackene Kartoffelstäbe

🇬🇧 Pont-Neuf potatoes 🇫🇷 pommes (w) Pont-Neuf

1,5 cm dicke und 5 bis 6 cm lange Kartoffelstäbe.

Abb. 1 Pommes frites

Abb. 2 Gebackene Kartoffelstäbe

In der Pfanne gebraten

Zugeschnittene oder ausgebohrte Kartoffeln werden blanchiert, gut abgetrocknet und dann in der Pfanne in geklärter Butter angebraten.

Danach werden sie gewürzt und im Ofen zu goldgelber Farbe fertiggebraten. Dabei werden sie öfters geschwenkt.

Würfelkartoffeln

🇬🇧 sauted potato cubes 🇫🇷 pommes (w) carrées

Kartoffeln in Würfel mit 1 cm Seitenlänge schneiden.

Abb. 3 Würfelkartoffeln

Schlosskartoffeln

🇬🇧 château potatoes 🇫🇷 pommes (w) château

Halbmondähnliche Form von 5 cm Länge mit stumpfen Enden tournieren. Eventuell noch mit Petersilie bestreuen.

Olivenkartoffeln

🇬🇧 olive potatoes 🇫🇷 pommes (w) olives

1,5 Mit einem ovalen Kartoffellöffel olivenförmig ausgebohrte Kartoffeln.

Abb. 4 Schlosskartoffeln

Abb. 5 Olivenkartoffeln

Küche

ZUBEREITUNG EINFACHER SPEISEN

Nusskartoffeln

🇬🇧 noisette potatoes 🇫🇷 pommes (w) noisettes

Mit einem Kartoffellöffel ausgebohrte Kartoffelkugeln

Pariser Kartoffeln

🇬🇧 parisienne potatoes 🇫🇷 pommes (w) parisiennes

Mit einem großen Kugelausbohrer ausgeformte Kartoffeln, größer als Nusskartoffeln

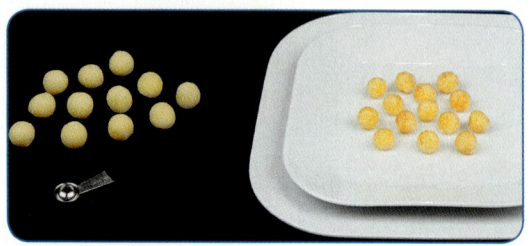

Abb. 1 Nusskartoffeln

Abb. 2 Pariser Kartoffeln

In Formen im Ofen gebacken

Annakartoffeln   🇬🇧 Anna potatoes 🇫🇷 pommes (w) Anna

Von kleinen Kartoffeln 1 bis 2 mm dünne Scheiben schneiden und würzen. Eine dickwandige Metallform mit geklärter Butter ausfetten und mit den schönen Kartoffelscheiben rosettenartig auskleiden. Die anderen ungeordnet in den freien Mittelraum füllen und fest eindrücken. Butter darüberträufeln und im Ofen goldbraun backen. Garzustand durch Anstechen feststellen.

Abb. 3 Annakartoffeln

Bäckerinkartoffeln   🇬🇧 potatoes baker's style 🇫🇷 pommes (w) boulangère

Früher wurden rohe Kartoffelscheiben und Zwiebelstreifen dem Lammbraten nach der halben Garzeit zugegeben und in der entstandenen Jus mitgegart. Um die fertigen Kartoffeln schöner anrichten zu können, werden sie heute wie die Savoyardkartoffeln (Siehe nächste Seite) in Porzellanbackformen eingeschichtet, gewürzt, mit Zwiebelstreifen bestreut, mit Lammjus untergossen und im Ofen gegart.

In Flüssigkeit gegart

Schmelzkartoffeln   🇬🇧 fondant potatoes 🇫🇷 pommes (w) fondantes

Länglich in Pflaumengröße tournierte Kartoffeln in ausgebutterte Randbleche oder feuerfeste Formen einsetzen, mit Brühe untergießen und im Ofen unbedeckt garen. Währenddessen mehrfach mit der Brühe überpinseln und goldbraun werden lassen. Vor dem Anrichten mit Butter bestreichen.

Abb. 4 Schmelzkartoffeln

Bouillonkartoffeln   🇬🇧 bouillon potatoes 🇫🇷 pommes (w) au bouillon

Feinwürfelige Brunoise von Zwiebeln und Gemüse (Sellerie, Karotte, Lauch) in Butter anschwitzen, blanchierte Kartoffelwürfel mit 2 cm Seitenlänge dazugeben, mit Fleischbrühe knapp bedecken, Salz und Pfeffer dazugeben und garen. Auf die angerichteten Kartoffeln Petersilie streuen.
Beim Blanchieren verkleistert die Stärke in den Randschichten; die Kartoffelwürfel behalten besser die Form.

Abb. 5 Bouillonkartoffeln

4 Beilagen

Savoyardkartoffeln 🇬🇧 savoyarde potatoes 🇫🇷 pommes (w) savoyardes

Längshalbierte Kartoffeln in 2 mm dicke Scheiben schneiden, in ein mit Butter bestrichenes und mit feingehackten Schalotten ausgestreutes Geschirr flach einsetzen, mit Brühe untergießen und im Ofen unbedeckt garen. Vor Beendigung der Garzeit mit geriebenem Parmesan bestreuen, mit Butter beträufeln und die Oberfläche bräunen lassen. Savoyardkartoffeln müssen saftig bleiben.

Abb. 1 Savoyardkartoffeln

Kartoffelgratin 🇬🇧 gratinated potatoes 🇫🇷 gratin (m) dauphinois

Kartoffeln in 2 mm dünne Scheiben schneiden und in eine mit einer Knoblauchzehe ausgeriebene und gebutterte backfeste Form geben. Sahne mit Parmesan oder einem anderen Reibkäse vermischen, mit Salz und Pfeffer würzen und über die Kartoffeln gießen, Butterflocken daraufgeben und im 200 °C heißen Ofen ca. 25 Min. goldbraun backen.

Folienkartoffeln 🇬🇧 baked potatoes 🇫🇷 pommes (w) de papier d'aluminium

Große, mehlige Kartoffelsorte gründlich waschen, eventuell bürsten und dann in eine Aluminiumfolie wickeln und im heißen Rohr bei ca. 180 °C backen. Je nach Größe und Wassergehalt der Kartoffel ist die Garzeit unterschiedlich. Vor dem Servieren wird die Kartoffel in der Folie längs eingeschnitten und leicht eingedrückt, so dass sie sich öffnet. Gewürzt wird mit Salz und Pfeffer, Kräuterbutter oder Bärlauch-Pesto oder Sauerrahm, Tzaziki, Crème fraîche oder Joghurtquark. Die Kartoffel wird mit einem Kartoffellöffel serviert. Spezielle Beigaben sind gerösteter Speck mit Zwiebeln, frisch gehackte Küchenkräuter oder Kaviar.

Abb. 2 Folienkartoffeln

Zubereitungen von gekochten Kartoffeln

Pellkartoffeln 🇬🇧 jacket potatoes 🇫🇷 pommes (w) en robe des champs

Für die Zubereitung von Pellkartoffeln verwendet man mittelgroße Kartoffeln. Sie werden gewaschen, mit Wasser oder im Dämpfer zugesetzt und in der Schale gegart. Die Garzeit beträgt vom Aufkochen an gerechnet 20–30 Min. Danach werden sie abgegossen und zum Auskühlen auf ein flaches Blech geschüttet. Man schält sie, wenn sie noch warm sind. So lässt sich die Schale am leichtesten entfernen.

> Werden die Kartoffeln im Wasser gegart, gibt man dem Wasser Salz und nach Belieben Kümmel bei.

Salzkartoffeln 🇬🇧 boiled potatoes 🇫🇷 pommes (w) natures

Salzkartoffeln sind geschälte, gleichmäßig – meist zu länglicher Form – zugeschnittene (tournierte) Kartoffeln. Die gekochten Kartoffeln reicht man unverändert, bisweilen auch mit zerlassener Butter bestrichen oder mit gehackten Kräutern bestreut.

Abb. 3 Salzkartoffeln

Neue Kartoffeln, Bamberger Hörnchen oder Frühkartoffeln

🇬🇧 early potatoes 🇫🇷 pommes (w) primeur

Diese Kartoffeln, auch Frühkartoffeln genannt sowie die Sorte Bamberger Hörnchen, werden wie Pellkartoffeln zubereitet und vor allem zu frischen Spargelgerichten und zu feinem Fisch gereicht.

Küche

ZUBEREITUNG EINFACHER SPEISEN

In vorbereiteter Sauce fertiggestellt

In Scheiben oder Würfel geschnittene Pellkartoffeln werden in die vorbereitete Sauce eingeschwenkt und abgeschmeckt. Sie können mit Käse bestreut und überkrustet werden.

Rahmkartoffeln 🇬🇧 cream potatoes 🇫🇷 pommes (w) à la crème

In Scheiben oder Würfel schneiden, mit Rahm aufkochen und binden.

Saure Kartoffeln 🇬🇧 sour potatoes 🇫🇷 pommes (w) à l'aigre

Mehl mit feingeschnittenen Zwiebeln in Fett hellbraun schwitzen, mit Fleischbrühe auffüllen, mit Weinessig, Salz, Pfeffer und einer Prise Zucker abschmecken. Nelke und Lorbeerblatt beifügen und 15 Min. kochen. In die passierte Sauce nun die gegarten Kartoffelscheiben einschwenken.

In der Pfanne gebraten

Man erzielt bei gebratenen Kartoffeln eine Geschmacksverfeinerung, wenn zu Anfang die Fettmenge so gering gehalten wird, dass man später noch einige frische Butterflöckchen zusetzen kann.

In Scheiben oder Würfel geschnittene oder geraffelte Pellkartoffeln werden in Butter gebraten. Es darf jedoch nur so viel Fett verwendet werden, dass die Menge bis zum Ende des Bratvorgangs von den Kartoffeln aufgenommen werden kann.

Bratkartoffeln 🇬🇧 home fried potatoes 🇫🇷 pommes (w) sautées

Kartoffelscheiben von 3 mm Stärke salzen, pfeffern und braun braten.

Lyoner Kartoffeln 🇬🇧 Lyonnaise potatoes 🇫🇷 pommes (w) à la lyonnaise

Bratkartoffeln mit goldgelb gebratenen Zwiebelstreifen vermischen, mit gehackter Petersilie bestreuen.

Berner Rösti 🇬🇧 Swiss Roesti 🇫🇷 roesti (m) bernois

Gekochte Kartoffeln werden geraffelt und mit Speckwürfeln und Zwiebelwürfeln in Butter oder etwas Schweineschmalz gebraten und leicht angedrückt. Der entstandene Fladen wird gewendet, nochmals gebraten und serviert.

Abb. 1 Berner Rösti

Neue Kartoffeln oder Frühkartoffeln sind stärkearm. Aus diesem Grunde eignen sie sich nicht für Kartoffelteige.

Passierte Kartoffeln

Die geschälten, in Stücke geteilten Kartoffeln werden in Salzwasser gegart. Die Garzeit beträgt vom Aufkochen an 20 Min. Danach werden sie abgeschüttet und zum **Abdämpfen auf den Herd zurückgestellt oder in ein heißes Bratrohr gegeben.** Dies verringert den Wassergehalt und ergibt später eine kompaktere Masse. Die trockenen heißen Kartoffeln werden dann weiterverarbeitet.

Kartoffelschnee 🇬🇧 potato snow 🇫🇷 pommes (w) de terre à la neige

Die heißen Kartoffeln werden durch eine Presse direkt auf das Anrichtegeschirr gedrückt, leicht mit Salz und Muskat gewürzt und mit Butterflöckchen belegt. Mit frisch gehackten Küchenkräutern bestreut, erhalten sie eine besondere geschmackliche Note.

Abb. 2 Kartoffelschnee

Passierte Kartoffeln mit Milch und Sahne

Kartoffelpüree 🇬🇧 mashed potatoes 🇫🇷 purée (w) de pommes de terre

Die heißen Kartoffeln durch die Presse passieren, mit Muskat und Butterflocken zusammenrühren, damit sich die locker liegenden Kartoffelkrümelchen verbinden können. Dann nach und nach kochend heiße Milch einrühren, bis das Püree die gewünschte Konsistenz erreicht hat. Das fertige Püree umfüllen und abgedeckt bereit halten.

Kartoffelpüree mit Sahne 🇬🇧 mousseline potatoes 🇫🇷 pommes mousselines

Zubereiten wie Püree, doch anstelle von Milch Sahne verwenden. Das Püree zunächst fester halten und kurz vor dem Anrichten einen Teil geschlagene Sahne locker unterziehen.

Kartoffelpüree kann variiert bzw. verfeinert werden durch Zugabe von frisch gehackten Kräutern oder gerösteten Speck- und Zwiebel-Würfeln.

Abb. 1 Kartoffelpüree mit Bärlauchpesto

Passierte Kartoffeln mit Butter

Kartoffelplätzchen 🇬🇧 Macaire potatoes 🇫🇷 pommes (w) Macaire

Butterstückchen, geriebene Muskatnuss und, falls erforderlich, etwas Salz rasch unter passierte, heiße Kartoffeln rühren. Masse auf bemehlter Fläche zu Walzen mit 4 cm Durchmesser formen. Etwa 1,5 cm dicke Scheiben abschneiden und in gefetteter Pfanne beidseitig goldgelbe Farbe nehmen lassen. Steht zu viel Fett in der Pfanne, zerfallen die Kartoffelscheiben.

Abwandlungen: angebratene Speck-, Zwiebelwürfelchen und Petersilie oder angeschwitzte Würfelchen von gekochtem Schinken und geschnittenem Schnittlauch der Kartoffelmasse beigeben.

Abb. 2 Kartoffelplätzchen

● Wichtig: Vor dem Aufarbeiten der ganzen Masse eine Probe im Fett ausbacken.

Passierte Kartoffeln mit Eigelb – Krokettenmasse (Eigelb gibt Bindung)

Unter 250 g heiße, passierte Kartoffeln 1 Eigelb, eine Prise Salz, geriebene Muskatnuss und evtl. Butterflocken mischen.

Kartoffelkroketten

🇬🇧 croquette potatoes 🇫🇷 croquettes (w) de pommes (w) de terre

Kartoffelmasse zu Walzen mit 1,5 cm ø und 4 cm Länge formen. Panieren mit Mehl, Ei und Panierbrot. Backen im Fettbad bei 160 bis 170 °C ca. 1,5 Min.

Birnenkartoffeln 🇬🇧 William potatoes 🇫🇷 pommes (w) William

Krokettenmasse zur Birne formen, panieren, mit Nelke und Petersilienstiel ausgarnieren und frittieren.

Herzoginkartoffeln 🇬🇧 duchess potatoes 🇫🇷 pommes (w) duchesse

Kartoffelmasse mit Dressierbeutel und Sterntülle auf ein gefettetes Blech oder Backtrennpapier formen, mit Eigelb bestreichen und im Ofen goldgelb backen.

Abb. 3 Kartoffelkroketten

Abb. 4 Herzoginkartoffeln

Küche

ZUBEREITUNG EINFACHER SPEISEN

Abb. 1 Mandelkrusteln

Mandelkrusteln

🇬🇧 almond potatoes 🇫🇷 pommes (w) croquettes aux amandes

Gehackte oder gehobelte, geröstete Mandeln unter die Kartoffelmasse mengen. Kugeln mit 2 cm ø formen. Panieren mit Mehl, Ei und gehobelten Mandeln. Im Fettbad bei 160 bis 170 °C ca. 1,5 Min. backen.

Für **Kokosbällchen** verwendet man statt gehobelter Mandeln Kokosraspeln.

Bernykartoffeln

🇬🇧 Berny potatoes 🇫🇷 pommes (w) Berny

Gehackte Trüffeln unter Kartoffelmasse mengen. Panieren und backen wie Mandelkrusteln.

Passierte Kartoffeln mit Brandmasse (Brandmasse gibt Bindung)

Kartoffelmasse mit Brandteig

Zutaten für 10 Personen		
200	g	Wasser
30	g	Butter
100	g	Mehl
2		Eier
1000	g	passierte gekochte Kartoffeln
		Salz, Muskatnuss

- Wasser mit Butter und Salz aufkochen.
- Mehl auf einmal beigeben und unter Rühren erhitzen, bis sich die Masse vom Boden löst.
- In kaltes Geschirr geben, Eier und passierte Kartoffeln einarbeiten.

> Wichtig: Vor dem Aufarbeiten der ganzen Masse eine Probe backen.

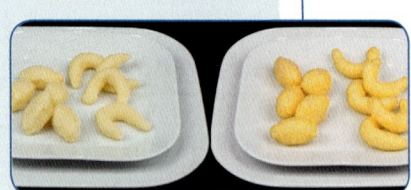

Abb. 2 Kartoffelkrapfen / Lorettekartoffeln

Kartoffelkrapfen / Thronfolgerkartoffeln

🇬🇧 dauphine potatoes 🇫🇷 pommes (w) dauphine

Obige Kartoffelmasse mit Esslöffel zu Klößchen formen. Auf Backpapier absetzen. Papier mit Klößchen in Fettbad mit 160 bis 170 °C tauchen. Papier entfernen und ca. 1,5 Min. backen.

Lorettekartoffeln

🇬🇧 Lorette potatoes 🇫🇷 pommes (w) Lorette

Unter obige Kartoffelmasse 60 g geriebenen Parmesan mengen. In Beutel mit glatter Tülle (ø 1 cm) füllen.

Lange zylinderförmige Streifen auf bemehlte Unterlage spritzen; 5-cm-Stücke schräg abschneiden, zu Halbbogen formen und auf Backpapier legen.

Backen wie bei Krapfen beschrieben (s. obige Abb. 2).

Abb. 3 Kartoffelstrauben

Kartoffelstrauben

🇬🇧 potato rosettes 🇫🇷 rosettes (w) de pommes de terre

Die Dauphinemasse ringförmig in zwei Lagen auf ein gefettetes Papier oder Backpapierstück spritzen und im Fettbad backen. Da die Ringe aufgehen und Höhe gewinnen, müssen sie nach einigen Minuten gewendet werden.

4 Beilagen

Vorgefertigte Kartoffelprodukte – Convenience

Die Industrie stellt aus Kartoffeln eine Reihe vorgefertigter Produkte her. Für die Gastronomie hauptsächlich Fertigpüree, gefrostete Pommes frites und Zubereitungen aus Kartoffelteig, wie z. B. Kroketten.

Pommes frites

Vorgebackene Pommes frites werden überwiegend tiefgekühlt angeboten. Man bäckt sie unaufgetaut bei etwa 170 °C bis sie die entsprechende Bräunung haben.

Bei aufgetauten Pommes frites ist die Oberfläche mit Kondenswasser beschlagen. Das führt zum Schäumen des Fettes und zu einem rascheren Verderb.

Von den gefrosteten Pommes frites dürfen nicht zu viele auf einmal in den Frittier-Korb gegeben werden, weil sonst die Fett-Temperatur zu stark absinkt.

Abb. 1 Pommes frites

Fertigpüree/Krokettenpulver

Die Kartoffeln werden gegart, püriert und getrocknet. Nach Art des Trocknens unterscheidet man Püreeflocken und Püreegranulat (Körnchen).

Püreeflocken sind empfindlich gegen starkes Rühren, weil dadurch Kartoffelzellen zerstört werden und durch die dann freiliegende Stärke das Püree zäh wird.

● Bei vorgefertigten Produkten immer die Hinweise des Herstellers beachten.

Bei der Verarbeitung von Püreeflocken werden diese in die gewürzte und erhitzte – aber nicht kochende – Flüssigkeit kurz eingerührt. Während der vorgeschriebenen Quellzeit darf nicht gerührt werden. Anschließend wird das Püree mit einem Schneebesen kurz aufgelockert.

Kartoffelmassen

Weitere Fertigprodukte aus dem Bereich der Kartoffeln sind Rohmassen für alle Arten von Kartoffelknödeln.

Des Weiteren bietet die Industrie Kartoffelpulver für Krokettenmassen an.

Tiefkühlprodukte

Im Tiefkühlbereich reicht die große Angebotspalette von fertigen Kroketten über Rösti bis zu Dauphinekartoffeln und Kartoffelpuffern.

Bei vegetarischer Kost verwendet man Kartoffelmasse gerne als Umhüllung oder Taschen für Gemüsefüllungen.

Gratinierte Rahmkartoffeln (Gratin dauphinois) werden in sehr guter Qualität passend zu Gastro-Norm-Einsätzen angeboten.

Kartoffelnudeln, auch als Schupfnudeln bezeichnet, werden ebenso wie Gnocchi oder Wedges angeboten.

Für Desserts und Süßspeisen werden Zwetschgen- und Aprikosenknödel, Gnocchi und Sächsische Quarkkeulchen angeboten.

Abb. 2 Schupfnudeln

Küche

ZUBEREITUNG EINFACHER SPEISEN

4.2 Klöße

🇬🇧 dumplings 🇫🇷 quenelles (w) et noques (w)

In gewerblichen Küchen werden Klöße manchmal im Voraus hergestellt, abgekühlt und bereitgehalten. Vor dem Ausgeben legt man sie erneut in siedendes Salzwasser ein und belässt sie darin, bis die Wärme zur Mitte durchgedrungen ist.

Beim Anrichten bestreicht man sie gelegentlich mit Butter oder übergießt mit Butterbrösel.

Nocken bestreut man mit Käse und beträufelt sie mit Butter.

Abb. 1 Knödel / Klöße

Kloßmassen werden nach der Fertigstellung sofort gegart, weil die Masse sonst Feuchtigkeit zieht und weich wird.

Wichtig: Vor dem Aufarbeiten der ganzen Masse eine Probe kochen.

Kartoffelklöße – Zubereitung aus rohen Kartoffeln:

🇬🇧 potato dumplings 🇫🇷 quenelles (w) de pommes (w) de terre

Zutaten für 2,5 kg Masse (20 Portionen)

2	kg	rohe Kartoffeln
0,35	l	Milch
70	g	Butter
180	g	Gries
50	g	geröstete Semmelwürfelchen (Croûtons)
		Salz, Muskat

- Kartoffeln in ein Gefäß mit kaltem Wasser reiben.
- Reibsel in ein Tuch schütten, abtropfen lassen und fest ausdrücken.
- Wenn sich die Stärke abgesetzt hat, Wasser abgießen,
- die Stärke mit den Kartoffelreibseln mischen.
- Milch, etwas Salz und Butter aufkochen.
- Grieß einlaufen lassen und abrühren, bis sich ein Kloß gebildet hat.
- Gekochten Grieß heiß unter die ausgepressten Kartoffelreibseln arbeiten und den Teig würzen.
- Klöße in gewünschter Größe formen, dabei Semmelwürfelchen in die Mitte drücken.
- Klöße in kochendes Salzwasser einlegen. Das Kochgeschirr muss so groß sein, dass sie nebeneinander Platz haben.
- Rasch zum Kochen bringen und bei wenig geöffnetem Deckel 20 Min. sieden lassen.

Kartoffelklöße – Zubereitung aus gekochten Kartoffeln:

Zutaten für 2,5 kg Masse (20 Portionen)

2	kg	gekochte Kartoffeln
125	g	Mehl
125	g	Gries
5		Eier
50	g	Röstbrotwürfel
		Salz, Muskat

- Die Kartoffeln durchpressen, mit den anderen Zutaten vermischen.
- Klöße formen und in die Mitte Röstbrotwürfel einlegen.
- Rasch zum Kochen bringen und bei wenig geöffnetem Deckel 20 Min. sieden lassen.

Zubereitung aus rohen und gekochten Kartoffeln (Thüringer Klöße):

Zutaten für 2,5 kg Masse (20 Portionen)
- 1,5 kg rohe Kartoffeln
- 800 g gekochte Kartoffeln
- Salz, Muskat, Petersilie
- 50 g geröstete Weißbrotwürfel
- evtl. 50 g gebratene, magere Speckwürfel
- evtl. 50 g angeschwitzte Zwiebelwürfel

- Die rohen Kartoffeln bearbeiten wie für Klöße von rohen Kartoffeln (Seite 202).
- Die frisch gekochten, passierten Kartoffeln salzen, noch heiß zu einem Brei rühren und unter die rohe Kartoffelmasse mischen.
- Röstbrotwürfel / Croûtons in die portionierte Kloßmasse stecken, zu Klößen formen und in leicht kochendem Wasser garziehen lassen.

Abb. 1 Croûtons in die Mitte geben

Abb. 2 Gegarter Knödel geöffnet

Kartoffelnocken potato dumplings gnocchi (m) à la piémontaise

Das Wort Nocken ist eine im italienischen Sprachraum gebräuchliche Bezeichnung für Klöße. Während Klöße meist Kugelform haben, sind Nocken kleiner und meist längs-oval.

Zutaten für 2,5 kg Masse
- 2 kg frisch gekochte Salzkartoffeln
- 400 g Mehl
- 2 Eier
- 60 g Butter
- Salz, Muskat

- Die frisch gekochten Salzkartoffeln passieren,
- in die heißen Kartoffeln Eier, Butter und Mehl einrühren,
- schnell aufarbeiten. Dazu
- Tischplatte mit Kartoffelmehl bestäuben,
- darauf die heiße Masse zu Walzen formen,
- diese in Scheiben schneiden und mit den Zinken einer Tischgabel markieren.
- Sofort in bereit stehendes kochendes Salzwasser einlegen,
- aufkochen lassen,
- mit einem Schaumlöffel zum Abkühlen in kaltes Wasser umsetzen.
- Auf einem Blech mit Tuch zum Wiedererwärmen auf Abruf bereit halten.

Kartoffelnudeln potato noodles  nouilles (w) aux pommes (w) de terre

Zutaten für 10 Portionen
- 1 kg Kartoffeln (mehlig kochend)
- 300 g Mehl oder Stärke
- 60 g Butter
- 150 g Semmelbrösel
- 2 Eigelb
- Salz, Muskat

- Kartoffeln kochen, schälen,
- heiß durch die Kartoffelpresse drücken und etwas abkühlen lassen.
- Die Kartoffelmasse mit Mehl, Gewürzen und Eigelb rasch zu einem Teig kneten und diesen sofort aufarbeiten, da er sonst weich wird.
- Den Teig mit Mehl bestauben, zu einer Rolle formen,
- in kleine Stücke schneiden und diese
  - zu fingerlangen Nudeln formen. Dabei die Hand, die Nudeln und die Arbeitsplatte immer wieder mit etwas Mehl bestäuben.
  - Die Fingernudeln in siedendes Salzwasser legen,
  - etwa 5 Min. ziehen lassen, herausnehmen und abtropfen lassen
  - Die Nudeln nun in geklärter, heißer Butter leicht abrösten, mit Brösel bestreuen und servieren.

Küche

ZUBEREITUNG EINFACHER SPEISEN

Semmelknödel 🇬🇧 bread dumplings 🇫🇷 quenelles (w) de pain

Zutaten für 2,5 kg
- 1 kg altbackene Semmeln oder Weißbrot
- 0,8–0,9 l Milch
- 250 g Zwiebelwürfel, angeschwitzt
- 100 g Butter
- 7 Eier
- Petersilie, Salz, Muskat

- Semmeln oder Weißbrot in kleine Würfel schneiden.
- Davon 200 g in Butter hellbraun rösten und wieder den anderen Würfeln beigeben.
- In einer Schüssel mit der erwärmten Milch übergießen und 30 Min. zum Weichen beiseitestellen.
- Zerschlagene Eier und alle anderen Zutaten untermischen, würzen und 30 bis 45 Min. ruhen lassen.
- Aus der Masse Knödel in gewünschter Größe abdrehen,
- in sprudelnd kochendes Salzwasser einlegen und garen.

Vor dem Aufarbeiten der ganzen Masse einen kleinen **Probeknödel kochen**.

> **Worte, die verkaufen helfen**
> - locker-luftige Konsistenz
> - hausgemacht

Hefeklöße 🇬🇧 yeast dough dumplings 🇫🇷 quenelles (w) à la levure

Zutaten für 1,8 kg
- 1 kg Mehl
- 75 g Hefe
- 10 g Salz
- 125 g Butter
- 0,4–0,5 l Milch
- 1 TL Zucker
- 2 Eier
- 2 Eigelb

- Milch anwärmen, Butter zerlaufen lassen, die anderen Zutaten temperieren.
- Mehl in eine Schüssel sieben.
- In der Mitte eine Mulde bilden,
- Hefe hinein hineinbröckeln, einen Teil der Milch und den Zucker zugeben und mit etwas Mehl einen leichten Vorteig rühren.
- Schüssel zugedeckt an einen warmen Ort stellen, damit der Vorteig genügend aufgehen (gären) kann.
- Danach übrige Zutaten beifügen, alles zu einem glatten Teig verarbeiten und ihn zugedeckt nochmals aufgehen lassen.
- Auf bemehlter Arbeitsfläche aus dem Teig Walzen formen,
- diese in gleich schwere Stücke von 50 g teilen.
- Mit bemehlten Händen runde Klöße formen,
- auf bemehltes Brett ablegen und zugedeckt warmstellen.
- Klöße in kochendes Salzwasser einlegen und
- zugedeckt etwa 25 bis 30 Min. sieden.
- Nach halber Garzeit Klöße umdrehen.
- Garzustand mit einem Hölzchen prüfen: Haftet kein Teig mehr, sind die Klöße gar.
- Klöße aus dem Wasser heben, dabei abtropfen lassen,
- anrichten, mit Butter bestreichen oder Butterbrösel darübergeben und sofort servieren.

Serviettenknödel

🇬🇧 napkin dumplings 🇫🇷 quenelles (w) en serviette

Aus beiden vorgenannten Grundmassen lassen sich Serviettenknödel herstellen. Beim Rezept „Semmelknödel" werden die Eier getrennt und das Eiweiß als steif geschlagener Schnee kurz vor dem Garen untergehoben.

Beim Rezept „Hefeklöße" arbeitet man unter den Teig fünf in Würfel geschnittene, in wenig Milch vorgeweichte Semmeln und 150 g Röstbrotwürfel.

204

Die weitere Verarbeitung ist bei beiden Grundmassen gleich:

- Statt Knödel formt man eine Walze oder einen Laib und legt diese auf ein bemehltes Passiertuch.
- Das Tuch schlägt man locker um die Walze oder um den Laib, da der Teig während des Garprozesses noch aufgehen soll. Mit einem Bindfaden die Enden zubinden.
- Den Serviettenknödel lässt man nun in einem entsprechend großen (länglich-ovalen) Gefäß in Salzwasser garziehen, wickelt ihn aus und schneidet ihn mit Hilfe eines Bindfadens in Scheiben.

Als Beilage zu:
Pilzragouts, Schmor- und Sauerbraten, Burgunderbraten, geschmortem Wildbraten, Gulasch und braunen Ragouts.

Abb. 1 Serviettenknödel garen u. schneiden

Grießnocken semolina dumplings gnocchi (m) à la romaine

Zutaten für 10 Portionen	
0,5 l	Milch
100 g	Grieß
20 g	Butter
1	Ei
	Salz, Muskat

- Grieß in kochender Milch zu einem dicken Brei aufquellen lassen und
- mit Butter, Gewürzen und verrührtem Ei vermischen.
- Blech mit Backpapier auslegen, die Grießmasse darauf aufstreichen (ca. 1,5 cm dick),
- auskühlen lassen und mit Parmesan bestreuen.
- Grießnocken halbmondförmig ausstechen und überbacken.

Polenta polenta polenta (w)

Zutaten für 10 Portionen	
50 g	Butter
250 g	grober Maisgrieß
0,6 l	Wasser
0,6 l	Milch
100 g	Zwiebelwürfel
100 g	Parmesan
	Salz, weißer Pfeffer

- Zwiebeln in Butter anschwitzen,
- mit Wasser und Milch aufgießen und aufkochen.
- Maisgrieß einlaufen lassen und ca. 5 Minuten unter ständigem Rühren kochen,
- danach bei geringster Temperaturzufuhr ca. 30 Minuten quellen lassen.
- Geriebenen Parmesan unterziehen und auf einem mit Klarsichtfolie belegten Blech nach gewünschter Dicke aufstreichen und auskühlen lassen, danach formen und braten.

Die Herstellung von Polenta

Abb. 2 Masse abgebunden   Abb. 3 Masse ausbreiten   Abb. 4 Form geben   Abb. 5 Polentateile braten

Küche

ZUBEREITUNG EINFACHER SPEISEN

Pariser Nocken 🇬🇧 Paris dumplings 🇫🇷 gnocchi (m) à la parisienne

Zutaten für 10 Portionen
- 0,4 l Milch
- 60 g Butter
- 100 g Mehl
- 6 Eier
- Salz

- Brandmasse herstellen,
- mit Spritzbeutel und Lochtülle Nr. 8 haselnussgroße Nocken in siedendes Salzwasser abstechen, kurz garen.
- Auf Gratinplatte anrichten,
- mit Béchamelsauce nappieren, mit Parmesan bestreuen, Butterflocken auflegen und überkrusten.

4.3 Teigwaren 🇬🇧 pasta 🇫🇷 pâtes (w) alimentaires

Teigwaren sind neben Kartoffeln und Reis eine wichtige Beilage, aber auch Hauptbestandteil vieler beliebter Gerichte.

Für die Eigenproduktion verwendet man neben Weizenmehlen auch fein gemahlene Vollkornmehle aus Roggen, Dinkel (mit Grünkern) oder Buchweizen. Industriell hergestellte Teigwaren werden meist aus Hartweizengrieß gefertigt.

Nudeln

Nudelteig 🇬🇧 noodle dough 🇫🇷 pâte (w) de nouilles

Zutaten für 10 Portionen
- 1 kg Mehl/Dunst
- 7 Eier
- 2 EL Öl
- 100 ml Wasser
- 8 g Salz

- Mehl auf die Arbeitsfläche sieben,
- in der Mitte eine Mulde bilden und die aufgeschlagenen Eier zugeben.
- Alles zusammen zu einem glatten Teig kneten.
- Den Teig in 4 bis 6 Stücke teilen und gegen Austrocknen zugedeckt etwa 30 Min. ruhen lassen. Dadurch entspannt sich der Kleber im Mehl, und der feste Teig lässt sich später leichter ausrollen.

Abb. 1 Teigbereitung

Formgebung

Bei manueller Weiterverarbeitung des Teiges wird dieser mit einem Rollholz zu der gewünschten Dicke ausgerollt und unter mehrmaligem Wenden angetrocknet. Danach wird der Teig in der gewünschten Breite geschnitten. Steht für die Nudelherstellung eine Maschine zur Verfügung, so übernimmt diese sowohl das Ausrollen als auch das Schneiden der Nudeln. Hierfür muss der Teig etwas fester sein.

Abwandlungen:

Nudeln bekommen Farbe und eine zusätzliche Geschmacksnote durch:

- 🔴 Tomatenpüree, Rote-Bete-Saft, Karottensaft, reduzierten Rotwein;
- 🟢 Spinat- oder Mangoldpüree, feingehackte Küchenkräuter;
- 🟡 Vollkornmehle, Buchweizenmehl, Steinpilzpulver;
- ⚫ Sepiatinte.

Abb. 2 Formgebung

Trocknung

Nudeln können sofort nach dem Schneiden gegart werden. Will man sie auf Vorrat fertigen, muss man sie trocknen. Erst, wenn sie völlig trocken sind, werden sie staubfrei verpackt.

Garen

Teigwaren werden in viel sprudelndem Salzwasser gekocht. Gelegentliches Umrühren verhindert ein Zusammenkleben bzw. ein Ankleben der Teigwaren am Topfboden. Das schnelle Erhitzen lässt die Randschichten rasch verkleistern, wodurch sich die Schaum- und Schleimbildung verringert. Etwas Öl im Kochwasser verhindert ein Zusammenkleben.

Teigwaren sind gar, wenn sie beim Probieren noch einen leichten Biss haben, also „al dente" sind. Sie werden dann sofort abgeschüttet und meist auch noch in kaltem Wasser abgekühlt oder, falls sie gleich heiß weiterverwendet werden, mit heißem Wasser überspült. Die Garzeit liegt je nach Dicke zwischen 2 und 14 Min. Am kürzesten ist sie bei frisch hergestellten Produkten.

Abb. 1 Trocknung

Vorrätighalten – Wiedererwärmen

Teigwaren werden auf Vorrat gekocht und bei Bedarf wieder erwärmt.

Die knapp gegarten, abgeschütteten Teigwaren werden mit kaltem Wasser überbraust und unter einer Folie aufbewahrt, um sie vor dem Austrocknen zu schützen. Bei Bedarf erhitzt man sie in kochendem Salzwasser, lässt sie im Durchschlag gut abtropfen und schüttet sie in ein Gefäß. Mit einer Gabel werden Butterflocken untergezogen. Dabei legt sich die Butter um die Teigwaren und verleiht ihnen einen feinen Schmelz.

Gefüllte Teigwaren

Darunter versteht man alle Täschchen, Päckchen und Halbmonde, die mit verschiedenen Füllmassen gefüllt, dann gegart und mit entsprechenden Saucen serviert werden. Durch unterschiedliche Füllungen aus Käse, Gemüse, Fisch, Krustentieren, Wild, Pilzen, Schlachtfleisch usw. erhalten die Teigtaschen ihre besondere, geschmackliche Note. Die bekannten Produkte sind neben den Ravioli rund ausgestochene Tortellini. Für die Herstellung von Ravioli kann man auch eine Ravioli-Form verwenden oder ausgerüstete Nudelmaschinen. Bekannt sind die Schlutzkrapfen und die Maultaschen.

Abb. 2 Füllung zwischen Teigplatten

Abb. 3 Ravioli mit Form herstellen

Ravioli mit Ricotta und Spinat
Nudelteig von 500 g Mehl von vorheriger Seite

Zutaten für die Füllung
- 400 g junger Spinat
- 300 g Ricotta
- 150 g geriebener Parmesan
- 2 Eigelb
- Eiweiß zum Bestreichen
- Salz, Pfeffer, Muskat

- Spinat kurz blanchieren, in Eiswasser abschrecken, abtropfen lassen, dann gut auspressen und hacken, mit den restlichen Zutaten vermischen.
- Teigplatten ausrollen, Füllung in ausreichendem Abstand aufteilen, dazwischen mit Eiweiß bestreichen und mit zweiter Teigplatte bedecken.
- Obere Teigplatte um die Füllungserhebungen andrücken und mit Messer oder Teigrädchen schneiden.

Küche

ZUBEREITUNG EINFACHER SPEISEN

Tortellini

Lammfleisch-Füllung

300 g	gewolftes Lammfleisch
100 g	Zwiebelwürfel
2 EL	Olivenöl
50 g	Karottenwürfel
50 g	Selleriewürfel
1	Ei
2 EL	Paniermehl
	Salz, Pfeffer, Rosmarin, Thymian

- Je kleiner die Nudelart, desto feiner muss auch die Füllung verarbeitet sein.
- Ausgestochene Teigscheiben werden mit feiner Füllung belegt, mit Ei bestrichen,
- halbmondförmig zusammengeklappt,
- die beiden Enden nochmals bestrichen und um den Finger ringförmig zusammengedrückt.

Abb. 1 Formen von Tortellini

Drei Herstellungsformen für Spätzle

Spätzle

Spätzle   🇬🇧 Swabian spaetzle   🇫🇷 spaetzli (m)

Zutaten für 10 Portionen

1 kg	Mehl
20 g	Salz, Muskatnuss
etwa 0,2 l	Wasser oder Milch
12	Eier

Abb. 2 Die Spätzle werden vom Brett geschabt

- Das gesiebte Mehl mit den restlichen Zutaten zu einem sehr glatten Teig schlagen, bis er Blasen bildet.
- Die Spätzle durch Schaben (Abb. 2), Pressen (Abb. 3) oder durch Hobeln (Abb. 4) formen.
- Beim Schaben der Spätzle den Teig in kleinen Mengen auf das angefeuchtete Spätzlebrett geben,
- mittels einer Palette glattstreichen.
- Das Brettchen mitsamt dem aufgestrichenen Teig nochmals kurz in das Kochwasser tauchen.
- Dann mit einer Palette dünne Teigstreifen vom Brett direkt in das kochende Salzwasser schaben.
- Nach einmaligem Aufkochen die Spätzle mit einem Schaumlöffel abschöpfen und in kaltes Wasser geben.
- Im Durchschlag gut abtropfen lassen und auf ein mit einem Tuch bedecktes Blech legen.
- Zum Wiedererwärmen werden Spätzle in einer Pfanne mit aufgelöster Butter geschwenkt.

Abb. 3 Oder man presst die Spätzle durch die Presse

Abb. 4 Hier wird Spätzleteig zu Knöpfle gehobelt

Käsespätzle

Mit dem Hobel hergestellte Spätzle werden heiß direkt aus dem Kochwasser mit dem Schaumlöffel in eine Schüssel gegeben und lagenweise mit Reibkäse (Allgäuer Bergkäse) bestreut. Obenauf kommen in zerlassener Butter gebräunte Zwiebelwürfel.

4 Beilagen

4.4 Reis 🇬🇧 rice 🇫🇷 riz (m)

Reis schmeckt neutral und ist vielseitig verwendbar.

Portionsmengen:

- Vorgericht   20 g bis 30 g
- Beilage   40 g bis 50 g
- Gericht   60 g bis 70 g
- Suppeneinlage   5 g bis 10 g

Gekochter Reis 🇬🇧 boiled rice 🇫🇷 riz (m) blanc

Zutaten	
5 l	Wasser
50 g	Salz
500 g	Reis

Garzeit ca. 18 Min. Oftmals wird der Reis vor dem Kochen mit kaltem Wasser abgewaschen, damit feine Stärkereste den Reis und das Kochwasser nicht verkleben. Naturreis wird auf jeden Fall gründlich gewaschen.

- Salzwasser aufkochen und Reis einrühren.
- Wärmezufuhr drosseln und Reis garen.
- Gegarten Reis sofort in ein Sieb geben und unter fließendem kaltem Wasser abkühlen.
- Gut abtropfen lassen und bis zum Bedarf kühlstellen.

Wiedererwärmung:
- Im Ofen: auf gefettetem Blech Reis ausbreiten, mit Butterflocken belegen, unter mehrmaligem Wenden erwärmen.
- Im Kombidämpfer: auf gelochtem Gastro-Norm-Behälter unter Dampfzuführung erwärmen.
- Portionsweise in der Pfanne in Butter schwenken.
- Portionsweise im Mikrowellengerät regenerieren.

Pilaw 🇬🇧 pilaf rice 🇫🇷 riz (m) pilaf

Zutaten für 10 Portionen
1 kg	Reis (Langkorn)
150 g	Butter
250 g	Zwiebelbrunoise
2 l	helle Fleischbrühe
	Salz

- Garzeit ca. 18 Min.
- Reis waschen und gut abtropfen lassen.
- Zwiebelbrunoise in Butter farblos anschwitzen ①.
- Reis zugeben und so lange umrühren, bis er glasig wird ②.
- Mit heißer Fleischbrühe auffüllen, salzen und zugedeckt im heißen Ofen garen ③.
- Den Reis mit einer Fleischgabel lockern und dabei gleichzeitig einige Butterflöckchen untermischen ④.

Risotto 🇬🇧 risotto 🇫🇷 risotto (m)

Zutaten
1 kg	Reis (Rundkorn)
100 g	Butter
50 g	Olivenöl
250 g	Zwiebelbrunoise
150 g	geriebener Parmesan
ca. 3,5 l	helle Fleischbrühe

- Garzeit ca. 18 bis 20 Min.
- Zwiebelbrunoise in Öl und 50 g Butter farblos anschwitzen,
- Reis (vorzugsweise italienischen Rundkornreis) zugeben und glasig werden lassen.
- Unter Rühren etwas heiße Fleischbrühe zugleßen (siehe Folgeseite).
- Diesen Vorgang solange wiederholen, bis der Reis gar ist.
- Danach restliche Butter und den Parmesan unter den Reis mischen.

Küche

ZUBEREITUNG EINFACHER SPEISEN

Der fertige Risotto soll eine **leicht breiige Konsistenz** haben bzw. in sich etwas gebunden sein.

Abb. 1 Fleischbrühe zugießen

Abb. 2 Unter Rühren garen

Abb. 3 Fertiger Risotto

Alle Reiszubereitungen können ergänzt und geschmacklich variiert werden durch Zugabe von: Curry, Paprika, Safran, Kräutern, Pilzen, Tomatenfleischwürfeln, Erbsen, Hühnerfleisch, Lammfleischwürfeln, Schinken, Krabben, Fischfiletstücken, Tintenfisch usw.

Wildreis

Eine besondere Art ist der kanadische Wildreis mit seinem delikat-nussartigen Geschmack.

Man wäscht den Wildreis kurz und gibt ihn in die dreifache Menge kochendes Wasser, kocht ihn nur 3 bis 5 Minuten, entfernt den Topf vom Herd und lässt ihn zugedeckt eine Stunde quellen.

Dieser nach dem „Schnell-Quell-Verfahren" vorbereitete Wildreis wird nun in Salzwasser ca. 30 Minuten gekocht. Das Restwasser wird abgegossen.

Manchmal gibt man dem Wildreis nach zehnminütiger Garzeit die gleiche Menge Langkornreis zu und gart beide Reissorten zusammen. Bei dieser Methode entsteht eine schöne, schwarzweiße Reisbeilage.

Aufgaben

1. Welcher Posten in der Küche ist für die Zubereitung der Beilagen zuständig?
2. Welche Kartoffelzubereitungsarten werden in Fleischbrühe gegart?
3. Sie haben eine Krokettenmasse hergestellt. Was sollten Sie unbedingt vor der Verarbeitung der ganzen Masse getan haben?
4. Benennen Sie die Kartoffelzubereitungen auf nebenstehendem Bild.
5. Wie heißt die Kartoffelmasse mit Brandteig?
6. Erklären Sie die Herstellung von Kartoffelschnee.
7. Ein Gast wünscht als Beilage zu seinem Gericht keine Kartoffeln. Welche andere Beilage empfehlen Sie ihm?
8. Womit kann man Teigwaren Farbe geben?
9. Nennen Sie 3 Fertigstellungsmethoden für Spätzle.
10. Erklären Sie den Begriff „Polenta".
11. Erklären Sie Ihrem neuen Azubi-Kollegen den Unterschied zwischen Pilaw und Risotto.
12. Wie bereiten Sie Wildreis zu?

5 Eierspeisen

🇬🇧 egg dishes 🇫🇷 entremets (m) aux œufs

Eier schmecken neutral und lassen sich sehr abwechslungsreich zubereiten.

Frühstücksgerichte
- Gekochte Eier in der Schale oder im Glas
- Pochierte Eier auf Toast
- Rühreier naturell oder mit Schinkenstreifen
- Spiegeleier naturell oder mit krossem Speck

Abb. 1 Frühstücksgericht

Kalte Vorspeisen
- Halbierte, gefüllte Eier auf Frühlingssalat
- Eiersalat mit Kräutern, in Tomaten gefüllt
- Pochierte Eier mit Räucherlachs und Kresse
- Eierscheiben mit Krabben in Estragongelee

Warme Zwischengerichte
- Eier im Näpfchen mit Sahne
- Frittierte Eier mit Speck auf Toast, Tomatensauce
- Pochierte Eier mit Mornaysauce, überbacken
- Rühreier mit Geflügelleber und Pilzen

Abb. 2 Kalte Vorspeisen

Abb. 3 Zwischengerichte

Eigenständige warme Gerichte
- Wachsweiche Eier in Currysauce mit Tomatenreis
- Omelett mit Kalbsragout und Petersilienkartoffeln
- Spiegeleier auf Rahmspinat mit Fondantkartoffeln
- Käseomelett mit buntem Salatteller

5.1 Gekochte Eier   🇬🇧 boiled eggs 🇫🇷 œufs (m) cuits

Abb. 4 Eigenständiges Gericht

Zum Kochen verwendet man Eier ohne Sprünge. Bei schadhafter Schale würde während des Kochens das Eiweiß austreten. Darum prüft man Eier, indem man je zwei leicht gegeneinander klopft. Eier, die direkt aus dem Kühlschrank kommen, legt man vor dem Kochen in warmes Wasser. Der damit erreichte Temperaturanstieg mindert die Gefahr des Reißens der Schale. Werden größere Mengen Eier gekocht, legt man sie in einen Drahtkorb und gibt diesen in das kochende Wasser. Die Eier müssen vom Wasser bedeckt sein.

> Die Kochzeit wird vom Wiederaufwallen des Wassers an gerechnet.

Hart gekochte Eier   🇬🇧 hard boiled eggs 🇫🇷 œufs (m) durs

Hart gekochte Eier haben eine Kochzeit von 10 Minuten.

Will man die Eier gleich verwenden, werden sie nach dem Kochen mit kaltem Wasser abgeschreckt. Wenn man die Eier in einer mit kaltem Wasser gefüllten Schüssel schält, lässt sich die Schale leichter entfernen.

> Werden Eier auf Vorrat gekocht, bewahrt man sie am besten in der Schale auf.

Bei hart gekochten Eiern kann es vorkommen, dass sie sich schlecht schälen lassen oder dass der Dotter einen blaugrünen Rand zeigt. Beides hat nichts mit dem Abschrecken zu tun, sondern mit dem Alter des Eies.

> Will man geschälte Eier vorrätig halten, legt man die Eier in kaltes Wasser, damit sie sich nicht verformen und abtrocknen.

Sehr frische Eier lassen sich schwerer schälen, haben aber einen hellen Dotter. Ältere Eier lassen sich leichter schälen, neigen aber zu dunklerem Dotterrand.

Küche

ZUBEREITUNG EINFACHER SPEISEN

Weiche Eier in der Schale — soft boiled eggs — œufs (m) à la coque

Die gekochten Eier werden in kaltem Wasser abgeschreckt und warm in Eierbechern serviert. Kochdauer: 3 bis 5 Min. nach Wunsch

Weiche Eier im Glas — soft boiled eggs — œufs (m) en verre

Nach Abschrecken in kaltem Wasser die gekochten Eier behutsam schälen, in Gläser legen und warm servieren. Kochdauer: 4 Min.

5.2 Pochierte Eier — poached eggs — œufs (m) pochés

Pochierte Eier werden ohne Schale in ungesalzenem Essigwasser gegart. Der Dotter soll am Ende der Garzeit noch weich sein.

Die Eier müssen unbedingt frisch sein, damit sich das Eiweiß im Wasser nicht zu einer formlosen Masse verliert. Das Wasser darf nur am Siedepunkt sein und nicht wallen, weil sonst durch die Bewegung des Wassers das Eiweiß auseinander gezogen würde. Der Essiggehalt des Wassers begünstigt das Gerinnen, ohne den Geschmack zu stark zu beeinflussen.

Arbeitsablauf

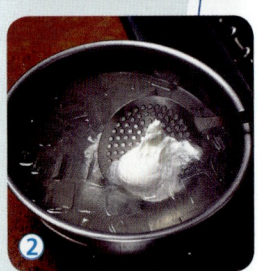

- Wasser in Topf zum Sieden bringen, je Liter ein EL Essig beigeben,
- Eier in Schälchen aufschlagen und in rascher Folge in das siedende Wasser gleiten lassen ①, 4 Min. ziehen lassen, mit Schaumkelle entnehmen und in kaltem (Eis-)Wasser abschrecken ②
- abstehende Eiweißenden abschneiden, in gesalzenem warmem Wasser (50 °C) bis zum Servieren bereithalten, vor dem Anrichten auf Tuch abtropfen lassen ③.

Die pochierten Eier werden auf gebutterten Toastscheiben oder in gefüllten Törtchen mit einer entsprechenden Sauce angerichtet ④. Die Füllung der Törtchen kann aus Fleischragout oder feinen gebundenen Gemüsen oder Pilzen bestehen. Pochierte Eier können aber auch mit Gemüsen angerichtet und mit Mornaysauce überbacken werden.

5.3 Spiegeleier — fried eggs — œufs (m) sur le plat

Spiegeleier werden in stabilen Stielpfannen oder in feuerfesten Spezial-Eierplatten zubereitet. Am Ende der Garzeit soll das Eiweiß gestockt, die Dotter sollen aber weich und glänzend sein. Beim Würzen das Eigelb nicht salzen, da sich sonst weiße Punkte bilden.

Arbeitsablauf

- Butter in dem gewählten Geschirr erhitzen, Eier einschlagen,
- bei mäßiger Temperatur garen, damit das Eiweiß ohne scharfe Bratränder vollkommen gerinnt,
- nur Eiweißfläche würzen, bei Zubereitung in der Pfanne Eier mit einer Winkelpalette entnehmen und auf einer vorgewärmten Platte anrichten,
- Zubereitungen in Spezialplatten so rechtzeitig vom Herd nehmen, dass das Eigelb trotz der nachwirkenden Wärme weich bleibt.

Abwandlungen
Spiegeleier mit gebratenem Speck oder gebratenem Schinken, mit Rostbratwürstchen, Geflügellebern oder Scheiben von Nieren, mit Spargel oder Pilzen.

5.4 Rühreier 🇬🇧 scrambled eggs 🇫🇷 œufs (m) brouillés

Rühreier werden in einer Stielpfanne zubereitet. Tadellose Ergebnisse erfordern eine vollkommene Vermischung von Eiweiß und Eigelb, eine langsame Gerinnung der Eimasse bei andauerndem Rühren sowie die Einhaltung der richtigen Gardauer. Rühreier sollen von kleinflockiger, cremig-lockerer Beschaffenheit sein.

Müssen Rühreier im Voraus bereitet werden, so schlägt man je Ei einen Esslöffel Milch oder Sahne in die Eimasse. Die zarte Konsistenz der Rühreier bleibt dadurch besser erhalten.

Arbeitsablauf

- Eier in eine Schüssel schlagen, würzen und mit Schneebesen verrühren,
- Butter in einer Pfanne erwärmen, bei mäßiger Hitze Eimasse eingießen
- gerinnende Eimasse fortlaufend mit einer Winkelpalette oder Holzspatel von der Bodenfläche abrühren, kleinflockige, cremige Rühreier sofort auf eine vorgewärmte Platte geben.

● **Abwandlungen**
- **Zubereiten** mit Schnittlauch, gemischten Kräutern, geröstetem Speck oder Schinken, angebratenen Pilzen, Brotkrüstchen oder geriebenem Käse;
- **Anrichten** in Tarteletts, Schiffchen, Artischockenböden, Auberginen, Tomaten oder auf Toast;
- **Garnieren** mit Spargel, Geflügelleber, Rostbratwürstchen oder Krebsschwänzen.

● Verwendet man pasteurisiertes Vollei, besteht auch dann keine Salmonellengefahr, wenn Rühreier vorrätig gehalten werden.

5.5 Omelett 🇬🇧 omelette 🇫🇷 omelette (w)

Zur Zubereitung von Omeletts benutzt man eine Omelettpfanne. Der Übergang vom Boden zu dem etwas steileren und höheren Rand ist bei dieser Pfanne gerundet. Man darf sie nur für diesen Zweck verwenden. Selbst kleinste angebackene Reste anderer Zubereitungen würden die Eier anhängen lassen, das Omelett wäre nicht zu formen.

Ein fachgerecht zubereitetes Omelett soll eine schöne Form haben, es soll außen zart und glatt und innen von weicher Konsistenz sein.

Abb. 1 Eimasse mit Gabel rühren.

Abb. 2 Omelett zum Rand rollen und formen.

Arbeitsablauf

- Eier in eine Schüssel schlagen, würzen und mit einem Schneebesen vollkommen vermischen oder pasteurisiertes Vollei verwenden,
- Butter in einer Omelettpfanne schmelzen, Eimasse hineingießen, bei starker Hitze mit dem Rücken einer Gabel rühren und die Pfanne bewegen,
- die gleichmäßig gerinnende, cremige Masse durch Schräghalten in den vorderen Pfannenteil gleiten lassen, mit den Gabelzinken die verbliebene dünne Bodenschicht vom Pfannenstiel aus bis zur Mitte hin umklappen,
- Pfanne anheben, mit der Faust auf den Pfannenstiel schlagen, wodurch das Omelett vollends in den vorderen Pfannenteil gerät, sich rollt und schließt,
- aus dieser Lage das Omelett auf eine erwärmte, gefettete Platte kippen,
- mit einem aufgespießten Butterstückchen das Omelett behutsam bestreichen, damit es appetitlich glänzt.

Abb. 3 Omelett auf Teller stürzen.

Abb. 4 Omelett mit Butter bestreichen.

Geschmackliche Ergänzungen sind möglich:

- Zutaten anschwitzen, mit der Eimasse übergießen und garen,
- Zutaten wie zum Beispiel Reibkäse unter die rohe Eimasse geben,
- Zutaten als Füllung in die Mitte des Omeletts vor dem Falten geben, oder
- in das angerichtete, längs eingeschnittene Omelett einfüllen, oder
- neben dem fertigen Omelett anrichten.

● **Abwandlungen**
Omeletts kann man mit verschiedenen Beigaben servieren. Besonders geeignet sind gedünstete Pilze, Tomaten, Spargel, Speck oder Schinken, feines Geflügelragout, Geflügelleber, Nieren, Kalbsbries, geröstete Brot- oder Kartoffelwürfelchen oder Käse.

Küche

ZUBEREITUNG EINFACHER SPEISEN

5.6 Frittierte Eier 🇬🇧 deep fried eggs 🇫🇷 œufs (m) frits

Frittierte Eier werden einzeln ohne Schale in heißem Öl gebacken. Am Ende der Garzeit soll der Dotter weich und von goldbraun gebackenem Eiweiß umgeben sein.

Beim Frittieren wirft das rasch stockende Eiweiß große Blasen. Diese werden mit der tiefen Laffe eines Holzlöffels fortlaufend an den Dotter gedrückt, ohne ihn zu beschädigen. Weil man die Eier einzeln frittieren muss, ist die Zubereitung zeitaufwendig.

Abb. 1 Frittierte Eier

Beigaben
Gegrillte Speck- und Schinkenscheiben, gebratene Nieren oder Würstchen, frittierte Auberginen oder Zucchini, sautierte Pilze, gedünsteter Blattspinat, frittierte Petersilie, Curry-, Tomaten-, Tatarensauce.

Arbeitsablauf

- In einer kleineren, tiefen Stielpfanne etwa 0,25 l Öl auf 170 °C erhitzen.
- Eier einzeln in Schälchen aufschlagen, Pfanne leicht neigen, damit das Öl an eine Seite läuft, ein Ei in die geneigte Pfanne gleiten lassen, mit einem Holzlöffel die Eiweißblasen immer wieder rasch an den Dotter drücken.
- Ei zum gleichmäßigen Bräunen behutsam wenden, nach einer Minute Backdauer mit Schaumlöffel entnehmen.
- Auf saugfähiger Unterlage bei 50 °C warmhalten.

Frittierte Eier werden gewürzt und vorwiegend auf Toast angerichtet.

5.7 Ei im Näpfchen 🇬🇧 egg in mold 🇫🇷 œuf (m) en cocotte

Ei im Näpfchen gart man in Porzellanförmchen (Cocotten) im Wasserbad. Das Ei soll am Ende der Garzeit einen weichen Dotter aufweisen.

Abb. 2 Ei im Näpfchen, roh und gegart

Anstelle von Sahne gibt man z. B. Geflügelragout, Ragout von Kalbsbries oder Krustentieren, gedünstete Gemüse, Pilz- oder Zwiebelpüree oder Schinken- und Käsewürfelchen in die Förmchen.

Arbeitsablauf

- Förmchen mit etwas Sahne ausgießen,
- aufgeschlagenes Ei daraufgeben,
- mit Butterstückchen belegen, damit sich keine Haut bildet,
- im Wasserbad bis zum Stocken garen.

Ei im Näpfchen wird in der Form und mit einer dazu passenden Sauce serviert.

Schutz vor Salmonellen

Hühnereier können von Salmonellen befallen sein. Bei der Verarbeitung, z. B. beim Aufschlagen der Eier, können die Salmonellen mit dem Ei-Inhalt in Berührung kommen und so in Speisen gelangen.

Um den Gast vor Salmonellen zu schützen, sind folgende Regeln zu beachten:
- Stets nur **frische Eier** verarbeiten.
- **Eier kühl lagern**, denn dann können sich die Salmonellen kaum vermehren.
- **Speisen aus pasteurisierten Eiprodukten** können länger warmgehalten werden.
- **Warme Eierspeisen**, z. B. Rührei oder Ei im Näpfchen, dürfen nur bis zu zwei Stunden nach der Herstellung angeboten werden.

5.8 Pfannkuchen – Eierkuchen

Pfannkuchen – Eierkuchen pancakes ◉ pannequets (m) / crêpes (w)

Zutaten für 10 Stück, Ø ca. 22 cm
- 250 g Mehl
- 0,75 l Milch
- 80 g Butter
- 10 Eier
- 1 Msp. Salz

- Milch und Mehl gut verrühren, die Eier dazugeben und alles zu einer glatten Masse schlagen.
- Pfanne mit Butter erhitzen.
- Pfannkuchenmasse durch rotierende Bewegung gleichmäßig dünn in der Pfanne verteilen.
- Farbe nehmen lassen, wenden und fertig backen.

Abb. 1 Pfannkuchenmasse dünn verteilen

Abb. 2 Farbe nehmen lassen

Abb. 3 Für Suppeneinlage feine Streifen schneiden

Um die Pfannkuchen lockerer zu machen, kann man die Eier trennen und das Eiweiß als Schnee unter die angerührte Masse heben. Die Pfannkuchen werden in einer Pfanne mit heißer Butter gebacken. Man lässt sie auf dem Herd Farbe nehmen, dreht sie um und backt sie im Ofen fertig.

Die Pfannkuchen sollen goldgelb und leicht aufgebläht sein und schnellstens dem Gast serviert werden.

Pfannkuchen können u. a. mit eingebackenem Speck und grünem Salat oder mit eingebackenen Apfelscheiben und Zucker serviert werden.

Für Brätstrudel bestreicht man die Pfannkuchen mit Wurstfarce (Brät), rollt sie auf und gart sie in Dampf. Brätstrudel können als Suppeneinlage oder als kleines, warmes Zwischengericht verwendet werden.

• Die Herstellung von Crêpes wird im Kapitel „Süßspeisen" behandelt.

Aufgaben

1. Zählen Sie fünf verschiedene Garverfahren für Eier auf.
2. Beschreiben Sie die Zubereitung von: a) Rühreiern b) Spiegeleiern c) Omelettes d) Eiern im Näpfchen.
3. Beschreiben Sie Beilagen, Saucen oder Garnituren, die zu pochierten Eiern passen.
4. Schildern Sie Ihrem jüngeren Kollegen die Herstellung eines Omelettes.
5. Nennen Sie vier verschiedene Arten von Omelettes.
6. Welche Rohstoffe sind zur Herstellung eines Pfannkuchens notwendig?
7. Schildern Sie den Arbeitsablauf bei der Herstellung von Pfannkuchen.
8. Was versteht man unter „Rückstellproben"?

Grundkenntnisse im Service

1 Mitarbeiter im Service

🇬🇧 service staff 🇫🇷 personnel (m) de service

1.1 Umgangsformen 🇬🇧 manners 🇫🇷 manières (w)

Das äußere Erscheinungsbild und die Umgangsformen des Servicemitarbeiters sind von großem Einfluss auf die Stimmung des Gastes.

Der Service verlangt neben Anpassungsfähigkeit und Geschicklichkeit auch Gewandtheit im Umgang mit anderen Menschen. Der Gast erwartet:

- Zuvorkommende, aufmerksame Bedienung,
- angemessene Freundlichkeit und
- taktvolles Benehmen.

1.2 Persönliche Hygiene

🇬🇧 personal hygiene 🇫🇷 hygiène (w) personnelle

Im Umgang mit Speisen ist ein hohes Maß an persönlicher Hygiene erforderlich (siehe S. 38).

- Besonders wichtig sind gepflegte Hände und Fingernägel, weil sie der Gast in unmittelbarer Verbindung mit der Speise sieht.
- Mund- und Körpergeruch wirken äußerst lästig, deshalb ist Körperpflege und öfterer Wäschewechsel geboten.
- Gepflegtes Haar ist ein wesentlicher Bestandteil der Gesamterscheinung. Modische Frisuren dürfen den Service nicht beeinträchtigen.

Abb. 1 Korrekte Berufskleidung

Hygieneregeln

1. Vor Beginn der Arbeit Ringe und Armbanduhr ablegen.
2. Vor Beginn der Arbeit und nach dem Gang zur Toilette gründlich Hände waschen.
3. Beim Husten oder Niesen sich von Lebensmitteln abwenden.
4. Verletzungen, z. B. kleine Schnitte an den Händen, mit wasserundurchlässigem Verband versorgen.
5. Beim Umgang mit Lebensmitteln ist das Rauchen verboten.

Abb. 2 Hände waschen und desinfizieren

1.3 Arbeitsbekleidung

🇬🇧 uniforms 🇫🇷 vêtements (m) de travail

Manche Betriebe legen Wert auf einheitliche Berufskleidung, die dem Stil des Hauses angepasst ist. Wird dies nicht verlangt, tragen Restaurantfachleute im Allgemeinen die in der Übersicht dargestellte Kleidung.

Weibliches Servierpersonal

- schwarzes Kleid oder Dirndl, oder schwarzer Rock/lange Hose kombiniert mit weißer Bluse, evtl. Weste
- evtl. weiße oder bunte Servierschürze
- Strümpfe in unauffälliger Farbe oder schwarz
- schwarze Schuhe mit niedrigen Absätzen

Männliches Servierpersonal

- schwarze Hose, kombiniert mit weißem Hemd
- schwarze Krawatte/Schleife
- weiße oder schwarze Kellnerjacke oder Weste
- schwarze Schuhe und schwarze Socken

Servicekleidung in der Systemgastronomie

In der **Systemgastronomie** ist einheitliche Kleidung meist Teil des Gesamtkonzepts.

Crewmitarbeiter

- Poloshirt in Unternehmensfarben
- Basecap oder Schirmmütze mit Logo
- Dunkle Hose (z. B. Jeans)

Managementmitarbeiter

- Weißes oder helles Hemd/Bluse
- Gegebenenfalls schwarze Weste oder Sakko mit Logo
- Halstuch oder Krawatte
- Dunkle Hose oder Rock
- Schwarze Schuhe

1.4 Persönliche Ausrüstung

🇬🇧 personal equipment 🇫🇷 équipement (m) personnel

Individualgastronomie
- Kellnermesser, Korkenzieher
- saubere Handservietten
- Geldtasche mit Wechselgeld
- Streichhölzer

Systemgastronomie
- Kugelschreiber und Bleistift
- Taschenrechner

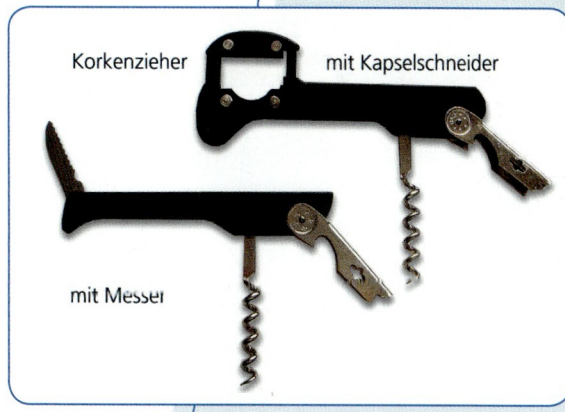

Korkenzieher — mit Kapselschneider — mit Messer

Service

GRUNDKENNTNISSE IM SERVICE

2 Einrichtung und Geräte

🇬🇧 equipment and devices 🇫🇷 équipement (m) et appareils (m)

In Restaurants und Gaststätten sind folgende Einrichtungsgegenstände vorhanden:

- Tische, Tafeln, Beistelltische (Guéridons),
- Stühle, Sessel und/oder Bänke,
- Servicetische, Servanten (Anrichten),
- fest eingebaute oder bewegliche Raumteiler.

In den folgenden Abschnitten geht es darum, diese Einrichtungsgegenstände kennenzulernen und alles über deren Handhabung und Pflege sowie ihren sachgerechten Einsatz zu erfahren.

Abb. 1 Eingedeckte Tafel

2.1 Einzeltische und Festtafeln

Der Tisch, an dem der Gast sich entspannt und wohlfühlt, muss eine bequeme Höhe, Stabilität und Beinfreiheit aufweisen. Der Gast möchte dort allein oder in Gesellschaft gemütlich sitzen, bedient und verwöhnt werden.

Einzeltische 🇬🇧 single tables 🇫🇷 tables (w) individuelles

Tische gibt es in verschiedenen Formen und Größen.

Rechteckige Tische	80 x 120 cm (Standardmaß) 80 x 160 cm 90 x 180 cm	Quadratische Tische	70 x 70 cm 80 x 80 cm (Standardmaß) 90 x 90 cm	Runde Tische	70 cm ø 80 cm ø 90 cm ø und mehr

Festtafeln 🇬🇧 banquet tables 🇫🇷 tables (w) de fête (w)

Zu besonderen Anlässen werden rechteckige und quadratische Tische zu unterschiedlichen Tafelformen zusammengestellt. Dabei ist für die Größe und Form vor allem die Anzahl der zu bewirtenden Personen ausschlaggebend. Darüber hinaus sind zu beachten:

- Die Größe und Grundfläche des Raumes, in den sich die Tafel harmonisch einordnen soll,
- der freie Raum um die Tafel herum, der so bemessen sein muss, dass Servicearbeiten während des Essens störungsfrei ausgeführt werden können.

Abb. 2 Festliche Tafeln

Tafelformen 🇬🇧 shapes of tables 🇫🇷 façon (w) de tables

runde Tafel 6–12 Personen	lange Tafel 10–12 Personen	Block 12–20 Personen	T-Tafel 16–26 Personen	U-Tafel 26–40 Personen	E-Tafel 40–60 Personen
			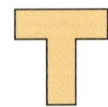	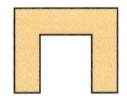	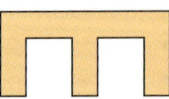

2.2 Tischwäsche

🇬🇧 table linen 🇫🇷 linge (m) de table

Zur Herstellung von Tischwäsche werden neben Mischgeweben vor allem Baumwolle und/oder Flachsgarne verwendet. Die entsprechenden Textilbezeichnungen sind **Baumwolle, Reinleinen** und **Halbleinen**.

Materialien

Baumwolle 🇬🇧 cotton 🇫🇷 coton (m)

Zur Reifezeit springen die walnussgroßen Fruchtkapseln des Baumwollstrauches auf. Aus ihnen quellen die Samenfasern in Form von Wattebäuschen heraus. Die Gewinnung der Fasern ist relativ einfach, woraus sich der günstige Preis für dieses Rohprodukt ergibt. Aus Ägypten kommt unter der Bezeichnung **Mako-Baumwolle** eine der besten Baumwollsorten.

Baumwolle
- ist reiß- und nassfest
- ist saugfähig und kochecht
- ist geringfügig wärmend
- fusselt, läuft ein und knittert stark

Internationales Baumwollsiegel

Das internationale Baumwollkennzeichen bürgt dafür, dass zur Herstellung der Ware ausschließlich Baumwollfasern verwendet wurden.

Verwendung zu Tischwäsche, Damast, Bettwäsche und Dekorstoffen. Besonders hervorzuheben ist die Unempfindlichkeit gegenüber Hitze, die beim Waschen (kochecht) und Bügeln von Bedeutung ist.

Leinen 🇬🇧 linen 🇫🇷 toile (w)

Die Leinenfaser wird aus den Stängeln der Flachspflanze gewonnen. Diese Naturfasern sind die Grundlage für das Gewebe Leinen, Leintuch oder Leinwand. Gewebt wird Leinen meist in der klassischen Leinwandbindung.

Flachsfaser
- ist reiß- und nassfest
- ist kochecht
- fusselt nicht, knittert stark
- hat einen natürlichen Glanz und wirkt kühlend

Verwendung
- Arbeitskleidung
- Gardinen, Vorhänge, Möbelstoffe und Frottierwaren
- Tisch- und Bettwäsche
- Hand- und Geschirrtücher
- Gläsertücher
- Dekorationsstoffe

Abb. 1 Tischdamast aus Baumwolle

Bei **Leinen** sind zwei Qualitätsstufen zu beachten.

Reinleinen heißt, dass das Gewebe nur aus Flachsgarnen besteht (100 %).

Halbleinen ist ein Mischgewebe aus Baumwolle (Kettfäden) und Flachsgarnen (Schussfäden), wobei der Flachsanteil mindestens 40 % vom Gesamtgewicht betragen muss.

Service

GRUNDKENNTNISSE IM SERVICE

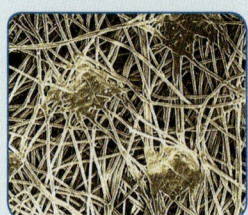

Abb. 1 Vliesstoff mit Punktschweißung

Abb. 2 Wirrfaservlies

Vliesstoffe / Filze 🇬🇧 nonwovens 🇫🇷 nontissés

Vliesstoffe werden meist aus Chemiefasern hergestellt. Wegen ihrer besonderen Eigenschaften gewinnen sie im Gastgewerbe immer mehr an Bedeutung.

Vlies entsteht durch Verkleben.

Für Filz wird die Faser mechanisch bearbeitet. Diese Technik nennt man Walken.

Eigenschaften	Verwendung
leicht	Tischwäsche, Servietten und Sets
gut faltbar	Putz- und Poliertücher
gut durchlässig	Passiertücher
kostengünstig	Einwegwäsche
vielseitig verwendbar	(Tisch- und Bettwäsche)

Arten von Tischwäsche

Tischwäsche wird nach ihrer Zweckbestimmung unterschieden. Es gibt Tischtuchunterlagen, Tisch- und Tafeltücher, Decktücher und Servietten.

Tischtuchunterlagen/Moltons

Ursprünglich wurden diese Unterlagen aus beidseitig aufgerautem Baumwollstoff (Flanell) hergestellt. Wegen der flauschigen und weichen Beschaffenheit des Stoffes haben sie die Bezeichnung Moltons (frz.: mou, molle = weich).

Abb. 3 Molton, gummiert

Molton erhält den Halt auf der Tischfläche durch

- Bänder oder Klettverschlüsse, mit deren Hilfe er an den Ecken befestigt wird, ferner durch
- eingearbeitete Gummizüge, die sich über die Tischkante spannen.

Moltons dienen folgenden Zwecken:

- Die Oberfläche des Tisches ist gegen die Einwirkung von Hitze und Feuchtigkeit geschützt,
- das aufgelegte Tischtuch kann nicht verrutschen, und es wirkt „weicher" und „satter",
- das Einsetzen der Tischgeräte während der Mahlzeiten kann geräuscharm ausgeführt werden.

Abb. 4 Molton mit Gummizug

Moltons gibt es auch aus weichem Kunststoff oder aus einseitig aufgerautem Baumwollstoff, der auf ein gummiartiges Material geklebt ist.

Die Größe der Tisch- und Tafeltücher muss der jeweiligen Tischoberfläche so angepasst sein, dass der Überhang über die Tischkanten allseitig etwa 25 bis 30 cm beträgt.

Tisch- und Tafeltücher

Sie bestehen im Allgemeinen aus strapazierfähigem Leinen oder Halbleinen und dienen dazu, der Tischoberfläche ein sauberes und gepflegtes Aussehen zu geben. Damit sie diesen Zweck erfüllen, müssen Tisch- und Tafeltücher, insbesondere beim Auflegen und Abnehmen, mit besonderer Sorgfalt gehandhabt werden (siehe in den nachfolgenden Abschnitten). Neben besonders festlich wirkenden weißen Tüchern werden oft auch bunte verwendet.

2 Einrichtung und Geräte

Decktücher oder Deckservietten

Decktücher sind kleine, etwa 80 × 80 cm große Tücher, die wegen ihrer Größe auch Deckservietten genannt und mit dem aus dem Französischen kommenden Fachwort als **napperon** bezeichnet werden.

Sie überdecken Tischtücher diagonal,
- um einen dekorativen Effekt zu erzielen, indem man z. B. auf eine weiße Tischdecke eine farbige Deckserviette auflegt,
- um diese entweder grundsätzlich zu schonen
- oder um diese bei geringfügiger Verschmutzung nicht sofort abnehmen und waschen zu müssen.

> Decktücher sollten nicht verwendet werden, um stark verschmutzte Tischtücher zu überdecken.

Servietten

Im Rahmen des Services unterscheidet man zwischen Mund- und Handservietten.

Mundservietten

Der Gast benutzt diese sowohl zum Schutz der Kleidung als auch zum Abwischen des Mundes. Das ist insbesondere vor dem Trinken wichtig, damit keine Speisereste an den Rand des Glases gelangen. Im anspruchsvollen Service sind die Mundservietten Teil der dekorativen Ausstattung von Menügedecken. Es ist selbstverständlich, dass zu diesem Zweck Stoffservietten verwendet werden. Mundservietten aus Papier und Zellstoff werden im einfachen Service aufgelegt. (s. S. 242 bis 246)

Abb. 1 Servietten

Handservietten

Sie gehören zum Handwerkszeug des Servierpersonals und haben deshalb auch die Bezeichnung **Serviertücher**. Handservietten werden im gepflegten Service hängend über dem linken Unterarm getragen.
Handservietten dienen zu folgenden Zwecken:
- Schutz der Hand und des Armes beim Tragen von heißen Tellern und Platten,
- Vermeiden von Fingerabdrücken beim Tragen von Tellern und Besteckteilen,
- Umlegen von Flaschen als Tropfschutz bei der Entnahme aus Weinkühlern.

> Aus ästhetischen und hygienischen Gründen hat die Handserviette immer in einwandfreiem Zustand zu sein.

Reinigung und Pflege der Wäsche

Die beim Gebrauch verschmutzte Wäsche muss in regelmäßigen Abständen gereinigt und gepflegt werden. Wegen unterschiedlicher Materialeigenschaften sowie unterschiedlicher Reinigungs- und Pflegebedingungen gibt es zu diesem Zweck sehr verschiedenartige Hilfsmittel.

Sortieren der Wäsche

Die Wäsche wird vor dem Waschen nach Art und Beschaffenheit der Faser, dem Verschmutzungsgrad, der Farbechtheit und der Temperaturverträglichkeit sortiert.

Waschvorgang

Beim Waschen der Wäsche wirken vier Faktoren zusammen:
Chemie, Zeit, Temperatur und **Mechanik**.
- **Chemie** (Wasser und Waschmittel = Flotte) – Die Flotte soll den Schmutz vom Gewebe lösen und forttragen. Weiches Wasser schont die Wäsche, deshalb enthalten Waschmittel Enthärter.

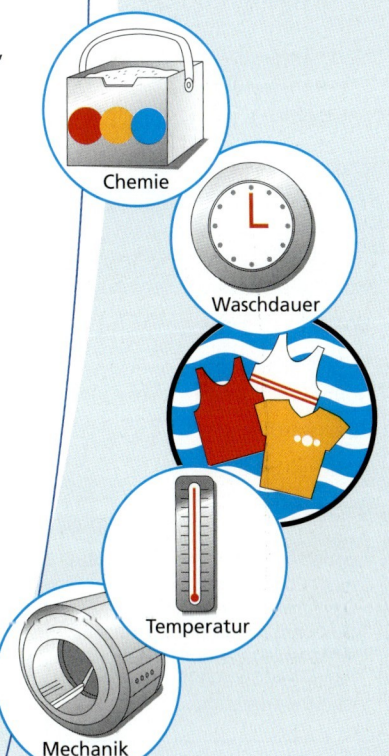

Service

GRUNDKENNTNISSE IM SERVICE

- **Zeit** – Sie ist ausgerichtet auf den Verschmutzungsgrad und die Intensität des Waschmittels.
- **Temperatur** – Durch sie kommen die Komponenten in den Waschmitteln erst zur Wirkung. Die Temperatur ist auf die Art der Wäsche und des Waschmittels einzustellen.
- **Mechanik** – Sie ist erforderlich, um das Lösen des Schmutzes von der Wäsche zu beschleunigen. Dies wird erreicht durch Bewegung der Wäsche mit der Hand oder in der rotierenden Waschtrommel.

Der Waschvorgang gliedert sich bei Waschmaschinen in Vorwäsche, Hauptwäsche, Spülen und Schleudern. Dabei sind folgende Richtlinien und Hinweise zu beachten:

- Die Waschmaschine füllen, aber nicht überfüllen. Bei Überfüllung wird der Reinigungseffekt gemindert.
- Die Dosierung des Waschmittels richtet sich nach der **Wäscheart,** der **Wäschemenge**, dem **Verschmutzungsgrad** der Wäsche sowie der **Wasserhärte**. Diese kann beim Versorger (Wasserwerk) erfragt werden.

  - Eine zu geringe Dosierung kann zur Vergrauung der Wäsche führen.
  - Überdosierung hat eine zu starke Schaumbildung zur Folge, die sich hinderlich auf den Reinigungsprozess auswirkt.
  - Bei sehr weichem Wasser sind schaumbremsende Spezialmittel unerlässlich.
  - Bei wenig verschmutzter Wäsche bildet sich mehr Schaum als bei stark verschmutzter Wäsche.
  - Bei hartem Wasser ergibt sich ein höherer Waschmittelverbrauch, die Schaumbildung ist geringer.

Pflege- und Behandlungssymbole für Textilien

Die Behandlung von Textilien ist auf deren Eigenschaften abzustimmen. Zur Information sind die Textilien deshalb mit jeweils entsprechenden Pflegesymbolen ausgestattet.

Die nachstehenden und ähnliche Kennzeichnungen erleichtern die Zuordnung der Textilien zu jeweils artspezifischen Reinigungs- und Pflegeverfahren.

Abb. 1 Beispiele für eingenähte Etiketten mit Pflegekennzeichnung

Waschen (Waschbottich)		Chloren (Dreieck)	Tumbler-Trocknung (Trockentrommel)		Bügeln Bügeleisen		Chemisch-Reinigung (Reinigungstrommel)	
Normalwaschgang	95	Chlorbleiche möglich	Trocknen möglich normale Temperatureinstellung	⊙⊙	heiß bügeln	•••	keine chemische Reinigung möglich	⊗
Normalwaschgang	60				mäßig heiß bügeln	••		
Normalwaschgang	40	Chlorbleiche nicht möglich	Trocknen möglich herabgesetzte Temperatureinstellung	⊙	nicht heiß bügeln	•		
Schonwaschgang	30				nicht bügeln	⌧		
Handwäsche			Trocknen im Tumbler nicht möglich	⊠	• Die Punkte weisen auf die Temperaturbereiche beim Bügeln hin.			
nicht waschen	⌧							
• Die in den Waschbottichen angegebenen Temperaturen dürfen nicht überschritten werden. • Der Strich unter einem Waschbottich weist darauf hin, dass beim Waschen eine schonende mechanische Einwirkung anzuwenden ist (Schonwaschgang).								

Waschen, Trocknen und Glätten

Waschen
Die Wäsche wird nach folgenden Gesichtspunkten sortiert (siehe Pflegekennzeichen):
- Temperaturverträglichkeit,
- mechanische Belastbarkeit.

Daraus ergeben sich folgende Kombinationen:

⌢95⌣ **Kochwäsche**
- weiße und farbechte Wäschestücke aus Baumwolle, Leinen und Halbleinen, Vollwaschmittel

⌢60⌣ **Heißwäsche**
- nicht farbechte Buntwäsche aus Baumwolle, Leinen und Halbleinen
- weiße Wäschestücke aus Chemiefasern (z. B. Hemden und Blusen); Feinwaschmittel

⌢40⌣ **Feinwäsche**
- Wäsche aus Seide und synthetischen Fasern. Bei Mischgeweben ist das empfindlichste Gewebe ausschlaggebend, Feinwaschmittel

⌢30⌣ **Feinwäsche**
- Gardinen, Stores und andere sehr feine Gewebe, Feinwaschmittel

⌢30⌣ **Wolle**
- alle Wollwaren aus reiner Schurwolle und mit dem Hinweis „filzt nicht". Wollwaren ohne diesen Hinweis sollten besser von Hand gewaschen oder chemisch gereinigt werden.

Trocknen, Glätten und Legen der Wäsche
Beim Schleudern wird das meiste Wasser abgesondert.

Durch Glätten erhält die Wäsche ein glattes und gepflegtes Aussehen. Dabei wird unterschieden:
- Bügeln (Bügeleisen)
- Mangeln
- Pressen (Dampfpressautomaten).

Abb. 1 Pflegekennzeichen

● Die Wäsche muss auch beim Bügeln entsprechend ihrer Temperaturverträglichkeit sortiert werden. Die Pflegekennzeichen sind unbedingt zu beachten.

● Bei Mischgeweben ist die temperaturempfindlichste Faser ausschlaggebend.

Aufgaben

1. Nennen Sie Tischformen und übliche Maße für Einzeltische.
2. Nennen Sie unterschiedliche Tafelformen.
3. Welche Wäschestücke gehören zur Tischwäsche?
4. Aus welchem Material werden Moltons hergestellt?
5. Welche unterschiedlichen Zwecke erfüllen Moltons?
6. Wozu dienen Decktücher und wozu dürfen sie nicht verwendet werden?
7. Welchen Zwecken dient die Handserviette? Welche Richtlinien sind unter hygienischen und ästhetischen Gesichtspunkten bezüglich des Gebrauchs zu beachten?
8. Unter welchen Gesichtspunkten muss Wäsche vor dem Waschen sortiert werden?
9. Unterscheiden Sie in Bezug auf die Waschtemperatur und die Materialbeschaffenheit der Wäsche folgende Bezeichnungen: a) Kochwäsche b) Heißwäsche c) Feinwäsche

Service

GRUNDKENNTNISSE IM SERVICE

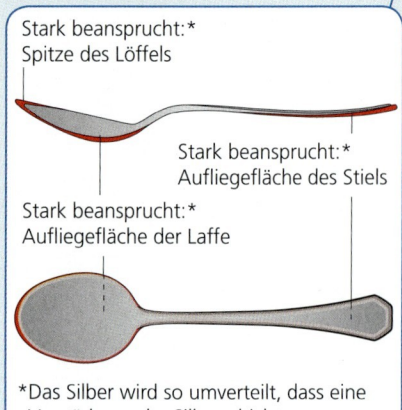

Abb. 1 Verstärkung der Silberschicht bei Patentsilber

Chromstahl →
Legierung mit Chrom

Chromnickelstahl →
Legierung mit Chrom und Nickel

Edelstahlbestecke, die matt- oder hochglanzpoliert sein können, sind pflegeleicht.

2.3 Bestecke 🇬🇧 cutlery 🇫🇷 couverts (m)

Mit einer zunehmenden Kultivierung der Essgewohnheiten setzte sich der Gebrauch von unterschiedlichen Bestecken durch.

Material

Abgesehen von Bestecken mit Holzgriffen, die wegen des häufigen Spülens für gastgewerbliche Zwecke nicht geeignet sind, bestehen Bestecke im Allgemeinen aus Metall.

Versilberte Bestecke

Silberbesteck ist teuer und wird deshalb selten verwendet. Um aber auf den Glanz dieses edlen Metalls nicht verzichten zu müssen, werden Bestecke versilbert. Bei versilbertem Besteck erhält ein Metallkern eine Silberauflage in unterschiedlicher Dicke, die an stark beanspruchten Stellen häufig zusätzlich verstärkt wird. Bei dreifach verstärkter Auflage spricht man von **Patentsilber** (s. Abb.). Die Kennzeichnung 80, 90 oder 100 bedeutet, dass für 24 dm^2 Besteckoberfläche entsprechende Mengen Silber in Gramm verwendet wurden (je höher die Zahl, desto dicker die Silberschicht).

Edelstahlbesteck

Das am häufigsten verwendete Grundmaterial ist Stahl, weil er genügend stabil und hart ist. Um das Rosten zu verhindern, wird der Stahl veredelt (**Edelstahl**). Darüber hinaus wird die Festigkeit durch Legieren mit anderen Metallen erhöht. Neben den Kennzeichnungen „rostfrei" oder „stainless" geben die Einprägungen 18/8 oder 18/10 Hinweise auf die Art der Legierung: 18 % Chromanteile sowie 8 bzw. 10 % Nickel.

Bestecke aus Kunststoffen

Vor Allem im Außer-Haus-Geschäft spielen Bestecke aus Kunststoffen eine große Rolle. Auf Grund ihres niedrigen Anschaffungspreises können sie dem Gast zum einmaligen Gebrauch überlassen werden.

Bei großen Caterings ist aus logistischen Gründen die Verwendung von Mehrwegbestecken oft nicht möglich, wenn beispielsweise keine Spülmöglichkeiten zur Verfügung stehen. Für gehobene Anlässe steht Kunststoffbesteck mit Metalloptik zur Verfügung.

Der verwendete Kunststoff muss hitzestabil bis 90 °C sein (z. B. Suppenlöffel), darf nicht leicht zerbrechen (Gabeln, Messer), und muss widerstandsfähig gegen leichte Säuren (wie Zitronensäure) sein. Mögliche Kunststoffe sind Polystyrol (PS) oder Polyethylen (PE). Die Kunststoffe werden bei Sonneneinstrahlung schnell spröde, dies muss bei der Lagerung beachtet werden.

Da Polystyrol oder Polyethylen nicht natürlich abbaubar sind, ist eine fachgerechte (getrennte) Entsorgung notwendig. Beide Kunststoffe sind voll recycelbar.

Abb. 2 Kunststoffbesteck

2 Einrichtung und Geräte

Arten und Einsatz

Übersicht Besteckgruppen

Die vielfältigen Besteckteile werden nach folgenden Gesichtspunkten geordnet.

Im klassischen Service werden Desserts als Entremets bezeichnet. Die Kombination von Mittellöffel und Mittelgabel heißt deshalb Entremet-Besteck.

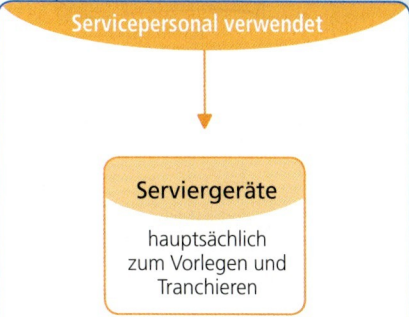

Grundbesteck

Zum Grundbesteck gehören Messer, Gabeln und Löffel, die es in drei verschiedenen Größen gibt. Die *Größe des Bestecks* richtet sich nach dem Volumen der Speise bzw. nach der Größe des Tellers, auf dem die Speise angerichtet ist. In jedem Fall muss aus optischen Gründen die Verhältnismäßigkeit der Größen gewährleistet sein.

Die Wahl eines Bestecks steht in enger Beziehung zu der jeweiligen Art der Speise:

Speisenspezifische Verwendungszwecke für Bestecke		
Großes Besteck (Tafelbesteck)	**Mittelbesteck (Dessertbesteck)**	**Kleines Besteck**
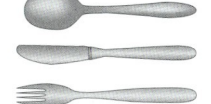	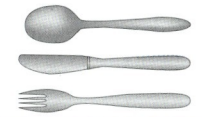	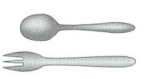
Löffel • für Suppen mit grober Einlage, die in tiefen Tellern angerichtet werden • zum Vorlegen von Speisen, die geschöpft werden können (z. B. Erbsen, Karotten, Reis, Kartoffelpüree und Saucen)	**Messer** • für das einfache Frühstück • auf dem Beiteller für Brot und Butter **Löffel** • für Suppen in Suppentassen • für Frühstücksspeisen	**Löffel** • für Suppen in kleinen Spezialtassen • für cremige Speisen in Gläsern oder Schalen, sofern sie keine festen Bestandteile enthalten • für Quarkspeisen oder Joghurt zum Frühstück
Löffel und Gabel • für selbstständige Gerichte aus Spaghetti • als Vorlegebesteck für Speisen, die mit zwei Bestecken aufgegriffen werden müssen	**Löffel und Gabel** • für Teigwarengerichte, wie Ravioli, Cannelloni und Lasagne • für Desserts, die auf Tellern angerichtet sind, wie Crêpes, Obstsalat, Parfait mit Früchten	**Löffel und Gabel** • für Vorspeisen und Nachspeisen in Gläsern oder Schalen, die in kleingeschnittener Form feste Bestandteile enthalten (z. B. Krabben- oder Gemüsecocktail, cremige Speisen mit Früchten, Früchte in Gelee, Salat von frischen Früchten)
Messer und Gabel • für Hauptspeisen jeglicher Art, sofern das Schneiden erforderlich ist (siehe Fischbesteck)	**Messer und Gabel** • für Vorspeisen und Zwischengerichte • für Frühstücksspeisen (Wurst, Käse, Schinken, Melone) • für Käse als Nachspeise	

Service

GRUNDKENNTNISSE IM SERVICE

Abb. 1 Verwendung des Löffels

Hotel-Systembesteck

Hotel-Systembesteck ist ein Bestecksortiment, bei dem Art und Größe der Bestecke so gewählt sind, dass sie in verschiedenen Kombinationen und für verschiedenartige Zwecke verwendet werden können. Aufgrund dieser Vereinfachung reduziert sich die Vielfalt der im Einsatz befindlichen Besteckteile.

Die Besteckteile mit den Nummern 5 bis 8 genügen, um Vorspeisen- und Dessertgedecke mit unterschiedlichen Volumen bzw. Größen durch jeweils entsprechende Kombinationen sachgerecht ausstatten zu können.

Beispiel

Die Tafelgabel ist
- einerseits so groß, dass sie für Hauptgerichte ausreicht und gleichzeitig auch für Vorspeisen und Desserts noch angemessen ist,
- andererseits so breit, dass sie auch als Fischgabel eingesetzt werden kann.

Spezialbestecke

- **Fischbesteck**
  Das Fischbesteck ist für Speisen von Fisch sowie Schalen- und Krustentieren geeignet, sofern diese aufgrund ihrer Verarbeitung eine weiche Beschaffenheit haben und nicht geschnitten werden müssen. Sonst sind Mittelmesser und Mittelgabel einzudecken, z. B. bei

  - mariniertem Fisch: Matjeshering, Bismarckhering und Rollmops,
  - geräuchertem Fisch: Lachs, Aal und Heilbutt,
  - größeren Stücken von Krebstieren: Hummer, Languste.

- **Austerngabel**
  Mit der Austerngabel werden die frischen Austern aus der Schale herausgelöst. Nach klassischer Art ist es erlaubt, die Austern aus der Schale zu schlürfen.

- **Steakmesser**
  Um das gebratene Steakfleisch einfach und sauber durchschneiden zu können, ist das Steakmesser mit einem Wellen- oder Sägeschliff versehen. Bei Bestellung eines Steaks wird es gegen das Tafelmesser ausgetauscht.

Abb. 2 Systembesteck

Hilfsbesteck

- **Kaviarlöffel und Kaviarmesser**
  Mit dem Löffel wird der Kaviar auf den Toast vorgelegt und mit dem Messer verteilt. Weil Metalle den Geschmack des Kaviars verändern, sind die Bestecke meist aus Horn oder Perlmutt.

- **Hummergabel**
  Mit der **Hummergabel** wird das Fleisch aus den Scheren und Beingliedern herausgezogen und auf den Teller vorgelegt. Damit das möglich ist, bricht der Koch die Scheren an. Das zugehörige Essbesteck ist entweder das Fisch- oder das Mittelbesteck.

  Die **Hummerzange** wird nur dann von den Restaurantfachkräften benötigt, wenn die Krustentiere rustikal (unzerteilt und und aufgebrochen) angerichtet sind.

- **Schneckenzange und Schneckengabel**
  Die Schneckenzange dient dazu, das heiße Schneckenhaus aufzunehmen und zu halten (linke Hand). Mit der Schneckengabel wird die Schnecke aus dem Haus genommen und auf einem Löffel vorgelegt (rechte Hand). Die Butter aus dem Schneckenhaus wird dazugegossen.

  Werden Schnecken in einer Schneckenpfanne serviert, ist lediglich ein Kaffeelöffel oder eine kleine Gabel erforderlich. Die Butter wird in diesem Falle mit Brot aus den Vertiefungen getunkt.

- **Krebsbesteck**
  Das Krebsbesteck dient zum Aufbrechen von Krebspanzer und Scheren. Durch das Loch in der Messerschneide steckt man die Scherenspitzen, bricht diese ab. So kann das Fleisch leicht aus der Schere gezogen werden.

Serviergeräte

- **Saucenlöffel**
  Der Saucenlöffel dient den Servicemitarbeitern zum Vorlegen von Saucen. Außerdem kann er in Verbindung mit der Sauciere eingesetzt werden.

- **Tranchierbesteck**
  Das Tranchierbesteck wird zum portionsgerechten Zerteilen größerer Bratenstücke verwendet. Nur mit einem besonders scharfen Messer lassen sich gute Ergebnisse erzielen. Zum Festhalten des Fleischstückes wird die Tranchiergabel nur aufgelegt und nicht in das Fleisch eingestochen.

- **Salatbesteck**
  Zum Mischen von Frischsalaten und zum Vorlegen aller Salatarten verwendet man an Stelle der Tafelbesteckteile das größer gehaltene Salatbesteck.

- **Käsemesser**
  Beim Käsemesser ist die Klinge mit Kuhlen versehen. Diese verhindern, dass die abgeschnittenen Käsescheiben an der Messerklinge haften. Die Gabelspitzen am Messerrücken dienen zum Vorlegen.

- **Spargelheber**
  Der Spargelheber ist mit Rillen versehen, die das Abgleiten der Spargelstangen verhindern. Die breite Auflagefläche verhindert das Abknicken der Spargelstangen.

Service

GRUNDKENNTNISSE IM SERVICE

Handhaben im Service

Bestecke sollen in ästhetisch einwandfreiem Zustand bleiben. Deswegen sind sie pfleglich zu behandeln. Löffel und Gabeln sollten stets mit den Wölbungen ineinander und nicht gegeneinander liegen.

Nachpolierte Bestecke sind so zu handhaben, dass Fingerabdrücke möglichst vermieden werden. Deshalb gilt:
- Bestecke dürfen niemals in der bloßen Hand getragen werden.
- Beim Aufnehmen und Ablegen am Tisch greift man mit Daumen und Zeigefinger an den schmalen Seitenflächen.
- Das Berühren der nach oben gerichteten Sichtflächen ist unbedingt zu vermeiden.

> Beim Tragen von Besteckteilen gelten folgende Regeln:
> - Beim Mise en place dürfen Bestecke auf einer in der Hand liegenden Serviette getragen werden,
> - bei Anwesenheit von Gästen ist in jedem Fall eine Unterlage, entweder ein mit Serviette belegter Teller oder ein Tablett zu verwenden.

Reinigung und Pflege

An die Bestecke werden hohe Anforderungen gestellt (Ästhetik, Hygiene). Das ist verständlich, denn die meisten Bestecke kommen in irgendeiner Form mit Speisen, die speziellen Essbestecke außerdem mit dem Mund des Gastes in Berührung. Daraus ergibt sich für den Service die Verpflichtung, Bestecke nur in tadellosem Zustand zu verwenden.

Grundlegende Reinigung

Benutzte Besteckteile getrennt, d.h. Messer, Gabeln und Löffel in verschiedene Besteckspül-Köcher stehend einsortieren. Die Messer müssen stets mit der Klinge nach oben im Köcher stehen. Zum Vorreinigen werden die Besteckteile in den Köchern stehend mit der Spülbrause vorgeduscht. Die Besteckköcher sollten dabei nicht überladen werden, da sonst die Besteckdichte ein einwandfreies Reinigen verhindert.

Abb. 1 Spülmaschine

Nach dem Einschieben in die Maschine beginnt der Spülvorgang. Durch eine richtige Dosierung des Spülmittels und besonders heiße Nachspülung erhält man schlieren- und fleckenfreies Besteck. Das übliche Nachpolieren ist deshalb nicht mehr nötig. Das Nachpolieren von Besteckteilen ist bedenklich, da für viele Besteckteile das gleiche Tuch verwendet wird und somit Bakterien auf das Besteck übertragen werden können.

> Aus hygienischen Gründen sollte man beim Entnehmen der mit der Klinge nach oben stehenden Messer Gummihandschuhe verwenden.

Besondere Pflege des Silberbestecks

Silber „läuft an". Durch Schwefelwasserstoff, der sich in Speisen und in der Luft befindet, bildet sich an der Oberfläche der Silberbestecke ein festhaftender bräunlicher Belag. Dieser kann nur mit Hilfe von geeigneten Reinigungsmaßnahmen entfernt werden:

- **Silberputzpaste**
  Sie wird aufgetragen und nach dem Trocknen wieder abgerieben (einfache, zeitaufwendige Methode).

- **Silberbad galvanisch**
  Reinigung erfolgt chemisch mit Hilfe von heißem Wasser, Aluminium, Soda und Salz

- **Silberputzmaschine**
  In einer sich drehenden Trommel befinden sich Stahlkügelchen und ein Spezialmittel zum Reinigen und Polieren.

Abb. 2 Silber-Pflegemittel

2 Einrichtung und Geräte

2.4 Gläser 🇬🇧 glass-ware 🇫🇷 verres (m)

Die Herstellung von Glas und seine Verarbeitung zu Trinkgläsern war in Ägypten bereits 1500 v. Chr. bekannt. In Syrien wurde um die Zeitenwende die sogenannte Glasmacherpfeife erfunden, die das Mundblasen von Gläsern ermöglichte und den beschleunigten Aufschwung des Glasmachergewerbes zur Folge hatte.

Material

Glas ist ein Schmelzprodukt aus verschiedenartigen Materialien, das durch Abkühlung erstarrt. Zur Herstellung verwendet man:
- als Hauptbestandteil Quarz bzw. Quarzsand, der chemisch aus Kieselsäure besteht,
- als Beimischung unterschiedliche Metalloxide, z. B. Natrium (Natron), Kalium (Kali), Magnesium und Blei.

Auswahlkriterien

Gläser, die im Pressverfahren produziert sind, werden im Allgemeinen nur für einfache Getränke verwendet, z. B.:
- Wasser, Milch und Limonaden,
- Schoppenweine und einfache Schnäpse.

Geblasene bzw. Kristallgläser lassen höherwertige Getränke besser zur Geltung kommen, z. B.:
- hochwertige Säfte und hochwertige Spirituosen,
- Qualitätsweine.

Formen und Arten der Gläser

Grundlegende Gläserformen

In Bezug auf die Grundform unterscheidet man:
- **Bechergläser**, die im Allgemeinen für einfache Getränke verwendet werden, z. B. für Wasser, Bier, klare Spirituosen,
- **Stielgläser**, die im Vergleich zu den Bechergläsern eleganter wirken, für höherwertige Getränke, z. B. für Wein, Schaumwein, Cognac, Liköre, Cocktails.

Getränkespezifische Formen der Gläser

Hochwertige Getränke haben Eigenschaften, die erst durch eine besondere Form des Glases richtig zur Geltung kommen.

Getränke mit besonderen Duftstoffen
Ein typisches Getränkebeispiel ist der **Wein**. Der Kelch des Glases ist zum Rand hin verjüngt, sodass die Duftstoffe oberhalb der Glasöffnung zusammengeführt und nicht wie beim geöffneten Kelch zerstreut werden.

Getränke mit viel Kohlensäure
Typische Getränke sind **Schaumwein** und **Bier**. Das Glas hat eine schlanke, hohe Form, sodass die frei werdende Kohlensäure aufsteigend auf einem langen Weg sichtbar ist. Die niedrige und breite Sektschale ist unter diesem Gesichtspunkt ungeeignet.

Weingläser
🇬🇧 wine glasses 🇫🇷 verres (m) à vin

Sherryglas · Rheinweinglas · Moselweinglas
Römerglas · Bordeauxglas · Burgunderglas

Schaumweingläser
🇬🇧 champagne glasses
🇫🇷 verres (m) à champagne

Sektspitz · Flöte · Sektkelch

Sektkelch · Sektschale

Service

GRUNDKENNTNISSE IM SERVICE

> Beschädigte Gläser müssen aussortiert werden.

Biergläser
🇬🇧 beer glasses 🇫🇷 verres (m) à bière

Becher — Tulpe — Kelch

Bargläser
🇬🇧 bar glasses 🇫🇷 verres (m) de bar

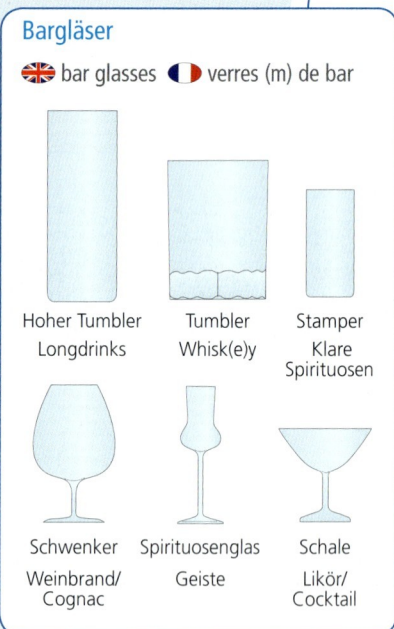

Hoher Tumbler Longdrinks — Tumbler Whisk(e)y — Stamper Klare Spirituosen

Schwenker Weinbrand/Cognac — Spirituosenglas Geiste — Schale Likör/Cocktail

Reinigung und Pflege

Wenn man bezüglich der Sauberkeit bei Tafelgeräten überhaupt von einer Abstufung sprechen kann, dann sind an die Sauberkeit von Gläsern die höchsten Anforderungen zu stellen. Dafür gibt es wichtige Gründe:
- Selbst Spuren von Schmutz (Fett, Staub, Spülmittelreste) fallen bei Licht besonders auf.
- Sie stören bei hochwertigen und feinen Getränken den Geschmack und das Bukett.
- Fettspuren an Biergläsern mindern beim Zapfen die Ausbildung der Schaumkrone oder sie zerstören diese nachträglich.

Grundlegende Reinigung

Gläser nach Gebrauch so schnell wie möglich spülen. Eingetrocknete Getränkereste erschweren das Reinigen. Getränke- und Garniturreste von Getränken vor dem Beschicken der Spülmaschine entfernen. Nach dem Spülen den Spülkorb mit den Gläsern sofort aus der Maschine nehmen.

Nach dem Spülgang trocknen die Gläser innerhalb kürzester Zeit, da das Wasser auf dem angewärmten Glas rasch verdampft.

Weil bei richtig dosiertem Klarspüler an den Gläsern keine Wasserflecken zurückbleiben, ist das Nachpolieren nicht nötig. Dadurch werden keine Bakterien durch das Poliertuch übertragen.

Beim Einräumen in die Schränke werden die Gläser optisch auf Sauberkeit kontrolliert.

Lagerung der Gläser

Gläser lagert man möglichst in geschlossenen Schränken mit dem Mundrand nach oben. Gläser dürfen niemals ineinander gestapelt werden. Sie sollen auch nicht hängend über der Theke gelagert werden, da Dunst und Raumluft sich im Kelch niederschlagen.

Handhaben im Service

Sowohl beim Mise en place als auch während des Services dürfen Gläser niemals im Trinkbereich angefasst werden. Es ist insbesondere zu vermeiden, in das Glas hineinzugreifen oder es vom oberen Rand her mit den Fingern zu umfassen, **auch nicht beim Ausheben von geleerten Gläsern.**

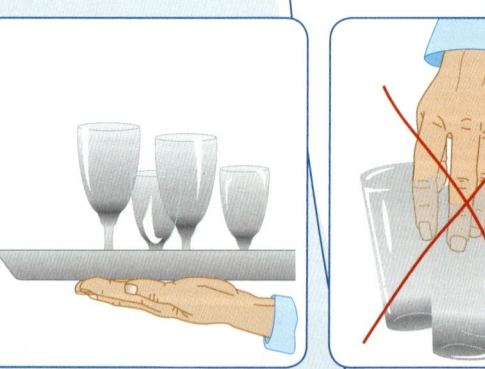

Stielgläser werden zwischen Daumen sowie Zeige- und Mittelfinger erfasst.

Gläser werden im Allgemeinen auf einem Tablett getragen, wobei die Anzahl so zu begrenzen ist, dass sie nicht aneinanderstoßen. Ein untergelegtes Tuch verhindert das Rutschen. Stielgläser werden beim Mise en place ausnahmsweise zwischen den Fingern der linken Hand hängend getragen, bei Anwesenheit von Gästen aus optischen Gründen jedoch nicht mehr als vier Gläser.

Abb. 1 Handhaben im Service

2.5 Porzellangeschirr 🇬🇧 china 🇫🇷 porcelaine (w)

Das Ursprungsland der Porzellanherstellung ist China. Seitdem die Holländer im 13. Jahrhundert chinesisches Porzellan nach Europa einführten, wurden hier viele Versuche der Nachahmung unternommen.

Eigenschaften

Für den **Porzellankörper** werden die Rohstoffe Kaolin, Quarz und Feldspat verwendet. Je nach der Zusammensetzung und der Art des Brennens erhält man
- hartes oder weiches Porzellan,
- feuerfestes oder nicht feuerfestes Porzellan.

Bezüglich der **Form** gibt es neben gradlinigem, stapelbarem Porzellan auch solches, das sich durch individuell gestaltete, teilweise künstlerisch hochwertige Formen auszeichnet. Rein weißes und buntes Porzellan wird auch mit mehr oder weniger aufwendigem **Dekor** versehen.
Man unterscheidet bei Dekor:
- Randdekors in Form von Linien, Streifen und Bildmotiven (Monogramme oder Vignetten),
- Flächendekors in Form von Blumen, Ranken und anderen Motiven,
- Auf- oder Unterglasurdekors, je nachdem, ob diese vor oder nach dem Glasieren aufgebracht wurden.

Abb. 1 Porzellan

Die **Glasur** gibt dem Porzellan eine glatte, versiegelte Oberfläche, die vor eindringender Feuchtigkeit schützt und die Reinigung wesentlich vereinfacht. Je nach Material und Art des Brennens gibt es *harte* und *weiche* Glasuren.

Auswahlkriterien für Hotelporzellan

Weil Hotelporzellan stark belastet wird, bevorzugt man:
- hartes Porzellan, um Beschädigungen und Verluste durch Bruch möglichst niedrig zu halten,
- harte Glasuren sowie Unterglasurdekors, weil sie gegenüber den mechanischen Einwirkungen beim Essen und Spülen unempfindlicher sind,
- feuerfestes Geschirr, das zum Garen und Überbacken (z. B. auch beim Kochen am Tisch) und zum heißen Anrichten von Speisen unerlässlich ist.

Für die Auswahl von Form und Dekor gelten:
- Für den täglichen Gebrauch werden **stapelbare** und deshalb **raumsparende** Formen sowie schlichte Dekors bevorzugt.
- Für den anspruchsvollen Service, insbesondere zu festlichen Anlässen, kann auf individuell gestaltete Formen sowie auf besonderes Dekor nicht verzichtet werden.

Werden Speisen in tiefen Tellern serviert, setzt man zum sicheren Tragen die tiefen Teller auf flache Teller.

Arten und Einsatz von Porzellangeschirr

Tiefe Teller Ø 26 cm/ Ø 23 cm
Diese Teller, auch Suppenteller genannt, werden für Speisen verwendet, bei denen ein etwas höherer Tellerrand erforderlich ist, z. B. für:

- Suppen mit stückigen Einlagen (Gemüse, Hülsenfrüchte, Teigwaren, Reis, Muscheln und Fisch) sowie Eintopfgerichte,
- Spaghetti und andere Teigwarengerichte,
- Frühstücksgerichte (Cornflakes, Porridge, Müsli),
- Salatvariationen,
- warme Desserts.

Tiefe Teller werden außerdem als Ablageteller für nicht verzehrbare Speiseteile verwendet, insbesondere dann, wenn es sich um größere Mengen handelt, z. B. Muschelschalen oder Krustentierpanzer.

Service

GRUNDKENNTNISSE IM SERVICE

Flache Teller Ø 28 cm/ Ø 26 cm
Ø 28 cm, auch Grillteller genannt; für komplette Gerichte. Zubereitungen aus Fleisch, Fisch oder Geflügel werden mit den dazugehörigen Beilagen auf diesen Tellern angerichtet (Tellerservice).
Ø 26 cm, auch Fleisch- oder Gedeckteller genannt; auf ihnen werden meist separat angerichtete Speisen am Tisch vorgelegt. Sie finden aber auch beim Tellerservice Verwendung.

Vorspeisenteller Ø 23 cm
Für kalte und warme Vorspeisen; für Frühstücksbüfett.

Mittelteller Ø 19 cm
auch Dessertteller genannt; für Zwischengerichte, Salate, Käse, Gebäck, Kuchen, Desserts, als Frühstücksteller und Ablageteller.

Kleine Teller/Brotteller Ø 15 cm
für Brot, Brötchen, Toast, Butter, eventuell als Ablageteller.

Platzteller Ø 31 cm
Platzteller sind große dekorative Teller, die den Gedeckplatz während des Essens ausfüllen und auf die jeweils die Teller der Speisenfolge aufgesetzt werden. Sie werden bereits beim Eindecken des Tisches bzw. der Tafel eingesetzt und frühestens nach dem Hauptgang wieder ausgehoben. Damit der dekorative Rand des Tellers sichtbar bleibt, sind Platzteller größer als der größte aufgesetzte Teller. Deckchen schützen die Oberfläche der Platzteller, außerdem können andere Gedeckteile dann geräuscharm aufgesetzt werden.

Suppentassen 0,2 l/0,1 🇬🇧 soup bowls 🇫🇷 tasses (w) à soupe
mit Henkeln, für gebundene und klare Suppen mit Einlage (z. B. Leberklößchen, Markklößchen). Kleine Spezialtassen für exotische Suppen und Essenzen.

Getränketassen 0,15 l/0,2 und weniger 🇬🇧 Coffee cups 🇫🇷 tasses (w) à café
mit unterschiedlichen Formen und den dazu passenden Untertassen für Kaffee, Tee, Schokolade und Milch; desgleichen Mokka- und Espressotässchen.

Platten 🇬🇧 serving dishes 🇫🇷 plats (m)
in ovaler oder rechteckiger Form für Fleisch, in langovaler Form für Fisch und in runder Form vorwiegend für Gemüse.

Saucieren 🇬🇧 sauce boats 🇫🇷 saucières (w)
unterschiedlicher Größe und Formen, teilweise mit Gießer, für warme und kalte Saucen sowie für flüssige und geschlagene Butterarten.

Schüsseln und Terrinen 🇬🇧 bowls and terrines 🇫🇷 plats (m) et terrines (w)
mit und ohne Deckel für Eintöpfe, Suppen und Beilagen sowie für Zubereitungen mit viel Sauce, z. B. Ragouts.

Kännchen 🇬🇧 small can 🇫🇷 burette (w)
mit und ohne Deckel, in Form und Größe verschieden für Kaffee, Tee, Schokolade und Milch; außerdem Gießer für Kaffeesahne zu den Aufgussgetränken.

Backformen 🇬🇧 baking molds 🇫🇷 moules (m) de cuisson
Backformen oder Kokotten, rund und oval, zum Anrichten von Fisch, Fleisch und Gemüse. Zum Gratinieren von Teigwaren, zum Backen von Kartoffeln und Überbacken von Gemüsen.

Eierplatten 🇬🇧 egg dishes 🇫🇷 plats (m) pour les oeufs
oder Eierpfannen zum Anrichten von Eierspeisen und zum Zubereiten und Servieren von Spiegeleiern.

Schneckenpfannen 🇬🇧 snail platters 🇫🇷 plats (f) à escargots
Flache Geschirre mit halbkugelförmigen Vertiefungen, in welche vorbereitete Schnecken gelegt und im Ofen erhitzt werden.

Sonstige Teile

Schalen oder Schälchen für Zucker, Konfitüre, Marmelade, Kompott, Fisch- oder Muschelragout, Apfelmus, geschnittene Kräuter oder Zwiebelwürfelchen; Fingerschalen; Stövchen; Fondueteller, Austernteller.

Wenn sich feste Menüfolgen auflösen und Fingerfood oder „Flying Büfetts" den kulinarischen Teil bestimmen, wird der Wunsch nach individuellem Geschirr laut. Hierfür bieten sich die Minikompositionen aus Glas und Porzellan im Kleinformat an.

Auflaufformen

oder Souffléschalen zum Backen und Servieren von Aufläufen aller Art.

Kasserollen

oval mit Deckel zum Fertigstellen von Spezialgerichten. Die halbfertigen Zubereitungen kommen in die Geschirre (z. B. Geflügel), werden darin fertig gegart und auch serviert.

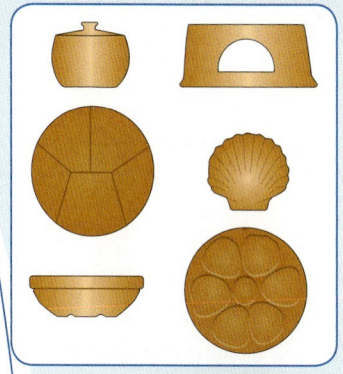

Abb. 1 Feuerfestes Porzellan/Keramik

Die aus **feuerfestem Porzellan** hergestellten Geschirre dienen hauptsächlich zum Zubereiten und Fertigstellen von Speisen, da die Gerichte auch darin serviert werden.

Kein anderer Ausstattungsgegenstand in der Gastronomie hat sich so gewandelt wie das Porzellan. Moderne Formen von Näpfchen, Schälchen, Tellern, die gravierend von der bekannten Form abweichen, lassen sich in flexibler Weise miteinander kombinieren und fordern von der Küche eine kreative Anrichteweise. Es entsteht für die Gäste ein neues faszinierendes Ambiente.

Abb. 2 Kleinteile

Reinigung und Pflege des Porzellans

Porzellan wird bei 60 °C gereinigt und aus hygienischen Gründen bei 80 °C nachgespült. Die dabei entstehende Wärmereserve lässt das Geschirr selbstständig trocknen. Sauberes Porzellan muss frei von Wasserschlieren und Fettfilm sein.

Schadhafte Geschirrteile werden aussortiert. Bei Tassen, Kännchen und Kannen können sich an Henkelansätzen Rückstände ablagern. Darum kontrolliert man sorgfältig.

Viele Häuser haben ein ausgefeiltes System zum Lagern und Transportieren von Geschirr. Dazu verwendet man sinnvollerweise Transportbehälter im Verbund mit Euro-Paletten oder fahrbare Regalgestelle. Diese Lagerungsart von Porzellan erlaubt eine schnelle Bestandsüberwachung und schützt Tassen und Teller vor Beschädigungen.

Service

GRUNDKENNTNISSE IM SERVICE

2.6 Sonstige Tisch- und Tafelgeräte
🇬🇧 table equipment 🇫🇷 appareils (m) de table

Neben den grundlegenden Geräten, wie Bestecke, Gläser und Porzellan, gibt es solche, die beim Servieren von Speisen ganz bestimmte Zwecke erfüllen.

Menagen 🇬🇧 ondiments 🇫🇷 ménages (m)

Menagen sind Tischgestelle für Essig und Öl, für Salz, Pfeffer, Paprika und andere Gewürze. Behältnisse für Senf und Würzsaucen sowie Pfeffermühlen und Zuckerstreuer zählen auch dazu.

Abb. 1 Menage

Tägliche Pflege von Menagen

Salz- und Pfefferstreuer, Zuckerstreuer
- Glaskörper feucht abwischen und polieren
- verstopfte Löcher mit Zahnstocher „öffnen"
- nachfüllen (höchstens zwei Drittel)

Pfeffermühlen
- trocken abwischen, auffüllen

Senftöpfe
- leeren, reinigen, wieder füllen
- mit etwas Essig beträufeln, um das Austrocknen der Oberfläche zu verhindern

Essig- und Ölflaschen
- feucht abwischen und trockenreiben

Würzsaucen
- Flaschenverschluss und Flaschenmund reinigen
- verschmierte und verkrustete Reste abwaschen
- Flaschen feucht abwischen und trockenreiben

Reibkäse/Parmesan
- entleeren und Glaseinsatz waschen

Abb. 2 Parmesandose

Tischgeräte für spezielle Zwecke

Spezielle Geräte für den Speisenservice sind:
- Rechauds, Clochen und Chafing-Dishes zum Warmhalten von Speisen
- Tranchierbretter, Tranchierbestecke und Flambierrechauds für das Arbeiten am Tisch des Gastes
- Fingerschalen bzw. Fingerbowlen zum Reinigen der Finger

Rechauds dienen dem Warmhalten von Speisen und Getränken am Tisch des Gastes. Es werden hauptsächlich vorheizbare Wärmespeicherplatten eingesetzt.

Clochen, halbkugelförmige Abdeckhauben, zum Warmhalten angerichteter Speisen während des Transportes aus der Küche. Clochen werden aber auch als Geruchs-, Aroma- oder Abtrocknungsschutz verwendet. Clochen stets gut erwärmt benutzen.

Abb. 3 Rechaudplatten

Abb. 4 Käsecloche und Tellercloche

Chafing-Dishes bewähren sich überall dort, wo Speisen über längere Zeit warmgehalten werden müssen, z. B. am Frühstücks- oder Lunchbüfett, sowie bei festlichen Büfetts mit warmen Speisen. Heißes Wasser im unteren Bereich des Gerätes ist der Wärmeträger. Die Beheizung erfolgt mittels Brennpasten, elektrischen Tauchsiedevorrichtungen oder Heizplatten. Anstatt heißem Wasser können die Geräte auch mit Kühlkissen versehen werden, um Speisen kühl zu halten. Die Geräte sind in rechteckiger oder in runder Form erhältlich und können auch durch ein Zusatzprogramm zu einer Suppen oder Saucenstation umfunktioniert werden.

Abb. 1 Chafing-Dish

Saft-, Milch- oder Müslispender, oft auch unter der Bezeichnung „Dispenser" bekannt, sind wichtige Geräte bei der Präsentation und Sauberhaltung von Frühstücks- und Brunchbüffets. MIt deren Hilfe können die Lebensmittel bequem dosiert werden.

Tranchierbretter mit umlaufender Saftrille und napfartiger Vertiefung dienen als Unterlage beim Aufteilen (Tranchieren) von Fleisch und Geflügel am Gästetisch. Austretender Fleischsaft läuft in die Rille und in die Vertiefung und kann mit einem Löffel entnommen werden.

Abb. 2 Tranchierbrett für Räucherlachs

Die **Fingerschale** oder **Fingerbowle** ist eine kleinere Schale, die zum Reinigen der Fingerspitzen mit Wasser und einer Zitronenscheibe gefüllt wird. Sie wird nach dem Genuss von Speisen gereicht, die mit der Hand berührt wurden, z. B. Muscheln, Krebse, Geflügel, rohes Obst. Die Fingerschale steht in einer Stoffserviette, damit Spritzer abgefangen werden.

Abb. 3 Fingerschale

Im **Dekantierkorb** werden alte Rotweine serviert. In **Brotkörben** reicht man Brot und Brötchen oder setzt sie am Tisch ein. Toaste legt man in eine **warme Stoffserviette** und serviert sie auf einem **Mittelteller**. Die warme Serviette verhindert einen Niederschlag der aus den Brotscheiben entweichenden Feuchtigkeit und damit das Weichwerden der Toaste.

2.7 Tisch- und Tafeldekoration

🇬🇧 table decoration 🇫🇷 décoration (w) de table

Die dekorative Ausschmückung eines Tisches oder einer Festtafel schafft Atmosphäre und hat positive Auswirkungen auf die Stimmung der Gäste. Zur Dekoration dienen unter anderem:
- Tischläufer oder Bänder,
- Blumenschmuck oder farbiges Herbstlaub,
- Leuchter mit Kerzen oder Öllichter,
- künstlerisch gestaltete Menü- und Tischkarten.

Abb. 4 Dekantierkorb – Brotkörbchen

Bei der Anwendung ist auf einige Punkte zu achten:
- Tischläufer und Bänder über die gesamte Länge der Tafelmitte legen,
- Blumengestecke möglichst flach (25 cm) halten, da die Gäste kommunizieren wollen,
- Leuchter so aufstellen, dass der Kontakt zum Gegenüber möglich ist.

Die Auswahl der Blumen und Dekorationsgegenstände wird vom Anlass her bestimmt, denn eine Hochzeitstafel verlangt z. B. eine andere Ausstattung als ein Jagdessen (Abb. 5 unten und Abb. 1 und 2 nächste Seite).

Abb. 5 Blumengesteck für Hochzeitstafel

Service

GRUNDKENNTNISSE IM SERVICE

Blumen 🇬🇧 flowers 🇫🇷 fleurs (w)

Blumen haben aufgrund der Vielfalt ihrer Blüten und Farben eine starke Ausstrahlungskraft. Sie vermögen Freude zu wecken. Mit der gleichen Absicht werden sie im Service zum Schmücken von Tischen und Festtafeln verwendet. Ob als Solitär (Einzelblüte) in Form einer Rose auf den Tischen im Abendrestaurant, ob als schlichtes Sträußchen auf dem Frühstückstisch oder als dekoratives Gesteck auf einer Festtafel, stets kommt dabei die besondere Aufmerksamkeit gegenüber dem Gast zum Ausdruck. Bezüglich Auswahl und Pflege der Blumen ist von Bedeutung:

- Die Größe des Blumenarrangements muss dem Anlass angemessen sein (Frühstück, Hochzeit), wobei zu beachten ist, dass die Blumen in Farbe und Größe harmonieren,
  - die Sicht zum gegenübersitzenden Gast nicht beeinträchtigen,
  - nicht Teller oder Gläser der Gäste berühren.
- Stark duftende und Blütenstaub abgebende Blumen sind ungeeignet.
- Die Blumen bleiben länger frisch, wenn man sie nachts in einen kühlen Raum bringt. Am nächsten Morgen werden sie mit frischem Wasser versorgt. Vorher werden die welken Blumen entfernt und die Schnittblumenstiele schräg angeschnitten.

Abb. 1 Gesteck für Jagdessen

Kerzen 🇬🇧 candles 🇫🇷 bougies (w)

Kerzenlicht ist gedämpftes und warmes Licht und eignet sich deshalb besonders gut, eine gemütliche Atmosphäre zu schaffen. In Verbindung mit dekorativen Leuchtern auf Festtafeln wird darüber hinaus die festliche Stimmung auf besondere Weise unterstrichen.

Abb. 2 Gesteck mit Kerze

Aufgaben

1. Welche Metalle werden zur Herstellung von Bestecken hauptsächlich verwendet und warum?
2. Begründen und beschreiben Sie die besonderen Reinigungsmaßnahmen für Silberbesteck.
3. Nennen Sie unter Beachtung der jeweiligen Größe die Verwendungszwecke:
   a) für den Löffel,
   b) für die Kombination Messer und Gabel,
   c) für die Kombination Löffel und Gabel.
4. Nennen Sie Beispiele für Speisen, zu denen das Fischbesteck eingedeckt wird.
5. Nennen Sie Fischzubereitungen, zu denen Messer und Gabel einzudecken sind. Begründen Sie das.
6. Beschreiben Sie an Beispielen getränkespezifische Glasformen in Bezug auf Bukett und Kohlensäure.
7. Was versteht man unter Menagen und was gehört dazu?
8. Beschreiben Sie die Pflegemaßnahmen für Menagen im Einzelnen.
9. Erläutern Sie Ihrem Kollegen/Ihrer Kollegin die Begriffe
   a) Chafing dishes   b) Rechauds   c) Clochen
10. Welche Gegenstände können als Dekorationsmittel bei Tischen und Tafeln eingesetzt werden?
11. Beschreiben Sie wichtige Vorbereitungsarbeiten im Office und im Restaurant.
12. Was sind Servicetische, wo befinden sie sich und welche Funktion erfüllen sie?
13. Wie korrigiert man wackelnde Tische fachgerecht?

3 Restaurant

🇬🇧 preparatory work in the restaurant 🇫🇷 mise en place au restaurant

Der Arbeitsablauf im Service ist durch zwei aufeinanderfolgende Arbeitsphasen gekennzeichnet:
- Die Vorbereitungsarbeiten im Hinblick auf die nächste Mahlzeit.
- Das Bedienen von Gästen während einer Mahlzeit.

Das Bedienen der Gäste ist zweifellos die interessantere Aufgabe, doch der eigentliche Service kann nur dann rasch, reibungslos und zufriedenstellend ablaufen, wenn die Vorbereitungsarbeiten mit angemessener Sorgfalt ausgeführt wurden.

3.1 Überblick über die Vorbereitungsarbeiten

Die Vorbereitungsarbeiten werden als Mise en place bezeichnet.
Der Begriff kommt aus dem Französischen. Im engeren Sinn bedeutet das „an den Platz stellen" oder „legen", z. B. Bestecke, Gläser.

Vorbereitungsarbeiten im Office

Das **Office** liegt meist zwischen Küche und Gastraum. Es dient als:
- **Bereitstellungsraum** für Tischwäsche, Porzellan, Gläser, Rechauds usw.; kurz für alles, was zum Service erforderlich ist;
- **Arbeitsraum** für Pflege aller zum Service notwendigen Gegenstände.

Vorbereitungsarbeiten im Restaurant

Das Mise en place beeinflusst die Arbeiten am Servicetisch und am Gästetisch.

Servicetisch   🇬🇧 service table   🇫🇷 table (w) de service
Der Servicetisch ist dem Abeitsbereich (Revier) zugeordnet, aus der Sicht der Arbeitsorganisation ist er ein vorgeschobener Arbeitsplatz.

Der Servicetisch
- verkürzt die Arbeitswege, denn der Weg Restauranttisch ⟷ Servicetisch ist meist kürzer als der Abstand Restauranttisch ⟷ Office;
- ist entsprechend dem jeweiligen Service (à la carte, Bankett) und dem Angebot auf der Speisekarte, z. B. für Spezialitäten wie Austern, Hummer, Schnecken auszustatten.

Restauranttisch   🇬🇧 guest tabe   🇫🇷 table (w) de restaurant

Für die Vorbereitung gilt:
- Tische ausrichten und auf Standfestigkeit prüfen, evtl. durch Unterlegen von Korkscheiben oder Verstellen einer Tischbeinschraube stabilisieren,
- Molton aufspannen und Tischtücher auflegen,
- Grundgedeck eindecken.

Mise en place bedeutet, dass alle für den Serviceablauf notwendigen Gegenstände bereitgelegt werden. Darüber hinaus sind jedoch auch alle anderen vorbereitenden Arbeiten gemeint. Die Vorbereitungsarbeiten werden in zwei voneinander getrennten Arbeitsbereichen ausgeführt: im **Office** und im **Restaurant**.

Die Arbeiten sind im Einzelnen bei Geschirr und Geräten ab Seite 224 beschrieben.

Zusammenfassung der Vorbereitungsarbeiten im Office:
- Spülen und Polieren der Gläser,
- Reinigen der Brotkörbe, Tabletts, Servierbretter und Rechauds,
- Säubern und Auffüllen der Menagen,
- Überprüfen der Rechauds auf Betriebsfähigkeit,
- Nachpolieren und Einsortieren von Porzellan in den Wärmeschrank,
- Einordnen des Silbers in Besteckkästen,
- Austauschen, Auffüllen und Einsortieren von Tischwäsche und Gläsertüchern.

Service

GRUNDKENNTNISSE IM SERVICE

Einsatz des Guéridon:
- zum Flambieren, Tranchieren und Vorlegen von Speisen; oder
- zum Servieren von Wein und Schaumwein aus Flaschen.

Guéridon

Als *Guéridon* (Beistelltisch) bezeichnet man kleine Tische, die zu unterschiedlichen Zwecken an den Tisch des Gastes herangestellt werden.

3.2 Herrichten von Servicetischen

Funktion des Servicetisches

Aus dem Vorrat des Office werden die für die Mahlzeit erforderlichen Geräte ausgewählt und auf dem Servicetisch griffbereit angeordnet. In größeren Restaurants hat jede Station ihren eigenen Servicetisch. Dadurch werden wechselseitige Störungen und Behinderungen vermieden.

Servicetische werden eingesetzt bei:
- Frühstück
- Hauptmahlzeiten
- Kaffee und Kuchen
- Sonderveranstaltungen

Ausstattung des Servicetisches

Es gibt Servicetische, die auf den gesamten Service ausgerichtet sind und deshalb alle Materialien bzw. Geräte enthalten, die zu den verschiedensten Servicevorgängen erforderlich sind. Es gibt aber auch Servicetische, die aufgrund ihrer jeweiligen Zweckbestimmung unterschiedlich ausgestattet sind.

Einteilung des Servicetisches

Zugunsten der Überschaubarkeit ist der Tisch in drei Bereiche eingeteilt:
- Der hintere Bereich ist für die größeren, höheren Tischgeräte bestimmt,
- im mittleren Bereich liegen die Bestecke,
- der vordere Bereich ist, abgesehen von Tabletts, grundsätzlich frei. Er dient zu letzten Handgriffen beim Service, z. B. Aufnehmen von Vorlegebestecken, Anlegen von Essbestecken an Vorspeisen oder Suppen, Aufsetzen von Suppentassen auf vorbereitete Suppengrundgedecke.

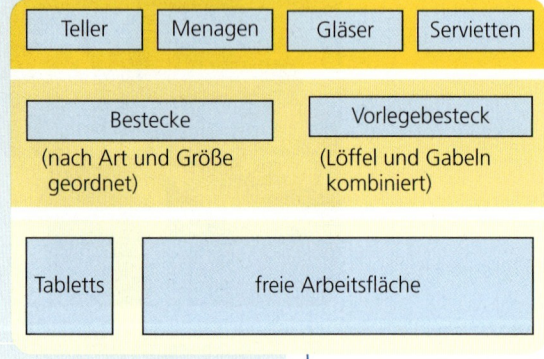

Abb. 1 Einteilung eines Servicetisches

Um störungsfreie Serviceabläufe zu gewährleisten, darf die freie Fläche nicht zum Abstellen von gebrauchtem Geschirr benutzt werden.

Abb. 2 Beispiel einer Servicestation

3.3 Herrichten von Tischen und Tafeln

Der Tisch ist der Ort, an dem der Gast bedient und verwöhnt werden möchte, an dem er sich wohl fühlen und entspannen will. Angesichts solcher Erwartungen ist dem Gasttisch und allem, was zu seiner Ausstattung gehört, eine besondere Aufmerksamkeit zu schenken.

Der Tisch darf nicht wackeln, denn das ist eine unzumutbare Störung. Gegebenenfalls ist er mit einer Korkscheibe unter dem entsprechenden Tischbein festzustellen. Bierdeckel und anderes großflächiges Material sind dazu aus optischen Gründen nicht geeignet.

Abb. 1   Ein Korkkeil wird heruntergeschnitten und unter das Tischbein gelegt

Der Tisch muss einladend wirken durch:
- ein sauberes, sorgfältig ausgebreitetes Tischtuch,
- eine ansprechend geformte Serviette,
- ordnungsgemäß aufgelegte und ausgerichtete Gedeckteile.

Behandeln der Tischwäsche

- Die Wäsche ist nach dem Bügeln so zu lagern, dass sie nicht schon vor der Wiederverwendung verschmutzt und zerknittert ist.
- Das Auflegen von Tischtüchern muss sachgerecht und mit angemessener Sorgfalt ausgeführt werden (siehe in den nachfolgenden Abschnitten).
- Die Tücher, die nach dem Gebrauch einen weiteren Einsatz zulassen, sind mit Vorsicht exakt in die Bügelfaltung zurückzulegen.

Umgang mit Tisch- und Tafeltüchern

Tischtücher sind quadratisch oder rechteckig, selten rund.

Die Größe ist der Tischplatte so angepasst, dass die Tuchenden an allen Seiten gleichmäßig etwa 25 cm herabhängen.

Das Tischtuch wird nach dem Mangeln zuerst zweimal längs und dann zweimal quer zusammengelegt (siehe Skizzen ① – ⑤).

Voraussetzung für das fachgerechte Auflegen und Abnehmen eines Tischtuches sind exakt gebügelte und richtig gefaltete Tischtücher.

Faltet man ein Tischtuch auseinander, so zeigen sich drei Längs- und drei Querbrüche und damit 16 quadratische Felder. Wichtig ist, dass der Mittelbruch des aufgelegten Tischtuches immer parallel zu den Tischkanten auf der Mitte der Tischplatte liegt und nach oben zeigt.

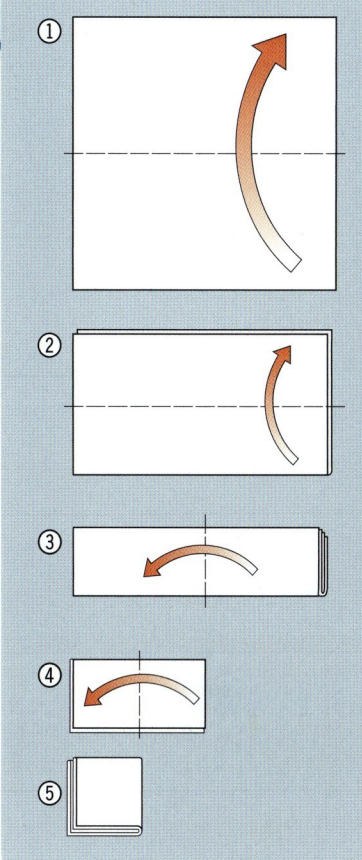

Abb. 2   Falten eines Tischtuches

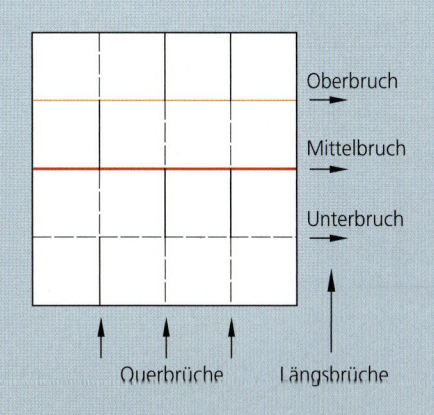

Abb. 3   Tischtuch mit Längs- und Querbrüchen

Service

GRUNDKENNTNISSE IM SERVICE

Angesichts unterschiedlicher Raumsituationen muss in der Praxis die beste Lösung ausprobiert werden.

Auflegen von Tisch- und Tafeltüchern

Quadratische und kleinere rechteckige Tücher

Der Tisch muss einen festen Stand haben. Sollte er wackeln, wird er mit dünnen Korkscheiben stabilisiert.

Vor dem Auflegen des Tischtuches ist die Moltonunterlage zu prüfen; diese muss glatt und fest über die Tischplatte gespannt sein.

Beim Auflegen des Tischtuches muss die Servierfachkraft so vor dem Tisch stehen, dass ihr Rücken zur Eingangstür zeigt. Damit ist der Oberbruch immer auf der gegenüberliegenden Seite und somit meist zur Fensterseite gerichtet.

- Das Tischtuch wird nun auf den Tisch gelegt und in seiner Länge entfaltet. Die seitlich überhängenden Tuchenden müssen gleichmäßig lang sein.
- Beide Webkanten (Enden) des Tischtuches ① + ② müssen unten liegen, der Mittelbruch obenauf; sie zeigen zur Servicefachkraft.
  - Mit ausgestreckten Händen erfassen Daumen und Zeigefinger den Mittelbruch ④ des Tischtuches, gleichzeitig halten Zeigefinger und Mittelfinger die darunterliegende Webkante ② des Tuches zu sich hergezogen. Die folgende zweite Webkante liegt frei auf dem Tisch. (Abb. 1)
  - Das Tischtuch wird nun angehoben und die freiliegende Webkante ① mit leichtem Schwung, und entsprechend lang, über die entgegengesetzte Tischkante gebracht. (Abb. 2)
  - Den mit Daumen und Zeigefinger gehaltenen Mittelbruch ④ lässt man nun los. Dann wird die mit Zeigefinger und Mittelfinger festgehaltene Webkante ② des Tuches nach vorn gezogen, wobei gleichzeitig die korrekte Lage des Tischtuches bestimmt wird. (Abb. 3)

Das Glattstreichen der Tischtücher mit den Händen ist unhygienisch und abzulehnen.

Größere rechteckige Tafeltücher

Wegen ihrer Größe muss das Auflegen in diesem Falle von **zwei Personen** ausgeführt werden.

- Das Tuch, auf der Tafel liegend, vorsichtig in den Querbrüchen entfalten und auseinander legen,
- mit den Händen die Ecken erfassen, das Tuch vorsichtig auseinander ziehen und nach sorgfältiger Prüfung der Abstände und Ausrichtungen auf der Tafel ablegen.

Bei Festtafeln ist darüber hinaus auf die Lage der Oberbrüche und der Überlappungen besonders zu achten. Bezüglich der Oberbrüche gilt: Ist zum Überdecken der Tafel eine Tischtuchbreite ausreichend, dann liegen die Oberbrüche

- bei der langen Tafel nach der Seite, die unter Beachtung aller Umstände (z. B. Sitzordnung, Tageslicht) am zweckmäßigsten erscheint. (Abb. 4)
- bei den übrigen Tafelformen, abgesehen vom senkrechten Teil der T-Tafel und dem Mittelteil der E-Tafel, nach den Außenseiten. (Abb. 1 auf S. 241)

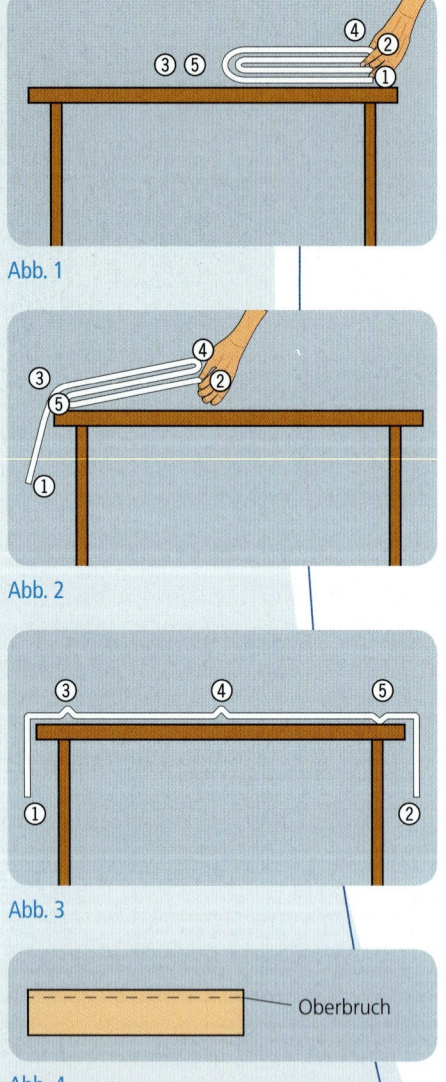

Abb. 1

Abb. 2

Abb. 3

Abb. 4 — Oberbruch

Sind zum Überdecken der Tafel zwei Tuchbreiten erforderlich, können die Oberbrüche
- entweder nach beiden Seiten unmittelbar auf den Tischkanten liegen (vorausgesetzt, die Überhänge der Tischtücher reichen höchstens bis auf die Sitzhöhe der Stühle),
- oder andernfalls auf den Tischen.

Für die Überlappung gilt:
- Bei Tageslicht liegen die Tischtücher zum Licht hin übereinander, so entsteht keine Schattenwirkung.
- Aus der Sicht des eintretenden Gastes liegen die Überlappungen von ihm weg, damit er nicht unter die Kanten schaut. (Abb. 2)

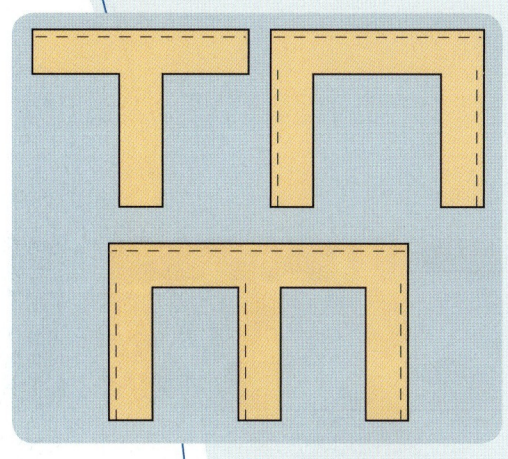

Abb. 1 Lage der Oberbrüche bei Tafeln

Abnehmen von Tisch- und Tafeltüchern

Saubere Tischtücher legt man zum nochmaligen Gebrauch wieder exakt in ihre alten Bügelfalten zurück:

- Die Arme spreizen und mit Daumen und Zeigefingern den Mittelbruch des Tuches rechts und links fassen.
- Tischtuch nach oben heben, sodass beide Seiten frei hängen und das Tuch im Mittelbruch gefaltet ist. Durch das jeweilige Hochheben in den Brüchen und das Herabfallenlassen der Seitenteile legt sich das Tuch exakt in die Bügelfalten zurück.
- Das nun einmal gefaltete Tuch mit den Längsbrüchen nach oben auf den Tisch legen; die Längsbrüche fassen und das Tuch ein letztes Mal nach oben heben, damit es glatt hängt.
- Danach auf dem Tisch zweimal korrekt in seine Querfalten zurücklegen und das zusammengelegte Tischtuch im Servicetisch verwahren.

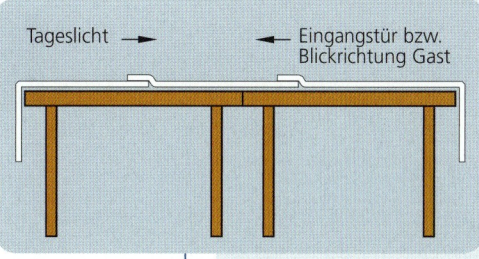

Abb. 2 Überlappung

Zum Abnehmen von Tafeltüchern sind zwei Personen erforderlich.

Mund- und Dekorationsserviette 🇬🇧 napkins 🇫🇷 serviettes (w)

Für den gepflegten Service ist es üblich, Servietten in eine mehr oder weniger aufwendige Form zu bringen. Diesen Vorgang bezeichnet man als Falten oder Brechen der Servietten. Mundservietten benutzt der Gast zum Schutz seiner Kleidung sowie zum Abtupfen des Mundes vor dem Trinken oder nach dem Essen.

Servietten gibt es in verschiedenen Größen:

Material	Größe	Verwendung
Papier, Zellstoff oder Vlies	20 × 20 cm	Aufgussgetränke, Bargetränke, Speiseeis
Papier, Zellstoff oder Vlies	33 × 33 cm	Kleinere Gerichte, Zwischenmahlzeiten
Papier, Zellstoff oder Leinen	40 × 40 cm	Frühstück, Hauptmahlzeiten
Leinen (Damast)	50 × 50 cm und größer	Festliche Bankette und Dekorationen

Um möglichst viele Varianten herstellen zu können, werden die Servietten heute nicht mehr vorgefaltet, sondern offen, mit der linken Seite nach oben (Saumnaht sichtbar) aufbewahrt. Eine Ausnahme bilden lediglich übergroße Servietten, die in Schränken sonst nicht ausreichend Platz finden.

Service

GRUNDKENNTNISSE IM SERVICE

Falten von Mundservietten napkin folding 🇫🇷 pliage (m) des serviettes

Einfache und gefällig aussehende Servietten werden aus hygienischen Gründen mit **Textilhandschuhen** aus den nachfolgend dargestellten Grundelementen **A, B, C** oder **D** gefaltet:

Zweiteilige Faltung   **Diagonale Faltung**   **Dreiteilige Faltung**

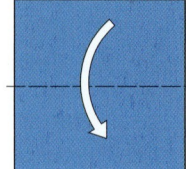
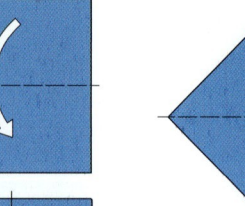
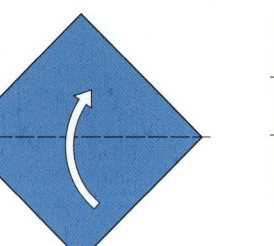
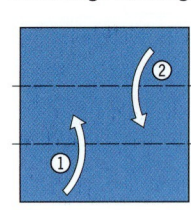

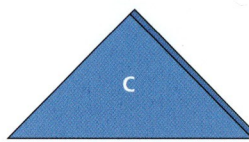

Aus der Grundform A, B oder C werden die meisten Serviettenformen erstellt.

Dreifache Welle

Serviette mit dreiteiliger Faltung **(D)** wieder zum Rechteck öffnen. Die beiden Außendrittel so umlegen, dass sie mit ihren Seitenkanten auf die senkrechten Brüche zu liegen kommen.

Der mittlere Serviettenteil wird durch eine schiebende Bewegung nach oben gewölbt auf den linken Teil gebracht, worauf durch Anlegen und Umschlagen des rechten Drittels an die mittlere Wölbung die dreifache Welle entsteht.

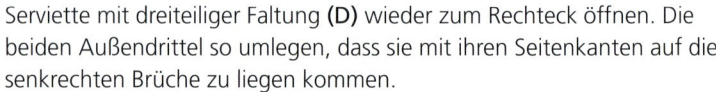

Jakobinermütze

Beim Grundelement **(B)** werden die geschlossenen oder die offenen Spitzen der Serviette um ein Drittel nach oben gefaltet. Die entstandene Figur wird rund gestellt und ineinander gesteckt.

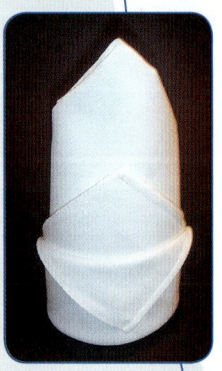
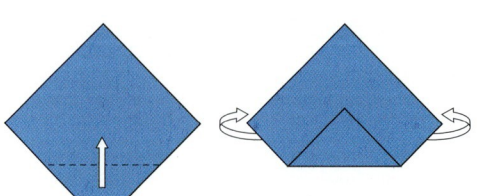

242

Doppelter Tafelspitz

Faltung aus Grundelement **A**

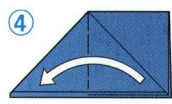 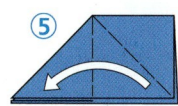 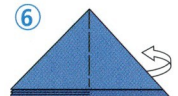 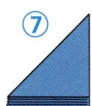

1. Die beiden oberen Enden zur Mitte hin falten, sodass ein Dreieck entsteht.
2. Hilfsfalz andrücken und wieder öffnen.
3. Die linke obere Lage so nach rechts ziehen, dass die beiden Hilfsfalze aufeinander liegen.
4. Das rechts verbleibende obere Dreieck entlang der Mittellinie nach links falten.
5. Die darunter liegende rechte Lage so nach links ziehen, dass ihr Hilfsfalz auf der linken Außenkante liegt.
6. Das rechts verbleibende vierte Dreieck nach hinten falten.
7. Die Figur an der oberen Spitze anfassen und füllig aufstellen.

Ahornblatt

Faltung aus Grundelement **A** mit der offenen Seite nach oben

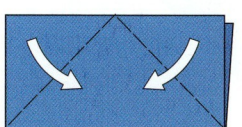 

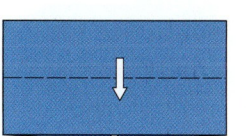 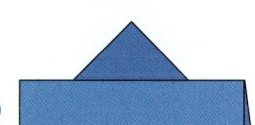

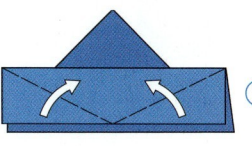 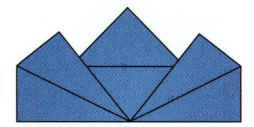 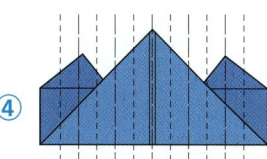

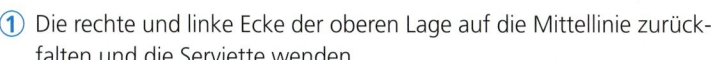

1. Die rechte und linke Ecke der oberen Lage auf die Mittellinie zurückfalten und die Serviette wenden.
2. Jetzt nur die obere Lage längs nach unten falten.
3. Die linke und rechte Ecke der jetzt oberen Lage entlang den schraffierten Linien nach oben falten.
4. Die Serviette wenden. Die gesamte Serviette ziehharmonikaartig zusammenfalten. Gut zusammendrücken, am unteren Ende festhalten und an der oberen Seite vorsichtig auseinander ziehen.

Service

GRUNDKENNTNISSE IM SERVICE

Tüte

Faltung aus Grundelement **A**

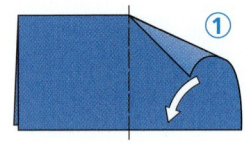 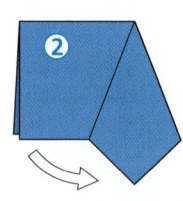  

① Die rechte Hälfte zur Mitte hin als Tüte einrollen.
② Die linken unteren Ecken auf die Spitze der Tüte legen.
③ Die exakt aufeinanderliegenden Spitzen der Tüte nach oben falten.
④ Die Ecke rechts bleibt freistehend. Die Servietten rundformen und aufstellen.

Krone/Doppelte Bischofsmütze

Faltung aus Grundelement **A**

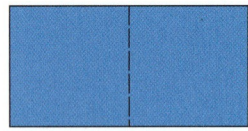

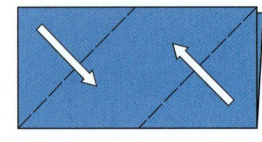  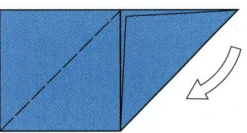

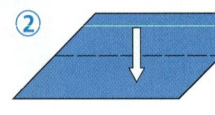  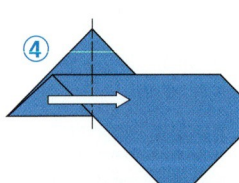

 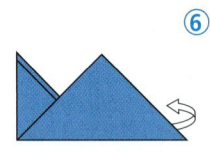 

① Die linke obere und die rechte untere Ecke jeweils zur Mitte hin falten, sodass eine Raute entsteht.
② Die Serviette wenden.
③ Jetzt die Raute nach unten halbieren und die verdeckte Dreieckspitze herausfalten, sodass zwei Pyramiden entstehen.
④ Das obere Dreieck nach unten schlagen und die linke Pyramide zum Dreieck falten.
⑤ Die geöffnete Pyramide wieder nach oben falten.
⑥ Die Spitze der Pyramide in das Dreieck stecken und rundstellen.

Segelboot

Faltung aus Grundelement **B**

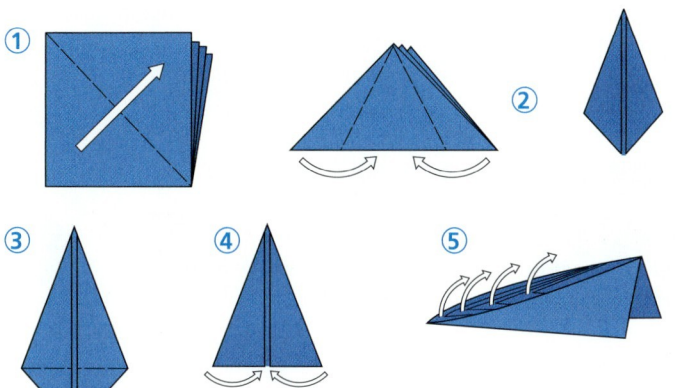

① Die quadratisch vorgefaltete Serviette diagonal zum Dreieck falten und wenden.
② Die vier offenen Spitzen des Dreiecks liegen oben. Jetzt das linke und rechte Ende so nach innen falten, dass eine Drachenfigur entsteht.
③ Die Figur an die Tischkante legen und die unteren Enden nach unten falten.
④ Das linke und rechte Ende nach unten falten. Die Mitte zeigt nach oben. Gut zusammendrücken.
⑤ Die Spitzen als Segel vorsichtig aus der Mitte herausziehen und aufrichten, sodass ein Segelboot entsteht.

Lilie

Faltung aus Grundelement **C**

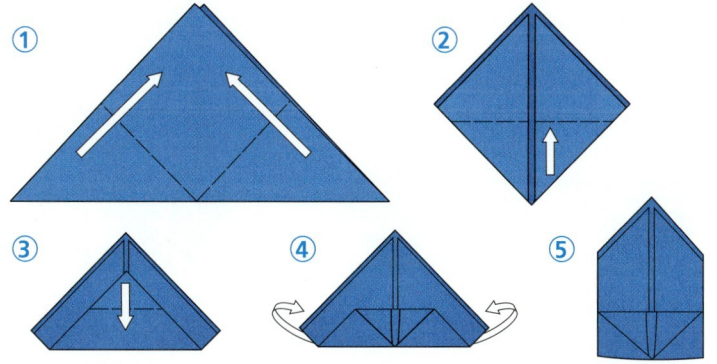
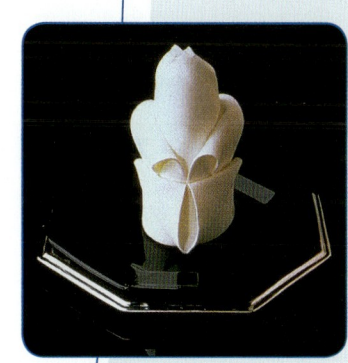

① Die linke und rechte Ecke zur Mitte hin falten, sodass ein Quadrat entsteht.
② Die untere Spitze des Quadrats ca. 2 cm unterhalb der Mittellinie nach oben falten.
③ Von dem jetzt oben aufliegenden, kleineren Dreieck die Spitze zur Grundlinie zurückfalten.
④ Die linke und rechte Ecke nach hinten falten, ineinanderstecken und die Serviette rund formen.
⑤ Die beiden Spitzen vorne oben vorsichtig nach unten ziehen und die Enden in die Manschette auf halber Höhe einstecken.

GRUNDKENNTNISSE IM SERVICE

Falten von Dekorationsservietten

In der Erlebnisgastronomie setzt man besondere Serviettenformen auch als Dekorationsmittel ein. Darum werden hier entsprechende Möglichkeiten dargestellt.

Seerose – Artischocke

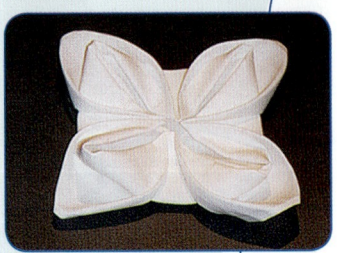

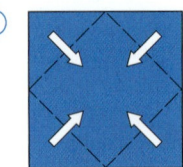 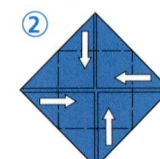  

① Serviette mit dem Saum nach oben legen und die vier Ecken exakt zur Mitte falten.
② Den gleichen Vorgang wiederholen.
③ Serviette wenden.
④ Die vier Ecken abermals zur Mitte falten.

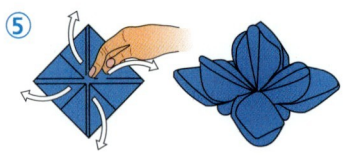  

⑤ Die vier inneren Ecken mit dem Finger gut festhalten. Die verdeckten Tuchzipfel nach außen ziehen, bis eine Seerose entsteht.
⑥ Die so freigewordenen weiteren vier Tuchzipfel von unten heraus steil nach oben ziehen, bis eine Artischocke entsteht.

Hörnchen – Schwanenhals

Verwendung: Ausschließlich zur Dekoration auf Silberplatten und Büfett-Tafeln.

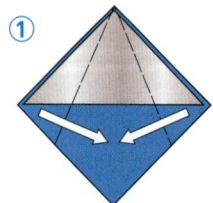 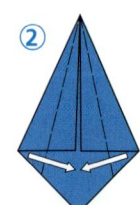 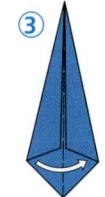 

① Serviette mit dem Saum nach oben legen, mit einem Dreieck von Alufolie belegen.
②/③ Die Ecken zweimal exakt nach innen falten.
④ Das entstandene Element halbieren.

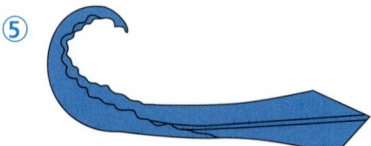 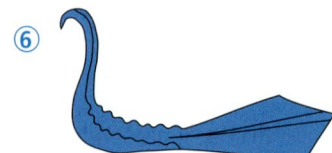

⑤ Die Spitze des Elements so verändern, dass das Hörnchen entsteht.
⑥ Die Spitze des Elements so verändern, dass der Schwanenhals entsteht.

3.4 Gedecke 🇬🇧 cover 🇫🇷 couvert (m)

Grundgedecke

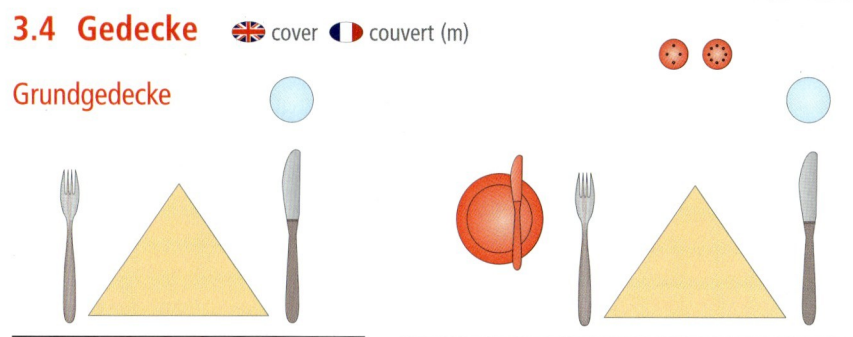

Abb. 1 Grundgedeck 1

Abb. 2 Grundgedeck 2

Durch das Eindecken von Grundgedecken vor Servicebeginn sparen die Servicefachleute Zeit beim Servieren von Speisen und Getränken. Sie schaffen Zeit für ein Verkaufsgespräch sowie für eine Gästeberatung. Außerdem ermöglicht diese Vorarbeit einen schnelleren Serviceablauf.

Ferner wirkt ein eingedeckter Tisch auf die Gäste wesentlich einladender als ein kahler Tisch. Der Gast fühlt sich in einem ansprechenden Ambiente eher willkommen.

Da nicht bekannt ist, was die zu erwartenden Gäste im À-la-carte-Service im Einzelnen bestellen, also essen und trinken wollen, werden auf den Tischen im Restaurant lediglich die Grundgedecke vorbereitet. Erst nach der Bestellung des Gastes entscheidet es sich, ob das Grundgedeck bleibt oder ob Gedeckteile ergänzend einzusetzen bzw. bereits vorhandene auszuheben oder auszutauschen sind.

Beispiele für auszutauschende Besteckteile:
- bei Spaghetti Tafelmesser gegen Suppenlöffel
- bei Steak Tafelmesser gegen Steakmesser
- bei Fischgerichten Messer und Gabel gegen Fischbesteck

Die Mindestausstattung eines Grundgedeckes sind:
- Serviette
- großes Messer (Tafelmesser)
- große Gabel (Tafelgabel)
- Universalglas für Wein oder Wasser

Je nach Vorgabe und Betrieb eventuell auch Brotteller, Buttermesser und Menagen.

Ablauf des Eindeckens

Zuerst wird mit der Serviette oder dem Platzteller der Gedeckplatz markiert. Will man die Serviette zuletzt einsetzen, dient der Stuhl der Orientierung. Gedecke, die sich gegenüberliegen, sollten nach Möglichkeit deckungsgleich (Gabel zeigt zum Messer und umgekehrt) eingedeckt werden.

Erweiterte Grundgedecke

Abb. 3 Hauptgang mit Suppe …

Abb. 4 Hauptgang mit Suppe, Dessert und zweitem Glas für Wasser

Menügedecke 🇬🇧 menu covers 🇫🇷 couverts (m) pour des menus

Menügedecke stehen in direkter Beziehung zu bestimmten vorgegebenen Speisenfolgen bzw. Menüs, z. B. Tagesmenüs oder dem Menüangebot an Festtagen und zu Festbanketten.

Abb. 1 Gedeck für ein einfaches Menü mit 3 Gängen und zwei Getränken

Abb. 2 … erweitert um Brotteller und Menage

Getränke:
Wasser, Weißwein, Rotwein, Sekt

Speisen:
Räucherlachs, Toast und Butter,
Geflügelcremesuppe,
Filetsteak nach Gärtnerinart,
Aprikosen mit Weinschaumsauce

Abb. 3 Menügedeck mit Platzteller

Ablauf des Eindeckens

Zuerst wird mit der Serviette oder dem Platzteller der Gedeckplatz markiert. Wenn man ohne Platzteller arbeitet, dient der Stuhl der Orientierung.

Eindecken der Bestecke

- Als erstes großes Messer rechts und große Gabel links für das Hauptgericht eingedecken. Als Ausnahme gilt nur, wenn statt Fleisch ein Fischgericht zum Hauptgang serviert wird. Diese Besteckteile zum Hauptgericht müssen immer vor allen anderen eingedeckt werden.
- dann entsprechend des Menüaufbaus nacheinander Mittellöffel für die Suppe rechts,
- Mittelmesser rechts und Mittelgabel links für die kalte Vorspeise (die Gabel wird etwas nach oben geschoben),
- den Abschluss bildet das Besteck oberhalb des Gedeckplatzes für das Dessert:
  - Mittelgabel unmittelbar oberhalb des Gedeckplatzes, den Griff nach links gerichtet,
  - Mittellöffel oberhalb der Gabel, den Griff nach rechts gerichtet.
  - Die Lage der Griffe deutet die Richtung an, in der die Bestecke vor dem Servieren des Desserts auf den Gedeckplatz heruntergezogen werden. Die Gabel liegt unterhalb, damit man beim Erfassen des Löffels nicht mit den Gabelzinken in Berührung kommt.

Einsetzen der Gläser

- Ein Glas wird zuerst oberhalb des Messers zum Hauptgang platziert. Dieses bezeichnet man als **Richtglas**.
- Dann nacheinander das Glas zur kalten Vorspeise vor und das Glas zum Dessert hinter dem Richtglas platzieren.
- Meist wird heute ein Wasserglas gleich mit eingedeckt. Der Optik wegen verwendet man statt eines Becherglas ein kleineres Stielglas, das besser zu den bereits eingesetzten Weingläsern passt.

Die Gläser können als *diagonale Reihe* (siehe im Menü S. 248) oder im *Dreieck als 3er-Block* angeordnet werden.

Maximal sollten im Gedeck nur 3 Gläser und zusätzlich ein Wasserglas eingedeckt werden. SInd mehr Gläser erforderlich, werden diese entsprechende der Speisenfolge rechtzeitig eingesetzt.

Der **Brotteller** wird zuletzt links vom Gedeck platziert. Ein Messer, dessen Schneide nach links gerichtet ist, wird nur aufgelegt, wenn es zum Toast oder Brötchen auch Butter gibt.

Ausrichtungen

- Die Bestecke liegen im rechten Winkel zur Tischkante, exakt parallel zueinander,
- die Besteckenden sind mit Ausnahme der zweiten Gabel alle auf einer gedachten Linie im Abstand von 1 cm zur Tischkante (s. Seite 247).
- Das Dessertbesteck liegt parallel zur Tischkante.

Anzahl der Besteckteile

- **Beim Menügedeck werden Bestecke für höchstens 5 Gänge eingedeckt,** d. h.:
  - **rechts** vom Gedeckplatz **4** Bestecke (kalte Vorspeise, Suppe, warme Vorspeise oder Fischgericht, Hauptgericht),
  - **links** vom Gedeckplatz **3** Bestecke (kalte Vorspeise, Vorspeise oder Fischgericht, Hauptgericht),
  - **oberhalb** des Gedeckplatzes **2** Bestecke (Käse oder Süßspeise).

Sollte das Menü mehr als 5 Gänge umfassen, sind grundsätzlich immer die Besteckteile des Hauptganges einzudecken und die im Gedeck fehlenden Bestecke an entsprechend der Stelle der Speisenfolge rechtzeitig nachzudecken.

Abb. 1 5-Gang-Menü mit 3 Weingläsern und 1 Wasserglas

- **kalte Vorpeise:** Fischmesser und Fischgabel
- **Suppe:** Mittellöffel
- **Zwischengericht:** Mittelmesser, Mittelgabel
- **Hauptgericht:** Tafelmesser, Tafelgabel
- **Dessert:** Mittelgabel, Mittellöffel, auch Entremet-Besteck genannt

Beispiel eines 4-Gang-Menüs

Aperitif	Doppelte Kraftbrühe Toast
	•
Weißwein	Lachsfilet auf Safransauce
	•
Weißwein	Kalbsmedaillons Gartengemüse und Spinatnudeln
	•
Rotwein	Käseauswahl

3.5 Festliche Tafel – Bankett-Tafel

🇬🇧 banquet table 🇫🇷 table de banquet

Vor dem Eindecken einer festlichen Tafel müssen folgende Arbeiten erledigt werden:
- Stellen der geeigneten Tafelform je nach Anlass und Personenzahl.
- Auflegen der Moltons und Tafeltücher.
- Auflegen von textilem Tischschmuck wie z. B. farbigen Dekorationsbändern.

Festlegen der Gedeckplätze

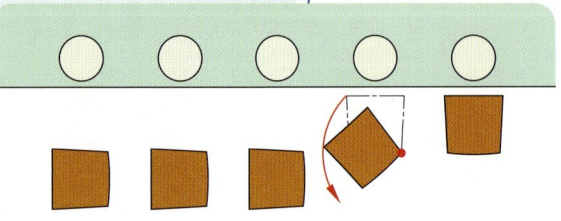

- Unter Berücksichtigung von 70 bis 80 cm Gedeckplatzbreite die Stühle an die Tafel heranstellen und exakt (auch zur gegenüber liegenden Tischseite) ausrichten,
- Gedeckplätze mit Hilfe der Servietten oder der Platzteller markieren,
- Stühle auf dem rechten hinteren Stuhlbein um 90° von der Tafel abdrehen, damit das Eindecken um die Tafel herum ohne Behinderung geschehen kann.

Eindecken der Bestecke und Gläser

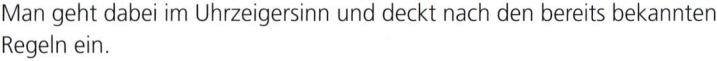

Man geht dabei im Uhrzeigersinn und deckt nach den bereits bekannten Regeln ein.

Um das Überladen der Festtafel zu vermeiden, sollen nicht mehr als **3 Besteckteile links**, **4 Besteckteile rechts** und **2 Besteckteile** oben nebeneinander liegen sowie nicht mehr als **3 Gläser** eingesetzt werden. Zusätzlich benötigte Bestecke oder Gläser sind in Verbindung mit der jeweiligen Speise oder dem Getränk nachzureichen.

Für das ästhetische Gesamtbild einer Festtafel sind außerdem ausschlaggebend:
- Exakte Abstände der Bestecke und Platzteller von der Tischkante,
- gleichmäßige Platzierung der Richtgläser,
- Ausrichtung der Gläser im Winkel von 45° zur Tischkante,
- genaues Eindecken sich gegenüber liegender Gedecke.

Im klassischen Service werden beim Mise en place Menagen am Servicetisch bereitgestellt und nur bei Bedarf am Tisch eingesetzt.

Abschließende Arbeiten

- Die geformten Servietten zwischen den Bestecken oder auf den Platztellern eindecken,
- den Blumen- und Kerzenschmuck einsetzen,
- die Stühle an die Festtafel zurückdrehen,
- an Hand des Tafelorientierungsplanes Tischkärtchen mit dem Namen des jeweiligen Gastes aufstellen,
- Menükarten auflegen,
- Überprüfung der Gedecke auf Vollständigkeit.

3.6 Arten und Methoden des Service in der Gastronomie

Im Laufe der Zeit haben sich auch für das Bedienen von Gästen spezifische Arbeitsmethoden und Arbeitstechniken herauskristallisiert.

Arten des Service in der Gastronomie

Unter Art des Service ist hier der äußere Rahmen des Service zu verstehen. Man unterscheidet dabei im Restaurant:

À-la-carte-Service

Die Bezeichnung kommt daher, dass der Gast Speisen und Getränke nach der Karte (à la carte) auswählt. Er wird nach Aufgabe seiner Bestellung individuell bedient. Die Servicekraft rechnet alle Leistungen direkt mit dem Gast ab.

Bankett-Service

Beim Bankett-Service werden die Gäste zu einem festgelegten Zeitpunkt mit dem gleichen Menü bedient. Es handelt sich dabei um eine geschlossene Gesellschaft, die das Essen gemeinsam im festlichen Rahmen einnimmt.

Table-d'hôte-Service als Sonderform

Wichtigstes Kennzeichen dieses Service ist es, dass zu einem festgelegten Zeitpunkt täglich für alle Gäste des Hauses das gleiche Menü serviert wird.

Büfett-Service

Bei Büfetts sind folgende Angebotsformen besonderer Art zu unterscheiden:

- Frühstücksbüfett
- Salatbüfett
- Lunchbüfett
- Kuchenbüfett
- Kaltes Büfett
- Getränkebüfett

Büfetts werden zwar zur Selbstbedienung aufgebaut. Meist stehen aber auch Servicefachkräfte und Köche zur Betreuung der Gäste bereit.

Getränke am Büfett vorbereiten

Getränke servieren

Speisen am Pass aufnehmen

Kurzkontrolle

Tellergerichte beim Gast einsetzen

Service

GRUNDKENNTNISSE IM SERVICE

Methoden des Service in der Gastronomie

Unter Methode versteht man die *Art und Weise* des Servierens und unterscheidet dabei grundlegend zwischen Teller- und Plattenservice.

Tellerservice (s. Kap. 3.8)

Beim Tellerservice werden die Speisen in der Küche auf Tellern angerichtet. Im weiteren Sinne gehören aber auch solche Speisen dazu, die in unterschiedlichen Gefäßen angerichtet und auf Untertellern aufgesetzt werden:
- Vorspeisen in Gläsern oder Schalen,
- Suppen in tiefen Tellern oder in Suppentassen,
- Zwischen- und Hauptgerichte auf Tellern,
- Süßspeisen in tiefen Tellern, Gläsern oder Schalen.

Abb. 1 Tellerservice

Plattenservice (s. Kap. 3.9)

Plattenservice bedeutet, dass die Speisen von der Küche auf Platten bzw. im weiteren Sinne auch in Schüsseln angerichtet sind und erst am Tisch auf die Teller vorgelegt werden. Je nachdem, wer vorlegt bzw. auf welche Weise sich das Vorlegen vollzieht, unterscheidet man folgende Methoden:

1. **Vorlegeservice**: Vorlegen von der Platte durch Servicekraft
2. **Darbieteservice:** Darbieten der Platte, Gast bedient sich selbst
3. **Mischformen des Service**: Einsetzen von Platten und Schüsseln
4. **Servieren vom Beistelltisch** durch Servicepersonal

Abb. 2 Plattenservice

3.7 Grundlegende Servierrichtlinien

Neben den Regeln und Richtlinien für ganz bestimmte Serviervorgänge gibt es Regeln von allgemeiner Bedeutung. Für den Service gilt:

- Allgemeine Rücksichtnahme gegenüber dem Gast,
- Reihenfolge des Bedienens bei zusammengehörenden Gästen,
- störungsfreie und kräftesparende Wege beim Servieren.

Rücksichtnahme

Der Gast hat das berechtigte Bedürfnis, sein Essen in ungestörter und entspannter Atmosphäre einzunehmen. Deshalb sind durch den Service in Bezug auf Lärm, Hektik und Belästigungen wichtige Regeln zu beachten:

Geräusche während des Servierens
Die durch den Service bedingten Geräusche sind stets auf ein Mindestmaß zu begrenzen. Das gilt z. B. für das Sprechen der Servicefachkraft mit dem Gast sowie für das Handhaben der Tischgeräte beim Servieren.

Hektik
Bei aller Eile, die während des Service oftmals geboten ist und die sich meistens ganz automatisch einstellt, ist es wichtig, nach außen hin Ruhe zu bewahren, niemals zu rennen und keinesfalls heftig zu gestikulieren.

Wenn eine Gruppe von Gästen in kleinem Kreis bedient wird, beachtet man die **Reihenfolge:**
Ehrengäste → Damen → Herren → Gastgeber

Belästigungen

Die Servicefachkraft darf den Gast nicht belästigen
- durch allzu übertriebene Aufmerksamkeit,
- durch beharrliches Aussprechen von Empfehlungen,
- durch eine schlechte Arbeitshaltung oder durch Nichtbeachten sachgerechter Arbeitstechniken beim Bedienen am Tisch.

Störungsfreie und kräftesparende Wege

Insbesondere in den Hauptgeschäftszeiten müssen viele Wege zurückgelegt werden. Damit aber die Vorgänge bei aller notwendigen Eile und Zügigkeit störungsfrei und reibungslos ablaufen, gilt:

- Auf den „Verkehrswegen" immer rechts gehen,
- bei den Serviceabläufen immer vorwärts, nie rückwärts laufen und nicht plötzlich stehen bleiben,
- möglichst keinen Weg im „Leerlauf" zurücklegen, denn zwischen den Abgabestellen, dem Servicetisch und den Tischen der Gäste gibt es immer etwas zu transportieren.

Abb. 1 Gästestörung: Was ist hier falsch?

3.8 Richtlinien und Regeln zum Tellerservice

Die Hände erfüllen wichtige Funktionen beim sachgerechten Aufnehmen, Tragen, Einsetzen und Ausheben von Tellern.

Die **rechte Hand** ist die **Arbeitshand**. Sie ist zuständig für das Aufnehmen der Teller, für die Übergabe in die linke Hand sowie für das Einsetzen und Ausheben am Tisch. – Die **linke Hand** ist die **Tragehand**.

Abb. 2 Tragen eines Tellers

Aufnehmen und Tragen von Tellern

Ein Teller

Den Teller zwischen Zeigefinger und Daumen halten und mit den übrigen Fingern unterstützen. Der Daumen liegt angewinkelt auf dem Tellerrand.

Abb. 3 Tragen von zwei Tellern (Obergriff)

Zwei Teller

Beim Tragen werden zwei verschiedene Griffe angewandt:

Tragen mit Obergriff
- Den ersten Teller als Handteller aufnehmen,
- den zweiten Teller auf den Handballen, den Unterarm und die seitlich hochgestellten Finger aufsetzen.

Tragen mit Untergriff
Den zweiten Teller muss man unter dem Handteller bis an den Zeigefinger heranschieben und mit den restlichen, fächerartig gespreizten Fingern unterstützen.

Abb. 4 Tragen von zwei Tellern (Untergriff)

GRUNDKENNTNISSE IM SERVICE

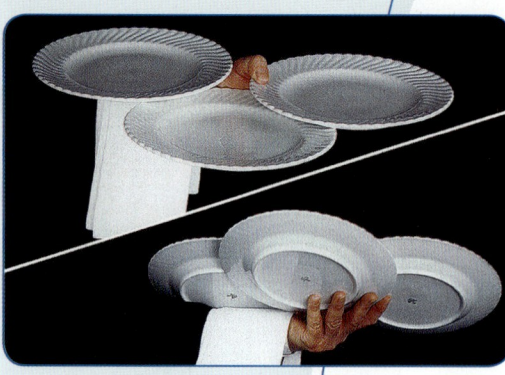

Abb. 1 Tragen von drei Tellern

Beim Einsetzen von heißen Tellern müssen alle Tragegriffe auch mit einem Serviertuch beherrscht werden.

Beim Einsetzen von der linken Seite würde der Gast durch den angewinkelten Arm belästigt (Seite 253, Abb. 1).

In der Regel wartet man allerdings mit dem Ausheben, bis alle Gäste am Tisch das Essen beendet haben.

Drei Teller

- Den ersten Teller als Handteller aufnehmen,
- den zweiten Teller unterschieben (Unterteller),
- das Handgelenk nach innen abwinkeln,
- den dritten Teller auf den Rand des Untertellers und den Unterarm aufsetzen.

Einsetzen von Tellern

Bewegungsrichtung beim Einsetzen

Am Tisch wird der jeweilige Teller in die rechte Hand übernommen und von der rechten Seite des Gastes eingesetzt. Das entspricht der natürlichen Bewegungsrichtung des angewinkelten Armes, der den Teller im Bogen um den Gast herumführt.

Ausnahmen:
- Beim Einsetzen von Tellern, die ihren Platz links vom Gedeck haben (z. B. Brot- und Salatteller). Von der rechten Seite würde der Gast zu sehr belästigt.
- Ausnahmen gibt es auch dann, wenn die Platzverhältnisse das Einsetzen von rechts nicht zulassen.

Ausheben von Tellern

Der Gast zeigt mit der Ablage des Bestecks Folgendes an:
- Besteck über Kreuz abgelegt: Ich will noch weiter essen, bitte Nachservice.
- Besteck nebeneinander, mit den Griffen nach rechts: Ich bin fertig, das Gedeck kann ausgehoben werden.

Für das Ausheben gelten die gleichen Regeln wie für das Einsetzen:
- Ausheben von der rechten Seite des Gastes,
- Laufrichtung im Uhrzeigersinn, also von rechts nach links.

Beim Ausheben wird im Allgemeinen die Methode „Zwei Teller mit Obergriff" angewendet (Abb. 2). In Verbindung mit Speiseresten auf den Tellern ist aber auch die Methode „Drei Teller mit Unter- und Obergriff" üblich.

Ausheben mit Obergriff

Den **ersten Teller** als Handteller aufnehmen und das Besteck darauf ordnen:

- Dabei die Gabel so ausrichten, dass sie am Griffende mit dem Daumen gehalten werden kann. Durch diesen Haltepunkt wird die gesamte Besteckablage gesichert und das Abrutschen verhindert,
- das Messer im rechten Winkel unter die Wölbung der Gabel schieben.

Abb. 2 Ausheben von zwei und mehr Tellern (Obergriff)

Den **zweiten Teller** als Oberteller aufnehmen und das Besteck auf dem Handteller ablegen.

Die weiteren Teller auf den Oberteller aufsetzen und das Besteck jeweils der Besteckablage auf dem Handteller zuordnen.

254

Ausheben mit Ober- und Untergriff

Diese Methode wird angewandt, wenn die Gäste Speisereste auf ihren Tellern zurücklassen. Während es bei geringen Mengen üblich ist, die Reste auf den Handteller neben die Besteckablage abzuschieben, wird bei größeren Mengen die Methode mit drei Tellern angewandt.

- Der Handteller dient zur Besteckablage,
- auf den Unterteller werden jeweils mit dem Messer die Speisereste abgeschoben (dazu wendet man sich aus dem Blickfeld des Gastes),
- der Oberteller dient zum Aufnehmen weiterer Teller.

Abb. 1 Ausheben von drei und mehr Tellern

Bei sehr großen Mengen von Speiseresten ist es ratsam, die Teller wie beim Einsetzen mit Unter- und Obergriff aufzunehmen und das Sortieren der Bestecke und Speisereste im Office vorzunehmen.

Tragen, Einsetzen und Ausheben von Gedecken

Unter Gedeck versteht man in diesem Zusammenhang die Kombination von Unterteller und aufgesetztem Gedeckteil. Die Vorbereitung solcher Gedecke erfolgt in der Regel bereits beim Mise en place, damit während des Essens keine Verzögerungen eintreten. So werden Gedeckteile z. B. vorbereitet und entweder an der Speisenabgabestelle oder auf einem Servicetisch gestapelt:

- **Gedecke für Suppen in Tassen**
  Unterteller mit Piccolo-Serviette oder Deckchen und Suppenuntertasse
- **Gedecke für Vorspeisen oder Desserts in Gläsern oder Schalen**
  Unterteller mit Piccolo-Serviette

Aufnehmen, Tragen und Einsetzen

Die am Küchenpass übernommenen Tassen mit der Suppe und die Gläser oder Schalen mit der Vorspeise bzw. dem Dessert werden auf die vorbereiteten Unterteller aufgesetzt und wie folgt serviert:

- Mit der linken Hand zwei Gedecke (Obergriff), mit der rechten Hand eventuell ein drittes Gedeck aufnehmen,
- von der rechten Seite des Gastes einsetzen,
- von rechts nach links fortschreiten.

Ausheben von Gedecken

Grundsätzlich werden sowohl Suppengedecke als auch Gedecke von Vorspeisen, Salaten oder Desserts wie beim Einsetzen mit dem Besteck ausgehoben. Bei entsprechendem Geschick ist es auch möglich, die Geschirr- und Besteckteile bereits beim Ausheben zu ordnen (Abb. 1).

Neueres Tafelgeschirr stellt sich in verschiedensten Formen dar. Es wird je nach Design rechteckig, quadratisch, wellenartig, geschwungen, oval oder in Blattformen angeboten. Von den Service-Mitarbeitern erfordert das ein Umdenken beim Tragen. Durch ein kurzes Training mit dem neuen Tafelgeschirr wird sehr schnell die sicherste Trageart gefunden.

Suppengedecke
- Das erste Gedeck als Handgedeck aufnehmen,
- das zweite Gedeck unterschieben,
- die Tasse und den Löffel des Handgedecks auf das Untergedeck übernehmen,
- das dritte Gedeck auf das Handgedeck aufsetzen und den Löffel ablegen.

Vorspeisen- und Dessertgedecke mit Schalen
- Das erste Gedeck als Handgedeck aufnehmen,
- das zweite Gedeck unterschieben und die Dessertschale auf dem Handgedeck stapeln,
- den Löffel des Handgedecks auf dem Unterteller ablegen,
- das dritte Gedeck als Obergedeck aufnehmen, die Schale auf dem Handgedeck stapeln und den Löffel auf den Unterteller übernehmen,
- das vierte Gedeck auf das Obergedeck aufsetzen und den Löffel auf dem Unterteller ablegen.

Abb. 2 Tragen von Suppentassen

GRUNDKENNTNISSE IM SERVICE

3.9 Plattenservice 🇬🇧 silver service 🇫🇷 service (m) à la française

Bei festlichen Veranstaltungen wird vielfach von der Platte vorgelegt. Das erfordert von den Servicefachkräften handwerkliches Können und ermöglicht dem Gast, dies aus nächster Nähe mitzuerleben.

Arten des Vorlegens

Unter Plattenservice im eigentlichen Sinne versteht man das **Vorlegen der Speisen durch die Restaurantfachkräfte** am Tisch. Darüber hinaus gibt es Abwandlungen dieses Service:
- Platten und Schüsseln werden zur Selbstbedienung durch den Gast am Tisch eingesetzt.
- Platten werden vom Servicepersonal dem Gast zur Selbstbedienung angeboten oder es wird von der Platte vorgelegt.
- Speisen werden vom Servicepersonal von Platten am Beistelltisch vorgelegt.

Technik des Vorlegens

Zum Vorlegen von Speisen verwenden Fachleute Tafellöffel und Tafelgabel als Vorlegebesteck. Beim Einsatz dieses Bestecks werden unterschiedliche Vorlegegriffe angewendet, die in enger Beziehung zur Beschaffenheit der Speisen stehen:

- Die Wölbungen von Löffel und Gabel liegen ineinander. (Abb. 1)

    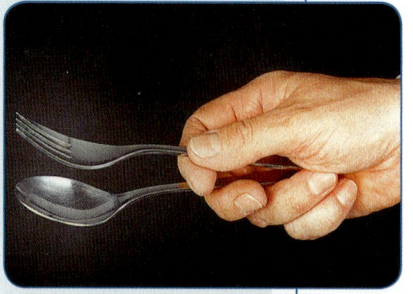
    Abb. 1 Allgemein üblicher Griff

    Handhabung:
    Den Löffel absenken und unter die Speise schieben. Mit Löffel und Gabel greifen, aufnehmen und auf den Teller vorlegen.

    Anwendung:
    Für alle Speisen, die keine besondere Griffart notwendig machen.

- Die Wölbungen von Löffel und Gabel sind nach unten gerichtet. (Abb. 2)

    Abb. 2 Spreizgriff

    Handhabung:
    Die beiden Besteckteile mit dem Daumen spreizen, unter die Speise schieben, diese anheben und vorlegen.

    Anwendung:
    - Bei Speisen, die großflächig, leicht zerdrückbar oder besonders lang sind, z. B. Spargel, Fischfilets, Omeletts.
    - Bei Speisen, die mit Garnituren belegt oder überbacken sind.
    - Bei Saucen und kleineren Garniturbestandteilen, die mit dem Löffel geschöpft oder aufgenommen werden.

- Die Wölbungen von Löffel und Gabel liegen gegeneinander. (Abb. 3)

    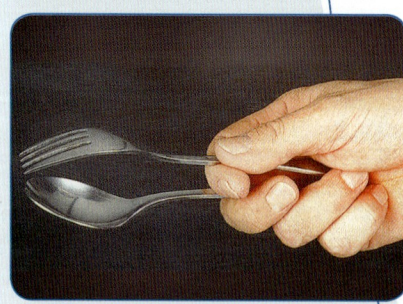
    Abb. 3 Zangengriff

    Handhabung, mit zwei Möglichkeiten:
    Wie abgebildet oder durch Drehen der Hand um 90° nach links, um entsprechende Speisen seitlich zu greifen und vorzulegen.

    Anwendung:
    Bei Speisen, die leicht abrutschen können, z. B. gefüllte Tomate, oder mit einer Garnitur belegt sind, z. B. Medaillons, Pastetchen.

Besonderheiten beim Plattenservice

Im Allgemeinen ist der Plattenservice zeitaufwendiger als der Tellerservice. Durch folgerichtige und gezielte Arbeitsabläufe muss deshalb sichergestellt werden, dass keine unnötigen Verzögerungen eintreten und die Speisen nicht abkühlen. Im Einzelnen gilt:

- Beim Plattenservice wird in der Regel nicht die gesamte Speisemenge auf einmal vorgelegt. Deshalb müssen **Rechauds** bereitgestellt werden.
- Vor dem Auftragen der Platten werden vorgewärmte Teller beim Gast von rechts eingesetzt.
- Das Tragen der Teller erfolgt auf der mit einer Stoffserviette bedeckten Hand. Bei größeren Mengen wird der Tellerstapel von oben mit einer Serviette überdeckt und zwischen beiden Händen getragen.
- Bevor eine Platte zum Tisch des Gastes gebracht wird, muss unbedingt ein Vorlegebesteck aufgenommen werden.

Vorlegen von der Platte

Diese Art des Vorlegens wurde früher als **französische Methode** bezeichnet:

- Die (vorgewärmten) Teller werden bei den Gästen von rechts eingesetzt.
- Anschließend präsentiert man die angerichtete Platte den Gästen. Sie wird dabei auf der mit einer längsgefalteten Stoffserviette überdeckten linken Hand getragen.
- Es ist darauf zu achten, dass die Platte auf Sichthöhe der Gäste gebracht wird, damit jeder Gast die dekorativ angerichteten Speisen betrachten kann.
- Ein zusätzlicher Service ist die Erklärung der angerichteten Speisen durch die Restaurantfachkraft.
- Das Vorlegen erfolgt von der linken Seite des Gastes. Dabei soll die Platte so tief wie möglich zum Tisch abgesenkt werden und der rechte Plattenrand ein wenig über den linken Tellerrand hineinragen.
- Je nach Art der Speisen wird der entsprechende Vorlegegriff angewandt (s. S. 256).

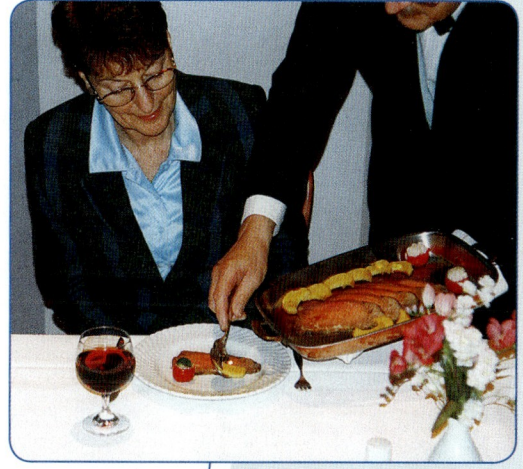

Abb. 1 Vorlegeservice

Das Anrichten der Speisen auf den Teller

Beim Vorlegen der Speisen wird zuerst der Hauptbestandteil, z. B. Fisch oder Fleisch, auf den Teller zum Gast hin angerichtet. Anschließend werden, auf der rechten Seite des Tellers beginnend, die Gemüsebeilagen vorgelegt, die Hauptbeilage wird links platziert.

Das Farbenspiel muss beim Anrichten berücksichtigt werden, z. B. rotes, weißes und grünes Gemüse.

Abb. 2 Korrekt angerichteter Teller

Beim Vorlegen von Saucen muss beachtet werden:

- Für Pfannen- und Grillgerichte werden Sauce oder Jus **neben das Fleisch bzw. den Fisch angegossen.**
- Zu ausgesprochenen Saucengerichten wie z. B. Rindsrouladen sowie Fische in Weißweinsaucen wird die Sauce **über das Fleisch nappiert.**
- Buttermischungen werden **auf das Fleisch gelegt.**

Nachdem allen Gästen am Tisch die Speisen vorgelegt wurden, ordnet man die verbleibenden Teile auf der Platte und hält sie bis zum Nachservice auf einem Rechaud bereit.

Mischformen des Vorlegeservices

Eine in der Praxis häufig angewandte Mischform ist das Vorlegen von nur einem Bestandteil des Gerichts. Hierbei wird beispielsweise das Fleischstück von der Platte vorgelegt, während die Gemüse und die Hauptbeilage in Schüsseln am Tisch eingesetzt werden. Die Gäste nehmen sich die Beilagen selbst und reichen die Schüsseln dann an die anderen Gäste zur Selbstbedienung weiter.

Eine weitere Mischform ist das Anrichten des Hauptbestandteils eines Gerichts auf den Teller. Dies kann bereits in der Küche geschehen oder im Restaurant vom Wagen bzw. vom Beistelltisch erfolgen. Der Teller wird dem Gast von rechts eingesetzt und die Beilagen werden durch Restaurantfachkräfte von links vorgelegt.

Im Bankettservice praktiziert man manchmal eine andere Art dieser Form. Dabei werden das Fleisch, die Gemüse- und die Hauptbeilagen einzeln auf Platten und in Schüsseln angerichtet und von jeweils einer Restaurantfachkraft den Gästen vorgelegt. Hierbei ist darauf zu achten, dass die Gäste nicht zu sehr eingeengt werden, indem von den nachfolgenden Servicefachkräften ausreichend Abstand gehalten wird.

> Der Teller darf beim Vorlegen nicht überladen werden. Der Tellerrand muss in jedem Fall frei bleiben und sollte nicht bekleckert sein.

Darbieten von der Platte

Eine Variante des Platten-Service ist das Anreichen oder der Darbieteservice.

Die heiße Platte liegt auf der durch eine Stoffserviette geschützten linken Hand und wird dem Gast von links angereicht. Dabei wird die Platte durch Beugen des Oberkörpers auf Tischhöhe gebracht und zum Gast hin leicht geneigt. Der Plattenrand soll ein wenig über den Tellerrand hineinragen. Das Vorlegebesteck ist mit den Griffenden zum Gast hin ausgerichtet. Somit kann sich der Gast die Speisen bequem von der Platte nehmen.

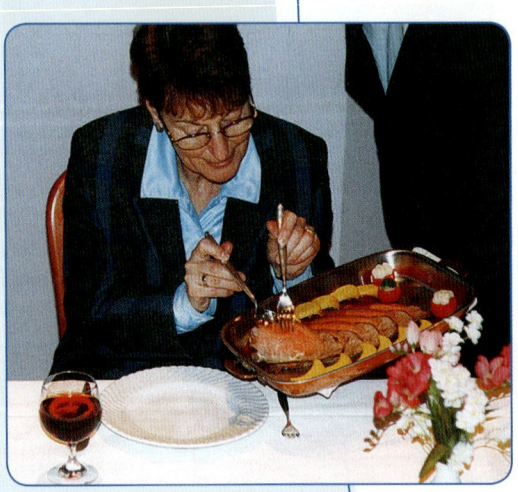

Abb. 1 Darbieten einer Platte

Vorlegen am Beistelltisch

Diese Form wurde früher als die **englische Serviermethode** oder **Guéridon-Service** bezeichnet. Da es sich um einen besonders gastorientierten, aber auch aufwendigen Service handelt, ist er nur bei einem kleineren Gästekreis bis acht Personen sinnvoll.

3 Restaurant

Bereitstellen des Beistelltisches

Der Beistelltisch (Guéridon) kann als stationärer Tisch grundsätzlich beim Gästetisch stehen oder wird erst bei Bedarf an den Tisch herangestellt.

Die Stellung des Beistelltisches ist so zu wählen, dass alle Gäste möglichst bequem den Serviervorgang verfolgen können.

Mise en place

Zunächst ist auf dem Beistelltisch eine Mise en place auszuführen:

- ein Rechaud, bei getrennt angerichteten Speisen zwei Rechauds,
- Vorlegebestecke in einer Serviettentasche auf einem Teller,
- unmittelbar vor dem Auftragen der Platte die vorgewärmten Teller.

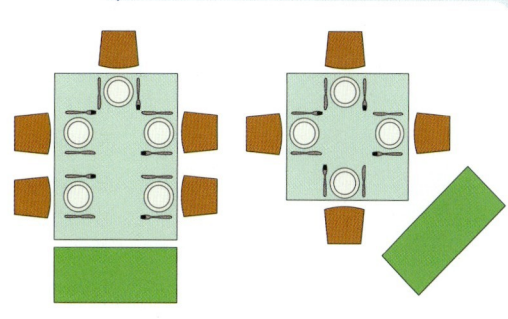

Abb. 1 Anstellmöglichkeiten des Guéridons (grün)

Servieren der Speisen

Zunächst wird die Platte den Gästen präsentiert, danach auf den Rechaud gestellt.

Dabei erläutert die Servicefachkraft die Speisen. (s. auch ab S. 390 Empfehlung und Verkauf von Speisen)

Dann schließt sich der eigentliche Serviervorgang an, bei dem folgende Richtlinien zu beachten sind:

- Grundsätzlich mit Blick zu den Gästen arbeiten.
- Beim Vorlegen am Guéridon wird mit beiden Händen gearbeitet.
- Die Speisen werden fachgerecht auf dem Teller angerichtet, und der Teller wird dabei nicht überladen.
- Sauce oder Jus wird mit dem Löffel aufgenommen und noch über der Platte mit der Gabel unter dem Löffel abgestreift, damit beim Vorlegen nichts auf den Tisch oder Tellerrand tropft.
- Der angerichtete Teller wird mit der Handserviette getragen und dem Gast von rechts eingesetzt.
- Dabei wird zuerst den Damen, dann den Herren und zuletzt dem Gastgeber serviert.
- Den Tisch nach dem ersten Vorlegen im Auge behalten, um rechtzeitig den Nachservice einzuleiten.

Abb. 2 Vorbereiteter Beistelltisch

Nachservice (Supplément)

Für den Nachservice gibt es zwei Möglichkeiten:

- Werden die Speisen für alle Gäste noch einmal komplett vorgelegt, ist es üblich, die benutzten Teller einschließlich Besteck auszuheben, sauberes Besteck einzudecken und zum Vorlegen der Speisen (am Beistelltisch) neue, heiße Teller zu verwenden.
- Wünschen die Gäste nur noch einen Teil des Gerichtes, z. B. Gemüse, so wird dieses am Tisch von der Platte vorgelegt.

Ein aufmerksamer Service beobachtet stets den Gästetisch, damit rechtzeitig nachserviert werden kann.

Service

GRUNDKENNTNISSE IM SERVICE

3.10 Zusammenfassung der Servierregeln

Beim Servieren haben sich alle Bewegungsabläufe danach zu richten, dass der Gast nicht gestört wird und gleichzeitig das Servierpersonal möglichst ungehindert arbeiten kann.

Alle Gerichte, die einzeln angerichtet an den Platz des Gastes gebracht werden, sind von der rechten Seite einzusetzen. Salat und Kompott von links einsetzen.

Einsetzen von links
- Brot, Brötchen, Toast
- Kompott
- Salat
- Resteteller
- Fingerschale
- Frühstücksei
- Präsentieren und Vorlegen von Speisen

Einsetzen von rechts
- Suppen
- Teller mit Speisen
- leere Gedeckteller
- Kaffee- und Mokkatassen
- Gläser
- Präsentieren und Einschenken von Getränken

Aufgaben

1. Beschreiben Sie grundlegende Richtlinien für den Service in Bezug auf
   a) Rücksichtnahme gegenüber dem Gast,   b) störungsfreie und kräftesparende Wege der Servicekraft.

2. Welche Aufgaben haben die Hände beim Tellerservice und wie werden sie genannt?

3. Beschreiben Sie das Aufnehmen von ein, zwei und drei Tellern und nennen Sie die Bezeichnungen für die Teller sowie die Art des Greifens.

4. Beschreiben und begründen Sie zum Einsetzen der Teller am Tisch
   a) die Bewegungsrichtung beim Einsetzen,   b) die Laufrichtung der Servicekraft,   c) Ausnahmen.

5. Beschreiben Sie zum Ausheben von Tellern
   a) die Bewegungsrichtungen,   b) das Aufnehmen der Teller und das Ordnen der Bestecke,
   c) die Behandlung von Speiseresten auf den Tellern.

6. Erstellen Sie ein 5-Gang-Menü mit korrespondierenden Getränken und nachfolgenden Menükomponenten und decken Sie das Menü anschließend für mehrere Personen ein:
   Kalte Vorspeise: mit Kalbspastete,   Suppe: von Pilzen,   Fischgang: von Seezunge
   Hauptgang: von Lammkarree,   Dessert: von Birne und Joghurt

7. Welche vorbereitenden Arbeiten müssen vor dem Eindecken einer Festtafel erledigt werden?

8. Worauf ist beim Eindecken der Bestecke besonders zu achten?

9. Welche abschließenden Arbeiten werden nach dem Eindecken der Bestecke und Gläser an einer Bankett-Tafel vorgenommen?

10. Welche Regeln gelten für das Eindecken von Gläsern?

11. Erklären Sie Ihren Arbeitskollegen die Techniken des Vorlegens.

12. Beschreiben Sie das Vorlegen von der Platte in sachlich korrekter Reihenfolge.

13. Bei einer Servicevorbesprechung wird eine Mischform des Vorlegeservices angesprochen. Erklären Sie Ihren Kollegen genau die Mischformen des Vorlegeservices.

4 Quick-Service-Restaurant

🇬🇧 preparatory in the Quick-Service-Restaurant
🇫🇷 mise en place au Quick-Service-Restaunt

In einem Quick-Service-Restaurant ist es besonders wichtig, alle Vorbereitungsarbeiten vor dem Öffnen des Restaurants bzw. in einer umsatzschwachen Zeit zu erledigen. Nur so kann während der Hauptgeschäftszeit ein reibungsloser Ablauf beim Bedienen der Gäste sichergestellt werden.

Kernstück der Vorbereitungsarbeit ist die Kassentheke (Counter), die als Zwischenlager alle für den Service benötigten Produkte und Gegenstände bereithält. Aber auch der Gastraum, in der Systemgastronomie auch als Lobby bezeichnet, und der Außenbereich müssen für die Kernumsatzstunden vorbereitet werden.

4.1 Herrichten der Kassentheke

Die rückwärtige Seite der Kassentheke enthält alles, was die Servicemitarbeiter für das **Zusammenstellen der Gästebestellungen** benötigen.

Dazu gehören Tabletts, Ketchup, Mayonnaise und andere Soßen, Papierservietten sowie Pfeffer und Salz (Portionspäckchen).

Es gibt in den Betrieben Standards für **Lagerplatz** und **Menge**.

Da normalerweise mehrere Kassen zur Verfügung stehen, wiederholt sich der Aufbau, sodass die Kassenkräfte sich nicht gegenseitig behindern.

Abb. 1 Kassentheke

Während der **Vorbereitung** müssen Transportverpackungen entfernt werden, sodass mit nur einem Griff die jeweilige Ware zur Verfügung steht. Getränkebecher, Deckel und Strohhalme werden im Kassenbereich oder an der Getränkezapfanlage bevorratet.

Für das Verpacken von Außer-Haus-Bestellungen müssen Papiertüten in verschiedenen Größen bereitgestellt werden.

Wenn es sich um ein Restaurant mit Drive-in-Spur handelt, müssen sämtliche **Auffüllarbeiten** auch **am Ausgabefenster** durchgeführt werden.

Die Kassentheke muss auf **Sauberkeit kontrolliert** werden. Reste von ausgelaufenen Getränken und Krümel müssen mit einem feuchten Tuch aufgenommen werden.

Abb. 2 Drive-In-Spur

GRUNDKENNTNISSE IM SERVICE

Abb. 1 Menüboard

In vielen Betrieben werden **Checklisten** für das Auffüllen der Kassentheke verwendet.

Nur wenn die Liste komplett abgearbeitet ist, kann sichergestellt werden, dass während der Stoßzeit kein Servicemitarbeiter in das Lager muss und dass alle Gäste in kurzer Zeit bedient werden können.

Mit einem Blick auf das **Menüboard** wird überprüft, ob alle Angebote auf dem aktuellen Stand sind.

4.2 Vorbereitungsarbeiten in der Lobby

Der Gastraum (Lobby) wurde von den Mitarbeitern im Schlussdienst gereinigt. Trotzdem sind vor der Öffnung des Restaurants auch dort einige Vorbereitungsarbeiten zu erledigen.

- Einzelne **Tische** abwischen
- **Tablettwagen** bereitstellen
- **Getränkezapfanlage** auf Sauberkeit kontrollieren
- Becher, Deckel, Strohhalme und ggf. Servietten **nachfüllen**
- **Fenster- und Türscheiben** auf Sauberkeit überprüfen
- **Gästetoiletten** inspizieren

Abb. 2 Tablettwagen

4.3 Vorbereitungsarbeiten außerhalb des Restaurants

Auch außerhalb des Restaurants sind einige Vorbereitungsarbeiten zu erledigen. Dazu gehört neben der **Bestuhlung der Terrasse** und der Kontrolle der **Mülleimer** auch die Überprüfung der **Drive-in-Spur**. Diese ist auf Sauberkeit und eventuelle Hindernisse für die Autos der Gäste zu überprüfen.

Bei Bedarf müssen die **Angebotsplakate** ausgetauscht werden.

4.4 Servierformen

Counterservice

Der Gast bestellt an einer Theke (Counter) bei einem Servicemitarbeiter Speisen und Getränke. Dieser berät den Gast und stellt anschließend die Bestellung in der Regel auf einem Tablett zusammen oder verpackt sie für den Außer-Haus Verkauf. Der Bezahlvorgang schließt den Kauf ab. Beim Verzehr im Restaurant trägt der Gast das Tablett anschließend selbst zu einem Tisch seiner Wahl.

Abb. 3+4 Angebotsplakate

Drive-in-Service

Der Gast fährt mit seinem Auto zu einer Art Schalter (Fenster) am Restaurant. Dort bestellt und bezahlt er seine Speisen. An einem weiteren Fenster bekommt er seine Bestellung ins Fahrzeug gereicht und kann weiterfahren.

Restaurants mit geringem Gästeaufkommen wickeln die Bestellung an einem Fenster ab. Für den Kunden ist die Wartezeit länger.

Bei einem größeren Gästeaufkommen wird in der Regel mit einem **3-Punkte-Drive-in** gearbeitet. An einer Telefonsäule (Orderphone) gibt der Gast seine Bestellung auf, am Fenster bezahlt der Kunde, am nächsten Fenster erhält der Gast seine Bestellung.

Eine besondere Form des Drive-in-Service ist der **Multi-Lane-Drive**, bei dem die Autos in mehreren Spuren parallel bedient werden können.

Abb. 1 Drive-in-Service

Online-Service und Freeline-Service

Die Gäste werden in einer Reihe (line) an einer Speisenausgabe vorbeigeführt. Diese Form findet sich vor allem in Betrieben der Gemeinschaftsverpflegung (z. B. Kantinen). Vorteilhaft bei geringer Speisenauswahl und hohem Gästeaufkommen. Beim **Freeline-Service** werden die Gäste in zwei gegenläufigen Reihen an zwei Ausgabestellen vorbeigeführt.

Abb. 2 Online-Service

Freeflow-Service

Um den Gästen mehr Wahlmöglichkeiten bei der Produktauswahl zu geben, wurde der Freeflow-Service eingeführt.

Der Gast bewegt sich frei auf einer Art Marktplatz und wählt an verschiedenen Stationen selbstständig unterschiedliche Komponenten seines Menüs aus, z. B. Pizza, Pasta, Suppen, Salate, Fleischgerichte.

Bezahlt wird beim Verlassen des Marktplatzes an einer Kasse, bevor der Gast den Restaurationsbereich betritt.

Abb. 3 Freeline-Service

Foodvillage-Konzept

Foodvillages findet man häufig an Flughäfen, Bahnhöfen oder Einkaufszentren. Verschiedene gastronomische Betriebe, auch mit unterschiedlichen Serviceformen (z. B. vegetarisches Bedien-Restaurant, Burger-Schnellrestaurant) sind unter einem Dach vereint mit einem gemeinsamen Sitzbereich für Gäste.

Abb. 4 Foodvillage

4.5 Besondere Serviceformen in der Systemgastronomie

Die Systemgastronomie erfüllt bestimmte Erwartungen der Gäste, z. B. schnelle Versorgung, günstige Speisen und Getränke, geringe Wartezeiten oder ein besonderes Erlebnis, das mit der Bestellung verbunden ist.

Dies hat zu Serviceformen geführt, die sich stark von der klassischen Gastronomie unterscheiden. Für manche Gäste macht gerade das die Attraktivität der Systemgastromie aus.

Richtlinien für den Tablettaufbau im Counterservice

Der Counterservice (s. S. 263, 265) ist in der Systemgastronomie am häufigsten anzutreffen. Bei der Zusammenstellung der Speisen und Getränke auf dem Tablett gelten unterschiedliche Standards. Die meisten Betriebe schreiben vor:

- **Zuerst** die **Kaltgetränke** zapfen. Durch die Zugabe von Eiswürfeln bleiben sie lange gut temperiert und halten die Kohlensäure.
- Gegebenenfalls **Salat** auf das Tablett stellen. Dieser ist in der Regel vorportioniert und steht in einer Salatvitrine.
- Falls gewünscht, die **Heißgetränke** in einen Becher einschenken/zapfen und auf das Tablett stellen.
- Danach die **Sandwiches oder Burger** auf das Tablett legen. Diese sind in der Küche vorproduziert (Warmhaltefach) und wurden in der Zwischenzeit fertig zubereitet, da die Bestellung bereits bei der Eingabe in die Kasse an die Küche weitergeleitet wurde.
- Zuletzt die **Pommes frites** (oder eine andere **Beilage**) bzw. das Eis auf das Tablett stellen. Hierbei handelt es sich um die temperaturempfindlichsten Speisen. Daher werden sie zuletzt serviert.

Beim **Aufbau auf dem Tablett** ist zu beachten, dass heiße und gekühlte/kalte Speisen oder Getränke nicht nebeneinander stehen.

Richtlinien für die Zusammenstellung der Bestellung im Drive-Service

Der Drive-in- oder Drive-through-Service (s. S. 263, 265) ist in der Systemgastronomie weit verbreitet. Auch bei dieser Serviceform sind Standards zu beachten, die sich zusammenfassen lassen:

- Mehrere Getränke werden in einem Getränkehalter zusammengefasst. Dieser verhindert das Umkippen im Auto des Gastes. Auch die Bedienzeit ist kürzer als wenn die Getränke einzeln gereicht werden.
- Aus wirtschaftlichen und Umweltschutzgründen sollte die Größe der **Außer-Haus-Tüte** dem Umfang der Bestellung angepasst werden.

Abb. 2 Tablettaufbau im Counterservice

Abb. 3 Getränkehalter für den Drive-in-Service

- Auf den Boden der Tüte werden zuerst die in Kartons verpackten Burger und Sandwiches platziert. Darüber kommen in Papier eingewickelte Produkte, die druckempfindlicher sind.

- Pommes frites und andere offene Produkte werden neben die in Kartons verpackten Produkte gestellt, ggf. auch nebeneinander. Es ist darauf zu achten, dass sie nicht umkippen können.

- Kalte und warme Produkte werden getrennt verpackt. Salate kommen in andere Tüten als Pommes oder Sandwiches. Eis und Milchshakes werden in den Getränkehalter gestellt. (Manche Betriebe haben besondere Verpackungen für Eis.)

- Die fertig gepackte Tüte wird durch Umfalten der Öffnung geschlossen und (mit dem aufgedruckten Unternehmenslogo zum Gast zeigend) in das Fahrzeug gereicht.

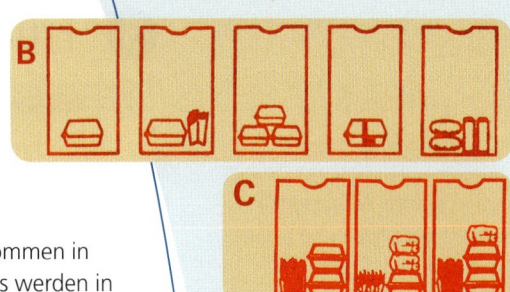

Abb. 1 Packvorschriften auf dem Boden von Außer-Haus-Tüten

4.6 Zusammenfassung der Servierregeln

Beim Servieren haben sich alle Bewegungsabläufe danach zu richten, dass der Gast nicht gestört wird und gleichzeitig das Servierpersonal möglichst ungehindert arbeiten kann.

Alle Gerichte, die einzeln angerichtet an den Platz des Gastes gebracht werden, sind von der rechten Seite einzusetzen. Salat und Kompott von links einsetzen.

Beim **Counterservice** wird die Bestellung auf einem Tablett zusammengestellt, bei großen Bestellungen auf mehreren. Auf dem Tablett werden zuerst die Kaltgetränke, dann die Speisen und eventuell das Eis angeordnet. Kalte und warme Speisen und Getränke dürfen nicht direkt nebeneinander stehen.

Beim **Drive-in-Service** wird die Bestellung in eine der Bestellmenge entsprechend große Tüte gepackt. Produkte in stabileren Verpackungen liegen unten, darüber in Papier eingewickelte.

Kalte und warme Speisen kommen in getrennte Tüten. Mehrere Getränke werden in einem Getränkehalter übergeben.

Da in den Drive-in-Spuren nur jeweils ein Fahrzeug bedient werden kann, ist ein reibungsloser Ablauf besonders wichtig. Sollte z. B. ein Produkt nicht vorrätig sein, muss das betroffene Fahrzeug auf eine Haltespur geschickt werden. Dann können die folgenden Fahrzeuge bedient werden. Sobald die Bestellung für das wartende Fahrzeug fertig ist, wird sie zum Wagen gebracht.

Fachbegriffe

Counter	Kassentheke, an der die Bestellung zusammengestellt wird
Drink-Drawer	Mitarbeiter, der für das Zapfen und Verschließen der Getränke verantwortlich ist
Lobby	Gastraum für Gäste, die ihre Bestellung im Restaurant verzehren
Park	Wartespur für Autos, falls die Bestellung nicht sofort zusammengestellt werden kann
Runner	Bezeichnung für den Mitarbeiter, der die Bestellung für den Drive-in zusammenpackt

5 Frühstück

🇬🇧 breakfast 🇫🇷 petit déjeuner (m)

Vom Frühstück hängt die Stimmung und Schaffenskraft eines Menschen für den ganzen Tag ab, deshalb gebührt dieser wichtigen Mahlzeit die erforderliche Beachtung.

5.1 Arten des Frühstücks

Es sind zu unterscheiden:
- Das **einfache, kontinentale Frühstück** mit seinem einfachen Angebot,
  - Kaffee, Tee oder Kakao,
  - Brot, Brötchen, Toast,
  - Butter, Konfitüre zur Wahl, Bienenhonig
- das **erweiterte Frühstück**, das nach einer Frühstückskarte ausgewählt oder ergänzt wird,
  - wie einfaches Frühstück, ergänzt durch Säfte, z. B. Orangensaft oder Tomatensaft, Eierspeisen, Wurst, Käse, Müsli, Joghurt, angemachten Quark usw.
- das **Frühstücksbüfett**, auf dem die Speisen zur **Selbstbedienung** bereitstehen, die heißen Aufgussgetränke aber meist serviert werden,
  - wie einfaches Frühstück, erweitert um Frucht- und Gemüsesäfte, Rühreier, Spiegeleier, Omeletts, pochierte Eier, Pfannkuchen, Käse, gebratenen Speck, Schinken, Bratwürstchen, kleine Steaks, Grilltomaten, Cornflakes (Cereals) oder Porridge, frisches Obst, frisch gebackene Waffeln, Plundergebäck usw.

Für Informationen zu Herstellung und Service der Aufgussgetränke, auch als Bestandteil des Frühstücks, siehe Kapitel 5, S. 286.

Sonderformen:

das Etagenfrühstück, wobei der Gast am Abend vorher seine Wünsche in eine Bestell-Liste einträgt (s. S. 272). Am nächsten Morgen wird ihm dann zur gewünschten Zeit das Frühstück im Zimmer serviert.

Eine besondere Form des Etagenfrühstücks ist das Thermo-Frühstück, bei dem das heiße Getränk in einer Thermoskanne bereitgestellt wird. Dies wird dem Gast bereits am Abend ins Zimmer gestellt, wenn er vor dem üblichen Frühstücks-Servicebeginn abreisen möchte.

5.2 Bereitstellen von Frühstücksspeisen

Bei Frühstücksspeisen ist zu unterscheiden zwischen den Standardbestandteilen des einfachen Frühstücks und den Speisen, die mittels einer Frühstückskarte oder am Frühstücksbüfett angeboten werden.

Speisen für das einfache Frühstück

Es handelt sich dabei um tägliche Routinearbeiten:

- Brötchen, Brot, sonstige Backwaren werden übersichtlich und dekorativ in Körbchen angeordnet.
- Butter, Milch, Konfitüre sowie Wurst- und Käsezubereitungen, die es auch portionsweise abgepackt gibt, werden auf Tellern zusammengestellt.

Aus Gründen des Umweltschutzes werden die genannten Speisen vielfach in „loser Form" bzw. offen angerichtet und angeboten.

Zubereiten von speziellen Frühstücksgerichten – Eierspeisen

Gekochte Frühstückseier 🇬🇧 boiled eggs 🇫🇷 œufs (m) cuits

- Weiche Eier in der Schale
- Weiche Eier im Glas
- Hart gekochte Eier

Pochierte Eier 🇬🇧 poached eggs 🇫🇷 œufs (m) pochés

Besonders beliebt bei amerikanischen Gästen auf Toast oder mit Zutaten wie Pilzragout oder Schinkenstreifen sowie Eggs Benedict (pochierte Eier auf getoastetem englischen Muffin mit gekochtem Schinken, mit holländischer Sauce nappiert).

Abb. 1 Gekochtes Ei

Rühreier 🇬🇧 scrambled eggs 🇫🇷 œufs (m) brouillés

Rühreier werden cremig-weich, medium oder fester (trocken) angeboten mit Beigaben wie gehackten Kräutern, Schinken, krossem Speck, gebratenen Pilzen, Brotkrüstchen oder geriebenem Käse.

Werden Rühreier am Frühstücksbüfett im Chafing-dish länger vorrätig gehalten, verwendet man sicherheitshalber **pasteurisiertes Vollei**. Dann besteht keine Salmonellengefahr.

Spiegeleier 🇬🇧 fried eggs 🇫🇷 œufs (m) sur le plat

Spiegeleier werden in der Pfanne gebraten oder in feuerfesten Spezial-Eierplatten zubereitet. Spiegeleier sind servierfertig, wenn das Eiweiß gestockt ist und das Eigelb noch weich ist. Das Eiweiß darf nicht zu fest und trocken werden und höchstens leicht gebräunt sein. Manchmal bestellen die Gäste die Eier beidseitig gebraten.

Omelett 🇬🇧 omelette 🇫🇷 omelette (w)

Ein fachgerecht zubereitetes Omelett soll ein schöne Form haben, es soll außen zart und glatt und innen von weicher Konsistenz sein.

Abb. 2 Herstellung von Omelett

Service

GRUNDKENNTNISSE IM SERVICE

Als Ergänzung zum Omelett können Schinken, Speck, Käse, Champignons und Kräuter verwendet werden. Zum Füllen des in Längsrichtung aufgeschnittenen Omeletts eignen sich feine Ragouts von Geflügel und Krustentieren sowie Kalbsnieren und Geflügelleber, Pilze und Spargel.

Müsli  swiss muesli muesli (m)

- Haferflocken in kaltem Wasser einweichen,
- mit Zitronensaft und Milch ergänzen,
- grob geraspelte Äpfel und gehackte Nüsse sowie Rosinen untermischen,
- mit einem Teil der Nüsse bestreuen.

Es können zusätzlich oder alternativ zerkleinerte Trockenfrüchte oder auch frische Früchte wie Erdbeeren oder Bananen verwendet werden.

Abb. 1 Zutaten für Müsli

5.3 Herrichten von Frühstücksplatten

 breakfast platters plats (m) pour le petit déjeuner

Käse, Wurst und Schinken sind beliebte Ergänzungen zum erweiterten Frühstück. Auf Platten oder auch auf Portionstellern angerichtet, werden sie dem Gast in ansprechender Form präsentiert.

Vorbereiten des Materials

Aufschneiden von Wurst und Schinken

Zum Aufschneiden muss das Material in jedem Falle gut gekühlt sein, damit es beim Schneiden nicht schmiert. Für die Art des Schneidens ist darüber hinaus die Art und Beschaffenheit des Materials ausschlaggebend.

Abb. 2 Wurstwaren

Brühwurstsorten werden von der Haut befreit und in gerade, runde Scheiben geschnitten.

Harte Wurstsorten, wie Salami, befreit man von der Haut, schneidet sie dünn, und zwar manchmal in schräger Richtung, wodurch die Scheiben eine etwas größere, ovale Form erhalten.

Streichwurst, wie Mett- oder Leberwurst, wird per Hand mit einem dünnen schmalen Messer in 0,5 bis 1 cm dicke Stücke geschnitten.

Schinken befreit man zunächst von der Fettschicht und schneidet dann je nach Festigkeit des Schinkens (roher oder gekochter Schinken) entsprechend dickere bzw. dünne Scheiben.

- Runde und halbrunde Käse keilförmig

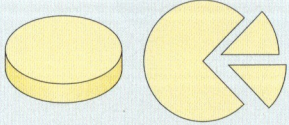

- Keilförmige Käse von der Spitze ausgehend bis etwa 2/3 quer, der Rest in Längsrichtung

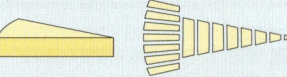

- Ovale Käse quer zur Längsrichtung

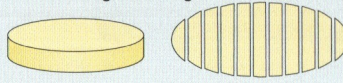

Schneiden von Käse

Der Schnittkäse wird von der Rinde befreit, in Scheiben geschnitten, die bei entsprechender Größe in kleinere Stücke zu teilen sind.

Darüber hinaus sind die Schnittformen für andere Käse von der jeweiligen Form abhängig (s. links).

Bereitstellen des Garniermaterials

Sämtliches Garniermaterial muss vor der Bearbeitung gewaschen sein.

- **Hartgekochte Eier:** Scheiben, Sechstel, Achtel
- **Gewürzgurken, Cornichons:** Scheiben, Fächer
- **Champignons:** Köpfe oder Scheiben
- **Tomaten:** Scheiben, Viertel, Achtel, Würfel
- **Kräuter:** Sträußchen oder gehackt
- **Radieschen:** Streifen, Viertel, Röschen
- **Paprika:** Rauten, Ringe, Streifen, Würfel
- **Frische Früchte:** Segmente, Viertel, Kugeln, Würfel

Abb. 1 Garniturbestandteile

Anrichten der Platten

Beim Anrichten von Frühstücksplatten legt man das Material dachziegelartig übereinander. Dabei ist zu beachten:

- Die Scheiben exakt, in Taschenform und in gleichen Abständen übereinanderlegen,
- für den Abschluss eine besonders schöne Scheibe auswählen, denn sie ist im Ganzen sichtbar,
- die Fettränder von Schinken zum Plattenrand hin gerichtet auflegen,
- den Plattenrand freilassen,
- buntes Material farblich kontrastierend anrichten.

Bezüglich des Garniturmaterials ist zu beachten:
- Auswahl passend zum Grundmaterial,
- Garnieren bedeutet Schmücken und nicht Bedecken des Grundmaterials.

5.4 Frühstücksservice

🇬🇧 breakfast service 🇫🇷 service (m) du petit déjeuner

Das Frühstück unterscheidet sich in wichtigen Punkten von den anderen Mahlzeiten.

Abb. 2 Käse-Etagere

Merkmale der Frühstückssituation

Sie ergeben sich vor allem durch die besondere Situation am Morgen. Der Frühstücksatmosphäre kommt im Hinblick auf den Gast eine besondere Bedeutung zu, denn sie beeinflusst in hohem Maße seine „Stimmung" und sein „Wohlbefinden" für die nachfolgenden Stunden. Der Service muss seinen Beitrag zu einer guten Atmosphäre leisten:

- Ein gut gelüfteter Raum,
- ein sauberer und sorgfältig eingedeckter Tisch mit einem kleinen Blumenschmuck,
- Servierpersonal, das ausgeschlafen ist und dem Gast mit Aufmerksamkeit und Freundlichkeit begegnet.

Abb. 3 Käseplatte

Service

GRUNDKENNTNISSE IM SERVICE

Mise en place zum Frühstück

Servicetisch

Für das **einfache Frühstück** sind bereitzustellen:
- Mittelteller und Kaffeeuntertassen,
- Mittelmesser und Kaffeelöffel,
- Menagen und Servietten.

Wegen der Portionspackungen zum Frühstück setzt man entsprechende Restebehälter am Tisch ein.

Zum **erweiterten Frühstück** nach der Karte sind folgende Ergänzungen auf dem Servicetisch notwendig: siehe Tabelle links.

Die Anordnung der Ergänzungen auf dem Servicetisch beim erweiterten Frühstücksangebot:

Speisen à la carte	Ergänzungen auf dem Servicetisch
Gekochtes Ei	• Unterteller, Eierbecher, Eierlöffel • Pfeffer und Salz
Wurstwaren Käse	• Mittelgabel und Vorlegebesteck • Pfeffer und Salz • Pfeffermühle
Spiegeleier Rühreier	• Mittelgabel und Mittelmesser • Pfeffer und Salz
Cornflakes Müsli	• Unterteller, Mittellöffel • Karaffe mit Milch
Joghurt Quarkspeisen	• Unterteller und Kaffeelöffel
Milch Säfte Tomatensaft	• Unterteller, Rührlöffel • Milchbecher • Saftglas • Pfeffermühle
Grapefruit	• Unterteller, Grapefruitlöffel • Streuzucker
Melone	• Mittelmesser und Mittelgabel
Tee	• Zitronenpresse oder Milch • Unterteller und Ablageteller • Kandiszucker

Abb. 1 Servicetisch für Frühstücksservice

Frühstücksgedecke

🇬🇧 breakfast covers 🇫🇷 couverts (m) pour le petit déjeuner

Je nach Umfang des Frühstücks werden einfache oder erweiterte Gedecke vorbereitet. Aus zeitlichen Gründen geschieht das im Allgemeinen bereits am **Vorabend**. Die Kaffeetassen werden im Rechaud vorgewärmt. Zusammen mit dem bestellten Getränk werden sie eingesetzt.

Einfaches Frühstücksgedeck

Es handelt sich dabei um die einfachste Art eines Frühstücksgedecks, bestehend aus Getränk sowie Gebäck, Butter und Konfitüre.

Abb. 2 Einfaches Frühstücksgedeck
- Mittelteller mit Serviette
- Mittelmesser
- Kaffeeuntertasse mit Kaffeelöffel

Abb. 3 Einfaches Frühstücksgedeck

270

Erweitertes Frühstücksgedeck

Das einfache Frühstück kann mit Wurst oder Käse erweitert werden. Das Frühstücksgedeck ist dann entsprechend zu ergänzen.

- Mittelmesser und **Mittelgabel**
- Salz- und **Pfeffermenage**

Morgens, noch bevor die ersten Gäste kommen, werden die am Abend vorbereiteten Gedecke bzw. Tische vervollständigt mit:

- Konfitüre und Honig sowie Zucker und Süßstoff auf kleinen Tellern angerichtet,
- kleinen Vasen mit Blumen.

Servieren des Frühstücks

Einfaches Frühstück

Nachdem der Gast seinen Getränkewunsch bekanntgegeben hat, kann mit dem Service begonnen werden:
- Einsetzen von Gebäck und Butter und eventuell die kleine Wurst- oder Käseplatte mit Vorlegebesteck,
- Servieren des Getränks, einschließlich der vorgewärmten Tasse, sowie der Sahne oder der Milch.

Erweitertes Frühstück nach der Karte

Bei Ergänzungen ist zu unterscheiden zwischen solchen, die außerhalb des Gedeckplatzes eingesetzt werden, und solchen, für die der Gedeckplatz freigemacht werden muss.

Außerhalb des Gedeckplatzes werden eingesetzt:
- das gekochte Ei im Eierbecher, auf Unterteller, mit Eierlöffel,
- Wurst, Schinken und Käse auf einer Platte, mit Vorlegebesteck,
- Joghurt und Quark auf Unterteller, mit Kaffeelöffel,
- Milch auf Unterteller und Säfte.

Für folgende Speisen ist der Gedeckplatz freizumachen:
- Eierspeisen (Rühreier und Spiegeleier),
- Getreidespeisen (Porridge, Cornflakes und Müsli),
- Obst (Grapefruit und Melone).

Nach der Aufnahme der Bestellung gibt es dabei für den Service folgenden Ablauf:
- Die Bestellung an die Abgabestelle weiterreichen,
- am Tisch den Mittelteller mit dem Messer nach links außerhalb des Gedeckplatzes umstellen,
- das für die bestellte Speise erforderliche Besteck eindecken sowie die Menagen einsetzen,
- die Speise servieren,

und nachdem der Gast die Speise verzehrt hat:
- den Speiseteller mit dem Besteck ausheben,
- den Mittelteller mit dem Messer auf den Gedeckplatz zurückstellen.

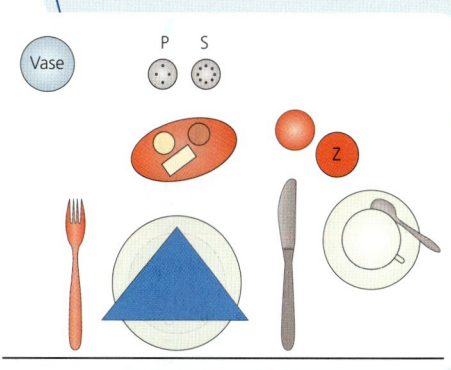

Abb. 1 Erweitertes Frühstücksgedeck

Aufgrund von zusätzlichen Bestellungen nach der Frühstückskarte ergeben sich im Gedeck weitere Veränderungen, die aber erst nach Aufnahme der Bestellung auszuführen sind.

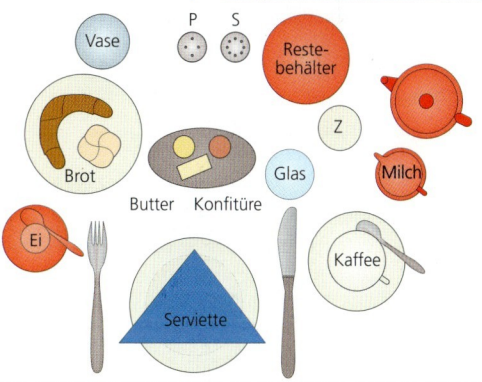

Abb. 2 Erweitertes Frühstück: gekochtes Ei

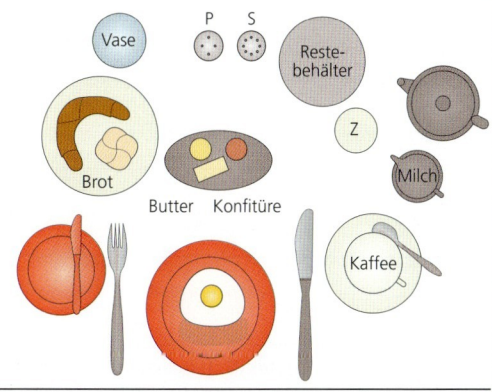

Abb. 3 Erweitertes Frühstück: Spiegelei mit Schinken

Service

GRUNDKENNTNISSE IM SERVICE

Etagenfrühstück    breakfast room service   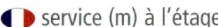 service (m) à l'étage

Etagen Service — KRONE HOTEL — Room Service

BESTELLEN Sie sich das pünktliche Frühstück am Abend vorher.
To have your breakfast in time ORDER it the evening before.

Service gewünscht/zwischen: – Desired Service Time:

○ 7.00 – 7.30   ○ 7.30 – 8.00   ○ 8.00 – 8.30   ○ 8.30 – 9.00   ○ 9.00 – 9.30   ○ 9.30 – 10.00

Zimmer Nr. / Room No.	Anzahl der Gäste / Number of guests	Service / Waiter	Datum / Date

Frühstück komplett € 9,00 — **Continental breakfast € 9,00**
○ Kaffee — ○ Coffee
○ Tee — ○ Tea
○ Kakao — ○ Chocolate

Zusatzbestellung — € — **Additional orders**

Deutsch	€	English
○ Glas Milch, warm oder kalt	1,50	○ Glass of milk, hot or cold
○ Orangensaft	3,00	○ Fresh orange juice
○ Grapefruitsaft	3,00	○ Grapefruit juice
○ Tomatensaft	3,00	○ Tomato juice
○ Frische halbe Grapefruit	3,00	○ Fresh half grapefruit
○ Backpflaumen	2,00	○ Stewed prunes
○ Frisches Land-Ei	1,50	○ Soft-boiled fresh egg
○ Zwei in Butter gebratene Spiegeleier oder Rühreier	3,50	○ Pair of fresh country-eggs cooked to your order
○ (wahlweise mit Schinken, Speck oder Würstchen)	4,00	○ (choice of with ham, bacon or sausages)
○ Schinken oder Frühstücksspeck, knusprig gebraten	3,00	○ Rasher of bacon, ham or sausages
○ Zwei pochierte Eier auf Toast	3,50	○ Two poached eggs on toast
○ Eine Tasse Haferflockenbrei mit frischer Sahne oder Milch	2,50	○ One cup of hot porridge with fresh cream or milk
○ Cornflakes mit frischer Sahne oder Milch	2,50	○ Cornflakes with fresh cream or milk
○ Joghurt	2,00	○ Joghurt
○ Schinken, roh oder gekocht (kleine Portion)	4,00	○ Smoked or boiled ham (half portion)
○ Gemischter Aufschnitt (kleine Portion)	4,00	○ Mixed cold cuts (half portion)
○ Käse in reicher Auswahl	4,00	○ Assortment of cheeses

Obige Preise sind Inklusivpreise — Service and tax included

Besondere Wünsche — Special Requests

Unterschrift des Gastes (Unterschreiben Sie bitte erst nach Erhalt Ihrer Bestellung.)
Signature (Sign after receipt of your order only, please.)   No. 3498

Abb. 1 Frühstücksbestellliste

Der Service auf der Etage ist sehr aufwendig und bedarf deshalb einer besonders guten Organisation.

Mise en place

Für das **Etagenfrühstück** werden am Vorabend **Einer-** und **Zweierplateaus** vorbereitet.

- Plateautuch,
- Mittelteller mit Serviette,
- Mittelmesser, Untertasse und Kaffeelöffel,
- Schälchen mit Zucker bzw. Süßstoff.

Frühstücksbestellung und Service

Das Zimmermädchen legt dem Gast auf dem Zimmer täglich eine Frühstücksbestellliste für den nächsten Morgen bereit. Wenn dieser sein Frühstück auf dem Zimmer einnehmen möchte, trägt er seine Wünsche am Abend vorher in die Liste ein und hängt sie dann außen an die Zimmertür.

Bei Dienstbeginn sammelt die Servicefachkraft auf der Etage die Frühstücksbestelllisten ein und erstellt daraufhin eine **Kontrollliste** für den Frühstücksservice. (siehe Bestellliste linke Seite)

Zur Servicezeit wird das Plateau vervollständigt: Gebäck, Butter, Konfitüre, die vorgewärmte Tasse, das Getränk, die bestellten Extras.

Für den Transport wird das Plateau mit beiden Händen aufgenommen, wobei die rechte Hand Hilfestellung leistet, bis auf der linken Hand (Tragehand) das Gleichgewicht hergestellt ist. Die rechte Hand muss frei sein für das Anklopfen und Öffnen von Türen. Das Zimmer wird erst betreten, wenn der Gast „herein"-gebeten hat. Für das Verhalten im Zimmer ist zu beachten:

- Ein höfliches und freundliches „Guten Morgen" ist selbstverständlich,
- Zurückhaltung und Diskretion sind geboten.

Frühstücken im Zimmer zwei oder mehr Personen, ist ein kleiner Frühstückstisch bereitzustellen und einzudecken.

Frühstücksbüfett und Brunch

Frühstücksbüfett 🇬🇧 breakfast buffet 🇫🇷 buffet (m) de petit déjeuner

Beim Frühstücksbüfett handelt es sich um ein sehr reichhaltiges, umfangreiches Angebot. Von geringfügigen Abweichungen abgesehen, werden auf dem Büfett alle zum Frühstück üblichen Speisen bereitgestellt. Für ein Frühstücksbüfett sprechen:

- Bedürfnisse, die sich aus dem internationalen Reiseverkehr ergeben,
- unterschiedliche Verzehrgewohnheiten,
- Gast hat freie Auswahl,
- das leichtere Erfassen der Kosten sowie die Vereinfachung der Preisgestaltung,
- die Verringerung des Arbeitsaufwandes.

Plan für Etagenfrühstück

Zeit	Zimmer	Frühstück	
		serviert	abgeräumt
7.40 h	128	✓	✓
8.10 h	137	✓	✓
9.00 h	210	✓	

Abb. 1 Etagen-Frühstücks-Plateau

Vorteilhaft sind hier Room-Service-Wagen, auf denen das komplette Frühstück angerichtet in das Gästezimmer gefahren wird. Durch Hochstellen von zwei beweglichen Kreissegmenten wird der Wagen zu einem runden Frühstückstisch für 1–3 Personen.

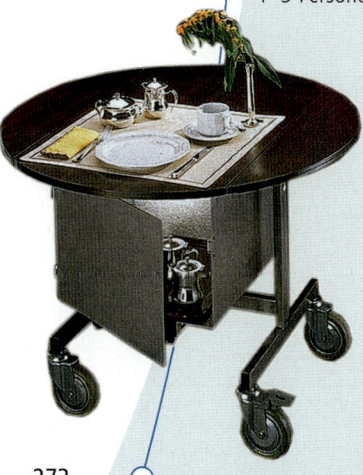

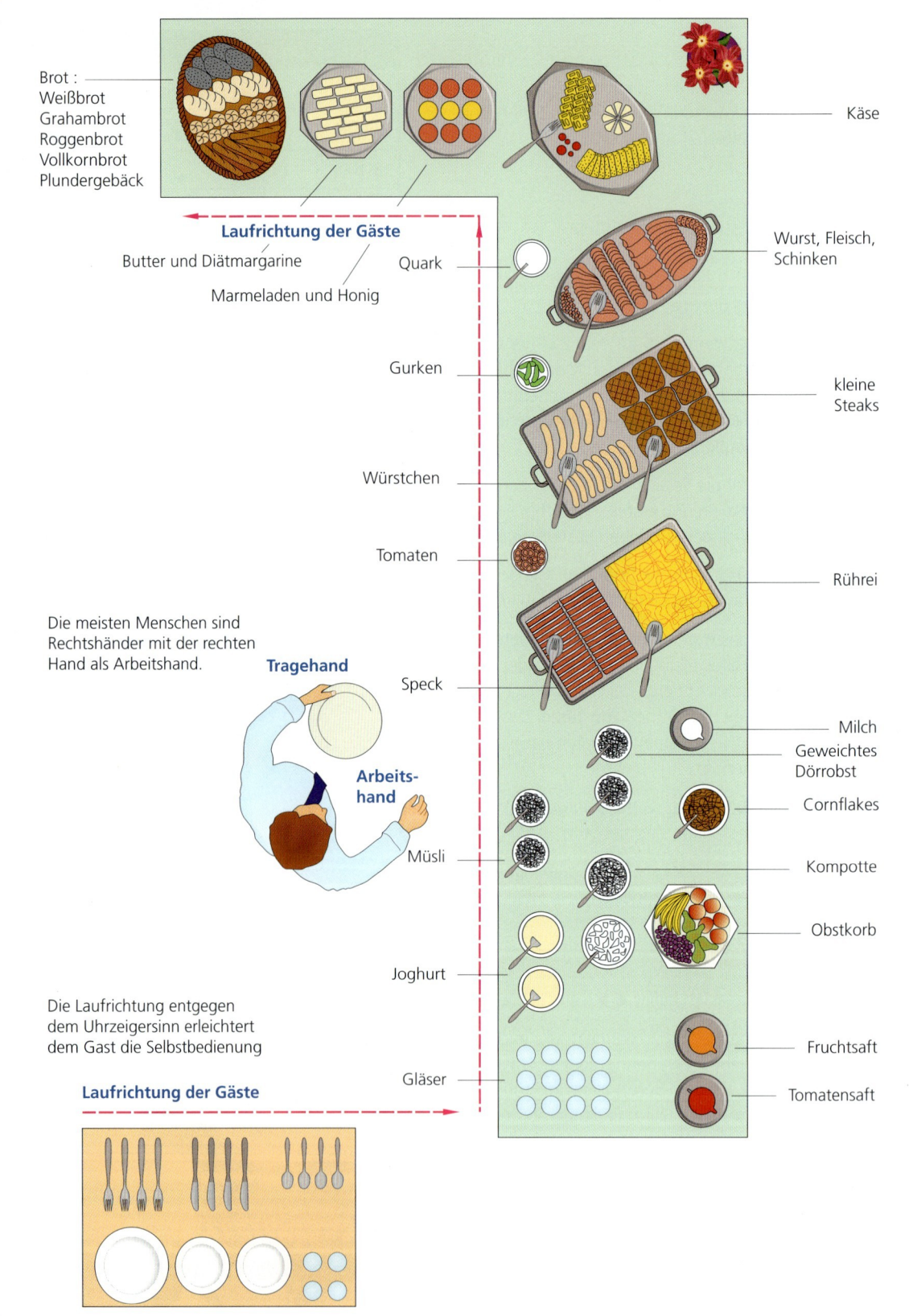

In Verbindung mit dem Frühstücksbüfett hat der Service neben der Bereitstellung warmer Getränke lediglich dafür zu sorgen, dass das Büfett immer wieder aufgefüllt wird.

> Der einwandfreie und appetitliche Zustand des Büfetts muss auch noch für den letzten Frühstücksgast erhalten bleiben.

Brunch

Der Brunch ist eine Angebotsform, die sich immer größerer Beliebtheit erfreut. Er nimmt, wie die Wortkombination zeigt, eine Zwischenstellung zwischen dem Frühstück und Mittagessen ein.
- Breakfast = Frühstück
- Lunch = Mittagessen

Beim Brunch wird das Frühstücksbüfett mit Suppen, kleineren warmen Gerichten, Salaten und Süßspeisen ergänzt.

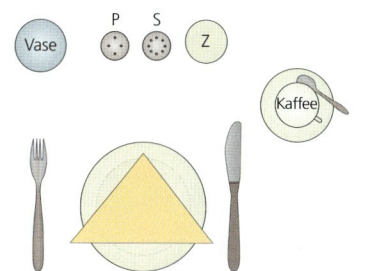

Abb. 1 Gedeck für Frühstücksbüfett

Abb. 2 Gedeck für Brunch

Aufgaben

1. Beschreiben Sie das einfache und das erweiterte Frühstück.
2. Nennen Sie Formen des Frühstücksangebotes.
3. Entwerfen Sie eine einfache Frühstückskarte.
4. Beschreiben und begründen Sie das Angebot eines Frühstücksbüfetts.
5. Erklären Sie die Bezeichnung Brunch.
6. Welche Bedeutung hat die Atmosphäre im Frühstücksraum für den Gast, und welchen Beitrag muss der Service diesbezüglich leisten? Nennen Sie Beispiele.
7. Erstellen Sie eine Waren-Bedarfsliste für ein Frühstücksbüfett für 60 Personen.
8. Beschreiben Sie das Herrichten von einfachen und erweiterten Frühstücksgedecken:
   a) Vorbereitungen am Vorabend,   b) Ergänzungen am Morgen.
9. Wie ist der Servicetisch für das einfache Frühstück auszustatten?
10. Nennen Sie die Angebote einer Frühstückskarte sowie die dazugehörenden Ergänzungen auf dem Servicetisch (Tischgeräte, Menagen).
11. Beschreiben Sie das Servieren des einfachen Frühstücks sowie Veränderungen bei Zusatzbestellungen.
12. Auf welche Weise und unter Beachtung welcher Ergänzungen und Abläufe werden serviert:
    a) ein Ei, Joghurt, Quark, Wurst oder Schinken?   b) Rühreier oder Spiegeleier?
    c) Porridge, Cornflakes oder Müsli?   d) Grapefruit oder Melone?
13. Welche besonderen Regeln sind für den Service auf der Etage zu beachten?
14. Ein Gast will am Folgetag das Frühstück auf das Zimmer serviert haben. Welche Kontrollmaßnahmen sind für den Ablauf des Service erforderlich?

PROJEKT

Attraktives Frühstücksbüfett

Für eine einwöchige Tagung von internationalen Fremdenverkehrsfachleuten möchte Ihr Chef eine besondere Frühstücksaktion bieten.

Das normale Frühstücksbüfett soll mit attraktiven Kochaktionen (Front-cooking) versehen werden, z. B. Herstellen von Eierspeisen oder Waffeln usw.

Vorschläge für Sonderaktionen am Frühstücksbüfett

1. Unterbreiten Sie Ihrem Chef fünf bis sieben Vorschläge.
2. Beschreiben Sie kurz die einzelnen Vorschläge genauer.
3. Wie viel Büfettfläche und welche Arbeitsgeräte werden zusätzlich benötigt?

Erstellen Sie ein komplettes Sortiment für ein Frühstücksbüfett mit fünf Attraktionen

1. Listen Sie die benötigten Waren und Produkte für die vorgesehene Personenzahl auf.
2. Listen Sie die benötigten Besteck- und Geschirrteile auf.
3. Erläutern Sie die Zubereitung der fünf besonderen Kochaktionen.
4. Skizzieren Sie den Aufbau des Frühstücksbüfetts mit den Kochstellen.

Kennzeichnen der einzelnen Büfettelemente mit Hinweisschildern

1. Erstellen Sie diese Schilder in deutscher Sprache.
2. Übersetzen Sie die Büfettelemente auch in englische und französische Versionen, damit diese mit auf die Schilder gedruckt werden können.
3. Gestalten Sie diese Schilder mit Hilfe des Computers (Schriftart, Schriftgröße).

Kosten

1. Berechnen Sie die gesamten Materialkosten für das Frühstücksbüfett.
2. Berechnen Sie den ungefähren Materialeinsatz für eine Person.

PROJEKT

Sonntagsbrunch für die ganze Familie

Bei einem „Jour fixe" der Hoteldirektion und den Abteilungsleitern kam die mangelhafte Auslastung des sonntäglichen Frühstücksbüfetts zur Sprache. Grund dafür ist die geringe Anzahl von Logiergästen an Wochenenden. Um die Rentabilität des Angebots zu steigern, wurde der Beschluss gefasst, einen

Sontags-Familien-Brunch

einzuführen. Unser Ausbilder im Service erklärt meiner Kollegin und mir die Situation und bittet uns um kreative Vorschläge für eine erfolgreiche Durchführung. Das Frühstücksbüfett in der herkömmlichen Form soll bestehen bleiben und ist durch zusätzliche Speisen und Getränke zu ergänzen.

Das Thema attraktiv für Familien darstellen

1. Sammeln Sie Ideen für ein solches Vorhaben.
2. Bringen Sie Ihre Ideen und Vorschläge zu Papier.
3. Was könnte den Kindern geboten werden (an Unterhaltung, an Speisen)?
4. Erörtern Sie Möglichkeiten für die Unterhaltung der Erwachsenen.

Moderate Preisgestaltung

1. Welche Preisvorstellungen haben Sie im Vergleich zum Preis für das normale Frühstücksbuffet?
2. Welcher Preis soll für die Kinder angesetzt werden?

Planung mit vorgesehenem Zeitablauf

Bestimmen Sie den Zeitraum für das Brunch-Büfett.

Anbieten von zusätzlichen Speisen und Getränken

1. Listen Sie mindestens fünf warme Gerichte für das Brunch-Büfett auf.
2. Am Büfett sollten auch drei Nachspeisen bereitgestellt werden. Machen Sie entsprechende Vorschläge.
3. Welche Getränke sollen im Büfett-Preis bereits enthalten sein und wie sollen andere Getränkebestellungen gehandhabt und berechnet werden?

Anbieten von zusätzlichen Speisen und Getränken

1. Welche besonderen Vorkehrungen müssen getroffen werden, um den Brunch erfolgreich durchzuführen?
2. Entwickeln Sie Ideen, wie die Aktion in Ihrem Hause dekorativ präsentiert werden kann, und machen Sie Vorschläge für eine sinnvolle Außenwerbung.

Getränke und Getränkeservice

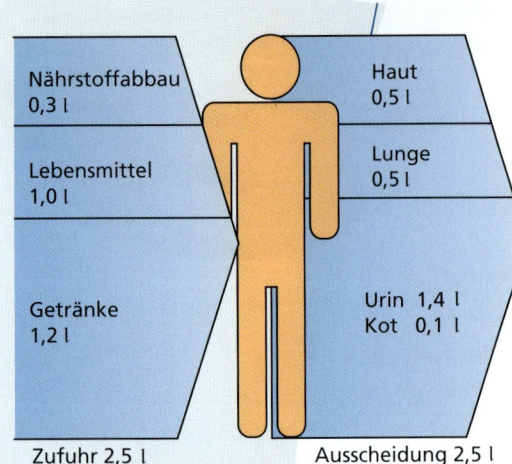

Abb. 1 Wasseraufnahme – Wasserabgabe

Der Mensch besteht zu etwa zwei Dritteln aus Wasser. Wie notwendig regelmäßige Flüssigkeitszufuhr ist, beweist die Tatsache, dass man im Extremfall nur wenige Tage ohne Wasser auskommen kann, ohne Essen dagegen längere Zeit – wie Fastenkuren zeigen.

Der Abschnitt Getränke und Getränkeservice beginnt mit den alkoholfreien Getränken. Zuerst werden die Durstlöscher Trinkwasser und Mineralwasser behandelt. Dann führt der Weg zu den Produkten aus Obst und Gemüse, die uns viele Vitamine und Mineralstoffe liefern. Es folgen die Aufgussgetränke mit ihren anregenden Wirkstoffen.

Die alkoholhaltigen Getränke bilden eigene Abschnitte.

1 Wässer

🇬🇧 drinking water and mineral water 🇫🇷 eau (w) potable et des eaux minérales

Die Mineral- und Tafelwasserverordnung unterscheidet bei Wässern je nach Herkunft und Eigenschaften verschiedene Arten. Diese kann man in zwei Gruppen unterteilen, nämlich Trinkwasser und natürliches Mineralwasser.

1.1 Trinkwasser 🇬🇧 drinking water 🇫🇷 eau (w) potable

Trinkwasser ist Wasser, das zum direkten Genuss sowie zur Zubereitung von Speisen und zur Herstellung von Lebensmitteln geeignet ist. Es muss darum auf jeden Fall hygienisch einwandfrei sein. Man erhält es entweder aus Grundwasser (hier wirkt der Boden als natürlicher Filter) oder aus Oberflächenwasser, das entsprechend aufbereitet werden muss.

1.2 Natürliches Mineralwasser

🇬🇧 mineral water 🇫🇷 eau (w) minerale

Natürliches Mineralwasser hat seinen Ursprung in unterirdischen, vor Verunreinigungen geschützten Quellen. Auf dem langen Weg vom Versickern bis zur Quelle wird das Wasser gefiltert und ist darum besonders rein. Zugleich reichert es sich mit Mineralstoffen und/oder Kohlendioxid (CO_2) an.

Die **Mineralstoffe**
- geben dem Wasser eine besondere Geschmacksnote,
- ergänzen den Bedarf des Körpers an Mineralstoffen.

- **Tafelwasser** ist, vereinfacht gesagt, hygienisch einwandfreies Trinkwasser mit Zusätzen wie z. B. Sole oder Meerwasser. Diese sollen das Wasser vor allem geschmacklich verbessern. Die Zusätze müssen auf dem Etikett genannt werden. Am bekanntesten aus dieser Gruppe ist das **Sodawasser**
- **Quellwasser** ist Trinkwasser aus unterirdischen Wasservorkommen. Im Gegensatz zum Mineralwasser müssen keine ernährungsphysiologischen Wirkungen nachgewiesen werden.

Natürliches Mineralwasser muss am Quellort abgefüllt und dem Gast in Flaschen angeboten werden.

Das **Kohlendioxid** (Kohlensäure)
- bewirkt bessere Löslichkeit der Mineralstoffe,
- wirkt erfrischend,
- regt die Verdauung an.

Art und Menge der in einem Mineralwasser enthaltenen Mineralstoffe werden teilweise in der chemischen **Analyse** genannt.

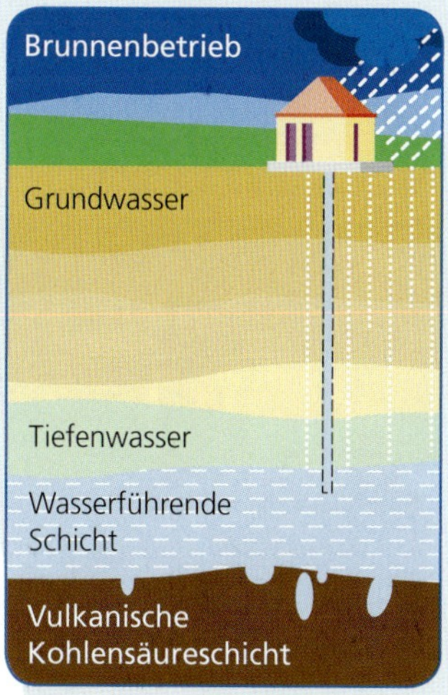

Arten

Natürliche Mineralwässer werden in zwei Gruppen unterschieden:

- **Mineralstoffreiche natürliche Mineralwässer** werden hauptsächlich wegen ihres Mineralstoffgehaltes getrunken. Enthalten sie nur wenig oder kein Kohlendioxid (CO_2), nennt man sie **stille Wässer.** Man serviert sie ungekühlt.

- **Kohlensäurereiche natürliche Mineralwässer** werden hauptsächlich ihrer erfrischenden Wirkung wegen getrunken. Liegt der CO_2-Gehalt besonders hoch, spricht man von **Säuerling** (der Name kommt von der Kohlensäure). Diese Wässer serviert man gekühlt.

Veränderungen

Bestimmte Mineralstoffe wie Eisen oder Schwefel verändern beim Mischen mit Wein oder Fruchtsäften den Geschmack des Mischgetränks. Diese Stoffe werden darum bei manchen Mineralwässern entzogen. Allerdings entweicht dabei gleichzeitig das CO_2, das wieder zugesetzt wird. Diese Veränderungen sind anzugeben. Beispiele: „**Enteisent und mit Kohlensäure versetzt**" – „Entschwefelt und mit der natürlichen Quellenkohlensäure versetzt".

Verwendung

Als **Tafelgetränk** eignet sich jede Art von Mineralwasser, **zum Mischen** mit Wein oder Säften und für Drinks können nur geschmacksneutrale Wässer verwendet werden.

Beim Servieren **von Getränken in Portionsflaschen** werden Glas und Flasche auf einem Tablett getragen. Am Tisch gilt:

- Das Glas von der rechten Seite des Gastes einsetzen und 1/3 bis 1/2 füllen,
- die Flasche auf einen Untersetzer halb rechts oberhalb des Glases abstellen mit dem Etikett zum Gast.

Abb. 1 Mineralwasserquelle

● Mineralwasser muss in geschlossenen Flaschen serviert werden. Tafelwasser darf offen angeboten werden.

Mineralinger

Natürliches Mineralwasser, enteisent ①
mit Quellenkohlensäure versetzt ②

Seit dem 12. Jahrhundert berühmte Mineralquellen

Wohlschmeckend, bekömmlich, erfrischend und gesund Zum Mischen mit Wein und Fruchtsäften vorzüglich geeignet ③

Mineralbrunnen GmbH Bad … ④

Erforderliche Angaben:
① Art des Mineralwassers
② eventuelle Veränderungen
③ Eigenschaften, Eignung
④ Abfüllungsfirma, Quellenangabe

„Ich biete Ihnen hier das Mineralwasser Ensinger Urquelle Classic an. Es ist ein prickelndes Mineralwasser aus den Ensinger Heilquellen, das viel Kohlensäure enthält und für die natriumarme Ernährung geeignet ist."

Abb. 2 Mineralwasser in Portionsflasche

Service

GETRÄNKE UND GETRÄNKESERVICE

❷ Säfte und Erfrischungsgetränke

🇬🇧 fruit drinks 🇫🇷 boissons (w) à base de fruits

Aus reifen und gesunden Früchten wird Saft gewonnen, der alle wertvollen Inhaltsstoffe des Obstes enthält.

Um Lagerraum und Transportkosten zu sparen, werden diese Säfte häufig **konzentriert** (eingedickt) oder zusammen mit Zucker zu **Sirup** verarbeitet. Werden aus diesen Zwischenprodukten durch Rückverdünnung wieder Säfte, muss der Vorgang gekennzeichnet werden, z. B. „aus …konzentrat".

Abb. 1 Fruchtsäfte – flüssiges Obst

2.1 Fruchtsäfte 🇬🇧 fruit juices 🇫🇷 jus (m) de fruit

Fruchtsäfte enthalten den aus den Früchten gewonnenen Saft. Lediglich Zucker darf zum Geschmacksausgleich zugefügt werden.

Aroma und Geschmack müssen charakteristisch sein. Durch schonende Entkeimungsverfahren – also ohne Konservierungsstoffe – wird der Saft haltbar gemacht. Am bekanntesten aus dieser Gruppe sind Apfel- und Traubensaft, aber auch Tomatensaft.

Fruchtsäfte sind durch ihren hohen Gehalt an Vitaminen und Mineralstoffen eine sehr wertvolle Ergänzung für die ernährungswissenschaftlich richtige Ernährung.

Bei der Kennzeichnung von Fruchtsäften gilt:
- **Saft einer Frucht:** Frucht wird genannt, z. B. Apfelsaft, Traubensaft;
- **Saft mehrerer Früchte:** Früchte in der Reihenfolge des Saftanteils, z. B. Apfel-Orangen-Getränk;
- **Herstellung aus Konzentrat:** „aus …konzentrat".

Säfte in geschlossenen Flaschen sind lange haltbar; man lagert sie am besten kühl und lichtgeschützt. Offene Flaschen sollen möglichst rasch verbraucht werden. Klare Säfte schmecken gekühlt bei etwa 8–12 °C am besten. Naturtrübe Säfte entfalten erst bei Zimmertemperatur (18–20 °C) ihr volles Aroma.

2.2 Smoothies

Smoothies sind cremige Getränke, die aus ganzen Früchten hergestellt werden (engl. smooth = cremig, fein). Alle Arten haben als Grundlage Fruchtsaft und Fruchtmark oder Fruchtpüree. Letztere machen das Getränk cremig.

Abb. 2 Smoothies

2.3 Gemüsesäfte/Gemüsenektar

🇬🇧 vegetable juices 🇫🇷 jus (m) de légumes

Gemüsesäfte dienen wegen ihrer appetitanregenden und verdauungsfördernden Wirkung der Ergänzung der Mahlzeiten, insbesondere des Frühstücks. Säfte aus Gemüse werden überwiegend in trüber Form angeboten. Da die enthaltenen Vitamine licht- und wärmeempfindlich sind, lagert man die Säfte dunkel und kühl.

Gemüsenektar hat mindestens 40 % Gemüseanteil; neben Trinkwasser können Salz, Zucker, Gewürze und Genuss-Säuren zugesetzt werden.

2.4 Fruchtnektare und Süßmoste

🇬🇧 fruit nectar 🇫🇷 nectars (m) de fruit

Der Fruchtanteil bei **Fruchtnektar** liegt trotz des wohlklingenden Namens nur zwischen 50 und 25 %, je nach Geschmacksstärke der Ausgangsfrucht. Der Anteil ist für die einzelnen Fruchtarten vorgeschrieben. Neben Fruchtsaft werden Wasser, Zucker und Kohlensäure verwendet.

Wird ein Fruchtnektar aus Früchten hergestellt, deren Saft wegen des hohen Säuregehaltes ohne Verdünnung nicht zum Genuss geeignet ist (z. B. Johannisbeeren), kann er als **Süßmost** bezeichnet werden. Süßmoste sind meist „blank", also ohne Fruchtmarkteilchen.

2.5 Fruchtsaftgetränke

🇬🇧 beverages with fruit juice 🇫🇷 boissons (w) fruitées

Die Fruchtsäfte geben diesen Getränken Geschmack, Geruch und Farbe. Eine leichte Trübung rührt von kleinen Fruchtfleischstücken her, die beim Auspressen mitgerissen werden. Der Mindestgehalt an Fruchtsaft ist gesetzlich vorgeschrieben. Er beträgt z. B. bei Kirschen und Trauben 30 %, bei Johannisbeeren 10 %, bei Orangen und Zitronen 6 %.

Fruchtsäuren und natürliche Aromastoffe, bei Orangen z. B. die in der Schale enthaltenen ätherischen Öle, runden zusammen mit dem Zucker den Geschmack ab. Fruchtsaftgetränke gibt es mit und ohne Kohlensäure. Der Vitamin- und Mineralstoffgehalt ist entsprechend der Verdünnung geringer.

Fruchtsaftgetränke serviert man am besten kühl.

● Fruchtsaftgetränke bestehen aus
  Fruchtsaft
  + Wasser
  + Zucker
  + Fruchtsäuren
  + natürlichen Aromastoffen.

Fruchtart	Mindestfruchtgehalt Nektar	Mindestfruchtgehalt Fruchtsaftgetränke
Apfel, Birne	50 %	30 %
Pfirsich	45 %	30 %
Heidelbeere, Aprikose	40 %	10 %
Sauerkirsche	35 %	30 %
Pflaume	30 %	10 %
Schwarze/rote Johannisbeere	25 %	10 %
Zitrusfrüchte	25 %	6 %

2.6 Fruchsaftschorlen

Zu Fruchtsaftschorle wird Fruchtsaft und Mineral- oder Trinkwasser meist im Verhältnis 1:1 gemischt. Sie wird vor allem im Sommer und bei sportlicher Tätigkeit geschätzt.

2.7 Limonaden 🇬🇧 lemonades 🇫🇷 limonades (w)

Limonaden enthalten natürliche Stoffe wie Extrakte aus Früchten, Fruchtsäuren, Zucker und Trink- oder Tafelwasser. Hinweise auf besonderen Geschmack sind erlaubt, z. B. Zitronenlimonade.

Energy Drinks versprechen Leistungssteigerung. Sie enthalten als Energielieferanten verschiedene Zuckerarten und als anregende Bestandteile Koffein in höherer Konzentration als in üblichen Cola-Getränken. Ferner teilweise Guarana und Taurin, die ähnlich wie Kaffee wirken.

Light-Getränke/Brennwertverminderte Getränke haben gegenüber Getränken gleicher Art wegen reduzierten Zuckeranteils einen um mindestens 40 % verringerten Energiegehalt.

● Zu den Limonaden zählen auch
  • Cola-Getränke mit Auszügen aus der koffeinhaltigen Kolanuss,
  • Bitter-Limonaden, z. B. Bitter Lemon, Tonic Water, mit Auszügen aus der chininhaltigen Chinarinde. Auf den Gehalt an Koffein und Chinin muss hingewiesen werden.

Service

GETRÄNKE UND GETRÄNKESERVICE

2.8 Near Water/Aqua Plus

Near-Water-Getränke enthalten meist Mineralwasser oder Trinkwasser verbunden mit geschmacksliefernden Fruchtsäften. Eine leichte Süße liefern Zucker oder Süßstoffe. Der Energiegehalt dieser Getränkegruppe ist geringer als die der Erfrischungsgetränke.

2.9 Diätetische Erfrischungsgetränke

🇬🇧 diet soft drinks 🇫🇷 boissons (w) diététiques

Bei diesen Getränken wird anstelle von Zucker Süßstoff verwendet. Darum ist der Energiegehalt sehr niedrig. Es dürfen keine künstlichen Aromastoffe verwendet werden, auch die anregenden Stoffe Koffein und Chinin sind nicht erlaubt. Diabetiker und Personen mit Gewichtsproblemen bevorzugen (neben Mineralwasser) Getränke dieser Art.

2.10 Fruchtsaftgehalt von Getränken

Die Vorschriften für den Mindestanteil an Fruchtbestandteilen sind je nach Frucht unterschiedlich, weil die Geschmacksintensität der Früchte verschieden ist (vergleichen Sie Apfelsaft mit Zitronensaft).

Der **Zuckergehalt** bei Fruchtsaftgetränken und Limonaden ist beträchtlich. Untersuchungen ergaben, dass er bei durchschnittlich 10 % liegt; das bedeutet, in einem Liter sind 100 g Zucker enthalten. Das sind 1 700 kJ!

Wer den Durst energiearm löschen will, sollte das beachten.

Abb. 1 Fruchtsaftgehalt von Getränken

Fruchtsaft 100 % | Nektar 50 % / 25 % | Fruchtsaftgetränk 30 % / 6 % | Limonade 3–15 %

2.11 Mineralstoffgetränke

Mineralstoffgetränke werden auch **Sportgetränke** oder **Elektrolytgetränke** genannt. Ihnen sind Mineralstoffe, teils auch Vitamine zugesetzt. Sie dienen insbesondere zum Ersatz von Mineralstoffen durch Schweiß bei starker Ausdauerbelastung.

Teilchenkonzentration im Getränk und im Blut

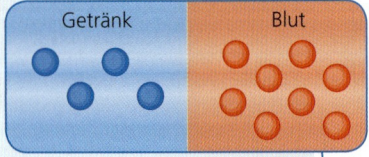
weniger = hypotonisch

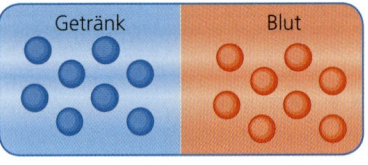
gleich = isotonisch

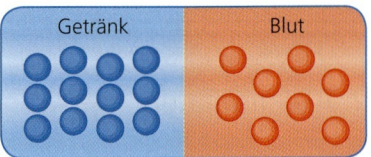
mehr = hypertonisch

Fachbegriffe zu Sportgetränken	
Elektrolyte	Gelöste Mineralstoffe in Form von Ionen
Osmose	Bedeutet hier den Durchgang der Mineralstoffe durch die Darmwand in das Blut
isotonisch	Iso bedeutet gleich. Ein isotonisches Getränk hat die gleichen Mineralstoffanteile wie das Blut.

# 3 Alkoholfreie Mischgetränke

🇬🇧 non-alcoholic mixed drinks 🇫🇷 cocktails (m) sans alcool

Alkoholfreie Mischgetränke sind Getränke, zu deren Herstellung Fruchtsäfte, Gemüsesäfte, Fruchtmark, Fruchtnektar, Fruchtsirupe, Früchte, Wasser, Sodawasser, Mineralwasser, Limonaden, Milch, Eier oder Speiseeis ohne Zusatz von Alkohol verwendet werden.

Limonadendrink – Grapefruit Wonder

- 4 cl Grapefruitsaft
- 1 TL brauner Zucker
- 4 Grapefruitfilets
- 6 cl Zitronenlimonade
- 1 cl Zitronensaft
- 4 cl Mineralwasser
- 2 Eiswürfel

- Fruchtfilets mit braunem Zucker im Glas zerstoßen.
- Mit den restlichen Zutaten auffüllen und umrühren.

Der Drink kann auch als Heißgetränk kurz erhitzt mit normalem Wasser ohne Eiswürfel hergestellt werden.

Einfache Mischgetränke

- **Spezi**: Cola und Orangenlimonade mit Zitronenscheibe
- **Schorle**: Fruchtsaft mit Mineralwasser
- **Bowle**: Fruchtstücke, Fruchtsaft, Fruchtsirup, Zitrone, Läuterzucker, Mineralwasser
- **Limonade**: Fruchtsaft (Zitrone), Wasser, Zucker

Diese Mischgetränke mischen sich bereits beim Eingießen ins Glas.

Andere Mischgetränke

Man benutzt für die Herstellung dieser Getränke Elektromixer, da meist größere Mengen in einem Arbeitsgang hergestellt werden.

Mischgetränke können aber auch einzeln hergestellt werden. Dabei wendet man die Arbeitstechniken der Bar an, also Schütteln oder Rühren oder Aufbauen. Mischgetränke sind vitaminhaltige und erfrischende Longdrinks. Die Geschmacksskala reicht von herbwürzig über fruchtig-säuerlich bis fruchtig-süß.

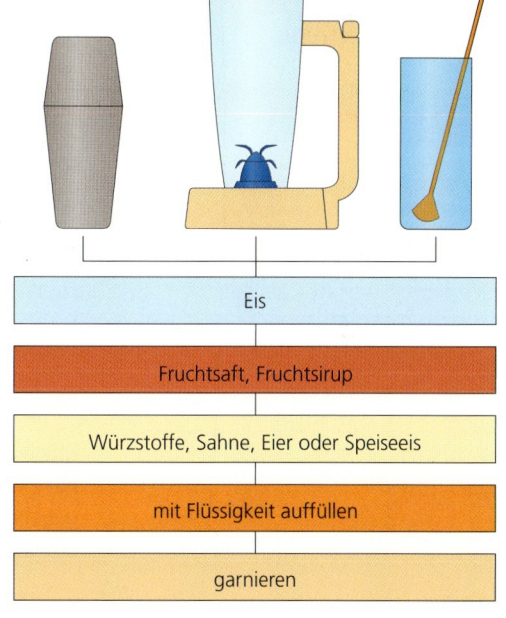

Alkoholfreie Cocktails

Möhrchen-Mix
5 cl Milch mit
5 cl Karottensaft,
2 cl Apfelsaft,
1 TL Honig und
1 TL Sanddorn mixen

Milchocolada
5 cl Milch mit
1 Kugel Schokoladeneis, 1 EL Schokosauce und 1 TL Kokosnuss-Sirup mixen

Apfel-Holunder-Traum
5 cl Milch,
50 g Apfelmus,
1 TL Puderzucker und
Zimt mixen,
3 EL Holundersaft

4 Milch und Milchgetränke

🇬🇧 milk and milk beverages 🇫🇷 lait (m) et boissons (w) à base de lait

Abb. 1 Vollmilch, ESL-Milch, H-Milch

Durch bewusste Ernährung ist der Verbrauch von Milch und Milcherzeugnissen erheblich gestiegen. Besonders beliebt sind die gesäuerten Produkte wie Buttermilch, Joghurt, Kefir und Dickmilch. Die Milchsäure erfrischt und ist gut für die Verdauung.

Milch in jeder Form enthält wertvolles Eiweiß, reichlich Vitamine und Mineralstoffe. Fettreiche Produkte sollen nicht in größeren Mengen („für den Durst") getrunken werden; der Energiegehalt ist zu hoch.

Vollmilch hat 3,5 % Fettgehalt, ist pasteurisiert und meist auch homogenisiert. Man reicht sie als Trinkmilch und am Frühstücksbüfett zu Zerealien. Ferner bildet sie die Grundlage für Milchmixgetränke.

Längerfrische Milch (ESL-Milch)

Längerfrische Milch wird in speziellen Anlagen kurzzeitig auf 85 bis 127 °C erhitzt und sofort wieder abgekühlt. So bleibt sie ungeöffnet im Kühllager ca. drei Wochen haltbar. Diese „ESL-Milch" (**E**xtended **S**helf **L**ife, etwa: verlängertes Regal-Leben) hat an vielen Stellen die klassische pasteurisierte Vollmilch verdrängt.

ESL-Milch ist homogenisiert, so kann keine Aufrahmung stattfinden. Der Fettanteil liegt meist bei 3,5 %, sie ist aber auch mit 1,5 % erhältlich.

H-Milch

H-Milch ist ohne Kühlung mehrere Monate lang haltbar. Sie wird in einem speziellen Verfahren („UHT") ultrahocherhitzt, für wenige Sekunden unter hohem Druck bei 135 bis 150 °C. Dadurch wird die Milch praktisch keimfrei. Es werden aber auch ein großer Teil der Milcheiweiße und etwa ein Fünftel der Vitamine zerstört. Die Geschmacksstoffe leiden, was der H-Milch ihren typischen Geschmack gibt.

Magermilch

Magermilch wird wie H-Milch ultrahocherhitzt, aber zusätzlich entrahmt. Sie hat einen maximalen Milchfettgehalt von 0,3 %. Wenn ihr Milcheiweiß zugegeben wird, muss dies auf der Verpackung angegeben werden. Obwohl die Magermilch nur sehr wenig Fett enthält, wird auch sie homogenisiert.

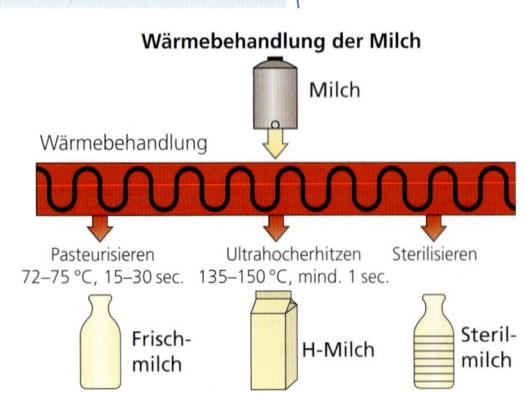

Milch wird durch feine Düsen gepresst. Das Milchfett wird in so feine Tröpfchen zerkleinert, dass es nicht mehr aufrahmt

Milchmixgetränke sind mit Früchten gemixt. Dabei gibt man immer die Früchte in die Milch und nicht umgekehrt. Gießt man die Milch in die Früchte, ist anfangs der Gehalt an Fruchtsäure zu hoch und die Milch gerinnt durch die Säureeinwirkung.

Sauermilcherzeugnisse sind mit Hilfe von Kleinlebewesen gesäuerte Milcherzeugnisse. Nach diesem Prinzip entstehen Produkte mit unterschiedlichen Fettgehalten, z. B.
- Sauermilch
- Joghurt
- Kefir
- Buttermilch als Nebenprodukt bei der Herstellung von Butter.

Milchshake

Ein Milchshake ist ein süßes, kaltes Getränk, das aus Milch, Eiscreme, Zucker oder süßen Aromen wie Fruchtsirupen besteht. Seinen Ursprung hat es in den Vereinigten Staaten. Daher zählt es auch heute noch zum Standardangebot der amerikanischen Restaurantketten. Während Full-Service-Restaurants oder Eiscafés Milchshakes zum Teil noch von Hand aus Eiskugeln und Milch in einem Mixer zubereiten, setzen Quick-Service-Restaurants Milchshake-Maschinen für diese Arbeit ein.

Diese Maschinen haben einen Edelstahlzylinder mit Rühr- und Schlagwerk, das den eingefüllten Milchshake-Grundstoff auf ca. –3 °C kühlt. Der Milchshake-Grundstoff enthält neben Milch mit natürlichem Fettgehalt meist Zucker und Verdickungsmittel wie z. B. Carrageen. Durch den Fettgehalt der Milch bleibt das Getränk auch bei Temperaturen unter 0 °C noch trinkbar. Durch die Zugabe von Sirupen in den Getränkegrundstoff erhält man verschiedene Geschmacksrichtungen.

Da Milch aufgrund des hohen Eiweißwertes ein idealer Nährboden für Mikroorganismen ist, ist die Einhaltung von Hygienemaßnahmen sehr wichtig. Moderne Geräte pasteurisieren täglich durch Aufkochen den Milchshake-Grundstoff und erhöhen so die Haltbarkeit. Dennoch muss die Maschine ständig sauber gehalten und regelmäßig komplett zerlegt, gereinigt und desinfiziert werden.

Aufgaben

1. Worin besteht der Unterschied zwischen Trinkwasser und Tafelwasser?
2. Welche Wirkungen haben Mineralstoffe im menschlichen Körper? Nennen Sie mindestens vier Beispiele.
3. Manche Etiketten auf Mineralwasserflaschen zeigen eine „Analyse". Was versteht man darunter?
4. Sie bestellen „Ein Mineralwasser, bitte." Es wird in einem Glas serviert. Erläutern Sie.
5. „Bitte ein stilles Wasser." Was versteht der Gast darunter? Welche Marken können Sie anbieten?
6. Sie wollen einen Orangen-Milch-Shake herstellen. Dazu pressen Sie eine frische Orange aus und gießen Milch zum Saft. Was wird geschehen? Begründen Sie.

Service

GETRÄNKE UND GETRÄNKESERVICE

5 Aufgussgetränke

🇬🇧 hot drinks 🇫🇷 boissons (w) chaudes

Als Aufgussgetränke bezeichnet man Kaffee, Tee und Kakao. Sie werden durch Überbrühen (Aufgießen) mit Flüssigkeit (in der Regel Wasser) hergestellt. Alle Aufgussgetränke wirken durch Alkaloide anregend auf Kreislauf und Nervensystem. Kaffee und Tee enthalten Koffein, Kakao enthält Theobromin.

5.1 Kaffee 🇬🇧 coffee 🇫🇷 café (m)

Aufbereitung von Kaffee

Kaffee wird aus Kaffeebohnen gewonnen. Nach der Ernte werden die Kaffeebohnen vom Fruchtfleisch und dem Silberhäutchen befreit und anschließend getrocknet. Die noch grünen Bohnen kommen als Rohkaffee in den Handel.

Nach der Art, wie das Fruchtfleisch der Kaffeekirsche von den Kaffeebohnen entfernt wird, unterscheidet man zwei Verfahren.

- Beim **Trockenverfahren** werden die Früchte in der Sonne gedörrt. Dann sprengen Brechmaschinen das Fruchtfleisch ab.
- Beim **Nassverfahren** wird das Fruchtfleisch zunächst grob entfernt. Dann lässt man die Bohnen gären; dabei wird das verbliebene Fruchtfleisch gelockert und kann später abgespült werden. Diese „gewaschenen Sorten" ergeben einen feineren Kaffee und haben einen höheren Preis.

Abb. 1 Kaffeeaufbereitung

Beim **Rösten** des Rohkaffees verändern sich die Bohnen.

- Stärke und Zucker werden zu karamellartigen Stoffen verwandelt, die dem Kaffee-Getränk Farbe und Geschmack geben,
- Aromastoffe entstehen,
- die Gerbstoffe werden auf etwa die Hälfte verringert.

Abb. 2 Die Röstung beeinflusst den Geschmack.

Koffein ist der Hauptwirkstoff des Kaffees. Üblicher Kaffee enthält 1 bis 2 Prozent.

Koffein
- regt das Zentralnervensystem an,
- steigert die Herztätigkeit und erhöht den Blutdruck (was aber auch zu Herzklopfen und Schlaflosigkeit führen kann).

Kaffee mit besonderen Behandlungen

- **Entkoffeinierter** Kaffee enthält höchstens 0,1 % Coffein und kann darum auch von Personen getrunken werden, bei denen Koffein zu Herzklopfen und Schlaflosigkeit führen würde.
- **Säurearmem** Kaffee ist Gerbsäure entzogen worden, das Koffein bleibt erhalten. Diese Art ist darum für Personen mit säureempfindlichem Magen geeignet.
- **Kaffee-Extraktpulver** oder **Instant-Kaffee** löst sich sofort und ohne Rückstände auch in kalter Flüssigkeit. Das Produkt wird hergestellt, indem man konzentriertem Kaffee im Sprühverfahren oder durch Gefriertrocknung das Wasser entzieht. Das Pulver ist sehr wasseranziehend (hygroskopisch) und muss darum unbedingt verschlossen aufbewahrt werden.
- **Kaffee-Konzentrat** wird durch stufenweises Auslaugen der Kaffeebohnen gewonnen. Beim Fertigstellen ist mit der jeweils vorgeschriebenen Wassermenge zu verdünnen.

Kaffee-Ersatz ergibt ein kaffeeähnliches, koffeinfreies Getränk. Als Rohstoffe dienen Zichorien, Feigen und Gerstenmalz. Diese Produkte erhalten durch Rösten Aroma, Farbe und Geschmack. Malzkaffee kommt gemahlen in den Handel, Feigen und Zichorien werden zerrieben und gepresst. Das Hauptangebot besteht aus sofort löslichem Extraktpulver.

Zubereitung von Kaffee

Für das Frühstück wird Kaffee in größeren Mengen auf Vorrat zubereitet. Er sollte jedoch nicht länger als 45 bis 60 Minuten vorrätig gehalten werden, weil sich danach die Farbe und das Aroma nachteilig verändern. Die Warmhaltetemperatur liegt bei etwa 80 °C.

Zubereiten von Kaffee

Um einen wohlschmeckenden, vollaromatischen Kaffee zu erhalten, ist einiges zu beachten:

Produkt-bezeichnung	Kaffee-pulver	Flüssigkeits-menge
Tasse Kaffee	6–8 g	125 ml
Espresso	6–7 g	80 ml
Kännchen Kaffee	12–16 g	250 ml
Großmenge	80–100 g	2 l (16 Tassen)

- Grundbedingung ist die Verwendung von bewährtem Markenkaffee, dessen Einkaufsmengen dem jeweiligen Bedarf anzupassen sind, damit keine Aromaverluste durch Überlagerung entstehen.
- Der Feinheitsgrad der Körnung ist auf die Art des Brühverfahrens abzustimmen, damit sich das Aroma optimal entfalten kann.
- Wichtig sind die richtig dosierte Menge des Kaffeepulvers sowie die sachgerechte Temperatur des Brühwassers zwischen 95 und 98 °C.
- *Porzellangeschirr*, gut vorgewärmt, gilt als besonders *aromafreundlich*.

Handfiltern von Kaffee

Beim Handfiltern ist zu beachten:

- Das Kaffeepulver im Filter mit wenig heißem Wasser anbrühen, damit es aufquillt
- den Rest des Wassers dann stufenweise *in die Mitte* des Filters nachgießen, damit das Wasser durch das Kaffeemehl zum Filter hin fließt.

Maschinelle Kaffeezubereitung

Kaffeemaschinen ermöglichen es, in kurzer Zeit große Mengen Kaffee bereitzustellen. Die beiden grundlegenden Verfahren sind
- das drucklose *Überbrühverfahren* ①
- das *Dampfdruckverfahren* ②

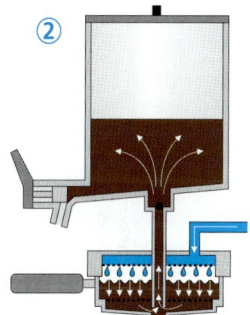

Die jeweilige Ausstattung der Maschine erlaubt es, den Kaffee entweder für einzelne Tassen oder Portionen oder in größeren Mengen zuzubereiten und diesen dabei gleichzeitig in einem Behälter vorrätig halten zu können.

Grundlegende Angebotsformen für Kaffee

Kaffee mit Sahne und Zucker/Süßstoff

Man unterscheidet:
- **Kaffee nature:** schwarz, mit oder ohne Zucker,
- **Kaffee crème:** mit Kaffeesahne (mit oder ohne Zucker).

Unter dem Gesichtspunkt der Menge gibt es:

Bereitstellen für ein Kännchen Kaffee

- Tablett mit Papiermanschette,
- Untertasse mit Deckchen, vorgewärmter Tasse und Kaffeelöffel,
- Schälchen mit Zucker/Süßstoff,
- Kännchen mit Sahne,
- Kännchen mit Kaffee.

eine Tasse Kaffee

ein Kännchen Kaffee

Service

GETRÄNKE UND GETRÄNKESERVICE

Spezielle Kaffeezubereitungen

Cappuccino
- Eine Tasse 3/4 mit starkem Kaffee füllen,
- mit aufgeschäumter Milch ergänzen,
- mit Kakaopulver bestreuen.

Espresso
Das Zubereiten von Espresso erfolgt mit Hilfe des Dampfdruckverfahrens. Der aromastarke Kaffee wird in kleinen Spezialtassen angerichtet. Zucker reicht man à part, auf Wunsch auch Sahne.

Kaffee mit Milch, auch geschlagener Sahne
- Kaffee mit Milch
  Anstelle von Sahne wird ein Kännchen heiße Milch gereicht.
- Kaffee – Latte macchiato
  Diese Kaffeezubereitung wird im Spezialglas wie folgt angerichtet:
  1/3 heiße Milch ins Glas, darauf Milchschaum geben und vorsichtig einen Espresso einfliessen lassen, damit die Schichten entstehen.

Kaffee mit einer Spirituose
Kaffee verträgt sich gut mit Spirituosen. Es gibt Gäste, die diese besondere Geschmacksnote lieben. Geeignete Spirituosen sind z. B.: Cognac, Kirsch, Amaretto.
- Die Grundausstattung ist wie bei einer Tasse oder einem Kännchen Kaffee.
- Die gewählte Spirituose wird im entsprechenden Glas getrennt gereicht.

Eiskaffee
Ein bis zwei Kugeln Vanilleeis gibt man in ein hohes Glas und gießt leicht gezuckerten kalten Kaffee darüber. Mit Sahnehaube garnieren.

Irish Coffee
Man verwendet dazu die sogenannte Irish-Coffee-Garnitur, bestehend aus kleinem Rechaud, schrägem Glashalter und einem speziellen Irish-Coffee-Glas.
- In ein gut vorgewärmtes Originalglas 1 bis 2 Kaffeelöffel braunen Zucker sowie 4 cl Irish Whiskey geben,
- über dem entzündeten Rechaud drehend erwärmen, damit sich der Zucker auflöst, die Flamme in das Glas überschlagen lassen, flambieren,
- mit heißem Kaffee auffüllen,
- dickflüssig angeschlagene Sahne vorsichtig über die Wölbung eines Löffelrückens auf die Oberfläche des Kaffees gleiten lassen; Sahne sollte nicht absinken,
- auf einem Mittelteller mit Papierserviette servieren.

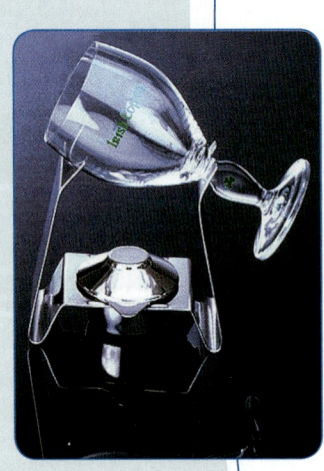

Rüdesheimer Kaffee
- 3 bis 4 Stück Würfelzucker in der vorgewärmten Originaltasse mit 4 cl Asbach übergießen,
- mit einem langen Streichholz entzünden und bei gleichzeitigem Rühren mit einem langstieligen Löffel flambieren (den Zucker leicht karamellisieren lassen),
- mit heißem Kaffee auffüllen,
- mit geschlagener Sahne garnieren und mit Schokoladenraspel bestreuen.

Pharisäer
- In einer vorgewärmten Tasse je 1 Kaffeelöffel Zucker sowie 4 cl Rum verrühren,
- mit starkem Kaffee auffüllen,
- mit angeschlagener Sahne ganieren.

5.2 Tee 🇬🇧 tea 🇫🇷 thé (m)

Tee wird von dem immergrünen Teestrauch gewonnen. Man pflückt die Blattknospen mit zwei bis drei Blättern. Je jünger der Trieb ist, desto feiner und aromatischer schmeckt der Tee.

Aufbereitung von Tee

Klassische Aufbereitung

Durch **Welken** werden die Blätter geschmeidig und so für die Weiterverarbeitung vorbereitet.

Beim **Rollen** brechen die Zellen der Blätter auf, sodass sich der Zellsaft mit dem Luftsauerstoff verbinden kann. Diese Oxidation nennt man **Fermentation**. Dabei bewirken die Fermente (Enzyme) eine Aufspaltung der Gerbsäure Tannin. Der Tee wird durch das Fermentieren milder und aromatischer. Zugleich werden die grünen Blätter kupferrot, was dem Getränk später seine typische Farbe verleiht. Durch das **Trocknen** wird die Fermentation unterbrochen. Der Tee wird schwarz und bei trockener, luftdichter Lagerung haltbar.

Bei der Gewinnung des **grünen Tees** unterbleibt die Fermentation. Er besitzt deshalb einen höheren Gerbsäuregehalt und ist herber.

Die CTC-Produktion

Bei der CTC-Produktion werden die Teeblätter nach dem Welken einem geschlossenen Arbeitsgang unterworfen. Dabei wird der Tee wie folgt behandelt: Über 90 % der Weltproduktion werden so hergestellt.
Bei diesem Verfahren entstehen vorwiegend kleine Tee-Stücke für Teebeutel.

```
Welken
  ↓
Rollen
  ↓
Fermentieren
(nicht bei grünem Tee)
  ↓
Trocknen
  ↓
Sortieren
```

Abb. 1 Teeblätter

Zerbrechen	(crushing)	C
Zerreißen	(tearing)	T
Rollen	(curling)	C

Arten

Angeboten wird Tee nach folgenden Unterscheidungsmerkmalen:

Anbaugebiet

Darjeeling, an den Südhängen des Himalaja, liefert einen feinen und aromatischen Tee.

Assam, eine nordindische Provinz, ist bekannt für gehaltvolle und kräftige Arten.

Als **Ceylon-Tee** bezeichnet man Tee von der bei Indien gelegener Insel **Sri Lanka**, die früher Ceylon hieß.

Je höher die Teepflanzungen liegen, desto langsamer wachsen die Blätter und verleihen dem Tee einen besonders feinen und edlen Geschmack.

Blattfolge

Flowery Orange Pekoe (FOP) mit vielen Spitzen (Tips) ist die beste Sorte.

Orange Pekoe (OP) ist dünn gedreht, länglich.

Pekoe (P) ist kleiner und rundlich gerollt.

Manche Firmen haben die Skala der Teeauszeichnung erweitert und wenden zusätzlich folgende Bezeichnungen an:

Finest = F, Tippy = T, Golden = G.

Beste Qualität ist dann **FTGFOP**, gefolgt von **TGFOP** usw.

Sortierung

Die Blattsortierung sagt nichts über die Qualität aus.

Blatt-Tee ist das ganze Blatt, das länglich oder rundlich gerollt ist.

Broken-Tee ist absichtlich gebrochener Tee, der rascher ausgelaugt wird und damit ergiebiger ist (etwa 90 % der Produktion).

Fannings sind Blattstücke, kleiner als Broken-Tee.

Dust (engl. Staub) sind feinste Teile, die beim Sieben des Tees anfallen. Dust und Fannings werden für Teebeutel verwendet.

Teemischungen

Durch das Mischen verschiedener Sorten können Geschmack, Aroma und Preis ausgeglichen werden. Häufig angeboten werden:

- **Englische Mischung:** Volles, schweres Aroma, wird bevorzugt mit Milch getrunken.
- **Ostfriesische Mischung:** Kräftiges, fülliges Aroma. Wird bevorzugt mit Milch und Kandis getrunken.
- **Ceylon-Mischung:** Fein-würziges Aroma, goldene Farbe.

Teeähnliche Erzeugnisse

Teeähnliche Getränke können durch Aufbrühen geeigneter getrockneter Pflanzenblätter oder -teile hergestellt werden. Die darin enthaltene Gerbsäure verleiht einen teeähnlichen Geschmack. Wegen des fehlenden Koffeins (Teins) werden Herz und Nerven nicht belastet. Die Industrie bietet ein Sortiment unterschiedlicher Pflanzenarten in fertigen Portionsbeuteln an.

Kräutertees

Kräutertees werden als Einzeltees (z. B. Pfefferminztee), in Mischungen (z. B. „Bronchialtee"), z. T. mit verkaufsfördernden Namen („Entspannt & Fit") angeboten. Einzelne Heilkräuter werden zur Unterstützung der Gesundung eingesetzt. Einige Beispiele:

Name	Wirkung/Anwendung	Bemerkungen
Brennnessel	Schwach entwässernd	Nicht anwenden bei eingeschränkter Nierentätigkeit.
Fenchel	Bei Blähungen, als Schleimlöser bei Husten, Appetit anregend	Gut geeignet für Säuglinge und Stillende. Oft angeboten in Mischungen mit Anis und Kümmel gegen Blähungen.
Kamille	Bei Magen-, Darmkrämpfen, Brechreiz	Achtung: Nicht für Augenspülungen verwenden!
Melisse	Bei nervös bedingten Einschlafstörungen, Magen-, Darmproblemen, Appetit anregend	Hemmt durch enthaltende Rosmarinsäure auch das Virenwachstum.
Pfefferminze	Bei krampfartigen Magenbeschwerden, Gallenleiden, Durchfall, zur Erfrischung	Bei Magenbeschwerden Dauergebrauch vermeiden, Minze hat Schärfe.
Salbei	Gegen übermäßiges Schwitzen, bei Magen-, Darmbeschwerden, entzündungshemmend	Spülungen bei Entzündungen der Mund- und Rachenschleimhaut.

Andere Tees

Rotbuschtee, auch Rooibos-Tee, besteht aus Blättern und Zweigspitzen des ginsterartigen Strauches Aspalathus linearis. Er ist frei von Koffein, Farb- und Aromastoffen und daher auch für Kinder und empfindliche Personen geeignet.

Yogitee stammt aus der Naturheilkunde und besteht aus einer Mischung von Gewürzen wie Zimt, Ingwer, Nelken und schwarzem Pfeffer. Oft wird er mit Honig und Milch verfeinert.

Chaitee ist ein indischer Gewürztee, dem oft schwarzer Tee beigemischt wird (Masala Chai). Wichtigstes geschmackgebendes Gewürz ist Kardamom. Er wird gesüßt und mit heißer Milch serviert.

Zubereitung von Tee

Voraussetzungen für eine gute Tasse Tee

Das Aroma des Tees ist sehr empfindlich, sodass zu beachten ist:
- Teekannen nur mit heißem Wasser, nicht in Verbindung mit Spülmitteln reinigen (der sich entwickelnde braune Belag in der Kanne hat keine negativen Auswirkungen),
- Kannen sowie Tassen oder Gläser gut vorwärmen,
- zum Überbrühen frisches, sprudelnd heißes Wasser verwenden.

Erforderliche Teemengen

Flüssigkeitsmenge	Teemenge
eine Tasse oder ein Glas	2 g Tee (das sind ein gestrichener Kaffeelöffel oder 1 Teebeutel)
eine Portion	4 bis 5 g Tee oder 2 Teebeutel

Im Gastgewerbe hat sich die Verwendung von Teebeuteln durchgesetzt. Das frisch zum Kochen gebrachte Wasser wird sprudelnd über den Tee gegossen. Diesen lässt man 3 bis 5 Minuten ziehen. Dabei ist der Zusammenhang zwischen der **Brühdauer** und den physiologischen Auswirkungen des Tees zu beachten:

- **Bis 3 Minuten**
  wird vorwiegend Coffein (Tein) ausgelaugt, sodass der Aufguss zu diesem Zeitpunkt vor allem **anregend** auf den Kreislauf wirkt.

- **Nach 3 Minuten**
  gehen in zunehmender Menge Gerbstoffe in den Aufguss über, die eine **beruhigende** Wirkung auf Magen und Darm haben.

Die Brühdauer für Tee ist auf den jeweils beabsichtigten Zweck abzustimmen (belebend oder beruhigend).

Abb. 1 Glas Tee

Angebotsformen für Tee

Die grundlegende Angebotsform ist *mit Zucker:*
- Ein Tablett mit Papiermanschette,
- eine Untertasse mit Glas oder Tasse und Kännchen
- ein Schälchen mit Zucker,
- ein Schälchen zur Ablage des Teebeutels.

Abb. 2 Kännchen Tee

Abwandlungen
- Tee mit Sahne oder Milch
- Tee mit Zitrone: ein Schälchen mit Zitrone in der Presse
- Tee mit Rum: 4 cl Rum im Glas oder Portionsfläschchen

Spezielle Teezubereitungen

Eistee
- Teeglas 2/3 mit Eiswürfel füllen
- mit doppelt starkem Tee auffüllen
- Zucker, Zitrone à part reichen, evtl. Gin/Cognac

Abb. 3 Verschiedene Zuckerangebote – Tee-Zubehör

5.3 Kakao und Schokolade

cocoa, hot chocolate   cacao (m)

Kakao und Schokolade werden aus den Samenkernen des in tropischen Gebieten wachsenden Kakaobaumes gewonnen.

Aus den melonenartigen Früchten werden zunächst die Kakaobohnen (es sind die Kerne) entfernt.

Bei der Fermentation wird der Gerbsäuregehalt verringert, es entstehen Geschmack, Aroma und Farbe.

Anschließend werden die Kakaobohnen getrocknet und kommen so zum Versand.

Abb. 1 Kakaofrucht

Verarbeitung

Die gereinigten Bohnen werden zur Verbesserung des Aromas zuerst geröstet, dann zerkleinert und von den Schalen befreit.

Der so entstandene Kakaobruch wird zwischen erwärmten Walzen vermahlen. Die fein zermahlenen Bohnen bezeichnet man als **Kakaomasse**. Durch starken Druck trennt man die **Kakaobutter** (Fett der Kakaobohnen) von den übrigen Kakaobestandteilen, die als Presskuchen zurückbleiben. Der fein zermahlene Presskuchen ergibt das **Kakaopulver**.

Schwach entöltes Kakaopulver hat 20 % Kakaobuttergehalt. Es ist dunkler, hat ein volles Aroma und ist mild im Geschmack. Man verwendet es für Kakao und Schokoladegetränke.

Stark entöltes Kakaopulver hat 10–20 % Kakaobuttergehalt. Der Geschmack ist sehr kräftig. Man verwendet es in der Patisserie für Schokoladengebäck und Eis.

„Aufgeschlossener Kakao" wird mit Wasserdampf behandelt und erhält Zusätze. Dabei wird das Zellgefüge lockerer, ein Teil der Stärke verkleistert, und darum setzt sich dieser Kakao weniger leicht ab. Schokoladenpulver ist gezuckertes Kakaopulver mit ergänzenden Geschmackszutaten.

Abb. 2 Schokoladenproduktion

Schokolade

Bei der Herstellung von Schokolade geht man von der Kakaomasse aus. Ihr werden die erforderliche Menge Puderzucker, Gewürze, evtl. auch Milchpulver zugesetzt. Die Zutaten werden vermengt und dann fein geschliffen, damit die Bestandteile möglichst fein werden und die Schokolade den „Schmelz" erhält.

Angeboten wird Schokolade in Blöcken mit 2,5 und 5 kg. Diese Blöcke tragen Ziffernkombinationen, die zusammen immer 100 ergeben. Dabei nennt die erste Ziffer stets den Gehalt an Kakaobestandteilen, die zweite den Zuckeranteil.

Beispiel

70/30 = 70 % Kakaobestandteile + 30 % Zucker.

Je weniger Zucker die Schokolade enthält, desto höher ist die Qualität.

Abb. 3 Schokolade

Zubereitung von Kakao und Trinkschokolade

Kakao ist eine Zubereitung aus Kakaopulver, Milch und Zucker.

Trinkschokolade bereitet man aus geriebener Blockschokolade oder Kuvertüre und Milch ohne Zusatz von Zucker oder mittels eines fertigen Schokoladenpulvers.

Zutat	Tasse Kakao	Portion Kakao	Tasse Schokolade	Portion Schokolade
Milch	0,15 l	0,3 l	0,15 l	0,3 l
Kakaopulver	7 g	12 g	–	–
Schokoladenpulver oder Kuvertüre	–	–	15 g	30 g
Zucker	getrennt servieren		getrennt servieren	

Zubereitung von Kakao

Kakaopulver in einem kleinen Teil der Milch anrühren. Die restliche Milch zum Kochen bringen. Vorbereitete Kakao-Milch-Mischung einrühren und aufkochen.

Zubereitung von Trinkschokolade

Milch erhitzen, geriebene Schokolade (Kuvertüre) oder Schokoladenpulver einstreuen und unter Rühren mit einem Schneebesen zum Kochen bringen.

Beigabe zu Kakao und Schokolade
- Zu Kakao wird Streuzucker gereicht.
- Kakao oder Schokolade in Tassen werden mit geschlagener Sahne garniert.
- Zu Kännchen reicht man die Schlagsahne in einem Schälchen à part.

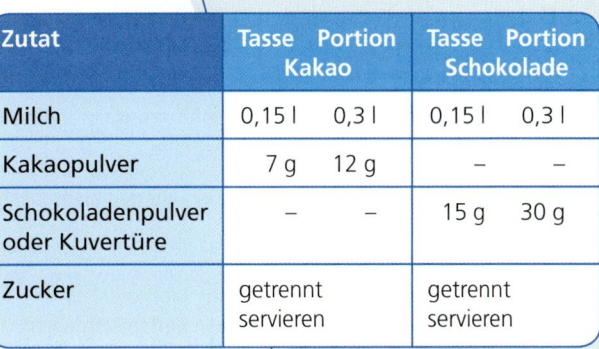

Eisschokolade
Herstellung wie Eiskaffee. Statt Kaffee verwendet man kalte Schokolade oder Kakao.

5.4 Servieren von Aufgussgetränken

Aufgussgetränke wie Kaffee, Tee oder Kakao werden in Gläsern, Tassen oder Kännchen angerichtet und in der Regel auf einem ovalen Tablett serviert. Das Tablett soll dabei so hergerichtet sein, dass der Gast alles bequem vor sich findet und erreichen kann.

Der Tassengriff und der Kännchengriff zeigen immer nach rechts, der Kaffeelöffel liegt parallel dazu, und der Würfelzucker muss vor dem weiter hinten stehenden Kännchen platziert sein wie auf den nachfolgenden Bildern.

Die Tabletts werden von rechts so eingesetzt, dass sie, wie abgebildet, leicht schräg vor dem Gast stehen.

Tasse Kaffee

Kännchen Kaffee

Glas Tee

Kännchen Tee

Service

GETRÄNKE UND GETRÄNKESERVICE

1. Bei der Gewinnung der Kaffeebohnen aus der Kaffeekirsche unterscheidet man zwei Verfahren. Nennen Sie jeweils Vor- und Nachteile.

2. Welche Wirkungen hat das Koffein auf den menschlichen Körper?

3. Im Rezept für eine Mokka-Creme steht: „4 TL Instantkaffee." Was versteht man darunter? Nennen Sie gängige Marken. Welchen Vorteil hat in diesem Beispiel die Verwendung von Instantkaffee?

4. Sie wollen nach dem Menü einen Kaffee empfehlen. „Nein, danke, ich vertrage keinen Kaffee", ist die Antwort. Welche Gründe könnte der Gast haben? Welche speziellen Kaffeesorten berücksichtigen körperliche Empfindlichkeiten? Nennen Sie zwei Beispiele mit Markennamen.

5. Von welchen Einflüssen ist die Qualität eines Tees abhängig? Nennen Sie drei Faktoren.

6. Schwarzer und grüner Tee können von der gleichen Teepflanze gewonnen werden. Worin besteht der Unterschied?

7. „Unser Tee für die Teebeutel wird nach dem modernen CTC-Verfahren gewonnen." So steht es auf dem Teebeutel. Erklären Sie dem Gast das Verfahren.

8. Beschreiben Sie die unterschiedliche Wirkung der Tees auf den Menschen.

9. Wie gewinnt man das Kakaopulver?

10. Eine bestimmte Kakaosorte ist „aufgeschlossen". Was versteht man darunter? Welchen Vorteil hat ein auf diese Weise behandelter Kakao?

11. Nennen Sie zu folgenden Kaffeezubereitungen die erforderliche Menge des Kaffeepulvers sowie die Flüssigkeitsmenge:
    a) eine Tasse Kaffee, eine Tasse Espresso,
    b) ein Kännchen Kaffee.

12. Beschreiben und erläutern Sie den sachgerechten Ablauf beim Handfiltern von Kaffee.

13. In welchen Variationen wird Kaffee als Getränk angeboten?

14. Beschreiben Sie das sachgerechte Bereitstellen für ein Kännchen Kaffee.

15. Beschreiben Sie folgende Angebotsformen für Kaffee:
    a) Kaffee mit Milch und Kaffee Melange,
    b) Kaffee mit einer Spirituose,
    c) Cappuccino und Pharisäer,
    d) Rüdesheimer Kaffee und Irish Coffee.

16. Nennen Sie Voraussetzungen für eine gute Tasse Tee.

17. Beschreiben Sie das sachgerechte Zubereiten von Tee.

18. Welche Beziehung besteht zwischen der Brühdauer des Tees und den physiologischen Wirkungen?

19. Welche Beigaben werden zu Kakao und Schokolade gereicht:
    a) beim Anrichten in Tassen,
    b) beim Anrichten in Kännchen?

20. Wann spricht man von „Alkoholfreien Mischgetränken"?

21. Nennen Sie einige alkoholfreie Mischgetränke.

6 Alkoholische Gärung

🇬🇧 alcoholic fermentation 🇫🇷 fermentation (w) alcoolique

Die alkoholische Gärung war schon den alten Ägyptern bekannt. Wandbilder zeigen, wie Wein und Bier gewonnen wurden und wie durch Hefe gelockertes Brot hergestellt wurde.

Auch heute lockert die Gärung das Brot. Wenn Bier oder Wein gewonnen werden, ist die alkoholische Gärung der zentrale Vorgang. Ohne Gärung hätten wir auch keinen Sekt, keinen Korn und keinen Weinbrand. Darum werden hier kurz die grundlegenden Vorgänge aufgezeigt.

Versuche

1. Lassen Sie Fruchtsaft in einem Glas bei Zimmertemperatur stehen. Beobachten Sie während der folgenden Tage Aussehen und Geruch.
2. Lösen Sie in 100 g warmem Wasser 50 g Zucker und geben Sie 10 g Hefe dazu. Prüfen Sie den Geruch, wenn die Flüssigkeit zu perlen beginnt.
3. Nach etwa einer Woche ist die Flüssigkeit aus Versuch 1 ruhig und klar geworden. Prüfen Sie Geschmack und Süße.
4. Erhitzen Sie die Flüssigkeit aus Versuch 2 entsprechend der Versuchsanordnung. Das Glasrohr soll etwa 60 cm lang sein und einen Durchmesser von 1 cm haben.

Der durch das Kochen aufsteigende Dampf besteht aus Alkohol und Wasser. Das Wasser kondensiert bereits während des Aufsteigens am Glasrohr, der Alkohol entweicht und kann entzündet werden.

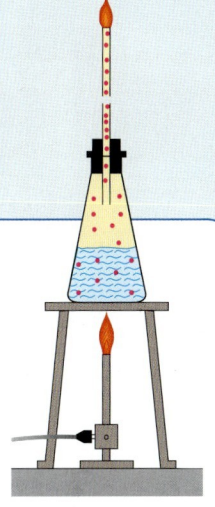

Abb. 1 Versuch

Hefe ist ein **Kleinstlebewesen** (siehe Abschnitt Hygiene), das in der Luft und auf reifenden Früchten vorkommt. Diese Arten nennt man „wilde" Hefen.

Im Lebensmittelgewerbe verwendet man speziell gezüchtete Hefearten, z. B. Backhefe für Hefeteig, Bierhefe bei der Bierherstellung. Diese Arten nennt man auch **Kulturhefen**.

Bei der Gärung nimmt die Hefe Zuckerstoffe auf, Alkohol und Kohlendioxid werden ausgeschieden.

Der Gärvorgang endet, wenn der Zucker verbraucht ist oder der Alkoholgehalt etwa 15 % erreicht hat. Zunehmende Alkoholkonzentration schwächt die Hefe und bringt sie schließlich zum Stillstand.

Auf diese Weise entstehen Gärungsgetränke wie Bier und Wein.

Wird eine höhere Alkoholkonzentration gewünscht, bedarf es der **Destillation**. Dabei wird der leichter verdampfende Alkohol abgetrennt und damit konzentriert. Getränke mit einem Alkoholgehalt über 15 % vol bezeichnet man als Spirituosen.

Wer im Service beschäftigt ist, berät und bedient Gäste. Sachwissen über das Angebot ist die Grundlage für ein kompetentes Beratungsgespräch.

Dazu muss man aber nicht, um ein Beispiel zu nennen, die gesamte Bier- oder Weinherstellung kennen.

Notwendige Ausgangsprodukte jedes Gärprozesses sind eine kohlenhydratreiche, zuckerhaltige Flüssigkeit (z. B. Würze beim Bier, Most beim Wein) und Hefe.

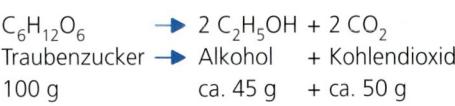

$$C_6H_{12}O_6 \rightarrow 2\ C_2H_5OH + 2\ CO_2$$
Traubenzucker → Alkohol + Kohlendioxid
100 g   ca. 45 g + ca. 50 g

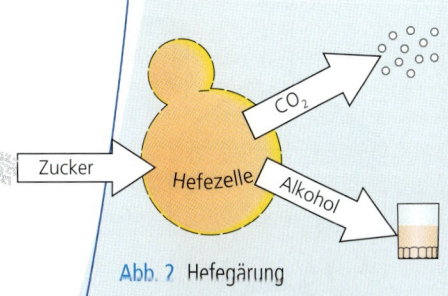

Abb. 2 Hefegärung

Service

GETRÄNKE UND GETRÄNKESERVICE

7 Bier

🇬🇧 beer 🇫🇷 bière (w)

Berliner Weiße, Weizenbier, Helles Märzen, Altbier, Kölsch, Pils, Export

Bier ist ein alkoholisches Getränk, das nach dem **Reinheitsgebot** aus **Malz**, **Hopfen** und **Wasser** mit **Hefe** hergestellt wird. Für deutsches Bier werden keine weiteren Zusätze oder andere Ausgangsstoffe verwendet. Bier, das abweichend hergestellt worden ist, erkennt man an der veränderten Zutatenliste.

7.1 Herstellung

Zunächst ein Überblick. Der Hauptvorgang bei der Bierherstellung ist die **alkoholische Gärung,** die durch die Hefe bewirkt wird. Weil jedoch die Hefezelle nur Zuckerstoffe aufnehmen kann, müssen die im Getreide in Form von Stärke enthaltenen Kohlenhydrate zuerst in Zuckerstoffe umgewandelt werden. Das geschieht beim **Mälzen**. In einem zweiten Schritt werden die zerkleinerten Malzkörner mit Wasser vermengt und erwärmt, dabei werden die löslichen Stoffe ausgelaugt, es entsteht die **Würze**.

Der beigegebene Hopfen gibt Geschmack, verbessert die Haltbarkeit und hält im Glas die Schaumbläschen fest. Nach der **Gärung** folgt die **Lagerung**, während der das Bier reift und an Qualität zunimmt.

Mälzen

Das Getreidekorn (Gerste oder Weizen) wird durch Einweichen zum Keimen gebracht. Enzyme beginnen, die Stärke zu Zucker abzubauen, Eiweißstoffe werden gelöst. Dadurch entsteht aus Gerste Malz. Nach einer bestimmten Zeit wird das Keimen durch schonendes **Darren** (Trocknen) abgebrochen. Dabei färbt sich das Malz je nach Temperatur. Die Farbe überträgt sich später auf das Bier. Keime und am Korn anhängende Wurzeln werden anschließend entfernt.

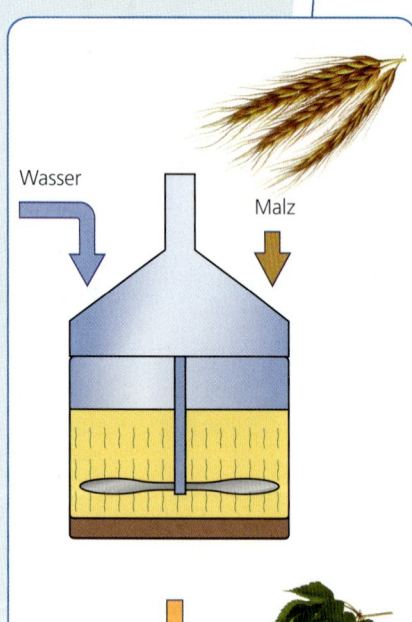
Wasser, Malz

Bereitung der Würze

Beim **Maischen** wird das getrocknete Malz geschrotet (zerkleinert) und mit warmem Wasser gemischt, sodass alle löslichen Stoffe auslaugen. Enzyme bauen restliche Stärke und Zucker zu Einfachzucker ab. Es folgt das **Läutern** (Reinigen) der Würze, **wobei die festen Bestandteile von der Flüssigkeit getrennt werden**.

Beim anschließenden **Kochen** gibt Hopfen durch Bitterstoffe Geschmack und Aroma, Hopfenharze halten den Schaum des späteren Bieres.

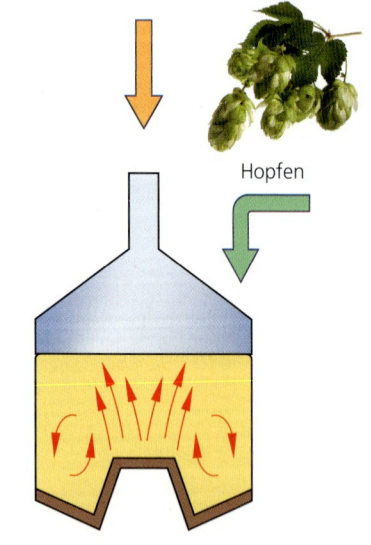
Hopfen

Vergärung

Bei der Vergärung entstehen durch die Tätigkeit der Hefe aus Zuckerstoffen Alkohol und Kohlensäure.
Je nach Hefeart entstehen untergärige oder obergärige Biere.

Untergärige Hefe vergärt die Würze zwischen 6 und 9 °C und setzt sich unten auf dem Boden des Gärbehälters ab. Bei untergärigen Bieren ist die Kohlensäure stärker an die Flüssigkeit gebunden und wird nur langsam abgegeben. Das Bier perlt langsamer, dafür aber länger, z. B. übliches Helles oder Pils.

Obergärige Hefe vergärt die Würze zwischen 15 und 18 °C und steigt dabei nach oben. Obergärige Biere enthalten viel Kohlensäure, die weniger fest an die Flüssigkeit gebunden ist. Darum schäumen diese Biere stärker, z. B. Weizenbier.

Der abgekühlten Würze wird Bierhefe zugesetzt, je nach Bierart unter- oder obergärige Hefe. Durch die Vergärung werden Alkohol und Kohlensäure gebildet. Nachgärung und Reifung in geschlossenen Behältern dienen der Qualitätsverbesserung.

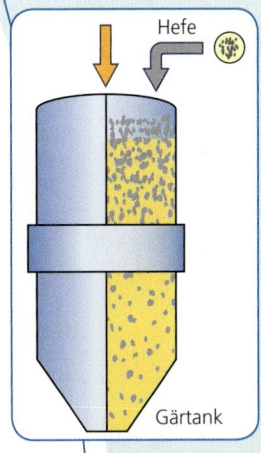

Gärtank

Produktionsschritte		Stichworte für die Beratung
Mälzen Stärke wird zu Zuckerstoffen umgewandelt. Trocknen des Malzes → Temperatur hoch → → Temperatur niedrig →		**Farbe des Bieres** dunkles Bier helles Bier
Bereitung der Würze Verzuckerung geht weiter Feste Bestandteile (Treber) werden abgetrennt. → Anteil der gelösten Stoffe in der Flüssigkeit = **Stammwürze** → Aufkochen mit Hopfen → Hopfeninhaltsstoffe →		**Stärke des Bieres = Biergattung** Geschmacksrichtung Schaumbildung
Vergärung Der Würze wird Hefe zugefügt. Die Art der Hefe bestimmt den Gärverlauf. → untergärig → → obergärig →		**Bierart**
	Je nach Gärverfahren werden etwa 25 bis 30 % der Stammwürze zu Alkohol →	Alkoholgehalt
Lagerung	Bier „reift" →	Verfeinerung des Aromas Sättigung mit CO_2

Stammwürze – Alkoholgehalt

Unter **Stammwürze** versteht man alle in der Würze gelösten Stoffe vor der Vergärung. Der Gehalt wird in Prozent ausgedrückt. Bei der Vergärung wird nur ein Teil der Zuckerstoffe zu Alkohol. Der Alkoholgehalt entspricht etwa einem Drittel des Stammwürzegehaltes.

Bei einem Vollbier mit 11 bis 16 % Stammwürze beträgt also der Alkoholgehalt etwa 3,5 bis 4,5 % mas. Auf dem Etikett muss der Alkoholgehalt angegeben werden, und zwar in „% vol". Das bedeutet Prozent des Volumens. Nachdem Alkohol eine Dichte von ungefähr 0,8 hat, lautet die Umrechnung % mas: $0,8 \approx$ % vol.

Vollbier hat zwischen 4,3 und 5,6 % vol Alkoholgehalt.

Service — GETRÄNKE UND GETRÄNKESERVICE

> Der Geschmack des Bieres gründet auf
> - den verwendeten Rohstoffen,
> - dem speziellen Brauverfahren.
>
> Die Brauwirtschaft unterscheidet folgende Richtungen:
>
> **M-Typ: M**alzbetont, mäßig vergoren; also eher süßlich bei geringem Alkoholgehalt.
>
> **H-Typ: H**opfig, hochvergoren; also eher bitter, z. B. Pilsener.
>
> **S-Typ: S**äuerlich, spritzig, stark schäumend, z. B. Weißbier.

7.2 Biergattungen, Bierarten, Biersorten

Die **Biergattung** ist gesetzlich festgelegt und wird durch den Stammwürzegehalt (Stärke des Bieres) bestimmt. Hauptsächlich getrunken wird Vollbier, in geringem Maße auch Schankbier und Starkbier (siehe Übersicht unten).

Die **Bierart** wird durch die Art der Vergärung bestimmt. Man unterscheidet untergärige Biere, bei denen sich die Hefe nach unten absetzt, von den obergärigen, die als aromatischer bezeichnet werden.

Die **Biersorten** bezeichnen typische Eigenschaften oder weitere Unterteilungen, die sehr oft mit den Handelsbezeichnungen gleich sind.

Biergattung nach Stammwürzegehalt	Bierart nach Gärverfahren	untergärig	obergärig
Bier mit niedrigem Stammwürzegehalt unter 7 % Stammwürze			
Schankbier 7–11 % Stammwürze		Leichtbier	Weizen-Light, Berliner Weiße
Vollbier (ca. 95 % des Angebotes) 11–16 % Stammwürze		Pils, Lager, Export, Märzen, Hell	Alt, Kölsch, Weizen
Starkbier über 16 % Stammwürze		Bock, Starkbier	Weizenbock
	über 18 % Stammwürze	Doppelbock, …ator	

Biersorten von A–Z

Wenn man im Verkaufsgespräch dem Gast ein Bier empfiehlt, beschreibt man es und nennt dabei z. B.:

- Biergattung = Stärke des Bieres,
- Bierart = Art der Vergärung (ober-/untergärig),
- Bierfarbe und vielleicht
- besondere Merkmale zur Herkunft oder Entstehung.

Alkoholfreie Biere

Alkoholfreie Biere können bis 0,5 % Alkohol aufweisen. Diese Biere werden meist zunächst nach üblichem Verfahren gebraut. Nach der Vergärung wird diesen Bieren durch verschiedene Verfahren Alkohol entzogen.

Alt, Altbier

Ein obergäriges, kräftig gehopftes Vollbier mit dunkelbrauner Farbe aus der Düsseldorfer Region. Der Name Altbier leitet sich ab von alter Tradition.

Ausschank in einem becherartigen, geraden Spezialglas.

Berliner Weiße

Das obergärige Schankbier (weniger Alkohol) ist schwach gehopft und unter Verwendung von Weizenmalz hergestellt.
Bei der besonderen Gärung entsteht auch Milchsäure, die mit einem Schuss Himbeer- oder Waldmeistersirup ausgeglichen wird.
Serviert wird in einer halbkugelförmigen Schale.

Bock, Bockbier

Das untergärige Bier hat mindestens 16 % Stammwürze, ist also ein Starkbier. Kennzeichnend sind ein hoher Alkoholgehalt und ein malziger Geschmack. Bockbier stammt ursprünglich aus Einbeck; daraus wurde vereinfacht Bock.
Doppelbockbiere haben 18 % Stammwürze und enden, ohne dass es dafür eine Vorschrift gibt, auf „…ator", z. B. Salv**ator**.
Eisbock ist mit etwa 12 % Alkohol noch stärker. Diese Spezialität erhält man, indem man dem fertigen Bier durch Einfrieren Wasser in Form von Eis entzieht (gefrierkonzentrieren).

Diätbier, Diätpils

Eine helle, untergärige Vollbiersorte mit geringem Kohlenhydratgehalt. Darum ist es für Diabetiker geeignet. Der Alkoholgehalt liegt bei 4 %. Diätbier darf nicht mit alkoholarmem oder alkoholfreiem Bier verwechselt werden.

Export

Ein helles untergäriges Bier mit ausgeprägtem Hopfengeschmack. Es ist allgemein etwas stärker als das übliche „Helle" der selben Brauerei. Der Name Export entstand nach dem 1. Weltkrieg, als man bewusst nur besondere Qualität exportierte.

Kölsch

Ein goldfarbenes obergäriges Bier mit etwa 4 % Alkohol, das nur im Raum Köln hergestellt wird. Ausschank in der Stange, einem schlanken, geraden Spezialglas.

Lager

Heute bezeichnet man mit Lager untergäriges, schwächer gehopftes, einfaches Bier, das man auch einfach „Helles" nennt.

Malzbier/-trunk

Ein obergäriges malzig-süß schmeckendes Bier, das höchstens 1 % Alkohol haben darf. Meist ist es jedoch „alkoholfrei" (Alkoholgehalt unter 0,5 %).

Leichtbiere, light

Diese Bezeichnung tragen unterschiedliche Biere. Gemeinsam ist der verringerte Alkoholgehalt (etwa 1,5 bis 3 %) und damit verbunden ein geringerer Brennwert.

Märzen

Helles oder dunkles untergäriges Vollbier, mittelstark gehopft und malzbetont. Der Alkoholgehalt liegt meist über 5 %.

Die Bezeichnung Märzen stammt aus einer Zeit, in der es noch keine Kühlmaschinen gab. Im März, also vor Beginn der warmen Jahreszeit, bestand die letzte Möglichkeit, untergäriges Bier zu brauen. Ein höherer Alkoholgehalt schützt vor Verderb und darum braute man dieses Bier stärker ein.

Pils, Pilsener

Es ist ein untergäriges helles Bier und zeichnet sich durch ein spritzig-frisches Hopfenaroma aus. Pilsgläser sind nach oben verjüngt, damit die Schaumkrone fest und dicht gehalten wird.

Das Bier stammt ursprünglich aus dem böhmischen Pilsen, heute ist Pils eine Gattungsbezeichnung und kann von jeder Brauerei hergestellt werden.

Weizenbier, Weißbier

Es handelt sich um ein obergäriges Vollbier, zu dem neben Gerste mindestens 50 % Weizen verwendet wird. Durch den hohen Kohlensäuregehalt schäumt es stark und wirkt erfrischend. Neben dem klaren **Kristallweizen** gibt es **naturtrübes Hefeweizen**, das vor dem Abfüllen nicht gefiltert wird.

Zwickelbier

Es ist naturbelassen und darum hefetrüb. Zwickel ist der Name für den Probehahn, über den das Zwickelbier dem Fass entnommen wurde.

GETRÄNKE UND GETRÄNKESERVICE

Biere anderer Länder

Biere anderer Länder müssen nicht dem Reinheitsgebot entsprechen.

England	Ale, Porter, Stout
Frankreich	Kronenbourg (Elsass)
Dänemark	Carlsberg, Tuborg
Holland	Heineken, Skol
Tschechien	Budweiser, Pilsener Urquell

7.3 Biermischgetränke

Biermischgetränke bestehen meist zur Hälfte aus Bier und sind mit anderen Getränken wie z. B. Zitronenlimonade oder Cola gemischt.

Radler, Alsterwasser

Radler besteht je zur Hälfte aus hellem Vollbier und klarer Zitronenlimonade. Im Süden Deutschlands wird das Getränk als Radler bezeichnet, im Norden Alsterwasser.

Russ, Russe

Ein Russ ist eine Mischung aus hellem Weizenbier und klarer Zitronenlimonade. Verwendet man statt der Zitronenlimonade ein Mineralwasser, handelt es sich um einen **sauren Russen**.

Berliner Weiße, Weiße mit Schuss

Ursprünglich handelt es sich bei der Berliner Weißen um ein leichtes Schankbier (7–11 % Stammwürze). Heute wird es vorwiegend mit Himbeer- oder Waldmeistersirup serviert. Die beiden Bezeichnungen werden meist gleichgesetzt.

Abb. 1 Berliner Weiße mit Schuss

7.4 Ausschenken von Bier

Bier wird serviert als **Flaschenbier** oder als **Bier vom Fass**.

Die Getränke, die in Gläsern und Karaffen, manchmal auch in Krügen serviert werden, bezeichnet man als „offene Getränke", weil sie bereits am Büfett in diese Schankgefäße gefüllt und auf einem Tablett „offen" zum Tisch des Gastes gebracht werden.

Zur besseren Kontrollmöglichkeit für den Gast müssen Gläser mit einem gut sichtbaren Füllstrich, dem Nennvolumen und dem Herstellerzeichen der Firma versehen sein.

Der Gastronom haftet für die Richtigkeit dieser Angaben. Darum ist es sinnvoll, diese mit einem Messglas nachzuprüfen.

Das Bier muss klar sein und den ursprünglichen Kohlensäuregehalt aufweisen.

Das Bier ist so einzuschenken, dass es eine gewölbte, kompakte Schaumkrone erhält.

Beim Ausschenken des Bieres müssen die Gläser einwandfrei sauber sein, weil selbst Spuren von Fett und Spülmittelresten keine stabile Schaumkrone zustande kommen lassen.

Zapfen von Pils an der Schankanlage

Vorzapfen: Dazu den Zapfhahn voll öffnen und das Glas so halten, dass das Pils an der Glaswand entlangfließen kann.

Nach ungefähr einer Minute nachzapfen, ohne den Zapfhahn ins Bier zu tauchen.

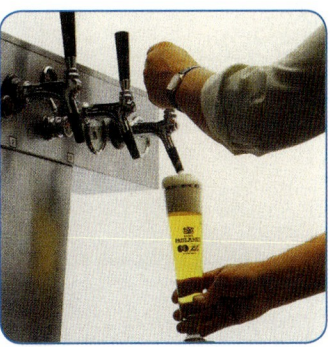

Nach kurzer Wartezeit die Schaumkrone aufsetzen.

Einschenken von Hefeweißbier aus der Flasche

Zuerst das Glas mit kaltem Wasser spülen. Die Biertemperatur soll nie über 8 °C liegen.

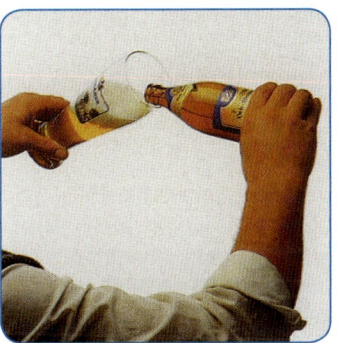

Das Weißbier langsam am Rand entlang in einem Zug ins Glas laufen lassen.

Nach kurzer Wartezeit die Schaumkrone aufsetzen.

Aufgaben

1. Erklären Sie den Unterschied zwischen untergärigen und obergärigen Bieren und nennen Sie die besonderen Eigenschaften der jeweiligen Biere.
2. Obwohl die meisten Bierarten aus Gerste hergestellt werden, gibt es helle und dunkle Biere. Erklären Sie dies in einer für den Gast verständlichen Weise.
3. Nennen Sie drei Biergattungen mit dem zugehörenden Stammwürzegehalt.
4. Ein Gast will weniger Alkohol trinken und bestellt Diätbier. Was werden Sie antworten?
5. Sie sind im Service beschäftigt. Zu welchen Speisen werden Sie ein Bier/ein Pils empfehlen?
6. Weizenbier erreicht einen immer höheren Umsatzanteil. Welche Gründe können die Gäste zu dieser Änderung der Trinkgewohnheit bewegen?

8 Wein

🇬🇧 wine 🇫🇷 vin (m)

Wein ist ein alkoholisches Getränk, das durch Vergärung des Traubenmostes oder frischer eingemaischter Trauben gewonnen wird.

Die unterschiedlichen Eigenschaften der einzelnen Weine werden hauptsächlich bestimmt von
- der **Rebsorte**, die mit ihren Inhaltsstoffen geschmacklich im Vordergrund steht, sowie dem
- **Anbaugebiet**, dem jeweils besonderen Boden und dem örtlich speziellen Klima.

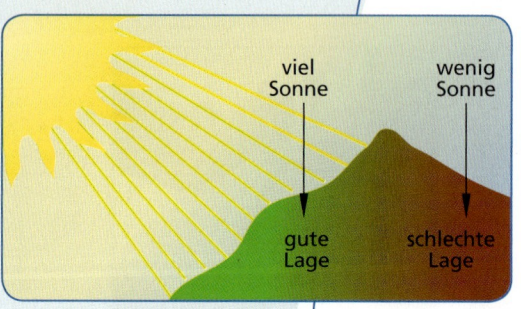

Abb. 1 Sonneneinstrahlung bestimmt die Lage.

Rebsorte, man spricht vom Sortencharakter

- Die Rebsorten mit ihren unterschiedlichen Inhaltsstoffen bestimmen den Charakter eines Weines am stärksten.
- In Deutschland werden vorwiegend weiße Rebsorten angebaut wie z. B. Riesling oder Silvaner.
- Für rote Reben wird etwa ein Drittel der Anbaufläche verwendet.
- Typische Anbaugebiete für Rotweine sind Frankreich und Italien.
- Die Abbildungen auf den folgenden Seiten zeigen die Rebsorten und geben Hinweise auf den Geschmack und Hilfen zur Weinempfehlung.

Anbaugebiet, man spricht vom Gebietscharakter

- Art und Beschaffenheit des Bodens bestimmen die Auswahl geeigneter Rebsorten.
- Wegen des unterschiedlichen Bodens schmecken selbst gleiche Rebsorten in jedem Anbaugebiet anders.
- Zum Weinbau werden Hänge bevorzugt, die der Sonne zugewandt sind. Die Sonnenstrahlen treffen hier konzentriert auf und erwärmen den Boden kräftig.
- Der Sonne abgewandte, schattige Hänge können keine Qualitätsweine liefern.

Zur Orientierung zunächst eine Übersicht, die nach geschmacklichen Gesichtspunkten fünf Gruppen unterscheidet.

Gruppe	Beschreibung	z. B. Rebsorte
Milde Weißweine	Verhaltener Duft, milde bis feine Säure	Silvaner, Müller-Thurgau, Gutedel, Ruländer
Rassige Weißweine	Dezenter Duft, spürbare bis kräftige Säure	Riesling, Weißburgunder, Grauburgunder, Chardonnay
Bukettreiche Weißweine	Intensiver, typischer Duft	Gewürztraminer, Scheurebe, Muskateller, Morio-Muskat
Samtig-fruchtige Rotweine	Harmonisch, wenig Gerbstoffe	Spätburgunder, Trollinger, Portugieser, Schwarzriesling
Kräftige Rotweine	Farbintensiv, gerbstoffbetont	Lemberger, Dornfelder

Nach dieser Übersicht eine genauere Typisierung häufiger Rebsorten als **Hilfe für Formulierungen im Verkaufsgespräch**.

8.1 Rebsorten 🇬🇧 grape varieties 🇫🇷 vignes (w)

Weißwein-Rebsorten

1 Riesling

2 Silvaner

3 Müller-Thurgau

4 Scheurebe

Rebsorte und Weinfarbe	Weincharakter	Weinempfehlung
1 **Riesling** blassgelb, mit zartem Grünstich	an Pfirsichduft erinnernd mit fein-fruchtigem Bukett, pikant, säurebetont und lebendig	passt besonders gut zu Fisch, Schalen- und Krebstieren und vor allem zu Gerichten mit delikater Sahnesauce
2 **Silvaner** blass, fast wasserhell	neutrales Bukett, feine Säure, vollmundiger, gefälliger Wein	zu gedünstetem Fisch, Spargel, mildem Käse
3 **Müller-Thurgau** blass bis hellgelb	blumiges Bukett, mildere Säure als Riesling, leichter Muskatgeschmack	zu leichten, geschmacksneutralen oder zart-aromatischen Speisen
4 **Scheurebe** hellgelb bis goldgelb	rassige Säure, volles kräftiges an schwarze Johannisbeeren erinnerndes Bukett	passt sehr gut zu würzigen Ragouts und Braten

Rotwein-Rebsorten

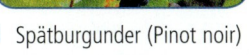
1 Spätburgunder (Pinot noir)

2 Trollinger

3 Portugieser

4 Merlot

Rebsorte und Weinfarbe	Weincharakter	Weinempfehlung
1 **Spätburgunder** tiefrot	samtig, vollmundig, feurig, mit einem Hauch von Mandelgeschmack	besonders geeignet zu Wild und Wildgeflügel sowie zu kräftig-aromatischen Braten und gehaltvollen Käsesorten
2 **Trollinger** leuchtend hell- bis blassrot	duftig, frisch, fruchtig, mit gutem Säuregehalt und herzhaftem Geschmack	zu allen dunklen, dezent gewürzten Fleischsorten, aber auch zu Ente und Gans und milderen Käsesorten, ein guter Trinkwein
3 **Portugieser** hellrot	leicht, mild, bekömmlich und gefällig im Geschmack	idealer, süffiger Schoppen- und Tischwein
4 **Merlot** rubinrot	tanninreiche Weine mit besonderem Duft und Aroma, die ihre Vollreife erst nach längerer Lagerung erreichen	zu dunklem Schlachtfleisch von würziger Zubereitung sowie Wild und Wildgeflügel

Service

GETRÄNKE UND GETRÄNKESERVICE

8.2 Gebietseinteilung für Weine

Deutsche Weinanbaugebiete erstrecken sich vom Bodensee entlang des Rheins und seiner Nebenflüsse bis zum Mittelrhein bei Bonn und im Osten bis Dresden. Die Böden und das Klima innerhalb dieser Räume sind so unterschiedlich, dass zur Charakterisierung eines Weines eine nähere geografische Angabe erforderlich ist.

Die ausländischen Weinregionen sind weniger differenziert, Boden und Klima sind über weitere Gebiete einheitlicher.

Die gesamte deutsche Rebenfläche ist in 13 **bestimmte Anbaugebiete** unterteilt. Jedes umfasst eine zusammenhängende Weinbaulandschaft mit vergleichbaren Voraussetzungen und bringt typische Weine mit ähnlichen Geschmacksnoten hervor. Die **bestimmten Anbaugebiete** bezeichnen Gebiete für **Qualitätsweine** (s. Seite 308).

Die dreizehn bestimmten Anbaugebiete für Qualitätsweine

Landweine tragen Gebietsnamen wie z. B. Ahrtaler. Landweine machen nur wenige Prozent des gesamten Weinangebotes aus und werden in der Gastronomie kaum geführt. Aus diesem Grund entfallen weitere Ausführungen zu den Gebietsnamen.

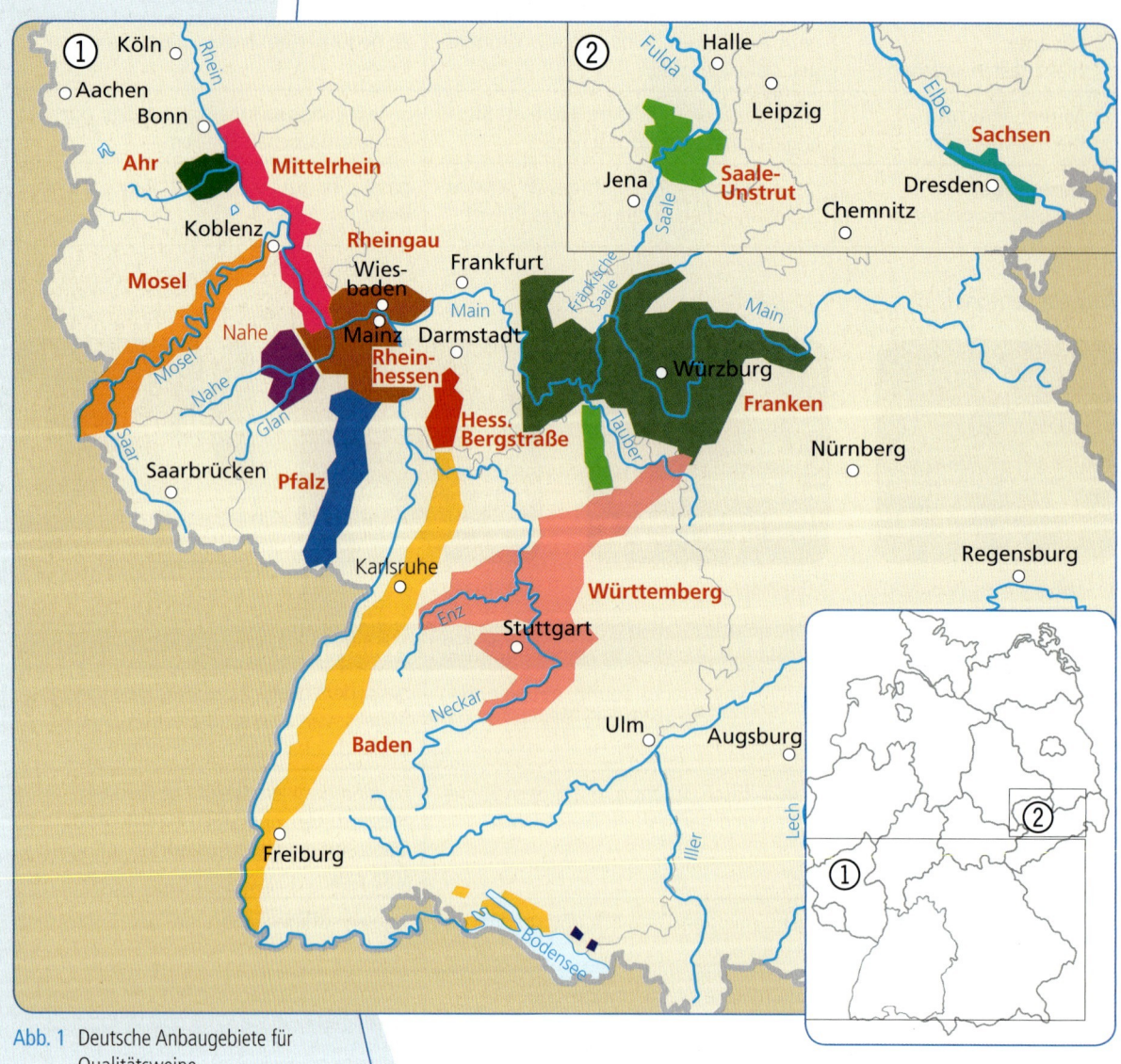

Abb. 1 Deutsche Anbaugebiete für Qualitätsweine

8 Wein

Die Herkunft des Weines kann näher beschrieben werden. Bei Qualitätsweinen b. A. genügt es, das **Anbaugebiet** ① zu nennen, bei Prädikatsweinen muss der **Bereich** angegeben werden. Wird gar die **Gemeinde** ② oder innerhalb dieser die **Lage** ③ genannt, ist das für den Weinkenner ein besonderes Zeichen für Qualität.

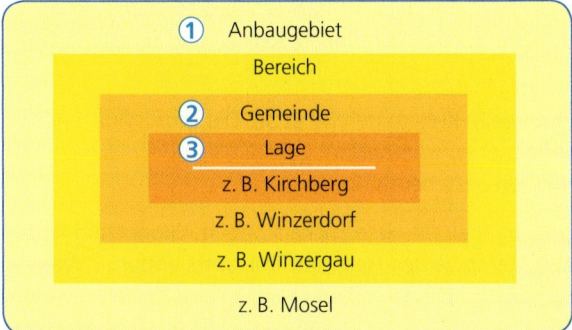

Abb. 1 Herkunft des Weines

Abb. 2 Beispiel einer genauen Herkunftsangabe Wein

Die Weinanbaugebiete liefern sehr unterschiedliche Weinmengen. Mittelrhein, Ahr, Hessische Bergstraße, Saale-Unstrut und Sachsen können bei dem gegebenen Maßstab nicht dargestellt werden.

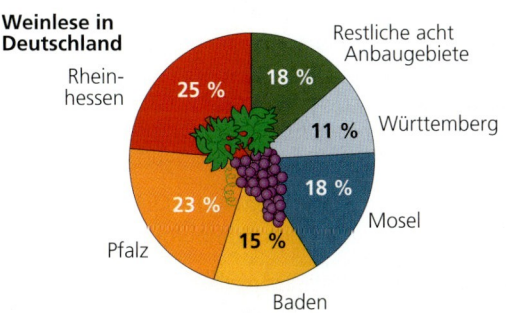

Abb. 3 Die größten Anbaugebiete

Qualitätsweine b. A.	
„bestimmte Anbaugebiete"	„Bereiche"
Ahr	Walporzheim/Ahrtal
Baden	Bodensee Marktgräflerland Kaiserstuhl Tuniberg Breisgau Ortenau Kraichgau Badische Bergstraße Tauberfranken
Franken	Steigerwald Maindreieck Mainviereck
Hessische Bergstraße	Starkenburg Umstadt
Mittelrhein	Loreley Siebengebirge
Mosel	Burg Cochem Bernkastel Obermosel Moseltor Saar Ruwertal
Nahe	Nahetal
Pfalz	Südliche Weinstraße Mittelhardt/Deutsche Weinstraße
Rheingau	Johannisberg
Rheinhessen	Bingen Nierstein Wonnegau
Saale-Unstrut	Schloss Neuenburg Thüringen Mansfelder Seen
Sachsen	Elstertal Meißen
Württemberg	Bayerischer Bodensee Remstal-Stuttgart Württembergisches Unterland Kocher Jagst Tauber Oberer Neckar Württembergischer Bodensee

GETRÄNKE UND GETRÄNKESERVICE

8.3 Weinbereitung

Weißwein 🇬🇧 white wine 🇫🇷 vin (m) blanc

Die Beeren werden von den Stielen/Kämmen befreit. Dieses Abbeeren oder Entrappen verhindert, dass Gerbstoffe aus den Stielen in den späteren Wein gelangen.

Die Beeren werden gequetscht, dabei öffnen sich die Zellen und geben den Saft frei. Die Mischung aus Fruchtfleisch, Kernen und Schalen nennt man **Maische**.

Aus dieser presst man beim Keltern den **Most** ab. Der Most wird zunächst von Trübstoffen befreit, er wird vorgeklärt. Zurück bleibt der aus den Schalen und den Kernen bestehende Trester.

Bei der Hauptgärung wandelt die Hefe Zuckerstoffe in Alkohol und Kohlensäure um. Anschließend werden Hefe und Trübstoffe entfernt, **Wein** ist entstanden.

Qualitätsweine entwickeln bei der Nachreifung das volle Bukett.

Rotwein 🇬🇧 red wine 🇫🇷 vin (m) rouge

Für Rotweine werden die Beeren nach dem Entrappen gequetscht. Man erhält die **Maische**.

Die im Rotwein erwünschten Farb- und Geschmacksstoffe befinden sich in der Schale der dunklen Beeren (s. Abb. links). Um diese für den späteren Wein zu gewinnen, müssen sie zunächst aus der Schale gelöst werden. Dazu kennt man zwei Verfahren:

- *Maischegärung:* Der bei der Gärung entstehende Alkohol löst die erwünschten Farb- und Geschmacksstoffe. Es entsteht **roter Wein**.
- *Maischeerwärmung:* Durch die Temperaturerhöhung lösen sich die erwünschten Farb-und Geschmacksstoffe. Man erhält zunächst **roten Most**, der zu **rotem Wein** vergoren wird.

Rote Jungweine werden erst durch eine Nachgärung und längere Lagerung harmonisch.

Besondere Verfahren für weitere Weinarten

Rosé schimmert golden bis rötlich und wird aus roten Trauben nach dem Weißweinverfahren gewonnen. Hochwertige Produkte dürfen als **Weißherbst** bezeichnet werden.

Rotling ist ein Wein mit blass- bis hellroter Farbe, der entsteht, wenn weiße und rote Trauben oder deren Maischen zusammen nach dem Rotweinverfahren verarbeitet werden.

Schillerwein ist ein qualitativ hochwertiger Rotling aus Württemberg.

Badisch Rotgold ist ein Qualitäts-Rotling aus dem Anbaugebiet Baden, gewonnen aus den Reben Ruländer und Blauem Spätburgunder.

Schieler ist ein qualitativ hochwertiger Rotling aus dem Anbaugebiet Sachsen.

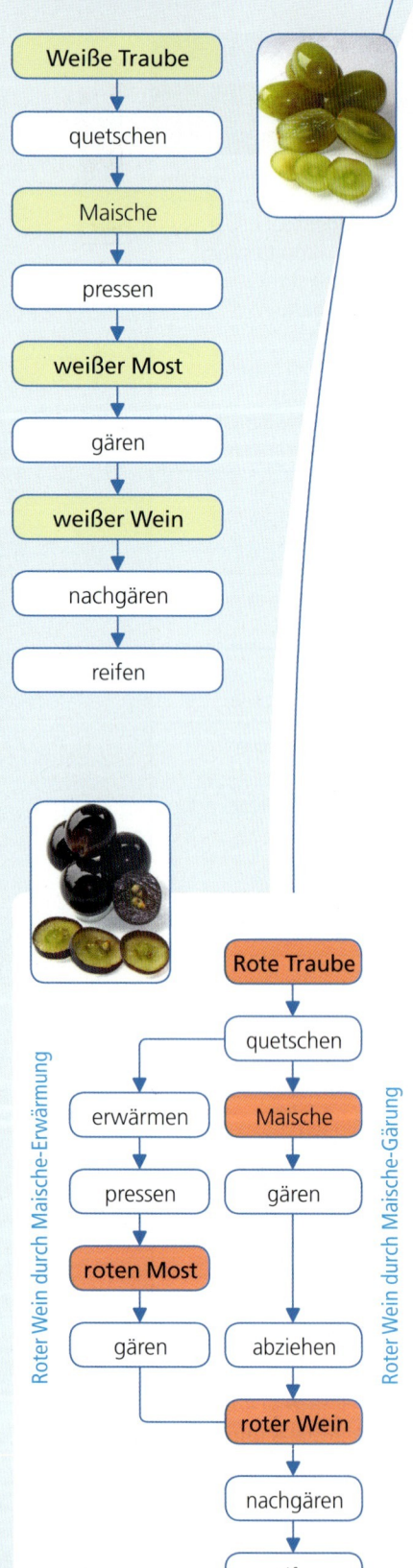

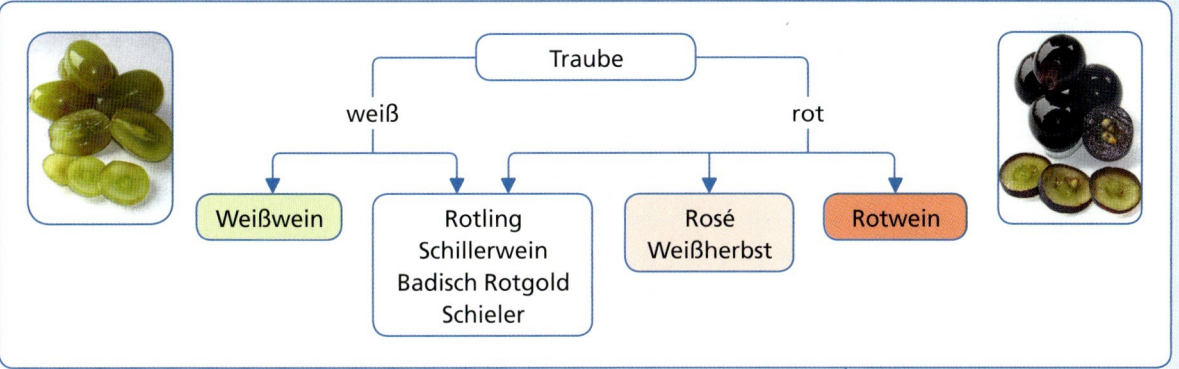

8.4 Güteklassen für Wein

Das Weinrecht wird bestimmt von den Vorgaben der EU. Diese werden in nationales deutsches Recht umgesetzt. Für die Einteilung/Klassifizierung ist die Herkunftsangabe ein wesentliches Merkmal.

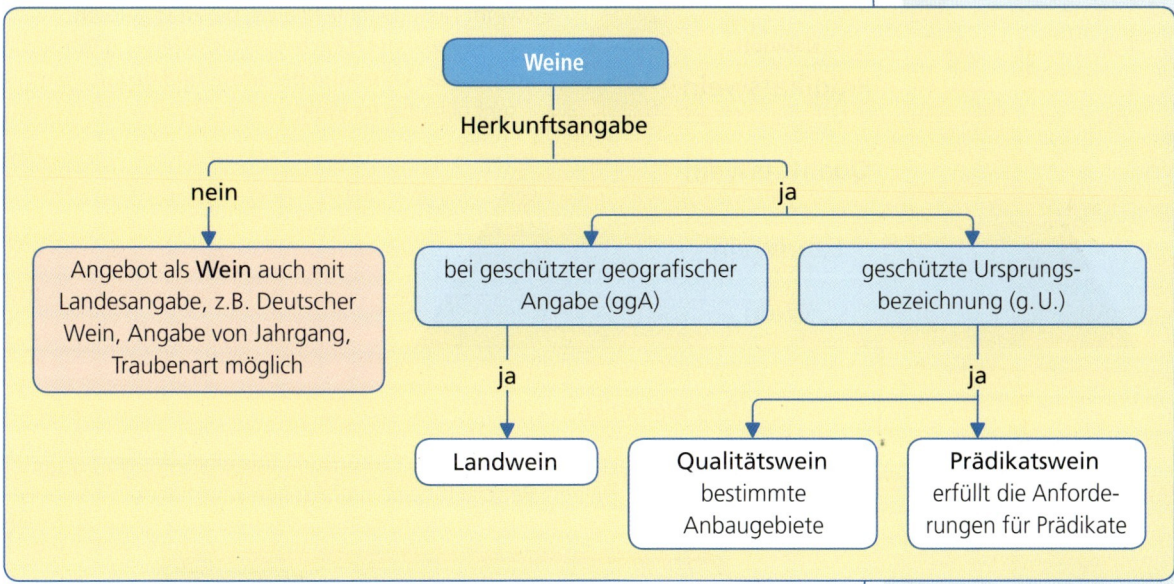

Qualitätsweine und Prädikatsweine bestimmen das Angebot der Gastronomie.

Inländischer Wein darf nur dann als „Qualitätswein" oder als „Prädikatswein" – in Verbindung mit einem Prädikat – gekennzeichnet werden, wenn für ihn auf Antrag eine Prüfungsnummer (A.P.Nr.) zugeteilt worden ist. Darüber entscheiden die jeweils zuständigen Prüfbehörden in den Weinbau betreibenden Ländern.

Diese Prüfung wird „amtliche Qualitätsweinprüfung" genannt. Sie besteht aus zwei Teilen, der analytischen Prüfung im chemischen Labor und der Sinnenprüfung. Alle Weine werden dabei von den Prüfern sensorisch getestet und bewertet.

● Die bisherige Bezeichnung Qualitätswein mit Prädikat ist ersetzt durch die Bezeichnung Prädikatswein.

Service

GETRÄNKE UND GETRÄNKESERVICE

- **Qualitätsweine bestimmter Anbaugebiete (Q. b. A.)** Weine mittlerer Güte, die einem Prüfverfahren unterzogen worden sind.

  Ein Mindestmostgewicht und die Herkunft der ausgereiften Trauben aus dem Anbaugebiet sind Voraussetzungen für die Zulassung.

- **Prädikatsweine** haben eng begrenzte Herkunftsgebiete und müssen strengen Qualitätsanforderungen genügen. **Die Prädikate sind zusätzliche Qualitätsangaben.** Es gibt sechs verschiedene Prädikate.
  - **Kabinett:** Das vorgeschriebene Mindestmostgewicht muss aus der Rebe stammen. Das bedeutet: Kabinett ist die erste Qualitätsstufe **ohne Zuckerzusatz.** Leichte Weine mit geringem Alkoholgehalt.
  - **Spätlese:** Die Trauben werden nach der allgemeinen Ernte, also zu einem späteren Zeitpunkt in vollreifem Zustand geerntet. Elegante Weine mit feiner Frucht.
  - **Auslese:** Aus den vollreifen Trauben werden die unreifen und kranken Beeren ausgesondert.
  - **Beerenauslese:** Es werden nur überreife und edelfaule Beeren verarbeitet. Volle, fruchtige Weine.
  - **Trockenbeerenauslese:** Es werden nur rosinenartig eingeschrumpfte, edelfaule Beeren verwendet.
  - **Eiswein:** Nur edelfaule Beeren, bei Frost gelesen, werden verwendet. Durch das Ausfrieren von Wasser entsteht ein konzentrierter Most, und dadurch ein sehr gehaltvoller Wein.

> Bei der Auswahl von Weinen sind neben der Qualität die Eignung des Weines für den Anlass und die Kombination mit den Speisen zu beachten.

Pyramide (von oben nach unten):
- Eiswein
- Trockenbeerenauslese
- Beerenauslese
- Auslese
- Spätlese
- Kabinett
- **Prädikatswein**
- **Qualitätswein**
- **Landwein**
- **Wein**

Das Weinetikett

Das Weinetikett wird auch als die Geburtsurkunde eines Weines bezeichnet. Hier ein Beispiel für eine umfassende Information.

Etikett-Beschriftungen:

- bestimmtes Anbaugebiet — RHEINHESSEN
- Jahrgang — 2012er
- engere Herkunftsbezeichnung — BINGER KIRCHBERG
- Rebsorte/Prädikat — Riesling · Spätlese
- Qualitätsstufe / Geschmacksangabe — Prädikatswein Halbtrocken / Enthält Sulfite
- Alkoholgehalt — 10 %vol
- Nennvolumen — 0,75 l
- Abfüller — Erzeugerabfüllung
- Erzeuger — Weingut Walter D-55411 Bingen
- Amtliche Prüfnummer — A.P. Nr. 4123 4561013

Über die amtlichen Vorgaben hinaus können Auszeichnungen genannt werden, z. B.:

Das **deutsche Weinsiegel** ist ein Gütezeichen für deutsche Weine. Farben signalisieren Geschmacksrichtungen.

Rot für vorwiegend liebliche Weine   Grün für halbtrockene Weine   Gelb für trockene Weine

Für Weine aus gebietstypischen klassischen Rebsorten, die gehaltvoll, fruchtig und harmonisch trocken sind, darf dieser Schriftzug verwendet werden.

Daneben gibt es **Gütesiegel regionaler Weinbauverbände** und Banderolen für bestimmte Prämierungen, für deren Vergabe strenge zusätzliche Qualitätskriterien erfüllt werden müssen.

8.5 Weinlagerung

Weine werden in kühlen und dunklen Räumen aufbewahrt, damit die Reifung des Weines möglichst ungestört ablaufen kann. **Flaschen mit Korken** sind liegend zu lagern, der Korken trocknet so nicht aus, und der Wein kann nicht durch Luftzutritt und Mikroben verderben.

Flaschen mit Schraubverschluss oder **Kunststoff-Korken** oder **Glasverschluss** können auch stehend gelagert werden.

Günstigste Lagertemperatur
- für Weißwein: 10 bis 12 °C
- für Rotwein: 14 bis 15 °C

Wein-ABC

Für ein so umfangreiches Gebiet wie das des Weines hat sich eine eigene Fachsprache entwickelt. Wichtige Begriffe für die Gästeberatung und Produktbeschreibung sind hier zusammengestellt.

Produktbeschreibung

Abgang
Nachgeschmack am Gaumen, wenn der Wein geschluckt ist.

ansprechend
zum Trinken anregend

Aroma, aromatisch
reich an Duft- und Geschmacksstoffen (Nase und Zunge)

Blume, blumig
reich an Duftstoffen (Nase)

Bukett, bukettreich
reich an Duft- und Geschmacksstoffen. Vergleichbar mit dem Begriff Aroma. In Verbindung mit Wein wird Bukett bevorzugt verwendet.

duftig
feine, angenehme Blume

elegant
fein abgestimmt in Säure, Alkoholgehalt und Bukett

gehaltvoll
reich an Inhaltsstoffen wie Zucker, Glycerin, Gerb- und Farbstoffen

harmonisch
ausgewogenes Verhältnis aller Inhaltsstoffe

herb
Rotweine mit viel Gerbsäure; Achtung: herb ist nicht sauer

kräftig
höherer Alkoholgehalt, angenehme Säure

lieblich
leicht, angenehm, wenig Alkohol, wenig Säure

prickelnd
leicht kohlensäurehaltig

rassig
ausgeglichene erfrischende Säure, z. B. bei Riesling

spritzig
frisch, angenehm prickelnd, z. B. Saarweine

süffig
Bei einfachen Weinen verwendet man den Begriff für Arten, die zum Weitertrinken anregen.

trocken
Vollständig durchgegoren, ohne Restzucker, hoher Alkoholgehalt. Trocken ist nicht mit sauer gleichzusetzen.

wuchtig
viel Körper und Alkohol; bei Rotweinen verwendet

Herstellung

anreichern
Wenn der Zuckergehalt der Weinbeeren, z. B. wegen schlechten Wetters, zu gering ist, darf im Rahmen der gesetzlichen Vorgaben vor der Vergärung dem Most Zucker zugefügt werden. So erhält man Wein mit dem erforderlichen Alkoholgehalt. Prädikatsweine dürfen nicht angereichert werden.

Barriques
Eichenholzfässer mit einem Fassungsvermögen von 225 Litern.

keltern
Abpresssen des Rebensaftes, es verbleibt der Trester.

Mostgewicht
Dichte des Mostes. Das Mostgewicht kann mit der Öchslewaage oder einem Refraktometer festgestellt werden.

Öchslegrade
Dichte (spezifisches Gewicht des Mostes); sie gibt Auskunft über den Zuckergehalt und damit indirekt über den zu erwartenden Alkoholgehalt.

Restsüße
Zuckergehalt des fertigen Weines, also nach der abgeschlossenen Gärung. Wird meist durch Zusatz von Traubenmost (Süßreserve) erreicht.

schönen
Trübstoffe werden gebunden und sinken zu Boden. Sie würden im Wein Trübungen hervorrufen.

schwefeln
Die Zugabe von Schwefel stoppt die Tätigkeit unerwünschter Bakterien und die Oxidation, die z. B. zum Braunwerden des Mostes führt.

Süßreserve
ist dem vergorenen Wein zugesetzter Traubenmost. Die enthaltenen Zuckerstoffe bleiben im Wein, werden nicht vergoren.

verschneiden
Dies bedeutet Vermischen von Most oder Wein, um bestimmte Eigenschaften wie Farbe, Geschmack oder Säuregehalt auszugleichen. Es dürfen nur Weine mit vergleichbarer Qualität zusammengeführt werden.

8.6 Weine europäischer Länder

In Deutschland und Österreich wird die Qualität des Weines vorwiegend über das Mostgewicht bestimmt: Hoher Gehalt an Zuckerstoffen gibt einen gehaltvollen Wein. In den südlichen Ländern (Frankreich, Spanien, Italien) ist dagegen die Lage, das Anbaugebiet für die Beurteilung der Qualtität entscheidend.

Die Tabelle auf der folgenden Seite stellt die Begriffe in den einzelnen Sprachen gegenüber und nennt ungefähre Mengenanteile der einzelnen Qualitätsstufen. Vergleichen Sie die Prozentwerte bei Wein.

Abb. 1 Weinfeld

8 Wein

Weinkategorien nach EU-Weinbezeichnungsrecht (Stand: 03/2014)

EU-Herkunftsland: Erklärung:	Deutschland	Frankreich	Italien	Spanien
Bei inländischem Wein **ohne** geschützte Herkunftsbezeichnung	Wein, Deutscher Wein, Wein aus Deutschland	Vin, Vin de France (≥ früher: Vin de Table)	Vino, Vino d'Italia (≥ früher: Vino da Tavola)	Vino, Vino de España
Wein **mit** geschützter geografischer Angabe (g.g.A.)	Landwein, Deutscher Landwein	IGP (Indication Geographique Protegée) (≥ früher: Vin de Pays und V.d.Q.S.)	IGP (Indicazione Geografica Protetta) (≥ früher: I.G.T.)	IGP (Indicación Geografica Protegida) (≥ früher: V.d.I.T.)
Wein **mit** geschützter Ursprungsbezeichnung (g.U.)	Qualitätswein, Deutscher Qualitätswein Prädikatswein, Deutscher Prädikatswein (in Verbindung mit einem Prädikat, z.B. Kabinett)	AOP (Appellatin d'Origine Protégée) (≥ früher: A.C. und A.O.C.)	DOP (Denominazione di Origine Protetta) (≥ früher: D.O.C. und D.O.C.G.)	DOP (Denomicación de Origen Protegida) (≥ früher: D.O. und D.O.Ca.)

Österreichische Weine

In Österreich werden vorwiegend Weißweine erzeugt, der Anteil an Rotwein ist gering. Einige Besonderheiten seien herausgestellt.

Die am stärksten vertretene Rebsorte ist der **Grüne Veltliner,** der etwa ein Viertel der gesamten Weißweinproduktion erbringt. Ein guter Grüner Veltliner schmeckt frisch und fruchtig, hat eine angenehme Säure und eine grün-goldene Farbe.

Gumpoldskirchner aus der Thermenregion ist ein extraktreicher, vollmundiger Weißwein mit feinem Bukett aus den Rebsorten Zierfandler und Rotgipfler.

Heuriger ist ein Jungwein aus dem laufenden Weinjahr. Er wird vornehmlich in den sogenannten Buschenschenken gereicht.

Französische Weine

Zwar gibt es französische Weine in allen Geschmacksrichtungen von sehr trocken bis sehr süß. Da man aber in Frankreich Wein vor allem zum Essen trinkt, sind die meisten französischen Weine eher trocken. Wie sollte denn ein süßer Wein zu Fisch oder Rind passen?

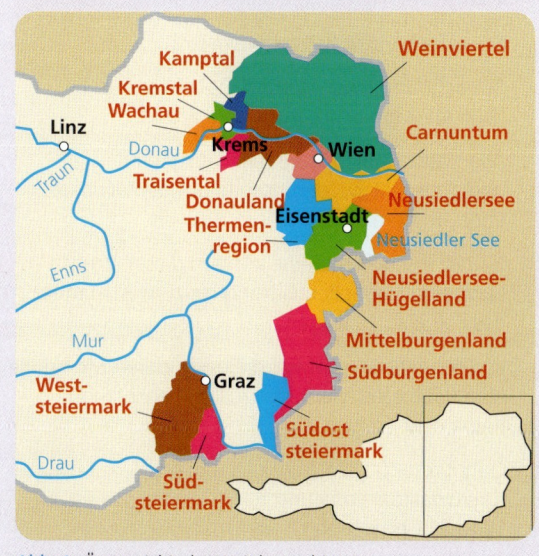

Abb. 1 Österreichische Weinbaugebiete

Abb. 2 Weinanbaugebiete Frankreichs

Service
GETRÄNKE UND GETRÄNKESERVICE

Weinbaugebiete und bekannte Weine: Frankreich	
Elsass	• *Gewürztraminer* ist ein kräftiger vollrunder Wein mit charakteristischem Bukett. • *Muscat d'Alsace* ist ein herber, fruchtiger Wein mit dem typischen Aroma der Muskattraube. • *Edelzwicker* ist eine Besonderheit aus einer Mischung Elsässer Rebsorten.
Burgund	• *Chablis* ist ein trockener, rassiger Weißwein. • *Côte de Beaune* ist ein kräftiger eleganter Rotwein. • *Meursault* gehört zu den trockenen rassigen Weißweinen. • *Beaujolais* ist vor allem als *nouveau* (neuer) bekannt, ein spritziger, leichter Rotwein.
Rhône-Tal	• *Châteauneuf-du-Pape* und *Côtes du Rhône* sind kräftige und körperreiche Rotweine.
Languedoc-Roussillon	• Es werden vor allem *Vins de Pays*, fruchtige, rote Landweine angebaut.
Bordeaux	• *Entre-deux-Mers* ist ein lebhafter, frischer Weißwein. • *Sauternes* ist ein vollrunder, lieblicher Weißwein von Trauben, die von der Edelfäule befallen sind. • *Pomerol* und *Saint-Emilion* sind körperreiche, weiche Rotweine von dunkler Farbe.
Loire-Tal	• *Muscadet* ist ein trockener, frischer Weißwein. • *Rosé d'Anjou* ist ein lieblicher fruchtiger Wein.
Champagne	• Die Weinproduktion wird nahezu ausschließlich für die Schaumweinherstellung verwendet.

Französische Fachbegriffe (Eine Hilfe bei der Beratung)	
Barrique	Kleines Eichenfass mit etwa 225 Litern, in dem Wein ausgebaut wird. Die Eiche gibt an den Wein Aromastoffe ab. Als Barrique wird auch der in Barrique-Fässern ausgebaute Wein bezeichnet.
Blanc de Blancs	Bezeichnung für einen Weißwein aus weißen Trauben. (Es gibt auch weißen Wein von roten Trauben.)
Château	Bezeichnung eines Winzereibetriebes, der auf eigenem Besitz Qualitätsweine ausbaut. Man könnte auch sagen: „Qualität aus einer Hand."
Cru	Anbaugebiet für Spitzenweine
Domaine	Bezeichnung eines Winzereibetriebes, nur bei Qualitätswein und Landwein zulässig.
Mis en bouteille	Alle Weine, die in Frankreich ausgebaut und abgefüllt werden, tragen auf dem Korken oder auf dem Etikett diesen Hinweis.
Primeur	Junge, frische Rotweine können diesen Zusatz nach einer schnellen Gärung bis zum 31. Januar des Folgejahres tragen.
Terroir	von terra (Erde) umfasst die besonderen Merkmale eines Gebietes wie Bodenzusammensetzung, Klima usw.
Vin de Pays	Gehobener französischer Landwein. (Die Qualitätseinteilung französischer Weine auf Seite 311 beachten.)

Italienische Weine

Auch in Italien sind etwa 50 % der Ernte Landwein.

Weinbaugebiete und bekannte Weine: Italien	
Südtirol	Bekannt für Rotweine aus den namengebenden Trauben Blauburgunder (Pinot noir), Lagrein, Weißburgunder und Gewürztraminer. *Kalterer See* und *St. Magdalener* sind bekannte Weine.
Friaul	Die Weine sind nach den Rebsorten benannt. *Pinot Grigio* (bei uns Ruländer), ein frischer Weißwein, den man jung trinkt. *Pinot Bianco* (Weißburgunder) *Merlot* und *Cabernet* sind charaktervolle Rotweine.
Piemont	*Barbera*, ein rubinroter Rotwein mit intensiver Blume und würzigem Geschmack. *Barolo*, ein Rotwein aus der Nebbiolo-Traube mit markantem Duft und kräftigem Geschmack. *Barbaresco*, ein leuchtend roter Wein, vollmundig und kräftig.
Umbrien	*Orvieto*, ein goldener Weißwein, geschmeidig und gehaltvoll.
Latium	*Frascati*, ein Weißwein mit kräftig gelber Farbe und ausgeprägtem, aber weichem Geschmack.
Toskana	*Chianti*, ein Rotwein aus überwiegend roten, aber auch weißen Trauben.

Abb. 1 Weinanbaugebiete Italiens

Italienische Fachbegriffe (Eine Hilfe bei der Beratung)			
secco	trocken	Vino rosato	Roséwein
abboccato	halbtrocken	Vino rosso	Rotwein
amabile	leicht süß	Vino frizzante	Perlwein
dolce	süß	Vino spumante	Schaumwein
Vino bianco	Weißwein		

Spanische Weine

Spanien hat zwar die größte Weinanbaufläche der Erde, Trockenheit und Dürre beschränken die Erträge jedoch sehr stark, sodass Spanien bei der Produktion hinter Frankreich und Italien an dritter Stelle steht.

Die mineralreichen Böden und das trockene Klima bedingen in Verbindung mit gehaltvollen Gewächsen bukettreiche Weine. Landestypische Reben führen zu neuen geschmacklichen Noten.

Abb. 2 Weinanbaugebiete Spaniens

Spanische Fachbegriffe (Eine Hilfe bei der Beratung)

Vino blanco	Weißwein
Vino tinto	Rotwein
Rosado	Roséwein
Clarete	leichter heller Rotwein aus roten und weißen Reben
Crianza	Zwei Jahre Gesamtlagerdauer
Reserva	Drei Jahre Gesamtlagerdauer

Hauptanbaugebiete

Rioja liegt in Nordspanien am Fluss Ebro und ist das bedeutendste spanische Rotweingebiet. Weine der Rebsorte Tempranillo überwiegen.

Navarra liegt zwischen dem Ebro und den Pyrenäen. In den Tallagen gedeihen sowohl Rot- wie auch Weißweine.

Valencia wird klimatisch vom Mittelmeer beeinflusst. Diese Region liefert alkoholreiche Rotweine.

Der Sherry aus dem Gebiet um Jerez im Südwesten Spaniens wird in mehreren Arten ausgebaut und reicht vom trockenen Fino bis zum süßen Cream.

8.7 Beurteilen von Wein

Die Eigenschaften eines Weines werden bei der **Weinprobe** oder **Degustation** erfasst und mit Fachbegriffen beschrieben.

Unsere Sinnesorgane sind dabei die Sensoren. Ein angemessener Fachwortschatz befähigt das Servierpersonal, den Gast entsprechend zu beraten.

Farbe und Klarheit prüfen

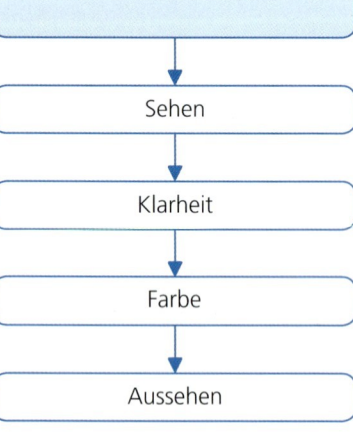

Das Glas wird gegen das Licht gehalten.

→ Sehen → Klarheit → Farbe → Aussehen

Blume riechen

Man gibt dem Wein im Glas eine leicht kreisende Bewegung. Dadurch lösen sich die Duft- und Aromastoffe. Sie geben dem Wein die Blume.

→ Riechen → Duftstoffe → Blume → Bukett

Geschmack prüfen

Erst jetzt nimmt man einen kleinen Schluck. Zunge und Gaumen prüfen die Fülle der Geschmacksstoffe. Man „beißt" den Wein.

→ Schmecken → Geschmacksstoffe → Aroma / Extraktstoffe Alkohol → Körper

8 Wein

Beurteilungs-merkmale	Bezeichnungen	Beschreibungen positiv	negativ
Geruch	Blume	• zart, dezent, feinduftig • duftig, blumig, voll • ausdrucksvoll, ausgeprägt • kräftig duftend	• ausdruckslos, flach • aufdringlich, parfümiert • fremdartig, unsauber
Geschmack	Aroma	• neutral, zart • feinwürzig, herzhaft, erdig • würzig, aromatisch	• korkig
• Zucker		• herb, trocken • dezent, feinherb, halbtrocken • lieblich, süffig, süß	• pappsüß • aufdringlich • unharmonisch
• Säure		• mild, zart, verhalten • frisch, feinrassig • herzhaft, rassig, pikant	• matt, flach • unreif, spitz • hart, grasig
• Frucht		• neutral, zart • feinfruchtig, fruchtig	• fremd • unschön
	Bukett	• mild, zart, fein • rund, harmonisch, vol	• dünn, flach • leer, plump
Extrakt Alkohol	Körper	• leicht • mundig, vollmundig, saftig • schwer, wuchtig, stoffig • feurig (Alkohol)	• dünn, leer • plump • brandig • spritzig (Alkohol)
Alter		• jung, frisch, spritzig • reif, entwickelt, vollreif • edelfirn, firn	• unreif • matt, leer • abgebaut

8.8 Likörweine (Süd- und Dessertweine)

Was das Gesetz als *Likörwein* bezeichnet, wird in der Alltagssprache oft als *Südwein* (Herkunft) oder *Dessertwein* (zum Abschluss eines Menüs) bezeichnet.

Je nach Art werden diese Weine in der Gastronomie unterschiedlich eingesetzt
- Trockene Arten als geschmacksanregender Aperitif vor dem Essen
- süßliche Arten als verdauungsfördernder Digestif nach dem Essen.

Trockene Likörweine

Dem Wein wird nach kurzer Gärung Weingeist zugesetzt. Der nun hohe Alkoholgehalt (bis 22 % vol.) unterbricht die natürliche Gärung. Man erhält alkoholreiche trockene Weine.

Beispiel
- Sherry aus Spanien
- Portwein aus Portugal
- Madeira von der Insel Madeira

Süße (konzentrierte) Likörweine

Dem Most oder Ausgangswein werden Trockenbeeren (Rosinen) oder eingedickter Traubensaft beigegeben. Das ergibt süße Weine mit üblichem Alkoholgehalt.

Beispiel
- Tokajer aus Ungarn
- Samos aus Griechenland
- Malaga aus Spanien

Service

GETRÄNKE UND GETRÄNKESERVICE

8.9 Servieren von Wein aus Flaschen

🇬🇧 wine service 🇫🇷 service (m) de vin

Zum gepflegten Weinservice benötigt man je nach Weinart unterschiedliche Utensilien.

① Drahtgestell für Flaschen
② Tropfring
③ Dekantiertrichter
④ Korkenzieher
⑤ Kapselschneider
⑥ Kellnermesser
⑦ Probierschale für Wein
⑧ Dekantierkaraffe
⑨ Weinthermometer
⑩ Dekantierkorb

Abb. 1 Mise en place für Weißweinservice

Mise en place

Die Weingläser werden den Gästen von rechts eingesetzt. Das Mise en place wird auf einem Guéridon bereitgestellt.

Auf einem Guéridon werden bereitgestellt:
- das Kellnermesser mit Korkenzieher
- ein Probier- oder Reserveglas
- zwei Papierservietten und eine Handserviette
- zwei kleine Teller zum Ablegen des Korkens und der Kapsel
- ein Weinkühler oder Temperaturgarant.

Temperieren von Wein

Bei **Weißwein** kommt es gelegentlich vor, dass ein rasches Abkühlen bzw. **Frappieren** erforderlich wird. Frappiert wird in einem Weinkühler.

Die Flasche ist dabei von Wasser mit Eiswürfeln umgeben, die mit Salz überstreut werden. Das Salz beschleunigt das Schmelzen des Eises, wobei Kälte freigesetzt wird.

Rotwein serviert man im Allgemeinen über 14 °C, weil das typische Rotweinbukett erst ab dieser Temperatur voll zur Entfaltung kommt. Deshalb wird Rotwein vor dem Service rechtzeitig vom Keller in einen temperierten Raum oder einen Weinklimaschrank gebracht.

Manchmal muss Rotwein **chambriert** (erwärmt) werden. Hierbei wird die Flasche mit warmen Tüchern umlegt.

Die Temperatur kann auch reguliert werden, indem man den Wein in eine vorgewärmte Karaffe umgießt.

Da rasche Temperaturregulierungen dem Bukett der Weine schaden, sollten sie möglichst durch rechtzeitiges Temperieren vermieden werden.

Rotwein darf zum Erwärmen nie in ein Teller-Rechaud gelegt werden.

Die Weinpflege liegt in der Verantwortung der Büfettfachkraft oder des Sommeliers.

Weißweinservice   🇬🇧 white wine service 🇫🇷 service (m) de vin blanc

Nachdem ein Gast nach fachlicher Beratung die Weinorder gegeben hat, erfolgt die Vorbereitung für den Weinservice. Das Präsentieren und Öffnen der Flasche des Weines erfolgt am Tisch.

Öffnen von Weißwein-Flaschen

Arbeitsablauf	Abbildung	Begründung
Bei Weißweinflaschen die Kapsel oberhalb des Flaschenhalswulstes, bei Rotweinflaschen unterhalb des Wulstes rundherum durchschneiden und den abgetrennten Teil abnehmen.	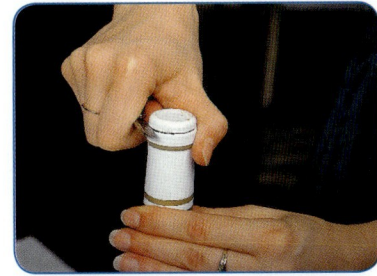	Der Flaschenhals muss sauber sein. Rotwein soll nicht mit der Stanniolkapsel in Kontakt kommen – negative Geschmacksveränderung.
Den Flaschenmund und die Oberfläche des Korkens mit der ersten Papierserviette reinigen.		Unter der Kapsel bilden sich beim Lagern manchmal staubige Ablagerungen, Schimmel oder sirupartige Weinrückstände bei nicht ganz dichten Korken.
Den Korkenzieher in die Mitte des Korkens eindrehen, den Hebel auf den Flaschenhalsrand aufsetzen und den Korken gerade nach oben herausziehen. Die letzten Millimeter durch leichtes Hin- und Herbewegen des Korkens überwinden.	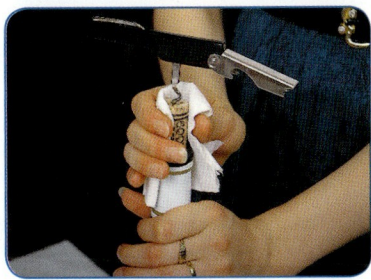	Der Korkenzieher sollte den Korken nach keiner Seite hin durchbrechen, weil sich dabei Korkkrümel ablösen, die beim Eingießen des Weines ins Glas gelangen.
Den Korken auf einwandfreien Geruch hin prüfen. Mit einer zweiten Papierserviette den Korken fassen und vom Korkenzieher abdrehen. Auf den kleinen Teller legen und neben dem Weinglas des Bestellers einsetzen.		Schlechter Korken könnte den Wein verdorben haben. Für den Gast kann neben der Geruchsprobe auch das auf dem Korken angebrachte Brandzeichen (Name, Nummer des Abfüllers oder die Weinjahrgangszahl) interessant sein.
Den Flaschenmund mit der Papierserviette reinigen.		Auch Korkstückchen können im Bereich des Flaschenmundes mit der Serviette entfernt werden.

Service

GETRÄNKE UND GETRÄNKESERVICE

Abb. 1 Präsentieren der Weinflasche von rechts

Präsentieren

Vor dem Öffnen der Weinflasche wird diese, auf einer Handserviette liegend, dem Besteller von rechts präsentiert. Das Etikett und die Halsmanschette sollen für den Gast gut lesbar sein, damit er sich von der Richtigkeit seiner Bestellung überzeugen kann.

Öffnen der Weinflasche

Das Öffnen der Flasche am Guéridon muss unter Beachtung der Regeln sorgfältig ausgeführt werden. (siehe Beschreibung S. 317)

Probieren des Weines

Damit sich der Besteller von der einwandfreien Beschaffenheit des Weines überzeugen kann, wird ihm ein Probeschluck eingegossen.

Eventuelle Beanstandungen könnten sein:
- Der Wein ist trüb oder schmeckt nach Kork.
- Er hat einen artfremden Geruch oder Geschmack.
- Die Temperatur entspricht nicht den Wünschen der Gäste.

Das Mitprobieren der Servicefachkraft ist nur dann üblich, wenn diese ein fachkundiger Sommelier ist.

Abb. 2 Wein probieren lassen

Eingießen des Weines

Nach der Zustimmung des Bestellers werden in kleinem Gästekreis die Damen zuerst, dann die Herren und zuletzt der Besteller bedient.

Bei einer größeren Personenzahl, z. B. anlässlich eines Banketts, wird, um das aufwendige und oftmals störende Hin und Her zu vermeiden, der Reihe nach den Gästen der Wein eingeschenkt.

Abb. 3 Bedienen der Dame

Arbeitsablauf	Erläuterungen zu den einzelnen Arbeitsschritten
Die Flasche an der etikettfreien Seite mit der rechten Hand fest umfassen und, den Handrücken nach oben gerichtet, langsam über der Glasöffnung absenken.	Beim Eingießen des Weines ist darauf zu achten, dass das Etikett einigermaßen sichtbar für die Gäste bleibt, die gerade bedient werden. Wichtig ist, dass die Flasche sicher in der Hand liegt und der Glasrand nicht berührt wird.
Den Wein langsam fließend in das Glas eingießen.	Das Bukett des Weines wird nicht beeinträchtigt.
Die Gläser 1/3 bis 1/2 auffüllen, abhängig von der Gläsergröße.	Der jeweils freie Raum im Glas ist erforderlich, damit sich Blume und Bukett voll entfalten können.
Die Flasche rechtzeitig und langsam wieder in die waagrechte Lage bringen und beim endgültigen Aufrichten etwas nach rechts abdrehen.	Der in der Flasche verbliebene Wein darf nicht unnötig aufgerüttelt werden. Die letzten Tropfen am Flaschenmund verteilen sich beim Drehen auf dem Flaschenrand und fallen somit beim Anheben nicht auf den Tisch.
Die Weinflasche in den Kühler oder Weingaranten zurückstellen.	Damit bleibt eine konstante Serviertemperatur des Weines erhalten.
Den Teller mit dem Korken ausheben.	Der Kork wird nicht mehr benötigt.
Den Guéridon in Ordnung bringen.	Überflüssige Utensilien entfernen.
Rechtzeitig Wein nachschenken.	Gläser im Auge behalten, damit sich die Gäste nicht selbst nachschenken müssen.

Richtlinien zum Eingießen des Weißweines

Die Verwendung einer Handserviette beim Eingießen ist nur dann angebracht, wenn der Wein im Weinkühler serviert wird oder frappiert werden musste und die Flasche aus diesem Grunde nass ist. Sie wird in diesem Falle von Boden zum Hals hin um die Flasche gelegt. Beim Servieren aus einer Bocksbeutelflasche liegt diese, mit dem Etikett nach oben gerichtet, flach auf der Hand.

Rotweinservice  red wine service service (m) de vin rouge

Der Service von Rotwein verläuft wie der Weißweinservice. Einige unterschiedliche Merkmale sind dabei jedoch zu beachten.

Eingießen von Rotwein

- Beim Eingießen von Rotwein kann das Glas ausgehoben werden. Es wird dann leicht schräg geneigt und die Flasche langsam abgesenkt, damit der Wein ruhig ins Glas fließen kann.
- Bei alten, kräftigen Rotweinen bilden sich Ablagerungen als Bodensatz, die durch Umwandlung einiger Weinbestandteile entstehen. Solche Ablagerungen werden als **Depot** bezeichnet und zeugen von einer hohen Weinqualität. Das Depot muss vor dem Eingießen durch **Dekantieren** vom Wein getrennt werden.

Dekantieren von Rotwein

Unter **Dekantieren** versteht man das vorsichtige Umgießen des Weines von der Flasche in eine Karaffe. Sinn dieses Vorganges ist, das Depot in der Flasche zurück zu lassen.
Damit das Depot nicht aufgerüttelt wird und den Wein trübt, werden die Flaschen **bereits im Weinkeller** so gelegt, dass die Etiketten nach oben gerichtet sind. Dadurch erübrigt sich das Umdrehen der Flasche beim Servieren.

Zum Dekantieren von Rotwein werden auf einem Guéridon bereitgestellt:
- ein Kerzenständer mit Kerze und Streichhölzern,
- ein Korkenzieher und ein Kapselschneider,
- zwei Papierservietten und eine Handserviette,
- zwei kleine Teller für Kapsel und Korken,
- die Rotweinflasche, fachgerecht im Korb liegend,
- eine Dekantierkaraffe,
- ein Probier- oder Reserveglas.

Zum Transportieren, Präsentieren und Öffnen liegt die Flasche leicht schräg in einem speziellen Korb oder Flaschengestell. Das Öffnen der liegenden Flasche erfolgt wie beim Weißwein. Um ein Aufrütteln des Depots zu vermeiden, muss das Herausziehen des Korkens behutsam erfolgen. Vor der Lichtquelle eines Kerzenscheins wird der Rotwein in eine schräg gehaltene Karaffe umgegossen (s. Abb. 3). Sobald der Bodensatz im Flaschenhals sichtbar wird, beendet man den Dekantiervorgang.

Es können aber auch Rotweine, die kein Depot aufweisen, dekantiert werden. Auf diese Weise reichert sich der Wein durch das Umgießen in eine Karaffe mit **Sauerstoff** an, entfaltet dadurch verstärkt Aromastoffe und entwickelt sein **volles Bukett**.

Abb. 1 Korrekt eingeschenkter Rotwein

Abb. 2 Eingießen von Rotwein

Abb. 3 Mise en place

Abb. 4 Dekantieren eines Rotweins

Service

GETRÄNKE UND GETRÄNKESERVICE

9 Schaumwein

🇬🇧 sparkling wine 🇫🇷 vin (m) mousseux

Schaumwein entsteht, wenn Wein nach der Hauptgärung nochmals in abgeschlossenen Behältnissen zum Gären gebracht wird. Das bei dieser zweiten Gärung entstehende CO_2 kann nicht entweichen, verbindet sich mit dem Wein und verleiht ihm den schäumenden Charakter. Aus Wein ist prickelnder Schaumwein geworden.

9.1 Herstellung

Beim Schaumwein wird vom Gast je nach Sorte eine über Jahre gleiche Qualität und Geschmacksrichtung erwartet. Darum vermischt man verschiedene *Grundweine*. Diesen Verschnitt nennt man *Cuvée*.

Damit die notwendige zweite Gärung beginnt, kommt die *Fülldosage* hinzu. Das ist eine Mischung von in Wein aufgelöstem Kristallzucker und Reinhefe.

Bei der Gärung unterscheidet man drei Verfahren.

- **Flaschengärung** (Abb. 1)
  Die gefüllten Flaschen werden verschlossen und mit dem Hals nach unten in Rüttelpulte gestellt. So setzt sich der Hefetrub am Korken ab und kann nach der Lagerung leicht entfernt werden. Der dabei auftretende Verlust wird durch die **Versanddosage** ersetzt. Diese klassische Flaschengärung ist das aufwendigste und damit teuerste Verfahren.

- **Transvasierverfahren** (Abb. 2)
  ist eine vereinfachte Flaschengärung. Das Cuvée wird wie beim klassischen Verfahren auf Flaschen gefüllt. Nach abgeschlossener Zweitgärung entleert man die Flaschen in Tanks, filtert den Schaumwein und gibt die Versanddosage bei. Danach füllt man erneut auf Flaschen und überlässt den Schaumwein einer Reifung. Die zeitaufwendigen Arbeitsvorgänge wie Rütteln und Enthefen von Hand werden bei diesem Verfahren eingespart.

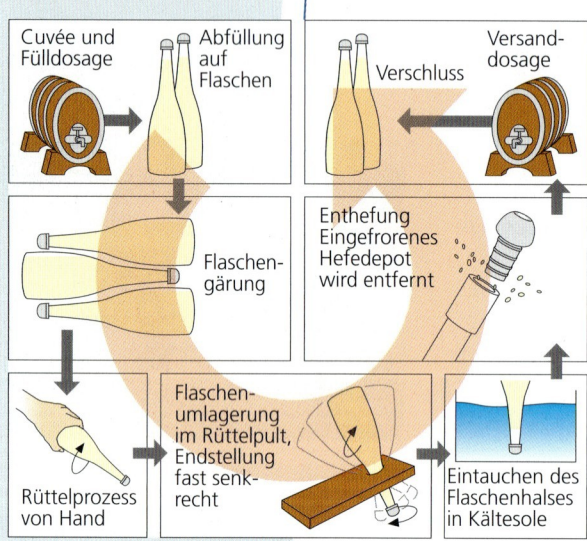

Abb. 1 Traditionelle Flaschengärung

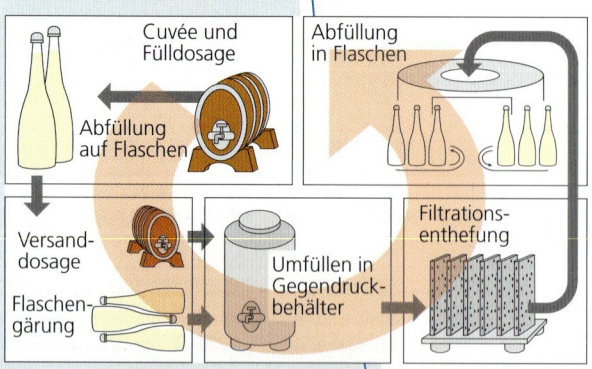

Abb. 2 Transvasierverfahren

Abb. 3 Flaschengärung: Rütteln der Flaschen von Hand oder durch automatische Rüttelanlage

Geschmacksrichtungen

Unabhängig von Gärverfahren bestimmen auch
- **Qualität** die Mischung von Grundweinen, genannt das Cuvée,
- **Geschmacksrichtung,** die Dosage, welche den gewünschten Süßegrad verleiht.

Bezeichnung des Geschmacks		Restzuckergehalt/l
deutsch	französisch	
extra herb	extra brut	0 bis 6 g/l
herb	brut	unter 12 g/l
extra trocken	extra sec	12 bis 17 g/l
trocken	sec	17 bis 32 g/l
halbtrocken	demi-sec	32 bis 50 g/l
mild	doux	über 50 g/l

Abb. 1 Bekannte Marken

Gesetzliche Bestimmungen

Bei Schaumwein ist der Hersteller oder die Vertriebsfirma anzugeben. Bei ausländischen Erzeugnissen ist das Herstellungsland zu nennen.
Mit **Schaumwein** muss in Deutschland hergestellter Schaumwein bezeichnet werden. (Der gebräuchliche Name Sekt darf für die einfachste Qualitätsstufe nicht verwendet werden.)

Qualitätsschaumwein oder **Sekt** ist von gehobener Güte. Es werden Mindestanforderungen hinsichtlich Alkoholgehalt, Druck (CO_2) und Lagerdauer gestellt.
Mögliche Zusatzbezeichnungen:
- Qualitätsschaumwein Sekt b. A.: gleiche Bestimmungen wie bei Wein
- mit Jahrgangsangabe
- mit Angabe der Traubenart.

Champagner ist Schaumwein aus einem genau festgelegten Gebiet der Champagne (Frankreich, siehe Abb. Seite 311).

Vin mousseux und **Vin cremant** sind französische Schaumweine mit Ausnahme der besonders herausgehobenen Champagne.

Prosecco bezeichnet eine weiße Rebsorte aus Italien. Daraus werden gewonnen:
- **Prosecco spumante** mit hohem Kohlensäuredruck, ein Schaumwein bzw. Sekt; (**Prosecco frizzante** ist kein Schaumwein, sondern ein **Perlwein** mit geringerem Kohlensäuregehalt).
- **Spumante** ist ein süßlicher, gelber Schaumwein aus Italien. Bekannt ist er aus der Provinz Asti.
- **Cava** ist ein spanischer Schaumwein, der in traditioneller Flaschengärung hergestellt wird; kommt vorwiegend aus Katalonien.
- **Krimskoje** ist ein ukrainischer Schaumwein; er kommt rot oder weiß von der Halbinsel Krim und wird in Flaschengärung hergestellt.

Flaschengrößen

Sekt wird in speziellen Flaschen und besonderen Größen angeboten. Diese Flaschen haben wegen der Druckbelastung extra starke Wände.
- Piccolo   0,2 l
  etwa 2 Gläser
- 1/2-Flasche   0,375 l
  etwa 4 Gläser
- 1/1-Flasche   0,75 l
  etwa 8 Gläser
- 2/1-Flasche   1,5 l
  etwa 16 Gläser – diese Flasche wird auch Magnumflasche genannt und wird vor allem dann eingesetzt, wenn es repräsentativ sein soll.

Abb. 2 Champagner-Flaschengrößen

Service

GETRÄNKE UND GETRÄNKESERVICE

Auf gemischte Getränke werden die herzhafte Frische und das angenehme Schäumen übertragen, z. B.:
- Sekt mit Orangensaft
- Sekt mit Cassis (Kir)
- Sekt mit Zitronensaft, Angostura und Läuterzucker (Sektcocktail)

Verwendung von Schaumwein

Als erfrischendes und belebendes Getränk wird Schaumwein insbesondere zu festlichen Anlässen und als Aperitif pur getrunken.

Darüber hinaus ist Schaumwein Bestandteil von Bowlen und Kaltschalen.

Schaumweinlagerung

Lagerung unter 10 °C, liegend; vor dem Servieren auf 6 bis 8 °C kühlen.

9.2 Servieren von Schaumwein

🇬🇧 sparkling wine service 🇫🇷 service (m) de vin mousseux

Damit Schaumwein kühl bleibt, wird er im Sektkühler mit Eiswürfeln und Wasser an den Tisch des Gastes gebracht. Anstelle eines Sektkühlers kann auch ein Temperaturgarant verwendet werden, wenn die Flasche die empfohlene Serviertemperatur von 6–8 °C aufweist. Nach dem Mise en place wird die Flasche dem Besteller von rechts präsentiert.

Abb. 1 Flasche von rechts präsentieren

Mise en place

Zuerst werden am Tisch der Gäste die Sektgläser eingesetzt.

Auf einem Guéridon stellt man bereit:
- Sektflasche im Kühler auf einem Teller mit Serviette
- Weinserviette und zwei kleine Teller
- Sektbrecher bzw. Barzange als Hilfe für Drahtbügelverschluss oder festsitzendem Korken

Abb. 2 Stanniolkapsel entfernen

Öffnen der Schaumweinflasche

- Die Flasche wird aus dem Kühler genommen und mit einer Serviette abgetrocknet.
- Anschließend wird sie dem Gast präsentiert.
- Dann entfernt man die Stanniolkapsel bis zum Drahtbügelverschluss (Agraffe). Die Stanniolreste werden auf einem der Teller abgelegt.
- Eine Stoffserviette wird über den Korken gelegt und mit dem Daumen festgehalten. (Bei den Abbildungen wurde der besseren Sicht wegen auf die Serviette verzichtet.)
- Es gibt zwei Möglichkeiten der Agraffenentfernung:
  - **Methode I:** Die Agraffe wird entgegen ihren Windungen aufgedreht und vorsichtig entfernt. Der Korken wird ständig mit dem Daumen gesichert.
  - **Methode II:** Dabei werden die Agraffenwindungen eine Umdrehung straffer gedreht und der Draht durch mehrmalige Links-Rechts-Bewegungen zum Abbrechen gebracht. Anschließend wird der Bügelverschluss vom Flaschenhals weggebogen und seitlich des Korkens geschoben.
- Den Korken nun mit der Serviette umfassen, diesen lockern und bei gleichzeitigem Gegendruck langsam und geräuschlos herausgleiten lassen. Dabei hält man die Flasche schräg und den Flaschenhals von den Gästen abgewendet.

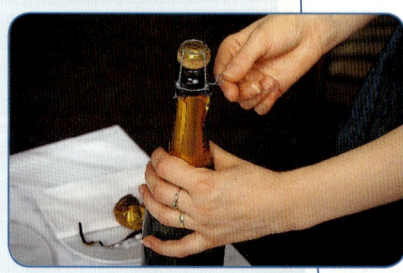

Abb. 3 Draht aufdrehen, Agraffe entfernen

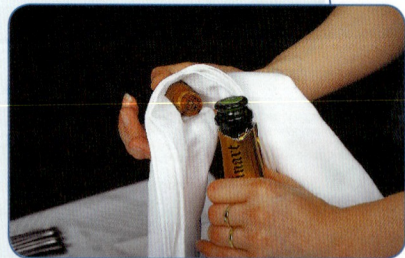

Abb. 4 Flasche entkorken

Damit der Korken nicht knallend austritt, lässt man den Überdruck im rechten Augenblick geräuschlos entweichen. Das Schräghalten der Flasche ist wichtig, weil auf diese Weise das Überschäumen des Sektes oder Champagners verhindert wird.
- Mit einer Serviette den Flaschenmund säubern.
- War die Sektflasche mit einem Naturkorken verschlossen, so wird dieser präsentiert. Bei Kunststoffkorken wird dies nicht praktiziert.

Eingießen des Schaumweines

Der Probeschluck sollte so ausreichend bemessen sein, dass der Besteller zweimal probieren kann. Das weitere Ausschenken des Sektes oder Champagners erfolgt nach den Servierregeln. Die Schaumbildung ist wegen der zimmerwarmen Gläser zu Beginn des Eingießens besonders stark. Aus diesem Grunde sollte man zunächst vorsichtig nur eine kleine Menge eingießen und dann das Glas langsam höchstens dreiviertel voll füllen.

Der Gästetisch sollte beobachtet werden, damit rechtzeitig nachgeschenkt wird.

Abb. 1 Präsentieren des Korkens

Abb. 2 Sekt eingießen

Abb. 3 Weinseminarraum

Aufgaben

1. Beschreiben Sie Ihrem Kollegen das Mise en place für Flaschenservice von Weißwein.
2. Weshalb wird einem Gast der von ihm bestellte Flaschenwein vor dem Öffnen präsentiert?
3. Erklären Sie das fachgerechte Öffnen einer Weinflasche.
4. Warum beträgt die Serviertemperatur bei Rotwein im Allgemeinen mehr als 14 °C?
5. Beschreiben Sie das sachgerechte Öffnen einer Schaumweinflasche.

10 Weinhaltige Getränke

🇬🇧 blended drinks with wine 🇫🇷 boissons (w) à base de vin

Unter weinhaltigen Getränken versteht man Getränke, die einen Anteil von mehr als 50 % Wein, Dessertwein oder Schaumwein haben. Der restliche Anteil kann Weinbrand, Fruchtsäfte, Kräuterauszüge, Honig, Wasser usw. enthalten.

Weinschorle besteht aus gleichen Teilen Wein und kohlensäurehaltigem Wasser. Schorlen sind durch diese Mischung erfrischend und alkoholarm.

Glühwein ist heißer Rotwein, gewürzt mit Nelken, Zimt, Zitrone und Zucker. Spezielle Aufgussbeutel erleichtern die Herstellung.

Bowle besteht aus Wein, Schaumwein, auch Fruchtwein oder Mineralwasser und Geschmacksträgern, die auch namengebend sind, z. B. Pfirsich, Erdbeer, Waldmeister.

Kalte Ente ist eine Mischung von Wein, Perlwein und Schaumwein mit Zusatz von Zitrone. Der Anteil an Schaumwein muss im fertigen Getränk mindestens 25 % betragen.

Wermut (Vermouth) ist mit Wermutkraut aromatisierter Wein; Alkoholgehalt um 15 %. Wermut ist Grundlage von Mischgetränken wie Manhattan oder Martini.

Abb. 1 Erdbeerbowle

Aufgaben

1. Boden und Klima bestimmen wesentlich die Eigenschaften des späteren Weines. Erläutern Sie.

2. Bei der Empfehlung von Weinen müssen Wünsche bzw. Aussagen von Gästen in fachliche Zusammenhänge übertragen werden. Nennen Sie zu den folgenden Aussagen passende Rebsorten.
   a) „Zum Fisch hätte ich gerne einen milden Weißen."
   b) „Einen Weißen bitte, darf schon etwas Kräftiges sein."
   c) „Zum Rehbraten bitte einen kräftigen Rotwein."

3. Beschreiben Sie die wesentlichen Arbeitsschritte bei der Herstellung von Weißwein und von Rotwein.

4. Das Weinetikett wird gerne als die „Geburtsurkunde" eines Weines bezeichnet. Nennen Sie die für einen Qualitätswein vorgeschriebenen Angaben.

5. Da streiten sich zwei: „Weinbaugebiete heißt es", sagt der eine, „Nein, Weinanbaugebiete, da bin ich mir sicher", meint der andere. Beide können im Recht sein. Erklären Sie.

6. Nennen Sie die drei größten deutschen Weinanbaugebiete.

7. In welche beiden Gruppen werden die deutschen Weine nach der Qualität eingeteilt?

8. Nennen Sie die Prädikatsweine in aufsteigender Reihenfolge.

9. Das Weinsiegel gliedert das Angebot in drei Gruppen. Nennen Sie die Geschmacksrichtungen und die dazugehörige Farbe des Weinsiegels.

10. Wie nennt man bei der Sektherstellung die Mischung der Grundweine?

11. Welche Gärverfahren werden unterschieden?

12. Erklären Sie den Unterschied zwischen einem Sekt und einem Champagner.

13. Wie entstehen die verschiedenen Geschmacksrichtungen bei Sekt?

PROJEKT

Weinprobe

Sie erhalten von Ihrem Chef den Auftrag, im Rahmen einer geplanten Mitarbeiterschulung eine Weinprobe vorzubereiten. Die Weinprobe soll sich auf die gängigen Flaschen- und Ausschankweine Ihres Betriebes beschränken.

Vorbereitung

1. Bestimmen Sie die zu beurteilenden Weine.
2. Erstellen Sie eine Liste mit wichtigen Angaben von einzelnen Weinetiketten.
3. In welcher Reihenfolge werden Sie die Weine probieren lassen?
4. Welche schriftlichen Unterlagen stellen Sie Ihren Kolleginnen und Kollegen zur Verfügung?
5. Welche Tischform werden Sie wählen, um möglichst viel Kommunikation zu erreichen?
6. Was bieten Sie den Schulungsteilnehmern außer den Weinkostproben noch an?
7. Bestimmen oder finden Sie einen Mitarbeiter, der bereit ist, ein Kurzreferat von 5 Minuten über den Weinanbau und die Weinherstellung zu halten.
8. Erstellen Sie eine Liste der Materialien, die für eine Weinprobe benötigt werden. Zur Anregung und Hilfestellung siehe Abbildung auf S. 323.

Durchführung

1. Bereiten Sie den Raum und die Tafel für eine Weinprobe vor.
2. Stellen Sie fest, ob die zu probierenden Weine richtig temperiert sind.
3. Analysieren Sie die Angaben eines Etiketts, indem Sie eine Folie des Weinetiketts mit dem Overhead-Projektor zeigen.
4. Lassen Sie Kleinstmengen der einzelnen Weine probieren, erarbeiten Sie gemeinsam ein Ergebnis und halten Sie dieses schriftlich fest.

Anmerkung: Falls die Weinprobe in der Berufsschule geplant wird, sollten die schulrechtlichen Vorschriften beachtet werden.

Korrespondierende Speisen

1. Wählen Sie anschließend 3 unterschiedliche Weine. Erteilen Sie den Schulungsteilnehmern die Aufgabe, passende Gerichte zu den Weinen zu sammeln, zu besprechen und zu notieren.
2. Geben Sie den Teilnehmern ein mehrgängiges Menü vor und lassen Sie sie passende Weine zu den einzelnen Gängen auswählen. Vergleichen Sie die Ergebnisse in einer Diskussionsrunde

Berechnungen

Wählen Sie einen Wein aus und kalkulieren Sie über den Einkaufspreis den Kartenpreis, indem Sie folgende Werte einbeziehen: Gemeinkosten 40 %; Gewinn 28 %; Service (Umsatzbeteiligung) 15 %; MwSt: 19 %.

Service

GETRÄNKE UND GETRÄNKESERVICE

⑪ Spirituosen

🇬🇧 spirits 🇫🇷 spiritueux (m)

Abb. 1 Spirituosen

Spirituosen sind zum menschlichen Genuss bestimmte Getränke, in denen Alkohol (Ethylalkohol) als wertbestimmender Anteil mit mindestens 15 % enthalten ist. Der Alkoholgehalt ist in % vol (sprich: Prozent des Volumens oder Volumenprozent) anzugeben.

Alkohol entsteht bei der Gärung durch die Tätigkeit der Hefe. Bei einem Alkoholanteil von etwa 15 % stellen jedoch die Hefen ihre Tätigkeit ein.

Will man höhere Alkoholgehalte erreichen, muss man den vorhandenen Alkohol konzentrieren. Das geschieht beim Destillieren oder Brennen.

Bestimmte Spirituosen, besonders solche auf der Grundlage von Wein und Getreide, gewinnen durch eine längere Reifezeit nach dem Brennen. Während dieser Zeit wirkt Sauerstoff der Luft auf die zunächst farblose Flüssigkeit ein und verändert Farbe und Aroma in erwünschter Weise. Je nach Qualitätsstufe sind aus diesem Grund für bestimmte Produkte Mindestlagerzeiten vorgeschrieben.

Das Prinzip der Destillation

Wasser verdampft bei 100 °C, Alkohol bei etwa 80 °C. Darum bilden sich beim Erhitzen von alkoholhaltigen Flüssigkeiten zuerst Alkoholdämpfe, die über ein Rohrsystem abgeleitet und durch Abkühlen wieder verflüssigt werden. Viele Geschmacksstoffe sind in Alkohol gelöst und gehen mit in das Destillat über. Wasser und unlösliche Stoffe bleiben zurück.

So wird zum Beispiel

- Wein zu Weinbrand,
- vergorenes Obst zu Obstbrand.

Soll aus stärkehaltigen Rohstoffen wie Getreide Alkohol gewonnen werden, muss die Stärke zunächst in Einfachzucker umgewandelt werden, damit sich die Hefe davon ernähren und Alkohol erzeugen kann.

Die folgende Seite zeigt in einer Übersicht die unterschiedlichen Wege.

Versuche

1. Versetzen Sie Fruchtsaft mit etwas Hefe und stellen Sie die Lösung eine Woche an einen warmen Ort. Oder: anstelle des Fruchtsaftes 0,25 l Wasser und 75 g Zucker, oder, wenn der Versuch sofort durchgeführt werden soll: 150 g Wasser und 30 g Alkohol vermischen.

2. Bauen Sie die abgebildete Anlage auf. Auf Bunsenbrenner einen Rund- oder Kantkolben mit einer der oben beschriebenen Flüssigkeiten stellen, in den Korken ein geknicktes Glasrohr einführen, zweiten Rundkolben in Eis stellen und das Glasrohr einführen. Oder Liebig-Kühler verwenden. Erhitzen Sie, und probieren Sie vorsichtig das Kondensat.

3. Geben Sie etwa 250 g Himbeeren (als Tiefkühlware immer erhältlich) in ein enges Gefäß oder in einen Kolben. Übergießen Sie mit 100 g Wasser und der gleichen Menge Alkohol. Mit Korken oder Gummipfropfen verschließen. Nach einer Woche destillieren Sie mit der in Versuch 2 beschriebenen Anlage. Verdünnen Sie das Kondensat 1:1 mit Wasser und probieren Sie.

4. Geben Sie in einen Shaker ein Eigelb, 1 Teelöffel Zucker, 5 cl Weinbrand, 5 cl Wasser und vermischen Sie gut. Was entsteht?

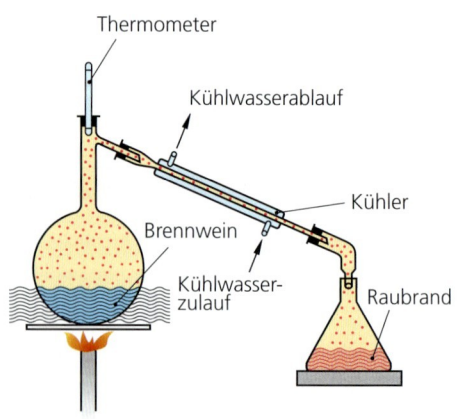

11 Spirituosen

Der Weg zur Spirituose

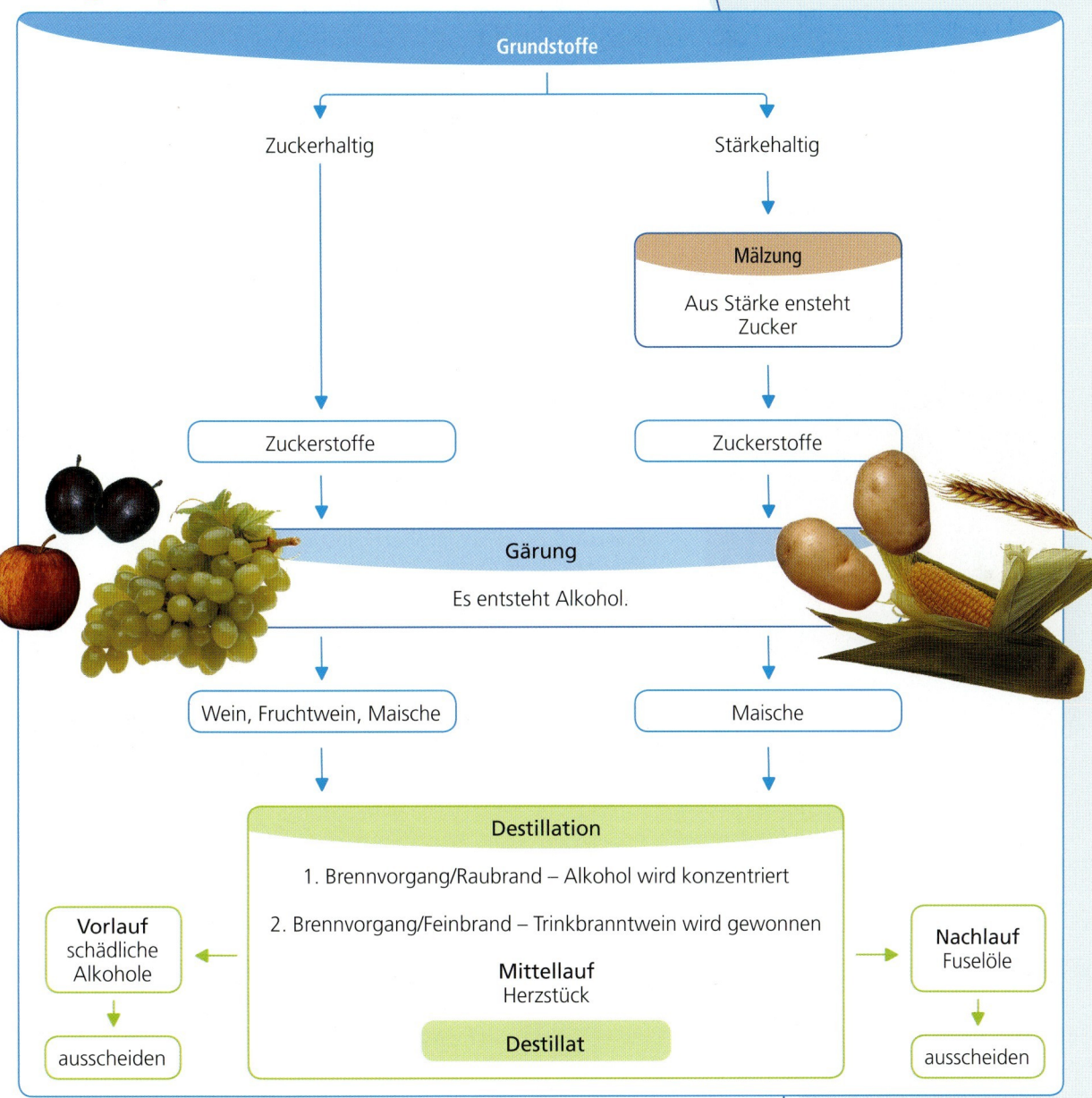

Nach der EU-Spirituosenverordnung unterscheidet man folgende vier Gruppen von Spirituosen:

- **Brände,** die aus Wein, Obst, Zuckerrohr oder Getreide hergestellt werden. Der Alkohol entsteht bei der Gärung aus dem Grundstoff.
- **Geiste,** die vorwiegend unter Verwendung aromareicher, zuckerarmer Beeren hergestellt werden. Dabei werden die Aromastoffe von zugesetztem Alkohol ausgelaugt.
- **Aromatisierte Spirituosen,** bei denen vorwiegend Wacholder neutralem Alkohol den Geschmack gibt;
- **Liköre,** die auf unterschiedliche Weise nach bestimmten Regeln hergestellt werden. Siehe Seite 331.

GETRÄNKE UND GETRÄNKESERVICE

11.1 Brände

Brände sind Spirituosen, deren Alkoholgehalt und Geschmack durch Vergären und anschließendes Brennen (Destillieren) entsteht. Namengebend sind meist die Rohstoffe.

Innerhalb der Brände gliedert man nach den Rohstoffgruppen.

Spirituosen aus Wein 🇬🇧 spirits from wine 🇫🇷 liqueurs (w) de vin

Man gewinnt diese Spirituosen durch Destillation von Wein oder Brennwein. Auf das Destillieren oder Brennen folgt eine längere Lagerung.

- **Deutscher Weinbrand**
  Die Hersteller bevorzugen Weine aus französischen Reben, denn diese sind besonders aromatisch und alkoholreich.
- **Eau-de-vie de vin** bedeutet Branntwein aus Wein. Vielfach wird das Herkunftsgebiet zusätzlich genannt, z. B. … de la Marne.
- **Armagnac** ist eine geschützte Herkunftsbezeichnung für Branntwein aus Wein aus der Gascogne.
- **Cognac**
  Eine geschützte Herkunftsbezeichnung für Weinbrand aus der Charente, deren Mittelpunkt die Stadt Cognac ist.
- **Trester oder Tresterbrand** gewinnt man aus Traubentrester (Rückstände beim Abpressen des Traubenmostes). Grappa aus Italien und Marc aus Frankreich gehören zu dieser Gruppe.

> **Hinweis:** Früher wurde jedes Getränk, das gebrannt wurde, als Branntwein bezeichnet. Auch Spirituosen aus Getreide oder Kartoffeln waren Branntweine. Heute muss Branntwein aus Wein gewonnen sein.

Abb. 1 Lagerung von Cognac

Alterskonto	Lagerzeit des Destillates	Produktkennzeichnungen
1, 2 und 3	1 bis 3 Jahre	• Cognac • Cognac Authentique • Cognac*** • VS (very special)
4	mindestens 4 Jahre	• VSOP (very superior old pale) • Réserve
5	mindestens 5 Jahre	• Extra • Vieille Réserve
6	mindestens 6 Jahre (u. U. sehr alt)	• Hors d'Age/Age d'Or • XO (extra old) • Napoleon

Spirituosen aus Obst 🇬🇧 spirits from fruits 🇫🇷 liqueurs (w) de fruits

Werden frische Früchte oder deren Moste vergoren und destilliert, erhält man Obstbrände.

- **Obstler** bestehen aus mehreren Obstarten. Wird nur eine Fruchtart verwendet, darf anstelle des Wortes Obst der Name der Frucht zusammen mit …wasser oder …brand genannt werden. **Beispiele:**
  - Kirschwasser/-brand
  - Zwetschgenwasser/-brand

- **Calvados** gewinnt man in der Normandie aus Apfelwein (Cidre). Die goldgelbe Farbe erhält er durch längere Lagerung in Eichenholzfässern.
- **Slibowitz** ist ein Pflaumenbrand.
- **Marillenbrand** (Österreich) und **Barack** (Ungarn) werden aus Aprikosen hergestellt.
- **Enzian:** Die Wurzeln des gelben Enzians werden eingemaischt und vergoren. Dieses Destillat bildet neben reinem Alkohol die Grundlage für die Spezialität aus Bayern und Österreich.

Spirituosen aus Zuckerrohr 🇬🇧 spirits from cane sugar 🇫🇷 liqueurs (w) de sucre

- **Rum** hat Zuckerrohrsaft oder Zuckerrohrmelasse als Grundlage. Das Destillat ist zunächst klar (*Weißer Rum*), durch Reifung und Zusatz von Zuckerkulör wird es bräunlich (*Brauner Rum*).
- **Echter Rum** wurde im Ursprungsland destilliert.
- **Rum-Verschnitt** ist eine Mischung (Verschnitt) aus echtem Rum und Neutralalkohol.

Spirituosen aus Getreide 🇬🇧 spirits from grains 🇫🇷 liqueurs (w) de blé

Getreidearten wie Weizen, Roggen, Gerste werden meist gemälzt, dann vergoren und anschließend destilliert. Wird im fertigen Produkt eine Getreideart genannt, darf bei der Herstellung nur diese verwendet werden.

- **Korn** hat mindestens 32 % vol,
- **Kornbrand** hat mindestens 37,5 % vol Alkohol.
- **Whisky/Whiskey**
  Die unterschiedliche Schreibweise beruht auf einer Vereinbarung der Produzenten. Whisky werden die schottischen und kanadischen Arten genannt; sie haben einen leichten Rauchgeschmack. Whiskey schreibt man bei irischen Sorten und dem amerikanischen Bourbon.

Besonderheiten der Whisk(e)y-Sorten

- **Irish Whiskey**
  - von der klassischen Art her reiner Malt-Whisky (heute aber auch blended Whiskys)
  - kräftiges, jedoch mildes Malzaroma
- **Scotch Whisky**
  - bukettreiche und geschmacksintensive Malt-Whiskys sowie milde Blends
  - Rauchgeschmack, der durch Darren des Malzes über Torf-Feuer entsteht.
- **Canadian Whisky**
  helle, leichte Grain-Whiskys (idealer Mix-Whisky)
- **Bourbon Whiskey**
  mindestens 51 % Mais, aus den USA
- **Rye Whiskey**
  mindestens 51 % Roggen (Canada und USA)

Mälzen
Stärke wird zu Zucker

↓

Darren
mit heißer Luft

↓

Maischen
mit heißem Wasser

↓

Gären
Zucker wird zu Alkohol

↓

Destillieren
Alkohol wird konzentriert

↓

Lagern
in Eichenholzfässern

Abb 1. Whisky-Lager

11.2 Geiste

Beeren enthalten nur wenig Zucker, der in Alkohol umgewandelt werden könnte.

Sie werden darum in Alkohol (auch Weingeist genannt) eingelegt, damit die Geschmacksstoffe entzogen werden. Die aromahaltige Flüssigkeit wird dann abdestilliert.

So erhält man z. B.

- Himbeergeist
- Brombeergeist
- Schlehengeist
- Heidelbeergeist

11.3 Alkohol mit geschmackgebenden (aromatisierenden) Zusätzen

Bei dieser Getränkegruppe werden einem Alkohol, der aus Getreide oder Kartoffeln gewonnen worden ist, geschmackgebende Gewürze wie Wacholder, Kümmel oder Anis zugefügt.

Wacholder gibt Geschmack bei:

- **Wacholder:** Dem Alkohol wird Wacholder oder Wacholderdestillat als Geschmacksträger zugefügt.
- **Gin:** Ein englisches Produkt, das neben dem geschmacklich vorherrschenden Wacholder meist auch andere Aromastoffe enthält.
- **Genever:** Diese vor allem in Holland hergestellte Spezialität hat meist nur einen sehr geringen Wacholdergeschmack.
  Man unterscheidet
    - Jonge (junger) Genever mit zarter Wacholder-Note und
    - Oude (alter) Genever mit deutlicherem Geschmack.

Kümmel gibt Geschmack bei

- **Kümmel:** Alkohol wird mit Kümmel geschmacklich ergänzt
- **Akvavit** oder **Aquavit** darf die Spirituose genannt werden, wenn die geschmackgebenden Stoffe aus einem besonderen Kräuter- und Gewürzdestillat stammen.

Anis gibt Geschmack bei:

- **Pastis:** Alkohol ist aromatisiert mit Sternanis, Anis und anderen Pflanzen wie z. B. Fenchel. Diese Zutaten sind verdauungsanregend. Darum wird Pastis auch als Aperitif gereicht. Bei der Zugabe von Wasser wird die zunächst klare Flüssigkeit milchig trübe.
- **Ouzo:** Die anishaltige Spirituose muss in Griechenland hergestellt worden sein.

Alkohol aus anderen Rohstoffen löst
↓
Geschmacksstoffe der Beeren;
↓
durch Destillation entsteht **Geist.**

Abb. 1 Wacholder

Hinweis
Immer wieder fragen die Gäste: „Warum wird mein … (Anis-spirituose) trüb, wenn ich Wasser beigebe?"

Hier die einfache Antwort:
Bestimmte Stoffe in Pastis usw. sind nur in Alkohol löslich. Gibt man der Spirituose nun Wasser bei, wird die Alkoholkonzentration geringer und reicht nicht mehr aus, um alle Anteile zu lösen. Die nicht gelösten Teilchen brechen das Licht und machen das Getränk trüb oder milchig.

Wermut gibt Geschmack bei:

- **Absinth:** Auszüge aus der Wermutpflanze geben dieser Spirituose neben Anis und Fenchel den typischen Geschmack und die grünliche Farbe. Der Gehalt an nervenschädigendem Thujon ist begrenzt.

Ohne geschmackgebende Ergänzung:

- **Wodka:** Dieses aus Russland stammende Getränk ist ein auf Trinkstärke herabgesetzter Alkohol. Die besonders weiche Note ist charakteristisch. Das ist auch der Grund, warum sich Wodka gut für Longdrinks eignet.

11.4 Liköre 🇬🇧 liqueurs 🇫🇷 liqueurs (w)

Allen Likören gemeinsam ist ein bestimmer Anteil an Alkohol, Zucker und Wasser. **Unterschiede** entstehen durch die geschmackgebenden Zutaten. Man unterscheidet folgende Gruppen:

- Fruchtliköre
  - mit Saftzugabe, z. B. Cherry Brandy mit Kirschsaft und Kirschwasser, Apricot Brandy mit Aprikosensaft, Cassis mit dem Saft schwarzer Johannisbeeren,
  - mit Zugabe von Auszügen (Extrakten) oder Destillaten von Früchten/Fruchtschalen, z. B. Grand Marnier mit Cognac und Schalen von der Bitterorange (Frankreich), Cointreau mit Orangenschalen und Kräutern (Frankreich), Maraschino mit Destillat der Maraskakirsche.

- Bitter- und Kräuterliköre
  haben durch Auszüge von Kräutern und Gewürzen meist eine bitteraromatische Note, z. B. Campari, Fernet Branca, die Klosterliköre wie Ettaler, Chartreuse, Bénédictine, Pfefferminzlikör.

- Emulsionsliköre
  enthalten fetthaltige Zutaten wie Sahne, Eigelb oder Schokolade. Diese werden mit den übrigen Bestandteilen durch Homogenisieren zu einer dickflüssigen cremigen Masse verarbeitet, z. B. Eierlikör, Mocca Sahne.

Abb. 1 Fruchtlikör

Abb. 2 Bitterlikör

Abb. 3 Emulsionslikör

Aufgaben

1. Bei der Gärung können nur Getränke mit etwa 15 % vol Alkohol gewonnen werden. Wie erhält man Spirituosen mit 40 % vol?

2. Zur Herstellung von deutschem Weinbrand werden auch französische Brennweine verwendet. Welcher Vorteil ist damit verbunden?

3. Worin besteht der wesentliche Unterschied zwischen deutschem Weinbrand und Cognac?

4. Whisky oder Whiskey? Erklären Sie den Unterschied.

5. Es gibt Spirituosen aus Obst, die mit „…wasser" enden und andere Produkte, die mit „…geist" bezeichnet werden. Erklären Sie den Unterschied.

6. Woraus werden Grappa und Marc hergestellt?

7. Rum-Verschnitt ist billiger als Jamaika-Rum. Begründen Sie diesen Unterschied.

8. Aus welchen Grundbestandteilen werden Liköre hergestellt?

Service — GETRÄNKE UND GETRÄNKESERVICE

12 Getränkebüfett

🇬🇧 beverage dispense 🇫🇷 débit (m) de boissons

Das Büfett ist der Ausgabebereich für Getränke. Die dort tätigen Mitarbeiter haben in diesem Zusammenhang grundlegende Aufgaben zu erfüllen:

- Getränke sachgerecht zu pflegen, zu temperieren und bereitzustellen,
- Gläser und Karaffen in ausreichender Anzahl bereitzuhalten (s. S. 229),
- Schankanlagen zu pflegen und zu bedienen,
- Büfettkontrollen und Büfettabrechnungen durchzuführen.

Einrichtung eines Getränkebüfetts

Die Einrichtung eines Getränkebüfetts richtet sich nach der Auswahl der Getränke sowie nach der Art und der Größe der Restaurants.

Im Allgemeinen besteht die Einrichtung

- aus Schränken, Glasvitrinen und Tischen mit Unterbauten,
- dem Gläserreinigungsbereich mit Spülbecken und Spülmaschine,
- aus Kühlschränken mit unterschiedlich einstellbaren Temperaturen,
- einer Bierschankanlage für mehrere Bierarten,
- einer Softdrink-Schankanlage und einem
- Eiswürfelbereiter und Froster für klare Spirituosen.

Abb. 1 Einrichtung eines Getränkebüfetts

Vielfach sind in Getränkebüfetts Kaffeemaschinen und Schauvitrinen für Torten und Kuchen integriert.

12.1 Getränkeangebot

Ausschlaggebend für die Getränkeauswahl sind einerseits die Art und das Niveau der Gaststätte oder des Restaurants und andererseits die Verzehr- bzw. Trinkgewohnheiten der Gäste.

Getränkekarte   🇬🇧 list of beverages   🇫🇷 carte (w) des boissons

In Getränkekarten präsentiert der Betrieb sein Getränkeangebot. Man unterscheidet kombinierte Karten mit einem umfassenden Getränkeangebot und Karten, die jeweils nur eine Getränkeart zum Inhalt haben, wie z. B. Weinkarten, Barkarten.

Getränkekarten sollen durch eine ansprechende Aufmachung ein wirksames Mittel der Verkaufsförderung sein und den Gast zur Bestellung anregen.

Zur korrekten Information des Gastes gehören zu den Getränkebezeichnungen die gesetzlich vorgeschriebenen Angaben über Menge und Preis.

Gestaltung der Getränkekarten

Getränkekarten sollen genau wie Speisekarten die Originalität, den Stil und die Atmosphäre des Hauses widerspiegeln. Das muss bereits in der *äußeren Aufmachung* zum Ausdruck kommen:

- ein handliches Format, ein stilvoller Einband sowie feste Innenblätter,
- in ansprechender Form das Wort „Getränkekarte". Aber auch durch die *innere Ausgestaltung* müssen die Aufmerksamkeit und das Interesse des Gastes geweckt werden. Dazu können beitragen:
- eine übersichtliche Gliederung und ein angenehm lesbares Schriftbild,
- eine ansprechende Textaufteilung,
- Bilder, Skizzen oder Fotos, die Blickfänge darstellen und für Auflockerung sorgen.

Wie bei Speisekarten ist es wichtig, von Zeit zu Zeit den Inhalt der Getränkekarte kritisch zu überprüfen. Im Interesse des Verkaufs ist es manchmal erforderlich, die Karte neu zu gestalten und das Angebot veränderten Trinkgewohnheiten anzupassen bzw. mit neuen Angeboten des Marktes zu ergänzen.

Kombinierte Getränkekarten

Beispiel 1
- Alkoholfreie Getränke
- Kaffee, Tee, Schokolade
- Aperitifs, Cocktails
- Offene Weine
- Weinbrände/Cognacs
- Spirituosen, Liköre
- Biere

Kombinierte Getränkekarten umfassen das gesamte Angebot der Getränke. Die Gliederung ist unterschiedlich und richtet sich nach den Schwerpunkten, die der Betrieb im Rahmen seines Angebotes bzw. auf Grund der Gästenachfrage setzt.

Beispiel 2
- Cocktails
- Aperitifs
- Weinbrände/Cognacs
- Spirituosen
- Alkoholfreie Getränke
- Kaffee und Tee
- Biere

Beispiel einer Getränkekarte

Alkoholfreie Getränke (0,2 l)

Mineralwasser (0,25 l)	2,80
Soda	2,80
Apfelsaft	2,80
Traubensaft	2,80
Orangensaft, frisch gepresst	3,50
Tonic Water	3,00
Coca-Cola	3,00
Bitter Lemon	3,00

Kaffee · Tee · Schokolade

Kännchen Kaffee	4,00
Haferl Milchkaffee	3,00
Cappuccino	3,00
Espresso	2,50
Latte macciato	3,00
Kännchen Tee	3,00
Kännchen Schokolade	6,00
Rüdesheimer Kaffee	6,00
Irish Coffee	6,00
Pharisäer	6,00
Eiskaffee	5,00
Eistee	2,50
Eisschokolade	5,00

Biere vom Fass

Alt	0,2 l	3,00
Budweiser	0,3 l	3,50
Export	0,4 l	3,50
Pilsener Urquell	0,3 l	3,50
Weizen	0,5 l	4,00
Radler	0,5 l	3,50
Schwarzbier	0,3 l	3,50
Starkbier	0,4 l	4,50

Offene Weine (0,2 l)

Weißweine

Franken
2012 Rödelseer Küchenmeister — 7,00

Rheingau
2012 Rauenthaler Steinmächer — 7,00

Mosel
2012 Erdener Treppchen — 7,00

Elsass
2012 Riesling — 6,00
2011 Edelzwicker — 6,00

Roséwein
Côtes du Rhône — 7,00

Rotweine

Rheingau
2012 Assmannshäuser Höllenberg — 7,00

Ahr
2012 Walporzheimer Kräuterberg — 8,00

Frankreich/Burgund
2011 Beaujolais — 8,00

Aperitifs (5 cl)

Portwein	4,00
Sherry	4,00
Campari/Soda	4,00
Dubonnet	4,00
Spritz	4,00
Aperol Royal	4,00
Martini Cocktail	7,00
Sekt mit Holunderblüte	6,00

Weinbrände · Cognacs (2 cl)

Asbach Uralt	5,00
Scharlachberg	5,00
Hennessy V.S.	7,00
Courvoisier V.S.O.P.	7,00

Spirituosen (2 cl)

Himbeergeist	4,00
Steinhäger	4,00
Dry Gin	4,00
Aquavit	4,00
Calvados	4,00
Wodka	4,00
Grappa	4,00
Gammel Dansk	4,00

Liköre (2 cl)

Bénédictine	4,00
Cointreau	4,00
Grand Marnier	4,00
Crème de cassis	4,00
Bailey's Irish Cream	4,00

Service

In diesem Zusammenhang ist darauf zu achten, dass die Weincharakterisierungen wahrheitsgemäß und nicht übertrieben sind. Durch fachlich fundierte Gästeberatung, sorgfältige Auswahl beim Einkauf und gepflegten Weinservice besteht die Möglichkeit, den Flaschenweinverkauf zu steigern.

Um Autofahrern entgegen zu kommen, sollten qualitativ hochstehende Weiß- und Rotweine glasweise angeboten werden. Beispielhaft ist die untenstehende Karte eines Hilton Hotels.

GETRÄNKE UND GETRÄNKESERVICE

Weinkarte 🇬🇧 wine list 🇫🇷 carte (w) des vins

Neben den allgemeinen Getränkekarten gibt es zusätzlich eine eigene Karte für das Weinangebot. Damit widmet der Betrieb dem Verkauf und Service von Wein besondere Aufmerksamkeit.

Für die Reihenfolge in der Weinkarte haben sich folgende Regeln bewährt:

- Offene Weine werden vor den Flaschenweinen genannt,
- deutsche Weine nach Anbaugebieten gegliedert, wobei für die Reihenfolge der regionale Standort des Betriebs ausschlaggebend sein kann.
- französische Weine vor anderen ausländischen Weinen, da sie bezüglich der Bewertung international einen vorrangigen Platz einnehmen.

Für die Weinarten gilt folgende Reihenfolge:
Weißwein ➝ Roséwein (Weißherbst) ➝ Rotwein

Wein ist ein hochwertiges Getränk, das seinen Preis hat und deshalb je nach Umfang des Verkaufs einen beachtlichen Anteil des Getränkeumsatzes ausmachen kann. Aus diesem Grund kommt der verkaufsfördernden Aufmachung der Weinkarte eine besondere Bedeutung zu. Neben einem soliden und dekorativen Einband gibt es für die innere Gestaltung viele Möglichkeiten:

- Mehrfarbendrucke und Abwechslungen im Schriftbild
- Fotos und andere bildliche Darstellungen,
- auflockernde Bemerkungen zum Weingenuss allgemein sowie zu
- regionalen Besonderheiten des Weinbaus und der Weine.

Hilton Wine by the glass

OFFENE WEISSWEINE / WHITE WINES BY THE GLASS

	0,20 l €
▸ Pinot Grigio Vallagarina Tipica	5,50
▸ Bischoffinger Enselsberg Weißburgunder, trocken Baden	7,00
▸ Graneè Gavi di Gavi Batasiolo Cortese Piemont, Italien	8,00
▸ Oveja Negra Chardonnay-Viognier Maule, Chile	7,50
▸ McWilliam's Hanwood Chardonnay Neusüdwales, Australien	7,50
▸ Dr. Bürklin-Wolf Riesling Pfalz, Deutschland	8,50
▸ Chablis Laroche Chardonnay Chablis, Frankreich	8,50

OFFENE ROTWEINE / RED WINES BY THE GLASS

	0,20 l €
▸ Allendorf Dornfelder, Rheingau, trocken Weingut Allendorf	5,50
▸ Twin Oaks, Robert Mondavi Cabernet Sauvignon-Shiraz & Carignan Kalifornien, USA	7,50
▸ McPherson Shiraz Murray Darling, Australien	7,50
▸ Ruber Anno 1479 Spätburgunder, Ahr, trocken Weingut Nelles	8,00
▸ Punto Final Malbec Mendoza, Argentinien	8,00
▸ Gran Coronas Torres Cabernet Sauvignon-Tempranillo Penedès, Spanien	8,50
▸ Château Preuillac Merlot-Cabernet Sauvignon Mèdoc, Frankreich	9,00

12.2 Serviertemperaturen

Der Genuss eines Getränkes ist wesentlich von der getränkespezifischen Temperatur abhängig. Dabei sind von einem Mittelwert um 10 °C ausgehend nach unten bzw. oben zwei Temperaturbereiche von Bedeutung.

Serviertemperaturen von 10 °C abwärts

Auf unter 10 °C gekühlt serviert man Getränke,
- die vor allem erfrischen sollen, keine besonderen Duftstoffe enthalten und deren Geschmack durch niedrigere Temperaturen nicht beeinträchtigt wird, z. B. Mineralwässer, Fruchtsäfte,
- deren stark ausgeprägter Geschmack u. U. etwas gedämpft werden muss, z. B. Korn, Gin, Wodka,
- die aufgrund des Gehaltes an Kohlensäure zu stark schäumen und rasch schal würden, z. B. Schaumwein, Bier.

Serviertemperaturen von 10 °C aufwärts

Temperaturen über 10 °C sind erforderlich bei Getränken, deren Genuss in hohem Maße von der Entfaltung jeweils artspezifischer Duftstoffe (Bukett) abhängig ist. Je feiner und ausgeprägter diese Stoffe sind, desto höher sollte die Serviertemperatur sein.

Vergleich in aufsteigender Reihenfolge:

Weißwein (9–11 °C) → Rotwein (12–18 °C) → Weinbrand (16–18 °C)

Getränkeart	Getränkebeispiele	Serviertemp. (°C)
Erfrischungsgetränke	• Mineralwässer • Fruchtgetränke, Limonaden	8–10
Bier	• helle Sorten • dunkle Sorten	6–9 9–12
Wein	• Roséwein • Weißwein, leicht • Weißwein, schwer • Rotwein, leicht • Rotwein, schwer	9–11 9–11 10–12 12–14 16–18
Likörwein	• trocken • süß	10–12 16–18
Schaumwein	• weiß und rosé • rot	6–8 5–7
Liköre	• im Allgemeinen • Magenbitter	10–12 16–18
Brände und Geiste	• Korn, Wacholder, Genever • Steinhäger, Wodka, Gin • Enzian	0–4
	• Geiste: Aprikosen, Himbeeren • Wasser: Kirschen, Zwetschgen • Whisk(e)y	5–7
	• Hochwertige Obstbrände: Williamsbirne, Mirabelle • Marc, Grappa • Weinbrand, Cognac	16–18

12.3 Bereitstellen von Getränken

Die meisten Getränke werden entweder in Flaschen mit Beistellgläsern oder im Schankglas serviert.

Für die am Büfett übergebenen Bons erhält die Servicefachkraft die bestellten Getränke.

Beim Ausschank der Getränke trägt das Büfettpersonal die Verantwortung dafür, dass bestimmte fachliche und sachliche Voraussetzungen erfüllt werden:

- Die bestellten, offenen Getränke müssen in den dafür vorgesehenen Schankgläsern mit der passenden Form, der richtigen Größe und der korrekten Inhaltsmenge bereitgestellt werden.
- Die Getränke müssen die für sie spezifische Getränketemperatur haben (siehe Tabelle).

Service

GETRÄNKE UND GETRÄNKESERVICE

Getränkeschankanlagen werden oft auch als Zapfanlage oder Schankanlage bezeichnet. Getränke aus Vorratsbehältern (Keg, Fass) lassen sich damit rasch und einfach in Gläser portionieren. Darum findet man Zapfanlagen vorwiegend dort, wo Getränke in größerer Menge verkauft werden.

12.4 Getränkeschankanlagen

Alkoholfreie Getränke

Zapfanlagen für alkoholfreie Kaltgetränke lassen sich in zwei grundlegende Bauweisen unterteilen. Bei der **Premixanlage** (pre = vorher) wird das vom Getränkehändler bezogene, fertige Getränk im Restaurant nur gekühlt und ggf. mit Kohlensäure angereichert. Bei einer **Postmixanlage** (post = nach, später) muss der gelieferte Getränkegrundstoff noch mit Wasser vermischt werden, bevor das Getränk gezapft und serviert werden kann.

Postmix-Anlage

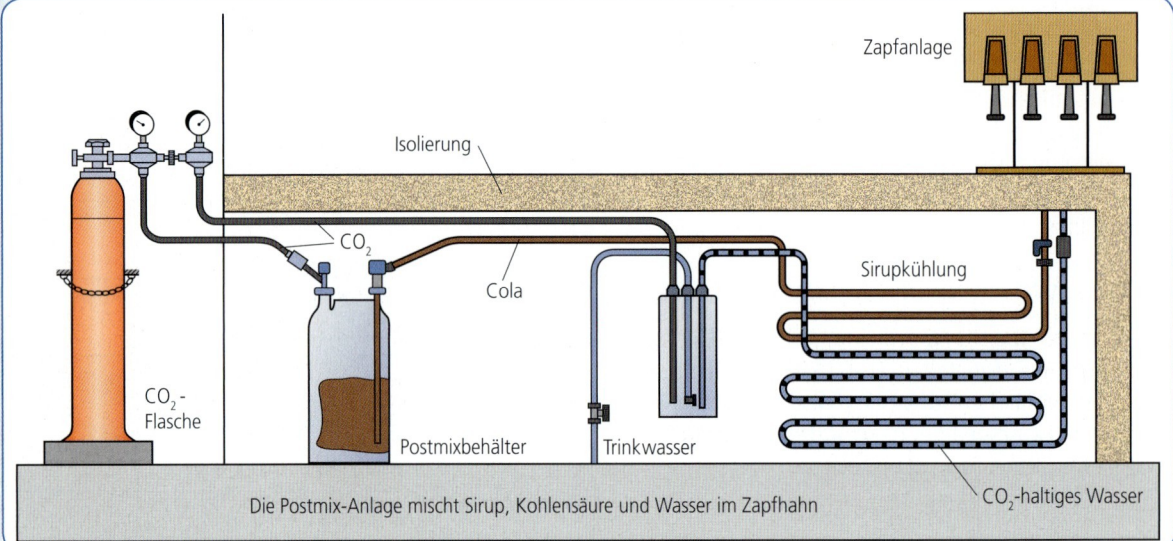

Die Postmix-Anlage mischt Sirup, Kohlensäure und Wasser im Zapfhahn

An der CO_2-Flasche befinden sich zwei Anschlüsse: einer wird in den Getränkegrundstoff geführt, der andere reichert Trinkwasser mit Kohlensäure an.

Der Getränkegrundstoff (Limonadensirup) wird aus dem Postmixbehälter in das Kühlaggregat getrieben.

Trinkwasser wird von geschmacksbeeinflussenden Stoffen befreit und im Karbonator mit Kohlensäure versetzt. Ein Druckminderer sorgt dafür, dass das Trinkwasser mit konstantem Druck in die Anlage geführt wird.

Im Zapfkopf fließen karbonisiertes Wasser und Getränkesirup – gekühlt auf ca. 4 °C – zusammen. Das Mischungsverhältnis Wasser : Grundstoff wird über ein Ventil eingestellt.

Vorzüge der jeweiligen Anlagentypen

Premixanlage

- Kann auch mobil eingesetzt werden, da keine aufwendigen Installationen notwendig.
- Ohne Baumaßnahmen in bestehenden Gebäuden nachrüstbar.
- Mischungsverhältnis muss nicht eingestellt werden.

Postmixanlage

- Platzsparend – nur Getränkegrundstoff einlagern.
- Durch geringe Sirupmenge (Figal) einfachere Warenannahme/Pfandrückgabe.
- Postmix-Behälter müssen seltener getauscht werden.
- Tafelwasser kann ohne Figal gezapft werden.

Vorsichtsmaßnahmen:
CO_2-Flaschen **nur** mit aufgesetzter Schutzkappe transportieren. Während des Transports den Druckminderer **nicht** montieren (er könnte abbrechen, Gas würde ausströmen). Die Flasche **immer** gegen Umkippen sichern.

Figal (engl.) = **Five Gal**lons. 5 Gallonen entsprechen ca. 18,9 Liter.

Bag-in-Box (BiB)-Postmix

In der Gastronomie setzt sich zunehmend das Postmix-System „Bag-in-Box" durch. Kernstück der Anlage sind 10-Liter-Kartons („Box"), die mit einem Sirup-Beutel („Bag") bestückt sind. Gemischt wird ein Teil Sirup mit fünfeinhalb Teilen kohlensäurehaltigem Wasser. Ein Vakuumsystem saugt den Sirup an, es wird kein CO_2 eingesetzt.

Das System hat viele Vorteile:

- Weniger Platzbedarf für die Lagerhaltung und beim Ausschank
- Einfacheres Handling und höhere Sicherheit (kein Druckgas)
- Im Sirup-Beutel bleiben durch die spezielle Konstruktion keine Restmengen übrig. Kaum Schankverluste.
- Problemlos entsorgbare Einweggebinde, wenig Abfall.

Bierschankanlage

Sachgerechter Druck und die richtige Temperatur sind die Voraussetzungen für ein einwandfreies Glas Bier. Dabei sind drei verschiedene Druckbezeichnungen von Bedeutung.

Gleichgewichtsdruck

Nach dem Anstechen eines Fasses hat die Kohlensäure eine starke Tendenz, aus dem Bier auszutreten. Dies bezeichnet man als den Eigendruck. Mit höherem Kohlensäuregehalt und höherer Temperatur des Bieres nimmt der **Eigendruck** zu. Damit das Bier nicht schal wird und mit Kohlensäure gesättigt bleibt, ist ein entsprechender **Gegendruck** erforderlich, den man **Gleichgewichts-** bzw. auch **Sättigungs- oder Grunddruck** nennt. Er beträgt ungefähr **1 bar**.

Überdruck

Meist wird das Bier nicht direkt vom Fass gezapft, wie es z. B. bei einem Gartenfest der Fall sein kann. Für die Beförderung des Bieres vom Keller durch die Steigleitung in die Zapfanlage ist zusätzlicher Druck erforderlich. Diesen nennt man **Überdruck**.

Ausgleich von Druckverlusten
- für den Anstichkörper ≈ 0,1 bar
- als Sicherheitszuschlag ≈ 0,1 bar

Förderdruck
- Förderhöhe ≈ 0,1 bar
- je 5 m Bierleitung ≈ 0,1 bar

Gleichgewichtsdruck + Überdruck	→ 1,00 bar
• Anstichkörper	→ 0,10 bar
• Förderhöhe 1,2 m	→ 0,12 bar
• Bierleitung 1,5 m	→ 0,03 bar
• Sicherheitszuschlag	→ 0,10 bar
▼ **Arbeitsdruck**	**1,35 bar**

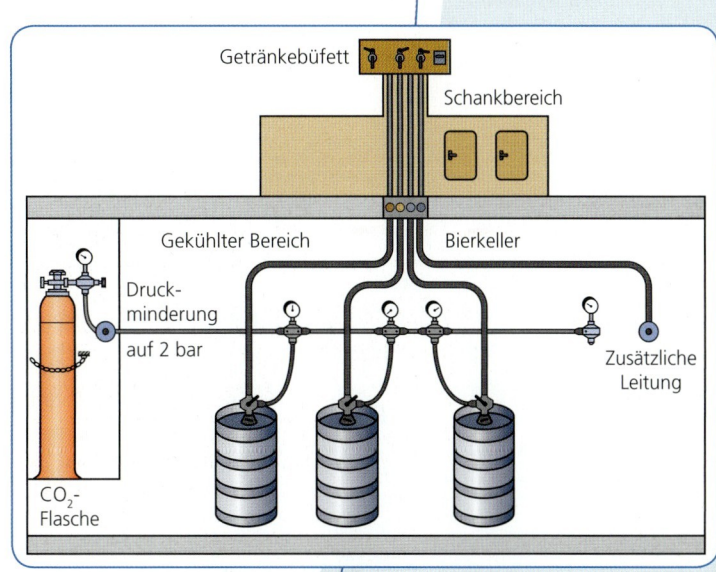

12.5 Getränkeservice aus Schankgefäßen

Die Getränke, die in Gläsern und Karaffen, manchmal auch in Krügen serviert werden, bezeichnet man als „offene Getränke", weil sie bereits am Büfett in diese Schankgefäße gefüllt und auf einem Tablett „offen" zum Tisch des Gastes gebracht werden.

Zur besseren Kontrollmöglichkeit für den Gast müssen Gläser mit einem gut sichtbaren Füllstrich, dem Nennvolumen und dem Herstellerzeichen der Firma, die die Markierung angebracht hat, versehen sein.

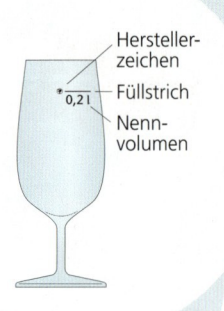

Herstellerzeichen
Füllstrich
Nennvolumen

Nennvolumen für Getränke

Die Abgabe der Getränke erfolgt in unterschiedlich großen Flaschen oder in Schankgefäßen. Um den Gast vor Missbrauch zu schützen, sind gesetzlich für Flaschen und Schankgefäße genaue Nennvolumen vorgeschrieben. Diese müssen mit dem jeweiligen Preis auch im Angebot der Getränkekarte angegeben sein.

> Der Gastronom haftet für die Richtigkeit dieser Angaben. Darum ist es sinnvoll, diese mit einem Messglas nachzuprüfen.

Nennvolumen für Flaschen (in Litern)

Erfrischungsgetränke	Bier	Wein	Schaumwein
0,2 l	0,33 l	0,375 l	0,2 l
0,25 l	0,5 l	0,75 l	0,375 l
0,33 l	1,0 l	1,0 l	0,75 l
0,5 l		1,5 l	1,5 l
1,0 l		2,0 l	und mehr

Nennvolumen bei Gläsern (in cl und l)

Wein	Schaumwein	Bier	Aperitif	Sprirituosen
0,1 l	0,1 l	0,15 l	5 cl	2 cl
0,2 l		0,25 l		4 cl
0,25 l		0,3 l		
		0,4 l		
		0,5 l		
		1,0 l		

Die Angaben beschränken sich auf gastronomieübliche Füllmengen.

Viele Getränke werden bereits am Büfett in Schankgefäße wie Gläser, Karaffen oder Krüge gefüllt.

Servieren von Getränken in Gläsern

- Das Glas wird von der rechten Seite des Gastes eingesetzt.
- Aus hygienischen Gründen dürfen Gläser nicht im Trinkbereich angefasst werden.
- Aus ästhetischen Gründen gilt dies auch beim Ausheben der leeren Gläser.
- Stielgläser werden grundsätzlich nur am Stiel angefasst, Bechergläser im unteren Drittel.
- Bei den Gläsern ist darauf zu achten, dass Dekor und Beschriftungen zum Gast hin, Gläserhenkel nach rechts gerichtet sind.

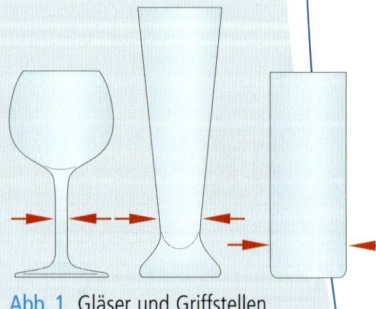

Abb. 1 Gläser und Griffstellen

Servieren von Getränken in Karaffen und Krügen

- Das Glas wird von der rechten Seite eingesetzt und mit dem bestellten Getränk 1/3 bis 1/2 gefüllt.
- Nach dem Einschenken wird die Karaffe oder der Krug halb rechts oberhalb des Glases eingesetzt.

Nennvolumen für Karaffen
- 0,2 l
- 0,5 l
- 1,5 l
- 0,25 l
- 1,0 l
- 2,0 l

12.6 Büfettkontrollen

Zur Sicherstellung der Wirtschaftlichkeit sowie zur Verhinderung von Unkorrektheiten müssen alle Vorgänge am Büfett lückenlos erfasst und kontrolliert werden.

Grundlegende Maßnahmen zur Erleichterung der Kontrollen

Nummerieren der Getränke

Bei der Vielfalt der Getränke und deren sehr unterschiedlichen Preisen ist das Nummerieren der einzelnen Getränkepositionen eine hilfreiche Maßnahme. Dadurch werden Verwechslungen bei der Anforderung im Magazin, bei der Aufnahme einer Bestellung am Tisch, bei der Abgabe am Büfett und bei der Bestandsaufnahme weitgehend ausgeschaltet.

Festlegen von Verkaufseinheiten

Das ist insbesondere bei Getränken wichtig, die aus Flaschen in Schankgefäße ausgeschenkt werden. So kann man z. B. bei Spirituosen unter Berücksichtigung eines bestimmten Schankverlusts Richtwerte für die Menge der Verkaufseinheiten je Flasche festlegen und diese zum Maßstab für die Abrechnung machen.

Beispiel für die Bestimmung von Verkaufseinheiten	
Flascheninhalt	0,75 cl
Abzug für den Schankverlust	–3 cl
Verkaufsmenge (Gläserfüllmenge)	0,72 cl
Verkaufseinheit	4 cl
Anzahl der Verkaufseinheiten (72 : 4)	18 Stück

Getränkezugang am Büfett

Der Erstzugang bzw. die Erstausstattung bildet den Anfangsbestand oder den **Grundstock**. Der Verkauf macht es notwendig, die reduzierten Bestände vom Magazin her täglich wieder aufzufüllen. Zur Kontrolle über den Zugang dienen die sogenannten **Anforderungsscheine**. Aufgrund der Eintragungen im Schein werden die Getränke vom Magazin an das Büfett ausgeliefert. Zu abschließenden Überprüfungs- und Kontrollzwecken kommen die Anforderungsscheine dann in das Kontrollbüro. Von Ausnahmen, d. h. von Sonderanforderungen abgesehen, wird der tägliche Zugang häufig so bemessen, dass er dem Verkauf entspricht bzw. dass immer bis zum festgelegten Bestand (Grundstock) aufgefüllt wird. Dieses Verfahren dient einer guten Übersicht und erschwert Betrug.

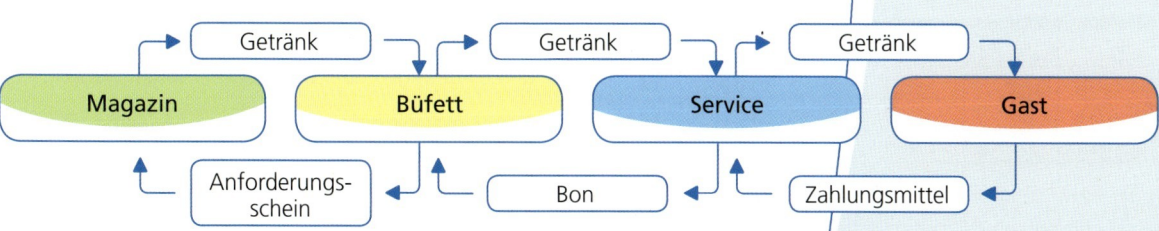

Getränkeabgabe am Büfett

Zur Kontrolle für die Abgabe dienen die von den Servierfachkräften übergebenen Bons. Es ist deshalb wichtig, dass **kein Getränk ohne Bon** ausgegeben und dieser nach dem Bereitstellen des Getränks durch Aufspießen, Einreißen oder Streichen **sofort entwertet** wird. Gläser dürfen nicht über den Füllstrich hinaus gefüllt werden; natürlich auch nicht darunter, denn dies wäre Betrug.

● Abweichungen beim Einschenken nach oben oder das Eingießen über den Füllstrich hinaus führt zu Verlusten bzw. zu Abweichungen zwischen dem Soll-Bestand und dem Ist-Bestand.

Service

GETRÄNKE UND GETRÄNKESERVICE

Getränkeumlauf- und -bestandskontrollen

Der Warenumlauf vollzieht sich zwischen dem Magazin, dem Büfett und dem Servicepersonal. Hilfsmittel der Kontrolle sind einerseits die Anforderungsscheine des Büfetts und andererseits die Bons des Servicepersonals.

Sie sind täglich an das Kontrollbüro zu übergeben, von dem die übergeordneten und zusammenfassenden Kontrollen durchgeführt werden.

Beispiel eines Anforderungsscheins

HOTEL ALLGÄU

Datum: 16.11.20..

Warenanforderung der Abteilung: Büfett

☐ Lebensmittellager ☒ Weinkeller ☐ General Store   N° 7450

Menge	Stck / Dose / Kilo / Fl.	Waren-Bezeichnung
10	0,75 l Fl.	Deidesheimer Hofstück
7	0,75 l Fl.	Würzburger Stein
4	1 l Fl.	Bechtheimer Pilgerpfad

Ware ausgeliefert: Reiner (Unterschrift)
Ware empfangen: Hübner (Unterschrift)
Gebucht: Walther (Unterschrift)

Beispiel einer Lagerkarteikarte

Lagerkartei

HOTEL ALLGÄU
Lagerkarteikarte

Stock-Nr.: 12
Lieferant: Böhm
Telefon: 07341 – 12 34 56
Artikel: Deidesheimer Hofstück
Mindestbestand: 60

Datum	EK-Preis	Zugang	Ausgabe	Abteilung	Bestand
02.11	4,83	–	10	Bar	84
03.11		–	10	Büfett	74
07.11		–	30	Büfett	44
09.11	4,94	60	–	–	104
13.11		–	5	Bar	99
16.11		–	10	Büfett	89

Zur lückenlosen Erfassung des Warenumlaufs am Büfett wird im Kontrollbüro oder Magazin für jedes Getränk eine Karteikarte angelegt. In ihr werden, vom Anfangsbestand ausgehend, alle Zu- und Abgänge registriert:

- Grundlage für die Zugänge sind die Anforderungsscheine, die vom Magazin übergeben werden,
- Grundlage für die Abgänge sind die Bons, die nach Erledigung vom Büfett kommen.

In den Karten kann der jeweilige Bestand der Ware entweder nach jedem Zu- oder Abgang festgestellt und eingetragen oder bei Bedarf ermittelt werden.

Beim Einsatz von **Computersystemen** werden die Lagerkarteikarten durch **Dateien** ersetzt. In diese gibt man die Anfangsbestände sowie Zu- und Abgänge der Waren ein. Der Abruf der Sollbestände ist dadurch jederzeit möglich. Die Getränkeabrechnungen können direkt mit der Zapfanlage verbunden werden.

Anfangsbestand
+ Zugänge
– Abgänge
= Endbestand Soll

Soll besagt, wie hoch der Warenbestand laut Karte sein „sollte".

Der Vorteil liegt

- in der genauen Aufzeichnung des Warenabganges,
- bei gleichzeitiger Umsatzerfassung der einzelnen Getränkegruppen,
- in einer Erfassung der Umsätze der einzelnen Servicefachkräfte und
- in der Möglichkeit, jederzeit Zwischenabrechnungen vorzunehmen.

12 Getränkebüfett

Bestandsaufnahme am Büfett

Die Bestände am Büfett werden in regelmäßigen Abständen vom Kontrollbüro überprüft:

- in jedem Falle einmal jährlich für die Jahresbilanz,
- für kurzfristige Kontrollen halb- bzw. vierteljährlich oder sogar monatlich.

Den Vorgang der Bestandsaufnahme nennt man **Inventur**, bei der sowohl die Anzahl der vollen Flaschen als auch die Restinhalte von angebrochenen Flaschen erfasst und in einer Inventurliste eingetragen werden.

Die bei der Inventur ermittelten Zahlen und Werte sind Ist-Bestände. Sie geben an, welcher Warenwert tatsächlich vorhanden ist. Soll- und Ist-Bestände müssten theoretisch übereinstimmen.
Lagerkarteikarte oder Computerdatei werden mit der Inventurliste verglichen. Werden Abweichungen festgestellt, muss der Ursache nachgegangen werden.

> Die Inventur ist in jedem Fall für die Jahresbilanz am Ende des Geschäftsjahres gesetzlich vorgeschrieben. Sie wird jedoch heute zu innerbetrieblichen Kontrollzwecken im Allgemeinen *monatlich* durchgeführt.
> Dabei sind Abweichungen zwischen dem Soll- und Ist-Bestand in der Lagerkarteikarte oder in der Datei zu berichtigen.

Beispiel einer Inventurliste zur Bestandsaufnahme

INVENTURLISTE am 31.01. ....

Abteilung: _Büfett_   Artikelgruppe: _Weine_

	Gegenstand	Kartei-Nr.	Anzahl	Einheit	Inventurwert einzel	Inventurwert gesamt	Bemerkung
1	Weißwein	212	17	0,75 l	8,43	143,31	nicht mehr lieferb.
2	Rotwein	223	22	0,75 l	7,99	175,78	
3							

Weiteres Beispiel mit einer anderen Artikelgruppe

INVENTURLISTE am 31.01. ....

Abteilung: _Büfett_   Artikelgruppe: _Aufgussgetränke_

	Gegenstand	Kartei-Nr.	Anzahl	Einheit	Inventurwert einzel	Inventurwert gesamt	Bemerkung
1	Kaffeemehl	101	4	kg	19,90	79,60	
2	Espressobohnen	103	7	kg	24,10	168,70	
3	Teebeutel	110	280	Beutel	0,07	19,60	

Service

GETRÄNKE UND GETRÄNKESERVICE

Aufgaben

1. Erklären Sie den neuen Auszubildenden die Büfetteinrichtung Ihres Betriebes.
2. Entwerfen Sie zusammen mit Ihren Kollegen eine allgemeine Getränkekarte und eine spezielle Weinkarte.
3. Geben Sie Beispiele, wovon die Gliederung einer kombinierten Getränkekarte abhängig ist.
4. Welche Richtlinien gibt es für die Reihenfolge der Weine in der Weinkarte?
5. Welche Nennvolumen gibt es bei Flaschen für
   a) Erfrischungsgetränke, b) Bier, c) Wein?
6. Ordnen Sie den folgenden Getränken allgemein übliche Serviertemperaturen zu:
   a) Erfrischungsgetränke und Bier, b) Weißwein, Rotwein, Schaumwein,
   c) Liköre und Brände.
7. Welche Bedeutung hat für die Büfettkontrollen das Nummerieren von Getränken?
8. Warum ist es sinnvoll, bei Spirituosen Verkaufseinheiten festzulegen?
9. Welchem Zweck dient die Inventur am Büfett?

Magazin

Im Gastgewerbe versteht man unter **Magazin** die verschiedenen **Lagerräume**, in denen die Waren gelagert und bei Bedarf abgerufen werden. Die Übersicht zeigt das Magazin im organisatorischen Zusammenhang eines größeren Betriebes.

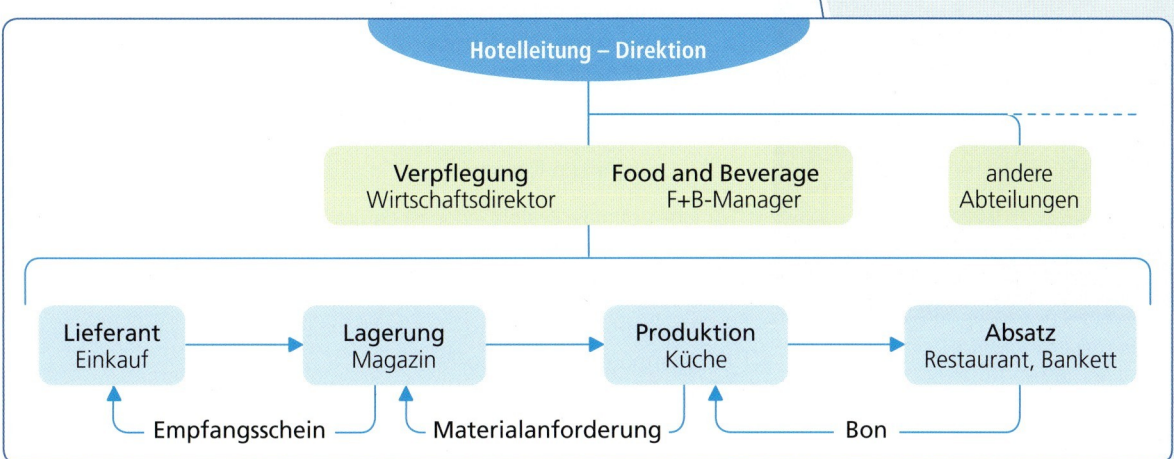

Die Übersicht zeigt auch, dass jeder Veränderung im Warenbestand ein schriftlicher Beleg zugeordnet werden kann.

Die Warenlager werden in einer ersten Unterteilung getrennt nach der **Art des Lagergutes** in die Bereiche
- **Non-food,** das ist alles außer Lebensmitteln, und
- **Food,** die Lebensmittel, wobei bei diesen nach den Lagerbedingungen weiter unterschieden wird.

Ob in Ihrem Betrieb das Magazin als eine eigene Abteilung bezeichnet wird, ist für das Verständnis der folgenden Abschnitte nicht wichtig.
Auch im kleineren Betrieb wird eingekauft, gelagert, gegen Beleg ausgegeben usw. Nur liegen manchmal mehrere Schritte in einer Hand. Dann fällt es weniger auf, dass hier unterschiedliche Vorgänge ablaufen und dass man im Großbetrieb von unterschiedlichen Abteilungen spricht.

1 Warenbeschaffung

🇬🇧 purchasing 🇫🇷 acquisition (w) de la marchandise

„Im Einkauf liegt der halbe Gewinn", sagt ein bekannter kaufmännischer Grundsatz. Ein Einkäufer muss darum nicht nur ein guter Rechner sein, sondern auch folgende Punkte berücksichtigen:
- Welche Waren
- werden zu welchem Preis
- wann
- wo bestellt.

Bedarfsermittlung – Bestellmenge

Der Einkäufer im Großbetrieb, bei Klein- und Mittelbetrieben der Inhaber, wird in Zusammenarbeit mit den einzelnen Abteilungen zunächst feststellen, welche Waren in welcher Menge bestellt werden müssen. Dabei ist z. B. die Saison ebenso zu berücksichtigen wie Sonderveranstaltungen.

Bedarfsermittlung

Warenart wird bestimmt z. B. von
- Angebot des Betriebes (Speisekarte)
- Saison

Warenmenge wird bestimmt von
- bisherigem Absatz
- Lieferdauer
- Haltbarkeit der Waren

Magazin

MAGAZIN

In der Regel kann bei Abnahme einer größeren Menge einer Ware ein günstigerer Preis erzielt werden. Andererseits bringen zu hohe Lagerbestände Nachteile. Es gilt abzuwägen:
- ein **zu großer Lagerbestand**
  - bindet unnötig Kapital, weil die Waren bezahlt werden müssen,
  - benötigt Lagerraum,
  - kann zu unnötigem Verderb führen;
- ein **zu geringer Lagerbestand**
  - kann zu Einschränkungen im Angebot führen, wenn nicht alle Gästewünsche erfüllt werden können,
  - führt zu Nachkäufen, die Zeit beanspruchen und zu höheren Einkaufspreisen führen.

Für eine optimale Bestellmenge ist darum zwischen den Vor- und Nachteilen abzuwägen, die sich aus dem Bezug unterschiedlicher Mengen ergeben.

Wichtige **Kennzahlen** helfen dabei.
- **Höchstbestand:** Er wird bei Frischware und Tiefkühlware durch die Lagermöglichkeiten gegeben.
- **Meldebestand:** Er ist abhängig von der Lieferzeit (wöchentlich, monatlich) und von Verpackungseinheiten, z. B. 360 Eier im Karton.
- **Mindestbestand/eiserner Bestand:** Diese Menge muss stets am Lager sein, damit man in einem bestimmten Rahmen uneingeschränkt anbieten kann. Diese Bestände werden von der Geschäftsleitung festgelegt.

Abb. 1 Geprüfte Waren im Lager

Meldebestand = (Tagesbedarf × Lieferzeit) + Mindestbestand

Beispiel Meldebestand
Ein Betrieb verkauft täglich durchschnittlich 40 Flaschen eines bestimmten Mineralwassers. Der Mindestbestand ist auf 140 Flaschen festgelegt. Es wird jeweils am Dienstag geliefert.
Berechnen Sie den Meldebestand.
(40 Flaschen × 7) + 140 = **420 Flaschen**

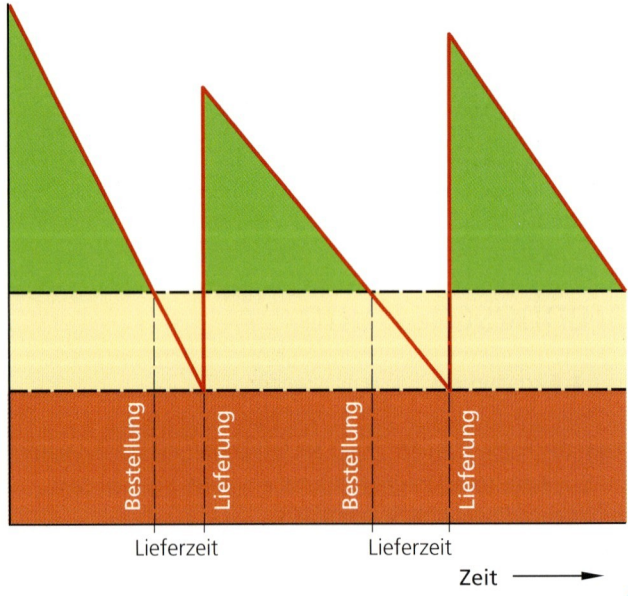

Abb. 2 Lagerbestände

Bestellzeitpunkt

Der Bestellzeitpunkt gibt an, wann die nächste Bestellung zu erfolgen hat. Dabei sind zu beachten:
- Verbrauchsmenge,
- Lieferungsabstände (viele Lebensmittellieferanten kommen z. B. regelmäßig an einem bestimmten Wochentag oder jeweils im Abstand von zwei Wochen),
- Veranstaltungen, Feiertage, Saisonspitzen.

1 Warenbeschaffung

Bezugsquellenermittlung

Nachdem feststeht, welche Waren in welcher Menge zu welchem Zeitpunkt bestellt werden müssen, ist zu ermitteln, bei welchem Betrieb eingekauft werden soll. **Bezugsquellenverzeichnisse** halten Liefer- und Zahlungsbedingungen, eventuelle Rabatte und Lieferzeiten fest.

Angebotsvergleich

Bei einem Vergleich von Angeboten kann man nicht nur vom **Listenpreis** (Preis in der Preisliste) ausgehen. Ein bedachter Vergleich berücksichtigt ferner
- Angebotsform, z. B. Frischware oder Frostware, Handelsklasse, Packungsgrößen,
- Nachlässe wie z. B. Rabatt,
- Zahlungsbedingungen.

Abb. 1 Produktvergleich

Angebotsform

- *Fleisch oder Fisch* können „frisch" oder als Tiefkühlware bezogen werden. Ein Vergleich berücksichtigt den **Tauverlust**.
- *Gemüsekonserven* können unterschiedlich befüllt sein. Will man vergleichen, ist das **Abtropfgewicht** in die Berechnung einzubeziehen.
- *Gemüse und Obst* haben je nach **Qualität** unterschiedliche Vorbereitungsverluste.

Beispiel Angebotsform

Frisches Rinderfilet kostet 28,00 €/kg. Argentinische Ware wird zu 26,80 €/kg angeboten. Beim Auftauen der Importware ist mit einem Verlust von 6 % zu rechnen.
Welches Angebot ist preislich günstiger?

Frischfleisch: 1,000 kg =			28,00 €

Import:			
Einkauf	1,000 kg	100 %	26,80 €
Verlust	0,060 kg	6 %	0,00 €
Fleisch	0,940 kg	94 %	26,80 €
	1,000 kg		28,51 €

Im Vergleich ist das Frischfleisch günstiger.

Nachlässe

Rabatt ist ein Preisnachlass, der aus unterschiedlichen Gründen gewährt werden kann.
- **Mengenrabatt** kann gewährt werden, weil der Verkäufer bei einem größeren Posten vergleichsweise weniger Aufwand hat als wenn die gleiche Warenmenge in viele Einzellieferungen verkauft wird.
- **Sonderrabatt** wird z. B. bei Werbeaktionen gewährt oder dann, wenn wegen der neuen Ernte die Lager an Gemüsekonserven geräumt werden.

Zahlungsbedingungen

Beim Einkauf kann man durch günstige Zahlungsbedingungen Vorteile erzielen.
- **Sofortzahlung:** Bei Übergabe der Ware wird bezahlt.
- **Zielzahlung:** Der Verkäufer lässt dem Käufer eine bestimmte Zeit zur Zahlung, z. B. 30 Tage. Man nennt das Zahlungsziel.
- **Zahlung mit Skonto:** Skonto ist ein Preisnachlass bei Bezahlung innerhalb einer bestimmten Frist, z. B. 14 Tage.

Beispiel Rabatt, Skonto, Bezugskosten

Für Wein liegen zwei Angebote vor. Lieferant A macht folgendes Angebot: Je Flasche 6,00 € netto, ab 100 Flaschen 10 % Rabatt, bei Zahlung innerhalb von 10 Tagen 3 % Skonto. Lieferung frei Haus. Lieferant B verlangt je Flasche 5,25 € und bietet ab 100 Flaschen 5 % Rabatt, Zahlung rein netto, Lieferung unfrei. Es ist mit 35,00 € für Fracht und Zustellung zu rechnen. Die Mehrwertsteuer ist bei diesem Vergleich nicht zu berücksichtigen.
Man beabsichtigt, 200 Flaschen zu kaufen. Wie viel € kostet eine Flasche bei jedem Angebot?

Angebot A	
6,00 € × 200 =	1.200,00 €
– 10 % Rabatt	120,00 €
rabattierter Betrag	1.080,00 €
– 3 % Skonto	32,40 €
Einstandspreis 200 Fl.	1.047,60 €
1 Flasche	5,24 €

Angebot B	
5,25 € × 200 =	1.050,00 €
– 5 % Rabatt	52,50 €
rabattierter Betrag	997,50 €
+ Fracht	35,00 €
Einstandspreis 200 Fl.	1.032,50 €
1 Flasche	5,16 €

Magazin

② Wareneingang

🇬🇧 receiving goods 🇫🇷 entrée (w) des marchandises

Annahme

Die Waren werden im Beisein des Lieferanten angenommen.
- Ohne **Lieferschein** keine Warenannahme.
- Gelieferte Waren mit den Angaben auf dem Bestell- und dem Lieferschein vergleichen.
- Erkennbare (offene) Mängel lässt man sich auf dem Lieferschein bestätigen.

Abb. 1 Warenannahme

Beispiele
- Anzahl stimmt nicht – bei offenen Verpackungseinheiten aufpassen,
- Mindesthaltbarkeitsdatum ist überschritten,
- Verbrauchsdatum ist überschritten,
- Temperaturvorgaben sind nicht eingehalten,
- Frischware ist erkennbar „alt", z. B. welk.

Abschließend wird der **Empfangsschein** unterschrieben. Er dient dem Auslieferer als Beleg gegenüber seiner Geschäftsleitung.

Anlieferungstemperatur Tiefkühl- und kühlpflichtige Frischware

Schlachtfleisch	+ 7 °C
Hackfleisch, Geflügel, Wild	+ 4 °C
Innereien	+ 3 °C
Frischfisch	+ 2 °C
Tiefkühlware	− 18 °C

Erhöhte Gefahr tiefere Temperatur ↓

Mängel

Gastgewerbliche Betriebe sind nach dem HGB verpflichtet, die Ware bei der Annahme zu prüfen und **offene Mängel** unverzüglich zu beanstanden, zu rügen.

Versteckte Mängel, die sich erst zeigen, wenn die Ware weiterverarbeitet wird, müssen unmittelbar nach Entdeckung, spätestens sechs Monate nach dem Kauf gerügt werden.

Gefahrenpunkte (CCP)

Bei eiweißreichen Frischwaren führen erhöhte Temperaturen beim Transport zu einer raschen Keimvermehrung (s. Seite 23). Darum beachten:
- Temperaturkontrolle bei Frischfleisch, besonders bei Hackfleisch
- Sichtkontrolle bei Frischfisch; liegt er zwischen Eis oder im Schmelzwasser?
- Bei Beerenobst, z. B. Erdbeeren, können tiefer liegende Schichten verdorben sein.
- „Schnee" zwischen den Teilen von stückiger Frostware ist ein Zeichen von wechselnden Temperaturen und ein Qualitätsmangel.
- Bei beschädigten Verpackungen/Umhüllungen kann die Ware austrocknen und verliert damit an Qualität. Man nennt diese Veränderung Gefrierbrand (vgl. S. 105).

Abb. 2 Kopfsalat frisch | Kopfsalat zu lange gelagert

Abb. 3 Spargel frisch | Spargel zu lange gelagert

3 Warenlagerung

🇬🇧 storage of goods 🇫🇷 dépôt (m) de marchandises (l'économat)

Nachdem die Waren angenommen sind, müssen sie in die entsprechenden Lager gebracht werden. Dabei sind sachliche und lebensmittelrechtliche Vorgaben zu beachten.

3.1 Grundsätze der Lagerhaltung

Hygienevorschriften legen für einzelne Lebensmittelgruppen Höchsttemperaturen für die Lagerung fest. Diese werden bei den entsprechenden Lebensmitteln genannt. Ferner ist zwischen „unreinen" und „reinen" Lebensmitteln zu unterscheiden.
- Als „unrein" bezeichnet man in diesem Zusammenhang Lebensmittel, die mit Keimen belastet sein können, z. B. durch Reste von Erde an Kartoffeln oder Wurzelgemüse, Insekten im Salat usw
- Weil „reine" Lebensmittel getrennt zu lagern sind, kann die Gefahr der Keimübertragung stark eingeschränkt werden.

Durch eine sachgerechte Lagerhaltung wird versucht, die Qualität der Lebensmittel vom Einkauf bis zum Verbrauch bestmöglichst zu erhalten. Die Art und Weise, wie die Lebensmittel im Einzelnen zu lagern sind, nennt man die Lagerbedingungen.

Die **Lagerbedingungen** umfassen hauptsächlich
- Lagertemperatur und
- Luftfeuchtigkeit sowie
- Forderungen der Hygiene.

Abb. 1 Fleischkühlraum

Lagertemperatur

Die Lagertemperatur ist vor allem bei leicht verderblichen Lebensmitteln genau zu beachten, denn die Vermehrungsgeschwindigkeit der Mikroben steht in direktem Zusammenhang mit der Temperatur. Teilweise sind vom Gesetzgeber Höchsttemperaturen vorgeschrieben, die bei der Lagerung nicht überschritten werden dürfen, so z. B. bei Hackfleisch oder Frischmilch. Andererseits können niedrigere Temperaturen manchen Lebensmitteln schaden. So sollen bestimmte Gemüsearten (Tomaten, Paprika, Auberginen) und Obstsorten (Ananas, Banane) nicht in üblichen Kühlräumen gelagert werden. Diesen Arten schaden niedrigere Temperaturen.

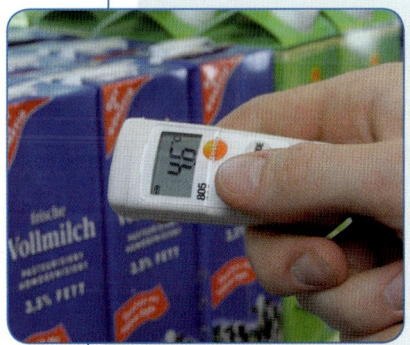

Abb. 2 Thermometer

Luftfeuchtigkeit

Die Luftfeuchtigkeit ist den Bedürfnissen der Lebensmittel anzupassen. Ist sie zu niedrig, werden Obst, Gemüse und insbesondere Salate schnell welk.

Frischfleisch, Käse sowie vorbereitete Lebensmittel trocknen in den Randschichten aus.

Bei zu hoher Luftfeuchtigkeit verliert dagegen Brot rasch die Frische, Puderzucker klumpt und die Schimmelbildung wird bei vielen Lebensmitteln gefördert.

Abb. 3 Hygrometer/Feuchtigkeitsmesser

Magazin

MAGAZIN

Forderungen der Hygiene

Frischware aus dem Pflanzenreich, z. B. Kartoffeln oder Gemüse, ist mit Erde behaftet. Im Erdreich befindet sich immer eine hohe Zahl von Mikroorganismen. Aber auch tierische Produkte wie ganze Fische, ungerupftes Geflügel oder Wild in der Decke sind Keimträger. Um zu vermeiden, dass Krankheitserreger auf andere, unverpackte Frischware oder vorbereitete Speisen übertragen werden, geben Hygieneverordnungen entsprechende Vorschriften. Weil die Lagerbedingungen so unterschiedlich sind, benötigt ein gastgewerblicher Betrieb mehrere Lagerräume.

3.2 Lagerräume

Magazin oder Normallager ①

① **Gefahrenpunkte:**
- Bei zu hoher Luftfeuchtigkeit kommt es zu Schimmelbildung.
- Bei geöffneten Verpackungen können Gerüche übertragen werden.

Hier werden gelagert:

- **Trockenprodukte** wie Mehl, Reis, Teigwaren, Zucker, Rosinen, Marzipan.
- **Konserven** mit Ausnahme solcher mit eingeschränkter Haltbarkeit (siehe bei Mindesthaltbarkeit).
  Der Raum wird möglichst kühl, dunkel und trocken gehalten.

Kühlräume ②

② **Gefahrenpunkte:**
- Verluste durch Austrocknen, wenn die Waren nicht abgedeckt sind.
- Übertragung von Fremdgerüchen, wenn die Waren nicht abgedeckt sind.
- „Kühlraumgeruch" entsteht, weil sich neben verdunstendem Wasser auch flüchtige Bestandteile an Regalen und Wänden festlegen. Diese Art von Verschmutzung ist zwar nicht sichtbar, führt aber zu dem typischen Kühlraumgeruch. Regelmäßiges Ausräumen und Reinigen wirkt dem entgegen.
- Mikrobenvermehrung, wenn zu warm oder zu lange gelagert wird.

Der überwiegende Teil der Frischware wird gekühlt gelagert. Wegen der unterschiedlichen Lagertemperaturen und wegen der Hygienevorschriften ist zu trennen:

- **Gemüse und Obst** wird mit hoher Luftfeuchtigkeit bei + 6 °C bis + 8 °C gelagert.
- **Milch und Milcherzeugnisse** lagern bei etwa + 8 °C. Verpackte Ware kann zusammen mit anderen Produkten lagern, offene Ware muss getrennt untergebracht sein.
- **Frischfleisch und Fleischteile** auch von Wild und Geflügel lagern zusammen bei + 4 °C
- **Fische**, ganze Tiere oder Filets sowie gekochte Krebs- und Weichtiere lagern bei höchstens 2 °C am besten zwischen Eis.
- **Kühllager Getränke**/Flaschenkühlraum: Säfte, Limo, Wasser
- **Kühllager Bier:** Außer Fässern, Kegs und Getränke-Containern keine anderen Waren.

Tiefkühlräume ③

③ **Gefahrenpunkte:**
- Angelieferte Ware wird nicht sofort in den Tiefkühlraum gebracht.
- Tiefkühlraum wird zu oft geöffnet, Wärme strömt ein und führt zu „Schneebildung".
- Gefrierbrand entsteht bei verletzter oder geöffneter Packung.
- Mikrobenvermehrung, wenn die Tiefkühlkette unterbrochen wird.

Das bestimmende Merkmal für TK-Ware ist die Temperaturhöchstgrenze von −18 °C. Die Verpackung schützt zugleich vor einer Keimübertragung. Darum ist eine Trennung der Lebensmittelgruppen hier nicht notwendig.

Besonderheit bei Tiefkühlware

Eis, also festes Wasser, kann verdunsten, ohne vorher flüssig zu werden. Man kann das bei einfachen Kühlgeräten beobachten: An den Kühlplatten bildet sich Eis, ohne dass diese mit Wasser in Berührung gekommen wären. Dieser Vorgang führt bei Lebensmitteln zu Schneebildung und Gefrierbrand.

"Schnee" entsteht bei wechselnden Temperaturen, wenn der Raum wiederholt geöffnet wird, wenn man z. B. "schnell etwas kaltstellt". Dann tritt Wasser aus den Zellen der Lebensmittel und gefriert außerhalb des Lebensmittels, aber innerhalb der Verpackung zu Schnee. Die Ware trocknet teilweise aus und verliert an Qualität. Es besteht jedoch keine gesundheitliche Gefahr.

Zu **Gefrierbrand** kommt es bei bei fehlender oder schadhafter Verpackung. Aus den Lebensmitteln verdunstet Wasser, die Ware trocknet aus und verfärbt sich. Befallene Stellen müssen entsorgt werden.

Abb. 1 Gefrierbrand bei beschädigter Umhüllung

Warenannahme und Warenlagerung

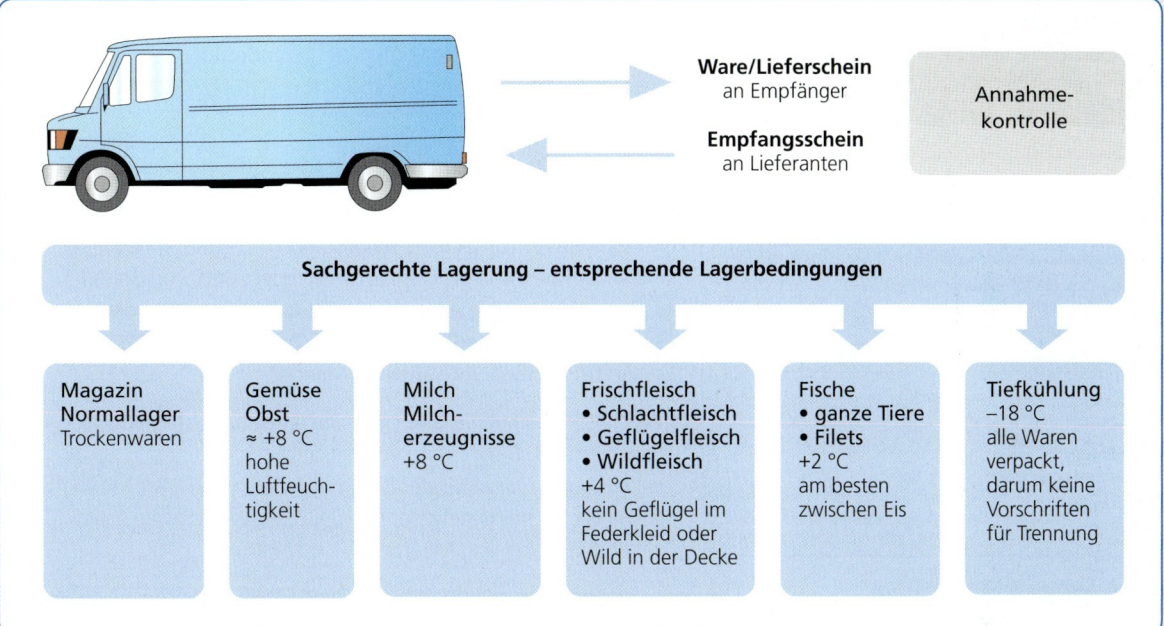

Beim **Einräumen der Ware** gilt in allen Bereichen: Altes nach vorne, Neues nach hinten.

Das macht zwar zusätzliche Arbeit, doch nur so ist gewährleistet, dass die Bestände nicht veralten.

FiFo → First in / First out

Fristen beachten

Das **Mindesthaltbarkeitsdatum** gibt an, wie lange das Lebensmittel bei sachgemäßer Lagerung mindestens haltbar ist. Bis zu diesem Zeitpunkt trägt der Hersteller die Verantwortung (Garantie). Wenn die Ware nach diesem Zeitpunkt bei sachkundiger Prüfung in Ordnung ist, kann sie ohne Einschränkung verwendet werden.

Das **Verbrauchsdatum** steht bei sehr leicht verderblichen Lebensmitteln. Es ist rechtlich verbindlich. Nach dem Termin gelten die Waren als verdorben und dürfen nicht mehr verwendet werden.

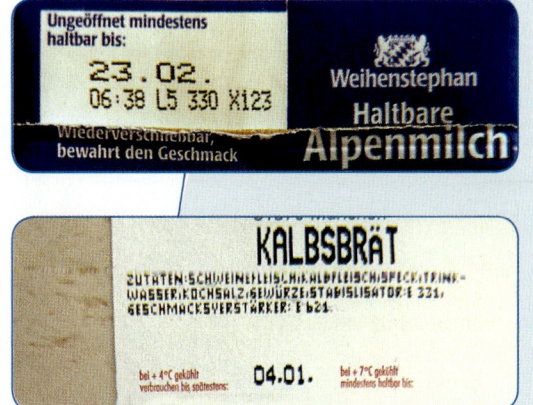

Magazin

④ Warenausgabe

🇬🇧 issuing goods 🇫🇷 sortie (w) des marchandises

In Betrieben kann man nicht wie in einem Haushalt Dose für Dose oder Flasche für Flasche dann aus dem Vorratsbestand entnehmen, wenn man sie gerade braucht. Der Bedarf wird für eine bestimmte Zeit zusammengefasst und dem Vorrat entnommen.

Ohne Beleg keine Ware, lautet der Grundsatz bei der Warenausgabe. So wie beim Zugang von Waren zum Magazin der Empfangsschein zu unterschreiben ist, so fordert das Magazin eine schriftliche Unterlage von den anfordernden Abteilungen.

In der **Lagerfachkarte** werden die Veränderungen im Bestand eingetragen. Damit ist eine laufende Übersicht über den Bestand gegeben.

Die EDV in der Buchhaltung liefert Listen, die eine Abgleichung der Werte ermöglichen.

Bei einer **Inventur** werden Sollbestände mit Istbeständen verglichen.
- Der **Sollbestand** wird **errechnet**, indem zum vorhandenen Bestand Zugänge addiert und der Verbrauch abgezogen wird.
- Den **Istbestand** erhält man durch Zählen oder Messen. Er nennt die **tatsächlich vorhandene** Menge.

Wenn Ist- und Sollbestand nicht übereinstimmen, spricht man von **Fehlbestand**. Dieser kann entstehen durch
- Schwund, Verderb oder Bruch,
- Fehler bei der Datenerfassung, z. B. Eintragung vergessen,
- Unehrlichkeit von Mitarbeitern.

Inventur ist die Bestandsaufnahme der vorhandenen Waren zu einem bestimmten Zeitpunkt. Das Handelsgesetzbuch schreibt mindestens eine Inventur zum Ende des Wirtschaftsjahres vor. Größere Betriebe führen Inventuren in kürzeren Abständen durch oder haben eine permanente Inventur, wenn alle Zu- und Abgänge von Lebensmitteln und Getränken im Warenwirtschaftssystem der EDV-Anlage gespeichert werden.

Bei der Inventur werden die vorhandenen Produkte gezählt, gemessen oder gewogen und in Listen erfasst und bewertet. So kann festgestellt werden, welches Vermögen in den Waren gebunden ist, aber auch wie viel verbraucht worden ist, kurz: wie gewirtschaftet worden ist.

Zugang: Ware wird angenommen und verbucht.

Brathähnchen

Datum	Vorgang	Zugang	Verbrauch	Bestand
1.10.	Übertrag			14
3.10.	Geflügel Schulze	48		62
5.10.	Anford. Küche		12	50

Verbrauch: Ware wird angefordert und ausgegeben.

Dafür ist die Lagerverwaltung verantwortlich.

Abb. 1 Lagerfachkarte

Warenverbrauch/Wareneinsatz

Bei der Produktion von Speisen machen die Kosten für Lebensmittel einen großen Anteil aus. Darum wird vielfach von der Betriebsleitung ein gewisser Anteil des Inklusivpreises als Richtschnur für den Wareneinsatzvorgegeben. Die Werte aus der Inventur leifern dazu die Grundlage.

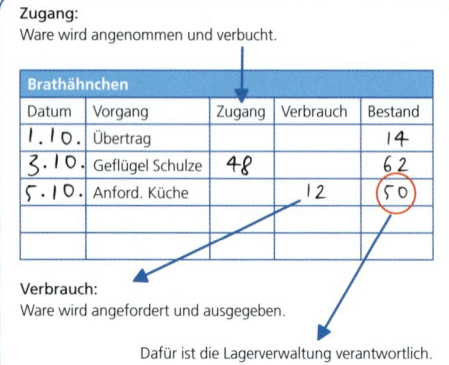

Dem Anfangsbestand (bekannt von der letzten Inventur) werden alle Einkäufe zugerechnet, den Endbestand (jetzige Inventur) zieht man davon ab. Der Unterschied ist der Betrag für die in der Küche verarbeitete Waren. Den Wareneinsatz setzt man in Bezug zum Umsatz.

$$\text{Wareneinsatz in \%} = \frac{\text{Warenkosten} \times 100\%}{\text{Umsatz Speisen}}$$

5 Lagerkennzahlen

🇬🇧 stock ratios 🇫🇷 ratios (m) des stocks

Das Lager bindet vom Wareneingang bis zum Verkauf der Speisen oder Getränke erhebliches Kapital. Eine vergleichende Bewertung ist durch die Kennzahlen für
- Lagerbestand und
- Lagerdauer möglich.

Bei der Inventur des Lebensmittellagers ergaben sich folgende Werte: Anfangsbestand 33.000 €, Summe der 12 Monatsendbestände 240.000 E, Wareneinsatz/Warenverbrauch 231.000 E. Ermitteln Sie
a) den durchschnittlichen Lagerbestand,
b) die Umschlagshäufigkeit,
c) die durchschnittliche Lagerdauer.

Abb. Durchschnittlicher Lagerbestand

Der **durchschnittliche Lagerbestand** nennt den Durchschnitt/Mittelwert für ein Lager im Abrechnungszeitraum.

$$\varnothing \text{ Lagerbestand} = \frac{\text{Anfangsbestand} + \text{12 Monatsendbestände}}{1 + \text{Anzahl Endbestände}}$$

$$\varnothing \text{ Lagerbestand} = \frac{33.000 \text{ €} + 240.000 \text{ €}}{1 + 12} = 21.000 \text{ €}$$

Die **Umschlagshäufigkeit** sagt aus, wie oft ein Lager innerhalb eines Jahres (gedanklich) ganz leer und wieder gefüllt ist. Denken Sie z. B. an Heizöl.

$$\text{Umschlagshäufigkeit} = \frac{\text{Wareneinsatz}}{\text{durchschn. Lagerbestand}}$$

$$\text{Umschlagshäufigkeit} = \frac{231.000}{21.000} = 11$$

Die **durchschnittliche Lagerdauer** nennt die Anzahl der Tage, die eine Ware durchschnittlich im Lager ist. Dieser Wert ist besonders bei Frischware wichtig. Je kürzer die Lagerhaltung, desto besser die Qualitätserhaltung.

$$\varnothing \text{ Lagerdauer} = \frac{360 \text{ Tage (ein Jahr)}}{\text{Umschlagshäufigkeit}}$$

$$\varnothing \text{ Lagerdauer} = \frac{360}{11} = 33 \text{ Tage}$$

Magazin

1 Nennen Sie die Namen der Schriftstücke bei folgenden Abläufen:
   a) Magazin bestätigt dem Lieferanten den richtigen Empfang der Waren.
   b) Ausfahrer weist nach, was er zu liefern hat.
   c) Küche will Waren aus dem Magazin.
   d) Restaurant will eine Portion Rinderschmorbraten von der Küche.

2 Nennen Sie je zwei Beispiele für offene und für versteckte Mängel.

3 Auf dem Lieferschein stehen 12 Flaschen Kräuteressig. Es werden jedoch nur 10 Flaschen angeliefert. Sie haben den Auftrag, die Waren anzunehmen. Wie verhalten Sie sich?

4 Nennen Sie drei Lagerbedingungen und erläutern Sie eine davon näher.

5 In einem Lagerraum für Trockenwaren hat sich in einer Ecke Schimmel gebildet. Nennen Sie mögliche Gründe.

6 Manchmal wird von Verpackungen nur eine Teilmenge benötigt. Warum muss dann die Verpackung wieder sorgfältig verschlossen werden?

7 Nennen Sie Gründe, warum aus hygienischen Gründen Gemüse und Fleisch nicht zusammen im Kühlraum gelagert werden dürfen.

8 Was geschieht, wenn unverpackte Ware im Tiefkühlraum gelagert wird?

9 „Und merke Dir: Fifo, auch wenn es Arbeit macht", sagte der Magazinleiter zum neuen Auszubildenden. Erläutern Sie den Begriff.

10 „Die Ware im Lager bindet unnötig Kapital. Darum muss der Lagerbestand ganz niedrig gehalten werden." Beurteilen Sie:
   a) Welche Nachteile können mit einem sehr geringen Lagerbestand verbunden sein?
   b) Wie nennt man den Bestand, der zur Absicherung des Betriebsablaufs immer vorhanden sein muss?
   c) Wer legt diesen Wert fest?

11 Nennen Sie Faktoren, die die Höhe des Meldebestandes beeinflussen.

12 Die Buchführung des Hotels Königshof liefert folgende Werte:
   01.01.   9.657,00 €
   31.01. 11.870,00 €   30.04. 11.621,00 €   31.07. 11.864,00 €   31.10.   6.756,00 €
   28.02.   6.453,00 €   31.05.   8.879,00 €   31.08. 13.452,00 €   30.11. 11.829,00 €
   31.03. 13.236,00 €   30.06.   9.682,00 €   30.09. 12.461,00 €   31.12.   8.973,00 €

   Berechnen Sie den durchschnittlichen Lagerbestand.

13 Die Lagerbuchhaltung weist für das vergangene Jahr folgende Werte aus:
   Anfangsbestand   15.200,00 €
   Summe der Monatsendbestände   182.400,00 €
   Wareneinsatz während des Jahres 258.400,00 €

   Berechnen Sie die Lagerumschlagshäufigkeit und die durchschnittliche Lagerdauer in Tagen.

14 Die Lagerfachkarte für einen Tischwein enthält folgende Eintragungen:
   Mindestbestand   20 Flaschen
   Lieferdauer   7 Tage
   Meldebestand   90 Flaschen

   Können Sie aus diesen Angaben den durchschnittlichen Tagesverkauf ermitteln?

15 Für Gemüse wurde im Vorjahr eine durchschnittliche Lagerdauer von 15 Tagen ermittelt. Für dieses Jahr ist eine Lagerumschlagshäufigkeit von 30 geplant.
   In welchem Fall ist die Lagerdauer kürzer?

6 Büroorganisation

🇬🇧 office organization 🇫🇷 organisation (w) de bureau

6.1 Schriftliche Arbeiten

Innerhalb der Ausbildung lernt man die unterschiedlichen Arten von berufsbezogenen schriftlichen Arbeiten kennen.
- **Karteien**, z. B. als Rezeptkartei im Abschnitt Arbeitsplanung, als Lagerfachkarte im Magazin
- **Arbeitsablaufpläne**
- **Checklisten**
- **Speise- und Getränkekarten**

Diese arbeitsplatzbezogenen schriftlichen Arbeiten sind dort besprochen, wo sie sachlich vorkommen. Die Besonderheiten bei der Gestaltung und der Schreibweise bei Speisekarten z. B. innerhalb der Menükunde. Hier wird vorgestellt, was allen Schriftstücken gemeinsam ist.

6.2 Ablage- und Ordnungssysteme

Wenn innerhalb eines Betriebes ein Vorgang, z. B. eine Bestellung, ordnungsgemäß ausgeführt worden ist, dann werden alle zugehörigen Informationen aufbewahrt. Man sagt, sie kommen in die **Ablage**. Wenn die Schriftstücke sicher und rasch wiedergefunden werden sollen, müssen diese nach einem vereinbarten System an festgelegten Stellen abgelegt werden. Die geplante Ablage nennt man **Registratur**. Dabei kann nach verschiedenen Arten geordnet werden. Man spricht von Ordnungsgrundsätzen oder **Ordnungsprinzipien oder Ordnungssystemen**.

Ordnungssysteme

Zunächst wird nach Vorgängen unterschieden. Das können z. B. sein:
- *Personen,* wie Gäste oder Lieferaten
- *Vorgänge*, z. B. Frühlingsfest, Spargelwoche

Innerhalb dieser ersten Einteilung wird weiter unterteilt.

Alphabetisch geordnet ist eine Ablage, wenn nach den Anfangsbuchstaben z. B. der Lieferfirmen oder der Gäste geordnet wird. Auf **A** folgt **B** usw. Kommt ein Anfangsbuchstabe mehrmals vor, berücksichtigt man den Folgebuchstaben. Beispiel: Lieferant **Be**rthold steht vor **Bu**sch.

Chronologisch geordnet ist eine Ablage, wenn nach dem Datum abgelegt wird. Beispiele: eine Reservierung für einen Tisch im Restaurant, die Kontrolllisten.

Auch die Kontrolllisten, nach denen die betriebsinternen Kontrollen (HACCP) nach der Lebensmittelverordnung durchzuführen sind, werden sinnvollerweise nach dem Datum abgelegt, an dem sie auszuführen sind.

Alphanumerisch geordnet ist eine Ablage, wenn zunächst nach dem Alphabet und dann nach der Nummer unterschieden wird. Das kann sein das Datum, die Rechnungsnummer usw.

Ablagesysteme

Damit zusammenbleibt, was zusammengehört, verwendet man unterschiedliche Schriftgutbehälter.
- Sichthüllen dienen der raschen vorläufigen Aufbewahrung. Es gibt sie oben und an der Seite offen in verschiedenen Farben.
- Aktendeckel sind aus gefaltetem Karton. Im Unterschied zu den Sichthüllen haben sie den Vor- oder Nachteil, dass man den Inhalt nicht sieht.
- Schnellhefter mit oder ohne durchsichtige Oberseite halten die Schriftstücke mit einem Heftstreifen zusammen.
- Hängemappen sind unten geschlossen und seitlich mit oder ohne Gewebestreifen. Sie hängen mit Haken in einem Rahmen und erlauben einen raschen Zugriff.
- Ordner sind aus starker Pappe gefertigt und in mehreren Breiten mit unterschiedlicher Mechanik verfügbar. „Selbst stehende" Ordner kippen nicht und werden bevorzugt.
- Archivschachteln sind aus Pappe und werden für die staubfreie Altablage von Schriftgut verwendet.
- Elektronische Datenträger erfassen die Daten auf kleinstem Raum.

● Im geschäftlichen Bereich wird in den meisten Fällen der neueste Vorgang „oben auf" gelegt. Das bringt den Vorteil, dass man das Neue immer zuerst zur Hand hat. Man nennt das kaufmännische Ablage. Legt man dagegen das Neue immer hinten ab, wie z. B. in einem Fotoalbum, spricht man von Buchablage.

7 Datenverarbeitung

🇬🇧 data processing 🇫🇷 traitement (m) des données

Mit Hilfe der Datenverarbeitung werden viele Arbeitsvorgänge automatisiert, die früher z. T. zeitaufwendig und mühsam erledigt werden mussten.

Die technischen Geräte, die der Datenverarbeitung dienen, werden **Hardware** genannt. Was ein Rechner kann, hängt von der **Software** ab.

Neben allgemeinen Programmen wie Textverarbeitung (z. B. Word) oder Tabellenkalkulation (z. B. Excel) gibt es die **Branchensoftware**. Darunter versteht man Programme, die eigens für bestimmte Aufgaben bestimmter Branchen, bestimmter Betriebszweige gemacht sind. Verbreitet sind im Gastgewerbe z. B. Bankett-Profi, Fidelio oder Protel.

Jede Datenverarbeitungsanlage arbeitet nach dem **E-V-A**-Prinzip.
Erfasst werden die Daten z. B. über die Tastatur oder den Scanner.
Verarbeitet werden die Daten durch bestimmte Programme.
Ausgegeben werden die Ergebnisse über Bildschirm oder Drucker.

7.1 Geräte (Hardware)   🇬🇧 equipment   🇫🇷 appareils (m)

Mit Hilfe von **Eingabegeräten** gelangen die Daten in den Rechner. Neben der
- **Tastatur** und der
- **Maus** dient dazu auch der
- **Scanner**, vergleichbar einem Kopiergerät.
- **Barcodeleser** können die Informationen aus Strichcodes übernehmen.
- **Handterminals** können z. B. im Service verwendet werden, um Bestellungen direkt vom Tisch des Gastes aus in das System einzugeben.

Ausgabegeräte sind vorwiegend
- **Bildschirm** und
- **Drucker**.
  Neben dem üblichen Drucker kennt man auch einen besonderen Bondrucker, der direkt in der Küche oder am Getränkebüfett ausdruckt.

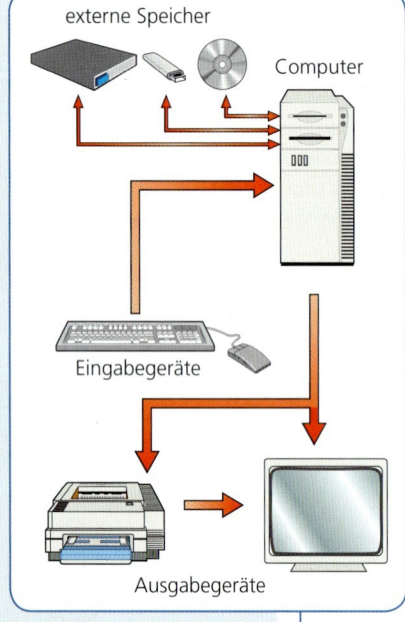

Abb. 1 Computersystem

7.2 Software   🇬🇧 software   🇫🇷 logiciel (m)

Was eine EDV-Anlage „kann", hängt von der installierten Software ab.
- **Standardsoftware** ist
  - Textverarbeitung, z. B. Word
  - Tabellenkalkulation, z. B. Excel
  - Datenverwaltung, z. B. Access
- **Branchensoftware** ist speziell für eine Branche oder Teilbereiche entwickelt, z. B.
  - Kassensysteme, so genannte Kellnerkassen,
  - Veranstaltungssoftware, z. B. Bankett-Profi,
  - Rezeptverwaltung
- **Individualsoftware** ist für einen ganz bestimmten Betrieb oder für ein besonderes Problem erstellte Software.

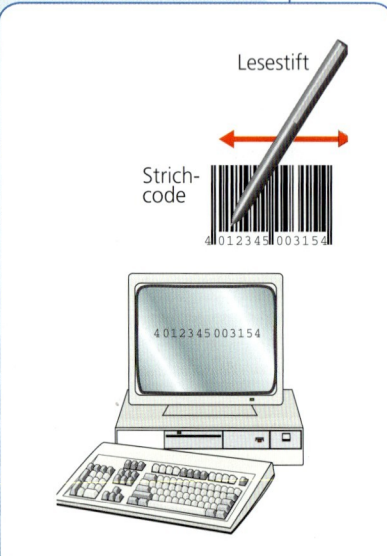

Abb. 2 Barcodeleser

Beispiel für das Zusammenwirken vernetzter Geräte:
Ein Gast bestellt eine Flasche Wein

Service	Getränkebüfett	Getränkelager
ordert eine Flasche Wein über Terminal	• Bon wird ausgedruckt	• Bestand wird überwacht

	• Bestellung wird
	  • dem Mitarbeiter belastet
	  • vom Büfettbestand abgebucht
	  • beim Gastkonto (Guest-Check) belastet
		• evtl. Bestellung vorgemerkt

Von Datenkommunikation oder Netzwerk spricht man, wenn die Geräte vernetzt sind, wenn gleichsam der eine Rechner weiß, was auf dem anderen gemacht wird. Software und Daten können zentral auf einem sogenannten Server abgelegt werden. Alle PCs und Terminals greifen hierauf zu.

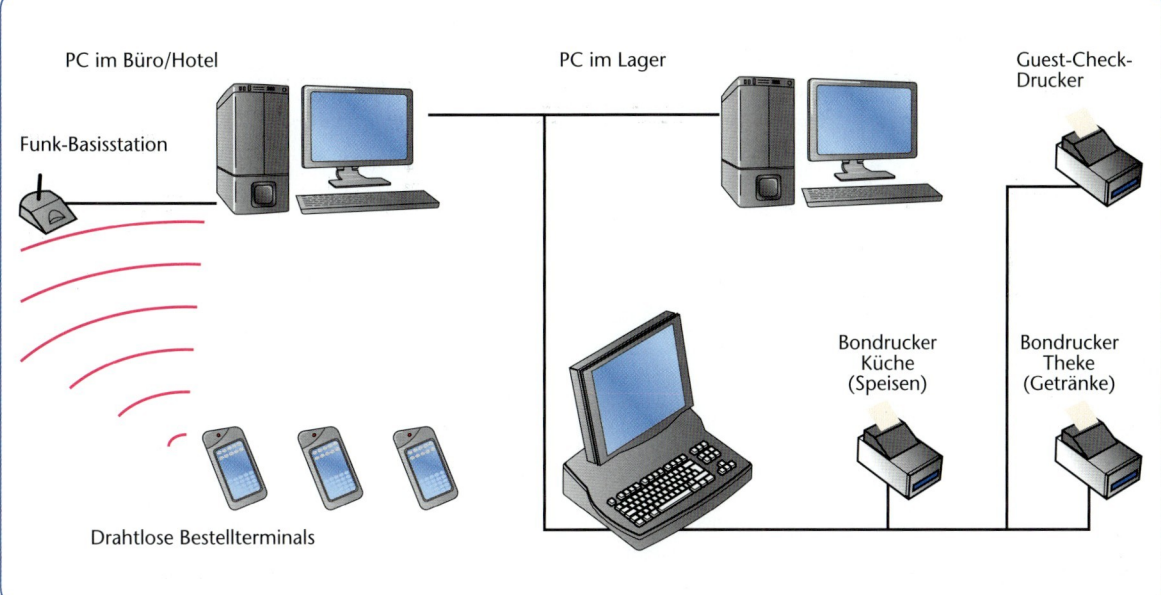

Abb. 1 Vernetzung: Service – Warenwirtschaft

7.3 Datensicherung und Datenschutz

🇬🇧 data security 🇫🇷 protection (w) des données

Unter **Datensicherung** versteht man alle Maßnahmen zu Sicherung der Datenbestände. Die Sicherung von Daten ist unbedingt notwendig, denn diese können
- zufällig verloren gehen, z. B. durch eine falsche Bedienung der Tastatur oder einen kurzfristigen Stromausfall,
- absichtlich verfälscht oder zerstört werden.

Dem wird durch unterschiedliche Verfahren der Datensicherung entgegengewirkt.
- Eine automatische Abspeicherung der Daten während der Arbeit kann über die Systemsteuerung in den Rechner eingegeben werden. Das sichert für den Fall einer Störung, dass nur die Daten seit der letzten automatischen Sicherung verloren gehen.
- Eine Gesamtsicherung oder Tagessicherung wird auf einem anderen Medium angelegt. Man nennt das **Back-up**. Damit sind die Daten außerhalb des Computers gesichert und von diesem Gerät völlig unabhängig.

Der Datenschutz schützt personenbezogene Daten vor Missbrauch. Die Bestimmungen des Datenschutzgesetzes versuchen einen Ausgleich zwischen dem Schutz der Persönlichkeit und dem Recht auf Informationen von Institutionen zu schaffen, z. B. Hotels, die die Anschriften für Werbeaktionen nutzen wollen.

PROJEKT

Arbeiten im Magazin

Ihr Haus plant eine Aktionswoche unter dem Motto
Aus Neptuns Reich.
Sie sollen im Rahmen Ihrer Ausbildung bei dieser Aktion mitwirken.

Angebote einholen und vergleichen

1. Welche Möglichkeiten hat man, umfassende Angebote einzuholen?

2. Angenommen, Sie suchen über eine Suchmaschine im Internet.
   Welche Begriffe/Suchworte können rasch zu brauchbaren Ergebnissen führen?

3. Für das Tagesgericht Heilbutt nach Art der Herzogin rechnet man mit 65 Portionen je 180 g Fischfilet. Der Vorbereitungsverlust wird mit 35 Prozent angenommen. Wie viel kg Heilbutt sind zu bestellen?

4. Im Rahmen der Aktionswoche bieten wir hausgebeizten Lachs.
   Es liegen zwei Angebote vor.
   Angebot A: Lachs als ganzer Fisch zu 4,90 €/kg. Aus Erfahrung ist mit 45 Prozent Verlust beim Filetieren zu rechnen.

   Angebot B: Lachsseite zu 9,40 €/kg. In diesem Fall entstehen keine Verluste.

   Berechnen Sie den Preisunterschied je kg.

5. „Ein preisgünstiges Gericht, bei dem der Fisch im Einkauf nicht mehr als 2,40 € kostet, muss in unser Angebot." Das gebratene Filet soll 180 Gramm wiegen.
   Man rechnet mit einem Bratverlust von 28 Prozent. Der Preis bestimmt also die Fischart.
   Wie viel € darf ein kg Fischfilet im Einkauf höchstens kosten?

Ware annehmen

Die bestellte Ware wird geliefert. Sie sind beauftragt, diese anzunehmen.

1. Welche Schriftstücke benötigt man bei einer korrekten Warenannahme?

2. Worauf achten Sie bei der Warenannahme? Welche Punkte kontrollieren Sie?

3. Es waren 60 Seezungen bestellt. Geliefert werden zwei Behältnisse mit je 20 Seezungen. Was werden Sie unternehmen?

4. Die frischen Seezungen sind nicht von crushed Eis umgeben. Darum prüfen Sie die Temperatur und stellen fest: + 7 ° C. Wie haben Sie zu handeln?

5. Wie werden Frischfische aufbewahrt?

6. Nennen Sie für die folgenden Waren jeweils einen Lagerort und die Lagerbedingungen: Frostfisch, Räucheraal, Dose mit Bismarckheringen, Mayonnaise, Crème fraîche für Salate.

Zwischenprüfung

Die Verordnungen der die Berufsausbildung im Gastgewerbe und die zum Koch/zur Köchin sehen nach einem Ausbildungsjahr eine **Zwischenprüfung** vor. Zu den Berufen im Gastgewerbe zählen u. a. die Fachkraft im Gastgewerbe, Restaurantfachmann/Restaurantfachfrau, Hotelfachmann/Hotelfachfrau und Fachmann/Fachfrau für Systemgastronomie.

Für diese Berufe ist in der Ausbildung eine gemeinsame Grundstufe vorgesehen, und darum sind auch die Bestimmungen für die Zwischenprüfung vergleichbar. Ein Auszug aus den Bestimmungen, die für alle Berufe gelten:

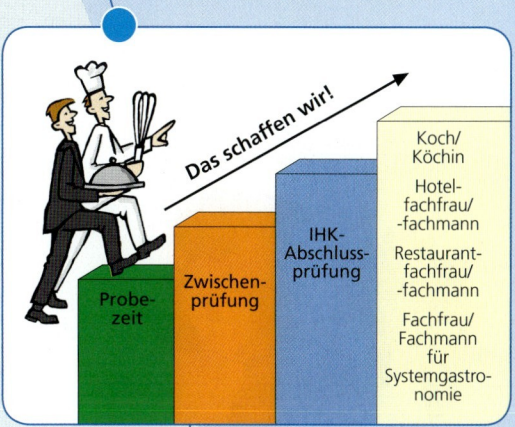

Zwischenprüfung

(3) In höchstens drei Stunden soll der Prüfling eine praktische Aufgabe bearbeiten. Dabei soll er zeigen, dass er Arbeiten planen, durchführen und präsentieren, die Ergebnisse kontrollieren und Gesichtspunkte der Hygiene, des Umweltschutzes, der Wirtschaftlichkeit und der Gästeorientierung berücksichtigen kann. Hierfür kommen insbesondere in Betracht:
1. Planen von Arbeitsschritten,
2. Anwenden von Arbeitstechniken und
3. Präsentieren von Produkten.

Vergleichen Sie zu diesen Prüfungsinhalten die Lerngebiete im Buch:		Bewertungen
• Planen von Arbeitsschritten	➡ Umrechnen von Rezepten, Seite 162 ➡ Arbeitsablaufplan, Seite 53	100 Punkte
• Anwenden von Arbeitstechniken	➡ Grundtechniken der Küche, Seite 136 ➡ Garverfahren, Seite 140 ➡ Zubereiten einfacher Speisen, Seite 167	100 Punkte
• Präsentieren von Produkten	➡ Grundkenntnisse im Service, Seite 237 ➡ Beschreiben von Speisen, Seite 157	100 Punkte

Themen der Zwischenprüfung

Beispiele Koch
In Ihrem Ausbildungsbetrieb bestellen Gäste **Schweinerückensteak in der Pfanne gebraten, Kräuterbutter, Würfelkartoffeln**. Ihr Küchenchef beauftragt Sie, zwei Portionen herzustellen.

Oder

Ihr Ausbilder beauftragt Sie, **zwei Salatplatten mit gekochtem Ei** zuzubereiten. Tomaten, Gurken, Blattsalate, Kartoffel und Karotten stehen bereit.

Für die Ausarbeitung erhalten Sie vorbereitete Blätter wie auf der Folgeseite.

Beispiele Gastgewerbe
Sie werden beauftragt, eine **Warenlieferung anzunehmen**. Welche Bereiche sind bei der Warenannahme zu kontrollieren? Nennen Sie auf der vorgegebenen Warenliste die für die Lagerung vorgeschriebenen Mindest-Temperaturen.

Bereiten Sie für eine Person **Rühreier mit Schinken auf Toast und Joghurt mit Früchten** zu.

Decken Sie einen Tisch für ein erweitertes Frühstück. Servieren Sie die Zubereitungen und beraten Sie die Gäste.

Projekt

Zwischenprüfung (Fortsetzung)

Beispiel Koch

Situation: In Ihrem Ausbildungsbetrieb bestellen Gäste **Schweinefilet in der Pfanne gebraten, Kräuterbutter, bunte Gemüse und Streichholzkartoffeln.** Ihr Küchenchef beauftragt Sie, zwei Portionen herzustellen.

Aufgabe 1a: Erstellen Sie eine Warenanforderung mit genauen Mengenangaben.

Warenanforderung	
Menge	Ware

Aufgabe 1b: Erstellen Sie einen Arbeitsablaufplan in Stichworten und mit Zeitangaben.

Arbeitsablaufplan	
Zeit in Min.	Arbeitsschritt

Aufgabe 2: Bereiten Sie das Steak mit Beilagen zu.

Aufgabe 3: Im Restaurant ist ein Tisch für zwei Personen einzudecken. Decken Sie zuerst den Tisch für zwei Personen ein. Präsentieren Sie dort Ihre Zubereitung und beantworten Sie die gastorientierten Fragen der Prüfungskommission.

1. Führen Sie zumindest die Aufgaben 1 und 3 der Prüfungsanforderungen aus.
2. Fragen Sie Ihre KollegInnen, welche Aufgaben sie zu bearbeiten hatten. Das ist eine gute Möglichkeit zu üben.
3. Üben Sie das Präsentieren und neben dem richtigen Eindecken auch die Gästeorientierung. Es wird erwartet, dass Sie das Gericht verkaufsfördernd anbieten können und auf Nachfragen über die verwendeten Rohstoffe und die Zubereitung Auskunft geben können.
4. Bitten Sie einen Kollegen/eine Kollegin, die Gastrolle zu übernehmen. Üben Sie sprachlich das Anbieten der Speise, lassen Sie sich mit Nachfragen über die Zubereitung und den Geschmack „löchern".

Lebensmittel

1 Gemüse

 vegetables légumes (m)

1.1 Gemüse in der Ernährung

Die meisten Gemüse haben einen geringen Energiegehalt, da sie vergleichsweise wenig Kohlenhydrate, Fette und Eiweiß enthalten. Sie sind jedoch wichtige Lieferanten von Vitaminen, Mineralstoffen und Extraktstoffen, die geschmacksgebend und appetitanregend wirken. Der hohe Gehalt an Zellulose (Rohfaser) füllt den Magen-Darm-Trakt, erzeugt dadurch ein Sättigungsgefühl und fördert die Darmbewegung.

Sekundäre **P**flanzen-**S**toffe (SPS) oder bioaktive Pflanzenstoffe nennt man Stoffe, die nicht zu den primären Nährstoffen (KH, E, F) zählen. Sie dienen zunächst den Pflanzen selbst als Schutzstoffe gegen Schädlinge und gegen Krankheiten.

Sekundäre Pflanzenstoffe
- stärken das Immunsystem,
- schützen vor Infektionen,
- wirken gegen Krebs,
- senken den Cholesterinspiegel.

Diese gesundheitsfördernden Eigenschaften können bewusst in die Ernährung eingeplant werden.

> Das Wort Gemüse ist abgeleitet von dem alten Wort „muos", mit dem Breispeisen bezeichnet worden sind. Heute versteht man darunter Pflanzenteile, die in rohem oder gegartem Zustand genossen werden. Für die menschliche Ernährung liefern die Gemüse neben den Hauptnährstoffen hauptsächlich Vitamine und Mineralstoffe sowie Ballaststoffe.

1.2 Nährwerterhaltung

Die im Gemüse enthaltenen Wirkstoffe sind nur dann für die Ernährung von Nutzen, wenn sie bei der Vor- und Zubereitung nicht zerstört werden.

Die Vitamine A und C und die Vitamine der B-Gruppe sind empfindlich gegen Wärme, Einwirkung von Licht und Luftsauerstoff. Alle Mineralstoffe und die wasserlöslichen Vitamine (B6, C) werden durch Wasser ausgelaugt.

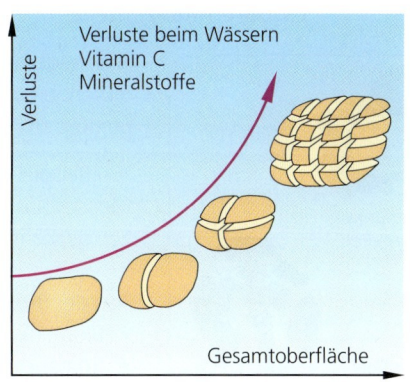
Abb. 1 Verluste durch Schneiden und Wässern

> Von diesen Tatsachen sind für die Erhaltung der Nährwerte folgende Regeln abzuleiten:
> - Gemüse kühl und dunkel lagern,
> - Gemüse kurz, aber gründlich waschen,
> - Gemüse erst kurz vor der Verarbeitung zerkleinern,
> - vorbereitete Gemüse abdecken, kühl stellen,
> - zubereitete Gemüse nicht lange warm halten.
>
> **Besser:** rasch, möglichst in Eiswasser, abkühlen und bei Bedarf wieder erwärmen (z. B. Mikrowellengerät).

100 g essbarer Anteil enthalten				
Lebensmittel	E g	F g	KH g	Energie kJ
Aubergine	1	+	3	70
Blumenkohl	2	+	2	60
Kohlrabi	1	+	3	65
Kopfsalat	1	+	1	30
Möhren	1	+	4	90

+ = in Spuren enthalten

> ● Je stärker zerteilt, desto mehr Gesamtoberfläche, desto größer der Verlust.

1.3 Einkauf

Trotz moderner Anbaumethoden gedeihen Naturprodukte unterschiedlich. Die Einteilung in Vermarktungsnormen ermöglicht einen Qualitäts- und Preisvergleich.

Sie sind im EU-Bereich verbindlich. Es gilt folgende Unterteilung: **Extra, I, II,** wobei nicht bei allen Gemüsearten jede Klasse vorkommt.

Die Vermarktungsnormen berücksichtigen nur **äußere Qualitätsmerkmale** wie Größe, Gewicht, Aussehen, nicht aber **innere Qualitätsmerkmale** wie Geschmack, Konsistenz und Gehalt an Vitaminen und Mineralstoffen. Dabei kann es durchaus sein, dass Ware mit äußeren Mängeln hohe innere Qualität aufweist – der umgekehrte Fall ist genauso möglich.

Beim Einkauf ist darum die geplante Verwendung zu berücksichtigen. Bei Zubereitungen, zu denen z. B. das Gemüse klein geschnitten oder püriert wird, ist auf die innere Qualität mehr zu achten als auf das Äußere. Es genügt dann eine geringere und damit preisgünstigere Norm.

Nur wenn ganze Gemüse serviert werden (z. B. junge Karotten), ist auch das Aussehen wichtig.

1.4 Einteilung

Die Einteilung der vielfältigen Gemüsearten erfolgt nach unterschiedlichen Gesichtspunkten und ist **nicht verbindlich.**

Essbare Pflanzenteile

Hier folgt man der Gliederung der Botanik und teilt in Blütengemüse, Fruchtgemüse, Blattgemüse, Wurzelgemüse usw.

Am Beispiel des Kohls lässt sich gut aufzeigen, wie der Mensch aus einer Wildpflanze verschiedene Nutzpflanzen gezüchtet hat.

Aus der **Blüte** entstanden
- Blumenkohl,
- Romanesco,
- Brokkoli.

Blätter, die sich wie ein Kopf übereinander lagern, bilden den Kopfkohl wie
- Weißkohl/Weißkraut,
- Rotkohl/Blaukraut,
- Wirsing und Rosenkohl.

Aus der **verdickten Wurzel** entwickeln sich
- Kohlrabi,
- Kohlrübe/weiße Rübe/Mairübe.

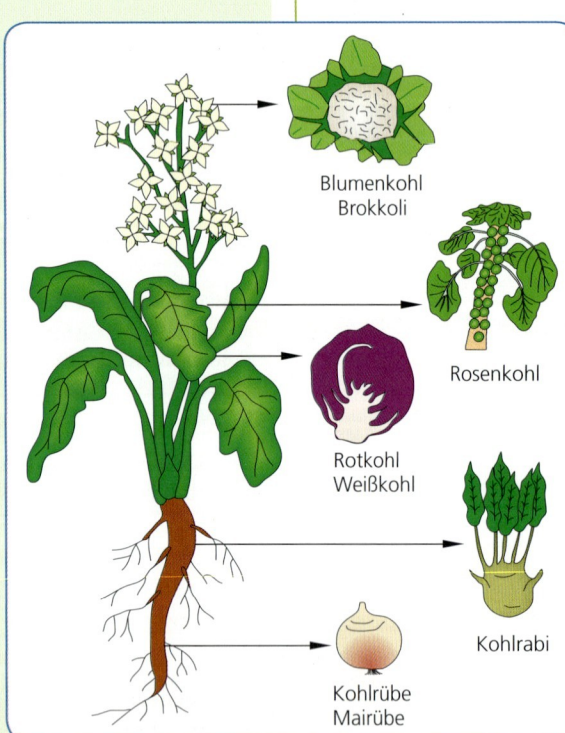

Abb. 1 Entwicklung der Kohlarten

1 Gemüse

Handelsübliche Sammelbegriffe

Verwendungsmöglichkeiten in der Küche stehen bei der folgenden Gliederung im Vordergrund, wobei Überschneidungen nicht immer zu vermeiden sind.
- Kohlgemüse
- Wurzelgemüse
- Salatgemüse
- Fruchtgemüse
- Hülsenfrüchte
- Zwiebelgemüse
- sonstige Gemüse

● Ein Sprichwort sagt: Alles zu seiner Zeit und aus der Umgebung, das schätzen Gaumen und Geldbeutel.

Der Saisonkalender folgt dem Jahreslauf, dem Ablauf in der Natur. Im April werden die Tage wieder länger, die Sonne liefert mehr Energie. Die ersten neuen Pflanzen gedeihen.

● Der Saisonkalender beginnt nicht wie das Kalenderjahr mit dem Januar, sondern mit dem Monat April.

Zeit des Hauptangebots

Hier unterscheidet man nach Saisongemüse (z. B. Spargel), Sommergemüse (z. B. Tomaten, Brokkoli), Herbst- und Wintergemüse (z. B. Grünkohl). Neben dem Anbau im Freiland ist Ware aus Treibhäusern und importiertes Gemüse das ganze Jahr über erhältlich. Eine moderne, ernährungsbewusste Küche beachtet dennoch die Saisonzeiten. Dafür gibt es mehrere Gründe.

In der Saisonzeit
- ist Gemüse geschmackvoller, denn es hat viel Sonne aufgenommen,
- ist Gemüse preisgünstiger und erlaubt preisgünstige Aktionen,
- ist der Gemüseanbau ökologisch optimal, weil am wenigsten Energie benötigt wird.

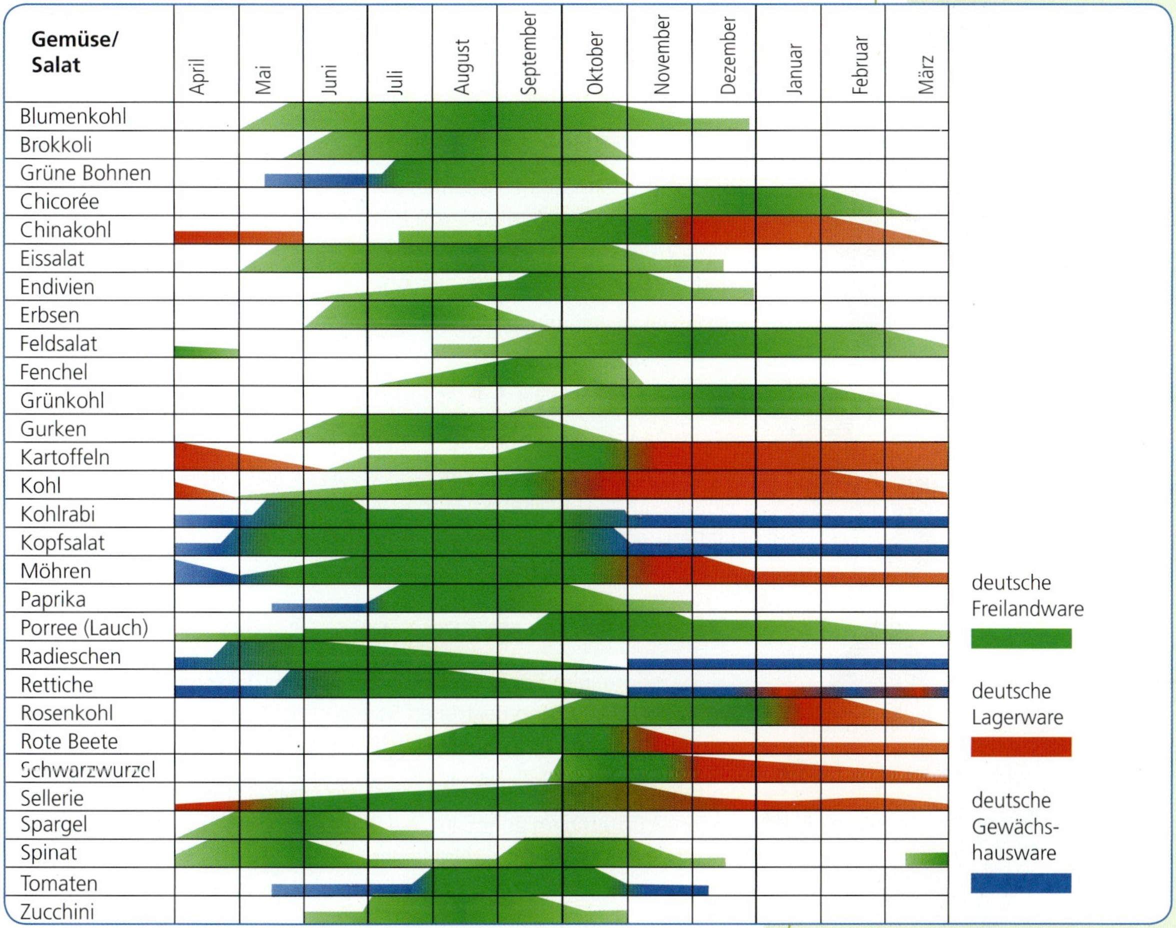

Gemüse/Salat	April	Mai	Juni	Juli	August	September	Oktober	November	Dezember	Januar	Februar	März
Blumenkohl												
Brokkoli												
Grüne Bohnen												
Chicorée												
Chinakohl												
Eissalat												
Endivien												
Erbsen												
Feldsalat												
Fenchel												
Grünkohl												
Gurken												
Kartoffeln												
Kohl												
Kohlrabi												
Kopfsalat												
Möhren												
Paprika												
Porree (Lauch)												
Radieschen												
Rettiche												
Rosenkohl												
Rote Beete												
Schwarzwurzel												
Sellerie												
Spargel												
Spinat												
Tomaten												
Zucchini												

Legende:
- ▬ deutsche Freilandware (grün)
- ▬ deutsche Lagerware (rot)
- ▬ deutsche Gewächshausware (blau)

Wirkung auf die Verdauung

Man unterscheidet hier zwischen Grobgemüse mit hohem Zellulosegehalt wie Weißkohl, das den Magen-Darm-Trakt belastet und zu Blähungen führen kann, und Feingemüse wie z. B. Spargel und grüne Erbsen mit geringem Zellulosegehalt.

Preisgruppen

Die Materialkosten stehen im Vordergrund. Der Handel unterscheidet:
- **Niedrigpreisige Sorten,** z. B. Kohl, Gelbe Rüben, Gurken
- **Hochpreisige Gemüse,** z. B. Spinat, Spargel, Auberginen

1.5 Kohlgemüse

Kohlgemüse ist ein bedeutender Lieferant für Vitamin C. Von unserer Gemüseernte sind 60 % Kohlgemüse.

Bei der Zerkleinerung entstehen durch die Einwirkung von Enzymen ätherische Senföle. Das sind schwefelhaltige Verbindungen, die den typischen Kohlgeruch bewirken. Dieser ist z. B. bei Weißkohl stark ausgeprägt. Die Kopfkohlarten haben blähende Wirkung; das ist bei der Zusammenstellung von Schonkost zu beachten.

Blumenkohl 🇬🇧 cauliflower 🇫🇷 chou-fleur (m)

Beim Blumenkohl ist der Blütenstand verstärkt ausgebildet. Die „Blume" kann in einzelne „Röschen" zerlegt werden. Er ist wohlschmeckend und vielseitig verwendbar. Wegen der zarten Zellstruktur zählt er zu den Feingemüsen. Blumenköpfe sind fest geschlossen und möglichst hell, Verfärbungen der Röschen sind durch Lichteinfluss bedingt und nur ein optischer Mangel. Welke Hüllblätter weisen auf eine längere Lagerung hin.

Beim **Romanesco** sind die Einzelröschen grünlich oder gelblich und zu spitzen kleinen Türmchen geformt.

Brokkoli 🇬🇧 broccoli 🇫🇷 brocoli (m)

Die Form ist ähnlich dem Blumenkohl, doch sind die Röschen lockerer; Brokkoli ist dunkelgrün bis leicht bläulich, keinesfalls gelblich. Im Angebot wird zwischen den kleineren Seitentrieben (etwa 80 g) und den größeren Haupttrieben unterschieden, die bis zu 500 g schwer werden können.

Brokkoli hat eine kürzere Garzeit als Blumenkohl.

Kohlrabi 🇬🇧 kohlrabi 🇫🇷 chou-rave (m)

Bei Kohlrabi ist der Strunk der Kohlpflanze verdickt. Man unterscheidet Sorten mit weißlich hellgrüner oder blauer Schalenfarbe, was jedoch ohne Einfluss auf die Qualität ist. Frische Ware erkennt man an den gesunden Blättern, schlechte Qualität ist holzig, rissig oder welk. Kohlrabi wird als Gemüsebeilage zubereitet oder geraffelt zu Frischkostsalaten verwendet.

Spitzkohl, Weißkohl 🇬🇧 cabbage 🇫🇷 chou blanc (m)

Die kugelförmigen Köpfe sind fest geschlossen. Die schalenförmig gekrümmten Blätter sind bei frühen Sorten hellgrün, bei späten Sorten und Wintergemüse dunkelgrün bis blaugrün.

Spitzkohl ist feiner und dezenter im Geschmack. Er wird vorwiegend in Baden-Württemberg angebaut; die Blätter eignen sich wegen ihrer Form auch besonders gut für Kohlrouladen.

Sauerkraut 🇬🇧 sauerkraut 🇫🇷 choucroute (w)

Der geschnittene Weißkohl wird unter Beigabe von Salz einer milchsauren Gärung überlassen und später pasteurisiert. Gute Qualität ist gleichmäßig geschnitten, knackig, hell, von fein säuerlichem Geruch und Geschmack.

Rotkohl, Blaukraut 🇬🇧 red cabbage 🇫🇷 chou (m) rouge

Der fest geschlossene Kopf ist, je nach Erntezeit, unterschiedlich gefärbt: frühe Sorten mehr rötlich, spätere Sorten und Lagerwaren dunkelblau. Bei der Zubereitung wird durch Säureeinwirkung (Essig, Zitrone) die dunkelblaue Farbe wieder rötlich.

Rotkohl ist eine typische Gemüsebeilage zu Wildgerichten und Schweinebraten. Als Frischkost wird er kombiniert mit Früchten wie Äpfeln oder Orangen angeboten.

Wirsing 🇬🇧 savoy 🇫🇷 chou (m) de Milan

Die Blätter des lockeren Kopfes sind von dunkelgrüner bis hellgelber Farbe und blasig gewellt. Wirsing ist zarter als Weißkraut und benötigt nur kurze Garzeit. Frühwirsing gibt es ab Juni.

Rosenkohl 🇬🇧 brussels sprouts 🇫🇷 chou (m) de Bruxelles

An einem Stamm, der in einem Blätterdach endet, stehen in den Blattwinkeln die runden oder ovalen Röschen. Gehandelt werden nur die Röschen, die gleichsam Kohlköpfe im Kleinen sind. Frosteinwirkung macht das Gemüse milder und leichter verdaulich.

Gute Qualität ist fest geschlossen und kräftig grün.

Chinakohl 🇬🇧 chinese cabbage 🇫🇷 chou (m) chinois

Chinakohl wird auch als Pekingkohl bezeichnet. Längliche, hellgrüne Blätter sind zu einem lockeren ovalen Kopf geschlossen.

Gute Ware hat eng anliegende Blätter und einen saftigen Strunk; braune und schwarze Flecken deuten auf lange Lagerung oder unsanfte Behandlung hin. Verwendung vorwiegend zu Salat.

Grünkohl 🇬🇧 kale 🇫🇷 chou (m) vert

Grünkohl wird auch Blätterkohl oder Krauskohl genannt und ist vor allem im Norden und Westen unseres Landes bekannt. Von einem Stängel aus wachsen die gekrausten Blätter in unterschiedlichen Grüntönen. Grünkohl wird nach der ersten Frosteinwirkung geerntet und vorwiegend gekocht oder gedünstet.

Paksoi 🇬🇧 pak-choi 🇫🇷 pak-choi

Paksoi ist eine asiatische Kohlsorte. Man kann ihn geschmacklich mit dem Chinakohl vergleichen, er ist jedoch etwas saftiger und würziger. Paksoi hat lange weiße Stiele, an denen große, runde, dunkelgrüne Blätter wachsen.

1.6 Wurzelgemüse

Die verdickten Wurzeln dienen den Pflanzen als Nährstoffreserve für das Folgejahr. Die meisten Arten haben darum eine festere Struktur, sind kompakt und gut lagerfähig. Der guten Lagerfähigkeit wegen bezeichnet man sie auch als *Herbst- und Wintergemüse.*

Wurzelgemüse verarbeitet man überwiegend zu Beilagen; für Salate werden die Wurzeln meist vorher gekocht. Sollen Rohkostsalate zubereitet werden, sind die Pflanzen zu raffeln oder sehr fein zu schneiden, damit die Zellstruktur aufgeschlossen wird.

Möhren, Karotten, Gelbe Rüben 🇬🇧 carrots 🇫🇷 carottes (w)

Möhren werden auch als Mohrrüben oder Gelbe Rüben bezeichnet. Je nach Sorte ist die Form der Wurzel spitzkugelig oder walzenförmig. Die kleinen runden Sorten (ähnlich dem Radieschen) werden vielfach Karotten genannt und überwiegend zu Konserven verarbeitet, z. B. „Pariser Karotten", oder sind Bestandteil des Leipziger Allerlei. Möhren gelten als das carotinreichste Lebensmittel.

Verwertung: gekocht als Gemüse und Salat, geraffelt als Frischkost, gepresst als Karottensaft.

Rettich, Radieschen 🇬🇧 radish 🇫🇷 radis (m)

Das Angebot umfasst heute vorwiegend milde Sorten, deren Außenhaut unterschiedliche Farbe haben kann; weiße Ware wird bevorzugt. Durch den Anbau in Treibhäusern ist der Rettich das ganze Jahr über am Markt. Der typische Geschmack beruht hauptsächlich auf dem Gehalt an Senfölen.

Rettich und Radieschen werden überwiegend roh verzehrt, z. B. dünn aufgeschnitten oder geraffelt und gesalzen.

Schwarzwurzel 🇬🇧 black salsify 🇫🇷 salsifis (m) noir

Die schwarzbraun gefärbte Korkschale hat der Pfahlwurzel den Namen gegeben. Sie wird etwa 1 bis 2 cm dick und bis zu 30 cm lang. Da die Schwarzwurzel in Form, Farbe und Zubereitung den Spargelstangen ähnelt, wird sie auch als „Spargel des Winters" bezeichnet.

Gute Qualität ist glatt, ohne Verzweigungen, hellfleischig, fest und reich an Milchsaft.

Beim Schälen der rohen Wurzeln tritt Milchsaft aus, der bei Luftzutritt rasch bräunt (oxidiert). Darum werden die geschälten Stangen sofort in Wasser gelegt (Luftabschluss), dem etwas Säure (Zitrone, Essig) beigefügt ist.

Sellerie 🇬🇧 celery root 🇫🇷 céleri-rave (m)

Die Sellerieknolle ist eine außen braune, innen hellfleischige Wurzelverdickung. An den unteren Hälften zweigen zahlreiche Nebenwurzeln ab. Gute Qualität ist gleichmäßig hellfleischig, weder hohl noch holzig und bleibt beim Kochen weiß.

Stangensellerie (Stauden-, Bleichsellerie) wird roh und gekocht zu Salaten verarbeitet.

Rote Bete, Rote Rüben 🇬🇧 beetroot 🇫🇷 betterave (w) rouge

Die rund oder länglich geformten Wurzeln werden nach dem Kochen vor allem als Salat zubereitet.

Bei guter Qualität ist die Rübe gleichmäßig entwickelt und ohne Verletzungen. Die Blätter werden abgedreht, nicht abgeschnitten, weil damit beim Kochen ein „Ausbluten" des Farbstoffes Betanin vermieden wird.

Meerrettich 🇬🇧 horseradish 🇫🇷 raifort (m)

Die Pfahlwurzeln werden bis zu 500 g schwer; das Angebot reicht von Oktober bis Mai. Ätherische Senföle bilden das scharfe Aroma. Unter der bräunlichen Außenhaut liegt das feste weiße Fleisch. Meerrettich dient als Würzmittel, z. B. bei Sahnemeerrettich oder zu gekochtem Rindfleisch. Durch die anregende Wirkung auf die Verdauung macht er schwere Speisen bekömmlicher. Die grüne japanische **Wasabi**-Wurzel ist schärfer als Meerrettich.

Speiserübe 🇬🇧 turnip 🇫🇷 navet (w)

Die Rübenart wird im Frühjahr (Mairüben) und im Herbst (Herbstrüben, Kohlrüben) angeboten. Das Wurzelgemüse ist weiß- oder gelbfleischig; die gelblichen Arten werden bevorzugt.

Eine besondere Gruppe bilden die Teltower Rübchen. Diese radieschenähnliche, oval-bauchige Spezialität schmeckt mild-herb. Die Rübchen werden ähnlich wie Karotten gekocht oder gedünstet.

1.7 Blattgemüse

Mit dem Wort Blattsalat verbindet der Gast Eindrücke wie frisch, knackig, gesund, anregend usw. Aus der Sicht der Küche sollen die empfindlichen Gewächse gut lagerfähig und einfach vorzubereiten sein. Außerdem sollen sie der Säure der Dressings standhalten, damit der angerichtete Salat nicht so schnell zusammenfällt.

Diese Ansprüche berücksichtigen Neuzüchtungen. Sie sind knackig ohne hart zu sein und ergänzen die Farbpalette.

Weil Blattgemüse vorwiegend roh genossen werden, ist auf eine besonders sorgfältige Reinigung der Pflanzenteile zu achten.

Kopfsalat 🇬🇧 lettuce 🇫🇷 laitue (w)

Kopfsalat wird als Freiland- und als Treibhausware angeboten und ist darum das ganze Jahr über am Markt.

Freilandsalat hat festere Köpfe und derbere Blätter, Treibhaussalat ist lockerer, hat nur geringen Abfall.

Die Frische des Salates ist am Strunk (vgl. S. 367) erkennbar, der bei zu langer Lagerung braun wird. Kopfsalat fällt nach dem Marinieren rasch zusammen.

LEBENSMITTEL

Eisbergsalat 🇬🇧 iceberg lettuce 🇫🇷 laitue (w) d'hiver

Der Eisbergsalat ist eine Unterart des Kopfsalates. Bei ihm bilden die hellgrünen fleischigen, grobadrigen Blätter einen festen Kopf. Eisbergsalat ist knackig und fällt kaum zusammen.

Crispsalat ist eine Variante des Eisbergsalates, die in den Wintermonaten aus den Treibhäusern der Niederlande zu uns kommt.

Römischer Salat 🇬🇧 roman lettuce 🇫🇷 salade (w) romaine

Die länglich spitzen festeren Blätter bilden einen lockeren Kopf. Er schmeckt herzhafter als Kopfsalat, etwas herb.

Bataviasalat

🇬🇧 batavia lettuce 🇫🇷 laitue (w) de Batavia

Die Blätter mit rötlichem Rand sind dem Kopfsalat ähnlich, sind jedoch fester. Er schmeckt kräftiger und fällt nicht so leicht zusammen.

Eichblattsalat 🇬🇧 oakleaf lettuce 🇫🇷 salade (w) de feuilles de chêne

Die eichblattähnlichen geschlitzten Blätter haben rötlich braune Spitzen. Die dekorativen Blätter fallen leicht zusammen. Sie schmecken herzhafter als Kopfsalat.

Endivie 🇬🇧 curly endive 🇫🇷 chicorée (w) frisée

Die eigentliche Endivie ist winterhart und wird darum auch Winterendivie genannt. Sie hat einen lockeren Kopf mit krausen Blättern. In den grünen Blatteilen befinden sich die Bitterstoffe, schmeckt bitterherb.

Eskariol ist eine Endivienart mit glatten Blatträndern. Er wird auch als Sommer-Endivie oder Römischer Kohl bezeichnet.

Chicorée 🇬🇧 chicory 🇫🇷 chicorée (w)

Die Chicorée kommt vorwiegend aus Holland zu uns. Im ersten Jahr werden nur die Wurzeln getrieben. Im Herbst des folgenden Jahres wachsen in geheizten Treibhäusern unter Lichtabschluss die Blätter aus. Der Lichtmangel bewirkt, dass die Triebe hell bleiben und arm an Bitterstoffen sind.

> Blattsalate aus der Familie der Zichoriengewächse (z. B. Endivie, Chicorée, Radicchio) haben eine leichte appetitanregende Bitterkeit sowie die Eigenschaft, in angemachtem Zustand längere Zeit knackig zu bleiben.

Radicchio rosso 🇬🇧 red-leaf chicory 🇫🇷 barbe (w) de capucin

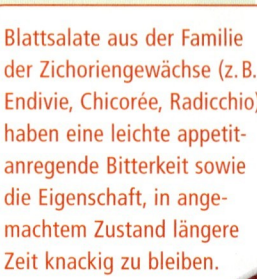

Die festen fleischigen Blätter sind intensiv rot und haben weiße Rippen. Oftmals ist der Geschmack leicht bitter.

Feldsalat 🇬🇧 lamb's lettuce 🇫🇷 mâche (w)

Die knackigen Blätter des Feldsalates werden auch Ackersalat oder Vogerlsalat genannt. Da die Ernte mühsam ist, liegt der Preis der aromatischen Blätter relativ hoch.

Freilandware schmeckt intensiver als Treibhausware.

Fenchel  fennel fenouil (m)

Bei Gemüsefenchel bilden die verdickten Blattscheiden eine fleischige Knolle. Fenchel schmeckt anisartig.

Er kann roh zu Salaten und gegart zu Beilagen oder Zwischengerichten verarbeitet werden.

Spinat spinach épinards (m)

Spinat ist ein Blattgemüse, das vorwiegend warm zubereitet wird.

Nach der Ernteart unterscheidet man Blattspinat und Wurzelspinat, bei dem die ganze Pflanze aus dem Boden gestochen wird. Das Putzen dieser Sorte erfordert mehr Zeit.

Spinat ist ein Gemüse mit hohem Nitratgehalt. Das Nitrat kann bei Wärme durch Bakterien rasch zu gesundheitsgefährdendem Nitrit abgebaut werden. Darum darf Spinat nicht zu lange warm gehalten werden.

Frischemerkmale bei Blattgemüsen

Die Farbe des Strunks zeigt die Lagerdauer an. Je dunkler die Schnittfläche, desto länger lagert der Salat schon.

1.8 Fruchtgemüse

Früchte sind Pflanzenteile, in denen die Samen heranreifen. Für die Ernährung ist eine Zuchtauswahl getroffen, die die Bildung von *Fruchtfleisch* bevorzugt und die Samenbildung zurückdrängt. Fast alle Fruchtgemüse eignen sich für warme und kalte Zubereitungen.

Abb. 1 Kopfsalat frisch/alt

Aubergine eggplant aubergine (w)

Die dunkelvioletten Früchte sind etwa 10 bis 15 cm lang und haben helles Fruchtfleisch. Roh werden sie nicht gegessen. Das typische Aroma entwickeln sie erst beim Garen, insbesondere beim Braten.

Gurke cucumber concombre (m)

Das Angebot an Frischware wird nach dem Anbau unterschieden:

Schlangen- oder Salatgurken kommen aus Treibhäusern und müssen gleichmäßig gewachsen sein. Man verwendet sie vorwiegend zu Salaten.

Schäl- oder Schmorgurken haben eine derbere Schale. Bei dieser Art ist die Bitterprobe am Stielansatz erforderlich. Sie werden hauptsächlich für warme Zubereitungen verwendet.

Zucchini 🇬🇧 zucchini 🇫🇷 courgette (w)

Die gurkenähnlichen, am Stielansatz sechskantigen Früchte, können bis zu mehreren Kilogramm schwer werden. Am wohlschmeckendsten sind sie bei einer Länge von etwa 15 cm. Große Exemplare haben weniger Aroma. Weiße Stellen auf der Schale sind ein Zeichen für Freilandware.

Mais/Zuckermais 🇬🇧 corn 🇫🇷 maïs (m)

Zuckermais wird auch Gemüsemais oder Süßmais genannt und unterscheidet sich vom Körnermais. Die bei der Fotosynthese gebildeten Zuckerstoffe werden nur verzögert in Stärke umgewandelt, sodass auch die größeren Körner noch süß schmecken. Frischware unbedingt kühl lagern, da sonst die Süße verloren geht.

Paprika/Gemüsepaprika 🇬🇧 bellpepper 🇫🇷 poivron (m)

Die bis faustgroßen Schoten sind stumpf oder spitz auslaufend geformt. Die Farbe ist unterschiedlich: Grüne Schoten sind nicht unreif, ihr Geschmack ist würzig; gelbe Ware ist mild im Geschmack; rote Schoten sind voll ausgereift, mild bis leicht süßlich. Die Schärfe des Paprikas liegt vor allem in den Kernen, aber auch in den Trennwänden der Frucht. Darum werden diese beim Vorbereiten sorgfältig entfernt.

Tomate 🇬🇧 tomato 🇫🇷 tomate (w)

Durch Züchtungen und Anbaumethoden hat sich das Angebot im Handel praktisch auf zwei Sorten verringert.

Runde Tomate oder Hollandtomate. Die Frucht ist gleichmäßig rund und von sattem Rot. Die Miniform wird als Kirschtomate bezeichnet. Sie sind etwa 2 bis 3 cm groß und dienen vorwiegend als Garnitur.

Gerippte Tomate oder Freilandtomate oder Fleischtomate ist unregelmäßig gerippt. Ihr Anteil an „Fleisch" ist höher, darum ist sie geschmacksintensiver. Tomaten ungekühlt lagern.

Bohnen 🇬🇧 string beans 🇫🇷 haricots (m) verts

Bei Bohnen verzehrt man die unreifen Hülsen mit den Kernen oder nur die Bohnenkerne (siehe folgende Seite). Stangenbohnen sind kräftiger und länger als Buschbohnen. Weil letztere leichter zu ernten sind, bilden sie das Hauptangebot. Nach dem Aussehen werden die grünschaligen Bohnen und die gelbschaligen **Wachsbohnen** unterschieden. Frische Ware knackt beim Umbiegen der Hülse, die Bruchstelle ist glatt und saftig.

Prinzess-/Delikatessbohnen haben eine sehr dünne, zarte Schale und feines Fruchtfleisch. Sie werden unzerteilt serviert.

Brechbohnen werden aus dickfleischigen, rundhülsigen Bohnen hergestellt. Die Schoten werden in mundgerechte Stücke gebrochen.

Schnittbohnen werden aus flachhülsigen Schoten geschnitten.

> Bohnen eignen sich nicht für Rohkost, denn sie enthalten das Gift Phasin, das jedoch beim Garen zerstört wird.

Erbsen　🇬🇧 green peas　🇫🇷 petits pois (m)

Erbsen bezeichnet man entsprechend der Entwicklungsstufe als **Schoten** und meint damit die ganzen Früchte.

Die von der Schote befreiten „Kugeln" nennt man **grüne Erbsen**. Die ausgereiften gelben Samen zählen zu den **Hülsenfrüchten** (siehe unten).

Zuckererbsen und Zuckerschoten (frz. mangetout) haben in den Hülsen keine feste und damit ungenießbare Pergamentschicht. Man isst darum die fleischige, süße Hülse mit den noch unentwickelten Körnern.

Pflückerbsen nennt man die unreif geernteten Erbsenschoten. Vor dem Garen müssen die eigentlichen Erbsen aus den Schoten gepalt werden. Weil der Zeitaufwand für das Pflücken und das Palen hoch ist, sind sie weniger oft im Angebot.

Unreife (grüne) Erbsen ohne Schote werden unmittelbar mit dem Mähdrescher geerntet, wobei der richtige Erntezeitpunkt für die Qualität wesentlich ist. Bei Konserven und Tiefkühlware muss die Erbsensorte angegeben werden.

Man unterscheidet: Mark- und Palerbsen.

Markerbsen sind süßer und zarter, jedoch nicht so gleichmäßig geformt.

Palerbsen haben glattes, kugeliges Korn, sie schmecken eher mehlig.

1.9 Hülsenfrüchte

Der Lebensmittelhandel zählt zu den Hülsenfrüchten nur die reifen getrockneten Samenkörner von Bohnen, Erbsen und Linsen. Grüne Erbsen mit oder ohne Hülse und grüne Bohnen zählen zu den Fruchtgemüsen.

Bohnenkerne　🇬🇧 beans　🇫🇷 haricots (m) secs

Weiße Bohnen sind mild im Geschmack und kochen weich.

Limabohnen sind klein, behalten beim Kochen die Form und eignen sich darum besonders für Salate. Rote Bohnen sind die Grundlage für Baked Beans.

Erbsen (gelbe, grüne)　🇬🇧 split peas　🇫🇷 pois (m) secs

Von getrockneten Erbsen und Kichererbsen wird ein Teil der zellulosereichen Schale abgeschliffen, damit die Zubereitungen weniger blähend wirken.

Verwendung für Erbsensuppe und Erbsenpüree.

Linsen　🇬🇧 lentils　🇫🇷 lentilles (w)

Sie werden nach Größen sortiert angeboten, wobei die größeren teurer sind als die kleinen, doch geschmacklich sind die kleineren wegen des höheren Schalenanteils überlegen. Der Handel bietet grüne, schwarze und rote Linsen.

Lebensmittel

Von großem gesundheitlichem Wert sind die Zwiebeln wegen ihrer ätherischen Öle, die die Durchblutung fördern, den Blutdruck senken und Erkältungen entgegenwirken.

Schalotten gelten als die feinste Zwiebelart, sie sind jedoch teuer und arbeitsaufwendig in der Vorbereitung.

1.10 Zwiebelgemüse

Zwiebeln sind Speicherorgane der Zwiebelgewächse mit fleischigen, schuppenförmig verkürzten Blättern. Die darin gespeicherten Zuckerstoffe karamellisieren beim Erhitzen (Anschwitzen, gebräunte Zwiebel) und geben Farbe. Schwefelhaltige Verbindungen bilden den typischen Geschmack und erzeugen die Tränen beim Umgang mit rohen zerkleinerten Zwiebeln.

Küchenzwiebel — onion — oignon (m)

Die Küchenzwiebel wird auch Haushalts- oder Speisezwiebel genannt, sie ist die am häufigsten verwendete Art. Die rundliche bis längliche Zwiebel ist gelb bis braun und je nach Sorte von sehr unterschiedlicher Schärfe.

Rote Zwiebel — Italian red onion — oignon (m) rouge

Die rote Zwiebel ist eine Verwandte der Haushaltszwiebel mit dunkelroter Außenhaut und rötlichen Schalen. Wegen des mild-würzigen Geschmacks ist sie für den Rohverzehr geeignet; bei Rohkostsalaten bildet sie eine willkommene farbliche Abwechslung.

Gemüsezwiebel — Spanish onion — oignon (m) jaune

Die apfelgroße Zwiebel hat eine gelbliche bis kupferrote Farbe. Ihr Geschmack ist mild und darum eignet sie sich zum Frischverzehr. Wegen der Größe wird sie zum Füllen bevorzugt.

Schalotten — shallots — échalotes (w)

Schalotten sind klein, länglich und kantig. Meist sind mehrere Zwiebelchen unter einem gemeinsamen Hüllblatt vereint. Man unterscheidet die milderen grünen und die etwas kräftigeren, rötlich violetten Züchtungen.

Perlzwiebel — pearl onion — petit oignon (m) blanc

Perlzwiebeln oder Silberzwiebeln haben etwa 1 cm Durchmesser und werden vorwiegend säuerlich eingelegt angeboten und in der kalten Küche verwendet. Auch Bestandteil von Mixed Pickles.

Knoblauch — garlic — ail (m)

Er besteht aus zahlreichen Einzelzwiebeln, die als Zehen bezeichnet werden. Senföle bewirken das ausgeprägte Aroma. Knoblauch dient vorwiegend zum Würzen.

Porree/Lauch — leek — poireau (m)

Bei Porree bildet sich aus den Blättern im Gegensatz zu den Zwiebeln ein Schaft. Der geschlossene Teil ist weiß, die Blattspitzen werden unter Lichteinfluss grün.

Frühlingszwiebel — scallion — oignon (m) de mai

Die Frühlingszwiebel wird im Frühjahr und im Frühsommer mit dem hohlen grünen Schaft angeboten. Weil dieser mitverwendet wird, ist auf Frische zu achten.

1 Gemüse

1.11 Sonstige Gemüse

Unter den bisher genannten Gesichtspunkten können nicht alle Gemüsearten eingeordnet werden. So ist z. B. die Artischocke die Blüte einer Distel, der Spargel der Spross einer Pflanze, und die Marone zählt eigentlich zum Obst. Diese Besonderheiten werden hier vorgestellt.

Artischocke 🇬🇧 artichoke 🇫🇷 artichaut (m)

Was wir als Artischocke verwenden, ist die Blütenknospe einer Distelart. Genießbar sind nach dem Kochen der fleischige Blütenboden und die Verdickungen an den Blättern. Die Böden werden auch als Konserve angeboten. Den typischen Bittergeschmack bewirkt das Cynarin.

Spargel 🇬🇧 asparagus 🇫🇷 asperge (w)

Die Spargelstangen sind Sprossen aus den Wurzelstöcken der Spargelpflanze. In Deutschland schätzt man eher Spargel mit weißen Köpfen, den Bleichspargel. Darum sticht man die Stangen, sofort, wenn sie aus der Erde stoßen. Bei Lichteinfluss färben sich die Köpfe bläulich, später grün. Das schätzen besonders die Franzosen und ernten darum später.

Grünspargel wächst über der Erde und sammelt darum Blattgrün (Name). Er schmeckt kräftiger als Bleichspargel und wird nur im unteren Drittel geschält. Weil die Ernte weniger zeitaufwendig ist, wird er billiger angeboten.

Die Saison für Spargel endet allgemein Ende Juni, damit die Pflanze in der zweiten Jahreshälfte Gelegenheit hat, für das folgende Jahr Vorratsstoffe in den Wurzeln anzulegen.

Frischer Spargel hat eine glatte helle Schnittfläche, die mit zunehmender Lagerdauer zusammenschrumpft und sich bräunlich verfärbt. Überlagerter Spargel verliert an Geschmack und wird strohig.

Links: Frischer Spargel
Rechts: Überlagerter Spargel

Marone 🇬🇧 chestnut 🇫🇷 marron (m)

Die Marone ist die Frucht des echten Kastanienbaumes und ist nach der Systematik dem Obst zuzurechnen. Weil die Edelkastanie jedoch in der Gastronomie bei der Menüplanung wie ein Gemüse eingesetzt wird, wird sie hier behandelt. Die bei uns wachsenden Kastanienbäume zählen zu den Rosskastanien, deren Früchte nicht genießbar sind.

Maronen haben Stärke eingelagert; erst nach einer Wärmeeinwirkung (Rösten, Kochen) verwandelt sich Stärke in Zuckerstoffe; die Frucht wird weich, süßlich und damit nach dem Schälen genießbar. Verwendung vorwiegend zu glasierten Maronen oder Maronenpüree.

1.12 Exotische Gemüse

Exotische Gemüse nennt der Handel Produkte aus fernen Ländern, die bei uns (noch) wenig bekannt sind. Man muss wissen, dass bei dieser Wortbildung Überlegungen der Werbung im Vordergrund stehen. Ohne auf einzelne Exoten näher einzugehen, genügt es, grundsätzlich über dieses Angebot zu sprechen.

Abb. 1 Bambussprossen

Exoten
- sind eine Ergänzung des Angebots, insbesondere im Winterhalbjahr,
- sind im Nährwert- und Wirkstoffgehalt mit den Durchschnittsgehalten anderer Gemüse vergleichbar, selten höher,
- bilden eine Möglichkeit zur Erweiterung unserer Geschmackspalette; sie bieten vor allem bei Sonderveranstaltungen Abwechslung und Variationsmöglichkeiten,
- sind unter ökologischen Gesichtspunkten kritisch zu bewerten, denn der Energieaufwand für Anbau und Transport liegt sehr hoch.

1.13 Keimlinge – Sprossen 🇬🇧 sprouts 🇫🇷 germes (m)

Keimlinge und Sprossen bieten eine Erweiterung des Angebots bei Gemüsen und Salaten. Die asiatische Küche nutzt diese Möglichkeit seit Jahrtausenden.

Keimlinge können von nahezu allen Samen gewonnen werden, und zwar zu einer von uns bestimmbaren Zeit. Dazu ist grundsätzlich zu wissen: Jeder Samen besteht aus drei Teilen.

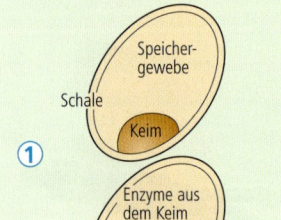

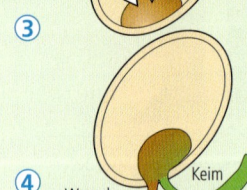

Im **Keim** ① steckt die Anlage zur neuen Pflanze, das **Speichergewebe** enthält die für die Keimung erforderlichen Nährstoffe als Vorrat. Eine Schale bildet die Umhüllung. Das trockene Samenkorn befindet sich im Ruhezustand.

Der **Keimvorgang** ② beginnt mit dem Einweichen. Durch das Wasser werden die im Keimling ruhenden **Enzyme aktiv,** wandern in das Speichergewebe und beginnen dort mit einer **Veränderung der Nährstoffe:** Stärke und Fett werden abgebaut, Vitamine (A, C) entstehen. In der Natur geschieht das, um den Keimling zu ernähren ③, ihm die Kraft zum Austreiben zu geben ④.

Dienen die Keimlinge der menschlichen Ernährung, erntet man nach zwei bis fünf Tagen Keimdauer; bei längerer Keimzeit werden viele Arten bitter.

Arten

Zu den vielfältigen Samensorten eine Übersicht.

- **Getreide**
  Typisch ist ein milder, süßlicher Geschmack, der durch den Abbau der Stärke in Zuckerstoffe entsteht.
  Sorten: Weizen, Roggen, Gerste, Hafer, Reis.

- **Hülsenfrüchte**
  Typisch ist ein süßer bis nussartiger Geschmack.
  Sorten: Mungobohnen (meist fälschlich als Soja bezeichnet), Linsen, Erbsen, Sojabohnen.

- **Kleine Samen**
  Typisch ist ein herzhafter Geschmack.
  Sorten: Sesam, Senf, Hirse, Luzerne (Alfalfa), Radieschen, Buchweizen.

Verwendung der Sprossen: Salate, Einlage zu Suppen und Saucen, Eintopf, Füllungen.

1 Gemüse

1.14 Lagerung von Gemüse

Unsere Gemüse sind Pflanzenteile, die auch nach der Ernte noch leben. Um Aussehen, Geschmack und Vitamine bestmöglich zu erhalten, müssen bestimmte Regeln für die Lagerung beachtet werden.

Kühlung hält Gemüse frisch.

Bei niederer Temperatur laufen Veränderungen in den Pflanzen langsamer ab. Das gilt für die meisten Gemüsearten im Temperaturbereich zwischen +8 und 0 °C. Es gibt jedoch Temperaturgrenzen, die nicht unterschritten werden dürfen, wenn die Pflanzen nicht leiden sollen. Nicht unter 10 °C lagert man Auberginen, Zucchini, Gurken und Tomaten.

Hohe Luftfeuchtigkeit verhindert das Welken.

Die Pflanzen haben einen Wassergehalt zwischen 75 und 90 Prozent. Ist die umgebende Luft zu trocken, geben sie von ihrer Flüssigkeit ab und werden dabei welk. Dem kann man entgegenwirken, wenn die Pflanzen, z. B. Kopfsalat, mit Wasser besprizt werden.

Lichtabschluss erhält Vitamine und Qualität.

Viele Vitamine sind lichtempfindlich. Wird geerntetes Gemüse unnötig dem Licht ausgesetzt, verliert es dabei genau die wesentlichen Inhaltsstoffe, deretwegen wir es zu uns nehmen. Muss Gemüse außerhalb der Kühlung gelagert werden, sollte man es abdecken.

1.15 Vorgefertigte Produkte – Convenience

Fertig-Mischsalate

Küchenfertig vorbereitete Mischsalate ersparen in der Küche Arbeitszeit. Die Rohware wird von Zulieferern geputzt, gewaschen, geschnitten und meist in Folienbeutel abgepackt gekühlt geliefert. Um die Lebensvorgänge in den Pflanzenteilen zu verlangsamen und damit den Verderb zu verzögern, wird den Beuteln vielfach eine Gasmischung beigegeben. Fertig-Mischsalate werden darum in ungeöffneten Beuteln kühl gelagert.

• Fertigsalate und Keimlinge können mit krankheitserregenden Keimen belastet sein, die sich während der Lagerung vermehren. Darum vor der Weiterverarbeitung waschen.

Weil viele Gemüse nur eine kurze Saison haben und zudem vielfach nur begrenzt haltbar sind, wie z. B. Spargel oder grüne Erbsen, hat man schon immer versucht, durch geeignete Verfahren die Verwendungszeiten zu verlängern. Heute übernimmt die Nahrungsmittelindustrie die Haltbarmachung. Für die Küche gilt es, bei der Weiterverarbeitung die Besonderheiten der einzelnen Verfahren zu berücksichtigen.

Nasskonserven (Dosen, Gläser)

Die Gemüse sind fertig gegart, brauchen darum nur auf Verzehrtemperatur gebracht und fertiggestellt zu werden. Um die Nährstoffverluste möglichst gering zu halten, erwärmt man sie in der Aufgussflüssigkeit.

Bei Angebotsvergleichen muss neben der Qualität auch auf die Menge geachtet werden. Was nach dem Abgießen der Flüssigkeit als Ware bleibt, nennt man das **Abtropfgewicht**. Es ist die Grundlage für mengenbezogene Preisvergleiche.

• Viele Konservendosen sind auf der Innenseite beschichtet, das bedeutet, mit dünner Kunststoffschicht überzogen. Die Schicht schützt vor Reaktion des Doseninhaltes mit dem Metall. In geöffneten unbeschichteten Dosen dürfen Lebensmittel nicht aufbewahrt werden.

LEBENSMITTEL

Tiefkühlgemüse

Die rohen Gemüse werden zunächst gereinigt, blanchiert und dann schockgefrostet. Bei diesen Vorgängen wird das Zellgefüge gelockert, sodass die in der Küche folgenden Garzeiten kürzer sind als bei Frischware.

Zur Verarbeitung taut man größere Mengen an. Kleinere Mengen werden ohne Antauen zubereitet
- zum Kochen sofort ins kochende Wasser
- zum Dünsten Fett zergehen lassen, unaufgetaute Ware zugeben.

Für Gemüsezubereitungen mit Sauce, z. B. Kohlrabi in Rahmsauce, werden die einzelnen Gemüsestücke mit der fertigen Sauce oder den entsprechenden Geschmacksstoffen ummantelt. Dieses Verfahren nennt man **Coating** oder **Umhüllung**.

Getrocknetes Gemüse

Gefriergetrocknete Ware kann die entzogene Flüssigkeit in kurzer Zeit wieder aufnehmen, nach etwa 20 Min. hat sie wieder eine pralle Beschaffenheit.

Luftgetrocknete Ware wie Hülsenfrüchte (gelbe Erbsen, Bohnenkerne und Linsen) werden über Nacht eingeweicht.

Geschälte Trockenware braucht nicht eingeweicht zu werden.

Aufgaben

1. Beschreiben Sie drei Vorteile einer gemüsereichen Kost.
2. Nennen Sie mindestens drei Gruppen von Gemüsen, die nach Pflanzenteilen benannt sind.
3. Kohl- und Zwiebelgemüse sind nach anderen Gesichtspunkten benannt. Erklären Sie.
4. Ist es richtig, dass grüne Bohnen und grüne Erbsen nicht zu den Hülsenfrüchten zählen?
5. Der Händler spricht von einem hochpreisigen Gemüse. Was versteht man darunter? Nennen Sie mindestens drei Beispiele für hochpreisiges Gemüse.
6. Welche Gemüse sollten bei der Zusammenstellung von Schonkost nicht verwendet werden? Begründen Sie Ihre Meinung.
7. Manche Gemüse eignen sich nicht für Rohkost. Nennen Sie zwei Beispiele und begründen Sie.
8. Wie soll Gemüse behandelt werden, um die Nährstoffe möglichst zu erhalten?
9. Einige Salate werden überwiegend in den Wintermonaten angeboten. Nennen Sie mindestens zwei Beispiele.
10. Warum kann Grünspargel preisgünstiger angeboten werden als Bleichspargel?
11. An welchen Merkmalen erkennt man frisch gestochenen Spargel?
12. Begründen Sie, warum Restmengen von Gemüse nicht in unbeschichteten Dosen verbleiben sollen.
13. Berichten Sie über Vor- und Nachteile bei Verwendung von Tiefkühlgemüse.

2 Pilze 🇬🇧 mushrooms 🇫🇷 champignons (m)

2.1 Aufbau und Zusammensetzung

Was wir als Pilz genießen, ist nicht die ganze Pflanze, sondern nur der oberirdische Fruchtkörper (Abb. 1). Die eigentliche Pflanze liegt als feines Fadengeflecht unter der Erde; man nennt es Myzel. An der Unterseite des Pilzhutes befinden sich Röhren wie beim Steinpilz. Andere Arten (z. B. Champignons) haben Blätter oder Lamellen (Abb. 2) Die Bedeutung der Pilze für die Ernährung ist unterschiedlich je nach Art, Wachstumsbedingungen und Jahreszeit. Der Nährwert ist mit etwa 2 % Eiweiß und 3 % Kohlenhydraten gering und entspricht dem vieler Gemüsearten. Beliebt sind die Pilze wegen des aromatisch würzigen Geschmacks.

Abb. 1 Pilzwachstum

2.2 Angebot

Wildpilze werden nur saisonal und in begrenzter Menge angeboten. Die Trüffel ist am teuersten. Von den heimischen Wildpilzen werden Steinpilze und Pfifferlinge bevorzugt. Mengenmäßig stehen die **Zuchtpilze** im Vordergrund. Sie können das ganze Jahr über in der erforderlichen Menge bezogen werden. An erster Stelle stehen Champignons, gefolgt von Austernsaitling und Braunkappe/Kulturträuschling.

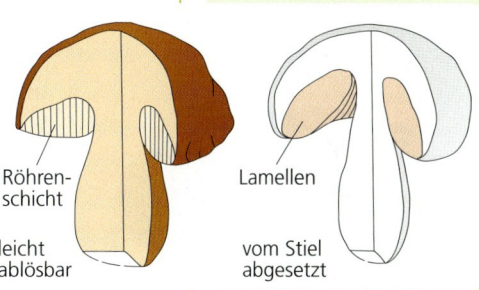

Abb. 2 Röhrenpilz (z. B. Steinpilz) und Blätterpilz (z. B. Champignon)

Wildpilze

Trüffel 🇬🇧 truffle 🇫🇷 truffe (w)

Die eigentliche Trüffel ist bei genauer Bezeichnung die *schwarze Périgord-Trüffel*. Sie wird walnuss- bis apfelgroß, ist schwarz und mit vieleckigen Warzen bedeckt. Das Innere ist braunrot bis schwarz und mit feinen weißlich glänzenden Adern durchzogen. Geerntet wird die echte Trüffel von Dezember bis Mitte März. Die beste Qualität kommt aus Frankreich, aber auch Italien, Spanien und Bulgarien liefern die Trüffel. Wegen des besonderen Aromas ist sie der teuerste Pilz. In den Sommer- und Herbstmonaten sind die weiße Trüffel und die Sommertrüffel im Angebot.

Steinpilz 🇬🇧 boletus 🇫🇷 cèpe (m)

Der Steinpilz, auch Herrenpilz genannt, ist ein vorzüglicher Speisepilz. Die Röhren im rotbraunen Hut sind bei jungen Pilzen grau, werden später gelb und dann olivgrün. Gute Frischware ist frei von Maden. Steinpilze sind empfindlich; nach wenigen Tagen werden die Röhren schleimig und zerfallen.

Pfifferling 🇬🇧 chanterelle 🇫🇷 chanterelle (w)

Der Pfifferling ist wegen seiner Farbe auch als Eierschwamm oder Reherl bekannt. Der Hut ist bei jungen Pilzen kugelförmig nach unten gewölbt. Später öffnet sich der Hut trichterförmig nach oben. Man sieht dann den dottergelben Fruchtkörper mit den nach unten laufenden Leisten. Der Pfifferling ist ein sehr guter Speisepilz mit festem Fleisch.

Morchel 🇬🇧 morel 🇫🇷 morille (w)

Die Morchel wird wegen des intensiven Aromas besonders zu Saucen verwendet. Von den verschiedenen Arten ist die dunkelbraune Speisemorchel am begehrtesten, gefolgt von der gelbbraun bis grauen Spitzmorchel. Der Hut hat wabenartige Vertiefungen, der Pilz ist hohl.

Zuchtpilze

Champignon 🇬🇧 champignon 🇫🇷 champignon (m) de Paris

Als Champignons dürfen nur Pilze aus Züchtereien bezeichnet werden. Auf freien Wiesen wachsende Arten sind „Wiesenchampignons". Bei Konserven gelten geschlossene Köpfe als I. Wahl, beste Qualität, es folgen leicht geöffnete Köpfe, II. Wahl, offene Köpfe oder Stücke sind III. Wahl.

Der Egerling oder Steinchampignon ist eine Champignonart mit bräunlichem Hut und kräftigerem Geschmack.

Junge frische Champignons sind geschlossen und einheitlich hell. Lagern diese zu lange, bräunen die Schnittränder. Ältere Champignons haben schlaffe Kappen und dunkle Lamellen.

Austernsaitling 🇬🇧 oyster mushroom 🇫🇷 pleurote (m)

Der Austernsaitling wird wegen seines zarten Fleisches auch Kalbfleischpilz genannt. Der Hut ist an der Oberseite samtig mausgrau bis kräftig dunkelgrau, aber auch gelbbräunlich. Bei jüngeren Pilzen ist der Hutrand nach unten gerichtet. Ältere Pilze sehen trichterförmig aus. Bei größeren Pilzen kann das Stielende hart sein und wird darum abgeschnitten.

Braunkappe/Kulturträuschling 🇬🇧 garden giant 🇫🇷 bolet tête (m) de nêgre

Der halbkugelförmige Hut hat einen Durchmesser von etwa 10 cm, ist zunächst rehbraun, verliert jedoch mit dem Alter an Farbe. Die Lamellen färben sich von grau-lila beim jungen Pilz bis schwarz bei älterer Ware. Braunkappen schmecken ähnlich wie Steinpilze und werden wie diese verarbeitet.

2.3 Behandlung in der Küche

Nur einwandfreie, frische Ware verwenden. Die Pilze sorgfältig von anhaftender Erde befreien und bald verarbeiten. Für das Schneiden von Pilzen gilt: Je fester der Pilz, desto feiner die Scheiben. Das gibt mehr Aroma.

Getrocknete Pilze zunächst gründlich waschen und mit Wasser bedeckt einweichen. Zum Verarbeiten die Pilze aus dem Einweichwasser heben, damit Rückstände von Sand auf der Bodenfläche des Geschirrs liegen bleiben. Beim Zubereiten das vorsichtig abgegossene Einweichwasser mitverwenden, denn es enthält Aromastoffe.

2.4 Lagerung

Frische Pilze nur kurzfristig und im Kühlraum aufbewahren.
Pilze in Dosen sind nach dem Öffnen bald zu verbrauchen. Zwischen den Servicezeiten und über Nacht unbedingt im Kühlraum aufbewahren.
Getrocknete Pilze werden kühl, trocken und luftig gelagert.

3 Kartoffeln

🇬🇧 potatoes 🇫🇷 pommes (w) de terre

Die Kartoffelknolle ist keine Frucht, sondern eine unterirdische Wurzelverdickung. Sie dient der Pflanze als Speicherorgan für die nächste Generation; dann liefert die Knolle Energie für die aus den „Augen" wachsenden „Keime". Ein Vorgang, den man im Frühjahr auch an Speisekartoffeln beobachten kann.

3.1 Arten

Abb. 1 Kartoffelpflanze

Die **Küche unterscheidet** die Kartoffeln nach
- Kocheigenschaften,
- Ernte-/Angebotszeit und
- Qualität.

Die Kartoffel enthält
- etwa 18 % Kohlenhydrate in Form von Stärke,
- etwa 2 % Eiweiß mit hohem Ergänzungswert,
- reichlich Kalium und Vitamin C.

Kocheigenschaften

fest kochend	vorwiegend fest kochend	mehlig kochend
• kochen speckig • geringer Stärkeanteil	• kochen leicht mehlig • mittlerer Stärkeanteil	• kochen stark mehlig • hoher Stärkeanteil
• Schale nach Kochen ganz • z. B. die Sorten: Hansa, Sieglinde • zu Kartoffelsalat	• Schale nach Kochen leichte Einrisse • z. B. Clivia, Hela, Grata • zu Salzkartoffeln und Pommes	• Schale nach Kochen eingerissen • z. B. Datura, Irmgard • zu Püree und Kartoffelteigen, Folienkartoffeln

		Hauptangebot für Gastgewerbe		
Sehr frühe Sorten	Frühe Sorten	Mittelfrühe Sorten		Späte Sorten
Juni	Juli	August	September	Oktober

Erntezeit/Angebotszeit

Mit „neuen Kartoffeln" bezeichnet die Gastronomie sehr frühe Sorten. Diese kommen zu Beginn der Saison aus wärmeren Ländern, im Juli auch aus deutschem Anbau. Diese Kartoffeln haben eine sehr dünne Schale und behalten wegen des geringen Stärkegehaltes beim Kochen die Form. Mittelfrühe Sorten reifen im August und September, späte Sorten werden bis in den Oktober hinein geerntet. Spätere Sorten haben im Allgemeinen einen höheren Stärkegehalt.

Qualität

Nach der **Qualität** werden unterschieden **äußere Qualitätsmerkmale**, z. B. gleichmäßige Größe, Augentiefe (möglichst flach), ohne Beschädigung, **innere Qualitätsmerkmale**, z. B. Kocheigenschaften fest oder mehlig kochend, Speiseeigenschaften, Geschmacksrichtung, Farbe.

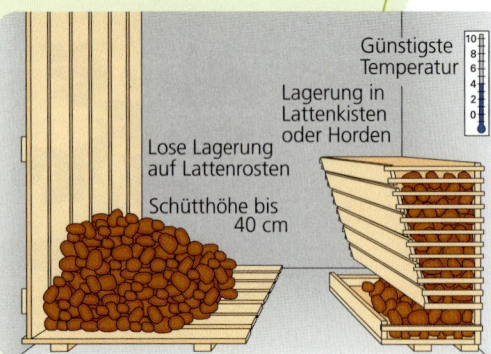

Abb. 1 Kartoffellagerung

3.2 Lagerung

Das Gastgewerbe lagert Kartoffeln meist nur für den unmittelbaren Bedarf. Dabei gilt:
- Vorsichtig behandeln, damit keine Druckstellen entstehen.
- Nicht in Folienverpackung lagern.
- Nicht höher als 40 cm aufschütten.
- Frische Luft mit ca. 4 °C.
- Keine Lichteinwirkung, denn bei Grünfärbung entsteht das giftige Solanin. Es ist hitzebeständig.

3.3 Vorgefertigte Produkte – Convenience

Kartoffeln sind in vielfältiger Form Beilage zu unterschiedlichen Gerichten. Das Vorbereiten von Kartoffeln wie Waschen und Schälen ist personalaufwendig und wird zudem ungern verrichtet. Die Industrie bietet darum mit Erfolg in immer größerem Umfang vorgefertigte Kartoffelprodukte an. Neben **„Frischware"** wie geschälten Kartoffeln oder Kartoffelteig gibt es noch eine große Vielfalt vorgefertigter Produkte in Form von **Trockenprodukten** und **Tiefkühlware.**

Trockenprodukte

- Lagerung: kühl und trocken,
- Haltbarkeit: etwa ein Jahr,
- genaue Werte: siehe jeweilige Packung.

Vor der Weiterverarbeitung wird das beim Trocknen entzogene Wasser wieder zugeführt. Mengenangaben und Quellzeiten sind unbedingt einzuhalten, wenn einwandfreie Produkte erzielt werden sollen. **Kartoffelkloßmehl** wird entsprechend den angegebenen Typen (roh, halb und halb, gekocht) angeboten. **Püree** wird in Pulver- und Flockenform angeboten. Bei der Verwendung ist auf die Zubereitungshinweise des Herstellers zu achten. Bei nicht sachgerechter Arbeitsweise erhält man ein zähes, klebriges Produkt.

Tiefkühlware

- Lagerung bei –18 °C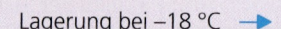
- Haltbarkeit etwa 6 Monate,
- genaue Werte siehe jeweilige Packung.

Pommes frites bilden das Hauptangebot. Die Kartoffeln werden nach dem Schneiden blanchiert und vorfrittiert. Ferner werden angeboten zum Beispiel **Rösti, Puffer, Kroketten.** Wird Tiefkühlware im Fett schwimmend fertiggegart, darf nicht zu viel auf einmal in die Frittüre gegeben werden. Die in der Tiefkühlware gespeicherte Kälte führt dazu, dass die Fett-Temperatur stark absinkt. Zu kaltes Fett führt aber zu einer erhöhten Fettaufnahme der Kartoffeln und damit zu Qualitätsmängeln bei tischfertigen Produkten.

Aufgaben

1. Eine weit verbreitete Meinung: „Kartoffeln machen dick." Nehmen Sie dazu Stellung. Beziehen Sie in Ihre Argumentation als Beispiele Salzkartoffeln und Pommes frites ein.
2. „Man kann doch nicht von der gleichen Kartoffelsorte einwandfreien Kartoffelsalat und zugleich auch gutes Püree zubereiten. Trotzdem verwenden viele Küchen nur eine Kartoffelsorte." Nennen Sie mögliche Gründe.
3. Was versteht man bei der Beurteilung von Kartoffeln unter „inneren Qualitätsmerkmalen"?
4. Kartoffeln mit flach liegenden Augen werden bevorzugt. Warum?
5. „Hausgemachte Kartoffelknödel machen wir mit Weißbrotwürfeln, die wir in Butter rösten. Bei Tütenware sparen wir uns das." Beurteilen Sie.

4 Obst

🇬🇧 fruit 🇫🇷 fruits (w)

4.1 Bedeutung für die Ernährung

Obwohl die meisten Obstsorten nur eine begrenzte Haltbarkeit haben, ist ein breites Angebot ganzjährig erhältlich. Das beruht auf verbesserten Lagermöglichkeiten für Inlandsware und den vielfältigen Importmöglichkeiten mit Kühltransporten bis hin zur Luftfracht.

An **Nährstoffen** enthält Obst hauptsächlich Kohlenhydrate in Form von Frucht- und Traubenzucker. Letzterer kann direkt in die Blutbahn aufgenommen werden. Daneben ist Obst eine bedeutende Quelle für Vitamine und Mineralstoffe, die dem Körper als Schutz- und Reglerstoffe dienen. Fruchtsäuren und Aromastoffe machen das Obst erfrischend und appetitanregend. Die Zellulose bildet das Gerüst des Obstes. Sie regt als Ballaststoff die Verdauung an.

Der **Energiegehalt** des Obstes ist gering; nur Schalenobst, z. B. Nüsse, hat einen hohen Fettanteil und damit einen nennenswerten Energiegehalt.

Trauben und Beeren haben ihr volles Aroma bereits bei der Ernte und sollen bald verbraucht werden. Bei Kernobst, wie Äpfeln und Birnen, aber auch bei Orangen liegt zwischen **Erntereife** (Zeitpunkt der Ernte) und **Genussreife** eine unterschiedliche Zeitspanne. Erst während der Weiterentwicklung der Früchte nach der Ernte entsteht die erwünschte Konsistenz, und der arttypische Geschmack bildet sich voll aus.

> Früh geerntete Ware lässt sich zwar leichter transportieren, reift aber trotz Lagerung nicht mehr richtig nach.

4.2 Verwendung

Nach der Verwendung des Obstes unterscheidet man Tafelobst und Verarbeitungsobst.

Tafelobst reicht man am Frühstücksbüfett oder in der Fruchtschale auf dem Gästezimmer. Es wird geschätzt wegen seiner erfrischenden Säure und der Knackigkeit. Für diese Verwendung ist das Obst wegen möglicher Rückstände besonders gründlich zu waschen.

Verarbeitungsobst verwendet man für
- Kompotte, die als Nachtisch gereicht werden,
- zu Füllungen und als
- Kuchenbelag.

4.3 Einteilung

Obst ist ein Sammelbegriff für Früchte und Samen von mehrjährigen Pflanzen. Der Handel unterscheidet zumeist folgende Gruppen:
- **Kernobst**   wie Äpfel, Birnen
- **Steinobst**   wie Kirschen, Pflaumen
- **Beerenobst**   wie Erdbeeren, Johannisbeeren
- **Südfrüchte**   wie Orangen, Bananen
- **Schalenobst**   wie Nüsse, Mandeln
- **Trockenobst**   wie Rosinen, getrocknete Feigen

Abb. 1 Schale mit frischen Früchten

Die hier behandelten Obstsorten können nur einen Ausschnitt aus der Fülle des Angebotes darstellen. Es werden aus jeder Gruppe vor allem diejenigen Arten besprochen, die der Handel vorwiegend anbietet und die in nennenswertem Maße in der Küche bzw. Patisserie verarbeitet werden. Neue Züchtungen und Geschmacksänderungen führen zu einem stetigen Wandel.

4.4 Kernobst

Diese Gruppe ist durch ein Kernhaus gekennzeichnet, das die Kerne (Samen) der Früchte umschließt. Die Gastronomie unterscheidet bei Kernobst nach der Verwendung. Tafelobst soll süß und aromatisch sein. Bei Kochware schätzt man säuerliche Arten, die auch beim Garen die Form behalten.

Apfel 🇬🇧 apple 🇫🇷 pomme (w)

Äpfel werden vielseitig verwendet. Sie sind Bestandteil des Waldorfsalates, dienen zum Füllen von Gans oder Ente und sind das wichtigste Obst in der Patisserie. Von Apfelkuchen bis Apfelbeignets reicht die Palette.

Birne 🇬🇧 pear 🇫🇷 poire (w)

Bei der Birne ist die Beachtung der Genussreife besonders wichtig. Verwendung zu Kompott, pochierter Birne und Birnenkuchen.

4.5 Steinobst

Kirsche 🇬🇧 cherry 🇫🇷 cerise (w)

Die Kirschen unterteilt man nach dem Geschmack in Süß- und Sauerkirschen. **Süßkirschen** haben festes Fruchtfleisch; die Farbe reicht von Gelb über Hellrot bis Dunkelrot. **Sauerkirschen** sind rot bis dunkelrot. Die bekanntesten Sorten sind Schattenmorellen und Weichseln.

Pflaume 🇬🇧 plum 🇫🇷 prune (w)

Pflaumen und Zwetschgen haben eine blaue Haut und saftiges Fruchtfleisch, sie unterscheiden sich in Form und Angebotszeit.

Reineclaude 🇬🇧 greengage 🇫🇷 reine-claude (w)

Reineclauden sind gelbe oder grüne Verwandte der Pflaume.

Pfirsich 🇬🇧 peach 🇫🇷 pêche (w)

Pfirsiche haben eine samtartige Haut, die vor dem Verzehr meist entfernt wird. Das saftige, gelbe bis rötliche Fruchtfleisch umschließt den „Stein".

Nektarinen sind eine Pfirsichart mit glatter Schale.

Aprikose 🇬🇧 apricot 🇫🇷 abricot (m)

Aprikosen sind kleiner als Pfirsiche, mit festerem Fleisch.

4.6 Beerenobst

Beerenobst wächst vorwiegend an Sträuchern. Die Samenkerne sind im Fruchtfleisch verteilt (Johannisbeere) oder sitzen wie bei der Erdbeere an der Oberfläche.

Erdbeere 🇬🇧 strawberry 🇫🇷 fraise (w)

Die Gartenerdbeere wird in vielen Sorten angeboten, die sich in Größe und Geschmack unterscheiden. Darum ist beim Einkauf ein Geschmacksvergleich anzuraten.

Himbeere 🇬🇧 raspberry 🇫🇷 framboise (w)

Die Himbeere ist eine Sammelfrucht aus vielen einzelnen kleinen Früchten. Himbeeren werden überwiegend durch Tiefkühlen haltbar gemacht.

Tafeltraube 🇬🇧 grape 🇫🇷 raisin (w) de table

Die großen Beeren der Tafeltraube haben eine dünne Schale und nur wenige Kerne. Je nach Art sind sie von hellgrüner oder rötlich blauer Farbe.

4.7 Südfrüchte

Das Wort Südfrüchte ist ein Sammelbegriff des Handels für essbare Früchte, die normalerweise nicht bei uns wachsen und deswegen aus tropischen und subtropischen Ländern eingeführt werden. Dazu zählen z. B. Zitrusfrüchte, Bananen, frische Feigen, aber auch die sogenannten exotischen Früchte. **Exotische Früchte** sind neuere, seltenere Importfrüchte, wie z. B. Papaya, Mango oder Litschi. Das Angebot an Früchten und die Zuordnung zu den Exoten unterliegen einem stetigen Wandel.

Orange 🇬🇧 orange 🇫🇷 orange (w)

Orangen haben gelbes bis rotes Fruchtfleisch. **Navelorangen** sind kernlos. Orangen werden frisch verzehrt oder zu Saft verarbeitet.

Grapefruit 🇬🇧 grapefruit 🇫🇷 pamplemousse (m)

Die 10 bis 15 cm große Frucht hat ein fein säuerliches bis leicht bitteres Fruchtfleisch. Sie wirkt appetitanregend.

Limette 🇬🇧 lime 🇫🇷 citron (m) vert

Limetten sind mit Zitronen vergleichbar, doch ist die Schale dünner und grün. Der Saft ist mildsauer und wird vorwiegend zum Würzen sowie für Säfte verwendet.

Ananas 🇬🇧 pineapple 🇫🇷 ananas (m)

Um eine Mittelachse sind viele Einzelfrüchte, das eigentliche Fruchtfleisch, zu einer Scheinfrucht vereinigt. Der typische Geschmack entwickelt sich erst bei Vollreife. Das ist der Fall, wenn sich die inneren Rosettenblätter leicht ausziehen lassen.

LEBENSMITTEL

Avocado 🇬🇧 avocado 🇫🇷 avocat (m)

Die birnenförmige Frucht hat eine grünlich glatte oder leicht genarbte Haut. Das gelblich grüne Fruchtfleisch ist cremig zart, denn es hat einen Fettgehalt bis 30 %.

Kaki 🇬🇧 persimmon 🇫🇷 kaki (m)

Die apfelförmige Frucht ist gelb bis orangefarben. In das süße Fleisch sind größere Kerne eingelagert. Die ausgereiften Früchte sind schmackhaft und werden zu Obstsalaten verwendet.

Litschi 🇬🇧 litchi 🇫🇷 lichee (m)

Die etwa pflaumengroße Frucht hat eine schuppige Schale mit rosaroter bis roter Farbe. Das glasig weiße Fruchtfleisch wird meist als Konserve angeboten und eignet sich als Kompott, zu Fruchtsalaten und als Garnitur zu zartem Fleisch.

Granatapfel 🇬🇧 pomegranate 🇫🇷 grenade (w)

Die Frucht eines Strauches wächst vorwiegend in den Mittelmeerländern. Sie wiegt etwa 100 bis 300 g, ist sehr saftreich mit vielen orangeroten Kernen. Granatapfelsirup eignet sich für Säfte, Mixgetränke und als Geschmacksträger für Speiseeis.

Kiwi 🇬🇧 kiwi 🇫🇷 kiwi (m)

Die Frucht hat eine braune Schale, aber grünes Fruchtfleisch und wird auch chinesische Stachelbeere genannt. Sie ist genussreif, wenn das Fruchtfleisch auf leichten Daumendruck nachgibt. Verwendung zu Fruchtsalaten, Fruchtsaucen, Sandwiches und nach dem Blanchieren zu Quarkspeisen und Obstkuchen.

Kaktusfeige 🇬🇧 prickly pear 🇫🇷 figue (w) de Barbarie

Die Frucht einer Kakteenart hat eine stachelige, derbe Haut, deren Farbe von Grün über Brauntöne bis zu Lachsfarben reicht. Sie wird vorwiegend aus Südafrika und Sizilien importiert. Die Kaktusfeige verwendet man vor allem zu Obstsalat.

Mango 🇬🇧 mango 🇫🇷 mangue (w)

Die Frucht kann grün, gelb, aber auch rötlich sein und wird hauptsächlich aus dem Orient und aus Afrika importiert. Das Fruchtfleisch ist gelb bis orange und schmelzendweich. Von ihm umschlossen ist ein flacher, faseriger Kern. Die Schale ist ungenießbar. Mango reicht man gekühlt zu Schinken, Lachs und Käse, man kann die Frucht aber auch zu Kompott, Chutney und Obstsalat verarbeiten oder als Garnitur verwenden.

Papaya 🇬🇧 papaya 🇫🇷 papaye (w)

Papaya, die Frucht eines Feigenbaumes, hat eine grüne Schale und rotes Fruchtfleisch; sie kann bis zu 6 kg schwer werden. Die Importe aus Mittel- und Südamerika sind meist konserviert. Die Papaya kann als Kompott serviert oder zu Mixgetränken verarbeitet werden.

Maracuja (Passionsfrucht) 🇬🇧 passion fruit 🇫🇷 fruit (m) de la passion

Die etwa 10 cm lange, kernreiche Frucht zählt zu den Bananengewächsen. Bei der Ernte hat sie eine grüne Schale, die jedoch später bei der Vollreife purpurrot bis braun wird. Das aromatische Fruchtfleisch eignet sich zu Fruchtsäften, Süßspeisen und Speiseeis; auch Säfte und Liköre von Maracuja werden geschätzt.

4.8 Schalenobst

Zum Schalenobst zählen alle Nussarten. Ihre essbaren, fetthaltigen Samen sind von einer verholzten, also harten Schale umgeben.

Für den Gewerbebetrieb ist der Einkauf von geschälter Ware günstiger als das Selbstschälen.

Walnuss 🇬🇧 walnut 🇫🇷 noix (w)

Walnüsse werden leicht ranzig. Darum nicht zu große Mengen eingekaufen und die Ware an einem kühlen Ort lagern.

Haselnuss 🇬🇧 hazelnut 🇫🇷 noisette (w)

Haselnüsse sollen gleichmäßig groß, weder geschrumpft noch ausgetrocknet sein. Ware alter Ernte hat eine trockene Außenhaut und schmeckt leicht ranzig. Vor der Verwendung werden Nüsse bei mäßiger Hitze geröstet. Dadurch entwickelt sich das Aroma zur vollen Stärke und die dünne braune Schale kann durch Reiben entfernt werden.

Mandel 🇬🇧 almond 🇫🇷 amande (w)

Mandeln werden als „süße" und „bittere" Mandeln angeboten. Spricht man nur von Mandeln, so sind damit die süßen gemeint. Bittere Mandeln werden nur in geringen Mengen zur Aromatisierung von Backwaren verwendet. Die braune Außenhaut lässt sich nach kurzem Brühen leicht abziehen.

Pistazie 🇬🇧 pistachio 🇫🇷 pistache (w)

Pistazien werden vor der Verwendung gebrüht, damit die glatte Außenhaut abgezogen werden kann. Die leuchtend grüne Frucht eignet sich vorzüglich zum Garnieren von Pasteten und Galantinen, findet aber auch in der Patisserie Verwendung. Bei längerer Lagerung werden Pistazien leicht ranzig und verlieren ihre frische Farbe. Darum werden nur geringe Vorräte gehalten.

4.9 Trockenobst

Trocken- oder Dörrobst ist der Sammelname für alle Arten von getrocknetem Obst. Als Backobst oder Mischobst wird eine Mischung bezeichnet, die vorwiegend aus Äpfeln, Aprikosen, Pflaumen, Birnen usw. besteht.

Bei Rezepturen auf die Unterschiede in der Bezeichnung achten.

Durch das Trocknen wird der Wassergehalt der Früchte so stark verringert, dass sie haltbar sind.

Lebensmittel

Man unterscheidet
- **Sultaninen**, die hellfarben, kernlos und großbeerig sind,

- **Traubenrosinen**, die dunkler, kernhaltig und großbeerig sind, und

- **Korinthen**, die sehr dunkel, mit oder ohne Kern und kleinbeerig sind.

Rosine 🇬🇧 raisin 🇫🇷 raisin (m) sec

Darunter versteht man alle Arten von getrockneten Weinbeeren. Die Trauben für Rosinen bleiben länger am Stock und werden dann getrocknet. Damit sie nicht zu dunkel werden, dürfen sie geschwefelt werden. Das ist aber kennzeichnungspflichtig.

4.10 Erzeugnisse aus Obst

Gelee – Konfitüre – Marmelade

Zu ihrer Herstellung werden Früchte und Zucker etwa im gleichen Verhältnis verwendet. Die Gelierung bewirkt das im Obst enthaltene Pektin. Pektinarmen Sorten kann käufliches Pektin (z. B. Opekta) oder Gelierzucker beigegeben werden.

Gelee 🇬🇧 jelly 🇫🇷 gelée (w)
Gelee wird hergestellt aus Fruchtsaft und Zucker, bei Gelee-Extra ist der Fruchtanteil höher.

Konfitüre 🇬🇧 jam 🇫🇷 confiture (w)
Konfitüre besteht aus Früchten in stückiger oder breiiger Form. Je nach dem Fruchtanteil unterscheidet man Konfitüre-Einfach und Konfitüre-Extra.

Marmelade 🇬🇧 marmalade 🇫🇷 marmelade (w)
Marmeladen sind Erzeugnisse aus Zitrusfrüchten, z. B. Orangenmarmelade.

Kandierte Früchte

Die vorbehandelten Früchte werden in Lösungen mit steigendem Zuckergehalt eingelegt. Dabei dringt der Zucker bis in das Innere der Frucht. Abschließend überzieht man die Früchte mit einem glasierenden Überzug aus Zucker.
- Zitronat (Succade) wird auf diese Weise von der Zedrat-Zitrone, die bis zu 2 kg schwer werden kann, gewonnen.
- Orangeat ist kandierte Schale der Bitterorange.
- Belegfrüchte werden wie kandierte Früchte behandelt, es entfällt aber der glasierende Überzug.

Aufgaben

1 „Esst Obst und ihr bleibt gesund" lautet ein bekannter Werbespruch. Welche Gründe sprechen für eine regelmäßige Aufnahme von Obst?

2 „Das Schalenobst passt unter Gesichtspunkten der Ernährung überhaupt nicht in die Gruppe."
 a) Nennen Sie vier Arten von Schalenobst.
 b) Ist es richtig, dass das Schalenobst innerhalb der Gruppe Obst eine Besonderheit ist? Begründen Sie.

3 Erklären Sie am Beispiel einer Birne den Unterschied zwischen Erntereife und Genussreife.

4 Obst zu trocknen, um es über den Winter zu bringen, ist eine alte Konservierungsart.
 a) Nennen Sie mindestens vier Obstarten, die durch Trocknen haltbar gemacht werden.
 b) Welche Möglichkeiten gibt es für die Verwendung von Rosinen?

5 Auf einer Speisekarte finden Sie *Obstsalat mit exotischen Früchten.* Schlagen Sie bei exotischem Gemüse (Seite 371) nach und versuchen Sie, das Wort „exotisch" zu erklären.

5 Getreide

🇬🇧 cereals 🇫🇷 céréales (w) et produits (m) à base de céréales

5.1 Arten

Getreide gehören botanisch zu den Gräsern. In Europa wachsen Weizen, Roggen, Hafer und Gerste. In Amerika ist Mais, in Asien Reis die bedeutendste Getreideart.

5.2 Bedeutung für die Ernährung

Weizen Roggen Hafer Gerste Mais

Getreide bilden seit Menschengedenken eine wesentliche Grundlage der Ernährung. Zwar wurde in letzter Zeit mit zunehmendem Wohlstand mehr und mehr auf Brot verzichtet, doch weiß man heute den Wert der Körner wieder zu schätzen.

Hauptbestandteil aller Getreidearten ist Stärke, sie liefert dem Körper Energie. Bei Vollkornprodukten nimmt man zugleich nennenswerte Mengen an Vitaminen, besonders solche der B-Gruppe, zu sich.

Auch Mineralstoffe sind in den Randschichten reichlich vorhanden. Ballaststoffe, das sind vorwiegend die unverdaulichen Bestandteile der Schale, regen die Verdauung an und verhindern Verstopfung. Weil bei Verzehr von Vollkornprodukten mit der Energie zugleich wichtige Ergänzungsstoffe aufgenommen werden, spricht man von einer hohen Nährstoffdichte des Getreides.

5.3 Aufbau und Zusammensetzung der Getreide

Das Getreidekorn besteht aus drei Hauptteilen.

Der **Mehlkörper**, das ist der eigentliche Getreidekern, besteht hauptsächlich aus **Stärke** und Eiweißstoffen.

Die **Randschichten** sind aus mehreren Schichten aufgebaut. Sie enthalten vor allem Ballaststoffe und Mineralstoffe.

Im **Keimling** ist die neue Getreidepflanze vorgebildet. Er enthält darum **Vitamine, Mineralstoffe** sowie hochwertiges Eiweiß und Fett.

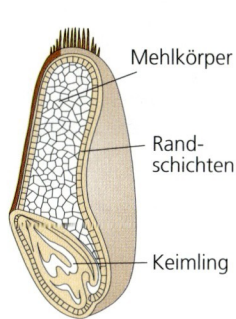

- Mehlkörper
- Randschichten
- Keimling

Versuche

1. Vermischen Sie Grieß mit getrocknetem, zerriebenem Gras oder Petersilie.
   Stellen Sie sich an einen Tisch, lassen Sie dieses Gemisch in Augenhöhe langsam von einem Blatt Papier laufen und blasen Sie leicht gegen die fallenden Teilchen.

2. Bereiten Sie aus 100 g Mehl, Type 405, einen Teig. Nach 10 Min. Ruhezeit bearbeiten Sie diesen unter fließendem Wasser in einem Leintuch, bis klares Wasser abläuft. Die Flüssigkeit wird aufgefangen.

   Wenn die Flüssigkeit einen Bodensatz bildet, gießen Sie das Wasser ab und geben Sie zur weißen Masse einige Tropfen Jod.

3. Waschen Sie aus 100 g Mehl der Type 1050 (Bäckerei) mit der gleichen Sorgfalt wie bei Versuch 2 den Kleber (Getreideeiweiß) aus. Formen Sie den Kleber beider Versuche zu je einer Kugel und backen Sie diese auf dem gleichen Backblech bei etwa 220 °C. Vergleichen Sie!

4. Erhitzen Sie auf einem Stück Blech über dem Bunsenbrenner etwa 5 g Mehl.

5.4 Vermahlung des Getreides

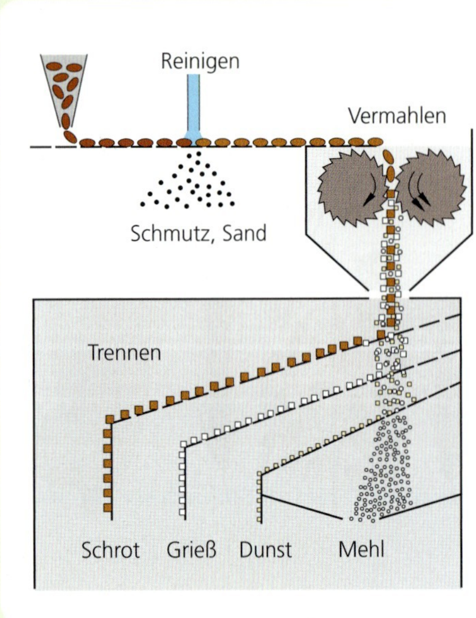

In der Mühle wird das Getreide zuerst gereinigt.

Bei der Vermahlung zu hellen Mehlen zerschneiden zunächst Riffelwalzen das Korn. Dabei wird der Mehlkern freigelegt. Siebe trennen die unterschiedlich großen Teilchen voneinander. Luftstrom trennt die spezifisch leichteren Schalen von den schwereren Mehlteilchen (Versuch 1., Seite 385). Die weißen Teilchen des Mehlkörpers werden anschließend fein vermahlen.

Mühlenprodukte werden nach der **Feinheit** unterschieden in Schrot, Grieß, Dunst und Mehl (Abb. 1).

Unabhängig davon ist die Bewertung nach dem **Ausmahlungsgrad,** das ist das Maß für die Abtrennung von Schalenteilen und Keimling (siehe Mehltype).

Vollkornerzeugnisse enthalten alle Bestandteile des gereinigten Getreides – unabhängig davon, ob es sich um groben Schrot oder feines Mehl handelt. Sie sind gesundheitlich wertvoll.

Auszugsmehle sind hell, weil Schalen und Keimlinge abgesondert wurden. Der Mehlkern wurde „herausgezogen"; er ist arm an Wirkstoffen.

Mehltype

Der Ausmahlungsgrad wird durch die Mehltype ausgedrückt. Die Typenzahl gibt an, wie viel Milligramm (mg) Asche zurückbleiben, wenn 100 g wasserfreies Mehl verbrannt werden. Die Asche wiederum besteht aus den unverbrennbaren Mineralstoffen, die sich vorwiegend in den Schalenteilen befinden.

In Küchen verwendet man vor allem Weizenmehl der Typen 405 und 550.

Abb. 1 Vom Korn zum Mehl

Daraus folgt:

Dunkles Mehl
- viel Randschichten
- viel Mineralstoffe
- viel Asche
- hohe Type, z. B. 1700
- Vollkornmehl

Helles Mehl
- wenig Randschichten
- wenig Mineralstoffe
- wenig Asche
- niedrige Type, z. B. 405
- Auszugsmehl

Abb. 2 Backergebnis der Mehltypen 405, 550

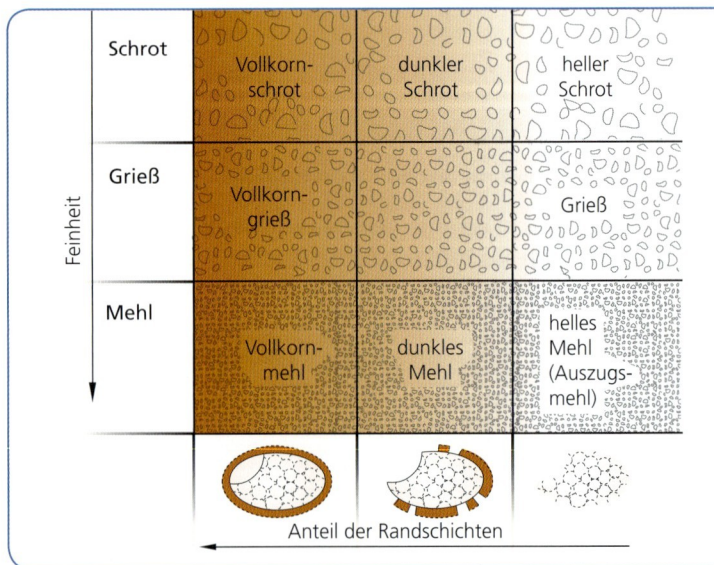

Abb. 3 Mahlerzeugnisse nach Feinheit und Anteil der Randschichten

Instantmehle klumpen nicht, wenn sie direkt in eine Flüssigkeit eingerührt werden, und lassen sich darum besonders gut zum Nachbinden verwenden. Diese Eigenschaft erreicht man, wenn die staubfeinen Mehlteilchen mit Hilfe von Feuchtigkeit zu größeren Körnchen zusammengefügt werden, die dann leicht körnig aussehen.

Backmischung/Backfertige Mehle

Backmischungen enthalten alle Zutaten oder den überwiegenden Teil der Zutaten, die für ein bestimmtes Gebäck benötigt werden.

Bei der Teigbereitung wird diesen Mischungen Flüssigkeit (Wasser, Milch) zugefügt, je nach Art auch Hefe, Eier und Fett.

Der Handel bietet gebrauchsfertige Produkte an z. B. für
- **Hefeteig** allgemein, spezielle Hefeteige für Krapfen/Berliner, Pizza, Ciabatta
- **Biskuitmasse** für Tortenböden
- **Sandmasse** für Marmorkuchen
- **Brandmasse** für Windbeutel und Kartoffelmassen.

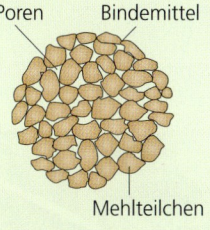

Abb. 1 Instantmehle

5.5 Getreideerzeugnisse

Aus den Getreidesorten stellt man neben Mehl eine Reihe anderer Produkte her.
- **Schrot** ① ist grob vermahlenes Getreide mit groben und feinen Bestandteilen. Vollkornschrot enthält auch Keimling und Schale. Wird aus allen Getreidearten hergestellt.
- Für **Graupen** ② werden durch Schleifen die Randschichten entfernt, das Korn wird rundlich. Graupen werden vorwiegend aus Gerste hergestellt und als Suppeneinlage verwendet.
- Bei **Flocken** ③ werden geschälte oder ungeschälte Körner gedämpft, gequetscht und wieder getrocknet. Am bekanntesten sind Haferflocken.
- **Grütze** ④ sind geschälte, geschnittene Körner von Hafer, Gerste, Buchweizen oder Grünkern. Grütze wird als Suppeneinlage und zu Grützwurst verwendet.

Stärke

Aus den Zellen der Getreidekörner oder der Kartoffelknollen werden die Stärkekörner freigelegt. Dies geschieht meistens mithilfe von Wasser (vgl. Versuch 2, Seite 385).

- **Weizen- und Maisstärke**
  - Kleister ist milchig trüb, standfest und nicht ziehend; er hält die Flüssigkeit für längere Zeit.
  - Bindemittel für Cremes, Beigabe zu Massen, z. B. Biskuitmasse.
- **Kartoffelstärke**
  - Kleister ist klar, zäh und hält die Flüssigkeit nur für begrenzte Zeit.
  - Bindemittel für Jus, da der Bratensaft klar bleiben soll.
- **Spezialstärken**
  Diese sind durch die Industrie vorbehandelt.
  - **Gefrierfeste Stärke** behält auch beim Frosten die Bindefähigkeit, während sie bei üblicher Stärke verloren geht.
  - **Quellstärke/kalt quellende Stärke** kann ohne Wärmeeinwirkung Flüssigkeit binden, weil sie bereits verkleistert und anschließend getrocknet ist.

Sago
Sago ist Stärke, die in Kugelform gebracht wurde. Die Außenschicht ist verkleistert. Darum quellen die Körner beim Kochen wohl auf, zerfallen aber nicht. Sago verwendet man als Einlage bei Kaltschalen, aber auch zum Andicken.
Echter Sago oder **Palmsago** wird aus dem Mark der Sagopalme hergestellt, längere Kochzeit.
Deutscher Sago besteht aus Kartoffelstärke und wird häufiger angeboten. Erheblich billiger als echter Sago.

Lebensmittel

5.6 Backwaren

Brot 🇬🇧 bread 🇫🇷 pain (m)

Brot wird aus Getreide hergestellt, das zuvor gemahlen (fein zerkleinert) oder geschrotet (grob zerkleinert) worden ist.

Bei der **Teigbereitung** wird das Mehl mit Wasser vermischt. Die Beigabe von Hefe oder Sauerteig dient der späteren **Lockerung**. Während des Knetens nehmen die Mehlbestandteile das Wasser auf und quellen.

Nach dem Formen der Teigstücke und der Gare folgt das **Backen**. Dabei gerinnt das Klebereiweiß und gibt dem Brot das Gerüst, die Stärke verkleistert und wird dadurch den Verdauungssäften zugänglicher.

Die Merkmale der unterschiedlichen Brotarten werden wesentlich durch die verwendeten **Mehle** und die **Backverfahren** bestimmt.

Die **Mehlmischung** beeinflusst Geschmack und Frischhaltung.

Neben der Zusammensetzung beeinflusst das **Backverfahren** die Eigenschaften des Brotes.

Abb. 1 Getreidearten

Freigeschobene Brote

haben einen großen Krustenanteil, weil sie frei nebeneinander im Ofen liegen und die Wärme allseitig einwirken kann. Das Verfahren wird vor allem bei Landbroten und Bauernbroten angewendet.

Abb. 2 Freigeschobenes Brot

Angeschobene Brote

haben einen geringen, auf die Oberfläche beschränkten Krustenteil. Die Teigstücke werden so eng aneinander geschoben, dass sie sich gegenseitig berühren.

Auf diese Art werden z. B. Kommissbrot und Paderborner gebacken.

Abb. 3 Angeschobenes Brot

Kastenbrot

wird in besonderen Blechkästen gebacken. Dieses Verfahren wird bei weichen Weizenteigen (Toastbrot) und Schrotbroten angewandt. Es bildet sich dabei zwar an den Seitenwänden auch eine Kruste, doch ist diese dünn und darum den Geschmack nur wenig beeinflussend.

Abb. 4 Kastenbrot

Weizenkleingebäck

Weizenkleingebäck wird regional nach unterschiedlichen Rezepturen in den verschiedensten Formen angeboten.

Das Gastgewerbe bietet es hauptsächlich zum Frühstück und als Tischbrot an. Besondere Frische kann erzeugt werden, wenn das Kleingebäck kurz aufgebacken wird.

Teiglinge sind gefrostete Gebäckstücke, die zugekauft, tiefgekühlt gelagert und bei Bedarf entsprechend den Anweisungen des Herstellers gebacken werden.

> Der Gast schätzt Regionaltypisches. Deshalb sollte man den Bäcker am Ort bevorzugen.

5.7 Teigwaren 🇬🇧 pasta 🇫🇷 pâtes (w) alimentaires

Teigwaren in der einfachsten Art bestehen aus einem Teig aus Mehl, Wasser und Salz. Der feste Teig wird geformt, die entstandenen Nudeln gart man in kochendem Wasser und die Teigwaren sind servierfertig. Bereitet man hausgemachte Teigwaren auf Vorrat, so trocknet man sie nach dem Formen und gart sie erst später.

Bei der industriellen Fertigung kennt man die gleichen Arbeitsgänge:
Teigbereitung → Formen → Trocknen

Die Qualität der Teigwaren ist wesentlich vom Anteil an Eiweißstoffen abhängig, denn der Nährstoff Eiweiß macht die Teigwaren kompakt und bissfest. Der kleberreiche Hartweizen (Durum) wird deshalb für die Teigwarenherstellung bevorzugt. Fertigt man Teigwaren aus anderen Weizenarten, so werden dem Teig Eier beigegeben. Der Eigehalt ist darum ein wichtiges Merkmal bei der Qualitätseinteilung.

Arten

Grießteigwaren

sind ohne Eier hergestellt, vergleiche obige Beschreibung. Im Angebot sind Spaghetti (Pasta) aus dem besonders kleberreichen Durumweizen.

Eierteigwaren

werden unter Verwendung von mindestens 100 g Ei je kg Mehl hergestellt. Bei „hohem Eigehalt" oder „Hausmacher …" müssen mindestens 200 g Ei je kg Mehl verwendet werden. 300 g Ei je kg Mehl sind zu verwenden, wenn ein „besonders hoher Eigehalt" angepriesen wird.

Teigwaren besonderer Art

Gemüse- und Kräuterteigwaren haben entsprechende Zusätze, z. B. Spinat für grüne Nudeln, Tomatenmark für rote Nudeln und „Tinte" (Sepia) der Tintenfische für schwarze Nudeln.

Vollkornteigwaren bestehen aus Vollkornmehl, sind bräunlich und kräftig im Geschmack.

Bei **Teigwaren mit Füllung** stehen als gekühlte oder tiefgekühlte Produkte eine breite Palette von regionalen und italienischen Spezialitäten zur Verfügung.

Maultaschen sind Teigtaschen, gefüllt mit Spinat oder Hackfleisch/Brät.

Ravioli sind kleine, quadratische Teigtaschen mit einer Füllung z. B. aus Spinat, Ricotta oder Brät mit gehackten Kräutern.

Tortellini sind kleine, gefüllte rundgebogene Teigtaschen.

Tortelloni sind größere Formen von Tortellini.

Abb. 1 Gemüseteigwaren

Abb. 2 Maultaschen

Abb. 1 Unterschiedliche Nudelformen

Formen

Die Formen der Teigwaren und deren Bezeichnungen sind äußerst vielfältig. Je nach Form ist die Verwendung unterschiedlich.

Faden- und Schnittnudeln

Die schmale Form tritt optisch in den Hintergrund. Einlage für klare Suppen und Gemüsesuppen. Eine große Oberfläche bringt Nudelgeschmack zur Geltung. Beilage zu Fleischgerichten, für Nudelauflauf.

Kurze, gedrehte Nudeln

wie Hörnchen, Spiralen oder Zöpfchen mit stark gegliederter Oberfläche haben mehrere Vorteile:
- bei der Vorratshaltung verkleben sie weniger,
- mit der großen Oberfläche lässt sich „die Sauce gabeln",
- sie eignen sich darum besonders zu Gerichten mit Bratensauce,
- die gegliederte Oberfläche macht die Teigwaren für das Auge fülliger und die Portion scheint damit größer.

5.8 Reis 🇬🇧 rice 🇫🇷 riz (m)

Reis ist eine Getreideart, die nur im warmen Klima gedeihen kann; er wird deshalb importiert. An Nährstoffen enthält der Reis etwa 80 % Kohlenhydrate in Form von Stärke. Natur- oder Braunreis besitzt einen hohen Anteil an Vitaminen der B-Gruppe, Weißreis ist dagegen nahezu ohne Vitamine. Reis enthält viel Kalium und wenig Natrium. Darum ist er vor allem für kochsalzarme Kost geeignet. Reis ist sowohl für salzige Speisen (Suppen, Beilagen) als auch für süße Gerichte (Auflauf, Pudding) verwendbar.

Abb. 2 Reispflanze

Reissorten

Das vielfältige Reisangebot gliedert man unter zwei Gesichtspunkten:
- Die **biologischen Sorten** bestimmen die **Kocheigenschaften**.
- Die **Bearbeitungsart** entscheidet über den **Wert für die Ernährung** und das Aussehen.

Bei handelsüblichem Reis besteht ein Zusammenhang zwischen der Form des Reiskorns und den Kocheigenschaften.

Biologische Sorten

Langkornreis
Das Korn ist 6 bis 8 mm lang, hart und glasig. Beim Kochen bleibt es körnig und locker. Verwendung für Beilagen und als Suppeneinlage. Die bekannteste Langkornsorte ist *Patnareis*, vergleichbare Eigenschaften hat der *Karolinareis*. *Basmati* ist ein indischer, polierter Langkornreis, der nach dem Kochen besonders duftet und locker ist.

Rundkornreis
Er ist rundlich, etwa 5 mm lang und mattweiß. Beim Kochen nimmt er mehr Wasser auf und wird dadurch weich und breiig. *Arborio* und *Vialone* sind beliebte italienische Risottoreisarten. Andere Rundkornarten werden zu Süßspeisen wie Milchreis oder Reis Trauttmansdorff verarbeitet.

Abb. 3 Langkorn Rundkorn

5 Getreide

Bearbeitungsarten

Braun- oder Naturreis ist enthülst, aber nicht geschält. Darum sieht er braungelb aus und enthält noch Vitamine und Ballaststoffe. Er schmeckt kräftiger als geschälter Reis, hat aber eine längere Garzeit. Wegen des im Keimling enthaltenen Fettes ist er nicht so lange lagerfähig.

Geschliffener Reis/Weißreis ist enthülst und geschliffen; die wirkstoffhaltigen Schalenteile und der Keimling sind entfernt. Das weiße Korn ist geschmacksneutral und lange lagerfähig.

Parboiled Reis. Rohreis wird nach einem besonderen Verfahren mit Dampf und Druck behandelt. Dabei wandern Vitamine und Mineralstoffe aus der Schale in den Kern. Anschließend wird das Korn geschliffen. Das Verfahren macht das Reiskorn ergiebiger und kochfester.

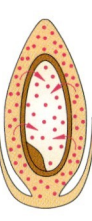

Die Qualität innerhalb der einzelnen Reissorten ist vom Anteil an gebrochenen Reiskörnern abhängig. In absteigender Folge:

Spitzenreis → Standardreis → Haushaltsreis

Wildreis

Wildreis ist kein Reis im eigentlichen Sinne. Es handelt sich um den Samen einer nordamerikanischen Grasart. Die schwarzbraunen, nadelförmigen Körner sind geröstet und haben darum einen leicht nussartigen Geschmack. Wildreis hat eine längere Kochzeit und ist teurer als weißer Reis.

Lagerung:
Luftig und trocken; geschliffener Reis ist bis zu zwei Jahren lagerfähig.

Aufgaben

1. Nennen Sie drei Getreidearten, die in der Küche in größerer Menge verwendet werden.
2. Im Zusammenhang mit Vollkornprodukten spricht man von Nährstoffdichte. Erklären Sie.
3. Aus welchen wesentlichen Teilen ist ein Getreidekorn aufgebaut?
4. Worüber gibt die Typenzahl eines Mehles Auskunft?
5. Es wird Auszugsmehl angeboten. Nennen Sie Vor- und Nachteile dieses Mehles.
6. Von Gerste werden Grütze und Graupen hergestellt. Wie unterscheiden sie sich?
7. Nennen Sie mindestens zwei Anwendungsmöglichkeiten für Sago.
8. „Ich esse Braunreis, weil er gesundheitlich wertvoller ist. Parboiled Reis können Sie vergessen." Antworten Sie.
9. Welchen Reis verwenden Sie für Risotto?
10. Welche Reissorten können für Reis als Beilage verwendet werden?
11. Aus einem Rezept für Rotkohl: „Koche einige Reiskörner von Anfang an mit." Welche Aufgabe hat der Reis bei dieser Kochanweisung?

Lebensmittel

LEBENSMITTEL

6 Süßungs- und Geliermittel

🇬🇧 sweeteners and gelatinizers 🇫🇷 édulcorants (m) et substances (w) gélifiantes

Handelssorten

Die folgenden Handelssorten werden aus Raffinade hergestellt.

- **Kristallzucker:** feinkörniger Zucker. Die unterschiedliche Körnigkeit wird mit Symbolen gekennzeichnet: Grob = G, mittel = M, fein = F. Zucker mit der Bezeichnung RF ist eine Raffinade feiner Körnung.
- **Puderzucker:** feinst gemahlene Raffinade für Dekorzwecke, auch für Glasuren.
- **Dekorpulver:** Puderraffinade mit wasserabweisenden Zusätzen. Wird von der Feuchtigkeit der Backwaren nicht so rasch aufgelöst.
- **Hagelzucker:** besonders grobkörnige Raffinade, die zu Dekorzwecken verwendet wird.
- **Würfelzucker:** zu Platten gepresster und anschließend zersägter Raffinadezucker.
- **Hutzucker:** zu einer Kegelform gepresste Zuckerkristalle. Er wird zur Herstellung einer Feuerzangenbowle benötigt.
- **Fondant:** gekochte Zuckerglasur aus Raffinade, Stärkesirup (Glucose) und Wasser. Er wird vor allem zum Glasieren von Backwaren (z. B. Petits fours) verwendet.

Abb. 1 Zuckersorten

Zucker 🇬🇧 sugar 🇫🇷 sucre (m)

In der Umgangssprache versteht man unter Zucker die Saccharose, die aus Zuckerrübe oder Zuckerrohr gewonnen wird. Bisweilen spricht man auch von Gebrauchszucker oder Haushaltszucker.

Dem menschlichen Körper liefert Zucker rasch Energie, weil er schnell verdaut werden kann. Zucker ist aber ein „leeres" Nahrungsmittel, weil er außer Energie weder Vitamine noch Mineralstoffe enthält. Das führt leicht dazu, dass über einen erhöhten Zuckerverbrauch ein Energieüberschuss entsteht, der dann zu Übergewicht führt. Gleichzeitig kann es zu einem Mangel an Vitaminen und Mineralstoffen kommen. Eine vernünftige Ernährung sieht im Zucker nur ein Würzmittel.

Gewinnung

Durch **Zerkleinern** der Zuckerrüben werden die Zellen geöffnet und das Auslaugen wird gefördert. Beim **Auslaugen** leitet man Wasser auf die Rübenschnitze und reinigt anschließend den so gewonnenen Zuckersaft. Durch **Einkochen** (reduzieren) wird die Lösung konzentriert. Aus der eingedickten Zuckerlösung scheiden beim Abkühlen die Zuckerkristalle aus. **Zentrifugieren** ermöglicht eine Trennung der Zuckerkristalle vom Sirup, der Rohzucker ist entstanden. Er kommt so nicht in den Handel, sondern wird einer Reinigung unterzogen.

Zuckersorten

Das Angebot wird von Reinheit, Form und Farbe des Zuckers bestimmt.

Weißzucker (EG-Qualität II) sind Rohzuckerkristalle, die mit Dampf von anhaftenden Sirupresten befreit sind. Verwendung vorwiegend zum Backen.

Raffinade (EG-Qualität I) ist die reinste Zuckersorte. Die Zuckerkristalle werden dazu nochmals aufgelöst und gereinigt. Anschließend beginnt erneut die Kristallisation.

Küchentechnische Eigenschaften

Zucker dient als
- Würzmittel, z. B. bei Salatdressings, Cocktails,
- Konservierungsmittel, weil er wasseranziehend wirkt, z. B. bei Konfitüren, Gelees,
- Schönungsmittel bei Glasuren, beim Überstreuen mit Puderzucker.

Süßungsmittel

Die Süßungsmittel, die anstelle von Gebrauchszucker verwendet werden können, lassen sich in Zuckeraustauschstoffe und Süßstoffe unterscheiden.

Zuckeraustauschstoffe

Zuckeraustauschstoffe beanspruchen zum Abbau im Körper kein Insulin und können darum mit Einschränkungen von Diabetikern anstelle des Gebrauchszuckers verwendet werden. Zuckeraustauschstoffe **liefern** ebenso viel **Energie** (Joule) wie Gebrauchszucker. Am häufigsten verwendet werden *Fructose*, *Xylit* und *Sorbit*. Neu ist *Isomalt*, das nur halb so viel Energie wie Zucker liefert. Zuckeraustauschstoffe können abführend wirken.

Süßstoffe

Als Süßstoffe bezeichnet man Stoffe, die **starke Süßkraft, aber keinen Nährwert** besitzen. Die käuflichen Präparate enthalten überwiegend die Süßstoffe *Saccharin*, *Cyclamat* und *Aspartam*. Diabetikern, deren Zucker- und Kohlenhydrate-Verbrauch ja stark eingeschränkt ist, bieten sie eine Möglichkeit, Speisen zu süßen. Die Werbung empfiehlt die Verwendung auch Gesunden, die Energie einsparen wollen. Vom ernährungsphysiologischen Standpunkt aus ist dagegen nichts einzuwenden. Doch ist zu bedenken, dass die Einsparung an Kohlenhydraten, die durch die Verwendung von Süßstoffen erreicht wird, von geringer Wirkung bleibt, solange nicht die Gesamtnahrungsmenge eingeschränkt wird.

Zusammenfassende Übersicht

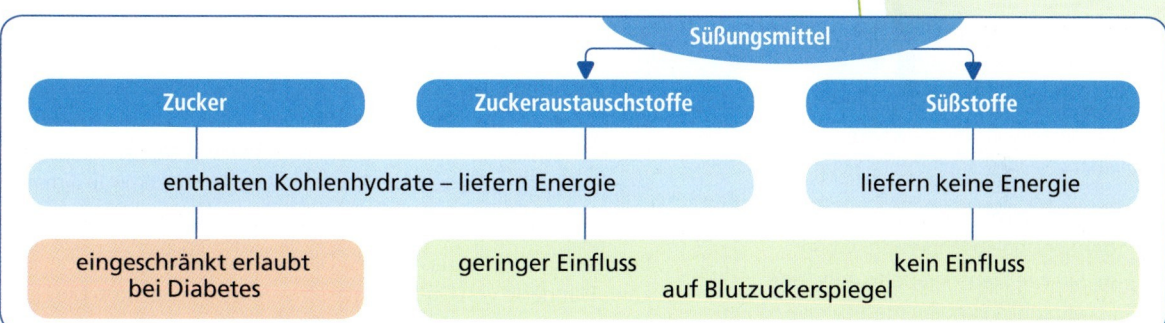

Geliermittel

- **Gelatine** ist das Kollagen aus den Knochen und Schwarten der Schlachttiere. Angeboten wird Gelatine als Pulver und in Blattform. Die Qualitätsstufen: Gold extra, Gold, Silber. Gelatineblätter werden in Wasser eingeweicht, ausgedrückt und vorsichtig erwärmt. Gelatine dient als Bindemittel für Sahne, Cremes und Aspik.
- **Agar-Agar** ist eine Alge, die ausgekocht und getrocknet in den Handel kommt. Nach 24-stündigem Einweichen werden die Algen mit Wasser aufgekocht und ergeben ein Gelee, das hauptsächlich in der Patisserie für Obstkuchen und in der Molekularküche verwendet wird.
- **Pektin** wird aus Obsttrester gewonnen. Es geliert nur, wenn gleichzeitig entsprechende Mengen Zucker und Säure vorhanden sind. Verwendung zu Gelees, für Obstkuchen.
- **Tortenguss, Geleeguss:** Unter diesem Namen werden Mischungen von Bindemitteln angeboten, die nach dem Aufkochen beim Abkühlen erstarren und vorwiegend für Obstkuchen verwendet werden.
- **Modifizierte Stärke/Quellstärke/Kaltbinder**
  Quellstärke hat den Vorteil, dass sie ohne Aufkochen Flüssigkeit binden kann. Um dies zu erreichen, lässt man die Stärke zunächst mit heißem Wasser verkleistern, trocknet und pulverisiert sie dann. Quellstärke wird vor allem in der Patisserie/Küchenkonditorei verwendet.
  - *Kaltcremepulver* für Vanillecreme,
  - *Saftbinder* zum Binden von Sauerkirschen z. B. für Schwarzwälder Kirschschnitten.

Abb. 1 Gelatine in unterschiedlicher Form

Dem Vorteil der schnellen Herstellung steht als Nachteil entgegen, dass die Bindung mit Quellstärke schneller nachlässt.

Lebensmittel

7 Gewürze, Küchenkräuter und würzende Zutaten

🇬🇧 spices, herbs and seasoners 🇫🇷 épices (w), aromates (m) et condiments (m)

7.1 Vom Schmecken und Riechen

Speisen werden nicht nur nach ihrem Gehalt an Nährstoffen beurteilt. Sie sollen auch appetitlich aussehen (das Auge „isst" mit) und zudem so riechen und schmecken, „dass einem das Wasser im Munde zusammenläuft".

Ob uns ein Gericht „schmeckt", bestimmen die Geruchs- und Geschmacksstoffe, die darin enthalten sind. Obwohl üblicherweise von „schmecken" und „Geschmack" gesprochen wird, bestimmt der Geruch einer Speise diese stärker als der Geschmack.

Als **Geschmack** bezeichnet man die Empfindungen der Zunge. Die Zunge kann neben der Temperatur (heiß – kalt) und der Festigkeit nur vier Geschmacksrichtungen unterscheiden, nämlich: süß, salzig, sauer, bitter. Daneben erkennt sie Umami (bestimmte Aminosäuren) und Fett.

Bei dem **Geruch** ist das anders: Die Nase ist viel empfindlicher und kann Hunderte von Düften unterscheiden. Das bedeutet: Die Nase nimmt mehr wahr als die Zunge. Das ist ein wesentlicher Grund, warum man bei Schnupfen nicht gut abschmecken kann.

Was wir von Speisen schmecken und riechen, wird bestimmt von:
- Eigengeschmack der verwendeten Lebensmittel (Fisch bleibt Fisch, Lamm bleibt Lamm usw.).
- Geruchs- und Geschmacksstoffen, die beim Zubereiten entstehen, z. B. beim Braten.
- Wirkung der Würzstoffe.

Als Gewürze und Küchenkräuter können alle Pflanzenteile dienen. Beispiele:

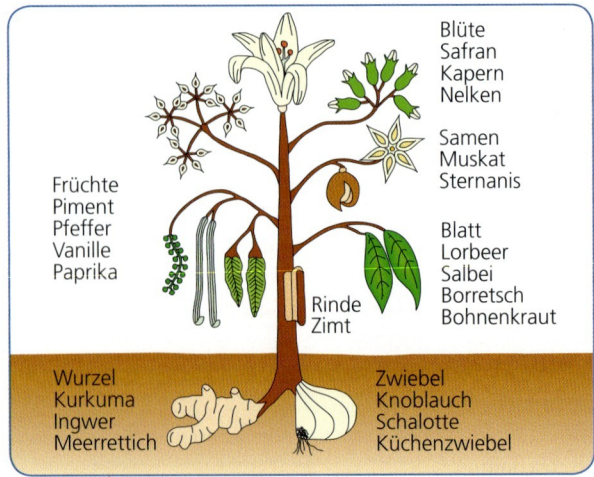

Versuche

1. Beobachten Sie bei sich selbst das Maß der Speichelabsonderung, wenn
   a) Sie ihre Lieblingsspeise oder eine appetitlich angerichtete Speise sehen,
   b) Bratengeruch oder der Geruch frischen Gebäcks eingeatmet wird,
   c) jemand in eine Zitrone beißt.

2. Vergleichen Sie den Geschmack
   a) Salzkartoffel – Bratkartoffel,
   b) gekochtes Fleisch – gebratenes Fleisch,
   c) gekochte Teigwaren – in der Pfanne wieder erwärmte Teigwaren.

3. a) Zerdrücken Sie einige Nelken auf einem Papier und beobachten Sie, wann die Ölflecke verschwinden.
   b) Drücken Sie ein Stück Orangen- oder Zitronenschale neben einer brennenden Kerze zusammen und beobachten Sie die Flamme.

4. Zerkleinern Sie weißen Pfeffer, riechen Sie und probieren Sie etwas davon
   a) sofort,
   b) nach einigen Stunden.

5. Brühen Sie eine Tasse Tee auf. Nach 15 Min. entnehmen Sie den Beutel. Beobachten Sie die Oberfläche, kosten Sie den Tee.

7.2 Gewürze 🇬🇧 spices 🇫🇷 épices (w) Arten

Gewürze sind getrocknete Teile von Pflanzen, die in den heißen Zonen wachsen. Durch die starke Sonneneinstrahlung entwickeln sich große Mengen an Duft- und Geschmacksstoffen, wesentlich mehr als in den bei uns wachsenden Küchenkräutern.

Arten

Pfeffer 🇬🇧 pepper 🇫🇷 poivre (m)

Pfefferkörner sind die Beeren einer Kletterpflanze. Nach dem Zeitpunkt der Ernte unterscheidet man ausgereifte Beeren und grüne Beeren.

- **Reife Beeren:**
  - *Weißer Pfeffer:* Die reifen Beeren werden vom Fruchtfleisch befreit und getrocknet; milder aromatischer Pfeffer.

- **Unreife Beeren:**
  - *Schwarzer Pfeffer*: Unreife Beeren werden getrocknet. Weil **das** Fruchtfleisch am Gewürz bleibt, hat schwarzer Pfeffer mehr Schärfe.
  - *Grüner Pfeffer:* sind unreife Pfefferbeeren, in einer Salzlake sterilisiert oder gefriergetrocknet.

- *Roter Pfeffer, rosa Beeren, Szechuan-Pfeffer:* sind **die** Beeren **eines** asiatischen Strauchs, schmecken leicht süßlich. Roter Pfeffer wird **reif** geerntet und nach einem Spezialverfahren getrocknet. Typisch in „China-Gerichten".

- *Cayenne-Pfeffer:* getrocknete gemahlene Chilis. Siehe Paprika.

Piment 🇬🇧 allspice 🇫🇷 piment (m)

Die etwa 5 mm großen, braungrauen Beeren, teilweise auch Nelkenpfeffer genannt, werden kurz vor der Reife geerntet und getrocknet. Verwendung zu Beizen (Sauerbraten, Wild), gekochtem Fleisch, Gerichten von Herz und Zunge sowie zur Weihnachtsbäckerei.

Paprika 🇬🇧 paprika 🇫🇷 paprika (m)

Gewürzpaprika wird von einer bleistiftdicken, etwa 8 cm langen Frucht der Paprikapflanze gewonnen.

In den Außenwänden sind u. a. die Aromastoffe, die Zwischenwände und Samen enthalten die Schärfe, das Capsaicin.

Anteile	Bezeichnungen
Außenwände: **Aroma**	Capsaicinfrei Delikatess-Paprika Edelsüß Halbsüß Rosenpaprika
Innenwände, Kerne: **Schärfe**	

Kleiner als Gewürzpaprika sind **Chilis**. In grünem Zustand werden sie als Peperoni angeboten, ausgereift und gemahlen erhält man *Cayenne-Pfeffer*.

Lorbeerblätter 🇬🇧 bay leafs 🇫🇷 feuilles (w) de laurier

Die Lorbeerblätter stammen vom immergrünen Lorbeerbaum, der im gesamten Mittelmeergebiet heimisch ist. Gute Ware hat eine schöne grüne Farbe und duftet beim Zerreiben aromatisch.

Verwendung zu Marinaden für Sauerbraten und Wild, Sauerkraut.

LEBENSMITTEL

Nelke 🇬🇧 clove 🇫🇷 clou de girofle (m)

Die noch nicht aufgegangene Blüte des Gewürznelken-Baumes wird getrocknet, sie enthält das erwünschte aromatische Nelkenöl überwiegend in der Knospe (Kugeln). Verwendung zu Kohlgerichten, Sauerkraut, Wild und Fischsud sowie Glühwein und Weihnachtsgebäck.

Kümmel 🇬🇧 cumin 🇫🇷 cumin (m)

Kümmel wird in ganz Europa angebaut, für besondere Qualität ist Holland bekannt. Kümmel wirkt verdauungsfördernd und blähungshindernd. Verwendung zu Kohlgerichten, Sauerkraut, Gulasch, Schweinebraten und Likör.

Wacholderbeere 🇬🇧 juniper berry 🇫🇷 genièvre (m)

Die Beeren des Wacholderstrauches riechen etwas harzig und schmecken bitterwürzig. Qualitätsware ist erbsengroß und glatt. Verwendet werden die Beeren ganz oder zerdrückt zu Wild und Wildgeflügel, zu Sauerbraten, Sauerkraut, zu Fischmarinaden und Spirituosen.

Muskatnuss 🇬🇧 nutmeg 🇫🇷 noix (w) de muscade

Der etwa walnussgroße Samenkern des Muskatnuss-Baumes hat eine gefurchte mattbraune Schale. Verwendung zu Brühe, Blumenkohl, Kartoffelbrei, Farcen. Man reibt von der Muskatnuss nur die jeweils benötigte Menge. **Macis** oder **Muskatblüte** (im Bild rechts unten) umgibt die Muskatnuss. Verwendung vorwiegend zu Würsten.

Senf 🇬🇧 mustard 🇫🇷 moutarde (w)

Es gibt zwei Arten von Senfsamen. Die gelben sind größer und milder, die braunen schärfer. Wird den zerkleinerten Senfkörnern Wasser zugesetzt, entwickelt sich durch Einwirkung von Enzymen die Schärfe. Dazu kommen Essig, Wein, Salz, Zucker sowie Würzstoffe, die die Geschmacksrichtung beeinflussen, wie Meerrettich, Sardellen, Kräuter.
- *Delikatess-Senf* und *Tafelsenf* sind mittelscharf.
- *Dijon-Senf* besteht überwiegend aus braunen Senfkörnern, bei denen die Schalenteile abgesiebt werden.
- *Süßer* oder *Weißwurstsenf* besteht aus grob gemahlenen weißen und braunen Körnern. Zucker gibt den typischen Karamellgeschmack.
- *Rotisseur-Senf* ist ein grob vermahlener, mittelscharfer Senf, der beim Erhitzen das Aroma behält.

Zimt 🇬🇧 cinnamon 🇫🇷 canelle (w)

Die abgelösten Rindenstücke des Zimtbaumes rollen sich beim Trocknen und werden braun. Je dünner die Rinde, desto feiner ist das Aroma. Stangenzimt verwendet man, wenn nur der Geschmack, nicht aber die Farbe erwünscht ist, z. B. bei Glühwein, Kompott. Gemahlenen Zimt nutzt man bei Apfelmus, Gebäck und zu Zimtzucker für Süßspeisen.

Ingwer 🇬🇧 ginger 🇫🇷 gingembre (m)

Die Wurzeln der Pflanze dienen getrocknet als Gewürz und kandiert als Rohstoff in der Patisserie.

Verwendung zu:
- exotischen Salaten,
- Reissalat,
- Kürbisgemüse,
- indischen Fleischgerichten,
- Ingwerreis,
- pikanten Fruchtsaucen,
- Konfekt.

Safran  saffron safran (m)

Die getrockneten Blütennarben sind braunrot und schmecken leicht bitter. Safran löst sich in Wasser und färbt gelb.

Verwendung zu Safranreis, Bouillabaisse, spanischer Paella, italienischem Risotto sowie zu Gerichten von Fisch und Krustentieren.

Vanille  vanilla vanille (w)

Die grüne Kapselfrucht einer Orchideenart wird fermentiert und getrocknet. Dabei entwickelt sich das feine Aroma. Weiße Pünktchen an der Oberfläche sind auskristallisiertes Vanillin. Verwendung zu Creme, Pudding, Auflauf und Gebäck. Dazu wird die Schote längs aufgeschnitten und das Vanillemark herausgekratzt. *Vanille-Zucker* erhält den Geschmack durch echte Vanilleschoten. *Vanillin-Zucker* ist Zucker mit Zusatz von synthetisch hergestelltem Vanillin.

Curry curry curry (m)

Das gelblich braune Pulver ist eine indische Gewürzmischung. Sie enthält bis zu 15 Gewürze. Farbe gebender Hauptbestandteil ist die Kurkuma, auch Gelbwurz genannt. Verwendung zu verschiedenen Reisgerichten und exotischen Fleischgerichten sowie Currysaucen.

Kapern capers câpres (w)

sind die unreifen, geschlossenen Blütenknospen des Kapernstrauches. Sie werden in eine Salzlake eingelegt. Verwendung zu Königsberger Klopsen, Remouladensauce, Heringssalat.

Angebot der Industrie

Die Nahrungsmittelindustrie bietet eine Reihe von Gewürzkombinationen in unterschiedlicher Form an.
- **Gewürzmischungen** bestehen ausschließlich aus Gewürzen, so ist z. B. der vorausgehend beschriebene Curry eine Gewürzmischung. Andere Mischungen sind Gulaschgewürz, Schaschlikmischung oder Lebkuchengewürz. Gewürzmischungen kann man auch selbst zusammenstellen.
- **Gewürzzubereitungen** sind Mischungen von Gewürzen mit anderen geschmackgebenden Zutaten wie Sojasauce oder Tabasco (vgl. bei Würzsaucen).
- **Aromen** sind Zubereitungen von Geruchs- und Geschmacksstoffen, die der Aromatisierung von Lebensmitteln dienen. Für die Patisserie gibt es z. B. in dickflüssiger Form Vanillearoma und Zitronenaroma. Diese Zubereitungen sind leicht vorrätig zu halten und können einfach dosiert werden.

Lebensmittel

Manche Menschen reagieren allergisch auf Glutamat, sie haben eine Glutamat-Intoleranz, die zu Schweißausbrüchen und Kopfschmerzen führt.

Grundregeln des Würzens
- Das Gewürz unterstreicht und ergänzt den Charakter des Gerichts. Der Eigengeschmack der Rohstoffe muss im Vordergrund bleiben, Gewürze betonen nur oder geben eine leichte Abwandlung.
- Beim Würzen bestimmt ein Gewürz die Richtung, weitere Gewürze ergänzen, bleiben aber im Hintergrund.
- Bei der Auswahl der Gewürze ist mehr auf die Zubereitungsart zu achten als auf den Rohstoff; das gilt insbesondere bei Fleisch und Fisch.

- **Glutamat** ist ein weißes, pulvriges Salz ohne typischen Eigengeschmack. Es regt die Geschmacksnerven an und macht sie empfindlicher. Darum „verstärkt" es den Eigengeschmack der Speisen, ohne selbst hervorzutreten. Anwendung bei hellem Fleisch, Fisch, Gemüse, Reis, Pilzen und Gerichten der chinesischen Küche.

Anwendung

Gemahlene Gewürze
verwendet man,
- weil die geschmackgebenden Stoffe schneller auf die Speisen übergehen,
- weil gemahlene Gewürze leichter dosierbar sind.

Man fertigt eine **Reduktion**, wenn man die geschmackgebenden Stoffe **ohne die** festen Bestandteile der Gewürze in konzentrierter Form will, z. B. bei einer holländischer Sauce.

Ganze Gewürze
verwendet man,
- wenn zum Auslaugen der geschmackgebenden Stoffe genügend Zeit zur Verfügung steht (z. B. Marinade),
- wenn die festen Bestandteile der Gewürze leicht entfernbar sein sollen (z. B. Nelken und Lorbeerblatt an der gespickten Zwiebel, Wacholderbeeren aus der Marinade).

Ganze Gewürze gibt man immer zu **Beginn des Garens** bei.

Lagerung

Bei Gewürzen werden nie zu große Mengen auf einmal eingekauft. Lange Lagerdauer bedeutet Qualitätsminderung, weil die Aromastoffe/ätherischen Öle leicht flüchtig sind und verfliegen. Man sagt, das Gewürz „verraucht". Aus dem gleichen Grund werden Gewürze immer luftdicht verschlossen aufbewahrt. Mit feuchten Fingern darf man nie in die Gewürzdose greifen, denn durch die anhaftenden Reste entstehen Verluste. Zweckmäßiger ist die Verwendung einer kleinen Gewürzschaufel.

7.3 Küchenkräuter 🇬🇧 potherbes 🇫🇷 fines herbes (w)

Küchenkräuter geben den Speisen nicht nur den erwünschten Geschmack, sie sind, besonders in frischem Zustand, reich an Vitaminen und Mineralstoffen und darum für eine gesunde Ernährung sehr wertvoll.

Bärlauch 🇬🇧 wood garlic 🇫🇷 ail (m) de bois

Die lanzettförmigen Blätter riechen kräftig in einer dem Knoblauch vergleichbaren Art, ohne den Geruch über den Atem abzugeben. Verwendung zu Kräuterbutter, Pesto, Salaten und Sandwiches.

Basilikum 🇬🇧 basil 🇫🇷 basilic (m)

Die Würzkraft liegt in den Blättern. In kleinen Mengen angewandt, ist es zu verschiedenen Ragouts sowie zu Lammbraten und Tomatensuppe geeignet; mit anderen Kräutern vermischt ist es eine gute Salatwürze.

7 Gewürze, Küchenkräuter und würzende Zutaten

Beifuß 🇬🇧 mugwort 🇫🇷 armoise (w)

Dieses Küchenkraut gilt als Spezialgewürz für fette Speisen, z. B. für Gänse-, Enten- und Schweinebraten. Seine Inhaltsstoffe fördern die Fettverdauung und machen deftige Gerichte bekömmlicher.

Bohnenkraut 🇬🇧 savoy 🇫🇷 sarriette (w)

Es ist vor dem Aufblühen zu pflücken. Frischware schmeckt intensiv, das getrocknete Kraut eher derb und wuchtig. Das Aroma wird erst beim Kochen frei. Darum vorsichtig würzen. Bohnenkraut ist ein bewährtes Würzkraut für Bohnen, Linsen und auch für Eintöpfe.

Borretsch 🇬🇧 borage 🇫🇷 bourrache (w)

Die frischen Blätter dieses Küchenkrauts eignen sich, fein gehackt, als Würzkraut zu Gurken und Salaten sowie auch zu Kräuterquark und grüner Sauce. Borretsch wird eine belebende Wirkung zugeschrieben.

Dill 🇬🇧 dill 🇫🇷 aneth (m)

Dill wird hauptsächlich verwendet zu Fischgerichten (Aal, graved Lachs), zum Einmachen von Gurken, für Salatzubereitung und Rohkostplatten. Die Dillsamen sind unentbehrlich beim Einlegen von Essiggurken.

Estragon 🇬🇧 tarragon 🇫🇷 estragon (m)

Junge Estragonblätter sind wichtig bei der Zubereitung von Fischgerichten, Saucen, Salaten, Mayonnaisesaucen, Essig-, Salz- und Senfgurken sowie bei der Herstellung von Tafelessig. Überlagerter Estragon schmeckt penetrant und muffig.

Kresse 🇬🇧 cress 🇫🇷 cresson (m)

Wird Brunnenkresse und auch Gartenkresse fein gehackt, sind sie ein Würzmittel für Quark, Suppen und Salate. Brunnenkresse verwendet man gerne als Garnitur für Gegrilltes.

Kerbel 🇬🇧 chervil 🇫🇷 cherfeuil (m)

Kerbel ist ein ausgezeichnetes Suppenkraut (Kerbelsuppe). Desgleichen eignet sich Kerbel als Würze zu Gemüsen und Eintopfgerichten sowie zu Rohkost und natürlich zu vielen Arten von Salaten.

Liebstöckel 🇬🇧 lovage 🇫🇷 livèche (w)

Von dieser Pflanze sind der Wurzelstock und das Blatt sehr gute Geschmacksträger. Verwendung zu Suppen, Saucen, Salaten, Eintopfgerichten. Ein alter Name ist Maggi-Kraut. Wegen des intensiven Geschmacks nur sparsam verwenden.

Lauch/Porree 🇬🇧 leek 🇫🇷 poireau (m)

Lauch wird als Gemüse verwendet, dient aber auch als Beigabe zu Suppen und zu Rohkost. Der weiße Knollenteil kann auch anstelle von Zwiebeln verwendet werden.

Majoran/Oregano 🇬🇧 marjoram 🇫🇷 marjolaine (w)

Majoran wird bei verschiedenen Wurstsorten verwendet; er ist das Spezialgewürz zu gelben Erbsen, Gulasch und Kartoffelsuppe. **Oregano** ist wilder Majoran, ein typisches Kraut der italienischen Küche, z. B. für Pizzen und Tomatenzubereitungen.

Melisse 🇬🇧 balm 🇫🇷 mélisse (w)

Diese Pflanze, auch Zitronenmelisse genannt, hat einen leichten Zitronengeschmack, wenn sie frisch ist. Sie trägt zur Geschmacksverfeinerung von Wildgerichten bei, sie ist auch für Salate, Kräutersauce und Quark geeignet.

Schnittlauch 🇬🇧 chives 🇫🇷 ciboulette (w)

Fein geschnittener Schnittlauch ist eine Würze für Quark, Fleisch-, Fisch- und Gemüsesalate und für Pasteten. Er lässt sich auch zu allen klaren Suppen verwenden.

Petersilie 🇬🇧 parsley 🇫🇷 persil (m)

Die Petersilie ist für viele Würzzwecke anwendbar. Als Büschel im Fettbad gebacken (persil frit), wird sie panierten Fischen oder Fleischgerichten beigegeben, die in Fett gebacken worden sind. Die Petersilienwurzel ist Bestandteil des Bouquet garni. Die glatte Petersilie hat das kräftigere Aroma, die krausen Arten eignen sich besser zum Garnieren.

Pfefferminze 🇬🇧 mint 🇫🇷 menthe (w)

Die Triebe werden vor dem Blühen geerntet. Grob gehackt sind sie das Spezialgewürz für eine süßsaure, in England landesübliche Mintsauce, die zum gebratenen Lammfleisch gereicht wird. Die Mintsauce gibt es auch als fertige Zubereitung.

Rosmarin 🇬🇧 rosemary 🇫🇷 romarin (m)

Der harzige und bitterwürzige Eigengeschmack der nadelförmigen Rosmarinblätter harmoniert mit Wildgerichten sowie mit Schaf- und Schweinefleisch. Er harmoniert aber auch mit Tomaten, Zucchini und Auberginen. Rosmarin muss mitgaren, damit die Würzkraft frei wird.

Salbei 🇬🇧 sage 🇫🇷 sauge (w)

Die herben, bitteren Salbeiblätter werden vor der Blüte gepflückt. Sie geben einigen Fisch- und Schlachtfleischgerichten den besonderen Geschmack.

Thymian 🇬🇧 thyme 🇫🇷 thym (m)

Dieses Küchenkraut wird bei Suppen, Eintopfgerichten, Fisch- und Fleischspeisen, Saucen und bei der Wurstbereitung ausgiebig verwendet. Außerdem würzt man mit diesem Kraut Tomaten und Auberginen.

Zitronengras 🇬🇧 lemongrass 🇫🇷 citronelle (w)

Zitronengras gibt den Speisen einen würzigen, belebenden Geschmack. Die zitronenähnliche Grundrichtung harmoniert besonders mit Geflügel, Fisch und Meeresgerichten.

Kräutermischungen

Fines herbes (sprich: finserb) sind eine Mischung aus feinen Kräutern. Man verwendet dazu Schnittlauch, Kerbel, Petersilie, Estragon und je nach Verwendung weitere Kräuter.

Die Zusammenstellung passt zu Eierspeisen, Frischkäse, gebundenen Suppen und Saucen.

Herbes de Provence = Kräuter der Provence. Die Provence ist ein Gebirgsland Frankreichs am Mittelmeer, das sich an Italien anschließt. Die käufliche Mischung von getrockneten Kräutern besteht entsprechend dem Klima und der Höhenlage hauptsächlich aus Majoran, Thymian, Lavendel, Basilikum und Rosmarin. Die aromatische Mischung wird zum Würzen von Fleisch- und Fischgerichten „nach provenzalischer Art" verwendet.

Behandlung

Frische Kräuter werden gewaschen, entstielt und gehackt oder fein geschnitten. Den Speisen werden sie möglichst spät beigegeben. Man streut sie auch über die Gerichte (z. B. Petersilie, Schnittlauch), um ihnen ein gefälliges, appetitanregendes Aussehen zu geben.

Petersilie wird vielfach nach dem Hacken in einem Tuch ausgedrückt. Das ist nicht notwendig und **sogar falsch**, denn mit dem Saft gehen Aroma und Wirkstoffe verloren.

Petersilie wird von den groben Stängeln befreit, gewaschen und in einem Tuch trockengerieben. Dann wischt man das trockene Tranchierbrett feucht ab, damit es den austretenden Petersiliensaft nicht aufsaugt und hackt die Petersilie mit einem scharfen Messer. So erhält man eine würzige, vitaminreiche und gut streufähige Petersilie.

Getrocknete Kräuter lässt man mit dem Gericht kurz aufkochen und dann etwa 15 Min. ziehen. So entfalten sie den vollen Geschmack.

Gefrostete Kräuter unaufgetaut den Zubereitungen beigeben. So bleibt der Geschmack am besten erhalten.

Aufbewahrung

Frische Kräuter bewahrt man kurzfristig im Kühlraum auf. Die Saison für die einzelnen Küchenkräuter ist jedoch nur kurz.

Längere Zeit haltbar machen kann man Kräuter durch:

- **Einfrieren**: es ist darauf zu achten, dass das Gefriergut trocken ist, denn nur so lässt es sich später leicht den Vorratsbehältern entnehmen.
- **Einlegen in Essig**: dabei entsteht Kräuteressig, denn die Aromastoffe lösen sich und gehen in die Flüssigkeit über.
- **Einlegen in Öl:** Das Aroma der Kräuter wird auf das Öl übertragen. Besonders geeignet für Dressings.
- **Trocknen**: das ist zwar sehr einfach, doch verfliegt dabei das Aroma besonders leicht. Käufliche Ware ist in der Regel der selbst getrockneten überlegen, denn sie wird in Spezialanlagen schonend getrocknet.

7.4 Würzsaucen

Würzsaucen sind kalte, fließfähige Zubereitungen mit ausgeprägtem Geschmack.

Chilisauce

besteht aus Tomatenmark, Chilis, Essig, Salz und Zucker. Sweet Chili ist milder. Verwendung als Tischsauce, aber auch zu Vorspeisen und Salaten, zu Saucen und Gerichten von Ei.

Ketchup/Ketschup

Tomatenmark wird mit Salz, Zucker, Essig, Ingwer, Nelken, Pfeffer und Zitronensaft gewürzt. Verwendung als Tischsauce, aber auch zu Vorspeisen und Salaten.

Sojasauce

Sojasauce ist eine Würzsauce aus dem asiatischen Raum. Sojabohnen werden in einer Salzlake zusammen mit anderen Zutaten enzymatisch abgebaut. Der Grundgeschmack ist mit unseren Würzsaucen vergleichbar, sie schmeckt jedoch etwas malzig süßlich. Verwendung zu Fleisch-, Fisch-, Geflügel- und Gemüsegerichten der asiatischen Küche.

Speisewürze

Das flüssige Würzmittel ist bekannt unter Markennamen (Maggi, Knorr, Hügli). Der Begriff Würzsauce ist nicht gebräuchlich. Die Grundlage für die Herstellung bildet pflanzliches Eiweiß wie Getreidekleber. Die Proteine werden aufgeschlossen und zu Aminosäuren abgebaut. Danach ist eine mehrmonatige Reifung erforderlich. Die Aminosäuren beeinflussen den geschmacklichen Gesamteindruck positiv. Verwendung als Tischsauce, aber auch zu Suppen, Gemüsen und Eintopfgerichten.

Tabascosauce

Diese Würzsauce entsteht auf der Grundlage von Chili. Der feurig scharfe Geschmack entsteht nach mehrmonatiger Reifung. Verwendet wird Tabasco zu südamerikanischen Gerichten. Zum Würzen von Reis, Salaten und Eierspeisen genügen wenige Spritzer. Tabasco wird auch als Tischsauce gereicht.

Worcestershire Sauce

Hauptbestandteil sind Fleischextrakt, Cayennepfeffer, Essig, Rum, Zuckersirup. Verwendung als Tafelsauce, aber auch zu Frikassee, Ragoût fin, Fisch, Salaten.

7.5 Speisesalz  salt sel (m)

Kochsalz ist zwar ein Mineralstoff (NaCl), doch ist es ein bedeutendes Mittel zur Beeinflussung des Geschmacks. Es wirkt nicht nur durch den Eigengeschmack, es verstärkt zugleich die Würze anderer Produkte wie etwa Fleisch und Brot. Speisesalz ist ferner ein wichtiger Bestandteil des menschlichen Körpers. Fünf Gramm Salz werden täglich ausgeschieden und müssen über die Nahrungsaufnahme ersetzt werden. Allerdings sind viele industriell gefertigte Lebensmittel reichlich gesalzen, sodass aus gesundheitlichen Gründen Salz sparsam zu verwenden ist.

Handelsprodukte

- **Siedesalz** wird durch Wasser aus dem Berg gelöst. Die so entstandene Sole wird durch Sieden eingedampft (reduziert), bis das reine Salz zurückbleibt.
- **Steinsalz** wird aus dem Salzstock bergmännisch abgebaut und fein gemahlen
- **Jodiertes Speisesalz** dient zur Ergänzung der in der Bundesrepublik allgemein mangelhaften Jodversorgung. Das Spurenelement Jod ist für die Funktion der Schilddrüse notwendig.

Abb. 1 Untertägige Gewinnung von Steinsalz

7.6 Essig 🇬🇧 vinegar 🇫🇷 vinaigre (m)

Essig wirkt in Speisen auf zweifache Weise:
- geschmackliche Wirkung, z. B. Sauerbraten, Salate,
- Verbesserung der Haltbarkeit, z. B. Essiggurken, Aspik.

In den folgenden Abschnitten wird Essig nur als Geschmacksbildner besprochen.

Essig entsteht entweder aus alkoholischen Flüssigkeiten durch Gärung (Gärungsessig) oder auf synthetischem Wege als Essigessenz.

Die Essigsäure ist in beiden Fällen gleich. Essigessenz ist rein sauer, Gärungsessig enthält zusätzliche Geschmacksstoffe, z. B. aus Wein.

Angebot des Handels

- **Weinessig** ist ausschließlich aus Wein hergestellt, mit 6 % Säure kräftig und reich an begleitenden Aromastoffen. Er ist eine Spezialität für die feine Küche
- **Speise- oder Tafelessig** enthält 5 % Säure und wird aus vergorenen Kartoffeln oder Getreide gewonnen.
- **Wein-Branntwein-Essig** ist eine Mischung aus Weinessig und Speiseessig, liegt folglich in der Qualität zwischen den beiden Arten; er wird am häufigsten verwendet.
- **Kräuteressig** ist 5 %iger Essig, der zusätzlich durch feine Kräuter (Dill, Estragon, Melisse) aromatisiert ist.
- **Essig mit besonderen Geschmacksrichtungen** entsteht, wenn von besonderen Rohstoffen ausgegangen wird. **Beispiele**: Sherryessig, Rotweinessig oder Apfelessig.
- **Balsamico-Essig** ist eine italienische Spezialität. Er wird aus konzentriertem Traubensaft gewonnen und verliert bei einer langen Lagerung weiteres Wasser. Dadurch tritt die Säure in den Hintergrund und die anderen Geschmacksstoffe überwiegen. Geschmack und Preis sind mit gewöhnlichem Essig nicht vergleichbar. Verwendung zu Carpaccio, Tomaten mit Mozzarella usw.
- **Essig-Essenz** (70 % bis 80 % Säure bei gewerblicher Verwendung, für Haushalte höchstens 25 %) ist wegen des hohen Säureanteils mit besonderer Vorsicht anzuwenden. Neben der Säure enthält sie keine weiteren Geschmacksträger.

Essigvariationen eigener Herstellung

Gewürz- und Kräuteressig kann jederzeit selbst hergestellt werden. Man setzt für Dillessig z. B. etwa 20 g frisches Dillkraut mit einem Liter Essig an und lässt das Ganze etwa 14 Tage stehen. Verbleiben Dill oder andere Kräuter zu lange im Essig, kann dieser einen unangenehm krautigen Geschmack annehmen.

Für Gewürzessig verwendet man Pfefferkörner, Lorbeerblätter, Senfkörner und Dill. Für Himbeeressig oder Knoblauchessig setzt man Weinessig mit den entsprechenden Aromaträgern an.

Aufgaben

1. Geschmackvolle Speisen sind unser Ziel: Wovon ist der Geschmack stärker abhängig als von der Würzung? Sehen Sie dazu auch auf Seite 394 nach.
2. Welche Grundregeln sollten beim Würzen beachtet werden?
3. Nennen Sie Vor- und Nachteile von Gewürzmischungen.
4. Bei welchen Anwendungen verwendet man Gewürze im Ganzen und wann in gemahlener Form?
5. Welcher Unterschied besteht bei der Beigabe zu Zubereitungen zwischen frischen und getrockneten Kräutern?
6. Aus welchem Grund wird jodiertes Speisesalz verwendet?
7. Für Essig-Essenz wird mit der Aussage „Die reine Säure des Essigs" geworben. Diese Aussage enthält Wahres und Bedenkenswertes im Zusammenhang mit der Geschmackgebung. Erläutern Sie.

8 Speisefette und Speiseöle

🇬🇧 food fats and oils 🇫🇷 graisses (w) et huile (w)

Fette sind neben Kohlenhydraten und Eiweiß ein Hauptbestandteil unserer Nahrung. Wir verwenden jedoch die meisten Fette in einer Art, wie sie in der Natur so nicht vorkommen. Man „gewinnt" die Fette: Oliven enthalten 13 % Fett, das ausgepresste Olivenöl ist nahezu 100 %iges Fett; Milch enthält etwa 4 % Milchfett, die daraus gewonnene Butter dagegen 82 %. Man sieht: Fettgewinnung ist Konzentration eines Lebensmittelbestandteils. Daraus erklärt sich, warum aus der Sicht einer ausgewogenen Ernährung das Fett mit Bedacht eingesetzt werden muss.

Speisefette und Speiseöle werden hier unter folgenden Gesichtspunkten behandelt:

Bedeutung für

- **Ernährung** — Was ist gesund?
- **Küchentechnik** — Welches Fett für welche Zubereitung?
- **Geschmack** — Wie schmeckt es?

8.1 Bedeutung für die Ernährung

Die Bedeutung des Nährstoffs Fett ist durch folgende Eigenschaften gekennzeichnet:
- Fett ist der Nährstoff mit dem höchsten Energiegehalt. Ein Gramm Fett liefert 37 kJ[1]. Bei einer Einschränkung des Fettverzehrs sind neben den **sichtbaren Fetten** wie Speck oder Butter auch die **versteckten oder unsichtbaren Fette** wie in Mayonnaise, Leberwurst oder in Nüssen zu beachten.
- Fett liefert **essenzielle Fettsäuren**, die der Körper nicht selbst bilden kann. Sie müssen darum mit der Nahrung aufgenommen werden. Essenzielle Fettsäuren sind vor allem in Ölen enthalten.
- Fett ist notwendig als **Lösungsmittel** für fettlösliche Vitamine.
- Fett dient in Form von Körperfett der Wärmeisolierung (Nierenfett) und als Schutz gegen Druck und Stoß (z. B. Fett hinter den Augäpfeln).

Fett ermöglicht das Garen bei Temperaturen über 100 °C.

8.2 Fette in der Küchentechnik

Während Wasser bei normalem Luftdruck nur bis 100 °C erhitzt werden kann und dann verdampft, erreichen bestimmte Fette Temperaturen um 200 °C. Das ermöglicht Garverfahren, bei denen erwünschte, geschmackgebende Röststoffe entstehen. **Die erwünschte Gartemperatur bestimmt die zu verwendende Fettart.**
- **Dünsten und helle Roux:** Das Fett wird nur kurz und nicht zu stark erhitzt. Geeignet: Butter, Butterschmalz, Margarine.
- **Schmoren:** Zum Bräunen ist starke Hitze nötig, darum sind hitzebeständige Fette, wie Erdnuss- oder Kokosfett, zu verwenden.

[1] Nach Nährwertkennzeichnungsverordnung

- **Braten in der Pfanne:**
Die erforderlichen Temperaturen sind sehr unterschiedlich und liegen zwischen 120 und 220 °C.
  - **Eierspeisen** (Omelett, Spiegelei) garen bereits bei niederen Temperaturen. Aus geschmacklichen Gründen werden darum Butter und Butterschmalz bevorzugt.
  - **Beim Schwenken oder Aufbraten von Gegartem** (Reis, Kartoffeln, Teigwaren) ist nur eine mittlere Temperatur erforderlich. Butter und Butterschmalz lassen diese Temperatur noch zu und heben zugleich den Geschmack.
  - **Pfannengerichte** verlangen hohe Temperaturen, damit die Schnittflächen des Fleisches rasch geschlossen werden. Geeignet sind Erdnuss- und Kokosfett und Pflanzenöle.
- **Braten im Ofen:**
Dabei entstehen sehr hohe Temperaturen. Verwendet werden bevorzugt Pflanzenfette und besondere Backfette.
- **Frittieren:**
Dabei wird das Fett am stärksten beansprucht, denn es bleibt oft lange auf 170 °C erhitzt. Man verwendet darum besondere Frittürenfette.

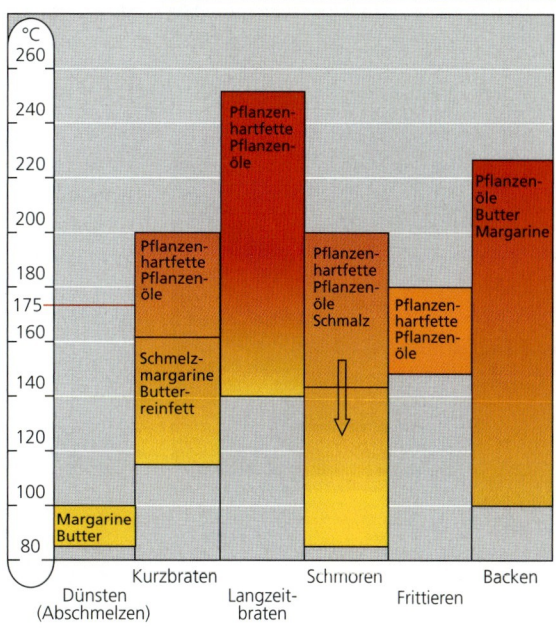

Abb. 1 Eignung der Fette

Keine „Fettmischungen" selbst zuzsammenstellen, die einzelnen Fettarten können sich gegenseitig ungünstig beeinflussen.

Fett verbessert Teig und Gebäck.
Durch die Beigabe von Fett erzielt man geschmeidigere Teige und ein elastischeres, saftigeres und abgerundet schmeckendes Gebäck.

Fett wirkt als Trennmittel.
In Bratgeschirr und Backformen verhindert Fett das Anlegen der Speisen, denn es isoliert verkleisternde Stärke und gerinnendes Eiweiß. Als Trennmittel verwendet man salbige Fette; sie lassen sich nach leichtem Erwärmen gut verstreichen und laufen in den Formen nicht ab.

Abb. 2 Fettbrand

● Achtung! Brennendes Fett muss erstickt werden. Abdecken!
Nicht mit Wasser löschen!

8.3 Geschmacklicher Einfluss der Fette

Bei den meisten Speisen erhöht ein Fettanteil den Wohlgeschmack, die Zubereitung wird runder, voller, cremiger. Daneben kann der arteigene Geschmack von Fetten bewusst eingesetzt werden.

Butter dient in der kalten Küche zum Bestreichen, z. B. von Broten.

Butter dient in der warmen Küche als zerlassene Butter, z. B.
- zur Verfeinerung zarter Gemüse,
- zur Herstellung von holländischer Sauce.

Öle mit neutralem Geschmack
- bilden die Grundlage für Mayonnaise,
- können für alle Salate verwendet werden.

Öle mit Eigengeschmack
- eignen sich besonders für Blattsalate, weil sie mit deren Bitterstoffen harmonieren.

Abb. 3 Gutes Öl ist ein bedeutender Geschmacksträger

8.4 Arten

Butter

Butter ist eine Emulsion aus dem Fett der Milch. Sie enthält mindestens 82 % Fett. Die wichtigsten Herstellungsschritte sind: Sahne (Rahm) so lange bearbeiten, bis Butterflocken entstehen, diese in kaltem Wasser kneten, damit die restliche Buttermilch entfernt wird, dann ausformen. Man kann das auch so sagen: Beim Buttern wird die Fett-in-Wasser-Emulsion zerstört (Sahne hat 30 % Fett), es entsteht eine Wasser-in-Fett-Emulsion (Butter enthält 16 % Wasser).

- Name der Molkerei
- Handelsklasse Buttersorten
- Datum
- Gewicht

Nach der Behandlung des Rahms unterscheidet man folgende Geschmacksrichtungen:

- **Sauerrahmbutter**
  Dem Rahm werden geschmacksbildende Milchsäurebakterien zugesetzt – Hauptangebot.

- **Mild gesäuerte Butter**
  Süßrahmbutter wird Milchsäure zugesetzt. Geschmacklich zwischen Süß- und Sauerrahmbutter.

- **Süßrahmbutter**
  Hergestellt aus ungesäuertem Rahm. Milder, sahniger Geschmack.

- **Gesalzene Butter**
  hat aus geschmacklichen Gründen einen höheren Salzgehalt.

- **Butterzubereitungen** wie Kräuterbutter oder Joghurtbutter müssen mindestens 62 % Fett enthalten.

- **Butterschmalz** (Butterreinfett) ist aus geschmolzener Butter hergestellt, vergleichbar dem, was der Koch als geklärte Butter kennt: also Butter ohne Wasser und Milcheiweiß. Man kann dieses Fett deswegen höher erhitzen.

Pflanzenfette

Manche Pflanzen lagern in den Samen Fett ab. So enthält die uns allen bekannte Erdnuss etwa 45 % Fett, das Fruchtfleisch einer Avocado, bei der wir nicht an Fett denken, liefert immerhin 30 Gramm Fett je 100 Gramm Frucht.

Dieses Fett wird ausgepresst oder mit Hilfe von Lösungsmitteln ausgelaugt. Weil diese Fettarten bei Zimmertemperatur flüssig sind, nennt man sie Öl.

Abb. 1 Gewinnung pflanzlicher Öle und Fette

Speiseöle

Die Qualität von Speiseölen wird hauptsächlich beeinflusst durch
- **Pflanzenart**,
  von der das Öl gewonnen wird, z. B. Olive, Distel, Sesam.
- **Gewinnungsverfahren**
  - *Nativ* oder *kalt gepresst* ist Öl, das ohne Vorwärmung aus den Ölfrüchten gewonnen wird. Es enthält Geschmacksstoffe aus der Ölfrucht und ist die beste Qualität.
  - *Nicht raffinierte Öle* können wegen einer besseren Ausbeute warm gepresst werden und zur Verbesserung von Aussehen und Geschmack weiter behandelt werden.
  - *Raffinierte Öle* werden mit Hilfe von Lösungsmitteln gewonnen und weiter behandelt. Sie sind geschmacksneutral.

Abb. 1 Öle

Öle, die nach einer Pflanzenart benannt sind, dürfen nicht vermischt werden, z. B. Olivenöl. Markenbezeichnungen geben keinen Hinweis auf die Zusammensetzung.

Öle können je nach Rohstoff einen mehr oder weniger stark ausgeprägten Eigengeschmack haben. Nicht jedes Öl passt für jeden Zweck.

Pflanzliche Fette

Pflanzenöle können von der Lebensmittelindustrie durch bestimmte Verfahren aus dem flüssigen Zustand in feste oder streichfähige Fette umgewandelt werden.

Am gebräuchlichsten sind:

- **Erdnussfett** aus Erdnüssen – Rauchpunkt bei ca. 220 °C.
- **Palmkernfett** aus dem Samenkorn der Ölpalme – Rauchpunkt bei ca. 220 °C.
- **Kokosfett** aus dem Fleisch der Kokosnüsse – Rauchpunkt bei ca. 180 °C.
- **Frittürenfette:** Spezialfette, die überwiegend aus Fetten mit gesättigten Fettsäuren bestehen. Darum sind sie besonders hitzebeständig (Rauchpunkt bei 200 °C) und gegen die Einwirkung von Sauerstoff weniger empfindlich.
- **Konvektomaten-Fette** enthalten bräunungsfördernde Zusätze wie Eiweiß und Zuckerstoffe, damit das Bratgut bei der verringerten Gartemperatur die erwünschte Bräune erhält. Sie sind nicht geeignet für Pfanne und Fritteuse.

Margarine

Margarine ist ein streichbares Fett, das vorwiegend aus pflanzlichen Fetten und Ölen besteht. Um eine möglichst butterähnliche Beschaffenheit zu erreichen, werden bei der Herstellung Milcheiweiß zur Geschmacksgebung, Lezithin als Emulgator, Eigelb und Vitamine zur Ergänzung beigegeben. Durch Bearbeiten der Zutaten entsteht eine Emulsion, die während des Kühlens geknetet und so streichfähig gehalten wird.

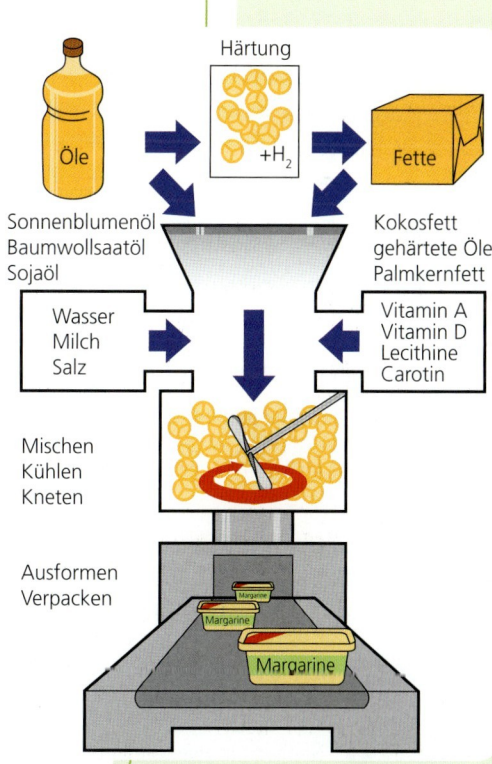
Abb. 2 Herstellung der Margarine

LEBENSMITTEL

Besondere Margarinearten

Den unterschiedlichen Anforderungen an Fette entsprechend werden verschiedene Margarinearten angeboten.

- **Crememargarine**
  hat einen niederen Schmelzbereich und wird vor allem für Cremefüllungen verwendet.

- **Backmargarine**
  ist so zusammengesetzt, dass sie beim Rühren besonders viel Luft einschließt. Man kann aus ihr lufthaltige, lockere Teige herstellen.

- **Ziehmargarine**
  ist vorwiegend für die Herstellung von Blätterteigen bestimmt. Dazu benötigt man zähes Fett mit höherem Schmelzpunkt.

- **Schmelzmargarine**
  ist wasserfrei, dem Butterschmalz sehr ähnlich und wie dieses zu verwenden. Der Rauchpunkt liegt bei 180 °C.

- **Halbfettmargarine**
  enthält etwa 40 % Fett und eignet sich nur als Aufstrich.

8.5 Aufbewahrung

Fette oxidieren unter Einwirkung von Luftsauerstoff rasch, sie werden ranzig. Licht und Wärme begünstigen diesen Vorgang.

- **Wasserhaltige Fette** wie Butter und Margarine gekühlt lagern.

- **Wasserfreie Fette** wie Plattenfett und Butterreinfett kühl lagern; das muss nicht im Kühlraum sein.

- **Speiseöle** in angebrochenen Behältnissen verschließen, um den Luftsauerstoff fern zu halten.

Aufgaben

1. Welche Verbesserungen bringt die Zugabe von Fett bei Teigen?
2. „Bei keinem anderen Verfahren wird Fett so stark belastet wie beim Frittieren. Darum ist es angezeigt, Spezialfette zu verwenden," sagt eine Firmenschrift. Erläutern Sie.
3. Welche Gruppe von Fetten kann am höchsten erhitzt werden?
4. Nennen Sie drei Beispiele, wo Fett als Trennmittel verwendet wird.
5. „Ist Butter nicht rein, wenn es auch ein Butterreinfett gibt?" Klären Sie das Missverständnis.
6. Einem Teig sollen nach Rezeptur 750 Gramm Butter beigegeben werden. Sie haben nur Butterreinfett/Butterschmalz zur Verfügung. Wie viel Gramm verwenden Sie?
7. Ziehmargarine ist für die Herstellung von Plunder- und Blätterteig geschaffen. Nennen Sie die besonderen Eigenschaften.
8. Welche Besonderheiten weisen Spezialfette für Heißluftdämpfer auf? Mit welchen Nachteilen muss gerechnet werden, wenn übliches Fett zum Befetten verwendet wird?
9. Nennen Sie zwei Öle mit typischem Eigengeschmack. Wozu werden sie bevorzugt verwendet?

9 Milch und Milchprodukte

🇬🇧 milk and dairy products 🇫🇷 lait (m) et produits (m) à base de lait

9.1 Zusammensetzung und Bedeutung für die Ernährung

Das **Milcheiweiß** kann vom menschlichen Körper sehr gut verwertet werden, es ist darum biologisch hochwertig. **Milchfett** ist besonders fein verteilt und das am leichtesten verdauliche Nahrungsfett. Das Wachstum nützlicher und erwünschter Darmbakterien wird durch den **Milchzucker** gefördert. Unter den Mineralstoffen hat Kalk den größten Anteil. Er wird zum Aufbau des Knochengerüstes und der Zähne benötigt. Reichlich enthalten sind auch die Vitamine A und B. Quark enthält die Bestandteile der Milch in konzentrierter Form. Nur die Vitamine der Gruppe B bleiben teilweise in der Molke zurück, weil sie wasserlöslich sind.

100 g enthalten				
Lebensmittel	E g	F[1] g	KH g	Energie kJ
Vollmilch	3,3	3,5	5	275
Teilentrahmte Milch	3,4	1,5	5	200
Entrahmte Milch	3,5	0,5	5	145
Kondensmilch (10 %)	8,8	10,1	12,5	760
Sahne (Rahm)	2,4	32	3	1345
Kakaotrunk	3,5	0,5	9	245

9.2 Arten

Rohmilch ist die unveränderte Milch mit wechselndem Fettgehalt. Die Abgabe direkt vom Bauernhof ist an besondere Hygieneanforderungen gebunden. Als **Vorzugsmilch** wird sie abgepackt vom Handel angeboten.

In den Molkereien wird die Milch behandelt. Es entstehen Sorten mit

unterschiedlichem Fettgehalt
- **Vollmilch** hat mindestens 3,5 % Fettgehalt, sie ist pasteurisiert und meist homogenisiert (s. rechts),
- **Teilentrahmte Milch** hat nur 1,5 % Fettgehalt,
- **Entrahmte Milch** ≙ **Magermilch** mit höchstens 0,5 % Fett,

unterschiedlicher Haltbarkeit
- **Pasteurisiert:** Eventuelle Krankheitserreger werden durch Erhitzen auf etwa 75 °C zerstört. Die Milch ist etwa eine Woche haltbar.
- **ESL-Milch** (**E**xtended **S**helf **L**ife) ist etwa 20 Tage haltbar, wenn sie wie pasteurisierte Milch gekühlt gelagert wird.
- **Ultrahocherhitzt:** Bei Erhitzung auf etwa 130 °C ist die Milch besonders haltbar (**H**-Milch) und kann ungeöffnet ohne Kühlung sechs Wochen gelagert werden.
- **Sterilisiert:** Die Milch ist bei etwa 120 °C keimfrei gemacht und darum auch ungekühlt lange haltbar.
- **Laktosefreie Milch** ist ohne Milchzucker, der bei manchen Erwachsenen zu Verdauungsproblemen führt.

[1] Die Fettgehaltsstufen können frei gewählt werden. Der Fettgehalt muss gut sichtbar auf der Packung stehen.

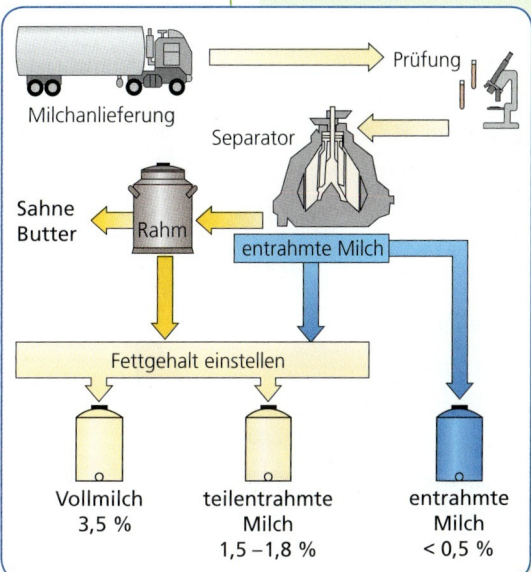

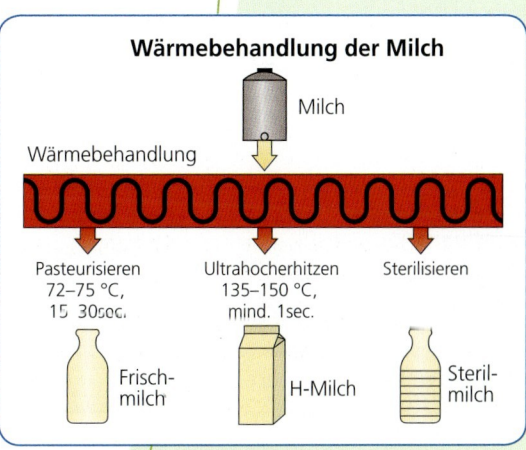

- **Beim Homogenisieren** werden die Fettkügelchen der Milch zerkleinert, sodass sie nicht mehr die Kraft zum Aufsteigen (Aufrahmen) haben. Homogenisierte Milch rahmt darum nicht auf, sie bleibt homogen.

Nicht homogenisierte Milch

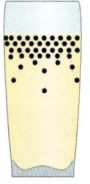

Große Fett-Tröpfchen rahmen auf

Milch wird durch feine Düsen gepresst. Das Milchfett wird in so feine Tröpfchen zerkleinert, dass es nicht mehr aufrahmt

Homogenisierte Milch

Kleine Fett-Tröpfchen bleiben fein verteilt

Milcherzeugnisse

Joghurt ist Milch, die durch besondere Bakterien dickgelegt worden ist. Die Art der verwendeten Bakterien bestimmt den Geschmack. Es werden verschiedene Fettstufen angeboten.

Kondensmilch entsteht, wenn der Milch durch Verdampfen Wasser entzogen wird. Das geschieht im Unterdruck (Vakuum), weil die Milch dann bei niederer Temperatur siedet und der Kochgeschmack dadurch weitgehend vermieden werden kann.

Wird 1 l Milch auf 0,5 l eingedickt, erhält man Kondensmilch mit 7,5 % Fett und 17,5 % fettfreier Trockenmasse. Bei einem Eindickungsverhältnis von 3:1 entsteht eine Kondensmilch mit 10 % Milchfett und 23 % fettfreier Trockenmasse.

Trockenmilch wird nach dem *Sprühverfahren* (Pulver löst sich leicht) und nach dem *Walzverfahren* (schwer löslich) hergestellt. Vor der Verwendung wird das Pulver im Verhältnis 1:8 mit Wasser angerührt.

Kaffeeweißer ist ein sofort (instantly) lösliches Pulver, das aus pflanzlichen Rohstoffen hergestellt und anstelle von Kondensmilch zum Kaffee verwendet wird.

Sahneerzeugnisse

Durch rasche Bewegung lassen sich leichtere und schwerere Bestandteile einer Mischung trennen. Das beruht auf der Wirkung der Fliehkraft. Die Zentrifuge trennt die Milch in die leichteren Fettbestandteile und die schwerere Magermilch.

Bei Sahneerzeugnissen wird unterschieden nach ungesäuerten und gesäuerten Produkten sowie nach dem Fettgehalt.

Daraus ergibt sich die **Übersicht**.

ungesäuerte Sahneerzeugnisse	Fettgehalt	gesäuerte Sahneerzeugnisse
Kaffeesahne zu Kaffee und Tee	mindestens 10 %	**Saure Sahne** (Sauerrahm) für Dressings, zur Verfeinerung von Saucen und Suppen.
	20 %	**Schmant** zu Saucen; kann wegen des hohen Fettgehalts direkt eingerührt werden; gerinnt dabei nicht.
Schlagsahne zum Legieren von Suppen und Saucen. Als geschlagene Sahne in der Patisserie.	30 %	**Crème fraîche** – wie Schmant
Konditorsahne, Schlagsahne extra	35 %	
Crème double, Doppelte Sahne vorwiegend zur Verfeinerung von Saucen und Suppen	40 %	

9.3 Aufbewahrung

Frische Milch und Sahne werden gekühlt aufbewahrt.

H-Milch (ultrahocherhitzte Milch) ist ungekühlt sechs Wochen haltbar.

Milchdauerwaren in Dosen, wie Sterilmilch und Kondensmilch, lagert man an kühlem Ort. Milchpulver ist kühl, verschlossen und trocken aufzubewahren. Feuchtes Milchpulver klumpt und ist schwerer löslich.

9.4 Veränderungen bei der Verarbeitung

Der Eiweißstoff **Albumin** gerinnt beim Erhitzen und bildet die Haut.

Geronnenes **Kasein** setzt sich punktförmig am Boden fest und verursacht das Anliegen und Anbrennen. Mit dem Eiweiß setzt sich am Boden Milchzucker fest und karamellisiert unter der Hitzeeinwirkung. Durch diese Einwirkungen entsteht der „Kochgeschmack" der Milch.

Milch kann durch Säure gerinnen. Milch enthält immer eine gewisse Anzahl an Milchsäurebakterien. Diese vermehren sich bei Wärme, verwandeln den Milchzucker in Milchsäure. Die Milchsäure spaltet, wie jede andere Säure, die Verbindung von Kalksalzen und Kasein und das freie Kasein kann gerinnen. Wird die Milch erwärmt, flockt das Eiweiß bereits bei einem sehr geringen Säuregehalt aus.

Milch verbessert den Geschmack. Die Inhaltsstoffe der Milch bewirken einen volleren runderen Geschmackseindruck. Darum verwendet man Milch als Flüssigkeitszugabe bei Hefeteigen und Béchamelsauce sowie Sahne zu Rahm- und Cremesaucen.

> ● Nur einwandfreie Milch kann erhitzt werden.
> Milch rasch erhitzen, das verhindert das Anlegen und Anbrennen.

> ● Ab 70 °C verändern sich die Inhaltsstoffe der Milch.

Versuche

1. Geben Sie in lauwarme Milch einige Tropfen Zitronensaft oder Essig, rühren Sie sie und erwärmen Sie langsam bis etwa 50 °C weiter.

2. Seihen Sie die geronnene Flüssigkeit vom 1. Versuch durch ein Leinentuch und bringen Sie die Flüssigkeit zum Kochen. Achten Sie dabei auf die Trübung.

3. Bereiten Sie aus 100 g Weizenmehl, 2 g Backpulver und a) 65 g Wasser, b) 65 g Milch je einen Teig und backen Sie diesen sofort bei 230 °C.

Aufgaben

1. Wie ist der Wert der Milch für die menschliche Ernährung zu beurteilen?
2. Aus welchem Grund werden die meisten Milcharten pasteurisiert?
3. Unterscheiden Sie zwischen pasteurisierter und sterilisierter Milch in Bezug auf Haltbarkeit und Wert für die Ernährung.
4. Warum kann H-Milch länger aufbewahrt werden als andere Milcharten? Wenn Sie schon H-Milch getrunken haben, vergleichen Sie mit Vollmilch.
5. Was geschieht beim Homogenisieren von Milch und welcher Vorteil ist damit verbunden?

10 Käse

🇬🇧 cheese 🇫🇷 fromage (m)

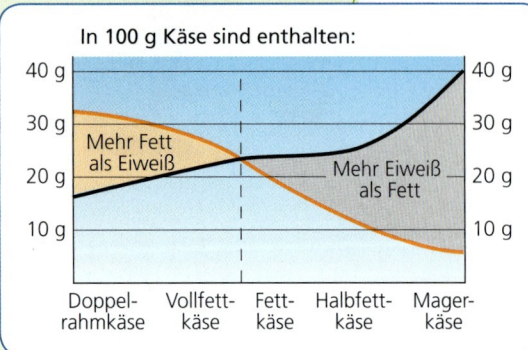

Abb. 1 Fett- und Eiweißgehalt

10.1 Bedeutung für die Ernährung

Bei der Käsegewinnung wird die Milch dickgelegt, die wässerige Molke wird abgetrennt. Darum ist Käse gleichsam Milch in konzentrierter Form und wie diese für die Ernährung sehr wertvoll. Durch die Reifungsvorgänge wird das Eiweiß verändert, und es ist in dieser Form noch leichter verdaulich.

Für eine ernährungsbewusste Auswahl von Käse ist die Wechselwirkung Fett ↔ Eiweiß zu berücksichtigen.

Das Ausgangsprodukt für alle Käsearten ist Milch. Zwei wesentliche Vorgänge lassen sie zu Käse werden.

Bei der **Dicklegung** gerinnt die Milch. Vom geronnenen Eiweiß wird die Molke abgetrennt. **Reifungsvorgänge** führen zu erwünschten Veränderungen in Geruch, Geschmack und Konsistenz. Wasserarme Käsemassen reifen langsam in der ganzen Masse. Bei den wasserhaltigeren Weich- und Schnittkäsearten verläuft die Reifung rascher von außen nach innen. Sie sind deshalb weniger lagerfähig.

Die Vielzahl der Käsearten wird eingeteilt nach

- **Gerinnungsart**: **Süßmilchkäse** gerinnen durch Lab; durch Milchsäure entstehen **Sauermilchkäse**.
- **Reifung**: Die meisten Käsearten unterliegen einer Reifung. Käse ohne Reifung sind **Frischkäse**
- **Wassergehalt**: Er bestimmt innerhalb der Süßmilchkäse die Gruppen: **Weichkäse, Halbfester Schnittkäse, Schnittkäse** und **Hartkäse**.
- **Unterschiedliche Fettgehalte** des Käses beeinflussen Beschaffenheit, Nährwert, Geschmack und Preis.

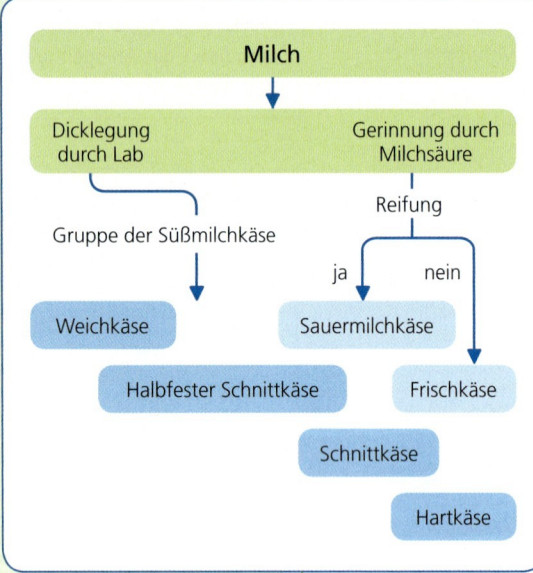

Abb. 2 Käseherstellung und Käsearten

Gemessen wird der Fettgehalt in der **Tr**ockenmasse (**i. Tr.**). Diese entspricht 100 %. Die Trockenmasse enthält alle Bestandteile des Käses ohne das Wasser. Dieses Messverfahren ist notwendig, weil sich der Wassergehalt und damit die Gesamtmasse während der Reifung des Käses verändert. Der tatsächliche Fettgehalt ist immer niedriger als der Gehalt in der Trockenmasse.

Emmentaler hat 45 % Fett in der Trockenmasse. Die Trockenmasse ist 62 %. Wie viel Gramm Fett sind in 100 g Käse enthalten?

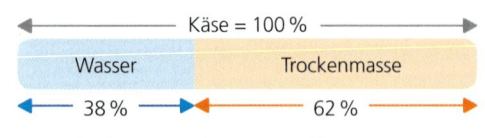
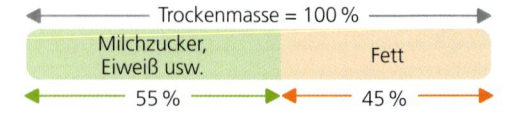

1. **Denkschritt**: vom Käse zur Trockenmasse
   100 % ≙ 100 g → 62 % ≙ 62 g

2. **Denkschritt**: von der Trockenmasse zum tatsächlichen Fettgehalt   100 % ≙ 62 g → 45 % ≙ 27,9 g

Antwort: In 100 g Emmentaler sind rund 30 g Fett enthalten.

10.3 Arten

Nach der Art der Herstellung und der Festigkeit unterteilt man Käse in sieben Gruppen.

Hartkäse

Hartkäse hat eine Reifezeit von 4 bis 10 Monaten; Parmesan reift noch länger. Am Ende der Reifezeit liegt der Trockenmassegehalt bei 60 bis 62 %.

Die bekannteste Sorte ist der **Emmentaler** ①. **Greyerzer** kommt ebenfalls aus der Schweiz, schmeckt etwas würziger. Der **Allgäuer Bergkäse** ③ wird in Deutschland hergestellt.

Beaufort und **Comté** ④ kommen aus Frankreich.

Cheddar ② und Chester werden in England hergestellt.

Schnittkäse

Bei Schnittkäse beträgt der Trockenmassegehalt etwa 49 bis 57 %. Er ist darum weicher und geschmeidiger als Hartkäse. Am bekanntesten sind **Edamer** ① und Gouda aus Holland. In Deutschland wird der **Tilsiter** ② produziert. In dieser Art liefert die Schweiz den Appenzeller und den **Raclette-Käse** ③, Dänemark den Havarti und den **Danbo** ④.

Halbfester Schnittkäse

Der Trockenmassegehalt liegt zwischen 44 und 55 %. Das ergibt geschmeidige und saftige Käse, von denen aber nur dicke Scheiben geschnitten werden können.

Die bekanntesten Sorten: **Butterkäse** ① aus Deutschland, Port Salut aus Frankreich, **Taleggio** ② und Bel paese aus Italien, **Brick** ③ aus USA, **Danablu** ④ aus Dänemark.

Zu der Gruppe der halbfesten Schnittkäse zählen die **Edelpilzkäse**, die man auch als **Blauschimmelkäse** bezeichnet. Sie haben im Inneren blauen oder grünen Schimmel. Dieser wächst dort durch Edelpilze, die nicht gesundheitsschädlich sind.

Bekannte Sorten sind: Roquefort aus Frankreich, Stilton aus England, Danablue aus Dänemark, Gorgonzola aus Italien und der deutsche Bavaria blue.

Weichkäse

Weichkäse unterscheiden sich von den anderen durch die Reifung. Während bei den bisher genannten Arten die Reifung im ganzen Käse gleichmäßig vor sich geht, reift der Weichkäse durch besondere Bakterien von außen nach innen. Beim Einkauf ist er in der Regel außen bereits reif, während der „Kern" in der Mitte noch fester ist.

Abb. 1 Hartkäse

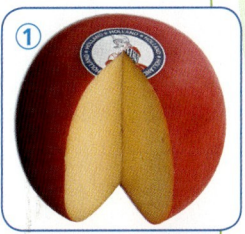

Abb. 2 Schnittkäse

Abb. 3 Halbfester Schnittkäse

Abb. 1 Weichkäse

Abb. 2 Sauermilchkäse

Camembert ①, Brie ④, Cambozola und französische Spezialitäten haben an der Außenseite eine weiße Schimmelschicht. Rotbraune Schmiere haben **Limburger** ③, Romadur und **Weinkäse** ②.

Sauermilchkäse

Diese Käse sind regionale Spezialitäten, werden aus Magermilch hergestellt und gerinnen durch Zusatz von Milchsäurebakterien. Im Gastgewerbe findet man sie selten.

Zu dieser Gruppe gehören **Harzer** ①, **Mainzer** ②, Handkäse, **Stangenkäse** ④, Korbkäse, Spitzkäse, Olmützer Quargel und **Tiroler Graukäse** ③.

Frischkäse

So bezeichnet man Käse, die noch keine Reifung durchgemacht haben. Es sind also die frischen, geronnenen Milchbestandteile.

Speisequark ist die bekannteste Art. Er wird in fast allen Fettstufen hergestellt und auch als **Schichtkäse** ① bezeichnet.

Rahmfrischkäse, Doppelrahmfrischkäse sind besonders fetthaltige Quarksorten. **Hüttenkäse** ② ist stückig.

Ricotta ist ein italienischer Frischkäse mit weicher bis leicht körniger Beschaffenheit.

Mascarpone ③ ist ein Doppelrahmfrischkäse, der für Backwerke und Cremes verwendet wird.

Mozzarella ist ungereift, schmeckt leicht säuerlich und hat eine leicht gummiartige Beschaffenheit.

Abb. 3 Frischkäse

Schmelzkäse

Die Käsemasse wird auf 80 bis 90 °C erhitzt, dabei wird sie flüssig und kann in Formen eingegossen werden. So erhält man regelmäßige, rindenlose Stücke. Schmelzkäse werden als „Dreiecke" und als „Scheibletten" angeboten. Beim Einschmelzen werden die Reifungsbakterien durch die Hitze abgetötet. Darum verändert sich Schmelzkäse nicht mehr und kann lange aufbewahrt werden.

Doppelrahmkäse	60 bis 85 % Fett i. Tr.
Rahmkäse	50 % Fett i. Tr.
Vollfettkäse	45 % Fett i. Tr.
Fettkäse	40 % Fett i. Tr.
Dreiviertelfettkäse	30 % Fett i. Tr.
Halbfettkäse	20 % Fett i. Tr.
Viertelfettkäse	10 % Fett i. Tr.
Magerkäse	unter 10 % Fett i. Tr.

10.4 Fettgehaltsstufen

Nach den Bestimmungen der Käseverordnung ist bei allen Käsesorten der Fettgehalt anzugeben. Das kann durch die Angabe der Fettgehaltsstufe oder des **F**ettgehalts in der **Tr**ockenmasse (Fett i.Tr.) geschehen.

Der tatsächliche Fettgehalt ist wesentlich geringer.

10.5 Verwendung

In der Küche dient Käse der Geschmacksgebung und der Ergänzung von Speisen. Er wird verwendet zum Gratinieren, für verschiedene Toasts, gerieben als Beigabe für Mornaysauce, Spaghetti, verschiedene Panierungen und zur Vervollständigung von Suppen.

Zum Gratinieren eignet sich nur Käse mit höherem Fettgehalt. Magerer Käse würde nicht schmelzen.

Bei Käseplatten, kalten Platten und als Käseportion wird Käse dem Gast unbearbeitet gereicht.

10.6 Aufbewahrung

Hartkäse und Schnittkäse werden im Kühlraum aufbewahrt und sind vor dem Austrocknen zu schützen. Dazu schlägt man den Käse in eine Folie ein. Käse, die in Frischhaltefolien verpackt sind, stellt man mit der Schnittfläche auf einen Teller.

Damit das Aroma voll zum Ausdruck kommt, werden diese Käsesorten etwa eine halbe Stunde vor dem Service aus dem Kühlraum genommen.

Abb. 1 Käseplatte

Abgetrocknete Schnittflächen kann man zu Reibkäse verarbeiten.

Weichkäse lagert man bei etwa 15 °C, bis sie die gewünschte Reife erreicht haben. Dann gibt man sie in den Kühlraum, wo der Reifeprozess gestoppt wird.

Frischkäse und Quark sind gleichmäßig kühl bei + 4 °C aufzubewahren. Beachten Sie die Mindesthaltbarkeit.

Aufgaben

1. Nennen Sie Beispiele für Frischkäse.
2. Nennen Sie drei europäische Edelpilzkäse und deren Herkunftsländer.
3. Wie verändert sich Camembert mit zunehmendem Alter?
4. Nennen Sie drei warme Käsegerichte.
5. Warum wird bei Käsen der Fettgehalt in der Trockenmasse angegeben?
6. Karl und Anna sind sich nicht einig. Jeder glaubt, mit seiner Wahl sparsamer mit Fett umzugehen. Karl isst 150 g Emmentaler mit 50 % Fett in der Trockenmasse und 40 % Wassergehalt. Anna bevorzugt Frischkäse, einen Becher mit 250 g mit 20 % Fett i. Tr. und 20 % Trockenmasse. Wer nimmt weniger Fett zu sich?
7. Welcher Unterschied besteht zwischen einem Tilsiter und einem Tilsiter Schmelzkäse?
8. Welche Käsearten werden in einem kühlen Raum gelagert? Welche müsen im Kühlraum aufbewahrt werden?

11 Hühnerei

 egg œuf (m)

Wenn im Nahrungsgewerbe von Eiern gesprochen wird, sind damit immer **Hühnereier** gemeint. Alle anderen Eierarten sind vollständig zu benennen, z. B. Möwen- oder Wachteleier.

11.1 Aufbau

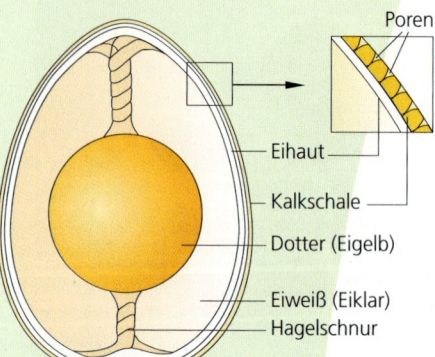

Abb. 1 Aufbau des Eies

Das Ei besteht aus dem Eiklar und dem Eigelb; die Schale wird von einer porösen Kalkschicht gebildet.

Eiklar wird auch Weißei oder Eiweiß genannt. Es ist eine wässerige Lösung von Albumin und Globulin. Die weißgrauen Hagelschnüre halten den Dotter in der Mitte des Eies.

Eigelb wird auch als Gelbei oder Dotter bezeichnet. Es ist von einem feinen Häutchen umgeben, auf dem sich die Keimscheibe befindet. Das Eigelb enthält Fett.

Die **Kalkschale** ist porös. An der Innenseite ist sie mit zwei Häutchen, die man nur an der Luftblase unterscheiden kann, ausgekleidet. Die Außenseite ist mit einem dünnen, wachsartigen Film überzogen.

Vom gesamten Ei entfallen auf:

	Eiklar	Eigelb	Schale
in Prozent	60	30	10
in Gramm	30	15	5

● Eier können Träger von Salmonellen (s. S. 419) sein.

11.2 Bedeutung für die Ernährung

Die im Ei enthaltenen Eiweißstoffe sind biologisch vollwertig. Alle Mineralstoffe und Vitamine, außer Vitamin C, sind enthalten.

Weich gekochte Eier sind leichter verdaulich als hart gekochte.

11.3 Kennzeichnung

Güteklassen

Die Güte oder Qualität von Eiern wird wesentlich von der Frische bestimmt. Da die Luftkammer im Ei ein deutliches Zeichen für Lagerdauer und Lagerbedingungen ist, werden die Güteklassen durch die Größe der Luftkammer bestimmt.

	100 g enthalten			
Lebensmittel	E g	F g	KH g	Energie kJ
Eiklar	11	+	1	210
Eigelb	16	32	+	1.460
Vollei	11	10	1	570

● Der Handel bietet praktisch nur A-Eier an.

Güteklasse	Bezeichnung	Merkmal
A	frisch	Luftkammer kleiner als 6 mm
B	2. Qualität Für die Industrie bestimmt	Luftkammer größer als 6 mm

Gewichtsklassen

Kurzbezeichnung		Gewicht
XL extra Large	sehr groß	73 g und größer
Large	groß	63 g bis 72 g
Medium	mittel	53 g bis 62 g
Small	klein	52 g und kleiner

Zeitangaben

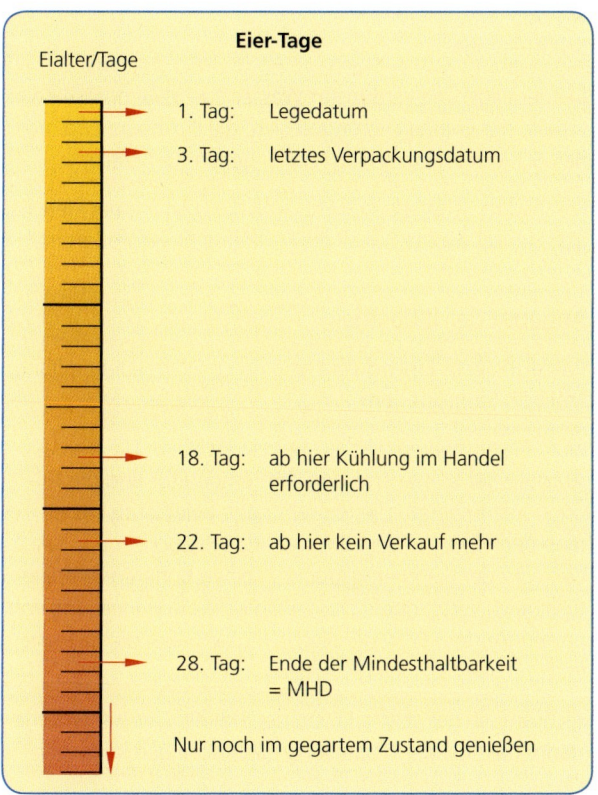

Eier-Tage — Eialter/Tage
- 1. Tag: Legedatum
- 3. Tag: letztes Verpackungsdatum
- 18. Tag: ab hier Kühlung im Handel erforderlich
- 22. Tag: ab hier kein Verkauf mehr
- 28. Tag: Ende der Mindesthaltbarkeit = MHD

Nur noch im gegartem Zustand genießen

● Diese Zusammenhänge sehen auf dem Etikett so aus:

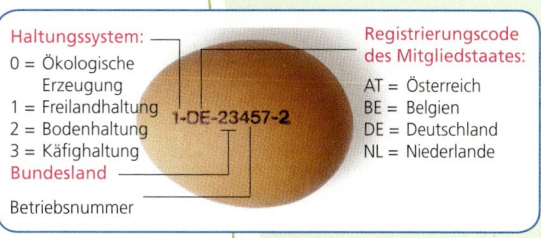

● Auf dem Etikett sind Alter, Gewichtsklasse und Herkunft der Eier ablesbar.

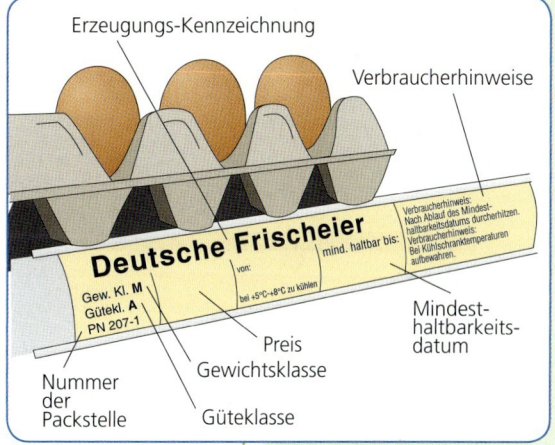

Abb. 1 Eierkennzeichnung

11.4 Qualität

Die Frische ist das wichtigste Qualitätsmerkmal bei Eiern. Mit zunehmender Lagerdauer verringern sich der Geschmack und die für eine einwandfreie Verarbeitung erforderlichen Eigenschaften. Allerdings benötigt das Ei drei Tage, bis Geschmack und Schälbarkeit optimal sind.

Je älter das Ei,

- desto größer die Luftkammer;
- desto flacher der Dotter, denn die Dotterhaut wird schwach. Darum lassen sich auch ältere Eier schwerer in Eiklar und Eigelb trennen;
- desto flüssiger das Eiklar, was zu Nachteilen bei der Zubereitung von Spiegelei und pochiertem Ei führt.

Die Farbe des Dotters hängt von der Fütterung der Hühner ab. Sie ist kein Qualitätsmerkmal, aber für die Verarbeitung von Bedeutung, weil der Gast den Eiergehalt der Speisen, z. B. Kuchen, nach der Farbe beurteilt.

In der Küche können zur Qualitätsprüfung vorwiegend angewandt werden:

Sichtprobe

Die Dotterhaut ist beim frischen Ei straff, der Dotter darum hoch gewölbt. Diese Spannung lässt bei zunehmendem Alter nach, der Dotter wird flacher. Bei alten Eiern ist die Dotterhaut so schwach, dass sich Eigelb und Eiweiß nur noch schwer trennen lassen.

Abb. 1 Sichtprobe

Schüttelprobe

Bei der Lagerung verdunstet Wasser durch die poröse Kalkschale, der Ei-Inhalt verringert sich, die Luftblase wird größer. Schüttelt man, schlägt das Ei gegen die Schale.

Frische Eier schwappen nicht, weil die Luftkammer klein ist, alte Eier schwappen, weil die Luftkammer vergrößert ist.

Angebot der Industrie

Pasteurisierte Eiprodukte sind durch Wärmebehandlung **frei von Salmonellen**.

Beim Pasteurisieren gibt es aber ein Problem: Die für das Abtöten der Keime erforderliche Temperatur und die Gerinnungstemperatur liegen sehr nahe beieinander. Gibt man den Eiern vor dem Erhitzen jedoch Zucker oder Salz bei, wird der Gerinnungspunkt in einen höheren Temperaturbereich verschoben. Das vereinfacht die Herstellung von pasteurisiertem Ei. In der Küche müssen aber die Rezepte entsprechend korrigiert werden.

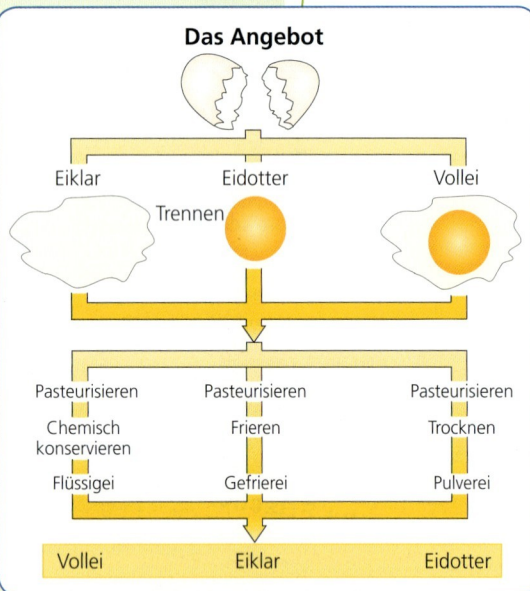

Die *Eirolle* ist gleichsam ein gekochtes Ei von der Stange. Der wesentliche Vorteil besteht darin, dass bei der Herstellung von Eischeiben keine Verluste entstehen.

11.5 Verwendung in der Küche

Das Ei als Lockerungsmittel

Das zähflüssige Eiweiß nimmt beim Schlagen Luft auf. Es bildet in Form von feinen Bläschen, den Eischnee. Die eingeschlagene Luft lockert.

Das Ei als Bindemittel

Beim Erhitzen gerinnen die Eiweißstoffe Albumin und Globulin. Dabei können sie bis zur doppelten Gewichtsmenge des Eies Flüssigkeit binden. Genutzt wird die Bindefähigkeit des Eies bei Teigen und Massen, bei der Herstellung von Eierstich (Royale) und beim Binden (Legieren) von Suppen und Saucen.

Abb. 2 Schaumbildungsvermögen von Eiklar

Das Eigelb als Emulgator

Das Eigelb enthält den Fettbegleitstoff Lezithin, der als Emulgator wirkt. Mayonnaise und holländische Sauce sind Emulsionen, die durch die Emulsionswirkung von Lezithin aus dem Ei in der Küche hergestellt werden.

Das Eiklar als Klärmittel

Bei Wärmeeinwirkung erhält das Eiweiß die Fähigkeit, Schwebeteilchen anzulagern. Steigt die Temperatur, gerinnt das Eiweiß, bindet die Schwebeteilchen fest an sich, steigt an die Oberfläche und setzt sich als Schaum ab. Man nutzt diese Eigenschaft beim Klären von Brühen und Gelees.

Beobachtungen – Überlegungen

1. Haben Sie schon erlebt, dass Eiklar nicht zu Schnee geschlagen werden konnte? Welche Gründe für das Misslingen konnten Sie erfahren?
2. Was geschieht, wenn Eischnee nach dem Schlagen nicht sofort weiterverarbeitet wird?
3. Vergleichen Sie das Gewichtsverhältnis von Eiern und Milch bei Rezepten zu Eierstich (Royale).
4. Was ist nach dem Legieren einer Suppe zu beachten?
5. Welche Temperatur soll eine Brühe haben, wenn das Eiklar als Klärmittel beigegeben wird?

● Zubereitungen mit rohen Bestandteilen von Eiern unterliegen wegen der Salmonellengefahr Verzehrfristen:
- Warme Zubereitungen (z. B. Rührei) nicht später als zwei Stunden nach der Herstellung.
- Kalte Zubereitungen bis zwei Stunden ohne besondere Kühlung (z. B. frischeihaltige Cremes).
- Kalte Zubereitungen mit Kühlung bei höchstens +7 °C bis zu 24 Stunden.
- Zubereitungen mit rohen Eibestandteilen dürfen nicht über die Straße verkauft werden.
- Nach dem Arbeiten mit rohem Ei sind die Hände zu waschen.

11.6 Aufbewahrung

- Eier für den alsbaldigen Verbrauch werden kühl und dunkel aufbewahrt.
- Vom 18. Tag nach dem Legen an muss die Lagertemperatur zwischen +5 und +8 °C liegen.
- Die Mindesthaltbarkeitsdauer darf höchstens 28 Tage betragen.
- Nach dem Mindesthaltbarkeitsdatum dürfen Eier nur verwendet werden, wenn die Zubereitung durcherhitzt wird, z. B. Biskuitmasse.

Abb. 1 Eiklar als Klärmittel

Aufgaben

1. Erklären Sie den Zusammenhang zwischen der Größe der Luftblase und dem Alter des Eies.
2. Warum kann man durch Schütteln etwas über das Alter eines Eies erfahren?
3. Sie sollen Eier in Eiklar und Dotter trennen. Es gelingt kaum. Sind Sie so ungeschickt oder gibt es andere Gründe?
4. Nennen Sie vier küchentechnische Eigenschaften von Eiern und geben Sie je ein Anwendungsbeispiel.
5. Eine holländische Sauce ist mit Frischei hergestellt worden. Wie lange darf sie höchstens im Bain-marie stehen?
6. Eine Küche stellt Mayonnaise selbst her. Begründen Sie, warum es zweckmäßig ist, dazu pasteurisiertes Eigelb zu verwenden.
7. Im Betrieb werden ungestempelte Eier angeliefert. Welche Güteklasse müssen diese aufweisen?
8. Beschreiben Sie die Klärwirkung von Eiklar beim Klären einer Bouillon.

⑫ Fleisch

🇬🇧 meat 🇫🇷 viande (w)

Nach EU-Recht versteht man unter Fleisch das Skelettmuskelfleisch von Schlachttieren. Das ist Fleisch, das mit Knochen verbunden ist. Daneben werden Innereien, Fett und Blut verarbeitet.

Die Herkunft von Rindfleisch wird auf einem besonderen Etikett nachgewiesen.

Das Beispiel zeigt die Herkunft der Oberschale eines Jungrindes: Das Tier wurde in Deutschland geboren, gemästet und geschlachtet (D, D, D).

12.1 Bedeutung für die Ernährung

Kaum ein Nahrungsmittel ist so unterschiedlich zusammengesetzt wie Fleisch. Die Gegenüberstellung der verschiedenen Schweinefleischsorten zeigt das deutlich. Bei den übrigen Fleischarten werden Mittelwerte angegeben.

Fleisch und Fleischerzeugnisse sind bedeutende Lieferanten für **tierisches Eiweiß** (Protein). Fleischeiweiß besitzt eine hohe biologische Wertigkeit, weil es viele **essenzielle Aminosäuren** enthält, die dem Bedarf des menschlichen Körpers entsprechen.

Von den Mineralstoffen ist das Eisen hervorzuheben, das im Fleisch reichlich vorkommt, und zwar in einer Form, die vom menschlichen Körper besonders leicht aufgenommen werden kann.

Fleisch ist ein wichtiger Lieferant für B-Vitamine, Innereien enthalten außerdem reichlich Vitamin A.

| 100 g essbarer Anteil enthalten |||||
Lebensmittel	E g	F g	KH g	Energie kJ
Schweinefleisch (m)	22	2		445
Schweinefleisch (mf)	15	9		595
Schweinefleisch (f)	18	17		920
Rindfleisch (mf)	20	5		540
Kalbfleisch (mf)	21	3		455
Herz (Rind, Kalb)	16	6	1	480
Leber (Kalb)	19	4	4	550
Zunge (Rind)	14	14	+	760

(m) = mager,
(mf) = mittelfett, (f) = fett

12.2 Fleischuntersuchung

Zum Schutz des Verbrauchers schreibt das Gesetz eine Untersuchung aller Teile von warmblütigen Schlachttieren vor. Unmittelbar nach dem Schlachten kontrollieren amtliche Beschauer. Das Ergebnis der Untersuchung wird durch einen Stempelaufdruck am Tierkörper festgehalten.

Tauglich bedeutet Fleisch von gesunden Tieren, gesundheitlich unbedenklich. Der Tauglichstempel ist jedoch **kein Qualitätszeichen**. Die Kennzeichnung kann unterschiedlich sein.

> Das Gastgewerbe verarbeitet nur taugliches Fleisch.

| DE BW 14003 EG | Taugliches Fleisch wird mit einem ovalen Stempel am Tierkörper gekennzeichnet. | TRICHINENFREI | Allesfresser wie Schwein und Wildschwein müssen auf Trichinen untersucht werden. |

420

12.3 Aufbau des Fleisches

Was in der Küche als Fleisch bezeichnet wird, ist die Skelettmuskulatur der Tiere. Diese Muskeln sind über Sehnen mit den Knochen verbunden. Verändern die Muskeln die Länge, so werden die Körperteile bewegt. Jeder einzelne Muskel ist aus Bündeln von **Muskelfasern**, den **Muskelfaserbündeln**, aufgebaut. Diese können wir als „Fasern" beim gekochten Fleisch voneinander trennen. Bindegewebe gibt dem Fleisch den Zusammenhalt, es verbindet die vielen Fasern. **Fett** kann zwischen das Bindegewebe eingelagert sein. Der Anteil an Bindegewebe im Fleisch bestimmt die Verwendung und damit den Preis.

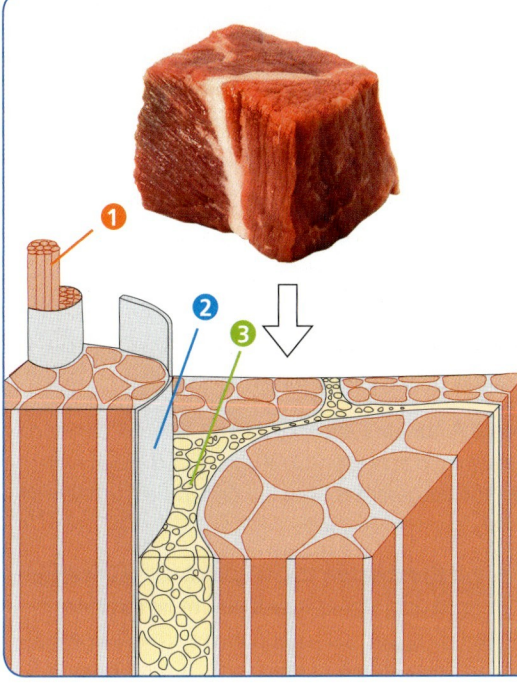

❶ Muskelfasern
Muskelfasern sind der Hauptbestandteil dessen, was man in der Fachsprache als Fleisch bezeichnet. Sie bestehen aus den wertvollen Eiweißstoffen. In den Muskelfasern laufen die Stoffwechselvorgänge ab, dort entsteht die „Muskelkraft".

❷ Bindegewebe
Bindegewebe hält die Muskelfasern zusammen, es verbindet sie und bildet die „Seile" zur Kraftübertragung. Bindegewebe sind zäh und werden erst durch die Fleischreifung und das Garen, insbesondere durch feuchte Garverfahren, kaubar.

❸ Fettzellen
Gut ernährte Tiere lagern in das Bindegewebe Fett ein. Küchentechnisch fördert Fett die Saftigkeit und das Aroma des Fleisches. Wenn feine Fettadern in die Muskeln eingelagert sind, nennt man das Fleisch **marmoriert**. Ist das Fett zwischen den Muskelsträngen, spricht man von **durchwachsenem Fleisch**.

12.4 Veränderungen nach dem Schlachten

Muskelstarre – Reifung

Unmittelbar nach dem Schlachten ist das Fleisch schlaff, weich und glänzend rot. Wenige Stunden später verkürzen sich die Muskeln und werden fest. Unbeweglich und starr sind die Gelenke. Die **Muskelstarre** ist eingetreten. Fleisch in der Muskelstarre würde beim Kochen oder Braten zäh und trocken.

Nach **zwei bis drei Tagen löst sich die Muskelstarre.** Diesen Vorgang bezeichnet man als **Reifung**. Gereiftes oder abgehangenes Fleisch ist mattrot, riecht und schmeckt leicht säuerlich. Bei der Fleischreifung wirken zusammen:

Enzyme des Fleisches: Sie bauen große Eiweißbausteine zu kleineren ab. Diese Abbauvorgänge **erhöhen Genusswert und Verdaulichkeit.**

Milchsäure: Sie entsteht im Fleisch aus dem Zuckerstoff Glykogen. Milchsäure lässt das Bindegewebe quellen und begünstigt das Fleischaroma.

Reifedauer: Je nach Tierart sind die Bindegewebe unterschiedlich ausgebildet. Zudem werden sie innerhalb der gleichen Tierart mit zunehmendem Alter fester. Weil die bei der Reifung erwünschten Veränderungen Zeit erfordern, ist neben der Lagertemperatur die Reifedauer von wesentlichem Einfluss auf die Qualität.

Lebensmittel

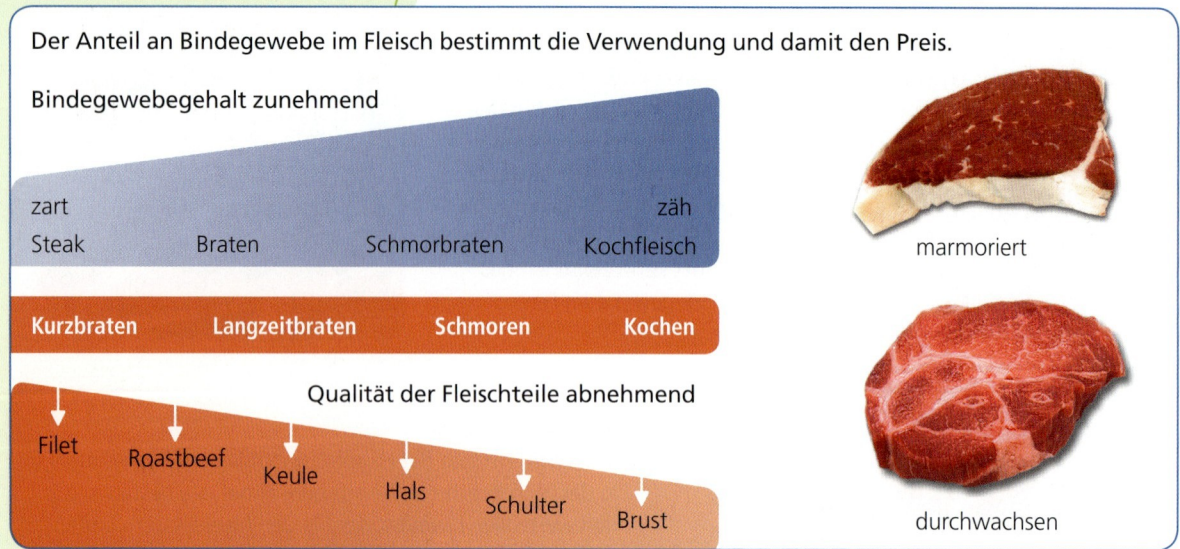

Abb. 1 Steak am Grill

Gereiftes Fleisch ist zart, schmeckt leicht säuerlich und riecht aromatisch. Die Reifedauer ist je nach Tierart, Alter und Verwendungszweck unterschiedlich.

Verwendungszweck

Bei den **feuchten Garverfahren,** z. B. Kochen, wird während des Garens zähes Bindegewebe in leicht kaubare Gelatine umgewandelt. Darum muss das Fleisch nicht so lange reifen.

Bei den **trockenen Garverfahren,** z. B. Braten, Grillen, muss das Fleisch zarter sein. Darum muss das Fleisch länger reifen.

Rindfleisch zum **Kochen** soll nur kurz abhängen (5 bis 7 Tage), denn von der Brühe erwartet man einen frischen und kräftigen Geschmack. Verwendet man zu Brühen voll ausgereiftes Fleisch, können sie „alt" schmecken.

Rindfleisch zum **Braten und Kurzbraten** soll möglichst lange abhängen. Beim Kurzbraten, z. B. für rosa gebratenes Roastbeef, muss das Fleisch schon durch das Abhängen völlig zart sein, denn im Innern des Roastbeefs steigt die Temperatur beim Braten nur auf ca. 55 °C und bewirkt keine weitere Lockerung.

Tiefkühlen unterbricht die Reifung, denn die Enzyme sind nur noch wenig wirksam. Nach dem Auftauen geht der Reifungsprozess teilweise weiter.

Reifedauer bei ca. 2 °C

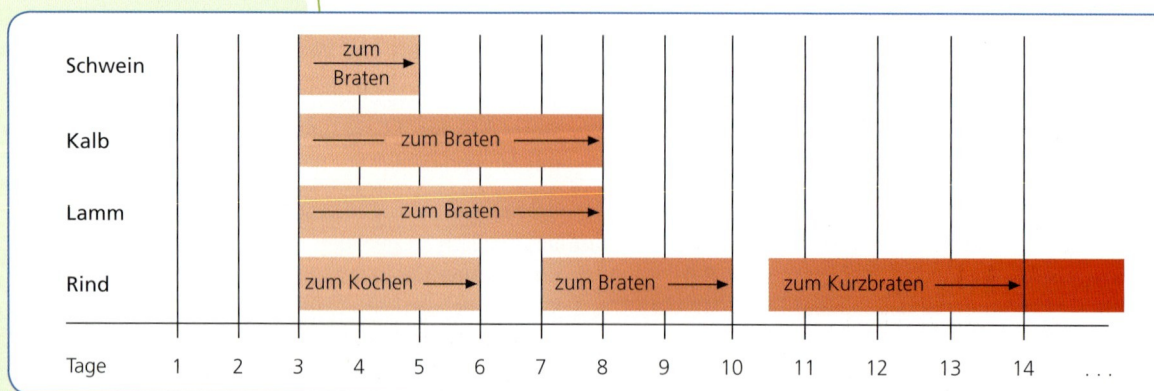

12.5 Lagerung

Gastgewerbliche Betriebe beziehen üblicherweise gereiftes Fleisch oft vakuumverpackt. Innerhalb des Betriebs kann die Lagerhaltung zwei Ziele haben.

Kurzfristige Vorratshaltung von gereiftem Fleisch
Ziel: Geringe Veränderungen
darum: Temperatur 0 bis + 4 °C, Luftfeuchtigkeit hoch, damit die Lagerverluste gering sind.

Nachreifung zur Qualitätsverbesserung
Ziel: Fortsetzung der Reifung
darum: Schutz der Oberfläche durch Folie oder Einlegen in Öl oder Marinade.

Hygiene ist die Voraussetzung für eine einwandfreie Fleischreifung, denn wo keine Verderbniserreger sind, können sie nicht wirken, kann nichts verderben.

Eine trockene Fleischoberfläche hindert das Bakterienwachstum.

Unnötiges Öffnen des Kühlraums vermeiden. Warme Luft bildet auf dem Fleisch einen Niederschlag (vgl. Brillenträger) und verbessert damit für eingedrungene Bakterien die Lebensbedingungen.

Fleischstücke, z. B. Keulen, Rücken, sollen sich beim Abhängen nicht berühren, denn feuchte Stellen begünstigen den Verderb.

Ausgelöste, wertvolle Stücke wie Filet und Roastbeef, die noch reifen sollen, können in Folie eingezogen, vakuumiert oder in Öl eingelegt werden.

Im Fleischkühlraum dürfen nur Fleisch und Fleischerzeugnisse, gerupftes Geflügel oder Wild ohne Decke gelagert werden.

Im Fleischkühlraum dürfen **nicht** gelagert werden
- Wild in der Decke,
- Geflügel im Federkleid,
- Gemüse,

weil die dort anhaftenden Bakterien bei gemeinsamer Lagerung auf das Fleisch übergehen könnten.

12.6 Verderben des Fleisches

Schmierigwerden – Fäulnis

Während des Abhängens muss die Fleischoberfläche trocken sein. Wird der Kühlraum zu oft geöffnet, dringt viel warme Luft ein, deren Feuchtigkeitsgehalt sich auf dem kalten Fleisch niederschlägt. An der feuchten Fleischoberfläche finden die **Bakterien aus der Luft** ideale Lebensbedingungen und zersetzen das Eiweiß.

Die **Oberfläche** wird klebrig und schmierig, verändert die Farbe und riecht unangenehm.

Vakuumverpacken (Einziehen) in Folie schützt die Oberfläche des Fleisches sowohl vor dem Beschlag durch Feuchtigkeit als auch vor dem Austrocknen.

● Anlieferungstemperatur höchstens
+ 7 °C bei Frischfleisch,
+ 4 °C bei Hackfleisch,
+ 3 °C bei Innereien.
Bei Anlieferung Temperatur prüfen, danach Ware sofort in den Kühlraum bringen.

● **Vakuumreifung**
Für ausgewählte Fleischstücke zum Braten und Kurzbraten bietet sich die Vakuumreifung an. Dazu wird das Fleisch in Schrumpfbeutel aus Kunststoff gezogen. Dann saugt man mit speziellen Geräten die Luft ab (man vakuumiert) und verschließt anschließend den Beutel luftdicht.

Die Vorteile liegen im Abschluss der Luft. Dadurch entstehen keine Austrocknungsverluste, die Fleischfarbe dunkelt an der Oberfläche nicht. Dem stehen als Nachteile die Kosten für Gerät und Folien gegenüber.

Vakuumgereiftes Fleisch kann beim Öffnen des Beutels einen säuerlichen Geruch aufweisen. Dieser verschwindet, wenn das Fleisch vor der Weiterverarbeitung mindestens 30 Minuten an der Luft liegt.

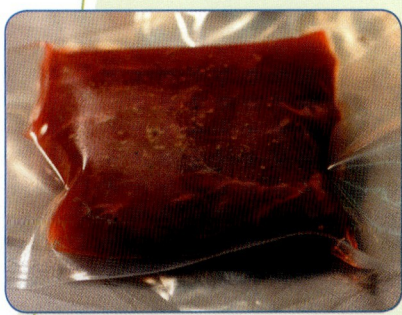

Abb. 1 Vakuumiertes Fleisch

Überreife – Selbstzersetzung

Lässt man Fleisch zu lange abhängen, dann lösen **fleischeigene Enzyme** die Muskelfasern nach und nach völlig auf. Das Fleisch zersetzt sich selbst. Dabei entsteht ein Geruch, der an verfaulte Eier erinnert.

Je kühler das Fleisch gelagert wird, desto langsamer verläuft die Selbstzersetzung. Vergleicht man Schmierigwerden mit Überreife, so zeigt sich:

Schmierig ist nur die Oberfläche, Befallenes kann entfernt werden.

Überreif ist ein Fleisch durch und durch. Es kann nichts entfernt werden.

> Überreifes Fleisch gilt als verdorben und darf nicht verwendet werden; sein Genuss führt zu Erbrechen und Durchfall.

Übersicht: Fleischreifung, Fleischverderb

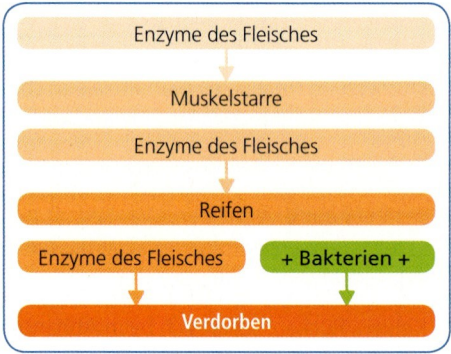

Enzyme des Fleisches → Muskelstarre → Enzyme des Fleisches → Reifen → Enzyme des Fleisches / + Bakterien + → Verdorben

12.7 Arten des Fleischbezugs

Innerhalb der Materialkosten ist das Fleisch der größte Posten. Wegen der unterschiedlichen Struktur der Betriebe wird Fleisch auf verschiedene Weise bezogen.

- **Tierkörper** (Hälften, Viertel) werden zerlegt ①.
- **Fleischteile** wie Keule, Schulter, Rücken erhält man bei der Grobzerlegung ②.
- **Teilstücke** werden entsprechend dem Verlauf der Muskulatur abgetrennt, z. B. Oberschale, Nuss ③.
- **Portionierte Ware** schneidet man quer zur Fleischfaser aus den Teilstücken, z.B. Koteletts aus dem Kalbsrücken ④.

Jede Bezugsart hat Vor- und Nachteile. Die sachgerechte Zerlegung eines Schlachttierkörpers erfordert besondere fachliche Fertigkeiten, denn nur bei einwandfreier Arbeitsweise erhält man portionierte Stücke in der geforderten Qualität. Ferner fallen Knochen und Parüren in größerer Menge an, für die zweckgerechte Verwendungsmöglichkeiten vorhanden sein müssen.

Viele Betriebe beziehen Teilstücke wie eine Oberschale vom Kalb oder ein Rinderfilet und portionieren bei Bedarf. Wird portionierte Ware wie Kalbsschnitzel oder Schweinekotelett bezogen, hat der Lieferant der Küche bereits vorgearbeitet

①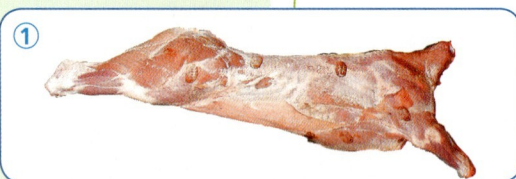

②

③

④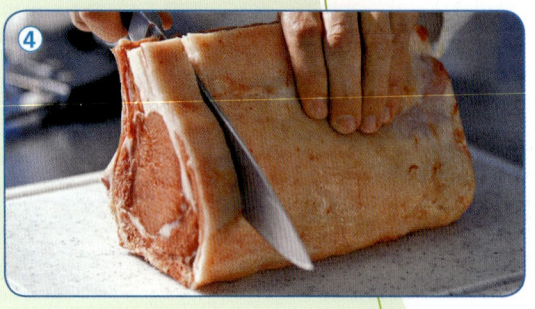

und liefert ohne die geringer wertigen Parüren. Das erhöht zwar den Preis je kg, spart jedoch Arbeitszeit und zwingt nicht zur Verarbeitung von Nebenprodukten.

Je weiter das Fleisch beim Einkauf bearbeitet ist, desto einfacher ist die Warenkontrolle.

Übersicht – Vom Schlachttier zur Portion

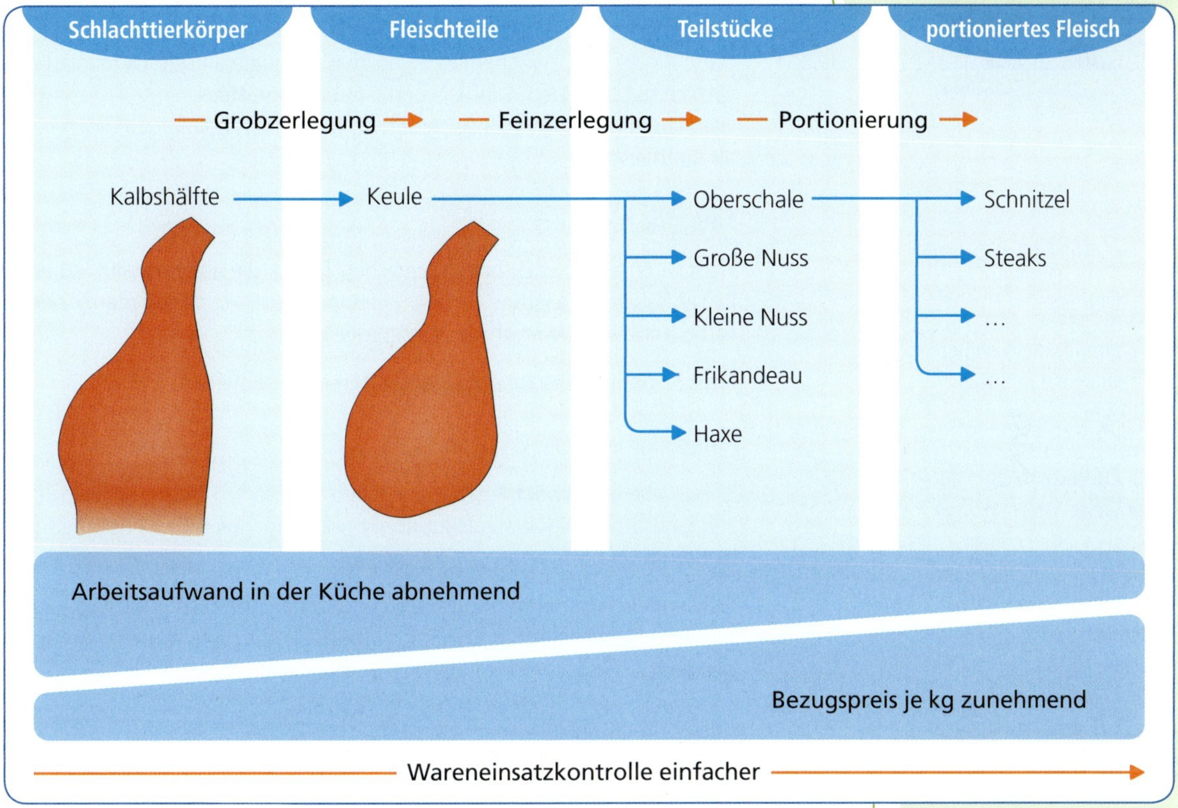

Schlachttierkörper	Fleischteile	Teilstücke	portioniertes Fleisch
	Grobzerlegung →	Feinzerlegung →	Portionierung →
Kalbshälfte	Keule	Oberschale	Schnitzel
		Große Nuss	Steaks
		Kleine Nuss	...
		Frikandeau	...
		Haxe	

Arbeitsaufwand in der Küche abnehmend

Bezugspreis je kg zunehmend

Wareneinsatzkontrolle einfacher

12.8 Qualitätsbeurteilung

Der Ruf einer Küche wird wesentlich von den Fleischgerichten bestimmt. Die richtige Auswahl und Verwendung des Fleisches erfordert vom Koch viel Fachwissen und Sachkenntnis. Nur wer die Qualität des Fleisches richtig beurteilen kann, ist fähig, die einzelnen Fleischteile fachgerecht zu verarbeiten.

Der **Genusswert von Fleisch** wird wesentlich von folgenden Faktoren bestimmt:
- **Zartheit**, je weniger Bindegewebe, desto zarter.
- **Saftigkeit**, die mit dem Fettgehalt zusammenhängt.
- **Aroma**, das sehr von der Tierart und vom Mastverfahren beeinflusst wird.

Kategorie

Mit Kategorien bezeichnet man Gruppen von Schlachttieren, geordnet nach Alter und Geschlecht. Diese Einteilung kennt man bei Rind und Schaf.

Lebensmittel

Kennzeichnung
Die Kennzeichnung erfolgt nach Kategorie und Handelsklasse.

Nach EU-Recht müssen auf diese Weise Schlachtkörper (Hälften, Viertel) gekennzeichnet werden. Nicht der Kennzeichnung unterliegen weiter zerlegte Fleischteile (Rücken, Keule) und Fleischstücke (Oberschale, Nuss), wenn diese einzeln gehandelt werden.

Beispiel

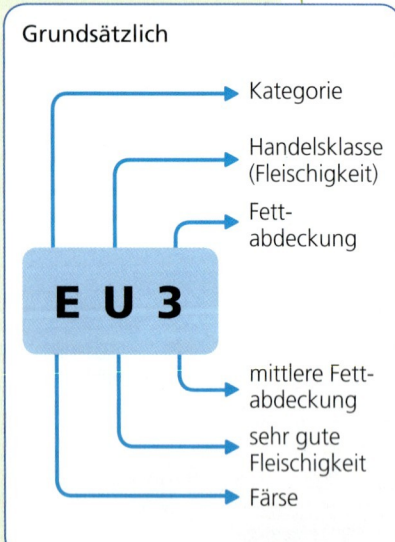

Kategorie Kalb – V

Tiere, die nicht älter sind als acht Monate und hauptsächlich mit Milch und Milcherzeugnissen gefüttert werden.

Kalbfleisch ist hell und fettarm. Durch das geringe Alter der Tiere ist das Bindegewebe noch sehr locker, das Fleisch zart. Kalbfleisch ist teurer als Rindfleisch.

Kategorie Jungrind – Z

Diese Rinder sind zwischen acht und zwölf Monate alt und werden zusätzlich mit Gras/Heu, Silomais und Getreide gefüttert.
Das Fleisch ist fütterungsbedingt etwas dunkler als Kalbfleisch, doch heller als Rindfleisch.

Kategorie Färsen – E

Fleisch von ausgewachsenen weiblichen Tieren, die nicht gekalbt haben. Färsenfleisch hat kräftige Farbe und feine Faser. Es ist gering marmoriert, saftig und zart. Sehr gut zum Braten geeignet.

Fleisch von Färsen schmeckt ausgeprägter als Kalbfleisch.

Kategorie Ochsen – C

Fleisch von ausgewachsenen männlichen, kastrierten Tieren. Ochsen setzen langsamer Fleisch an als Jungbullen. Das hochwertige Ochsenfleisch ist darum teuer.

Ochsenfleisch hat kräftig rote Farbe und mittelfeine Faser. Das stark marmorierte Fleisch ist saftig und hat kräftiges Aroma. Sehr gut zum Braten geeignet.

Kategorie Jungbulle – A

Fleisch von ausgewachsenen jungen männlichen, nicht kastrierten Tieren unter zwei Jahren.

Fleisch mit hellroter Farbe und mittelfeiner Faserstruktur. Eine Maserung ist kaum vorhanden, und darum ist das gegarte Fleisch eher trocken. Es wird bevorzugt zu Wurst verarbeitet.
Andere Kategorien, wie Kuhfleisch und Bullenfleisch, werden in der Gastronomie kaum verwendet.

Handelsklassen

Die **Handelsklasse** berücksichtigt zusätzlich Fleischigkeit und Fettabdeckung.

Fleischigkeit ist der Anteil des Muskelfleisches am Schlachttier, der auch als Muskelfülle bezeichnet wird. Je höher die Fleischigkeit, desto besser die Qualität.
Man kennzeichnet sie mit den Großbuchstaben E, U, R, O und P (EUROP), wobei E für die beste Qualität steht.

Fettabdeckung, die mit steigendem Anteil durch die Ziffern 1 bis 5 gekennzeichnet wird.

12.9 Fleischteile und deren Verwendung

Kalb 🇬🇧 veal 🇫🇷 veau (m)

Kalbfleisch ist von jungen Rindern, die mit Milch oder Milchprodukten gefüttert werden, bis zu einem Alter von acht Monaten.

Wenn die Tiere mit zunehmendem Alter auch Raufutter (Gras, Heu, Silage) erhalten, wird das Fleisch durch die Einlagerung von Mineralstoffen dunkler. Fleisch zwischen dem achten und zwölften Lebensmonat der Tiere nennt man **Jungrindfleisch**.[1]

Beim Kalbfleisch überwiegt die Nachfrage nach Kurzbratfleisch wie Schnitzel und Steaks. Beim Zerlegen teilt man darum überwiegend entlang der Muskelstränge, sodass die Unterschiede der einzelnen Fleischstücke berücksichtigt werden können.

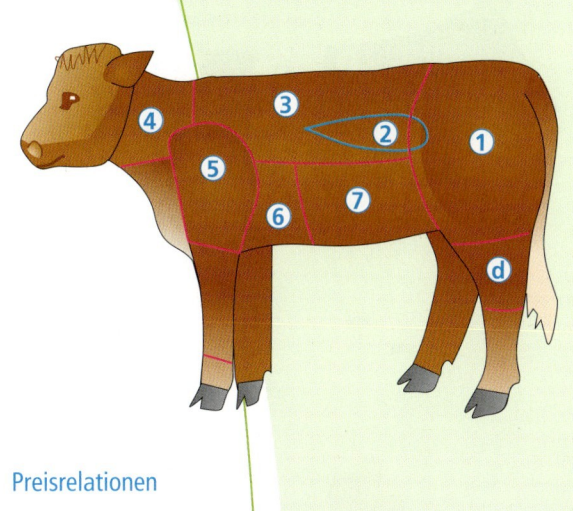

Preisrelationen

250 %	Rücken/Steak
200 %	Keule für Schnitzel
150 %	Bug ohne Knochen
100 %	Hälftenpreis
90 %	Brust

Bezeichnung nach DLG[2] *ortsüblich auch*	Verwendung vorwiegend
① **Kalbskeule**	
a) Oberschale *Schale*	Schnitzel, Steak
b) Nussstücke *Nuss, Hüfte*	Braten, Schnitzel
c) Frikandeau *Unterschale*	Braten, Schnitzel
d) Kalbshaxe	Braten, Ragout, Gulasch
② **Kalbsfilet** *Lende*	im Ganzen gebraten, Medaillons
③ **Kalbskotelett** *Rücken*	Koteletts, Schmetterlingsschnitzel, Steak, Kalbsroll-, Kalbsnierenbraten
④ **Kalbshals**	Rollbraten, Frikassee Ragout
⑤ **Kalbsbug** *Schulter, Blatt*	Rollbraten, Frikassee Ragout
⑥ **Kalbsbrust**	Braten mit und ohne Füllung, Tendron, Ragout
⑦ **Kalbsbauch** *Dünnung, Lappen*	Teil des Kalbsrollbratens, Ragout, Farce

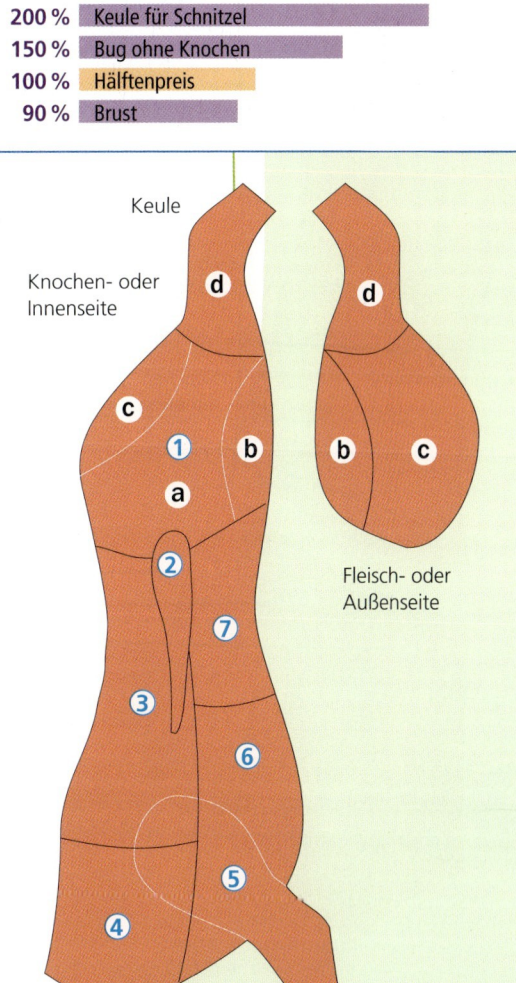

[1] EG-Verordnung Nr. 700/2007 gültg ab 1.7.2008.
[2] Wird bei schriftlichen Prüfungen nach Fleischteilen gefragt, so gelten die Bezeichnungen nach DLG als verbindlich. Die kursiv gedruckten ortsüblichen Bezeichnungen dienen hier dem besseren Verständnis.

Lebensmittel

Rind 🇬🇧 beef 🇫🇷 bœuf (m)

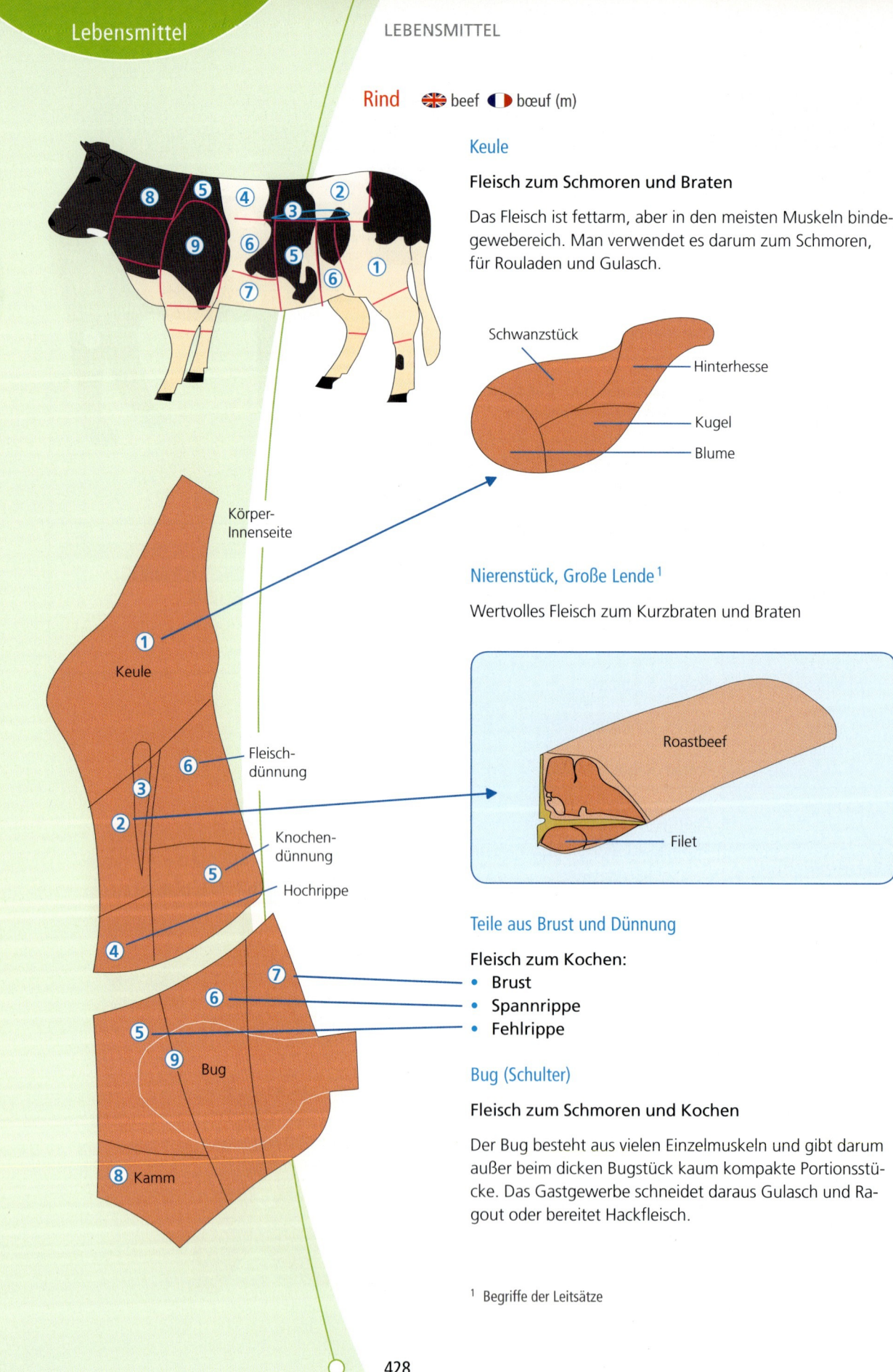

Keule

Fleisch zum Schmoren und Braten

Das Fleisch ist fettarm, aber in den meisten Muskeln bindegewebereich. Man verwendet es darum zum Schmoren, für Rouladen und Gulasch.

Nierenstück, Große Lende [1]

Wertvolles Fleisch zum Kurzbraten und Braten

Teile aus Brust und Dünnung

Fleisch zum Kochen:
- Brust
- Spannrippe
- Fehlrippe

Bug (Schulter)

Fleisch zum Schmoren und Kochen

Der Bug besteht aus vielen Einzelmuskeln und gibt darum außer beim dicken Bugstück kaum kompakte Portionsstücke. Das Gastgewerbe schneidet daraus Gulasch und Ragout oder bereitet Hackfleisch.

[1] Begriffe der Leitsätze

12 Fleisch

Bezeichnung nach DLG[1]	ortsüblich auch	Verwendung vorwiegend
Keule	Schlegel	Schmorgerichte
• Blume	• *Hüfte, Rose, kleine Nuss*	• Rouladen, Rumpsteak, Schmorbraten
• Kugel	• *Große Nuss, Maus*	• Rouladen, Gulasch, Tatar
• Schwanzstück	• *Unterschale, Frikandeau, Tafelspitz*	• Rouladen, Gulasch, Schmorbraten
• Oberschale	• *Klappe, Kluft*	• Rouladen, Tatar, Schmorbraten
• Hinterhesse	• *Wadschenkel, Wade*	• Klärfleisch, Gulasch

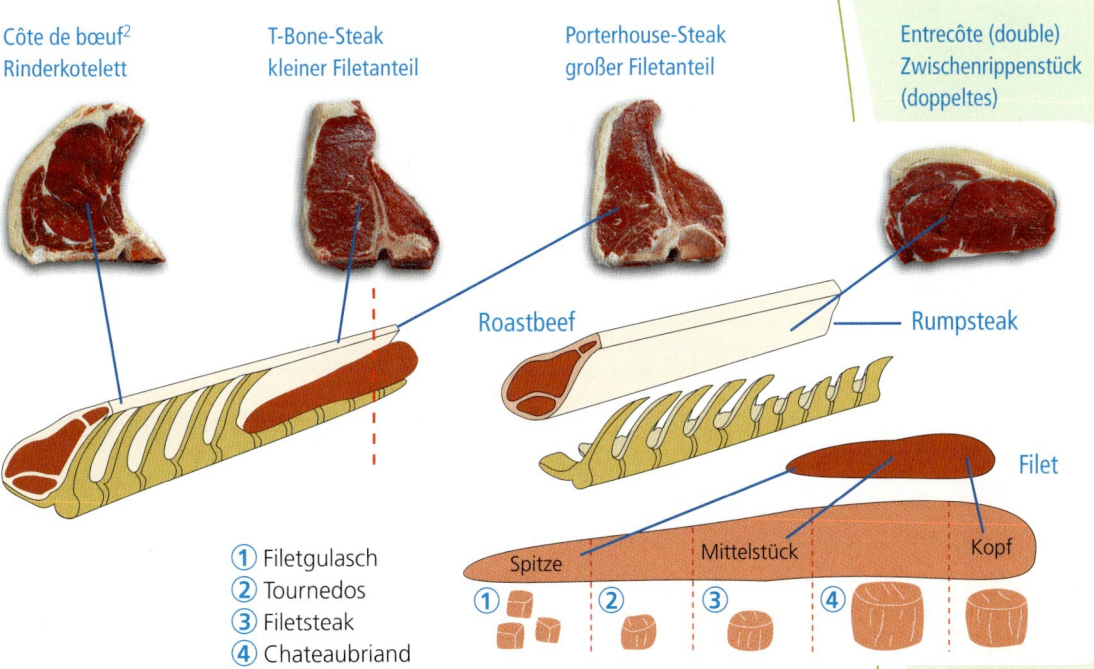

Côte de bœuf[2] — Rinderkotelett
T-Bone-Steak — kleiner Filetanteil
Porterhouse-Steak — großer Filetanteil
Entrecôte (double) — Zwischenrippenstück (doppeltes)

Roastbeef — Rumpsteak

Filet: Spitze, Mittelstück, Kopf

① Filetgulasch
② Tournedos
③ Filetsteak
④ Chateaubriand

Bezeichnung nach DLG[1]	ortsüblich auch	Verwendung vorwiegend
Fleischdünnung Knochendünnung	*Bauchlappen* ⎫ auch Lappen, Weich *Spannrippe* ⎭	Koch- und Suppenfleisch
Fehlrippe	*Dicke Rippe, Vorschlag*	
Kamm	*Hals, Halsgrat*	
Spannrippe	*Querrippe, Leiterstück*	
Brust		
Bug		
• Falsches Filet	*Falsche Lende*	kochen, schmoren
• Schaufelstück	*Mittelbug, Schulterspitz*	Ragout
• Dickes Bugstück	*Dicke Schulter*	Gulasch
• Schaufeldeckel	*Bugdeckel, Schabelappen*	Hackfleisch
• Hesse	*Bein, Wadschenkel, Haxe*	Klärfleisch, Gulasch

[1] Wird bei schriftlichen Prüfungen nach Fleischteilen gefragt, so gelten die Bezeichnungen nach DLG als verbindlich. Die kursiv gedruckten ortsüblichen Bezeichnungen dienen hier dem besseren Verständnis.
[2] Steaks mit Knochen dürfen seit 1.1.2009 von bis zu 48 Monate alten Rindern geschnitten werden.

Schwein 🇬🇧 pork 🇫🇷 porc (m)

Das Gastgewerbe verwendet Fleisch von Mastschweinen im Alter von etwa sechs Monaten. Diese Tiere werden als „Hälften" angeboten und müssen nach Handelsklassen (E, U, R, O, P) gekennzeichnet sein. Die Einstufung richtet sich nach Fleischansatz und Fettabdeckung.

Schweinefleisch ist blassrot bis rosarot, feinfaserig und leicht mit Fett durchwachsen.

Bei der Zucht von besonders fettarmen Schweinen kann es zu Mängeln kommen. Fleisch kann unter größerem Saftverlust beim Garen schrumpfen und dann trocken und zäh sein. Deswegen ist das Fleisch zwar nicht gesundheitsschädlich, doch im Genusswert erheblich eingeschränkt und darum „seinen Preis nicht wert". Das Fleisch ist hell (**p**ale), weich (**s**oft) und wässrig (**e**xudativ). Von diesen englischen Wörtern abgeleitet ist die Bezeichnung PSE-Fleisch. Es handelt sich um einen Qualitätsmangel – Fleisch zurückweisen.

Schweinefleisch soll nicht länger als eine Woche abhängen.

Preisrelationen

- 250 % Rücken ohne Knochen
- 200 % Keule, Schnitzelfleisch
- 160 % Kotelett
- 130 % Hals ohne Knochen
- 100 % Hälftenpreis

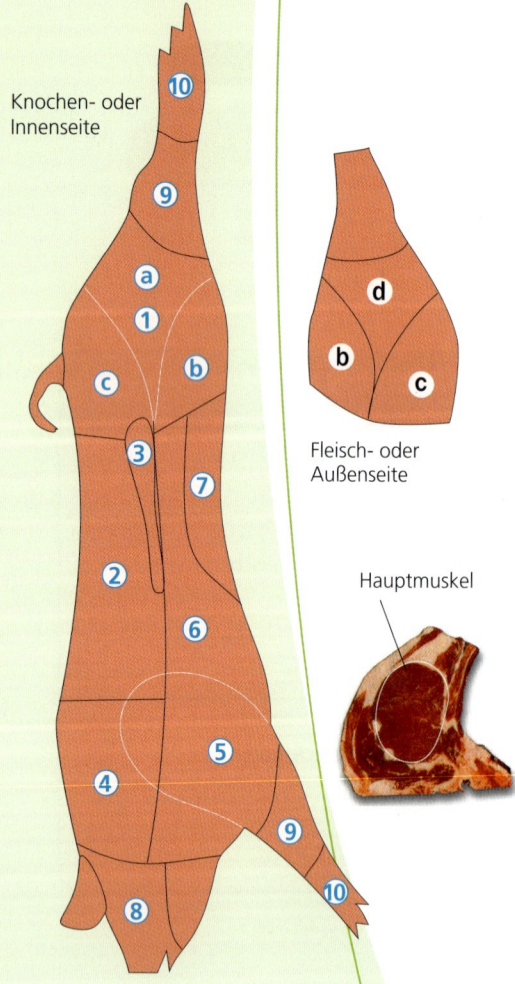

Knochen- oder Innenseite

Fleisch- oder Außenseite

Hauptmuskel

Bezeichnung nach DLG	Verwendung
① Schinken a) Oberschale b) Nuss c) Schinkenspeck d) Schinkenstück	Schinken Schnitzel Schnitzel, Schinken braten, kochen Schinken
② Kotelett	Koteletts, Kasseler Rippenspeer, Karree, Lachsschinken, Lachse
③ Filet	Kurzbraten, im Ganzen braten
④ Kamm	braten, Halskoteletts, Pökelkamm
⑤ Bug, Schulter	braten im Ganzen, Ragout und Farce
⑥ Bauch	kochen
⑦ Wamme	kochen, räuchern
⑧ Kopf	kochen
⑨ Eisbein, Haxe	Eisbein, im Ganzen braten oder grillen
⑩ Spitzbein, Pfötchen	kochen, Sülze

Als **Lachse** bezeichnet man den ausgelösten Hauptmuskel des Rückens bei Schwein, Kalb und Lamm.

Schaf 🇬🇧 mutton 🇫🇷 mouton (m)

Bei Schaffleisch verändern sich mit zunehmendem Alter die Fleisch- und die Fettbeschaffenheit sehr deutlich. Darum ist die Kennzeichnung der **Kategorie** sehr wichtig. Es werden unterschieden:
- Ⓛ **Lämmer**, nicht älter als 12 Monate, und
- Ⓢ **andere Schafe**, die in der Gastronomie kaum verwendet werden.

Die **Qualität** wird wie beim Rind dargestellt. Die **Fleischigkeit**, die Muskelfülle kennzeichnen die Buchstaben E, U, R, O und P. Die **Fettabdeckung** wird mit den Ziffern 1 bis 5 angegeben.

Lammfleisch ist je nach Alter lachsfarben bis ziegelrot und zartfaserig. Beim **Milchlamm** (bis 6 Monate alt) ist die Fettauflage weiß, beim Lammfleisch gelblich weiß. Da der Schmelzbereich von Lammfett über der menschlichen Körpertemperatur liegt, muss heiß serviert und heiß gegessen werden.

Alle Arten sollen etwa eine Woche abhängen.

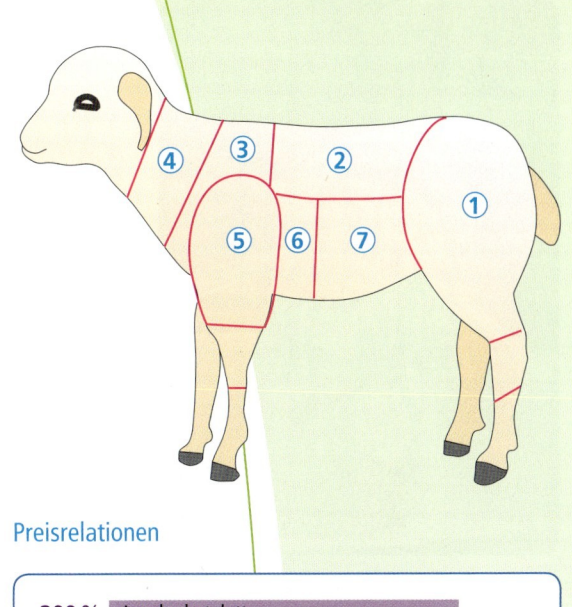

Preisrelationen

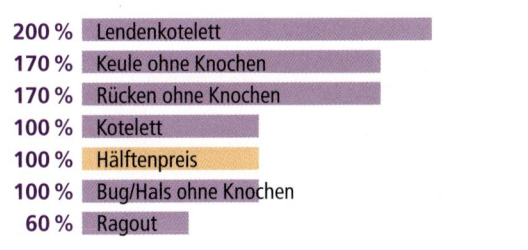

Bezeichnung	Verwendung
① Keule	Braten im Ganzen, Schmorbraten
② Rücken a) Lendenkotelett (mit Filet)	Braten im Ganzen, Lammkrone
	Lendenkoteletts, Nüsschen, Muttonchops
b) Kotelettstück	Koteletts
③ Kamm	Ragout Eintopf • Irish Stew • Navarin z. T. Rollbraten
④ Hals	
⑤ Bug, Schulter	
⑥ Brust	
⑦ Dünnung	

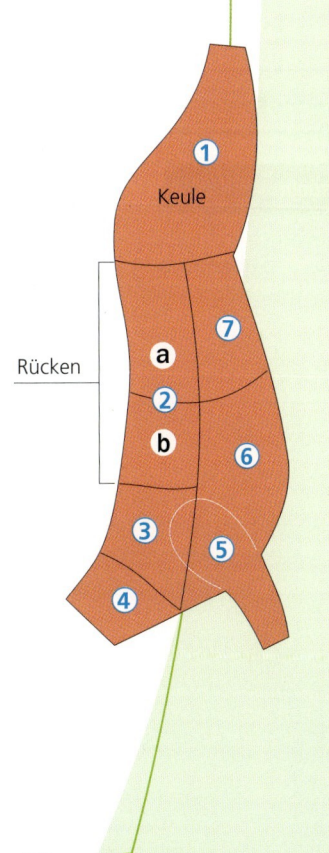

Nur zur Information, da im Gastgewerbe kaum verwendet: **Hammelfleisch** ist von männlichen oder weiblichen Tieren mit etwa zwei Jahren. Das Fleisch ist strenger im Geschmack.

12.10 Hackfleisch und Erzeugnisse aus rohem Fleisch

Rohes, zerkleinertes Fleisch bietet Mikroben ideale Lebensbedingungen und verdirbt darum besonders rasch. Der Umgang mit rohem, zerkleinertem Fleisch ist deshalb streng geregelt. Das Ziel ist der Schutz des Verbrauchers.

- **Schutz der Gesundheit** durch strenge Hygienevorschriften, die bestimmen, wie die Produkte zu behandeln sind. Tierische Lebensmittel-Hygieneverordnung (Tier-LMHV).
- **Schutz vor Täuschung** durch Vorschriften über die Zusammensetzung, die festlegen, was verarbeitet werden darf. Leitsätze für Fleisch- und Fleischerzeugnisse.

Die Hygienevorschriften gelten für das Herstellen, Behandeln und Inverkehrbringen von Erzeugnissen aus rohem, zerkleinertem Fleisch.

Es ist zu beachten: Fleisch oder Fleischerzeugnisse müssen roh **und** zerkleinert sein, wenn sie den strengen Bestimmungen unterliegen.

Frisches Fleisch	Fleischzubereitungen	Fleischerzeugnisse
roh – aber nicht zerkleinert	roh und zerkleinert	zerkleinert – aber „nicht mehr roh"
Fleischteile wie • Keule, • Oberschale, • Filet	• zerkleinert • Hackfleisch • Schabefleisch (Tatar) • Geschnetzeltes • Gesteaktes • Fleischspieß mit anderen Lebensmitteln (Fleischteige) z. B. für Klopse Frikadellen Farcen, Brät	durch Erhitzen → Braten: Frikadellen Kochen: Klopse Pökeln → Schinken Beizen → Entenbrust

zu beachten

Behandeln	Lagertemperatur	Lagerdauer
Geräte sind bei Gebrauch mindestens mittags und abends zu reinigen	nicht wärmer als + 7 °C bei Fleisch + 3 °C bei Innereien + 2 °C bei Hackfleisch	Bei Hackfleisch, das unter *Schutzatmosphäre verpackt* ist, legt der Hersteller die Verbrauchsfrist fest. Zubereitungen aus gefrorenem Hackfleisch dürfen nicht nochmals eingefroren werden.

Anforderungen an die Zusammensetzung

Die Anforderungen an die Zusammensetzung von Hackfleisch sind in den Leitsätzen festgelegt. Sie richten sich nach dem Anteil an BEFFE (**B**indegew**e**bseiweißfreies **F**leisch**e**iweiß). Das sind die wertvollsten Eiweißstoffe im Fleisch. Die Lebensmittelüberwachung richtet sich nach dem Fettgehalt.

Hackfleisch (Gehacktes, Gewiegtes) muss aus sehnenarmem oder grob entsehntem Skelettmuskelfleisch bestehen, das außer Kälteanwendung keinem Behandlungsverfahren unterzogen worden ist. Es ist grob zerkleinert und ohne jeden Zusatz.

Schabefleisch (Tatar, Beefsteakhack) darf nur aus sehnen- und fettgewebearmem (schierem) Skelettmuskelfleisch vom Rind bestehen, das außer Kälteanwendung keinem Behandlungsverfahren unterzogen worden ist. Der Fettgehalt darf höchstens 6 % betragen. Zerkleinertes Fleisch wird durch die Beigabe von Salz, Zwiebeln usw. rasch grau. Gastgewerbliche Betriebe stellen darum Tatar erst auf Anforderung her und servieren es vielfach unzubereitet mit den erforderlichen geschmacklichen Ergänzungen.

● Fettgehalt:
- Rinderhack 20 %
- Schweinehack 35 %
- Gemisch von Rind und Schwein 30 %

12.11 Innereien 🇬🇧 offal 🇫🇷 abats (m)

Innereien können vielseitig zubereitet werden und bereichern die Speisekarte. Je frischer die Innereien sind, je kürzer also die Zeit zwischen Schlachtung und Zubereitung ist, desto besser ist die Qualität. Wegen der feinen Struktur wird die Qualität von Innereien durch Frosten gemindert. Diese Qualitätsveränderung ist bei Preisvergleichen und beim Einkauf zu beachten.

Zunge

Zungen werden von allen Schlachttieren verwendet. Der verhältnismäßig hohe Preis wird wesentlich vom Zuschnitt bestimmt: Je sorgfältiger die Teile zum Kehlkopf hin abgetrennt sind, desto besser ist die Qualität, desto höher ist der Preis. Neben frischer Ware werden auch Pökelzungen angeboten (Abbildung: Kalb, Rind, Schwein).

Herz

Das Herz ist ein Muskel und zeigt die gleiche Faserstruktur wie Skelettmuskelfleisch. An erster Stelle steht das Kalbsherz, das wegen seiner Eignung zum Kurzbraten und Grillen und wegen seines Geschmacks bevorzugt wird. In der Qualität folgen die Herzen von Schwein und Jungrind (Abbildung: Kalb, Rind, Schwein).

Hirn

Die Gehirne der einzelnen Tierarten unterscheiden sich im Wesentlichen nur in der Größe. Gemeinsam sind ihnen die helle Farbe und eine lockere Struktur, die das Gehirn leicht verdaulich macht. Die Küche verwendet Hirn von Kalb und Schwein. Hirn wird vor der Weiterverarbeitung gewässert und anschließend immer blanchiert.

Bries (Kalbsmilch)

Nur von Kalb und Lamm gibt es ein Bries, denn es ist die Wachstumsdrüse (Thymusdrüse), die nur während der Wachstumszeit entwickelt ist und sich nach der Pubertät zurückbildet. Das Bries ist ähnlich dem Hirn weiß und zart, jedoch von festerer Struktur.

Nieren

Die bekannte Nierenform haben nur die glatten Schweine- und Schafsnieren. Kalbs- und Rindernieren sind kammerförmig unterteilt und unterscheiden sich in Farbe und Größe. Bei Nieren ist darauf zu achten, dass sie sorgfältig gewässert werden, damit der Harngeschmack verschwindet (Abbildung: Kalb, Rind, Schwein).

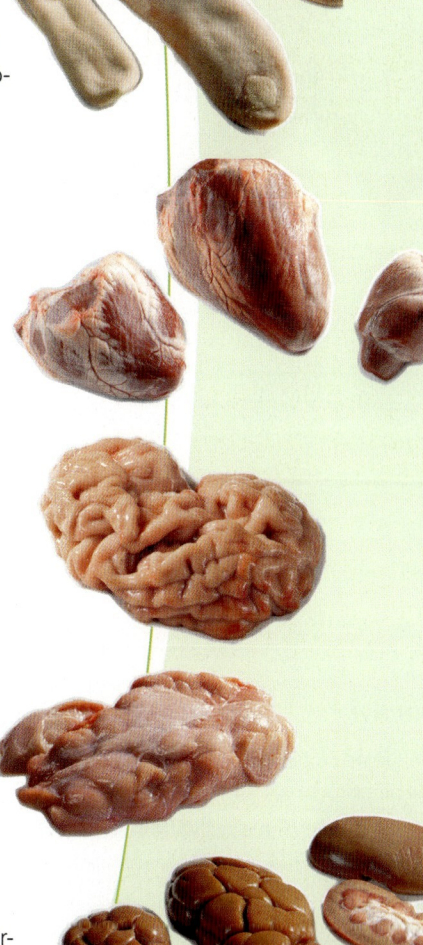

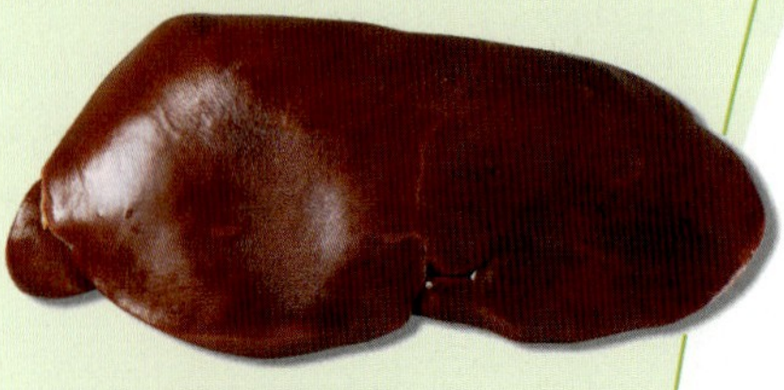

LEBENSMITTEL

Abb. 1 Kalbsleber

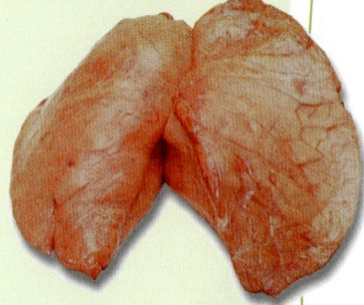

Abb. 2 Schweineleber

Abb. 3 Kalbslunge

Leber

Kalbsleber ist am beliebtesten. Sie hat eine feine, lockere Struktur, ist mild im Geschmack und bleibt beim Kurzbraten saftig (Abb. 1).

Schweineleber besteht aus mehreren Lappen. Man erkennt sie an einer porösen, leicht körnigen Schnittfläche (Abb. 2).

Rinderleber bildet die Grundlage für Leberknödel und Leberspätzle. Zum direkten Verzehr ist sie weniger geeignet.

Schweinenetz ist ein feines Fettgewebe aus der Bauchhöhle des Schweines (Abb. S. 561). Man verwendet es zum Auskleiden von Formen und zum Umhüllen von Zubereitungen. Beim Garen schmilzt durch die Einwirkung von Wärme das Fett aus und macht das Gargut saftig.

Kalbslunge

Vor allem die Regionalküche verwendet die Kalbslunge (Abb. 3) z. B. zu Lunge sauer oder Beuscherl. Die Lunge hat eine schwammige Beschaffenheit und wird vor der Weiterverarbeitung immer zuerst gewässert und dann gekocht und mariniert.

12.12 Verwendung von Knochen

Knochen bestehen hauptsächlich aus Kalk und Leimeiweiß. Kalk und andere Mineralstoffe geben die erforderliche Festigkeit, das Leimeiweiß verleiht Elastizität. Mit zunehmendem Alter wird der Kalkanteil in den Knochen höher. Bei der Verwendung ist zu unterscheiden

- **Knochen junger Tiere** (Kalb, Schwein) haben einen hohen Gehalt an Leimeiweiß. Man verwendet sie darum zum Ansetzen von Saucen. Beim Anbraten entstehen Farb- und Geschmacksstoffe, die nach dem Aufgießen in die Flüssigkeit übergehen. So entsteht ein gehaltvoller Grundstock für Saucen.
- **Knochen älterer Tiere** (Rind) sind kalkhaltiger, trüben darum weniger und werden hauptsächlich für Brühen verwendet. Die geschmacksgebenden Bestandteile lösen sich nur langsam, und darum ist eine längere Kochzeit von mehreren Stunden erforderlich.
- **Röhrenknochen** aller Altersstufen enthalten das fettreiche Knochenmark, das als Suppeneinlage, zu Markklößchen oder für Garnituren verwendet werden kann.

12.13 Haltbarmachen

Kühlen

Fleisch wird durch die Tätigkeit von Enzymen und Bakterien verändert und verdirbt schließlich. Bei niederen Temperaturen arbeiten diese langsamer. Ist das Fleisch gefroren, wirken sie kaum noch.

Lagerung im Kühlraum

Für kürzere Zeit wird Fleisch im Kühlraum gelagert.

Hinweise

Die Lagertemperatur von Fleisch soll nicht mehr als +4 °C betragen, denn sonst werden die Bakterien zu wenig gehemmt.

Die Tür zum Kühlraum soll möglichst selten und möglichst kurz geöffnet werden, denn sonst kann das Fleisch durch kondensierende Luftfeuchtigkeit feucht werden.

Tiefkühlen

Bei Temperaturen unter −18 °C treten kaum Veränderungen im Fleisch ein. Nur Fett zersetzende Enzyme können bis −40 °C wirken.

Mageres Rindfleisch ist etwa 1 Jahr haltbar, fettes Schweinefleisch dagegen nur etwa sechs Monate. Zerkleinertes Fleisch darf nur sechs Monate lagern. Je schneller das Fleisch eingefroren wird, desto besser ist die Qualität. Das Wasser gefriert dann in kleinsten Kristallen innerhalb der Muskelfasern und wird nach dem Auftauen wieder vom Fleischeiweiß aufgenommen. Bei langsamem Einfrieren entstehen größere Auftauverluste.

Räuchern

Während früher das Räuchern hauptsächlich der Konservierung diente, will man heute damit in erster Linie den Geschmack verändern.

Der beim Verglimmen von Hartholzspänen entstehende Rauch
- trocknet die Oberfläche und nimmt den Bakterien die lebensnotwendige Feuchtigkeit,
- enthält konservierende Stoffe, die Bakterien töten,
- gibt würziges Aroma,
- gibt goldgelbe bis braune Farbe.

Pökeln

Zum Pökeln wird **Salz** mit **Pökelstoffen** verwendet. Hauptsächlich verwendet man das Nitrit, das in einem Anteil von 0,4 bis 0,5 Prozent beigemischt wird. Diese Mischung wird auch als **N**itrit**p**ökel**s**alz **(NPS)** bezeichnet. Die kontrollierte Beimischung verhindert eine übermäßige Verwendung von Nitrit.

Das **Salz** senkt den a_w-Wert (s. S. 21) und verringert damit die Tätigkeit der Bakterien und der Eiweiß abbauenden Enzyme. Das Fleisch wird länger haltbar.

Das **Nitrit** verbindet sich mit dem roten Muskelfarbstoff und macht diesen gegenüber der Einwirkung von Wärme und Sauerstoff unempfindlich. Diesen Vorgang nennt man Umrötung. Umgerötetes Fleisch bleibt darum beim Erhitzen rot. Vergleiche: Koteletts und Kasseler werden aus dem gleichen Fleischteil des Schweines gewonnen. Nur das gepökelte Kasseler ist nach dem Erhitzen rot.

Pökeln verändert beim Fleisch:

- Farbe → Umrötung
- Aroma → Aromabildung
- Haltbarkeit → Konservierung

Pökelware soll man **nicht grillen,** denn bei den hohen Temperaturen entstehen in Verbindung mit NPS krebserregende **Nitrosamine.** Unbedenklich ist das Grillen von Frischfleisch und Bratwurst.

Das Fleisch kann durch unterschiedliche Pökelverfahren behandelt werden.

Hinweise

Der Tagesbedarf an Fleisch gehört in den Küchenkühlschrank. Der Kühlraum muss peinlich sauber gehalten werden, damit die Kleinlebewesen keinen Nährboden finden.

Der Verdampfer darf nicht vereisen, weil Eis die Kälte aus der Maschine zurückhält.

Vor dem Einfrieren wird das Fleisch möglichst in verarbeitungsfertige Stücke zerlegt. Das spart Zeit und Platz im Tiefkühlraum. Außerdem frieren kleinere Stücke rascher durch.

Nur durch Schockfrosten (−40 °C) erhält man eine gute Qualität.

Gefrierfleisch muss verpackt werden, denn Eis kann verdunsten und es entsteht der Gefrierbrand.

Größere Stücke werden zum Auftauen in den Kühlraum gebracht, damit das Fleisch langsam auftaut. Aufgetaute Stücke lässt man noch einen Tag ruhen, damit der Fleischsaft vollkommen von den Fleischfasern aufgenommen werden kann.

Portionsstücke lässt man antauen und bereitet sie dann sofort zu. Die Hitze verhindert das Ausfließen des Fleischsaftes.

Abb. 1 Würste beim Räuchern

Lebensmittel

Folgende Übersicht zeigt die wesentlichen Pökelverfahren.

- Pökelverfahren
  - Trockenpökeln
  - Nasspökeln
    - Lakepökeln
    - Spritzverfahren
      - Muskelspritzen
      - Aderspritzen

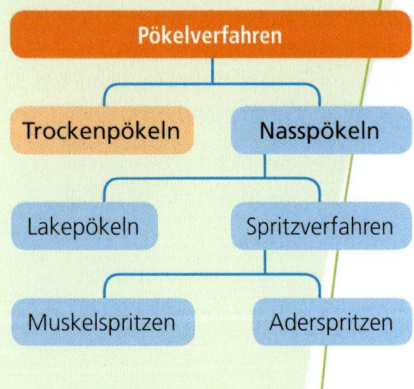

Abb. 1 Parmaschinken

Abb. 2 Südtiroler Speck

Abb. 3 Bündner Fleisch

Fleischwaren unterscheiden sich von den Wurstwaren dadurch, dass die Fleischfaser bei der Bearbeitung ganz bleibt und nicht zerkleinert wird. Durch Pökeln und Räuchern, teilweise auch durch Erhitzen, wird das Fleisch haltbarer und genussfähig.

Trockenpökeln

Das Fleisch wird mit NPS eingerieben und aufeinander geschichtet. Das Pökelsalz dringt in das Fleisch ein; zugleich tritt Fleischsaft aus (vgl. Salzen von Rettichen). Nach einigen Wochen ist der Pökelvorgang beendet.

Anschließend wird geräuchert. Der Schinken ist wegen des großen Flüssigkeitsverlustes **lange haltbar**. Angewendet wird das Verfahren vor allem bei rohen Schinken wie Knochenschinken und Rohschneider.

> Gewichtsveränderung: **großer Verlust**
> Haltbarkeit: **lange**

Nasspökeln

Das NPS wird in Wasser gelöst; es entsteht die Lake. Diese wird auf zwei Arten angewendet:

- **Lakepökeln**
  Fleisch wird in Lake eingelegt.
  Diese dringt von außen nach innen vor.

> Gewichtsveränderung: **geringer Verlust**
> Haltbarkeit: **kürzer**

- **Spritzverfahren**
  - **Muskelspritzen**
    Schnelle Verteilung der Pökellake. Kürzere Pökelzeit.
  - **Aderspritzen**
    Beste Verteilung der Lake.
    Nur bei ganzen Stücken möglich.

> Gewichtsveränderung: **Gewichtszunahme**
> Haltbarkeit: **kurz**

12.14 Fleisch- und Wurstwaren

Fleischwaren

Rohe Schinken

- **Knochenschinken, Rohschinken:** Keule ohne Bein, aber mit Schwarte, nur mäßige Fettauflage; meist trocken gepökelt.

- **Rollschinken:** ohne Knochen und Schwarte, gerollt und durch Garn oder Folie zusammengehalten.

- **Lachsschinken:** aus dem Kotelettstrang wird der Hauptmuskel entnommen und mit einer Speckscheibe umwickelt.

- **Kasseler:** Kotelettstrang, meist durch Muskelspritzung gepökelt.

- **Parmaschinken** ist nur gesalzen, also weder gepökelt noch geräuchert, und reift etwa ein Jahr an der Luft.

- **Südtiroler Speck** wird aus dem Schweinebauch gewonnen und nach dem Pökeln kalt geräuchert.

- **Bündner Fleisch:**
  Das Fleisch stammt von der Keule junger Rinder, wird in eine Salzlake eingelegt (nicht gepökelt) und an der Luft getrocknet. Nur Ware aus dem Graubündner Oberland darf als Bündner Fleisch bezeichnet werden. Ein weißer Schimmelbelag (Edelschimmel) an der Oberfläche ist für dieses Fleisch typisch.

Gekochte Schinken

- **Gekochter Schinken**
  Ohne näheren Zusatz darf nur Hinterschinken so angeboten werden. Man unterscheidet: Naturform, Blockform, Birnenform. Die Formen entstehen durch Verwendung entsprechender Koch- bzw. Pressformen.
- **Vorderschinken**
  Wird aus der Schweineschulter hergestellt und muss als „gekochter Vorderschinken" gekennzeichnet werden.

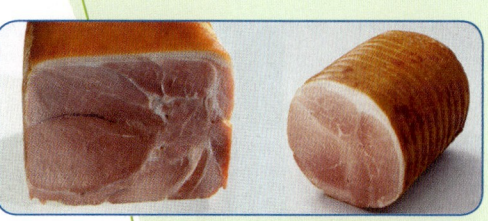

Abb. 1 Vorderschinken, gepresst; Prager Schinken

Gekochte Schinken haben einen hohen a_w-Wert und müssen darum wie Frischwurst unbedingt gekühlt gelagert werden.

Wurstwaren

Nach den verschiedenen Herstellungsverfahren unterscheidet man: Kochwurst, Brühwurst und Rohwurst.

Kochwurst

Fleisch und andere Zutaten wie Zunge werden im Voraus gekocht (Name). Die Gelatine aus Schwarten und Knochen oder das Blut geben Bindung.

- **Leberwurst**
  muss einen vorgeschriebenen Anteil an Leber haben. Bezeichnungen wie feine oder sehr feine beziehen sich auf die Zerkleinerung.
- **Blutwurst/Rotwurst**
  enthält einen entsprechenden Blutanteil, der Farbe und Geschmack verleiht. Während bei der einfachsten Qualität, der Speckwurst, die Einlage hauptsächlich aus Schweinespeck besteht, hat z. B. Thüringer Rotwurst gepökelte Zunge als Hauptbestandteil.
- **Sülzwurst oder Presssack**
  enthält grobe Fleischstücke, z. T. mit Schwarte. Als Bindemittel dient Aspik.

Abb. 2 Kochwurst: Überwiegend einfache Wurstarten

Frischwurst
Lagerung nur gekühlt, kurze Haltbarkeit

Brühwurst

Fleisch und Speck werden fein zerkleinert und gekuttert. Durch Salzbeigabe lösen sich die Eiweißstoffe und binden zusätzlich Wasser, das man in Form von Eis beigibt. Das Eis schmilzt durch die Wärme und vermeidet so die für die Bindefähigkeit schädliche Erwärmung. Es entsteht das **Brät**; in der Küche bezeichnet man vergleichbare Massen als **Farce**.

Nach dem Einfüllen in Därme wird bis etwa 75 °C erhitzt, **gebrüht** (Name). Dabei gerinnt das Eiweiß und die Wurst wird schnittfest. Manche Arten werden zur zusätzlichen Geschmacksgebung geräuchert.

Bei den Brühwurstsorten, die das Hauptangebot stellen, unterscheidet man die einzelnen Arten nach dem Grad der Zerkleinerung des Fleisches und nach der Würzung.

Beispiele
Schinkenwurst, Bierwurst, Kochsalami, Lyoner, Mortadella, Regensburger.

Die Wurstmasse ist weiß, wenn statt Nitritpökelsalz Kochsalz verwendet wird, z. B. bei Weißwürsten, Wollwürsten, Rostbratwürsten, Schweinsbratwürsten.

Abb. 3 Brühwurst: Hauptangebot, viele Arten

Lebensmittel

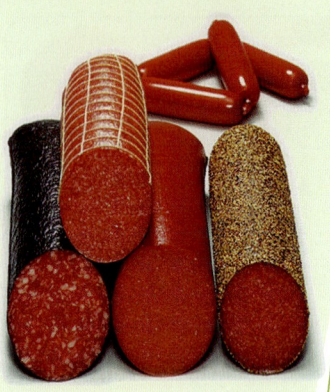

Abb. 1 Rohwurst: hoher Preis, weil ohne Wasserzusatz

> Dauerwurst hat gute Haltbarkeit.

Rohwurst

Fleisch und Speck werden zerkleinert und mit Nitritpökelsalz und Gewürzen versetzt. Nach dem Einfüllen in die Därme beginnt ein biologischer Reifungsprozess. Dabei wird Wasser abgegeben, und gelöstes Eiweiß macht die Wurstmasse bindig. Nach der Feinheit der Zerkleinerung und der Festigkeit unterscheidet man schnittfeste und streichfähige Arten.

Zu den *schnittfesten Arten* gehören z. B. Cervelatwurst, Plockwurst und Salami. Rohwürste geben bei der Lagerung Wasser ab und werden hart. Darum bezeichnet man sie auch als Hartwürste; der Name Dauerwurst bezieht sich auf die lange Lagermöglichkeit.

Für *streichbare Rohwürste* wird das Ausgangsmaterial stärker zerkleinert. Diese Art ist nicht so lange haltbar. Man zählt dazu Teewurst, Mettwurst, Braunschweiger.

Angebot der Industrie

Die Lebensmittelindustrie hält ein vielfältiges Angebot an Zubereitungen aus Schlachtfleisch für die Bereiche der warmen und kalten Küche bereit.

Warme Küche

Neben den altbekannten Konserven und der Tiefkühlware besteht ein neues Angebot aus *Menükomponenten in gekühlter Form*.

Die Produkte werden nach der Herstellung sofort heruntergekühlt und abgepackt in Portionsbeutel für Einzelservice und Großgebinde für den Einsatz im Bankettgeschäft.

Die Zubereitungen sind vorwiegend aus dem Bereich der kombinierten Garverfahren, also Geschmortes und Gedünstetes mit/in Sauce, z. B.

- **Vom Rind**
  - Gulasch
  - Rouladen
  - Schmorbraten
  - Sauerbraten
- **Vom Schwein**
  - Schweinefilet im Teigmantel
  - Gefülltes Schweineschnitzel
  - Schweinerücken mit Backobst
- **Vom Geflügel**
  - Poulardenbrust in Morchelrahm
  - Hühnerfrikassee
  - Putenröllchen in Currysauce
- **Vom Kalb**
  - Kalbfleischröllchen
  - Kalbsrahmgulasch
  - Rahmgeschnetzeltes vom Kalb

Regenerieren

> **Lagerung**
> Die Kühlkette mit einer Temperatur zwischen 0 °C und + 2 °C ist unbedingt einzuhalten, wenn die Qualität erhalten bleiben soll. Die meisten Produkte sind unter diesen Bedingungen etwa 10 Tage lagerfähig.

bedeutet das Aufbereiten der Speisen durch Wärmezufuhr. Oder einfacher gesagt: auf Serviertemperatur bringen. Dazu gibt es verschiedene Möglichkeiten. In jedem Fall bleibt die Zubereitung im Beutel. Portionsbeutel erwärmt man im Wasserbad. Großgebinde erwärmt man auch im Kombidämpfer. Portionsbeutel können auch im Mikrowellengerät erwärmt werden. Man sticht in den Beutel ein Loch, damit kein Überdruck entsteht.

Kalte Küche

Spezialisierte Betriebe bieten eine breite Palette von Produkten, die bei etwa 4 °C etwa eine Woche haltbar sind (Eigene Herstellung s. S. 662 im Abschnitt „Vorspeisen – Kalte Küche").

Pasteten sind Zubereitungen aus feiner Farce, auch mit Einlagen, umgeben von einer Teigschicht.

Abb. 1 Pastete

Abb. 2 Terrine

Terrinen sind Zubereitungen aus feiner Farce, die in einer Schüssel gegart werden (Merkhilfe: Irdene Schüssel – Erde = lat. terra).

Galantinen sind gefüllte Tierkörper, z. B. Entengalantine.

Diese Produkte werden sachgemäß aufgeschnitten und auf Platten angerichtet.

Abb. 3 Galantine

Aufgaben

1. Welchem Zweck dient die Fleischbeschau?
2. Auf einer Kalbskeule befindet sich ein ovaler Stempel, auf einem Karton mit gefrostetem Rinderfilet ein sechseckiger. Erklären Sie jeweils die Bedeutung.
3. Beschreiben Sie den Aufbau des Muskelfleisches. Nennen Sie dabei drei allgemein sichtbare Teile.
4. Worin liegt der Unterschied zwischen marmoriertem und durchwachsenem Fleisch?
5. Welcher Zusammenhang besteht zwischen dem Alter des Schlachttieres und der Reifedauer von Fleisch?
6. Der Bindegewebegehalt bestimmt die möglichen Garverfahren. Erläutern Sie diese Aussage.
7. Fleisch ist schmierig geworden. Was ist die eigentliche Ursache? Welche Umstände begünstigen das Schmierigwerden?
8. Nennen Sie Teilstücke vom Rind,
    a) die vorwiegend kurzgebraten werden,
    b) die üblicherweise als Suppenfleisch dienen.
9. Auf einem Hinterviertel sehen Sie den Stempel „E U 3". Erklären Sie.
10. Ein Gast fragt nach dem Unterschied zwischen einem T-Bone-Steak und einem Porterhousesteak. Was antworten Sie?
11. Die Hygieneverordnung regelt den Umgang mit Hackfleisch.
    a) Welche Voraussetzungen müssen erfüllt sein, damit ein bestimmtes Fleisch unter die strengen Vorschriften fällt?
    b) Welche Gründe können den Gesetzgeber veranlasst haben, diese strengen Vorschriften zu erlassen?
12. Nennen Sie mindestens drei Anforderungen, die Tatar erfüllen muss.
13. Warum ist roher Schinken länger lagerfähig als gekochter?
14. Welche Wurstarten unterscheidet man nach dem Herstellungsverfahren?
15. Erklären Sie den Begriff Frischwurst.
16. „Welches scharfe Mittel kommt in die Weißwurst, dass sie die rote Farbe verliert?" Antworten Sie auf diese Frage eines Gastes.

13 Geflügel und Wildgeflügel

🇬🇧 poultry and wildfowl 🇫🇷 volaille (w) et gibier (m) à plumes

Lebensmittel	100 g essbarer Anteil enthalten			
	E g	F g	KH g	Energie kJ
Brathuhn	15	7	•	515
Ente	14	14	•	755
Gans	10	20	•	900
Putenfleisch	20	3	•	480
Wildgeflügel im Durchschnitt	20	6	•	555
Zum Vergleich:				
Rindfleisch, mittelfett	20	5	•	540
Kalbfleisch, mittelfett	21	3	•	455
Schweinefl., mittelfett	15	9	•	595

Geflügel wird unterschieden in Hausgeflügel und Wildgeflügel:
- **Hausgeflügel** wird als Haustier gefüttert und ist vor äußeren Einflüssen geschützt.
  Zu diesem zählen Hühner, Enten, Gänse, Puter, Perlhühner und Tauben.
- **Wildgeflügel** lebt in freier Wildbahn, vielfach unterstützt durch Zufütterung. Der Handel bietet vorwiegend Fasan, Rebhuhn und Wachtel an.

13.1 Bedeutung für die Ernährung

Unter Ernährungsgesichtspunkten und für die Küchenpraxis ist die Unterscheidung nach der Fleischfarbe bedeutsam.
- Geflügel mit hellem Fleisch wie Hühner und Puten,
- Geflügel mit dunklem Fleisch wie Ente und Gans.

Das helle Fleisch hat eine zarte Faser und nur geringen Fettgehalt. Fleisch von *Hähnchen und Puter* ist eiweißreich, fettarm und leicht bekömmlich. Aus diesem Grund kann man es auch bei Schonkost einsetzen.

Das dunkle Fleisch enthält mehr Mineralstoffe, wodurch die dunkle Farbe, aber auch der ausgeprägte Geschmack entstehen.

Ente und Gans haben in rohem Zustand einen hohen Fettgehalt (Nährwerttabelle). Es ist jedoch zu bedenken, dass ein großer Anteil des Fettes unmittelbar unter der Haut gelagert ist und bei der Zubereitung ausbrät. Ente und Gans werden darum zum Braten oftmals zunächst mit etwas Wasser angesetzt und dann im austretenden eigenen Fett gebraten.

13.2 Hausgeflügel

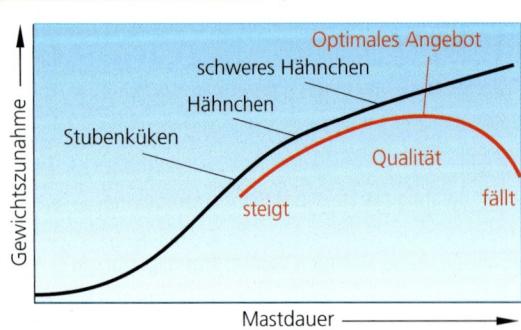

Abb. 1 Gewicht und Qualität

Die Nachfrage nach Geflügelfleisch wird heute überwiegend durch planmäßige Züchtung gedeckt. Der Konsument wünscht zartes, wohlschmeckendes Fleisch, der Züchter andererseits muss mit den Kosten, insbesondere mit den Futterkosten, rechnen.

Betrachtet man Gewichtszunahme und Qualitätsentwicklung im Zusammenhang, so zeigt sich, dass zu einem bestimmten Zeitpunkt eine optimale Qualität erreicht wird. Vor diesem Zeitpunkt ist die Qualität nicht so gut wie sie sein könnte, später sinkt sie wieder ab, denn das Fleisch wird zäher und das Tier verfettet. Die Verordnung über **gesetzliche Handelsklassen** regelt bei Hausgeflügel, das über den Handel vertrieben wird, das Angebot. Anzugeben sind:
- **Verkehrsbezeichnung**,
  der Name des Produkts. Es handelt sich um festgelegte Bezeichnungen wie Hähnchen, Ente oder Junge Gans. Das vielfältige Angebot wird dadurch überschaubar.

- **Handelsklasse,**
  sie gibt an, welche Qualität das Geflügel hat. Die Tiere werden allerdings nur nach äußeren Merkmalen eingeteilt.
- **Angebotszustand,**
  z. B. frisch (+ 4 °C), gefroren (– 12 °C), tiefgekühlt (– 18 °C).

Verkehrsbezeichnung

Hähnchen/Broiler 🇬🇧 chicken 🇫🇷 poulet (m)

Hähnchen sind männliche oder weibliche Tiere vor der Geschlechtsreife. Mit 5 bis 6 Wochen wiegen sie zwischen 800 bis 1 200 g.[1]

Maishähnchen sind mit Mais gefüttert und haben darum kräftig gelb gefärbte Haut. Der Begriff wird vom Handel verwendet, ist aber keine Verkehrsbezeichnung.

Schwerere Tiere sind vorteilhafter, denn sie haben eine höhere Fleischausbeute und sind kräftiger im Geschmack.

Abb. 1 Hähnchen

Stubenküken 🇬🇧 poussin 🇫🇷 poussin (m)

Stubenküken sind Hähnchen mit einem Gewicht unter 750 g.

Suppenhuhn 🇬🇧 cock 🇫🇷 coq (m)

Bezeichnung für die nach der Legeperiode geschlachteten Hühner. Sie werden für Geflügelbrühe, Frikassee und Geflügelsalat verwendet. Alle anderen Arten werden vorwiegend gebraten und gegrillt.

Frühmastente 🇬🇧 duck 🇫🇷 caneton (m)

Frühmastenten sind etwa drei Monate alt und wiegen bis 2 kg. Kennzeichnend ist das noch biegbare Brustbein. Ältere Tiere werden in der Gastronomie nicht verwendet.

Pekingente ist die Bezeichnung einer Rasse, die hauptsächlich zur Zucht verwendet wird. Es ist keine Herkunftsbezeichnung.

Barbarieenten sind Tiere mit kräftiger Flugmuskulatur, sie sind besonders fleischig und mager.

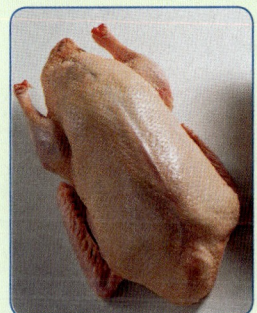

Abb. 2 Frühmastente

Frühmastgans/Junge Gans 🇬🇧 goose 🇫🇷 oison (m)

Frühmastgänse werden überwiegend im Herbst mit einem Gewicht von 3 bis 6 kg angeboten. **Gänse** sind vom Vorjahr und werden in der Gastronomie nicht verwendet.

Martinsgans und *Weihnachtsgans* sind traditionelle Bezeichnungen, die darauf hinweisen, dass Gänse überwiegend in der kalten Jahreszeit verzehrt werden. Die Begriffe werden auf der Speisekarte verwendet, sind aber keine Verkehrsbezeichnungen.

Abb. 3 Frühmastgans

---

[1] Kapaun oder Junger Hahn ist eine Bezeichnung der EG für ein kastriertes männliches Huhn. Die Kastration ist nach deutschem Tierschutzrecht nicht erlaubt.

Perlhuhn 🇬🇧 Guinea fowl 🇫🇷 pintade (w)

Das dem Haushuhn verwandte Tier hat ein leicht orangefarbenes Fleisch, das einen zarten Wildgeschmack aufweist. Der Preis ist wesentlich höher als beim Brathähnchen. Darum wird das Perlhuhn meist nur im Rahmen von besonderen Anlässen verarbeitet.

Truthahn, Pute 🇬🇧 turkey 🇫🇷 dindon (m)

Baby-Puter sind junge Tiere, die im Ganzen angeboten werden und z. B. bei Sonderessen vor den Gästen tranchiert werden können.

Putenfleisch wird besonders geschätzt, wenn die Ernährung eiweißreich, aber energiearm sein soll.

Das überwiegende Angebot besteht aus Teilstücken schwerer Tiere, die man Zerlegeputen nennt.

Herrichtungsform

Die **Herrichtungsform** gibt an, ob mit oder ohne Innereien angeboten wird.
- **bratfertig** oder **mit Innereien** bedeutet mit Herz, Hals, Muskelmagen ohne Hornhaut sowie Leber;
- **grillfertig** oder **ohne Innereien**.

Handelsklassen

Mit der Handelsklasse wird der äußere Zustand der Tiere bewertet. Die eigentliche Qualität ist jedoch wesentlich von Alter und Fütterung abhängig.

Handelsklasse A umfasst einwandfreie Tiere. Das sind solche mit einem gleichmäßig entwickelten Körper, die sauber gerupft sind und keine Verletzungen aufweisen. Bei Gefrierware darf kein Frostbrand vorliegen.

Wird **vom Erzeuger direkt geliefert,** also ohne den Handel einzuschalten, gelten die Vorschriften der Handelsklassenverordnung nicht. Die Qualitätsbeurteilung ist dann von der Küche vorzunehmen.

Merkmale zur Qualitätsbestimmung

Bei **Hühnern** haben junge Tiere eine biegsame Brustbeinspitze. Bei älteren ist diese verknöchert und darum nur wenig biegsam.

Bei **Ente** und **Gans** kann neben dem Brustbein die Luftröhre zur Altersbestimmung herangezogen werden: Sie ist bei jungen Tieren leicht eindrückbar, bei älteren nur schwer.

Übersicht Teilstücke

Filet Brust/Schnitzel Unterkeule
Flügel Oberkeule

Angebotszustand

Das Geflügel wird angeboten:

- **Frisch:** Bei frischer Ware sollte die Schlachtung mindestens einen Tag zurückliegen, denn auch Geflügelfleisch unterliegt einem natürlichen Reifungsvorgang. Frischware sollte innerhalb von drei bis fünf Tagen verbraucht sein.
Weil Frischware einer besonderen Aufmerksamkeit bei der Lagerung bedarf und mit dem Risiko des Verderbs behaftet ist, liegt der Kilopreis höher als bei Frostware.

- **Gefroren:** Die Tiere werden unmittelbar nach dem Schlachten schockgefrostet und bei mindestens −12 °C gelagert. Der überwiegende Anteil an Geflügel wird in dieser Form angeboten.

- **Tiefgekühlt:** Behandlung wie bei gefroren, Lagerung jedoch bei −18 °C.

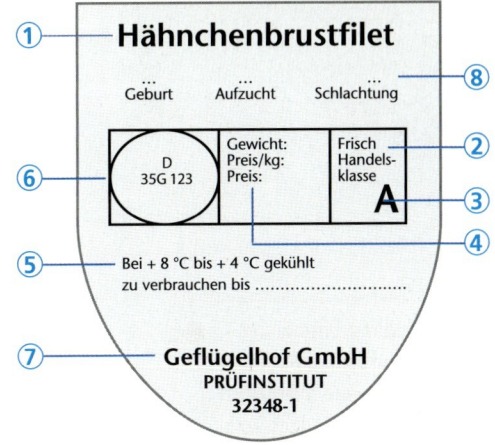

① Verkehrsbezeichnung
② Angebotszustand
③ Handelsklasse
④ Gewicht/Kilogrammpreis/Gesamtpreis
⑤ Hinweis auf Lagerbedingungen
 Verbrauchsdatum bei Frischfleisch
 Mindesthaltbarkeit bei Frostware
⑥ Schlacht- bzw. Zerlegebetrieb
⑦ Name und Anschrift des Vertreibers
⑧ Herkunftsnachweis (freiwillig)

Zusätzliche Informationen

Schneebildung in der Verpackung beruht auf stark schwankenden Lagertemperaturen. Dabei verdunstet zunächst Wasser aus den Randschichten der Frostware. Diese Flüssigkeit bildet dann später Eiskristalle, den „Schnee", in der Verpackung. Schneebildung ist ein Zeichen mangelhafter Lagerung.

Gefrierbrand zeigt sich in gelblich grauen rundlichen Stellen auf der Haut. Das darunter liegende Fleisch ist ausgetrocknet und darum strohig im Geschmack. Diese nachteilige Veränderung tritt vor allem bei beschädigter Verpackung auf. Die unter den Löchern der Verpackung liegenden Stellen sind „gefriergetrocknet". Gefrierbrand ist ein Qualitätsmangel, das Produkt ist jedoch nicht verdorben.

Das **Kühlverfahren** beeinflusst die Qualität. Darum ist es auf der Verpackung anzugeben.

Beim **Tauchkühlverfahren** liegen die schlachtwarmen Hähnchen in einem Bad von Eiswasser. Das kühlt zwar schnell, doch ist dieses Verfahren mit Nachteilen verbunden: Das schlachtwarme Fleisch nimmt Wasser auf, was später zu größeren Tau- und Garverlusten führt. Außerdem können Keime (Salmonellen) übertragen werden.

Beim **Luftsprühkühlen** umströmt feuchte Luft die Schlachtkörper. Dieses Verfahren ist zwar aufwendiger, doch es wird kein Fremdwasser aufgenommen und es werden keine Keime übertragen. Das Hähnchenfleisch schmeckt kerniger und saftiger.

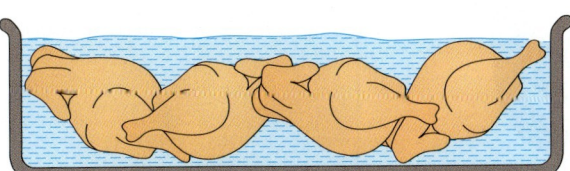

Abb. 1 Tauchkühlverfahren

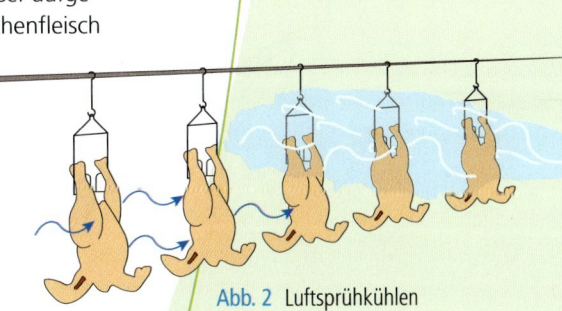

Abb. 2 Luftsprühkühlen

Nach der Vorbereitung von Geflügel und Wildgeflügel sind Tisch, Gefäße, Werkzeuge und Hände gründlich zu reinigen. Nur dann ist gewährleistet, dass keine Salmonellen übertragen werden.

Lagerung

Frostware kann bis zum angegebenen Mindesthaltbarkeitsdatum gelagert werden.

Frischware ist innerhalb kurzer Zeit zu verbrauchen. Die Verpackung trägt den Aufdruck „Verbrauchen bis …".

Anlieferungstemperatur maximal + 4 °C.

Behandlung in der Küche

Gefrostetes Geflügel muss vor der Weiterverarbeitung aufgetaut werden. Dazu nimmt man es aus der Verpackung. Die Auftauzeit richtet sich nach der Umgebungstemperatur und dem Gewicht des Tieres. Am schonendsten wird im Kühlraum aufgetaut, denn dann ist Zeit, dass der zu Eis gewordene Fleischsaft wieder in die Muskelfasern aufgenommen werden kann.

Auf der Haut von Geflügel können sich Salmonellen befinden. Diese werden zwar beim Garen abgetötet, doch können sie bereits vorher auf andere Lebensmittel übertragen worden sein und auf diesem Umweg zu Lebensmittelvergiftungen führen

13.3 Wildgeflügel

Wildgeflügel wird auch Federwild genannt. Es unterscheidet sich von Hausgeflügel dadurch, dass es in freier Wildbahn lebt und nicht in Geflügelfarmen. Der großen Nachfrage wegen züchtet man heute auch Tiere und schützt sie im freien Gelände durch Gehege vor natürlichen Feinden, wie z. B. Füchsen.

Das Fleisch aller Wildgeflügelarten ist dunkler und aromatischer als das von Hausgeflügel. Für alle Arten gilt: Braten kann man nur junge Tiere. Fleisch von Wildgeflügel, das über ein Jahr alt ist, wird geschmort oder für Wildbrühen verwendet.

Fasan   🇬🇧 pheasant   🇫🇷 faisan (m)

Der Fasan ist das am häufigsten angebotene Wildgeflügel. Während der Hahn ein buntes Gefieder und einen langen Federschwanz aufweist, ist die Henne unscheinbar erdfarben.

Altersbestimmung: Junge Tiere haben ein weiches Brustbein, sie werden vorwiegend gebraten. Ältere Tiere werden geschmort, zu Farce oder Brühe (Fasanenessenz) verarbeitet.

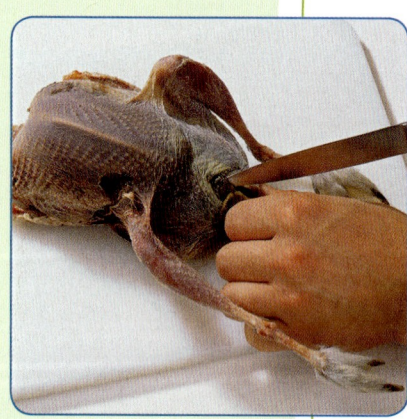

Abb. 1   Moorhuhn mit deutlich erkennbarem dunklen Fleisch

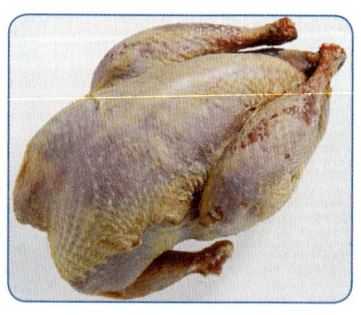

13 Geflügel und Wildgeflügel

Rebhuhn 🇬🇧 partridge 🇫🇷 perdreau (m)

Das Rebhuhn ist etwas kleiner als eine Taube und hat ein erdfarbenes Federkleid.

Junge Tiere haben ein weiches Brustbein, sie werden vorwiegend gebraten. Über ein Jahr alte Tiere schmort man oder bereitet Farcen aus ihnen.

Wildente 🇬🇧 wild duck 🇫🇷 canard (m) sauvage

Unter dem Begriff Wildente werden im Handel meist mehrere Arten der frei lebenden Enten zusammengefasst. Hauptangebot sind Stock- und Krickenten. Tauchenten können tranig schmecken.

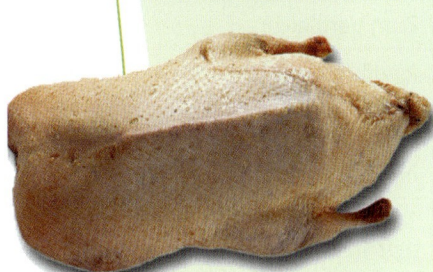

Wachtel 🇬🇧 quail 🇫🇷 caille (w)

Die Wachtel hat ein dem Rebhuhn ähnliches Federkleid, ist aber wesentlich kleiner. Überwiegendes Angebot ist aus Züchtereien und saisonunabhängig.

Das helle, leicht verdauliche Fleisch ist mildaromatisch im Geschmack. Verwendung: Gebraten vorwiegend als Zwischengericht.

Aufgaben

1. Welche Gründe sprechen aus ernährungsphysiologischer Sicht für die Verwendung von Geflügelfleisch?
2. „Ich nehme lieber schwere Hähnchen. Die sind ausgemästet und schmecken besser." Erläutern Sie.
3. Worin besteht der Unterschied zwischen einem Hähnchen und einem Stubenküken?
4. Sie erhalten ein Angebot für Maishähnchen. Was ist das Besondere daran?
5. Wie wird Geflügel sachgerecht aufgetaut? Begründen Sie.
6. „Das meiste Wildgeflügel lebt heute auch nicht mehr wild!" behauptet ein Gast. Hat er Recht? Hat das Angebot für die Küche Vor- oder Nachteile?
7. Wie unterscheidet sich das Fleisch vom Wildgeflügel von dem des Hausgeflügels?
8. Warum muss Geflügel und Wildgeflügel außerhalb der eigentlichen Küchenräume gerupft werden?

14 Wild

🇬🇧 game 🇫🇷 gibier (m)

Als Wild bezeichnet man Säugetiere, die gejagt werden; **Wildbret** nennt man das für die menschliche Ernährung bestimmte Fleisch des Nutzwildes.

Von den vielen Wildarten haben wirtschaftliche Bedeutung Rehwild, Rotwild, Dam- und Sikawild („Hirsche"), Wildschweine (Schwarzwild) sowie Hasen und Kaninchen.

Der Bedarf an Wildbret ist wesentlich höher als die Jagdstrecke aus heimischen Jagden. Importe aus Neuseeland, Osteuropa und aus Argentinien ergänzen darum das Angebot. Dam- und Sikawild wird in zunehmendem Maße nutztierartig in Gehegen gehalten.

Lebensmittel	100 g essbarer Anteil enthalten			
	E g	F g	KH g	Energie kJ
Reh (Rücken)	15	2	•	360
Hase	17	2	•	380
Hirsch	17	3	•	375
Zum Vergleich:				
Rindfleisch, mittelfett	20	5	•	540
Kalbfleisch, mittelfett	21	3	•	455
Schweinefl., mittelfett	15	9	•	595

14.1 Bedeutung für die Ernährung

Wildfleisch ist fettarm und reich an Eiweiß. Geschmack und Farbe des Fleisches sind kräftiger als bei Haustieren, weil die Muskeln anders aufgebaut sind und das Wild sich anders ernährt. Wild ist darum für eine energiearme Kost besonders geeignet und bietet dem Gast Abwechslung.

Wesentliche Qualitätsmerkmale des Wildfleisches sind neben Struktur (Beschaffenheit) vor allem Geschmack und Geruch. Außer den typischen Eigenschaften der Tierart sind als **Qualitätsmerkmale** zu beachten:
- **Alter der Tiere,** da alte Tiere zäheres Fleisch haben,
- **Lebensraum und Futter,** die den Geschmack beeinflussen,
- **Fleischreifung** lässt einen angenehm säuerlich-aromatischen Geruch und Geschmack entstehen. Die Reifung darf keinesfalls zu weit gehen; das Fleisch beginnt sonst, sich zu zersetzen.

14.2 Arten und Verwendung

Hase/Kaninchen 🇬🇧 hare/rabbit 🇫🇷 lièvre (m)/lapereau (m)

Hasen werden von Oktober bis Januar gejagt. In dieser Zeit sind sie gut ernährt und darum am wohlschmeckendsten.

Zum Braten sind Hasen nur im ersten Jahr geeignet, in diesem Alter wiegen sie etwa 3 bis 4 kg.

Auf ein junges Tier weisen hin:
- Rippen sind leicht brechbar,
- Knochen zwischen den Keulen ist knorpelig.

Verwendung:
- Rücken und Keulen: Braten
- Vorderläufe, Hals, Brust: Ragout

Kaninchen sind kleiner als Hasen und haben ein hellgraues Fell. Das Fleisch ist hellrot, dem Geflügel ähnlich und unterscheidet sich stark vom rotbraunen Hasenfleisch. Darum sind Rezepte einschließlich Gewürze und Beilagen wie bei hellem Geflügel.

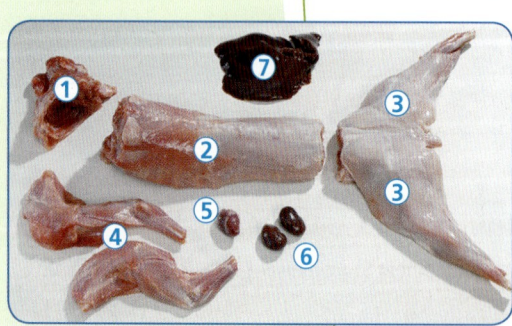

Abb. 1 ① Kopf ② Rücken ③ Keulen ④ Vorderläufe ⑤ Herz ⑥ Nieren ⑦ Leber

14 Wild

Reh/Hirsch 🇬🇧 venison/deer 🇫🇷 chevreuil (m)/cerf (m)

Das **Reh** liefert den Hauptanteil an Wildfleisch. Das rotbraune, kurzfaserige und saftige Fleisch ist von zweijährigen Tieren im zweiten Lebensjahr am schmackhaftesten.

Unter **Hirsch** werden in der Gastronomie Rotwild und Damwild zusammengefasst. Tiere im zweiten Lebensjahr bieten die beste Qualität.

Fleisch von **Damwild** hat eine rotbraune Farbe ähnlich dem Rehfleisch, Hirschfleisch (Rotwild) dagegen ist dunkelbraun bis schwarzbraun und kräftiger im Geschmack.

Beim Wild wechseln mit den Altersstufen die Bezeichnungen.

	weiblich	männlich	
Hirsch (Rotwild, Damwild)			
erstes Jahr	Wildkalb	Hirschkalb	15 bis 35 kg
zweites Jahr	Schmaltier	Spießer	35 bis 60 kg
später	Alttier	Hirsch	80 bis 250 kg
Reh			
erstes Jahr	Kitz	Kitz	8 bis 12 kg
zweites Jahr	Schmalreh	Jährlingsbock	12 bis 18 kg
später	Ricke, Geiß	Bock	18 bis 24 kg

Ältere Tiere werden zu Schmorgerichten verwendet. Dieses Garverfahren gibt beim Anbraten Farbe und verstärkt den Geschmack. Nach dem Aufgießen lockert sich dann das Bindegewebe.

Bezeichnung	Verwendung (2. Jahr)
① Qualität: Rücken	Braten im Ganzen, Steaks, Nüsschen
② Qualität: Keule	Braten, Schmoren
③ Qualität: Schulter, Hals, Brust, Bauchlappen	Schmoren, Ragoutgerichte

Wildschwein 🇬🇧 wild boar 🇫🇷 sanglier (m)

Das Fleisch der Wildschweine ist dunkelrot und kräftig im Geschmack. Geschätzt sind Jungtiere, ältere sind zäher und werden darum geschmort. Das Wildschwein ist ein Allesfresser und muss darum auf Trichinen untersucht werden. Mit dem Alter wechseln die Bezeichnungen: im ersten Jahr **Frischling**, dann **Überläufer**, schließlich **Bache** oder **Keiler**.

Verwendung:
Rücken: vorwiegend zum Kurzbraten wie Koteletts oder Medaillons; auch zum Braten im Ganzen.
Keule: braten im Ganzen. Teile auch zum Kurzbraten.
Schulter: Schmorbraten.

Abb. 1 Wildschwein mit Frischling

Lebensmittel

Alle Wildarten unterliegen der *Fleischuntersuchung*, wenn sie über den Handel vertrieben oder importiert werden. Nur dann, wenn die Tiere unmittelbar zum eigenen Verbrauch durch den Jäger oder an nahe gelegene Betriebe abgegeben werden und keine bedenklichen Merkmale vorliegen, die auf Krankheiten hindeuten, kann auf die Untersuchung verzichtet werden. Die Verantwortung trägt dann der Jäger.

Saisonzeiten – Schonzeiten

Um den Fortbestand des Wildes zu sichern, sind durch das Bundesjagdgesetz Schonzeiten festgelegt. Während der Schonzeit darf das entsprechende Wild nicht gejagt werden. Für Wildschweine und Kaninchen bestehen keine Schonzeiten. Für das Wildangebot bedeutet das:
- Frisches Wild ist nicht das ganze Jahr über verfügbar.
- Die Jagdzeiten liegen vorwiegend im Herbst. Das nutzt man für aktuelle Angebote und Aktionen.

Unabhängig von den Jagdzeiten gibt es das ganze Jahr über
- Wild aus Gehegehaltung, das nicht der Schonzeit unterliegt,
- tiefgekühltes Wild aus heimischer Jagd und aus Importen.

14.3 Gesetzliche Bestimmungen

Wildschweine können von Trichinen befallen sein. Sie müssen in jedem Fall auf Trichinen untersucht werden; ebenso andere Allesfresser wie Bären (Bärenschinken).

Die Jagdzeiten einheimischer Wildarten nach Bundesregelung

	April	Mai	Juni	Juli	August	September	Oktober	November	Dezember	Januar	Februar	März
Rehwild		✓	✓	✓	✓	✓	✓	✓	✓	✓		
Rotwild					✓	✓	✓	✓	✓	✓		
Damwild					✓	✓	✓	✓	✓	✓		
Hasen							✓	✓	✓			
Fasan							✓	✓	✓			
Rebhuhn							✓	✓				

Aufgaben

1. Wenn uns der Jäger ein Reh bringt, unterliegt das nicht der Fleischuntersuchung, wohl aber, wenn es der Händler liefert. Eine Ungerechtigkeit?

2. Welche Teile des Wildes eignen sich zum Braten im Ganzen und welche zum Kurzbraten?

3. Hasen sind keine Kaninchen. Nennen Sie drei Unterschiede.

4. „Wir liefern das ganze Jahr über schussfrisches Reh!" steht in einer Werbeschrift. Ist das möglich? Macht es Sinn, das ganze Jahr über Rehbraten auf der Karte zu haben?

5. Wildfleisch ist sehr fettarm. Wie ist der Fettgehalt der Wildgerichte? Denken Sie an die Zubereitung und die Saucen.

6. Im Herbst findet man das größte Angebot an Wild. Nennen Sie Gründe.

15 Fisch

🇬🇧 fish 🇫🇷 poisson (m)

Fische sind wechselwarme Tiere, die im Wasser leben und sich vorwiegend durch Flossen fortbewegen. Wechselwarm bedeutet, die Tiere wechseln ihre Körpertemperatur entsprechend der Temperatur des sie umgebenden Wassers. Die meisten Meeresbewohner atmen durch Kiemen.

Das Fleisch der Fische ist, von einigen Ausnahmen abgesehen, nahezu weiß, weil es wenig Muskelfarbstoff (Myoglobin) enthält.

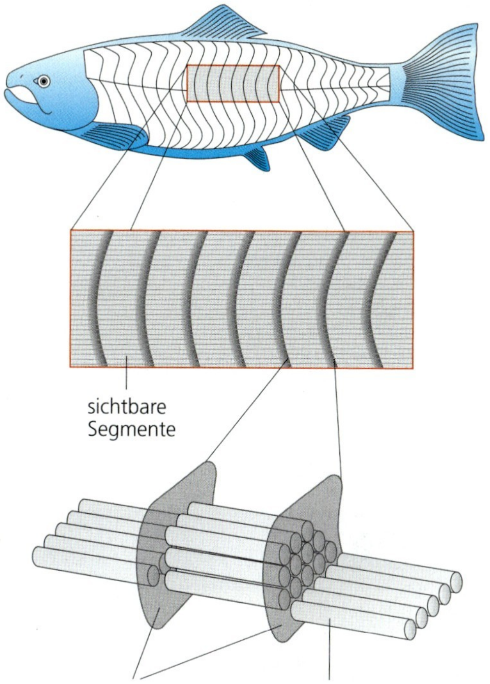

15.1 Aufbau

Das Fischfilet ist die Muskulatur der Fische. Da der Fisch vom Wasser getragen wird, hat das Fischfleisch einen anderen Aufbau und weniger Bindegewebe als das Fleisch der Landtiere.

Bei gegarten Fischen lassen sich im Filet die kurzen Fasern gut als Segmente erkennen. Sie sind durch dünne Schichten von Bindegewebe getrennt. Diese wandeln sich bereits bei 60 bis 65 °C in lösliche Gelatine um, die Segmente halten nicht mehr zusammen und der gegarte Fisch zerfällt leicht.

Abb. 1 Aufbau von Fischfleisch

15.2 Einteilung

Die große Gruppe der Fische wird nach unterschiedlichen Gesichtspunkten eingeteilt:

- Nach der Herkunft
    - **Süßwasserfische** aus Binnengewässern, z. B. Forelle, Karpfen, Schleie, Hecht
    - **Seefische** aus dem Meer, z. B. Kabeljau, Rotbarsch, Scholle, Seezunge

Aal und Lachs leben im Süß- und Salzwasser, sind also Wanderfische. Der Handel rechnet sie zu den Süßwasserfischen.

- Nach der Qualität
Sie bestimmt Verwendungsmöglichkeit und Preis
    - **Feinfische, Edelfische**
    hochwertige Arten aus dem Süß- und Salzwasser
    - **Konsumfische**
    sind von durchschnittlicher Qualität und kommen häufig vor, wie etwa Kabeljau und Hering.

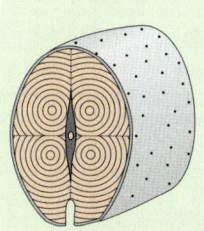

Abb. 2 Rundfisch

- Nach der Körperform
    - **Rundfische**, z. B. Forelle, Kabeljau
    Der Körper ist im Querschnitt rund oder keilförmig.
    - **Plattfische**, z. B. Scholle, Seezunge, leben meist am Meeresgrund. Die Jungfische entwickeln sich zunächst normal, legen sich dann auf die Seite und entwickeln die flache (platte) Form.

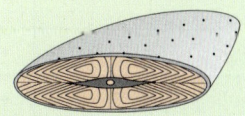

Abb. 3 Plattfisch

- **Nach dem Fettgehalt**
  Es überwiegen Fragen der Ernährung, z. B. besondere Kostformen
  - **Fettfische**
    Der Fettvorrat von über 10 % ist in das Fleisch eingelagert und wird mitverzehrt, z. B. Aal, Lachs, große Forellen, gemästete Karpfen, Heilbutt, Makrele.
  - **Magerfische**
    Der Fettvorrat ist in die Bauchhöhle eingebettet und wird bei der Vorbereitung entfernt, z. B. bei Kabeljau, Schellfisch, Seezunge, Scholle, Hecht, Zander. Im Filet sind etwa 2 % Fett.

Abb. 1 Fettfische haben Fett in der Muskulatur.

Abb. 2 Magerfische haben Fettvorrat in der Bauchhöhle; er wird entfernt.

Lebensmittel	100 g essbarer Anteil enthalten			
	E g	F g	KH g	Energie kJ
Heringsfilet	18	15	+	930
Makrele	12	8	+	495
Kabeljaufilet	17	+	+	325
Rotbarschfilet	18	4	+	475
Schellfischfilet	18	1	•	325
Seezunge (Filet)	18	1	•	350
Forelle, jung	10	1	+	220
Hecht	10	1	•	190
Karpfen	9	3	+	250
Aal, geräuchert	14	22	•	1045
Fischstäbchen	16	7	+	840
Matjeshering (Filet)	16	23	•	1120
Zum Vergleich:				
Rindfleisch, mager	20	4	•	510
Putenfleisch	21	3	•	480
Schweinefleisch, mittelfett	15	9	•	595

15.3 Bedeutung für die Ernährung

Fischfleisch ist gesund, leicht verdaulich und biologisch hochwertig. Der **Eiweißgehalt** liegt meist zwischen 15 % und 20 %. Damit ist Fischfleisch mit magerem Schlachtfleisch vergleichbar. Von besonderer Bedeutung ist, dass es sich um biologisch hochwertiges Eiweiß handelt, das der menschliche Körper gut ausnützen kann.

Das **Fett** ist reich an essenziellen Fettsäuren, die einem hohen Cholesteringehalt im Blut entgegenwirken.

Vitamine und Mineralstoffe sind reichlich vorhanden. Zu erwähnen ist der hohe Jodgehalt bei Seefischen, der für die Funktion der Schilddrüse von Bedeutung ist. Weil das Fischfleisch wenig Bindegewebe enthält, wird es rasch verdaut und verweilt nur kurz im Magen. Darauf beruht das geringe „Sättigungsgefühl" beim Verzehr von Fischgerichten.

15.4 Süßwasserfische

Bei allen Fischen sind neben der Handelsbezeichnung auch Produktionsmethode und Herkunft anzugeben (vgl. Seite 456).

Die **Salmoniden** oder lachsartigen Fische (von Salm = Lachs) haben als besonderes Merkmal die Fettflosse zwischen Rücken- und Schwanzflosse. Alle haben ein wohlschmeckendes, fettreiches und grätenarmes Fleisch. Die Salmoniden zählen zu den Edelfischen. Genutzt werden vorwiegend Forellen und Lachse.

Weitere Salmoniden von regionaler Bedeutung sind *Renken, Felchen, Bach-* und *Seesaibling* sowie Huchen. Alle Arten sind von guter Qualität.

Arten

Forelle 🇬🇧 trout 🇫🇷 truite (w)

Die *Regenbogenforelle* hat eine schwarzgefleckte Haut und entlang der Seitenlinie ein regenbogenfarben rötlich schimmerndes Band. Sie ist schnellwüchsig, wird darum von den Zuchtbetrieben bevorzugt und bildet das Hauptangebot unter den Forellenarten. Am häufigsten werden Portionsfische mit einem Gewicht zwischen 200 und 300 Gramm angeboten.

In den sauerstoffreichen Gewässern der Voralpen findet man ferner die *Bachforelle*, deren Oberfläche rote Punkte auf weißem Grund zeigt. Sie besitzt ein besonders wohlschmeckendes Fleisch.

Die *Lachsforelle* ist eine Verkehrsbezeichnung für Forellen, die mindestens 1,5 kg schwer sind und fettreiches, lachsrotes Fleisch haben. Die rötliche Farbe des Fleisches beruht auf karotinhaltigem Futter, das von kleinen Krebstieren oder Futterzusätzen stammen kann.

● *Saibling*, *Renke* und *Felchen* sind lachsartige Fische von regionaler Bedeutung mit wohlschmeckendem Fleisch.

Lachs 🇬🇧 salmon 🇫🇷 saumon (m)

Der Lachs lebt im Meer und kehrt zum Laichen an seinen Geburtsort in den Flussoberläufen zurück. Man nennt ihn darum Wanderfisch. Wegen der großen Nachfrage wird Lachs auch gezüchtet. Im Angebot unterscheidet man zwischen *Wildlachs* und *Farmlachs*. In den kälteren Gewässern wachsen Lachse mit festerem, kräftiger schmeckendem Fleisch heran.

Neben Frischware wird Lachs auch als *Graved-Lachs* (gebeizt mit Salz und Zucker und dadurch gar) sowie *Räucherlachs* (zusätzlich geräuchert) angeboten.

Karpfen 🇬🇧 karp 🇫🇷 carpe (w)

Spiegelkarpfen haben nur wenige, große Schuppen und bilden das Hauptangebot. Sie werden in Teichwirtschaften herangezogen und wiegen nach zwei bis drei Sommern etwa 1,5 kg. Das Fleisch der Karpfen ist rötlich grau.

Aal 🇬🇧 eel 🇫🇷 anguille (w)

Der Aal ist ein schlangenförmiger Fisch, der im Süßwasser lebt und im Atlantik (Sargassomeer) laicht. Der Golfstrom bringt die Larven an die europäischen Küsten, von wo aus die Aale im Süßwasser flussaufwärts ziehen. *Grünaal* ist unbehandelter Fisch; *Räucheraal* ist heiß geräuchert.

Zander 🇬🇧 pike-perch 🇫🇷 sandre (w)

Der Raubfisch hält sich vor allem in stehenden Gewässern auf. Das Fleisch ist feinfaserig, schmackhaft und grätenarm.

Hecht 🇬🇧 pike 🇫🇷 brochet (m)

Bei diesem Raubfisch ist das Fleisch junger Tiere bis zu einem Gewicht von etwa 2,5 kg weiß, fest und sehr schmackhaft. Ältere Tiere sind trocken und werden darum zu Farcen (Hechtklößchen) verarbeitet.

Pangasius 🇬🇧 pangasius 🇫🇷 pangasius sutchi

Der weißfleischige Fisch ist mit dem Wels verwandt und wird vorwiegend in Vietnam gezüchtet. Das Fleisch ist sehr saftig und hat einen milden neutralen Geschmack. Die Filets sind nahezu grätenfrei.

Tilapia 🇬🇧 tilapia 🇫🇷 tilapia (m)

Der barschartige Fisch wird vorwiegend in warmem Süßwasser gezüchtet. Sein weiches süßliches Fleisch kann gegrillt, gebraten und gedünstet werden. Es eignet sich auch für asiatische Gerichte.

Aufbewahrung

Fisch verdirbt besonders leicht, weil das Fleisch bindegewebearm ist und die Oberfläche bei geschlachteten Fischen feucht gehalten wird.

Die Frische kann erhalten werden, wenn die Lagertemperatur möglichst niedrig ist. Optimal ist eine Lagerung zwischen Eis, das beim Abschmelzen kühlt und zugleich die Oberfläche der Fische vor dem Austrocknen schützt (s. S. 456).

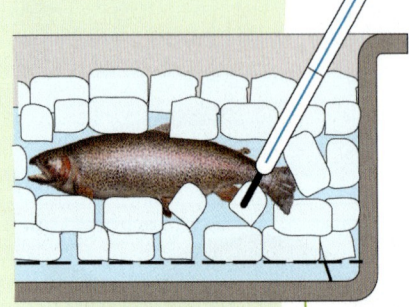

Frischemerkmale bei Ganzfischen

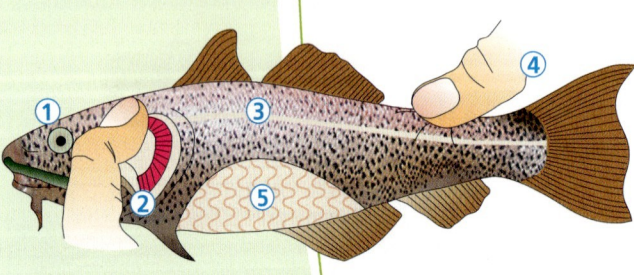

① Augen prall, klar und glänzend
② Kiemen hellrot, fest anliegend
③ Schleimhaut nicht schmierig
④ Fleisch ist elastisch, gibt auf Druck nach, kehrt in die Ausgangslage zurück.
⑤ Geruch unbedingt frisch, „Fischgeruch" deutet auf lange Lagerung.

Frischemerkmale bei Fischfilets

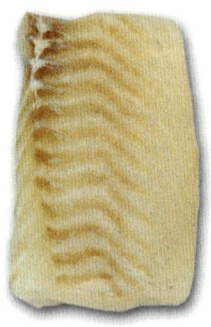 

Abb. 1 Links frischer Fisch – rechts länger gelagerter Fisch

Frisches Fischfilet ist feucht, schimmert weißlich, leicht durchscheinend, riecht frisch.

Älteres Fischfilet wird besonders an den Rändern gelblich bis bräunlich, der Geruch ist fischig bis unangenehm, das Filet verliert an Elastizität, Druckstellen bleiben.

15.5 Seefische

Rundfische

Die Familie der dorschartigen Fische hat am weltweiten Fang großen Anteil. Rundfische haben ein mildes Aroma und helles Fleisch, das in gegartem Zustand leicht in blätterige Stücke zerfällt. Sie zählen zu den Konsumfischen.

Kabeljau, Dorsch 🇬🇧 cod 🇫🇷 cabillaud (m)

Der Kabeljau hat, je nach Fanggebiet, braune bis olivfarbene Punkte (Anpassung an den Meeresgrund) auf grau-weißer Haut und eine helle Seitenlinie. Die jungen Tiere aus der Nordsee und die kleinwüchsigeren Fische aus der Ostsee bezeichnet man als *Dorsch*. Das Fleisch ist zart und wohlschmeckend, zerfällt jedoch leicht.

Schellfisch 🇬🇧 haddoc 🇫🇷 aiglefin (m)

Hauptunterscheidungsmerkmal ist die schwarze Seitenlinie und der dunkle Punkt über der Brustflosse. Das weiße Fleisch hat einen feinen Geschmack. Schellfisch wird vorwiegend gedünstet oder gekocht.

Seelachs (Köhler) 🇬🇧 coalfish 🇫🇷 carbonnier (m)

Der Seelachs hat einen dunklen Rücken (daher der Name Köhler) und eine helle Seitenlinie. Das grau-rötliche Fleisch ist fest und wird vorwiegend als Filet angeboten. Wegen der Festigkeit wird das Fleisch auch zu Seelachs in Öl (Lachsersatz) verarbeitet.

Leng, Blauleng 🇬🇧 ling 🇫🇷 lingue (w)

Der langgestreckte Fisch hat einen durchgehenden Flossensaum am Rücken, dessen Farbe von dunkelbraun ausgehend zur Seite hin heller wird. Das Fleisch ist wohlschmeckend.

Rotbarsch 🇬🇧 ocean perch 🇫🇷 sébaste (m)

Wegen der ziegelroten Farbe wird er auch Goldbarsch genannt. Das Fleisch wird fast immer als Filet angeboten. Es ist fettreich, fest und wohlschmeckend. Rotbarschfilet ist zum Braten und Dünsten geeignet.

Makrele 🇬🇧 mackerel 🇫🇷 maquereau (m)

Der schlanke Körper hat eine schuppenlose Oberfläche, der Rücken schimmert blaugrün und zeigt dunkle Querstreifen. Das rötliche Fleisch hat einen kräftigen Geschmack.

Lebensmittel

Seeteufel 🇬🇧 angler 🇫🇷 lotte (w)

Das abschreckende Äußere gab dem Fisch den Namen und ist auch der Grund, warum meist nur der Körper ohne Kopf angeboten wird. Das feine, feste Fleisch ist sehr wohlschmeckend.

Petersfisch 🇬🇧 John Dory 🇫🇷 Saint Pierre (m)

Der Körper des Fisches ist seitlich abgeplattet wie bei Plattfischen. Der Petersfisch schwimmt jedoch aufrecht. Der Körper ist dunkelgrau bis bräunlich mit einem markanten dunklen Punkt an der Seite. Es handelt sich um einen ausgezeichneten Speisefisch.

Wolfsbarsch 🇬🇧 sea perch 🇫🇷 loup de mer (m)

Der Wolfsbarsch wird auch Seebarsch oder Seewolf genannt. Er hat einen langgestreckten Körper, der am Rücken grau ist und zum Bauch hin heller wird. Das magere, feste Fleisch ist grätenarm und von bestem Geschmack.

Hering 🇬🇧 herring 🇫🇷 hareng (m)

Heute ist der Fang weltweit eingeschränkt, um die Fischart zu schützen. Hering war der meistgefangene Fisch. Der blaugrün silbern schimmernde Körper ist durchschnittlich 24 cm lang. Er wird hauptsächlich von der Fischindustrie verarbeitet. Entsprechend dem Alter und dem Entwicklungszustand unterscheidet man:

- **Matjeshering**
Ein Fisch im Vorfruchtbarkeitsstadium, der eingesalzen wird. Das Salz und eine biologische Reifung machen das Fleisch gar und schmackhaft. Vor der Verwendung wässert man die Fische, um den Salzgehalt zu verringern.
- **Vollheringe**
Sie enthalten Milch oder Rogen, das Fettpolster ist abgebaut. Vollheringe werden warm geräuchert und kommen als Bücklinge auf den Markt.
- **Ihlen**
So nennt man die Heringe nach dem Ablaichen. Das Fleisch ist mager und eher trocken. Darum verwendet man sie zu Marinaden, wie Rollmops oder Bismarckhering, oder zu Fischsalaten.

Heringsartige Fische:

- **Sardinen**
Sie werden an der Mittelmeerküste gefangen und ohne Kopf in Öl konserviert (Ölsardinen).
- **Sprotten**
Sie werden im Ganzen heiß geräuchert; am bekanntesten sind die „Kieler Sprotten".
- **Anchovis**
Dies sind Sprotten ohne Kopf und Schwanz, in einer würzigen, süßsauren Lake gegart.
- **Sardellen**
Die fettreichen Fische werden im Mittelmeer und an der Westküste Europas gefangen und in Salz gegart. Sardellen dienen oft der geschmacklichen Abrundung oder zur Garnitur.

Plattfische

Alle Plattfische haben in frühester Jugend die übliche Fischform. Wenn die Umwandlung zum Plattfisch beginnt, wandert ein Auge auf die andere Seite des Körpers und die Fische beginnen auf einer Seite liegend zu schwimmen. Die obere Seite nennt der Fischer Augenseite; sie ist wegen der Tarnung der Farbe des Meeresgrundes angepasst. Die untere Seite wird Blind- oder Bauchseite genannt; sie ist meist weiß. Rücken- und Afterflosse sind vergrößert und säumen den Fisch an beiden Seiten. Die Plattfische zählen zu den Edelfischen.

Seezunge 🇬🇧 dover sole 🇫🇷 sole (w)

Die Seezunge ist an der Oberseite graubraun mit dunklen Flecken; die Bauchseite ist weißlich grau. Der Körper ist von kleinen Schuppen bedeckt. Wegen des festen, feinfaserigen, weißen Fleisches wird sie als bester Plattfisch bezeichnet.

Rotzunge 🇬🇧 lemon sole 🇫🇷 limande (w)

Sie ähnelt in der Körperform der Seezunge. Die Oberseite ist rötlich-braun bis gelb-braun. Das feste, trockene Fleisch ist etwas brüchig und lässt sich schlecht formen. Darum reicht man sie vorwiegend als Portionsfisch.

Scholle/Goldbutt 🇬🇧 plaice 🇫🇷 carrelet (m)

Die graue, glatte schuppenlose Oberfläche hat typische rotgelbe Tupfen. Die Scholle wird deswegen auch Goldbutt genannt. Die Bauchseite ist gelblich weiß. Der geschätzte Portionsfisch hat große wirtschaftliche Bedeutung. Als besonders schmackhaft gelten im Mai gefangene Tiere (Maischolle).

Flunder 🇬🇧 flounder 🇫🇷 flet (m)

Sie ist in Körperform und Aussehen der Scholle sehr ähnlich und doch an der Oberfläche gut zu unterscheiden: Die Scholle ist glatt, die Flunder rau. Verwendungsmöglichkeiten wie bei der Scholle.

Steinbutt 🇬🇧 turbot 🇫🇷 turbot (m)

Der Fisch ist fast rund, an der schuppenlosen Oberfläche bräunlich grau mit hellen Tupfen. Die Bauchseite ist weiß. Den Namen hat er von den steinartigen Verknöcherungen in Augenhöhe.

Das schneeweiße Fleisch ist sehr aromatisch. Hauptfanggebiet sind die Nordsee, Skagerrak und Kattegat.

Heilbutt 🇬🇧 halibut 🇫🇷 flétan (m)

Die schuppenlose Oberfläche ist grau-braun mit helleren Flecken entlang der in der Mitte liegenden Seitenlinie.

Der Heilbutt ist der größte unter den Plattfischen und wird auch Riesenscholle genannt. Das geschätzte Fleisch erreicht im Spätherbst und Winter die optimale Güte.

Processor/Exporter: Big Fish Processing Factory	Origin: Maledives EU no: MDV 006 Catch Zone: 57
GRN: 1120	Packing date: 30–06–20..
Keep Refrigerated at < 4 °C	
Product: Yellowfin Tuna *Thunnus albacares*	Net Weight KG: 2,90
Use By Date: 10–07–20..	Batch No: ASAR–015	Loin of fish N° 78

Abb. 1 Fischkennzeichnung

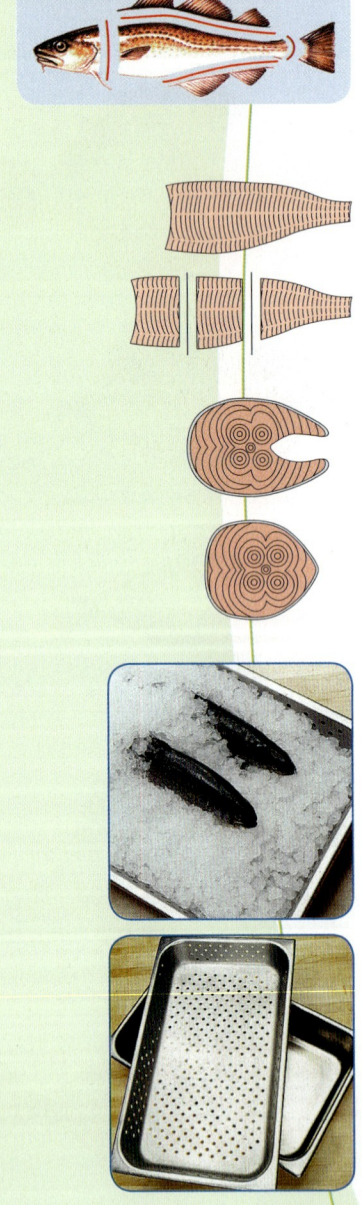

Fischkennzeichnung

Bei Fischen und Krebstieren müssen neben der Handelsbezeichnung (dem Namen) auch die Produktionsmethode und das Fanggebiet genannt werden.

Die Produktionsmethode muss mit folgenden Worten angegeben werden:
gefangen in …   für Seefische
aus Binnenfischerei   für Fische aus Binnenfischerei
aus Aquakultur   für Fische aus Aquakultur

Angebotsformen

Die Bezeichnung von Fischteilen ist in den Leitsätzen[1] festgelegt.

Seiten

Fischhälften in Längsrichtung geschnitten, mit der Haut, jedoch ohne Kopf und die Rückengräte.

Filet

Zusammenhängendes Fischfleisch ohne Rückengräte und ohne Haut.
- Bei *kleineren Fischen* entspricht das Filet der Größe einer Seite (Körperhälfte),
- bei *größeren Fischen* werden portionsgroße Stücke geschnitten,
- bei *Plattfischen* (Seezunge, Rotzunge) erhält man vier Filets von einem Tier.

Kotelett, Karbonade

Quer zum Körper geschnittene dickere Fleischscheiben von Rundfischen.

Steak

Quer zum Körper geschnittene dickere Fleischscheiben aus dem Schwanzstück von Rundfischen.

Frischfisch

Als Frischfisch wird im Handel Fisch bezeichnet, der auf dem Weg zum Verbraucher nur gekühlt wird, also keinem Konservierungsverfahren unterzogen worden ist. „Frischfisch" ist damit keine Aussage zur Frische, es ist der Gegenbegriff zu konservierter Ware.

Um Transportkosten zu sparen, werden die Fische meist ohne den unverwertbaren Kopf oder als Filet aufgeteilt geliefert.

Die Frische der Ware erkennt man am einfachsten am Geruch. Stark riechende Fische sind zu lange oder nicht sachgerecht gelagert. Anlieferungstemperatur max. + 2 °C auf schmelzendem Eis.

Im Betrieb wird er mit dem Eis in tiefe Tabletts gebettet. Ein eingelegtes Lochblech lässt das Tauwasser ablaufen, sodass die Fische davon nicht berührt werden. Die Lagertemperatur für Frischfisch liegt um 0 °C.

---

[1] LEITSÄTZE beschreiben die bestehende Verkehrsauffassung. Sie beschreiben Herstellung und Beschaffenheit und werden von einer Kommission beschlossen.

Frostfisch

Bei Frostfisch oder tiefgekühltem Fisch darf die Tiefkühlkette nicht unterbrochen werden. Darum wird bei Anlieferung mit dem Lastwagen die Ware baldmöglichst in den Tiefkühlraum gebracht.

Bei Bahnversand verwendet man Isolierbehälter, denen als Kältereserve Trockeneis (CO_2-Schnee) beigegeben ist; es wird bei Kälteabgabe zu Gas. Das Kohlendioxid ist gesundheitlich unbedenklich.

Trockeneis hat eine Temperatur von etwa $-80\,°C$. Es *darf nicht mit den ungeschützten Händen berührt* werden, denn sonst kommt es zu Erfrierungen (Kaltverbrennungen).

Zur Lagerung muss die Ware unbedingt luftdicht verpackt sein. Auch Anbruchkartons sind wieder gut zu schließen. Bei unverpackter Ware trocknen die Randschichten aus, es kommt zum *Gefrierbrand*, der die Ware sehr schädigen, ja unbrauchbar machen kann.

15.6 Fischdauerwaren

Geräucherte Fische

Räuchern macht für eine begrenzte Zeit haltbar und gibt einen typischen Geschmack.

Nach dem Räucherverfahren unterscheidet man zwei Arten. Beim **Heißräuchern** werden die Fische bei ca. 60 °C geräuchert. Dabei wird das Eiweiß gar, zugleich sinkt der Wasseranteil im Fleisch.

Bücklinge ① sind mit Kopf heiß geräucherte Heringe; **Delikatessbücklinge** sind von ausgesuchter Rohware ohne Kopf.

Schillerlocken ② sind in Streifen geschnittene und geräucherte Bauchlappen des Dornhais.

Räucheraal ③ wird aus frischen, ausgenommenen ganzen Aalen hergestellt.

Abb. 1 Räucherfische

Beim **Kalträuchern** erhält der Fisch abschließend Geschmack und eine goldgelbe Farbe. Das Fleisch ist bereits durch Beizen, also die Einwirkung von Salz (und Zucker), gar. Am bekanntesten ist der *Räucherlachs*, der in ganzen Seiten oder aufgeschnitten und vakuumverpackt in den Handel kommt.

Eingesalzene Fische

Durch das Salzen werden die Fische haltbar und durch einen biochemischen Vorgang gar und genussfähig. Für gastgewerbliche Betriebe hat der Matjeshering Bedeutung.

Matjesheringe sind im Vorfruchtbarkeits-Stadium im Frühsommer gefangene Fische. Sie werden nach dem Fang mild gesalzen und benötigen eine Reifedauer von acht Wochen.

Abb. 2 Gesalzene Heringe

Lebensmittel

Abb. 1 Graved Lachs

Heringsfilets Matjesart sind nicht gereift, sondern durch eine besondere Behandlung in einen dem echten Matjes ähnlichen Zustand versetzt.

Graved Lachs ist ein süßlich gebeiztes Lachsfilet. Die schwedische Spezialität wurde früher zum Reifen eingegraben (graved).

Fischkonserven

Vollkonserven sind sterilisierte Dauerwaren, die lange haltbar sind. Sie kommen in der Regel in den längsovalen Dosen in den Handel. Bekannte Arten sind *Hering in Tomatensauce* oder *Senfsauce* sowie *Ölsardinen*.

Präserven sind Fische in Marinaden, die nur begrenzt haltbar sind. Die Haltbarkeit bei kühler Lagerung muss auf den Tag genau angegeben werden.

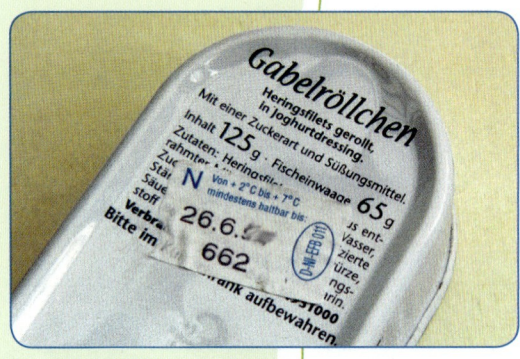

Bekannte Erzeugnisse:
- **Bismarckhering**
  Entgrätete Heringshälften in Marinade.
- **Rollmops**
  Entgrätete Heringshälften mit eingerollten Gurkenstückchen, evtl. auch Zwiebeln.
- **Bratheringe**
  Entgrätete Heringe werden paniert und frittiert und anschließend in Marinade gelegt.

Mindesthaltbarkeitsdatum (MHD)

Bei *Präserven* muss das Mindesthaltbarkeitsdatum (MHD) unbedingt auf den Tag genau angegeben werden. Bei *Konserven* genügt die Angabe des Jahres, z. B. „Haltbar bis Ende 20..".

Aufgaben

1. Welche wesentlichen Unterschiede bestehen zwischen dem Fleisch von Schlachttieren und Fischfleisch?
2. Welche Merkmale unterscheiden eine Lachsforelle von einer Regenbogenforelle?
3. Nennen Sie fünf Merkmale, an denen die Frische von geschlachteten Fischen beurteilt werden kann.
4. Wie frisch ist „Frischfisch"?
5. Wie sollen geschlachtete Fische und Fischfilet aufbewahrt werden?
6. Größere Seefische werden für den Verkauf aufgeteilt. Nennen Sie drei Teilstücke und beschreiben Sie diese.
7. Welche Vorsichtsmaßnahmen sind beim Umgang mit Trockeneis zu beachten?
8. Auf einer Speisekarte lesen Sie eine Zubereitung von Loup de mer. Um welchen Fisch handelt es sich? Welche Eigenschaften hat das Fleisch dieses Fisches?
9. Aus einer Packung werden fünf gefrostete Seezungenfilets entnommen. Was geschieht, wenn die Packung in den Froster zurück gestellt, aber nicht sorgfältig verschlossen wird?
10. Nennen Sie drei Beispiele für Räucherfische, die bei einem kalten Büfett verwendet werden können. Beschreiben Sie mehrere Präsentationsmöglichkeiten.
11. Wie unterscheiden sich Konserven und Präserven in der Haltbarkeit?

16 Krebstiere und Weichtiere

🇬🇧 crustaceans and molluscs 🇫🇷 crustacés (m) et mollusques (m)

Unter der Handelsbezeichnung Krebs- und Weichtiere werden in den Leitsätzen wirbellose Tiere wie Krebse, Hummer, Langusten, Muscheln, Austern usw. zusammengefasst. Nach dem Körperbau unterscheidet man Krebs- und Weichtiere.

In der Fachsprache der Küche bezeichnet man die Krebstiere vielfach als Krustentiere.

Weil die meisten Krebs- und Weichtiere im Meer vorkommen, werden Sie gern unter dem Begriff „Meeresfrüchte" oder „Früchte des Meeres" zusammengefasst.

16.1 Krebstiere

Die in der Gastronomie genutzten Krebstiere können in zwei Gruppen eingeteilt werden: • Panzerkrebse   • Garnelen
Beide leben sowohl im Salzwasser als auch im Süßwasser.

Krebstiere werden wie folgt angeboten:
- frisch
- gegart und gekühlt
- gegart oder roh tiefgekühlt

Körperaufbau

Wirbellose Tiere haben kein Skelett, aber an der Körperaußenseite eine Kruste oder eine Schale aus Chitin. In diese hornartigen Panzer ist ein Stoff eingelagert, der beim Kochen die rote Farbe bildet.

Kopf und Brust der gepanzerten Tiere sind zu einem starren **Kopf-Brust-Stück** verwachsen. Darin befinden sich Magen und Leber sowie bei den weiblichen Tieren, je nach Jahreszeit, die glänzend grünschwarzen Eier – der **Rogen**, der auch **Corail** genannt wird. Der gegliederte Hinterleib wird als Schwanz bezeichnet. In ihm liegt bei allen Arten die Hauptmenge des weißen, zart-knackigen Fleisches. Der Darm wird vor der Zubereitung entfernt.

> **Die** stetig wachsende Nachfrage hat den Bestand vieler Arten stark gefährdet. Entgegensteuern kann man nur durch strenge Fangvorschriften, Schonzeiten und durch Aquakultur.
> Unter Aquakultur verteht man Zucht und Produktion von Fischen und Meeresfrüchten in einem künstlich angelegten Lebensraum.

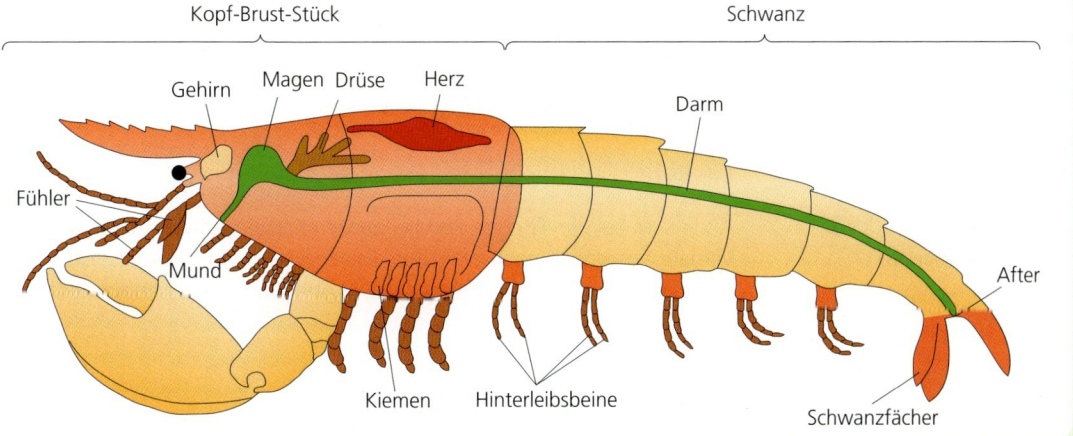

Lebensmittel

Frische Ware
- riecht nach frischem, klarem Wasser; nicht zu intensiv
- weist eine frische, leuchtende Färbung auf, zeigt aktive, schnelle Reflexe

Tote Tiere verderben besonders rasch. Die Kontrolle der Rohware ist daher sehr wichtig.

Transport

Beim Transport lebender Tiere ist zu beachten:

- Damit sich die Tiere nicht verletzen können, werden beim Hummer die Scheren mit einem Gummiband blockiert.
- Die Tiere werden in Spankörben mit nasser Holzwolle oder in Styroporbehältnissen mit feuchtem Papier transportiert.
- Die Tiere dürfen nicht auf Eis gelagert werden.

Frische- und Qualitätsmerkmale

Lebende, agile Tiere ziehen beim Berühren sofort reflexartig den Schwanz ein.

Seewassertiere sind immer von besserer Qualität als Süßwassertiere. Tiefseeware schmeckt intensiver als solche aus Flachwasser. Die Panzer der Meerestiere sind dünner, darum ist die Ausbeute höher.

Je kälter der Lebensraum, desto feiner der Geschmack, weil der Wachstumsprozess dort langsamer erfolgt. Die Schälung von Hand (meist auf der Packung benannt) ist besser als Maschinenschälung.

Das Fleisch soll von zarter Beschaffenheit sein, aber einen festen Biss haben.

Töten von Krebstieren

Nach den Bestimmungen des Tierschutzgesetzes sind Krebstiere durch Einlegen in kochendes Wasser zu töten. Dabei werden die Gehirnzellen sofort zerstört. Die Tiere leiden nicht.

Wird für die Zubereitung rohes Fleisch von Krebstieren benötigt, bestehen je nach Größe des Tieres folgende Möglichkeiten:

- Kopf des Krebstieres für 10 bis 20 Sekunden in kochende Flüssigkeit tauchen; Vorsicht: Verletzungsgefahr.
- Ganzes Krebstier für 10 bis 20 Sekunden in kochende Flüssigkeit tauchen; um den Garprozess zu unterbrechen, anschließend im Eiswasser abschrecken.

Beim Kochvorgang wechselt die Farbe. Die blaugraue bis bräunliche oben liegende und der Tarnung dienende Farbschicht ist nicht temperaturbeständig und wird zerstört.

Rote Farbpigmente bleiben erhalten und geben den gekochten Krustentieren die typische Rotfärbung.

Verderb

Anders als bei den Fischen sind bei ganzen Krebs- und Weichtieren die Verdauungsorgane noch enthalten. Die Enzyme im Verdauungssystem arbeiten auch nach dem Tod weiter. Die Abbauprodukte sind gesundheitsschädlich.

Arten von Panzerkrebsen

Die in der Gastronomie am häufigsten verwendeten Panzerkrebse sind Flusskrebse, Hummer, Langusten, und Kaisergranat (Scampo).

Flusskrebs 🇬🇧 freshwater crayfish 🇫🇷 ecrevisse (w)

Flusskrebse leben in den Uferzonen fließender Gewässer. Krebse zum Verzehr müssen mindestens 10 cm lang und 35 g schwer sein. Das Fleisch befindet sich im Schwanz und in den Scheren. Der Fang ist von Juni bis Dezember erlaubt, Zuchtware ist das ganze Jahr über erhältlich.

Das verwachsene Kopf-Brust-Stück nennt man **Krebsnase**. Im geleerten und gesäuberten Zustand wird sie zum Füllen und Garnieren von Speisen verwendet.

Um wachsen zu können, wechseln Flusskrebse im Sommer ihre Panzer. Krebse ohne Panzer bezeichnet man als **Butterkrebse**.

Die meistverwendete Art ist der **Galizier**, der überwiegend aus der Türkei bezogen wird. Krebse reagieren sehr empfindlich auf Wasserverschmutzung. Unter anderem deshalb ist das Angebot von Inlandsware gering.

● Der Flusskrebs kann im Ganzen zubereitet werden.

Hummer 🇬🇧 lobster 🇫🇷 homard (m)

Der Hummer gedeiht in kühlem Meerwasser auf felsigem Untergrund. Größere Exemplare verwendet man als Schaustücke bei kalten Büfetts. Hauptlieferländer sind Norwegen und Schottland sowie Kanada und die USA. Weil sich die Tiere gegenseitig bekämpfen, werden die Scheren mit einem Gummiband zusammengehalten, das man erst nach dem Kochen abnimmt.

Hummer hat die beste Qualität, wenn er ca. 30 cm lang und 1 Kilogramm schwer ist. Im Handel sind aber auch kleinere und größere Exemplare erhältlich. Hauptfangzeit ist der Sommer. Um ganzjährig Hummer anbieten zu können, werden sie bis zur folgenden Saison mit verbundenen Scheren gehältert (gelagert).

Languste 🇬🇧 spiny lobster 🇫🇷 langouste (w)

Im Gegensatz zum Hummer hat die Languste keine Scheren, dafür aber lange Fühler. Langusten haben eine Größe von 35 bis 60 cm. Ihr Gewicht liegt zwischen 0,8 und 1,5 kg. Die Fanggebiete erstrecken sich von Südengland entlang der gesamten europäischen und afrikanischen Atlantikküste. Die Hauptangebotszeit ist in den Monaten April bis September.

Da die Tiere aufgrund hoher Stressanfälligkeit schwieriger lebend transportiert werden können, werden sie oft als Tiefkühlware angeboten. Das meiste Fleisch befindet sich im Schwanzstück. Deshalb verkauft man tiefgekühlt nur diese unter dem Begriff Lobster Tails (Langustenschwanz).

Lebensmittel

> Scampi sind *keine* Garnelen, sondern höherwertige Kaisergranate.

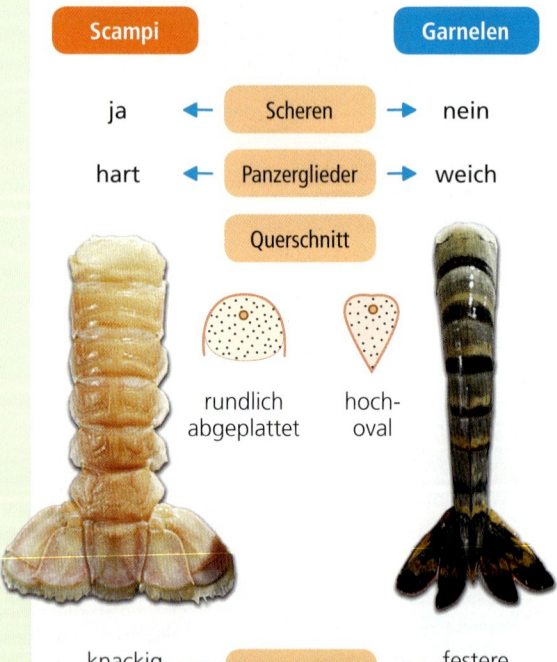

Königskrabbe 🇬🇧 king crab 🇫🇷 crabe (w) géant

Im Handel findet man Königskrabben unter den Bezeichnungen King-Crab, Japan-Krabbe oder Kamtschatkakrebs. Als King-Crab-Meat oder Crab-Meat wird sie als Konserve offeriert. Konserven aus Russland haben den Zusatz „Kamtschatka".

Die Königskrabbe ist auch im Ganzen erhältlich. Beine und gefrostetes Fleisch werden bevorzugt.

Bei einer Spannweite von einem Meter beträgt das Gewicht der Königskrabbe 4 bis 5 kg. Die Fleischausbeute beträgt 30 % und ist überwiegend in den drei Beinpaaren und in den Scheren zu finden. Königskrabben werden hauptsächlich in den Wintermonaten angeboten.

Hauptfanggebiet ist der Nordpazifik und die Beringsee. Königskrabben werden aus mehreren 100 Metern Tiefe unter rauen Bedingungen gefangen.

Scampo/Kaisergranat 🇬🇧 norway lobster 🇫🇷 langoustine (w)

Der Scampo (Plural: Scampi, nicht „Scampis") ist ein Tiefseekrebs, der zur Hummerfamilie gehört.

Sein Name wird sehr oft als Begriff verwendet, wenn es eigentlich um Riesengarnelen geht.

Beide sind aber sowohl im Aussehen als auch in der Fleischqualität sehr unterschiedlich.

Das Fleisch des Scampo ist zarter, der Körper flacher und heller (siehe Vergleich Scampi/Garnelen links unten).

Ein Scampo ist 12 bis 15 cm lang und wiegt ca. 40 bis 50 Gramm. Da in den Scheren zu wenig Fleisch vorhanden ist, werden im Handel meist nur die Schwänze angeboten. Bevorzugt wird Ware aus den kalten Gewässern der Irischen See.

Arten von Garnelen (Shrimps, Prawns)

Unter Garnelen versteht man an der Bodenzone lebende, freischwimmende Krebstiere. Diese Gruppe der Krustentiere gehört zu den meist verarbeiteten Produkten in der Gastronomie.

Aufgrund der großen Artenvielfalt sind Größe und Gewicht sehr unterschiedlich. Die Fleischausbeute liegt bei 50 bis 70 %. Durch die zunehmende Aquakultur werden Garnelen ganzjährig angeboten.

Die Einteilung der kleineren Krustentiere erfolgt teilweise unter biologischen und teilweise unter handelsüblichen Gesichtspunkten. Zusätzlich kommen neue Arten aus fernen Gebieten auf den Markt.

16 Krebstiere und Weichtiere

Es gibt eine Vielzahl unterschiedlicher Begriffe für Garnelen. Es handelt sich meist um regionale, nationale oder um typische Größenbezeichnungen. Garnelen werden bezeichnet als
- Gambas: spanische Bezeichnung
- Crevetten: französische Bezeichnung
- Prawns: englische Bezeichnung, auch oft bei großen Tieren verwendet
- Krabben: Nordseekrabben, Nordseegarnelen
- Shrimps: kleine Exemplare

> In manchen Fällen werden bewusst irreführende Wendungen in Verbindung mit dem Wort Hummer gebraucht.
> **Es gibt keine:** „Hummerkrabben", „Hummergarnelen", „Trollhummer" oder „schlanke Hummer".

Riesengarnelen 🇬🇧 king prawns 🇫🇷 crevettes (w)

Die Riesengarnelen werden nach der Herkunft unterschieden in
- Salzwassergarnelen (Seawater-Prawns) und
- Süßwassergarnelen (Freshwater-Prawns).

Die Salzwasserarten sind intensiver im Geschmack. Verwendet werden sie im Ganzen als Schaustücke, die geschälten Schwänze zu Cocktails, Salaten und für Garnituren.

Nordseegarnelen/-krabben 🇬🇧 shrimps 🇫🇷 crevettes (w) grises

Die Nordseegarnele wird an der Küste auch als Krabbe (von krabbeln) bezeichnet.

Die eigentliche Krabbe hat eine rundliche Körperform und zählt zu den Kurzschwanzkrebsen. Es handelt sich bei dieser biologisch falschen Bezeichnung jedoch um einen alten Handelsbrauch.

Die Fänge aus dem Wattenmeer werden unmittelbar nach dem Fang gekocht und, außer direkt an der Küste, nur geschält und vorwiegend gefrostet als konservierte Ware angeboten.

Tiefseegarnelen 🇬🇧 deep-sea prawns 🇫🇷 crevettes (w) roses

Diese Garnelenart wird auch als Camarone bezeichnet und lebt in allen großen Meeren in 200 bis 700 Metern Tiefe.

Die langsam wachsenden Arten aus kalten Gewässern sind grundsätzlich von besserer Qualität.

Gewicht

Die Größensortierung gibt an, wie viele Krebstiere auf ein britisches Pfund **(1 lbs = 454 g)** kommen. Grundsätzlich gilt: Je größer die Krebstiere, desto höher der Preis je kg.

8/12 lbs
bedeutet: 8 – 12 Stück wiegen 450 g oder
450 g : 10 = ca. 45 g/Stück

U 5
bedeutet: weniger als 5 Stück kommen auf 450 g
oder 450 g : 4 = ca. 110 g/Stück

Lebensmittel

Tiger Prawns
Bezeichnung für 2 Tiere auf ein Pfund.

Größe von Garnelen:
XL = ca. 16 Stück/Pfund; L = ca. 25 Stück/Pfund; M = ca. 35 Stück/Pfund
Bei mehr als 160 bis 180 Tieren je Pfund wird oft die Bezeichnung Shrimps verwendet.

Fachbegriffe

Tail on	Die Garnelenschwänze sind geschält, die Schwanzflosse (tail) ist jedoch zur Dekoration am Fleisch belassen.
Blockware	Blockware wird vor allem bei kleinen Tieren (Garnelen) angeboten. Sie ist preisgünstiger; allerdings muss der gesamte Packungsinhalt auf einmal verwendet werden.
IQF – individually quick frozen	Die Teilchen sind einzeln gefrostet, daher können sie bei Bedarf auch einzeln entnommen werden.
Darm gezogen	Zusatzbezeichnung bei Krebstieren. Hier ist der Darm entfernt, ohne dass die Außenschicht des Schwanzes verletzt ist.

Surimi

Der Begriff stammt aus dem Japanischen und bedeutet „zermahlenes Fleisch". Surimi ist eine Nachahmung von Krebsfleisch. Das Gesetz nennt Surimi „Krebsfleischimitat" und verlangt zum Schutz des Verbrauchers eine entsprechende Kenntlichmachung. Für Surimi wird Fleisch von Frischfisch behandelt, mit Stabilisatoren und Geschmacksstoffen vermischt und in eine Beschaffenheit gebracht, die der von Muskelfasern sehr ähnlich ist. Nach dem Formen gibt Paprika die leicht rote Oberfläche.

Allergien

Lebensmittelallergien werden durch bestimmte Eiweißarten hervorgerufen und zeigen sich in Hautrötung, Juckreiz und Atemnot. Um empfindliche Personen zu schützen, besteht die Pflicht zur Allergenkennzeichnung.

Vorsicht gilt bei
- Surimi, das häufig Extrakte aus Krustentieren als Farbmittel enthält.
- Gerichten mit asiatischen Zutaten
- der Zubereitung, denn schon das Arbeiten auf derselben Grill-/Bratenplatte kann zu Problemen führen.

16.2 Weichtiere

Die vielen Arten von Muscheltieren unterscheiden sich zwar in der Form und Größe, sie haben aber alle das gleiche Bauprinzip. Die beiden kalkhaltigen Außenschalen sind durch ein Gelenk verbunden, das man als **Schloss** bezeichnet. Mit Hilfe der Kiemen, die man **„Bärtchen"** nennt, filtern sie tierische und pflanzliche Schwebeteilchen aus dem Wasser. Dieses Plankton dient als Nahrung und beeinflusst die Qualität. Bei Muscheln nennt man außenliegende Fäden **„Biss".** Das sind die Ausscheidungen der Byssusdrüse, sie dienen den Tieren zum Festhalten an den Pfählen im Wattenmeer. Gegessen wird die Muskulatur der Tiere.

Frischemerkmale

Frische Muscheltiere haben geschlossene Schalen. Schließen sich Tiere mit geöffneten Schalen beim Berühren, sind sie gesund. Tiere mit offen bleibenden Schalen sind tot und dürfen **nicht verwendet** werden.

Austern und Muscheln werden traditionell in der kühlen Jahreszeit gehandelt, von September bis April. Das sind die Monate mit „r". Die heutigen Zucht- und Kühlmöglichkeiten erlauben eine Ausweitung der Angebotszeit.

Muscheln dürfen nicht über 6°C gelagert werden.

Arten

Mies- oder Pfahlmuschel 🇬🇧 mussel 🇫🇷 moule (w)

Der Name leitet sich ab von Mies, worunter man an der Küste das Moos, den Sumpf oder das Watt versteht, oder aber von den Pfählen, an denen sich die Muscheln festhalten. Mies- oder Pfahlmuschel sind also Bezeichnungen für die gleiche Tierart. Die länglichen Schalen sind blaugrau bis schwarz und innen weißlich- bzw. perlmutt-schimmernd mit leichtem Blauschimmer. Sie müssen mindestens 5 cm groß sein. Einwandfreie Ware ist frei von Verunreinigungen. Muscheln werden vor der weiteren Verarbeitung immer erst gedünstet. Dabei öffnen sich die Schalen durch die Wärmeeinwirkung von selbst.

Bei guter Qualität und Kühlung beträgt die Lagerzeit bis zu 3 Wochen. Die Ausbeute an reinem Muschelfleisch beträgt ca. 30 % vom Gewicht.

- Muscheln sind als Filter der Meere bekannt. Für den Menschen birgt das aber auch Gefahren. Vor allem beim Verzehr von Muscheln aus stark verschmutzten Meeresregionen. Der Handel kontrolliert streng, um das Risiko zu minimieren.

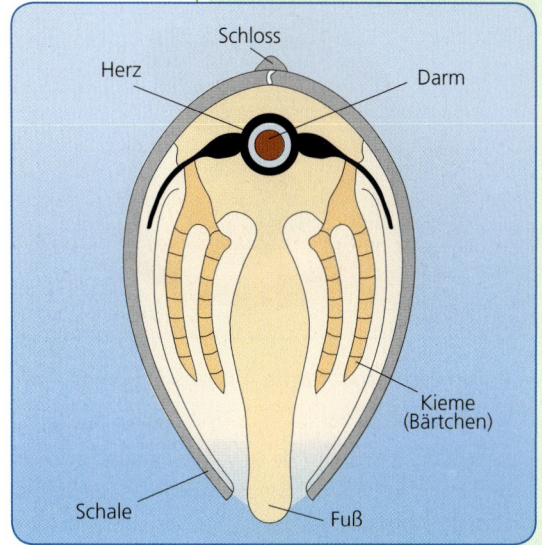

- Muscheln benötigen in der Muschelzucht ca. 2 Jahr, um die Marktgröße von 5 cm zu erreichen. In der freien Natur dagegen ca. 4 Jahre.

Auster 🇬🇧 oyster 🇫🇷 huîtres (w)

Austern werden heute überwiegend auf Austernbänken gezüchtet (Aquafarming) und sind mit etwa drei Jahren marktreif.

Das Austernangebot muss nach den **biologischen Arten** und der **Herkunft** unterschieden werden.

Bei den biologischen Arten unterscheidet man:

Europäische oder **flache Auster** oder **runde Auster**.

Die Runde Auster mit bis zu 12 cm Durchmesser ist besonders geschätzt. Sie ist vollfleischig, fest, kernig und hat einen frischer Meeresgeruch. Ihr Geschmack ist mild-salzig, leicht nussig.

Während der Laichzeit (Mai bis August) ist sie nicht zu kaufen, weil das Fleisch von geringerer Qualität ist.

Tiefe Auster oder **Felsenauster** oder **Portugiesische Auster**. Verwandt: **Gigas Auster** bis 15 cm Länge

Die Felsenauster nimmt den größten Teil des Weltmarktes ein.

Sie ist besonders robust und schnellwüchsig, wird darum für die Zucht bevorzugt und ist das ganze Jahr über verfügbar.

Wie die Eigenschaften des Weines vom Boden des Anbaugebietes bestimmt werden, so beeinflusst bei den Austern das Wasser Farbe und Geschmack des Fleisches wesentlich. Darum werden Austern unabhängig von der biologischen **Art nach der Herkunft** gehandelt.

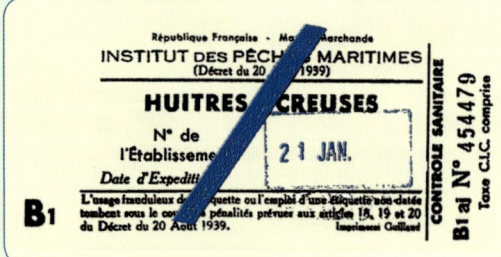

Abb. 1 Das Gesundheitsetikett ist die Garantie für die einwandfreie Austernqualität

Handelsbezeichnung der Austern	Herkunft
• Imperial	• Holland
• Limfjord	• Dänemark
• Colchester, Whitstable	• Großbritannien
• Belon, Marennes, Arcachon	• Frankreich
• Ostseeperle, Sylter Royal	• Deutschland
• Galway	• Irland
• Ostender	• Belgien
• Blue point, Virginias	• USA

Der Preis der Austern richtet sich neben der Art und der Herkunft auch nach der Größe. Für die Größenangaben besteht jedoch kein einheitliches System.

Beim Ernten schließen Austern Seewasser zwischen den Schalen ein und bleiben so auch außerhalb des Wassers lebensfähig.

Zum Versand legt man sie mit der gewölbten Schale nach unten in Fässchen oder Körbe.

Austern werden überwiegend roh serviert. Dazu reinigt man sie in der Küche und bricht sie mit einem Austernmesser auf, wobei die gewölbte Schale unten liegen muss, damit das eingeschlossene Seewasser erhalten bleibt.

Transport/Lagerung

Vor dem Transport werden die Austern auf lange Transportwege und Lagerzeiten vorbereitet. Dies geschieht, indem man nachts in den Hälterungsbecken das Wasser ablässt. So lernen die Austern, das Meerwasser in ihrer Schale durch festes Verschließen zu schützen.

Gesunde Austern leben etwa eine bis zwei Wochen, wenn sie kühl bei ca. 4 °C und beschwert, am besten in Spankörben aufbewahrt werden.

- **Verfeinern/Mästen der Austern** findet in den sogenannten Claires statt. Dies sind flache Becken – planktonreich und mit weniger Salzgehalt. Daher stammt der Zusatz „Claire" bei einigen Austern aus Frankreich.

St.-Jakobs-Muschel 🇬🇧 scallop 🇫🇷 coquille (w) Saint-Jacques

Die Pilger des Mittelalters führten diese Muschel als Schöpfhilfe für Trinkwasser mit sich. Somit wurde sie schnell zum Wahrzeichen aller Pilger.

Frische Muscheln kommen von November bis März in den Handel, dann vor allem aus Schottland und Frankreich. Die handelsübliche Größe beträgt im Durchschnitt 10 bis 15 cm. Dann sind die Jakobsmuscheln 4 bis 5 Jahre alt.

Das Muschelfleisch, tiefgekühlt mit oder ohne Rogensack, kann ganzjährig eingekauft werden.

Das Muskelfleisch wird auch als Nüsschen bezeichnet. Es ist fest, aber im Biss zart. Der Rogensack – auch **Corail** genannt – ist cremiger in der Konsistenz.

Die Schale kann gesäubert als Anrichte-/Präsentationsgeschirr genutzt werden.

Weitere Muschelarten

Weitere bekannte und in der Gastronomie beliebte Muschelarten sind:

- **Venus- oder Herzmuscheln:** Sie finden z. B. Verwendung in Spaghetti Vongole oder als Zutat für Paella.
- **Grünschalenmuscheln:** Sie werden auch als Neuseeland- oder Miesmuschel gehandelt.
- **Schwertmuscheln:** Sie sind sehr sandig und müssen mit Salz gewässert werden, um den Sand auch im Inneren der Muschel zu entfernen.

Lebensmittel

LEBENSMITTEL

Weinbergschnecken 🇬🇧 snails 🇫🇷 escargots (m)

In der europäischen Küche spielen zwei an Land lebende Schneckenarten eine wesentliche Rolle – die **Weinbergschnecke** und die **Achatschnecke**.

Weinbergschnecken werden heute überwiegend in besonderen Schneckengärten gezüchtet. Für das Sammeln gelten Mindestgrößen, wodurch die Tiere vor der Ausrottung geschützt werden sollen.

Die gewerbliche Küche verwendet aus wirtschaftlichen Gründen fast nur noch Schneckenkonserven oder Tiefkühlware. Die leeren Schneckenhäuser werden getrennt angeboten. Zubereitete Schnecken werden meistens in ihren Häusern serviert. Sie können aber auch zu Ragouts und Suppen verarbeitet und gebacken werden.

Kopffüßler

Die Kopffüßler sind eine Gruppe von Meerestieren, deren wichtigstes Kennzeichen die Kopffüße oder Arme sind. Die Wissenschaft nennt diese Tentakel. Es gibt Arten mit acht Armen und solche mit zehn.

Wichtige Arten sind Tintenfisch, Kalmar und Krake.

Man verwendet die Fangarme und die entleerte Körperhöhle, nicht aber den Kopf. Tintenfische sind in allen Meeren vertreten. Dank der modernen Konservierungsmethoden sind sie ganzjährig überall erhältlich.

Im Handel und auf Speisekarten wird Kalmar als „Calamares", „Calmari" oder kleine Tiere als „Calmaritti" bezeichnet.

Fast alle Arten besitzen einen so genannten Tintenbeutel. Die „Tinte" wird von einer besonderen Drüse erzeugt und dient in der Natur dazu, bei der Flucht eine Tarnwolke zu bilden. In der Küche kann man sie zur Geschmacksgebung und zum Färben (Teigwaren) verwenden.

Abb. 1 Tintenfisch/Sepia

Abb. 2 Kalmar

Abb. 3 Krake

Aufgaben

1. Warum gelten beim Fang von Krebsen Mindestmaße und Schonzeiten? Begründen Sie.
2. Welche Gesundheitsgefahren bestehen im Umgang mit Krebs- und Schalentieren? Welche Rechtsvorschriften müssen Sie beachten?
3. Welcher Zusammenhang besteht zwischen Herkunft und Qualität von Austern?
4. Nennen Sie vier Austernarten und deren Herkunftsländer.
5. Warum werden heute überwiegend tiefe Austernarten angeboten?
6. Worin besteht der Unterschied von Scampi zu Garnelen?
7. Sie sollen den Wareneinsatz für 4 Cocktails mit je 30 g Hummerfleisch berechnen. Es bestehen folgende Möglichkeiten:
   a) Frischer Hummer, Ausbeute 30 % Fleisch, 45,00 €/kg im Einkauf.
   b) Ausgelöstes Hummerfleisch, TK-Ware zu 175,00 €/kg.

17 Kaviar

 caviar  caviar (m)

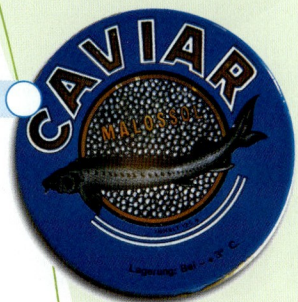

Behandelter Rogen von Fischen wird als Kaviar bezeichnet. **Als „echten Kaviar" bezeichnet man allerdings nur den von den Stören.** Deren Lebensraum ist heute auf das Schwarze und auf das Kaspische Meer beschränkt und auch dort durch Umweltverschmutzung gefährdet. Das verringerte Angebot führt bei laufend zunehmender Nachfrage zu hohen Preisen.

Zur Kaviargewinnung schneidet man den Tieren nach dem Fang die Eierstöcke auf und drückt den Rogen durch ein Sieb. Häutchen und Schalen werden dabei abgetrennt. Vom Fischei bleibt der Teil zurück, den wir beim Hühnerei Dotter nennen. Eine gezielte Salzung macht die Körnchen fest und dunkler.

Die Qualität des Kaviars wird von der Größe und der Farbe der Körner bestimmt. Diese wiederum sind abhängig von der Störart. Der Name des Fisches aus der Familie der Störe gibt dem Kaviar den Namen.

Kaviarselektion: Bei außergewöhnlichen Abweichungen in Größe und Farbe wird selektiert.

- Tiefschwarzer Kaviar von jungen Ossietra-Stören bekommt die Handelsbezeichnung **Royal Black Kaviar**.
- Der hellere Ossietra Kaviar wird als **Imperial Kaviar** angeboten.

Der **Zusatz „Malossol"** bedeutet: Malo – wenig, Sol – Salz
also: wenig gesalzen. Die Salzzugabe beträgt dann etwa 3 %.
Heute wird überwiegend Malossol angeboten, weil die Qualität durch Kühlung erhalten wird.

Kaviarersatz aus Eiern anderer Fischarten wird vorwiegend zu Dekorationszwecken verwendet. So zum Beispiel auf Canapés, gefüllten Eiern oder bei Fingerfood.

Qualitätsmerkmale für alle Kaviararten:
- Frischer Kaviar perlt locker
- Je zarter die Schale, desto besser der Kaviar.

Kaviar wird luftdicht verpackt in Dosen geliefert. Diese sind gekühlt zu lagern. Geöffnete Dosen sollen bei etwa –2 °C aufbewahrt und der Inhalt innerhalb einer Woche verbraucht werden.

Verdorbener Kaviar riecht und schmeckt säuerlich.

Störart	Beluga Deckel blau	Osietra Deckel gelb	Sevruga Deckel rot	Deutscher Kaviar	Lachskaviar	Forellenkaviar
Beschaffenheit	großes Korn, 1 bis 2 mm, zartschalig	noch großes Korn, ca. 1 mm, zartschalig	kleinkörnig, unter 1 mm, sehr zartschalig	Rogen vom Seehasen, kleinkörnig, gefärbt	Rogen vom Lachs, großkörnig, rotorange	Rogen der Forelle, mittelkörnig, orange

© Maximilian Stock Ltd./StockFood

Verwendung/Anwendungsbeispiele:

- traditionell auf Blini mit Sauerrahm
- mit gebuttertem Toast
- mit aufgebackenen Kartoffeln oder kleinen Puffern mit Crème fraîche
- eingerollt in Butter, als Garnierung zum Fisch
- für helle Saucen, zum gebratenen Störfilet

Brühen

Grundlage für Suppen und Saucen sind fachgerecht hergestellte Brühen (Fonds) mit reinem Geschmack.

Suppen und Saucen sind Zubereitungen mit sehr ähnlichen Eigenschaften. Die hellen und braunen Grundbrühen bzw. Fonds stellen ein wichtiges Ausgangsprodukt dar. Brühen, Suppen und Saucen können entweder selbst hergestellt oder vorgefertigt als Convenience-Produkte bezogen werden.

1 Übersicht
 survey 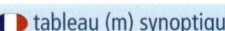 tableau (m) synoptique

Grundbrühen

Helle Grundbrühen

Für die hellen Brühen werden die Zutaten in Wasser gekocht und ausgelaugt. Hauptrohstoffe sind jeweils geschmacksbestimmende Materialien wie z. B. Knochen vom Rind und Kalb, Karkassen von Geflügel, Gräten von Fischen sowie die Panzer der Krebstiere oder Gemüse.

Außerdem verwendet man die Abgänge (Parüren) von Schlacht- und Geflügelfleisch oder von Fischen.

Geschmackgebende Zutaten sind Gemüse, Kräuter, Gewürze.

- Fleisch- und Knochenbrühe — *Bouillon*
- Kalbsbrühe — *Fond blanc (de veau)*
- Geflügelbrühe — *Fond (blanc) de volaille*
- Gemüsebrühe — *Fond de légumes*
- Fischbrühe — *Fumet de poisson*

Braune Grundbrühen

Im Gegensatz zu den hellen Brühen werden bei der Herstellung der braunen Brühen die Rohstoffe kleingeschnitten bzw. kleingehackt und angebraten. Dabei entstehen Geschmack und Farbe.

Als Rohmaterialien verwendet man die jeweils artspezifischen Knochen und Fleischparüren von Schlachttieren und Geflügel sowie von Haar- und Federwild, außerdem grobwürfelig geschnittenes Röstgemüse (Mirepoix) aus Sellerie, Karotten, Zwiebeln und Lauch.

- Braune Kalbsbrühe — *Fond de veau brun*
- Braune Wildbrühe — *Fond de gibier*

2 Vorbereitungen

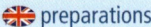 preparations préparations (w)

Würzende Zutaten für Brühen, Suppen und Saucen

Kräutersträußchen bouquet (m) aromatique

Das Kräutersträußchen (kleines Bouquet garni) ist zusammengesetzt aus einigen Stängeln Petersilie, einem Thymianzweig und einem Lorbeerblatt und wird mit einem Faden umbunden.

Die Grundbestandteile können gemäß ihrer Verwendung mit weiteren Kräutern und/oder Gemüseteilen ergänzt werden. Sie dienen der Würzung von Speisen. Damit die Duftstoffe erhalten bleiben, gibt man sie den entsprechenden Flüssigkeiten später bei.

Gemüsebündel 🇫🇷 bouquet (m) garni

Das Gemüsebündel (großes Bouquet garni), meist aus Lauch, Möhren und Sellerie bestehend, verbessert den Geschmack von Brühen. Es wird so rechtzeitig der Flüssigkeit beigegeben, dass es geschmacklich ausgenutzt ist, wenn die Kochzeit der Brühe beendet ist.

Der Vorteil gegenüber zerkleinerter Gemüsebeigabe: Zusammengebundene Gemüse behindern nicht beim Abfetten (Degraissieren). Die gegarten Gemüse können z. B. als Suppeneinlage weiter verwendet werden.

Gespickte Zwiebel 🇫🇷 onions (m) piqués

Für viele Zubereitungen verwendet man als Würzbeigabe ganze Zwiebeln, mit Lorbeerblatt und Nelken besteckt. Sie werden bei Pökelkamm oder Kasseler, Schinken, Eisbein, Speck und Leberknödeln oder in hellen Brühen und weißen Saucen mitgekocht.

Varianten: Das Lorbeerblatt wird in einen Zwiebeleinschnitt gesteckt oder man spickt eine Zwiebel nur mit den Nelken.

Gewürzbeutel 🇫🇷 sachet (m) d'épices

Bei manchen Zubereitungen werden zur besseren Ausnutzung die Gewürze in zerkleinertem Zustand mitgekocht. Besonders bei hellen Gerichten würden die dunklen Bestandteile als störend empfunden. Darum gibt man die zerkleinerten Gewürze auf ein Leinentüchlein und bindet dieses locker zum Gewürzbeutel zusammen.

Röstgemüse 🇫🇷 mirepoix (w)

Röstgemüse besteht aus Zwiebeln und Wurzelgemüsen wie Möhren, Sellerie und Petersilienwurzeln. Die Zusammenstellung richtet sich nach der jeweiligen Weiterverwendung. Geschmacksintensive Gemüse hält man anteilmäßig geringer. Während des Anröstens verdampft durch die Hitzeeinwirkung ein Teil des Wassers, und die Außenschichten trocknen aus. Die in Zwiebeln und Wurzelgemüse enthaltene Stärke wird zu Dextrin, die Zuckerstoffe karamellisieren. So entstehen neue Farb- und Geschmacksstoffe, die die Qualität der Zubereitung wesentlich beeinflussen.

Am Ende der Anbratzeit soll das Mirepoix vollkommen geröstet sein und die gleiche Bräunung haben wie später die Sauce. Darum richtet sich die Größe der Gemüsewürfel nach der Anbratzeit. Zu Schmorfleischstücken und in Verbindung mit Knochen verwendet man große Gemüsewürfel, denn hier nimmt das Anbraten längere Zeit in Anspruch.

Röstgemüse (Mirepoix) muss immer **gleichmäßig geschnitten** werden, denn selbst bei eifrigstem Umrühren verbrennen sonst die kleinen Würfel, bevor die großen braun sind. Verbranntes Gemüse gibt einen bitteren Geschmack und beeinträchtigt die Qualität.

Lange Anbratzeit
z. B. Knochen oder Schmorbraten

↓

lange Hitzeeinwirkung

↓

große Würfel

Bei Braten, bei denen das Mirepoix erst kurz vor Ende der Garzeit beigegeben wird, verwendet man kleine Würfel, die rascher bräunen.

Kurze Anbratzeit
z. B. Braten, dem später Mirepoix beigegeben wird

↓

kurze Hitzeeinwirkung

↓

kleine Würfel

Zubereitung Speisen

BRÜHEN

Bei Brühen können geriebene Muskatnuss und gequetschte Stängel von Kräutern (Petersilie, Kerbel) in das Tuch gegeben werden. Die darübergeschöpfte heiße Brühe löst die Aromastoffe aus Gewürz und Kräutern.

Abb. 1 Spitzsieb mit Haarsiebdraht

Durch die Erschütterung bewegen sich die zunächst verstopfenden feinen und gröberen Bestandteile vom Siebgeflecht weg nach oben. Die Sauce fließt rascher durch das Sieb.

Passieren

Zum Passieren genügt im Allgemeinen ein Sieb. Kommt es jedoch darauf an, feinere, geronnene oder abgekochte Teilchen zurückzuhalten, benutzt man ein Spitzsieb mit einem eingelegten Passiertuch (Etamine). Vor dem Gebrauch werden Passiertücher heiß ausgespült und kräftig ausgewrungen.

Passieren ungebundener Flüssigkeiten

Brühen seiht man durch ein feinmaschiges Saucensieb oder ein Spitzsieb (siehe S. 123). Meist wird das Sieb mit einem Passiertuch aus Stoff oder Vlies ausgelegt. Die Flüssigkeit wird mit einer Schöpfkelle eingegossen (siehe S. 473).

Gelees müssen absolut klar sein (siehe S. 562). Um auch die feinsten Schwebeteilchen der geklärten Flüssigkeit zurückzuhalten, passiert man Gelees bzw. Aspik durch zwei übereinanderliegende Tücher (Etamines). Anstelle von Passiertüchern kann man auch große Filtertüten verwenden. Damit die Flüssigkeit klar bleibt, wird sie schöpflöffelweise und behutsam in die Tuchmulde eingefüllt.

Passieren gebundener Flüssigkeiten

Suppen. Passiertuch auf eine Schüssel legen, bis auf die Bodenfläche herabdrücken und die Suppe einfüllen. Als Passierhilfe einen Metallgegenstand (Sauciere) einlegen. Die Ecken des Passiertuches erfassen und mit dem Inhalt anheben. Durch abwechselnd seitliches Auf- und Abwärtsbewegen des Tuches fließt die Flüssigkeit durch das Gewebe in die Schüssel.

Saucen mit leichter Bindung werden wie Suppen passiert. Enthalten Sauceansätze mitgekochte Knochen, so wird er durch ein Sieb in das Tuch gegossen, um eine Beschädigung des Gewebes zu vermeiden.

Schmorbratensaucen und ähnliche mit weichstückigen Bestandteilen von Gemüsen und Tomaten passiert man zweckmäßig durch ein Sieb. Leichtes Schlagen mit der Handkante auf den Stiel des Passiersiebes in Siebrandnähe beschleunigt den Passiervorgang.

Saucen mit stärkerer Bindung (z. B. Béchamelsauce, Demiglace) werden durch das Passiertuch gedreht. Sauce einfüllen, Tuch gleichzeitig straff gegen sich ziehen und von den Seiten zur Mitte nach und nach zusammenfassen. Eine Tuchseite längs 2 cm über die andere legen und unter beiderseitigem Anziehen und Rechtsdrehen den Inhalt durch das Gewebe pressen.

Mixen – Pürieren

Suppen und Saucen mit fein musiger Konsistenz erhält man, wenn Pürierstäbe, Mixgeräte oder Passiermaschinen verwendet werden. Durch die mechanische Feinstzerkleinerung der geschmacksgebenden Gemüse entsteht die gewünschte Sämigkeit. Die meist stärkehaltigen Gemüse binden. Man benötigt keine zusätzliche Roux (Mehlschwitze siehe S. 502) oder Beurre manié (Mehlbutter siehe S. 503).

Abb. 2 Mixgerät

3 Helle Grundbrühen

🇬🇧 white stocks 🇫🇷 fonds (m) blancs

Arbeitsschritte bei der Herstellung von hellen Grundbrühen

Abb. 1 Knochen in kochendes Wasser geben und kurz blanchieren.

Abb. 2 Blanchierte Knochen mit kaltem Wasser ansetzen.

Abb. 3 Beim Kochen sich bildenden Schaum von der Oberfläche abschöpfen.

Abb. 4 Geschnittenes Gemüse und Gewürzsträußchen zugeben.

Abb. 5 Langsam weiterkochen lassen.

Abb. 6 Durch das Kochen reduziert sich der Flüssigkeitsanteil.

Abb. 7 Durch ein Passiertuch vorsichtig abseihen.

Abb. 8 Brühe in Eiswasser rasch abkühlen.

Abb. 9 Umfüllen in Lagereimer, abdecken und mit Bezeichnung und Datum versehen.

Zubereitung Speisen

BRÜHEN

Übersicht
- Fleisch- und Knochenbrühe *Bouillon*
- Kalbsbrühe *Fond blanc (de veau)*
- Geflügelbrühe *Fond (blanc) de volaille*
- Gemüsebrühe *Fond de légumes*
- Fischbrühe *Fumet de poisson*

3.1 Fleisch- und Knochenbrühe

🇬🇧 meat stock   🇫🇷 bouillon (m)

Fleisch- und Knochenbrühe

Bedarf für 10 Liter

15	l	Wasser
4	kg	Rinderknochen, gesägt
2,5	kg	Rindfleisch
1,8	kg	Gemüse
		(400 g Möhren,
		400 g Lauch,
		400 g Sellerie,
		400 g Petersilienwurzel,
		200 g Zwiebeln)
3		Knoblauchzehen
80	g	Salz

Kochdauer: 5 Stunden.

- Knochen in sprudelndem Wasser blanchieren, abgießen und mit kalten Wasser wieder aufsetzen.
- Fleisch abwaschen und in den Brühenansatz geben.
- Das in die Brühe übergegangene Fleischeiweiß gerinnt bei etwa 70 °C, umschließt die Trübstoffe und setzt sich beim Sieden als Schaum an der Oberfläche ab.
- Die Brühe langsam weiter kochen. Dadurch werden Knochen und Fleisch ausgelaugt; es entsteht eine reinere Brühe.
- Der sich bildende Schaum wird laufend gründlich abgeschöpft, ebenso das Fett (degraissieren).
- Das geputzte, evtl. zusammengebundene Gemüse und die angebräunten Zwiebelhälften etwa 60 Min. vor Ende der Garzeit des Fleisches beigeben, Brühe salzen. Kocht man Gemüse zu lange, so verflüchtigen sich die erwünschten Geschmacksstoffe.
- Das gegarte Fleisch und das Gemüse entnehmen.
- Die fertige Brühe durch ein Tuch passieren.

3.2 Kalbsbrühe   🇬🇧 veal stock   🇫🇷 fond (m) blanc (de veau)

Kalbsbrühe

Bedarf für 10 Liter

10 kg		Kalbsknochen und -parüren
12 l		Wasser
2		gespickte Zwiebeln
60 g		Salz
1		Gemüse-Kräuter-Bündel
		(200 g Lauch, 150 g Möhren, 100 g Sellerie, Thymianzweig, 1 Knoblauchzehe)

Kochdauer: 4 Stunden.

- Gehackte Kalbsknochen und -parüren in kochendes Wasser geben (blanchieren),
- abgießen und kalt abspülen (Abb. 1).
- Die blanchierten Zutaten mit kaltem Wasser neu aufsetzen, erneut aufkochen und bei mäßiger Wärmezufuhr sieden lassen.
- Nach etwa drei Stunden das Gemüse-Kräuter-Bündel und die gespickte Zwiebel in die Brühe geben.
- Während des Kochens die Oberfläche mehrmals entfetten (degraissieren) und verdunstete Flüssigkeit durch Wasser ausgleichen.
- Nach dem Kochprozess die Brühe durch ein Tuch passieren.

Abb. 1 Knochen blanchieren und kalt abbrausen

Geeignet zu:
- weißen Grundsaucen,
- Tomatensauce,
- Kalbsfrikassee, Kalbsblankett,
- Kalbscurry,
- weiße Kalbsrahmsuppe.

3.3 Geflügelbrühe 🇬🇧 chicken stock 🇫🇷 fond (m) blanc de volaille

Bedarf für 10 Liter
- 10 kg Kalbsknochen
- 2 kg Geflügelklein
- 3 kg Suppenhuhn
- 12 l Wasser
- 700 g heller Lauch
- 200 g Möhren
- 200 g Sellerie
- 1 Kräutersträußchen (Petersilienstiele, kleines Lorbeerblatt, Thymianzweig, 1 Knoblauchzehe)
- 0,4 l Weißwein
- 60 g Salz

Kochdauer: 2–3 Stunden.

- Die zerkleinerten Hühnerkarkassen mit den Kalbsknochen in einer Schüssel unter fließendem kaltem Wasser 30 Minuten wässern. ①
- Karkassen und Knochen im heißen Öl hell anschwitzen. Das gewürfelte Gemüse zufügen und mitbraten, ohne es Farbe nehmen zu lassen. ②
- Karkassen, Knochen und Gemüse in einen entsprechend großen Topf umfüllen. Mit Wasser aufgießen und alles zum Kochen bringen. ③
- Aufkochen lassen, den Geflügelfond abschäumen und insgesamt etwa 2 Stunden köcheln lassen. Nach 1 Stunde Garzeit Gewürze zufügen. ④

Geeignet zu:
- weißer Geflügelgrundsauce,
- Dünstgerichten von Geflügel,
- Hühnerfrikassee,
- Curryhähnchen,
- klaren und gebundenen Suppen.

3.4 Gemüsebrühe 🇬🇧 vegetable stock 🇫🇷 fond (m) de légumes

Gemüsebrühen entstehen durch Auskochen mehrerer würziger Gemüsearten, hauptsächlich von Wurzelgemüsen und Pilzen. Spezielle Gemüsebrühen erhält man bei der Verwendung von nur einer Gemüsesorte.

Bedarf für 10 Liter
- 400 g Zwiebeln
- 40 g Öl
- 400 g Lauch
- 200 g Karotten
- 200 g Fenchel
- 200 g Sellerie
- 200 g Petersilienwurzeln
- 200 g Weißkraut
- 300 g Tomaten
- 11 l Wasser
- 2 Lorbeerblätter
- Pfefferkörner

Kochdauer: 30 Minuten.

- Das geputzte Gemüse klein schneiden.
- Zwiebelwürfel in Öl andünsten, dann die restlichen Gemüse zugeben und mitdünsten.
- Wasser und Gewürze zufügen und ca. 30 Min. bei mäßiger Hitze kochen lassen.
- Anschließend passieren.

Geeignet zu:
- Aufguss von Suppen und Saucen,
- Herstellung von klarer Gemüsesuppe,
- Flüssigkeit zur Zubereitung von gedünstetem Gemüse.

3.5 Fischbrühe 🇬🇧 fish stock 🇫🇷 fumet (m) de poisson

Bedarf für 10 Liter
- 8 kg Gräten von Magerfischen wie Zander, Seezunge oder Hecht
- 100 g Zwiebeln
- 500 g heller Lauch
- 100 g Fenchel
- 100 g Butter
- 1 l Weißwein
- 12 Pfefferkörner
- 10 l Wasser
- Zitronensaft
- 1 Kräutersträußchen

Kochdauer: max. 15 Minuten.

- Die in Scheiben geschnittenen Zwiebeln, der Lauch und die zerdrückten Pfefferkörner in Butter anschwitzen.
- Gewaschene, zerkleinerte und abgetropfte Fischgräten beigeben.
- Ansatz mit Weißwein ablöschen, mit Wasser, Champignonfond und Zitronensaft aufgießen und das Kräutersträußchen dazulegen.
- Das Ganze zum Kochen bringen, abschäumen, langsam auskochen und dann abseihen.

Geeignet zu:
- Fischsaucen,
- Dünstgerichten von Fisch,
- klaren und gebundenen Fischsuppen.

Zubereitung Speisen

BRÜHEN

4 Braune Grundbrühen

🇬🇧 brown stocks 🇫🇷 fonds (m) bruns

Zu den braunen Grundbrühen gehören:
- Braune Kalbsbrühe *(Fond de veau brun)*
- Wildbrühe *(Fond de gibier)*

4.1 Braune Kalbsbrühe

🇬🇧 brown vealstock 🇫🇷 fond (m) de veau brun

Bedarf für 10 Liter
10 kg	Kalbsknochen und -parüren
300 g	Speckreste
200 g	Fett
1 kg	Röstgemüse
1 kg	Tomaten oder
2 EL	Tomatenmark
2	Bouquet garni
0,5 l	Rotwein
15 l	Wasser

- Kleingehackte Knochen, Parüren und Speckreste mit Fett in einem geräumigen, flachen Geschirr auf dem Herd langsam anbraten.
- Röstgemüse (Mirepoix) hinzufügen und alles hellbraun anbraten.
- Das Fett abgießen, die Knochen mit Rotwein ablöschen und zunächst wenig Wasser zugießen.
- Diesen Ansatz einkochen (glasieren) und Tomaten oder Tomatenmark beifügen.
- Wenn der Ansatz erneut glänzt (glasiert ist), mit restlichem Wasser aufgießen, das Kräutersträußchen (Bouquet garni) beigeben und das Ganze langsam auskochen.
- Nach ca. 4 Stunden die Brühe durch ein Tuch passieren.

Geeignet zu:
- Natureller Kalbsjus und gebundener Kalbsjus,
- Bratenjus,
- Demiglace,
- Kalbsrahmsauce,
- Schmorgerichten von Kalb,
- Suppen.

4.2 Wildbrühe 🇬🇧 venison stock 🇫🇷 fond (m) de gibier

Bedarf für 10 Liter
10 kg	Wildknochen und -parüren
400 g	magere Speckreste
1 kg	Röstgemüse
20	zerdrückte Wacholderbeeren
500 g	Fett
0,5 l	Rotwein
15 l	Wasser
1	Gewürzbeutel (20 Pfefferkörner, Lorbeerblatt, 2 Nelken, 2 Knoblauchzehen, Msp. Rosmarin, Wacholderbeeren)

- Kleingehackte Knochen und Parüren, Speckreste, Röstgemüse und Wacholderbeeren im erhitzten Fett braun angebraten.
- Mit Rotwein und Wasser ablöschen und die Flüssigkeit einkochen.
- Wenn der Ansatz glänzt, mit Wasser aufgießen.
- Brühe etwa 3 bis 4 Stunden langsam kochen lassen und das abgesetzte Fett mehrmals entfernen.
- Eine Stunde vor dem Passieren den Gewürzbeutel beigeben. Abschließend Brühe passieren.

Geeignet zu:
- Wildsaucen,
- Wildragouts,
- Schmorgerichten von Wild und Wildgeflügel,
- Suppen von Wild.

Typische Gewürze für Wildsaucen

Abb. 1 Wacholder (S. 396)

Abb. 2 Nelken (S. 396)

Abb. 3 Lorbeer (S. 395)

Abb. 4 Rosmarin (S. 400)

4.3 Entfetten von Fonds, Extrakten, klaren Brühen und Saucen

Entfernen von Fett auf einer Flüssigkeit bezeichnet der Fachmann auch als degrassieren. Hierfür können verschiedene Methoden angewandt werden:

● Alle Brühen entfetten und nur mäßig salzen, denn die Flüssigkeit kocht ein. Gepflegte gehaltvolle Brühen sind die Voraussetzung für schmackhafte Saucen.

Fettentfernung mittels einer Schöpfkelle während des Kochvorgangs

Entfernen von Fett mittels eines saugfähigen Küchenpapiers

Entfernen von erstarrtem Fett von einer bereits gekühlten Flüssigkeit

5 Extrakte 🇬🇧 extracts 🇫🇷 glaces (w)

Durch Einkochen von hellen oder braunen Brühen entstehen Extrakte.

Extrakte
- verstärken den Gehalt von Suppen und Saucen,
- heben den Geschmack einzelner Gerichte,
- dienen zum Glasieren von Bratfleisch,
- geben bestimmten Saucen den typischen Charakter.

Einkochen und Aufbewahren

Um einen einwandfreien Extrakt (Glace) zu erhalten, muss die Brühe während des Einkochens ständig abgeschäumt und dazwischen passiert werden. Man passiert stets in ein kleineres Geschirr, da beim Einkochen dauernd Flüssigkeit verdampft und dadurch die verringerte Menge sonst an den Seitenwänden des Geschirrs durch die starke Hitze unerwünscht bräunen würde.

Ist der Extrakt (Glace) sirupartig dick, wird er in ein Porzellan- oder Edelstahlgefäß gefüllt. Mit Folie verschlossen, hält man ihn zum Verbrauch bereit.

Durch Frosten in kleineren Verbrauchsmengen wird die Produktion rationeller und es stehen jederzeit Extrakte für den täglichen Bedarf zur Verfügung.

So erhält man aus:

Rinderbrühe
↓
Fleischextrakt *(Glace de viande)*

Geflügelbrühe
↓
Geflügelextrakt *(Glace de volaille)*

Wildbrühe
↓
Wildextrakt *(Glace de gibier)*

Fischbrühe
↓
Fischextrakt *(Glace de poisson)*

Aufgaben

1. Nennen Sie vier verschiedene Arten von Brühen.
2. Erklären Sie Ihrem Kollegen die wesentlichen Vorgänge bei der Herstellung einer hellen Grundbrühe.
3. Welche würzenden Zutaten sind bei der Herstellung von Brühen wichtig?
4. Vergleichen und beurteilen Sie eine selbst produzierte Bouillon mit einem entsprechenden Convenienceprodukt nach Farbe, Geschmack, Geruch und Klarheit.
5. Beschreiben Sie die Herstellung einer Wildbrühe.

Suppen

Innerhalb der Speisenfolge haben die Suppen vor allem die Aufgabe, den Magen aufnahmebereit zu machen.
Die Verdauungssäfte werden angeregt durch
- appetitliches Aussehen,
- Wirkung der Geruchs- und Geschmacksstoffe.

Heute werden Suppen vorwiegend in kleineren Mengen gereicht. Man serviert in Tassen oder kleinen Suppentellern. Wird die Suppe extra schön garniert oder zu einem besonderen Anlass gereicht, verwendet man Teller.

1 Tasse = 150 ml = 0,15 l
→ 1 l ergibt 7 Tassen

1 Teller = 250 ml = 0,25 l
→ 1 l ergibt 4 Teller

1 Übersicht der Suppenarten

🇬🇧 synopsis of the different kinds of soups 🇫🇷 tableau (m) synoptique des potages

Die Grundlage bei der Herstellung von Suppen sind vorwiegend Brühen. Man unterscheidet klare und gebundene Suppen. Sie werden in verschiedene Gruppen eingeteilt.

Klare Suppen

Klare Suppen
Potages (m) clairs
- **Kraftbrühen**
  Consommés
- **Doppelte Kraftbrühen**
  Consommés doubles

Gebundene Suppen

Gebundene helle Suppen
Potages liés
- **Legierte Suppen/ Samtsuppen**
  Potages veloutés
- **Rahmsuppen oder Cremesuppen**
  Potages crèmes
- **Püreesuppen**
  Potages purées

Gebundene braune Suppen
Potages brun liés
- **Suppen aus Wild, Wildgeflügel oder Schlachtfleisch**

Gemüsesuppen
Potages aux légumes
- **Alle Suppen, bei denen geschnittene Gemüse in Brühe gekocht werden**

Sondergruppen

Kaltschalen
Suppen, die aus Fruchtpürees oder Milch mit Zucker hergestellt und kalt gereicht werden (s. S. 495)

Regionalsuppen
Suppen, die ursprünglich nur in einem bestimmten Gebiet (Region) Deutschlands bekannt waren (s. S. 496)

Nationalsuppen
Suppen, die eine Besonderheit bestimmter Nationen sind (s. S. 496)

2 Klare Suppen

🇬🇧 clear soups 🇫🇷 potages (m) clairs

Kräftige, klare Brühen können für eine klare Suppe verwendet werden, in denen dann die jeweiligen Suppeneinlagen voll zur Geltung kommen. Sie werden auch gerne in ein mehrgängiges Menü eingeplant, da sie weniger sättigen als gebundene Suppen.

2.1 Fleisch- und Knochenbrühe

🇬🇧 meat stock 🇫🇷 bouillon (w)

Bedarf für 10 Portionen

15 l	Wasser	1,8 kg	Gemüse (Möhren, Lauch, Sellerie, Petersilienwurzel, 1 Zwiebel)
3–4 kg	Rinderknochen		Knoblauchzehen, Salz
2,5 kg	Rindfleisch		

Arbeitsfolge für Fleisch- und Knochenbrühe

Material	Arbeitsvorgang	Begründung
Rinderknochen	blanchieren	Trübstoffe gerinnen, können abgespült werden.
Rindfleisch	waschen, mit den Knochen kalt aufsetzen	Begünstigt reinen Geschmack
	aufkochen, abschäumen	Fleischeiweiß umschließt Schwebeteilchen und steigt geronnen als Schaum nach oben; wirkt klärend.
	langsam weiterkochen, während des Kochens entfetten	Entfetten verhindert Trüben
Gebräunte Zwiebelhälften, Gemüsebündel, Salz	1 Std. vor Garwerden des Fleisches in die Brühe geben	Farbgebung, Geschmacksstoffe bleiben erhalten, Fleisch wird nicht rot.
	gegartes Fleisch und Gemüse entnehmen	Dienen anderer Verwertung
	Brühe passieren, ergibt 10 l	Abkochreste bleiben im Tuch.

Fleisch- und Knochenbrühe Bouillon

mögliche Weiterverwendung

← durch Klären
Kraftbrühe Consommé (s. S. 480)

→ durch Einkochen
Fleischextrakt Glace de viande (s. S. 477)

Zubereitung Speisen

SUPPEN

2.2 Kraftbrühen clarified soups consommés (m)

Kraftbrühen sind durch Klärfleisch und Aromastoffe gekräftigte, geklärte Brühen ohne sichtbares Fett. Sie werden aus unterschiedlichen Rohstoffen bereitet. Man reicht sie zu Beginn der Speisenfolgen; sie sollen den Appetit anregen, ohne den Magen zu belasten.

Klärfleisch ist fettarmes, geschrotetes Fleisch, vorzugsweise aus den Wadenmuskeln des Rindes. Entsprechend der Brühenart kann es auch aus Fleisch von Wild, Geflügel oder von Fisch bestehen.

Klärvorgang

Mageres Rindfleisch enthält ca. 22 % Eiweiß und bewirkt in Verbindung mit Hühnereiweiß die Klärung der Brühe.

Die Rinderhesse (Wade) wird im Wolf grob zerkleinert, mit Wasser, Eiweiß und den gewürfelten Gemüsen vermischt und kaltgestellt.

Das zerkleinerte Fleisch laugt im Wasser aus. Eiweiß und Geschmacksstoffe des Fleisches gelangen in die Flüssigkeit.

Die vorbehandelten Zutaten gibt man in einen Topf, gießt die kalte, entfettete Brühe (Bouillon) dazu und bringt langsam alles zum Kochen. Dabei muss bis zum Sieden wiederholt langsam und vorsichtig umgerührt werden, denn die Rohstoffe würden sich am Topfboden festsetzen und anbrennen.

Übersicht

Fleisch- und Knochenbrühe Bouillon
+
Klärfleisch vom Rind
↓
Kraftbrühe Consommé

Fleisch- und Knochenbrühe Bouillon
+
doppelte Menge Klärfleisch
↓
Doppelte Kraftbrühe Consommé double

Geflügelbrühe Fond de volaille
+
Klärfleisch von Geflügel
↓
Geflügelkraftbrühe Consommé de volaille

Wildbrühe Fond de gibier
+
Klärfleisch von Wild
↓
Wildkraftbrühe Consommé de gibier

Fischbrühe Fumet de poisson
+
Klärfleisch von Fisch
↓
Fischkraftbrühe Consommé de poisson

2 Klare Suppen

Bei 70 °C beginnt das Eiweiß zu gerinnen, es umschließt alle Schwebeteilchen, zieht sich zusammen und hat bei Erreichen des Kochpunkts die Brühe geklärt. Danach steigt es mit den anderen Zutaten als geronnene, dicke Schicht an die Oberfläche.

Um die Naturalien voll auswerten zu können, muss die Kraftbrühe 2 Stunden sieden und ist öfter zu entfetten. Starkes Kochen würde sie trüben, da sich das Fett nicht nach oben absetzen kann, sondern wieder in die Brühe einkocht.

Das ausgelaugte Klärfleischgemisch wird mit einem Schaumlöffel vorsichtig entfernt. Dann gibt man die Brühe durch ein Passiertuch, das die restlichen Trübstoffe zurückhält.

Kraftbrühe

Bedarf für 10 Liter

10 l	Fleisch- und Knochenbrühe	350 g	Möhren
2 kg	Rinderhesse (Wade)	400 g	Lauch
8	Eiweiß	80 g	Petersilie (und Kerbel)
1 l	Wasser		Msp. Muskat

Arbeitsfolge für Kraftbrühe

Material	Arbeitsvorgang	Begründung
Eiweiß, Wasser	vermischen	Gute Verteilung begünstigt Klärvorgang.
Klärfleisch, Gemüsewürfel	schroten, dazugeben und gründlich vermengen	Fleischfaser wird ausgelaugt, Inhaltsstoffe gelangen in Flüssigkeit, Gemüse geben Aroma.
Entfettete Brühe (am besten kalt, jedoch höchstens 40 °C)	dazugießen, verrühren	Fett stört den Klärvorgang. Heiße Brühe mit Eis abkühlen; zu heiße Brühe ließe das Eiweiß zu schnell gerinnen und würde somit den Klärvorgang verhindern.
	alles unter vorsichtigem Rühren erhitzen	Rühren verhindert das Anbrennen und fördert den Klärvorgang. Ab 70 °C gerinnt das Eiweiß, lagert Schwebeteilchen an, zieht sich zusammen und steigt als geronnene, dicke Schicht an die Oberfläche.
	2 Stunden ziehen lassen, mehrfach entfetten, Verdunstung durch kaltes Wasser ersetzen	Starkes Kochen würde zur Trübung führen, denn Fett kann sich dann nicht absetzen.
Petersilie, Kerbel, Messerspitze Muskat	ins Tuch geben, Kraftbrühe passieren	Heiße Brühe löst Aromastoffe aus Kräutern und Gewürz
	nochmals aufkochen, entfetten, abschmecken	Kraftbrühe soll ohne sichtbares Fett und gehaltvoll sein.

Kraftbrühe Consommé

Zubereitung Speisen

SUPPEN

Sonstige Kraftbrühen

Die Regeln für die Herstellung der Kraftbrühe gelten für alle Arten. Eine Kraftbrühe ohne genauere Angabe ist jedoch immer vom **Rind**.

Geflügelkraftbrühe
🇫🇷 consommé (m) de volaille

Geflügelbrühe,
Klärfleisch von Geflügel,
Eiweiß,
zerkleinertes Wurzelgemüse,
angebratene Geflügelknochen
und/oder Suppenhuhn.

Kochdauer: Aufkochen,
1 Std. ziehen lassen.

Wildkraftbrühe
🇫🇷 consommé (m) de gibier

Wildbrühe,
Wildklärfleisch,
Eiweiß,
zerkleinertes Wurzelgemüse,
angebratene Wildknochen und -parüren,
Pilzabschnitte,
Wacholderbeeren,
Pfeffer.

Kochdauer: Aufkochen,
1 Std. ziehen lassen.

Fischkraftbrühe
🇫🇷 consommé (m) de poisson

Fischbrühe,
Fischklärfleisch,
Eiweiß,
zerkleinerter Lauch und Petersilienwurzel,
Weißwein.

Kochdauer: Aufkochen,
20 Min. ziehen lassen.

Wird Kraftbrühe **mit einer Einlage** gereicht, so erwähnt man diese auf der Speisekarte, z. B. Kraftbrühe mit Markklößchen, … mit Butternocken, … mit Käsebiskuit usw.

Besteht die **Einlage aus verschiedenen Einzelheiten,** bezeichnet man die Kraftbrühe

- mit einem Eigennamen
  Beispiel: Kraftbrühe *Colbert*
- nach ihrer Art
  Beispiel: Geflügelkraftbrühe nach *Königinart*
- oder nach ihrer regionalen Herkunft
  Beispiel: *Ostender* Fischkraftbrühe

Kraftbrühe Colbert 🇬🇧 consommé Colbert 🇫🇷 consommé (m) Colbert

Rinderkraftbrühe mit Streifen oder Würfelchen von Wurzelgemüsen und pochiertem Ei.

Geflügelkraftbrühe auf Königinart

🇬🇧 clear chicken soup Queen's style 🇫🇷 consommé (m) de volaille à la reine

Geflügelkraftbrühe mit Tapioka, Hühnerbruststreifen und Eierstich.

Wildkraftbrühe nach Jägerart

🇬🇧 clear game soup hunter's style 🇫🇷 consommé (m) de gibier chasseur

Wildkraftbrühe wird mit Madeira abgeschmeckt und erhält eine Einlage von Wildklößchen und Champignonstreifchen.

Abb. 1 Fischkraftbrühe mit Stückchen von der Räucherforelle, gedünsteten Gemüsen und Dill.

2 Klare Suppen

Doppelte Kraftbrühe 🇬🇧 double clear soup 🇫🇷 consommé (m) double

Doppelte Kraftbrühe wird im Vergleich zur Kraftbrühe mit der zweifachen Menge an Klärfleisch zubereitet. Dadurch kann die Beigabe von Hühnereiweiß verringert werden. Arbeitsfolge und Klärvorgang wie bei der Kraftbrühe.

Mit dem kräftigen Geschmack der doppelten Brühen harmonieren besonders
- Likörweine (Madeira, Malaga, Marsala, Portwein, Sherry)
- Pilz-, Gemüse- oder Kräuterauszüge (Essenzen)
- Wildgeflügelauszüge (Rebhuhn, Fasan).

Die Aromastoffe sollen den Geschmack der Brühe ergänzen, ihn jedoch nicht überdecken. Die Brühen werden der Beigabe entsprechend bezeichnet und vorwiegend ohne Einlage gereicht.

Kalte Kraftbrühe 🇬🇧 cold clear soup 🇫🇷 consommé (m) froid

Kalte Kraftbrühe, auch als „geeiste Kraftbrühe" bezeichnet, ist eine gehaltvolle, leicht gelierte, klare Brühe, die hauptsächlich in den Sommermonaten angeboten wird.

Beim Klären der Brühe werden zusätzlich Geflügelknochen und ausgelöste, zerkleinerte Kalbsfüße beigegeben. Die gelatinösen Bestandteile dieser Zusätze gehen in die Flüssigkeit über. Völlig entfettet und fertig abgeschmeckt, lässt man die Kraftbrühe kalt werden und stellt sie in den Kühlraum. Der gelierende Stand tritt erst 5 Stunden nach dem Erkalten ein, der Endwert der Gelierfestigkeit nach etwa 20 Stunden.

Der Geschmack gelierter Brühen ist natürlicher und feiner, wenn er durch beigegebene Rohstoffe erzeugt wurde. Deshalb sollte man darauf verzichten, den Gelierstand mit Gelatine oder Aspikpulver herzustellen.

Geeiste Kraftbrühe Madrider Art
🇬🇧 chilled clear soup madrilene
🇫🇷 consommé (m) froid madrilène

Einer kräftigen oder doppelten Geflügelkraftbrühe werden beim Klären frische Tomatenfleischstückchen und rote Paprikafrüchte zugesetzt. Sie wird kalt und in leicht geliertem Zustand mit Tomatenfleischstücken als Einlage serviert.

Abb. 1 Geeiste Wildkraftbrühe

Geeiste Tomatenkraftbrühe
🇬🇧 chilled clear soup with tomatoes 🇫🇷 consommé (m) froid des tomates

Knoblauch, Schalotten, Sellerie und entsprechende Menge geschmacksintensiver Tomaten in Olivenöl andünsten, mit einer Rinderkraftbrühe aufgießen, nur leicht kochen, damit die Brühe nicht trüb wird. Die Suppe durch ein Passiertuch abseihen und abkühlen lassen. Vor dem Servieren die Kraftbrühe mit Tomatenfleischstückchen, Frühlingszwiebeln, Basilikum und einer schwarzen Olive garnieren.

Abb. 2 Geeiste Tomatenkraftbrühe

Doppelte Kraftbrühe

Bedarf für 10 Liter

10 l	Fleisch- und Knochenbrühe
2 l	Wasser
4 kg	Rinderhesse (Wade)
250 g	Möhren
400 g	Lauch
100 g	Petersilie (und Kerbel)
4	Eiweiß

Doppelte Kraftbrühe mit Madeira
🇬🇧 double consommé with madeira
🇫🇷 consommé (m) double au madère

Bedarf für 1 Liter doppelte Geflügelkraftbrühe
80–90 g Madeira

Nach dem Passieren mit dem Wein abschmecken.

Rebhuhnessenz
🇬🇧 partridge essence
🇫🇷 essence (w) de perdrix

Bedarf für 5 Liter
2 (ältere) Rebhühner

Brusthälften der Rebhühner auslösen und anderweitig verwenden. Karkassen und Keulen hacken, braun anbraten, dem Kläransatz der doppelten Wildkraftbrühe beigeben und in der Brühe auswerten.

Zubereitung Speisen

SUPPEN

2.3 Suppeneinlagen

Einlagen sollen kleingehalten, mäßig portioniert und für den Geschmack der jeweiligen Suppe geeignet sein. Zweckmäßig hält man die Einlage wie Klößchen, Eierstich separat in einem Gefäß mit etwas Brühe warm und verteilt sie mit einem kleinen Schaumlöffel in vorgewärmte Tassen oder tiefe Teller. Der Geschmack kann mit frischen zerkleinerten Kräutern (Kerbel, Petersilie, Schnittlauch) ergänzt werden.

Übersicht Suppeneinlagen
- Klößchen/Nocken
- Nockerln
- Teigwaren
- Eierstich
- Pfannkuchen
- Gemüse
- Röstbrot
- Biskuit

Klößchen/Nocken 🇬🇧 dumplings 🇫🇷 quenelles (w)

Kleine Klößchen als Einlage für viele klare Suppen und einige gebundene Suppen werden aus den Farcen von Kalbfleisch, Geflügel, Wild, Fisch und Krebstieren hergestellt (s. S. 649).

Häufig verwendet man hierfür auch bereits fertige Wurstrohmasse wie Brät vom Kalb oder Rind oder Farcen von Geflügel oder Fisch.

Grundsätzlich sollte man vorab eine Garprobe durchführen, um gegebenenfalls noch auf Geschmack und Konsistenz Einfluss zu nehmen.

Klößchen sind in der Regel klein und haben eine runde oder ovale Form. Die ovalen Formen bezeichnet man auch als *Nocken* oder *Nockerl*.

Der Geschmack der Klößchen lässt sich zusätzlich durch fein zerkleinerte Beigaben verändern, wie z. B.:
- Pilze
- Trüffeln
- Kräuter
- Pistazien
- Gemüsebrunoise
- Reibkäse
- Schinkenwürfelchen
- Nüsse/Mandeln
- Ingwer

Käsenocken 🇬🇧 cheese dumplings 🇫🇷 quenelles (w) au fromage

Schwemmklößchenmasse (Rezept unten) mit 200 g Parmesan vermischen. Abstechen wie oben.

Schwemmklößchen 🇬🇧 milk dumplings 🇫🇷 quenelles (w)

für ca. 40 Portionen
0,4 l	Milch
50 g	Butter
200 g	Mehl
300 g	Eier (6 St.)
5 g	Salz
Msp.	Muskat

- Milch, Butter und Gewürze aufkochen.
- Topf vom Herd nehmen, gesiebtes Mehl auf einmal zugeben, wie eine Brandmasse abbrennen, bis sich die Masse vom Topfboden löst.
- In ein anderes Gefäß geben, etwas auskühlen lassen und
- Eier nach und nach einrühren.
- Klößchen abstechen, in siedendem Salzwasser garen und
- in Brühe bereithalten.

2 Klare Suppen

Windbeutelchen 🇬🇧 profiteroles 🇫🇷 profiteroles (w)

für ca. 30 Portionen
- 150 g Wasser
- 50 g Butter
- 100 g Mehl
- 150 g Eier (3 St.)
- 20 g Parmesan
- Msp. Salz

Verhältnis: 1 Butter : 2 Mehl : 3 Wasser : 3 Ei

- Wasser, Butter und Salz zum Kochen bringen.
- Topf von der Kochstelle nehmen.
- Gesiebtes Mehl beigeben und mit einem Holzlöffel rühren, bis sich ein Kloß bildet.
- Diesen auf dem Feuer abbrennen, bis sich am Topfboden ein weißer Belag bildet.
- Mehlkloß in ein anderes Gefäß geben.
- Eier nach und nach glatt unterrühren, abschließend geriebenen Parmesan einarbeiten.
- Brandmasse mit Spritzbeutel und glatter Tülle in 2 bis 3 mm großen Tupfen auf ein Backpapier oder leicht gefettetes, mit Mehl bestäubtes Blech spritzen.
- Bei mittlerer Hitze im Ofen hellbraun backen.

Butternockerl 🇬🇧 butter dumplings 🇫🇷 noques (w) au beurre

für ca. 30 Portionen
- 200 g Butter
- 200 g Eier (4 St.)
- 200 g Mehl
- 5 g Salz
- Msp. Muskat

Verhältnis: 1 Butter : 1 Ei : 1 Mehl

- Butter schaumig rühren.
- Eier und gesiebtes Mehl einrühren.
- Masse würzen und kurze Zeit kaltstellen.
- Mit einem Teelöffel in kochendheiße Brühe oder Salzwasser abstechen und gar ziehen lassen.

Käsebiskuit (Schöberl) 🇬🇧 cheese biscuits 🇫🇷 biscuit (m) au fromage

für ca. 25 Portionen
- 1 Eigelb
- 3 Eiweiß
- 25 g Mehl
- 25 g Stärke
- 25 g Parmesan
- Msp. Muskat, Salz

Verhältnis: 1 Mehl : 1 Stärke : 1 Käse : 1 Eigelb : 3 Eiweiß

- Mehl mit Stärke sieben und dann mit Parmesan und Muskat vermischen.
- Eiweiß mit Salz zu einem steifen Schnee schlagen, das glatt gerührte Eigelb unterziehen und die Mehl-Parmesan-Mischung unterheben.
- Biskuitmasse gleichmäßig 1 cm dick auf Backpapier streichen und im vorgeheizten Ofen bei 200 °C ca. 12 Minuten goldgelb backen.
- Backpapier abziehen.
- Ausgekühlten Biskuit in Rauten schneiden.

> **Geschmackliche Abwandlungen durch Auswechseln des Käseanteils:**
>
> **Schinkenbiskuit**
> 100 g kleinste Würfel von gekochtem Schinken.
>
> **Mandelbiskuit**
> 80 g abgezogene, geröstete Mandeln, feingehackt.

Quarkklößchen 🇬🇧 curd dumplings 🇫🇷 quenelles (w) au fromage blanc

für ca. 15 Portionen
- 160 g Quark
- 80 g Eigelb (4 St.)
- 40 g Weißbrotkrume
- 40 g Mehl
- Weißer Pfeffer
- Salz

Verhältnis: 1 Mehl : 1 Brot : 2 Eigelb : 4 Quark

- Quark und Eigelb gründlich verrühren, Weißbrotkrume (mie de pain) zugeben, würzen und gesiebtes Mehl untermischen.
- Die Masse 20 Min. kühl stellen, nochmals durchrühren, Klößchen mit einem Teelöffel abstechen und
- in Salzwasser ca. 10 Min. ziehen lassen

SUPPEN

Markklößchen 🇬🇧 marrow dumplings 🇫🇷 quenelles (w) à la moëlle

für ca. 35 Portionen

250 g	Rindermark
250 g	Weißbrotkrume (mie de pain)
250 g	Eier (5 St.)
1 EL	Petersilie, gehackt
5 g	Salz, Pfeffer
Msp.	Muskat

Mark   Brot   Ei

- Frische Weißbrotkrume in dünne Scheiben schneiden.
- Eier darüberschlagen, Mark dazubröckeln und würzen.
- Vermengen, ohne zu kneten. Wolfen durch feine Scheibe. Petersilie zufügen, durchrühren und kaltstellen.
- Abgesteifte Masse mit Mehl zu Walzen formen, diese in Stücke schneiden.
- Stücke mit Mehl bestäuben und im Rahmensieb durch kreisende Bewegungen zu Kugeln formen oder zwei Klößchenteile zwischen den beiden Handflächen gleichzeitig kreisend zu Kugeln formen.
- Auf bemehltes Blech ablegen und kühlen.
- In siedendem Salzwasser garen.

> Gekühlte Masse lässt sich sauberer verarbeiten. Im Sieb lassen sich viele Markklößchen auf einmal rollen und formen.

  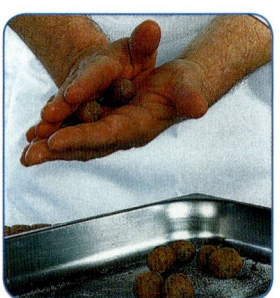

Grießnockerln 🇬🇧 semolina dumplings 🇫🇷 noques (w) de semoule

für ca. 35 Portionen

150 g	Butter
150 g	Eier (3 St.)
300 g	Grieß, feinkörnig
3 EL	Wasser
5 g	Salz
Msp.	Muskat

1   1   2
Butter   Ei   Grieß

- Butter schaumig rühren.
- Eier, Grieß und Wasser nach und nach einrühren.
- Masse würzen und kurze Zeit anziehen lassen.
- Mit einem Löffel Nockerln in siedendes Salzwasser abstechen,
- 10 Min. leicht kochen und weitere 5 Min. zugedeckt ziehen lassen.

Leberklößchen 🇬🇧 liver dumplings 🇫🇷 quenelles (w) de foie

für ca. 30 Portionen

300 g	Leber von Schwein oder Kalb
100 g	Weißbrotkrume
100 g	Eier (2 St.)
50 g	Schalotten- oder Zwiebelscheiben
50 g	Lauch, weiß
5 g	Majoran, getrocknet
1 EL	Kräuter, geschnitten
	Salz und Pfeffer

1   1   3
Ei   Brot   Leber

- Schalotten- oder Zwiebelscheiben und Lauchstreifen zur Geschmacksverstärkung anschwitzen.
- Weißbrot in feine Scheiben schneiden und die Eier darüberschlagen.
- Leber in Stücke schneiden und würzen.
- Alle Zutaten gut vermengen, durch die feine Scheibe des Wolfs drehen,
- gehackte Kräuter darunterarbeiten.
- Klößchen in siedende Brühe abstechen und gar ziehen lassen.

2 Klare Suppen

Pfannkuchenstreifen (Flädle) 🇬🇧 sliced pancakes 🇫🇷 célestine (w)

für ca. 30 Portionen
150 g Mehl
300 g Eier (6 St.)
0,45 l Milch
5 g Salz
1 EL Schnittlauch

- Mehl in eine Schüssel sieben und mit Milch glatt rühren.
- Aufgeschlagene, verrührte Eier, Schnittlauch und Salz dazugeben und gründlich vermengen.
- Teig etwas anziehen lassen.
- In einer Pfanne mit wenig Butter dünne Pfannkuchen backen.
- Zum Abkühlen nebeneinander auf ein Gitter legen.
- Kalte Pfannkuchen entweder übereinander legen und in 4 mm breite Bänder teilen oder rollen und in feine Streifen schneiden.

Röstbrotstücke/Croûtons 🇬🇧 croutons 🇫🇷 croûtons (m)

Zu Röstbrotscheiben verwendet man Stangenbrot oder Brötchen. Zu Röstbrotwürfelchen ist Kastenweißbrot (Toastbrot) geeigneter.

Das geschnittene Brot zuerst im Ofen goldbraun rösten. Noch warm mit einigen Butterflöckchen durchschwenken.

Dadurch erhalten die knusprigen Krüstchen ein feines Butteraroma und weichen in der Suppe nicht so rasch auf.

Man kann aber auch die Brotwürfel in Öl in einer Pfanne auf der Kochstelle durch stetes Schwenken herstellen. Kurz vor Erreichen des gewünschten Röstgrades gibt man etwas Butter dazu.

Eierstich 🇬🇧 custard 🇫🇷 royale (w)

für ca. 40 Portionen
100 g Eigelb (6 St.)
200 g Eier (4 St.)
0,4 l Milch
         Salz
         Muskat

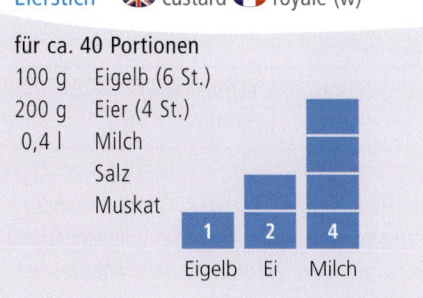

- Eier und Eigelb kräftig verrühren.
- Milch aufkochen, langsam unter kräftigem Rühren der Eimasse zugeben, würzen und passieren.
- In gebutterte Form (Timbale) oder Wurstdarm füllen.
- Förmchen im Wasserbad oder im Ofen, Wurstdarm nur im Wasserbad im Ofen bei mäßiger Hitze etwa 40 bis 50 Min. stocken lassen.
- Eierstich erst nach dem völligen Erkalten in die für Einlagen gewünschte Form schneiden.
- In warmer Brühe bereithalten.

Hinweise:
- Zugabe von Eigelb ergibt ein dichteres und geschmacklich feineres Produkt.
- Heiße Milch verkürzt die Gardauer.
- Mäßige Hitze stockt den Eierstich dicht.
- Starke Hitze und zu langes Erhitzen treiben; das Produkt wird löcherig („käsig").

Eierstich kann durch Beigabe feiner Pürees (Artischocken, Erbsen, Brokkoli, Tomaten, Geflügel, Wild, Leber u. a.) geschmacklich variiert werden. Die Milchmenge ist dann um den Anteil an Gemüsepüree zu verringern.

Zubereitung Speisen

SUPPEN

Sago/Tapioka 🇬🇧 tapioka 🇫🇷 tapioca (m)

Sago ist ein Erzeugnis von unregelmäßig bis regelmäßig geformten, 1 bis 3 mm großen Kügelchen, hergestellt aus verschiedenen Stärkearten.

Sago in kochendes Salzwasser schütten und garen. Die Kochdauer ist auf den Verpackungen vermerkt. Danach abgießen, kalt überbrausen und abgetropft in die Kraftbrühe geben.

Man verwendet Sago auch als Bindemittel bei gebundenen Suppen, Kaltschalen und Süßspeisen.

③ Gebundene Suppen

🇬🇧 thick soups 🇫🇷 potages (m) liés

Unter gebundenen Suppen versteht man sämig gemachte Brühen verschiedener Art.

Suppenarten	Legierte Suppen/Samtsuppen *Potages veloutés*	Rahmsuppen/ Cremesuppen *Potages crèmes*	Püreesuppen *Potages purées*	Gebundene braune Suppen *Potages bruns liés*
Ansetzen	weiße Mehlschwitze mit weißen Wurzelgemüsen	wie links	Butter, Fett oder Speck, Wurzelgemüse, auch Mehl	Butter, Fett oder Speck, Röstgemüse, Mehl
Grundstoff	Gemüse, Pilze, Fleisch, Geflügel, Schlachtfleisch	wie links	Hülsenfrüchte, Gemüse, Kartoffeln	Wild, Wildgeflügel, Schlachtfleisch, Knochen und Parüren, geröstet
Auffüllen	Kalbs- oder Geflügelbrühe und/oder Brühe des Grundstoffs	wie links	Brühe von Schlachtfleisch oder Geflügel	Braune Brühe und/oder Brühe des Grundstoffs
Fertigstellen	passieren	pürieren, auch unpassiert	pürieren, passieren	passieren
Vollenden	Eigelb und Sahne (Liaison)	nur Sahne	Butter, auch Sahne	Butter oder Sahne

Entsprechend ihrer Art werden die gebundenen Suppen zur geschmacklichen Verbesserung mit frisch gehackten Kräutern, Sahne und Eigelb (Liaison), Sahne und/oder Butter vervollständigt.

Die Bindemittel können Weizen-, Reis-, Hafer-, Gerste-, Grünkern- oder Maismehl sowie Pürees von Gemüsen, Tomaten, Kartoffeln, Hülsenfrüchten, Fischen und Krebstieren, Geflügel- und Wildfleisch sein. Mehle und Pürees können auch zusammen als Bindung wirken.

In der Praxis haben wirtschaftliche Überlegungen den Vorrang, deshalb gibt es keine starre Form der Zubereitung. Die Grundzüge der einzelnen Suppenarten und die der Herstellung müssen jedoch berücksichtigt werden.

Die **Neue Küche** bevorzugt die Methode des starken Reduzierens von Fonds. Diese Reduktionen werden dann mit Crème fraîche, Crème double oder Schlagsahne gebunden oder mit kalten Butterflöckchen montiert.

Diese Suppen weisen allerdings sehr hohe Energiewerte (Kilojoule) auf. Deshalb serviert man von dieser Art meist nur kleine Mengen in Tassen und nicht die üblichen Portionsmengen.

3.1 Legierte Suppen – Samtsuppen

🇬🇧 velouté soups 🇫🇷 potages (m) veloutés

Samtsuppen bzw. legierte Suppen sind aus einem angeschwitzten Bindemittel, einer entsprechenden Brühe und einem gegarten Grundstoff zusammengesetzt. Eine abschließende Legierung, bestehend aus Eigelb und Sahne, verleiht ihnen eine gewisse samtige Weichheit. Die Bezeichnungen und den jeweiligen Geschmack erhalten die Suppen durch die verwendeten Brühen (z. B. von Kalb, Geflügel, Gemüse, Fisch) und dem dazugehörenden Grundstoff (Gemüse, Pilze, Geflügel, Muscheln u. a.).

Legierte Suppen – Samtsuppen

Bedarf für 10 Liter Suppe

400 g	Butter
100 g	Sellerie
300 g	Lauch, weiß
400 g	Reis- oder Weizenmehl
10 l	Brühe (geschmacksbest. Grundstoff)
1 l	Sahne
10	Eigelb
100 g	Butter

Arbeitsfolge für legierte Suppen/Samtsuppen

Material	Arbeitsvorgang	Begründung
Butter, Sellerie, Lauch	Butter zerlassen, Gemüse	Durch Schwitzen entstehen Aromastoffe.
Reismehl oder Weizenmehl	einstreuen, mitschwitzen	Reismehl ist geeigneter, weil weniger Kleberanteile. Durch Schwitzen dextriniert die Stärke; Geschmacksaufwertung.
abgekühlte Brühe	in kleinen Mengen zugießen, rühren, aufkochen, abschäumen, langsam weiterkochen	Schwitze bindet ohne Klümpchenbildung ab. Abschäumen fördert Aussehen und Geschmack. Mäßige Wärme verhindert Ansetzen.
vorgesehenen Grundstoff	beifügen und mitkochen	Suppe erhält den typischen Geschmack.
	durch Sieb oder Tuch passieren	Entfernen ausgewerteter Naturalien und feinster Rückstände.
Eigelb, Sahne (Legierung)	einen Teil der Suppe in die Legierung rühren, dieses Gemenge unter die verbliebene Suppe mischen	Suppentemperatur wird verringert. Legierung vermischt sich, ohne sogleich abzubinden oder zu gerinnen.
	nahe an den Kochpunkt bringen; nicht mehr aufkochen!	Eigelb bindet ab, Suppe erhält samtene Weichheit. Da die Suppe wenig Stärkebindung hat, gerinnt sie leicht.
gesondert gedünsteten oder reduzierten Grundstoff	in die legierte Suppe geben	Verbesserung des Geschmacks und des Aussehens.
Butter	in Flocken unterziehen	Verfeinerung des Geschmacks.

Legierte Suppe/Samtsuppe Potage velouté

Zubereitung Speisen

SUPPEN

Grundrezept

Bedarf für 1 Liter Suppe
- 1 Eigelb
- 0,1 l Sahne

Im Gegensatz zu Suppen ist beim Legieren von Saucen wegen der stärkeren Bindung mehr Eigelb und Sahne zu verwenden.

Grundrezept

Bedarf für 1 Liter Sauce
- 2–4 Eigelb
- 0,05–0,2 l Sahne

Legierung (Liaison)

Legierung oder Liaison ist eine Mischung vorwiegend von Eigelb und Sahne. Sie dient zum Binden von Suppen und Saucen. Die Liaison verleiht den Zubereitungen ein zartes, samtweiches Gefüge. Beim Trennen der Eier ist darauf zu achten, dass die Hagelschnüre sorgfältig vom Dotter entfernt werden. Dies erübrigt ein weiteres Passieren.

Zum Legieren muss die Suppe auf jeden Fall heiß sein, damit genügend Wärme zum Abbinden vorhanden ist.

Damit sich die Liaison gleichmäßig vermischt, rührt man zunächst einen Teil der Suppe in die Liaison, dann wird dieses Gemenge unter die verbliebene Suppe gerührt.

Bei Suppen darf die Legierung nicht mitkochen. Weil der Stärkeanteil gering ist, würde das Eigelb ausflocken, gerinnen.

Bei Saucen, die durch einen höheren Stärkeanteil eine stärkere Bindung aufweisen, kann die eingerührte Liaison kurz mit aufkochen; die dichtere Konsistenz verhindert die Gerinnselbildung des Eigelbs.

Suppen und Saucen in eine Wasserbadkasserolle (Bain-marie-Behälter) gießen. Butter in Flöckchen unterrühren; zugedeckt warmhalten, damit sich keine Haut bildet.

Wurde der geschmacksbestimmende Grundstoff als zerkleinerte Einlage separat gedünstet, so gibt man ihn bei Abruf der fertigen Suppe bei.

Nach dem Prinzip des Grundrezeptes lassen sich z. B. herstellen:

Samtsuppe Dubarry — cream soup Dubarry — velouté (m) Dubarry

Blumenkohl-Röschen dünsten. Unter Verwendung des grob zerkleinerten Blumenkohlstrunks eine Suppe mit heller Brühe zubereiten. Röschen als Einlage der fertigen Suppe beigeben.

Geflügelsamtsuppe — chicken cream soup — velouté (m) de volaille

Suppe mit Geflügelbrühe bereiten. Zur Kräftigung des spezifischen Geschmacks Geflügelklein oder -karkassen mitkochen.
Einlage: Streifchen von gekochter Geflügelbrust (Julienne de volaille).

Abb. 1 Legierte Morchelsuppe

Legierte Morchelsuppe — morrel cream soup — velouté (m) aux morilles

Suppe mit Kalbsbrühe bereiten. Einlage: gedünstete Morchelstückchen samt kurzgehaltenem Dünstfond; auf die Oberfläche der eingefüllten Suppe geschnittenen Schnittlauch und/oder Estragon streuen.

Legierte Spargelsuppe — asparagus cream soup — velouté (m) d'asperges

Suppe mit Spargelbrühe bereiten. Zur Verstärkung des spezifischen Geschmacks Spargelabschnitte und/oder Spargelschalen mitkochen.
Einlage: Stückchen von gekochtem Spargel.

3 Gebundene Suppen

An folgendem Beispiel soll der Unterschied zwischen der herkömmlichen (konventionellen) und der modernen Küche aufgezeigt werden. Hierfür wird in beiden Fällen die Herstellung einer legierten Kerbel- oder Sauerampfersuppe dargestellt:

Herkömmliche Küche	Rezepturbestandteile für 1 l Suppe	Heutige Küche
1 l	helle Brühe vom Kalb oder Geflügel	1,5 l
40 g	Butter	—
40 g	Mehl	—
1	Eigelb	1
0,1 l	Sahne	0,4 l
20 g	Butter	100 g
100 g	frischer Sauerampfer oder Kerbel	100 g
	Salz und Pfeffer	

- Mit Roux und heller Brühe eine gebundene Suppe bereiten und gut durchkochen.
- Suppe mit Eigelb und Sahne legieren.
- Sauerampfer waschen, zupfen, in feine Streifen schneiden und in Butter dünsten.
- Gegarten Sauerampfer oder Kerbel samt Dünstfond als Geschmacksträger und Einlage unter die legierte Suppe mengen, evtl. nachwürzen.

- Den hellen Fond auf die Hälfte einkochen.
- die Sahne zugießen und bis zur gewünschten Konsistenz weiter reduzieren.
- Währenddessen den gewaschenen, gezupften Sauerampfer oder Kerbel im Mixer pürieren; dabei die Butter und das Eigelb, mit etwas Sahne verrührt, dazu geben.
- Mit Salz und Pfeffer würzen und mit einem Mixstab die Sauerampferbutter in die heiße Suppe montieren.

Herstellung von Brokkolisuppe

Verwendet man beispielsweise zur Herstellung der Suppe **Brokkoli**, so wird zuerst der abgetrennte Strunk kleingeschnitten, weichgekocht, aus dem Wasser genommen und in Eiswasser abgeschreckt.

Brokkoliröschen ebenfalls in der Brühe kochen und rasch abkühlen. Aus einer weißen Roux und dem Brokkolifond wird eine Cremesuppe hergestellt, die Strünke werden püriert und zugegeben. Nach dem Abschmecken und Legieren gibt man noch die Brokkoliröschen in die Suppe.

Abb. 1 Mitgekochte Brokkolistrünke entnehmen.

Abb. 2 Pürierte Strünke einrühren.

Abb. 3 Suppe mit Brokkoliröschen garnieren.

Zubereitung Speisen

SUPPEN

3.2 Rahmsuppen – Cremesuppen

🇬🇧 cream soups 🇫🇷 potages (m) crèmes

Rahmsuppen bzw. Cremesuppen werden aus einem angeschwitzten Bindemittel, einer entsprechenden Brühe und einem gegarten Grundstoff hergestellt. Kennzeichnend ist, dass sie nur mit Sahne vollendet werden.

Grundrezept

Bedarf für 10 Liter Suppe

400 g	Fett (Butter)	300 g	Lauch, weiß
400 g	Weizenmehl oder Reismehl	10 l	Brühe (geschmacksbest. Grundstoff)
100 g	Sellerie	2 l	Rahm

Die Rahmsuppe wird wie die Samtsuppe (S. 489) angesetzt. Nach dem Passieren rührt man die Sahne in die Suppe und erhitzt alles ohne aufzukochen. Um das feine Aroma der Sahne zu erhalten, darf die vollendete Suppe nicht mehr kochen.

Kochzeit: 25 bis 45 Min. (je nach Grundstoff).

Nach dem Prinzip des Grundrezepts lassen sich herstellen zum Beispiel:

Tomatensuppe
🇬🇧 tomato cream soup
🇫🇷 crème (w) de tomates

Mit wenig magerem Speck, ausgedrückten frischen Tomaten (750 g je l) und Tomatenmark (75 g je l) eine Rahmsuppe herstellen. Suppe mit Salz, Zucker, Pfeffer abschmecken.

Geflügelcremesuppe
🇬🇧 chicken cream soup
🇫🇷 potage (m) crème de volaille

Eine Rahmsuppe mit kräftigem Geflügelfond herstellen und Hühnerbruststreifen als Einlage in die Suppe geben.

Grünkernsuppe
🇬🇧 cream soup ceres
🇫🇷 potage (m) crème blé vert

Unter Anwendung von Grünkernmehl eine Rahmsuppe zubereiten. Kleine geröstete Weißbrotwürfel (Croûtons) extra dazu reichen.

Hülsenfrüchte (getrocknete Erbsen, Bohnen, Linsen) haben mehr Stärkeanteile als Gemüse, diese genügen als Suppenbindung. Bei Gemüse ist deshalb ein Zusatz von Weizen- oder Reismehl oder Brot nötig.

3.3 Püreesuppen 🇬🇧 puree soups 🇫🇷 potages (m) purées

Suppen, deren Grundbestandteile püriert werden und die hauptsächlich dadurch ihre Bindung erhalten, bezeichnet man als Püreesuppen. Die Grundstoffe sind vorwiegend Hülsenfrüchte, Gemüse oder Kartoffeln. Sie bestimmen Geschmack und Bindung. Die fertig gekochten Püreesuppen erhalten zur Geschmacksverfeinerung meistens etwas Butter, aber auch mit gehackten frischen Kräutern oder Sahne können sie vollendet werden.

Kürbissuppe 🇬🇧 pumpkin soup 🇫🇷 soupe (w) au potiron

Bedarf für 2,5 Liter Suppe/10 Portionen

200 g	Zwiebeln
75 g	Kürbiskernöl
75 g	Milchreis
1,25 kg	Kürbisfleisch
50 g	Butter
2 l	Brühe
	Koriander, Ingwer
	Salz und Pfeffer
30 g	geröstete Kürbiskerne
30 g	Crème fraîche

- Zwiebeln in Kürbiskernöl farblos anschwitzen, Milchreis dazugeben, kurz angehen lassen.
- Vorbereitete Kürbiswürfel beifügen und mit der Brühe auffüllen und aufkochen lassen.
- Würzstoffe zugeben.
- Die Suppe so lange kochen, bis der Kürbis bzw. der Milchreis weich ist, dann noch etwa eine halbe Stunde zur Seite stellen und nachziehen lassen.
- Die Suppe nun im Mixer pürieren, erneut erhitzen und abschmecken.
- Mit Kürbiskernen, feinen Kürbiswürfeln, einigen Tropfen Kürbiskernöl und wenig Crème fraîche garnieren.

Kartoffelsuppe 🇬🇧 potato puree soup 🇫🇷 potage (m) Parmentier

Bedarf für 2,5 Liter Suppe/10 Portionen			
200 g	Zwiebeln und Lauch	750 g	mehlige Kartoffeln
		200 g	Weißbrotwürfelchen
75 g	Fett	1/8 l	frische Sahne
25 g	Butter		Fleischbrühe

- Zwiebel- und Lauchscheiben in Fett farblos anschwitzen.
- Kartoffelscheiben hinzufügen, mit heller Fleischbrühe auffüllen und weich kochen.
- Suppe passieren, erhitzen, mit Butter, Sahne, etwas Muskat abschmecken, und mit Petersilie bestreuen.
- Geröstete Weißbrotwürfelchen (Croûtons) gesondert reichen.

3.4 Gebundene braune Suppen

🇬🇧 brown soups 🇫🇷 potages (m) bruns liés

Grundlage für braune Suppen sind Parüren und Knochen von Schlachtfleisch, Wild oder Karkassen von Wildgeflügel. Zum Ansetzen brauner Wildgeflügelsuppen werden auch ältere Tiere verwendet.

Die braune Farbe wird durch Anbraten des Grundmaterials und des Röstgemüses erreicht.

Gebunden wird mit goldbrauner Mehlschwitze (s. S. 502). Sie wird getrennt zubereitet oder durch Stäuben und Mitrösten von Mehl erzielt. Den Suppenansatz kann man auch mit Weiß- oder Rotwein ablöschen.

Zum Auffüllen kann je nach Art der Suppe vorhandene Brühe des Grundstoffs oder Fleischbrühe genommen werden.

Verschiedene Küchenkräuter, wie Basilikum, Rosmarin, Thymian, Bohnenkraut, ferner Wacholder und Knoblauch oder Gewürzmischungen, dienen der geschmacklichen Vervollkommnung.

Braune Suppen können mit Butter oder Sahne oder auch mit Likörwein (Sherry, Portwein, Madeira) vollendet werden.

Gebundene Ochsenschwanzsuppe 🇬🇧 thick oxtail soup 🇫🇷 potage (m) lié à la queue de bœuf

Bedarf für 2,5 Liter Suppe/10 Portionen	
800 g	Ochsenschwanz
80 g	Fett
500 g	Röstgemüse (100 g Zwiebel, 100 g Karotten, 100 g Sellerie, 100 g Petersilienwurzel, 100 g Lauch)
750 g	Knochen und Parüren von Kalb und Rind
110 g	Mehl
20 g	Tomatenmark
1/8 l	Madeira
0,1 l	Rotwein
	Gewürze: Nelke, Lorbeer, Pfefferkörner
	Wasser oder Brühe

- Ochsenschwanz in den Gelenken durchschneiden, mit einem Drittel des Röstgemüses anbraten, mit Rotwein ablöschen, Tomatenmark dazugeben und glasieren.
- Mit Wasser bedecken und weich schmoren. Fleisch von den Knochen lösen.
- Aus den restlichen Zutaten eine braune Suppe bereiten. Dazu den Fond des geschmorten Ochsenschwanzes verwenden.
- Die fertige Suppe mit Madeira abschmecken.
- Als Einlage dient das abgelöste kleinwürfelig geschnittene Ochsenschwanzfleisch.
- Mögliche Ergänzung:
Würfelchen von Karotten und Sellerie; Gemüse-Chips; Stroh von Wurzelgemüse als Garnitur obenauf; Ornamente aus Brandteig. Eine besondere geschmackliche Note erhält die Suppe durch Zugabe von etwas dunkler Kuvertüre.

Zubereitung Speisen — SUPPEN

St.-Hubertus-Suppe   St.-Hubertus-soup   potage (m) St. Hubert

Bedarf für 2,5 Liter Suppe/10 Portionen

1,5 kg	Wildparüren	0,25 l	Sahne
250 g	Röstgemüse	0,125 l	Madeira
	(50 g Zwiebel,		Pfeffer,
	100 g Karotte,		Wacholder,
	100 g Sellerie)		Lorbeer,
220 g	Mehlschwitze		Piment
150 g	Champignons	2 l	Wildbrühe
0,25 l	Rotwein		

- Wildparüren in Fett anbraten, Röstgemüse zugeben und mitbraten.
- Mit Rotwein ablöschen, mit Wildbrühe auffüllen und kochen lassen.
- Wildsaucenansatz mit Mehlschwitze abbinden.
- Gewürze zufügen, Ansatz weiterkochen lassen.
- Passierte Suppe mit Sahne verfeinern und mit Madeira abschmecken.

Einlage: Würfelchen von Wildfleisch, gedünstete Champignonscheiben, Pilze und Croûtons.

3.5 Gemüsesuppen   vegetable soups   potages (m) aux légumes

Gemüsesuppen entstammen der bäuerlichen Küche. Die Gemüse werden in Blättchen, Streifen, Stäbchen oder Würfel geschnitten, mit Fett und/oder Speck angeschwitzt, aufgefüllt und gegart oder zusammen mit zuvor zugesetztem Fleisch gekocht. Oftmals kommen auch Kartoffeln, Teigwaren oder Reis dazu. Die Gemüse bleiben in der Brühe wie sie sind, die Suppe wird also nicht passiert. Bei der Zusammenstellung ist zu berücksichtigen, dass Gemüse mit intensivem Geschmack anteilig in geringerer Menge verwendet werden.

Gemüsesuppen können je nach ihrer Art mit Mehl oder Brot leicht gebunden werden sowie mit Milch/Sahne verkocht sein.

Bedarf für 10 Liter/40 Portionen

8 l	Rinder- oder Gemüsebrühe	800 g	Karotten
		30 g	gehackte Petersilie
200 g	Speckstreifchen		Kräuterbündel
200 g	Zwiebelwürfel		aus Liebstöckel,
150 g	Butter		Petersilienwurzel,
800 g	Lauch		Basilikum,
400 g	Sellerie		2 Knoblauch-
300 g	Kohlrabi		zehen
400 g	Wirsing		Salz und Pfeffer
800 g	Kartoffeln		

- Speckstreifchen und Zwiebelwürfelchen mit wenig Butter anschwitzen.
- Übrige Butter und die blättrig geschnittenen Gemüse zugeben und zur Geschmacksbildung ebenfalls anschwitzen.
- Mit Brühe auffüllen, Kräuterbündel einlegen, alles zum Kochen bringen und bei wenig geöffnetem Deckel und schwacher Hitze sieden.
- Nach halber Gardauer feinblättrig geschnittene Kartoffeln zugeben.
- Inzwischen Brotscheibchen im Ofen hellbraun rösten, mit zerlassener Butter beträufeln, später separat zur Suppe anbieten.
- Der gegarten Suppe das Kräuterbündel entnehmen, mit Salz abschmecken, mit gehackter Petersilie servieren.

Gemüsesuppe Bauernart
farmer's soup   potage (m) paysanne

Gemüse der Jahreszeit und einige Kartoffeln in Blättchen schneiden. Mit Speckwürfeln und etwas Butter farblos anschwitzen, leicht mit Mehl bestäuben, mit Fleischbrühe auffüllen und garen.
Die fertige Suppe mit gehackten Kräutern bestreuen und mit Röstbrotscheibchen servieren.

Kleiner Suppentopf   vegetable meat soup   petite marmite (w)

- Ein blanchiertes Suppenhuhn, die gleiche Menge blanchiertes Rindfleisch mit Brühe ansetzen, aufkochen und garen.
- Die Brühe abschäumen und später abfetten. Gegartes Huhn und Rindfleisch entnehmen und auskühlen lassen.
- Lauch, Karotten, weiße Rüben, Wirsing- oder Weißkohl zu gleichen Teilen und ein wenig Sellerie blättrig schneiden und mitkochen.
- Fleisch in gleichmäßige Stücke schneiden und zusammen mit einigen Scheiben Mark in die Suppe geben und mit frisch gehackter Petersilie bestreuen.

4 Sondergruppen

🇬🇧 special groups 🇫🇷 groupes (w) spéciaux

4.1 Kaltschalen 🇬🇧 sweet cold soups 🇫🇷 soupes (w) froides douces

In der warmen Jahreszeit sind Kaltschalen eine erfrischende Abwechslung. Sie werden als Milch- oder Fruchtkaltschalen mit Zucker zubereitet und anstelle von klaren oder gebundenen warmen Suppen serviert.

Milchkaltschale 🇬🇧 sweet milk soups 🇫🇷 soupes (w) froides au lait

Milchkaltschalen werden durch Abziehen mit Eiern oder Eiweiß (Eiklar) gebunden. Aromen, wie Vanille, Zitronenschale usw., gibt man zur Ausnutzung des Geschmacks gleich zu Anfang in die Milch.

Milchkaltschalen, die mit Mandeln, Pistazien oder Nüssen zubereitet werden, bindet man mit Eiweiß.

Die abgezogenen Mandeln oder Pistazien (80g/l) mixt man mit Milch und rührt sie unter die Kaltschale.

Nüsse (80 g/l) sind erst zu rösten, von der Schale zu befreien und dann feingerieben beizugeben.

Grundstoff	Milch und Zucker
Bindung	Eier oder Eiweiß (Eiklar)
Würzstoffe	Orangensaft, Zitronenschale, Zimt oder Ingwer
Einlage	Gezuckerte, rohe, reife Beerenfrüchte oder zerkleinertes Obst

Bedarf für 2 Liter		
1,5 l	Milch	• Eier oder Eiweiß in einer Schüssel kräftig verrühren.
100 g	Zucker	• Milch und vorgesehene Geschmacksträger zusammen aufkochen.
4	Eier oder	• Heiße Milch unter kräftigem Rühren nach und nach in die Eimischung gießen.
200 g	Eiweiß	• Das Gemenge bei mäßiger Wärmezufuhr mit einem Spatel rühren, bis die Flüssigkeit bindet und den Spatel leicht überzieht. Die Mischung darf nicht kochen, da sie sonst gerinnt.
	Würzstoffe	• Die Mischung durch ein Haarsieb gießen und kaltrühren.

Fruchtkaltschale 🇬🇧 sweet fruit soups 🇫🇷 soupes (w) froides aux fruits

Fruchtkaltschalen kann man von einer Fruchtart oder einer Mischung aus mehreren Früchten herstellen.

Vor der Bearbeitung das Obst waschen, schneiden und sofort weiter verarbeiten, da die Schnittflächen schnell braun werden. Die im Obst enthaltenen Enzyme bewirken diese Farbveränderung. Sie beeinträchtigen aber auch Aroma und Geschmack. Besonders empfindlich sind Äpfel, Birnen, Aprikosen und Pfirsiche. Beträufeln mit Zitronensaft hemmt die enzymatischen Veränderungen.

Die Art des verwendeten Obstes bestimmt die Menge des Bindemittels. So wird z. B. bei Apfelkaltschale durch die Konsistenz des Pürees nur sehr wenig oder keine zusätzliche Bindung benötigt.

Da Kartoffelstärke und Sago abbinden, ohne zu trüben, werden sie bevorzugt.

Grundstoff	Früchte und Zucker
Bindung	Kartoffelmehl, Sago oder Fruchtmark
Würzstoffe	Vanille, Zimt, Zitronensaft oder -schale, Wein
Einlage	Rohe, reife Beerenfrüchte oder zerkleinertes, gedünstetes Obst. Makronen, Biskuitwürfel, Meringenbruch

Zubereitung Speisen

SUPPEN

Bedarf für 2,5 Liter/10 Portionen

1 kg	vorbereitete Früchte
30 g	Kartoffelstärke, evtl. mehr oder 35 bis 50 g Sago
1 l	Wasser
150 g	Zucker, evtl. mehr

- Die Hälfte der Früchte weich kochen und passieren.
- Zucker und restliche Früchte zugeben und aufkochen.
- Mit kalt angerührter Kartoffelstärke binden.
- Wird Sago verwendet, so kocht man ihn mit dem Wasser 10 bis 15 Minuten. Dann das Fruchtpüree beifügen und kaltrühren.

Bei **Fruchtkaltschalen mit Wein** erfolgt die Weinzugabe erst nach dem Kochen, damit das Aroma des Weines möglichst erhalten bleibt.

Dienen Beerenfrüchte als Einlage, so sind sie leicht gezuckert unter die Kaltschale zu mischen. Anderes Obst wird zerkleinert und mit Zucker gedünstet beigegeben.

Kalte Melonensuppe  cold melon soup soup (w) froide aux melons

Bedarf

1,2 kg	rotes Wassermelonenfruchtfleisch, püriert	2	Blatt Gelatine, kalt eingeweicht
100 ml	roter Portwein	25	Melonenkugeln mittlerer Größe
15 ml	Limettensaft		Limettenzesten
	weißer Pfeffer		
Msp.	Ingwerpulver		

Melonenpüree durch ein Sieb passieren, es sollte 1 l Saft sein, und mit Portwein, Limettensaft, Pfeffer und Ingwer würzen. Gut ausgedrückte Gelatine auflösen, unter den Saft rühren und alles gut durchkühlen lassen. Je 5 Melonenkugeln in Tellern anrichten, mit der leicht gelierenden Suppe umgießen, mit Limettenzesten garnieren.

4.2 Regionalsuppen

regional soups · potages (m) reginaux

Suppen, die einem bestimmten Gebiet (Region) Deutschlands entstammen, bezeichnet man als Regionalsuppen.

Bodenständige Erzeugnisse oder die besondere Verarbeitung der Naturalien bestimmen ihren Charakter.

- Baden-Württemberg → Riebelesuppe
- Bayern → Leberknödelsuppe
- Hamburg → Hamburger Aalsuppe
- Mecklenburg-Vorpommern → Bohnensuppe
- Nordrhein-Westfalen → Kartoffelsuppe
- Sachsen → Warmbiersuppe
- Thüringen → Sauerkrautsuppe

→ siehe ab Seite 683

4.3 Nationalsuppen

national soups · potages (m) nationaux

Suppen, die der Küche einer bestimmten Nation (Volk) entsprechen und eine Besonderheit dieses Landes darstellen, sind Nationalsuppen.

Beispiele für Nationalsuppen:

- England → Clear Oxtail Soup
- Frankreich → La soupe à l'onion
- Indien → Mulligatawny
- Italien → Minestrone
- Österreich → Kaiserschöberlsuppe
- Schweiz → Bündner Gerstensuppe
- Spanien → Gazpacho
- Russland → Borschtsch
- Ungarn → Gulyásleves
- USA → Clam chowder

→ siehe ab Seite 688

Abb. 1 Thüringer Sauerkrautsuppe

Abb. 2 Spanischer Gazpacho

Abb. 3 Russischer Borschtsch

5 Anrichten und Dekorieren von Suppen

🇬🇧 arranging and decorating soups 🇫🇷 arranger et decorer des soupes

Bei **klaren Suppen** bieten die Einlagen durch den optischen Kontrast dem Auge eine angenehme Abwechslung.

Bei **gebunden Suppen** blickt der Gast auf eine einheitliche, stumpf wirkende Fläche. Deshalb frischt man die Suppen durch ein Oberflächendekor auf (Abb. 2, Abb. 3).

Abb. 1 Klare Suppe   Abb. 2 Gebundene Suppe   Abb. 3 Gebundene Suppe mit Dekor

Beispiele von Dekormaterial
- Croûtons, kleine Knoblauch- oder Kräutertoasts,
- Rauten, Streifen, Scheibchen oder Würfelchen von gegartem Gemüse, Schlagsahnehäubchen,
- Kräuterblättchen, Rosenkohlblätter, Brokkoliröschen und Öltropfen.

Fachbegriffe

Bouquet garni	Gemüsebündel
Consommé	Kraftbrühe
degraissieren	Fett (frz. graisse) abschöpfen
Glace de viande	Fleischextrakt
legieren	Helle Suppen und Saucen mit Sahne und Eigelb binden
Liaison	Mischung aus Eigelb und Sahne
Mirepoix	Röstgemüse, würfelig geschnitten
Royale	Eierstich

Abb. 4 Wildkraftbrühe   Abb. 5 Geflügelkraftbrühe

Aufgaben

1. Nennen Sie die verschiedenen Arten von Brühen.
2. Schildern Sie Ihrem jüngeren Kollegen die Herstellung einer doppelten Kraftbrühe.
3. Nennen und erläutern Sie die unterschiedlichen Qualitätsabstufungen bei klaren Suppen.
4. Nennen Sie zehn verschiedene Einlagen für Kraftbrühen.
5. Wodurch können gebundene Suppen ihre Bindung erhalten?
6. Warum darf eine Samtsuppe nach der Zugabe der Legierung nicht mehr aufkochen?
7. Erklären Sie den Unterschied zwischen einer Samtsuppe und einer Rahmsuppe.
8. Nennen Sie fünf Regionalsuppen und fünf Nationalsuppen.
9. Führen Sie einen Kosten- und Arbeitszeitvergleich zwischen einer selbstproduzierten, gebundenen Suppe und einem vergleichbaren Convenienceprodukt durch. Beurteilen Sie beide Produkte nach Geruch, Aussehen, Geschmack und Konsistenz.

Zubereitung Speisen

SUPPEN

6 Vorgefertigte Brühen, Suppen und Saucen – Convenienceprodukte

🇬🇧 ready made stocks, soups and sauces
🇫🇷 fonds (m), potages (m) et sauces (w) conditionnés

Ergänzungsmöglichkeiten	
Klare Hühnersuppe	Profiteroles, Kerbel
Wildkraftbrühe	Steinpilzscheiben, Madeira
Rinderkraftbrühe	Grießnockerln, Schnittlauch
Fasanenkraftbrühe	Maronenklößchen
Spargelcremesuppe	Spargelstücke, Schlagsahne
Lauchcremesuppe	Lauchstreifen, Croûtons
Tomatensuppe	Quarkklößchen, Basilikum
Erbsensuppe	Geröstete Speckwürfel

Brühen und Suppen

Eines der ersten industriell vorgefertigten Lebensmittel ist die sogenannte „Erbswurst", ein in Wurstform gepresstes, kochfertiges Suppenerzeugnis. Im heutigen Angebot der Industrie nehmen die vorgefertigten Suppen und Brühen einen breiten Raum ein. Die Entscheidung, ob selbstgekochte oder industriell produzierte Suppen zubereitet werden, hängt auch von wirtschaftlichen und personellen Überlegungen ab.

Vorgefertigte **Brühen** werden zur weiteren Verarbeitung oder als Ergänzung eingesetzt, wenn nicht genügend selbst gefertigte Brühe zur Verfügung steht.

Bei den industriell hergestellten **Suppen** werden je nach Eigenschaften der Bestandteile verschiedene Arten der Haltbarmachung angewandt:
- **Trocknen:** Vorwiegend bei kohlenhydratreichen Produkten wie Suppen mit Nudeln, mit Gemüsen oder Suppen aus Hülsenfrüchten.
- **Sterilisieren:** Hauptsächlich bei Zubereitung mit Fleisch- oder Fischeinlage wie Aalsuppe, Schneckensuppe
- **Eindicken oder Konzentrieren:** Meist bei klaren Suppen, die dann für den Gebrauch verdünnt werden.

Saucen

Für die Herstellung, zur Anreicherung von Saucenansätzen und als tischfertige Produkte bietet die Industrie der Gastronomie eine breite Palette von vorgefertigten Produkten an. Jeder Chef entscheidet ob, wann und wie er die einzelnen Angebote in seinem Betrieb verwendet. Ihm stehen folgende Artikel zur Verfügung:
- Trockenware, also in pulverisierter Form.
- Pastöse Cremes, die gezielt in Kleinmengen oder als kompletter Saucenanteil verwendet werden können.
- Nasskonserven, die direkt oder in rückverdünnter Form verwendet werden.
- Tischfertige Saucen, abgefüllt in Tetrapacks. Sie müssen vor dem Servieren noch erhitzt werden.

Außerdem bietet die Industrie pulverisierte Bindemittel, weiße und braune Roux, pulverisierte Beurre manié usw. mit technologischen Besonderheiten an. Diese Produkte haben:
- teilweise geringeren Energiewert,
- reduzierte Hautbildung,
- verminderte Gerinnungsgefahr,
- Standstabilität beim Wiedererwärmen,
- Gefrier- und Auftaustabilität, die bei einfacher Mehl-Stärkebindung nicht gegeben ist.

PROJEKT

Suppen aus den Regionen

Im Herbst des Jahres will unser Restaurant eine Aktionswoche durchführen. Unsere Arbeitsgruppe soll das einmal vorausschauend planen und testen.

Planen

1 Wir haben nach einem Motto gesucht und folgende Wendungen festgehalten:

- Mit guten Suppen findet man gute Freunde
- Wollen wir eine Suppe zusammen auslöffeln?
- Schauen Sie uns in den Topf/Suppentopf
- Suppen, die man gerne auslöffelt
- Suppen-Topf-Gucker gesucht

1.1 Schlagen Sie im Lexikon nach, was man unter einem Motto versteht.

1.2 Aus welchen Gründen wird das Restaurant ein Motto für die Aktionswoche wählen?

1.3 Wählen Sie aus den Vorschlägen ein Motto oder finden Sie ein anderes.

2 Um Abwechslung zu schaffen, sollen die Besonderheiten der verschiedenen Regionen berücksichtigt werden.

2.1 Suchen Sie zunächst möglichst viele Rezepte für Regionalsuppen. Dabei sind Übergänge zu Eintöpfen erlaubt. Die Rezepte aus dem Jungen Koch sollten dabei möglichst nicht verwendet werden.

2.2 Treffen Sie eine Entscheidung für die Anzahl und die Arten der Suppen, die Sie im Unterricht berücksichtigen wollen.

3 Die von Ihnen gesammelten Rezepte sind vermutlich auf unterschiedliche Personenzahlen ausgelegt und in verschiedener Form geschrieben.

3.1 Rechnen Sie die ausgewählten Rezepte auf die „Profi-Menge" von zehn Portionen um.

3.2 Schaffen Sie klare Arbeitsanweisungen, so dass man danach folgerichtig handeln kann (Richtige Reihenfolge, kritische Punkte usw.).

3.3 Auf Seite 497 finden Sie einen Vergleich unterschiedlicher Anrichteweisen für Suppen. Ergänzen Sie die Rezepturen professionell mit einem „Dekor", denn was besser aussieht, wird leichter verkauft.

3.4 Die fertigen Rezepte sollen für alle verfügbar sein. Bringen Sie diese darum in die Form einer Datei oder drucken Sie die Rezepturen auf Karteikarten aus.

4 Erstellen Sie für die von Ihrer Gruppe zu fertigenden Suppen eine zusammenfassende Materialanforderung.

Fortsetzung S. 500

PROJEKT

5 Nun sind das Büfett und die Präsentation zu planen.

5.1 Wählen Sie die in Ihrer Situation bestmögliche Platzierung der Büfett-Tafeln aus.

5.2 Damit sich die Gäste über die einzelnen Produkte informieren können, sind Schilder für die „Suppentöpfe" und Informationsschriften/Flyer mit Wissenswertem über Herstellung, Herkunft, Entstehung oder Ähnlichem zu schaffen.
Suchen Sie Informationen im Internet z. B. unter www.suppenindustrie.de.
Oder verbinden Sie einfach Herstellernamen wie Maggi, Knorr, Oetker usw. mit „de" oder „com". Auch die Suchmaschinen lassen sich einsetzen.
Beispiele für reiche Informationen: Hamburger Aalsuppe, Gaisburger Marsch.
Auf Seite 730 befindet sich eine Zusammenstellung von nützlichen Internetadressen.

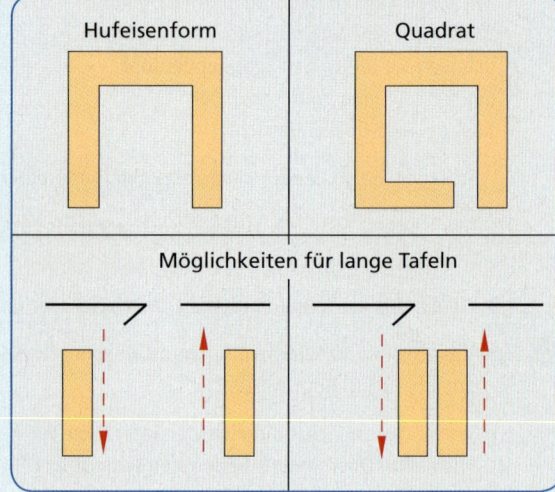

Beispiele für Stellung von Büfett-Tafeln

Ausführen

1 Die Gruppen führen die vereinbarten Aufträge aus (Suppenzubereitung, Büfetterstellung, Tischaufsteller usw.).

Bewerten

1 Regionalsuppen sind in bestimmten Regionen entstanden. Dabei muss zwischen den Alltagssuppen (Kartoffelsuppe, Brotsuppe) und den „Festtagssuppen" unterschieden werden.

1.1 Welche Suppen würden Sie bei einer Wiederholung der Suppenwoche aus dem Programm streichen?

1.2 Welche Suppen müssten in Geschmack oder z. B. Energiegehalt der Zeit angepasst werden?

2 Welche Suppen waren „Renner" und sollten darum in die Standardkarte übernommen werden?

Saucen

❶ Übersicht Grundsaucen

🇬🇧 synopsis of the different kinds of basic sauces
🇫🇷 tableau (m) synoptique des sauces de base

Die vielfältigen Saucen haben gemeinsame Grundlagen, die man als Grundsaucen bezeichnet. Bei deren Gruppierung unterscheidet man nach:
- **Temperatur** beim Service: warm oder kalt;
- **Farbe,** den Rohstoffen und deren Behandlung entsprechend: braun oder hell;
- **Ausgangsmaterial:** Brühe bzw. Fonds, Milch, Fette;
- **Art der Bindung:** Mehlschwitze, Mehlbutter, Stärke, Eigelb.

Voraussetzungen dazu sind:
- Verarbeitung einwandfreier Rohstoffe,
- folgerichtiges Verfahren beim Ansetzen,
- Verwendung gehaltvoller Brühen bzw. Fonds,
- treffende Auswahl der geschmackstypischen Zutaten und deren sinnvolle Dosierung.

> Fachgerecht zubereitete Saucen zeigen einen appetitlichen Farbton und weisen kein sichtbares Fett auf. Sie sind von feinem, differenziertem Geschmack und spürbar angenehmer Konsistenz.

❷ Braune Saucen

🇬🇧 brown sauces 🇫🇷 sauces (w) brunes

2.1 Grundlagen

Die Grundlagen bilden **geschmacksähnliche Grundstoffe,** wie entsprechende Knochen und Fleischabschnitte (Parüren) sowie Röstgemüse (Mirepoix). Durch das **Anbraten** bilden sich der Geschmack und die erwünschte Farbe. Während des **Auskochens** löst das Wasser die **Geschmacks-** und **Farbstoffe.** Man erhält auf die Weise die **Grundbrühe** (s. S. 470, 473).

> Beim Braten oder Schmoren von Fleisch bildet sich die entsprechende braune Sauce. Diese Menge ist oft nicht ausreichend für den täglichen Bedarf, deshalb ist die Küche gezwungen, die Saucengrundlage zu ergänzen bzw. zu erhöhen.

SAUCEN

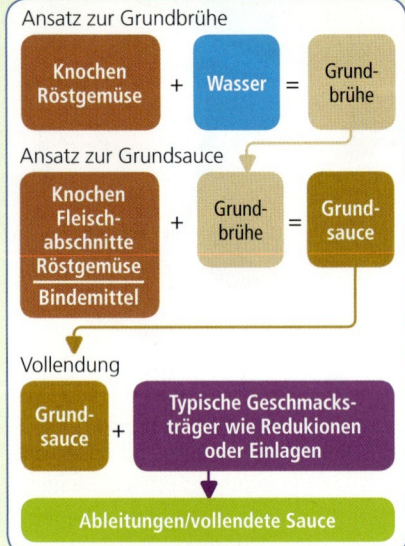

Die Grundbrühe wird durch **erneutes Ansetzen** mit Knochen, Fleischabschnitten (Parüren) und **Röstgemüse** (Mirepoix) **verstärkt** und anschließend gebunden. So entsteht die **Grundsauce**. Durch Zusatz von typischen geschmackgebenden Zutaten wird daraus die **vollendete Sauce**, die man auch als **Ableitung** bezeichnet.

Bindemittel – Saucenbindung

Die meisten Saucen werden durch Stärke gebunden. Vorwiegend verwendet man Mehl, vermischt mit Fett, zu einer Mehlschwitze (Roux). Zudem stehen Fertigprodukte der Industrie in Form von Saucenbindern zu Verfügung.

Mehlschwitze – Roux

Bei der Herstellung einer Mehlschwitze wird Fett zerlassen und darin Mehl verrührt. Durch die Hitze wird die Stärke des Mehls teilweise zu Dextrin, und der unerwünschte Mehlgeschmack geht verloren.

Abb. 1 Mehlschwitzen

Farbe der Roux	weiß	blond	braun
Temperatur	niedrig	mittel	hoch
Fettart	Butter, Margarine	Pflanzenfett, Schweinefett	Pflanzenfett, Schweinefett

Die Mehlschwitze soll einen einheitlichen Farbton aufweisen. Je nach Verwendung kann die Farbe von Weiß bis Braun reichen. Entsprechend der erwünschten Farbe ist die Wärmezufuhr zu regulieren und die Fettart zu wählen.

Für **weiße Mehlschwitzen** kann man wasserhaltige Fette wie Butter oder Margarine verwenden, deren Rauchpunkt liegt bei nur ca. 120 °C.

Für **blonde und braune** Mehlschwitzen verwendet man wasserfreie Fette wie Pflanzenfett oder Schweineschmalz, denn diese Fettarten sind bis etwa 180 °C erhitzbar.

Viele Betriebe beziehen das Fleisch weitgehend vorbereitet, lösen die Fleischteile also nicht selbst aus. Darum fallen kaum Knochen und Parüren an, die für den Ansatz von Grundbrühen und Grundsaucen zu verwenden sind.

Anstelle der selbst gefertigten Grundlagen bezieht man entsprechende Produkte über den Handel.

Fette dürfen nicht über den Rauchpunkt hinaus erhitzt werden. Es entstehen sonst Zersetzungsprodukte, die schlecht riechen und schmecken sowie gesundheitsschädlich sind. Beim **Aufgießen** ist darauf zu achten, dass keine Klümpchen entstehen. Es gelten folgende Arbeitsregeln:

- **Heiße Roux** ist kalt aufzugießen; so haben die Stärketeilchen Zeit, Flüssigkeit aufzunehmen und zu verkleistern.
- **Kalte Roux** kann heiß aufgegossen werden.

Fertige Mehlschwitze (Roux) kann über den Fachhandel bezogen werden. Diese kann man ohne Klumpenbildung in heiße oder kalte Flüssigkeit rühren.

Sonderformen der Mehlschwitze

Bei der Herstellung von braunen Saucen kann man das Mehl auch einstäuben. Sobald Knochen und Gemüse genügend angebraten sind, gibt man das Mehl bei und röstet bis zur gewünschten Farbe. Das Fett, das

Das Prinzip

bleibt gleich.

zum Anrösten von Knochen und Gemüse (Mirepoix) notwendig war, wird auf diese Weise zugleich zum Schwitzen für das Mehl verwendet. Die Mehlschwitze (Roux) entsteht noch während des Röstvorgangs, also zusammen mit den anderen Zutaten.

Stärkepuder (Stärkemehl)

Saucen, die klar sein sollen und nur eine kaum merkliche Bindung haben dürfen, z. B. Bratensauce (jus de viande), werden mit angerührter Stärke sämig gemacht. Man verwendet dazu Kartoffelstärke oder Maisstärke, weil diese Arten die Flüssigkeit nicht trüben.

- Damit dabei keine Klümpchen entstehen, muss kalt angerührt und unter Rühren der kochenden Sauce beigegeben werden.

Mehlbutter (Beurre manié)

Mehlbutter *(Beurre manié)* wird verwendet:
- zum Nachbinden von Saucen,
- für Saucen, die à-la-minute zubereitet werden und eine Bindung benötigen.

Bei der Herstellung werden Mehl und geschmeidige Butter (1:1) gut verknetet. Die einzelnen Mehlpartikelchen sind dann vom Fett umgeben und voneinander getrennt. Gibt man Mehlbutter (Beurre manié) in die heiße Flüssigkeit, schmilzt das Fett ab, die Stärketeilchen gehen nach und nach in die Flüssigkeit über und binden. Das Fett verhindert die Klümpchenbildung.

Abb. 1 Herstellen von Mehlbutter

Abb. 2 Binden mit Mehlbutter

- Mehlbutter kann auf Vorrat hergestellt werden, wenn sie kühl aufbewahrt wird.

Saucenbinder

Saucenbinder ergeben eine glasige durchscheinende Bindung. Das Instantprodukt kann ohne Anrühren in warme oder kalte Flüssigkeit eingerührt werden, ohne dass sich Klümpchen bilden.

- Es eignet sich besonders zum Andicken von Jus und zur Korrektur bei selbst hergestellten Saucen.

Bindung mit Butter (Montieren)

Kalte Butterstückchen werden dabei durch Schwenken (montieren) oder mit Hilfe eines Mixstabes intensiv in die Sauce emulgiert, sodass Bindung entsteht. Butter gibt zugleich Geschmack.

Abb. 3 Butter montieren

Geschmackbildende Zutaten

Gewürze, wie Pfefferkörner, Wacholderbeeren, Piment, Nelken und Lorbeerblätter entwickeln ein stärkeres Aroma, wenn sie erhitzt werden. Man kann sie darum vor dem Ablöschen oder Aufgießen einige Zeit mitrösten. Paprika, Thymian und Majoran werden dabei leicht bitter. Sie sind darum nur ganz kurz vor dem Ablöschen im Ansatz zu erhitzen.

Kräuter, frisch gehackt, haben einen feinen aromatischen Geschmack und ein frisches, grünes Aussehen. Beides wird durch Hitze zerstört. Darum gibt man sie erst kurz vor dem Servieren in die Zubereitung.

Weine. Zum **Dünsten** in Wein und zum **Ablöschen** mit Wein (auch Weinmarinade) verwendet man Arten mit kräftigem Aroma. Der Wein gibt in diesen Fällen den Zubereitungen einen pikant säuerlichen Geschmack.

Likörwein, Weinbrand und Likör enthalten Geschmacksstoffe, die besonders geschätzt werden. Um die flüchtigen Aromastoffe zu bewahren, gibt man diese erst kurz vor dem Servieren bei.

2.2 Braune Grund- oder Kraftsauce

🇬🇧 demiglace 🇫🇷 sauce (w) demiglace

Kraftbrühe

Bedarf für 10 Liter

10 kg	Kalbsknochen und -parüren
15 l	Braune Brühe
1 kg	Röstgemüse
250 g	magere Speckreste
200 g	Fett
300 g	Tomatenmark
880 g	Mehlschwitze (≙ 400 g Fett, 480 g Mehl)
20 g	Paprika, edelsüß
0,5 l	Wein
	Gewürzbeutel mit: 1 Zweig Thymian, 20 zerdrückte Pfefferkörner, 3 Knoblauchzehen, 2 Lorbeerblätter, 150 g zerkleinerte Petersilienwurzeln

Arbeitsfolge für Braune Grund- oder Kraftsauce

Material	Arbeitsvorgang	Begründung
Fett, kleingehackte Knochen, Parüren und Speckreste	Fett erhitzen, alles zusammen braun anbraten	Geschmacks- und Farbstoffe durch Rösten. Kleine Knochenstücke = mehr Röstfläche = mehr Farb- und Geschmacksstoffe
Röstgemüse	dazugeben, bräunen, öfter umrühren, Ecken des Bratgeschirrs berücksichtigen	Bräunen steigert Aroma und Farbwerte. Zuckerstoffe der Gemüse karamellisieren. Ungleiches Rösten führt zu Bitterstoffen.
Tomatenmark	nach Abgießen des Fettes einrühren, mitrösten	verliert Säure, entwickelt Geschmack
Paprika, wenig Braune Brühe, Wein	darüberstäuben, kurz durchhitzen, ablöschen, glasieren lassen, angießen	Paprika erhält volle Würze. Durch Glasieren werden Farbe und Geschmack gesteigert. Wein erzeugt pikantes Aroma.
braune Mehlschwitze, Braune Brühe	dazugeben, kalt auffüllen	schnellere Auswertung des Röstgutes; verhindert Klumpenbildung
	5 Std. langsam kochen, dabei abschäumen und abfetten	durch Saucenpflege appetitlicher Farbton, reiner Geschmack
Gewürze, Kräuter	1 Std. vor Passieren dazugeben	bewirkt Aromaerhaltung
	passieren über Sieb in Passiertuch	Knochen können Tuch nicht beschädigen. Im Tuch bleiben kleine Rückstände.

Braune Grund- oder Kraftsauce Demiglace

Herstellung einer braunen Grund- oder Kraftsauce (Sauce Demiglace) aus frischen Produkten in klassischen Arbeitsschritten in einer Kippbratpfanne.

Abb. 1 Alle Zutaten vorbereiten (s. Rezept S. 504 gegenüber)

Abb. 2 Kleingehackte Knochen schonend rösten.

Abb. 3 Röstgemüse (Mirepoix) zugeben.

Abb. 4 Tomatenmark zugeben, kurz mitrösten, danach mit wenig Fond und Wein ablöschen.

Abb. 5 Ansatz mehrfach reduzieren, danach braune Mehlschwitze zugeben.

Kleinere Mengen werden im Bratgeschirr im Rohr in gleichen Arbeitsschritten hergestellt.

Die Kraftsauce kann neben den genannten Methoden auch in einem Umluftgerät oder einem Kombidämpfer hergestellt werden. Hierbei folgt man nach dem Anrösten der Knochenstücke ebenfalls weitgehend der klassischen Arbeitsfolge (s. S. 508).

Abb. 6 Das Ganze mit braunem, kaltem Fond aufgießen.

Abb. 7 Sauce auskochen lassen und passieren.

Zubereitung Speisen

SAUCEN

Braune Grund- oder Kraftsauce (Demiglace) kann auch nach einem weiteren Verfahren hergestellt werden.

Brauner Kalbsfond (fond de veau brun) wird ergänzt mit kräftig angebratenem Röstgemüse, Tomatenmark und Wein. Die gesamte Flüssigkeitsmenge wird auf die Hälfte eingekocht (reduziert), mit angerührter Stärke gebunden und danach passiert.

Vorgefertigte Produkte für Saucen ergeben mit entsprechender Flüssigkeit eine Grundsauce.

Drei Wege zur Demiglace

Selbst hergestellte Sauce		Vorgefertigtes Produkt
Methode 1 über braune Kalbsbrühe Fond de veau brun	**Methode 2** über Kalbsbrühe Fond de veau brun	
Röstansatz: Knochen, Fleischabschnitte, Röstgemüse, Tomatenmark, Wein	Braune Kalbsbrühe stark reduzieren	Pulver oder Paste
Zur Bindung braune Roux verwenden	Ergänzung: Röstgemüse, Tomatenmark, Wein	Ergänzung Flüssigkeit
Braune Kalbsbrühe zugießen	Bindung mit Stärke	
Braune Grund- oder Kraftsauce Demiglace		

Ableitungen der Demiglace durch Ergänzungen

Bordelaiser Sauce
🇫🇷 Sauce bordelaise

Schalottenwürfel, Pfefferkörner, Thymian und Lorbeerblatt mit Bordeauxwein auf ein Drittel einkochen, Demiglace zugießen, durchkochen; passieren. Mit Zitronensaft und Butterstückchen fertigstellen. Blanchierte Markwürfel und gehackte Petersilie beifügen.

Geeignet zu Fleisch vom Grill und aus der Pfanne und zu Gemüsen.

Madeirasauce
🇫🇷 Sauce madère

Kraftsauce (Demiglace) wird mit Madeirawein verkocht. Man kann auch vom Madeirawein eine Reduktion herstellen und der Demiglace zugeben. Abschließend mit Butter verfeinern.

Geeignet zu glasiertem Schinken, gekochter Rinderzunge, gebratenem Geflügel, Geflügelkroketten, Geflügelleber, Kalbsnieren.

Robertsauce
🇫🇷 Sauce Robert

Feingeschnittene Zwiebeln in Butter anschwitzen. Mit Weißwein ablöschen. Flüssigkeit stark reduzieren. Demiglace dazugeben und alles gut durchkochen. Abseits der Hitze Senf einrühren, Butterstückchen unterziehen und mit Pfeffer und wenig Zucker abschmecken.

Geeignet zu Schweinekoteletts und Schweinefilets vom Grill.

Erläuterung weiterer Ableitungen

Pikante Sauce 🇬🇧 piquant sauce 🇫🇷 sauce (w) piquante

Feingeschnittene Zwiebeln oder Schalotten in Butter anschwitzen. Zerdrückte Pfefferkörner beifügen, ablöschen und Flüssigkeit einkochen. Demiglace aufgießen und einige Zeit kochen. Danach passieren und der Sauce gehackte Gewürzgurken zugeben.

Geeignet zu Schweinefleisch vom Grill, gekochter Rinder- und Kalbszunge sowie Kalbskopf.

Teufelssauce 🇬🇧 devil sauce 🇫🇷 sauce (w) diable

Gehackte Schalotten und zerdrückte Pfefferkörner in heißer Butter anschwitzen. Mit Weißwein ablöschen. Zur Hälfte einkochen. Demiglace auffüllen, eine Zeit lang kochen. Sauce passieren, Butterstückchen montieren und mit ein wenig Cayennepfeffer abschmecken.

Geeignet zu Geflügel und Schlachtfleisch vom Grill.

2.3 Bratensauce/Jus 🇬🇧 gravy 🇫🇷 jus (m) de rôti

Beim Braten von Fleisch oder Geflügel entsteht Bratensatz. Dieser wird entfettet, mit Brühe oder Fond (z. B. brauner Kalbsfond) abgelöscht, aufgefüllt und bis zu kräftigem Geschmack eingekocht. Es entsteht Bratensauce (jus de rôti).

Die abgelösten Geschmacksstoffe des Bratensatzes geben der Sauce den Eigengeschmack des jeweils gebratenen Fleisches. Bratensauce (jus de rôti) kann, nachdem sie durch ein Tuch passiert wurde, mit angerührter Kartoffel-, Reis- oder Maisstärke sowie Saucenbinder oder durch Einschwenken von kalten Butterstückchen leicht gebunden werden (jus lie). Der Abtropfsaft beim Tranchieren des Bratens wird der Sauce beigegeben.

Bratensauce (jus de rôti)

- muss kräftig und durchscheinend sein,
- muss nach dem jeweiligen Braten schmecken,
- darf nur leichte, fast unmerkliche Bindung haben.

2.4 Wildsauce 🇬🇧 game sauce 🇫🇷 sauce (w) gibier

Wird Wild oder Wildgeflügel ganz oder in Portionsstücken gebraten, fertigt man die zugehörige Sauce meist auf der Grundlage des entsprechenden Bratensatzes. Es ist vorteilhaft, wenn zum Ablöschen des Bratensatzes eine Wildgrundsauce verwendet wird. Die Wildgrundsauce wird in der gleichen Weise hergestellt wie eine Demiglace, unterschiedlich sind nur die geschmacksgebenden Rohstoffe.

Wildsauce

Bedarf für 5 Liter

5 kg	Wildknochen und -parüren
7 l	braune Wildbrühe
200 g	Mehl
500 g	Röstgemüse
150 g	Fett
50 g	Speckreste
30 g	Senf
0,5 l	Rotwein; 6 l Wildbrühe
15	Wacholderbeeren, 5 Pfefferkörner Gewürzbeutel mit Lorbeerblatt, 2 Nelken, Msp. Basilikum, Msp. Rosmarin
25 g	Trockenpilze

Kochdauer: 3 Stunden

Ableitungen der Wildsauce durch Ergänzungen

Wildrahmsauce
🇫🇷 Sauce venaison

Zwiebelwürfelchen, Wacholderbeeren, Butter, Nelken, Lorbeer, Essig, saure Sahne oder Crème fraîche, Johannisbeergelee, Zitronensaft, Pfeffer

Wildpfeffersauce
🇫🇷 Sauce poivrade

Speck- und Schalottenwürfelchen, Pfefferkörner, evtl. grüner Pfeffer, Essig, Weißwein, Butterstückchen

Wacholdersauce
🇫🇷 Sauce au genièvre

Speck- und Schalottenwürfelchen, Wacholderbeeren, Rotwein, Zitronensaft, Pfeffer, Genever oder Gin

Zubereitung Speisen

SAUCEN

Saucengewinnung im Heißluftdämpfer

Werden Bratenstücke im Heißluftdämpfer gegart, bietet es sich an, im gleichen Arbeitsgang die Sauce zu gewinnen.

Arbeitsfolge:
- Tiefes Gastronorm-Blech in den untersten Einschub geben,
- Knochen, Parüren und Mirepoix in den Behälter legen und unter dem Fleisch mitrösten.
- Wenn die erwünschte Farbe erreicht ist, Brühe zugießen. Behälter während der gesamten Bratzeit im Gerät belassen.
- Der in dieser Zeit abtropfende Bratsaft wird auf diese Weise aufgefangen und gibt der Sauce den arteigenen Geschmack.
- Aus dem Behälter in einen Topf umfüllen.
- Gewünschte Menge Wasser aufgießen, durchkochen und passieren.
- Mit Roux binden und abschmecken.

Aufbewahren von Saucen

Grundsaucen werden in größerer Menge hergestellt und auf Vorrat gehalten. Um eine Keimvermehrung während der Lagerung einzuschränken, müssen sie rasch abgekühlt und dann kühl aufbewahrt werden.

Dazu hat man verschiedene Möglichkeiten.

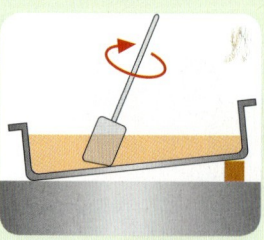

- *Umfüllen in flache Gastronorm-Schalen*
  Eine Unterlage lässt die Luft unter der Bodenfläche durchstreichen. Die vergrößerte Oberfläche lässt die Wärme leichter abziehen.

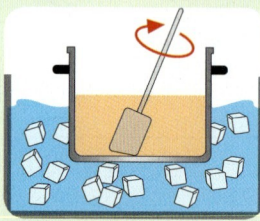

- *Abkühlen im Wasserbad*
  Die Sauce wird in einen Topf gefüllt und in ein kaltes Wasserbad gestellt, das des Öfteren gewechselt wird. Eiswürfel beschleunigen die Abkühlung.

Weil gebundene Flüssigkeiten kaum zirkulieren, muss des Öfteren umgerührt werden.

3 Weiße Saucen

🇬🇧 white sauces 🇫🇷 sauces (w) blanches

Weiße Saucen werden zu gekochtem, gedünstetem und gedämpftem Schlachtfleisch, Geflügel, Fisch, Gemüsen und Eiern gereicht.

3.1 Grundlagen

Sie müssen im Geschmack mit dem Gericht übereinstimmen. Darum verwendet man als Geschmacksgrundlage, je nach ihrer Art, eine helle, gehaltvolle **Grundbrühe** von Kalb, Geflügel oder Fisch.

Werden diese **Grundbrühen** mit weißer Mehlschwitze (Roux blanc) oder mit Mehlbutter (Beurre manié) gebunden, so entstehen **Weiße Grundsaucen** (Veloutés).

Die Herstellung der Grundsaucen ist in allen Fällen gleich; unterschiedlich ist nur die Grundbrühe, nach der auch die Sauce benannt wird.

3.2 Weiße Grundsaucen

🇬🇧 velouté sauces 🇫🇷 veloutés (m)

- **Weiße (Kalbs-)Grundsauce** Velouté de veau
- **Geflügelgrundsauce** Velouté de volaille
- **Fischgrundsauce** Velouté de poisson
- **Béchamelsauce** Sauce Béchamel

> **Bedarf für 5 Liter**
> 300 g   Butter
> 250 g   Mehl
> 7 l   entsprechende Flüssigkeit
>   ├─ Kalbsbrühe
>   ├─ Geflügelbrühe
>   └─ Fischbrühe

Arbeitsfolge für Weiße Grundsaucen

Material	Arbeitsvorgang	Begründung
Butter, Mehl	Butter zerlassen, Mehl darin glattrühren, weiß schwitzen	Durch Schwitzen geht der Mehlgeschmack verloren. Stärke wird zu Dextrin umgesetzt. Farbstoffe dürfen nicht entstehen.
entsprechende kalte Grundbrühen (Kalb, Geflügel, Fisch)	dazugießen; unter ständigem Rühren aufkochen; abschäumen, langsam kochen lassen	Klümpchenbildung wird vermieden. Sauce setzt nicht an. Aufsteigende Schwebeteilchen werden entfernt. Sauce erhält Konsistenz.
	durch Tuch oder Haarsieb passieren	Entfernen von Rückständen. Sauce ist glattfließend.

Weiße Grundsauce Velouté (m)

Weiße Grundsauce Velouté (m)
Selbst hergestellt oder vorgefertigt

Kalbsgrundsauce (2 Liter)
velouté de veau

Ergänzung mit ⬇

Deutsche Sauce

100 ml	reduzierter Kalbsfond
60 ml	Champignonfond
150 ml	Sahne
1 EL	Zitronensaft
3	Eigelb, Salz, Pfeffer
30 g	Butterflocken

Geflügelgrundsauce (2 Liter)
velouté de volaille

Ergänzung mit ⬇

Geflügelrahmsauce

100 ml	reduzierter Geflügelfond
60 ml	Champignonfond
150 ml	Sahne
	Salz,
	weißer Pfeffer
30 g	Butterflocken

Fischgrundsauce (2 Liter)
velouté de poisson

Ergänzung mit ⬇

Weißweinsauce

100 ml	reduzierter Fischfond
100 ml	trockener Weißwein
150 ml	Sahne
	Salz,
	weißer Pfeffer
30 g	Butterflocken

Die Arbeitsfolge wiederholt sich bei allen hellen Saucen. Verschieden sind nur die zugegebenen Flüssigkeiten. Die bestimmte Grundsauce wird mit den entsprechenden reduzierten Fonds und dem Champignonfond bzw. Weißwein verkocht. Zur Fertigstellung werden die kalten Butterstückchen in die heiße Soße montiert.

Abgeleitete Saucen entstehen durch die Beigabe geschmacksgebender Zutaten.

> 🔴 Wird eine vorbereitete weiße Grundsauce wieder erwärmt, gibt man zunächst etwas von dem entsprechenden Fond in den Topf. Das verhindert beim Erwärmen das Anlegen der Grundsauce am Topfboden.

Zubereitung Speisen

SAUCEN

Deutsche Sauce 🇬🇧 allemande sauce 🇫🇷 sauce (w) allemande

Ableitungen von der Deutschen Sauce durch Ergänzungen

Kräutersauce
🇫🇷 sauce aux fines herbes

Ergänzungen mit gehacktem Kerbel, Petersilie, Schnittlauch und Zitronenmelisse

Champignonsauce
🇫🇷 sauce aux champignons

Ergänzungen mit Champignonscheibchen und eingekochtem Champignonfond

Kapernsauce
🇫🇷 sauce aux câpres

Ergänzungen mit Kapern und Kapernfond

Geflügelrahmsauce 🇬🇧 suprême sauce 🇫🇷 sauce (w) suprême

Ableitungen von der Geflügelrahmsauce durch Ergänzungen

Alexandrasauce
🇫🇷 sauce Alexandra

In Butter gedünstete, dicke Champignonstreifen und eingekochten Trüffelfond sowie einige Butterflocken werden unter die Grundsauce gerührt.

Andalusische Sauce
🇫🇷 sauce andalouse

In Butter und Zitronensaft weichgedünstete Würfel von grünen Paprikaschoten werden mit der Grundsauce verrührt.

Elfenbeinsauce
🇫🇷 sauce ivoire

So viel Geflügelextrakt (Glace de volaille) unter die Grundsauce mischen, bis diese schön elfenbeinfarben ist.

Weißweinsauce 🇬🇧 white wine cream sauce 🇫🇷 sauce (w) au vin blanc

Ableitungen von der Weißweinsauce durch Ergänzungen

Kapernsauce
🇫🇷 sauce aux câpres

Kapern mit dem Kapernessig verkochen und unter die Weißweinsauce (Sauce au vin blanc) mengen.

Diplomatensauce
🇫🇷 sauce diplomate

Zugabe von Hummerbutter sowie Würfel von Hummerfleisch und Trüffel in die heiße Grundsauce.

Dillsauce
🇫🇷 sauce au fenouill

Feingehackten Dill kurz vor dem Anrichten der heißen Grundsauce beifügen.

Bedarf für 1 Liter

50 g	Butter
40 g	Zwiebeln
60 g	Mehl
1,2 l	Milch, bzw. Kalbsbrühe
5 g	Salz
1	Lorbeerblatt
2	zerdrückte Pfefferkörner
1	Nelke
Spur	geriebene Muskatnuss

3.3 Béchamelsauce

🇬🇧 béchamel sauce 🇫🇷 sauce (w) Béchamel

Als Bestandteil vieler Gerichte und Basis für Suppen wird die Béchamelsauce auf Vorrat gehalten.

Weil sie auch zum Überbacken verwendet wird, hält man sie im Allgemeinen dicker als andere Grundsaucen.

3 Weiße Saucen

Arbeitsfolge für Béchamelsauce

Material	Arbeitsvorgang	Begründung
Butter, Zwiebelbrunoise	Butter zerlassen, Zwiebeln glasig dünsten	Geschmacksbildung
Mehl	hinzufügen und weiß schwitzen	Mehlgeschmack geht verloren. Stärke wird zu Dextrin.
Würzstoffe kalte Milch oder zur Hälfte Kalbsfond	zugeben dazugießen und unter ständigem Rühren aufkochen und 30 Minuten auskochen lassen	Klümpchenbildung wird vermieden. Die Sauce erhält Geschmack und Konsistenz. Mehlgeschmack verliert sich.
	passieren durch Spitzsieb	Entfernen kleiner Rückstände
flüssige Butter	auf die fertige Sauce geben	Fett schütz vor Abtrocknung. Hautbildung wird vermieden.

Béchamelsauce Sauce (w) Béchamel

Abb. 1 Ansatz der Mehlschwitze (Roux)

Abb. 2 Milch zugießen und aufkochen

Abb. 3 Konsistenz prüfen

Ableitungen von der Béchamelsauce durch Ergänzungen

Rahmsauce
🇫🇷 sauce à la crème

Béchamelsauce wird mit einer angemessenen Menge von frischer Sahne verkocht und mit kalten Butterflocken aufgeschlagen.

Verwendung vorwiegend zu Eiern, gedünsteten Fischen, gekochtem Geflügel, Teigwaren und vor allem zu Gemüsen.

Meerrettichsauce
🇫🇷 sauce au raifort

Die Grundsauce mit kräftiger Rinderbrühe verkochen, geriebenen Meerrettich zugeben, mit Essig, Zucker und Salz abschmecken, zur Vollendung Butterstückchen zugeben und montieren.

Die Meerrettichsauce eignet sich hauptsächlich zu gekochtem Rindfleisch.

Kardinalsauce
🇫🇷 sauce cardinal

Béchamelsauce wird mit dem entsprechenden Fischfond und Sahne verkocht und mit Hummerbutter aufgeschlagen.

Geeignet ist diese Sauce vorwiegend zu gedünstetem Fisch, Eierspeisen, Schalen- und Krebstieren.

SAUCEN

Weitere Ableitungen

Mornaysauce 🇬🇧 cheese sauce 🇫🇷 sauce (w) Mornay

Unter die kochende Béchamel rührt man geriebenen Käse, vorzugsweise Parmesan, und legiert dann die Sauce mit Eigelb und Sahne.

Geeignet ist die Sauce vorwiegend für überbackene Gerichte von Eiern, Fischen, Muschel- und Krebstieren, weißem Fleisch, weißem Geflügel, Gemüsen und Nudelgerichten.

Weiße Zwiebelsauce 🇬🇧 white onion sauce 🇫🇷 sauce (w) soubise

Man schneidet geschälte Zwiebeln in Scheiben, blanchiert sie und dünstet sie dann mit etwas weißer Kalbsbrühe und Butter weich. Die Zwiebeln werden durch ein Sieb gestrichen und mit Béchamelsauce und Sahne verkocht.

Geeignet zu gekochtem und gebratenem Lammfleisch, zu gekochtem Kalbsfleisch, zu Eiern und Gemüsen.

Walewskasauce 🇬🇧 walewska sauce 🇫🇷 sauce (w) Walewska

Walewskasauce dient zum Überbacken von gedünsteten Fischgerichten.

Der reduzierte Dünstfond des Fisches wird unter die Béchamelsauce gezogen und mit Krebs- oder Langustenbutter aufgeschlagen; evtl. Trüffeljulienne unter die Sauce mischen.

Nachdem der Fisch mit der Sauce bedeckt ist, wird Parmesankäse darübergestreut, mit Butterflöckchen belegt und überbacken.

Geeignet zu gedünstetem und gekochtem Fisch, zu Krebs- und Weichtieren.

Abb. 1 Mornaysauce entsteht durch Einstreuen von Reibkäse

Abb. 2 Walewskasauce

3.4 Varianten zur klassischen Zubereitung von weißen Saucen

Bindung mit Mehlbutter

0,5 l	reduzierter Fond
60 g	Mehlbutter

Weiße Saucen lassen sich auch so zubereiten, dass der kräftige, evtl. stark reduzierte Fond mit Mehlbutter (beurre manié) gebunden wird.

Bindung durch hohen Fettanteil

0,5 l	reduzierter Fond
150 g	Crème fraîche
50 g	Butter oder
200 g	Crème double

Den entsprechenden Fond vom Kalb, Geflügel, Gemüse oder Fisch auf weniger als die Hälfte einkochen. Butter und Sahne bzw. Crème double (doppelt fette Sahne) einarbeiten.

Bindung mit Saucenbinder

0,5 l	reduzierter Fond
35 g	Saucenbinder

Saucenbinder in Saucenflüssigkeit einstreuen, umrühren und bis zur erwünschten Bindung köcheln lassen.

4 Aufgeschlagene Saucen

🇬🇧 whipped sauces 🇫🇷 sauces (w) émulsionnées

Bei den meisten Gerichten werden die Saucen aus den Braten oder Bratenansätzen der Hauptbestandteile gewonnen.

Aufgeschlagene Saucen werden unabhängig vom Hauptbestandteil eines Gerichtes hergestellt. Dies bedeutet für den Arbeitsablauf eine eigenständige Vorgehensweise.

Saucen, die durch das Warmaufschlagen von Eigelb mit warmer, zerlassener Butter hergestellt werden, bezeichnet man als **aufgeschlagene Buttersaucen**. Zu den am häufigsten verwendeten aufgeschlagenen Buttersaucen zählen die holländische Sauce und die Béarner Sauce.

Die Grundbestandteile für beide Saucen sind gleich und werden auch im gleichen Verhältnis verwendet. Der Unterschied liegt in den **würzenden Bestandteilen**.

Weil feste Bestandteile wie Pfefferkörner oder Zwiebelstückchen die zarte Beschaffenheit der Sauce stören würden, fertigt man eine Reduktion. Eine **Reduktion** ist ein Auszug aus Gewürzen und Zwiebeln.

Zunächst werden die zerkleinerten Zutaten durch Kochen ausgelaugt. Durch Einkochen (Reduzieren) werden die Geschmacksstoffe konzentriert.

Gegenüberstellung von Reduktionen und Gewürzen

Holländische Sauce sauce hollandaise (diese Seite)	Béarner Sauce sauce béarnaise (Seite 515)
Reduktion	**Reduktion**
Essig Wasser Pfefferkörner Schalotten	Essig **Weißwein** Pfefferkörner Schalotten **Estragon** **Kerbel**
Gewürze	**Gewürze**
Salz Cayenne Zitronensaft	Salz Cayenne **gehackter Estragon** **gehackter Kerbel**

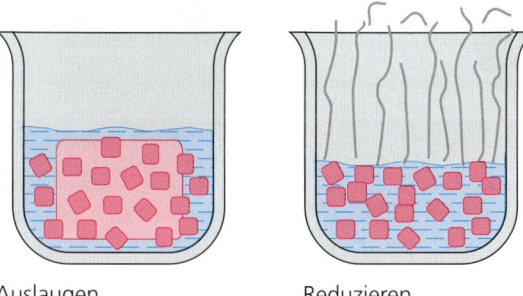

Auslaugen   Reduzieren

4.1 Holländische Sauce

🇬🇧 hollandaise sauce 🇫🇷 sauce (w) hollandaise

Holländische Sauce wird nach der Verbrauchererwartung nur mit Butter hergestellt. Es dürfen weder Pflanzenfett noch Binde-/Streckungsmittel verwendet werden. Rezept siehe rechts.

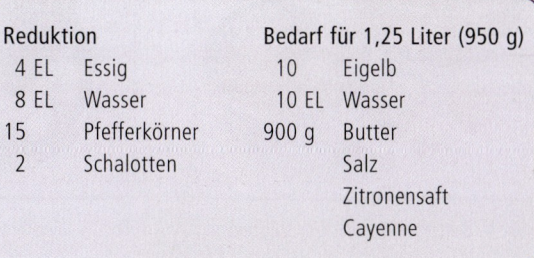

Reduktion		Bedarf für 1,25 Liter (950 g)	
4 EL	Essig	10	Eigelb
8 EL	Wasser	10 EL	Wasser
15	Pfefferkörner	900 g	Butter
2	Schalotten		Salz
			Zitronensaft
			Cayenne

Zubereitung Speisen

SAUCEN

Arbeitsfolge für holländische Sauce

Material	Arbeitsvorgang	Begründung
Pfefferkörner, zerdrückt. Schalottenwürfelchen, Essig, Wasser	zum Kochen bringen, auf 1/3 reduzieren und abseihen	Geschmacksstoffe werden zunächst ausgelaugt, dann konzentriert.
kaltes Wasser, Eigelb	zusammen mit Reduktion verrühren, in mäßig heißem Wasserbad aufschlagen, bis sich die Masse allmählich verdickt	Wasser kühlt heiße Reduktion, verhindert vorzeitiges Stocken. Schlagen bringt Luft in die Eigelbmasse. Wärme bindet und gibt Stand.
zerlassene Butter	warme Butter zuerst tropfenweise unter verdicktes Eigelb schlagen	zu rasche Zugabe hindert Emulsionsbildung und kann zum Gerinnen führen.
restliches Wasser	immer erst nach erreichter Konsistenz der Sauce zusetzen	Beigabe von Wasser erhöht Aufnahmefähigkeit der Eigelbmasse.
Zitronensaft, Salz, Cayenne	zugeben	Geschmacksstoffe der Reduktion werden ergänzt. Mäßig würzen und salzen, da Grundsauce.

Holländische Sauce sauce (w) hollandaise

Abb. 1 Rohstoffe

Abb. 2 Reduktion herstellen.

Abb. 3 Reduktion abseihen.

Abb. 4 Butter zerlassen, Eier trennen.

Abb. 5 Eigelb mit Reduktion im Wasserbad aufschlagen.

Abb. 6 Flüssige Butter langsam unterrühren.

4 Aufgeschlagene Saucen

Risiken und Fehler bei holländischer Sauce

Kaum ein Bereich oder ein Produkt bei der Speisenbereitung ist so empfindlich wie die holländische Sauce. Schon kleine Fehler können zu einem Misserfolg führen.

- An erster Stelle muss bei der Bereitstellung der Materialien darauf geachtet werden, dass nur absolut frische Eier der Güteklasse A zur Verwendung kommen. Die holländische Sauce wird auf etwa 70 °C erwärmt. Danach wird sie noch längere Zeit warmgehalten.
- Durch die Produktion von Kleinmengen bei der Herstellung der Reduktion kann es zu erheblichen Geschmacksschwankungen kommen.
- Klären der Butter bedeutet Geschmacksverlust.
- Zu schwaches Aufschlagen bedeutet für die Sauce mangelhafte Bindung und Volumen.
- Zu heißes Wasserbad lässt das Eigelb stocken.
- Übermäßiges Erwärmen verhindert das volle Aufschlagvolumen, lässt die Eigelbe zu stark abbinden und die Sauce gerinnen.

● Die Salmonellengefahr kann eingeschränkt werden durch Verwendung absolut frischer Eier oder von pasteurisiertem Eigelb.

Verwendung

Man kann weiße Saucen und Gerichte von Eiern, Fischen, Krusten-, Schal- und Weichtieren, aber auch Schlachtfleisch-, Geflügel- und Gemüsespeisen mit holländischer Sauce verfeinern.

Holländische Sauce als Beigabe zu Fischen, Eiern oder Gemüsen schmeckt man entsprechend ihrer Bestimmung nochmals mit Zitronensaft und Salz ab.

Ableitungen auf der Seite 517

Besonderheit

Während bei der „Hollandaise" der Geschmack neutral gehalten wird, ist die „Béarnaise" durch Zugabe von Wein und Kräutern würziger.

Früher ist die Béarner Sauce als selbstständige Sauce aufgeschlagen worden.

Aus Gründen einer arbeitssparenden Küchenführung leitet man heute die Béarner Sauce von der holländischen Sauce ab.

Die charakteristischen Würzstoffe werden der fertig aufgeschlagenen holländischen Sauce zugesetzt.

Sie wird nur noch selten als Sauce für sich hergestellt (siehe S. 517).

Geronnene holländische Sauce

Die Sauce kann gerinnen durch:

- zu schnelles Unterrühren der zerlassenen Butter – trennt die Emulsion, die Saucenbindung bricht,
- zu heiße Butter,
- Fehler bei der Rezeptvorbereitung; zu viel flüssige Butter,
- zu hohe Warmhaltetemperatur

Eine geronnene Sauce ist in diesem Zustand nicht mehr verwendbar. Es gibt jedoch Möglichkeiten, die Sauce wieder verwendbar zu machen.

Zubereitung Speisen

SAUCEN

Methode ①: Kaltes Wasser beigeben

Beginnt die Sauce zu gerinnen, gießt man ein wenig kaltes Wasser an den Rand der Schüssel mit der geronnenen Sauce. Mit einem Schneebesen wird vorsichtig an der Oberfläche gerührt. Dabei beschränkt man sich zunächst auf einen kleinen Umkreis, immer an der gleichen Stelle. Ist dort dann eine Bindung hergestellt, rührt man größere Kreise, bis die Sauce völlig glatt ist.

Methode ②: Eigelb zugeben

Kommt auf diese Art keine Bindung zustande, werden, je nach Saucenmenge, ein oder mehrere Eigelb dazugegeben und ebenfalls vom Rand aus gerührt.

Die weitaus **sicherere Methode** ist jedoch, die Eigelb mit etwas Wasser neu aufzuschlagen und die geronnene Sauce zunächst tropfenweise hinzuzurühren. Ist eine Bindung wieder hergestellt, kann der Rest in schnellerer Folge eingerührt werden.

Methode ③: Fertige Sauce einrühren

Dies ist ein nicht ganz klassisches Schnellverfahren aus der Praxis.

Die geronnene holländische Sauce wird nach und nach in eine bereits fertige, gut emulgierte holländische Sauce eingerührt.

Es ist auch möglich, sie in wenig weiße gebundene Sauce, z. B. Béchamelsauce, nach und nach einzurühren.

Methode ④: Mixstab verwenden

Mit einem Mixstab gelingt es in der Regel fast immer, eine gerade gerinnende Sauce wieder glattzurühren.

Ableitungen von der holländischen Sauce durch Ergänzungen

Schaumsauce
🇫🇷 sauce mousseline

Mit Zitronensaft pikant abgeschmeckter Holländischer Sauce wird geschlagene Sahne untergezogen.

Serviert man zu gedünstetem oder gedämpftem Fisch und zu gekochten Gemüsen.

Malteser Sauce
🇫🇷 sauce maltaise

Den Saft reifer Blutorangen und dünn abgeriebene unbehandelte Orangenschale rührt man unter die Grundsauce.

Wird ausschließlich zu Spargel gereicht.

Göttliche Sauce
🇫🇷 sauce divine

Sherrywein wird mit etwas Trüffelfond verkocht und mit etwas Geflügelextrakt und geschlagener Sahne der Grundsauce beigegeben.

Wird zu Spargel, Artischocken, aber auch zu gekochtem Hummer und Langusten gereicht.

4 Aufgeschlagene Saucen

Weitere Ableitungen von der holländischen Sauce

Cédardsauce 🇬🇧 cédard sauce 🇫🇷 sauce (w) Cédard

Der reduzierte Fond von frisch gekochten Champignons, Zitronensaft und Geflügelextrakt bildet die Geschmacksergänzung, mit der die holländische Sauce vollendet wird.

● Geeignet zu Spargel und Artischocken.

Béarner Sauce 🇬🇧 béarnaise sauce 🇫🇷 sauce (w) béarnaise

Weißwein, Estragonessig und einige zerdrückte Pfefferkörner einkochen und passieren. Holländische Sauce wird mit einem entsprechenden Quantum der Reduktion, mit gehacktem Kerbel und gehacktem Estragon abgeschmeckt.

● Zu Fleisch- und Fischzubereitungen vom Grill und aus der Pfanne sowie zu Eierspeisen.

Choronsauce 🇬🇧 choron sauce 🇫🇷 sauce (w) Choron

Tomatenpüree ohne Farbe nehmen zu lassen schwitzen und mit Béarner Sauce oder holländischer Sauce, der eine passierte Reduktion aus Weißwein, Estragonessig und Pfefferkörnern zugegeben wurde, vermischen.

● Typische Beigabe zu Tournedos und zu anderen gebratenen und gegrillten Fleischzubereitungen, zu Fisch und zu Eierspeisen.

4.2 Buttersauce 🇬🇧 butter sauce 🇫🇷 sauce (w) au beurre

Buttersauce wird unter Verwendung von Gemüse-, Fisch- oder Fleischbrühe angefertigt.

- Aus Butter und Mehl eine weiße Mehlschwitze (Roux blanc) herstellen.
- Die entsprechende, abgekühlte Brühe dazugeben und das Ganze unter fortgesetztem Rühren an den Kochpunkt bringen und sogleich von der Herdplatte nehmen.
- Die holländische Sauce nach und nach darunterschlagen.
- Die Buttersauce mit Salz, Zitronensaft und einer Spur Cayenne geschmacklich vervollständigen und bis zum Gebrauch warmstellen.

Buttersaucen können gereicht werden aus

- verarbeitungstechnischen Gründen: Stärkeverkleisterung schützt weitgehend vor Gerinnen;
- gesundheitlichen Gründen: Fettanteile werden verringert;
- wirtschaftlichen Überlegungen: Materialkostensenkung (einfache Betriebe, Großküchen).

Bedarf für 2 Liter	
80 g	Butter
100 g	Mehl
1 l	Holländische Sauce
1 l	Gemüsebrühe (Blumenkohl, Spargel), Fisch- oder Fleischbrühe
	Salz
	Zitronensaft

● Sauce nicht mehr aufkochen, enthaltenes Fett tritt sonst aus.

Aufbewahrung

Aufgeschlagene Buttersaucen sind temperaturempfindlich. Man kann sie auf einer Unterlage an einer warmen Stelle des Herdes bereitstellen.

Besser ist die Aufbewahrung im sogenannten Saucen-Thermer, einem Warmhaltegerät mit Einsatztöpfen aus Edelstahl und konstant einstellbarer Temperatur.

Hierin lässt sich die Sauce ohne Qualitätseinbuße über einen längeren Zeitraum warmhalten.

Zubereitung Speisen

SAUCEN

5 Kalte Grundsauce

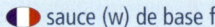 cold basic sauce 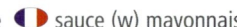 sauce (w) de base froid

Mayonnaise ist eine kalte Öl-Grundsauce. Feste Konsistenz und neutraler Geschmack sind Voraussetzung für ihre verschiedenartige Verwendbarkeit.

Frisches Eigelb, reinschmeckendes Pflanzenöl sowie Qualitätsessig oder Zitronensaft sind Voraussetzung für ein geschmacklich einwandfreies Produkt.

Mayonnaise  mayonnaise sauce (w) mayonnaise

Mayonnaise ist eine Vermischung (Emulsion) von Pflanzenöl, Hühnereigelb, Zitrone oder Essig und Salz.

Die Zutaten müssen Zimmertemperatur aufweisen. Kühlschrankkaltes Eigelb und sehr kaltes Öl lassen sich nicht zusammenrühren (emulgieren). Sie entmischen sich sofort wieder. Die Emulsion gerinnt.

Mayonnaise wird zugedeckt und kühl aufbewahrt.

Herstellung

Bei der Herstellung einer Mayonnaise ist besonders zu achten auf:

- **Richtige Temperatur** der Zutaten: Diese liegt bei etwa 20 °C. Wenn Zutaten kühl gelagert werden (z. B. Eier), sind sie rechtzeitig bereitzustellen, damit sie Raumtemperatur annehmen.
- **Passendes Geschirr und Schneebesen,** damit die anfangs geringe Masse ausreichend bearbeitet werden kann.
- **Angemessene Ölzugabe:** Am Anfang nur geringe Menge, später kann mehr beigegeben werden. Die Emulsionsbildung ist auch von der für das Rühren aufgewendeten Kraft abhängig. Wer mit geringerer Kraft rührt, braucht längere Zeit, um eine Mayonnaise von einwandfreier Beschaffenheit zu erhalten.

Arbeitsablauf

In einer Schüssel aus säurebeständigem Material sind Eigelb, Senf und Salz schaumig zu rühren. Vom Öl wird zunächst ein kleiner Teil tropfenweise dazugerührt. Später, wenn schon ein gewisser Stand vorhanden ist, kann man dann größere Mengen einrühren.

Es kommt darauf an, Eigelb und Öl zu einer kompakten Masse zu vereinigen, die im Schneebesen oder Rührgerät hängenbleibt, wodurch ein beständiger Zusammenhalt gegeben ist.

Erst jetzt können der Mayonnaise Essig oder Zitronensaft hinzugefügt werden. Der Rest des Öls und das Wasser sind dann allmählich einzurühren.

Verwendung

Mayonnaise dient zur Bereitung von kalten Saucen, zum Anmachen verschiedener Salate und zum Überziehen kalter Speisen.

Bedarf für 1 Liter
- 5 Eigelbe
- 10 g Salz
- 10 g Senf
- 1 l Öl
- 2 EL Wasser
- 2 EL Essig oder Zitronensaft

Wenn die Mayonnaise ausgiebig gerührt wurde, zeigt sie nun eine feste Konsistenz, die sich ohne Einschränkungen zu jedem gewünschten Verwendungszweck eignet.

Geronnene Mayonnaise

Mayonnaise kann gerinnen (sich entmischen), wenn

- Eigelb und Öl nicht temperiert sind,
- das Öl zu schnell eingerührt wird,
- der Ölanteil die Rezeptmenge übersteigt,
- die fertige Sauce zu kalt aufbewahrt wird.

Waren Eigelb und Öl zu kalt, sodass keine Verbindung zustande kam, müssen die geronnene Masse und das Öl temperiert werden. Danach rührt man die Masse tropfenweise zu einem frischen Eigelb und erhält so wieder den Zusammenhalt. Das restliche Öl dann langsam dazurühren.

Ist trotz temperierter Zutaten die Mayonnaise geronnen, weil das Öl zu schnell beigegeben wurde, muss wie im ersten Fall mit einem frischen Eigelb noch einmal begonnen werden.

Auch bei Mayonnaise, die sich wegen zu hoher Ölbeigabe wieder entmischt hat, ist mit 2 bis 3 Eigelb nochmals zu beginnen. Die geronnene Masse ist erst tropfenweise, bei erreichter Emulgierung in größeren Partien dazuzurühren.

Aufbewahrung

Hier empfiehlt es sich, die nebenstehenden Aufbewahrungsfristen zu beachten.

> 🔵 Mayonnaise, die durch zu kalte Aufbewahrung geronnen ist, kann im warmen Wasserbad wieder glattgerührt werden. Eine weitere Möglichkeit der Korrektur besteht darin, die geronnene Mayonnaise in kleinen Mengen in etwas heißes Wasser zu rühren.

> 🔴 Frischei kann Salmonellen enthalten, die sich bei Aufbewahrung vermehren. Daher sind Fristen zu beachten.
> - Ohne Kühlung 2 Std. von Herstellung bis Verzehr.
> - Bei 7 °C gekühlt 24 Std. von Herstellung bis Verzehr.
>
> Für Mayonnaise aus pasteurisiertem Eigelb gelten diese Fristen nicht. Handelsware ist pasteurisiert.

Ableitungen von der Mayonnaise durch Ergänzungen

Chantillysauce
🇫🇷 sauce Chantilly

Mit Zitronensaft, Salz und Cayennepfeffer schmeckt man Mayonnaise ab und zieht geschlagene Sahne darunter oder häuft sie auf die angerichtete Sauce.

Diese Sauce wird hauptsächlich zu Spargel und Artischocken gereicht.

Remouladensauce
🇫🇷 sauce rémoulade

Mayonnaise wird pikant mit gehackten Gewürzgurken, Kapern, Sardellen, Petersilie, Kerbel, Estragon, frisch gemahlenem Pfeffer und Senf abgeschmeckt. Bei baldigem Verbrauch Zusatz von Zwiebelwürfeln möglich (Schärfe durch kurzes Blanchieren mildern).

Geeignet zu gebackenen Gemüsen, gebackenen Fischen, zu kaltem Braten und zu kalten Eiern.

Tatarensauce
🇫🇷 sauce tartare

Unter eine pikant abgeschmeckte Mayonnaise gibt man hartgekochte, gehackte Eier und feingeschnittenen Schnittlauch.

Vorwiegend geeignet zu gebackenem Fisch und kaltem Braten sowie zu kalten Eiern.

Zubereitung Speisen

SAUCEN

6 Eigenständige Saucen

🇬🇧 independent sauces 🇫🇷 sauces (w) autonomes

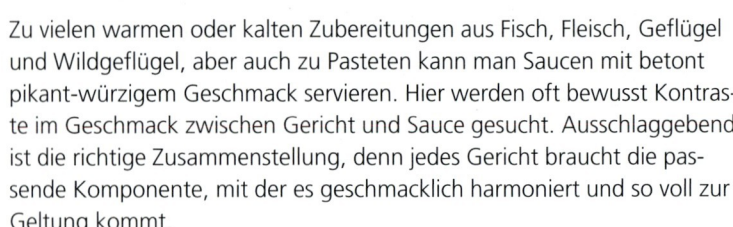

Zu vielen warmen oder kalten Zubereitungen aus Fisch, Fleisch, Geflügel und Wildgeflügel, aber auch zu Pasteten kann man Saucen mit betont pikant-würzigem Geschmack servieren. Hier werden oft bewusst Kontraste im Geschmack zwischen Gericht und Sauce gesucht. Ausschlaggebend ist die richtige Zusammenstellung, denn jedes Gericht braucht die passende Komponente, mit der es geschmacklich harmoniert und so voll zur Geltung kommt.

6.1 Warme Saucen

Tomatensauce 🇬🇧 tomato sauce 🇫🇷 sauce (w) tomate

Tomatensauce ist von feinem, fruchtig-säuerlichen Geschmack und wirkt durch die Farbe appetitanregend. Sie dient als Beigabe zu Gerichten. Der vielfältige Bedarf macht sie zu einem unentbehrlichen Grundstock der Küche.

Obwohl das ganze Jahr frische Tomaten am Markt sind, wird zur Herstellung der Tomatensauce, aus wirtschaftlichen Erwägungen, vielfach Tomatenmark verwendet. Geschmacklich vorteilhaft ist eine kombinierte Verarbeitung von Tomatenmark und frischen Tomaten.

Bedarf für 5 Liter

2 kg	reife Fleischtomaten
5 l	Kalbsbrühe
250 g	Möhren
250 g	Zwiebeln
200 g	Butter
50–80 g	Mehl
400 g	Tomatenmark
5	Knoblauchzehen
50 g	Zucker
	Salz, Pfeffer
1	Kräutersträußchen

- Tomaten waschen, quer halbieren und die Kerne ausdrücken.
- Zwiebeln und Möhren in kleine Würfel schneiden.
- Butter in einem Topf erhitzen.
- Geschnittene Gemüse zugeben, leicht Farbe nehmen lassen, Mehl darüberstäuben und anschwitzen.
- Vorbereitete Tomaten, Tomatenmark und gepresste Knoblauchzehen beifügen und alles kurze Zeit schmoren.
- Kalbsbrühe aufgießen und unter Rühren aufkochen.
- Sauce mit Zucker, Pfeffer und wenig Salz würzen, Kräutersträußchen einlegen.
- Zugedeckt im Ofen bei mäßiger Hitze garen. Dabei Sauce mehrmals vom Topfboden losspachteln.
- Fertige Tomatensauce durch ein Sieb passieren und die Oberfläche mit Butter beträufeln, damit sich bei Abkühlung keine Haut bildet.

Kochdauer: 30 bis 60 Min.

Geeignet zu Gemüsen, Eierspeisen, Gerichten von Fisch, Schlachtfleisch und Geflügel sowie Teigwaren und Reis.

Apfelsauce 🇬🇧 apple sauce 🇫🇷 sauce (w) aux pommes

Reife, saure Äpfel waschen, vierteln, vom Kernhaus befreien und mit Zucker, etwas Weißwein, einem Stück Zimtrinde und Wasser weichkochen. Den Zimt entfernen, die weichgekochten Äpfel durch ein Sieb streichen und warmstellen. Apfelsauce wird neben der betreffenden Bratensauce gereicht, deshalb muss sie dick gehalten werden.

Geeignet zu Gänse-, Enten-, Schweinebraten und Hasenrücken.

Brotsauce 🇬🇧 bread sauce 🇫🇷 sauce (w) au pain

Weißbrotscheiben ohne Kruste und gebrühte (blanchierte) Zwiebelscheiben in Milch mit Nelke, Muskat, weißem Pfeffer und einer Prise Salz zu Brei kochen. Nelke entnehmen, durch ein feines Nylonsieb streichen, mit wenig Rahm verkochen und mit einigen Butterflöckchen verfeinern.

Geeignet zu gebratenem Geflügel und Wildgeflügel.

6.2 Kalte Saucen

Kalte Saucen werden nicht nur zu kalten Gerichten gereicht, sondern teilweise auch zu warmen Speisen serviert.

Meerrettichsahne 🇬🇧 horseradish cream 🇫🇷 crème (w) au raifort

Geriebenen Meerrettich mit Essig oder Zitronensaft marinieren und unter geschlagene Sahne ziehen. Zum Abschmecken etwas Zucker und Salz.

- Geeignet zu gekochtem Fisch warm und kalt, Räucherlachs und -forellen, gekochtem Schinken warm und kalt, gekochtem Rindfleisch warm und kalt und kalten Eierspeisen.

Cumberlandsauce 🇬🇧 Cumberland sauce 🇫🇷 sauce (w) Cumberland

Dünn abgeschälte Orangen- und wenig Zitronenschale in sehr feine Streifchen (Julienne) schneiden, mit wenig Wasser schnell aufkochen, abschütten und in Rotwein weichkochen. Johannisbeergelee und ein Löffelchen Preiselbeeren passieren, etwas englisches Senfpulver mit Rotwein glattrühren und daruntermengen. Mit dem Saft der geschälten Orangen, etwas Zitronensaft und geriebenem Meerrettich und einem Hauch Cayennepfeffer abschmecken. Die Sauce mit den abgekühlten Schalenstreifen vollenden.

- Zum Verzehr bestimmte Orangen- oder Zitronenschalen dürfen nur von unbehandelten Früchten stammen.

- Geeignet zu kaltem Wildbraten, Wildgeflügel, Pasteten und Terrinen.

Minzesauce 🇬🇧 mint sauce 🇫🇷 sauce (w) à la menthe

Weinessig halb mit Wasser verdünnt, gehackte frische Minzeblätter und Zucker zusammen vermischen und zugedeckt stehen lassen. Die Minzesauce ist nach einer Stunde gebrauchsfertig. Bei Verwendung von getrockneter Pfefferminze die Mischung aufkochen und erkalten lassen.

- Geeignet zu Lammbraten warm und kalt.

6.3 Würzsaucen – Würzpasten – Dips

Unter diesen Bezeichnungen versteht der Fachmann kalte, internationale Saucen oder würzige Pasten von dicklicher Konsistenz zum Eintauchen von Gemüsesticks oder Nachos (knusprige Tortilla Chips aus Maisteig), oder anderen Chips. Sie werden aber auch gerne zu Fleisch-, Geflügel- und Fischgerichten, vornehmlich zu Gegrilltem gereicht. Der Vorteil dieser Saucen liegt in der schnellen und einfachen Zubereitung.

Guacamole

Fruchtfleisch von reifen Avocados mit einer Gabel zerdrücken und mit Tomatenfleischstücken, Knoblauch, Chilis, Zwiebelbrunoise, Limettensaft, Salz und gehacktem Koriandergrün zu einer homogenen Creme vermischen. Diese mexikanische Spezialität wird mit Nachos gegessen, als erfrischende Beilage zu Fleischgerichten serviert oder als pikante Füllung von Tachos und Tortillas verwendet.

Relish

Die scharf-säuerliche Sauce wird gerne zu Grillgerichten sowie zu kalten Braten aller Fleischarten serviert und besteht aus Tomatenfleischstücken, Würfeln von Salatgurke, Knoblauch, Koriandergrün und Chili. Als Bindung wird Geflügelfond mit etwas Stärke vermischt und aufgekocht. Damit erhält die Sauce eine leicht sämige Konsistenz. Sie wird mit Limettensaft, Salz, Pfeffer und Pflanzenöl vollendet.

SAUCEN

Raita

Die Basis für diese indische Sauce besteht aus Schafsmilch-Joghurt. Durch unterschiedliche Zutaten wie beispielsweise Tomaten, Frühlingszwiebeln, Karotten, Paprika oder Gurken kann diese Dip-Sauce sehr variabel hergestellt werden. Gewürzt wird sie mit Kreuzkümmel, Salz, Pfeffer, Koriander und manchmal auch mit Kurkuma. Raita serviert man zu Frikadellen, Fleisch und zu Dip-Gemüse.

Frankfurter Grüne Sauce

Zur Frankfurter Grünen Sauce gehören traditionell sieben bis neun verschiedene Kräuter. Die Sauce passt zu hart gekochten Eiern, zu Salzkartoffeln, zu gekochtem Rindfleisch (Rinderbrust oder Tafelspitz), zu Schnitzel (Frankfurter Schnitzel), zu Sülzen und zu gebackenem Fisch.

Als Kräuter verwendet man Schnittlauch, Petersilie, Kresse, Borretsch, Kerbel, Pimpinelle, Liebstöckel, Sauerampfer und Dill. Die Basis für die Sauce bilden Molkereiprodukte wie Joghurt, Quark, Dickmilch, Creme fraîche oder Sauerrahm und manchmal auch Mayonnaise. Dazu rührt man dann in die Basis von 500 g etwa 300 g von den oben genannten frischen, gehackten Kräutern unter und schmeckt die Sauce mit Salz und frisch gemahlenem Pfeffer ab.

Cacik

Zur Zubereitung werden stichfester Joghurt, Sahnejoghurt und fein gehackte Gurke vermischt, mit gepresstem Knoblauch, Salz, Minze, Dill gewürzt, mit wenig Essig und Olivenöl abgerundet. Die türkische Sauce wird mit Pfefferminzblättern und/oder Dillzweigen garniert. Cacik wird als Vorspeise serviert, als Salatsauce, wird für Döner und Lahmacun (Fladenbrot) verwendet oder zu Fladenbrot und Börek gereicht.

Chutney

Ob süßsauer, mild oder scharf, die fruchtigen Begleiter runden Gerichte von gebratenem oder gegrilltem Schlachtfleisch, Wild oder Geflügel harmonisch ab; sie passen auch zu Fisch, kalten Braten und Käse. Sehr beliebt sind Chutneys auch zu panierten Schnitzeln.

Sie werden ähnlich wie Marmeladen gekocht. Chutney von Tomaten ist süßlich-scharf, während das Mango-Kürbis-Chutney dagegen süßsauer und ein Fenchel-Orangen-Chutney eher mild ist. Weitere Früchte neben den bereits genannten zur Chutneyherstellung können Zucchini, Melonen, Feigen, Johannisbeeren, Papaya oder Pflaumen sein. Als Standardgewürz findet man in fast jedem Chutney Ingwerwurzel und Kurkuma.

Tsatsiki

Diese Spezialität wird aus griechischem Joghurt-Quark mit geraspelter Gurke, viel Knoblauch und Dill zubereitet. Mit Weißwein und Olivenöl verrührt ist sie eine geschmackvolle Beigabe zu Hackbällchen, Dolmas (gefüllte Weinblätter), Fleisch und frittierten Gemüsechips.

Salsa rossa/Salsa verde

Die italienische Sauce **Salsa rossa** wird bei der Herstellung von Wraps verwendet sowie zu kalten Brathähnchen und Pasteten serviert. Sie besteht aus roten Paprikaschoten, Zwiebelwürfeln, Flaschentomate, Olivenöl, Chilipulver, Koriandergrün, Salz und Weinessig. Die Sauce wird zusammen mit Salsa verde auch zu verschiedenen, gekochten Fleisch- und Wurstsorten mit Suppengrün-Gemüse, dem sogenannten „Bolito misto", beigegeben.

Salsa verde ist eine Kräutersauce aus Norditalien und ähnelt der Frankfurter Grünen Sauce. Sie unterscheidet sich durch die Zugabe von Kapern und wird serviert zu gekochter Kalbszunge, Rindfleisch, Bolito misto oder pochiertem Fisch.

Pesto

Die Hauptzutaten in dieser italienischen Nudel-Würzpaste sind vornehmlich Pinienkerne oder andere Nussorten, geriebener Parmesan, Knoblauch und Olivenöl. Dazu kommen dann zusätzliche Geschmacksträger wie Basilikum oder Bärlauch, Salz und Pfeffer. Neben dem grünen Pesto gibt es auch ein Sardellen-Pesto und ein Tomaten-Pesto. Hierbei wird das Basilikum gegen Sardellen oder gegen getrocknete Tomaten und Peperoni ausgetauscht.

Pestopaste kann zu allen Nudelgerichten, zu Gnocchi, zu Risotto, zu Minestrone, aber auch zum Bestreichen von Steaks vor oder nach dem Bratvorgang verwendet werden.

7 Merkmale und Anrichten von Saucen

evaluation characteristics of sauces, arranging sauces
caractéristiques de jugement et dresser des sauces (w)

Beurteilungsmerkmale für Saucen

- **Konsistenz/Beschaffenheit:** Dick, dünn, zähflüssig, stückig, geronnen, cremig, deckend.
- **Aussehen:** ohne sichtbares Fett, keine dunklen Pünktchen, durchscheinend, saucentypisch, matt, glänzend.
- **Geruch, Geschmack:** Arttypisch, frisch, aromatisch, ausgeprägt.

Saucenmengen
Ein Liter fertige Sauce ergibt
- zum Saucenspiegel 12 Portionen
- zum Angießen 12 bis 16 Portionen
- getrennt/á part 12 Portionen

Anrichten von Saucen

Eine Sauce ergänzt und unterstützt das Gargut. Fleisch, Geflügel oder Fisch bleiben die Hauptsache, die Sauce tritt zurück. Anrichtemöglichkeiten:

Fleisch und Fisch mit Kruste werden nicht nappiert.

Fleisch- oder Fischstücke werden auf einen flachen Saucenspiegel gesetzt.

Gargut etwa ein Drittel, höchstens die Hälfte mit ein wenig Sauce bedecken. Diesen Vorgang nennt man Angießen.

Die Fleisch- oder Fischstücke werden ganz mit gebundener Sauce bedeckt. Man bezeichnet das als Nappieren.

Zusätzliche Sauce wie z. B. bei Braten oder Spargel wird getrennt in einer Sauciere gereicht, à part serviert.

Zubereitung Speisen

SAUCEN

8 Buttermischungen

butter mixtures • beurres (m) composés

Frische Butter hebt durch ihr feines Aroma den Geschmack der Speisen und wertet sie auf. Je nach Gericht verwendet man entsprechende kalte oder heiße Buttermischungen.

8.1 Kalte Butter

Vermischt man frische Butter mit würzigen Zutaten, so entstehen Buttermischungen mit eigener, typischer Geschmacksprägung.

Man unterscheidet:
- **Cremige Buttermischungen,** die nach der Herstellung sofort weiterverarbeitet werden, als Brotaufstrich, zum Füllen oder als Beigabe zu gekochten, warmen Zubereitungen.
- **Feste Buttermischungen,** die man auf Vorrat herstellt und erst später verwendet. Deshalb bringt man sie in Walzen- oder Rosettenform und lässt sie in der Kühlung absteifen.

Buttermischungen finden Verwendung:
- zur Ergänzung von Suppen und Saucen,
- anstelle von Saucen zu Kurzbratfleisch, Fischen, Krebstieren und Gemüsen,
- als Aufstrich für Toast- und Brotschnitten, Canapés,
- zum Verschließen gefüllter Schneckenhäuser.

Herstellung

Die jeweilige Zustandsform der Butter ist abhängig von der Temperatur. Butter ist in kaltem Zustand von fester Beschaffenheit und lässt sich dann nur schwer mit anderen Zutaten vermischen.

Für die Herstellung von kalten Buttermischungen muss die Butter geschmeidig sein. Bei der Herstellung gilt:
- Butter auspacken und in Schüssel bei Raumtemperatur lagern, damit die Butter weich wird,
- Butter cremig rühren,
- Geschmacksträger beigeben und gut vermischen.

> Schmilzt Butter beim Erwärmen, geht das zarte, cremige Gefüge verloren und die erkaltete Masse ist körnig-grießig. Das ist ein Qualitätsmangel.

Formen

Buttermischungen können geformt werden
- in cremigem Zustand zu Rosetten oder
- zu Kugeln oder
- in Stangen rund oder eckig.

Rosetten werden mit dem Spritzsack und einer Sterntülle auf Pergamentpapier oder Folie dressiert. Bei Bedarf werden sie mit einem Messer von der Unterlage abgehoben.

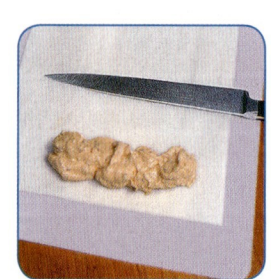

Butterscheiben erhält man, wenn von durchgekühlten Stangen Scheiben abgeschnitten werden. Die Buttermischung wird nach der Herstellung auf Folie oder Pergamentpapier gegeben, zu Walzen mit etwa 3 cm Durchmesser geformt, in der Umhüllung gerollt und durchgekühlt.

Kräuterbutter

🇬🇧 herb butter 🇫🇷 beurre (m) aux fines herbes

Geschmackbestimmende Zutaten: Gehackte Kräuter: Estragon, Petersilie, Schnittlauch, Kerbel, gehackte Schalotten, Zitronensaft, Pfeffer, Salz.

Verwendung: Suppen, Saucen. Fisch und Fleisch gebraten, gegrillt, gebacken. Krebstiere gegrillt. Schnittchen mit Ei, Tomate, Braten, Käse.

Colbertbutter 🇬🇧 Colbert butter 🇫🇷 beurre (m) Colbert

Geschmackbestimmende Zutaten: Gehackte Petersilie, Estragon, Zitronensaft, Fleischextrakt, Pfeffer, Salz.

Verwendung: Fisch und Fleisch gebraten, gegrillt, gebacken. Krebstiere gegrillt, Schnittchen mit Ei, Tomate, Braten.

Schneckenbutter

🇬🇧 snail butter 🇫🇷 beurre (m) pour escargots

Geschmackbestimmende Zutaten: Schalottenwürfel, zerriebener Knoblauch, gehackte Petersilie, Zitronensaft, Worcestershire Sauce, Pfeffer, Salz.

Verwendung: Verschließen gefüllter Schneckenhäuser oder der gefüllten Vertiefungen spezieller Schneckenplatten; Schneckensuppe.

Estragon-Senf-Butter

🇬🇧 seasoned butter 🇫🇷 beurre (m) assaisonné

Geschmackbestimmende Zutaten: Gehackter Estragon, englisches Senfpulver, Salz, Pfeffer.

Verwendung: Aufstrichbutter für Sandwiches, Toast- und Brotschnitten.

8.2 Heiße Butter

Zur geschmacklichen Vervollkommnung wird zu vielen Zubereitungen auch heiße Butter verwendet. Zutaten und Würzen, aber auch der Erhitzungsgrad geben heißer Butter einen besonderen Geschmack.

Herstellung

Durch Erhitzen wird Butter flüssig. Milchreste (Wasser und Eiweiß) sinken auf den Boden. Bei weiterem Erhitzen verdampft das Wasser und bildet in Verbindung mit dem Eiweiß aufsteigenden Schaum. Deshalb zerlässt man Butter in einem Geschirr mit hohem Rand (Stiel- oder Schwenkkasserolle). Durch Rühren mit einem Schneebesen wird dabei das Entweichen des Dampfes gefördert und ein Überschäumen verhindert. Die ausgeschäumte Butter gießt man durch ein Sieb mit feinem Geflecht, entfernt die zusammengekrümelten Eiweißteilchen und hat so zerlassene, geklärte Butter. Bei fortschreitendem Erhitzen verändert Butter ihren Geschmack und ihre Farbe.

Für braune Butter wird eine saubere Stielpfanne benutzt. Durch die größere und dünnere Bodenfläche dringt mehr Hitze in die Butter und der Bräunungsvorgang wird stark beschleunigt. Das Wasser verdampft sofort, die Butter schäumt nur wenig und ist sehr schnell braun.

> Beim Zubereiten von brauner Butter ist deren Veränderung genau zu beobachten. Die Wärmezufuhr muss rasch unterbrochen werden, wenn die Butter beinahe die gewünschte Bräunung erreicht hat, denn heiße Butter bräunt noch nach und könnte bitter werden.

Nussbutter 🇬🇧 noisette butter 🇫🇷 beurre (m) noisette

Vorgang und Zutaten: In einer Kasserolle zerlassene Butter herstellen und Weitererhitzen zu nussbrauner Farbe.

Verwendung: Gekochte Fische, Krebstiere und Gemüse (z. B. Spargel, Blumenkohl).

Zerlassene Butter

🇬🇧 melted butter 🇫🇷 beurre (m) fondu

Vorgang und Zutaten: In einer Kasserolle Butter ohne Farbgebung zerlaufen lassen.

Verwendung: Wie bei Nussbutter

Zubereitung Speisen — SAUCEN

Butterbrösel/Bröselbutter
🇬🇧 polish butter 🇫🇷 beurre (m) polonaise

Vorgang und Zutaten: Nussbutter herstellen und darin Semmelbrösel rösten.
Verwendung: Gekochte oder gedämpfte Fische, Teigwaren, Klöße, Blumenkohl, Spargel und spezielle Nachtische.

Senfbutter
🇬🇧 mustard butter 🇫🇷 beurre (m) de moutarde

Vorgang und Zutaten: In einer Stielpfanne braune Butter herstellen. Ohne Satz auf Senf abgießen, dabei rühren (schäumt stark auf).
Verwendung: Gekochte Fische

Müllerinbutter
🇬🇧 meunière butter 🇫🇷 beurre (m) meunière

Vorgang und Zutaten: In einer Stielpfanne braune Butter herstellen, durch ein Sieb auf die mit Zitronensaft beträufelte und mit gehackter Petersilie bestreute Zubereitung gießen.
Verwendung: Gebratene Fische und angebratene, gedünstete Gemüse (z. B. Chicorée, Fenchel, Sellerie).

Zwiebelbutter
🇬🇧 onion butter 🇫🇷 beurre (m) à l'oignon

Vorgang und Zutaten: Zerlassene Butter herstellen. Zwiebelwürfelchen zugeben, unter Rühren hell bräunen.
Verwendung: Gekochte Fische, Leberknödel, gekochte Kartoffeln, Klöße, Spätzle, Kartoffelpüree, Maultaschen, Gnocchi

Rotweinbutter
🇬🇧 red wine butter 🇫🇷 beurre (m) au vin rouge

Vorgang und Zutaten: Schalottenwürfel in etwas Butter ohne Farbe nehmen zu lassen anschwitzen, mit Rot- und wenig Portwein aufgießen und zur Hälfte einkochen. Eiskalte Butter nach und nach einschwenken oder einmixen, mit Salz und Cayenne abschmecken.
Verwendung: Zu gedünsteten und gedämpften Fischen, poëliertem Geflügel- und Rehfilets

Fachbegriffe

à la minute	Erst auf Bestellung zubereiten
Chinois	Spitzsieb mit engen Maschen
deglacieren	Ablöschen, die angebratenen Knochen und das Röstgemüse oder den Bratensatz in der Pfanne mit … ablöschen
Etamine	Passiertuch

Fachbegriffe

Glace	Stark eingekochter reduzierter Bratensaft
montieren	Kalte Butterflöckchen unter eine Sauce schwenken
Reduktion	Einkochung
reduzieren	Durch Einkochen Flüssigkeit verringern

Aufgaben

1. Was versteht man unter einer Grundsauce?
2. Nennen Sie sechs Grundsaucen.
3. Nach welchen Gesichtspunkten kann man Saucen einteilen?
4. Erstellen Sie eine Materialanforderung für 15 Liter Demiglace.
5. Beschreiben Sie schriftlich die Herstellung einer Demiglace.
6. Saucenableitungen werden auf der Basis einer Grundsauce mit verschiedenen Zutaten hergestellt. Benennen Sie anhand der Zutaten die entsprechenden Ableitungen der Demiglace.
   a) Schalottenwürfel, zerdrückte Pfefferkörner, Thymian, Lorbeerblatt, roter Bordeauxwein.
   b) Zwiebelwürfel, Butter, Weißwein, Senf.
   c) Gehackte Schalotten, Champignons, Schinkenwürfel, Tomatenfleischwürfel, Kräuter.
7. Wie heißen die weißen, gebundenen Grundsaucen und ihre Verfeinerungen?
8. Welche beiden Grundsaucen sind auf der Basis einer Emulsion hergestellt?
9. Wie bzw. womit kann eine geronnene holländische Sauce wieder emulgiert werden?

PROJEKT

Saucen im Vergleich

Wieder einmal geht es um die Verwendung von vorgefertigten Produkten. Die Diskussion ist heftig. Da meint der Saucier: „So kommen wir nicht weiter. Wir müssen von den Meinungen wegkommen. Was wir brauchen, sind Fakten. Nur dann können wir vernünftig entscheiden."
Man einigt sich darauf, für Demiglace, Kalbsjus, holländische Sauce und Mayonnaise Vergleiche zwischen Eigenherstellung und verschiedenen Produkten durchzuführen.

Planen

1. Verteilen Sie die Aufgaben auf Arbeitsgruppen. Bedenken Sie, dass es für dieselben Produkte meist Angebote von mehreren Firmen gibt.
2. Erstellen Sie entsprechende Materialanforderungen.
3. Bereiten Sie Unterlagen vor für Arbeitsablauf, Zeiterfassung und Bewertung der Produkte.

Zubereiten

1. Stellen Sie die Saucen her und halten Sie die reinen Arbeitszeiten fest (die Kochzeit der Sauce nicht als Arbeitszeit werten).
2. Verfahren Sie in der gleichen Weise bei Convenience-Produkten.

Bewerten

1. Beurteilen Sie Aussehen, Beschaffenheit und Geschmack der hergestellten Saucen. Eine Hilfe, wie man bei der Bewertung vorgeht und die Ergebnisse festhält, finden Sie auf Seite 157.
2. Ermitteln Sie die Lebensmittelpreise und berechnen Sie die Materialkosten Ihrer Zubereitungen.
3. Erfassen Sie die gesamte Tätigkeitszeit. Berechnen Sie die Produktionskosten, wenn für einen Koch ein Bruttostundenlohn von 20,00 € angesetzt wird.
4. Sammeln Sie zu jeder Sauce Argumente und ordnen Sie diese nach folgendem Muster:

Eigenfertigung für		Zukauf für	
Für (+)	Gegen (−)	Für (+)	Gegen (−)

5. Treffen Sie für jede Sauce eine Entscheidung. Bedenken Sie dabei, dass die Entscheidung in das Niveau des Gesamtangebots an Speisen einzuordnen ist.

Schlachtfleisch

1 Vorbereiten

🇬🇧 preparation 🇫🇷 préparation (w)

Die Bezeichnung aller Schlachtfleischteile und deren Verwendung sind im Abschnitt „Lebensmittel" S. 427 aufgeführt.

In der gewerblichen Küche versteht man unter Schlachtfleisch das Muskelfleisch von Kalb, Rind, Schwein und Schaf. Zu den Innereien zählen Leber, Niere, Bries, Herz, Zunge, Hirn und Lunge.

> Es ist Vorschrift und zur Sicherheit unabdingbar, beim Auslösen von Fleischteilen Stechschutzschürze und einen Stechschutzhandschuh zu tragen (siehe Abbildung S. 44).

1.1 Kalb 🇬🇧 veal 🇫🇷 veau (m)

Kalbfleisch ist das Fleisch von Rindern, die nicht älter als 8 Monate sind und hauptsächlich mit Milch und Milcherzeugnissen gefüttert werden.

Der bisher als Qualitätsmerkmal geltenden hellen Fleischfarbe wird heute weniger Bedeutung beigemessen.

Auslösen der Keule

Beim Zerlegen wird mit einem scharfen Ausbeinmesser gearbeitet.

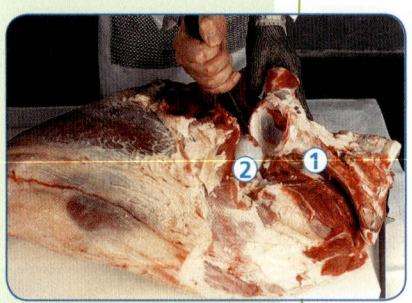

An der Innenseite der Keule wird zuerst der Schlossknochen ① ausgelöst. Das Messer ist direkt am Knochen entlangzuführen, damit das Fleisch unverletzt bleibt. In der halbkugelförmigen Ausbildung des Schlossknochens (Pfanne) bewegt sich der Gelenkkopf ② des Oberschenkelknochens. Beide Knochen sind im Gelenk mit einer kleinen Sehne verbunden. Diese wird durchschnitten und der Schlossknochen vollends ausgelöst.

Danach trennt man die Haxe ③ ab.

Zuerst durchschneidet man die starke Sehne ④ am Sprunggelenk ⑦.

Anschließend wird der Frikandeaukopf ⑤, der teilweise um die Haxe liegt, abgelöst und die Haxe im Kniegelenk ⑥ abgeschnitten.

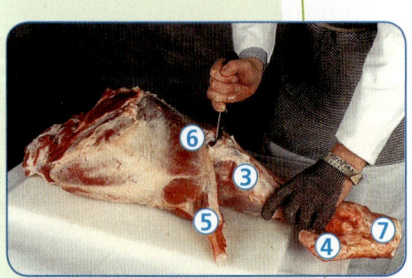

Den Knochen mit dem starken Sprunggelenk ⑦ trennt man mit einer Säge ab. Die Trennstelle ist unmittelbar vor dem Wadenmuskel.

Die folgenden Arbeitsgänge zeigen die Zerlegung der Kalbskeule in die einzelnen Fleischteile.

Mit einem Längsschnitt durchtrennt man seitlich die Haut ⑦a, genau entlang des Frikandeaus, um dann mit der Messerspitze das Bindegewebe zu zerschneiden und so die Oberschale ⑧ abzulösen. Der auf der Hautseite liegende Lappen wird behutsam abgetrennt (vgl. Tabelle, rechte Seite, die Teile Ⓐ, Ⓗ).

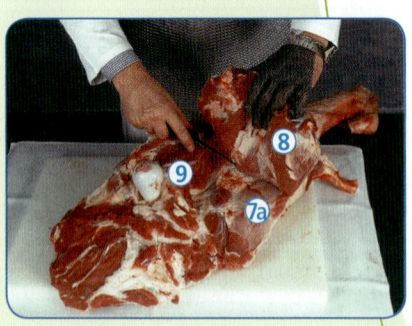

Der große Röhren- oder Oberschenkelknochen ⑨ liegt jetzt einseitig frei. Zwischen den Gelenkköpfen erhält er einen kräftigen Längsschnitt.

Die durchgetrennte Knochenhaut lässt sich dadurch mit dem Fleisch nach rechts und links abdrücken.

Dann wird das Kugelgelenk ⑩ umschnitten, der Röhrenknochen durch Längsschnitte aus seiner Fleischlage gelöst, der Knochen aufrecht gestellt und der Kniegelenkkopf ⑪ mit kurzen Schnitten aus dem Fleischansatz gelöst.

Mit dem Abschneiden des Frikandeaus ⑫ von der großen Nuss ⑬ und der kleinen Nuss ist die Kalbskeule in ihre Fleischstücke aufgeteilt. Bei größeren Keulen trennt man noch die seitlich am Frikandeau liegende Rolle ab.

Die Nuss besteht aus einem kleinen und einem großen Muskel (große und kleine Nuss), die mit einem Fleischlappen zu einem Stück verwachsen sind. Brät man die Nuss im Ganzen (z. B. Kalbsnuss, glasiert), belässt man sie „wie gewachsen". Soll die Nuss für Schnitzel oder Steaks verwendet werden, so wird sie durch Ablösen des Fleischlappens Ⓗ in ihre zwei Teile zerlegt (vgl. Tabelle unten, Ⓑ, Ⓒ).

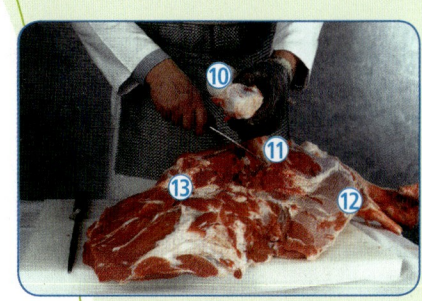

	Bezeichnung	Verwendung
Ⓐ	Oberschale Ⓐ	Schnitzel, Steak
Ⓑ Ⓒ	Nuss wie gewachsen große Nuss, Ⓑ kleine Nuss Ⓒ	im Ganzen zubereitet Schnitzel, Steak
Ⓓ Ⓔ Ⓕ	Frikandeau Ⓓ Frikandeauspitze Ⓔ Frikandeaukopf Ⓕ	im Ganzen zubereitet, Rouladen Kurzbratfleisch-Gerichte Ragout, Frikassee, Blankett
Ⓖ	Haxe Ⓖ	im Ganzen zubereitet, Ragout, Gulasch
Ⓗ	Lappen von der Oberschale und Nuss Ⓗ Anschnitte und Reste	gerollt zu Braten, Gulasch, Farcen Minutengulasch, Hacksteak, Farcen
	Knochen, Sehnen, Haut	Suppen, Saucen, Brühe

SCHLACHTFLEISCH

Bearbeiten des Rückens

Aus dem Kalbsrücken werden das Rippenstück, der Kalbssattel, der Nierenbraten, die Koteletts und die Rückensteaks geschnitten.

Rücken

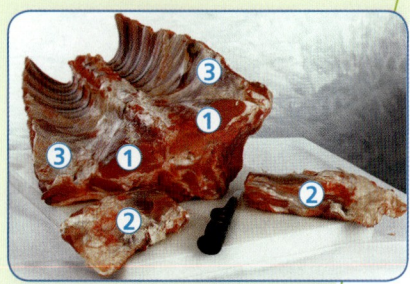

Die Filets ① auslösen und die seitlichen Bauchlappen ② bis auf 3 cm stutzen. An der Außenseite des Rippenstücks die zu beiden Seiten liegenden Schulterlappen abtrennen. Die über dem Rückgratknochen entlanglaufenden Sehnen entfernen.

Zubereiten im Ganzen: Rippen beidseitig in Höhe der gestutzten Bauchlappen abnehmen ③. Hohes Rippenstück rechts wie links entlang des Rückgratknochens einschneiden. Dies bewirkt ein gleichmäßigeres Garen.

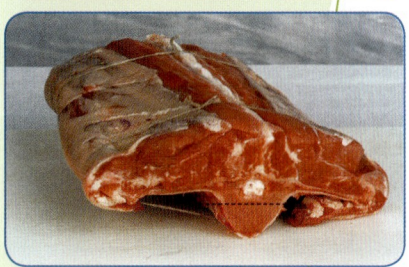

Sattel

Der Teil des Rückens mit den flachen, kurzen Rippen ist der Sattel. Die Trennstelle ist der Wirbel zwischen den langen und den kurzen, flachen Rippen.

Zubereiten im Ganzen: Die Wölbung der Lendenwirbel (gestrichelte Linie) soweit abschlagen, dass der Sattel eine stabile Lage erhält. Die Bauchlappen nach innen klappen und zur Formhaltung binden.

Rückensteak

Das Sattelfleisch ist auszulösen. Das starke Sehnenband wird abgenommen und der Bauchlappen gestutzt. Das gelöste Fleisch, in Portionsscheiben geschnitten, gibt die Rückensteaks, die auch als Lendensteaks bezeichnet werden.

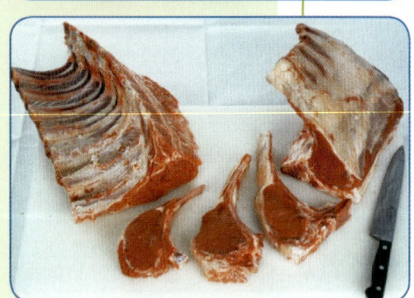

Kotelett

Wird der Teil des Rückens mit den langen Rippen ausgeschlagen, so erhält man das Kotelettstück. Es kann als ganzes Stück oder portioniert zu Koteletts zubereitet werden. Entlang des Rückgratknochens wird das Fleisch bis auf die Wirbel eingeschnitten. Den Knochen trennt man mit Beil oder Säge.

Nierenbraten

Das ausgebeinte Sattelstück mit Niere ist der Nierenbraten. Dafür verbleibt der ganze Bauchlappen am ausgelösten Fleisch. Eine längs halbierte oder ganze Niere mit dünner Fettschicht auf die Fleischinnenseite legen. Den Lappen darüberklappen, eine Rolle formen und mit Schnur oder Netz umwickeln.

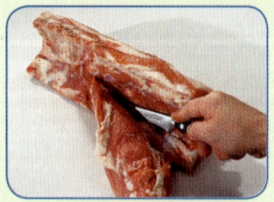

Kalbsrücken auslösen: Zuerst die Niere herausnehmen und dann das Filet herauslösen.

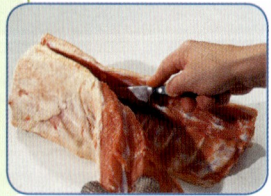

Mit dem Ausbeinmesser dicht an den Rippenknochen entlangfahren.

Das Kalbsrückenstück vollständig vom Rückenknochen lösen.

Die ausgelösten Teilstücke des Kalbsrückens

Bezeichnung	Verwendung
Rücken	im Ganzen zubereitet
Sattel	im Ganzen zubereitet Nierenbraten, Steaks
Rippenstück	Karrees, Koteletts
Filets (Lenden)	im Ganzen zubereitet, Medaillons
Nieren	im Ganzen zubereitet; in Scheiben geschnitten, Stücke am Spieß

Auslösen des Bugs (Schulter, Blatt)

Aus der Abbildung ist die Lage der Knochen ersichtlich. Zum Ausbeinen wird die dünne Fleischschicht auf der Schaufel nach rechts und links abgelöst und die Kante des Schaufelknochens freigelegt. Dann ist der Schaufelknochen im Gelenk zu trennen, etwas nach oben aus der Führung zu drücken und zu umschneiden, damit sich die Knochenhaut ablösen kann. Mit kräftigem Griff lässt sich nun die Schaufel nach vorn aus ihrer Lage herausziehen, wobei die Knochenhaut am Fleisch verbleibt. Danach wird der Vorderschenkelknochen ausgelöst.

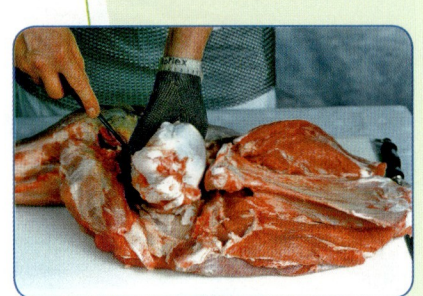

Bezeichnung	Verwendung
Bug (Schulter, Blatt)	gefüllt oder ungefüllt, gerollt und gebunden zubereitet, in Stücke geschnitten für Ragout, Gulasch, Frikassee und Blankett
Haxe	im Ganzen oder zerteilt in Portionen zubereitet, in Stücke geschnitten für Ragout und Gulasch

Herrichten der Brust

Nachdem die Rippen aus der Brust entfernt wurden, kann die Brust zum Füllen vorbereitet werden. Man öffnet sie von der flachen Seite her mit einem Messer. Zwischen den Fleischschichten zertrennt man die Bindegewebe und schafft so eine Tasche zur Aufnahme der Füllung. Nach dem Füllen wird die Öffnung mit einer Dressier- oder Bridiernadel und Faden zugenäht.

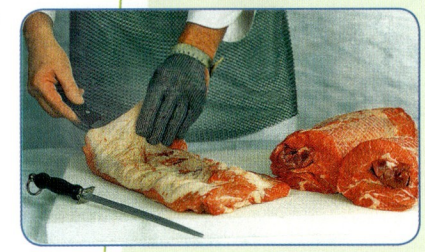

Verwendung:
- im Ganzen gebraten, gefüllt oder gerollt und gebunden,
- in Portionsstreifen geschnitten zu **Tendrons**.

Füllung für eine Kalbsbrust

Bedarf
- 600 g Weißbrotwürfel
- 300 g Geflügelleberstückchen
- 140 g Butter
- 100 g Schinken, gekocht
- 200 g Zwiebelwürfelchen
- 60 g Petersilie, gehackt
- 8 Eier
- 0,8 l Sahne
- Salz, Pfeffer, Muskat

- Zwiebelwürfel und Schinkenwürfel in der Butter anschwitzen und zu den Brotwürfeln geben.
- Eier zerschlagen, Sahne dazurühren und mild würzen.
- Petersilie und Geflügelleberstückchen hinzufügen.
- Diese Mischung über die Brotwürfel gießen, vorsichtig vermengen (die Brotwürfel sollen ganz bleiben) und die Flüssigkeit einziehen lassen.
- Brotfüllung in die Kalbsbrust geben und die Öffnung schließen.

Weitere Füllmassen und Farcen, S. 649.

Zubereitung Speisen

SCHLACHTFLEISCH

Zum Bearbeiten in der Küche kommt meist nur das gespaltene Rückenstück mit dem Filet in Betracht.
Alle übrigen Fleischteile des Hinterviertels, wie auch die des Vorderviertels, werden überwiegend schon in den Fleischereibetrieben zerlegt und bereits ausgelöst geliefert.

1.2 Rind beef bœuf (m)

Schlachtkörperhälften von Rindern werden in Vorder- und Hinterviertel zerlegt. Der Trennschnitt erfolgt zwischen der 8. und 9. Rippe. Demnach gehören zum

- **Hinterviertel:**
  Keule mit Hinterhesse (Haxe), Roastbeef mit Hochrippe und Filet;
- **Vorderviertel:**
  Bug mit Vorderhesse (Haxe), Kamm, Spannrippe, Fehlrippe und Brust.

Bearbeiten des Roastbeefs

Für die Verwendung in der Küche teilt man das Roastbeef in
- **Filet,**
- **Hochrippe:** Teil mit den langen Rippen,
- **Roastbeef:** Teil mit den flachen Rippen.

Das **Filet** liegt an der Innenseite des Roastbeefs; es wird zunächst herausgenommen.

Den ersten Schnitt führt man entlang der Wirbelknochen bis auf den Rippenansatz, um es danach von den flachen Rippen abzulösen. Das Ablösen geschieht immer von der Filetspitze aus.

Wird die Hochrippe im Ganzen verwendet oder zu **Koteletts** für 2 bis 3 Personen portioniert, so ist der Rückgratknochen zu entfernen. Dazu schneidet man das Fleisch scharf am Rückgratknochen ein und schlägt diesen Knochenteil bis zum Rückenansatz ab. Die starke Bandsehne ist abzulösen; sie würde das Fleisch beim Braten zusammenziehen.

Für **Rostbraten** wird die **Hochrippe** völlig ausgelöst, in gleich schwere Scheiben zerteilt und diese flachgeklopft.

Das **flache Roastbeef** wird für die Zubereitung ausgelöst, im Ganzen verwendet oder in Portionen geschnitten

Porterhouse-Steak, T-Bone-Steak, Club-Steak entstammen der englisch-amerikanischen Küche. Sie werden aus dem unbearbeiteten flachen Roastbeef geschnitten und mit der Knochensäge durchtrennt.

Beim Club-Steak ist das Filet abgetrennt. Diese etwa 1 kg schweren Steaks reichen für mehrere Personen. Richtig gebraten, werden sie meist erst am Gästetisch tranchiert.

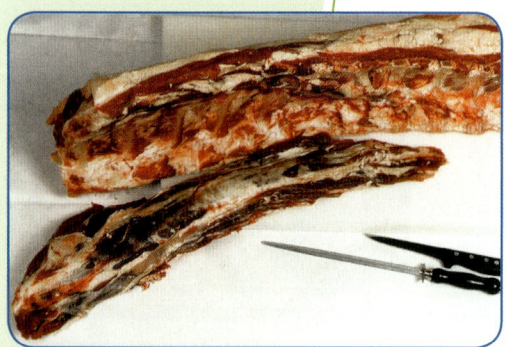

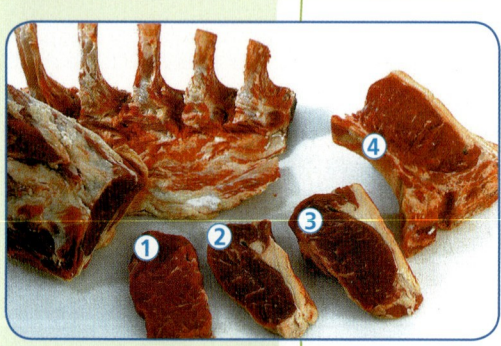

Bezeichnung der Fleischstücke
s. Tabelle S. 533

Abb. 1 Ganzes Rückenstück mit Filet ①;
Porterhouse-Steak ②;
T-Bone-Steak ③

Roastbeef mit Filet

1 Vorbereiten

Bezeichnung	Verwendung
Hochrippe	im Ganzen gebraten, auch unter Salzkruste; Rinderkotelett ④ (Côte de bœuf/Rib-Steak); Rostbraten ①, Zwischenrippenstück ②
flaches Roastbeef	im Ganzen gebraten; Rumpsteak ②, auch Zwischenrippenstück ≙ Entrecôte; doppeltes Zwischenrippenstück ≙ Entrecôte double ③
flaches Roastbeef mit Filet und Knochen	Porterhouse-Steak (40 mm dick) ②, T-Bone-Steak (15 mm dick) ③
flaches Roastbeef mit Knochen *ohne* Filet	Club-Steak

Rumpsteak

In England und den USA, den Ursprungsländern, wird das „**Rump steak**" aus der Hüfte, dem zartesten Teil der Rinderkeule, geschnitten. In Deutschland ist es üblich, Scheiben des ausgelösten Roastbeefs mit Rumpsteak zu bezeichnen.

Häuten und Einteilen des Filets

Das Rinderfilet hat die feinsten Fasern, wenig Bindegewebe und ist das zarteste Fleischteil des Rindes.

Das Filet wird zunächst vom Fettbelag befreit und die Haut wird mit einem dünnen Messer abgeschnitten. Der seitlich laufende Strang (Kette) wird entfernt. Zur Weiterverarbeitung wird der Strang von den außen laufenden Sehnen befreit.

Abb. 1 Filet Wellington

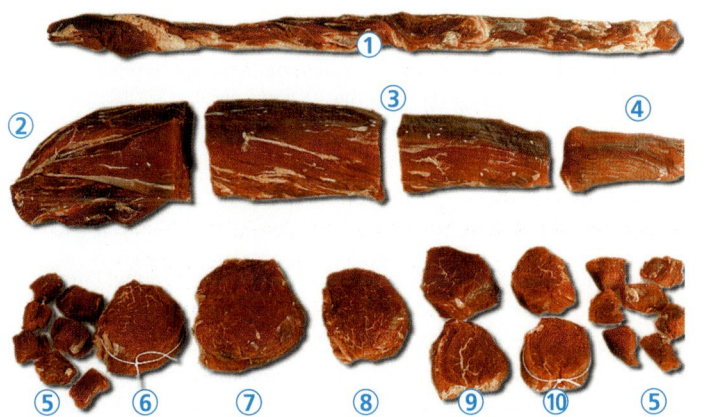

Abb. 2
Man unterscheidet:
① Filetstrang (auch Kette genannt)
② Filetkopf
③ Filet-Mittelstück
④ Filetspitze

Bezeichnung	Verwendung
Filet ganz (ohne Spitze)	im Ganzen gebraten (mit Duxelles und Blätterteig umhüllt als Filet Wellington) s. oben
Filetkopf ②	Filetsteak ⑥ ⑧, Filetgulasch ⑤
Filet-Mittelstück ③	doppeltes Filetsteak Chateaubriand ⑦, Filetsteak ⑥ ⑧
Filetspitze ④	Tournedos ⑨ ⑩, kleine Filetschnitten (Filets mignons ⑥ ⑧), Filetgulasch ⑤
Filetstrang ①	Ragout, Farce, Gulaschsuppe, Klärfleisch (alles ①)

SCHLACHTFLEISCH

Herrichten der Brust

Die **Rinderbrust** ist frisch und gepökelt vorzüglich zum Kochen geeignet. Zweckmäßig wird vor der Verwendung der kammförmige, knorpelige Brustknochen ausgelöst und die starke Fettauflage an der Brustseite abgeschnitten.

Tafelspitz

Als **Tafelspitz** bezeichnet man das spitz zulaufende, hochwertige Schwanzeckstück von der Rinderkeule (Frikandeau). Es wird in der Regel gekocht, geschmort oder im Ganzen gebraten.

Dickes Bugstück/Schaufelstück

Das **dicke Bugstück** und **Schaufelstück** sind Teilstücke der Schulter vom Rind. Das Fleisch ist dichtfaserig und eignet sich sehr gut als Siedfleisch, als Schmorbraten oder für Gulasch.

Ochsenschwanz

Allgemein bezeichnet man die Schwänze aller Rinder mit Ochsenschwanz.

Die dünne Schwanzspitze und der erste starke Wirbel werden zweckmäßigerweise zu Suppe verwendet. Den übrigen Teil zerlegt man in die einzelnen Wirbel, indem man die Gelenke durchschneidet, um später genauer portionieren zu können.

Der so vorbereitete Ochsenschwanz kann noch 2 bis 3 Tage in Marinade gelegt und danach zu Ragout verarbeitet werden.

Eine besondere Zubereitungsart ist der gefüllte Ochsenschwanz. Dafür werden die Fleischpartien so von den Wirbeln gelöst, dass ein dreieckiger Fleischlappen entsteht. Dieser wird gefüllt und gerollt.

Abb. 1 Ochsenschwanz, ganz und zerteilt

Innereien von Kalb und Rind

🇬🇧 veal and beef offal   🇫🇷 abats (m) de veau et de boeuf

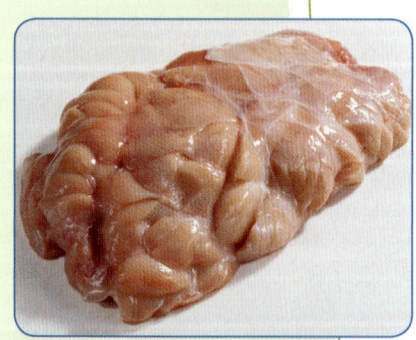

- **Kalbsbries** gut wässern, in Salzwasser mit gespickter Zwiebel kurz pochieren und danach Haut und Knorpelteile entfernen.
- **Kalbslunge** wässern und in Wurzelsud kochen. Danach in Scheiben und Streifen schneiden und in leichte Essigmarinade einlegen.
- **Rinds- und Kalbsleber** in Milch einlegen und kurz vor der Zubereitung die Haut abziehen.
- **Nieren** ebenfalls in Milch einlegen und dann die Harnkanälchen entfernen.
- **Kalbsherz** vor dem Braten/Grillen rautenförmig einschneiden (ziselieren).
- **Rinderherz** halbieren und zum Schmoren vorbereiten. Vorher Fett trimmen und etwaige Blutgerinnsel entfernen.
- **Kalbshirn** gut wässern, die feine Haut sowie Blutgerinnsel und gröbere Adern entfernen.
- **Zungen** werden natur oder gepökelt in Salzwasser gekocht und danach sofort enthäutet.

1.3 Schwein 🇬🇧 pork 🇫🇷 porc (m)

Im Gegensatz zum Rindfleisch weist Schweinefleisch in den ersten Tagen nach der Schlachtung die höchsten Geschmackswerte auf und soll frisch verwendet werden. Erstklassiges Schweinefleisch ist feinfaserig und rosa; die Fettauflage ist fest und weiß.

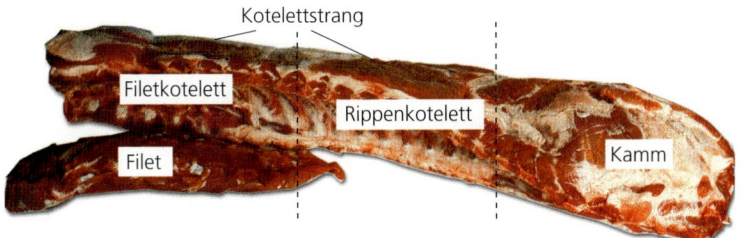

Aufteilen und Bearbeiten des Rückens

Der gespaltene Schweinerücken besteht aus dem Kamm, den man auch als Nacken bezeichnet, und dem Kotelettstrang. Dieser wird unterteilt in Rippenkotelett und Filetkotelett. Die dritte Rippe ist die Trennstelle zwischen Kamm und Kotelettstrang.

Kamm

Der Kamm ist fettdurchzogen. Mit den Knochen in Portionsscheiben geschnitten, ergeben sich die Nacken- oder Kammkoteletts. Zum Braten oder Kochen werden die kurzen Rippen, die in den starken Halswirbelknochen übergehen, ausgelöst.

Kotelettstrang

Der Kotelettstrang lässt sich im Ganzen oder portioniert verarbeiten. Für Portionsgerichte löst man zuerst das Filet vom Rückgratknochen ab. Dann wird der Kotelettstrang aufrecht gestellt und der Rückgratknochen entlang des Wirbelknochens abgeschlagen. Damit sich das Fleisch beim Zubereiten nicht verzieht, ist die starke Rückensehne abzutrennen. Fleischstücke aus dem Kotelettstrang sind:

- Schweinekoteletts,
- Kamm ohne Knochen,
- Schweinerückensteaks.
- gepökelt zu Pökelrippchen,
- gepökelt und geräuchert zu Kasseler,
- als Lachsschinken.

Auslösen des Bugs (Schulter, Blatt)

Am Bug befinden sich Eisbein ① und Spitzbein ②, diese werden im Gelenk abgetrennt. Danach ist vom Bug die Schwarte abzuschneiden und ein Teil der Fettschicht zu entfernen. Der Schaufel- und der Vorderschenkelknochen werden ausgelöst wie beim Kalbsbug.

Spanferkel

Als Spanferkel bezeichnet man Ferkel, die höchstens sechs bis acht Wochen alt sind und mit Milch ernährt werden (Wortherleitung: spanen = säugen). Spanferkelfleisch ist heller und zarter als das älterer Tiere. Sie werden im Ganzen am Spieß und zerlegt als Teilstücke zubereitet.

Bezeichnung	Verwendung
Kammstück oder Nackenstück	im Ganzen zubereitet; Halskoteletts (Kamm-, Nackenkoteletts), Pökelhals (Pökelkamm, Pökelnacken), Kasseler
Rippenkotelett	Koteletts im Ganzen zubereitet; Rollbraten; Pökelrippchen, Kasseler
Filetkotelett	Koteletts, Lachsschinken
Filet (Lendchen)	im Ganzen zubereitet; portioniert (Medaillons)
Keule	im Ganzen gebraten; ausgelöste Einzelteile für Steaks und Schnitzel

Den Pökelkamm bezeichnet man als Kasseler Rippenspeer.

Bezeichnung	Verwendung
Bug (Schulter, Blatt)	gerollt und gebunden oder in große Stücke zerteilt, gebraten oder geschmort; geschnitten zu Ragout oder Gulasch; gepökelt zu Vorderschinken
Eisbein ①	gekocht oder geschmort oder gebraten; gepökelt gekocht; Sülze
Spitzbein ②	gekocht und für Sülze gepökelt gekocht

Der Kotelettstrang kann auch völlig ausgebeint, mit Schnur umwickelt, als Rollbraten Verwendung finden.

Abb. 1 Fleischteile vom Spanferkel

SCHLACHTFLEISCH

1.4 Schaf 🇬🇧 mutton/lamb 🇫🇷 mouton (m)

Fleisch von Schafen wird entsprechend dem Alter der Tiere unterschiedlich bezeichnet und beurteilt. Fleisch- sowie Fettbeschaffenheit verändern sich während des Wachstums deutlich.

Für die Verwendung in der Küche kommt vorwiegend **Mastlammfleisch** in Betracht.

Da die einzelnen Fleischteile verhältnismäßig klein sind, bereitet man sie öfter als bei anderem Schlachtfleisch im Ganzen zu.

Bearbeiten des Rückens

Rücken

Zunächst sind die Nieren mit dem Fett abzunehmen, die Filets auszulösen und die Bauchlappen auf etwa 3 cm zu stutzen. Dann schneidet man an der Außenseite des Rippenstücks die flachen Teile der Schultern ab und entfernt die papierdünne Haut. Schließlich wird noch die zu starke Fettauflage pariert, die über dem Rückgratknochen entlanglaufenden Sehnenbänder werden entfernt.

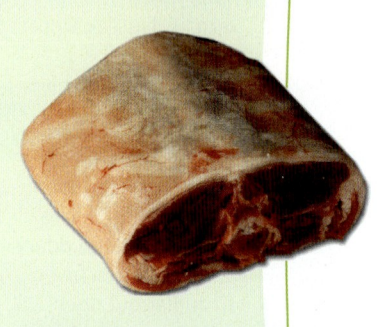

Zum Braten im Ganzen die Rippen in Höhe der gestutzten Bauchlappen abschlagen. In den Hohlraum des Rückgratknochens einen Eisenspieß stecken; er verhindert das Durchbiegen während des Bratens.

Fleisch rechts wie links entlang des Rückgratknochens bis auf die Wirbel einschneiden. Rücken aufrechtstellen und den Rückgratknochen ausschlagen. Werden Karrees im Ganzen gebraten, so sind die Rippen etwa in Höhe der gestutzten Bauchlappen abzuschlagen.

Koteletts

Die Karrees in Rippenstück und Sattelstück teilen. Je Kotelettportion zwei entsprechend dicke Scheiben schneiden, die eine mit, die andere ohne Rippenknochen (Sattelstück). Bei den Rippenkoteletts das Fleisch am Ende des Knochens etwa 2 cm umschneiden und abstreifen.

Sattel

Zugeschnittene Rücken auf Höhe der letzten langen Rippe quer durchschneiden und den Knochen durchschlagen. Sattel aufrecht stellen und die Wölbung der Wirbelsäule etwas abschlagen, damit der Sattel eine gerade Standfläche erhält. Gestutzte Bauchlappen nach innen klappen. Sattel an beiden Enden umschnüren, damit er die Form behält.

Chops

Für Chops verbleiben die Filets im Sattel. Portionsscheiben mit Knochen quer über den Sattel schneiden (Tranchiersäge). Bauchlappenteile nach innen klappen und eventuell mit einem Spieß zusammenhalten.

Bezeichnung	Verwendung
Rücken	im Ganzen gebraten
Karree	im Ganzen gebraten, Koteletts
Sattel	im Ganzen gebraten, Chops
Nieren	am Spieß, Garnitur zu Fleisch und Eiern
Filets	im Ganzen zubereitet, Minutengerichte

Hohlauslösen der Keule

Die Lammkeule wird vorwiegend im Ganzen zubereitet. Sie lässt sich gleichmäßiger garen und vorteilhafter tranchieren, wenn der Oberschenkelknochen zuvor hohl ausgelöst wird.

An der Innenseite der Keule entfernt man den verbliebenen Teil des Bauchlappens und löst den Schlussknochen aus. Beide Gelenkköpfe des Röhren- oder Oberschenkelknochens werden vorsichtig freigelegt, ohne das darunter liegende Fleisch zu zerschneiden.

Dann setzt man den Knochenauslöser auf den Röhrenknochen und schiebt das Fleisch rundum vom Knochen ab. Wenn die Gelenkköpfe korrekt ausgelöst waren, lässt sich jetzt der Knochen leicht aus dem Fleisch ziehen.

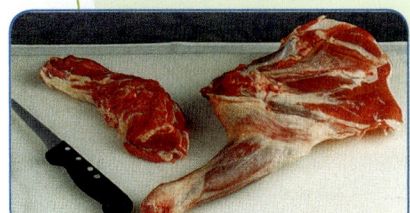

Schulter

Das Auslösen der Lammschulter erfolgt nach der gleichen Methode wie beim Kalb (s. S. 531).

1.5 Durchschnittliche Rohgewichte für Fleischportionen

Einzelportionen (Kurzbratfleisch)	Gramm
Fleisch	
• ohne Knochen	150
• paniert	120
• mit Knochen (Kotelett)	180
• paniert	150
• mit Fettrand (Zwischenrippenstück)	180
Innereien	150

Spezialstücke für 2–4 Personen	Gramm
Porterhouse-Steak, Club-Steak (3–4)	1.000
Rinderkotelett (Côte de bœuf, Rib-Steak) (3–4)	1.000
Doppeltes Rippenstück (Entrecôte double), T-Bone-Steak	400
Doppeltes Filetsteak (Chateaubriand)	400

Garfertige Fleischteile im Ganzen Menge je Portion	Gramm
Kalbsfrikandeau, Kalbsnuss	180
Kalbsrücken im Ganzen	280
Bug von Kalb und Schwein, entbeint	200
Kalbsbrust ohne Rippen	220
Hochrippe	220
Roastbeef	180
Rinderfilet	160
Schweinekamm, entbeint	180
Lammrücken	250
Keule und Bug vom Lamm, entbeint	220

Aufgaben

1. Was versteht man in der Küche unter dem Begriff Schlachtfleisch?
2. Sie haben eine Kalbskeule zerlegt. Beschreiben Sie Ihrem neuen Kollegen die einzelnen Teile und erklären Sie deren Verwendung.
3. Nennen Sie die einzelnen Teilstücke des Rinderfilets und geben Sie Beispiele für deren Verwendung.
4. Welche Kurzbratstücke können aus dem Roastbeef geschnitten werden?
5. Aus welchen Teilstücken des Schweins werden geschnitten: a) Koteletts, b) Steaks?

SCHLACHTFLEISCH

2 Zubereiten

🇬🇧 cooking 🇫🇷 cuisson (w)

Die Aufwendungen für Fleisch bilden in der Küchenabrechnung den größten Posten. Darum ist die sachgerechte Verwendung des Fleisches für eine wirtschaftliche Küchenführung besonders wichtig. Aus der Sicht des Konsumenten ist Fleisch dann richtig gegart, wenn es

- geschmackvoll,
- zart und
- saftig ist.

Zartheit und **Saftigkeit** von gegartem Fleisch stehen in enger Wechselbeziehung. Dies beruht auf dem unterschiedlichen Verhalten der im Fleisch enthaltenen Eiweißarten.

Der **Geschmackswert** liegt im Allgemeinen bei gebratenem und gegrilltem Fleisch höher als bei gekochtem oder gedünstetem Fleisch, denn die typischen und erwünschten Geschmacksstoffe entstehen nur bei den trockenen Garverfahren wie Braten, Grillen und Frittieren. Die starke Wärmeeinwirkung lässt die Randschichten bräunen, sodass bei Temperaturen über 100 °C im Fleisch andere Veränderungen ablaufen als beim Kochen oder Dünsten.

2.1 Garverfahren

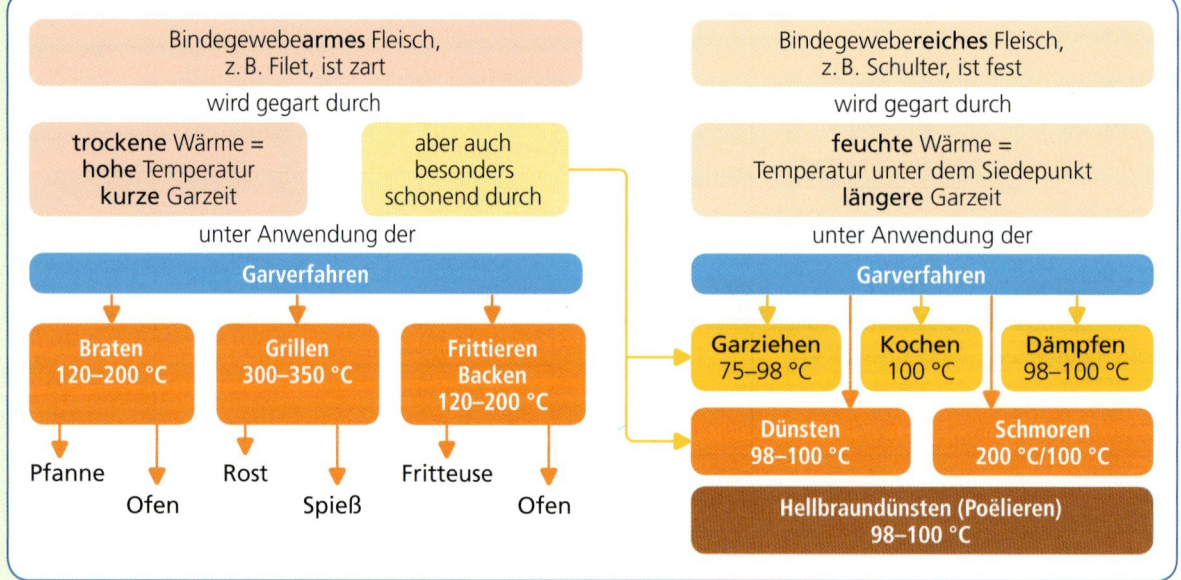

Übersicht

2.2 Kochen von Schlachtfleisch

Weniger zartes Fleisch wird gekocht. Dabei wird das zähe Bindegewebe durch Anlagerung von Flüssigkeit in leicht kaubare Gelatine umgewandelt. Dieser Vorgang ist sichtbar durch das Aufquellen des gekochten Fleisches.

Rindfleischstücke mit 3 bis 4 kg brauchen 4 bis 5 Std. zum Garwerden. Wegen der unterschiedlichen Beschaffenheit des Fleisches lässt sich keine genaue Kochzeit festlegen. Gekochtes Fleisch bleibt saftiger, wenn man es bis zum Tranchieren in der Brühe belässt.

Zubereitungen

Rinderbrust nach flämischer Art

🇬🇧 boiled brisket of beef 🇫🇷 poitrine (w) de bœuf à la flamande

Die gewaschene Rinderbrust weichkochen, in Scheiben schneiden, ein wenig Rindsbrühe untergießen und wenig grobes Salz mit gehackter Petersilie vermischt darüberstreuen.

Die Fleischtranchen garnieren mit Krautköpfchen, Scheiben von gekochtem Speck und Brühwurst, gedämpften Lauchstücken, tournierten Karotten und weißen Rübchen.

Weitere Beilagen zu gekochtem Rindfleisch: Meerrettichsauce, Kräutersauce, Senfsauce, Sahnemeerrettich oder geschabter frischer Meerrettich; Salzkartoffeln, Petersilienkartoffeln, Bouillonkartoffeln, Kümmelkartoffeln oder Kartoffelgemüse (Béchamel-Kartoffeln).

Kalte Beilagen: Rote Bete, Gewürz- oder Senfgurken, Essigpflaumen, Preiselbeeren, Kürbis, Radieschen-, Rettich-, Bohnen- oder Gurkensalat.

Durch Kochen werden gegart vom	
Rind	Brust, Spannrippe (Querrippe), Tafelspitz, Hesse (Haxe), Bug (Schulter), Hals, Zunge
Kalb	Bug (Schulter), Brust, Lappen, Bries, Hirn, Zunge
Schwein	Hals, Bauch, Haxe, Füße, Zunge
Schaf	Keule, Bug (Schulter), Hals, Brust

Kalbszunge in Champignonsauce

🇬🇧 veal tongue 🇫🇷 langue (w) de veau sauce champignon

Gewaschene, frische Kalbszungen mit Wasser zusetzen, aufkochen und abschäumen. Danach Suppengemüse und Salz beigeben und langsam weiterkochen (Garprobe durch Anstechen der Zungenspitze). Die Zungen in kaltem Wasser abziehen und wieder in ihren Fond zurücklegen.

Zum Anrichten längs in Scheiben schneiden und mit Champignonsauce begießen.

Beilagen: Spinat, Erbsen, Spargel, Karotten, Brokkoli oder Blumenkohl; Salz- oder Petersilienkartoffeln, Kartoffelpüree, Macairekartoffeln, Blattsalate.

Pökelrippchen mit Sauerkraut

🇬🇧 pork ribs 🇫🇷 carré (m) de porc salé au choucroute

Das gewaschene Pökelrippchen (Kamm) mit Wasser zusetzen, aufkochen und abschäumen. Kochwasser nicht salzen. Mit gespickter Zwiebel bei etwa 80 °C 50 bis 60 Min. garen. Von der Kochstelle nehmen und im Fond liegen lassen.

Zum Kochen des Sauerkrautes die Brühe des Pökelrippchens verwenden. Das Rippchen portionieren und mit etwas Brühe oder auf dem Kraut anrichten.

Beilagen: Erbsenpüree, Salzkartoffeln, Kartoffelpüree oder Kartoffelschnee.

Lammkeule auf englische Art

🇬🇧 leg of lamb 🇫🇷 gigot (m) de mouton à l'anglaise

Die vorbereitete, blanchierte Lammkeule mit Wasser zusetzen, aufkochen und abschäumen. 4 Möhren, 1 kleinen Selleriekopf, 3 Zwiebeln und Salz dazugeben und langsam kochen. Ein Gewürzbeutel, Inhalt: 3 Nelken, 1 Lorbeerblatt, 1 Zweig Thymian, 4 zerdrückte Knoblauchzehen und Petersilienstiele, mitkochen. Kochdauer je kg Fleisch etwa 30 bis 40 Min.

Vom Fond eine Pfefferminzsauce bereiten und getrennt servieren.

Die Lammkeule in Scheiben schneiden, mit wenig Fond und Petersiliensalz (gehackte Petersilie und grobes Salz gemischt) bestreut anrichten.

Beilagen: Gedämpfte Kartoffeln, Petersilien- oder Fondantkartoffeln.

SCHLACHTFLEISCH

2.3 Dünsten von Schlachtfleisch

Bei hellen Fleischsorten wird das Dünsten angewendet. Weil durch das feuchte Garverfahren die Bindegewebe gelockert und in leicht kaubare Gelatine umgewandelt werden, lassen sich Fleischteile einfacherer Qualität wie Hals, Brust und Bug gut verarbeiten.

Frikassee und Blankett

Heute wird vielfach Frikassee angeboten, es wird jedoch nach der Art eines Blanketts hergestellt. Das hat folgende Gründe: Der Begriff „Frikassee" ist den Gästen allgemein geläufiger, darum verwendet man ihn auf der Speisekarte. Das Arbeitsverfahren zum klassischen Frikassee ist arbeitsaufwendiger und der Garprozess muss sorgfältig beobachtet werden.

In der klassischen Küche wird unterschieden

Frikassee

Fleisch wird hell angedünstet, mit Mehl bestäubt, aufgegossen und in der sich bildenden Sauce gegart.

Kalbsfrikassee
🇬🇧 veal fricassée 🇫🇷 fricassée (w) de veau

Bedarf für 10 Portionen

150 g	feine Zwiebelwürfel	0,3 L	Sahne
100 g	Butter	3	Eigelb
2 kg	Frikasseefleisch vom Kalb (Stücke mit je 50 g)	1	Kräutersträußchen (Lauch, Petersilienwurzel, Lorbeerblatt, Thymianzweig)
70 g	Mehl		
2 l	helle Kalbsbrühe		
0,2 l	Weißwein		Salz, Zitronensaft

- Fleisch mit Zwiebeln andünsten
- Mehl einstäuben, keine Farbe nehmen lassen
- mit heller Kalbsbrühe auffüllen
- würzen, Kräutersträußchen einlegen
- garen durch Dünsten
- Fleisch ausstechen
- Sauce passieren
- legieren mit Eigelb und Sahne
- vollendete Sauce dem Fleisch beigeben

Gardauer: 50 Min.   Geschmack: fein und kräftig

Blankett

Fleisch(stücke) werden gekocht, und aus der entsprechenden Brühe bereitet man die zugehörige Sauce.

Blankett von Lamm
🇬🇧 lamb blanquette 🇫🇷 blanquette (w) d'agneau

Bedarf für 10 Portionen

2 kg	Blankettfleisch vom Lamm (Stücke mit je 50 g)		Salz
		60 g	Butter
		70 g	Mehl
2 l	helle Brühe	0,2 l	Weißwein
1	Gemüsebündel (Lauch, Möhre, Sellerie)	3	Eigelb
		0,3 l	Sahne
			Zitronensaft
1	gespickte Zwiebel		

- Fleisch blanchieren
- mit heller Brühe auffüllen
- würzen, Gemüsebündel, gespickte Zwiebel einlegen
- garen durch Kochen
- Fleisch ausstechen
- weiße Roux ansetzen, Fond binden
- Sauce passieren
- legieren mit Eigelb und Sahne
- vollendete Sauce dem Fleisch beigeben

Gardauer: 40–50 Min.   Geschmack: fein und mild

Beilagen: Glasierte Karotten, Zuckerschoten, Erbsen, Spargel, gedünstete Gurken oder Viertel von Artischockenböden; Reis, Nudeln oder Petersilienkartoffeln.

Geschmackliche und appetitanregende Abwandlungen sind durch Garnituren gegeben, z. B.: Spargel und Krebsschwänze; Streifchen von Pökelzunge und Bleichsellerie; Brokkoliröschen und Pfifferlinge, Morcheln und Schnittlauch, Tomatenfleischstücke und Basilikum; Champignons und weiß glasierte Zwiebelchen

2.4 Braten von Schlachtfleisch

Je nach Größe des Fleischstücks, der Eigenart des Fleisches und der Art des Gerichts werden unterschiedliche Bratverfahren gewählt. Braten kann man im Bratrohr des Herds, in besonderen Umluftöfen und in der Pfanne.

Eine **Übersicht stellt die Bratverfahren** gegenüber.

Bratverfahren

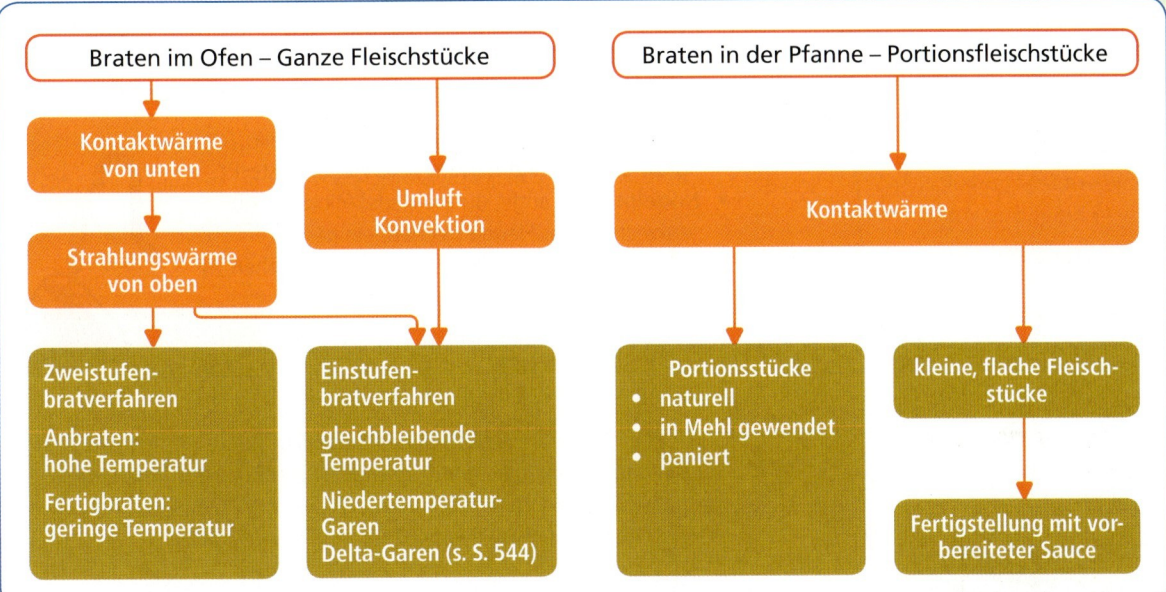

Braten im Ofen

Zum Braten eignet sich nur zartes, also bindegewebearmes und ausreichend abgehangenes Fleisch.

Das Bratgeschirr ist so zu wählen, dass das Fleisch möglichst die ganze Bodenfläche bedeckt. Unbedeckter Boden überhitzt und lässt den Bratansatz verbrennen. Wegen der hohen Gartemperatur verwendet man zum Braten nur wasserfreie, wärmebeständige Fette.

Das mit Salz und Pfeffer gewürzte Fleisch wird von allen Seiten angebraten. Bei verringerter Wärme wird der Bratprozess fortgesetzt. Die Bratdauer richtet sich nach der Größe und Qualität des Fleischstücks.

Zur Geschmacksbildung wird Röstgemüse so rechtzeitig beigegeben, dass es noch bräunen kann. Gibt man es zu früh bei, verbrennt es, und es entstehen unerwünschte Bitterstoffe.

Glasieren

Soll Schweine- oder Kalbsbraten überglänzt (glasiert) werden, so wird er kurz vor Beendigung des Bratvorgangs wiederholt mit kräftiger entfetteter Jus begossen. In der Ofenwärme verdunstet die Flüssigkeit, die enthaltenen Leimstoffe bleiben an der Oberfläche haften. Nach und nach erhält so der Braten eine braunglänzende, wohlschmeckende Glasur.

Zubereitung Speisen

SCHLACHTFLEISCH

Garzustand	Kerntemperatur
halbroh (blutig rot)	45–55 °C
halbgar (vollrosa)	60–68 °C
vollgar (saftig grau, durch)	75–82 °C

Zum **Entspannen** wickelt man das Fleischstück nach dem Braten in Alufolie und lässt es darin ca. 15 bis 20 Min. ruhen, nach Möglichkeit im Wärmeschrank.

Bratensauce (Jus)
Während des Garens bildet sich durch den austretenden Fleischsaft ein Bratsatz. Durch richtige Wärmezufuhr wird dafür gesorgt, dass der Bratsatz nicht verbrennt. Wenn der fertige Braten entnommen ist, wird das Fett vorsichtig abgegossen und der Bratsatz mit Kalbsbrühe abgelöscht. Er bildet die Grundlage zur Bratensauce zum jeweiligen Fleisch.

Garpunkt

Helles Fleisch, wie Kalb und Schwein, erreicht den vollen Geschmackswert beim Durchbraten.

Dunkles Fleisch mit starkem Eigengeschmack, wie Rind, Lamm und auch Wild, wird rosa gebraten. Brät man dunkles Fleisch länger, verliert es zunehmend an Saft. Es wird schließlich zäh, trocken und weniger ansprechend. Darum ist das Erkennen des erwünschten Garpunktes die Voraussetzung für fachgerechtes Braten.

Die Garstufe wird durch die Temperatur im Kern (im Mittelpunkt) des Fleischstücks bestimmt. Diese kann mit einem Fleischthermometer (Einstechthermometer) oder durch eine Nadelprobe ermittelt werden.

- **Fleischthermometer** so einstechen, dass die Spitze genau im Kern (Mitte) des Fleisches steckt.
- **Nadelprobe**. Lange, dünne Nadel (Bindenadel) senkrecht in das Fleisch stechen, einige Augenblicke darin belassen, dann herausziehen und direkt an die Handwurzel führen.

Rosa gebratenes Fleisch → mäßig erwärmt.

Durchgebratenes Fleisch → stark erwärmt.

Durch die in den Randschichten des Bratens gestaute Wärme wird der Garvorgang noch kurze Zeit fortgesetzt. Mit abfallender Temperatur verringert sich der Druck des Fleischsafts. Der Braten darf erst dann angeschnitten werden; sonst wäre starker Saftverlust die Folge.

Genaue, auf ein Gewicht bezogene Bratzeiten für große Fleischstücke können nicht genannt werden. Die Bratzeit ist nämlich nicht nur von dem Gewicht des Stückes abhängig, sondern vielmehr von dessen Form (Dicke) und der gewünschten Garstufe. Gestreckte Stücke haben bei gleichem Gewicht eine wesentlich kürzere Garzeit als kompakte Stücke, weil die Wärme viel schneller zur Fleischmitte vordringen kann.

Variationen der Grundzubereitung

Rinderfilet nach portugiesischer Art

🇬🇧 tenderloin of beef   🇫🇷 filet (m) de bœuf à la portugaise

Ein bardiertes Rinderfilet salzen, pfeffern und braten. Den Bratsatz ablöschen, mit Tomatensauce und Kraftsauce verkochen und passieren.

Tomatenfleischwürfel mit Knoblauchsalz würzen, in Butter mit gehackten Schalotten anschwitzen, mit Weißwein ablöschen und in die Sauce geben. Mit Petersilie und Butterflocken vollenden.

Beilagen: Tomaten gefüllt mit Duxelles; Schlosskartoffeln.

Lammkeule nach Bäckerinart

🇬🇧 roasted leg of lamb baker's style
🇫🇷 gigot (m) d'agneau à la boulangère

Die hohl ausgelöste Lammkeule wird mit etwas Salz, Pfeffer und Thymian eingerieben. Je nach Geschmack kann sie auch mit Knoblauchstiften gespickt werden. Die so vorbereitete Keule wird ringsum angebraten. Nun gibt man Zwiebel- und rohe Kartoffelscheiben oder kleine, neue Kartoffeln bei, gießt etwas Lammjus zu und gart alles zusammen, bis das Fleisch zartrosa ist. Die tranchierte Lammkeule wird zusammen mit den Bäckerinkartoffeln serviert.

Kalbsnierenbraten Clamart

🇬🇧 roast veal Clamart 🇫🇷 rognonnade (w) de veau Clamart

Einen vorbereiteten Nierenbraten zubereiten. Den Bratsatz mit Kalbsbrühe verkochen und mit angerührter Stärke leicht binden. Das Fleisch in Scheiben schneiden, anrichten, mit Butter bestreichen und Kalbsbratensauce untergießen.

Beilagen: Artischockenböden mit Erbsen gefüllt; Nusskartoffeln.

Glasierter Schweinerücken   🇬🇧 glaced pork loin 🇫🇷 carré (m) de porc glacé

Einen vorbereiteten Schweinerücken braten und glasieren (S. 541). Den Bratsatz mit Kalbsbrühe ablöschen und mit angerührter Stärke leicht binden. In der Küche tranchiertes Fleisch anrichten, leicht mit Butter bestreichen und mit wenig Bratensauce umkränzen.

Beilagen: Spinat, Karotten, Blumen- oder Rosenkohl, Kohlrabi, Rotkraut, Erbsen oder Spargel; Kartoffelkroketten, Dauphinekartoffeln, Robertkartoffeln, Lyoner Kartoffeln, Parmentierkartoffeln, Kartoffelnocken oder Semmelklöße.

Arbeit mit Umluftgeräten

Gargeräte, die mit Umluft arbeiten und mit einer Kerntemperaturmessung ausgestattet sind, bieten für größere Fleischstücke weitere Garmöglichkeiten.

Dabei werden niedrige Temperaturen eingesetzt, die Garzeit verlängert sich.

Weil die Wärme langsam zugeführt wird, entstehen im Fleisch weniger Spannungen. So erhält man einen saftigen Braten, der für längere Zeit servierbereit gehalten werden kann.

Niedertemperatur-Garen (NT)

Arbeitsablauf
- Gerät vorheizen,
- in Fleisch Kerntemperatur-Fühler einstecken,
- in der Anbratphase entsteht die Bratenkruste,
- in der Reifephase geht die Kerntemperatur auf die vorgewählte Stufe zurück.

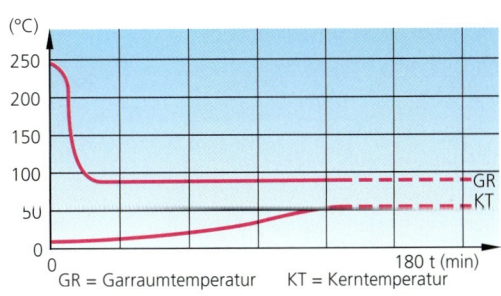

GR = Garraumtemperatur   KT = Kerntemperatur

SCHLACHTFLEISCH

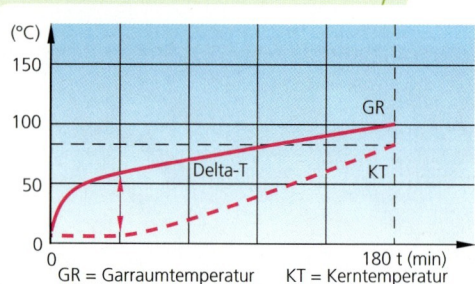

Delta-Garen

Arbeitsablauf

- in Fleisch Kerntemperatur-Fühler einstecken,
- die Temperatur steigt langsam an, wobei zwischen der gewählten Kerntemperatur und der Temperatur des Garraumes stets ein bestimmter, gleichbleibender Abstand (Delta-T) gehalten wird.

Braten in der Pfanne/auf der Platte

Grundzüge der Zubereitung

Zum Braten in der Pfanne werden reifes (abgehangenes) Fleisch mit zarter Faser sowie Leber und Nieren junger Schlachttiere verwendet. Das Fleisch wird überwiegend in Einzelportionen geschnitten, denn zum Kurzbraten sind flache Fleischteile am geeignetsten.

Um eine möglichst schmackhafte Bratkruste zu erhalten, wird das Fleisch vor dem Garen gewürzt und dann sorgfältig gebraten. Da Salz bekanntlich Feuchtigkeit anzieht, darf das Salzen bzw. Würzen erst unmittelbar vor dem Braten erfolgen.

Dunkles Fleisch (Rind, Lamm, Wild) wird
- naturell gebraten,
- in unterschiedlichen Garstufen gebraten.

Helles Fleisch (Kalb, Schwein) wird
- wegen der zarteren Faser in Mehl gewendet und dann gebraten (bessere Krusten- sowie Farbbildung),
- paniert gebraten,
- durchgebraten, soll jedoch saftig bleiben.

Einschneiden – Plattieren

Bindegewebe hat die Eigenschaft, sich beim Erwärmen zu verkürzen. Beim Braten führt das zum Austritt des Fleischsaftes aus den Fasern, die Fleischscheiben wölben sich und werden trocken.

Fleischteile mit starkem Bindegeweberand, wie Kotelett oder Rumpsteak, sind vor dem Braten **einzuschneiden**. Das zerschnittene Bindegewebe ist unterbrochen, das Fleisch bleibt flach.

Geschnittene Fleischteile **plattiert** man. Dadurch werden die Fleischfasern gestaucht und die sie umgebenden Bindegewebe zerrissen. Wenn sie sich beim Erwärmen verkürzen, können sie keinen Fleischsaft aus den Fasern pressen. Die Stücke bleiben saftiger.

Kurzbraten

Zum Braten verwendet man wasserfreie Fette. Butter und Margarine enthalten Eiweißanteile, die bei hohen Temperaturen schwarz würden. Sie können beim Nachbraten mit geringeren Temperaturen verwendet werden, wobei sie gleichzeitig den Geschmack der Bratkruste aufwerten.

Weil beim Braten in der Pfanne die Kontaktwärme nur jeweils auf eine Fleischseite wirkt, muss das Fleisch während des Garens gewendet werden.

Zum Braten einer großen Anzahl von Portionsstücken werden auch Kippbratpfannen (s. S. 128) und Bratplatten benutzt.

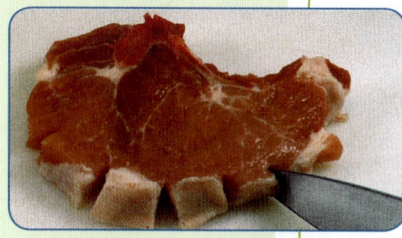

Abb. 1 Einschnitte bei Koteletts

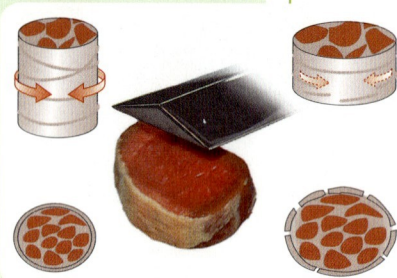

Abb. 2 Muskelbündel mit Bindegewebe vor und nach dem Plattieren

Angebraten wird bei starker Wärmezufuhr. Dabei entsteht der gewünschte Geschmack in den Randschichten. Bei verringerter Temperatur brät man bis zur erwünschten Garstufe weiter. Bei Portionsstücken kann wegen der geringen Einstecktiefe der Garpunkt nicht mithilfe der Kerntemperatur ermittelt werden.

- Bei dünnen Fleischscheiben (Schnitzel) braucht wegen der viel kürzeren Garzeit die Anbrattemperatur nicht gesenkt zu werden.
- Paniertes Fleisch muss im Allgemeinen mit niedrigeren Temperaturen gebraten werden, denn die Umhüllung nimmt viel rascher Farbe an.
- Angestochenes Fleisch verliert an Saft. Deshalb zum Wenden eine Gabel unter das Fleisch schieben, mit einer Palette oben halten, dann auf die andere Seite legen. Empfehlenswert ist das Arbeiten mit einer Fleischzange, wie man sie am Grill benutzt.

> Mit zunehmender Erwärmung des Fleisches verändert sich der Muskelfarbstoff Myoglobin. Bei einer Kerntemperatur von etwa 70 °C wird das Fleisch grau.

Garpunkt

Gebratenes Fleisch von Rind und Schaf wird mit unterschiedlicher Garstufe gewünscht; diese ist von der Bratdauer und der dadurch im Fleisch entstehenden Temperatur abhängig. In der Praxis gilt die Fleischfarbe im Kern des gegarten Fleisches als Maßstab für den jeweiligen Garpunkt.

Kerntemperatur	Bezeichnung[1]	Gardauer in Minuten Fleischdicke		
		2 cm	3 cm	4 cm
ab 45 °C	stark blutig 🇬🇧 rare 🇫🇷 bleu	1 Min. jede Seite 30 Sek.	1,5 Min. jede Seite 45 Sek.	2 Min. jede Seite 1 Min.
ab 50 °C	blutig/englisch 🇬🇧 medium rare 🇫🇷 saignant	2 Min. jede Seite 1 Min.	3 Min. jede Seite 1,5 Min.	4 Min. jede Seite 2 Min.
ab 60 °C	rosa 🇬🇧 medium 🇫🇷 à point	6 Min. jede Seite 3 Min.	7 Min. jede Seite 3,5 Min.	8 Min. jede Seite 4 Min.
ab 75 °C	durchgebraten 🇬🇧 well done 🇫🇷 bien cuit	8 Min. jede Seite 4 Min.	10 Min. jede Seite 5 Min.	12 Min. jede Seite 6 Min.

Eine Möglichkeit, die Beschaffenheit von Kurzbratfleisch durch die Druckprobe in unterschiedlichen Garstufen zu beschreiben, ist der Vergleich mit der Festigkeit des **Daumenballens**.

> **Druckprobe:**
> Bei Portionsstücken wird der Garpunkt durch Tasten festgestellt. Dabei gilt die Grundregel: Je fester das Fleisch, desto weiter fortgeschritten ist der Garvorgang.
> - Blutig gebratenes Fleisch fühlt sich weich an.
> - Rosa gebratenes Fleisch gibt auf Druck federnd nach.
> - Durchgebratenes Fleisch von Kalb und Schwein fühlt sich fest an.

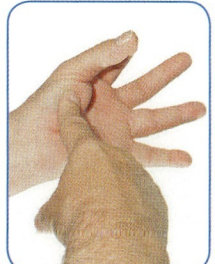
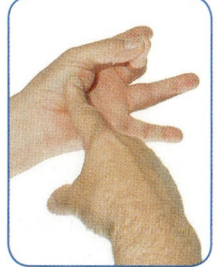
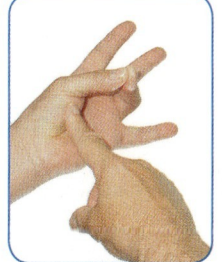
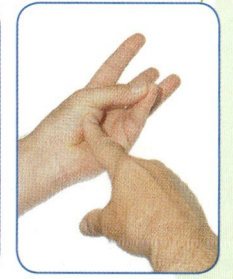

| Daumen gegen Zeigefinger = rare | Daumen gegen Mittelfinger = medium rare | Daumen gegen Ringfinger = medium | Daumen gegen kleiner Finger = well done |

[1] Bezeichnungen der Garstufen nach Empfehlungen der Gastronomischen Akademie Deutschlands

Zubereitung Speisen

SCHLACHTFLEISCH

Panieren

Unter Panieren versteht man das Umhüllen von vorbereiteten Lebensmitteln mit unterschiedlichen Zutaten.

Umhüllungen
- vermindern den Saftaustritt und
- werten den Geschmack der Speisen auf.

Es entstehen entsprechend den verwendeten Zutaten weitere Geschmacksvariationen.

Einbröseln kann erfolgen mit
- Panierbrot bzw. Semmelbrösel: getrocknete, geriebene Semmeln;
- Weißbrotkrume (mie de pain): frische, geriebene Weißbrotkrume;
- geriebenen Nüssen oder Mandeln, mit Sesam oder Kokosflocken.

> Vor dem Umhüllen müssen die vorbereiteten Lebensmittel (Koteletts, Schnitzel usw.) gewürzt werden. Salz zieht Feuchtigkeit an. Man darf deshalb das Panieren nicht zu weit im Voraus durchführen, sonst weicht die Umhüllung auf und löst sich beim Garen ab.

Arten der Panierung

- **Wiener Panierung**
  in Mehl und geschlagenem Ei wenden, Panierbrot andrücken

- **Mailänder Panierung**
  in Mehl und geschlagenem Ei wenden, Weißbrotkrume mit geriebenem Parmesan gemischt andrücken

- **Englische Panierung**
  in Mehl und geschlagenem Ei wenden, Weißbrotkrume andrücken

- **Pariser Panierung**
  in Mehl wenden, abschütteln, durch geschlagenes Ei ziehen

Garnituren und Beilagen zu Kurzbratfleisch vom Rind

Bordelaiser Art 🇫🇷 à la bordelaise
- **Garnitur:** Markscheiben, Petersilie, Bordelaiser Sauce
- **Beilage:** Chicorée oder Fenchel; gebackene oder gebratene Kartoffeln

Choron 🇫🇷 choron
- **Garnitur:** Artischockenboden gefüllt mit feinen Erbsen, Choronsauce
- **Beilage:** Nusskartoffeln

Rossini 🇫🇷 Rossini
- **Garnitur:** Sautierte Gänseleberscheiben und Trüffelscheiben, Madeirasauce, Croûton
- **Beilage:** Butterkartoffeln und zarte Gemüse

Tiroler Art 🇫🇷 à la tyrolienne
- **Garnitur:** angeschwitztes Tomatenfleisch (tomates concassées), gebackene Zwiebelringe, Petersilie, Béarner Sauce
- **Beilage:** gebackene oder gebratene Kartoffeln

Helder 🇫🇷 Helder
- **Garnitur:** Tomatenhälfte gefüllt mit Béarner Sauce, Kalbsjus
- **Beilage:** Nusskartoffeln; Salate der Jahreszeit

Mirabeau 🇫🇷 Mirabeau
- **Garnitur:** Sardellengitter, Olivenscheiben
- **Beilage:** Frittierte oder gebratene Kartoffeln

Garnituren zum Kurzbratfleisch vom Kalb

Dubarry 🇫🇷 Dubarry
- **Garnitur:** Blumenkohlröschen und Mornaysauce
- **Beilage:** Petersilienkartoffeln

Florentiner Art 🇫🇷 à la florentine
- **Garnitur:** Spinattimbale, Sauce Mornay
- **Beilage:** Herzoginkartoffeln

Holstein 🇫🇷 Holstein
- **Garnitur:** Spiegelei und kleine Fisch-Canapés
- **Beilage:** Bratkartoffeln

Mailänder Art 🇫🇷 à la milanaise
- **Garnitur:** Tomatensauce, Zitronenstücke. Fleisch mit Weißbrot und Parmesan paniert
- **Beilage:** Spaghetti oder Makkaroni vermengt mit Streifchen von gekochtem Schinken, Champignons

vom Schwein

Robert 🇫🇷 Robert
- **Garnitur:** Brunnenkresse, Robertsauce. Fleisch in flüssiger Butter wenden, Weißbrot andrücken und braten
- **Beilage:** Schwarzwurzeln oder Rotkraut; Kartoffelpüree

Zigeuner Art 🇫🇷 à la zingara
- **Garnitur:** Julienne von Pökelzunge, Champignons, Schinken und Trüffeln in Butter sautiert, Madeirasauce
- **Beilage:** Salzkartoffeln, Thronfolgerkartoffeln

vom Lamm

Andalusische Art 🇫🇷 à l'andalouse
- **Garnitur:** sautiertes Tomatenfleisch (tomates concassées), gedünstete Streifen von grüner Paprikaschote, gebackene Auberginenscheiben, tomatierte Demiglace
- **Beilage:** körniger Reis

Soubise 🇫🇷 soubise
- **Garnitur:** Zwiebelpüree (purée Soubise) auf das gegarte Fleisch geben, mit Parmesan bestreuen, im Salamander überbräunen
- **Beilage:** Blattspinat, Fenchel, Chicorée oder Bleichsellerie; glasierte Karotten, Annakartoffeln, oder gratinierte Kartoffeln

Minutengerichte/Sautierte Gerichte

Zu Minutengerichten eignen sich nur zartes Schlachtfleisch, das in Würfel, Streifen oder Scheiben geschnitten wird, oder kleine Stücke von zartem Wildfleisch, rohem Geflügel, Leber und Nieren. Durch die Zerkleinerung wird der Bratprozess verkürzt.

Zum Braten wird geklärte Butter verwendet (Milcheiweiß und Milchzucker der Butter würden sonst verbrennen). Das gewürzte Fleisch gibt man in die heiße Pfanne und brät es bei hohen Temperaturen an.

Die Größe der Pfanne muss so gewählt werden, dass die Bratstücke auf dem Pfannenboden nebeneinander liegen können. Ist das Bratgeschirr zu klein, wird die Wärme zu stark verringert, der Fleischsaft tritt aus, das Braten geht in Kochen über und das Fleisch wird hart und trocken. Man brät nur kurz an, damit die Stückchen innen rosa bleiben.

Nach kurzem Anbraten werden die Fleischstücke noch etwas in der Pfanne geschwenkt (sautiert).

● Das Fleisch darf bei Minutengerichten nicht in der Sauce kochen, da es sonst trocken und hart wird.

● Das sautierte Bratgut gibt man in ein bereitgestelltes Geschirr; in der Pfanne wird die Sauce bereitet, heiß über das Fleisch gegossen und durchgeschwenkt.

Züricher geschnetzeltes Kalbfleisch

🇬🇧 diced sauted veal 🇫🇷 émincé (m) de veau à la minute

In Streifen oder Scheibchen geschnittenes Kalbfleisch zum Kurzbraten mit Paprika und Salz würzen und braten wie auf Seite 547 beschrieben. Im Bratsatz der Pfanne gehackte Schalotten angehen lassen, mit Weißwein ablöschen, zwei Teile Sahne und einen Teil Demiglace auffüllen und zur benötigten Saucenmenge reduzieren. Sauce über das Fleisch gießen, durchschwenken und abschmecken.

- **Beilagen:** Rösti, aber auch Reis, Spätzle

Lammfilets Madras

🇬🇧 fillets of lamb 🇫🇷 filets (m) mignons d'agneau Madras

Lammfilets in 3 cm lange Stücke schneiden, mit Salz und Curry würzen und braten. Im Bratsatz mit Butter gehackte Schalotten, Curry und eine Messerspitze Tomatenmark angehen lassen und mit vier Teilen Sahne und einem Teil Kalbsjus verkochen. Die Sauce mit gehacktem Mango-Chutney, Apfelmus und Butterflocken vollenden, über das Fleisch gießen, durchschwenken und anrichten.

Mit Curry gewürzte, angebratene Ananasstücke, gedünstete Streifchen roter Paprikaschote und einige geröstete Mandelstifte darauflegen.

- **Beilagen:** Reis, Chicoréesalat oder Tomatensalat.

Filetspitzen Stroganow

🇬🇧 diced sauted beef 🇫🇷 bœuf (m) Stroganoff

Würfel oder Scheibchen von Rinderfiletkopf oder der -spitze mit Salz, Pfeffer und Paprika würzen und braten. In der Pfanne mit dem Bratsatz gehackte Schalotten und wenig Tomatenmark angehen lassen. Mit vier Teilen saurer Sahne und einem Teil Demiglace auffüllen; scharf angebratene, gewürzte Steinpilze dazugeben und zur benötigten Saucenmenge verkochen. Sauce über die Fleischwürfel gießen, diese durchschwenken und mit Zitronensaft und frisch gemahlenem Pfeffer abschmecken. Anrichten mit Gewürzgurkenstreifen.

- **Typische Beilage:** Bratkartoffeln, Kartoffelschnee

2.5 Grillen von Schlachtfleisch

Gegrillt wird gereiftes Fleisch mit zarter Faser von Rind, Mastlamm und Schwein. Kalbfleisch ist zum Grillen weniger geeignet. Da es leicht trocken wird, muss man es mit besonderer Sorgfalt zubereiten.

Kleine Teile von Schlachtfleisch, Filetspitzen, Lammfilets oder Innereien lassen sich leichter grillen, wenn man sie dazu auf Spieße steckt.

Durch die intensive Strahlungswärme entstehen erwünschte Röststoffe, der Fleischsaft und die Nährstoffe bleiben besser erhalten als bei anderen Zubereitungsarten. Da man das Fleisch mit sehr wenig Fett grillen kann, ist es für verschiedene Kostformen ausgezeichnet geeignet.

Abb. 1 Spieße von Lammfilet, Rehfilet, Hähnchenbrust mit Geflügelleber, Kalbsniere und Schweinefilet.

Kurzmarinaden

Kurzmarinaden werden auf der Grundlage von Öl mit Würzzutaten kombiniert. Sie dienen spezieller Geschmacksgebung bei Grillgerichten. Als Würzzutaten eignen sich Kräuter und Gewürze, ferner z. B. Knoblauch, Schalotten, ungespritzte Zitronenschale, Weinbrand und Südwein.

Der Wohlgeschmack basiert auf der Zubereitung und der Ausgewogenheit der verschiedenen Würzzutaten.

Das Öl kann die Duftstoffe (ätherische Öle) der Zutaten lösen, an sich binden und sie auf die damit bestrichenen oder eingelegten Fleischstücke übertragen. In Verbindung mit dem späteren Röstaroma bildet sich so eine besondere Geschmacksnote.

Grillvorgang

Bei der Zubereitung müssen die Grillstäbe oder die Griddleplatte heiß sein. Das gewürzte Fleisch wird zuvor geölt. Dadurch wird die Übertragung der Wärme gefördert und ein Ankleben vermieden.

Flaches Grillgut braucht nur einmal umgedreht zu werden; dickere Stücke wendet man mehrmals und bestreicht die Flächen wiederholt mit Öl. Das Grillkaro wird erreicht, wenn die Stücke beim Wenden im rechten Winkel zur Zeichnung auf den Grillrost gelegt werden.

Angestochenes Grillgut läuft leicht aus. Deshalb benutzt man statt der Gabel eine Palette oder eine **Grillzange**.

● Beim Grillen von Pökelwaren können durch die hohen Temperaturen krebserregende Nitrosamine entstehen. Unbedenklich ist dagegen das Grillen von Schlachtfleisch und Bratwurst.

Gardauer

Die Grilldauer ist unterschiedlich. Sie ist abhängig von
- dem Grillgerät,
- der Fleischsorte und Qualität,
- der Dicke des Fleisches,
- der Grilltemperatur,
- der erwünschten Garstufe.

● Gegrilltes Fleisch soll sofort serviert werden. Es wird trocken angerichtet. Kräuterbutter kann daraufgelegt werden. Saucen reicht man jedoch separat.

Beilagen zu gegrilltem Fleisch

Saucen
Bei gegrilltem Fleisch reicht man als Saucenbeilagen vor allem Ableitungen der holländischen Sauce sowie fast alle Arten von kalten Buttermischungen wie Kräuterbutter, Café-de-Paris-Butter oder Bercybutter. Neben diesen serviert man auch Ableitungen der Demiglace wie zum Beispiel Robertsauce oder Teufelssauce.

Gemüse
Als Gemüsebeilagen passen gebackene Champignons, gedünsteter Blattspinat, glasierte Karotten, in Butter sautierte Bohnen, Grilltomaten.

Beilagen
Am häufigsten verwendet man die in der Folie gebackene Kartoffel. Außerdem passen fast alle frittierten Zubereitungen aus rohen Kartoffeln sowie Schloss-, Nuss- und Olivenkartoffeln.

Salat
Vielfach genießt man Grillgerichte zusammen mit großen bunten Salattellern, die vorrangig mit Blattsalaten, aber auch mit Tomaten-, Gurken- oder Paprikasalaten kombiniert und mit mehreren Dressingvariationen dem Gast angeboten werden.

2.6 Frittieren von Schlachtfleisch

Zum Garen im Fettbad eignen sich Scheiben von zartem, rohem Fleisch und von gekochtem Fleisch. Es wird für diese Zubereitungsart vorwiegend paniert, aber auch mit Ausbackteig (s. S. 614) umhüllt. Die Fett-Temperatur beträgt für
- **dünnes Backgut** etwa 175 °C,
- **dickeres Backgut** etwa 160 °C.

Zubereitung Speisen

SCHLACHTFLEISCH

Ist das Backfett zu heiß, bräunen die Stücke zu stark, ohne gar zu sein. Gesundheitsschädliches Acrylamid entsteht. Liegt die Temperatur zu niedrig, bildet sich keine Kruste, das Backgut saugt viel Fett auf und ist weniger bekömmlich.

Bei gekochtem Fleisch müssen die Scheiben vor dem Panieren mit einem Tuch oder mit Küchenkrepp trockengetupft werden. Sonst weicht die Panierung auf und fällt beim Backen ab.

Frittiert werden
- **von rohem Fleisch**
  Scheiben von Kalb, Schwein, Lamm, Leber, Herz
- **von gekochtem Fleisch**
  Scheiben von Zunge, Hirn und Herz.

Frittierte Zubereitungen müssen sofort serviert werden. Sie werden auf Servietten oder Papierdeckchen angerichtet und mit Zitronenstückchen und Petersilie oder Brunnenkresse oder gebackener (frittierter) Petersilie garniert.

Das gebackene Fleisch legt man zum Abtropfen auf ein Gitter oder auf eine saugfähige Unterlage. Damit die rösche, wohlschmeckende Backkruste erhalten bleibt, darf es **nicht zugedeckt** werden, z. B. mit Clochen.

Beilagen zu frittiertem Fleisch

Saucen

Als Saucen eignen sich vor allem die Ableitungen der Mayonnaise wie Remouladensauce, Tatarensauce, Tiroler Sauce usw. Außerdem kann man, je nach Panierung oder Umhüllung des Fleischstückes, Tomatensauce oder Gribichesauce servieren.

Gemüse

Zu Frittiertem wählt man ungebundene Zubereitungen wie gedünstetes oder glasiertes Gemüse.

Beilagen

Durch die Panierung bzw. Umhüllung der Fleischstücke sind nur noch kleinere Mengen an Hauptbeilagen notwendig. Sehr gut eignen sich Kartoffelsalat, wie auch Risipisi (Reis mit Erbsen) oder frittierte Kartoffelzubereitungen.

Salat

Als erfrischende Beigaben haben die Salate einen hohen Stellenwert. Sie können einzeln, vermischt oder mehrere nebeneinander angerichtet werden. Den Vorrang haben Blattsalate sowie Tomatensalat.

Zusammenstellung von Gerichten mit passenden Beilagen

Gebackenes Kalbshirn
- Grüne Sauce, Kartoffelsalat, Salate der Saison

Frittiertes Kalbsherz
- Senfsauce, Glasierte Karotten, Rahmkartoffeln

Gebackene Kalbsbrust in Bierteig
- Tiroler Sauce, Kartoffelsalat, Kopfsalat mit Kresse

Frische Rinderzunge, gebacken
- Tomatensauce, Schwarzwurzeln mit Kräutern, Risotto

2.7 Schmoren von Schlachtfleisch

Schmoren ist ein kombiniertes Garverfahren, das vorwiegend bei Schlachtfleisch mit höherem Bindegewebegehalt (Keule, Bug, Brust, Hals) angewandt wird. Durch das Anbraten im offenen Geschirr mit trockener Wärme entstehen in den Randschichten des Fleisches wohlschmeckende Aromastoffe.

• Beim späteren Angießen von Flüssigkeit wird das Garen im abgedeckten Geschirr mit feuchter Wärme fortgesetzt. Dabei wird das zähe Bindegewebe gelockert und zu leicht kaubarer Gelatine.

Je nach Vorbereitung des Fleisches werden unterschieden

Schmoren großer Fleischstücke	Schmorgerichte in Portionen	Ragout, Gulasch
Portionieren nach dem Garen (s. S. 551)	Portioniertes Fleisch wird gegart (s. S. 553)	Fleischteile kleiner als Portionsgröße (s. S. 556)

Fleischoberfläche je Portion nimmt zu →
Röststoffbildung nimmt zu →

Schmoren großer Fleischstücke

Grundzüge der Zubereitung

Magere Fleischstücke können durch Speckbeigabe saftiger und schmackhafter zubereitet werden. Dazu wird Speck gekühlt und in lange Streifen mit einem Querschnitt von etwa 1 cm geschnitten. Diese werden in Richtung der Fleischfaser mit einem **Lardoir** in das Fleisch eingeführt: Es wird **lardiert**. In Portionsscheiben sind diese Speckstreifen als weiße Punkte sichtbar.

• Der Genusswert und der Garverlust des Fleisches sind maßgeblich von der Temperatur während des Garverfahrens abhängig.

Anbraten (180–200 °C)
Fett in einer Schmorpfanne erhitzen. Fleischstücke würzen, einlegen und allseitig braun anbraten. Desgleichen später beigefügte Röstgemüse (Mirepoix), zerkleinerte Speck- und Schinkenschwarten.

Geschmacksbildung
Gebräuntes Fleisch und Gemüse mit kräftig gewürzter Flüssigkeit ablöschen und den Bratsatz loskochen. Flüssigkeit einkochen (reduzieren), damit das Schmoren erneut in Braten übergeht. Dieser Vorgang, ablöschen (deglasieren) und einkochen, verstärkt den Geschmack und die Farbe der Zubereitung. Er wird mehrmals wiederholt, wobei zuletzt ein wenig Tomatenmark beigegeben wird.

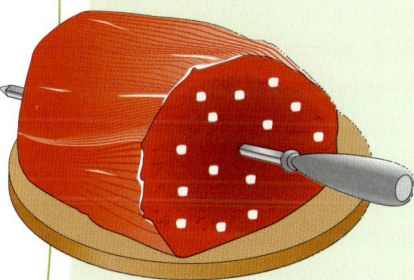

Abb. 1 Mit Speckstreifen durchzogenes (lardiertes) Fleischstück.

Schmoren (etwa 100 °C)
So viel Flüssigkeit in das Schmorgeschirr gießen, dass das angebratene Fleisch nur zu einem Viertel seiner Dicke darin liegt. Nachdem die Flüssigkeit kocht, die vorgesehenen Gewürze (Kräutersträußchen, Gewürzbeutel, s. S. 471) beifügen. Die Schmorpfanne zudecken und im Ofen bei niedriger Temperatur garen. Während des Garens das Fleischstück mehrmals wenden; mögliche Verdunstung durch Beigabe von Flüssigkeit ergänzen. Der Schmorbraten ist gar, wenn beim Anstechen nur noch geringer Widerstand spürbar ist.

• Während beim Lardieren der Speck auch ins Zentrum der Fleischstücke gebracht wird, bleibt der Speck beim **Spicken** (s. Seite 560) vorwiegend an der Oberfläche und brät zum Teil aus.

Saucenbildung
Die gehaltvolle, entfettete und durch ein Sieb passierte Schmorflüssigkeit bildet die Sauce zum Fleisch. Ist die Menge zu reichlich, wird sie auf das erforderliche Maß eingekocht. Die Bindung erhält die Sauce durch die mitgegarten Zutaten: Röstgemüse, Schwarten und Tomatenmark.

• Fehlende Bindung lässt sich ergänzen, indem etwas Stärke mit Wein angerührt in die kochende Sauce gegeben wird.

Variationen der Grundzubereitung

Rinderbraten nach Burgunder Art  braised beef  bœuf (m) braisé à la bourguignonne

Bedarf für 10 Portionen

2 kg	Rindsschulter ohne Knochen Salz, Paprika
150 g	Fett
500 g	Röstgemüse (100 g Zwiebel, 100 g Karotten, 100 g Sellerie, 100 g Petersilienwurzel, 100 g Lauch)
300 g	Tomaten oder
2 EL	Tomatenmark
0,5 l	Rotwein
2 l	Große braune Brühe
1	Kräutersträußchen (Petersilienstängel, Thymian, Lorbeer, Knoblauchzehen)
10	Pfefferkörner

- Das Fleisch mit Salz und Paprika würzen,
- Fleisch in Geschirr mit heißem Fett einlegen und allseitig braun anbraten.
- Röstgemüse beifügen und mitrösten.
- Mehrmals ablöschen und reduzieren.
- Nach dem letzten Bratabschnitt mit Wein ablöschen, braune Brühe aufgießen und Kräutersträußchen und zerdrückte Pfefferkörner hinzufügen.
- Geschirr zudecken und im Ofen, bei wiederholtem Wenden des Fleisches, etwa 2 bis 3 Std. garschmoren.
- Danach Fleisch entnehmen und warm halten.
- Die passierte Sauce entfetten und auf 1 Liter reduzieren.
- Das geschmorte Fleisch quer zur Faser in Scheiben schneiden, anrichten und saucieren.
- Champignons und Perlzwiebeln darüber streuen.
- **Garnitur:** 20 Perlzwiebeln, glasiert
  30 kleine Champignons, gedünstet
- **Beilagen:** Karotten, Schwarzwurzeln, Rosenkohl, Rotkohl; Teigwaren, Klöße, Kartoffelbrei.

Sauerbraten marinated beef  bœuf (m) braisé à l'aigre

Durch das Marinieren erhält das Fleisch würzig-säuerlichen Geschmack.

Sauerbraten ist ein Rinderschmorbraten, der in Marinade vorbehandelt ist. Das rohe Fleisch (Schulter/Bug) legt man 3 bis 5 Tage in Marinade. Es wird zugedeckt kühl aufbewahrt und zwischenzeitlich umgedreht, damit die Marinade gleichmäßig einwirken kann.

Marinade

0,4 l	Essig (5 %ig) oder 0,8 l Weiß- oder Rotwein
0,6 l	Wasser oder 0,2 l Essig (5 %ig)
1	Zwiebel in Würfel
1	Möhre in Würfel
1	Thymianzweig
1	Lorbeerblatt
	Jeweils zerdrückt: 1 Knoblauchzehe, 1 Gewürznelke, 2 Pimentkörner, 8 Pfefferkörner

evtl. kurz aufkochen und dann wieder abkühlen

- Das Fleischstück mehrere Tage in die Marinade legen.
- Stück aus der Marinade nehmen, gut abtropfen lassen und mit einem Tuch oder mit Küchenkrepp trockentupfen.
- Danach das Fleischstück in Fett ringsum scharf anbraten und die ebenfalls abgetropften Gemüse aus der Marinade zugeben.
- Nach dem letzten Bratabschnitt löscht man mehrmals mit der Marinade ab, lässt einkochen und füllt mit brauner Brühe auf.
- Sauerbraten in zugedecktem Topf im Rohr weich schmoren.
- Die passierte Sauce kann durch ein wenig Karamellzucker geschmacklich abgerundet werden.
- **Beilagen:** Klöße, Teigwaren; Sellerie-, Tomaten-, Gurkensalat und Blattsalate.

Geschmorter Kalbsbug Gärtnerinart braised veal chuck épaule (w) de veau à la jardinière

- Den entbeinten Kalbsbug binden, würzen und schmoren.
- Das Fleisch tranchieren, mit wenig Sauce begießen, die gedünsteten Gemüse darumlegen und mit Petersilie bestreuen.
- **Beilagen:** Kartoffelkroketten, Herzogin-, Macaire- oder Petersilienkartoffeln, Teigwaren.
- **Garnitur:** kleine Karotten; kurze Spargelstücke; Erbsen, fein; Petersilie, gehackt

Schweinekamm in Rahmsauce 🇬🇧 Boston butt in creamsauce 🇫🇷 cou (m) de porc à la crème

Bedarf für 10 Portionen

2 kg	Schweinekamm ohne Knochen
	Salz und Pfeffer
0,5 l	Wasser
500 g	Röstgemüse (je 100 g Zwiebel, Karotten, Petersilienwurzel, Sellerie, Lauch)
1 EL	Tomatenmark
2 l	Braune Brühe
0,4 l	saure Sahne
1	Gewürzbeutel (2 g Majoran, 2 Knoblauchzehen, 2 g Majoran, 1g Kümmel, 10 Pfefferkörner,)
	Mehlbutter nach Bedarf

- Gewürztes Fleischstück in Schmorgeschirr legen, Wasser zugießen und in den heißen Ofen schieben. Nach dem Verdampfen des Wassers wird das Fleisch im inzwischen ausgetretenen Fett gebraten.
- Das Röstgemüse zugeben und mitbraten, danach das Fett abgießen, Tomatenmark untermischen und mit Brühe ablöschen.
- Sobald die Flüssigkeit verdunstet ist und der Ansatz glänzt, gießt man die übrige Brühe zu, gibt den Gewürzbeutel bei und gart bei abgedecktem Geschirr das Fleisch gar.
- Schmorfond passieren, entfetten auf etwa 0,7 l einkochen und mit Mehlbutter leicht abbinden. Dann saure Sahne einrühren, nochmals zum Kochen bringen und gegebenenfalls nachwürzen.
- Den Schweinekamm quer zur Faser in Scheiben schneiden, anrichten und mit wenig Rahmsauce nappieren (s. S. 523)
- **Beilagen:** Rosen- oder Blumenkohl, Karotten, Kohlrabi oder Rotkraut; Tomaten-, Sellerie-, Gurken- oder Feldsalat; Teigwaren, Kartoffel- oder Semmelklöße, Kartoffelpüree, Herzogin- oder Macairekartoffeln.

Schmoren von portioniertem Fleisch

Gerichte dieser Art werden bereits vor der Zubereitung in Einzelportionen mit einem festgelegten Gewicht geteilt.

Grundzüge der Zubereitung

Anbraten
Das portionierte Fleisch würzen und in Fett von allen Seiten anbraten.

Ansetzen
Ein flaches Geschirr mit Butter ausstreichen. Je nach verwendetem Fleisch in Würfel oder Scheiben geschnittene Zwiebeln und Wurzelgemüse, mitunter auch Speckstückchen auf der Bodenfläche des Geschirrs verteilen. Die angebratenen Fleischteile darauflegen und das Ganze bei stärkerer Wärmeeinwirkung angehen lassen.

Schmoren
Zuerst wenig braune Brühe angießen. Nach Einkochen der Flüssigkeit erneut Brühe angießen sowie Gewürze und/oder Zutaten (z.B. Kräutersträußchen, Knoblauch, Tomatenmark, Pilze) beifügen. Das Geschirr zudecken, den Inhalt im Ofen bei mäßiger Temperatur schmoren und gegen Abtrocknen mehrmals begießen.

Glasieren
Kurz vor dem Garsein den Deckel entfernen. Die Fleischstücke mit dem nun stark eingekochten Schmorfond wiederholt begießen. Durch weitere Verdunstung in der Wärme des Ofens bildet sich dabei auf der Fleischoberfläche eine dünne, glänzende Extraktschicht; das Fleisch ist glasiert.

● Schmorgerichte in Portionen lassen sich durch Garnituren ergänzen.

Saucenbildung
Die glasierten Fleischportionen in ein anderes Geschirr legen. Etwas Wein und Kalbsjus oder Demiglace in das Schmorgeschirr geben, kurz durchkochen und abfetten (degraissieren). Die Sauce passieren und entsprechend der Zubereitungsart geschmacklich vollenden.

Ossobuco (Geschmorte Kalbshaxenscheiben) 🇬🇧 veal knuckle italian style 🇫🇷 jarret (m) de veau à l'italienne

Bedarf für 10 Portionen

10 St.	Kalbshaxenscheiben (je 250 g)
	Salz, Pfeffer
50 g	Mehl
50 g	Olivenöl
200 g	Zwiebeln
1	Knoblauchzehe
400 g	Würfel von Gemüsen: Sellerie, Fenchel, Karotten, Lauch, Petersilienwurzel
50 g	Tomatenmark
0,3 l	Weißwein
1,5 l	Braune Kalbsbrühe
800 g	Tomatenfleischwürfel
	Oregano, Rosmarin, Thymian

Für Gremolata
Gemisch aus 1 zerdrückten Knoblauchzehe, geriebener Zitronenschale und gehackter Petersilie

Kalbshaxenscheiben am Rand einschneiden ①, würzen, in Mehl wenden und in heißem Öl in einer Schmorpfanne beidseitig anbraten ②.
Zwiebelwürfel, zerdrückte Knoblauchzehe und Gemüse schneiden ③, zugeben und mitdünsten.
Tomatenmark zugeben, kurz angehen lassen, mit Weißwein ablöschen und einkochen ④.
Den gleichen Vorgang mit Zugabe von wenig Brühe wiederholen, dann die halbe Menge der noch vorhandenen Brühe aufgießen, Kräuter zugeben ⑤ und zugedeckt im Rohr garschmoren.
Kurz vor dem Garsein das Schmorgeschirr aus dem Ofen auf die Herdplatte nehmen und die Fleischstücke in dem einkochenden Schmorfond glasieren.
Die Fleischstücke nun in ein anderes Geschirr legen und warmhalten.
Den eingedickten Schmorfond mit der restlichen Brühe durchkochen.
Kurz vor dem Anrichten die Tomatenfleischwürfel zugeben, nochmals durchkochen, abschmecken und mit den Fleischstücken servieren.
Die Gremolata entweder unter die Sauce geben oder über das Gericht streuen.

- **Beilagen:** Tournierte Wurzelgemüse, Teigwaren, Polenta, Reis bzw. Risotto oder gekochte Kartoffeln.

Gremolata:
Gemisch aus gehackter Petersilie, zerdrückter Knoblauchzehe und abgeriebener Schale einer ungespritzten Zitrone

Variationen der Grundzubereitung

Kalbsröllchen mit Morcheln und Rahmsauce
🇬🇧 rolled braised veal
🇫🇷 paupiettes (w) de veau à la crème aux morilles

- **Ergänzung:** Fleischscheiben mit Kalbs- oder Geflügelfarce und Kräutern füllen. Schmorfond mit Sahne und Morcheldünstfond verkochen.
- **Garnitur:** Morcheln, Schnittlauch, Rahmsauce
- **Beilagen:** Spargel oder feine Erbsen, Chicorée- und Kressesalat, Spätzle, Nudeln, Reis oder Kartoffelpüree

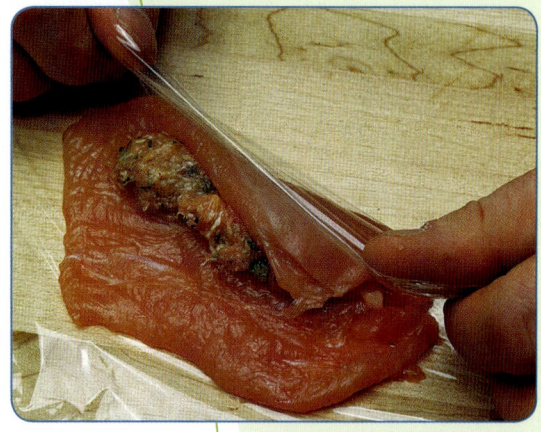

Abb.1 Füllen von Kalbsröllchen

Rindsroulade in Rotweinsauce
🇬🇧 rolled braised beef
🇫🇷 paupiette (w) de bœuf à la sauce au vin rouge

- **Ergänzung:** Fleischscheiben mit Senf bestreichen, mit Gewürzgurke, angebratenen Speck- und Zwiebelwürfeln füllen. Beim Schmoren Rotwein und Pilzfond beifügen.
- **Garnitur:** Champignonköpfe, Rotweinsauce
- **Beilagen:** Karotten, Erbsen, Schwarzwurzeln oder Speiserüben, Kartoffelpüree, -kroketten oder Makkaroni

Schweinekammscheibe mit glasierten Zwiebeln
🇬🇧 pork butt carbonade (with glaced onions)
🇫🇷 carbonade (w) de porc aux oignons glacés

- **Ergänzung:** Schmorfond mit Demiglace fertigstellen.
- **Garnitur:** glasierte Perlzwiebeln und Speckstreifchen
- **Beilagen:** Rosenkohl, Wachsbohnen, Bohnenkerne, Kohlrabi oder Wirsing, Kartoffelnocken, Rahmkartoffeln oder Kroketten

Kalbshaxe, glasiert
🇬🇧 veal shank glaced   🇫🇷 jarret (m) de veau glacé

- **Ergänzung:** Kurz vor der Fertigstellung die Haxe mit der Bratensauce oder mit dunklem Bier mehrfach übergießen, bis sich auf der Fleischoberfläche eine glänzende Schicht bildet.
- **Garnitur:** Kalbsjus mit gehackter Petersilie
- **Beilagen:** Gurken und Blattsalate, Kartoffelklöße oder Semmelknödel, Kartoffelsalat

Kalbsbruststück mit Oliven
🇬🇧 gristle of veal   🇫🇷 tendron (m) de veau aux olives

- **Ergänzung:** Zum Schmoren ein Kräutersträußchen einlegen. Sauce mit in Sherry angerührter Stärke leicht binden.
- **Garnitur:** entsteinte grüne und schwarze Oliven
- **Beilagen:** Blumenkohl, gefüllte Tomaten, Zuckerschoten oder Bleichsellerie, Dauphine-, Petersilienkartoffeln, Kartoffelpüree mit Sahne

SCHLACHTFLEISCH

Im Gegensatz zu Gulaschfleisch kann Ragoutfleisch Knorpelanteile (z.B. bei Verwendung von Brust) oder Knochenanteile (z.B. Ochsenschwanzragout) enthalten.

Ragout und Gulasch

Ragout und Gulasch sind Gerichte, zu denen Schlachtfleischteile einfacherer Qualität, wie Bug, Hals (Kamm), Brust und Haxe (Hesse) zur Verarbeitung gelangen. Die Teile werden entbeint, von Häuten und aufliegenden Sehnen befreit und in würfelige Stücke geschnitten.

Geeignete Schlachtfleischarten
- Ragout: Rind, Kalb, Schwein, Schaf
- Gulasch: Rind, Kalb, Schwein

Grundzüge der Zubereitungen

Ragout
- Fleisch anbraten
- Zwiebeln oder Röstgemüse dazugeben
- ablöschen mit Wein
- einkochen, glasieren
- auffüllen mit brauner Brühe

Gulasch
- Zwiebeln anbraten
- Fleisch dazugeben
- Fond ziehen lassen
- einkochen, glasieren
- auffüllen mit Wasser

Kalbsragout (aus der Schulter)
🇬🇧 veal stew   🇫🇷 sauté (w) de veau

Bedarf für 10 Portionen

50 g	Fett	40 g	Mehl
	Salz, Pfeffer, Edelsüß-Paprika	2 l	Braune Kalbsbrühe
2 kg	Ragoutfleisch (50-g-Stücke)	1	Kräutersträußchen (Lauch, Thymian, Lorbeerblatt, Petersilie)
300 g	Zwiebelwürfel		
50 g	Tomatenmark		
0,2 l	Weißwein		

- Fett in flachem Geschirr erhitzen.
- Gewürztes Fleisch dazugeben, bei starker Wärme anbraten.
- Zwiebeln beifügen, Farbe nehmen lassen und Tomatenmark einrühren.
- Mit Weißwein ablöschen. Nach Verdunsten der Flüssigkeit Mehl darüber stäuben und unter Rühren anschwitzen.
- Braune Brühe auffüllen, Kräutersträußchen einlegen und das Ganze zugedeckt garen.
- Gegartes Fleisch mit einer Gabel ausstechen und in einen anderen Topf legen.
- Ragoutsauce entfetten, fertigstellen und durch ein Sieb auf das Fleisch passieren.

Gardauer: 90 Min.

Rindsgulasch (von der Hesse)
🇬🇧 beef goulash   🇫🇷 goulache (gulyas) (m) de bœuf

Bedarf für 10 Portionen

50 g	Fett	1 EL	Gulaschgewürz (Knoblauch, unbehandelte Zitronenschale, Kümmel, gerebelter Majoran und Thymian)
900 g	Zwiebelwürfel		
2 kg	Gulaschfleisch (50-g-Stücke)		
10 g	Edelsüß-Paprika, Salz		
1 EL	Tomatenmark		

- Fett in flachem Geschirr erhitzen, Zwiebeln dazugeben, goldgelb braten.
- Fleischstücke mit Paprika und Salz einreiben, beigeben, angehen lassen und Tomatenmark beifügen.
- Mit etwas Wasser ablöschen, Topf zudecken, bei schwacher Wärme Saft ziehen lassen.
- Danach Deckel abnehmen, Saft unter Abspachteln der Bodenfläche reduzieren.
- Wasser bis auf Fleischhöhe angießen.
- Topf zudecken, bei niedriger Temperatur garen.
- Fein gehacktes Gulaschgewürz beigeben.
- Fleisch ausstechen und in einen Topf legen.
- Sauce entfetten und so lange kochen lassen, bis sie eine entsprechende Bindung erhält.

Gardauer: 150 Min.

Lammragout mit Paprikarauten 🇬🇧 lamb stew 🇫🇷 ragoût (m) d'agneau

Bedarf für 10 Portionen

2 kg	Lammfleisch von Bug/Schulter oder Hals	2 l	Braune Brühe
		60 g	Mehl
	Salz, Pfeffer	1	Kräutersträußchen (Lauch, Thymian, Lorbeer, Petersilienstängel)
50 g	Olivenöl		
300 g	Zwiebeln	4	rote Paprikaschoten
1 EL	Tomatenmark	30	kleine, tournierte Kartoffeln evtl. noch 400 g tourniertes Wurzelgemüse
1	Knoblauchzehe		
0,2 l	Rotwein		

- Das würfelig geschnittene Fleisch in heißem Fett ringsum scharf anbraten, Zwiebel zugeben und mitbraten.
- Das Tomatenmark sowie Knoblauch hinzufügen und leicht angehen lassen.
- Die Fleischwürfel würzen, mit Mehl bestäuben und Farbe nehmen lassen.
- Mit Rotwein ablöschen, Brühe beigeben.
- Kräutersträußchen zugeben und aufkochen.
- Topf abdecken und im Ofen schmoren.
- Die Paprikarauten rechtzeitig beigeben.

Salzkartoffeln oder Reis als Beilage

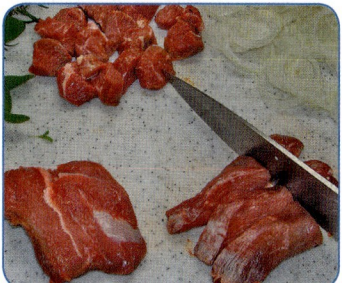
Abb. 1 Fleisch und Zwiebeln schneiden

Abb. 2 Fleisch in Öl anbraten und Zwiebeln zugeben

Abb. 3 Danach mit Fond ablöschen und reduzieren

Abb. 4 Tomatenmark einrühren, mit Fond und Rotwein aufgießen

Abb. 5 Paprikaschoten in Rauten oder Würfel schneiden

Abb. 6 Paprikaschoten dem Ragout beimischen und kurz mitgaren

Szegediner Schweinsgulasch
🇬🇧 pork goulash
🇫🇷 goulache (m) de porc à la choucroute

- **Ergänzung der Grundzubereitung:**
  Neben Paprika feingehackten Kümmel sowie Knoblauch dem Ansatz beigeben. Sauce mit saurer Sahne vollenden. Gulasch auf gedünstetem Sauerkraut anrichten oder mit dem Sauerkraut vermischen.

Kalbsgulasch mit Auberginen
🇬🇧 veal goulash
🇫🇷 goulache (m) de veau aux aubergines

- **Ergänzung der Grundzubereitung:**
  Ansatz mit ausgedrückten Tomaten ergänzen.
- **Garnitur:** kleine, gebackene Auberginenscheiben

Zubereitung Speisen

SCHLACHTFLEISCH

Allgemeine Hinweise

Bei Herstellung „in Sahne" wird von vornherein durch Knapphalten der Garflüssigkeit die abschließende Sahnebeigabe berücksichtigt. Der typische Geschmack der Zubereitung bleibt dadurch bewahrt.

Bei der Zugabe von Sahne, saurer Sahne, Crème fraîche oder Crème double sollte diese immer erst mit einer kleinen Menge der Sauce angerührt und dann der restlichen Saucenmenge beigegeben werden, damit es nicht zur Gerinnung der Sahne kommt.

Fachbegriffe

ablöschen	Angeröstete Knochen mit Flüssigkeit begießen
abschrecken	Etwas Gekochtes in kaltes Wasser legen
auslösen	Aus großen Fleischstücken die Knochen herausschneiden und das Fleisch nach Muskeln zerteilen
blanchieren	Mit heißem Wasser abwällen oder überbrühen
deglacieren	Bratensatz mittels Flüssigkeit von Kochgeschirr lösen
degraissieren	Fett abschöpfen; entfetten
Irish stew	Irischer Lamm-Gemüse-Eintopf
marinieren	Fleisch in säure- oder würzstoffhaltige Flüssigkeit einlegen

Fachbegriffe

Navarin	Französisches Lammragout mit Gemüsen
panieren	Umhüllen von Lebensmitteln mit Panierungsmittel
Panierung	Material zum Umhüllen von Schnitzeln usw.
parieren	Zurechtschneiden von Fleischteilen, Entfernen von Bindegewebe und Fett
Parüren	Abschnitte, die beim Zurechtschneiden von Fleischstücken anfallen.
plattieren	Flach- bzw. Breitklopfen von portioniertem Fleisch
pochieren	Ein Produkt am Siedepunkt garziehen lassen
reduzieren	Einkochen von Flüssigkeit durch Verdampfen

Aufgaben

1. Nennen Sie die einzelnen Schlachtfleischarten und je ein typisches Gericht.
2. Sie haben ein ganzes Rinder-Rückenstück mit Filet vor sich liegen. Zeigen Sie Ihrem Kollegen, welche besonderen Fleischstücke daraus gewonnen werden.
3. Woraus schneiden Sie a) Filetspitzen b) Rostbraten?
4. Beschreiben Sie einem Restaurantfachmann die Zubereitung von Rinderbrust nach flämischer Art.
5. Wodurch unterscheiden sich Frikassee und Blankett? Warum wird die Herstellung aus gekochtem Fleisch bevorzugt?
6. Wie sollten Bratenstücke zwischen dem Ende des Bratvorgangs und dem Tranchieren behandelt werden?
7. Welche Arten von Umhüllungen bzw. Panierungen unterscheidet man?
8. Welche Vorteile bietet das Arbeiten mit Hilfe der Kerntemperatur?
9. Gäste wollen über die Garstufen von Rindersteaks informiert werden. Beschreiben Sie drei Garstufen.
10. Erklären Sie einem Gast kurz die Zubereitung von Ossobuco.
11. Wodurch unterscheiden sich Ragout und Gulasch?
12. Führen Sie eine Vergleichsverkostung (Degustation) am Beispiel Rindroulade durch. Verwenden Sie hierzu Roulade aus Eigenherstellung, Frostware und Konserve.

Wild

① Vorbereiten

🇬🇧 preparation 🇫🇷 préparation (w)

Das zu verarbeitende Wild wie Hirsch, Reh, Wildschwein oder Hase, Wildkaninchen ist heute fast ausnahmslos zerlegt (zerwirkt) im Handel. Die einzelnen Teilstücke wie Rücken, Keule und Blatt (Bug) werden frisch und tiefgefroren angeboten; tiefgefrorene Ware überwiegt. Die Vorbereitung umfasst:
- Zuschneiden (Parieren),
- Häuten, Spicken, Bardieren
- und je nach Verwendung eine weitere Feinzerlegung der Teilstücke.

Vorbereiten des Rückens

Zunächst trennt man das schmale, hohe Halsstück des Rückens mit einer Säge ab und kürzt die Rippenknochen beidseitig. Danach löst man die unterhalb des Sattels liegenden Filets aus.

Beim Häuten schneidet man zuerst die locker aufliegenden Hautschichten ab. Die festere, direkt mit dem Fleisch verbundene Haut (Silberhaut) muss so abgeschnitten werden, dass dabei das Rückenfleisch nicht verletzt wird. Ein schmales, spitzes Messer wird zwischen Haut und Fleisch geschoben und ein Teil der Haut freigelegt. Dann erfasst die linke Hand die freigelegte Haut und zieht sie straff entgegen der Schnittrichtung; die rechte führt unmittelbar darunter das Messer entlang. Der beschriebene Vorgang wird so bei allen Wildteilen angewandt.

① Rehrücken,
② Hirschragout,
③ Rehfrikandeau mit Frikandeaukopf,
④ Wildschweinoberschale mit Deckel,
⑤ Hasenrücken,
⑥ Kaninchenrücken

Rücken können ausgelöst zu Nüsschen oder Medaillons verarbeitet werden. Die ausgelösten Rückenfilets schneidet man in Stücke mit festgelegtem Gewicht. Je Portion werden zwei Fleischstücke gerechnet. Das geschnittene Fleisch wird leicht plattiert und gespickt. In jedes Stück werden zwei Speckstäbchen über Kreuz eingezogen. Bei größeren Rücken kann das abgetrennte Rippenstück (Teil mit den langen Rippen) auch zu Koteletts verarbeitet werden. Für eine Portion sind meist zwei Koteletts erforderlich; sie werden leicht plattiert und evtl. gespickt.

Vorbereiten von Keule und Blatt

Die starke Sprungsehne am Frikandeaukopf der Keule wird durchschnitten, das untere Haxengelenk abgesägt und der Schlussknochen der Keule ausgelöst (s. S. 529, Kalbskeule).

Danach wird die Keule auf der Außen- und Innenseite gehäutet. Bei kleinen Keulen von Frischling oder Reh löst man zweckentsprechend den Oberschenkelknochen vor dem Braten hohl aus (s. S. 537, Lammkeule). Nach dem Braten können dann die Keulen, quer zur Fleischfaser, über die ganze Fläche in Scheiben geschnitten werden.

Keulen von Hirsch, Reh oder Wildschwein lassen sich wie die zarten Schlachtfleischkeulen in ihre einzelnen Muskeln zerlegen und portionieren. Große Muskelteile (Oberschale, Frikandeau) in dickere Scheiben geschnitten ergeben Steaks; die kleineren Muskelpartien (Nüsse) teilt man in Medaillons oder Nüsschen. Das geschnittene Fleisch wird weiterbehandelt wie die obigen Rückenfilets.

Teile der Rehkeule:
① kleine Nuss mit Deckel,
② Frikandeau, ③ große Nuss,
④ Oberschale

Zubereitung Speisen — WILD

Abb. 1 Hasenkeulen

Abb. 2 Wildschweinragout

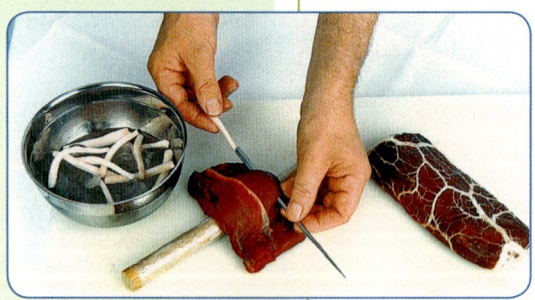

Hasenkeulen werden in der Regel im Ganzen verarbeitet, meist geschmort oder hohl ausgelöst, gefüllt und gebraten.

Vom **Blatt** trennt man zuerst die Haxe im Gelenk ab. Nach dem Häuten der Blattaußenseite sind der Schaufel- und der Röhrenknochen auszulösen (s. S. 531, Auslösen des Kalbsbugs). Soll das Blatt im Ganzen zubereitet werden, wird es zu einer Rolle geformt und mit Schnur netzartig umbunden. Die Fleischrolle kann zuvor gespickt oder mit dünnen Speckscheiben belegt werden.

Für Wildragouts wird der Bug entbeint und dann in gleich schwere, würfelförmige Stücke geschnitten. Zu beiden Zubereitungsarten eignet sich auch das Fleisch von anfallenden Halsstücken, Haxen und Lappen.

Spicken und Bardieren

Durch Spicken oder Bardieren soll verhindert werden, dass fettarme Fleischarten von zarter Struktur während des Bratens in den Randschichten zu stark austrocknen.

Zum **Spicken** verwendet man meist frischen (grünen), selten gesalzenen Rückenspeck vom Schwein.

Spickspeck lässt sich leichter schneiden, wenn er gut gekühlt und darum fest ist. Man schneidet nun 3 mm breite Speckstäbchen ab. Um ein Anhaften des Specks zu verhindern, wird das Messer während des Schneidens in heißes Wasser getaucht.

Gespickt wird mit einer Spicknadel. Die Speckstäbchen sind so in das Fleisch zu schieben, dass sie mit der Fleischfaser laufen. Die einzelnen Reihen werden versetzt eingebracht.

Eine Ausnahme bildet der Rücken. Bei diesem wird schräg zur Faser gespickt, denn das ausgelöste Rückenfleisch wird zum Service mit schrägen Schnitten in Scheiben tranchiert und wieder auf den Rückenknochen zurückgelegt.

Für schmale Rücken genügt eine Speckreihe. Bei starken Rücken werden zwei Speckreihen gespickt.

> Beim Spicken dürfen die Speckstäbchen nicht zu tief unter die Fleischoberfläche eingeführt werden. Bei den verhältnismäßig kurzen Garzeiten für rosa gebratene Stücke bleibt sonst der Speck in den tieferen Schichten roh.

Spicken ist etwas in die Kritik geraten, da dem Fleisch zwar Fett unter der Fleischoberfläche zugeführt wird, das Fleischstück dabei aber durch eine Vielzahl an Einstichen verletzt wird. Statt zu Spicken empfiehlt es sich, zu **Bardieren**, d. h. die Fleischoberfläche mit Speckplatten abzudecken oder mit einem Schweinenetz zu umhüllen.

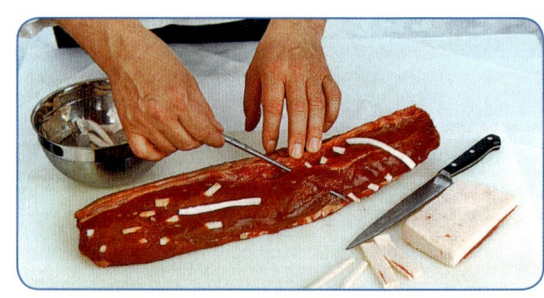

Übersicht

Gebratenes soll zart und saftig sein. Die Saftigkeit kann durch verschiedene Maßnahmen unterstützt werden. Ein wesentlicher Faktor dafür ist Fett. Es kann auf folgende Art dem Fleisch zugeführt werden. Nach der Art der Beigabe des Fettgewebes unterscheidet man:

● In vielen Fällen verwendet man Speck. Das ist Bindegewebe mit eingelagertem Fett. Bei Wärmeeinwirkung fließt es aus und beeinflusst das Bratgut.

Spicken

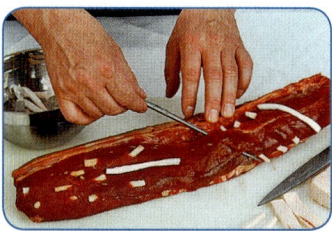

Dünne Speckstreifen werden mit der Spicknadel (s. S. 116) durch die äußere Fleischschicht gezogen, die Enden stehen dabei etwas hervor und geben während des Bratens Fett ab.

Lardieren

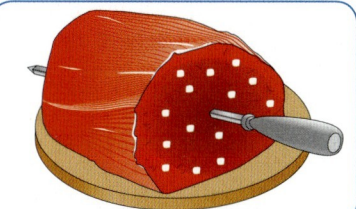

Bleistiftdicke Speckstreifen werden mit dem Spickrohr (Lardoir, s. S. 116) in das Fleischinnere gebracht. Während des Bratens schmilzt Fett aus und macht saftig. Vorwiegend bei Schmorbraten.

Bardieren

Fleischstücke werden mit dünnen Speckplatten belegt oder umwickelt. Während des Bratens geben sie Fett an die Fleischoberfläche ab. Damit der Braten Farbe erhält, entfernt man sie rechtzeitig vor Ende der Bratzeit.

Das **Schweinenetz** ist ein netzartiges Gewebe aus dem Bauch des Schweines, das wie der Speck aus Bindegewebe mit eingelagertem Fett besteht. Man verwendet es zum Zusammenhalten von Zubereitungen wie z. B. Rouladen. Während des Garens benetzt austretendes Fett die Oberfläche, bis zum Ende des Garens löst sich das Netz nahezu vollständig auf.

Beim **Arrosieren** werden Bratenstücke wiederholt mit dem Bratensaft begossen. Das darin enthaltene Fett verhindert das Austrocknen der Randschichten.

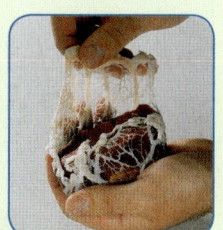

Abb. 1 Schweinenetz   Abb. 2 Umhüllen mit Schweinenetz

Marinaden – Beizen

Durch Marinieren wird Fleisch würziger, Geschmacksstoffe werden übertragen.

Beizdauer: 2 bis 5 Tage, abhängig von Stückgröße und Lagertemperatur. Mariniertes Fleisch muss vor der Weiterverarbeitung gründlich abtropfen. Nasses Fleisch nimmt beim Anbraten keine Farbe an.

Mariniert werden
- frische Fleischteile älterer Wildtiere,
- frisches Ragoutfleisch, das nicht sofort verwendet werden kann.

Nicht marinieren
- Wildbret junger Tiere,
- aufgetautes Wildfleisch jeder Art.

● Bei Tiefkühlware ist durch das Frosten das Zellgefüge gelockert. Durch Marinieren würde es zu erhöhten Auslaugverlusten kommen. Bei tiefgekühltem Fleisch deshalb
- zubereiten direkt nach dem Auftauen,
- Wein oder Säure erst nach dem Anbraten zufügen.

Essigmarinade
0,4 l Essig (5 %ig)
0,6 l Wasser

Weinmarinade
1 l Rotwein oder Weißwein

Buttermilchbeize
1 l Buttermilch

1 Zwiebel in Würfeln
1 Möhre in Würfeln
1 Thymianzweig
1 Lorbeerblatt
1 Msp. Rosmarin
2 Gewürznelken*

8 Pfefferkörner*
6 Wacholderbeeren*
1 Knoblauchzehe, gequetscht

* (zerdrückt)

Abb. 3 Buttermilchbeize und Rotweinmarinade

Zubereiten

🇬🇧 cooking 🇫🇷 cuisson (w)

Das Fleisch des erlegten Wildes muss, wie das Schlachtfleisch, vor der Verarbeitung erst abhängen (reifen). Dabei entwickelt sich ein feiner Wildbretgeschmack.

Im Angebot befinden sich Tiere mit unterschiedlichem Alter. Junge Tiere haben die beste Fleischqualität, deshalb werden sie bevorzugt bei:
- Dam-, Rotwild: Hirschkalb und Schmaltier,
- Rehwild: Schmalreh und Jährlingsbock,
- Wildschwein: Frischling und Überläufer.

Übersicht zu Bezeichnungen von Wild (S. 447)

Für die Wildzubereitung wendet man je nach Eignung der einzelnen Fleischteile folgende Garverfahren an:

Garverfahren	Hirsch, Reh, Wildschwein, Frischling	Hase, Wildkaninchen
Braten in der Pfanne	Portioniertes Fleisch: Medaillons, Nüsschen, Koteletts, Steaks, Geschnetzeltes	Portioniertes Fleisch: Rückenfilets
Braten im Ofen	Fleischteile im Ganzen oder Stücke davon: Rücken, Keule, Blatt/Schulter	Fleischteile im Ganzen: Rücken, Keule
Schmoren	Fleischteile im Ganzen oder Stücke davon: Keule, Blatt/Schulter Zerkleinertes Fleisch (Ragout): Blatt/Schulter, Hals, Haxe, Fleischlappen	Fleischteile im Ganzen: Keule, Lauf

Der erwünschte Garpunkt (Kerntemperatur) im Fleisch kann mit einem Einstech-Thermometer oder durch eine Nadelprobe ermittelt werden.

Den gegarten Braten vor dem Tranchieren zum Entspannen und einer gleichmäßigen Saftverteilung im Inneren des Fleischstückes noch für 20 Minuten in eine Alufolie wickeln.

2.1 Braten im Ofen

Grundzüge der Zubereitung

Die vorbereiteten Teilstücke des Wildes erlangen den feinsten Geschmack, wenn sie so gebraten werden, dass die Außenflächen gleichmäßig glänzend braun sind, das Fleischinnere saftig ist und einen zartrosa Farbton aufweist. Einwandfreie Bratergebnisse sind an Grundbedingungen gebunden:
- Wärmezufuhr der jeweiligen Bratphase anpassen.
- Bratgut während des Garverfahrens mehrmals mit Bratfett begießen. Kompakte Stücke auch mehrmals wenden.
- Garzustand gegen Ende des Verfahrens überprüfen.
- Temperatur-Zeit-Verhältnis beachten; nicht bei höherer Temperatur und nicht länger braten als erforderlich.

Variationen der Grundzubereitung

Gebratener Hirschkalbsattel mit Wacholdersauce
🇬🇧 saddle of deer 🇫🇷 cimier (m) de cerf rôti

Der Sattel des Wildes (Rückenteil zwischen langen Rippen und Keulen) wird auch als Ziemer (Cimier) bezeichnet. Er gilt allgemein als wertvollster Teil.

Braten

Die Gardauer für einen rosa gebratenen Sattel mit 2,5 kg beträgt 35 bis 45 Min.

Fett in einem Bratgeschirr erhitzen. Vorbereiteten Sattel salzen, pfeffern und mit der Knochenseite nach unten in das Geschirr legen. Heißes Bratfett darübergießen und im vorgeheizten Ofen (200 bis 220 °C) braten. Damit bei fortschreitender Bräunung die Außenschicht des Fleisches geschmeidig bleibt, ist der Sattel auch während des Garverfahrens öfter mit dem Bratfett zu beschöpfen.

Nach etwa 20 Min. Bratzeit gequetschte Wacholderbeeren und Röstgemüse zum Bräunen um das Fleischstück legen und weitere 15 bis 20 Min. garen. Die Wärmezufuhr so einstellen, dass der Bratsatz nicht verbrennen kann.

Danach den gebratenen Sattel auf ein Gitter mit Tropfblech legen. Einige Minuten ruhen lassen, damit die in den Randschichten gespeicherte Wärme entweichen kann und somit ein Nachgaren vermieden wird. Dann den Sattel bis zum Tranchieren mit Alufolie umwickelt warmhalten.

Saucenbildung

Das überschüssige Fett aus dem Bratgeschirr gießen. Den Bratsatz mit Rotwein ablöschen und loskochen. Wildsauce dazugeben und so lange kochen, bis eine leichte Bindung vorhanden ist. Die Sauce durch ein feines Sieb gießen und mit ein wenig Genever (Wacholderbranntwein) vollenden.

Tranchieren
Beide Seiten des Sattelfleisches vom Rückenknochen ablösen. Mit schrägen Schnitten in Scheiben schneiden, und zwar so, dass sich die Scheiben wieder auf den Knochen geordnet beiderseits im spitzen Winkel gegenüberliegen.

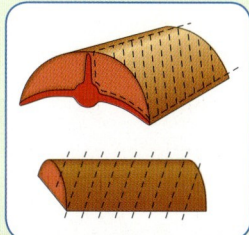

Abb. 1 Rücken tranchieren

Gefüllter Hirschkalbsrücken mit Tartelett von feinen Gartengemüsen, Krautkräpfle und Schupfnudeln
🇬🇧 stuffed saddle of deer 🇫🇷 selle (w) de cerf farci

Bedarf für 10 Portionen

1 kg	Hirschrückenfilet
500 g	rohes Perlhuhnfleisch
2	Eiweiß
150 ml	Sahne
	Salz, Pfeffer, Zitronenschale
100 g	geschlagene Sahne
100 g	Preiselbeeren, frisch oder gefroren ersatzweise Pilze

Für die Sauce

	Wildknochen vom Rücken, Fett
400 g	Wurzelgemüse
1 EL	Senf
2 EL	Preiselbeerkompott
	Wacholder, Piment, Lorbeerblatt

Hirschkalbsrücken vom Knochen ablösen und enthäuten. Knochen klein hacken und für die Saucenherstellung verwenden. Perlhuhn- oder Putenfarce (s. S. 650) herstellen.

Die Hirschrückenfilets seitlich im unteren Drittel längs einschneiden, aufklappen und das höhere Fleischpolster nochmals längs einschneiden und ebenfalls aufklappen. Das Fleischstück nun in einen breiten Vakuumierbeutel legen und gleichmäßig dick plattieren. Leicht würzen mit Salz und Pfeffer und danach gleichmäßig dick mit Farce bestreichen. Unter die Farce kann man frische Preiselbeeren oder Moosbeeren oder kleine Pfifferlinge oder frisch gehackte Kräuter mischen.

Die Hirschrückenfilets nun wie einen Strudel aufrollen, mit einer Schnur binden, leicht anbraten und dann im heißen Rohr 50 bis 60 Minuten garen.

Das Fleischstück danach noch 15 bis 20 Minuten zum Entspannen in eine Alufolie wickeln, gleichmäßige Tranchen schneiden und anrichten.

Anrichten
Als Erstes Sauce auf den Teller gießen und darauf ein gekochtes, gut gewürztes heißes Wirsingherz legen, danach die Fleischtranchen anrichten und den Teller mit den Beilagen vervollständigen.

Zubereitung Speisen

Für einen rosa gebratenen Rehrücken mit 1,8 kg beträgt die Gardauer 20 bis 25 Min. Der Bratvorgang entspricht dem des Hirschkalbssattels. Es empfiehlt sich, den Rücken nach dem Braten zum Entspannen in Alufolie zu wickeln, wie bei Schlachtfleisch.

Rehrückenfilet mit Sherrysahnesauce, Maroninudeln, glasierten Perlzwiebeln
🇬🇧 fillet of venison
🇫🇷 filet (m) de chevreuil

© Lehmann, H./StockFood

Garnituren zu Rehrücken

… nach Jägerart
🇬🇧 hunter style
🇫🇷 à la chasseur

Pilze mit Speckstreifen sautiert, gedünsteter Rosenkohl
Wildpfeffersauce

Baden-Baden
🇬🇧 Baden Baden
🇫🇷 Baden-Baden

Birnenhälften gedünstet, gefüllt mit Preiselbeeren (Johannisbeergelee)
Wildrahmsauce

© Brauner, M./StockFood

WILD

Gebratener Rehrücken mit Rahmsauce
🇬🇧 saddle of venison
🇫🇷 selle (w) de chevreuil rôtie sauce à la crème

Bei Wildrücken ist die Fleischauflage des Sattels verhältnismäßig flach, im Bereich des Rippenstücks aber wesentlich höher. Diese Ungleichheit würde beim Braten zu unterschiedlichem Garzustand führen. Deshalb ist es ratsam, das Fleisch an den Seiten des aufrecht stehenden Rückgratknochens durch je einen Einschnitt zu lösen und flachzudrücken. Dadurch hat der Rücken eine gleichmäßige Fleischdicke. Der herausragende Teil des Rückgratknochens kann mit einer stabilen Schere auf Höhe des Fleisches gekürzt werden. Beim Braten dringt jetzt die Ofenwärme gleichmäßiger in das Fleisch ein. Abschließend ist ein Metallspieß in den Hohlraum des Rückgrats zu schieben, um ein Durchbiegen des Rückens beim Braten zu verhindern.

Saucenbildung

Abgekochten Bratsatz mit Wildsauce und Rahm zur gewünschten Bindung kochen.

Beigaben zu Wildzubereitungen

Um den würzigen Geschmack von Wildfleisch besser hervorzuheben, kombiniert man die Gerichte mit Beilagen von süßlich-herbem Geschmack. Ferner verwendet man gerne Lebensmittel, die im Lebensraum des Wildes gedeihen.

Saucen

Von der Wildgrundsauce erhält man durch Zugabe von Rahm, Wacholder, Pilzen oder Senf pikante Ableitungen (Seite 507). Daneben werden gerne ergänzend die süß-säuerlichen Gelees oder Kompotte von Preiselbeeren, Johannisbeeren, Hagebutten, Brombeeren oder Quitten serviert.

Gemüse

Die typischen Gemüse zu den Wildgerichten sind Pilze und die Herbstgemüse wie Blaukraut, Rosenkohl, Bleichsellerie, Petersilienwurzeln, gelbe Rüben, Schwarzwurzeln, Wirsing und Maronen (Edelkastanien). Die Zubereitung der Gemüse richtet sich immer nach der Zubereitungsart des Wildfleisches. Neben den Gemüsebeilagen gibt man aber auch Früchtebeilagen wie gefüllte Birnen, Bratäpfel, Sauerkirschen oder Weintrauben.

Beilagen

Die gebundenen Saucen bestimmen die Auswahl. Besonders Teigwaren wie Spätzle, Nudeln oder Semmelknödel werden bevorzugt zu Wild serviert. Als Kartoffelbeilage serviert man je nach Zubereitungsart des Wildes Kartoffelpüree oder Kartoffelschnee, Kartoffelkroketten, Mandel-, Nuss- oder Kokosbällchen oder, wenn passend, auch Kartoffelklöße und Serviettenknödel.

Salat

Die Salate sollen ebenfalls zum typischen Geschmack des Wildes passen. Deshalb wählt man zum Beispiel Selleriesalat, Feldsalat oder Endiviensalat sowie den klassischen Waldorfsalat.

2.2 Braten in der Pfanne

Grundzüge der Zubereitung

Das portionierte Kurzbratfleisch von Wild stammt aus Rücken und Keulen junger Tiere. Die kleinen Fleischteile werden erst bei Bedarf gebraten. Das Fleisch soll halbgar, also innen zartrosa (à point) sein. Der jeweilige Garpunkt wird durch Druckprobe (Fingerdruck S. 545) ermittelt. Brät man das Fleisch darüber hinaus, so verliert es zunehmend an Zartheit und Geschmack. Für das Fertigstellen der vorgesehenen Sauce muss kräftige Wildbrühe oder Wildgrundsauce bereitstehen.

Variationen der Grundzubereitung

Hirschkalbskoteletts mit Orangen
🇬🇧 deer cutlets 🇫🇷 côtelettes (w) de cerf à l'orange

Die Koteletts werden aus den Rippenstücken des Hirschkalbsrückens geschnitten.

Zunächst sind die Früchte zu bearbeiten. Mit einem Sparschäler ein wenig farbige Orangenschale (unbehandelte Frucht) abnehmen. In feinste Streifen (Julienne) schneiden, blanchieren und in Wein dünsten. Die verbliebene Haut der Orangen mit einem Messer entfernen.

Die Orangenfilets aus den Häuten schneiden und in ein flaches, mit Butter ausgestrichenes Geschirr legen. Anfallenden Orangensaft für die spätere Sauce reservieren.

Fett in einer Stielpfanne erhitzen, die gewürzten Koteletts einlegen und beidseitig braun anbraten. Auf ein Gitter mit Tropfblech legen. Das Fett aus der Bratpfanne gießen, durch einige Butterstückchen ersetzen und die Koteletts in der heißen Butter bis zum gewünschten Garpunkt weiterbraten.

Gebratene Koteletts anrichten und warmhalten. Reservierten Orangensaft und Wildpfeffersauce in die Pfanne gießen und kochen, bis eine leichte Bindung erreicht ist. Sauce mit Orangenlikör (Grand Marnier) aromatisieren.

Angerichtete Hirschkalbskoteletts mit den erwärmten Orangenfilets garnieren, Schalenstreifchen aufstreuen und mit ein wenig Sauce umgießen. Übrige Sauce gesondert reichen.

Beilagen:
Prinzessbohnen
Dauphinekartoffeln
Preiselbeeren

Rehrückenfilets in Zimtsauce mit glasierten Möhren und Kräuter-Polenta-Nocken
🇬🇧 fillets of venison 🇫🇷 filets (m) de chevreuil

Bedarf für 10 Portionen
- 1,8 kg Rehrückenfilet
- 0,5 l Wildgrundsauce
- 0,25 l Rotwein
- 2 Zimtstangen
- Salz, Pfeffer, Fett
- 40 g Butter

- In der Wildgrundsauce die Zimtstangen auskochen, später abpassieren.
- Aus dem parierten Fleisch 10 Medaillons schneiden, salzen und pfeffern.
- In Öl zunächst anbraten, wenden, langsam weiterbraten.
- Öl aus der Pfanne gießen und die Medaillons mit Butter nachbraten und zum Entspannen aus der Pfanne nehmen.
- Danach den Bratsatz mit Rotwein loskochen und in die Wildsauce geben.
- Die Medaillons quer durchschneiden und auf dem Gemüse anrichten.
- **Beilagen:** Möhrchen, Kartoffelplätzchen oder Polentanocken

WILD

Frischlingsmedaillons mit Pfifferlingen
🇬🇧 medaillons of young boar 🇫🇷 médaillons (m) de marcassin aux chanterelles

Die aus dem ausgelösten Rückenfleisch geschnittenen Medaillons leicht plattieren, würzen und braten wie die Hirschkalbskoteletts. Danach anrichten und warmhalten. Im gleichen Bratgeschirr einige Speck- und Schalottenwürfelchen anschwitzen. Gedünstete, gut abgetropfte, kleine Pfifferlinge dazugeben, salzen, pfeffern und bei stärkerer Wärmeeinwirkung sautieren. Die Pilze auf die angerichteten Frischlingsmedaillons häufen, mit gehackter Petersilie bestreuen und Wildrahmsauce gesondert dazureichen.

Beilagen: Gedünsteter Rosenkohl, Fondantkartoffeln, Johannisbeergelee

2.3 Schmoren

Zum Schmoren werden Keule, Blatt/Schulter, Hals und die beim Zerlegen anfallenden Haxen und Bauchlappen des Wildes verwendet. Die Sauce entsteht beim Schmoren des Fleisches meist in Verbindung mit der entsprechenden Beize/Marinade.

Geschmorte Hasenkeule
🇬🇧 braised leg of hare 🇫🇷 cuisse (w) de lièvre braisée

Marinierte Keulen müssen zuvor abtropfen und mit einem Tuch trockengetupft werden, damit ein Bräunen des Fleisches möglich ist. Die vorbereiteten, gewürzten Hasenkeulen in heißem Fett anbraten. Dann Röstgemüse beigeben und alles braune Farbe nehmen lassen. Wenig Mehl darüberstäuben, anschwitzen und mit Wein oder Marinade ablöschen. Wildbrühe oder braune Brühe auffüllen und aufkochen. Ein Kräutersträußchen (Petersilie, Lorbeerblatt, Knoblauchzehe, Thymianzweig, gequetschte Wacholderbeeren) dazugeben. Die Keulen zugedeckt bei mäßiger Wärmezufuhr schmoren. Sobald das Fleisch weich ist, werden die Keulen entnommen und in einer Servierkasserolle warmgehalten. Die Sauce abfetten, durch ein feines Sieb gießen, nochmals an den Kochpunkt bringen, fehlendes Gewürz ergänzen. Sauce den Hasenkeulen beigeben.

Beilagen: Semmelklöße, Feldsalat, Apfelmus

Garnituren

Diana 🇬🇧 Diana 🇫🇷 Diane

Dianasauce: Wildpfeffersauce mit Sahne verkocht und Einlage von Trüffel- und Eiweißstreifen

- **Beilage:** Maronenpüree

Mirza 🇬🇧 Mirza 🇫🇷 Mirza

Apfelhälften napfartig vertieft, in Butter gegart; gefüllt mit Johannisbeergelee. Wildpfeffersauce

Rehragout
🇬🇧 venison stew 🇫🇷 sauté (m) de chevreuil

Mariniertes Fleisch zunächst in einem Durchschlag abtropfen lassen und zum Trocknen auf einem Tuch ausbreiten. Die Weinmarinade auffangen und zur Saucenbereitung beiseite stellen. Fett in einer Bratpfanne erhitzen, das gewürzte Ragoutfleisch hineingeben und rasch anbraten. Fleisch in einen Durchschlag leeren, Bratfett abtropfen lassen. In einem Schmorgeschirr durchwachsene Speckwürfel und Röstgemüse mit Butter anbraten. Das Fleisch dazugeben, ein wenig Mehl darüberstäuben, durchrühren und leicht anschwitzen. Aufgefangene Weinmarinade, Wildbrühe oder braune Brühe angießen und alles unter Rühren aufkochen. Einen Gewürzbeutel (Knoblauchzehen, Lorbeerblatt, Thymianzweig, Petersilienwurzel, Wacholderbeeren) dazulegen und zugedeckt bei geringer Wärmezufuhr schmoren. Garzustand durch Anstechen des Fleisches prüfen. Gegartes Fleisch in ein anderes Geschirr legen. Sauce entfetten (degraissieren), durch ein feines Sieb passieren und mit Johannisbeergelee sowie Zitronensaft geschmacklich vollenden.

Beilagen: Spätzle oder Nudeln

Geschmorte Schulter vom Jungbock mit Morchelfüllung und weißen und gelben Rüben
🇬🇧 braised shoulder of venison 🇫🇷 épaule (w) de chevreuil braisée

Bedarf für 10 Portionen

2 kg	Rehschulter, entbeint
100 g	Morchel-Duxelles (S. 183)
1	Zwiebel
300 g	Wurzelgemüse (Mirepoix)
	Salz, Pfeffer
0,25 l	Wildgrundsauce
0,25 l	Weißwein
	Wacholder, Nelke, Lorbeerblatt, Zitronenthymian
	Dünstfonds der Gemüse und Morcheln
0,25 l	Sauerrahm
0,25 l	geschlagene Sahne

Die zugeschnittene Rehschulter innen salzen, mit Morchel-Duxelles bestreichen, zur Rolle formen und binden. Das Fleisch würzen und ringsum in Öl anbraten, Zwiebel und Wurzelgemüsewürfel zugeben und mitbraten. Mit Weißwein ablöschen, die Wildgrundsauce zugießen, die Gewürze und die Dünstfonds dazugeben. Die Schulter zugedeckt bei mäßiger Hitze schmoren. Wenn das Fleisch weich ist, aus dem Schmortopf nehmen und warm halten. Die Sauce abfetten, passieren und einkochen. Nun den Sauerrahm mit etwas Sauce verrühren, danach in die restliche Sauce geben und ebenfalls gut verrühren. Zum Schluss die Schlagsahne unterheben und mit dem Mixstab aufschäumen.

Anrichten

Gemüse mit Morcheln auf den Teller anrichten, mit Sauce übergießen und darauf die Tranchen der Rehschulter platzieren.

- **Beilagen:** Teigwaren, Kroketten, Püree

Fachbegriffe

arrosieren	Bratenstücke wiederholt mit Bratensaft übergießen
Beize	Flüssigkeit mit Genusssäure (Rotwein, Essig, Sauermilch) als wesentlichem Bestandteil
marinieren	Zugabe von säure- oder/und würzstoffhaltigen Flüssigkeiten (Beize) zur Geschmacksveränderung

Fachbegriffe

Pfeffer	Ragoutartiges Gericht von Wild, gebunden mit Tier-(Schweine)blut
Ragout	Schmorgericht von dunklen Fleischarten, das auch, im Unterschied zum Gulasch, Knochen enthalten kann
spicken	Einziehen von Speckstreifen in mageres Fleisch (Rind, Wild)

Aufgaben

1. Für ein Festessen wird ein Rehrücken im Ganzen gebraten. Beschreiben Sie die Vorbereitungsarbeiten.
2. Nennen Sie typische Gewürze, die mit Wild harmonieren.
3. Wildfleisch wird manchmal gespickt oder mit Speck umwickelt. Weshalb macht man diesen Unterschied? Nennen Sie Vor- und Nachteile.
4. Nennen Sie zu Rehbraten je 4 typische
   a) Saucen,
   b) Gemüsebeilagen,
   c) Hauptbeilagen,
   d) Früchtebeilagen.
5. Beschreiben Sie die Herstellung eines Wildschweinragouts.

Geflügel und Wildgeflügel

Geflügelfleisch zählt heute zu den preiswertesten Eiweißlieferanten; es ist zudem fettarm, leicht verdaulich und auf vielfältige Weise zuzubereiten. Diese Gründe haben zu einem stetig steigenden Verzehr von Geflügel geführt. Die gewerbliche Küche folgt diesem Trend, indem sie Geflügelzubereitungen vermehrt als Hauptgerichte anbietet und Geflügelfleisch als Basis für Salate in der kalten Küche verwendet.

Alle Geflügel- und Wildgeflügelarten werden angeboten:
- frisch, in gekühltem Zustand; ganz oder als Teilstück (z. B. Keulchen),
- tiefgekühlt, ganz oder als Teilstücke.

Tiefkühlware

Aus der Sicht der Ernährungswissenschaft ist Tiefkühlware der Frischware gleichwertig, weil das sofortige Frosten die Wirkstoffe weitestgehend erhält, während bei längerem Kühlliegen von Frischware erhebliche Verluste, auch im Geschmackswert, eintreten können.

1 Vorbereiten

preparation   préparation (w)

Das frische oder gefrorene Geflügel wird wie folgt angeboten:
- bratfertig **mit** Innereien,
- grillfertig **ohne** Innereien.

Hygienevorschriften

Das Geflügel wird in reichlich Wasser gründlich gewaschen, kalt abgebraust und mit der Bauchöffnung nach unten zum Abtropfen in einen Durchschlag gestellt.

An der Haut von Geflügel können sich Salmonellen befinden. Diese werden zwar durch den Garprozess abgetötet, doch können sie auf andere Lebensmittel übertragen werden und dann zu Lebensmittelinfektionen führen.

> Nach Abschluss der Vorbereitungsarbeiten alle Geräte wie Tisch, Arbeitsplatte, Gefäße und Werkzeuge sowie die Hände gründlich reinigen. Auftau- oder Abtropfflüssigkeit sofort entsorgen.

1.1 Herrichtungstechniken

Formgebung mit Bridiernadel

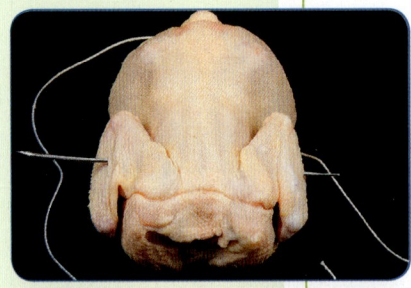

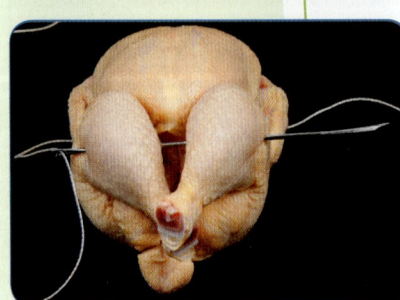

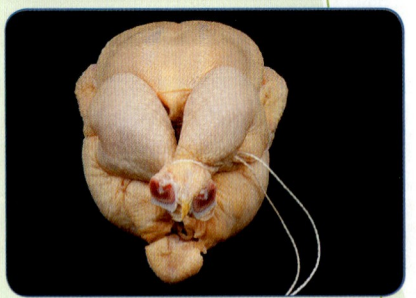

Geflügel kann man mit und ohne Flügel binden (bridieren). Dafür kann man eine Bindenadel (Bridiernadel) mit Schnur einsetzen. Die Flügelspitzen werden nach innen verschränkt. Nun legt man z. B. ein Huhn auf die Brust und sticht durch die Mitte der verschränkten Flügelknochen, wobei gleichzeitig die zurückgelegte Halshaut durch Unterstechen des Rückgrats festgelegt wird.

Das Huhn wird auf den Rücken gewendet; dabei hält man es in der gewünschten Form. Die Nadel sticht man durch die Muskeln der unteren Beine, zieht die Schnur durch und verknotet sie.

Formgebung ohne Bridiernadel

Das Binden von Geflügel ist auch ohne Bridiernadel möglich. Dazu verschränkt man die Flügelspitzen nach innen, umlegt mit der Schnur die straff zurückgezogene Halshaut. Das Huhn liegt dabei auf dem Rücken. Es wird leicht angehoben und dabei die Schnur unter dem Rücken verkreuzt (Abb. unten links).

Anschließend wird die Schnur über die beiden Keulenansätze gezogen, einmal um die Beinenden gewunden und verknotet (Abb. unten rechts).

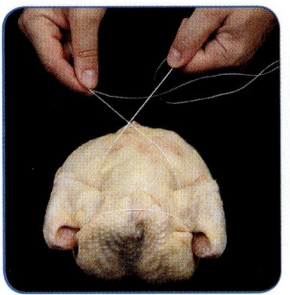 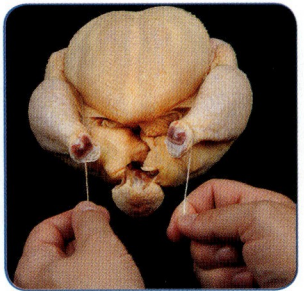 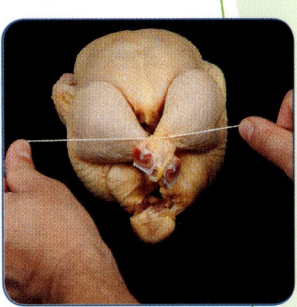

Bardieren von Geflügel

Das Bardieren (mit Speck umwickeln) soll die zarte Brust während der Zubereitung vor möglicher Verkrustung schützen. Das ist vorwiegend bei Wildgeflügel erforderlich.

Die Geflügelbrust belegt man mit einer Speckscheibe und bindet diese mit Schnur fest. Das rechteckige Speckstück, von dem die dünnen Scheiben geschnitten werden, muss der Größe der zu belegenden Brust entsprechen. Die Scheiben erhalten Einschnitte; durch diese kann die Ofenwärme dringen und die Geflügelbrust leicht bräunen.

Abb. 1 Fasanenbruststücke und bardierte Wachteln

Spalten, Zerlegen, Auslösen und Füllen

Für manche Zubereitungsarten muss das vorbereitete Geflügel im rohen Zustand gespalten, zerlegt oder ausgelöst und gefüllt werden. Rationell lassen sich diese Arbeiten nur ausführen, wenn man den Körperbau des Geflügels kennt.

Spalten zum Grillen

Gegrillt werden hauptsächlich Brathähnchen. Hierzu bleiben die Flügel am Rumpf.

Von der hinteren Öffnung aus ein stabiles Messer in den Rumpf schieben. Den Geflügelkörper direkt neben der Wulst der Wirbelsäule durchtrennen. Den aufgeschnittenen Körper flach auseinanderdrücken und die Wirbelsäule abschlagen. Die Flügelspitzen nach unten verschränken und die Enden der Keulen durch einen Einschnitt in die dünne Bauchhaut stecken. Beim Grillen bleibt der Tierkörper flach und kann sich nicht verziehen.

Zubereitung Speisen

GEFLÜGEL UND WILDGEFLÜGEL

Zerlegen eines Huhns in Einzelteile

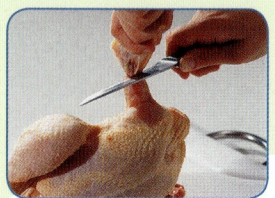
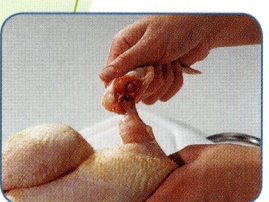

Zerlegen eines Huhns in Einzelteile: Die Flügel am Ellenbogengelenk mit einem kleinen scharfen Messer umschneiden.

Die Flügel im Ellenbogengelenk vorsichtig durchtrennen, dabei die Knochen nicht verletzen. Die Flügelspitzen anderweitig verwenden.

Die Keulen unterhalb des Fußgelenks umschneiden, dabei die Knochen nicht verletzen. Die Fußgelenkknorpel vorsichtig abdrehen.

Erst die Haut am Ansatz der Keule vorsichtig durchschneiden und die Keule etwas anheben. Dann die Keule weiter nach außen drehen.

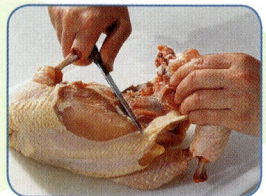
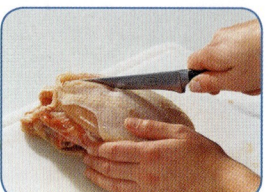
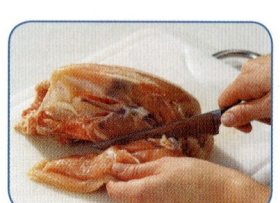

Die Keule vollständig abspreizen und das Hüftgelenk vorsichtig durchtrennen. Die andere Keule ebenso auslösen.

Zum Auslösen der Brustfilets die Brust vom Bürzel zum Kopf hin entlang des Brustbeins bis auf die Karkasse einschneiden.

Mit dem Messer am Gabelknochen entlangfahren, das Schultergelenk durchtrennen. Die Hühnerbrüste mit Flügelknochen abheben.

Ein auf diese Weise ausgelöstes Huhn bietet dem Koch vier Teile mit einem in etwa gleich großen Fleischanteil von Brüsten und Keulen.

Füllmasse, z. B. Geflügelfarce, Ringe von Frühlingszwiebeln, Pistazien, Croûtons, Rinderzunge, Moosbeeren

Portionsgeflügel wie Küken, Tauben und Rebhühner wird meist im Ganzen gefüllt und zubereitet.

Das gefüllte Geflügel lässt sich angenehmer verzehren, wenn die Knochen vor dem Füllen ausgelöst wurden.

Auslösen zum Füllen

Zum Füllen der Geflügelbrust gibt es zwei Möglichkeiten:
- Die Brust wird von der dicken Seite her mit einem Messer eingestochen, somit wird ein Hohlraum für die Füllung geschaffen, oder
- die Brust wird seitlich eingeschnitten und aufgeklappt ①.

Die Schenkel werden vor dem Füllen teilweise oder ganz ausgelöst.
Teilweises Auslösen heißt:
- Das Fleisch des Oberschenkels wird innen aufgeschnitten und der Knochen ausgelöst ②. Die Kniescheibe muss entfernt werden.
- Danach wird der Unterschenkel bis fast zum Ende hohl ausgelöst, das Fleisch umgestülpt und der freigelegte Knochen abgehackt ②, sodass durch das verbliebene Knochenteil der Hohlraum auf einer Seite verschlossen bleibt. Dann wird das Fleisch zurückgestülpt und der entstandene Hohlraum mit Farce/Füllmasse gefüllt ③.
- Die gefüllt Brust (im Bild mit Blattspinat, Croûtons und Ricotta-Käse) wird zugeklappt und mit Holzspießchen festgesteckt.

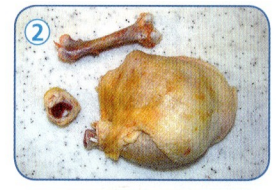
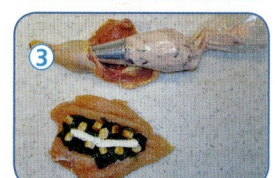

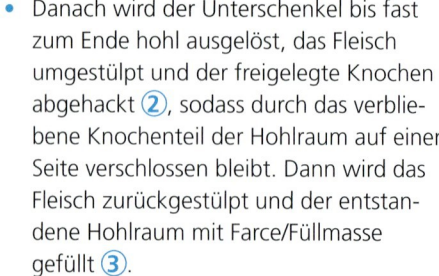

Verschließen von gefülltem Hähnchenschenkel und -brust durch Zuklappen

Füllen von Geflügel

In der Regel werden ganzes Geflügel oder Geflügelteile vor dem Füllen ausgebeint oder hohl ausgelöst. Geflügel kann aber auch gefüllt werden, ohne ausgebeint zu sein.

❷ Zubereiten von Hausgeflügel

🇬🇧 cooking 🇫🇷 cuisson (w) de la volaille

Als Füllungen verwendet man z. B.:
- rohe Äpfel,
- Semmelknödelmasse, vermischt mit frischen Preiselbeeren, geschälten Maronen oder Pilzen oder Nüssen (s. S. 204),
- Farcen aus Geflügelleber oder Geflügelfleisch,
- Brotfüllung mit Gemüsen und Kräutern (s. S. 651).

Das garfertige Geflügel kann im Ganzen oder zerteilt verwendet werden. Je nach Eignung der einzelnen Tiere und der Zubereitungsart wendet man nachfolgende Garverfahren an:

Garverfahren	Geflügelart
Kochen	Küken, Hähnchen,
Dünsten	Suppenhuhn, Taube, Pute
Schmoren	Hähnchen, Taube
Braten im Ofen	Küken, Hähnchen, Taube, Pute, Gans, Ente
Braten in der Pfanne	ganze Brustteile oder Geschnetzeltes von Hähnchen, Steak und Schnitzel von Pute, Brust von Ente
Frittieren	Hähnchen, Brustteile von Hähnchen, Steak und Schnitzel von Pute
Grillen	Küken, Hähnchen, Taube, Steak und Schnitzel von Pute

Garpunkt

Das Fleisch der Geflügelbrust ist zarter als das Fleisch der Keulen. Der Garpunkt wird deshalb bei ganzen Tieren immer an den Keulen geprüft.
- Junges Geflügel ist gar, wenn beim Anstechen der Keulen der austretende Fleischsaft klar ist, also keinen rosafarbenen Fleischsaft zeigt (s. S. 575).
- Älteres Geflügel bedarf einer längeren Garzeit. Es ist gar, wenn beim Anstechen der Keulen nur noch geringer Widerstand spürbar ist.

Tiefgekühltes Geflügel hat durch das Frosten eine gelockerte Fleischfaser und dadurch eine kürzere Garzeit. **Gefülltes Geflügel** hat eine längere Garzeit. Der Garpunkt wird am besten über Kerntemperatur oder durch eine Nadelprobe ermittelt.

2.1 Durchschnittliche Garzeiten

Garfertiges Hausgeflügel	Gewicht in Gramm	Garverfahren in Minuten			
		Kochen/Dünsten	Schmoren	Braten	Grillen
Stubenküken	350	15		20	12
Hähnchen	800	25	15	35	20
Junge Pute (Baby-P.)	3.500	80–90		90–120	
Junge Taube	250	15		20	12
Junge Gans	3.500			120–150	
Junge Ente	2.200			80	

Zubereitung Speisen

Zum Zerlegen muss das gekochte Geflügel erst abkühlen, sonst kommt es zu starkem Saftverlust und dadurch zu empfindlicher Einbuße der Fleischqualität.

Verwendung
- **Hühnerfleisch:** Hühnerfrikassee, Hühnerkroketten, Suppeneinlage, kombinierte Geflügelsalate
- **Hühnerbrühe:** Suppen, Saucen

Variationen der Grundzubereitung

Hühnerfrikassee …

… Berliner Art
🇬🇧 Berlin style 🇫🇷 à la berlinoise
- **Garnitur:** Champignons, Stückchen von Kalbsbries, Kalbsklößchen, Spargelspitzen, Krebsschwänze
- **Beilage:** Pilaw

… auf alte Art
🇬🇧 old fashioned style 🇫🇷 à l'ancienne
- **Garnitur:** weißglasierte Perlzwiebeln, kleine Champignons
- **Beilagen:** Risotto oder Petersilienkartoffeln

… nach Elfenbeinart
🇬🇧 ivory style 🇫🇷 à l'ivoire
- **Garnitur:** Würfel von Artischockenböden, Champignonköpfe
- **Beilage:** Risi-Pisi

GEFLÜGEL UND WILDGEFLÜGEL

2.2 Kochen von Geflügel

Suppenhühner kocht man in erster Linie, um Hühnerbrühe zu gewinnen. Damit die spätere Brühe eine appetitlich klare Farbe aufweist, wird das garfertige Geflügel zunächst blanchiert.

Arbeitsablauf

- Blanchierte Hühner knapp mit Wasser bedeckt zum Kochen bringen und bei angelegtem Topfdeckel und geringer Wärmezufuhr sieden.
- Schaum und Fett abschöpfen. Flüssigkeit nur leicht salzen.
- Ein Gemüsebündel (s. S. 471) beifügen. Frisches Gemüsearoma ist flüchtig, deshalb legt man es erst 30 Min. vor dem Garende dazu.
- Gegarte Hühner aus der Brühe nehmen und kurz in kaltem Wasser abschrecken. Gegen Abtrocknen und Verfärben mit Folie bedeckt abkühlen lassen.
- Hühner in Keulen und Brusthälften zerlegen (ausbrechen). Die Haut abziehen. Ober- und Unterschenkelknochen sowie die kleinen Stummel der Flügel bleiben noch im Fleisch.
- Brühe durch ein Tuch seihen. Geflügelteile in der Brühe aufbewahren.

2.3 Dünsten von Geflügel

Grundzüge der Zubereitung

Zum Dünsten verwendet man helles, blanchiertes Geflügel im Ganzen oder zerteilt. Um den Geschmack der Zubereitungen zu betonen, werden das Geflügel wie auch das zum Ansetzen erforderliche Gemüse farblos angeschwitzt. Es wird nur so viel Flüssigkeit angegossen, wie zum Fertigstellen der jeweiligen Sauce nötig ist.

Arbeitsablauf

- Hellen Lauch und Sellerie bei mäßiger Wärme mit Butter anschwitzen.
- Blanchiertes Geflügel dazulegen. Das Ganze farblos weiterschwitzen.
- Ansatz mit Weißwein ablöschen. Geflügel- oder Kalbsbrühe aufgießen.
- Aufkochen, die Flüssigkeit leicht salzen. Geschirr zudecken, Inhalt dünsten. Geflügel gelegentlich wenden.
- Gedünstetes Geflügel auf ein Blech legen. Mit Folie bedeckt abkühlen. Geflügelhaut abziehen. Ganze Tiere zerlegen.
- Dünstfond passieren, abfetten, mit weißer Roux/Mehlbutter leicht binden.
- Sauce gemäß der vorgesehenen Zubereitungsart mit Sahne oder Eigelb und Sahne (Liaison), fehlendem Gewürz und Zitronensaft vollenden.

Frikassee von Geflügel nach klassischer Art bereitet man nach der Grundform des Dünstens zu. Dabei wird ein wenig Mehl auf die angedünsteten Zutaten gestäubt und leicht mitgeschwitzt. Das gibt die Bindung für die Sauce (Seite 540).

Neben dieser Zubereitungsart der klassischen Küche ist eine vereinfachte Herstellungsform gebräuchlich, die genau genommen jedoch der Zubereitung eines **Blanketts** entspricht. Das Huhn wird mit Wurzelwerk gekocht und danach zerlegt. Von der Brühe bereitet man mit weißer Roux die Sauce, welche mit Eigelb und Sahne legiert wird (Seite 540).

Dünsten mit leichter Farbgebung – Poëlieren

Grundzüge der Zubereitung

Poëlieren kommt besonders für das helle Hausgeflügel in Betracht. Hierbei erhält das Geflügel leichte, hellbraune Farbe. Das Verfahren wird im Ofen durchgeführt. Die Farbgebung kann auf zwei Arten geschehen

- Geflügel bei mäßiger Wärmeeinwirkung zugedeckt im sich bildenden eigenen Fond dünsten; später aufgedeckt blonde Farbe nehmen lassen.
- Geflügel bei mäßiger Wärmeeinwirkung im offenen Geschirr blonde Farbe nehmen lassen; danach zugedeckt im sich bildenden eigenen Fond dünsten.

Bei poëliertem Geflügel wird die Haut nicht abgezogen. Durch das leichte Anbraten bzw. Farbenehmenlassen tritt ein Teil des unter der Haut gelagerten Fettes aus, wodurch die Haut schmackhaft und zart wird.

Diese Zubereitungsarten stehen zwischen Dünsten und Schmoren.

Variationen der Grundzubereitung

Methode 1:

Poëlierte Hähnchenkeule mit Apfelspalten und Schalotten
🇬🇧 butter sauted chicken leg 🇫🇷 cuisse (m) de volaille poêlée

Bedarf für 10 Portionen			
10	Hähnchenkeulen	500 g	Crème fraîche oder Sahne
6	säuerliche Äpfel	200 g	Speck
30	geschälte Schalotten	40 g	Butter
0,5 l	Geflügelfond		Salz, Pfeffer, Paprika, Öl
0,5 l	brauner Kalbsfond		

- Hähnchenteile abwaschen, trocken tupfen und würzen.
- Butter in eine Pfanne geben und darin die Hähnchenteile ① beidseitig leicht hell anbraten, überschüssiges Fett abgießen ②, die Hälfte der Fonds dazugießen ③ und dünsten.
- In der Zwischenzeit Speck in Streifen oder Würfel schneiden. Schalotten je nach Größe halbieren oder vierteln.
- Äpfel waschen, Kernhaus ausstechen, dann in Achtel schneiden. Speckwürfel und Schalottenstücke in wenig Butter leicht anbraten.
- Apfelschnitze dazugeben und einige Minuten mitbraten. Diese Mischung nun unter die Hähnchenkeulen geben.
- Restlichen Fond zugeben und zugedeckt auf kleiner Flamme dünsten ④.
- Während der Garzeit die Hähnchenteile einmal wenden.
- Kurz vor dem Servieren die Crème fraîche unter die Sauce rühren oder als Kleckse obenauf anrichten.

GEFLÜGEL UND WILDGEFLÜGEL

Beilagen:
Feine gedünstete Gemüse, Pilze in Sahne; Pilaw, körniger Reis, Olivenkartoffeln oder Dauphine-Kartoffeln

Methode 2: Poëlierte Hähnchenkeule
🇬🇧 butter roasted chicken leg 🇫🇷 cuisse (m) volaille poêlée

- Hähnchen außen leicht salzen und pfeffern.
- Bratgeschirr von angemessener Größe mit Butter ausstreichen.
- Keule hineinlegen, mit Zwiebel- und Möhrenscheiben belegen.
- Geflügelkörper mit zerlaufener Butter beträufeln.
- Geschirr zudecken. Hähnchen im Ofen bei mäßiger Wärme dünsten. Gelegentlich wenden und mit dem sich bildenden Fond begießen.
- Im letzten Viertel des Garverfahrens Geschirrdeckel abnehmen.
- Hähnchenkeule leicht Farbe nehmen lassen, dabei mehrmals mit dem Dünstfond bestreichen.
- Keule in Servierkasserolle legen und warm halten.
- Bratensatz mit Kalbsfond verkochen.
- Sauce durch ein Sieb gießen und in Sauciere füllen.

2.4 Schmoren von Geflügel

Grundzüge der Zubereitung

Schmoren ist eine kombinierte Garmachungsart aus trockener Wärmeeinwirkung beim Anbraten und feuchter Wämeeinwirkung bis zur Gare.

Für die Zubereitung eines Schmorhähnchens ist ein entsprechend großes Geschirr zu wählen, damit die Geflügelstücke beim Anbraten nebeneinander Platz finden. Wenn die Geflügelstücke beidseitig braune Farbe haben, legt man den Topfdeckel auf und gart bei verminderter Temperatur weiter. Da nun das Verdampfen der aus dem Gargut entweichenden Feuchtigkeit erschwert ist, steigt der Feuchtigkeitsgehalt der Gar-Atmosphäre an, womit die Schmorphase beginnt.

Arbeitsablauf

- Gewürzte Geflügelteile in Mehl wenden, in heißem Fett beidseitig anbraten.
- Entsprechend der Zubereitung Röstgemüse beigeben.
- Temperatur zurücknehmen, Geschirr zudecken. Inhalt weitergaren.
- Brustteile zuerst entnehmen, später die Keulen, weil diese eine längere Garzeit haben.
- Überschüssiges Fett vom Schmorrückstand abgießen. Braune Brühe beigeben und einkochen bis zur gewünschten Bindung.
- Geschmortes Geflügel in die fertige Sauce legen, bis zum Anrichten noch ziehen lassen.

Variationen der Grundzubereitung

Schmorhähnchen nach Jägerart
🇬🇧 braised chicken hunter's style 🇫🇷 poulet (m) sauté à la chasseur

Schalottenwürfelchen und Waldpilze dem Geflügel beigeben. Schmorrückstand mit Weißwein und Weinbrand ablöschen, Demiglace angießen. Sauce mit gehacktem Estragon und Kerbel vollenden.

Schmorhähnchen in Wein
🇬🇧 braised chicken in wine
🇫🇷 coq (m) au vin

Mit Zwiebeln, Speck und Pilzen in Wein schmoren. Schmorfond mit Sahne verfeinern und einkochen.

Beilagen:
Schloss-, Nuss- oder Parmentierkartoffeln; Salate

2.5 Braten von Geflügel

Braten im Ofen/Braten von ganzen Tieren

Zum Braten im Ganzen eignen sich junge Tiere aller Geflügelarten.

Grundzüge der Zubereitung

Helles Hausgeflügel

Der während des Bratens austretende Fleischsaft, der sich als sogenannter Bratsatz größtenteils am Geschirrboden anlegt, bildet die Geschmacksgrundlage der späteren Geflügeljus. Damit er nicht verbrennt, muss die Ofentemperatur sorgsam überwacht werden.

Arbeitsablauf

- Garfertiges Geflügel würzen, im erhitzten Bratfett wenden und auf den Keulen liegend im Ofen bei 220 °C beidseitig anbraten.
- Ofentemperatur auf 180 °C reduzieren. Bei öfterem Wenden und Beschöpfen mit dem Bratfett das Verfahren fortsetzen.
- Etwa 10 Min. vor dem Garsein Röstgemüse beifügen und mitbräunen.
- Danach das Geflügel auf den Rücken legen, damit die Brust vollends bräunen kann.
- Bei Erreichen des Garpunktes Geflügel entnehmen.
- Überschüssiges Fett behutsam vom Bratsatz abgießen.
- Den Bratsatz mit Geflügelbrühe ablöschen und loskochen.
- Sauce passieren, nochmals aufkochen und mit angerührter Stärke binden.

Dunkles Hausgeflügel

Gänse und Enten sind fett. Damit man dieses Eigenfett beim Braten nutzen kann, setzt man die Tiere zunächst mit Wasser an. Damit das Fett besser austreten kann, werden die Fettpolster an den Oberschenkeln und an den Flügelpartien mit einer starken Bindenadel mehrfach durchstochen. Später, wenn das Wasser verdampft ist, wird das Geflügel in dem eigenen Fett fertiggebraten.

Arbeitsablauf

- Geflügel innen und außen salzen und pfeffern.
- Den Boden eines Bratgeschirrs mit Wasser bedecken, erhitzen und das Geflügel einlegen und mit dem Wasser begießen.
- Geschirr in einen vorgeheizten Ofen schieben und das Garverfahren bei 220 °C beginnen.
- Geflügel wenden, mit dem ausgetretenen Fett begießen und den Bratvorgang bei 180 °C fortsetzen.
- Evtl. einen Teil des ausgetretenen Fettes abschöpfen. Röstgemüse zum Mitbräunen um das Geflügel legen.
- Gegartes Geflügel auf den Rücken legen, Ofentemperatur bzw. Oberhitze stark erhöhen und zur Krustenbildung die Haut mehrmals mit Salzwasser bestreichen.
- Bratgut aus dem Geschirr nehmen, das Fett abgießen. Den Bratsatz mit Fond auffüllen und kochen, bis er sich völlig gelöst hat.
- Sauce passieren und mit angerührter Stärke binden.

Um festzustellen, ob der Garpunkt erreicht ist, sticht man eine Gabel in die Keulen. Dazu nimmt man das Huhn aus dem Bratgeschirr und lässt den Saft aus dem Rumpf auf einen Teller tropfen. Ist der Tropfsaft klar ①, ist der Garpunkt erreicht. Bei noch nicht durchgebratenem Geflügel ist der austretende Saft blutig ②.

Junge Gänse- und Ententeile werden wie das helle Geflügel gebraten.

Die Haut von Gänsen und Enten wird knuspriger, wenn man während der letzten Minuten die Ofentemperatur verstärkt und die Haut mit Salzwasser bestreicht.

Abb. 1 Pekingenten

Zubereitung Speisen

GEFLÜGEL UND WILDGEFLÜGEL

Garen im Heißluftdämpfer

Arbeitsablauf

- Gewürztes Geflügel auf Gitterroste legen oder stecken.
- Auffangwanne in Heißluftdämpfer auf unterste Stufe einschieben, 20 Min. dämpfen, um das Eigenfett auszuschmelzen.
- Danach „Heißluft und Dampf" wählen und bei 80 bis 110 °C garen; die Geschwindigkeit des Lüfterrades auf halbe Stufe einstellen. Dies verhindert ein Austrocknen des Fleisches.
  - Die Hähnchen aus dem Gerät nehmen und den Ofen bei trockener Hitze auf 280 °C vorheizen, wieder einschieben und bei 0 Prozent Feuchtigkeit etwa 10 bis 15 Minuten knusprig braten.

Im Bild sind Bratroste für Geflügel zu sehen. Vor dem Braten wird das ganze, gewürzte Geflügel auf Drahttürme gesteckt. Somit erreicht man im Umluftofen eine ringsum gleichmäßige Bräunung des Gargutes.

Variationen der Grundzubereitung

Gänse

Chipolata 🇬🇧 chipolata 🇫🇷 chipolata

- **Garnitur:** braunglasierte Perlzwiebeln, glasierte Maronen, glasierte Karotten, Chipolatawürstchen
- **Beilagen:** Nusskartoffeln, Waldorfsalat

Glasierte Keule der Hafermastgans mit Kronsbeerensauce, Apfelrotkohl und Kartoffelklößen

🇬🇧 glaced goose leg with cranberry sauce, red cabbage with apples, potato dumplings

🇫🇷 cuisse d'oie glacé avec sauce d'aireelles rouge, choux rouge avec pommes, quenelles de pommes de terre

- Die Gänsekeulen waschen und halb bedeckt in Salzwasser mit einem Rosmarinzweig ca. 90 Minuten zugedeckt garen. Dabei das Wasser fast ganz einkochen lassen. Dadurch wird dem Gänsefleisch einiges an Fett entzogen.
- Die Keulen aus dem Sud nehmen, trockentupfen und würzen.
- Das Fett abschöpfen und zum Braten der Keulen zur Seite stellen.
- Das Gänsefett in einer Bratenpfanne erhitzen und die Keulen unter öfterem Begießen goldbraun braten, rechtzeitig Mirepoix dazugeben und mitbraten.
- Sobald das Fleisch weich ist, die Keulen entnehmen, in Alufolie wickeln und warm stellen.
- Nun in den Bratensatz in der Pfanne etwas Zucker einstreuen und diesen leicht karamellisieren lassen und mit wenig brauner Brühe ablösen.
- Jetzt etwas Tomatenmark einrühren, mit brauner Brühe aufgießen, kochen lassen und Rotwein oder Portwein zugießen.
- Die Sauce einkochen lassen, bis sie richtig glänzt, fertig abschmecken und damit die Gänsekeulen mehrmals bestreichen.

Beilagen:
Sauce mit Kronsbeerenpüree und ganzen Beeren verfeinern.
Ausgehöhlten und blanchierten Apfel mit Rotkraut füllen.
Knödelmasse herstellen, Ringe von Frühlingszwiebeln daruntermischen und mit Croûtons gefüllt rollen.

Enten

... mit Orangen 🇬🇧 with orange 🇫🇷 à l'orange

- **Garnitur:** Orangenfilets, gegarte Streifen von Orangenschale; Sauce mit Orangensaft verkocht, vollendet mit Grand Marnier.
- **Beilagen:** gedünsteter Chicorée, Lorettekartoffeln

Braten in der Pfanne/Braten von Portionsstücken

Zum Braten und Sautieren in der Pfanne wird nur zartes Geflügelfleisch verwendet.

Brusthälften kleineren Geflügels, Steaks oder Schnitzel von Fleischputen oder geschnetzeltes Geflügelfleisch (Streifchen, Scheibchen) behandelt man wie das helle Kurzbratfleisch der Schlachttiere. Die Geflügelteile können naturell oder paniert zubereitet werden.

Eine Besonderheit ist die Zubereitung von Entenbrust. Vor dem Braten wird die Haut rautenförmig eingeritzt, damit das Fett austreten und die Haut kross werden kann.

Statt dem Einritzen der Haut kann man auch die Entenbrust mit der Hautseite nach unten in eine kalte Pfanne legen und diese dann stetig erwärmen, dadurch tritt ebenfalls überschüssiges Fett aus.

Gebratene Entenbrust auf Butterbirnen mit Wirsing, Himbeeren und Maisküchle
🇬🇧 fried duckling breast with pears, savoy cabbage, raspberries and corn fritters
🇫🇷 magret de canard rôti sur poires, chou de Milan, framboises et galette de maïs

Die Entenbrüste würzen, mit der Haut nach unten in eine kalte Pfanne legen und kontinuierlich erhitzen. Sobald die Haut knusprig ist, die Brüste wenden und ebenfalls anbraten. Danach im Ofen fertig garen und die Sauce aus dem Bratsatz herstellen.

> **Beilagen:**
> In Butter gebratene Birnenscheiben. Maiskörner in Pfannkuchenteig mischen und in Butter backen. Blanchierte Wirsingstreifen mit Schalottenwürfeln sautieren. Mit Himbeeren garnieren.

2.6 Frittieren von Geflügel

Grundzüge der Zubereitung

Das Frittieren ist nur für junges, zerteiltes Geflügel geeignet. Die Stücke werden vorwiegend paniert, aber auch in Ausbackteig getaucht und dann im Fettbad gebacken.

Fett-Temperatur für
- flache Geflügelteile 170 °C,
- dickere Geflügelteile etwa 160 °C.

Der Garpunkt ist erreicht, wenn die Geflügelteile an der Oberfläche schwimmen.
Dem Fettbad entnehmen, gut abtropfen lassen und auf saugfähigem Papier absetzen.

Das frittierte Geflügel darf vor dem Service nicht mit einer Cloche abgedeckt werden, denn sonst durchweicht die Backkruste, Aroma und Geschmack werden gemindert.

> Unter 150 °C darf die Temperatur nicht absinken, weil das Backgut sonst zu viel Fett aufnimmt und die Qualität beeinträchtigt wird. Über 170 °C würde das Backgut stark rasch dunkel bräunen, dabei aber nicht gar werden. Bildung von Acrylamid muss vermieden werden.

Zubereitung Speisen

Gebackene Hähnchenteile auf saugfähiger Unterlage (Küchenkrepp) abtropfen lassen. Offen auf Serviette oder Papierdeckchen anrichten, mit Kresse oder gebackener Petersilie und Zitronenstücken garnieren und unverzüglich servieren.
Beilage:
Salate der Saison; Kartoffelsalat

Beilage:
Tomatensauce und Blattsalate

Das Grillkaro entsteht, wenn man das Geflügel beim Wenden um 90 Grad dreht und wieder auf den heißen Grillrost legt.

GEFLÜGEL UND WILDGEFLÜGEL

Variationen der Grundzubereitung

Gebackenes Hähnchen/Wiener Backhendl
🇬🇧 fried chicken 🇫🇷 poulet (m) frit

Vorbereitete Hähnchenteile mit Salz, Paprika und Zitronensaft würzen. In Mehl und Ei wenden und geriebenes Weißbrot (Mie de pain) andrücken. In der Fritteuse bei 160 °C ausbacken.

Gebackene Hühnerbrüstchen
🇬🇧 fried breast of chicken 🇫🇷 suprême (m) de poulet frit

Ausgelöste Hähnchenbrusthälften mit schräggeführtem Schnitt teilen. Mit Zitronensaft, Kräutern und einigen Tropfen Öl marinieren. Danach salzen und pfeffern, in Mehl wenden, durch **Ausbackteig** ziehen und direkt in das erhitzte Fettbad legen.

Gebackene Hühnerbrüstchen weiterbehandeln und anrichten wie Backhähnchen.

2.7 Grillen von Geflügel

Grundzüge der Zubereitung

Als Grillgeräte kommen die Grill- oder Griddleplatte und der Holzkohlengrill zur Anwendung.

Ganzes Geflügel bereitet man am Spieß in einem Drehgrill zu (s. S. 130).

Geflügelfleisch wird beim Grillen leicht trocken. Darum legt man es vor dem Grillen in eine Kurzmarinade. Diese besteht aus Öl mit Würzzutaten. So bleibt die Saftigkeit des Geflügels erhalten.

Das zum Grillen vorbereitete und marinierte Geflügel wird auf den heißen, geölten Grillrost gelegt. Während des Garens wird das Geflügel mit der übrigen Marinade mehrmals bestrichen und gewendet.

Gegrillte Hähnchenbrust mit Kirschtomaten und Dipp
🇬🇧 grilled chicken breast 🇫🇷 suprême de poulet (m) grillé

Variationen der Grundzubereitung

… auf amerikanische Art   🇬🇧 american style   🇫🇷 à l'américaine

- **Garnitur:** gebratene Speckscheiben, gebratene Tomaten, Kräuterbutter.
- **Beilagen:** Strohkartoffeln oder Kartoffelchips; römischer Salat mit Grapefruitfilets

Sate-Spießchen

Kleine indonesische Spießchen mit mariniertem Geflügelfleisch. Das Fleisch wird gewürzt mit Koriander, Curry und Kokoscreme, dann auf dem Grill gegart.

3 Zubereiten von Wildgeflügel

🇬🇧 cooking of feathered game 🇫🇷 cuisson (w) du gibier à plume

Grundzüge der Zubereitung

Wildgeflügel (Federwild) wird vorwiegend im Ganzen zubereitet. Je nach Alter des Wildgeflügels werden unterschiedliche Garverfahren angewandt.

Garpunkt

Junges Wildgeflügel wird gebraten. Am besten schmeckt es, wenn das gebratene Fleisch am Knochen noch zartrosa ist. Der Garpunkt wird an den muskulösen Keulen festgestellt.
- **Junges Wildgeflügel** hat den Garpunkt erreicht, wenn bei der Tellerprobe (S. 575) der abtropfende Saft rosafarben ist.
- **Älteres Wildgeflügel** ist gar, wenn die Keulen beim Anstechen weich sind.

Wildgeflügel muss wie das Schlachtfleisch vor der Verarbeitung erst abhängen, um zu reifen.

Älteres Wildgeflügel wird vorwiegend für Brühen und Suppen (Rebhuhnessenz, Fasanenkraftbrühe) genutzt. Zur Geschmacksverstärkung brät man es zunächst braun an und kocht es dann aus.

3.1 Braten von Wildgeflügel

Zum Kurzbraten verwendet man vorwiegend die Brustfilets.

Junges Rebhuhn, gebraten   🇬🇧 roast partridge   🇫🇷 perdreau (m) rôti

Bratfertige, bardierte Rebhühner würzen, in Butter auf den Keulenseiten braun anbraten. Zwiebelwürfel und Wacholderbeeren zugeben. Bratvorgang im Ofen fortsetzen und unter Wenden und Begießen der Rebhühner mit dem Bratfett zu Ende führen. Schnüre und Bardierspeck abnehmen, Brust nachbräunen und warmhalten. Den Bratsatz mit braunem Kalbsfond loskochen, zur gewünschten Menge reduzieren und passieren.
Bratzeit: 15 bis 20 Min.

Beilagen:
Apfelrotkraut, Champagnerkraut, gedünsteter Mangold oder Pfifferlinge mit Kräutern, Dauphinekartoffeln, glasierte Hönigäpfel

Junger Fasan Winzerinart
🇬🇧 pheasant wine grower's style   🇫🇷 faisan (m) à la vigneronne

Fasane werden wie Rebhühner gebraten. Bratsatz mit Wildbrühe auffüllen, etwas einkochen und mit Crème fraîche ergänzen. Nach dem Passieren wird die Sahnesauce mit frisch gemahlenem Pfeffer, Zitronensaft sowie einigen Butterstückchen vollendet. Entkernte, in Butter erhitzte Weinbeeren und knusprig gebratene Speckrauten bilden die Garnitur.
Bratzeit: 25 bis 35 Min.

Beilagen:
Weinsauerkraut und Kartoffelpüree

Gebratene Wildente mit Ananas
🇬🇧 roast duck   🇫🇷 canard (m) sauvage rôti à l'ananas

Garfertige Wildenten salzen, in heiße Butter legen, auf beiden Seiten anbraten und im vorgeheizten Ofen weiterbraten. Nach halber Gardauer Zwiebel- und Möhrenwürfel (2:1) und Pfefferkörner in das Bratgeschirr geben und mitbräunen. Die rosa gebratenen Wildenten auf ein Gitter mit Tropfblech legen. Den Bratsatz mit Portwein ablöschen. Kalbsfond und etwas Ananassaft beifügen und auf das erforderliche Maß einkochen. Sauce mit in Portwein angerührter Stärke leicht binden, abseihen und den abgetropften Fleischsaft dazugeben.
Bratzeit: 25 bis 30 Min.

Beilagen:
gebratene Ananasscheiben, gedünsteter Chicorée und Bernykartoffeln

Enten in Brusthälften und Keulen zerlegen, Knochen entfernen. Entenfleisch anrichten und mit halben in Butter erhitzten Ananasscheiben umlegen. Im Ofen nochmals erhitzen. Wildentensauce gesondert reichen.

Zubereitung Speisen

GEFLÜGEL UND WILDGEFLÜGEL

3.2 Schmoren von Wildgeflügel

Zum Anrichten den Fasan in Brüste und Keulen zerlegen, Knochen bis auf die Schenkelknochen und Flügelstummel entfernen. Die Fleischteile in eine Servierkasserolle legen und leicht saucieren.

Geschmack älteren Wildgeflügels kann durch Marinaden positiv beeinflusst werden. Beim Schmoren entstehen gute Saucen, geringwertig ist dagegen das etwas trockene, strähnige Fleisch.

Geschmorter Fasan  braised pheasant   faisan (m) braisé

Beilagen:
Glasierte Maronen, gebratene kleine Champignons und glasierte Perlzwiebeln; Kartoffelpüree oder Kartoffelkroketten

Einen älteren, garfertigen Fasan salzen und pfeffern. In einem Schmortopf den Fasan braun anbraten. Röstgemüse und gequetschte Wacholderbeeren beifügen. Wenn das Gemüse gebräunt ist, mit Rotwein ablöschen. Flüssigkeit einkochen, bis das Gemüse glänzt. Braune Brühe oder Wildbrühe auffüllen, sodass der angebratene Fasan zu einem Drittel darin liegt. Inhalt aufkochen, ein Kräutersträußchen dazulegen und den Topf verschließen. Bei mäßiger Hitze und gelegentlichem Wenden den Fasan weichschmoren. Fasan entnehmen und das Fleisch bedeckt warm halten. Sauce abfetten, passieren, zur erforderlichen Menge einkochen und leicht mit in Rotwein angerührter Stärke binden.

4 Geflügel als Menükomponente

 poultry as a course menu component
 volaille (w) comme composante (w) de menu (m)

Während die Vorbereitungsarbeiten für Haus- und Wildgeflügel gleich sind, ist bei der **Menügestaltung** zu unterscheiden:

Hausgeflügel mit hellem Fleisch wie **Küken, Hähnchen**
- Kombination möglich mit dunklem Schlachtfleisch (Rind, Lamm) oder Wildfleisch (Reh, Hirsch, Hase).

Hausgeflügel mit dunklem Fleisch wie **Ente, Gans**
- Keine Kombination mit anderem dunklem Schlachtfleisch oder Wildfleisch.
- Mögliche Kombination mit hellem Schlachtfleisch (Kalb, Lamm, Schwein).

Wildgeflügel mit dunklem Fleisch wie **Fasan, Rebhuhn, Wildente**
- Keine Kombination mit anderem Wild (Reh, Hirsch, Hase) oder dunklem Schlachtfleisch (Rind, Lamm).
- Mögliche Kombination mit hellem Schlachtfleisch (Kalb, Lamm, Schwein).

Beispiele für die Menügestaltung

Menü

Suppe
...
Geflügelragout überbacken
...
Rehnüsschen
...
Nachspeise

Menü

Gänsepökelbrust und Melone
...
Suppe
...
Kalbskotelett
...
Nachspeise

Menü

Suppe
...
Rebhuhnbrüstchen auf Croûton
...
Milchlammbraten
...
Nachspeise

4 Geflügel als Menükomponente

Menü
Suppe
...
Rehkrusteln
...
Poulardenfrikassee
...
Nachspeise

Menü
Suppe
...
Kalbsbries in Weißwein
...
Ente mit Orange
...
Nachspeise

Menü
Suppe
...
Champignonrisotto
...
Fasan Winzerart
...
Nachspeise

Fachbegriffe

abflammen	Bei Geflügel feine Haare und Federreste über offener Flamme abbrennen
absteifen	Geflügelfleisch kurz brühen oder ohne Farbgebung in der Pfanne schwenken
bardieren	Mit Speckscheiben belegen zum Schutz vor Austrocknung, z. B. bei Wildgeflügel
beizen	Lebensmittel in eine Beize/ Marinade einlegen; vorwiegend zur Geschmacksverbesserung
bridieren	Binden, zusammenbinden, um Form zu geben

Fachbegriffe

Farce	Füllmasse
flambieren	Abflammen
Karkasse	Geflügelgerippe
legieren	Geflügelsauce oder -ragouts mit Eigelb und Sahne binden
Marinade, Beize	Flüssigkeit mit Genusssäuren
Panade	Lockerungsmittel bei der Herstellung von Farcen
poëlieren	Hellbraundünsten; Variante des Garverfahrens Dünsten. Dabei wird Geflügel zuerst dezent angebraten und dann in wenig Flüssigkeit gar gedünstet

Aufgaben

1. Bei der Vor- und Zubereitung von Geflügel verwendet man Fachausdrücke. Erklären Sie die folgenden:
   a) Bridieren,
   b) Bardieren,
   c) Poëlieren.

2. Nennen Sie gebratene Gerichte aus hellem Geflügel und ordnen Sie diesen geeignete Beilagen zu.

3. Sie verarbeiten tiefgekühltes Geflügel und gefülltes Geflügel. Was ist bei der Bestimmung der Gardauer gegenüber einem frischen, ungefüllten Geflügel zu beachten?

4. Beschreiben Sie den Arbeitsablauf beim Garen eines poëlierten Hähnchens.

5. Erklären Sie Ihrem neuen Kollegen die Zubereitung eines Schmorhähnchens in Wein (Coq au vin).

6. Woraus besteht die Garnitur Chipolata?

7. Sie sollen ein junges Rebhuhn braten. Planen Sie die Arbeitsschritte in der richtigen Reihenfolge.

8. Eine Gans oder eine Ente werden vor dem Braten mit Wasser aufgesetzt. Begründen Sie.

9. Womit kann Geflügel gefüllt werden?

PROJEKT

Materialkosten am Beispiel Fleisch

Der Gast erwartet von uns beste Qualität, „ordentliche Portionen" – und das alles ganz günstig. Forderungen, die kaum gleichzeitig erfüllt werden können.
Zwischen der Qualität und damit dem Einkaufspreis je kg, der Portionsmenge und den Kosten für eine Portion bestehen Zusammenhänge.

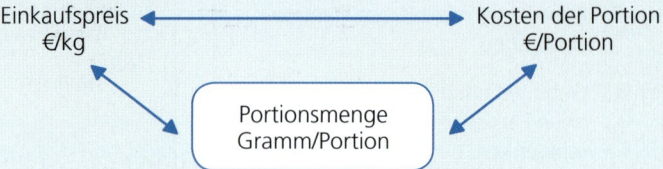

In den folgenden drei Aufgaben ist jeweils eine andere Größe zu ermitteln.

1. Schweinelachse kosten 10,80 € je kg und werden zu Schnitzeln mit einem Stückgewicht von 180 g verarbeitet. Wie viel Euro betragen die Materialkosten für ein Schnitzel?

2. Im Rahmen eines Festessens werden Kalbsmedaillons mitgereicht. Die Materialkosten sollen in diesem Fall 4,10 € nicht übersteigen. Das entsprechende Kalbfleisch wird für 24,20 €/kg angeboten. Wie viel Gramm können je Portion gereicht werden?

3. Bei Menüvorschlägen für Reiseunternehmen sind Schnitzel erwünscht. Die Betriebsleitung gibt der Küche vor: Garfertiges Gewicht 160 Gramm, Materialkosten höchstens 0,90 €. Nun können „Schnitzel" aus verschiedenen Fleischarten hergestellt werden. Es stehen jeweils in der erforderlichen Qualität zur Verfügung: Kalbfleisch zu 14,90 €/kg, Schweinefleisch zu 6,40 €/kg und Putenbrust zu 4,80 €/kg. Mit welcher Fleischart können die Vorgaben der Geschäftsleitung erfüllt werden?

4. Schweinefleisch zum Braten kostet je kg 4,60 €. Es ist mit einem Bratverlust von 32 Prozent zu rechnen. Wie viel Euro betragen die Materialkosten für eine Portion mit 160 g gebratenen Fleisches?

5. Aus 8,000 kg Brathähnchen wird Hühnerfrikassee bereitet. Beim Kochen rechnet man mit einem Verlust von 20 Prozent, beim Ausbrechen verbleiben 80 Prozent Fleisch. Für eine Portion werden 130 Gramm gekochtes Hähnchenfleisch gerechnet. Die Brathähnchen kosten im Einkauf 4,10 €/kg. Berechnen Sie die Materialkosten für eine Portion.

6. Gefrostetes Fleisch wird meistens günstiger angeboten als Frischware. Bei einem Preisvergleich ist jedoch der Tauverlust zu berücksichtigen. Gefrostetes Roastbeef wird zu 15,90 €/kg angeboten; man rechnet mit einem Tauverlust von 8 Prozent. Wie viel Euro darf 1 kg Frischware höchstens kosten, um nicht teurer zu sein?

Fische

1 Vorbereiten

🇬🇧 preparation 🇫🇷 préparation (w)

1.1 Rundfische

Aus Kosten- und Zeitgründen werden heute anstelle von ganzen, frischen Fischen häufig vorbereitete Teilstücke oder Convenienceprodukte verarbeitet. Ferner entstehen beim Vorbereiten von ganzen Fischen häufig Verluste von über 50 %. Letztlich bieten frische Fische aber eine breite Palette an Zubereitungsmöglichkeiten. Das folgende Kapitel erläutert die dazu notwendigen Arbeitstechniken.

Schlachten

Lebende Fische werden durch einen Schlag hinter den Kopf betäubt. Zum Töten durch Entbluten sticht man mit einem Messer am unteren Kiemenrand ein und durchtrennt die Blutgefäße.

Schuppen und Ausnehmen

Die meisten Fische, die man mit der Haut zubereitet und serviert, werden geschuppt. Dazu die Rücken-, Bauch- und Brustflossen abschneiden. Nun die Schuppen vom Schwanz zum Kopf mit einem Fischschupper entfernen.

Frische Fische möglichst direkt nach dem Töten ausnehmen, da sonst Mikroben vom Darm in das umliegende Gewebe dringen können. Zum Ausnehmen den Bauchraum vorsichtig von der Afteröffnung ausgehend zum Kopf hin aufschneiden. Die Eingeweide entnehmen, auch die dicht unter der Wirbelsäule liegende rotbraune Niere, die von einer dünnen Haut eingeschlossen ist.

Den Eingeweidestrang hinter dem Kopf mit einer Schere abtrennen. Den Bauchraum und die Kiemen abschließend gut ausspülen. Beim Ausnehmen darauf achten, dass die grüne Gallenblase nicht verletzt wird; austretender Gallensaft lässt das Fischfleisch bitter schmecken.

Fische, die zum Blausieden bestimmt sind, werden nicht geschuppt, um die Schleimschicht zu erhalten (S. 587).

Ziselieren von Portionsfischen

Entschuppte und ausgenommene Fische, die gebraten, gegrillt oder gebacken werden, beidseitig leicht in das dicke Rückenfleisch einschneiden. Dadurch wird die Würzung gefördert; auch dringt die Wärme an den dicken Stellen leichter nach innen und der Fisch gart gleichmäßig, ohne an den dünnen Bauchlappen auszutrocknen. Die verbliebenen Flossen abschneiden, da diese beispielsweise beim Braten verbrennen können.

Abb. 1 Öffnen des Bauchraums

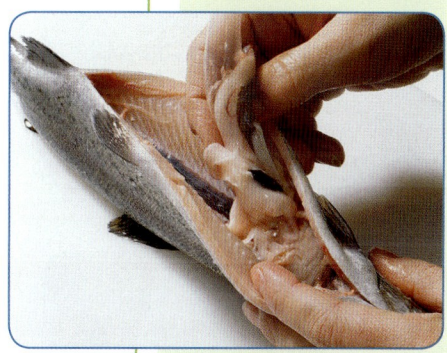

Abb. 2 Entnehmen der Eingeweide

Abb. 3 Ziselieren von Forellen

Zubereitung Speisen

FISCHE

Fischfleisch, das an den Gräten verbleibt, kann mit einem Löffel abgeschabt und für Farcen genutzt werden.

Abb. 1   Abtrennen des Kopfes

Abb. 2   Ablösen der Filets

Abb. 3   Entfernen der Bauchgräten

Abb. 4   Auslösen vom Rücken zum Bauch

Abb. 5   Enthäuten des Filets

Filetieren von Rundfischen

Fisch kann auf mehrere Arten filetiert werden. Die gewählte Methode hängt vom Fisch und der weiteren Verarbeitung ab. Entscheidend ist, dass wenig Fischfleisch an den Gräten verbleibt und das Filetieren wenig Arbeitszeit erfordert.

Methode I – vom Kopf zum Schwanz:

Hinter dem Kopf bis auf die Mittelgräte schneiden (Abb. 1) und bei größeren Fischen den Kopf abtrennen. Nun das Messer am Kopfende ansetzen, quer unter dem oberen Filet in Richtung Schwanz führen und dabei die Bauchgräten durchtrennen (Abb. 2). Zum Auslösen des zweiten Filets den Fisch mit dem verbleibenden Filet nach oben legen und wiederum das Filet vom Kopfende zum Schwanzende von der Wirbelsäule trennen. Zum Entfernen der Bauchgräten mit dem Messer in der Mitte des Filets unter die Gräten schneiden und das Messer ganz flach unter den Gräten zum Bauchrand ziehen (Abb. 3).

Methode II – vom Rücken zum Bauch:

Bei Fischen mit starker Wirbelsäule (z. B. Zander oder Karpfen) würde bei Methode I zu viel Fleisch an der Rückenseite des Fisches verbleiben. Methode II unterscheidet sich im Wesentlichen nur in Schritt 2:

Das Fischfleisch am Rücken einschneiden, das Filet leicht anheben und den Schnitt flach vom Kopf zum Schwanz (oder umgekehrt) führen, sodass die Bauchgräten durchtrennt werden und am Filet bleiben (Abb. 4). Arbeitet man sehr behutsam, verbleiben die Bauchgräten an der Mittelgräte. Diesen Schritt auf der anderen Seite der Wirbelsäule wiederholen, um das zweite Filet abzutrennen.

Zum Füllen können Rundfische ebenfalls vom Rücken her aufgeschnitten werden; Kopf und Schwanz verbleiben am Rumpf. Die Mittelgräte von beiden Seiten freilegen und kurz vor Kopf und Schwanz mit der Schere durchtrennen und entfernen. Die Bauchgräten und die Steckgräten vor dem Füllen ziehen. Gefüllt werden kann der offene Rückenraum oder der Fisch wird samt Füllung gebunden. Auch das Öffnen vom Bauchraum aus zum Rücken ist möglich. Hierzu werden zunächst die Bauchgräten vom Fleisch getrennt.

Zuschneiden und Enthäuten

Bei beiden Methoden müssen nun noch die Seitengräten (auch Steckgräten) parallel zur Wirbelsäule entfernt werden. Zum Auffinden mit dem Finger vom Schwanzende zum Kopf über das Filet streichen. Die Gräten nun mit einer Fischzange (Pinzette) oder einer Grätenzange in Richtung Kopf ziehen. Sind noch weißliche Knorpelstücke der Wirbelkörper am Filet geblieben, so werden diese durch lange flache Schnitte längs zum Filet herausgetrennt. Im letzten Schritt die Bauchlappen entfernen. Diese sind häufig sehr fettreich und könnten Parasiten enthalten.

Zum Enthäuten das Filet mit der Hautseite flach auf das Brett legen. Am Schwanzende zwischen Haut und Fischfleisch einen kleinen Einschnitt setzen um die Haut fassen zu können (evtl. mit einem sauberen Tuch halten). Das Filetiermesser ganz flach über der Haut zum Kopfende ziehen (Abb. 5).

1.2 Plattfische

Portionsfische im Ganzen

Früher wurde den meisten Plattfischen zumindest die dunkle, obere Haut abgezogen. Heute wird dieser Arbeitsschritt meist nur noch bei teuren Plattfischen wie der Seezunge angewandt.

Einfache Plattfische wie Schollen werden meist mit der Haut zubereitet, die dann der Gast selbst ablöst. Bei Plattfischen, die gebraten oder frittiert werden, verbleibt die untere Hautseite meist am Fisch, da diese helle Hautseite zarter als die obere ist. Bei Maischollen etwa ist auch die obere Haut so zart, dass sie am Fisch verbleibt, die Schuppen werden vorher entfernt. Werden anstelle von ganzen Fischen nur Filets vom Plattfisch verarbeitet, so wird die Haut nach dem Filetieren wie bei Rundfischen entfernt.

Die Haut von Seezungen ist äußerst derb und fest und wird immer abgezogen. Wird Seezunge als Portionsfisch angeboten, zieht man die Haut vom Schwanz zum Kopf ab. Zum Enthäuten die Schwanzflosse stutzen und die Haut mit dem Messer etwas ablösen, sodass man die Haut fassen kann (Abb. 1).

Abb. 1 Abziehen einer Seezunge

Abb. 2 Entfernen von Flossensaum und Kopf

Das Einreiben der Haut am Schwanzende mit Salz erleichtert das Ablösen. Nach dem Abziehen der Haut die Flossensäume und den Kopf mit einer Fischschere entfernen (Abb. 2). Auch den Eingeweidekanal auf der Bauchseite entnehmen. Bei Rotzungen und Schollen zieht man die Haut vom Kopf zum Schwanz ab.

Filetieren und Formen

Den vorbereiteten Fisch beidseitig längs der Wirbelsäule einschneiden. Von der Mittelgräte ausgehend nun die Gräten zu den Seiten hin freilegen. Am Kopf und Schwanzende mit der Flossenschere die Wirbelsäule durchtrennen, da diese sich beim Garen sonst verbiegen könnte (Abb. 3). Der so entstandene Raum kann gefüllt werden. Die Filets können aber auch für die weitere Zubereitung wieder angelegt werden, so lässt sich die Mittelgräte im Service einfacher entfernen.

Abb. 3 Freilegen der Mittelgräte

Werden nur die Filets verarbeitet, so schneidet man diese direkt aus der Karkasse des Fisches heraus. Im Gegensatz zu Rundfischen besitzen Plattfische vier Filets. Die Filets der Bauchseite sind dabei bedeutend kleiner als die Filets der Rückenseite. Die Variationsmöglichkeiten zum Füllen und Dünsten zeigt die Übersicht zur Seezunge (Abb. 4):

- leicht plattiert und geklappt ①
- Filetspitze druch einen Einschnitt gesteckt ②
- als Krawatte gefaltet ③
- halb mit Farce bestrichen, mit Spinat belegt zusammengeklappt ④
- um Spargelspitzen geschlungen ⑤
- um gefettete Förmchen gelegt, zum Füllen nach dem Dünsten ⑥
- mit Spinat belegt zu Röllchen geformt ⑦
- mit Farce bestrichen, zu Röllchen geformt ⑧
- mit mehreren Ziselierschnitten versehenes Filet ⑨

> Beim Rollen von Filets die Hautseite nach innen drehen, da sich das Bindegewebe unter der Haut beim Garen zusammenzieht und die Form so festigt.

Abb. 4 Filets verschiedenartig geformt

Zubereitung Speisen

FISCHE

Große Plattfische

Große Plattfische wie Steinbutt, Glattbutt oder Heilbutt werden zum **Pochieren** und **Grillen** mit der Haut und den Gräten in gleich schwere Scheiben geschnitten. Zum Braten, besonders aber zum Dünsten werden diese Fische jedoch meist wie Seezungen ausgelöst, dann erst gehäutet und portioniert. Bei großen Plattfischen werden auch die Bäckchen als Delikatesse angeboten.

Abb. 1 Steinbutt in Portionsstücken

Portionieren am Beispiel eines Steinbutts:

Zur rationellen Aufteilung beim Steinbutt zunächst auf der weißen Blindseite, genau entlang der Wirbelsäule, einen Schnitt vom Kopf zum Schwanz führen und die Schwanzflosse halbieren. Nun eine Schwanzflossenhälfte anheben und mit steil geführtem, starkem Messer den Steinbutt spalten. Dabei die Mitte der Wirbelknochen bis zum Kopf hin durchschlagen und den Rücken unmittelbar am Kopf quer abtrennen. Die Bauchseite im rechten Winkel zur gespaltenen Wirbelsäule an der ersten (von außen ertastbaren) Quergräte abschneiden. Danach die Flossensäume entfernen. Nun beide Seiten in festgelegte Portionsstücke schneiden wie die Abbildung zeigt.

Gräten ausgelöster Magerfische wie Hecht, Zander, Seezunge, Steinbutt und Heilbutt werden für Fischbrühe (Fumet de poisson) weiterverarbeitet.

1.3 Knorpelfische am Beispiel Seeteufel

Beim Seeteufel werden nur die Filets des Schwanzstückes sowie die Bäckchen verarbeitet. Der Kopf wird nicht genutzt. Als Knorpelfisch besitzt der Seeteufel keine Gräten. Beim Filetieren kann man sich an den spitzen Zacken der Flossen und den Zähnen verletzen.

Zunächst wird die Rückenflosse abgeschnitten. Danach werden sämtliche Hautschichten abgetrennt (Abb. 2). Jetzt kann die Bauchflosse entfernt werden. Die Filets nun mit langen Schnitten entlang der Wirbelsäule ablösen und von Fett und dunklen Stellen befreien.

Abb. 2 Enthäuten des Seeteufels

2 Zubereiten

🇬🇧 cooking   🇫🇷 cuisson (w)

Bei der Zubereitung von Fisch ist Fingerspitzengefühl gefragt: Fisch hat kaum Bindegewebe und somit eine meist zarte Konsistenz. Allerdings wird Fisch beim Garen leicht trocken, besonders beim Braten. Ein optimales Ergebnis wird bei einer Kerntemperatur von 60–62 °C erreicht, was optimale Hygiene voraussetzt!.

Die 3-S-Regel gab klassisch eine Reihenfolge bei der Zubereitung vor: Säubern – säuern – salzen. Das Säuern mit Zitronensaft überdeckte oft den Eigengeschmack des Fisches und wird heute von vielen Gästen nicht mehr gewünscht (Zitrone à part). Das Salzen sollte wenn möglich nach dem Garen oder kurz vorher geschehen, damit das Salz nicht zusätzlich Wasser aus dem Filet zieht.

So viel garfertiger Fisch wird für Portionsgerichte benötigt:
- Fischfilets   150g
- Rundfische
  im Ganzen mit Kopf   230g
- Plattfische
  im Ganzen mit Kopf   210g
- Fischkoteletts   220–240g

Zu den Bezeichnungen der Portionsstücke siehe S. 456

2.1 Garziehen und Blausieden

Die Fische werden aus Geschmacksgründen in einer kurzen Fischbrühe gegart. Den Fisch in die 80–90 °C heiße Fischbrühe einlegen. Diese zwischen 60 und 80 °C halten, bis der Fisch gar ist.

Fischsud 🇬🇧 fish stock 🇫🇷 court bouillon (m)

Das Gemüse waschen, kleinschneiden und mit 5 l kaltem Wasser sowie dem Salz und den Gewürzen aufkochen und ca. 30 Min. ziehen lassen. Der Fischsud kann mit Weißwein abgerundet werden. Zum Blausieden werden noch 0,1 l Weißweinessig zugefügt.

Zum Garziehen eignen sich besonders:
- Steinbutt, Heilbutt, Kabeljau, Schellfisch, Rotbarsch, Rochen
- Zander, Hecht, Lachs
- Klößchen aus Fischfarce

Blau zubereitet werden klassisch
- Forelle, Lachsforelle, Karpfen, Schleie, Aal

Fische zum Blausieden werden nicht geschuppt! Beim Vorbereiten darauf achten, dass die Schleimschicht der Haut nicht abgewaschen wird. Der Hautschleim wird durch die Säure beim Garen blau (Abb. 1). Die Farbgebung kann noch intensiviert werden, wenn der Fisch vor dem Einlegen in den Fischsud mit Essig oder Zitronensaft beträufelt wird. Portionsfische können vor dem Garen gebunden werden, was auch das Entnehmen erleichtert (Abb. 2). Karpfen spaltet man der Länge nach und zerteilt die Hälften je nach Größe des Tieres in Portionsstücke.

Als Saucen zu pochiertem Fisch eignen sich Varianten der Fischgrundsauce oder eine holländische Sauce, die mit der Brühe angereichert wird. Als Beilagen bieten sich Varianten von gekochten Kartoffeln, Reis oder Nudeln an, weniger jedoch frittierte Zubereitungen, da diese den Eigengeschmack des Fisches leicht überdecken.

Fischsud – ergibt 5 l
1–2	Möhren
1 Stange	Lauch
1	Schalotte
1 Stängel	Petersilie
2 Zweige	Thymian
2	Lorbeerblätter
10	weiße Pfefferkörner
evtl. 0,1 l	Weißwein

Je feiner der Fisch, desto weniger Würzstoffe!

Abb. 1 Forelle blau

Fisch ist aufgrund seiner zarten Konsistenz gut für das Sous-Vide-Garen geeignet: Ein Fischfilet wird mit Salz und Pfeffer gewürzt und zusammen mit Olivenöl vakuumiert. Der Fisch wird dann im 60°C warmen Wasserbad etwa 45 Minuten pochiert (bei einer Dicke des Stückes von 2cm. Durch das Vakuumieren können keine Aromastoffe verloren gehen.

2.2 Dämpfen der Fische

Zum Dämpfen verwendet man spezielle Geschirre mit Siebeinsatz und gut schließendem Deckel oder bei größeren Mengen den Kombidämpfer. Der Siebeinsatz wird mit Butter bestrichen, damit der Fisch nicht anhängt und liegt über der verdampfenden Flüssigkeit. Gemüse und Gewürze können in das Wasser gelegt werden, da die geschmacksgebenden ätherischen Öle mit dem Dampf nach oben steigen. Salz wird besser kurz vor dem Dämpfen vom Fischfleisch aufgenommen. Wird Gemüse zum Fisch gereicht, bietet es sich an, dieses ebenfalls auf dem Siebeinsatz zu garen und das Gemüse beim Anrichten auf den Fisch zu legen.

Beim Dämpfen wird der Fisch weniger ausgelaugt, dadurch bleiben die Inhaltsstoffe besser erhalten; Nährwert und Geschmack der Fische werden geschont. Da kein Fett zum Garen benötigt wird ist gedämpfter Fisch auch gut für die Diätküche geeignet.

Abb. 2 Lachs im Dämpfeinsatz

2.3 Dünsten der Fische

Grundzüge der Zubereitung

Den Boden des Gargefäßes mit Butter ausstreichen und mit feingeschnittenen Schalotten bestreuen. Den gesalzenen Fisch auflegen und knapp mit Fischbrühe untergießen. So haftet der Fisch nicht am Gargefäß an.

Der Fisch liegt nun nur einseitig in wenig Flüssigkeit. Zum Dünsten das Gargefäß mit Alufolie oder einen Deckel abdecken, damit der Dampf zirkulieren kann und der Fisch nicht austrocknet und gleichmäßig gart. Nun den Fisch auf dem Herd oder im Ofen nahe an den Siedepunkt bringen und fertig dünsten. Besonders ganze Fische können im eigenen Saft und mit Kräutern oder Gemüse in der Alufolie oder im Folienschlauch im Ofen gedünstet werden.

Beim Dünsten ist die Hitzezufuhr genau zu regulieren: Zu starke Hitzeeinwirkung lässt die Flüssigkeit zu schnell verdampfen und der Fisch kann anbrennen. Die verbleibende Flüssigkeit bildet nach dem Garen die Grundlage für eine schmackhafte, arteigene Sauce.

Durch Dünsten werden meist zubereitet:

- ganze Fische kleiner Arten wie Forelle oder Schleie
- Teilstücke großer Fische wie Steinbutt oder Lachs – mit oder ohne Gräten
- haut- und grätenlose Filets inbesondere von fettarmen Fischen wie Schellfisch oder Scholle
- Gefüllte Fischfilets (S. 585)

Überbacken (Gratinieren) gedünsteter Fische

Da beim Dünsten keine Röstaromen entstehen, kann man durch Gratinieren zusätzlich besonderen Geschmack erreichen. Die gedünsteten Fische werden gegen Ende der Garzeit mit Sauce nappiert und bei starker Oberhitze im Ofen oder Salamander gratiniert, um einen besonderen Geschmack zu erreichen. Hierfür werden weiße Fischsaucen verwendet. Gibt man vor dem Gratinieren noch einen Löffel geschlagene Sahne in die Sauce, bräunt diese gleichmäßiger.

Variationen der Grundzubereitung

Der Fischsud kann aromatisiert werden mit Weißwein, Zitronensaft oder Champignonfond.

Abb. 1 Gedünstete Seezungenröllchen mit Streifen von Wurzelgemüse und Weißweinsauce

Auch ohne Sauce kann der Fisch mit einer Mischung aus frisch geriebenem Weißbrot, Butterflöckchen und ggf. Kräutern bedeckt und gratiniert werden. Käse wie Parmesan kann den Eigengeschmack des Fisches überdecken und sollte sparsam verwendet werden.

Dugléré

🇬🇧 Dugléré 🇫🇷 Dugléré

Tomatenfleischstückchen mit wenig Knoblauch würzen, in Butter anschwitzen, mit gehackter Petersilie bestreuen und über den Fisch geben. Mit Weißweinsauce nappieren.

Mornay

🇬🇧 Mornay 🇫🇷 Mornay

Den eingekochten Dünstfond unter Mornaysauce ziehen. Den Fisch damit nappieren und mit geriebenem Käse bestreuen und überbacken.

In der Pergamenthülle

🇬🇧 in a paper casing
🇫🇷 en papillote

Ganzen Fisch mit Kräutern in gefettetes Pergamentpapier luftdicht einhüllen und backen. Das Pergamentpapier erst am Gästetisch öffnen.

2.4 Braten von Fisch

Grundzüge der Zubereitung

Durch die beim Braten entstehenden Röststoffe wird der Fisch aromatisch und optisch ansprechend. Durch die Hitzezufuhr und das Fehlen von Wasser im Gargeschirr wird der Fisch aber auch leicht trocken. Daher muss besonders darauf geachtet werden, dass die Bodenfläche des Bratgeschirrs und die Menge des eingelegten Fisches aufeinander abgestimmt sind:

- Bei zu großen Pfannen tritt eine Überhitzung der freien Fläche ein und die Ränder des Bratgutes verbrennen leicht.
- Bei zu kleinen Pfannen sinkt die Temperatur des Bratgeschirrs auf unter 140 °C, so dass sich keine Kruste bilden kann und viel Wasser aus dem Fisch verdampft.

Hinweise zum Braten von Fisch:
- Vor dem Braten den Fisch trockentupfen und in Mehl wenden.
- Den Fisch erst kurz vor dem Braten salzen. Pfeffer am besten nach dem Braten über den Fisch geben, damit dieser nicht verbrennt.
- Zum Braten von Fisch ein Gemisch aus Butter und Öl oder Butterschmalz verwenden.
- Für eine gleichmäßige Bräunung des Fisches kann der Fisch in der Pfanne zum Kreisen gebracht werden: Hierzu wird der Pfannenstiel ruckartig nach links und rechts bewegt.
- Größere Fischstücke nach dem Anbraten bei geringer Hitze (100–110 °C) fertigstellen – das kann in der Pfanne oder im Ofen sein.
- Bei der Zubereitung den Fisch nicht unnötig wenden: Soll der fertige Fisch mit der Hautseite nach oben angerichtet werden, diese zuerst in die Pfanne legen.
- Alternativ kann der Fisch auch zunächst von einer Seite angebraten oder angedünstet werden. Dann bestreicht man die Oberfläche mit Butter und gart unter dem Salamander auf den Punkt.

Zum Braten gut geeignet sind:
- Filets aller Fische
- kleine ganze Rundfische wie Hering, Makrele, Merlan, Forelle, Felchen, Äsche, Saibling, Hecht
- kleine ganze Plattfische wie Scholle, Flunder, Rotzunge, Seezunge
- Scheiben von Heilbutt, Steinbutt, Glattbutt, Lachs, Kabeljau
- Stücke von Aal und Karpfen

Abb. 1 Thunfisch auf Kartoffel-Wasabi-Püree mit Tomatenfleischstücken und Balsamico-Reduktion

Eine Besonderheit beim Braten ergibt sich bei der Zubereitung von Thunfisch. Der Fisch wird nach dem Würzen nur allseitig scharf angebraten und in Tranchen serviert (Abb. 1). Durchgebratener Thunfisch wäre trocken.

Festfleischige Fischarten eignen sich auch für das Braten im Wok.

Variationen der Grundzubereitung

Scholle Finkenwerder Art
🇬🇧 plaice Finkenwerder
🇫🇷 carrelet (m) Finkenwerder

Die Scholle mit einer Mischung aus angebratenem Speck, Zwiebeln und Garnelen füllen und im Ofen backen oder mit der Mischung braten.

nach Müllerinart
🇬🇧 meunière 🇫🇷 à la meunière

Behandlung: In Mehl wenden.
Fertigstellung: gehackte Petersilie, Zitronensaft, braune Butter über den Fisch, Salzkartoffeln

Doria
🇬🇧 Doria 🇫🇷 Doria

Behandlung: In Mehl wenden.
Fertigstellung: wie Müllerinart; garniert mit in Butter gedünsteten, olivenförmig tournierten Gurkenstückchen.

FISCHE

2.5 Frittieren von Fisch

Grundzüge der Zubereitung

Da beim Frittieren die Hitze schnell und allseitig auf das Gargut einwirkt, ist dieses Verfahren gut für Fisch geeignet, insbesondere für kleine Portionsstücke. Wegen des zarten Gewebes des Fisches wird dieser aber immer in einer Umhüllung frittiert. Kleine Portionsstücke werden bei 175 °C für wenige Minuten frittiert. Größere Portionsstücke werden bei 160 °C frittiert, bis auch sie eine goldgelbe Kruste haben. So ist sichergestellt, dass der Fisch außen kross und innen gar ist.

Für ein einwandfreies Frittierergebnis sind entscheidend:
- die Temperatur und Beschaffenheit des Fettes und
- die Menge des eingelegten Frittiergutes.
- Das Frittiergut nach dem Garen auf Küchenkrepp abtropfen lassen, um anhaftendes Frittierfett zu entfernen. Gebackene Fische sofort servieren. Durch Warmhalten würde die wohlschmeckene, rösche Kruste aufweichen und der Geschmack beeinträchtigt werden.

Durch Frittieren lassen sich gut zubereiten:
- **Filets** fester weißfleischiger Fische wie Köhler, Kabeljau, Rotbarsch, Zander, wie auch Filets von Seezunge, Rotzunge und Scholle
- **kleine ganze Platt- und Rundfische** wie Seezunge, Rotzunge, Flunder, Scholle, Merlan, Barsch, Sardinen und Sprotten

Häufig werden frittierte Fische ähnlich wie gebratene Fische mit Zitrone gereicht. Als Saucen eignen sich z. B. Ableitungen der Mayonnaise, Buttermischungen, Chutneys oder Variationen der Tomatensauce.

Eine schmackhafte Beilage ist frittierte Petersilie: Gewaschene und trockene Petersilie wird von den dicken Stängeln befreit und in heißem Fett für wenige Sekunden frittiert. Dabei verliert die Petersilie rasch die Feuchtigkeit und wird rösch. Die abgetropfte Petersilie wird leicht gesalzen. Auch andere Kräuter eignen sich zum Frittieren, wobei Kräuter mit fester Struktur wie etwa Salbei vorher in Ausbackteig getaucht werden.

Seezunge Colbert ist eine spezielle Zubereitung der klassischen Küche. Hierzu wird der Fisch vorbereitet wie S. 585/Abb. 3 beschrieben. Der so vorbereitete Fisch wird paniert und frittiert. Nun wird die Mittelgräte entfernt. In den grätenfreien Rückenraum legt man Colbertbutter ein.

Ausbackteig für Fisch entspricht dem Rezept für Süßspeisen (S. 614), nur ohne Zucker.

Abb. 1 Seezunge Colbert

Umhüllungen

paniert und frittiert

🇬🇧 deep-fried breaded
🇫🇷 pané, frit à l'anglaise

In Mehl, Ei und frischer Weißbrotkrume wenden, frittieren.

im Ausbackteig

🇬🇧 in batter 🇫🇷 en fritot

In Backteig tauchen und direkt in die heiße Fritteuse geben.

nach Orly

🇬🇧 fillet Orly 🇫🇷 filet de … Orly

Fischfilet in Backteig tauchen und frittieren, dazu Tomatensauce.

2.6 Backen von Fisch

Gerade für ganze Fische und solche, die mit einer Füllung gegart werden sollen, bietet sich das Backen an. Der Fisch erhält so eine attraktive Kruste und durch die mildere Hitze im Vergleich zu Pfanne oder Fritteuse wird auch die Füllung leichter gar. Zugleich können durch das Backen ganzer Fische mit Füllung interessante Geschmackskombinationen realisiert werden. Beim Backen im Ofen ist der Fisch durch Krusten oder Umhüllungen vor dem Austrocknen zu schützen. Ohne Hülle lässt sich der Garprozess im Heißluftdämpfer meist genauer steuern.

unter Mandelkruste
🇬🇧 in almond crust 🇫🇷 encrouter avec des amandes

Filet oder ganzen Fisch unter Kruste aus geriebenen Mandeln, Mie de pain, Butter und Zitronenabrieb backen.

im Teigmantel
🇬🇧 under doughcrust 🇫🇷 en croûter avec pâte

Entgrätetes Fischfilet mit Pasteten-Mürbeteig umhüllen, bei mittlerer Hitze backen.

2.7 Grillen und heißräuchern von Fisch

Durch Grillen lassen sich Fische besonders schmackhaft und fettarm zubereiten: Das Grillgut ist in kurzer Zeit gar und selbst ungesalzen schmackhaft. Damit der Fisch nicht an den Grillstäben anhängt, diese vorher einölen. Grillguthalter sorgen dafür, dass der Fisch beim Wenden nicht zerbricht und die Füllung nicht herausfallen.

Flache Fische und kleine Portionsstücke mit kurzer Garzeit nur einmal wenden und nach dem Grillen salzen; so wird nur wenig Flüssigkeit aus dem Grillgut gezogen.

Dicke Fische mit längerer Garzeit vor dem Grillen salzen oder marinieren. Nach dem ersten Wenden das Grillgut im rechten Winkel zur Zeichnung auf den Rost legen. So erhält man das gewünschte Grillkaro. Den Rost dabei höher stellen um die Hitzeeinwirkung zu reduzieren, damit der Fisch auch innen gar wird und nicht austrocknet. Ganze Fische werden vor dem Grillen zieseliert, damit sie gleichmäßig garen. Außerdem nimmt der Fisch dadurch das Grillaroma besser auf.

Durch Grillen werden z. B. zubereitet:
- kleine ganze Fische wie Flunder, Scholle, Rotzunge, Seezunge, Makrele, Barsch, Forelle, Felchen.
- Scheiben vom Heilbutt und Steinbutt, Kotelett vom Lachs.

> Nicht nur ein Trend aus den USA: Das Garen im Smoker – dem Räucherofen.
> Wegen der zarten Konsistenz lassen sich Portionsfische gut durch Heißräuchern bei 60 °C garen. Glimmende Buchenholzspäne geben dem Fisch den Rauchgeschmack.

im Bananenblatt gegrillt
🇬🇧 grilled in banana-leafs
🇫🇷 grillé en feuille de banane

Fischfilet mit Marinade aus roter Currypaste und Kokosmilch bestreichen und mit Thai-Basilikum und Zitronenmelisse ins Bananenblatt wickeln und backen.

gegrillt mit gedünsteten Beeren
🇬🇧 grilled with stewed berries
🇫🇷 grillé avec des baies étuvées

Weißfleischigen Fisch wie Heilbutt von beiden Seiten grillen, dazu In Butter gedünstete Johannisbeeren oder Heidelbeeren (auch gemischt).

in Alufolie mit Kräutern
🇬🇧 grilled in foil with herbs
🇫🇷 grillé en feuille aux fines herbes

Filet oder ganzen Fisch mit Kräutern und Gewürzen in Alufolie einwickeln und grillen.

Zubereitung Speisen

FISCHE

Fachbegriffe

Court-bouillon	Fischsud mit Wurzelgemüse, Lorbeer und Pfefferkörnern zum Pochieren von Fisch
Darne	Portionsstück bei größeren Fischen, quer über den Rücken geschnitten
filetieren	Fischfilets von den Gräten trennen
pochieren	Unter dem Siedepunkt bei etwa 85 °C in wässriger Flüssigkeit garziehen
Steckgräten	Im Fischfilet parallel zur Mittelgräte steckende Gräten, die mit einer Pinzette oder einer Grätenzange gezogen werden müssen.
ziselieren	Fisch vor dem Garen an den dicksten Stellen leicht einschneiden, damit dieser gleichmäßig gart

Aufgaben

1 Heute werden Forellenfilets im Menü gereicht. Sie sollen zusammen mit einem neuen Kollegen die Fische filetieren. Erklären Sie den Vorgang und die einzelnen Arbeitsschritte bei einer Forelle.

2 „Diesen Fisch ziselieren wir vor dem Braten.", meint Ihr Kollege.
a) Was versteht man unter Ziselieren?
b) Worauf müssen Sie beim Braten von Fisch achten?

3 Unser Restaurant hat besondere Angebote „für die schlanke Linie". Bei den Fischzubereitungen ist Forelle blau mit Beilagen nach Wahl der Renner.
a) Beschreiben Sie die Zubereitung einer Forelle blau.
b) „Wodurch wird denn die Forelle blau?", werden Sie im Service gefragt. Erklären Sie es dem Gast.
c) Welche Fische eignen sich außer Forelle noch für diese spezielle Zubereitung?

4 Ihr Küchenchef überlegt, anstelle von frischen Schollen zum Frittieren zukünftig fertig-panierte TK-Schollen einzukaufen. Welche Vor- und Nachteile würde das bringen? Berücksichtigen Sie dabei Zeitaufwand, Geschmack, Konsistenz sowie die Materialkosten.

5 Zum Füllen einer Scholle verwenden Sie rohen Fisch. Erläutern Sie einem Kollegen, wie Sie die rohe. küchenfertige Scholle verarbeiten müssen, damit Sie diese füllen können.

6 Doradenfilet wurde frisch für 12,00 €/kg angeboten. Berechnen Sie den Materialpreis für eine Portion von 150 g rohem Fischfilet.

7 Beim Backen oder Grillen von Fisch müssen Sie beachten, dass dieser dabei nicht austrocknet. Nennen Sie Zubereitungen, bei denen der Fisch vor dem Austrocknen geschützt ist.

8 Erläutern Sie einem Gast den Unterschied zwischen den Garnituren Doria und Dugleré.

PROJEKT

Fischwoche

In Ihrem Ausbildungsbetrieb soll als Aktion eine Fischwoche eingeplant werden. Dabei sind Süßwasser- und Seefische möglichst bei allen Gängen der Speisenfolge einzusetzen. Sie sollen dabei mitwirken.

Planen

1. Suchen Sie ein Motto für die Fischwoche
   z. B.: Aus Neptuns Reich, Frisch aus … Fischers Fritz …

2. Welche Werbemaßnahmen können Ihre Fischwoche bekannt machen?

3. Entwerfen Sie mit Ihrer Gruppe ein Menü mit fünf Gängen, und beschaffen Sie sich aus der Fachliteratur oder im Internet die notwendigen Rezepte.

4. Jede Gruppe schreibt ihre Speisenfolge auf Folie, präsentiert sie der Klasse und arbeitet Verbesserungsvorschläge ein.

5. Rechnen Sie die ausgewählten Rezepte auf 10 Personen um.

6. Fertigen Sie eine Materialanforderung, die den gesamten Bedarf (alle Zubereitungen) Ihrer Gruppe umfasst.

7. Erstellen Sie in der Gruppe einen Arbeitsablaufplan für die gesamte Speisenfolge.

Zubereiten

1. Fertigen Sie nun einen Gang aus dem gesamten Menü. Die Arbeiten sind selbstständig einzuteilen. Vor- und Zubereitung richten sich nach den vorgegebenen Servicezeiten.

2. Wählen Sie nun einen/eine Schüler/in aus, der/die den Pass bzw. die Ausgabe leitet. Zehn Minuten vor dem Servieren wird jeder Gang abgerufen.

3. Von jeder Zubereitung wird ein angerichteter Teller für die Gesamtbeurteilung des Menüs zurückgehalten.

Bewerten

1. Bewerten Sie jeden Gang und das gesamte Menü nach folgenden Kriterien: Zusammenstellung, Portionsgrößen, Zubereitung, Geschmack, Anrichteweise und Aussehen.

2. Bei neuen Speisen muss die Küche dem Service Hilfen geben, wie die Gerichte dem Gast appetitlich und verkaufsfördernd zu beschreiben sind. Wie kann Ihre Zubereitung gastgerecht empfohlen werden?

> Unter den Händen eines geschickten Kochs kann der Fisch eine unerschöpfliche Quelle gastronomischer Genüsse werden.
> *Brillat-Savarin*

Krebs- und Weichtiere

Als „Früchte des Meeres" sind Krebs- und Weichtiere in der klassischen Kochkunst wie auch in der neuen Küche ein fester Bestandteil.

Sie werden teilweise lebend angeliefert und, wie z. B. Austern, roh serviert. Die wichtigsten Garmethoden sind Kochen, Backen und Grillen. Kurze Garzeiten ergeben ein zartes und schmackhaftes Fleisch.

1 Hummer

🇬🇧 lobster 🇫🇷 homard (m)

Hummergerichte werden entsprechend ihrer Art von gekochtem zerlegtem oder von fachgerecht getötetem, roh zerlegtem Hummer zubereitet.

1.1 Vorbereiten von rohem Hummer

Töten & Zerlegen

Lebende Hummer werden vor dem Zerlegen getötet, indem man sie mit dem Kopf voraus kurz in stark sprudelnd kochendes Wasser taucht.

Durch Hitzeeinwirkung wird das Nervenzentrum zerstört, der Hummer ist tot, er verfärbt sich kaum und das Hummerfleisch ist nach wie vor noch roh.

- Hummerscheren mit den Armgliedern am Körper abbrechen ①.
- Hummerschwanz vom Kopfbruststück durch Drehen abnehmen ②.
- Darm aus dem Schwanzfleisch ziehen. Dazu die Mittelplatte der Schwanzflosse, mit der der Darm verwachsen ist, vorsichtig ablösen ③.
- Hummerschwanz in den Gelenken quer in Stücke teilen ④.
- Das Kopfbruststück längs der Nachenfurcht halbieren ⑤.
- Durchgeschnittenen Magen aus den Hälften des Kopfbruststücks entfernen. Die weichliche graugrüne Masse (Keimdrüsen und Leber) in ein Schälchen leeren ⑥. Sie dient der späteren Saucenbindung und Farbgebung.

Abb. 1 und 2 Getöteter, aber noch roher Hummer

Hummer nach amerikanischer Art

🇬🇧 lobster american style 🇫🇷 homard (m) à l'américaine

Dann wird der Hummer längs gespalten (z. B. für die Zubereitung vom Rost) oder in Stücke zerteilt verarbeitet (z. B. für Ragouts). Scheren und Arme öffnet man erst nach dem Zubereiten.

Getöteten rohen Hummer in Stücke zerlegen. Graugrünen Hummerinhalt aus den Kopfbruststücken mit einer Messerspitze Mehl und etwas cremiger Butter glattrühren und beiseite stellen. In einem Geschirr Öl erhitzen. Gewürzte Hummerstücke einlegen. Unter Rühren braten, bis die Schalen rote Farbe zeigen. Öl abgießen. In Butter angeschwitzte Schalotten dem Hummer beifügen. Danach mit Weinbrand flambieren. Wenig Tomatenmark und das Fleisch von zwei Tomaten zugeben und kurze Zeit weiterschwitzen. Dann mit Weißwein ablöschen. Fischfond, ein Löffelchen Fleischextrakt, wenig Knoblauch und ein Kräutersträußchen dem Ansatz beigeben und zugedeckt 15 Min. sieden. Danach Scheren aufschlagen, alle Hummerteile anrichten und warm halten. Knoblauch und Kräutersträußchen entfernen. Den vermischten Hummerinhalt in den kochend heißen Ansatz rühren, wodurch er Bindung und eine rötliche Farbe erhält. Nicht mehr kochen lassen. Einige Butterflöckchen, gehackten Estragon und Petersilie einstreuen und die Sauce über die Hummerteile geben.

1 Hummer

1.2 Vorbereiten von gegartem Hummer

Kochen

In 5 Liter Wasser gibt man 100 g Salz, 1 TL Kümmel und Petersilienstängel, bringt es zum Kochen und legt die gründlich gewaschenen Hummer hinein und lässt sie am Siedepunkt garen. Die Garzeit beträgt für Hummer mit einem Gewicht von 500 bis 600 g etwa 20 Minuten. Sind Hummer schwerer, so verlängert sich die Gardauer je 100 g um 4 Min.

Die gegarten Hummer lässt man in der Kochbrühe erkalten und bewahrt sie auch darin bis zur Weiterverwendung auf.

● Panzer bilden die Geschmacksgrundlage zu Hummersauce, -suppe und -butter. Können anfallende Hummerkrusten nicht direkt verarbeitet werden, bewahrt man sie tiefgekühlt auf.

Zerlegen von gekochtem Hummer

① Die Scheren abdrehen und mit einem Messer die Beine abtrennen.

② Danach in die Rille am Kopf einstechen und den Hummer längs halbieren.

③ Den Hummerhälften die grünliche Leber entnehmen und den Magen herausnehmen.

④ Zum Auslösen des Scherenfleisches den beweglichen Scherenteil wegbiegen.

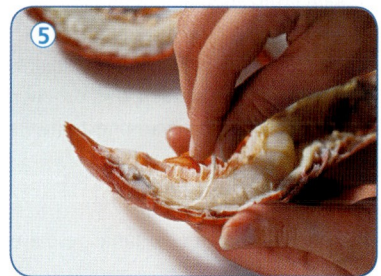
⑤ Den Darm in Richtung Schwanz aus dem sichtbaren Kanal herausziehen.

⑥ Das Hummerfleisch aus den beiden Schwanzhälften entnehmen.

⑦ Das große Scherenstück hochkant stellen, mit dem Messer anschlagen, dass es einen Sprung bekommt.

⑧ Die angeschlagenen Scheren sowie die Gelenkstücke aufbrechen und das Fleisch entnehmen.

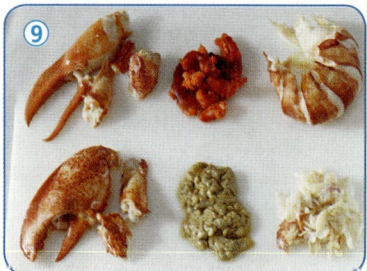
⑨ Teile: (oben) Scherenfleisch; Corail und Hummerschwanz; (unten) Scherenfleisch; Leber; Fleisch aus Beinen

1.3 Zubereiten

Gekochte, zerlegte Hummer können warm oder kalt serviert werden.

Hummer Thermidor 🇬🇧 lobster Thermidor 🇫🇷 homard (m) Thermidor

Gekochten Hummer halbieren, Fleisch aus Scheren und Armen in Würfel schneiden. Schwanzfleisch aus den Körperhälften nehmen und mit schräggeführtem Messer in Scheiben schneiden. Cremige Teile aus den Hummerkarkassen spülen. Aufrecht stehende Beinenden, die beim späteren Überbacken verbrennen würden, zurückschneiden. Karkassen warmstellen. Schalottenbutter erhitzen, gewürfeltes Hummerfleisch zugeben, anschwitzen und mit wenig Weißwein ablöschen. In einem zweiten Töpfchen etwas Fischgrundsauce, Champignonfond, Weißwein und Sahne zu cremiger Konsistenz einkochen. Ein Eigelb, je eine Messerspitze Senfpulver und Paprika sowie ein Löffelchen geschlagene Sahne verrühren. Die Mischung in die kremige Sauce rühren. Mit Salz und einer Prise Cayennepfeffer ergänzen. Angeschwitzte Hummerfleischwürfel mit der Sauce zu einem Ragout binden, dieses in die warm gestellten Hummerkarkassen füllen, dabei etwas Sauce zurückhalten. Geschnittenes Hummerschwanzfleisch auf das eingefüllte Ragout legen und mit der übrigen Sauce überziehen.

Geriebenen Parmesan aufstreuen, mit Butter beträufeln und im Salamander überbacken. Auf jede Hummerhälfte eine Trüffelscheibe legen.

Hummer Newburg 🇬🇧 lobster Newburg 🇫🇷 homard (m) Newburg

Gekochten Hummer zerlegen, Fleisch entnehmen und in gleichmäßige Stücke teilen. Ein Geschirr mit Butter ausfetten, Hummerstücke hineinlegen und langsam erhitzen. Madeira angießen, dass die Bodenfläche gerade bedeckt ist, und zum Kochen bringen. Hummerfleisch entnehmen, in ein Anrichtegeschirr legen und bedeckt warm halten. Madeira um die Hälfte reduzieren, ein wenig Weißweinsauce dazugeben, aufkochen, mit Eigelb und Sahne legieren. Sauce würzen und über das warm gestellte Hummerfleisch gießen.

Hummer vom Grill 🇬🇧 broiled lobster 🇫🇷 homard (m) grillé

Zum Grillen kann der längsgespaltene **Hummer roh oder angegart** verwendet werden.

Zerlegten Hummer salzen und pfeffern, auf den vorgeheizten, geölten Grill legen und 8 bis 10 Min. grillen. Während dieser Zeit den Hummer mehrmals wenden und mit geklärter Butter beträufeln. Nach dem Grillen die Scheren öffnen. Hummer mit Zitrone und etwas Kresse anrichten.

Languste 🇬🇧 spiny lobster 🇫🇷 langouste (w)

Langusten werden wie Hummer vor- und zubereitet und besonders gern in der kalten Küche verwendet. Das Schwanzfleisch wird aus der gekochten Languste herausgelöst, in gleichmäßige Scheiben geschnitten mit dünnen Trüffelscheiben belegt.

- **Beilagen zu warmem Hummer:**
Zu warmen Hummergerichten in Sauce eignen sich Fleurons, Reis und hausgemachte Teigwaren, holländische Sauce oder deren Ableitungen, Zitronenstücke, Toast und Butter

- **Beilagen zu kaltem Hummer:**
Frische oder geschlagene Butter, Mayonnaise oder deren Ableitungen, hartgekochtes Ei, Zitronenstücke, Toast oder Weißbrot.

Beilagen:
Grüne Sauce, Barbecuesauce oder Kräuterbutter

2 Krebse

🇬🇧 freshwater crayfish 🇫🇷 écrevisses (w)

Unter der Bezeichnung Krebs versteht man im Allgemeinen die verschiedenen Arten von Flusskrebsen und die kleinen krebsartigen Tiere aus dem Salzwasser.

2.1 Flusskrebse

Die Krebse werden vor der Weiterverarbeitung gründlich mit einer Bürste gereinigt.

Danach können sie gekocht im Ganzen gereicht oder ausgebrochen weiterverarbeitet werden. Je nach Art des Gerichtes serviert man sie warm oder kalt.

Grundzüge der Zubereitung

Kochen

Krebse, die ausgebrochen verarbeitet werden, kocht man zuvor ab.

In großem Topf Wasser zum Kochen bringen, je 5 Liter mit 100 g Salz und 1 TL Kümmel würzen, die lebenden Krebse hineingeben. Vom Wiederaufkochen an sieden 100 bis 150 g schwere Krebse 5–6 Min. Krebse im Kochwasser auskühlen und danach ausbrechen.

Ausbrechen

Die Scheren und der Schwanz werden vom Kopfbruststück genommen.

Von der Schere entfernt man den Arm und den beweglichen Scherenteil und schneidet mit einem kleinen Messer den rechten und linken Scherenrand ab. Die Kruste wird nach oben aufgebrochen und das freiliegende Scherenfleisch entnommen (Abb. 1).

Durch kurze Rechts-Links-Drehung sind vom Schwanz der erste Krustenring und die am Ende sitzende Schwanzflosse abzunehmen (Abb. 2).

Danach zieht man das Schwanzfleisch in Richtung der Krümmung aus den restlichen Krustenringen. Der ausgebrochene Krebsschwanz erhält oben in der Mitte noch einen kleinen Längsschnitt, durch den der Darm entfernt wird. Das ausgebrochene Krebsfleisch ist bis zum Gebrauch in etwas Krebsbrühe aufzubewahren.

Wenn vom Kopfbruststück der Bewegungsapparat abgenommen ist und die cremigen Teile ausgespült werden, erhält man die **Krebsnase**.

Krebsnasen dienen mit Fischfarce gefüllt als Einlage zu Krebssuppen oder Frikassees. Ferner können sie zum Garnieren für einschlägige warme oder kalte Speisen genutzt werden.

Krebspanzer werden zerkleinert und zu Krebssuppen, Krebssaucen und Krebsbutter verwendet.

Abb. 1 Ausbrechen der Krebsschere

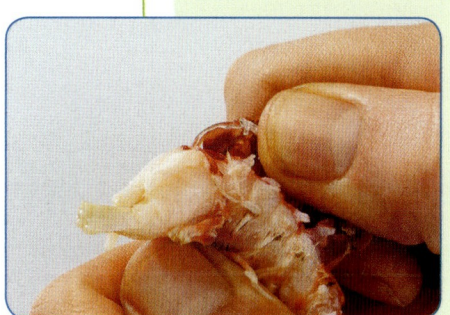

Abb. 2 Ausgebrochener Krebsschwanz

Abb. 3 Ausgebrochene und gefüllte Krebsnase

Zubereitung Speisen

KREBSTIERE UND WEICHTIERE

Abwandlungen
Die Zubereitungen in Weißwein- und Krebs- oder Hummersauce kann man mit Gemüse, Pilzen oder Kräutern ergänzen. Auch mit Mornaysauce und Käse überbacken können ausgebrochene Krebse angeboten werden. Kalt verwendet man sie zu Salaten und Cocktails oder zu Garnituren.

Beilagen:
Zu warmen Krebsgerichten wird Reis bevorzugt.

Hartschalige Tiere Panzerkrebse	Weichschalige Tiere Garnelen
Scampi (italienisch) oder	kleinere Arten **Shrimps** und
Kaisergranat (deutsch)	größere Arten **Prawns**

Variationen der Grundzubereitung

Krebse mit Wurzelgemüsen

🇬🇧 crayfish with roots   🇫🇷 écrevisses (w) aux racines

Gekochte Krebse und Gemüsestreifen (Julienne) in Butter anschwitzen. Mit Weißwein ablöschen, wenig Geflügel- oder Fischbrühe angießen, einen Gewürzbeutel (Dill-, Petersilienstängel, zerdrückte Pfefferkörner, Kümmel) dazulegen und zugedeckt 3 Min. garen. Krebse danach in eine tiefe Servierschüssel legen. Den Fond zur Hälfte einkochen. Gewürzbeutel entnehmen. Mit einigen Butterstückchen montieren; gehackte Petersilie in den Fond rühren und über die Krebse geben.

Krebse mit Leipziger Allerlei

🇬🇧 crayfish with Leipzig hotchpotch   🇫🇷 écrevisses (w) avec chartreuse de légumes

Gekochte, ausgebrochene Flusskrebse werden mit zartem, frischem Gemüse wie Möhrchen, Erbsenschoten, Morcheln, Spargel, Frühlingszwiebeln und grünen Erbsen vermischt und mit einer kräftigen aufgeschäumten Rahmsauce serviert.

Krebse Nantua   🇬🇧 crayfish Nantua style   🇫🇷 écrevisses (w) Nantua

Krebse kochen und ausbrechen. Aus den zerstoßenen Krebspanzern eine Sauce herstellen. Ausgebrochenes Krebsfleisch wiedererwärmen und unter die Sauce schwenken.

2.2 Seewasserkrebse

Das Angebot an Seewasserkrebsen ist vielseitig. Es wird nach der Festigkeit der Kruste unterschieden.

Von den kleineren krebsartigen Tieren kommen meist nur die abgetrennten Schwänze in den Handel. Der Geschmack guter Qualität ist leicht süßlich, der Biss zart, jedoch kernig.

Für warme Zubereitungen in Sauce oder für kalte Gerichte werden die Krebstierschwänze gekocht, danach geschält und entdärmt. Zum Grillen oder Braten verarbeitet man sie roh mit und ohne Schale. Zuvor werden die Schwänze längs eingeschnitten und der Darm durch Ausspülen entfernt.

Kleine Krebstiere verwendet man als
- Vorspeise,
- selbstständiges Gericht,
- Garnitur, z. B. zu Fisch, Eiern und hellem Geflügel,
- Ragoutbestandteil.

Kleine Krebstiere bereitet man
- als Cocktail oder als Salatkombination,
- in Dill-, Pilz-, Weißwein-, Krebs- oder Hummersauce,
- auf dem Grillrost,
  - Beigabe: Buttermischungen oder Choronsauce,
- in der Fritteuse,
  - Beigabe: Grüne Sauce.

3 Miesmuscheln

🇬🇧 mussels 🇫🇷 moules (w)

Vorbereiten

Lebende **Pfahl- oder Miesmuscheln** haben einen frischen Seegeruch, ihre Schalen öffnen sich erst beim Kochen. Zunächst entfernt man den restlichen Seepockenbelag von den Muscheln, wäscht sie mehrmals und lässt sie in einem Durchschlag abtropfen.

Zubereiten

Zwiebelwürfel und zerdrückte Pfefferkörner werden in einem flachen Geschirr angeschwitzt und mit Weißwein abgelöscht. Man schüttet die Muscheln dazu und verschließt den Topf mit einem passenden Deckel. Um den Inhalt gleichmäßig zu erhitzen, ist das Geschirr mehrfach zu schwenken. Durch die Hitzeeinwirkung öffnen sich die Muscheln, geben ihren würzigen Fond ab und sind in acht Minuten gar.

Danach werden sie aus den Schalen genommen und im Muschelfond bis zum Gebrauch aufbewahrt. Der Fond ist zuvor vorsichtig abzugießen, damit der eventuell aus den Schalen stammende Sand als Bodensatz zurückbleibt. Muscheln haben einen äußerst würzigen Geschmack, deshalb brauchen sie auch nicht gesalzen zu werden.

Frische gekochte Muscheln sind blassrot bis orange.

Gekochte Muscheln kann man in der Schale mit dem Dünstfond oder aus den Schalen genommen in einer Sauce reichen. Zum Fertigstellen der jeweiligen Sauce wird der Muscheldünstfond mitverwendet.

Des Weiteren können sie paniert und frittiert werden. Zusammen mit Champignonköpfen können sie an den Spieß gesteckt und gegrillt werden.

- Gekochte Muscheln dienen ferner als Ragoutbestandteil oder zu Fischgarnituren und Suppeneinlagen.

- Verdorbene Muscheln zeigen nach dem Kochen eine unnatürliche rote oder schwärzliche Färbung; sie sind giftig!

- Gekochte, kalte Muscheln reicht man mit Essigkräutersauce (Vinaigrette) oder verwendet sie zu Salaten.

Überbackene Miesmuscheln auf Blattspinat

🇬🇧 gratinated mussels on spinach 🇫🇷 moules (w) gratinées sur l'épinards

Die gekochten Muscheln aus der Schale nehmen. Jungen gewaschenen Blattspinat in Butter mit Schalottenwürfel sautieren, mit Salz, Pfeffer und Muskat würzen.

Muschelkochsud stark einkochen lassen und unter eine Mornaysauce rühren.

Die leeren Schalen mit heißem, gut gewürzten Blattspinat auslegen, das Muschelfleisch darauf anrichten, mit der Mornaysauce nappieren und mit etwas geriebenem Parmesan bestreuen. Danach kurz im Salamander überbacken und servieren.

Zubereitung Speisen

KREBSTIERE UND WEICHTIERE

4 Sankt-Jakobs-Muscheln

🇬🇧 scallops 🇫🇷 coquilles (w) Saint-Jacques

Gegessen wird der von Häuten und Kiemen eingeschlossene Teil der Muschel: die Nuss mit dem daranhängenden Rogen.

Das vorbereitete Muschelfleisch wird überwiegend tiefgekühlt angeboten. Die Größe ist ein Qualitätsmerkmal.

Der Geschmack der St.-Jakobs-Muschel ist angenehm nussartig, er ist mit anderen Muscheln nicht vergleichbar.

Frische Jakobsmuscheln sind tiefgekühlter Ware geschmacklich überlegen.

Öffnen frischer St.-Jakobs-Muscheln

Messer an der runden Schalenseite der gewaschenen Muschel ansetzen und zwischen die Schalen schieben. Schließmuskel an der Innenseite der oberen, flachen Schale entlang durchtrennen, flache Schale abnehmen und den Muschelinhalt mit einem flexiblen Messer aus der gewölbten Schale lösen. Häute und Kiemen entfernen und die Nuss mit dem daranhängenden Rogen waschen.

Die Zubereitung ist sehr vielseitig. Die Muschel kann sowohl roh als Tatar oder in dünnen, marinierten Scheiben gereicht werden.

Sie kann auch durch Dämpfen, Dünsten oder Braten warm zubereitet werden. Wichtig ist, dass man sie nur bis auf den Punkt gart, da sie sonst zäh wird.

Zubereitungen

Sankt-Jakobs-Muscheln in Weißwein
🇬🇧 scallops in white wine sauce 🇫🇷 coquilles (w) Saint-Jacques au vin blanc

Muschelfleisch mit Schalotten, Butter und Weißwein dünsten. Dünstfond mit Weißweinsauce verkochen und zusammen mit den Muscheln anrichten.

Sankt-Jakobs-Muscheln auf Blattspinat
🇬🇧 scallops with spinach 🇫🇷 coquilles (w) Saint-Jacques à la florentine

Muscheln dünsten, braten oder grillen, auf Blattspinat setzen und mit Weißweinsauce, Mornaysauce oder Béarner Sauce umkränzen.

Gebratene Sankt-Jakobs-Muscheln mit Kräutern
🇬🇧 scallops with herbes 🇫🇷 coquilles (w) Saint-Jacques aux fines herbes

Muscheln kurz in geklärter Butter braten, mit trockenem Weißwein ablöschen und anrichten. Im Bratfett feingehackte Kräuter wie Kerbel, Dill, Estragon und Zitronenmelisse sautieren und über die Muscheln geben.

Große Muscheln zuvor in flache Stücke schneiden. Anrichten kann man in den gewölbten Schalen der Muscheln.
- **Beilagen:** Reis, Herzoginkartoffeln, Stangenweißbrot, Toast oder Fleurons

Abb. 1 Jakobsmuscheln öffnen: Die Muschel – flache Seite nach oben – mit einem Tuch festhalten und ein spitzes kurzes Messer zwischen die …

Abb. 2 … Schalen schieben und den Schließmuskel an der flachen Innenseite durchtrennen. Die obere flache Schalenhälfte abheben.

Abb. 3 Mit dem Messer das Muschelfleisch um den grauen Mantelrand herum auslösen und den Schließmuskel vorsichtig ablösen.

5 Austern

🇬🇧 oysters 🇫🇷 huîtres (w)

Austern bewahrt man in der Original-Verpackung im Kühlraum auf. Somit können sich die Austern nicht öffnen und das Seewasser kann nicht aus der Wölbung der Schale ausfließen. Angebrochene Verpackungen werden mit einer Platte bedeckt und mit einem schweren Gewicht belastet. Mit eingeschlossenem Seewasser leben Austern in ihren Schalen nach dem Fang noch weiter.

- Austern werden vorwiegend lebend verzehrt, deshalb sind hohe hygienische Anforderungen zu stellen.

Öffnen der Austern

Vor der Verwendung werden die Austern mit einer Bürste gereinigt und dann mit dem Austernbrecher (Spezialöffner) oder Austernmesser geöffnet.

Die Wölbung nach unten halten, das Messer an der Seite ansetzen und mit Druck zwischen die Schalen schieben. Dabei wird der Schließmuskel, der sich an der Innenseite des oberen Schalendeckels befindet, durchschnitten. Die Auster ist geöffnet.

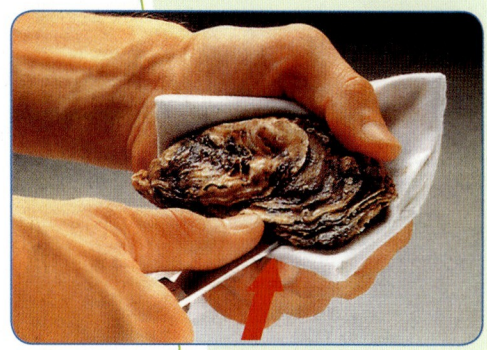

Abb. 1 Öffnen einer Auster von Hand

Schalensplitter werden mit einem Pinsel abgenommen, der in Salzwasser abgespült wird.

Zubereitungen

Austern als warmes Vorgericht

Die geöffneten, vom Bart (Kiemensaum) befreiten Austern werden verschieden zubereitet, z. B. in Hummersauce, in dünne Speckscheibchen gehüllt und gebraten, paniert und in Butter gebraten. Die fertiggestellten Austern werden häufig in den erwärmten, gewölbten Schalenhälften angerichtet.

Abb. 2 Austern mit dem Austernöffner teilen: Auster einspannen, mit dem Hebel das Messer in Stellung bringen und das Schalen-Scharnier trennen.

Austern auf Blattspinat

🇬🇧 oysters on spinach
🇫🇷 huîtres (w) à la florentine

Austernfleisch in Weißwein kurz absteifen. Gewürzten Blattspinat in tiefer Austernschale anrichten, heiße Auster daraufsetzen, mit holländischer Sauce nappieren und kurz gratinieren.

Austern als kalte Vorspeise

Meist richtet man frische, rohe Austern in der geöffneten Schale auf zerkleinertem Eis oder auf gekühlten Spezialtellern an und garniert mit Zitronensechsteln. Dazu reicht man mit Butter bestrichene und/oder mit Chesterkäse belegte Vollkornbrotschnittchen oder kleine überbackene Käsebrötchen (Welsh Rarebit).

- **Vorsicht:** Austern mit offenen Schalen sind tot. Es besteht daher Vergiftungsgefahr durch Abbauprodukte.

- **Austern als Garnitur**
  Austern dienen z. B. gebacken oder gedünstet als Garnitur zu Fisch.

Zubereitung Speisen

KREBSTIERE UND WEICHTIERE

6 Tintenfisch, Kalmar und Krake

🇬🇧 cuttlefish, squid and octopus 🇫🇷 seiche (w), encornet (m) et poulpe (w)

Abb. 1 ① Kalmar; ② Kalmar-Tube; ③ Sepia (Tintenfisch); ④ Krake

Kopffüßler werden vorwiegend:

- **gebacken**, in Bier- oder Weinteig getaucht und in der Fritteuse gegart oder
- **gefüllt**, mit Fischfarce oder Kräuterbrotfüllung, anschließend gedämpft oder gedünstet oder
- **gekocht** und weiterverarbeitet für kalte Vorspeisen, Suppen und Ragouts oder
- **gegrillt**, dazu werden sie längs aufgeschnitten, gewürzt und flach auf dem Grill oder im Salamander gegart.

Scharf gewürzter Tintenfisch mit Thaibasilikum aus dem Wok
🇬🇧 wok sauted cuttlefish 🇫🇷 seiche (w) sautée en wok

Den geputzten Tintenfisch kreuzweise im Abstand von 5 Millimetern einschneiden. Mit Cayennepfeffer, Salz und Zitronensaft einige Zeit marinieren. Öl in einen Wok geben, den marinierten Tintenfisch in heißem Öl kurz sautieren und mit Würfeln von Lauchzwiebeln und Chilischoten sowie gehacktem Thaibasilikum garnieren. Zusätzlich einen Zweig von Thaibasilikum anlegen.

Abb. 2 Vorbereitung von Tintenfisch

Fachbegriffe

ausbrechen	Krebsfleisch aus dem Panzer entnehmen.
Corail	Essbarer Rogen (Eier), z. B. von Krebstieren, insbesondere Hummer und Languste; in ungekochten Krebstieren grün, nach dem Kochen korallenrot.
Hummerbutter	Corail mit Butter vermischt, dient zum abschließenden Binden von Saucen.
Karkasse	Panzer von Krebstieren. Zusammmen mit den noch anhängenden Fleischresten bilden sie eine gute Grundlage für Fonds.
Krebsnase	Hohles Kopfbruststück von Krebsen. Sie kann mit Fischfarce gefüllt und pochiert werden.
Rogen	Unbefruchtete Eier von Meerestieren

Abb. 3 Salat von Oktopus

Aufgaben

1. Beschreiben Sie die einfachste Art, einen Hummer zuzubereiten.
2. Hummer Thermidor steht neu auf der Speisekarte. Welche Information geben Sie den Restaurantfachleuten?
3. Wie sind lebende Krebstiere zu töten?
4. Wie sollte man Flusskrebse vor dem Kochen behandeln?
5. Auf welche Weise werden frische Austern vorbereitet und angerichtet?
6. Beschreiben Sie Ihrem Arbeitskollegen die Zubereitung von Miesmuscheln.

Gebäcke, Süßspeisen und Speiseeis

Die Küchenkonditorei oder Patisserie stellt die zu den Menüs gehörenden kalten oder warmen Süßspeisen her, fertigt aber auch Gebäck, z. B. für den Nachmittagskaffee.

Zur Herstellung der Süßspeisen wird in der Regel auf bestimmte **Grundzubereitungen** zurückgegriffen. Die fachgerechte Weiterverarbeitung ergibt dann das vielfältige Angebot an kalten und warmen Süßspeisen.

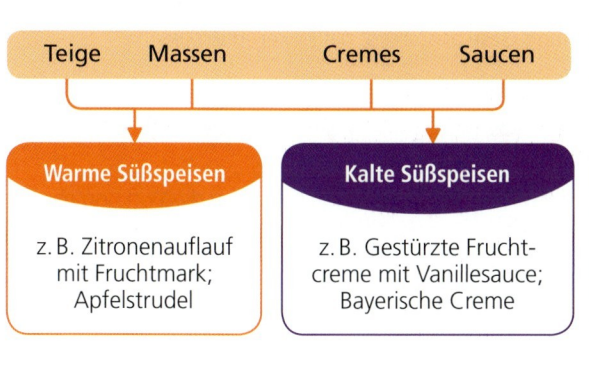

1 Teige und Massen

🇬🇧 doughs and mixtures   🇫🇷 pâtes (w) et appareils (m)

Die Unterscheidung zwischen Teigen und Massen ist gleitend.

Die Umgangssprache geht von unterschiedlichen Merkmalen aus. So benennt sie z. B. den Mürbe- und Blätterteig nach der Beschaffenheit, den Hefeteig nach dem Triebmittel und den Lebkuchenteig nach der Verwendung. Der Fachmann unterscheidet Teige und Massen nach bestimmten Merkmalen:

- **Teige**
  - Grundbestandteil → Mehl
  - Grundtechnik → Kneten
  - Lockerung → Gärungskohlensäure, Wasserdampf
  - Bindung und Gerüst → Eiweiß des Mehls

- **Massen**
  - Grundbestandteil → Eier, Zucker, teilweise Fett, Flüssigkeit
  - Grundtechnik → Rühren, Schlagen
  - Lockerung → eingearbeitete Luft, Wasserdampf
  - Bindung und Gerüst → Eiklar des Hühnereis

Die Übersicht zeigt, dass von den Grundbestandteilen, also den wichtigsten Zutaten, auch die Grundtechniken bestimmt werden. Die **Zutaten** und ihre Eigenschaften sind im Abschnitt Lebensmittel beschrieben.

Die **Grundtechniken** werden jeweils bei den entsprechenden Teigen und Massen besprochen. Das Kapitel **Lockerung** ist vorangestellt, um Wiederholungen zu vermeiden.

Zubereitung Speisen

GEBÄCKE, SÜSSSPEISEN UND SPEISEEIS

1.1 Teiglockerung

Die Lockerungsmittel bewirken die Porenbildung und beeinflussen Beschaffenheit und Geschmack des Gebäcks.

Nach der Art unterscheidet man
- **biologische** Lockerungsmittel, z. B. Hefe;
- **physikalische** Lockerungsmittel, z. B. eingeschlagene Luft, die sich durch die Wärmeeinwirkung beim Backen noch weiter ausdehnt;
- **chemische** Lockerungsmittel, z. B. Backpulver, Natron usw., die bei Wärmeeinwirkung Gase abspalten, die lockernd wirken.

Abb. 1 Kastenbrot mit und ohne Hefelockerung

1.2 Hefeteig 🇬🇧 yeast dough 🇫🇷 pâte (w) levée

Hefeteig ist ein Teig mit hohem Mehlanteil, der durch die Wirkung der Hefe gelockert wird.

Zutaten für leichten Hefeteig (900 g Teig)			
500 g	Mehl	1	Eigelb
30 g	Hefe	5 g	Salz
200 g	Milch		Vanille,
70 g	Zucker		Zitrone
70 g	Fett		

- Alle Zutaten müssen temperiert sein, damit die Hefe die zum Gären nötige Wärme vorfindet,
- Hefe in lauwarmer Milch auflösen,
- Mehl in Schüssel sieben und Mulde bilden,
- Milch mit gelöster Hefe eingießen, übrige Zutaten beigeben,
- kneten, bis der Teig Blasen wirft/sich vom Geschirr löst,
- an warmem Ort ca. 20 Min. einmal aufgehen lassen und nochmals durchkneten.

Hefeteig hat die richtige Gare zum Backen, wenn der Teig auf einen leichten Fingerdruck nachgibt und dann wieder in die Ausgangslage zurückkehrt.

Gärt Hefeteig zu lange, erhält man trockenes, strohig schmeckendes, blasses Gebäck mit ungleicher Porung.

Aus Hefeteig lassen sich z. B. fertigen:

Blechkuchen 🇬🇧 pies 🇫🇷 gâteaux (m)

Teig aufgehen lassen, etwa 0,5 cm dick ausrollen, auf gefettetes Blech legen.

Apfelkuchen:
mit Schnitzen von geschälten, entkernten Äpfeln dachziegelartig belegen, Streusel (s. S. 610) darüberstreuen, an warmem Ort 20 bis 30 Min. gehen lassen, bei mittlerer Hitze 25 bis 30 Min. backen.

Zwetschenkuchen:
wird mit einem Belag von Zwetschen hergestellt; Pflaumen eignen sich dazu weniger, sie sind zu saftig. Zwetschen am besten mit Entsteiner vorbereiten, den Teig dachziegelartig belegen, gehen lassen. Backen wie oben, nach dem Backen sofort mit Zimtzucker bestreuen, abglänzen. Geben die Zwetschen zu viel Saft ab, vor dem Backen etwas Brösel darüberstreuen.

Streuselkuchen:
Teig mit Wasser bestreichen, mit Streuseln (s. S. 610) bestreuen, wie oben backen.

Backtechnische Wirkung der Zutaten

Milch stärkt den Kleber, macht die Krume weicher und gibt der Kruste eine ansprechende Farbe. Außerdem begünstigt sie die Frischhaltung.

Fett in kleinen Mengen macht den Kleber elastischer und das Gebäck „saftiger"; in größeren Mengen hemmt es jedoch die Tätigkeit der Hefe.

Eier machen das Gebäck schmackhafter. Je höher der Eigelbanteil, desto saftiger das Gebäck. Je nach Rezept werden bei der Herstellung von Hefeteigen alle Zutaten gleichzeitig verarbeitet (direkte Führung), zuerst ein Vorteig angesetzt und dann erst der Teig bereitet (indirekte Führung).

1 Teige und Massen

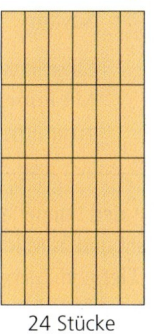
24 Stücke
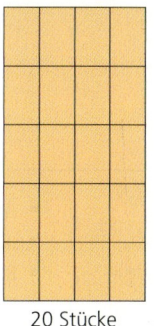
20 Stücke
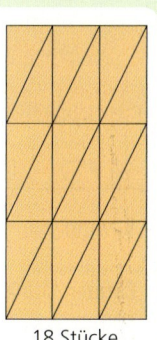
18 Stücke

Blechkuchen lassen sich rationell fertigen und unterschiedlich teilen.

Fertigmehle sind backfähige Mehlmischungen, die außer Mehl andere pulverförmige Zutaten enthalten. Bei der Teigbereitung werden ergänzt

- Flüssigkeit (Milch/Wasser),
- teilweise auch Hefe, Eier und Fett.

Es gibt Fertigmehle z. B. für
- Hefeteige allgemein,
- Hefeteig für Berliner Pfannkuchen/Krapfen.

Hefezopf

- Nach dem ersten Aufgehen Stränge formen, flechten, Zopf auf gefettetes Blech setzen,
- 20 Min. gehen lassen, mit Eigelb bestreichen,
- bei mittlerer Temperatur etwa 30 Min. backen, glasieren.

Plundergebäck 🇬🇧 danish pastry 🇫🇷 pâtisserie (w) danoise

- Hefeteig (500 g) nach dem ersten Aufgehen kühl stellen,
- 150 g Fett/Butter mit 50 g Mehl verkneten und kühl stellen,
- Teig zu einer rechteckigen Platte ausrollen,
- Fett zur halben Größe ausrollen,
- Teig überschlagen, ausrollen und zwei einfache Touren (s. Blätterteig) geben,

Hörnchen/Croissants
- Tourierten Teig 3 mm dick ausrollen,
- Dreiecke schneiden, füllen, zu Hörnchen rollen,
- nach 20 Min. Garzeit mit Eigelb bestreichen,
- bei ca. 220 °C etwa 15 Min. backen,
- dünn mit heißer Aprikosenmarmelade bestreichen (aprikotieren) und mit Fondant oder Puderzuckerglasur glasieren.

Abb. 1 Aufrollen von Hörnchen/Croissants

Schnecken
- Aus 150 g Marzipan, 50 g Korinthen oder Rosinen, 50 g Bröseln, etwas Milch eine Füllung vorbereiten,
- Teig 1 cm dick ausrollen, mit Füllung bestreichen und aufrollen, von der Rolle Scheiben schneiden, auf gefettete Bleche setzen, gehen lassen, backen, aprikotieren und glasieren.

Stücke aus Plunder werden als Teiglinge backfertig tiefgefroren angeboten. Bei Bedarf taut man langsam auf, bäckt sie dann und aprikotiert oder glasiert die Stücke.

GEBÄCKE, SÜSSSPEISEN UND SPEISEEIS

Savarin  savarin savarin (m)

Savarin wird aus sehr eireichem Hefeteig in Ringformen gebacken. Mit Rumtränke befeuchtet und mit Fondant glasiert wird der Savarin zusammen mit Schlagsahne und Früchten als Dessert gereicht.

Savarin

Zutaten (1.300 g Teig)

500 g	Mehl
6	Eier
30 g	Hefe
0,15 l	Milch
250 g	Butter
30 g	Zucker
7 g	Salz

- Alle Zutaten temperieren,
- aus Mehl und in Milch aufgelöster Hefe einen Vorteig bereiten und warm stellen,
- Butter, Eier und Zucker, Salz wie zu einem Kuchen schaumig rühren,
- wenn der Vorteig bis zum Doppelten seines Volumens aufgegangen ist, diesen und restliches Mehl unter die schaumige Masse geben und nochmals kräftig durcharbeiten.
- Savarinformen (Ringe) mit cremiger Butter stark ausfetten, mit Mehl ausstäuben,
- den weichen Teig mit dem Spritzbeutel ein Drittel hoch einfüllen,
- aufgehen lassen und backen,
- nach dem Backen stürzen (kann auf Vorrat geschehen).
- Zur Fertigstellung eine Tränke aus Läuterzucker, Rum und Wasser herstellen,
- Gebäck damit tränken,
- aprikotieren, zusammen mit Früchten und Sahne servieren.

1.3 Blätterteig  puff pastry dough 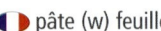 pâte (w) feuilletée

Blätterteig erhält seine lockere, splittrige Beschaffenheit durch das Einrollen von Fett.

Backtechnische Wirkung der Zutaten

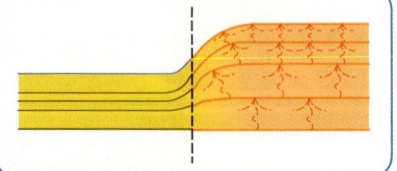

- **Fett:** Am besten eignet sich Ziehmargarine/Ziehfett. Sie hat einen höheren Schmelzpunkt als die gewöhnlichen Fette und ist deshalb leichter zu verarbeiten.
- **Triebwirkung:** Durch wiederholtes Ausrollen und Übereinanderschlagen des Teiges entsteht eine feine Teig-Fett-Schichtung. Das Fett trennt die einzelnen Teigschichten voneinander. Darum kann der während des Backens entstehende Wasserdampf Schicht um Schicht etwas anheben. Es entsteht ein lockeres, splittriges und doch saftiges Gebäck.

Arten

Nach der Art, wie die Zutaten verarbeitet werden, unterscheidet man:

Deutscher Blätterteig
- Teig außen – Fett innen
- trocknet leicht ab
- lässt sich auch in wärmeren Räumen verarbeiten

Französischer Blätterteig
- Fett außen – Teig innen
- trocknet nicht ab
- in wärmeren Räumen sehr schwer zu verarbeiten, weil äußere Schicht Fett

Holländischer oder **Blitzblätterteig**

- Fett wird in Stücken bei der Teigbereitung eingearbeitet
- schnelle Anfertigung
- nur wie Restblätterteig verwendbar

Herstellung

- Fett mit einem Teil des Mehls verkneten, zu einem flachen Ziegel formen und kaltstellen.
- Mehl auf den Tisch sieben, Vertiefung formen, Wasser, Salz (Rum oder Essig, Eigelb) hineingeben.
- Vom Durcharbeiten des Fettes verbleibende Fett- und Mehlreste zum übrigen Mehl geben, Teig bilden und kräftig durchkneten
- Teig abgedeckt 1 Std. ruhen lassen.

> **Zutaten (1.300 g Teig)**
> 500 g   Mehl   = 1 Teil
> 500 g   Fett   = 1 Teil
> ca. 0,3 l Wasser, 7 g Salz
> Verbesserung:
> 1 EL Essig stärkt den Kleber
> 1 EL Rum   stärkt Triebkraft und verbessert den Geschmack
> 1 Eigelb   verbessert den Geschmack

Einrollen – Tourieren

Deutsche Art – Teig entsprechend Skizze ausrollen und die vier Enden über das Fett schlagen (s. Abb. 1).

Französische Art – Fett zu einer rechteckigen Platte ausrollen und Teig damit einschlagen (s. Abb. 2).

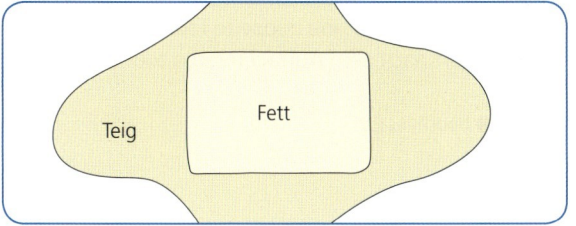

Abb. 1 Deutsche Art

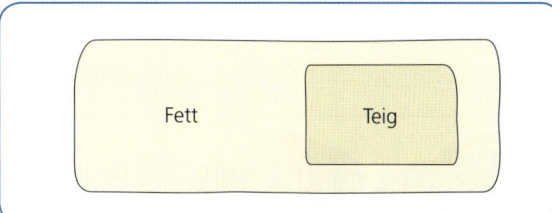

Abb. 2 Französische Art

Nach dem Einschlagen rollt man auf etwa 2 cm aus und gibt zunächst eine einfache und eine doppelte Tour. Dabei wird nach dem ersten Zusammenlegen der Teig um 90° gedreht. Nach etwa 30 Minuten wird der Vorgang wiederholt. So entstehen 3 x 4 x 3 x 4 = ? Fettschichten.

> • Ziehfett wird angewirkt in Platten angeboten.

Arbeitshinweise

Alle Zutaten, Tisch und Geräte müssen kalt sein, wenn der Blätterteig gelingen soll. Das Fett wird am besten im Kühlraum vorgekühlt.

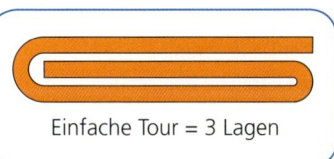

Einfache Tour = 3 Lagen

Doppelte Tour = 4 Lagen

Der **Teig** wird durch Verkneten des Mehls mit Wasser wie Nudelteig hergestellt. Er ist unbedingt kräftig zu bearbeiten. Das **Fett**, besonders Butter, knetet man mit etwas Mehl durch, damit die enthaltene Flüssigkeit gebunden wird. So lässt es sich leichter verarbeiten. Diesen Vorgang nennt man **Anwirken**.

Beim **Einrollen** oder **Tourieren** müssen Fett und Teig unbedingt die gleiche Festigkeit haben. Das Ausrollen beim Tourieren muss sehr vorsichtig geschehen. Der Teig darf nicht festkleben und das Rollholz muss wirklich rollen, der Teig soll nicht geschoben werden. Das würde die Schichten verschieben und die Lockerung beeinträchtigen. Beim Tourieren wird der Teig gleichmäßig etwa 1,5 cm stark ausgerollt und vor dem Falten mit dem Tischbesen von anhaftendem Mehl befreit.

> • Blätterteig wird fertig touriert tiefgekühlt in Plattenform angeboten.

Zum Ausstechen oder Schneiden nur scharfes Werkzeug verwenden, sonst werden die Schichten nicht sauber getrennt und das Gebäck geht ungleichmäßig hoch.

Zubereitung Speisen

GEBÄCKE, SÜSSSPEISEN UND SPEISEEIS

Blätterteiggebäck  puff pastry  pâtisserie (w) de mille feuille

- Teig etwa 4 mm dick ausrollen,
- Teigstücke in Form bringen,
- auf Bleche setzen, mit Eigelb bestreichen,
- mindestens 20 Min. ruhen lassen,
- bei 220 °C etwa 15 Min. backen,
- aprikotieren und glasieren.

Blätterteigstückchen werden backfertig als Tiefkühlware angeboten.

Blätterteiggebäck wird vor dem Backen eingestochen (Gabel oder Stupfrolle), wenn es nicht zu stark treiben soll. Das mindert die Triebkraft, denn der sich bildende Wasserdampf kann teilweise abziehen. Man kann Blätterteig, nachdem er eine einfache und eine doppelte Tour erhalten hat, auch einfrieren und bei Bedarf nach dem Auftauen fertig tourieren.

Pasteten patties  bouchées (w)

Ringe:
- Blätterteig 8 bis 10 mm dick ausrollen,
- zuerst Scheiben mit 10 cm Durchmesser ausstechen,
- dann mit 3-cm-Ausstecher Mittelfläche entfernen,
- entstandene Ringe umdrehen und kalt stellen.

Böden:
- Teigreste zusammendrücken und 2 mm stark ausrollen,
- mit glattem 5-cm-Ausstecher Böden ausstechen,
- auf ein mit Wasser befeuchtetes Blech legen,
- mit Eistreiche befeuchten, mit Essgabel stippen,
- Teigringe (siehe oben) aufsetzen,
- Ringoberfläche mit Eistreiche bepinseln.

Deckel:
- Verbliebene Teigreste zusammendrücken, nicht kneten, 3 mm stark ausrollen,
- mit 3,5-cm-Ausstecher Deckel ausstechen und mit Ei bestreichen,
- Pasteten und Deckel etwa 30 Min. ruhen lassen,
- Pasteten bei 200 bis 210 °C etwa 20 bis 25 Min. backen,
- Deckel gesondert etwa 15 Min. backen.

Fleurons fleurons  fleurons (m)

- Restblätterteig oder Blätterteig, der eine einfache Tour mehr erhalten hat, 3 mm dick ausrollen.
- Ganze Fläche mit Eistreiche bepinseln,
- mit gezacktem Ausstecher Halbmonde ausstechen,
- nach 20 Min. Ruhezeit bei 220 °C etwa 15 Min. backen.

Käsestangen 🇬🇧 cheese straws 🇫🇷 paillettes (w) au fromage

- Restblätterteig etwa 5 mm dick zu einem Rechteck ausrollen,
- die Hälfte der Fläche mit Eigelb bestreichen, mit geriebenem Hartkäse, Kümmel und grobem Salz bestreuen,
- die zweite Hälfte des Teiges darüber klappen und andrücken.
- 2 cm breite Streifen schneiden, korkenzieherartig aufrollen,
- auf nasses Blech setzen, mit Eigelb bestreichen, mit Kümmel bestreuen, ruhen lassen.
- Bei etwa 200 °C etwa 15 Min. backen.

Tiefgefrorene Gebäckstücke

Der Handel bietet Gebäck in vielfältiger Form.

Als **Teiglinge** werden vorwiegend angeboten

- Stückchen aus Blätter- und Hefeteig,
- Brötchen/Semmeln.

Diese Teilchen werden bei Raumtemperatur langsam aufgetaut, denn Teig leitet die Wärme schlecht. Höhere Auftautemperaturen führen darum zu einer schlechteren Gebäckqualität.

Beim Auftauen von Teilchen aus Hefeteig sind die Hinweise der Produzenten zu beachten, denn die Stücke werden in unterschiedlicher Gärstufe gefrostet.

🔴 Im Voraus gebackene oder zugekaufte Blätterteigstücke werden vor dem Service kurz aufgebacken, damit sie rösch und knusprig zum Gast kommen.

🔵 **Gebackene Stücke** wie Hefestückchen, Brötchen und Brezen werden bei Zimmertemperatur aufgetaut. Zum Aufbacken gibt man die Backwaren bei viel Schwaden/Wasserdampf für wenige Minuten bei etwa 230 °C in den Ofen. Diese Gebäckstücke verlieren nach dem Aufbacken rasch an Qualität, sie werden trocken und spröde.

1.4 Mürbeteig 🇬🇧 short pastry 🇫🇷 pâte (w) brisée

Mürbeteig ist ein fettreicher, kurz bearbeiteter Teig, der nur wenig aufgeht. Die mürbe-sandige Beschaffenheit entsteht durch den hohen Fettanteil.

Mürbeteig zum Ausrollen

Zutaten (ca. 600 g Teig)

300 g	Mehl	= 3 Teile
200 g	Fett	= 2 Teile
100 g	Zucker	= 1 Teil
1	Ei	
	Zitrone, Vanille, Salz	

- Mehl auf Tisch sieben, Mulde bilden, darin
- Zucker und Ei vermischen,
- Fett mit Eier-Zucker-Masse glatt arbeiten,
- Mehl von außen her mit der Fettmasse verreiben, nicht kneten,
- wenn die Teile eben binden, zusammendrücken und kalt stellen.

Am besten einen Tag vor der Verarbeitung herstellen, damit sich die Zuckerkristalle lösen und der Teig sich dann in gekühltem Zustand gut verarbeiten lässt.

Zubereitung Speisen

GEBÄCKE, SÜSSSPEISEN UND SPEISEEIS

Pasteten-Mürbeteig

600 g Mehl
300 g Butter
120 bis 180 g Wasser
1 Ei
Salz

Zubereitung wie Mürbeteig S. 609

Abhilfe: Teig in Stücke hacken und etwas Eiweiß unterarbeiten.

Abhilfe: klein gehacktes Fett unterarbeiten.

Backtechnische Wirkung der Zutaten

- **Fett** trennt die einzelnen Bestandteile, wirkt so als Lockerungsmittel und macht den Teig mürbe. Wichtig ist, dass es entsprechend gekühlt ist.

- **Zucker** wird nur in feiner Körnung verwendet, gröbere Sorten können sich nicht lösen. Beim Backen würden grobe Kristalle karamellisieren; das Gebäck erhielte an der Oberfläche braune Flecken und würde unten am Blech festkleben.

- **Eier** in geringer Menge verbessern Aussehen und Geschmack. Größere Mengen ergeben durch den Wassergehalt eine festere Struktur. Die Verwendung von Eigelb führt zu besserer Qualität als Volleier.

Arbeitshinweise

Bei der Teigbereitung treten hauptsächlich zwei Fehler auf, die beide auf das Verhalten des Fettes im Teig zurückzuführen sind.

- **Der Teig wird brandig:** Bei brandigem Teig werden die Stärkekörner und Kleberteilchen vom Fett vollständig getrennt, die notwendige Bindung kommt nicht zustande. Darum reißt der Teig beim Ausrollen leicht; das fertige Gebäck zerfällt. Ursache ist ein durch Wärme zu weich gewordenes Fett. Entweder waren die Zutaten zu warm oder der Teig wurde zu lange bearbeitet.

- **Der Teig wird zäh:** Dieser Fehler tritt bei einfacheren Teigen auf, denen Flüssigkeit zugesetzt wird. Kommt die Flüssigkeit direkt mit dem Mehl in Verbindung, ohne vorher mit dem Fett vermischt worden zu sein, quellen die Kleberteile und erzeugen Spannung. Das eingearbeitete Fett kann sich dann nicht in der erforderlichen Feinheit verteilen.

Mürbeteig zum Spritzen

Zutaten (ca. 1.100 g Teig)
500 g Mehl
350 g Fett
150 g Zucker
2 Eier
Abgeriebenes einer Zitrone
Vanille, Salz

- Fett zusammen mit Zucker und Gewürzen schaumig rühren,
- Eier nach und nach jeweils mit etwas Mehl beigeben,
- restliches Mehl unterheben.
- Masse mit Spritzbeutel auf gefettete Bleche oder auf Backpapier dressieren.
- Die Sterntülle wird bevorzugt, weil die strukturierte Oberfläche des Gebäcks abgestufte Farbtöne entstehen lässt.

Streusel  crumble topping — grain (m) de pâte sablée

Zutaten Streusel (1.050 g)
300 g Fett
300 g Zucker
450 g Mehl
Salz, Zitrone

- Fett, Zucker, Salz und Zitrone glatt arbeiten.
- Mehl unterarbeiten, bis die Masse zusammenhält.
- Durch ein grobes Sieb drücken, damit gleichmäßige Streusel entstehen.

1.5 Grundtechniken bei Teigen und Massen

Ausrollen

Teige werden zur Weiterverarbeitung vielfach in eine rechteckige Form gebracht. Wird dazu mit dem Rollholz von der Mitte ausgehend ganz nach außen gearbeitet, erhält man eine längsovale Platte.

Um ein Rechteck zu erzielen. muss der Teig von der Mitte ausgehend in die Ecken gebracht werden. Dazu setzt man mit dem Rollholz in der Mitte an und rollt wiederholt in Richtung der Ecken, ohne bis an den Teigrand zu gehen. Erst wenn die erwünschte Dicke erreicht ist, wird bis an den Rand gerollt.

Das Ergebnis ist eine gleichmäßig dicke rechteckige Platte.

Schlagen

Beim Schlagen wird Luft in eine Flüssigkeit (Eiklar, Sahne) eingearbeitet, um einen Schaum zu erzielen.

Eiklar ist eine zähe Flüssigkeit und kann darum Luftbläschen einschließen. Wird Zucker nach und nach beigegeben, erhält man einen geschmeidigen Schaum, den Eischnee. Er dient in den meisten Fällen als Lockerungsmittel.

Fettreste im Gefäß oder Reste von Eigelb verhindern die Schaumbildung.

Eischnee zu kurz geschlagen: noch nicht fest.

Melieren oder Unterheben

Dieses Verfahren wird angewandt, wenn eine geschlagene, also stark lufthaltige Masse wie Eischnee oder Schlagsahne mit einer anderen Masse vermischt werden soll.

Dazu werden die unterschiedlichen Massen nicht miteinander verrührt, sondern die eine unter die andere gehoben, untergehoben oder meliert.

Man hebt dazu mit einem großflächigen Werkzeug (Gummispatel) zunächst ein Drittel des Schaumes unter die andere Masse. So wird die Festigkeit der beiden Massen angeglichen. Dann hebt man den Rest unter.

Eischnee richtig geschlagen: fest und geschmeidig.

Dabei geht man von oben mit dem Werkzeug durch den Schnee, zieht zum Rand und zugleich nach oben. Dann das Gefäß etwas drehen und den Vorgang so lange wiederholen, bis die beiden Massen vermischt sind. Wird Mehl beigegeben wie z. B. bei Biskuitmassen, zuerst den Eischnee unterarbeiten, dann das Mehl.

> ● Leichteres, also Eischnee, wird zum Festeren gegeben. Erst ein Drittel einarbeiten, dann den Rest unterheben. Zuletzt das Mehl einarbeiten.

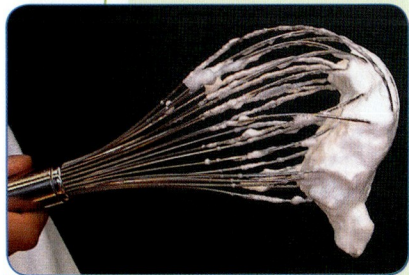

Eischnee zu lange geschlagen: stückig, lässt sich nur schwer unterheben.

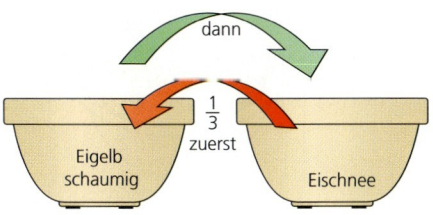
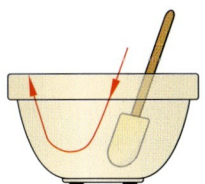

GEBÄCKE, SÜSSSPEISEN UND SPEISEEIS

1.6 Biskuitmasse  biscuit sponge  pâte (m) à biscuit

Biskuitmassen lassen sich auf zwei Arten herstellen:

Auf kaltem Wege
- Eier trennen,
- Eigelb mit 2/3 der Zuckermenge schaumig rühren,
- Eiweiß mit dem restlichen Zucker zu Schnee schlagen,
- steifen Schnee kurz mit schaumigem Eigelb vermischen,
- gesiebtes Mehl und Stärke unterziehen.

Wird einer Masse Backpulver beigegeben, so siebt man dieses zusammen mit dem Mehl; dadurch wird es ausreichend vermischt.

Auf warmem Wege
- Ganze Eier mit Zucker im Wasserbad auf etwa 60 °C aufschlagen, weiterschlagen, bis die Masse nur noch lauwarm ist.
- Mehl und Stärke vorsichtig unterziehen.

Erhalten Biskuitmassen eine Fettzugabe, wird diese mit etwa 40 °C und erst dann beigegeben, wenn das Mehl bereits vollständig untergezogen ist. Kommen Mehl und Fett direkt zusammen, bilden sich Klumpen.

Durch die Zugabe von flüssiger Butter erhält man einen feinporigen Biskuit. Man nennt diese Art auch Wiener Masse.

Fertige Biskuitmassen müssen sofort gebacken werden. Stehen sie längere Zeit, platzen die eingeschlagenen Luftblasen, die Triebwirkung geht verloren und die Porung wird ungleichmäßig.

Anwendungsbeispiele

Tortenboden:
Grundrezept auf kaltem Wege herstellen, in gefettete und gemehlte Form oder in einen mit Papier eingeschlagenen Ring füllen, bei mäßiger Hitze etwa 35 Min. backen.

Biskuitroulade:
Grundrezept auf kaltem Wege herstellen, auf ein mit Papier belegtes Blech fingerdick ausstreichen, etwa 15 Min. bei mittlerer Hitze backen, nach dem Backen sofort auf ein Tuch stürzen, Papier abziehen, mit glatt gerührter Marmelade bestreichen, mit Hilfe des Tuches rollen, mit Puderzucker bestäuben oder aprikotieren und glasieren.

All-in-Verfahren
Was man im Normalfall nicht darf, das ist hier Prinzip: Alle Zutaten (außer Fett) werden auf einmal in den Rührkessel gegeben und aufgeschlagen. Das gemeinsame Aufschlagen von Ei und Mehl ist möglich durch die Beigabe eines Emulgators. Dieser wird als Pulver oder Paste angeboten.

Fertigmehlmischungen für Biskuitmassen enthalten diesen Emulgator.

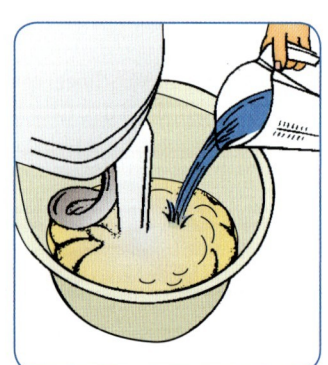

Zutaten
(1 Boden, ⌀ 26 cm)
- 200 g   Ei
- 100 g   Zucker
- 50 g   Mehl
- 50 g   Weizenstärke
         Abgeriebenes einer Zitrone

1.7 Brandmasse 🇬🇧 cream-puff pastry 🇫🇷 pâte (w) à choux

Bei der Brandmasse wird eine Mischung von Zutaten (Flüssigkeit, Fett, Mehl) erhitzt. Diesen Vorgang nennt man abbrennen. Davon hat die Masse den Namen.

Das Abbrennen führt dazu, dass der beim Backen entstehende Wasserdampf festgehalten und das Gebäck aufgetrieben wird. Bei geringerem Gewicht erhält man ein großes Volumen, das Gebäck ist „leicht wie der Wind". → Windbeutel.

Brandmasse wird zu runden Windbeuteln, länglichen Eclairs und kleinen Windbeutelchen (Profiteroles) gebacken. Ferner wird sie für Kartoffelzubereitungen (Dauphinemasse) benötigt.

- Die Flüssigkeit zusammen mit Fett und Salz zum Kochen bringen,
- das gesiebte Mehl auf einmal in die kochende Flüssigkeit geben,
- auf der Wärmequelle bleiben und kräftig rühren, bis die Masse glatt wird und sich am Boden des Geschirrs ein weißer Belag bildet. (Erhitzt man nicht genügend, geht das Gebäck zu wenig auf.)
- Die abgebrannte Masse in ein anderes Gefäß geben und etwas abkühlen lassen.
- Die Eier nach und nach unterarbeiten. (Gibt man zu viele Eier auf einmal bei, wird die Masse stückig und bindet nicht mehr.)

Brandmasse wird auch als Fertigmehlmischung angeboten.

Abb. 1 Hohlraumbildung bei einem Windbeutel

Windbeutel 🇬🇧 cream puffs 🇫🇷 petits choux (m) à la crème

Zutaten (1.250 g Masse)	
500 ml	Wasser oder Milch
150 g	Fett
250 g	Mehl
350 g	Eier
10 g	Salz

- Windbeutelmasse mit Sterntülle zu eigroßen Häufchen in genügend Abstand auf nur schwach gefettete Bleche oder Backtrennpapier spritzen,
- bei 210 °C etwa 35 Min. backen.

Windbeutel gehen besonders gut auf, wenn unmittelbar nach dem Einschieben in den Ofen eine Tasse Wasser in das Rohr geschüttet wird oder Schwaden gegeben werden. Der Dampf hält die Außenschicht länger elastisch.

- Nach dem Backen abkühlen lassen,
- oberes Drittel abschneiden,
- mit Puderzucker bestreuen,
- auf unteren Teil geschlagene Sahne aufspritzen,
- Deckel aufsetzen.

Windbeutelchen 🇬🇧 profiteroles 🇫🇷 profiteroles (w)

- Windbeutelmasse mit glatter Tülle zu 2–3 mm großen Tupfen auf Bleche spritzen,
- bei mittlerer Hitze backen.

Profiteroles dienen als Einlage für klare Suppen. Sie werden erst unmittelbar vor dem Servieren beigegeben, damit sie nicht aufweichen.

Windbeutelchen können auch mit Creme oder Schlagsahne gefüllt werden.

GEBÄCKE, SÜSSSPEISEN UND SPEISEEIS

1.8 Ausbackteig 🇬🇧 frying batter 🇫🇷 pâte (w) à frire

Grundrezept ❶ (ca. 500 g Teig)		Grundrezept ❷ (ca. 500 g Teig)	
250 g	Mehl	250 g	Mehl
0,2 l	Flüssigkeit (Bier, Wein, Milch oder Wasser)	0,3 l	Flüssigkeit (Bier, Wein, Milch oder Wasser)
3 EL	Öl	3 EL	Öl
10 g	Zucker	10 g	Zucker
5 g	Salz	5 g	Salz
2	Eigelb	3–4	Eiweiß
2	Eiweiß		

- Mehl in eine Schüssel sieben,
- Zutaten außer Eiweiß dazugeben.
- Alles glatt rühren, aber nur kurz bearbeiten, damit der Teig nicht zäh wird.
- Erst vor der Verwendung das zu Schnee geschlagene Eiweiß unterheben.

Abb. 1 Holunderküchle

Anwendungsbeispiel

Krapfen/Gebackene Apfelringe 🇬🇧 fritters 🇫🇷 beignets (m)

Von Äpfeln: Äpfel schälen, Kernhaus ausstechen, Scheiben schneiden, mit Kirschwasser beträufeln und mit etwas Puderzucker bestäuben, ziehen lassen, abtropfen, durch Ausbackteig ziehen, im Fettbad backen, in Zimtzucker wenden.

Auch Stücke von geschälten Bananen, Scheiben von frischer oder konservierter Ananas und Hälften reifer Aprikosen oder Pfirsiche lassen sich zu Krapfen verarbeiten.

Backteig → Fettbad

1.9 Schaummasse (Baisermasse)

🇬🇧 meringue mixture 🇫🇷 appareil (m) à meringue

Grundrezept ❶		Grundrezept ❷	
8	Eiweiß ≙ 0,25 l	8	Eiweiß ≙ 0,25 l
500 g	Zucker	100 g	Zucker
		400 g	Puderzucker

- Eiweiß aufschlagen, etwa 100 g Zucker nach und nach unterschlagen, restlichen Zucker unterziehen.
- Zum Unterziehen kann auch Puderzucker verwendet werden, die Masse ist dann glatter.

Anwendungsbeispiele

Meringen 🇬🇧 meringue 🇫🇷 meringue (w)

Masse mit großer Sterntülle in 4 cm breite, aneinanderliegende Schlingen 8 cm lang auf Papier dressieren; Papier auf heißes Blech ziehen, damit sich die Meringen später leichter vom Papier lösen, oder Backpapier verwenden. Bei etwa 110 °C anbacken, bei 80 bis 90 °C trocknen lassen.

1 Teige und Massen

1.10 Strudel 🇬🇧 strudel 🇫🇷 strudel (m)

Strudel ist eine Zubereitung, bei der ein dünn ausgezogener Teig mit unterschiedlichen Zutaten belegt und dann vergleichbar einer Roulade zusammengerollt wird. Schneidet man nach dem Garen Scheiben ab, haben diese ein spiraliges „strudelförmiges" Aussehen.

- Mehl sieben, Mulde bilden,
- übrige Zutaten in die Mulde geben,
- geschmeidigen Teig kneten, Kugel formen,
- unter angewärmtem Gefäß 30 Min. ruhen lassen,
- entspannten Teig auf bemehltem Tuch ausrollen,
- ausziehen, das heißt über den Handrücken spannen, damit der Teig sehr dünn wird,
- Teigfläche mit zerlassener Butter bestreichen.
- Butter zerlassen, Semmelbrösel beigeben und hellbraun rösten,
- Äpfel schälen, achteln, Kernhaus entfernen, blätterig schneiden und auf zwei Drittel der Teigfläche verteilen,
- alle übrigen Zutaten gleichmäßig über die Äpfel geben,
- mit Hilfe des unterlegten Tuches Strudel aufrollen, auf gefettetes Blech legen und mit zerlassener Butter bestreichen,
- Backröhre auf 200 °C vorheizen, 30 bis 35 Min. backen,
- Strudel etwas abkühlen lassen, noch heiß schneiden, mit Puderzucker bestäuben,
- servieren mit Vanillesauce oder Vanilleeis.

Man kann auch alle Zutaten für die Füllung zusammenmischen und dann gleichmäßig auf den Teigflecken verteilen. Vorgebackener Strudel wird mit dem Mikrowellengerät auf Serviertemperatur gebracht.

Andere Füllmöglichkeiten sind: Quark, Trauben mit Nusscreme, Grießmasse, Birnen, Sauerkirschen mit Vanillecreme.

1.11 Hippenmasse 🇬🇧 tuile mixture 🇫🇷 appareil (m) à tuiles

Hippenmassen sind streichfähige Massen, deren Hauptbestandteil Marzipanrohmasse ist.

Hippengebäck ist zart und feinsplitterig, dient vorwiegend zur Ergänzung von Eisspeisen und wird auch vom Handel angeboten.

In Eigenfertigung werden vorwiegend Schmuckauflagen hergestellt.

Grundrezept Hippenmasse	
200 g	Rohmarzipan
150 g	Puderzucker
30 g	Mehl
nach Bedarf Flüssigkeit	
2/3	Eiklar
1/3	Milch

- Marzipan mit Eiklar weich arbeiten,
- Puderzucker und Mehl beigeben,
- mit Milch auf gewünschte Konsistenz bringen.
- Blech fetten und bemehlen,
- mit Hilfe von Schablonen aufstreichen.
- Vorbacken, bis die Ränder Farbe nehmen,
- kurz aus dem Ofen nehmen und abkühlen,
- gleichmäßig goldbraun fertig backen.
- sofort vom Blech lösen und in gewünschte Form bringen.

Abb. 1 Dekor aus Hippenmasse

2 Cremespeisen

🇬🇧 cream dishes 🇫🇷 crèmes (w)

Creme von frz. crème bedeutet in wörtlicher Übertragung: das Erlesene, das Feinste. Im praktischen Sinne versteht man unter Creme etwas besonders Zartes von cremeartiger oder schaumiger Beschaffenheit.

Die Basis vieler Cremes sind Milchprodukte wie Sahne, Buttermilch, Joghurt oder Quark. Sie können wegen ihrer Eigenschaften nicht stark erhitzt werden. Jedoch bekommen kalorienreduzierte Süßspeisen im Gastgewerbe eine immer größer werdende Bedeutung. Eine Möglichkeit dem gerecht zu werden ist die Herstellung mit wenig Hitzezufuhr und der Verwendung von Gelatine. Eine angenehme Lockerung wird durch aufgeschlagene Sahne erreicht. Anrichteweisen mit hellen und dunklen Früchten, kalten oder warmen Fruchtsaucen geben der Präsentation große Spielräume.

Viele Milchprodukte verfügen über eine angenehme Säure. Diese wirkt erfrischend und lässt die Süßspeise als „nicht so wuchtig" erscheinen. Eine Zubereitung in den Sommermonaten ist deshalb besonders empfehlenswert.

2.1 Übersicht

Nach der Art der Bindung und der Art der Herstellung unterscheidet man:

Einfache Cremes mit und ohne Gelatinebindung	Cremes mit Gelatine- und Eierbindung	Cremes mit Eierbindung	Cremes mit Stärkebindung
	Kalt- und warm gerührt	Im Wasserbad pochiert	Gekocht
Die Cremes erhalten durch einen hohen Sahneanteil eine **schaumige** Konsistenz, durch Zugabe von Gelatine einen stabilen Stand.	Durch die Verwendung von Eigelben erhält die Creme eine **samtige** Konsistenz. Gelatine und Sahne geben Festigkeit und eine cremeartige Lockerung.	Alleine die zugegebenen Eigelbe erwirken die Konsistenz. Es entsteht eine **zarte geschmeidige,** aber feste Creme **ohne** Lockerung.	Der Flüssigkeit zugesetzte Stärke verkleistert und gibt der Creme die nötige Bindung.
Eine geschmackliche Veränderung kann durch die Zugabe von z. B. Fruchtpürees, gemahlenen und gerösteten Nüssen, Kuvertüre oder Alkohol erfolgen.		Feste Stoffe wie geröstete Nüsse oder Fruchtpürees würden sich absetzten. Die Verwendung von Flüssigkeiten wie z. B. Saft von Limetten oder Karamell, sowie geriebene Schale von unbehandelten Zitrusfrüchten sind möglich.	Durch die Zugabe von Vanillemark oder Vanillezucker erhält die Creme ihren Geschmack. Weitere geschmackliche Veränderungen erfolgen bei weiterer Verarbeitung.

2.2 Einfache Cremes

Schlagsahne 🇬🇧 whipped cream 🇫🇷 crème (w) Chantilly

Zur sofortigen Verwendung wird die gekühlte Sahne (800 ml) steif geschlagen. Während des Aufschlagens rührt man je Liter etwa 80 g feinkörnigen Zucker oder Puderzucker und etwas Vanillezucker in die Sahne. Um geschmackliche Veränderungen in der Creme zu erreichen, können Fruchtmark oder Konzentrate zugegeben werden. Dabei sollte aber je nach Zugabe auf eine evtl. Erhöhung der Gelatinemenge geachtet werden.

Arbeiten mit Gelatine

- Ideal ist es, die in kaltem Wasser eingeweichte und ausgedrückte Gelatine in einem etwa 50 °C warmen Wasserbad aufzulösen.
- Bei einer Erhitzung der Gelatine auf 100 °C geht ein Teil der Bindefähigkeiten verloren.

Gibt man flüssige Gelatine in kalte Sahne, stockt ein Teil der Gelatine zu schnell. Es entstehen kleine gummiartige Stücke in der Creme. Das Mundgefühl wird negativ beeinflusst. Zudem geht ein Teil der benötigten Bindung verloren. Um dies zu verhindern ist es wichtig, zunächst die Gelatine mit wenig Sahne oder Creme zu vermischen und dann in die restliche Masse einzuarbeiten.

Sahnecreme

Die geschlagene Sahne kann durch feste oder flüssige Zugaben geschmacklich abgewandelt werden. In diesem Fall muss die Creme stabilisiert werden. Dazu können Gelatine oder pflanzliche Produkte verwendet werden.

Sahne
Der Milchfettgehalt in der Sahne spielt eine wesentliche Rolle. Je höher der Fettgehalt ist,
- desto fester ist die Sahne nach dem Aufschlagen,
- desto mehr Volumen kennzeichnet die Sahne,
- desto länger ist das Produkt auch ohne Bindemittel standfest.

Sahne hat einen Mindestfettgehalt von 30 %.

Alternative Bindemittel werden vorwiegend von Vegetariern und Veganern verwendet. Anstatt von Gelatine eignen sich z. B. Agar-Agar, Kudzu, Johannesbrotkernmehl, Sago oder Pektin.

Himbeersahne 🇬🇧 raspberry cream 🇫🇷 crème (w) aux framboises

Grundrezept für 10 Portionen

800 ml	Sahne 30 %	3	Blatt Gelatine
100 g	Puderzucker	150 g	Himbeermark
	Vanillezucker	1 cl	Himbeergeist

- Gelatine in kaltem Wasser einweichen, ausdrücken und auflösen.
- Sahne mit Puderzucker und Vanillezucker steif schlagen.
- Flüssige Gelatine mit wenig steif geschlagener Sahne verrühren.
- Masse rasch unter die restliche aufgeschlagene Sahne ziehen.
- Zieht die Sahnecreme an, die Aromazusätze mit einem Schneebesen einarbeiten.

Verwendung
- als Schüsselcreme in dekorativen Gläsern,
- als Füllung in Gebäcken aus Brandmasse,
- als Dekorationselement auf Süßspeisen und Torten.

GEBÄCKE, SÜSSSPEISEN UND SPEISEEIS

Zubereitung Speisen

Verwendung von Creme-Grundrezepturen
Um geschmackliche Veränderungen in der Creme zu erreichen, können Fruchtmark oder Konzentrate zugegeben werden. Dabei sollte aber auf eine evtl. Erhöhung der Gelatinemenge geachtet werden.

Buttermilchcreme buttermilk cream crème (w) au babeurre

Grundrezeptur für 10 Portionen

0,65 l	Buttermilch	9	Blatt Gelatine
400 g	Sahne 30%		Zitronensaft einer ½ Zitrone
140 g	Zucker		Zitronenschale, gerieben

- Gelatine in kaltem Wasser einweichen.
- Sahne steif schlagen.
- Buttermilch mit Zitronenabrieb, -saft und Zucker verrühren.
- Gelatine im warmen Wasserbad auflösen, einen **kleinen** Teil der Buttermilch in die Gelatine rühren.
- Gelatine-Buttermilch-Mischung in die gesamte Buttermilch einrühren, wenn die Gelatine die Flüssigkeit anziehen lässt (Flüssigkeit wird deutlich sämig), die geschlagene Sahne vorsichtig nach und nach einarbeiten.
- Buttermilchcreme in Förmchen gießen und mindestens zwei Stunden kühlen.

Vorbereiten von Terrinenformen
Um das Endprodukt gut aus der Form zu bekommen, wird diese vor dem Einfüllen der Creme mit einer Klarsichtfolie ausgekleidet. Ist die Creme in die Form gefüllt, wird die Folie an allen Seiten ein Stück herausgezogen und wieder in die Form herabgelassen. Dadurch wird die Folie glatt gezogen, die Creme weist eine gleichmäßige Oberfläche auf.

Joghurt-Quark-Terrine
 yoghurt curd terrine terrine (w) au joghourt et fromage (m) blanc

Grundrezeptur für 10 Portionen

400 g	Joghurt 3,5 %	9	Blatt Gelatine
250 g	Magerquark		Zitronensaft einer ½ Zitrone
400 g	Sahne 30 %		Prise Salz
150 g	Zucker		

- Gelatine in kaltem Wasser einweichen. Sahne steif schlagen.
- Joghurt mit Zucker, Salz und Zitronensaft vermischen.
- Gelatine im warmen Wasserbad auflösen, einen kleinen Teil des Joghurts in die Gelatine rühren.
- Gelatine-Joghurt-Mischung in den restliche Joghurt einrühren, den Joghurt wiederum in den Quark geben und gut vermengen.
- Sahne unter die Joghurt-Quark-Mischung ziehen, wenn sie eine leichte sämige Bindung aufweist.
- Creme in eine Terrinenform geben und zwei Stunden kühlen.

Orangensahnecreme  orange cream crème (w) à l'oranges

Grundrezeptur für 10 Portionen

3	Eigelb		abgeriebene Orangenschale
100 g	Zucker		
50 g	Wasser	6	Blatt Gelatine
	Saft von 2 Orangen,	500 g	Sahne

- Orangensaft, Wasser, Eigelb und Zucker zusammen erwärmen, bis die Masse bindet (abziehen).
- Nicht aufkochen, denn sonst gerinnt sie.
- Eingeweichte Gelatine in der warmen Masse auflösen.
- Nach dem Abkühlen geschlagene Sahne unterziehen.

Panna cotta 🇬🇧 panna cotta 🇫🇷 panna cotta

Eine mit Gelatine gebundene Creme aus Sahne **ohne Lockerungsmittel** ist **Panna cotta** (gekochte Sahne). Sie kann je nach Gelatinebeigabe gestürzt oder im Förmchen serviert werden kann. Bei der Herstellung ist darauf zu achten, dass nicht zu viel Luft in die Creme kommt oder Luftbläschen sich auf der Creme bilden. Geschmacklich lässt sich Panna Cotta durch gerieben Schale von ungespritzten Zitrusfrüchten verändern. Vor dem Portionieren kann die Schale durch Passieren wieder entfernt werden. Eine Verwendung von farbigen Aromaten wie Zimt oder Lebkuchengewürz verändert die Grundfarbe der Creme ins Beige-bräunliche. Serviert werden kann die Creme mit säurehaltigen Früchten oder Fruchtsauce.

> **TIPP**
> Wird die Panna cotta gestürzt, ist die Gelatinemenge um 2 Blatt zu erhöhen.

Grundrezeptur für 10 Portionen

1 l	Sahne	Vanillemark
150 g	Zucker	Prise Salz
6	Blatt Gelatine	

- Gelatine in kaltem Wasser einweichen.
- Sahne, Zucker, Vanillemark und Salz aufkochen.
- Gelatine ausdrücken und in der Sahne auflösen.
- Grundcreme in Förmchen gießen.
- 5 Stunden auskühlen und durchstocken lassen.

Abb. 1 Panna cotta

2.3 Cremes mit Gelatinebindung

Bei der Herstellung von Cremes mit Gelatine- und Eierbindung gibt es zwei Möglichkeiten der Herstellung.

Auf **Milchbasis** wird die Bayerische Creme hergestellt. Diese wiederum lässt sich durch Zugabe von z. B. Früchten, karamellisierten Nüssen oder Aromastoffen vielseitig abwandeln.

Auf der **Basis von Fruchtsaft** können Cremes wie z. B. Zitronensahnecreme, Kirschsahnecreme oder Pfirsichsahnecreme hergestellt werden.

Die **Menge** der verwendeten Gelatine ist je nach **Verwendung** der Creme und **Jahreszeit** unterschiedlich.

- Als **Schüsselcreme** verwendet, wird **weniger** Halt benötigt als bei einer gestürzten Creme. Die Gelatinemenge ist gegenüber der Grundrezeptur **reduziert**.
- Findet die Herstellung in einer **warmen Umgebung** statt und wird die Creme gestürzt präsentiert, ist die Gelatinemenge **leicht** zu erhöhen.

> **Kühlen von Cremespeisen**
> Um eine gute Bindung zu erreichen, ist eine Creme für mindestens zwei Stunden zu kühlen. Eine optimale Bindung erhält man bei einer Kühlzeit von mindestens 12 Stunden.

> **Achtung!**
> In frischen Ananas und Kiwi sind Enzyme enthalten, die Eiweiß abbauen und das Festwerden von Gelatine verhindern.
> Bei blanchierten Früchten und Konserven sind die Enzyme unwirksam.

Zubereitung Speisen

GEBÄCKE, SÜSSSPEISEN UND SPEISEEIS

Abb. 1 Schüsselcreme

Schüsselcremes lassen sich in dekorativen Gläsern gut präsentieren. Dezente Garnierungen unterstreichen den Gesamteindruck.

Abziehen zur Bindigkeit
Wenn Cremes Flüssigkeiten wie Milch, Wein oder Saft zugefügt werden, bindet man diese zunächst mit Ei und/oder Eigelb. Man nennt das *abziehen*. Dazu werden die Bestandteile unter stetem Rühren auf etwa 85 °C erwärmt. Die Masse bindet, sie bedeckt den Spatel/Silikonteigschaber und läuft nicht mehr wässrig ab. Wird der Fond weiter erhitzt, gerinnen die Eiweißstoffe und die Bindung geht verloren. Früher hat man die Bindigkeit geprüft, indem man auf dem mit dem Fond bedeckten Spatel geblasen hat. Die sich auf dem Spatel bildenden Wellen hat man als Rose gedeutet, man hat bis zur *Rose abgezogen*. Das Verfahren ist unhygienisch.

Bayerische Creme 🇬🇧 bavarian cream 🇫🇷 crème (w) bavaroise

Bei Bayerischer Creme wird die Schlagsahne mit einer größeren Menge Milch ergänzt. Damit wird der Fettgehalt der Creme reduziert.

Die Milch wird zunächst mit Eigelben gebunden. Es entsteht eine warme Grundcreme in der Gelatine als zusätzliches Bindemittel aufgelöst wird. Lockerung erhält die Creme durch aufgeschlagene Sahne.

Grundrezeptur für 10 Portionen

0,5 l	Milch	0,6 l	Sahne 30 %
5	Eigelb	5	Blatt Gelatine
120 g	Zucker		Prise Salz
1	Vanilleschote		

- Gelatine in kaltem Wasser einweichen, Sahne steif schlagen.
- Heißes und kaltes Wasserbad bereitstellen.
- Eigelb mit Zucker verrühren.
- Vanilleschote halbieren, Mark entnehmen und beides mit Milch aufkochen.
- Die aufgekochte Milch langsam in das Eigelb rühren.
- Masse im heißen Wasserbad unter gleichmäßigem Rühren zur Bindigkeit (zur Rose) abziehen (ca. 80 °C).
- Eingeweichte Gelatine ausdrücken und in der heißen Masse auflösen.
- Gebundene Masse durch ein Haarsieb passieren und im kalten Wasserbad unter leichtem Rühren herunterkühlen.
- Zieht die Masse an (ca. 20 °C) wird die aufgeschlagene Sahne rasch untergehoben.
- In entsprechende Formen oder Gläser füllen.

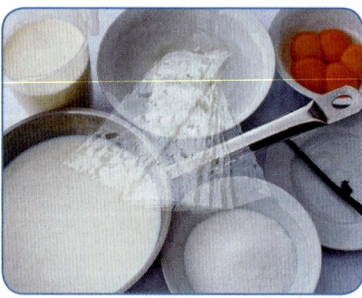

Abb. 2 Bereitstellen der Zutaten

Abb. 3 Milch zur Eiermassse geben

Abb. 4 Masse ist zur Bindigkeit abgezogen

Abb. 5 Gebundene Flüssigkeit passieren

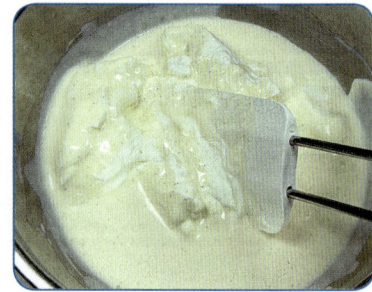

Abb. 6 Sahne unter die Masse heben

Abwandlungsmöglichkeiten

Bei der Verabeitung der Grundcreme muss immer auf den Flüssigkeitsanteil geachtet werden. Ist er durch Fruchtmark oder Geschmackskonzentrate erhöht, muss die Gelatinemenge erhöht werden. Die Zutaten sind stets vor der Sahne unter die Grundcreme zu mischen.

Folgende Abwandlungen bieten sich an:

- **Schokoladencreme:** Im Grundrezept werden zusätzlich 200 g gehobelte Zartbitterkuvertüre verwendet. Die Gelatinemenge ist geringer. Zur Geschmacksunterstreichung kann 1 cl Weinbrand hinzugefügt werden.
- **Mokkacreme:** In die warme Grundcreme wird ca. 50 g lösliches Kaffeepulver eingerührt.
- **Nusscreme:** Nüsse vor der Verwendung rösten oder karamellisieren und zerkleinern. Bei einer Mandelcreme kann mit Amaretto der Geschmack hervorgehoben werden.
- **Fruchtcreme:** Grundcreme mit Fruchtmark mischen, dazu werden etwa 250 g Mark benötigt. Die Menge an Gelatine und Zucker muss erhöht werden.
- **Weiter Abwandlungen durch z. B.:** Liköre, frische Früchte, Schokoladenraspel

- Beim Mazerieren werden vorbereitete Früchte mit einer geschmacksverändernden Flüssigkeit begossen. Die Früchte ziehen für kurze Zeit in der Flüssigkeit.
  Geeignete Flüssigkeiten sind z. B.:
  - Spirituosen wie Grand Marnier oder Maraschino,
  - Fruchtsäfte oder aromatisierter Läuterzucker

Stürzcremes sind für das À-la-carte-Geschäft sehr gut geeignet. Gestürzt lassen sie sich durch Garnituren, Saucen oder **mazerierte Früchte** vielseitig präsentieren.

Bei einer **Charlotte** handelt es sich um eine Stürzcreme, die einen Biskuitrand besitzt und direkt ausgarniert wird. Der Rand kann aus Löffelbiskuits oder Scheiben von der Biskuitroulade bestehen. Wegen des hohen Anteils an Gebäck wird die Creme vorwiegend bei Büfetts verwendet.

Abb. 1 Stürzcreme

Fruchtsahnecreme

Bei einer Fruchtsahnecreme wird die Schlagsahne durch eine größere Menge Fruchtsaft ergänzt.

Der Fruchtsaft wird zunächst mit Eigelben warm aufgeschlagen und so gebunden. In dieser warmen Flüssigkeit wird Gelatine als zusätzliches Bindemittel aufgelöst. Aufgeschlagene Sahne dient als Lockerungsmittel.

Bei der Bereitstellung der Zutaten ist die Zuckermenge abhängig von der Süße des verwendeten Fruchtsaftes.

Abb. 2 Charlotte

Zubereitung Speisen

GEBÄCKE, SÜSSSPEISEN UND SPEISEEIS

Abb. 1 Fruchtsahnecreme

Hinweis
Bei Herstellung einer Zitronensahnecreme wird wegen des hohen Säuregehaltes eine geringere Menge an Saft gewählt. Zur Geschmacks- und Aromaverbesserung wird das Abgeriebene von unbehandelter Zitrone verwendet.

Fruchtmousse ist eine fettreduzierte Schaumspeise. Eine helle Fruchtmousse wie z. B. Limettenmousse wird ohne Eigelb hergestellt. Eiklar gibt der Mousse Bindung und Volumen. Es unterstreicht zudem die natürlichere Fruchtfarbe.

Fruchtsahnecreme 🇬🇧 fruit cream 🇫🇷 crème (w) aux fruits

Grundrezeptur für 10 Portionen
7	Eigelb		Zitronensaft
80 g	Zucker	10	Blatt Gelatine
0,5 l	Fruchtsaft	0,8 l	Sahne

- Heißes und kaltes Wasserbad bereitstellen.
- Gelatine in kaltem Wasser einweichen.
- Sahne steif schlagen.
- Fruchtsaft, Eigelb und Zucker und ein Spritzer Zitronensaft in eine Schüssel geben.
- Unter gleichmäßigem Rühren mit einem Silikonspatel im heißen Wasserbad erwärmen, bis die Masse bindet.
- Geweichte Gelatine ausdrücken und in der heißen Masse auflösen.
- Die Masse passieren und im kalten Wasserbad unter Rühren abkühlen.
- Zieht die Masse an (ca. 20 °C), die aufgeschlagene Sahne rasch unterheben.
- Portionieren.

Mousse 🇬🇧 mousse 🇫🇷 mousse (w)

Mousse bedeutet im Französischen Schaum. Bei einer Mousse handelt es sich um eine cremig-schaumige Dessertspeise.

Am bekanntesten ist *Mousse au chocolat,* die es in dunkler, hellbrauner und heller Variation gibt. Die Herstellung ist bei den verschiedenen Variationen gleich, unterschiedlich sind lediglich die Gelatinemenge und alkoholische Zusätze. Je dunkler die verwendete Kuvertüre, desto weniger Gelatine wird verwendet. Um die optimale Konsistenz zu erhalten, sind die Kühlzeiten zu beachten: mit Gelatine gebundene Mousse mindestens 2 Stunden Kühlzeit, ohne Gelatine gebundene Mousse (Zartbitter) mindestens 4 Stunden.

Übersicht von Mousse-Arten

	Fruchtmousse	Schokoladenmousse, dunkle Kuvertüre	Schokoladenmousse, hellbraune Kuvertüre	Schokoladenmousse, helle Kuvertüre
Grundmasse	Eiklar, Zucker	Vollei, Zucker		
Bindemittel	Gelatine	———	Gelatine	Gelatine
Behandlung	warm-kalt aufschlagen			
Aromazusätze	z. B. fruchttypische Spirituose	z. B. Weinbrand, Rum, Crème de cacao	z. B. Crème de cacao, Cognac, weißer Rum	z. B. Armagnac, weißer Rum
Lockerung	Sahne, ggf. Eischnee			

2 Cremespeisen

Die Eigenschaften der verschiedenen Kuvertürearten beeinflussen die Herstellung der Mousse. Bei Kuvertüre ist der Kakaobuttergehalt ausschlaggebend. Je höher der Kakaobuttergehalt, desto geringer fällt der Gelatineanteil aus.

Das Fruchtmousse sollte schonend hergestellt werden. Sind Kerne in den Früchten vorhanden, sollten diese nicht püriert, sondern nur passiert werden. Beim Pürieren entsteht ein unangenehm bitterer Geschmack.

Abb. 1 Mousse

Schokoladenmousse mit Vollmilchkuvertüre
🇬🇧 chocolate mousse 🇫🇷 mousse (w) au chocolat

Grundrezeptur für 10 Portionen

250 g	Vollmilchkuvertüre	65 g	Läuterzucker
3	Blatt Gelatine	0,35 l	Sahne
3	Vollei	2 cl	weißer Rum
5	Eigelb		

Abb. 2 Schokoladenmousse mit Orangensauce

- Gelatine in kaltem Wasser einweichen.
- Heißes und kaltes Wasserbad bereitstellen.
- Kuvertüre zerkleinern und im Wasserbad auflösen.
- Sahne steif schlagen.
- Eigelb und Vollei mit Läuterzucker im Wasserbad warm aufschlagen. ①
- Ausgedrückte Gelatine der Eigelbmasse beigeben und auflösen.
- Geschmolzene Kuvertüre hinzufügen, rasch verrühren. ②
- Mit Alkohol abschmecken und kalt schlagen.
- Geschlagene Sahne unterheben. ③
- abfüllen und abgedeckt mindestens 2 Stunden kühlen. ④

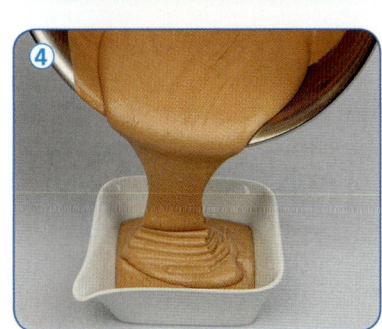

Abb. 3 Variation: Pistazienmousse mit Rhabarber

Zubereitung Speisen

GEBÄCKE, SÜSSSPEISEN UND SPEISEEIS

Herstellung Fruchtmark
Am besten geeignet sind tiefgefrorene Früchte. Diese sind vollreif und besitzen einen guten Geschmack. Die Früchte langsam einkochen, anschließend durch ein Sieb streichen, um Schalenbestandteile und Kerne zu entfernen.

Fruchtmousse 🇬🇧 fruit mousse 🇫🇷 mousse (w) aux fruits

Grundrezeptur für 10 Portionen

500 g	säurehaltige Früchte TK	35 g	Zucker
2	Vollei	6	Blatt Gelatine
5	Eigelb	0,35 l	Sahne
130 g	Läuterzucker		

- Früchte zu einem Mark kochen (Randspalte beachten).
- Gelatine in kaltem Wasser einweichen.
- Sahne steif schlagen.
- Heißes und kaltes Wasserbad bereitstellen.
- Eigelb, Vollei, Zucker und Läuterzucker im heißen Wasserbad aufschlagen.
- Ausgedrückte Gelatine der Eiermasse beigeben und auflösen.
- Fruchtmark in die Masse rühren und kalt schlagen.
- Sahne vorsichtig unter die Masse heben.
- Portionieren und mindestens 3 Stunden kühl stellen.

Abb. 1 Brombeermousse

Himbeerespuma
- 2,5 Blatt Gelatine in kaltem Wasser einweichen.
- 450 g Himbeeren mit 60 g Zucker aufkochen und durch ein feines Sieb passieren.
- 200 ml des Himbeerpürees auf 60 °C erwärmen und die ausgedrückte Gelatine darin auflösen.
- Das restliche Püree unterrühren und abkühlen. Vor dem Einfüllen in den Siphon aufschlagen.
- Eine Gaskapsel aufschrauben und kräftig schütteln.
- Im Kühlschrank für mehrere Stunden kalt stellen.

Espuma 🇬🇧 espuma 🇫🇷 espuma

Espuma kommt aus dem Spanischen und bedeutet ebenfalls Schaum. Es unterscheidet sich jedoch in der Herstellung vom klassischen Mousse. Beim Espuma handelt es sich um eine sehr stark aufgeschäumte und meist mit Gelatine gebundene Flüssigkeiten oder feinste Pürees. Die abgeschmeckten Geschmacksträger kommen mit dem aufgelösten Bindemittel in einen Sahnesiphon. Mittels einer Patrone gelangt das Lachgas in den Siphon. Nach einer Ruhezeit kann der Schaum portionsweise und sehr dekorativ präsentiert werden.

Je nach Verwendung kann die Festigkeit des Schaums durch eine veränderte Menge des Bindemittels unmittelbar beeinflusst werden. Wird auf die Beigabe eines Bindemittels verzichtet, sollte die zu verarbeitende Flüssigkeit schon eine eigene sämige Konsistenz vorweisen. Der entstehende Schaum sollte aber schnell dem Gast präsentiert werden, da die Standzeit gering ist.

2.4 Cremes mit Eierbindung

Eier können die doppelte Menge ihres Eigengewichtes binden. Bei einer pochierten Creme wird diese Eigenschaft ausgenutzt. Es entsteht eine Creme, die zwar keine Lockerung durch Sahne erhalten hat, bei exakter Herstellung jedoch zart-schmelzend wahrgenommen wird. Der Geschmack wird durch die Beigaben beeinflusst.

2 Cremespeisen

Pochierte Creme  poached cream 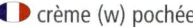 crème (w) pochée

Grundrezeptur für 10 Personen (Cocotte/150 ml Füllmenge)

10	Eier (Gr. M)	1	Vanilleschote
200 g	Zucker		Prise Salz
1,25 l	Milch (3,5%)		

- Milch mit Vanillemark und Zucker erhitzen.
- Eier aufschlagen, die heiße Milch nach und nach in die Eiermasse rühren.
- Eier-Milch-Flüssigkeit durch ein Sieb passieren.
- Flüssigkeit in ausgebutterte Formen füllen und im 80 °C warmen Wasserbad im Backofen oder Heißluftdämpfer (ohne Luftzirkulation) fertig garen. Die Garzeit beträgt je nach Größe der Form 20–30 Minuten.
- Creme gut auskühlen lassen und stürzen
- Mit mazerierten Früchten und Schlagsahne garnieren

> **TIPP**
> Wenn die Samenkörnchen der Vanilleschote nicht erwünscht sind, kann auch die ausgekratzte Schale einer Vanilleschote in die Milch eingelegt werden. Beim anschließenden Erhitzen gelangt das Aroma in die Milch.

Abb. 1 Karamellcreme

Abwandlungsmöglichkeiten

Königliche Creme
🇬🇧 royal cream
🇫🇷 crème (w) royale

- Verwendung der Grundrezeptur
- 50 g gestoßenem Krokant in die Milch geben.
- Masse in einer Ringform pochieren.
- Nach dem Stürzen in die Mitte geschlagene Sahne dressieren.
- Waldbeeren auflegen.

Karamellcreme
🇬🇧 caramel cream
🇫🇷 crème (w) au caramel

- 150 g Zucker zu einem goldgelben Karamell schmelzen.
- Mit wenig Wasser ablöschen und die Förmchen damit ausgießen.
- Mit Grundflüssigkeit auffüllen und pochieren.

Wiener Creme
🇬🇧 viennese cream
🇫🇷 crème (w) viennoise

- 150 g Zucker zu einem goldgelben Karamell schmelzen.
- Mit Milch ablöschen und loskochen.
- Weiter verfahren wie bei der Karamellcreme.
- Anschließend im Wasserbad pochieren.

Crème Brûlée  crème brûlée crème brûlée

Crème Brûlée ist eine pochierte Creme, die einen erhöhten Fettgehalt besitzt. Die Milchmenge der Grundcreme wird durch mindestens 50 % Sahne ersetzt.

Nach dem Erkalten wird auf die Creme brauner Zucker gestreut und dieser abgeflämmt. Damit die entstandene Kruste nicht Feuchtigkeit zieht und ihre Struktur verliert, sofort servieren.

Zur geschmacklichen Ergänzung können während der Herstellung der Grundcreme Zimtstange oder geriebene Schale von Zitrusfrüchten beigegeben werden. Vor dem Pochieren die Aromaten entfernen.

> **Vorsicht!**
> Ist die Gartemperatur zu hoch (Wasser siedet), entstehen im Cremeinneren kleinste Luftlöcher. Die Optik und das Mundgefühl werden negativ beeinflusst.

Grundrezeptur für 10 Personen (Glas-Cocotte/150 ml Füllmenge)

10	Eier (Gr. M)
200 g	Zucker
0,5 l	Milch (3,5%)
0,75 l	Sahne 30 %
1	Vanilleschote
	Prise Salz
	Brauner Zucker

GEBÄCKE, SÜSSSPEISEN UND SPEISEEIS

2.5 Cremes mit Stärkebindung

Konditoreicreme 🇬🇧 pastry cream 🇫🇷 crème (w) pâtissière

Gekochte Cremes erhalten ihre Bindung durch die Verkleisterung von Stärke und gleichzeitig zugerührtem Eigelb. Das eingearbeitete Eigelb macht die gekochte Creme zudem noch geschmeidiger. Als Geschmacksgeber wird Vanille verwendet. Die abgekühlte Creme wird als Füllcreme für Torten, Kleingebäck aus Brandmasse oder Plunderteig verwendet.

Die Patisseriecreme kann auch als Grundlage zur Herstellung von Buttercreme verwendet werden. Buttercreme dient als Grundlage für die Herstellung von Torten wie z. B. Frankfurter Kranz oder Hochzeitstorten.

Achtung!
Wird die Creme zu kurz gekocht, kann nicht die gesamte Stärke verkleistern. Die Creme hat Stärkegeschmack, verliert bald an Bindung, es setzt sich eine wässrige Flüssigkeit ab.

TIPP
Um die Hautbildung beim Auskühlen zu vermeiden, kann man die Creme mit einem Papier abdecken oder Butterflocken auflegen oder mit Zucker bestreuen.

Grundrezeptur für 1,2 l

1 l	Milch (3,5 %)	70 g	Cremepulver/Stärke
150 g	Zucker		Vanilleschote
6	Eigelb		

- Etwa drei Viertel der Milchmenge mit der halbierten, ausgeschabten Vanilleschote und dem Zucker zum Kochen bringen.
- Eigelb und Cremepulver in die restliche Milch rühren.
- Kocht die Milch rührt man die angerührten Zutaten ein.
- Unter Rühren weiterkochen, bis Blasen aufsteigen.
- Im kalten Wasserbad die Creme herunterkühlen, damit sich keine Haut bilden kann.

Buttercreme 🇬🇧 butter cream 🇫🇷 crème (w) au beurre

Für die Zubereitung der Buttercreme sollte die Konditoreicreme die gleiche Temperatur wie die Butter besitzen. Eine gute Verarbeitungstemperatur liegt bei etwa 20 °C. Bevor die Creme hergestellt wird, sollte die Butter mit einem Rührgerät aufgeschlagen werden. Die Butter wird hell und erhält durch die eingeschlagene Luft eine feinere Konsistenz.

Wird die Creme durch Zugaben erweitert, können die Bestandteile beim Mischvorgang zugefügt werden.

Zum Aromatisieren der Konditoreicreme und Buttercreme eignen sich:
- Mokka- und Kakaopulver
- Orangen- und Zitronenöl
- Fruchtkonzentrate
- Liköre wie Grand Marnier, Cointreau und Amaretto
- karamellisierte und zerkleinerte Nüsse

3 Aufläufe/Souflés

🇬🇧 dessert soufflés 🇫🇷 soufflés (m)

Soufflés unterscheiden sich von Puddingen vor allem in der Garmethode. Während ähnliche Zutaten verwendet werden, sind Puddinge im Wasserbad pochiert. Die Zubereitung eines Soufflés erfolgt in der direkten Hitze des Ofenrohrs.

Basis eines Soufflés ist Brandmasse. Diese wird mit den gewünschten Geschmacksträgern versehen. Die Luftigkeit erhält das Soufflé durch eingearbeiteten festen Eischnee. Damit das Soufflé hoch aufgehen kann, darf es keiner Luftzirkulation ausgesetzt sein. Die Ofentür muss während der gesamten Garzeit geschlossen bleiben.

Nach der Herstellung müssen die Förmchen rasch zum Gast gelangen, da der Auflauf schnell zusammenfällt und dann unansehnlich ist.

Grundrezeptur für 10 Personen (Cocotte/120 ml Füllmenge)

0,35	l	Milch
75	g	Butter
75	g	Mehl
6		Eigelb
6		Eiweiß
100	g	Zucker
		Prise Salz, Vanillemark

- Milch mit Butter und Vanillemark zum Kochen bringen.
- Mehl auf einmal beigeben und rasch mit einem Kochlöffel verrühren.
- Masse unter Rühren erneut erhitzen, bis sich im Topf ein weißer Belag bildet.
- Masse in ein kaltes Gefäß geben.
- Eigelb nach und nach unterarbeiten.

Die jetzt zubereitete Masse könnte bis zur weiteren Verwendung ohne Qualitätsverluste vorrätig gehalten werden.

Bei Bedarf:
- Förmchen ausbuttern und mit Zucker ausstreuen.
- Eiklar mit Zucker zu Schnee schlagen und unterheben.
- Förmchen zu drei Vierteln füllen.
- Bei mittlerer Hitze etwa 25 Min. backen.

Abb. 1 Soufflé

Abwandlungsmöglichkeiten

Jede Abwandlung verändert die Grundrezeptur. Daher sollte sich bei erfolgreich erprobten Abwandlungen genaustens an die Zutatenmengen gehalten werden.

Schokoladensoufflé

- Bei der Herstellung der Brandmasse wird ein Eigelb zusätzlich verwendet.
- Unter die Brandmasse 100 g geschmolzene dunkle Kuvertüre ziehen.
- Als Ersatz von Kuvertüre kann auch 75 g schwach entöltes Kakaopulver verwendet werden.
- Steif geschlagener Eischnee mit einem zusätzlichen Eiweiß unterheben.
- Backen.

Haselnusssoufflé

- Bei der Herstellung der Brandmasse wird ein Eigelb zusätzlich verwendet.
- 75 g geröstete und gemahlene Haselnüsse in die Brandmasse einarbeiten.
- Steif geschlagener Eischnee mit einem zusätzlichen Eiweiß unterheben.
- Backen.

Zitronensoufflé

- Von einer unbehandelten Zitrone die Schale abreiben und den Saft auspressen.
- Saft in einem Topf konzentrieren.
- Grundmasse mit der abgeriebenen Schale und dem konzentrierten Saft versehen und Eischnee unterziehen.
- Backen.

Zubereitung Speisen

GEBÄCKE, SÜSSSPEISEN UND SPEISEEIS

4 Pfannkuchen

 pancake crêpe (w)

Kaiserschmarrn ist die österreichische Bezeichnung für einen soufflierten, mit Gabeln in kleine Stücke zerteilten Pfannkuchen. Er wird im Ofen gegart und mit Kompott oder Konfitüre serviert.

Pfannkuchen können wechselnde Namen haben. Je nach Region wird diese Süßspeise auch als Eierpfannkuchen, Eierkuchen oder Plinse bezeichnet. In der Gastronomie wird eher die französische Bezeichnung Crêpe verwendet.

Obwohl alle Bezeichnungen das Gleiche beschreiben, kann sich je nach den verwendeten Zutaten das Endprodukt stark verändert präsentieren. Mit der Verwendung von z. B. steif geschlagenem Eischnee souffliert der Pfannkuchen und das Gefüge wird locker–luftig. Durch die Verwendung von verschiedenen Flüssigkeiten (siehe Tabelle) in der Grundmasse, verändert sich die Geschmeidigkeit des Endproduktes und beeinflusst die Verwendungsmöglichkeit.

Dem Ideenreichtum in der Verwendung von Pfannkuchen sind nur wenig Grenzen gesetzt. Kreative Füllungen wie Frucht-, Quark- oder Marzipanfüllungen unterstreichen die Möglichkeiten der Produktveränderung genauso wie eine gratinierte Meringuemasse oder ein Kuvertüreüberzug.

Palatschinken ist die österreichische Bezeichnung für einen gefüllten Pfannkuchen. Palatschinken bestehen aus einer fetthaltigeren Masse als Crêpes.

Variationen von Pfannkuchen

Grundmasse bestehend aus:	Beschreibung
Masse 1: 0,45 l Milch, 4 Eier, 300 g Mehl, 100 g Zucker, Prise Salz	traditionelle Zutaten, weiches Produkt
Masse 2: 0,35 l Milch, 0,1 l Wasser, 4 Eier, 300 g Mehl, 100 g Zucker, Prise Salz	Durch die Verwendung von Wasser kann die Masse dünner ausgebacken werden und wird dadurch krosser.
Masse 3: 0,3 l Milch, 0,25 l Sahne, 4 Eier, 300 g Mehl, 100 g Zucker, Prise Salz	Der Fettanteil ist höher, die Masse kann nicht mehr so dünn ausgebacken werden, dafür ist er aber feiner und geschmeidiger.
Masse 4: 0,4 l Milch, 4 Eier, 300 g Mehl, 100 g Zucker, 50 g flüssige Butter, Prise Salz	Durch die Butter wird der Geschmack verbessert, der Pfannkuchen lässt sich durch den Fettanteil besser ausbacken.

Crêpes ist die französische Bezeichnung für einen sehr dünnen Pfannkuchen. **Crêpes Suzette** sind flambierte kleine Pfannkuchen.

- 30 g Zucker in einer Flambierpfanne goldgelb schmelzen.
- 30 g Butter beigeben, aufschäumen lassen.
- Mit 0,1 Liter Orangensaft und einem Spritzer Zitrone ablöschen.
- Etwas reduzieren und 1 cl Grand Marnier beigeben.
- Pfannkuchen in die sirupartige Flüssigkeit legen, erwärmen und in Viertel falten.
- Diese dachziegelartig in der Pfanne anordnen.
- Mit wenig erwärmtem Weinbrand begießen und flambieren.

Verwendungsmöglichkeiten

Pfannkuchenfladen aus Masse 1 und 2 sind für alle Füllungen geeignet, weil sie sich in Flüssigkeiten gut erwärmen lassen (z. B. Crêpes Suzette). Pfannkuchenfladen aus Masse 3 und 4 schränken sich durch ihre Zutaten ein. Diese Pfannkuchen sind angenehm weich und geschmeidig. Sollten jedoch Füllungen als Ergänzung verwendet werden, so sind Füllungen mit wenig Flüssigkeitsanteil zu bevorzugen. Der Pfannkuchen könnte sonst schnell durchfeuchten und reißen.

Grundrezeptur, Beispiel Masse 2		
0,35 l	Milch	Prise Salz,
0,1 l	Wasser	Butter zum
300 g	Mehl	Ausbacken
4	Eier	
100 g	Zucker	

- Eier und zur Klumpenvermeidung **nur** die Hälfte der Flüssigkeiten unter das gesiebte Mehl rühren.
- Anschließend Salz, Zucker und die restliche Flüssigkeit einrühren.
- Masse mindestens 20 Minuten ruhen lassen.
- Butter in einer beschichteten Pfanne erhitzen und dünne Pfannkuchen beidseitig ausbacken.

Abb. 1 Crêpes

5 Omeletts – süß

(sweet) omelettes   omelettes (sucrées) (w)

Eine klassische, aber nicht alltägliche Zubereitung, ist ein süßes Omelett. Als Rohstoffgrundlage dient, wie beim herzhaften Omelett, Vollei. Die klassische Zubereitung eines Omeletts aus Vollei ist auf der Seite 213 beschrieben.

Süße Abwandlungen werden durch die Verwendung von Puderzucker und/oder Konfitüre zubereitet. Ein eingebranntes Muster prägt das Omelett optisch.

Fertigstellung mit Konfitüre und Puderzucker

Bei der klassischen Herstellung wird das Omelett vor dem Zusammenklappen mit Konfitüre gefüllt, anschließend mit Puderzucker bestreut und ein Muster eingebrannt.

Abb. 2 Süßes Omelett

Auflaufomelett   soufflé omelette   omelette (w) soufflée

Optisch sehr ansprechend aber nicht mit einem klassischen Omelett aus Vollei zu vergleichen ist ein Auflaufomelett. Das Auflaufomelett wird ausschließlich aus aufgeschlagenem Ei zubereitet.

Durch gleichmäßiges Aufstreichen, aufdressierte Dekoration und kurzes Backen erhält das Auflaufomelett ein angenehmes Aussehen.

Abb. 3 Auflaufomelett im Querschnitt

Grundrezept für 2 Portionen	
75 g	Eigelb
80 g	Puderzucker
175 g	Eiweiß
	Mark 1 Vanilleschote
	Zitronenschale, gerieben
5 g	Kartoffel- oder Weizenstärke

- Eigelb, 20 g Puderzucker und Geschmackszutaten kräftig zu einer schaumigen hellen Masse (fast weiß) verrühren.
- Das Eiweiß mit dem restlichen Puderzucker zu Schnee schlagen.
- Eiweißschnee behutsam unter die Eigelbmasse heben.
- Stärke darüber stäuben und mit dem Schneebesen einrühren.
- Eine Platte mit einer Vertiefung mit Butter ausstreichen, darauf die Omelettmasse geben und mit einer Palette hoch aufstreichen.
- In der Mitte eine Vertiefung anbringen, damit das Omelett gleichmäßig ausbackt (siehe Abbildung Querschnitt).
- Mit Sterntülle verzieren, leicht mit Puderzucker bestäuben.
- Etwa 7 Min. in nicht zu heißem Ofen backen. Dabei karamellisiert der Puderzucker und gibt eine ansprechende glänzende Oberfläche.
- Unbedingt sofort servieren.

6 Puddinge

 puddings poudings (m)

Puddingarten sind warme Süßspeisen. Sie bestehen aus einer Grundmasse, die aus stärkehaltigen Rohstoffen (Speisestärke, Reis, Grieß) durch Aufkochen mit Milch hergestellt und meist durch die Beigabe von Eigelb verfeinert wird.

Als Lockerungsmittel dient immer zu Schnee geschlagenes Eiweiß; dieses wird kurz vor dem Garen unter die Grundmasse gehoben.

Puddinge können stürzbare und nicht stürzbare Süßspeisen sein. Ausschlaggebend ist die Menge des zugesetzten Stärkeanteils, der bei stürzbaren Puddingen deutlich höher ist.

Soufflierte Puddinge sind nicht stürzbare Süßspeisen, die in Förmchen zubereitet werden. Bereits nach kurzer Zeit fallen sie zusammen und werden unansehnlich. Daher müssen sie nach der Fertigstellung sofort serviert werden.

Abb. 1 Gestürzter Pudding

Geschmackliche Veränderungen

Ein Auflaufpudding nach der Grundrezeptur hergestellt, aber mit Weinschaum- oder Vanillesauce serviert, wird als Sächsischer Pudding bezeichnet.

Auflaufpudding  soufflé pudding pouding (m) soufflé

Grundrezeptur für 10 Personen (Cocotte/120 ml Füllmenge)

0,5 l	Milch 3,5 %	10	Eiklar
150 g	Butter	150 g	Zucker
120 g	Weizenmehl	1	Vanilleschote
10	Eigelb		Prise Salz

- Butter schmelzen und mit Mehl eine Roux herstellen, anschließend kühlen.
- Milch mit Vanillemark und Salz zum Kochen bringen.
- Vanillemilch in die Roux rühren und unter Rühren Bindung entstehen lassen.
- Kurz auskühlen und rasch die Eigelbe nach und nach in die Masse rühren.
- Eischnee unterziehen und zu drei Viertel in mit Semmelbrösel ausgestreute vorbereitete Förmchen füllen.
- Im Wasserbad im Rohr des Ofens bei 150 °C pochieren.

Sächsischer Pudding  saxon pudding pouding (m) saxon

Serviert man zum Auflaufpudding Weinschaumsauce, spricht man von Sächsischem Pudding.
Diese Grundrezept lässt sich vielfach verändern, z. B. durch Beigabe von
- Likören wie Grand Marnier oder Cointreau,
- geriebenen Mandeln oder Nüssen,
- Schokolade oder Nougat.

Grießpudding semolina pudding pouding (m) à la semoule

Grundrezeptur für 10 Personen (Cocotte/120 ml Füllmenge)

0,65 l	Milch 3,5 %	9	Eiklar
160 g	Weichweizengrieß	125 g	Zucker
60 g	Butter		Zitronenschale, gerieben
9	Eigelb		Prise Salz

- Milch und Butter aufkochen, Grieß einrühren und so lange abrühren, bis sich die Masse vom Topf löst.
- Abkühlen lassen.
- Zucker, Eigelb und Zitronenschale beigeben.
- Eischnee unterheben und in die ausgebutterten Formen füllen.
- In einem vorbereiteten Wasserbad bei 100 °C im Ofen garen.
- Mit Früchten oder Fruchtsauce servieren.

Reispudding rice pudding pouding (m) au riz

Im Gegensatz zu Mehl muss ein Getreideprodukt wie Reis vor der endgültigen Zubereitung quellen. Durch den Quellvorgang erhält die Speise ein Gerüst, das durch die Verkleisterung arteigener Stärke gebildet wird. Zugaben von Eigelb und Eischnee erhöhen die Standfähigkeit.

Grundrezeptur für 10 Portionen (Cocotte / à 120 ml Füllmenge)

0,65 l	Milch 3,5 %	5	Eiklar
160 g	Rundkornreis	125 g	Zucker
25 g	Butter		Zitronenschale, gerieben
4	Eigelb		Prise Salz

- Reis mit Wasser aufkochen und abgießen.
- Milch mit Zitronenschale, der Hälfte des Zuckers und Salz aufkochen, Butter beigeben.
- Den abgewällten Reis einstreuen und abgedeckt bei schwacher Hitze 30 Min. quellen lassen.
- Eiklar mit der Hälfte des Zuckers steif schlagen.
- In einer Schüssel zuerst das Eigelb und dann den Eischnee unter den Reis ziehen.
- Mit Butter ausgestrichene Förmchen mit Semmelbrösel auskleiden, bis zu drei Vierteln mit der Reismasse füllen und ca. 60 Min. bei 150 °C pochieren.
- Nach einer angemessenen Ruhezeit stürzen.
- Zusammen mit z. B. gedünsteten Aprikosen anrichten.

Zubereitung Speisen

GEBÄCKE, SÜSSSPEISEN UND SPEISEEIS

Kabinettpudding 🇬🇧 pudding cabinet style 🇫🇷 pouding (m) de diplomate

Ein klassischer Pudding, aber nach der Zubereitungsart den Puddingen nicht direkt zuzuordnen, ist der **Kabinettpudding**. Es handelt sich um eine gefüllte Süßspeise, die **keine Lockerung durch Eischnee** erhält. Die Lockerung wird durch die zugegebene Füllung, die Bindung durch einen süßen Eierstich erreicht.

Kabinettpudding kann abgewandelt werden durch z. B.:
- Fruchtöl
- Zitrusschale
- Lebkuchengewürz
- Zimt

Grundrezeptur für 10 Portionen (Cocotte / à 200 ml Füllmenge)

1 l	Milch 3,5 %	100 g	Rosinen
10	Eier		Löffelbiskuit
150 g	Zucker		Prise Salz
150 g	Zitronat/Orangeat		

- Förmchen mit Butter ausstreichen und zuckern.
- Bis zu drei Viertel der Höhe mit Stückchen von Löffelbiskuits, gewaschenen Rosinen, fein geschnittenem Zitronat und Orangeat auslegen.
- Milch, Eier, Salz und Zucker verrühren.
- Nach und nach in die Förmchen gießen, damit die Gebäckstücke sich vollsaugen können und nicht aufsteigen.
- 90 Min. ruhen lassen.
- Im Wasserbad im Ofen bei 100 °C pochieren.
- Mit Vanillesauce oder Fruchtsauce servieren.

Frankfurter Brotkirschpudding
🇬🇧 Frankfurt ryebread pudding
🇫🇷 pouding (m) de pain de seigle à la Francfort

Grundrezeptur für 10 Portionen (Timbal / à 100 ml Füllmenge)

100 g	Butter	75 g	Zucker	20 g	Mehl
75 g	Zucker	5	Eiweiße	100 g	Graubrotbrösel
5	Eigelbe			150 g	geriebene Nüsse
				15 g	Kakaopulver

Je 1 Msp. Nelke, Zimt, Zitrone, 200 g Sauerkirschen

- Timbalförmchen mit flüssiger Butter ausstreichen und zuckern.
- Nüsse, Mehl, Kakao, Brösel und Gewürze gut miteinander vermischen.
- Butter schaumig rühren.
- Eigelb mit Zucker schaumig rühren.
- Eiweiß mit Zucker zu Schnee schlagen.
- Eigelbmasse unter die Butter ziehen, dann den Eischnee darunterheben und vorsichtig die restlichen Zutaten in die Masse einmischen.
- Die Masse in Förmchen füllen, anschließend im Wasserbad im Ofen bei 140 °C ca. 25 Min. pochieren, danach stürzen und heiß mit einer Sauce servieren.

Zum Pudding passen Bischofsauce, Weinschaum- oder Sauerkirschsauce.

7 Flammeris

🇬🇧 flummery 🇫🇷 flamri (m)

Flammeris sind kalte Süßspeisen, die ihre Bindung durch Stärkequellung erhalten. Verwendet werden Grieß, Rundkornreis oder Stärkemehl. Sie werden in Milch, Wasser oder Wein gegart, dabei quillt und bindet die entsprechende Flüssigkeit durch Verkleisterung. Eine zusätzliche Bindung kann durch Zugabe von Eigelb erzielt werden. Als Lockerungsmittel wird unter die noch warme Masse Eischnee gezogen. Verzichtet man auf Grund hygienischer Bedenken auf Eischnee, wird eine Lockerung mit aufgeschlagener Sahne erreicht. Diese wird unter die erkaltete Grundmasse gezogen. Eine Verwendung von Gelatine ist möglich, aber abhängig von den Rohstoffen und der Lockerungsart. Wird Flammeri mit flüssigkeitsabgebenden Früchten hergestellt, ist die Zugabe von Gelatine zu empfehlen, ebenso bei einer Lockerung mit aufgeschlagener Sahne.

● **Abwandlungen und Anrichteweise**
Flammeris können durch verschiedene Zugaben optisch und geschmacklich abgewandelt werden. Geeignet sind u. a. Spirituosen, Dörrobst, feste frische Früchte, gehackte und geröstete Nüsse oder Schokoladenstückchen. Flammeris lassen sich am besten mit marinierten Früchten, Fruchtsaucen oder -pürees präsentieren.

Grießflammeri 🇬🇧 semolina flummery 🇫🇷 flamri (m) à la semoule

Die Verwendung der Flüssigkeit gibt dem Flammeri den Geschmack. Herzhaft und würzig wird er durch die Verwendung von Weißwein (französische Art), mild und fein durch die Verwendung von Milch (deutsche Art).

Beim **Grießflammeri deutscher Art** wird Milch als Flüssigkeit verwendet. Der Geschmack wird milder. Auf ein Pochieren wird nach der Eischneezugabe verzichtet. Aus hygienischen Gründen sollte daher pasteurisiertes Eiklar verwendet werden.

Grießflammeri französische Art
🇬🇧 semolina flummery french style 🇫🇷 flamri (m) à la française

Grundrezeptur für 10 Portionen (à 100 ml Füllmenge)	
0,4 l	Weißwein, halbtrocken
0,4 l	Wasser
180 g	Zucker
130 g	Grieß
4	Eigelb
3	Eiklar
	Salz
	Zitronenschale, gerieben

- Flüssigkeiten mit Zucker, einer Prise Salz und Zitronenschale aufkochen.
- Grieß unter Rühren einstreuen, kurz kochen lassen und zum Quellen beiseite stellen.
- Eigelb schnell unter die noch heiße Grießmasse ziehen.
- Aufgeschlagenen Eischnee einarbeiten.
- In Portionsförmchen füllen und im Wasserbad im Ofen bei 120 °C pochieren.
- Flammeri in den Förmchen auskühlen und bei Abruf stürzen.

Reisflammeri 🇬🇧 rice flummery 🇫🇷 flamri (m) au riz

Als Grundlage eines Reisflammeri dient ein gekochter bzw. gequollener Milchreis. Er sollte bei der Herstellung möglichst nicht gerührt werden, da sonst die Milch durch die abgehende Stärke gebunden wird. Optisch und sensorisch wirkt der Reis dann *schleimig*. Man lässt den Reis bei geschlossenem Deckel quellen. Dabei wird er weich und leicht körnig.

Reis Trauttmansdorff ist ein klassischer Flammeri, der durch die Zugabe von Gelatine eine zusätzliche Bindung erhält. Es wird mit frischen Früchten angereichert und mit Maraschino aromatisiert.

GEBÄCKE, SÜSSSPEISEN UND SPEISEEIS

Abb. 1 Reis Trauttmansdorff

Reis Trauttmansdorff
🇬🇧 rice Trauttmansdorff 🇫🇷 riz (m) à la Trauttmansdorff

Grundrezeptur für 10 Personen

1 l	Milch 3,5 %	6	Blatt Gelatine
250 g	Milchreis	500 g	Schlagsahne
150 g	Zucker	300 g	Kompottfrüchte
1/2	Vanilleschote	100 g	frische Erdbeeren
	Salz	3 cl	Maraschino

- Gelatine in kaltem Wasser einweichen, Vanilleschote auskratzen.
- Die Früchte in Würfel schneiden und mit Maraschino marinieren.
- Reis ca. 3 Minuten blanchieren, abgießen, mit kaltem Wasser abschrecken und in einem Sieb abtropfen lassen.
- Die Milch mit Salz, Vanilleschale und Vanillemark aufkochen.
- Reis zugeben und zugedeckt bei mäßiger Hitze im Ofen ca. 30 Minuten quellen lassen.
- Den Reisbrei in eine Schüssel geben, die ausgedrückte Gelatine dem Brei beigeben und mit Zucker süßen.
- Auf Eis oder im kalten Wasserbad unter Rühren abkühlen.
- Früchte einrühren und Sahne unterheben.
- Den Reis in Portionsförmchen füllen, gut durchkühlen und anrichten.

Aufgaben

1. Nennen Sie drei Merkmale, in denen sich Teige und Massen unterscheiden.
2. Welche Arten von Teiglockerung werden unterschieden?
3. Wie unterscheiden sich deutscher und französischer Blätterteig?
4. Welche wesentlichen Fehler können bei der Herstellung von Mürbeteig auftreten?
5. Beschreiben Sie die Herstellung von Apfelbeignets.
6. Nennen Sie drei Möglichkeiten zur Bindung von Cremes.
7. Wodurch erhält Bayerische Creme die Bindung? Es sind zwei Arten.
8. Warum ist die Beigabe von Gelatine unterschiedlich, je nachdem, ob man Schüssel- oder Stürzcreme herstellt?
9. Führen Sie einen Kosten- und Arbeitszeitvergleich zwischen einer selbst produzierten Bayerischen Creme und einem vergleichbaren Convenienceprodukt durch. Beurteilen Sie beide Produkte nach Geruch, Aussehen, Geschmack und Konsistenz.
10. „Die Grundmasse für pochierte Cremes ist ja wie bei einem Eierstich", meint Karl. Hat er recht? Wo ist Gemeinsames, wo bestehen Unterschiede?
11. Welche Unterschiede sehen Sie zwischen einem Pudding, wie er in der Patisserie hergestellt wird, und „Mutters Pudding"?
12. Wie werden Crêpes/Kleine Pfannkuchen hergestellt? Nennen Sie drei Verwendungsmöglichkeiten für Crêpes.
13. „Ein Pfannkuchen ist kein Omelett." Begründen Sie diese Aussage.

8 Süße Saucen

🇬🇧 pastry sauces 🇫🇷 sauces (w) de la pâtisserie

Saucen dienen als Ergänzung zu Süßspeisen.

Vanillesauce
🇬🇧 custard sauce 🇫🇷 sauce (w) à la vanille

Grundrezept (mit Stärke)	Grundrezept (ohne Stärke)
1 l Milch	1 l Milch
100 g Zucker	100 g Zucker
2 Eigelb; 35 g Stärke	2 Eigelb; 4 Eier
1 Vanilleschote	1 Vanilleschote
Durch Aufkochen binden	Bis zur Bindigkeit/Rose abziehen

1 Liter Sauce reicht, wenn auf Tellern angerichtet wird, für 30 Portionen. Wird die Sauce getrennt gereicht, ergibt 1 Liter ca. 15 Portionen.

Schokoladensauce
🇬🇧 chocolate sauce 🇫🇷 sauce (w) au chocolat

Rezept wie für die Vanillesauce; in die aufkochende Milch wird 200 g geriebene Kuvertüre gegeben.

Warme Schokoladensauce
🇬🇧 hot chocolate sauce 🇫🇷 sauce (w) au chocolat chaud

Grundrezept

350 g	Kuvertüre	Zucker nach
0,5 l	Sahne	Geschmack
1/2	Vanilleschote	

- Kuvertüre im Wasserbad zerlaufen lassen.
- Sahne und längsgespaltene Vanilleschote aufkochen, Vanilleschote entnehmen.
- Sahne unter die aufgelöste Kuvertüre rühren (z. B. für Birne Helene).

Weinschaumcreme
🇬🇧 chaudeau cream 🇫🇷 sauce (w) chaudeau

Der warmen Weinschaumsauce 3 Blatt eingeweichte Gelatine beigeben. Das Ganze bis zum völligen Erkalten auf Eis weiterschlagen und in vorgekühlte Gläser portionieren.

Weinschaumsauce
🇬🇧 chaudeau sauce 🇫🇷 crème (w) au chaudeau

Grundrezept (10 Portionen)

| 8 | Eigelb | 200 g | Zucker |
| 1 | Zitronensaft | 0,5 l | Weißwein |

Weißwein, Eigelb, Zitronensaft und Zucker werden in einem Kessel im kochenden Wasserbad zur Schaumsauce aufgeschlagen und warm serviert.

Orangensauce
🇬🇧 orange sauce 🇫🇷 sauce (w) à l'orange

Grundrezept

0,25 l	Orangensaft	2	Blatt Gelatine
0,25 l	Aprikosenmark	0,5 l	Schlagsahne
100 g	Zucker		abgeriebene
3	Eigelb		Schale von
20 g	Cremepulver/Stärke		2 Orangen

Orangensaft, Aprikosenmark, Zucker, Eigelb und Cremepulver werden vorsichtig gekocht, dann wird die Gelatine zugegeben.

Nach dem Abkühlen Schlagsahne und das Abgeriebene der Orangen leicht unterheben.

Zubereitung Speisen

GEBÄCKE, SÜSSSPEISEN UND SPEISEEIS

Saucenspiegel

Saucenspiegel können auf einfache Weise für die dekorative Gestaltung von Flächen eingesetzt werden.

Seitlich versetzte Anrichteweise
Teller mit Sauce ausgießen, mit Spritztüte Tupfen von andersfarbigem Material setzen. Mit Stäbchen die Farbtupfen durchteilen. Dessert daneben anrichten.

Mittige Anrichteweise
Teller mit Vanillesauce dünn ausgießen. Mit Spritztüte oder Spritzflasche Ringe von Fruchtmark aufbringen. Mit Stäbchen achtmal erst von innen nach außen ziehen, dann von außen nach innen.

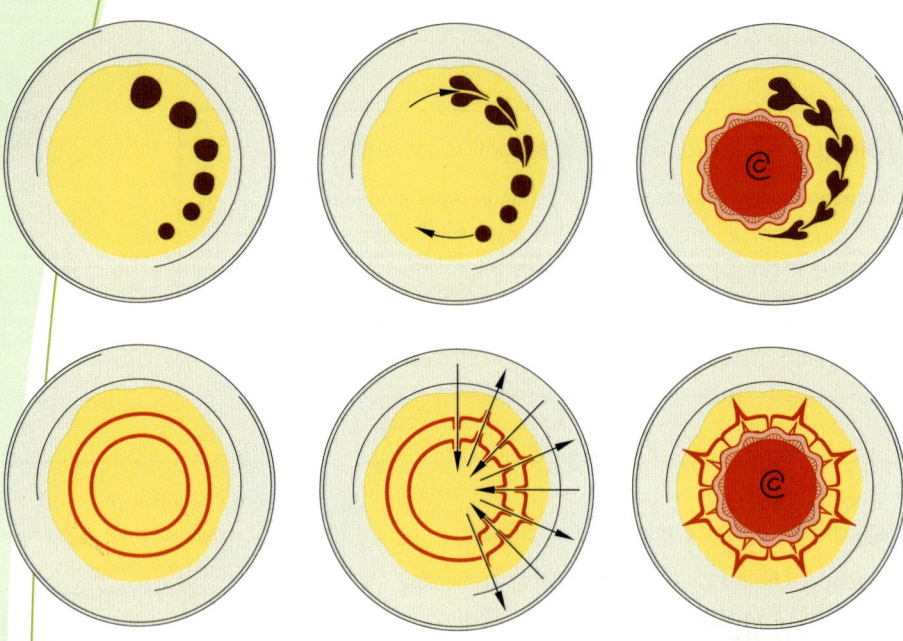

Spritztüte

Für Garnierarbeiten ist eine Spritztüte eine wichtige Hilfe. Ein nicht zu festes rechteckiges Pergamentpapier wird diagonal gefaltet und in die Form eines ungleichmäßigen Dreiecks geschnitten. Wichtig ist, dass die lange Seite des Dreiecks (Basis) scharf geknickt und glatt geschnitten wird. Das Papierdreieck wird mit der linken Hand gehalten. Der Daumen liegt dabei gegenüber der Spitze. Daumen und Zeigefinger der rechten Hand fassen die obere Spitze und drehen sie nach innen. Durch Nachfassen dreht man das Papier zur Tüte. Das überstehende Ende (rechts) klappt man nach innen und hält dadurch die Spritztüte zusammen. Die Tüte wird nur bis etwa zur Hälfte gefüllt, damit sie gut verschlossen werden kann. Rezepte für Spritzglasuren Seite 539.

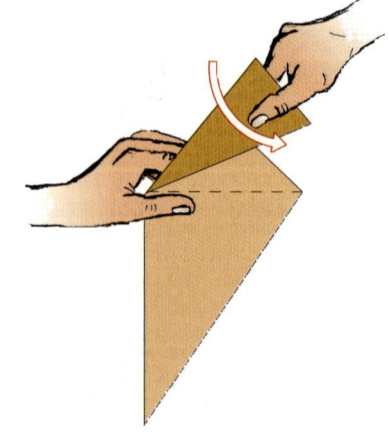

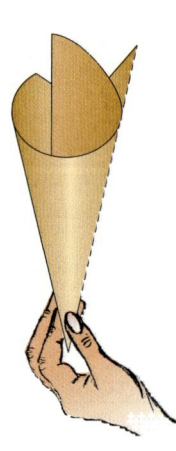

9 Gelee

🇬🇧 jellies 🇫🇷 les gelées (w)

Gelee 🇬🇧 jelly 🇫🇷 gelée (w)

Grundrezept (10 Portionen)

1 l	klarer Fruchtsaft oder Weißwein (säuerlich) Bei Flüssigkeiten mit starkem Geschmack wird ein Teil durch Wasser ersetzt.	300 g 12	Zucker Blatt Gelatine, in der warmen Jahreszeit 2–3 Blatt mehr Saft von 2 Zitronen

- Gelatine einweichen,
- Wein mit Zucker bis ca. 60 °C erhitzen und Gelatine beigeben.
- Abkühlen lassen und kurz vor dem Stocken in Glasschalen oder -kelche füllen.

Früchte in Weingelee 🇬🇧 fruits in vine jelly 🇫🇷 gelée (w) de vin aux fruits

Vorbereitete, mundgerecht zugeschnittene Früchte in Portionsglasschalen oder in flache, weite Gläser gefällig einordnen. Damit die Früchte in ihrer Lage verbleiben, zunächst nur so viel kalt gerührtes, noch flüssiges Weingelee eingießen, bis sie etwa zu einem Drittel darin liegen; zum Stocken des Gelees kalt stellen. Danach die Früchte mit dem noch fehlenden, kalt gerührten, flüssigen Gelee bedecken und erneut kalt stellen.

Man verwendet reife, weiche Früchte, z. B. Himbeeren, Erdbeeren, Aprikosen, Pfirsiche, blanchierte Kiwis und Kirschen. Feste Arten, z. B. Äpfel, Ananas, Birnen, werden vorher gedünstet.

Orangenfilets in Gelee 🇬🇧 orange fillets in jelly 🇫🇷 filets (m) d'oranges en gelée

Grundrezept (10 Portionen)

0,5 l	Orangensaft	50 g	Zitronensaft
0,5 l	Wasser	12	Blatt Gelatine

Gelee nach dem Grundrezept anfertigen und mit Grand Marnier aromatisieren.

Aus den Häuten geschnittene Orangenfilets gefällig in Gläser legen und fertigstellen wie Früchte in Weingelee.

Abb. 1 Herstellen von Früchten in Weingelee

Abb. 2 Früchte in Weingelee

Zubereitung Speisen

GEBÄCKE, SÜSSSPEISEN UND SPEISEEIS

10 Fruchtsalat

🇬🇧 fruit salad 🇫🇷 salade (w) de fruits, macédoine (w) de fruits

Abb. 1 Filetieren von Zitrusfrüchten

Für Fruchtsalat werden reife, ungekochte Früchte verwendet. Die verschiedenen Sorten müssen mengenmäßig so abgestimmt sein, dass sie harmonieren.

Empfindliche, hellfleischige Früchte wie Bananen, Pfirsiche, Äpfel und Birnen werden in rohem Zustand bei Luftzutritt durch die Wirkung von Enzymen rasch braun. Das kann durch Säure von Orangen und Ananas verhindert werden, denn diese hemmt die Enzyme.

Man beginnt darum mit saftreichen, säurehaltigen Früchten wie Orangen oder Ananas. Diese werden nach dem Vorbereiten sofort gezuckert. Der frei werdende Saft enthält so viel Säure, dass die anderen Früchte vor dem Braunwerden geschützt sind.

Orangen werden filetiert. Dazu schneidet man zunächst mit dem Messer die Schale so ab, dass die das Fruchtfleisch umgebende weiße Haut mit entfernt wird. Dann führt man das Messer so in das Fruchtfleisch, dass hautlose Filets herausgetrennt werden können. Der verbleibende Fruchtrest (Bindehäute) wird zur Saftgewinnung ausgepresst.

Trauben werden abgebeert, die Beeren längs halbiert und entkernt.

Pfirsiche und Aprikosen gibt man kurz in kochendes Wasser, damit sich die Haut leichter abziehen lässt. Die halbierte, entsteinte Frucht schneidet man in Segmente.

Äpfel und Birnen werden geschält, geviertelt, vom Kernhaus befreit und in feine Scheibchen geschnitten.

Ananas. Stiel und Blattrosette werden abgeschnitten. Dann teilt man die Ananas quer zur Längsachse in 1 cm dicke Scheiben und entfernt erst bei diesen die Schale. Das härtere Zentrum der Scheiben ist mit einem Ausstecher zu entnehmen. Vom verbleibenden Kreisring erhält man die Fruchtstücke in der gewünschten Größe.

Abb. 2 Aufteilen von Ananas

Angerichtet wird in Glasschalen, die von zerkleinertem Eis umgeben sind.

Zu gekühlten Früchten oder Fruchtsalat können neben kleinem Backwerk auch Himbeer- oder Erdbeersahne (Schlagsahne mit gesüßtem Himbeer- oder Erdbeermark vermengt), Weinschaum- oder Orangensauce gereicht werden.

Fruchtsalate werden gerne mit Spirituosen verfeinert. Man gibt diese jedoch erst kurz vor dem Anrichten bei, weil die Aromastoffe leicht flüchtig sind. Auf keinen Fall darf der Eigengeschmack der Früchte überdeckt werden. Darum ist vorsichtig zu dosieren.

Harmonische Zusammenstellungen gekühlter Früchte
- Orangen und Ananas
  Beigabe: Himbeersahne (Schlagsahne mit Himbeermark)
- Grapefruits und Orangen
  Beigabe: Erdbeersahne (Schlagsahne mit Erdbeermark)
- Erdbeeren und Orangen
  Beigabe: Weinschaumsauce
- Aprikosen und Pfirsiche
  Beigabe: Orangensauce

11 Glasuren

🇬🇧 icings 🇫🇷 glaces (w) et fondants (m)

Glasuren vollenden das Aussehen von vielerlei Gebäck und runden den Geschmack ab. Damit die Glasur hält und vor dem Austrocknen geschützt ist, wird das Gebäck zunächst mit heißer Aprikosenkonfitüre überzogen (aprikotiert).

● **Grundregel:** Auflösen – unter Rühren abkühlen – auf höchstens 33 °C wiedererwärmen.

Aprikotur 🇬🇧 apricot jam 🇫🇷 abricotage (w)

Aprikosenkonfitüre glattrühren, mit etwas Wasser aufkochen, passieren und heiß verwenden.

Gebäckstücke bestreicht man mit einem Pinsel; Torten werden mit der Palette eingestrichen.

Fondant 🇬🇧 frostin 🇫🇷 fondant (m)

Fondant wird in der Regel fertig gekauft; er lässt sich auch aus gekochtem Zucker herstellen.

Zum Glasieren erwärmt man die erforderliche Menge im Wasserbad auf etwa 40 °C und verdünnt mit Läuterzucker oder Wasser. Die Glasur kann mit Geschmacksstoffen versetzt und leicht gefärbt werden.

Nach dem Glasieren stellt man die Stücke an einen warmen Ort, damit die Glasur antrocknet.

Fondantglasur glänzt besser und ist weicher im Biss als Wasserglasur.

Wasserglasur 🇬🇧 water icing 🇫🇷 glace (w) à l'eau

Puderzucker mit warmem Wasser glattrühren und auf die zum Glasieren erforderliche Dicke bringen. Die Wasserglasur wird entsprechend dem zu glasierenden Gebäck mit Zitrone, Rum oder Arrak abgeschmeckt.

Beim Glasieren soll das Gebäck noch warm sein, damit die Glasur rasch antrocknet und Glanz erhält.

Speisefettglasur
🇬🇧 chocolate frosting 🇫🇷 glace (w) au chocolat

Speisefettglasur enthält neben Kakao und Zucker andere pflanzliche Fette. Diese sind billiger als Kakaobutter und lassen sich leichter verarbeiten, sodass bei Speisefettglasur ein Temperieren nicht erforderlich ist.

Kuvertüre 🇬🇧 coating chocolate 🇫🇷 couverture (w)

Kuvertüre besteht aus den dunklen Kakaobestandteilen, Zucker und der weißen Kakaobutter. Diese Zusammenstellung verlangt eine besondere Behandlung, denn sonst wird die Kuvertüre grau. Dabei schwimmen die leichteren Fett-Teilchen obenauf. Beim Abkühlen bilden sich dann weiße Pünktchen oder Streifen auf dunkler Unterlage.

Die benötigte Menge Kuvertüre wird im lauwarmen Wasserbad aufgelöst und dann unter Rühren so weit abgekühlt, dass sich eine dickbreiige Masse bildet. Anschließend wieder erwärmen.

Durch dieses Verfahren vermischt sich die Kakaobutter mit den übrigen Bestandteilen so innig, dass sie bei richtigem Erwärmen der Masse nicht mehr an die Oberfläche tritt. Der Fachmann nennt dieses Verfahren **temperieren**. Richtig temperierte Kuvertüre zieht rasch an und erhält Glanz. Falsch temperierte Kuvertüre bleibt lange flüssig und ist nach dem Erstarren zunächst stumpf und ohne Glanz, später zeigen sich die oben beschriebenen grauen Streifen. Soll Kuvertüre dünnflüssig gemacht werden, gibt man aufgelöste Kakaobutter bei. Dies ist insbesondere erforderlich, wenn kleine Teilchen, z. B. Pralinen, überzogen werden sollen.

Eiweißspritzglasur
🇬🇧 egg white icing 🇫🇷 glace (w) royale

15 g Eiweiß (1/2 Eiweiß) werden mit etwa 50 g Puderzucker **kräftig** schaumig gerührt. Die Glasur ist fertig, wenn zwei übereinandergelegte Glasurfäden getrennt bleiben, also nicht zusammenlaufen. Gefäß muss immer abgedeckt sein.

Schokoladenspritzglasur
🇬🇧 chocolate icing 🇫🇷 glacure (w) au chocolat

Der Kuvertüre wird nach und nach Läuterzucker zugesetzt, und sie wird über den Erstarrungspunkt hinaus geschmeidig gerührt. Die Spritzglasur muss warm gehalten werden.

Zubereitung Speisen

GEBÄCKE, SÜSSSPEISEN UND SPEISEEIS

12 Speiseeis/Eisspeisen

🇬🇧 ice cream/ice cream dishes   🇫🇷 glaces (w) et entremets (m) glacés

In vielen gastgewerblichen Betrieben ist Speiseeis in Form von Eisbechern oder Eisspeisen die bevorzugte Nachspeise. Während früher Speiseeis sehr saisonabhängig war – Sommer und Eis gehörten zusammen – ist heute Speiseeis das ganze Jahr über ein willkommener Abschluss eines Menüs oder als Eisspeise/als Eisgetränk eine willkommene Abwechslung zwischendurch.

Ansprechendes Speiseeis
- ist von lockerer Beschaffenheit,
- hat zart-cremigen Schmelz und
- hat hohen Geschmackswert.

12.1 Speiseeissorten

Gefrieren unter Bewegung		Gefrieren ohne Bewegung Halbgefrorenes
Angebot der Industrie	Eigenherstellung in Eismaschine	Einsetzen, Erstarren im Tiefkühler
Fruchteiskrem, Fruchteiscreme* • Mindestens 8 % der Milch entstammendes Fett • deutlicher Fruchtgeschmack	*Fruchteis* • Anteil an Frucht mindestens 20 %, bei Zitrusfrüchten mindestens 10 %	*Rahmeis, Sahneeis, Fürst-Pückler-Eis* • Mindestens 18 % Milchfett aus der bei der Herstellung verwendeten Sahne
Eiskrem, Eiscreme • Mindestens 10 % der Milch entstammendes Fett	*Kremeis, Cremeeis* • Mindestens 270 g Vollei oder 90 g Eigelb auf einen Liter Milch	Parfait (frz. perfekt, vollendet) ist ein *Rahmeis,* das zusätzlich eine Eimasse aus Eigelb oder Vollei und Zucker enthält.

* Die Zusammensetzung von Speiseeis ist in den Leitsätzen geregelt. Dabei werden vorwiegend Mindestgehalte der wertgebenden Zutaten genannt. Die Übersicht zeigt Auszüge. Die *kursiv* gesetzten Wörter sind Begriffe der Leitsätze.

Die Industrie bietet Speiseeis in Behältnissen an, aus denen direkt portioniert wird. Die Übersicht oben zeigt, dass das Angebot einen höheren Fettanteil haben muss als Eis in Eigenherstellung aus der Eismaschine. Das Fett schützt vor dem Grießigwerden während der Lagerung. Darum können diese Sorten auch länger vorrätig gehalten werden als Produkte der Eigenfertigung.

Halbgefrorenes wird ohne Bewegung gefroren. Die Luft in aufgeschlagener Sahne oder Eischnee gibt eine lockere Beschaffenheit.

Eigenherstellung in der Eismaschine kann technisch in zwei Verfahren erfolgen.
- Durchlaufmaschinen
- Eismaschinen mit Rühr- oder Spatelwerk.

Weil Halbgefrorenes ohne großen technischen Aufwand hergestellt werden kann und zugleich von hervorragender Qualität ist, wird es gerne für besondere Eisspeisen eingesetzt.

12.2 Hygiene

> Bei der Herstellung und im Umgang mit Eis ist besonders auf Hygiene zu achten.

Zu Speiseeis werden leicht verderbliche Zutaten wie Milch, Sahne und Eier verwendet, die Mikroben oder Keimen vorzügliche Lebensbedingungen bieten. Ein erhöhter Keimgehalt ist jedoch weder zu sehen noch zu riechen.

Hygiene der Rohstoffe

> Geschmolzene Eismasse darf nicht nochmals eingefroren werden.

Für die Eismasse (Eismix) möglichst pasteurisierte Zutaten verwenden: pasteurisierte Milch oder Sahne, pasteurisiertes Ei. Obst ist gründlich zu waschen.

12 Speiseeis/Eisspeisen

Hygiene der Geräte
Alle Geräte, die zur Eisherstellung verwendet werden, müssen peinlich sauber sein und sofort nach Gebrauch gereinigt werden. Für das Portioniergefäß gelten besondere Bestimmungen (Seite 642).

Hygiene der Personen
Hände dürfen mit dem Speiseeis nicht direkt in Berührung kommen. Trotzdem gilt: Gründliches Händewaschen und Abtrocknen mit Einweghandtüchern muss selbstverständlich sein.

12.3 Speiseeis aus der Eismaschine

Cremeeis

Grundrezept Cremeeis (ergibt etwa 1 l gefrorenes Eis, 10 Portionen)

0,5 l	Milch	5	Eigelb, pasteurisiert ≙	90 g
100 g	Zucker	1/2	Vanilleschote	

- Eigelb mit Zucker verrühren,
- Milch aufkochen,
- unter Rühren in die Eimasse geben,
- erhitzen, bis die Masse bindet (85 °C),
- durch ein Haarsieb passieren,
- rasch abkühlen und
- in der Eismaschine gefrieren.

Ableitungen
Cremeeis kann ergänzt werden

Haselnusseis
🇬🇧 hazelnut ice cream
🇫🇷 glace (w) aux noisettes

70 g Haselnüsse rösten, Schalen abreiben, fein mahlen, 15 Min. in heißer Milch ziehen lassen.

Mokkaeis   🇬🇧 coffee ice cream
🇫🇷 glace (w) au café

Grundrezept ohne Vanille, 1 EL löslicher Kaffee.

Schokoladeneis
🇬🇧 chocolate ice cream
🇫🇷 glace (w) au chocolat

Zuckermenge auf 50 g verringern, 125 g Kuvertüre in der heißen Milch auflösen.

Mandeleis   🇬🇧 almond ice cream
🇫🇷 glace (w) aux amandes

100 g Marzipanrohmasse mit etwas Milch weich machen und unter die abgekühlte Grundmasse geben.

Karamelleis   🇬🇧 caramel ice cream
🇫🇷 glace (w) au caramel

Zuckermenge des Grundrezeptes in einem Topf zu hellbraunem Karamell schmelzen. Milch dazugießen, langsam aufkochen, damit sich der geschmolzene Zucker auflösen kann. Diese Milch unter Rühren der Eigelbmasse beigeben.

Fruchteis

Bei der Herstellung von Fruchteis muss der unterschiedliche Zuckergehalt der Früchte berücksichtigt werden, denn der Zuckeranteil beeinflusst die Festigkeit der Eismasse. Ist er zu gering, wird das Eis nicht glatt, ist er zu hoch, bleibt das Eis zu weich. Die abgebildete Zuckerwaage ist eine Senkwaage. Sie zeigt also über die Dichte der Flüssigkeit den Zuckergehalt in °Bé (Baumé) an.

Läuterzucker ist aufgekochte und abgeschäumte (gereinigte, geläuterte) Zuckerlösung. Wird 1 Liter Wasser mit 1 kg Zucker aufgekocht, so erhält man Läuterzucker, der heiß gemessen eine Dichte (Konzentration) von etwa 28 °Bé anzeigt. Abgekühlt gemessen nimmt die Dichte um 2 bis 3 °Bé zu. Läuterzucker ist Grundbestandteil von Fruchteis und Eisparfait; verdünnt und mit Alkoholika aromatisiert verwendet man ihn u. a. zum Tränken von Savarins.

Grundbestandteile für Fruchteis
- Fruchtsaft von Orangen, Zitronen, Mandarinen oder
- Fruchtmark von Erdbeeren, Aprikosen, Ananas, Kirschen, Zitronen usw.
- Läuterzucker
- Zitronensaft zum Fruchtsäureausgleich

Zubereitung Speisen

GEBÄCKE, SÜSSSPEISEN UND SPEISEEIS

Durch die Beigabe von geschlagenem Eiweiß wird das Eis besonders geschmeidig.

Bindung

Das Fruchteis erhält die Bindung durch Zugabe von Speiseeis-Bindemitteln, die industriell hergestellt werden, sowie von Eiweiß bzw. Eischnee oder von Joghurt.

Erdbeereis 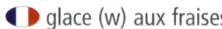 strawberry ice cream glace (w) aux fraises

Bedarf (10 Portionen)
- 500 g Erdbeermark
- 40 g Zitronensaft
- 0,5 l Läuterzucker (28 °Bé)
- ca. 30 g Eiklar (1 Eiweiß)

- Fein passiertes Erdbeermark, Läuterzucker und Zitronensaft mischen.
- So viel Wasser beigeben, dass die Mischung einen Zuckergehalt von 18 °Bé aufweist.
- Zu Schnee geschlagenes Eiweiß unterrühren und in der Eismaschine gefrieren.

Zitroneneis  lemon ice-cream 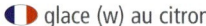 glace (w) au citron

Bedarf (10 Portionen)
- 0,6 l Läuterzucker (28 °Bé)
- 150 g Zitronensaft
- gelbe Schale von 2 unbehandelten Zitronen
- ca. 30 g Eiklar (1 Eiweiß)

- In warmem Läuterzucker die Zitronenschalen ziehen lassen.
- Dann Zitronensaft beigeben und so viel Wasser dazugießen, bis das Ganze 20 °Bé hat.
- Die Mischung durch ein Haarsieb seihen, das zu Schnee geschlagene Eiweiß unterrühren.
- In der Eismaschine gefrieren, bis das Eis blendend weiß und zäh ist.

Portionieren von Speiseeis

Zum Ausportionieren von Speiseeis benutzt man entweder einen Zangenportionierer ① oder einen Dipper ②.

Diese Geräte bewahrt man am besten in einer sogenannten Portioniererspüle auf.

Das sind Behälter mit durchlaufendem kaltem Wasser. Ist kein Wasseranschluss vorhanden, wechselt man das Wasser mehrmals täglich und gibt etwas Zitronen- oder Weinsäure bei. Die Säure senkt den pH-Wert und hemmt dadurch die Keimvermehrung.

Wird der Portionierer benutzt, klopft man zuerst das anhaftende Wasser ab, denn anhaftendes Restwasser führt zu harten Eiskristallen bei den Portionskugeln.

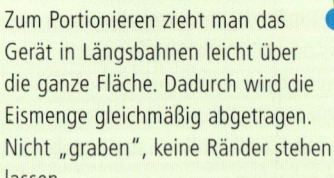

Zum Portionieren zieht man das Gerät in Längsbahnen leicht über die ganze Fläche. Dadurch wird die Eismenge gleichmäßig abgetragen. Nicht „graben", keine Ränder stehen lassen.

12.4 Eisbecher

Die meisten Eisbecher sind Kombinationen von Eis verschiedener Geschmacksrichtungen mit Früchten und ergänzenden Zutaten wie Garnituren, die verschönern (Sahne, Schokosauce usw.)

Die Eisbecher haben besondere Vorzüge, weil sie äußerst ansprechend, praktisch und bei den Gästen beliebt sind. Verwenden lässt sich jede Creme-, Frucht- oder Liköreissorte, allein für sich oder auch gemischt. Die Abwechslungsmöglichkeiten sind fast unübersehbar.

Als Ergänzung dienen beim Anrichten Schlagsahne, alle Arten gedünsteter Früchte, Makronen, Hippen, Waffeln, Mandeln, Pistazien, Nüsse, figürliche Marzipan- und Schokoladenstückchen, Fruchtmark, Cremesaucen, Karamell, gesponnener Zucker sowie vieles andere.

Angerichtet wird in besonderen Glas- oder Silberbechern; diese müssen vorgekühlt sein, um ein rasches Schmelzen des Gefrorenen zu vermeiden.

Aufbau des Eisdesserts Birne Helene in Einzelschritten sowie Ergebnis im Foto:

Königsbecher
🇬🇧 royal cup 🇫🇷 coupe (w) royale

Unter klein geschnittenen Obstsalat von Erdbeeren und Pfirsichen Makronenwürfelchen mischen und mit Curaçao mazerieren (frz., wörtlich: einweichen). In einen Becher je eine Kugel Vanille- und Himbeereis geben, 1 EL Obstsalat einfüllen und mit Himbeermark überziehen. Ein Schlagsahnetupfen und Pistazienscheibchen bilden die Garnitur.

Eisbecher Madeleine
🇬🇧 madeleine cup 🇫🇷 coupe (w) Madeleine

Ananasstückchen mit Kirschwasser und Maraschino aromatisieren. Zwei Kugeln Vanilleeis in einen Becher füllen, 1 EL Ananasstückchen daraufhäufen und mit Aprikosensauce (wie Orangensauce Seite 635, Orangensaft durch hellen Fruchtsaft ersetzen) überziehen. Ein Hippenblatt als Garnitur daranstecken.

Eisbecher auf orientalische Art
🇬🇧 oriental cup 🇫🇷 coupe (w) à l'orientale

Geschälte Bananen in Scheiben schneiden, mit Cognac aromatisieren; Staubzucker sowie ein wenig fein gemahlenen Kaffee darübersieben.
In einen Becher 2 Kugeln Mokkaeis geben, Bananenscheiben darauflegen und mit einem Schlagsahnetupfen und einer Mokkabohne garnieren.

Birne Helene
🇬🇧 pear Helena 🇫🇷 poire (w) Belle-Hélène

In eine Glasschale gibt man Vanilleeis, belegt dies mit einer halben Kompottbirne und übergießt mit dickflüssiger Schokoladensauce.

Schwarzwaldbecher
🇬🇧 cup Black Forest 🇫🇷 coupe (w) Forêt-Noire

Im Voraus den Saft gedünsteter Sauerkirschen mit angerührter Stärke leicht binden, die Kirschen dazugeben, mit Kirschwasser aromatisieren. Zwei Kugeln Haselnusseis in einen Becher geben und 2 EL der Kirschen drauffüllen. Mit einem Kranz kleiner Schlagsahnetupfen und Schokoladenspänen garnieren.

Eiskaffee
🇬🇧 coffee-vanilla shake 🇫🇷 café (m) liégeois

Vanilleeiskugeln in ein hohes Glas geben, mit kaltem, leicht gezuckertem Kaffee auffüllen und mit Schlagsahne garnieren.

Eisbecher mit Früchten
🇬🇧 ice cream with fruits
🇫🇷 coupe (w) glacée avec fruit

Dunstfrüchte oder marinierte Früchte werden mit entsprechendem Eis und Schlagsahne ergänzt.

Pfirsich Melba
🇬🇧 peach Melba
🇫🇷 pêche (w) Melba

Auf eine Glasschale gibt man eine oder mehrere Kugeln Vanilleeis, richtet darauf einen halben Kompottpfirsich an und nappiert ihn mit Himbeerpüree.

Coup Dänemark
🇬🇧 Denmark cup
🇫🇷 coupe (w) Danemark

Vanilleeiskugeln in ein hohes Glas geben und mit heißer Schokoladensauce nappieren.

Bananensplit
🇬🇧 banana split 🇫🇷 banana (w) split

Eine geschälte, längs halbierte Banane wird in einer ovalen Glasschale neben zwei oder mehr Kugeln Vanilleeis angerichtet, mit (heißer) Schokoladensauce übergossen und mit Schlagsahne garniert. Oftmals wird auch etwas Eierlikör zugegeben.

Erdbeeren nach Romanow
🇬🇧 strawberries Romanov 🇫🇷 coupe (w) Romanoff

Glasschale mit Vanilleeis füllen und darauf Erdbeeren, die in Zucker und Maraschino mariniert wurden, pyramidenförmig anrichten, mit aromatisiertem Erdbeermark überziehen und mit Schlagsahne ringsum garnieren.

12.5 Halbgefrorenes

Sahneeis/Rahmeis

Unter Sahneeis versteht man Eis, zu dem mindestens 60 % Sahne mit 30 % Fettgehalt verarbeitet wird. Es empfiehlt sich, pasteurisierte Eiprodukte zu verwenden.

Im Gegensatz zu anderen Eissorten wird es nicht in der Maschine gefroren, sondern in Formen gefüllt und im Tiefkühler gefroren.

Halbgefrorenes/Eisparfait 🇬🇧 parfait 🇫🇷 parfait (m) glacé

Bedarf (10 Portionen)
- 1/8 l Läuterzucker (28 °Bé)
- 4 Eigelb
- 2 Eiweiß
- 50 g Zucker
- 0,5 l Sahne

oder

Bedarf (10 Portionen)
- 0,5 l Sahne
- 2 Eier oder 2 Eigelb
- 125 g Zucker

- Eigelb und Läuterzucker im Wasserbad aufschlagen, vom Herd nehmen und wieder kalt schlagen.
- Eiweiß und Zucker zu steifem Schnee schlagen.
- Eigelbmasse und Eierschnee vermengen und geschlagene Sahne und Geschmacksstoffe unterziehen.

oder

- Eier, Eigelb und Zucker im Wasserbad aufschlagen und wieder kalt schlagen.
- Geschlagene Sahne und Geschmacksstoffe unterziehen.

Von dieser Grundmasse wird Halbgefrorenes verschiedener Geschmacksrichtung abgeleitet. Die Grundmasse kann zu Eisaufläufen, Eisbomben und Eistorten verwendet werden.

Eisaufläufe 🇬🇧 ice soufflé 🇫🇷 soufflés (m) glacés

Eisaufläufe können aus einer oder mehreren Sorten der Parfaitmasse zusammengestellt werden. Man füllt sie lagenweise in Formen mit steilen Rändern. Für Portionsaufläufe eignen sich am besten Soufflé-Förmchen aus Porzellan. Um den Auflauf vorzutäuschen, legt man an den Innenrand der Form einen Papierstreifen, der etwa 3 cm über sie hinausragt.

Beispiel:
Parfaitgrundmasse zu je einem Teil mit Erdbeermark, Orangenlikör und geriebenen Haselnüssen abschmecken und lagenweise einfüllen. Als Abschluss wird eine dünne Schicht Schlagsahne aufgestrichen.

Nach dem Gefrieren entfernt man den Papierrand behutsam und streut geriebene Schokolade oder Kakaopulver und ein wenig Puderzucker auf (Abb. 1).

Abb. 1 Eisauflauf

Eisbomben 🇬🇧 ice-bombs 🇫🇷 bombes (w) glacées

Die Eisbombe besteht aus einem Mantel und der Füllung. Der Mantel kann aus Creme- oder Fruchteis bestehen. Für die Füllung verwendet man Parfaitmasse (s. S. 644).

- Form im Froster gut vorkühlen.
- Mantel mit dem Löffelrücken etwa 2 cm dick einstreichen, durchkühlen.
- Füllung aus Parfaitmasse/Halbgefrorenem eben einfüllen, Bombe abdecken und durchfrosten.
- Zum Entnehmen kurz in heißes Wasser halten, auf einen Biskuitboden stürzen und mit Schlagsahne ausgarnieren.

Mantel   Füllung

Bombenmantel	Bombenfüllung
Nugateis	Parfaitmasse mit Vanille und Belegkirschen
Mokkaeis	Parfaitmasse mit Kirschwasser
Erdbeereis	Parfaitmasse mit Pistazien
Schokoladeneis	Parfaitmasse mit Marzipan und Mandeln

Halbgefrorenes mit Früchten 🇬🇧 parfait with fruits 🇫🇷 parfait (m) glacé aux fruits

Bedarf (10 Portionen)
- 50 g Eiweiß
- 100 g Zucker
- 100 g Puderzucker
- 150 g Fruchtmark
- 1 EL Zitronensaft
- 0,35 l geschlagene Sahne

- Eiweiß und Zucker warm und wieder kalt schlagen.
- Puderzucker unterziehen.
- Fruchtmark mit Zitronensaft und eingeweichter und gelöster Gelatine verrühren.
- Fruchtmark behutsam mit der Eiweißmasse mischen.
- Die geschlagene Sahne unterheben.
- Fruchtparfaitmasse in die vorgesehenen Formen füllen und im Tiefkühler (–20 °C) gefrieren.

Geeignet ist z. B. Fruchtmark aus Aprikosen, Himbeeren, Erdbeeren, Johannisbeeren, Kiwis, Pfirsichen und Melone.

Fürst-Pückler-Parfait
🇬🇧 prince Pückler parfait 🇫🇷 parfait (m) Prince Pückler

Die Grundmasse dreiteilen und jeweils mit:
- gesüßtem Erdbeermark und Zitronensaft vermischen,
- klein gehackten Makronen und Maraschino vermischen,
- flüssiger oder fein geriebener Kuvertüre mischen.

Die Massen schichtweise in Formen abfüllen, frieren.

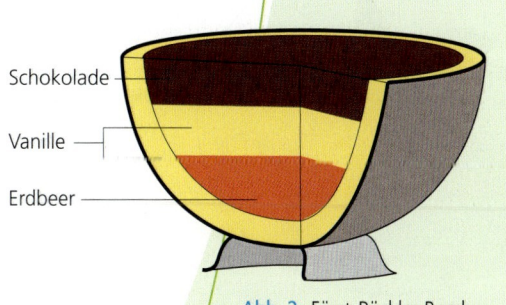

Schokolade
Vanille
Erdbeer

Abb. 2 Fürst-Pückler-Bombe

GEBÄCKE, SÜSSSPEISEN UND SPEISEEIS

Überraschungsomelett
🇬🇧 baked Alaska 🇫🇷 omelette surprise (w)

Die Zubereitung aus Speiseeis wird deswegen Überraschungsomelett genannt, weil von der gebackenen Außenschicht (warm) Speiseeis (kalt) umhüllt ist. Die Herstellung ist so angelegt, dass trotz der Hitzeeinwirkung das Speiseeis nicht zum Schmelzen kommt.

Auf eine Platte legt man einen dünnen Biskuitboden und gibt darauf das Eis. Dieses wird oben und seitlich mit Biskuitscheiben abgedeckt. Darüber verteilt man die nach dem Grundrezept für das Auflaufomelett angefertigte Masse (Seite 629), streicht glatt, garniert mit der Sterntülle, überzuckert und backt bis zu goldgelber Farbe bei mittlerer Hitze. Sofort servieren.

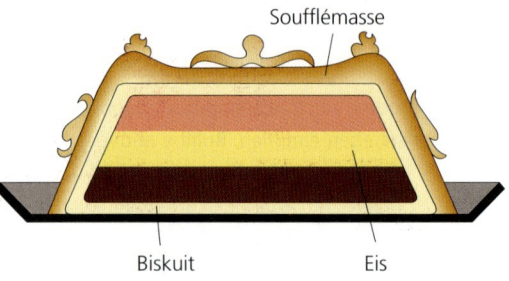

Abb. 1 Überraschungsomelett

Sorbet

Sorbet ist weich gefrorenes Fruchteis. Durch höheren Fruchtsaft- bzw. Fruchtmarkanteil ist auch mehr Säure in der Masse und sie gefriert nicht so intensiv aus. Dadurch ist Sorbet sehr erfrischend und wird deshalb auch in großen Menüs z. B. zwischen Fischgang und Hauptgang serviert. Es ist aber auch eine beliebte Form von Eisdessert. In besonderen Fällen wird das Sorbet kurz vor dem Anrichten mit Sekt oder Champagner vermischt und dickflüssig in Gläsern serviert.

Rhabarbersorbet   🇬🇧 rhubarb-sherbet 🇫🇷 sorbet (m) à la rhubarbe

Bedarf (10 Portionen)

500 g	Rhabarber
1	Eiweiß
1/8 l	Weißwein
1	Vanilleschote
125 g	Zucker

- Rhabarber putzen,
- mit Vanilleschote, Weißwein und Zucker kurz aufkochen.
- Topf in Eiswasser stellen, damit der Ansatz schnell heruntergekühlt.
- Vanilleschote entnehmen und die restliche Masse mixen.
- Eiweiß zu steifem Schnee schlagen, unter das Püree mischen,
- in der Eismaschine oder Sorbetiere frieren.

Granité (m)

Diese besondere Speiseeisart besteht aus Fruchtsaft oder Fruchtmark, wenig Läuterzucker, wenn notwendig etwas Zitronensaft und wird dünn auf Edelstahlbleche gegossen und tiefgefroren. Danach wird die gefrorene Fruchteisschicht vom Blech gespachtelt und kurzfristig kalt aufbewahrt. Man reicht Granité in Glasschalen oder Gläsern angerichtet und evtl. mit Sekt oder Champagner übergossen.

12 Speiseeis/Eisspeisen

Fachbegriffe

ablassen	Eier in Eiweiß (Eiklar) und Eigelb (Dotter) trennen.
absterben	Kristallisation von Zucker in Glasuren, die dadurch ihren Glanz verlieren und nicht mehr „frisch" wirken.
abziehen	Eiermasse so weit erhitzen (ca. 85 °C), dass sie bindet, ohne zu gerinnen. Man bezeichnet das auch als „zur Bindigkeit oder Rose abziehen".
All-in-Methode	Verfahren, bei dem alle Zutaten in einem Arbeitsgang vermengt oder aufgeschlagen werden. Erforderlich ist dazu ein Emulgator.
altbacken werden	Veränderungen im lagernden Gebäck, die sich vor allem in der Rösche der Kruste und im Geschmack zeigen.
Ansatz	Gemisch aus Flüssigkeit, Mehl und Hefe. Er dient vorwiegend der Hefevermehrung.
anschlagen	Herstellung von Massen durch gründliche Mischung und Einarbeitung von Luft.
aprikotieren	Überziehen von Gebäckstücken mit heißer Aprikosenkonfitüre.
binden	Flüssigkeiten andicken, z. B. durch Ei oder Bindemittel.
brandig	Bei Mürbeteigen auftretender Fehler, wenn die Zutaten zu warm sind oder zu lange bearbeitet werden. Der Teig hat dann zu wenig innere Bindung und lässt sich nur schwer ausrollen.

Fachbegriffe

Brioche	Gebäck aus einem ei- und fettreichen Hefeteig, das aus zwei unterschiedlich großen, aufeinandergesetzten Teigkugeln geformt ist.
einstreichen	Auftragen und Glätten von Cremes.
garnieren	Ausschmücken von Produkten.
karamellisieren	Mit geschmolzenem Zucker (Karamell) überziehen.
mehlieren	Mit Mehl bestäuben, in Mehl wenden.
melieren	Vermischen, vermengen, Mehl unter eine Masse heben. Das Wort ist abgeleitet von Melange = Mischung.
modellieren	Gestalten unterschiedlicher Rohstoffe, z. B. Marzipan.
Plunder	Gebäck aus Hefeteig, das besonders splittrig ist, weil in den Hefeteig Fettschichten eingearbeitet sind.
Schwaden	Dampf, der in den Backraum gegeben wird, um die Entwicklung von Gebäcken zu beeinflussen.
temperieren	In der Patisserie das Auflösen, Abkühlen und Wiedererwärmen von Kuvertüre, um zu verhindern, dass die Kakaobutter beim Erstarren als grauer Schleier austritt.
tourieren	Touren geben. Blätterteig oder Plunderteig mit eingeschlossenem Fett mehrmals ausrollen und wieder zusammenlegen. Dabei bilden sich Fettschichten, die eine Lockerung bewirken.

Aufgaben

1. Aus welchen Gründen beginnt man die Arbeiten zum Fruchtsalat mit den Zitrusfrüchten?
2. Warum muss Kuvertüre temperiert werden, nicht aber Speisefettglasur?
3. Nennen Sie die Mindestmengen der einzelnen Rohstoffe für Cremeeis.
4. Für Fürst-Pückler-Eis sind mindestens 18 % Milchfett aus Sahne vorgeschrieben. Übliche Schlagsahne enthält 30 % Fett. Wie viel g Sahne müssen dann auf 1.000 g Eismasse verwendet werden?
5. Welche Geschmacksrichtungen verwendet man für Fürst-Pückler-Eis?
6. Welche Zutaten benötigt man für ein Überraschungsomelett? Worin besteht die Überraschung?
7. Warum wird bei der Herstellung von Fruchteis aus frischen Früchten eine Zuckerwaage verwendet?

PROJEKT

Dessertbüfett

Der Galaabend einer Veranstaltung im Juli des Jahres soll als Krönung des Essens mit einem Dessertbüfett für 65 Personen beendet werden. Der Veranstalter wünscht „ein Büfett, mit dem wir uns sehen lassen können." Fachlich denken wir an die „Sommerhitze" im Juli und das Angebot an frischen Früchten in dieser Zeit. Unsere Bankettabteilung wirbt in der heißen Jahreszeit mit den Worten „frisch, locker, luftig, fruchtig". Das sind unsere Vorgaben.

Planen

1. Schreiben Sie alle Vorgaben heraus, die in den einleitenden Zeilen genannt sind.
2. Setzen Sie Schwerpunkte für Rohstoffe, die verwendet werden sollten.
3. Bei einem Büfett lässt sich die einzelne Zubereitung mengenmäßig nur schwer planen, denn die Vorlieben der Gäste sind nicht bekannt. Darum legen wir für alle Rezepte die Menge von 25 Portionen fest.
4. Im Juni ist die Zeit der Erdbeeren. Planen Sie mindestens drei Zubereitungen mit Erdbeeren als wichtigem Bestandteil. (Nicht nur Erdbeere obenauf.)
5. Wie können frische Himbeeren sinnvoll eingesetzt werden?
6. Planen Sie je zwei Zubereitungen auf der Grundlage von Bayerischer Creme und Eisparfait.
7. „Kaltes" wie Cremes und Parfaits benötigen bei der Produktion entsprechende Vorlaufzeit. Darum legen Sie bei diesem Projekt auf die Zeitplanung (mindestens xx Stunden vorher beginnend) besonderen Wert.
8. Beschreiben Sie die Herstellung von zwei Eisbechern nach Ihrer Wahl so, dass ein Berufsanfänger den Auftrag ausführen kann.
9. Im Bereich der Süßspeisen gibt es viele vorgefertigte Produkte. Erstellen Sie eine Liste von Produkten, die bei einem gehobenen Dessert-Büfett eingesetzt werden können.

Ausführen

1. Bereiten Sie auf der Grundlage von Bayerischer Creme eine Zubereitung im Glas und eine Zubereitung in gestürzter Form mit unterschiedlicher Geschmacksrichtung zu.
2. Stellen Sie ein Parfait (Geschmack nach Ihrer Wahl) her, das auf Tellern portioniert serviert werden kann.
3. Fertigen Sie Vanilleeis (Eigenzubereitung oder Zukauf) mit heißen Himbeeren.
4. Als warmes Dessert fertigen Sie Apfelstrudel oder Apfelbeignets mit Vanillesauce.

Bewerten

1. Prüfen Sie, ob während der Servicezeit kalte Speisen kalt und warme Speisen auch warm beim Gast angekommen sind.
2. Könnten bei einem vergleichbaren Auftrag noch mehr Saisonprodukte verwendet werden?

Vorspeisen – Kalte Platten

Kalte und warme Vorspeisen werden sowohl als kleine appetitanregende Speisen im mehrgängigen Menü als auch bei Stehempfängen angeboten und dienen der kulinarischen Einstimmung.

Vorspeisen sind sehr vielseitig, weil sie von fast allen Lebensmitteln hergestellt werden können.

Unabhängig von der Bestellung durch den Gast werden heute vielfach Appetithäppchen wie *Amuse-Gueule* oder *Amuse-Bouche* als kleine Aufmerksamkeit des Hauses serviert. Eine willkommene Möglichkeit, neue Kreationen zu präsentieren.

1 Basiszubereitungen

🇬🇧 basic preparations 🇫🇷 preparation (w) à base

Die außergewöhnliche Bandbreite im Bereich der Kalten Vorspeisen macht es notwendig, sich zunächst intensiv mit diesen Arten von Vorbereitungen zu beschäftigen. Hierzu gehört neben der Herstellung von Farcen bzw. Füllmassen auch die Zubereitung von auch Gelees.

1.1 Farcen und Füllmassen

Die Bezeichnung Farce steht für eine zart-cremige und luftige Masse aus Fleisch oder Fisch. Farcen werden zur Herstellung von kalten und warmen Vorspeisen verwendet. Auch lassen sich daraus selbstständige Gerichte wie z. B. Fischklößchen oder Kombinationen aus Fleisch und Farce oder Fisch und Farce herstellen. Sie bilden die Basis bei der Produktion von Pasteten, Galantinen und Terrinen.

Herstellung

Die Herstellung einer Farce läuft in der Regel immer gleich ab. Durch Auswechseln des Grundstoffes lassen sich auf dieselbe Art und Weise herstellen:
- Kalbsfarce
- Geflügelfarce
- Wildfarce
- Fisch- und Muschelfarce

Zum Herstellen von Farcen können Feinstzerkleinerer wie Kutter oder Mixer eingesetzt werden. Das Wasserbindevermögen der einzelnen Ausgangsmaterialien ist unterschiedlich. Deshalb sollte man Sahne stufenweise nach und nach einarbeiten und zwischendurch Garproben fertigen.

Aus Hygienegründen (Keimvermehrung) sollen Farcen baldmöglichst weiterverarbeitet und gegart werden.

Geschmack und Aussehen einer Farce können verändert werden durch Zugabe zerkleinerter Geschmacksträger wie Pilzen, Trüffeln, Pistazien, Kräutern, Schinken- und Pökelzungenwürfel, Gemüsebrunoise, Tomaten- oder Spinatpürees, hart gekochtem Ei, gebratenen Fleischstückchen oder rohen Fisch- und Muschelstücken.

Bei sehr mageren Fleischarten (Wild, Geflügel) empfiehlt es sich, einen Teil der Fleischmenge durch gut durchwachsenes Schweinefleisch (Halsstück) oder Schweinespeck zu ersetzen.

Wird die fertige Farce dann durch ein feines Haarsieb gestrichen und nochmals kurz auf Eis glatt gerührt, erhält man eine besonders zarte Masse.

Farcen müssen gut binden, sollen aber trotzdem zart und saftig sein. Als Bindemittel wirken Eiweiß von Fleisch, Wild, Geflügel und Fisch. Zur Lockerung dienen Weißbrot und Sahne.
Alle Zutaten müssen gut durchkühlt sein, sonst trennen sich die Bestandteile der Masse, die Bindefähigkeit lässt nach, die Farce gerinnt. Bei geronnener Farce tritt der Saft aus, das Produkt ist trocken und schmeckt grießig.

Zubereitung Speisen

VORSPEISEN – KALTE PLATTEN

Füllmasse/Farce forcemeat/stuffing  farce (w)

500 g	Fleisch (von Geflügel oder Kalb oder Wild oder Fisch usw.) Salz, weißer Pfeffer
100 g	Weißbrotkrume (Mie de pain)
40 g	Eiweiß
100 g	Sahne flüssig
200 g	geschlagene Sahne Macisblüte, Zitronenschale

- Kaltes Fleisch oder Fisch wolfgerecht zerkleinern, salzen und pfeffern. ①
- Entrindete Weißbrotkrume in dünne Scheiben schneiden.
- Eiweiß mit der flüssigen Sahne verrühren und über die Brotscheiben gießen.
- Gewürztes Fleisch und benetztes Brot kalt stellen.
- Später Fleisch und Brot zusammen durch die feinste Scheibe des Fleischwolfes drehen, erneut kalt stellen. ②
- Nochmals wolfen oder im Kutter mixen.
- Wird eine absolut feine und zarte Farce gewünscht, muss sie jetzt durch ein Haarsieb gestrichen werden.
- Die Schüssel mit der Farce zum Kühlen auf Eis setzen und die Farce glatt rühren. ③
- Die Schlagsahne unter die Farce heben. ④
- Zur Feststellung der erwünschten Konsistenz Probeklößchen in siedendem Wasser fertigen.

Wildfarce
 venison forcemeat  farce (w) de gibier

Bedarf für ca. 500 g Füllmasse (Farce)

250 g	Fleisch von Rehschulter oder -hals
200 g	Schweinehals
1	Ei
40 g	Schalottenwürfel, gedünstet Salz, weißer Pfeffer
Msp.	Pastetengewürz

- Durch den Wolf gedrehtes, gut gekühltes Fleisch feinst verarbeiten und die Gewürze wie auch das Ei unterarbeiten.
- Die Farce durch ein Haarsieb streichen und in einer Schüssel auf Eis glattrühren.
- Bei Bedarf etwas Sahne unterrühren.

Farce von Jakobsmuscheln
 scallop forcemeat
 farce (w) de coquilles St. Jacques

Bedarf für ca. 1 kg Füllmasse (Farce)

500 g	Jakobsmuscheln	Muskat oder Macisblüte,
90 g	Butter, in Würfeln	Saft einer halben Zitrone,
3	Eiweiß	frische Kräuter nach
400 g	Sahne	Geschmack
	Salz, Pfeffer	

- Eiskalte Jakobsmuscheln mit Butterwürfeln, Eiweiß, Salz, Pfeffer und Muskat im Kutter fein verarbeiten.
- Kalte Sahne und die Kräuter zugeben und einarbeiten.

1 Basiszubereitungen

Obwohl die Farcen bereits eine feine Struktur haben, kann man sie zusätzlich noch durch ein feines Haarsieb streichen, um alle gröberen Stückchen zu entfernen. Nach dem **Durchstreichen durch ein Haarsieb** (unten rechts) kann die Hälfte der Sahne zur Lockerung als Schlagsahne unter die Farce gezogen werden. Dies muss allerdings in einer sehr kalten Schüssel, am besten **auf Eiswürfeln**, geschehen.

Als zusätzliche **Lockerungsmittel**, die auch zugleich Streckungsmittel sind, kann man die sogenannten Panaden verwenden:
- **Mehlpanade** = kräftiger Fond wird mit Mehlbutter zu einer dickflüssigen Masse verkocht,
- **Reispanade** = wie Mehlpanade, jedoch wird Milchreis verwendet.

Pilzfüllung/Duxelles
🇬🇧 mushroom stuffing 🇫🇷 duxelles (w)

Bedarf für ca. 800 g Füllmasse (Farce)

200 g	Champignon-Duxelles (s. S. 182)		
100 g	Schinken, gekocht, gehackt	0,1 l	Weißwein
		30 g	Bratensauce
60 g	Butter	15 g	Weißbrotkrume, gerieben
5 g	Tomatenmark		
1	Zehe Knoblauch, zerrieben		Salz, Pfeffer

- Schinkenwürfel mit gehackten Pilzen in Butter anschwitzen.
- Tomatenmark und Knoblauch dazurühren und mit Weißwein ablöschen.
- Der Pilzmasse Sauce, Weißbrot und Gewürze beifügen.
- Unter Rühren kochen, bis die Masse so konsistent ist, dass sie sich zum Füllen eignet.

Eignung:
- Zum Füllen und Überbacken von Gemüsen,
- als Pilzfüllung mit 1/3 Fleischfarce vermengt,
- als Geschmacksträger bei ummantelten Filets,
- Zum Füllen von Geflügelteilen und Fischfilets.

Semmel- oder Brotfüllung
🇬🇧 bread stuffing 🇫🇷 farce (w) de pain

Bedarf für ca. 800 g Füllmasse (Farce)

200 g	Weißbrot oder 5 Brötchen	4	Eigelb/4 Eiweiß
		80 g	Butter
100 g	Milch	20 g	gehackte Petersilie
100 g	Zwiebelwürfel		Salz, Pfeffer,
100 g	Hühnerleber		Muskatnuss
20 g	Butter zum Anschwitzen	Msp.	Pastetengewürz

- Semmeln oder Weißbrot kleinschneiden, mit Milch übergießen.
- Zwiebelwürfel mit Butter anschwitzen, Hühnerleberwürfel dazugeben.
- Butter und Eigelb schaumig rühren. Eiweiß zu steifem Schnee schlagen.
- Semmeln oder Brot ausdrücken und in einer Schüssel mit Zwiebeln, Hühnerleber sowie Butter-Eigelb-Schaum und gehackter Petersilie mischen.
- Würzen und den Eischnee unterheben.

Variationen:

- Zugabe von geschälten, weichgedünsteten Maronen (Edelkastanien) und rohen Moos- oder Preiselbeeren für Truthahnfüllung.
- Eine Hälfte der Semmeln oder Weißbrotscheiben in Würfel schneiden und in Öl oder geklärter Butter zu Croûtons rösten und in die Masse mit einarbeiten.
- Zugabe geviertelter oder ganzer kleiner Champignons oder anderer Pilze, die zuvor zusammen mit Zwiebel- und Schinkenwürfelchen angeschwitzt wurden.

Zur Füllung eine Kalbsbrust (s. S. 531) können Geflügelleber- oder Kalbsleberstückchen mit den Zwiebeln in Butter angeschwitzt und unter die Füllmasse gemischt werden. Damit kann man auch hohl ausgelöste Geflügelkeulchen füllen.

Zubereitung Speisen

VORSPEISEN – KALTE PLATTEN

Aspik ist die Bezeichnung für:
- durch Geliermittel gallertartig erstarrte Flüssigkeit, wie auch für
- in Gelee eingesetzte Speisen.

Blattgelatine weicht man in kaltem Wasser ein, drückt die gequollenen Blätter aus und gibt sie in die heiße Brühe.
Gelatine-Granulat oder -Pulver wird mit kaltem Wasser im Verhältnis 1:5 gequollen und in die geklärte, passierte, heiße Flüssigkeit eingerührt.

1.2 Gelee 🇬🇧 jelly 🇫🇷 gelée (w)

Gelee verleiht der kalten Vorspeise Glanz, Frische und Hülle zugleich.

Geliermittel

Als Geliermittel kommen in Betracht:
- **Gallert** erhält man durch Auskochen von Kalbsfüßen, Kalbsköpfen und Schwarten. Die milchigtrübe Flüssigkeit stockt beim Erkalten durch das gelöste Kollagen (Leimeiweiß).
- **Gelatine** wird industriell wie Gallert aus Knochen und Häuten gewonnen. Angeboten wird es in getrockneter Form als Blattgelatine oder gemahlen als Granulat (Aspikpulver). Speisegelatine ist geschmacksneutral und farblos klar.

Zubereitung von Gelee

Der Grundstoff für das Gelee/Aspik ist eine kräftige, entfettete, klare Brühe. Entsprechend der späteren Verwendung kann es Fleisch-, Geflügel- oder Fischbrühe sein. Die entfetteten Brühen werden mit Eiweiß wie eine Kraftbrühe geklärt (s. S. 480), passiert und evtl. mit Gelatine ergänzt.

Grundrezept für 1 Liter Gelee			
1 l	Brühe	24	Blätter Gelatine für schnittfestes Gelee oder
100 g	Eiweiß		
100 g	Wurzelgemüse		
0,2 l	Weißwein oder	12	Blätter Gelatine für leichte Geleespeisen oder
0,1 l	Weinessig (5%ig)		
6	Pfefferkörner, zerdrückt, Lorbeerblatt, Salz	20 g	Pulvergelatine

- Gelatine in kaltem Wasser einweichen.
- Eiweiß mit der entfetteten, kalten Brühe verrühren. Wein oder Essig, Gemüse und Gewürze dazugeben.
- Brühe unter Rühren an den Kochpunkt bringen und bei geringer Wärmezufuhr zugedeckt ziehen lassen.
- Geklärte Brühe passieren, die ausgedrückte Gelatine in die heiße Flüssigkeit geben und rühren, bis das Geliermittel gelöst in der Brühe verteilt ist.

Geleefarbe

- **Helles Gelee** ist zum Überglänzen von kalten Speisen erforderlich. Dadurch bleiben die natürlichen Farben der Speisen erhalten und leuchten schön. Auch wird das Abtrocknen der angerichteten Zutaten vermieden.
- **Dunkles Gelee** mit goldbrauner Farbe ist erwünscht, um es, in Würfel oder in andere Formen geschnitten, kaltem Braten beizugeben. Die dunkle Farbe bei gleichzeitiger Geschmackssteigerung lässt sich erreichen, wenn z. B. angebratene Geflügelknochen in der Brühe mitgekocht werden und zum Abschmecken des fertigen Gelees Portwein, Madeira oder Sherry verwendet werden.

Gelee zum Ausgießen für Spiegel

Der Geleespiegel bildet zwischen Silberplatte und den aufgesetzten Nahrungsmitteln eine Isolierschicht. Aus Naturalien austretende Flüssigkeit kann so nicht in Verbindung mit dem Metall oxidieren. Außerdem wird das Aussehen der aufliegenden Objekte wesentlich gesteigert. Da der Geleespiegel nicht zum Genuss bestimmt ist, bereitet man das Gelee aus

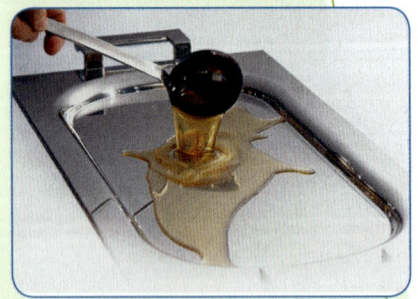

wirtschaftlichen Erwägungen nicht mit Fleischbrühe, sondern mit Wasser. Die erforderliche Farbtönung erzielt man durch Zuckercouleur, die notwendige Festigkeit erhält es durch den größeren Gelatinezusatz (40 g je l). Dieses bereits klare Gelee braucht nicht geklärt zu werden.

Überglänzen (Glasieren)

Vom aufgelösten Gelee gibt man einen Teil in eine Metallschüssel und rührt auf Eis kalt. Kurz vor dem Stocken wird das dickflüssige Gelee mit einem Pinsel leicht auf die Speisen aufgetragen. Bindet das Gelee zu stark ab, so erreicht man die zum Auftragen nötige Konsistenz wieder, wenn man ein wenig vom wärmeren, flüssigen Gelee unterrührt.

Ausgießen von Formen – Chemisieren

Zum Auskleiden von Formen verwendet man fein abgeschmeckte, passende Gelees auf Fondbasis. Ein perfekter Geliermantel überzieht die dargestellte Lachsmousse. Dazu wird eine mit Klarsichtfolie ausgelegte rechteckige Form mit Gelee ca. 3 mm hoch ausgegossen und kalt gestellt. Eine gut durchgekühlte Lachsmousse in Dreieckform wird mit dem erstarrten Gelee mit Hilfe der Folie ummantelt.

Abb. 1 Chemisieren von kleinen Formen: Die gekühlten Portionsförmchen alle bis kurz unter den Rand mit gelierendem Fond füllen.

Abb. 2 Die gefüllten Portionsförmchen in ein größeres, mit Eiswasser gefülles Gefäß stellen und den Inhalt kurz anziehen lassen.

Abb. 3 Sobald eine 2 bis 3 mm dicke Geleeschicht die Wände der Förmchen überzieht, die restliche Flüssigkeit wieder ausgießen.

Abb. 4 Spargel in Kerbelaspik mit Garnelen, Blattsalaten und cremigem Eierdressing

Abb. 5 Wachtelbrüstchen in Madeiragelee mit Lauch, Staudensellerie, Zuckerschoten und Karotten

VORSPEISEN – KALTE PLATTEN

2 Kalte Vorspeisen

🇬🇧 cold hors d'œuvres 🇫🇷 hors-d'œuvres (m) froids

In Verbindung mit den vielfältigen Zubereitungs-, Kombinations- und Garniermöglichkeiten ergibt sich eine Fülle von Möglichkeiten für kalte Vorspeisen.

Kalte Vorspeisen können aus fast allen Lebensmitteln hergestellt werden.

Im Rahmen einer Speisenfolge werden sie immer an erster Stelle gereicht. Da sie ein angenehmer Auftakt zum Menü sein sollen, müssen sie wichtigen Anforderungen gerecht werden:
- in der Menge nicht zu umfangreich,
- sorgfältig ausgewählte, zarte Rohstoffe, die auf die nachfolgenden Speisen harmonisch abgestimmt sind,
- appetitanregend, geschmackvoll angerichtet und ansprechend garniert.

Im Vergleich mit anderen Vorspeisen haben Canapés den Vorzug, dass sie keiner weiteren Beigaben bedürfen. Das kommt dem Service bei größeren Empfängen entgegen.

2.1 Canapés

Canapés sind kleine, verschieden belegte, mundgerecht zubereitete und dekorativ angerichtete Appetitschnittchen.

Cocktailbissen, Cocktailhappen oder **Snacks** sind weitere geläufige Bezeichnungen hierfür, weil man sie auch bei Empfängen zusammen mit Getränken (Cocktails) reicht.

Scheiben von Weißbrot oder von anderen Brotsorten, etwa 5 mm dick, in verschiedene Formen schneiden oder rund oder oval auszustechen. Weißbrot wird in der Regel geröstet. Dazu das Brot auf ein Blech legen und im Salamander ohne Fett rösten. Dunkle Ränder lassen sich vermeiden, wenn das Brot mehrmals gewendet wird.

Die Brotteilchen werden mit geschmeidiger Butter oder einer geeigneten Buttermischung bestrichen. Mitunter ist auch gewürzte Mayonnaise passend. Die Schnittchen erhalten dann einen Belag und eine dekorative Garnitur und sind sortiert in Reihen gefällig auf Papiermanschette oder Stoffserviette anzurichten. Garniturbestandteile aus Gemüsen oder Pilzen werden zuvor pikant abgeschmeckt.

Beim Anfertigen von größeren Mengen ist es vorteilhaft, das Kastenbrot längs in Platten zu schneiden, diese zu belegen und dann in entsprechend kleine Stücke zu zerteilen.

Trägt man mit einem Pinsel abgekühltes Gelee (Aspik) auf Garnitur und Belag, so erhalten die Schnittchen ansprechenden Glanz. Zudem wird das Antrocknen verhindert, wenn einmal längere Wartezeiten zu überbrücken sind.

Sandwiches

Ein würziger Belag wird zwischen zwei bestrichene Brotscheiben gelegt. Neben Toastbrot eignen sich dazu auch aromatische, herzhafte Brotsorten. Sandwiches dienen als schneller Imbiss zur Stärkung, als Teil eines Lunchpakets für Picknicks oder als Zwischenmahlzeit am späten Nachmittag zur Tea-Time. Bekannt ist das klassische Clubsandwich bestehend aus 3 Lagen Weißbrot, gefüllt mit gebratener Hühnerbrust, Mayonnaise, Blattsalat und krossem Speck.

2 Kalte Vorspeisen

Cocktailhappen

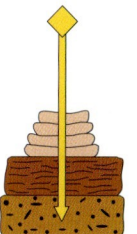  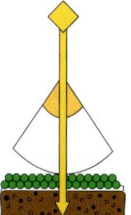 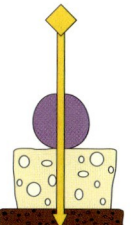 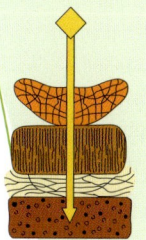 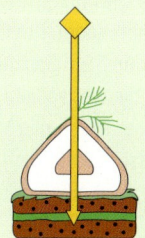

| Lebermus Schweinefilet Vollkornbrot | Kirsche Geflügelbrust Weißbrot | Eisechstel Schnittlauch Graubrot | Weintraube Käse Pumpernickel | Mandarine Rehmedaillon Waldorfsalat Grahambrot | Räucherlachs Apfel-Meerrettich Frisée-Salat Knäckebrot |

Mögliche Kombinationen für Canapés

Hauptzutat	Brot	Aufstrich	Garnierung
Entenbrust	Graubrot	Lebermus	Aprikose, Traube
Räucherlachs	Weißbrot	Senfbutter	Eiersalat, Shrimps, Trüffel
Roastbeefröllchen	Weißbrot	Senfbutter	Gurkenscheiben, Maiskölbchenscheibe
Kaviar	Röstbrot, Weißbrot	Butter	Eigelbcremetupfen, Tomatenfleischwürfel
Krabbenschwänze	Röstbrot	Mayonnaise	Gurkenstückchen, Dillzweig
Räucherforelle	Röstbrot	Crevettenbutter	Eigelbcreme, Krebsschwanz
Geflügelbrust	Röstbrot, Weißbrot	Würzbutter	Weinbrandsahne, Mangofrucht
Pökelzunge	Schwarzbrot, Röstbrot	Würzbutter	Cornichonfächer, Perlzwiebeln
Schinken, gekocht	Graubrot, Röstbrot	Würzbutter	Spargelspitzen, Olivenscheiben
Schinken, roh	Schwarzbrot	Colbertbutter	Melonenhalbmond, Ingwerwürfelchen
Pfefferkäse	Weißbrot, Röstbrot	Butter	Walnusskerne
Roquefortcreme	Schwarzbrot, Pumpernickel	Butter	Avocadokugeln, Kresse

Bunte Spießchen mit Käse

Die vorbereiteten Zutaten abwechselnd auf Holzspießchen stecken. Erlaubt ist was schmeckt und gefällt. Achten sollte man allerdings auf eine gewisse Abwechslung in der Farb- und Formgebung.

| Gorgonzola, Salami Cornichon | Gorgonzola Zucchini Tomate | Leberpastete Gouda Käseherz | Roquefortkugeln Melone | Reverand Mango Feige | Herbkäse Salami Wachtelei | Leerdamer Garnele Olive | Leberpastete Gouda | Brie Mango Kirsche | Castello Schinken Wachtelei | Pistazie Avocado Gorgonzola |

Zubereitung Speisen

VORSPEISEN – KALTE PLATTEN

Als Erstes gibt man in ein entsprechendes Glas marinierte Salatstreifen (Chiffonade). Der Cocktail bekommt dadurch ein üppigeres Aussehen, da die wertvollen Hauptbestandteile höher liegen und somit optisch besser zur Geltung kommen.

2.2 Vorspeisen-Cocktails

Vorspeisen-Cocktails bestehen aus
- Salatstreifen (Chiffonade)
- den namengebenden Hauptbestandteilen
- und Garnierungen.

Sie werden entsprechend variiert, pikant abgeschmeckt und eiskalt serviert.

Cocktail von Garnelen  shrimp cocktail 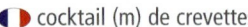 cocktail (m) de crevettes

Bedarf für 10 Portionen

500 g	Garnelen
200 g	Artischockenböden
200 g	Staudensellerie
10 g	Zitronensaft
20 g	Orangensaft
50 g	Mango-Chutney
5 g	Meerrettich
6 g	Whisky
5 g	Öl
100 g	Schlagsahne
	Salz, Dill, Kresse
70 g	Blattsalat für Chiffonade

- Gekochte, ausgebrochene und entdärmte Garnelen in Stücke schneiden, desgleichen gegarte Artischockenböden.
- Bleichsellerie in feine Streifen schneiden.
- Alle Bestandteile mit Orangen- und Zitronensaft, wenig Meerrettich, gehacktem Mango-Chutney, Salz und Öl vermischen und in Gläser füllen.
- Dem Rückstand der Marinade geschlagene Sahne und geschnittenen Dill beimischen, mit einem Spritzer Whisky verfeinern und in die Gläser auf die Salatstreifen verteilen.
- Stückchen von Garnelenfleisch und Kressebündelchen als Garnitur.

Cocktail von Avocados  avocado cocktail  cocktail (m) d'avocats

Bedarf für 10 Portionen

800 g	Avocados (4 Stück)
300 g	Chicorée (2 Stück)
30 g	Walnusskerne
5 g	Zitronensaft
10 g	Sherrywein
	Salz, Pfeffer, Öl, Chilisauce
	Chips von Tomate

- Avocado halbieren, Kern entfernen, das Fruchtfleisch aus der Schale lösen und in Würfel schneiden.
- Chicorée in feine Streifen schneiden und mit den Avocadowürfeln vermischen.
- Mit Zitronensaft, Sherry, Salz, Pfeffer und Öl anmachen.
- Cocktailbestandteile in Gläser füllen.
- Rückstand der Marinade mit Chilisauce vermischen, mit Weinbrand abschmecken.
- Sauce auf die Cocktails verteilen.
- Grob geschnittene Walnusskerne aufstreuen.

Cocktail von Melonen  melon cocktail  cocktail (m) de melon

Bedarf für 10 Portionen

800 g	gekühlte Melone
150 g	Crème fraîche
5 g	Zitronensaft
5 cl	Madeira- oder Portwein
	Salz, Pfeffer

- Melone halbieren, Kerne und Fasern entfernen.
- Melonenfleisch kugelförmig ausbohren und die Melonenkugeln mit einigen Spritzern Madeirawein marinieren.
- Restliches Melonenfleisch mit dem Mixer pürieren, würzen und mit Crème fraîche verrühren.
- Die etwas dickliche Sauce in die Gläser verteilen und die Melonenkugeln darauf anrichten.

2 Kalte Vorspeisen

Cocktail von Geflügel   🇬🇧 chicken cocktail   🇫🇷 cocktail (m) de volaille

Bedarf für 10 Portionen

500 g	gekochte Hühnerbrust	100 g	Schlagsahne
250 g	Grapefruitfilets		Salz, Pfeffer, Öl, Weinbrand,
200 g	Champignons		Chilisauce, Estragon,
200 g	grüne Paprikastreifen		Tomatenfächer
5 g	Zitronensaft		Blattsalat für Chiffonade
200 g	Mayonnaise		

- Hühnerbrust und Grapefruitfilets in Würfel, Paprikaschote in Streifen, gegarte Champignons in Scheiben schneiden.
- Alles mit Zitronensaft, Salz, Pfeffer und Öl anmachen und in Gläser auf die Salatstreifen füllen.
- Pikante Mayonnaise mit geschlagener Sahne, Chilisauce und geschnittenem Estragon vermengen, mit Weinbrand aromatisieren und
- die eingefüllten Bestandteile damit überziehen.
- Hühnerbrustscheibchen und Tomatenfächer als Garnitur auflegen.

Cocktail von Spargel   🇬🇧 asparagus cocktail   🇫🇷 cocktail (m) d'asperges

Bedarf für 10 Portionen

1 kg	Spargel, gekocht, weißer und grüner	100 g	Mayonnaise
		100 g	Créme fraîche
100 g	Orangenfilets		Salz, Pfeffer
5 g	Zitronensaft		
100 g	Schinkenstreifen		

- Spargel in Stückchen und Orangenfilets schneiden, Spargelköpfe als Garnitur beiseite stellen.
- Spargel und Orangenfilets mit Zitronensaft, Salz und Pfeffer marinieren.
- Marinierte Stückchen und Würfel in Gläser verteilen.
- Pikante Mayonnaise und die gleiche Menge Crème fraîche verrühren und die eingefüllten Zutaten damit überziehen.
- Spargelspitzen auflegen und mit Schinkenstreifchen bestreuen.

Krebs-Cocktail

… ein Cocktail mit besonderer Note durch frisch gekochte, geschälte Krebsschwänze und -scheren, die mit Noilly Prat, Zitronensaft und schwarzem Pfeffer mariniert sind. Diese werden zusammen mit kleinen Würfeln aus Tomatenfruchtfleisch, Salatgurke und etwas Cocktailsauce vermischt auf Friséesalat angerichtet. Mit den Krebsschweren ist der Cocktail garniert.

VORSPEISEN – KALTE PLATTEN

2.3 Kombinierte Salate

🇬🇧 salad variations   🇫🇷 variations (w) de salades

Kombinierte Salate sind aus verschiedenen, geschmacklich aufeinander abgestimmten Zutaten zusammengestellt. Sie können sein:
- Vorspeise, im Rahmen eines Menüs,
- eigenständige Mahlzeit, z. B. mit Brot, Toast und Butter,
- Bestandteil kalter Büfetts.

Heringssalat 🇬🇧 herring salad 🇫🇷 salade (w) d'hareng

Bedarf für 10 Portionen

750 g	Heringsfilet (ca. 10 Stück)
200 g	Äpfel
200 g	Senfgurken
200 g	Rote Bete, gekocht
200 g	Zwiebeln
	Essig, Pfeffer, Öl, Zucker

- Matjesheringsfilets, geschälte Äpfel, Senfgurken und Rote Rüben in gleichmäßige Würfel schneiden.
- Aus den übrigen Zutaten eine Marinade rühren, die geschnittenen Bestandteile zugeben und mischen. Rote Rüben gibt man am besten erst kurz vor dem Anrichten bei, um zu starke Rotfärbung des Salates zu vermeiden.

Als Garnitur eine Heringsraute obenauf legen.

Teufelssalat 🇬🇧 devil salad 🇫🇷 salade (w) diable

Bedarf für 10 Portionen

800 g	Rindfleisch, gekocht		300 g	Ketchup
400 g	grüne und rote Paprika-		50 g	Salatöl
	schoten		40 g	Meerrettich, gerieben
150 g	Essiggurken			Salz, Pfeffer,
150 g	Schalottenringe			Tabasco,
200 g	grüne Erbsen, gekocht			Zucker, Zitrone

- Gegartes Rindfleisch oder Zunge sowie Paprikaschoten und Essiggurken in Streifen schneiden.
- Alle genannten Zutaten mit den Schalottenringen mischen und mit der aus den übrigen Zutaten bereiteten Sauce marinieren und abschmecken.

Mit schwarzen Oliven, Maiskölbchen, Schalottenringen und evtl. hart gekochten Eiern garnieren.

Thunfischsalat 🇬🇧 tuna salad 🇫🇷 salade (w) de thon

Bedarf für 10 Portionen

750 g	Thunfisch		200 g	abgezogene Tomaten
200 g	grüne Bohnen, gekocht			Essig, Olivenöl, Senf, Salz, Pfeffer
200 g	rote Paprikaschoten			Tomatensaft, gehackte
200 g	Schalottenringe			Petersilie

- Thunfisch in gleich große Stücke zerpflücken. Tomaten in Sechstel teilen. Gekochte grüne Bohnen in 2-cm-Stücke schneiden. Paprikaschoten streifig schneiden.
- Aus den anderen Zutaten eine Marinade herstellen und die vorbereiteten Salatbestandteile sowie die Schalottenringe damit anmachen.

Pikante Salatkombinationen wirken sehr appetitanregend. Die vorgegarten Zutaten müssen vor der Weiterverarbeitung zur Salatkombination gut durchgekühlt sein. Dann werden sie entsprechend geschnitten, gemischt und mariniert. Bis zum Service werden die Salate gleich wieder kalt gestellt.

2.4 Vorspeisenvariationen

🇬🇧 hors d'œuvre variations 🇫🇷 variations (w) d'hors-d'œuvres

Vorspeisen sollen aus verschiedenen kleinen Einzelteilen bestehen und geschmacklich würzig und anregend sein.

Für die Zusammenstellung ist auch die Jahreszeit ausschlaggebend. Da Vorspeisen zur Auswahl angeboten werden, ist auf reiche Abwechslung in Geschmack und Farbe zu achten.

Das verwendete Material, auch der Dekor, ausgenommen Obst und Kräuter, sind vor der Fertigstellung mit Salz, Pfeffer, Zitronensaft und ein wenig Öl zu marinieren.

Die Vorspeisen werden kalt gestellt und danach mit Gelee leicht überglänzt.

Garnituren, wie Kaviartupfen, Gartenkresse und Kräuterzweige, sind erst nach dem Überglänzen der Vorspeisenteilchen anzubringen. Kaviar wird in Verbindung mit Feuchtigkeit milchig; die zarten Blättchen der Kräuter verlieren die natürliche Zellspannung und damit ihr frisches Aussehen.

Die Vorspeisen werden zur Auswahl am besten in flachen Schalen (Raviès) angerichtet und auf einer großen Platte zusammengestellt. Passende würzige Saucen, hergestellt auf der Basis von Mayonnaise oder Vinaigrette, reicht man gesondert.

Gefüllte Tomaten

Zutaten:
Tomaten,
Räucherlachs,
Gelee,
Sahne,
geriebener Meerrettich,
Pfeffer,
Gin,
Kaviar,
Estragonblätter

Bei Tomaten Strunk ausstechen, brühen, Haut abziehen. Tomaten quer halbieren, Kerne entfernen, marinieren. Räucherlachs vom Schwanzteil pürieren, ein wenig aufgelöstes Gelee dazurühren.

Würzen mit Meerrettich, frisch gemahlenem Pfeffer und einem Spritzer Gin. Geschlagene Sahne unterheben und das Räucherlachs-Mus in die vorbereiteten Tomaten füllen. Mit je zwei Räucherlachsstreifen und Kaviar garnieren.

- **Garnitur:** Streifen von Räucherlachs, Kaviar, Estragonblätter

Zungentaschen

Zutaten:
Rinderpökelzunge in Scheiben,
gegarte Champignons,
würzige Mayonnaise,
gehacktes, hartgekochtes Ei,
Schnittlauch,
grüner Spargel

Mayonnaise, gehacktes Ei und Schnittlauch vermischen. Die Champignons grob hacken und mit der Eier-Mayonnaise binden. Zungenscheiben nebeneinanderlegen. Auf die Hälfte der schmalen Seite die Champignonmischung geben, die andere Hälfte der Zungenscheibe darüberklappen. Mit je einer Champignonscheibe und zwei marinierten grünen Spargelspitzen garnieren.

- **Garnitur:** Gleichmäßige Champignonscheiben, grüner Spargel.

VORSPEISEN – KALTE PLATTEN

Gefüllte Artischockenböden

Zutaten:
Gekochtes Geflügelfleisch,
gekochter Spargel,
gekochte Sellerieknolle,
Mayonnaise,
kleine Artischockenböden
und Garnelen.

Geflügelfleisch, Spargel und Sellerie in Würfel schneiden und mit pikanter Mayonnaise anmachen. Geflügelsalat in die marinierten Artischockenböden füllen. Streifchen der Paprikaschote und je einen Krebsschwanz oder eine Garnele gefällig darauflegen.

- **Garnitur:** Streifchen grüner Paprikaschote, Garnelen

Rehrückenmedaillons

Zutaten:
Gebratene Rehrückenmedaillons,
Gänselebermus,
Orange,
Himbeeren

Gänselebermus aus gegarter, pürierter Gänseleber und schaumig gerührter Butter mit geschlagener Sahne herstellen. Auf gebratene Rehmedaillons dressieren. Mit Orangenfilet und Himbeere garnieren.

- **Garnitur:** Orangenfilets, Himbeeren, Gänselebermus

Vorspeisenteller

Heute werden Vorspeisen vielfach im Voraus zusammen mit Saucen und Beilagen auf Tellern angerichtet. Diese Art des Anrichtens erleichtert den Service.

Languste mit zweierlei Avocado

Dünne, gebackene Teigschalen auf Teller setzen, mit Dill und mariniertem Friseesalat auslegen, dann eine Nocke Avocadomousse einfüllen. Langustenschwanz aufrecht stellen und mit einer gegrillten Avocadoscheibe und etwas Sauce garnieren.

Tatar auf Brioche mit Kräutersalat

Thunfisch-Tatar zu $^2/_3$ des Tatars auf Briochescheibe setzen, den Rest als Kugel, die den Kräutern Halt gibt. Ein pochiertes und mariniertes Wachtelei mit Schnittlauch bestreut zusammen mit einer bunten Vinaigrette und Brioche anrichten.

Lamm mit Ziegenkäse und Salatbouquet

Hauchdünne, mit Limone und Pfeffer marinierte Lammscheiben diagonal anrichten sowie das Lammfilet im Teigmantel daneben setzen. Links oben ein Salatbouquet mit einer Ziegenkäsenocke platzieren.

2 Kalte Vorspeisen

Schinkenmousse mit Chicorée

Schinkenmoussewalze hochkant anrichten. Rote und grüne Paprika sowie Schalotten in Würfel schneiden und mit Weißwein, Zitronensaft und Öl verrühren. Mit Salz und Pfeffer würzen und über den längs geschnittenen Chicoree träufeln.

Entenleberparfait mit Pilzen

Geschälte Süßkartoffeln mit Schäler weiter in Längsstreifen schneiden und frittieren. Pilze in Butter dünsten und mit Olivenöl und Essig marinieren. Timbal vom Entenleber-Parfait zusammen mit den Chips, Rucola und Pilzen anrichten.

Lachsfilet im Sauerrahmmantel

Vom Parfait in Dachrinnenform breitere Scheiben mit nassem Messer abschneiden und senkrecht auf einem Spiegel aus Kräuter-Creme-fraîche anrichten. Mit Dillzweigen und Keta-Kaviar garnieren.

Amuse-Gueule

Amuse-Gueule oder Amuse-Bouche werden auch als kleine Gaumenfreuden bezeichnet. Es sind kleinste zum Gedeck gehörende kalt oder warm angebotene Aufmerksamkeiten, die in manchen Restaurants unabhängig von der Bestellung des Gastes als Auftakt zu einem Mahl gereicht werden. Genau gesagt, sind es Vorspeisen im Mini-Format.

Gefüllte Zucchiniblüte

Würfelchen von Karotte, Staudensellerie und Schalotte in Butter anschwitzen, würzen, mit Balsamico und Mayonnaise vermischen und abkühlen. Damit die Zucchiniblüte füllen und das übrige Gemüse als Sockel anrichten und die Blüte darauf legen.

Wachtelkeule

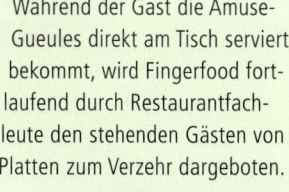

Rauten von Zuckerschoten, Bleichsellerie, Paprika und Karotten mit Ringen von Frühlingszwiebeln blanchieren und in Tellerchen füllen. Mit Madeiragelee übergießen, gelieren lassen und eine gebratene Wachtelkeule darauf servieren.

Finger-Food

Delikatessen im Miniformat werden als appetitanregende Speisen bei Stehempfängen angeboten. Sie werden als Finger-Food bezeichnet. Diese kleinen Häppchen werden so zubereitet, dass sie mit den Fingern bequem gegessen werden können.

Während der Gast die Amuse-Gueules direkt am Tisch serviert bekommt, wird Fingerfood fortlaufend durch Restaurantfachleute den stehenden Gästen von Platten zum Verzehr dargeboten.

Rustikale Mini-Krautkrapfen mit Garnelen lauwarm serviert

Shrimps auf Avocadocreme im Filoteigkörbchen

Blätterteigherzen, gefüllte Radieschen, Mini-Toast mit Leberpastete, Fenchelsalat mit Tilsiter

Frische Datteln im Speckmantel; werden auch gerne zu Drinks an der Bar serviert

VORSPEISEN – KALTE PLATTEN

2.5 Feinkostprodukte

🇬🇧 fine food products 🇫🇷 produits (m) délicat

Unter dieser Bezeichnung sind alle für die Kalte Küche wichtigen, delikaten Produkte wie Pasteten, Terrinen, Galantinen und Parfaits zusammengefasst. Dazu zählen Mousses, Gelees und Sülzen (s. S. 664) ebenso wie Ballotinen (kleine mit Farce gefüllte Tierkörperteile wie z. B. Keulchen).

Zubereitungen dieser kalten Feingerichte umfassen Schlachtfleisch, Wild, Geflügel, Fische, Krebs- und Weichtiere sowie Zutaten der höchsten Qualitätsstufe. Sie werden nach dem vorherrschenden Geschmack des Grundstoffs bezeichnet, z. B. Schinkenpastete, Frischlingsterrine, Poulardengalantine. Ein Teil des jeweiligen Grundstoffs dient der Bereitung einer feinen Farce, der wertvollere Teil bildet mit den Zutaten die Einlage. Zutaten können z. B. sein: Pökelzungenwürfel, Pistazien, Trüffeln. Durch die Komposition von Farce und Einlage ergibt sich später bei den gegarten Feingerichten ein kontrastreiches, appetitliches Schnittbild.

Pasteten 🇬🇧 pies 🇫🇷 pâtés (m)

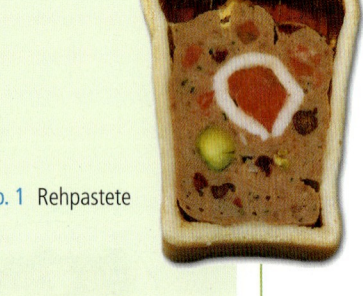

Abb. 1 Rehpastete

sind in Teig eingeschlossene Feingerichte, die in speziellen Pastetenformen im Ofen gebacken wurden. Der durch die Verdunstung entstandene Hohlraum wird nach dem Erkalten der Pastete mit geschmacksspezifischem Gelee ausgegossen. Man gießt es durch die Dampfabzugslöcher, die man vor dem Backen auf der Teigoberfläche aussticht.

Parfait 🇬🇧 parfait 🇫🇷 parfait (m)

Parfaits sind feinste Gerichte aus ausgewählten Zutaten. Ihre schnittfeste Struktur erhalten sie durch Pochieren im Wasserbad oder, falls Gelatine Verwendung findet, durch Kühlen der Masse im Kühlschrank. Wichtig bei alledem sind ein optimales Aussehen und Geschmackserlebnis. Die Bezeichnung Parfait verwendet man bei besonders edlen und luftigen Produkten.

Gänseleberparfait 🇬🇧 goose liver parfait 🇫🇷 parfait (m) de foie gras

Dieses Feingericht ist hergestellt aus den Fettlebern von Gänsen mit Trüffeln, die in einem Wasserbad im Ofen bis zur vorgesehenen Garstufe pochiert wurden. Die Lebern werden zuvor von Haut und Blutgefäßen befreit, dann gewürzt und mit Alkoholika (z. B. Cognac und Portwein) aromatisiert. Zusammen mit Trüffeln drückt man sie fest in Spezialformen, die vorher mit dünnen Speckscheiben ausgelegt wurden.

Terrinen 🇬🇧 terrine 🇫🇷 terrines (w)

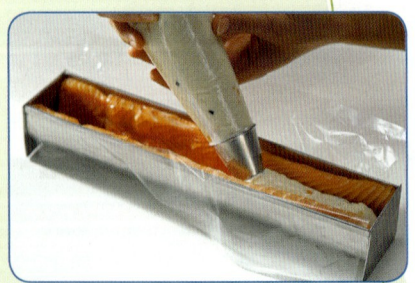

sind Feingerichte, die in mit Rückenspeckscheiben oder mit Klarsichtfolie ausgelegten und abgedeckten, feuerfesten Keramikformen (Terrinen) gegart wurden.
Terrinen werden mit einem Deckel verschlossen, in ein Wasserbad gestellt und im Rohr gegart. Bei Erreichen der Kerntemperatur von 70–75 °C sind sie gar. Nach dem Erkalten werden sie gestürzt oder im Restaurant vor dem Gast aus der Form gestochen bzw. schräg herausgeschnitten.

2 Kalte Vorspeisen

Galantinen 🇬🇧 galantines 🇫🇷 galantines (w)

sind Feingerichte, die in der Regel aus ausgebeinten Tierkörpern oder Teilen davon bestehen. Geflügel, Wildgeflügel, Wildschweinköpfe, Schweinefüße (Zamponi) oder Aale kommen u. a. in Betracht. Der völlig entbeinte und gefüllte Körper wird fest in eine Serviette oder in eine spezielle Folie gewickelt und umschnürt. In vorbereiteter Brühe lässt man die Galantine garziehen und anschließend abkühlen.

Abb. 1 Geflügelgalantine

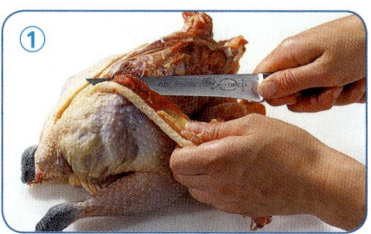

① Flügel am ersten Gelenk abtrennen. Geflügel auf die Brust legen und die Haut entlang des Rückgrats bis auf die Knochen durchtrennen. Vom Einschnitt ausgehend beidseitig der Karkasse das Fleisch ablösen.

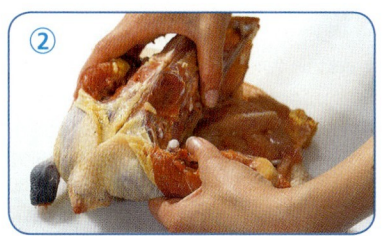

② Die Keulen und die Flügelstummel in den Gelenken durchschneiden und die ganze Karkasse mit kleinen Schritten vollends vom Fleisch trennen

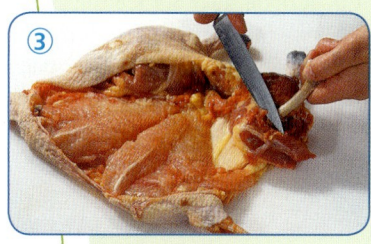

③ Die Unterschenkelknochen umschneiden, sie zur Hälfte aus dem sie umgebenden Fleisch drücken und die freigelegten Teile abhacken.

④ Die hohlen Keulentaschen mit einem Spritzbeutel mit Farce füllen.

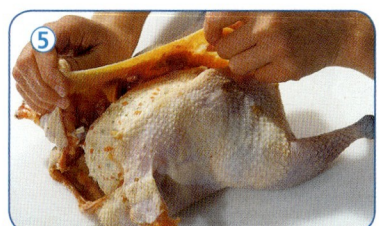

⑤ Die Fleischinnenseite würzen und die Füllung darauflegen. Die rechte und linke Seite hochklappen

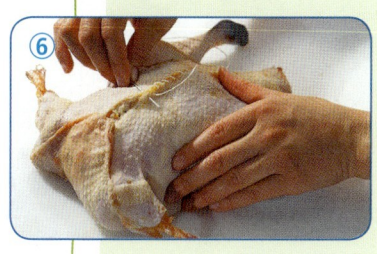

⑥ Danach die Haut des Halses über die Füllung ziehen und die Hautnaht vernähen.

⑦ Das Geflügel mit Hilfe eines Bindfadens in Form bringen.

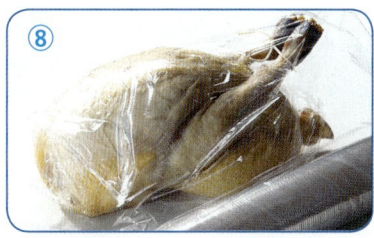

⑧ Mit einer leicht geölten Klarsichtfolie umwickeln, damit die Haut nicht anklebt.

⑨ Eine besonders gute Form erhält man, wenn das Huhn mit einer Mullbinde umwickelt wird.

Zubereitung Speisen

VORSPEISEN – KALTE PLATTEN

Sülzen 🇬🇧 jelly of … 🇫🇷 … en aspic

Sülzen können aus verschiedensten Rohstoffen hergestellt werden. Die einzelnen Bestandteile werden getrennt vorbereitet und gegart, dekorativ in Formen gelegt und mit einem gut abgeschmeckten Gelee übergossen (s. S. 652).

Spargelsülze mit Prager Schinken 🇬🇧 jelly of asparagus 🇫🇷 asperge (w) en aspic

Trapezform: 20 × 5,5 × 8 cm

400 g	weißer Spargel, gekocht	10 Blatt	Gelatine
300 g	grüner Spargel, gekocht		Estragon, gehackt
250 g	gekochter Schinken		
300 ml	Spargelsud, klar		
200 ml	Gemüsebrühe, klar		

- Eine Kuchenform in Eiswasser gut vorkühlen, mit abgekühltem Gelee ausgießen, zwei bis dreimal wiederholen, bis sich ein Geleemantel bildet.
- Danach weißen Spargel, Schinken und grünen Spargel schichtweise in die Form einordnen.
- Jede Schicht mit Gelee, das mit gehacktem Estragon angereichert ist, übergießen.
- Die gefüllte Form über Nacht durchkühlen.
- Aus der Form stürzen, schneiden und anrichten.

Mousses 🇬🇧 mousses 🇫🇷 mousses (w)

Mousses werden aus Pürees in Verbindung mit einem Bindemittel hergestellt. Vorwiegend dienen dazu Béchamelsauce oder Veloutées. Zusätzlich wird flüssiger Aspik beigegeben. Der Lockerung dient geschlagene Sahne. Mousses können in Trapez- oder Tunnelformen oder Portionsförmchen gefüllt werden.

Mousses von Spargel oder Brokkoli
🇬🇧 broccoli and asparagus mousses 🇫🇷 mousse (w) de broccoli et d'asperge

300 g	grüner Spargel oder Brokkoli, gekocht und püriert
200 g	Spargel-Velouté
9	Blatt Gelatine, in kaltem Wasser eingeweicht
150 ml	geschlagene Sahne
	Salz, Pfeffer, Zitronensaft

- Trapez- und Dreiecksform je 750 ml mit Klarsichtfolie auslegen und die Mousses einfüllen, ausreichend durchkühlen lassen.
- Zum Anrichten aus der Form stürzen, die Folie entfernen und in 1 cm dicke Scheiben schneiden.
- Mit Sahne und Melissenblättchen garnieren.

Abb. 1 Brokkolimousse/Spargelmousse

Gewürztem Püree Sauce zufügen, mixen

Masse durch ein feines Sieb streichen

Aufgelöste Gelatine unterrühren

Schlagsahne unterheben

3 Zwischengerichte

🇬🇧 entrées 🇫🇷 entrées (w)

Im Rahmen einer Speisenfolge betrachtet man die Zwischengerichte als den leichten Übergang von der Suppe zu den nachfolgenden Gängen. (s. S. 682 Zwischenmahlzeiten und S. 694 Menükunde)

Zwischengerichte sollen appetitanregend wirken. Viele lassen sich gut vorbereiten wie z. B. Tarteletts, Blätterteigpastetchen, Teigschiffchen usw. Mit einer feinen Füllung versehen, können sie rasch fertiggestellt und serviert werden.

Zwischengerichte werden aus einem breiten Angebot von Rohstoffen wie Geflügel, Wild, Schlachtfleisch, Innereien, Fische, Krebstiere, Weichtiere, Teigwaren, Eier, Gemüse, Kartoffeln oder Pilze gefertigt.

Abb. 1 Zwischengerichte aus China

Übersicht

Kroketten 🇬🇧 croquettes 🇫🇷 croquettes (w)

Sie werden zubereitet aus kleinwürfelig geschnittenen, gegarten Gemüsen, Kartoffeln, Pilzen, Fischen, Schalentieren, Krustentieren, Geflügel, Wild oder Schlachtfleisch. Mit dicker brauner oder weißer legierter Grundsauce werden die Zutaten gebunden. Nach dem Auskühlen wird die Masse geformt, paniert und frittiert.

Feine Ragouts 🇬🇧 small ragouts 🇫🇷 ragoûts (m) fins

Geflügel, Innereien, Wild, Kalbfleisch, Fische, Krebstiere, Gemüse oder Pilze werden gegart, meist gekocht, in kleine Würfel geschnitten, mit einer entsprechenden Sauce abgebunden und pikant gewürzt.

Abb. 2 Herzhafte Kartoffelkroketten

Die feinen Ragouts serviert man in Näpfchen, in Hülsen aus Blätterteig oder in römischen Pasteten sowie in Muschelschalen, oft leicht überbacken.

Pastetchen 🇬🇧 pattie 🇫🇷 bouchée (w)

Mit unterschiedlichen weißen oder braunen, feinen Ragouts gefüllt. Die Pastetchen bestehen aus Blätterteig (s. S. 608).

Spießchen 🇬🇧 skewers 🇫🇷 brochettes (w)

Ca. 6 cm lang, besteckt mit kleinen Stücken von Hummer, Krebsen oder gedünsteten Muscheln, kleinen Teilen von Geflügel, Kalbsbries, Zunge, Schinken, Leber, Artischockenböden, Paprikaschoten, Pilzen und Speck, auch gemischt aufgereiht.
In Butter braten oder in Bierteig tauchen bzw. panieren und frittieren.

Abb. 3 Pastetchen mit Scampi-Ragout

Krusteln 🇬🇧 crusts 🇫🇷 croustades (w)

Sardellen- oder Räucherlachsstreifen, würzige Fisch-, Pilz- oder Käseteilchen werden mit Blätterteig umhüllt, in Rauten-, Rechteck-, Hörnchen- oder Stäbchenform gebracht und im Ofen gebacken.

Abb. 4 Geflügelspießchen

Zubereitung Speisen

VORSPEISEN – KALTE PLATTEN

Weitere Zwischengerichte bestehen aus Teigwaren wie Nudeln, Tortellini, Spaghetti, Ravioli, Canneloni, Lasagne und Maultaschen sowie Buchweizenpfannkuchen (Blini) und Crêpes mit feinen Füllungen und Saucen. Neben all den bereits genannten Rohprodukten können auch viele warme Vorspeisen aus Eiern zubereitet werden.

Krapfen 🇬🇧 fritters 🇫🇷 beignets (m)

Stückchen von gegarten Gemüsen (Blumenkohl, Artischocken, Sellerie, Spargel, Petersilienwurzeln, Schwarzwurzeln) oder Scheiben von Auberginen und Zucchini, würzen, in Filoteig wickeln oder in Backteig tauchen und frittieren.

Kleine Aufläufe 🇬🇧 small soufflés 🇫🇷 soufflés/timbales (m)

Fein durchgestrichenes Mus (Farce) von Wild, Geflügel, Fischen oder Krustentieren, würzen, mit Eigelb, Schlagsahne und Eischnee aufziehen, in gebutterte kleine Förmchen füllen und im Wasserbad im Ofen garen.

Gebackenes – Frittiertes 🇬🇧 deep-fried dishes 🇫🇷 fritots (m)

Gewürzte Muscheln, Austern, Seezungenfilets in Streifen schneiden, mit Ei und Weißbrotkrume panieren oder in Backteig tauchen und frittieren.

Törtchen 🇬🇧 tartelets 🇫🇷 tartelettes (w)

Mit Blätter- oder Pastetenteig ausgelegte Törtchen, verschiedenartig mit Käse, Schinken, Gemüse, Pilzen, Fisch, Wild usw. füllen und im Ofen backen.

Nocken 🇬🇧 dumplings 🇫🇷 noques (w)

Zwischengerichte aus Grieß- oder Brandmasse werden oftmals zusammen mit gekochten Kartoffeln zu Gnocchi geformt.

Abb. 1 Gnocchi

Ergänzung mit Kräuterrahmsaucen, Tomatensauce oder Butter mit Reibkäse

---

Pilz-Kartoffel-Kuchen 🇬🇧 mushroom potato cake 🇫🇷 quiche (m) aux champignons et pommes de terre

Bedarf für 10 Portionen

400 g	Pasteten- oder Blätterteig		**Für den Eierguss**
400 g	Kartoffeln, gekocht	250 g	Crème fraîche
400 g	Champignonwürfel	250 g	Milch
40 g	Butter	5	Eier
100 g	Schalotten		Salz, Muskat
100 g	Schinken- oder Speckwürfel		
	Schnittlauch, Kerbel, Petersilie		
	Salz, Pfeffer		

Kuchenblech, Porzellanbackform oder 2 Tortenringe (Ø 14 cm) mit Teig auslegen und mit einer Gabel stupfen. Schinkenwürfel mit Schalottenwürfel in Butter anbraten, Champignonwürfel zugeben, mitdünsten, würzen, danach das Ganze etwas auskühlen lassen und mit den in Würfel geschnittenen Kartoffeln sowie den gehackten Kräutern vermischen und auf den Auslegeteig verteilen. Zutaten für den Eierguss glatt rühren, würzen und gleichmäßig über die Zutaten gießen. Bei ca. 170 °C etwa 40 Min. goldgelb backen. Nach dem Backen kurz ruhen lassen und in Stücke schneiden.

Wildragout in Pastetchen 🇬🇧 patties with venison ragout 🇫🇷 bouchées (w) au ragoût de gibier

Bedarf für 10 Portionen

850 g	Rehfleisch, gekocht	0,4 l	Wildgrundsauce
250 g	kleine Pfifferlinge	60 g	Sauerrahm
200 g	Rotwein		Salz, Pfeffer, Estragon
40 g	Butter		
40 g	Schalotten		

Feingeschnittene Schalotten in Butter anschwitzen, Pfifferlinge zugeben, mit Rotwein ablöschen und dünsten. In Würfel geschnittenes Rehfleisch beigeben, mit Wildgrundsauce auffüllen und köcheln lassen. Danach den Sauerrahm mit einem Teil der Sauce verrühren, dem Ragout beimischen und gehackten Estragon einstreuen. Vorbereitete Pastetchen im Ofen aufbacken, mit Ragout füllen und servieren.

4 Anrichten von Kalten Platten

🇬🇧 cold platters 🇫🇷 plats (m) froids

Das Anrichten von kalten Platten erfordert Geschicklichkeit und ein feines Gefühl. Mit den folgenden Hinweisen sollen die Arbeiten zum Herstellen von kalten Platten erläutert und erleichtert werden (s. S. 669).

- **Platten**
  Gebräuchlich sind versilberte Platten, Chromstahl-, Glas- und Porzellanplatten. Die Platten müssen unbeschädigt und sauber sein, denn sie geben dem Angerichteten den Rahmen.

- **Geleespiegel**
  bilden eine hygienische, produktschützende Isolierschicht zwischen Platte und den daraufliegenden Speisen (s. S. 652).

- **Papierservietten**
  saugen Fett und Feuchtigkeit auf. Man verwendet sie nur bei Platten mit Aufschnitt, der zum direkten Verzehr bestimmt ist.

Abb. 1 Salami in Tütenform

4.1 Vorbereitende Arbeiten

Aufschneiden

Zu den vorbereitenden Arbeiten gehören das Aufschneiden und Zerlegen der vorgesehenen Ware. Von besonderer Bedeutung für die spätere Darbietung sind die Schnittbilder. Saubere und glatte Schnittflächen kann man nur erreichen, wenn
- die Ware gut gekühlt ist,
- die Messerscheiben in den Aufschnittmaschinen scharf sind,
- geeignete, scharfe Tranchiermesser benutzt werden.

- **Weiche Wurstsorten** wie z. B. Teewurst, Mettwurst, Leberwurst werden mit schmalem, dünnem Messer geschnitten. Die Stärke der Scheiben soll nicht unter 5 mm liegen. Der Darm bleibt an den Wurstscheiben; wird er zuvor eingeritzt, erhält man unverformte Scheiben, die sich exakt legen lassen.

Abb. 2 Kalter Braten in Taschen- und Röllchenform, gefüllt und ungefüllt

- **Feste Wurstsorten und kalter Braten** wie z. B. Cervelatwurst, Salami, Zungenwurst, Roastbeef werden mit der Aufschnittmaschine geschnitten. Die Stärke der Scheiben liegt bei 1 bis 2 mm, bei Salami auch unter 1 mm.
  Der Darm wird vorher in Breite des aufzuschneidenden Wurststücks abgezogen.

- **Würste mit kleinem Durchmesser**
  werden mit schräger Schnittführung aufgeschnitten, um Scheiben mit größerer Fläche zu erhalten.

- **Würste und Braten mit großem Durchmesser**
  werden quer mit gerader Schnittführung aufgeschnitten, um zu vermeiden, dass sich der Flächeninhalt der Scheibe vergrößert.

Abb. 3 Gekochter Schinken in Röllchen- und Tütenform

Zubereitung Speisen

VORSPEISEN – KALTE PLATTEN

Abb. 1 Rohen Schinken in Welle legen

Durchschnittsmengen	
Fleisch mit Wurstwaren	120–150 g
Fisch	70–100 g
Salat	70–120 g
Beilagen	50–80 g
Brot	80–100 g
Butter	20–40 g
Käse	80–100 g
Süßspeise	100–120 g

- **Gekochte Schinken**
  werden mit der Aufschnittmaschine geschnitten. Die Stärke der Scheiben ist unterschiedlich. Die Schwarte wird vorher entfernt, das Fett bis auf einen kleinen gleichmäßigen Rand abgeschnitten. Beim angerichteten Schinken liegt die Scheibe immer mit dem Fetträndchen nach oben.

- **Rohe Schinken**
  werden vorwiegend mit der Aufschnittmaschine geschnitten. Die Stärke der Scheiben liegt unter 1 mm. Zuerst wird die Schwarte zusammen mit dem Fett so abgeschnitten, dass ein kleiner Fettrand verbleibt. Bei Knochenschinken wird der Röhrenknochen mit Hilfe eines Knochenlösers aus dem Schinken gestoßen. Auch hier werden die Scheiben mit dem Fetträndchen nach oben gelegt.

- **Gebratenes Geflügel**
  Der Größe des Geflügels entsprechend teilt man die Keulen mit senkrechten Schnitten in Stücke. Die Brüste teilt man mit schräg-flachen Schnitten in dickere Scheiben (Tranchen). Fleischstücke mit größerem Durchmesser werden entweder dünner aufgeschnitten oder, falls sie gefüllt sind, in dickere Tranchen geschnitten, die dann halbiert werden.

Die angerichtete Menge muss der Plattengröße entsprechen. Überladene Platten beeinträchtigen das Aussehen. Wenn Platten für eine bestimmte Personenzahl vorgesehen sind, müssen Tranchen und Beilagen aufeinander abgestimmt sein.

Farbenspiel

Beim Anrichten ist auf Farbkontraste zu achten. Helles und dunkles Fleisch, Schinken und Wurst sind so zu gruppieren, dass Farben abwechseln. Die reiche Auswahl von passendem Dekor, Garniermöglichkeiten und Beilagen bietet weitere Gelegenheit, das Farbbild zu beleben.

Besondere Schnittformen wirken dekorativ.

Abb. 2 Poulardenkeulchen (Ballotinen) mit gebratener Putenbrust und gefüllter Entenbrust

Krone von Melone: Mit einem Dreieck-Messer die Melone in gleichmäßigem Abstand einstechen.

Herz von Kohlrabi: Kohlrabi schälen, in 7 mm dicke Scheiben trennen und in Herzform schneiden.

 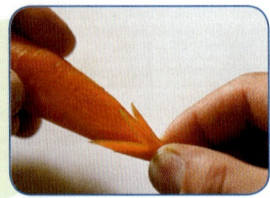  

Zucchini einschneiden | Blüte ausbrechen | Blätter aus Gemüse | Radieschen

Blüte von Karotte: Kirchturmartig zuspitzen, an allen vier Kanten bis zur Mitte einscheiden und Blüte ausbrechen.

Fisch von Kohlrabi: 7-mm-Scheiben, mit Messer Fischform schneiden, Flossen, Schwanz und Kopf einritzen.

4.2 Gestaltung von Platten

Ein Kaltes Büfett soll den Gästen Freude nicht nur am Essen bereiten, sondern ihnen auch optisch Wertvolles und Schönes bieten. Dass die Kunstwerke am Ende vergänglich sind, liegt in der Natur der Sache, dann nämlich, wenn sie verzehrt sind.

Bei einem Kalten Büfett unterscheidet man zwischen Schauplatten und einfacheren, schlichten Platten. Diese Platten gelten als „Füller" im Büfett. Sie dienen aber auch als Büfett-Ergänzungsplatten und sind für nachkommende Gäste gedacht, die sich noch am Büfett bedienen wollen. Diese Gäste möchten ebenso schön angerichtete Platten sehen und vor allen Dingen möglichst die gleichen Produkte vorfinden.

Bei den einfachen Platten werden die Tranchen enger aufgelegt als auf den Schauplatten. Das Gleiche gilt auch für die Beilagen und Salate. Die Ergänzungsplatten bezeichnet man auch als „Supplement-Platten", weil sie nachgereicht, das heißt gegen geleerte Platten im Büfett ausgetauscht werden. Bei diesen Platten spielt dann nicht mehr so sehr die Kombination und Ausgewogenheit zwischen Fleisch oder Fisch mit passenden Beilagen eine Rolle.

Abb. 1 Galantine von Lachs und Zander – einfach und doch attraktiv

Abb. 2 Terrine von Lachs – edles Produkt schlicht angerichtet

VORSPEISEN – KALTE PLATTEN

4.3 Gestaltung von Schauplatten

Blickpunkte eines kalten Büfetts sind die schön angerichteten Platten, die sogenannten Schauplatten. Sie bestehen aus:
- **Haupt- oder Mittelstück,** das angeschnitten präsentiert wird,
- **Tranchen von Hauptstück** und dazu passenden
- **Beilagen und Umlagen.**

Je kleiner Tranchen und Umlagen gehalten werden, desto vielfältiger kann der Gast eine Auswahl für sich zusammenstellen. Die Garnituren und Umlagen sollen geschmacklich zum Hauptstück passen und wenn möglich der Anzahl der aufgeschnittenen Tranchen entsprechen.

Der ganz belassene Teil des Hauptstückes überragt in der Höhe die anderen Zubereitungen, und deshalb fällt er besonders auf.

Bei den Tranchen erhält man durch „Fächern", ein fächerartiges schräges Aufeinanderlegen der Tranchen, eine gewisse Höhe. (s. S. 669 und 671 ff.)

Anrichten

Angerichtet wird nur, was genießbar ist und im Geschmack harmoniert. Die einzelnen Gruppen der angerichteten Speisen sollten mit Zwischenraum angerichtet werden. Dadurch wird das Gesamtbild des Arrangements positiv beeinflusst. Das Belegen von Plattenrändern sollte man grundsätzlich vermeiden. So dient z. B. bei henkellosen Platten der Rand zum Anfassen beim Tragen.

Belegen der Schauplatten

- Ein **Geleespiegel** schützt die Platte und verhindert den unmittelbaren Kontakt der Lebensmittel mit dem Silber. Durch die Feuchtigkeit des Gelees bleiben zudem die Speisen länger frisch. (s. S. 652)
- Das **Hauptstück** bildet den Richtpunkt für alle übrigen Bestandteile und ist darum überlegt anzuordnen.
- **Tranchen und Umlagen** müssen exakt portioniert und in gedachten Linien gleichmäßig angerichtet werden.
- **Platten nicht überladen**, damit Platz zwischen den Stücken bleibt und die einzelnen Formen zur Geltung kommen.
- **Ränder dürfen nicht belegt werden.**
- Bei der **Anrichteweise** unterscheidet man verschiedene Grundformen, die in den folgenden Beispielen erläutert werden.

Auf den folgenden Seiten zeigen Beispiele zeitgemäße Anrichteweisen. Diese sind jedoch nicht verbindlich, da sie einem steten Wandel unterliegen. Die Kombination von Farbbild, Zeichnung und Linienführung verdeutlicht die Gestaltungsprinzipien und Vorgehensweisen.

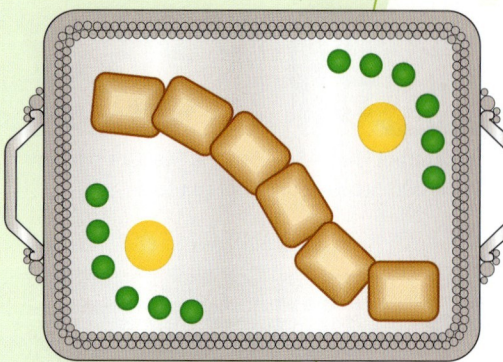

Anrichtevorschlag für
Tranchen ohne Hauptstück wie Galantinen, Lachs oder Bratenscheiben mit Beilagen

Anrichtevorschlag für
Hauptstück und Tranchen getrennt wie Geflügel aller Art, Zunge, Galantine, Pastete mit Beilage

Anrichtevorschlag für
Hauptstück und Tranchen getrennt wie Krebstiere, Pastete, Galantine, Bratenstück mit Beilage

Galantine von der Martinsgans

Gefüllte Gänsebrust · Früchte-Timbale · Brombeersauce im kleinen Kürbis

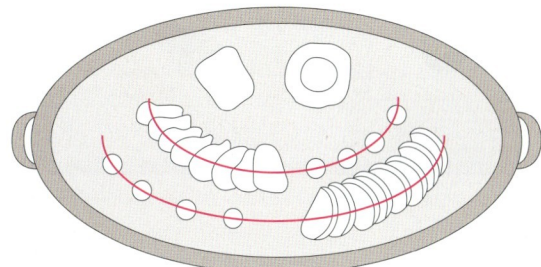

- Diese Platte präsentiert Gans auf zwei Arten.
- Eine ausgelöste Gänsebrust wird mit der Farce aus Gänsekeulen in eine Stollenform gefüllt und pochiert. Eine andere Gänsebrust wird gefüllt, gebraten und liegt in Tranchen geschnitten auf der rechten Plattenseite.
- Als Beilagen dienen Früchte-Geleetimbale sowie eine Brombeersauce als geschmackliche Ergänzung.
- Gestalterisch wird von der ovalen Plattenform ausgegangen. Der Wechsel zwischen den kräftig wirkenden Tranchen und den zierlichen Früchte-Timbales bringt Spannung in das Gesamtbild der Platte.
- Haupt- oder Mittelstück und somit Blickfang bilden das restliche Galantinestück von der Gans sowie die als Sauciere verwendete gelbe Kürbisfrucht.

Gefüllte Spanferkel-Keule mit Wildschwein-Zampone

Melonenkugeln in einem Weinblatt aus Pastetenteig

Birnen mit Senffrüchten · Cumberlandsauce in der Melone

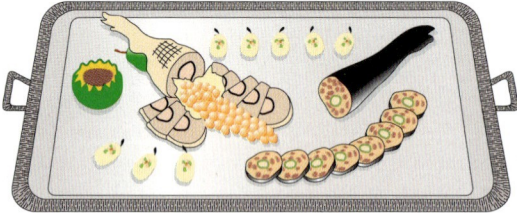 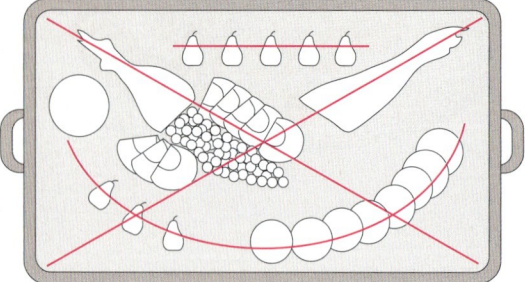

- Zwei gefüllte Schweinefüße bilden den Blickfang der Platte.
- Die Keule vom Spanferkel wurde hohl ausgelöst (vom Knochen befreit) und gefüllt.
- Beim Wildschweinfuß (Zampone) ist die Haut bzw. die Schwarte als Hülle für eine entsprechende Füllung verwendet worden.
- Von beiden Stücken sind jeweils acht Tranchen so geschnitten, dass die Ausgangsprodukte in ihrer Grundform erkennbar bleiben.
- Die aus kulinarischer Sicht erforderlichen Ergänzungen mit einer Cumberlandsauce sowie marinierten Melonenkugeln und mit Senffrüchten gefüllte, halbe Birnen sind in die Platte integriert.
- Das gestalterische Grundraster stellen zwei Diagonalen dar. Dominierend ist die als Füllhorn gestaltete Spanferkelkeule. Im Vordergrund sind Beilagen und Tranchen in einem durchgehenden Bogen angeordnet.

Hummer-Galantine

Spargelspitzen mit Lachsscheibe umhüllt · Kräutercreme auf Kürbisscheiben

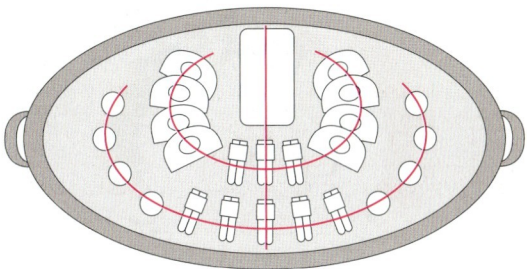

- Eine Hummergalantine, gefertigt aus wertvollen Rohstoffen, ist der zentrale Punkt der klar gegliederten Platte.
- Ergänzend beigegeben sind Spargelspitzen, die geschmacklich das Hummerfleisch gut zur Geltung kommen lassen. Die Ummantelung der Spargelspitzen mit Räucherlachsscheiben bringt Farbe.
- Zur geschmacklichen Abrundung dient die auf Kürbisscheiben halbkugelförmig angerichtete Kräutercreme.
- Gestalterisch wird von einer gedachten Mittellinie ausgegangen, auf der im hinteren Bereich der Platte das Hauptstück angeordnet ist. Rechts und links dieser gedachten Mittellinie befinden sich die gleiche Anzahl von Galantine-Tranchen und Beilagen in kreisförmiger Anrichteweise. Man spricht in einem solchen Fall von einer symmetrischen Anordnung, die sehr ruhig wirkt und deshalb farbliche Akzente benötigt.

Kranz von rotfleischiger Regenbogenforelle

Stücke von Lachs-Filet · Apfelmeerrettichcreme auf Zucchinischeiben ·

Gelbe Auberginen mit grünen Spargelspitzen

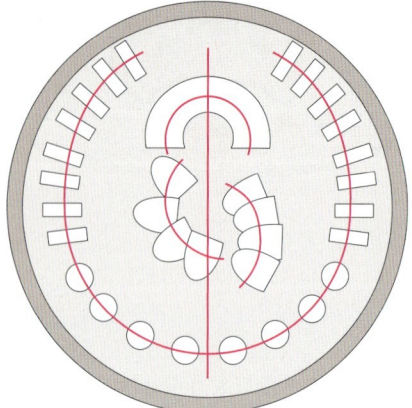

- Das Hauptstück dieser Platte ist eine kranzförmige Galantine von rotfleischiger Regenbogenforelle. Mit deren Filets ist die Kranzform ausgelegt, Stücke davon sind auch in der Farce erkennbar.

- Der Forelle sind dickere Tranchen von geräuchertem Lachs zugeordnet.

- Als Beigaben dienen Spitzen von mariniertem grünem Spargel, die in Schiffchen von gelben Auberginen angeordnet sind. Eine Creme von Apfelmeerrettich ist kuppelförmig auf Scheiben von Zucchini angerichtet.

- Gestalterisch wird das Rund der Platte aufgenommen. Lachsstücke und Beigaben bilden zusammen einen großen Kreis, der etwas nach hinten verschoben und offen ist. Jeweils halbkreisförmig sind der angeschnittene Kranz und die dargebotenen Scheiben angerichtet. Durch die asymmetrische Anordnung von Tranchen der Galantine kommt viel Dynamik in die Plattengestaltung.

4 Anrichten von Kalten Platten

Fachbegriffe

Aspik	Würziges Gelee
Canapés	Kleine, verschieden belegte, mundgerechte, garnierte Brötchen
Chiffonade	Feine Salatstreifen
Farce	Füllmasse
Finger-Food	Kleine kalte oder warme Häppchen, die man bequem mit den Fingern essen kann
Galantine	Roh entbeintes Geflügel mit Farce gefüllt, in Tuch gerollt und pochiert
Gelee	Klare, durch Geliermittel gallertartige Flüssigkeit
Geleespiegel	Gelee als Schutzschicht zwischen Silberplatten und den darauf angerichteten Lebensmitteln
glasieren	Überglänzen

Fachbegriffe

Hors-d'œuvres	Vorspeisen
Panade	Lockerungsmittel bei Farcen
Parfait	„Perfektes" Feinkosterzeugnis z. B. Gänseleberparfait
Pastete	Zubereitung aus Farcen unterschiedlicher Art, mit Teig ummantelt
Quiche	Speckkuchen
Raviès	Kleine Glas- oder Porzellanschalen für kalte Vorspeisen
Snacks	Kleine kalte oder warme Happen
Terrine	Pastetenähnliches Gericht, das ohne Teig in Porzellanformen gegart wird
Tranchen	Scheiben von Braten oder Pasteten
Zampone	Gefüllter Schweinefuß

Aufgaben

1. Wir haben in einem guten Restaurant reserviert. Bald nachdem wir Platz genommen hatten, wurden uns Kleinigkeiten ohne ausdrückliche Bestellung serviert. „Ein kulinarischer Gruß aus der Küche", sagte die Restaurantfachkraft.
   a) Nennen Sie die dafür möglichen Fachbegriffe.
   b) Warum gibt es solche „kulinarischen Grüße" auf Kosten des Hauses?

2. Sie sollen eine Fischfarce von Hecht herstellen. Nennen Sie die notwendigen Zutaten und planen Sie die Arbeitsschritte in der richtigen Reihenfolge.

3. Wie lauten die französischen Bezeichnungen für
   a) kalte Vorspeisen
   b) warme Vorspeisen?

4. „Mit Worten Appetit machen" – das sollen die Beratung und Empfehlung im Service. Wie empfehlen Sie ein Ragoût fin? (s. S. 666)

5. Welchen Anforderungen sollen kalte Vorspeisen gerecht werden?

6. Ihr neuer, junger Kollege ist verwirrt, nachdem Sie ihn aufgefordert haben, die Canapés aus dem Kühlraum zu holen. Klären Sie ihn auf.

7. Beschreiben Sie 8 verschiedene Canapés und unterscheiden Sie dabei nach Art, Brot, Aufstrich und Garnitur.

8. Machen Sie einen Vorschlag für einen Vorspeisen-Cocktail, nennen Sie die Zutaten und beschreiben Sie die Zubereitung.

9. Erarbeiten Sie unterschiedliche Herstellungsmerkmale für:
   a) Pasteten   b) Terrinen   c) Galantinen   d) Parfaits.

10. Erklären Sie den Begriff „Kombinierte Salate".

11. Was ist beim Anrichten von Platten hinsichtlich der Gestaltung für kalte Büfetts zu beachten?

Büfettangebot

Für viele Gäste ist das Kalte Büfett nach wie vor der Inbegriff einer vielfältig-kulinarischen und farbenprächtigen Darbietung von Speisen. Zu den verschiedensten Anlässen wie Kongresse, Tagungen, Firmenjubiläen, Einweihungen, Bälle und private Feste wie Geburtstage und Hochzeiten werden Büfetts von Gastronomie oder vom Partyservice angeboten, immer mit dem Ziel, einer Vielzahl von Gästen gleichzeitig und schnell Köstlichkeiten zu bieten.

1 Planung

🇬🇧 planning 🇫🇷 planification (w)

Der Anlass zu einem Büfett spielt beim Gesamtarrangement wie auch bei der Zusammenstellung der Speisen, dem Büfettaufbau und bei der Wahl der Dekoration eine wichtige Rolle. Kreative Köche können hier zusammen mit den Servicemitarbeitern die organisatorischen und gestalterischen Möglichkeiten voll ausspielen.

Büfetts bieten aber auch dem gastronomischen Unternehmer die Möglichkeit, durch entsprechende Angebotsgestaltung auf sich und das Haus aufmerksam zu machen. Dabei kann zusätzliche Flexibilität gezeigt werden, wenn ein Catering Service eingerichtet ist. Das bedeutet, Büfetts außer Haus als Event-Erlebnis anzubieten, um somit Umsätze zu steigern.

Büfetts bieten dem Gast ein vielfältiges Angebot. Dies reicht vom festgelegten Programm für Speisen und Getränke bis hin zu der Möglichkeit, ein Fest individuell nach seinen besonderen Vorstellungen und Wünschen zu gestalten und zu organisieren.

Durch den Verkauf von Büfetts erhält man zudem eine Planungssicherheit, die sich gerade auf die Personalbesetzung positiv auswirkt. Man weiß, an welchem Tag dies oder jenes zu tun ist. Verkauf setzt allerdings eine gut entwickelte Verkaufsstrategie voraus, die damit beginnt, dass man sich bereits einen guten Ruf in der Ausrichtung von Veranstaltungen erworben hat. Dazu gehören auch entsprechende Unterlagen wie: Büfettvorschläge, Getränkeangebote, Veranstaltungsvereinbarungen und Checklisten, aber auch das Geschick, individuell auf den Besteller einzugehen, damit am Ende der Verhandlungen durch einen Geschäftsabschluss zum geschäftlichen Erfolg beigetragen wird.

Grundlegendes

Das klassische kalte Büfett ist der Ursprung für die heute bekannten und angewandten unterschiedlichen Varianten von Büfettpräsentationen wie zum Beispiel:
- Lunch- und Brunch-Büfetts (kalt und warm)
- Salat-, Käse-, Süßspeisen- und Kuchenbüfetts
- das Büfett mit ausschließlich warmen Speisen
- das kombinierte kalt-warme Büfett
- Themen-Büfetts
- Büfetts mit internationalem Zuschnitt
- Büfetts mit regionalen Spezialitäten
- Fingerfood-Büfetts für Stehempfänge
- Flying-Büfetts mit kalten und warmen kulinarischen Kleinigkeiten, die fortlaufend den Gästen beim Stehempfang gereicht werden.

1.1 Planung im Service

Mittelpunkt des Büfett-Service ist, bis auf wenige Ausnahmen, die Büfett-Tafel, die es in verschiedenen Formen gibt. Form und Größe der Tafel werden bestimmt durch die
- Größe und den Zuschnitt der Räumlichkeit
- Anzahl der Gäste.

1 Planung

Je nach Gästezahl können die Tafelformen variiert und den individuellen Bedürfnissen angepasst werden. Der Büfett-Service ist auf die Selbstbedienung durch den Gast ausgerichtet. Da es sich im Allgemeinen um eine größere Anzahl von Gästen handelt, müssen Voraussetzungen erfüllt sein, die während dem Essen störungsfreie Abläufe gewährleisten. Dabei ist vor allem auf die Tiefe der Tafel sowie auf ausreichende Büfettflächen zu achten.

Die Tafel darf nicht zu **tief** bzw. zu **breit** sein, damit einerseits die Gäste die angerichteten Speisen bequem erreichen und andererseits die Köche mühelos über die Tafel hinweg den Gästen Speisen reichen können.

Die **Größe** der Tafel muss auf die Anzahl der Gäste abgestimmt sein, damit sich diese am Büfett nicht behindern. Bei der Planung sind deshalb in bestimmten Fällen auch Überlegungen anzustellen, wie die Tafelfläche angemessen erweitert werden kann.

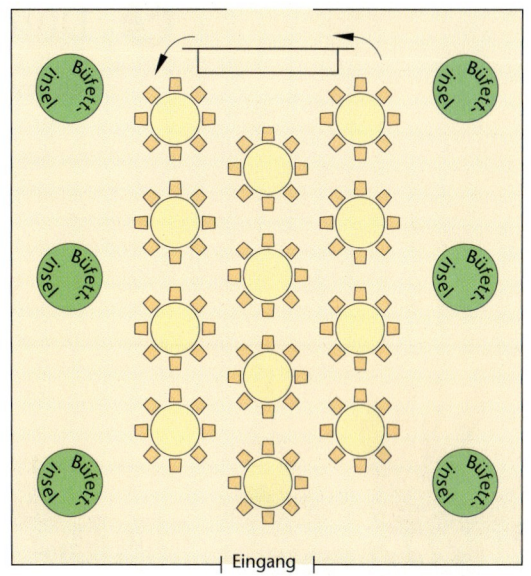

1.2 Planung in der Küche

Die Planungen bewegen sich zwischen dem leeren Geschirr und dem fertig aufgebautem Büfett. Der Erfolg einer kulinarischen Sonderaktion beginnt mit einer wohl überlegten Detailplanung. Nachdem der Termin, die Lokalität, der Anlass, das Motto, die Büfettart und die Zusammensetzung des Büfetts, die Personenzahl, eventuell die Rezepturen und Warenanforderungen feststehen, wird ein zeitlicher Ablaufplan in Form einer Checkliste erstellt (s. S. 52, und S. 715).

Die Gesamtorganisation eines Büfetts erfordert ein rechtzeitiges Erstellen von Dienst-, Arbeitsablauf- und Einsatzplänen. Für die Erstellung eines Büfetts sind umfangreiche Vorbereitungsarbeiten notwendig. Geklärt werden muss der Einsatz des Anrichtegeschirrs ebenso wie die verschiedenen Anrichteweisen auf Platten aus Glas, Silber, Holz, Porzellan oder Marmor. Zur Planung gehört auch, festzulegen, welche und wie viele Etageren, Schüsseln und Saucieren zum Einsatz kommen. Entsprechend der vorausgegangenen Besprechungen müssen Rezepte ausgewählt werden. Sie dienen nicht nur den Köchen als Orientierung, sondern helfen auch bei der Warenbestellung in Form einer Bestellliste. Nun kann die kulinarische Produktion beginnen.

Eine Besonderheit bezüglich der Auflockerung des Büfetts sind sogenannte „Büfett-Inseln" (Abb. oben). Aufgrund dieser Dezentralisierung können sich zwar einerseits in einem raschen Ablauf viele Gäste gleichzeitig mit Speisen versorgen, andererseits gehen jedoch der attraktive Charakter des Büfetts sowie die festliche Stimmung des Büfett-Service verloren.

Angebot Speisen

BÜFETTANGEBOT

2 Durchführung

🇬🇧 realization 🇫🇷 réalisation (w)

Bei der Durchführung eines Büfetts sind, wie bereits bei der Planung, der Servicebereich gleichermaßen wie die Küche beteiligt.

2.1 Vorbereiten des Büfetts

Herrichten der Büfett-Tafel

Auf die mit Moltons überdeckte Tafel werden entsprechend große Tafeltücher so aufgelegt, dass sie bis fast auf den Boden reichen. Bei Tafeln, die an der Wand stehen, ist dies jedoch nur auf den vom Raum her einsehbaren Seiten erforderlich. Damit die Übergänge an den Ecken sowie die Überlappungen der Decken ordentlich aussehen, bedient man sich unterschiedlichster Hilfsmittel:
- Eine geschickte Falttechnik,
- darüber hinaus gibt es spezielle Hilfsmittel wie Klebe- oder Klettbänder.

Eine ganz besondere und gleichzeitig sehr dekorative Form seitlicher Verkleidung sind die nach individuellen Angaben angefertigten Snap-drape-Skirtings (schnappen und drapieren).

Abb. 1 Verkleidete Büfetttafel

Platzieren der Speisen auf dem Büfett

Aus fachlicher Sicht besteht ein kaltes Büfett im Wesentlichen aus drei unterschiedlichen Elementen:
- **Schauplatten**, die als Blickfang dienen und mit einem hohen Materialaufwand und beachtlichem Arbeitsaufwand gefertigt werden,
- **einfachen Platten** oder „Füllern" wie z. B. Platten mit aufgelegten Scheiben von Lachs oder Käse,
- **Salaten in Schüsseln** zur Ergänzung und Abrundung.

Die Speisen können entweder auf der ebenen Fläche der Tafel oder in Verbindung mit Aufbauten abgestuft auf verschiedenen Ebenen angeordnet werden. Durch diese Auflockerung wird das Büfett überschaubarer und optisch wirkungsvoller.
- **Die Anordnung der Speisen** innerhalb des Büfetts entspricht im Allgemeinen den kulinarischen Regeln, also der Speisenfolge. So befinden

2 Durchführung

sich Cocktails, Terrinen, Pasteten und Galantinen am Beginn der Laufrichtung, Fisch und Braten im Zentrum, während Käse und Süßspeisen sowie Obst den Abschluss bilden.
- **Dekorative Platten** mit Langusten, Geflügel, Mastkalbs- oder Rehrücken sind attraktive Schaustücke, mit deren Hilfe auf dem Büfett optische Glanzpunkte geschaffen werden. Wenn es die Speisen zulassen, unterlegt man solche Platten außerdem mit Holzklötzchen oder Tellern. Durch die Schrägstellung wird die Draufsicht verbessert. Die Schauplatten haben ihren Platz in der vorderen Reihe, bei stufenförmigen Aufbauten auf der vorderen, unteren Ebene. Nebenplatten, Schüsseln und Saucieren werden dahinter auf den zurückliegenden Stufen angeordnet.
- **Saucen** werden in Saucieren angerichtet, auf Untertellern aufgesetzt und den zugehörigen Platten bzw. Speisen zugeordnet.
- **Beilagen und Salate** werden in Schüsseln angerichtet und so platziert, dass sie zu den danebenstehenden Hauptplatten passen.
- **Brot und Partybrötchen** haben ihren Platz am Ende des Büfetts oder sind bereits auf den Gasttischen eingesetzt.

Vorlegebestecke müssen bei Platten und Schüsseln so angelegt werden, dass sie der Gast leicht erreichen kann.

Dekorieren des Büfetts

In erster Linie muss die dekorative Wirkung von den Schauplatten sowie von der bunten Vielfalt der übrigen Platten und Schüsseln ausgehen. Darüber hinaus können weitere Dekorationsmittel eingesetzt werden:
- Blumen in Form von Gestecken oder in wertvollen Vasen,
- Obstkörbe oder Obstschalen,
- Leuchter mit dem angenehmen Licht von brennenden Kerzen,
- Skulpturen aus Fett, Eis oder Zucker.

● Bei den Dekorationsmitteln ist unbedingt darauf zu achten, dass sie auf dem Büfett lediglich eine belebende Ergänzung darstellen und die optische Wirkung der Speisen nicht überdecken dürfen.

Laufrichtung der Gäste

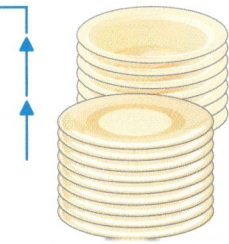

Bereitstellen von Tellern

Teller, meist ⌀ 26 cm, werden im Allgemeinen entweder auf gesonderten Tischen oder am Beginn des Büfetts bereitgestellt. Ferner ist es üblich, sie im Bereich von Süßspeisen und Käse direkt bereitzustellen. Werden Suppen oder warme Gerichte angeboten, sind selbstverständlich auch in ausreichender Zahl nahe den besagten Gerichten vorgewärmte Teller und Suppentassen zu platzieren.

● Die **Laufrichtung** der Gäste wird durch die Platzierung der Teller gesteuert.

BÜFETTANGEBOT

Durchführen des Büfett-Service

Der Büfett-Service erfordert vom Servier- und Küchenpersonal in hohem Maße Aufmerksamkeit und Sorgfalt.

Speisenservice
Er ist in erster Linie auf Selbstbedienung durch den Gast ausgerichtet. Es ist jedoch wichtig, Gäste bezüglich der angebotenen Speisen zu beraten und bei der Auswahl und beim Vorlegen auf den Teller behilflich zu sein.

Benutztes Geschirr muss fortwährend abgeräumt werden, damit es sich nicht in unschöner Weise ansammelt. Der Gast darf sich niemals durch solches Geschirr behindert oder eingeengt fühlen.

Getränkeservice
Sind die Getränke nicht zur Selbstbedienung in das Büfett einbezogen, gehört es zur Aufgabe des Servicepersonals, die vorgesehenen Getränke anzubieten, Bestellungen entgegenzunehmen und auszuführen.

Betreuung des Büfetts durch Köche

Köchinnen und Köche übernehmen immer mehr eine wichtige Aufgabe bei der Ausgabe am kalten Büfett.

Sie können die Gäste kurz über die angebotenen Speisen beraten, sind ihnen bei der Auswahl behilflich und legen dann den Gästen auch die Spesien vor.

Bei einem kombinierten Warm-kalten Büfett werden durch die Mitarbeiter der Küche vor allem Tranchierarbeiten vorgenommen oder spezielle Speisen direkt am Büfett zubereitet.

Mit dem Fortschreiten des Essens werden die Platten und Schüsseln auf dem Büfett leerer, sodass sich der Gesamteindruck laufend verändert. Die Betreuer des Büfetts müssen dafür sorgen, dass das Büfett zu keinem Zeitpunkt einen „ausgeraubten" oder „verwilderten" Eindruck macht. Das lässt sich durch folgende Maßnahmen verhindern:

- Angebrochene Platten neu zusammenstellen oder ordnen,
- geleerte Platten rechtzeitig durch neue, gefüllte Platten ersetzen,
- auf dem mit der Zeit kleiner werdenden Büfett durch verändertes Zuordnen von Platten, Schüsseln und Saucieren mit etwas Geschick immer wieder neue und ausgleichende Blickpunkte schaffen.

Aufgaben

1. Welche Anlässe für kalte Büfetts sind Ihnen bekannt?
2. Nennen Sie 5 verschiedene Arten von kalten Büfetts.
3. Erstellen Sie schriftlich ein Angebot für ein kleines kaltes Büfett für 10 Personen auf der Basis von Fisch.
4. Überlegen Sie, welche Gerichte für ein Jagdbüfett bezeichnend wären.
5. Was versteht man unter dem Begriff „Betreuung eines Büfetts"?
6. Womit können Sie die Laufrichtung der Gäste am kalten Büfett bestimmen?

PROJEKT

Kleine Gerichte

Eine Firma hat in unserem Hause Räume für eine Schulung gebucht. Damit der Tag bestmöglich genutzt werden kann, wünscht man kleine Gerichte statt eines Mittagessens. Es sind 45 Personen gemeldet.

Wir üben in Verbindung mit diesem Projekt besonders die Planung. Checklisten helfen beim Planen und geben Sicherheit. Man kann dann bei der Produktion einfach „abhaken".

Wir sammeln Ideen

1. Rohstoffe bieten Abwechslung. Wir verwenden ... für ...
   Arbeiten Sie nach folgendem Muster.

Rohstoff	für ... (geben Sie den Produkten einen Namen)
Frischkäse	
Schinken, gekocht	
Räucherlachs	

2. Jetzt fertigen wir aus den Vorschlägen eine Produktionsliste.

Anzahl	Bezeichnung (einzeln nennen)	Garnitur

3. Für den Aufbau des Büfetts sind Tafeln vorgesehen, wie sie in der Skizze dargestellt sind. Über die ungefähren Größen informieren die eingezeichneten Maße.

   Legen Sie fest, was wo zu stehen kommt. Z. B. ① Besteck und die ① wird an entsprechender Stelle an der Tafel eingetragen.

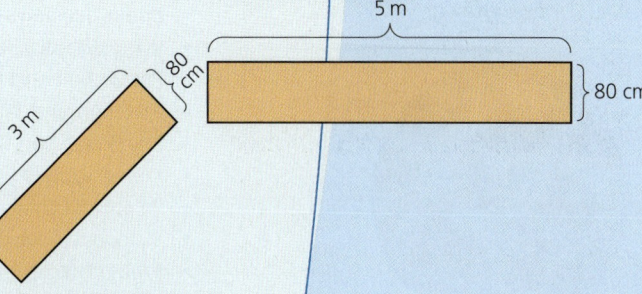

4. Damit auch für alle klar ist, wer was wo zu platzieren hat, ordnen Sie jeweils den Namen dessen zu, der dafür verantwortlich ist.

5. Auf einen Laufzettel für jeden Mitarbeiter listen Sie für diesen die einzelnen Arbeiten auf.

6. Legen Sie für die Organisation alles fest, was zur Durchführung des Büfetts notwendig ist, aber nicht direkt mit der Küche zusammenhängt, z. B. Geschirr, Besteck ... (alle Teile mit Anzahl, denn bei einem Außer-Haus-Service kann man auch nicht „mal schnell nach hinten gehen und holen").

Zwischenmahlzeiten

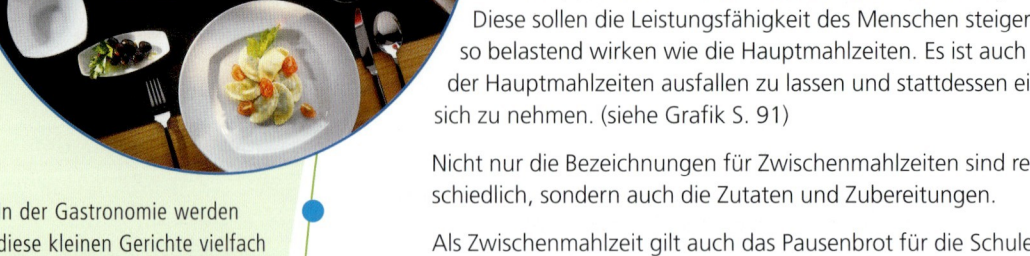

Frühstück, Mittagessen und Abendessen sind Hauptmahlzeiten. Kleine kalte und warme Gerichte, die dazwischen gereicht werden können, bezeichnet man als **Zwischenmahlzeiten** (s. S. 665 ff.). Diese sollen die Leistungsfähigkeit des Menschen steigern und nicht so belastend wirken wie die Hauptmahlzeiten. Es ist auch sinnvoll, eine der Hauptmahlzeiten ausfallen zu lassen und stattdessen einen Snack zu sich zu nehmen. (siehe Grafik S. 91)

Nicht nur die Bezeichnungen für Zwischenmahlzeiten sind regional unterschiedlich, sondern auch die Zutaten und Zubereitungen.

Als Zwischenmahlzeit gilt auch das Pausenbrot für die Schule oder der Pausensnack bei Sitzungen und Tagungen.

In der Gastronomie werden diese kleinen Gerichte vielfach auf entsprechenden „Kleinen Karten" angeboten, zum Beispiel als Gabelfrühstück, Snacks oder Imbiss.
Je nach Region auch als Brotzeit oder Vesper. Hierzu gehören auch die Sandwiches, belegte Brötchen, das Stück Kuchen oder Torte sowie Käse- und Teegebäcke.

Beispiele für Zwischenmahlzeiten

- Kleine herzhafte Happen auf unterschiedlichen Brotscheiben
- Canapés – delikate Häppchen (s. S. 654)
- Sandwiches
- Toasts wie Croque Monsieur oder French Toast
- Pikant gefüllte Croissants oder Baguetteschnitten
- Cocktails (s. S. 656)
- Müslivariationen (s. S. 268)
- Milchprodukte wie Joghurts oder Milchshakes (s. S. 284)
- Salate in vielen Varianten (s. S. 185)
- Obst, als ganze Früchte oder mundgerecht zerteilt (s. S. 638)
- Salate von frischen Früchten
- Grillgemüse, mariniert (Anti pasti)
- Gefüllte Gemüse (s. S. 171 ff.)
- Kleine Pizzen
- Kleine Pasta-Gerichte und Risotto (s. S. 206 und S. 209)
- Bitoks (kleine Hacksteaks)
- Wraps/Tortillas (Gefüllte Teigtüten aus Mexico)
- Pastetchen und Kroketten (s. S. 665)
- Törtchen und Tartelettes (s. S. 666)
- Spießchen von Gemüse, Fleisch, Fisch, Krebs- und Weichtieren
- Kleine Suppen (siehe ab S. 478 ff.)
- Pikante Kuchen wie Pilz-Kartoffel-Kuchen oder Zwiebelkuchen
- Sushi und Sashimi (japanische Spezialitäten)
- Tapas (Spanien)
- Meze (Mittelmeerraum)
- Fingerfood (s. S. 661)
- Sülzen (s. S. 653)
- Süße Gelees mit Früchten (s. S. 637)
- Eierspeisen (s. S. 211)
- Pilzgerichte (s. S. 182)

Abb. 1 Feine Häppchen

Abb. 2 Krebscocktail

Abb. 3 Auberginenröllchen

Abb 4. Sushi mit Makrele, Hokki-Muschel, Ketakaviar, Garnele

Deutsche Regionalgerichte

Regionalgerichte entstammen meist den bäuerlichen Küchen eines bestimmten Gebietes, einer Region. Dabei wurden jene Rohstoffe und Produkte verwendet, die dort bodenständig waren. Heute werden diese Gerichte neu entdeckt. Wegen der Besonderheit der Zusammenstellung bieten sie eine willkommene Abwechslung und haben in zeitgemäß veränderter Form in den gastronomischen Küchen Eingang gefunden. Ihren Ursprung haben diese besonderen Gerichte in der Tradition, dem Klima, den Bedingungen der Landwirtschaft und dem Aufkommen von Schlachttieren, Wild, Fischen und was sonst noch die Natur einer bestimmten Region hervorbringt. Innerhalb der deutschen Bundesländer kann man ganz unterschiedliche, regionale Gerichte entdecken.

Baden-Württemberg

Riebelesuppe:
Ein Teig aus Mehl, Ei und Eigelb sowie etwas Muskat und Salz wird zwischen den Händen zu kleinen Teigklümpchen verrieben. Diese gart man in einer kräftigen Fleischbrühe, in der sie als Einlage verbleiben.

Maultaschen:
Teigtaschen, vorwiegend mit einer Füllung aus Hackfleisch und Spinat. (s. S. 206)

Gaisburger Marsch:
Rindfleisch-Gemüse-Eintopf mit Kartoffeln, Spätzle und Röstzwiebeln.

Bayern

Leberknödelsuppe: (s. S. 486)

Abgebräunte Kalbshaxe:
Das Typische bei dieser Art der Zubereitung ist, dass die Kalbshaxe zunächst in einem Sud vorgegart und dann erst im Ofenrohr gebraten wird. Die gekochte Kalbshaxe (erster Teil der Zubereitung) ist auch unter der Bezeichnung Kalbshaxe sauer oder Kalbshaxe blau gesotten bekannt. Sie wird mit feinen Gemüsestreifen serviert.

Käsespätzle: (s. S. 208)

Berlin

Löffelerbsensuppe:
Vorgeweichte gelbe Erbsen kochen, Zwiebeln, Speck und Wurzelgemüse beigeben, mit Majoran, Thymian und Salz abschmecken und mit gehackter Petersilie garnieren.

Kalbsleber nach Berliner Art:
In Mehl gewendete Leberscheiben in geklärter heißer Butter braten, danach salzen und pfeffern. Apfelscheiben in Butter bräunen. Leber auf Kartoffelpüree zusammen mit den Apfelringen und Röstzwiebeln anrichten

Buletten:
Hackfleischspezialität aus Rind- und Schweinefleisch (s. S. 148)

Abb. 1 Maultaschen auf Gemüsesud

Abb. 2 Abgebräunte Kalbshaxe

Abb. 3 Kalbsleber nach Berliner Art

Angebot Speisen

DEUTSCHE REGIONALGERICHTE

Brandenburg

Märkischer Topf:
Ein exklusives Minutengericht aus Rinderfiletspitzen, blanchierten Teltower Rübchen, Schalotten, Steinpilzen und Sauerrahm.

Buttermilch-Plinsen:
Pfannkuchenteig (s. S. 215) mit Buttermilch herstellen. Plinsen backen und mit Zucker, Apfelmus, Marmelade, Konfitüre, Nuss-Nougat oder auch herzhaft mit Käse, Schinken, Gemüse bestreichen, belegen oder füllen.

Fürst-Pückler-Parfait:
Eiskombination aus Erdbeere, Vanille und Schokolade (s. S. 645)

Abb. 1 Plinse mit Apfelkompott

Bremen

Labskaus:
Das klassische Seefahrergericht aus gepökelter, gekochter Rinderbrust, die zusammen mit Heringsfilets in kleine Würfel geschnitten oder grob gewolft werden. Die Masse wird danach mit durchgedrückten Salzkartoffeln, geraspelter Rote Bete, evtl. Essiggurken-Würfel mit Pfeffer und angedünsteten Zwiebeln vermischt, nochmals erhitzt und angerichtet. Vielfach wird Labskaus portionsweise in Butter angebraten und mit Spiegelei, Essiggurke und Rote Bete angerichtet.

Scheerkohl:
Diese Art von Blattkohl hat einen leicht nussigen Geschmack. Blatt und Stängel in Flecken schneiden und mit etwas Speck und Zwiebeln wie Spinat dünsten. Traditionell wird der Kohl mit Kochwurst und Salzkartoffeln serviert.

Abb. 2 Bremer Labskaus

Hamburg

Hamburger Aalsuppe:
Abgezogenen Aal in gleiche Stücke schneiden und mit Gewürzen, Essig, Spickzwiebeln in Schinkenbrühe kochen. In Scheibchen geschnittenes Gemüse, die Erbsen und das am Vortag eingeweichte Dörrobst der Brühe zufügen. Stärke mit kaltem Wasser anrühren und die Suppe leicht binden. Mit Schwemmklößchen servieren.

Hamburger National:
Schweinenacken oder -bauchfleisch in Rinderbrühe ca. 30 Minuten garen. Zwiebelwürfel in Schmalz anschwitzen, Steckrüben und Kartoffelstücke dazugeben, mit der Fleischbrühe auffüllen, aufkochen lassen und auf feuerfester Kokotte anrichten. Das vorgegarte Fleisch darauf legen und zugedeckt im Backofen bei ca. 180 °C fertig garen. Das Fleisch in Scheiben schneiden und servieren.

Abb. 3 Hamburger Aalsuppe

Hessen

Gekochtes Rindfleisch mit Frankfurter grüner Sauce (s. S. 522)

Handkäs mit Musik:
Reifer Sauermilchkäse wird einige Zeit in eine Marinade aus Zwiebelwürfeln mit Essig, Öl, Kümmel, Salz und Pfeffer eingelegt. Dieses Gericht wird gern mit Apfelwein serviert. Als Variation kann man auch Apfelscheiben zwischen den Handkäs legen.

Abb. 4 Tafelspitz mit Frankfurter grüner Sauce

Mecklenburg-Vorpommern

Bohnensuppe:
Bohnenkerne über Nacht in entfetteter Gänse- oder Geflügelbrühe einweichen, dann darin weichkochen. Gänsemägen und Gänseherzen weichkochen und klein schneiden. Zwiebeln, Karotten, Knoblauch und Sellerie in kleine Würfel schneiden, in Gänseschmalz andünsten, Majoran sowie Bohnenkraut dazugeben und garen. Eine Hälfte der gekochten Bohnen mit dem Kochsud zu dem Gemüse geben, die zweite Hälfte der Bohnen pürieren und damit die Suppe abbinden.

Tuckeraal:
Aalen die Haut abziehen und in fingerlange Stücke schneiden. Zwiebeln, Lauch, Karotten, Petersilienwurzeln und die Kartoffeln in Scheiben schneiden, in heißer Butter anschwitzen, mit Mehl bestäuben, mit Weißwein und Fischbrühe ablöschen und ankochen. Aalstücke, Lorbeerblätter und Salz zugeben, garen. Die fertige Sauce abschmecken und mit gehackter Petersilie bestreut servieren.

Abb. 1 Tuckeraal

Niedersachsen

Grünkohl mit Brägenwurst:
Die krausen Blätter des Grünkohls von den Stängeln streifen, waschen, kurz in Salzwasser blanchieren und in Eiswasser abkühlen, danach grob hacken. Speckwürfel in Schweineschmalz anschwitzen, Zwiebelwürfel zugeben und goldgelb bräunen.

Den Grünkohl zugeben, mit der Rinderbrühe aufgießen und zugedeckt schmoren, mit Salz und Pfeffer abschmecken. Schmorfond mit Haferflocken leicht binden. Die gebrühten Brägenwürste kurz in Milch tauchen, in der Pfanne braten und auf dem Grünkohl anrichten oder die Würste direkt im Grünkohl erhitzen.

Lammfleisch mit Bohnen:
Lammfleischwürfel kurz blanchieren. Zwiebel in Butter glasig anschwitzen, das Lammfleisch zugeben und 15 Minuten im Lammfond dünsten, mit restlichem Lammfond aufgießen. Inzwischen die grünen, breiten Bohnen in Rauten, Kartoffel in Würfel schneiden, ankochen, dann zum Fleisch geben und fertiggaren. Mit Salz, Pfeffer und Bohnenkraut würzen.

Brägenwurst oder Bregenwurst ist eine rohe oder leicht geräucherte, streichfähige Mettwurst aus Schweinefleisch und -bauch. Früher wurde die Wurst mit Hirn zubereitet; dies ist nach den Leitsätzen nicht mehr zulässig. Oft serviert man auch zum Grünkohl Pinkel, eine geräucherte Grützwurst.

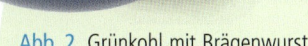

Abb. 2 Grünkohl mit Brägenwurst

Nordrhein-Westfalen

Pfefferpotthast:
Querrippe vom Rind mit Zwiebeln, Gemüse und Gewürzbeutel kochen. Fleisch vom Knochen lösen und grob würfeln, ebenso das Gemüse. Beides wieder in den Kochsud geben und zur Bindung geriebene Brotkrume einrühren und aufkochen. Mit frisch gemahlenem Pfeffer abschmecken und mit Petersilie bestreuen.

Rheinischer Sauerbraten:
Rinderschmorstück in Essigbeize (s. S. 552) marinieren. Durch mehrtägiges Marinieren wird das Fleisch mürbe. Das Fleischstück aus der Marinade nehmen, trockentupfen und allseitig scharf anbraten. Zum Schmoren mit der Marinade und brauner Brühe ablöschen und zugedeckt im Rohr garen. Die Sauce wird mit geriebenen Lebkuchen wie z. B. Aachener Printen oder mit Mehlbutter oder Speisestärke gebunden und wird meist mit Rosinen versehen, um ihr den gewünschten süßsauren Geschmack zu verleihen.

Abb. 3 Sauerbraten mit Rosinen

DEUTSCHE REGIONALGERICHTE

Abb. 1 Woihinkelche (Rieslinghuhn)

Rheinland-Pfalz

Woihinkelche (Rieslinghuhn):
Hähnchenkeulen auslösen, mit Knoblauchsalz würzen, in Öl poelieren und mit Rieslingwein ablöschen und garen. Scheiben von Zwiebeln und Champignons in einer Pfanne anschwitzen, zum Hähnchen geben und mitdünsten. Das Gericht mit Eigelb und Sahne legieren, danach nicht mehr kochen. Mit gehackter Petersilie und Estragon vollenden. Als Beilagen Reis oder Kartoffeln.

Muscheln in Rheinwein:
Die gewaschenen Muscheln mit Zwiebelwürfeln in Butter anschwitzen, mit Weißwein ablöschen, frisch gemahlenen Pfeffer und Kräutersträußchen zugeben und zugedeckt 8 Minuten dünsten. Sobald sich alle Muscheln geöffnet haben, in einen Durchschlag schütten und den Fond auffangen. Fein geschnittene Kräuter in den Fond geben und diesen reduzieren. Fond mit Mehlbutter binden, Schalotten beigeben, 2 Minuten kochen, mit Eigelb und Sahne legieren und würzen. Die Muscheln aus der Schale holen und unter die heiße Sauce schwenken, anrichten und mit Fleurons garnieren.

Saarland

Dibbelabbes:
Das Dörrfleisch (Wammerl) in Würfel schneiden und leicht anbraten. Im ausgelassenem Fett die Zwiebelwürfel und Lauchringe glasig dünsten. Kartoffeln raspeln und etwas ausdrücken. Danach mit den Dörrfleischwürfeln zu den Zwiebeln und dem Lauch in den Bräter geben, gut würzen und durchmischen. Die Masse für 40 Minuten bei 200 °C im Ofen zugedeckt garen. Nach 25 Minuten Deckel des Bräters entfernen, damit eine knusprige Oberfläche entsteht.

Abb. 2 Dibbelabbes

Saurer Schweinekamm:
Schweinekamm salzen, pfeffern, mit Kümmel bestreuen und mit dem Röstgemüse in heißem Fett braun anbraten. Mit Essig ablöschen und Wasser angießen. Zugedeckt im Ofen 60 bis 90 Minuten schmoren. Kurz vor Garende das Fleisch mehrfach mit saurer Sahne begießen, damit sich eine glänzende Kruste bildet. Tomatenstücke dem Schmorfond beigeben und durchkochen. Sauce abseihen und abfetten. Übrige saure Sahne und Kartoffelstärke glatt rühren, Sauce damit binden und mit Pfeffer, Salz und Zitronensaft abschmecken.

Sachsen

Warmbiersuppe:
Speisestärke mit zwei Tassen Milch und den Eigelben glatt rühren. Die restliche Milch aufkochen, mit dem Stärkebrei abbinden und das Bier hinzugeben. Die Suppe durch ein Sieb gießen, abschmecken und als Einlage kandierte Ingwerwürfelchen einstreuen.

Leipziger Allerlei:
Gemüseeintopf mit Pilzen, Spargelspitzen und Krebsen.

Sächsische Quarkkäulchen:
Gekochte Kartoffeln schälen, reiben oder durchdrücken. Eigelbe mit Zucker schaumig rühren und unter die Kartoffelmasse arbeiten, den Quark untermischen. Das Mehl mit dem Backpulver sieben und mit dem Salz, den Korinthen und Zitronenaroma unter die Masse mischen. Aus dem Teig 1 cm dicke Plätzchen mit ⌀ 5 cm formen. In Schmalz beidseitig goldgelb backen, danach zum Entfetten auf Küchenpapier legen, warm servieren.

Abb. 3 Quarkkäulchen

Sachsen-Anhalt

Magdeburger Bördetopf:
Fleisch von Lamm und Schwein in Würfel, die geschälten Kartoffeln in Scheiben, Zwiebeln und Weißkraut in Streifen schneiden. Die Fleischwürfel mit heißer Brühe übergießen und darin etwas ziehen lassen. Einen Schmortopf mit Butter ausstreichen und lagenweise Zwiebeln, Kartoffeln, Fleischwürfel und zuletzt das Weißkraut aufeinanderschichten. Mit Salz, Pfeffer, Thymian, Kümmel und Knoblauchsalz würzen und weitere Schichten hinzugeben. Danach mit der Brühe knapp aufgießen und abgedeckt im Ofen garen.

Köthener Schusterpfanne:
Mit Birnen und Kartoffeln überbackener Schweinebraten.

Bötel mit Lehm und Stroh:
Eisbein (gepökelte Schweinshaxe) mit Erbspüree und Sauerkraut.

Abb. 1 Eisbein mit Erbspüree und Sauerkraut

Schleswig-Holstein

Kieler Pfannkuchen mit Fleckhering:
Fleckheringe häuten, filetieren, in kleinere Stücke teilen, pfeffern und mit Schnittlauch bestreuen. Pfannkuchenteig herstellen und 10 Minuten ruhen lassen, in eine Pfanne gießen und Fleckheringsstücke auf den noch flüssigen Teig verteilen. Sobald der Pfannkuchen genügend Farbe hat, wird er gewendet und im Ofen (200 °C) fertig gebacken.

Schellfisch in Senfbutter:
Schellfisch in Portionsstücke schneiden. Fischsud mit Gewürzen aufkochen, die Fischstücke einlegen, nochmals kurz kochen und dann ca. 5 Minuten knapp am Siedepunkt gar ziehen lassen. Zwiebeln in Scheiben schneiden und in Butter goldgelb braten. Etwas Butter leicht bräunen, Senf und ein wenig Fischsud darunter rühren, Petersilienblätter zugeben und über die angerichteten Fischportionen gießen, die gerösteten Zwiebelringe oben auflegen.

Fleckheringe sind heiß geräucherte Heringe, die vom Rücken her aufgeschnitten und auseinandergeklappt (gefleckt) sind, eine Sonderform des Bücklings.

Abb. 2 Kieler Pfannkuchen mit Fleckhering

Thüringen

Thüringer Rostbrätel:
Am Vortag Schweinehalssteaks mit in Scheiben geschnittenen Zwiebeln in Bier legen. Vor dem Braten die Steaks abtropfen lassen, mit Salz und Pfeffer würzen und in Öl oder Schmalz braten, dabei öfter mit dem Marinadebier bestreichen. Mit Senf und Graubrot servieren.

Sauerkrautsuppe:
Sauerkraut etwas durchhacken, sodass kurze Krautstreifen entstehen. Diese in der Bouillon etwa 20 Minuten kochen. Aus Butter und Mehl eine helle Roux herstellen und damit die Krautsuppe binden, Kümmel zugeben und noch etwas kochen. Mit Salz, Pfeffer und Zucker abschmecken und die Crème fraîche untermischen. Die Suppe evtl. mit Schinkenstreifen, Ringen von Frühlingszwiebeln und gerösteten Weißbrotstückchen und/oder Röstspeckwürfelchen servieren.

Rindrouladen mit Klöß: (s. S. 555)

Abb. 3 Thüringer Sauerkrautsuppe

Nationalgerichte

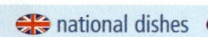 national dishes 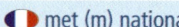 met (m) national

Gerichte, die der Küche einer bestimmten Nation (Volk) entsprechen und eine Spezialität des jeweiligen Landes darstellen, sind Nationalgerichte. Sie entstanden aus der Tradition, der Landeskultur, dem Klima und den Produkten, die die Natur des jeweiligen Landes hervorgebracht hat.

Beispiele

Argentinien

Asado oder Parrillada
ist hauptsächlich auf dem Holzkohlegrill zubereitetes Rindfleisch, aber auch alle anderen Schlachtfleischarten.

Locro,
ein Eintopf aus weißen Bohnen, weißer Mais, Tomaten, Karotten, Butternuss-Kürbis, Zwiebeln, Paprikaschote, Broccoli, Rindfleisch, Kartoffeln, Rinderkutteln und Weißkraut.

Abb. 1 Asado oder Parrillada

Brasilien

Feijoada:
Eintopf von schwarzen Bohnenkernen mit verschiedenen Fleischsorten.

Vatapá,
eine teigartige Creme aus Weißbrot, Krabben, Kokosmilch und Nüssen.

Coxinha de Frango:
In eine Art Brandmasse werden Würfel von gekochtem Hühnerfleisch, Tomaten und Zwiebeln gearbeitet, mit Knoblauch und frischem Koriander abgeschmeckt. Die Masse birnenartig formen, in Bröseln wälzen und frittieren.

Abb. 2 Feijoada

China

Frühlingsröllchen:
Quadratische, dünne Teigblätter werden mit unterschiedlichsten Füllungen belegt, eingeschlagen, gerollt und entweder frittiert oder in einer Pfanne gebraten.

Dim Sum:
Kleine, mit verschiedensten Zutaten gefüllte Täschchen oder Säckchen aus Reis-, Nudel- oder Hefeteig, die frittiert oder in Bambuskörben gedämpft werden.

Peking-Ente:
Diese spezielle Zubereitung erfordert genaue Kenntnisse. Die Ente wird mit einer Kräuter-Honig-Mischung mariniert und zum Antrocknen aufgehängt. Danach wird sie hängend oder stehend im Ofen kross gebraten, die knusprige Haut abgetrennt und mit kleinen Pfannkuchen serviert. Danach serviert man das in Stücke geschnittene saftige Fleisch der Ente.

Abb. 3 Dim Sum und Frühlingsröllchen

Dänemark

Smørrebrød:
Dünne, mit Butter bestrichene Brotscheiben werden mit verschiedensten Zutaten belegt und schön garniert.

Leverpostej:
Leberpastete auf der Basis von Kalbs- oder Schweineleber, Speck, Butter, Mehl, Milch (Bechamelsauce), Eiern und Gewürzen. Im Ofen bei sa. 170 °C backen.

Wienerbrod:
Ist ein dänisches Plundergebäck (auch Kopenhagener genannt) mit verschiedenen Füllungen und Geschmacksrichtungen wie Kaneelstangen.

Abb. 1 Smørrebrød

England

Clear Oxtail Soup:
Ochsenschwanzstücke mit Knochen und Röstgemüse anbraten, mit Wasser oder Brühe sowie Rotwein aufgießen und auskochen. Danach abseihen, erkalten lassen und wie eine Kraftbrühe klären.

Yorkshire-Pudding:
Eine Art Pfannkuchenteig aus Mehl, Milch, Eiern, Fett (traditionell Rindernierenfett), Salz, Pfeffer, Muskatnuss und evtl. Petersilie herstellen. Der Teig wird dann in gefettete Auflaufform oder Portionsförmchen gegossen und bei 200 °C im Ofen goldbraun gebacken.

Angels on horseback:
Frische Austern aus der Schale nehmen, mit dünnem Frühstücksspeck umwickeln und kurz in der Pfanne braten.

Welsh rarebits:
Geriebenen Chesterkäse mit Bier vermischen, auf Weißbrot streichen und im Salamander überbacken.

Abb. 2 Yorkshire-Pudding

Frankreich

Coq au vin:
Hahn in Weißwein (s. S. 574)

Bouillabaisse:
Südfranzösischer Fischeintopf mit Krebs- und Weichtieren, Zwiebeln, Lauch und Tomaten und Safran. Wird in Deutschland meist als Suppe gereicht.

Navarin de mouton:
Braunes Lammragout mit tournierten Wurzelgemüsen und glasierten Schalotten.

Le steak au poivre comme à Paris:
Rindersteak mit geschrotetem Pfeffer nach Wunsch braten, mit Cognac flambieren und mit Sahne ablöschen.

Ratatouille:
Südfranzösischer Gemüsetopf (s. S. 178)

Soupe à l'oignon:
Zwiebelsuppe mit Käsecroutons

Abb. 3 Bouillabaisse marseillaise

Angebot Speisen

NATIONALGERICHTE

Abb. 1 Mulligatawny

Indien

Mulligatawny:
Geflügel-Curry-Rahm-Suppe

Kedgeree:
Topfgericht aus Linsen, Langkornreis, Zwiebeln, Curry, Ingwer, Fisch und hartgekochten Eiern.

Hühnercurry:
Curry-Ragout aus gekochtem Huhn mit Ananasstücken und Reis.

Italien

Minestrone:
Wird zubereitet aus verschiedenen Gemüsen wie Staudensellerie, Karotten, Lauch, Erbsen, Tomaten, Bauchspeck, Zwiebeln, evtl. weißen Bohnen oder Kichererbsen und Knoblauch. Je nach Region gibt man noch Reis oder Nudeln dazu.

Ossobuco: (s. S. 554)

Pastagerichte: (s. S. 206)

Risotto: (s. S. 209)

Abb. 2 Minestrone

Mexiko

Chili con carne:
Chili con carne aus Schweinehack, Rindfleisch, Chilis, Bohnen und Tomaten, garniert mit Tortilla-Chips.

Enchiladas:
Dünne aus Maismehl hergestellte Eierkuchen-Fladen, gefüllt mit Schinken, Zwiebeln, Tomaten, Petersilie und Knoblauch.

Ceviche:
Salat mit rohem Fisch, roten Zwiebeln, Limettensaft, Koriander und Rocotto-Chili.

Guacamole Avocado-Creme (s. S. 521)

Abb. 3 Ceviche

Österreich

Schöberlsuppe: (s. S. 485)

Wiener Backhendl: (s. S. 578)

Tafelspitz mit Kren: (s. S. 539)

Kaiserschmarrn: (s. S. 628)

Abb. 4 Tafelspitz mit Apfel-Kren

Polen

Botwina-Chlodnik:
Kaltschale von rote Beete mit Kefir, Salatgurke

Kotelett Pojarski:
Enthäutete Hühnerbrust klein hacken, mit Ei und in Rahm geweichtem Weiß-

brot zu einer Hackmasse rühren, würzen und dann u einem Kotelett formen; in Semmelmehl wälzen und braten

Faworki:
Gebackene (frittierte) Mürbeteigstreifen mit Wodkazwetschgen

Russland

Borschtsch:
Suppe oder suppiger Eintopf aus Rote Bete, Wurzelgemüse, Weißkraut, Speck, Rindfleisch und Schmand.

Bitoks:
Kleine gebratene Hackbällchen aus Rindfleisch, die gerne in einer Pilzrahmsauce serviert werden.

Blini:
Kleine Pfannkuchen aus einem Teig mit Buchweizenmehl, die meist zu echtem Kaviar mit Schmand serviert werden.

Piroschki/Piroggen/Pelmeni:
Aus zuckerlosem Mürbe-, Hefe- oder Blätterteig; gefüllt mit Quark, Hackfleisch oder Sauerkraut. Zu Taschen formen und backen.

Schweden

Gravad lax: Graved Lachs (s. S. 458)

Köttbullar:
Hackfleischbällchen (Rind oder Wild) mit Salzkartoffeln und Preiselbeeren.

Kroppkakor:
Kartoffelklöße mit Hackfleischfüllung

Schweiz

Gerstengraupensuppe:
Gerstengraupen mit Rindfleisch kochen, Wurzelgemüse und feinblättrig geschnittene Kartoffeln beigeben, dünne Streifen von Speck oder Bündner Fleisch, evtl. mit Sahne und Eigelb legieren.

Zürcher Geschnetzeltes mit Berner Rösti: (s. S. 548 und S. 198)

Fondue:
Das bekannteste ist das Käsefondue (Fondue Neuenburger Art). Hierbei werden vom Gast Weißbrotwürfel in geschmolzenen Käse getaucht und dann auf den Teller gelegt.

Weitere Arten sind: Fondue nach Burgunder Art (heißes Fett) und Fondue Chinoise (heiße Brühe), wobei Fleischwürfel an eine Gabel gespießt und vom Gast selbst in der heißen Flüssigkeit gegart werden.

Raclette:
Geschmolzener Käse mit Mixed pickles, Pellkartoffeln und Weißbrot.

Abb. 1 Bitoks

Abb. 2 Gravad lax

Abb. 3 Raclette

Angebot Speisen

NATIONALGERICHTE

Spanien

Gazpacho andaluz:
Kalte andalusische Gemüsesuppe mit Tomate und Paprika.

Paella:
Pfanne mit Safranreis, Fisch, Krustentieren, Muscheln, Geflügelfleisch und Gemüse.

Olla podrido:
Ein suppiger Eintopf aus mehreren Fleischsorten mit Gemüsen und Kichererbsen.

Abb. 1 Paella

Tschechische Republik

Prager Schinken:
Der Schinken wird traditionell warm gegessen, häufig sogar in Roggenbrotteig eingeschlagen und gebacken.

Powidl Datschgerl:
Teig aus gekochten Kartoffeln, Ei, Mehl und Salz zu Knödeln formen. Diese mit Pflaumenmus füllen und in Salzwasser pochieren.

Abb. 2 Prager Schinken in Brotteig

Ungarn

Guylasleves:
Ist eine Gulaschsuppe aus gleichen Teilen Rindfleisch und Zwiebeln mit Paprikaschoten, Tomaten, Kartoffelstücken, gewürzt mit Knoblauch, Majoran, Kümmel und Paprika.

Pörkölt:
Wird in Deutschland meist als Gulasch bezeichnet (s. S. 556)

Esterhazy rotélyos:
Dünne, gebratene Scheiben vom Rinderrücken, garniert mit in Butter sautierten Juliennes von Wurzelgemüsen.

Strudel:
Dünn ausgezogener Nudelteig mit verschiedenen, süßen Füllungen (s. S. 615). Daneben sind auch würzige Füllungen wie Hackfleisch, blanchierte Gemüsesticks, Fischfarcen oder Pilze bekannt.

Abb. 3 Gulaschsuppe

USA

Clam Chowder:
Suppe mit Muscheln, Kartoffeln, Maiskörnern, Sellerie und Sahne.

Boston Baked Beans:
Gekochte weiße Bohnen mit Zwiebeln, braunem Zucker, Honig oder Rübensirup, Salz und Pfeffer.

Surf and Turf:
Rinderfilet, gefüllt mit einem Hummerschwanz, danach in Steaks geschnitten und in der Pfanne gebraten oder gegrillt.

Abb. 4 Clam chowder

Menü und Speisekarte

Ein Menü ist eine Speisenfolge von mindestens drei Gängen (Speisengruppen), die in einer festgesetzten Reihenfolge verzehrt werden.

1 Aufbau eines Menüs

🇬🇧 structure of a menu   🇫🇷 structure (w) d'un menu

Bei der Erstellung eines Menüs sind zu beachten:

- Umfang der Speisenfolge,
- Regeln kulinarischer Abstimmung,
- Grundsätze richtiger Ernährung,
- organisatorische Möglichkeiten.

1.1 Umfang eines Menüs

In der Vergangenheit konnten sich Menüs mit bis zu 13 Gängen über Stunden hinziehen. Moderne Speisenfolgen sind am verringerten Nahrungsbedarf und an den eingeschränkten zeitlichen Möglichkeiten des Gastes orientiert. Nach dem Umfang der Speisenfolge wird unterschieden:

- **Grundmenü** mit drei Gängen als geschlossenes Ganzes, das ist die einfachste Form.
- **Erweitertes Menü** mit vier bis fünf Gängen für den besonderen Anlass.
- **Festmenü** mit sechs und mehr Gängen zu Feierlichkeiten, bei denen das gemeinsame Speisen einen festlichen Höhepunkt bildet.

Die Komposition eines Menüs beginnt mit dem Hauptgericht; es bildet den kulinarischen Mittelpunkt. Diesem werden die übrigen Gänge als Erweiterung zugeordnet.

Menü

Grundmenü besteht aus:
- Suppe
- Hauptgericht
- Dessert

Erweiterungsmöglichkeiten:
- Kalte Vorspeise wird vor der Suppe gereicht.
- Zwischengerichte sowie Fischgerichte folgen der Suppe.

● Diese Regeln des Menüaufbaus nennt man auch Menügerüst.

● Je nach Anlass können die einzelnen Gänge kombiniert werden.

Beispiele für Kombinationsmöglichkeiten

	Kalte Vorspeise	Suppe	Zwischengericht oder Fischgericht	Hauptgericht	Dessert	Nachtisch
Drei Gänge		●		●	●	
	●			●		●
Vier Gänge	●	●		●	●	
		●	●	●	●	
Fünf Gänge		●	●	●	●	●
	●	●	●	●	●	

MENÜ UND SPEISEKARTE

1.2 Regeln kulinarischer Abstimmung

Im Verkaufsgespräch zu einem Menü wird zunächst das **Hauptgericht** festgelegt. Dann beginnt die Auswahl der übrigen Gänge. Dabei ist zu beachten:

- **Jahreszeit**, denn Fische, Wild, Geflügel, einige Schlachttiere wie Lämmer, viele Gemüsearten und Obst sind zu bestimmten Zeiten am wohlschmeckendsten und zu diesen Zeiten auch am preiswertesten. Obwohl durch moderne Konservierungsmethoden viele Lebensmittel das ganze Jahr über zur Verfügung stehen, ist Frischware zu bevorzugen. Auf der Speisekarte sollte das zum Ausdruck kommen.

- **Abwechslung,** denn die Möglichkeiten von Nahrungsmittelauswahl und Zubereitung sind so vielseitig, dass durch verschiedene Ausgangsprodukte und unterschiedliche Zubereitungsarten jede Geschmacksrichtung angesprochen werden kann. Für eine gut zusammengestellte Speisenfolge gilt darum meist:

● **Keine Wiederholung der Grundstoffe**

Beispiele, **wie es nicht sein darf:**
Blumenkohlcremesuppe und Blumenkohl als Beilage;
oder:
Kraftbrühe mit Pfannkuchenstreifen und Crêpes Suzette als Nachtisch.
oder:
Wenn zu Gemüse Butter gereicht wird, z. B. Spargel mit zerlassener Butter, darf sich das nicht beim Fischgang wiederholen.

● **Keine Wiederholung der Zubereitungsart**

Zubereitungsarten, wie überbacken – in Fett gebacken – gegrillt usw., dürfen in der Speisenfolge nicht mehrfach vertreten sein.
oder:
Wenn als Nachtisch Käse-Windbeutel vorgesehen sind, so passen zu den Austern keine überbackenen Käsebrötchen (Welsh rarebits), denn beides sind Gebäcke mit ähnlichen Füllungen.

Nicht richtig ist es deshalb z. B., wenn auf ein rosa Lachsgericht als Fleischgang englisch gebratenes Roastbeef (auch rosa) gereicht wird;

oder:

Nicht richtig ist es, wenn auf Ragoût fin ein Hühnerfrikassee folgt.

- **Beachtung des Farbenspiels,** denn „das Auge isst mit": Im Gehirn des Menschen entsteht der Gesamteindruck einer Speise aus dem Zusammenspiel des Auges und des Geruchs- und Geschmackssinns. So kann einem beim Anblick einer ansprechend angerichteten Speise bereits das Wasser im Mund zusammenlaufen. Allein der optische Eindruck genügt, um auch Geruchs- und Geschmacksvorstellungen wachzurufen. Bei der Auswahl der Nahrungsmittel und bei der Zubereitung ist darum auf die vielfältigen Möglichkeiten zu achten.

Übung zur Beurteilung von Menüs

Überprüfen Sie die folgenden Menüs auf Mängel.

①
Blumenkohl-Rahmsuppe
❊ ❊ ❊
Seezungenfilets in Weißwein
❊ ❊ ❊
Kalbskotelett mit Champignons
Blumenkohl – Kartoffelpüree
❊ ❊ ❊
Mandelcreme

②
Kraftbrühe mit Fadennudeln
❊ ❊ ❊
Gekochter Zander – Braune Butter
❊ ❊ ❊
Rehrücken Baden-Baden
Pfifferlinge – Spätzle
❊ ❊ ❊
Birne Helene

③
Hummercocktail mit Grapefruit
❊ ❊ ❊
Klare Ochsenschwanzsuppe
❊ ❊ ❊
Junge Ente mit Orangenschnitzen
Grüne Bohnen – Rahmkartoffeln
❊ ❊ ❊
Zitronencreme

1 Aufbau eines Menüs

④
Kraftbrühe Julienne
❀ ❀ ❀
Eier im Näpfchen mit Sahne
❀ ❀ ❀
Esterházy-Rostbraten
Petersilienkartoffeln – Tomatensalat
❀ ❀ ❀
Walnussparfait – Heiße Schokoladensauce

⑤
Wildpastete mit Waldorfsalat
❀ ❀ ❀
Selleriecremesuppe
❀ ❀ ❀
Kalbsmedaillons mit Béarner Sauce
Dauphinekartoffeln – Mischgemüse
❀ ❀ ❀
Aprikosen mit Weinschaumsauce

Die Lösungen zu dieser Übung zur Menübeurteilung finden Sie auf Seite 696.

- **Der Anlass des Essens** kann bei besonderen Gelegenheiten für die Speisenauswahl maßgebend sein. Die folgenden Beispiele zeigen, wie Geschmacksrichtungen, Rohstoffe und Anlässe berücksichtigt werden können.

Jagdessen

Bei Jagdessen kann die Speisenfolge von den sonst üblichen kulinarischen Regeln abweichen.

Es wird gereicht, was Fischfang und Jagd bieten:
- Fluss- und Seefische,
- Krebse,
- alle Arten Wild,
- Wildgeflügel

sowie
- Feld- und Waldfrüchte wie Kohl, Pilze, Nüsse und Beeren.

Weihnachtsspeisenfolge

Weihnachtsspeisenfolgen sind Winterspeisenfolgen, bei denen jahreszeitlich bedingte Nahrungsmittel im Vordergrund stehen.

Der Festcharakter kann durch besondere Delikatessen betont werden:
- Hummer,
- Austern,
- Kaviar,
- Gänseleberparfait oder Gänseleberpastete.

Als Weihnachtsfisch wird Karpfen, als Weihnachtsbraten Gans oder Pute bevorzugt.

Gern wird die Weihnachts-Speisenfolge auch durch Äpfel, Orangen und Nüsse bereichert.

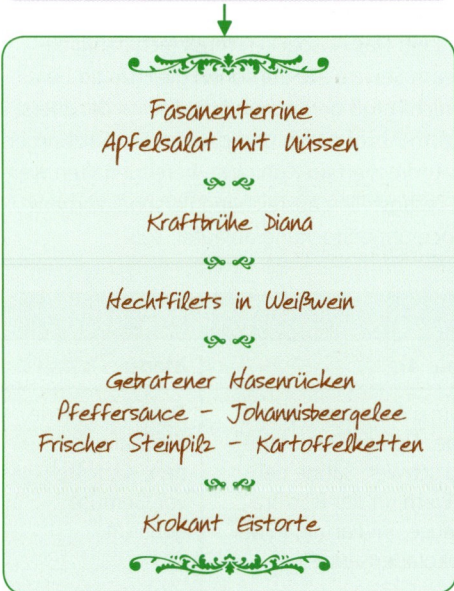

Angebot Speisen

MENÜ UND SPEISEKARTE

*Beluga Malossol Kaviar
Blinis – Sauerrahm*

Fasanenkraftbrühe

*Hummer und Austern in
Champagner
Blätterteighalbmonde*

*Medaillons von frischer
Gänseleber
auf Périgord-Trüffeln*

Minze-Sorbet

*Lammnüsschen mit Kräutern
überbacken
Gedünstete Karotten
Glasierte Schalotten*

*Erdbeerschaum auf frischer
Ananas*

Feingebäck

Silvester-Speisenfolge

Die Feier zur Jahreswende ist ein besonderer Anlass. Silvester-Speisenfolgen müssen dem festlichen Charakter des Tages entsprechen. Mehrgängige Menüs verlangen eine gekonnte Kombination der Gerichte und stellen höchste Ansprüche an die Qualität der zu verarbeitenden Produkte. Aufgrund der Ausweitung des Menüs werden die einzelnen Speisen maßvoll portioniert. Sättigende Beilagen werden nur in geringen Mengen gereicht. Die Speisenfolge kann auf einer schönen, mit glückbringenden Symbolen versehenen Menükarte angeboten werden.

1.3 Grundsätze richtiger Ernährung

Eine richtig zusammengestellte Speisenfolge muss Nährstoffe und Reglerstoffe in ausreichender Menge und im richtigen Verhältnis enthalten. Dabei ist zu beachten, dass bei heutiger Lebensweise energiearme, leicht verdauliche Kost immer mehr an Bedeutung gewinnt.

Eine neuzeitliche Speisenfolge schränkt darum die Verwendung fetter Saucen und übermäßig sättigender Beigaben ein; sie berücksichtigt den Vitaminbedarf durch die Aufnahme entsprechender Gemüse und Salate. Allgemein reicht man kleinere Portionen.

1.4 Organisatorische Möglichkeiten

Bestimmte Gerichte verlieren an Geschmackswert, wenn sie längere Zeit warmgehalten werden. Bei der Erstellung von Tageskarten und Sonderessen ist deshalb darauf zu achten, ob unter den gegebenen Verhältnissen die Speisen auch wirklich unmittelbar nach der Zubereitung serviert werden können.

Beispiele: Eine Speisenfolge für 70 Gäste enthält als Fisch „Seezunge Orly" und als Nachspeise „Salzburger Nockerln". Das Ausbacken der Fische erfordert geraume Zeit. Das Ausbacken muss rechtzeitig begonnen werden, damit zum Service alle Portionen gleichzeitig bereitstehen. Ist die Fritteuse nicht groß genug, wird die Kruste der zuerst zubereiteten Fische bis zum Abruf weich und pappig. Die Salzburger Nockerln können zwar aufdressiert im Kühlraum bereitgehalten werden, doch muss für das Fertigstellen ausreichend Personal vorhanden sein, wenn der Service ohne Stockung ablaufen soll.

Lösungen zur Beurteilung der Menüs auf Seite 694, 695

Menü ①:	Menü ②:	Menü ③:	Menü ④:	Menü ⑤:
Farblose Zusammenstellung der Gerichte. Dreimal Sahne: Suppe, Fisch, Süßspeise. Zweimal Blumenkohl: Suppe, Beilage.	Zweimal Teigwaren: Suppe, Beilage. Zweimal Birnen: Garnitur zum Fleisch, Süßspeise.	Dreimal Zitrusfrüchte: Vorspeise, Fleischgang, Dessert. Unpassende Kartoffelbeilage.	Zweimal Gemüsestreifen: Suppe, Fleisch. Das Menü ist zu schwer: Sahne bei den Eiern, in der Rostbratensauce, im Parfait, in der Schokoladensauce.	Zweimal Sellerie, dreimal gebunden, Kartoffel vor Gemüse genannt.

2 Gestaltung der Speisekarte

🇬🇧 menu organization 🇫🇷 réalisation (w) de la carte

2.1 Aufgaben der Speisekarte

A	**Attention** Aufmerksamkeit	Aufmerksamkeit des Gastes erregen mit einer ansprechend gestalteten Speisekarte: übersichtlich, informativ
I	**Interest** Interesse	Interesse des Gastes wecken mit einem attraktiven Speiseangebot, mit Spezialitäten, regionalen Gerichten
D	**Desire** Wünschen, Wollen	Wünsche beim Gast wachrufen mit einer anschaulichen Beschreibung des Speiseangebots, die dem Gast das Wasser im Munde zusammenlaufen lässt
A	**Action** Handlung	Den Gast zum Handeln bewegen durch angemessenes Preis-Leistungsverhältnis und aufmerksamen Service

Je übersichtlicher eine Speisekarte gestaltet ist, desto leichter fällt es dem Gast, eine Wahl zu treffen.

Darum trennt man **sachlich** in Speisegruppen wie Vorspeisen, Suppen, Fische, Hauptgerichte usw. und nach der **Aktualität** in das *Standard-* und das *Tagesangebot*. Dies führt zu der Unterscheidung *Standardkarte* und *Tageskarte*.

- Frucht- und Gemüsesäfte Joghurt
- Kalte Vorspeisen
- Suppen
- Warme Vorspeisen
- Eierspeisen
- Fischgerichte
- Vom Grill und aus der Pfanne
- Geflügelgerichte
- Wildspezialitäten
- Gemüse – Beilagen
- Salate
- Käse
- Süßspeisen – Kompotte
- Früchte
- Kalte Platten

Tageskarte vom ...

Mittagsmenü
Abendmenü
—
Fertige Tagesplatten
—
Regionale Besonderheiten
—
Vollwertgerichte
—
Für Kinder
—
Schonkost

Während die Standardkarte ein Dauerangebot enthält, wechselt die Tageskarte entsprechend dem Angebot auf dem Markt und den betrieblichen Möglichkeiten.

Auch für Kinder, ältere Menschen, Gesundheitsbewusste und Schonkostbedürftige sollten geeignete Gerichte angeboten werden, denn nur der Gast, der vom Angebot auf der Karte zufriedengestellt wird, kehrt wieder.

Spezialitäten der Region oder der Saison (Spargel, Erdbeeren) können besonders hervorgehoben oder auf einer **eigenen Karte** herausgestellt werden.

Bei Gerichten mit längerer Zubereitungszeit sollte schon auf der Speisekarte darauf hingewiesen werden.

Angebot Speisen

MENÜ UND SPEISEKARTE

2.2 Anordnung des Textes

Bei der Anordnung des Textes ist zwischen der Nennung eines Gerichts auf der Tageskarte und der innerhalb eines Menüs zu unterscheiden.

Auf der Tageskarte stehen Gerichte meist einzeilig. Dabei ist die nachstehende Reihenfolge einzuhalten.

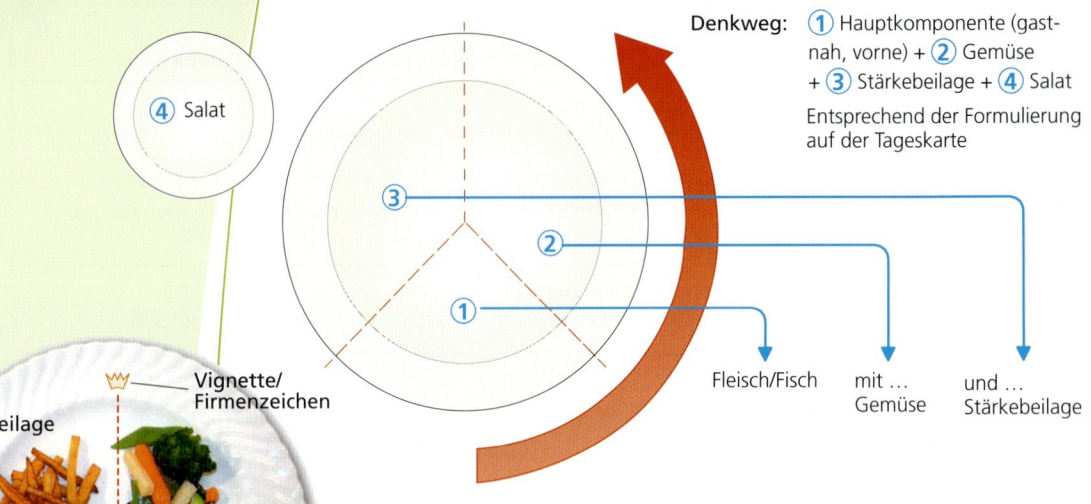

Denkweg: ① Hauptkomponente (gastnah, vorne) + ② Gemüse + ③ Stärkebeilage + ④ Salat
Entsprechend der Formulierung auf der Tageskarte

Diese Reihenfolge gilt als **Grundraster** für alle speisekartengerechten Nennungen.

Für Erweiterungen gilt:
- Garnitur oder Sauce zum Hauptrohstoff
  → Rehrücken Diana mit …
  → Tafelspitz mit Frankfurter Sauce und …
- Gemüse/Pilze und Beilagen folgen
  → Rahmchampignons
  → Basmatireis
- Salat und kalte Beilagen stehen am Ende
  → … mit Salatvariationen
  → … mit Feldsalat und Kürbiskompott

Umfassende Darstellung:

Zubereitung →	Hauptrohstoff →	Garnitur →	Sauce →	Gemüse
Gespickter	Rehrücken	nach Waidmannsart mit	Wacholdersauce,	Rosenkohl,
Pilze →	Beilage →	Salat →	Kalte Beilagen	
Pfifferlinge,	Spätzle,	Feldsalat und	Kürbiskompott	

Auch bei einfachen Gerichten gilt diese Reihung der Komponenten.

Beispiele für Gerichte mit weniger Bestandteilen:

Wiener Schnitzel mit Röstkartoffeln und bunter Salatplatte
Gekochter Tafelspitz mit Frankfurter grüner Sauce und Salzkartoffeln
Rheinischer Sauerbraten mit Rotkohl, Kartoffelpuffer und Apfelmus

2 Gestaltung der Speisekarte

2.3 Rechtschreibung auf der Speisekarte

Für die Schreibung der Speisen auf der Karte gelten die im DUDEN angeführten allgemeinen Regeln der Rechtschreibung.

Zusammensetzungen werden zusammengeschrieben.

Also:	und nicht:
• auf Försterinart	• Auf Försterin Art
• auf Gärtnerinart	• Auf Gärtnerin Art
• auf Müllerinart	• Auf Müllerin Art

Anstelle von „auf …art" kann auch „nach …art" geschrieben werden. Empfehlenswert ist auch folgende Schreibweise: nach Art der Försterin, nach Art der Gärtnerin usw.

Ist eine Zubereitungsart von Orts- oder Ländernamen abgeleitet, wird auseinander geschrieben.

- auf russische Art,
- auf provenzalische Art.
- nach norwegischer Art,

Besonderheit:
mit der Endung -ische/ischer: klein
- auf norwegische Art
- holländischer Käse
- italienischer Salat

mit der Endung -er: groß
- nach Norweger Art
- Holländer Käse
- Schweizer Wurstsalat
- Wiener Schnitzel
- Frankfurter Würstchen

Nachgestellte Beifügungen (Zubereitungsart) werden durch Kommas (Beistriche) abgetrennt.

- Seezunge, pochiert,
- Karpfen, gebacken.

Läuft der Text weiter, wie z. B. bei Tageskarten, steht die Zubereitungsart zwischen Beistrichen:
- Seezunge, pochiert, mit …

Empfehlenswert ist folgende Schreibweise:
- Pochierte Seezungenfilets mit …
- Gebackener Karpfen mit …

Beilagen, die aus mehreren Stücken bestehen, müssen in der Mehrzahl stehen.

- mit neuen Kartoffeln,
- mit Champignons,
- mit Pilzen,
- mit verschiedenen Gemüsen.

Neben diesen, durch den DUDEN geforderten Rechtschreibregeln gibt es Regeln zur Sprachform, die von der GASTRONOMISCHEN AKADEMIE empfohlen werden. Beispiele:

Anführungszeichen unterbleiben bei der Angabe der Zubereitungsart.

Abkürzungen sind zu vermeiden.

Also:	und nicht:
• Frikassee von Huhn mit Reis	• Frikassee v. Huhn m. Reis
• Kalbszunge mit gedünstetem Gemüse und gemischtem Salat	• Kalbszunge m. ged. Gemüse u. gem. Salat

Also:	und nicht:
• Birne Helene	• Birne „Helene"
• Schnitzel nach Pariser Art	• Schnitzel „Pariser Art"
• Forelle blau	• Forelle „blau"

Eingedeutschte Wörter sind in deutscher Form zu schreiben.

Sprachen sollen nicht vermischt werden.

Also:	und nicht:
• Forelle auf Müllerinart	• Forelle à la meunière
• Gebackener Kalbskopf mit Remouladensauce	• Kalbskopf, gebacken, mit Sc. Remoulade
• Lammkoteletts Nelson	• Lammkoteletts à la Nelson

Also:	und nicht:
• Kroketten	• Croquetten
• Frikassee	• Fricassee
• Gulasch	• Goulasch
• Makkaroni	• Maccaroni
• Kotelett	• Cotelette

Angebot Speisen

MENÜ UND SPEISEKARTE

In der Küche hat sich die französische Schreibweise **Sauce** eingebürgert. Der DUDEN sieht Sauce als eingedeutschtes Wort und lässt diese Schreibweise zu, auch in Zusammensetzungen wie z. B. Tomatensauce.

Genaue Benennung statt Sammelbezeichnung unterstützt die Vorstellung des Gastes.

Allgemein bekannte Bezeichnungen oder solche, die nicht zutreffend übersetzt werden können, wie Chateaubriand, Rumpsteak, Parfait, Chips, Dip, Pommes frites, schreibt man in der Fachsprache.

Also:	und nicht:

• Kartoffelknödel
  Semmelknödel
  Serviettenknödel
	• Knödel

• Braten vom Kalbsrücken Glasierte Kalbsnuss	• Kalbsbraten

Mehrsprachige Karten erleichtern den Service.

Wird ein Haus von vielen fremdländischen Gästen besucht, ist es zweckmäßig, die Gerichte auch in den gängigen Fremdsprachen anzuführen. Übersetzungshilfen bieten Küchenlexika und Übersetzungswerke ①.

Die „Kulinariksprache" sollte vermieden werden.

Wenn Speisekarten besonders werbewirksam gestaltet werden, geht die Kreativität manchmal sehr weit.

Da gibt es
- Stollen von der Martinsgans,
- Savarin von Scampi,
- Kartoffelblini.

Bei diesen Wendungen wird nur die Form (Stollen, Savarin) berücksichtigt, nicht aber die Rohstoffe oder Verfahrensweisen.

Verhältniswörter/Präpositionen
Die Hauptsache wird mit der Nebensache genannt.

① Beispiele aus einer Tageskarte:

- Hechtklößchen mit Kräutersauce
  🇬🇧 Pike dumplings with herb sauce
  🇫🇷 Quenelles de brochet, sauce aux fines herbes

- Gebratenes Rinderfilet mit Champignonsauce, gebackenen Schwarzwurzeln, Annakartoffeln
  🇬🇧 Roast fillet of beef with mushroom sauce, deep fried black salsify, Anna potatoes
  🇫🇷 Filet de boeuf rôti, sauce aux champignons, salsifis frits, pommes Anna

- Gekochte Lammkeule mit Kapernsauce, überbackenem Rosenkohl, Schmelzkartoffeln
  🇬🇧 Boiled leg of lamb, sauce with capers, gratinated Brussels sprouts, fondant potatoes
  🇫🇷 Gigot d'agneau bouilli, sauce aux câpres, choux de Bruxelles au gratin, pommes fondantes

Also:	und nicht:
• Fleisch mit Sauce und Beilagen • Kalbskotelett mit Calvadossauce • Schnitzel mit Jägersauce	• … an … auf … • Kalbskotelett auf Calvados-Sauce • Schnitzel an Jägersauce

Verniedlichung/Verkleinerung
Bei manchen Speisekarten wird
- aus der Suppe ein Süppchen,
- aus der Sauce ein Sößchen,
- aus der Nudel ein Nüdelchen.

Man sollte die Verkleinerungsform mit „chen" nur dort verwenden, wo es sprachlich sinnvoll ist.

Begriffe aus anderen Bereichen in Verbindung mit Speisen
Oft werden in Verbindung mit Speisen Begriffe aus anderen Bereichen verwendet, z. B.
- Dialog von Salaten.

Man sollte die Begriffe dort lassen, wo sie hingehören.

Das Lexikon sagt:
Dialog: Gespräch zwischen zwei oder mehr Personen
Duett: Komposition für zwei Singstimmen
Sinfonie: Mehrstimmiger musikalischer Vortrag

In EDV-Systemen werden Speisen meist mit Nummern belegt. Es wird empfohlen, diese nur in die für das Personal vorgesehenen Karten einzutragen.

2.4 Rechtliche Bestimmungen

Die Speise- und die Getränkekarte sind Verzeichnisse der vorrätigen oder kurzfristig fertig zu stellenden Speisen oder Getränke. Rechtlich entsprechen die Speise- und die Getränkekarte einem unverbindlichen oder frei bleibenden Angebot. Die sogenannte Bestellung des Gastes ist als Antrag zu werten, der vom Gastronomen oder dessen Vertreter (Servierpersonal) angenommen oder auch abgelehnt werden kann, wenn z. B. ein Gericht „aus" ist.

Bei der Gestaltung von Speise- und Getränkekarten sind Rechtsvorschriften zu beachten. Diese dienen dem Schutz des Gastes vor Übervorteilung und dem Schutz seiner Gesundheit.

Preisauszeichnung

Inhaber und Betreiber von Gaststättenbetrieben haben
- Preisverzeichnisse (Karten) für Speisen und Getränke in hinreichender Zahl auf den Tischen auszulegen oder
- jedem Gast bei der Bestellung und auf Wunsch bei der Abrechnung vorzulegen.
- Neben dem Eingang ist ein von **außen lesbares Verzeichnis** anzubringen, auf dem die Preise für wesentliche Speisen und Getränke genannt sind.
- Alle Preise müssen **Inklusivpreise**/Endpreise sein.
- Werden Zubereitungen, z. B. Forelle „nach Größe" angeboten, ist ein Bezugswert zu nennen.
  Beispiel:
    - 100 Gramm X,xx €
    - Preisangaben wie „Von … bis … €" sind nicht zulässig (PAngV § 7)

So soll der Passant/Gast bereits vor dem Betreten der Räumlichkeiten beurteilen können, ob das Lokal in der Art des Angebotes und im Preisniveau seinen Vorstellungen entspricht.

Zusatzstoffe

Wenn Lebensmittel Zusatzstoffe enthalten, muss dies kenntlich gemacht werden, damit sich der Gast (z. B. Allergiker) entsprechend verhalten kann. Die Zusatzstoffe können entweder direkt bei der jeweiligen Speise oder als Fußnote angegeben werden.

Ob die im Betrieb verarbeiteten Lebensmittel Zusatzstoffe enthalten, kann auf der Verpackung nachgelesen werden, z. B.
- Mit Konservierungsstoff (Name oder E-Nummer) oder
- Konserviert mit …

Das ist z. B. regelmäßig der Fall bei konservierten Essiggurken, deutschem Kaviar oder Fischpräserven wie Rollmops oder Bismarckhering. Bei Wurst und Backwaren muss man sich beim Metzger oder Bäcker nach den Inhaltsstoffen erkundigen.

Die Kenntlichmachung könnte dann so aussehen:

Lachsbrot mit Zwiebel und Ei garniert   X,xx €
(Lachs mit Farbstoff und Konservierungsstoff)

Nudelsuppe   X,xx €
(mit Geschmacksverstärker)

Angebot Speisen

Beispiele:

Lachsbrot mit Zwiebel
und Ei garniert (1,2)   X,xx €

Nudelsuppe (4)   X,xx €

Die Gruppen von Zusatzstoffen werden auf der Speise- oder Getränkekarte so angegeben (Auszug):
1 mit Farbstoff(en)
2 mit Konservierungsstoff(en)
3 mit Antioxidationsmittel
4 mit Geschmacksverstärker
…
9 koffeinhaltig
10 chininhaltig
11 mit Süßungsmittel

MENÜ UND SPEISEKARTE

Bei Speise- und Getränkekarten ist es jedoch erlaubt, die vorgeschriebenen Angaben in Fußnoten zu nennen, wenn bei Speise oder Getränk mit einer Kennziffer oder einem sonstigen Zeichen klar auf diese Fußnoten hingewiesen wird.

Geschützte Bezeichnungen

Wer Besonderes produziert oder Spezialitäten aus einer bekannten Region liefert, findet es nicht gerecht, wenn andere den „guten Namen" für sich nutzen, ohne die Voraussetzungen zu erfüllen.

Die EG schützt darum bestimmte Lebensmittel vor Nachahmung.

Geschützte geografische Angabe (g. g. A.) z. B.
- Kölsch
- Nürnberger Rostbratwurst
- Thüringer Rotwurst
- Schwarzwälder Schinken

Geschützte Ursprungsbezeichnung (g. U.) z. B.
- Allgäuer Emmentaler
- Lüneburger Heidschnucke

Garantiert traditionelle Spezialität (g. t. S.) z. B.
- Mozzarella
- Jamón Serrano

Bei geschützten Bezeichnungen darf auch **nicht** … *nach Art* verwendet werden. Man darf folglich **nicht** anbieten
- Rostbratwürste nach Nürnberger Art
- Schinken nach Schwarzwälder Art
- Käse nach Mozzarellaart

Gattungsbezeichnungen sind nicht geschützt, weil diese allgemein bekannten Vorstellungen entsprechen, z. B.
- Schwarzwälder Kirschtorte
- Frankfurter Würstchen
- Schweizer Wurstsalat
- Schweineschnitzel Wiener Art

Richtige Bezeichnung

Eine unbedachte Übernahme herkömmlicher Bezeichnungen kann zu falschen Aussagen führen.

Mastochsenbrust oder *Ochsenschwanzsuppe* sind heute in den seltensten Fällen von einem Ochsen, denn Ochsen werden kaum mehr gemästet.

Hammelkotelett oder *Hammelrücken* sind meistens vom einjährigen Lamm, das eine bessere Qualität bietet als der Hammel.

Frisch sollte man nur verwenden, wenn wirklich frische Ausgangsware verwendet wird. Ein *frischer Obstsalat* darf nicht aus der Dose oder aus der Tiefkühlung kommen. Wer wirklich Frisches verwendet, sagt das so:
- Salat von frischen Früchten oder
- Rahmsuppe mit frischen Morcheln oder
- Pilzragout mit frischen Pilzen der Region.

2.5 Karten für Extraessen

Für **Extraessen** bietet der Betrieb meist eine besondere, in der Regel gefalzte Karte. Bei deren Gestaltung kann der Gast mitwirken.

Auf der Vorderseite werden meist Ort, Zeit und Anlass des Essens genannt. Auflockernd wirken Abbildungen, die jedoch zum Anlass des Essens einen Bezug haben sollten.

Beispiele
Ziffern bei Jubiläen, Hochzeitskutsche, Wiege sowie sonstige Illustrationen, z. B. von Wild oder Fisch.

Zeichenprogramme erleichtern die Gestaltung und bieten Abwechslung.

Profiqualität liefern Druckereien.

Bei Extraessen wird die gefalzte Karte nach folgenden Regeln gestaltet:
- außen (Seite 1) ① kann der Anlass genannt sein,
- innen rechts (Seite 3) ③ steht die Speisenfolge,
- innen links (Seite 2) ② sind die korrespondierenden Getränke zugeordnet.
- Bei dem jahreszeitlichen Menü zur Spargelzeit wird als Besonderheit bei jedem Gang Spargel verwendet.
- Die Seiten 704 und 705 zeigen Menübeispiele (Küche) mit dem Gedeck zu jedem einzelnen Gang (Service). Das Wissen zur Menükunde wird mit den Grundlagen des Services kombiniert.

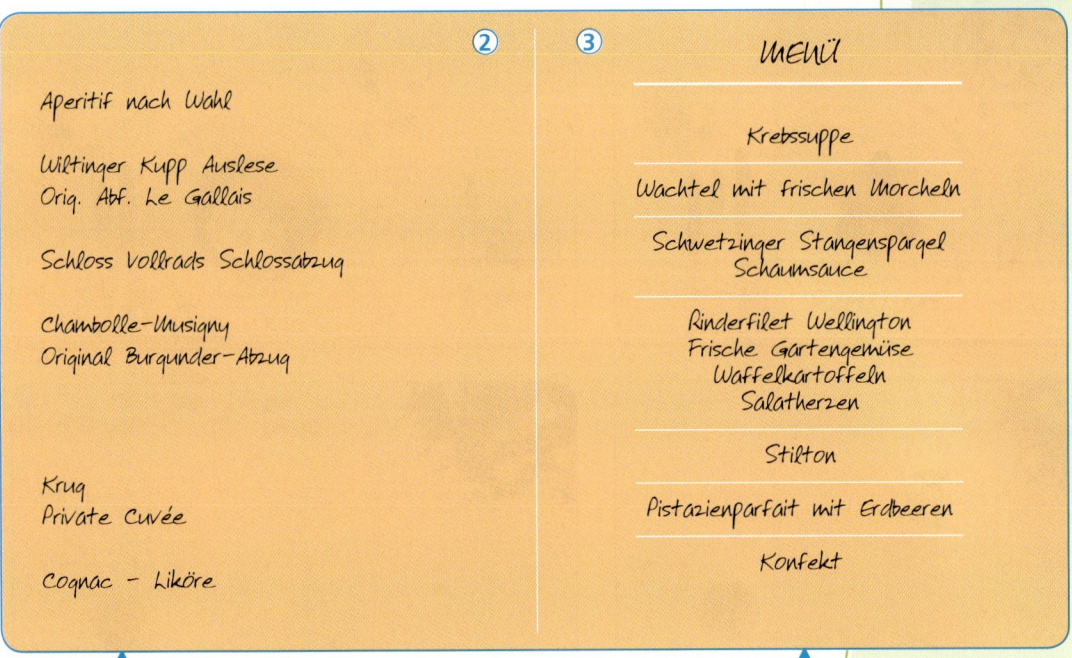

linksbündig — Die Schrift ist mithilfe des Textprogramms angeordnet. — mittig (zentriert)

Die folgenden Seiten zeigen Menüs mit dem Gedeck zu jedem einzelnen Gang. Das Wissen zur Menükunde wird mit den Grundlagen des Service kombiniert.

2.6 Menübeispiele mit zugehörenden Gedecken

① Eingedecktes Couvert (ohne Dessertbesteck)

Menü

② Carpaccio vom Rinderfilet mit gebratener Entenleber

❋ ❋ ❋

③ Pochierter, mit Meeresfrüchten gefüllter Wolfsbarsch Beaujolais-Sauce

❋ ❋ ❋

④ Rosa gebratene Entenbrust mit Calvadossauce knackigem Gemüse von Möhrchen Teltower Rübchen, Roten Beten Brokkoli und Schlosskartoffeln

❋ ❋ ❋

⑤ Vanille- und Himbeer-Eis mit marinierten Waldbeeren

2 Gestaltung der Speisekarte

① Eingedecktes Couvert

Menü

② Gänseleber in Briochemantel
mit Apfelsalat und Würfeln von Sherryweingelee

③ Gekochter Hummer im Gemüsesud

④ Rinderfilet auf einer Trüffelrahmsauce
mit Fingerkarotten, Zuckerschoten
Mus von Petersilienwurzeln
und gebratenen Kartoffelspänen

⑤ Frische Feigen auf Curaçaosauce mit Orangenfilets

Anmerkung: Oben quer eingedeckt liegt der Saucenlöffel/Gourmetlöffel für den Hauptgang.
Das Dessertbesteck wurde nachgedeckt.

Angebot Speisen
MENÜ UND SPEISEKARTE

❸ Kalkulation von Speisen

🇬🇧 calculation of meals 🇫🇷 calcul (m) des mets (m)

Der Verkaufspreis von Speisen und Getränken wird als Inklusivpreis bezeichnet, weil in ihm alle Kostenbestandteile enthalten sind. Auf die in den Speisekarten genannten Preise sind weitere Aufschläge nicht erlaubt. Der Inklusivpreis kann auf unterschiedliche Arten ermittelt werden.

Bei der Abschlussprüfung werden folgende Schemata abgefragt.

Stufenschema/Zuschlagskalkulation

Materialkosten	MK	100 %	
+ Gemeinkosten	GK	120 %	
= Selbstkosten	SK	220 %	100 %
+ Gewinn	G		25 %
= Kalkulierter Preis	KP	100 % ← 125 %	
+ Umsatzbeteiligung	UB	13 %	
= Nettoverkaufspreis	NV	113 % → 100 %	
+ Mehrwertsteuer	MwSt		19 %
= Inklusivpreis	IP		119 %

- Die **Materialkosten** erhält man aus der Rezeptberechnung.
- Die **Gemeinkosten** fassen Kosten für Energie, Personal usw. zusammen.
- Im **Gewinn** sind z. B. Unternehmerlohn, Risiko und Kapitalverzinsung enthalten.
- Die **Umsatzbeteiligung** für Service beträgt tariflich mindestens 12 Prozent.
- Die **Mehrwertsteuer** ist 19 % des Nettoverkaufspreises.
- Der rechnerische **Inklusivpreis** wird gerundet und auf die Karte gesetzt.

Inklusivpreis

1. Die Materialkosten für ein Menü betragen 6,80 €. Der Betrieb kalkuliert mit 130 Prozent Gemeinkosten. Berechnen Sie die Selbstkosten in €.

2. Der vorläufige Verkaufspreis für ein Gericht wurde mit 9,20 € ermittelt. Die MwSt beträgt 19 Prozent. Berechnen Sie den Inklusivpreis.

3. Für ein Gericht wurden die Selbstkosten mit 7,45 € ermittelt. Der Betrieb rechnet mit 24 Prozent Gewinn und 15 Prozent Umsatzbeteiligung. Auf wieviel € beläuft sich der Nettoverkaufspreis?

4. Ein Restaurant kalkuliert mit folgenden Werten: 135 Prozent Gemeinkosten, 22 Prozent Gewinn, 12 Prozent Umsatzbeteiligung und 19 Prozent MwSt. Die Materialkosten für ein Festmenü betragen 11,60 €. Welcher Inklusivpreis muss verlangt werden?

5. Ermitteln Sie für das Restaurant bei Aufgabe 4 Gesamtaufschlag in Prozent und Kalkulationsfaktor.

6. Man kalkuliert mit einem Gesamtaufschlag von 240 %. Kalkulationsfaktor?

Wenn der Inklusivpreis berechnet werden soll, müssen die erforderlichen Werte vorgegeben werden. Um die Kenntnisse auf diesem Gebiet zu testen, können bei einer Prüfung auch nur Teilgebiete abgefragt werden.

Gesamtaufschlag und Kalkulationsfaktor

Die vierstufige Kalkulation kann man verkürzen. Wenn aus den einmal gewonnenen Werten die Differenz ermittelt wird, erhält man den gesamten Aufschlag auf die Materialkosten, kurz: den **Gesamtaufschlag**. Er wird in Prozent bezogen auf die Materialkosten ausgedrückt.

Der **Kalkulationsfaktor** sieht den Inklusivpreis als Vielfaches zu den Materialkosten.

Vierstufige Kalkulation	Gesamtaufschlag	Kalkulationsfaktor
MwSt. 19%		
UB 13%	GA ≙ x% = 255%	3,55 mal so viel
G 20%		
GK 120%		
MK	MK ≙100%	MK

Rückkalkulation

Bei besonderen Angeboten wie Extraessen oder bei der Zusammenarbeit mit Reiseveranstaltern wird sehr oft ein fester Preis vereinbart. Die Küche muss dann zu den Materialkosten, zum Wareneinsatz, zurückrechnen, um Angebote ausarbeiten zu können.

Der Rechenweg ist dann genau umgekehrt: Vom Inklusivpreis wird zurückgerechnet.

Dabei geht man vier mal vom erhöhten Grundwert aus.

Stufenschema/Zuschlagskalkulation

	Materialkosten	MK	100 %	
+	Gemeinkosten	GK	120 %	
=	Selbstkosten	SK	220 %	100 %
+	Gewinn	G		25 %
=	Kalkulierter Preis	KP	100 %	125 %
+	Umsatzbeteiligung	UB	13 %	
=	Nettoverkaufspreis	NV	113 %	100 %
+	Mehrwertsteuer	MwSt		19 %
=	Inklusivpreis	IP		119 %

Vom IP zu MK

1. Eine Firma will eine mehrtägige Fortbildungsveranstaltung in unserem Haus durchführen und bittet um verbindliche Menüvorschläge für 18,00 €. Der Betrieb kalkuliert mit 125 % Gemeinkosten, 22 % Gewinn, 12 % Umsatzbeteiligung und 19 % MwSt. Mit welchem Wareneinsatz darf die Küche rechnen?

2. Die Selbstkosten für ein Büfett werden von der Direktion mit 485,00 € vorgegeben. Es sind 135 % Gemeinkosten zu berücksichtigen. Auf wie viel € dürfen sich die Materialkosten belaufen?

3. Eine Restaurantrechnung beläuft sich auf 1.235,00 €. Berechnen Sie die enthaltene MwSt. in Höhe von 19 Prozent.

4. Mit einer Aushilfsbedienung wurden 13 Prozent Umsatzbeteiligung vereinbart; 19 Prozent MwSt. sind zu berücksichtigen. Wie viel € beträgt die Umsatzbeteiligung, wenn der Umsatz 743,00 € beträgt?

5. Im Rahmen einer Spezialitätenwoche soll ein Gericht für 19,00 € auf die Speisekarte gesetzt werden. Der Betrieb kalkuliert für diese Aktion mit einem Gesamtaufschlag von 230 Prozent. Berechnen Sie die Materialkosten.

6. Ein Betrieb kalkuliert mit einem Kalkulationsfaktor von 3,2. Berechnen Sie die Materialkosten bei einem Gedeckpreis von 35,00 €.

7. Ein Betrieb rechnet mit einem Gesamtaufschlag von 240 Prozent. Berechnen Sie die Materialkosten bei einem Inklusivpreis von 22,00 €.

Prüfungsfragen zur Kalkulation ohne Zahlen

Berechnungen beruhen auf der Grundlage von Sachverstand. Was man „nicht kapiert" hat, kann man auch nicht berechnen. Hier Beispiele für entsprechende Aufgabenstellungen.

1. Welche der folgenden Kalkulationsreihen ist sachlich richtig?
   a) MK + SK + G + UB + MwSt
   b) MK + GA + G + UB + MwSt
   c) MK + GK + G + UB + MwSt
   d) MK + GA + MwSt + UB
   e) SK + KP + NVP = IP

2. In welchem Fall liegen veränderliche oder variable Kosten vor?
   a) Materialverbrauch
   b) Pacht für Garage
   c) Beitrag zur Brandversicherung
   d) Grundsteuer
   e) Kosten für Wartungsvertrag Schankanlage

3. Welches ist die richtige Erklärung für Gesamtaufschlag?
   a) Summe aus Gemeinkosten, Gewinn und Umsatzbeteiligung in einem Prozentsatz
   b) Summe aller Kosten in einem Prozentsatz, der auf den Gewinn aufgeschlagen wird.
   c) Summe aller Kosten einschließlich der Materialkosten in einem Prozentsatz
   d) Summe aus Gemeinkosten, Gewinn, Umsatzbeteiligung und MwSt. in einem Prozentsatz
   e) Summe aus Gewinn und Umsatzbeteiligung in einem Prozentsatz

Sonderveranstaltungen

Sonderveranstaltungen sind heute ein wichtiger Teil der Erlebnisgastronomie. Dabei handelt es sich um besonders attraktive, wirkungsvolle Angebote, oft im Rahmen eines Banketts.

1 Der Gast im Mittelpunkt

🇬🇧 the customer as the center of interest 🇫🇷 client (m) au centre de l'intérêt

Früher wartete man meist, bis der Gast ein Restaurant betrat, die Karte las und bestellte. Heute wird der Gast mit attraktiven Angeboten umworben. Seine Neugierde wird gezielt geweckt. Vorlieben und Gewohnheiten von Stammgästen sind durch häufige Besuche des Restaurants bekannt. Mehr Informationen über Gäste und deren Wünsche können durch gezielte Fragebogenaktionen gewonnen werden. Sie werden nach Abschluss von Aktionen ausgewertet und bei Planungen von Aktionstagen/Aktionswochen berücksichtigt.

Den Erfolg einer Sonderaktion bestimmen letztlich allein die Gäste durch ihre Teilnahme.

2 Aktionen

🇬🇧 campaigns 🇫🇷 actions (w)

Sonderveranstaltungen dienen dazu, den Bedürfnissen unserer Gäste nach Abwechslung entgegenzukommen sowie eine aktive Verkaufsförderung und die damit verbundene Umsatzsteigerung zu erreichen.

Neben Gastorientierung und Wirtschaftlichkeit gibt es weitere wesentliche Aspekte, die bei Aktionen wichtig sind:
- Stammgästen wird etwas Besonderes geboten,
- neue Gästekreise werden erschlossen,
- in der Öffentlichkeit wird der Bekanntheitsgrad des Betriebes gefördert,
- Kapazitätsauslastung während ruhiger Betriebszeiten wird ermöglicht.

2.1 Aktionsbeispiele

Werbewirksam wird eine Aktion durch ein interessantes und deutliches Motto. Waren es bisher hauptsächlich die Fest- und Feiertage, die den Anlass und das Motto für eine Aktion lieferten, so bieten sich heute viele weitere Möglichkeiten an:
- **Produktbezogenes Angebot:** Mögliche Themen: Kartoffeln, Pilze, Reis, Nudeln, Meeresfrüchte, Gerichte mit Bier, Gerichte mit Wein, Spargel, Tomaten, Vegetarisches, Wild, Fische, Lamm, Käse, Exotische Früchte.
- **Saisonbedingte Aktionen:** Mögliche Themen: Spargel, Wild, Matjeshering, Maischolle, Austern, Muscheln, Krebse, Grünkohl, Beeren, Pilze, Eis.
- **Internationale Spezialitäten:** Mit einem internationalen Angebot holt man bei den Gästen Urlaubsstimmung zurück oder stimmt sie auf eine bevorstehende Reise ein: USA-Woche, Viva España, Mittsommernacht.
- **Themenbezogene Aktionen:** Historische Hintergründe (Fürstenhochzeit, Stadterhebung), Biokost, Faschingsball, Silvester, Jazz-Brunch oder begleitend zu einem musikalischen Event.
- **Jahrestage:** Gedenkjahre für Persönlichkeiten des Ortes, Städtegründung usw.
- **Regionale Spezialitäten:** Beispiele: Münsterländer Schmaus, Fränkisches Weinfest, Unterm bayerischen Himmel, Impressionen von der Waterkant.

Es gibt vielfältige Anlässe, die es ermöglichen, ein schönes Programm zusammenzustellen, bei dem nicht nur kulinarische Höhepunkte geboten, sondern auch die Dekorationen originell auf das Thema abgestimmt werden.

3 Planung und Durchführung

🇬🇧 planning and realization 🇫🇷 planification (w) et réalisation (w)

Für die Mitarbeiter ist die Abwechslung genau so wichtig wie für die Gäste. Die Einbeziehung möglichst aller Mitarbeiter bei der Planung und Durchführung von Aktionen bedeutet:
- Motivation durch die Herausforderung, Neues zu unternehmen,
- der Alltagsroutine etwas entgegenzusetzen,
- Teambewusstsein zu wecken,
- fachliches Können in einer besonderen Situation zu beweisen,
- sich der Konkurrenz gegenüber zu behaupten,
- aktionsbezogene Schulung und Fortbildung zu erhalten.

3.1 Jahresplanung

Zunächst sollten alle Mitarbeiter, also auch die Auszubildenden, Ideen zu möglichen und interessanten Aktionen vorbringen dürfen. Aus diesen Vorschlägen werden die besten oder sinnvollsten ausgewählt und ein Jahres-Aktions-Plan erstellt. Anschließend werden die unterschiedlichen Aufgaben den jeweiligen Abteilungen für die Vorausplanung übertragen.

3.2 Detailplanung

In der Abteilung **Service/Bankett** erarbeiten die Mitarbeiter Vorschläge für die Dekoration und eventuell für besonderes Besteck oder Porzellan. Sie denken über spezielle aktionsbezogene „Gags" nach, z. B. landesübliche Trachten, Kostüme des Mittelalters oder sonstige Requisiten.

Des Weiteren überlegen sie sich die Art und Weise des Servierens und machen Vorschläge für den Getränkeservice. Die Art und Menge der Getränke muss bestimmt werden. Sie suchen Rezepturen für Cocktails oder andere Mischgetränke und notieren deren Zubereitung.

Die **Empfangsabteilung** und das **Verkaufsbüro** erarbeiten mit ihren Mitarbeitern Wochenendarrangements und veranlassen ein rechtzeitiges Mailing (Briefinformation) an ausgewählte Gäste und besondere Persönlichkeiten. Von dieser Abteilung aus wird auch die Pressearbeit gesteuert, z. B. die Presse über die Aktion rechtzeitig und gezielt informiert.

• Sonderkarten für den speziellen Anlass müssen erstellt werden.

Im **Hausdamenbereich** denkt man sich passenden Blumenschmuck für Tische und/oder Büfett-Tafeln und für Bodenvasen im Empfangs- oder Restaurantbereich aus. Außerdem werden spezielle Tafeltücher, besondere Servietten und Dekorationstücher bereitgestellt.

Die Mitarbeiter der **Abteilung Küche** stecken den Rahmen für den kulinarischen Bereich ab. Sie suchen nach geeigneten Gerichten, informieren sich über deren Zubereitung, erstellen Rezepturen und Warenanforderungen. Die einzelnen Gerichte werden, wenn sie der Küche noch nicht bekannt genug sind, durchgekocht und erprobt. Die Geschmacksrichtung und die Anrichteweisen werden festgelegt.

• Alle Arbeiten und Überlegungen in den einzelnen Bereichen müssen schriftlich erfasst werden. Checklisten und eventuell auch Fotos werden für den speziellen Einsatz erstellt.

3.3 Planungsbeispiel Küche

Der Chef des Hotels Mozart in Kirchheim betreut gastronomisch alle Veranstaltungen im Schloss. Deshalb hat er auch die Möglichkeit, zusammen mit dem Verkehrsamt des Ortes im Festsaal Konzerte in Verbindung mit Gastronomie durchzuführen. Von den Mitarbeitern des Hotels kommt der Vorschlag, im Herbst eine Konzert-Gala über fünf Tage zu organisieren. Trotz des damit verbundenen Mehraufwands wird dem Plan begeistert zugestimmt. Die Aktion erhält den Namen:

„Kulinarisch-musikalischer Herbst".

Nachdem die Abteilungen Küche und Service sich auf einen Servierablauf (Menüservice, Büfett oder eine Kombination aus beiden) festgelegt haben, werden die weiteren Planungsarbeiten angegangen.

Das nachfolgende Beispiel ist im Besonderen für den **Ausbildungsberuf Koch/Köchin** gedacht.

Die gesamte Aktion erstreckt sich über fünf Abende. Am Premierenabend wird ein **Gala-Menü** für 100 Personen im Hotel Mozart serviert.

Beim Service eines Menüs müssen die Anzahl und die Art der Gänge benannt werden, ebenso der Service eines Amuse-Gueule.

Geklärt werden müssen weiterhin Tellerart und Tellergröße zum Anrichten der Speisen. Außerdem wird überlegt, ob teilweise Plattenservice durchgeführt werden soll.

Das Fleischstück des Hauptgangs könnte von Köchen vor den Gästen tranchiert werden. Servicebrigade und Küchenbrigade präsentieren und servieren mit einer Parade das Dessert.

Die Regeln für die kulinarische Abstimmung müssen beim Erstellen des herbstlichen Menüs grundsätzlich beachtet werden (s. S. 693). Dabei sollten unbedingt auch die technischen und organisatorischen Möglichkeiten berücksichtigt werden, damit die Aktion letztlich ein Erfolg wird.

Premieren-Gala-Menü
für den kulinarisch-musikalischen Herbst auf Schloss Kirchheim

Herbstliche Blattsalate
mit marinierten Forellenröllchen

Tomatierte Kraftbrühe mit Basilikumklößchen

Gebratene Kalbsnierenscheiben
in leichter Senfsauce mit Wildreis

Feines vom Perlhuhn mit glasierten Karotten
Bohnengemüse
gebackenen Champignons
und Schlosskartoffeln

Himbeercreme im Baumkuchen-Dinnerjacket
mit Kiwi- und Apfelspalten

Weil das festliche Menü mit einer kalten Vorspeise beginnt, verzichtet man auf den Service eines Amuse-Gueules.

Nachdem ein Gala-Menü komponiert wurde, müssen Rezepturen bzw. Warenanforderungen erstellt sowie eine Mengen- und Preiskalkulation durchgeführt werden. (Da die Preise landesweit unterschiedlich sind und sich im Lauf der Zeit auch verändern, wird in diesem Beispiel auf eine Preiskalkulation verzichtet.)

Für die Mitarbeiter in der Küche ist es wichtig, dass Arbeitsabläufe klar und verständlich formuliert und schriftlich festgehalten werden. So sind Arbeitsfolgen und Zubereitungen für alle Küchenposten gleich ersichtlich und verständlich.

Rezepturen und Warenanforderung

Bei den vorausgegangenen Gesprächen wurde festgestellt, dass genaue Rezepturen und Warenanforderungen im Besonderen auch für die zu erstellende Kalkulation schriftlich ausgearbeitet werden müssen.

Der besseren Übersicht wegen sind im hier behandelten Beispiel die einzelnen Menü-Gänge mit Rezeptur, Warenanforderung (Verbrauchsmengen) und einer anschließenden Beschreibung des Arbeitsverlaufes erstellt worden.

Kalte Vorspeise

Herbstliche Blattsalate mit marinierten Forellenröllchen

Bedarf für 100 Portionen

Für die Forellenröllchen:
- 9 kg Forellen (ca. 35 Stück)
- 1,5 l Sahne
- 6 Eiweiß
- Salz, Pfeffer, Zitronenschale,
- 25 Noriblätter

Für den Salat:
- 4 Kopf Eichblattsalat
- 4 Kopf Friseesalat
- 8 Kopf Radicchiosalat
- 2 kg Chicoree (ca. 10 Stück)

Für das Salatdressing:
- 2 kg Schalotten
- 600 g Traubenkernöl
- Zitrone, Salz, Pfeffer
- Essig, Zucker

Für die grüne Sauce:
- 500 g frische Küchenkräuter
- 2,5 l Crème fraîche

Für die Garnitur:
- 1,5 kg Radieschen

Brotbeilage:
- 200 Partybrötchen
- 2 kg Butter
- 150 g Estragon

- Milde Estragonbutter herstellen und in 100 kleine Porzellanschälchen füllen.
- 35 Forellen filetieren, 50 Filets leicht plattieren und kalt stellen.
- Aus den restlichen 20 Filets mit Eiweiß und Sahne eine Farce (s. S. 650) herstellen. Die Forellenfilets leicht plattieren und mit der Außenhautseite nach oben dicht nebeneinander auf eine Klarsichtfolie legen, mit Noriblatt belegen, dünn mit Farce bestreichen, rollen, bei 70 °C pochieren, kurz in Eiswasser abkühlen lassen und kalt stellen.
- Später die Fischrolle in 200 gleichmäßige Scheiben schneiden.
- Blattsalate waschen, trockenschleudern und zupfen.
- Salatdressing aus feinwürfelig geschnittenen Schalotten, Zitrone, Essig, Traubenkernöl, Salz, Zucker und Pfeffer herstellen.
- Frische Küchenkräuter mit Crème fraîche fein mixen und mit Pfeffer, Salz, Zitrone eine grüne Sauce herstellen.
- Gewaschene Radieschen in feine Streifen schneiden und als Garnitur über den Salat streuen.

Anrichteweise
Kleines Bouquet aus gezupften Salatblättern seitlich auf einen Teller mit ⌀ 28 cm setzen, mit Dressing marinieren, auf freie Fläche aus grüner Sauce einen kleinen Spiegel gießen, das Forellenröllchen darauflegen und mit Radieschenstreifen streuend garnieren.

Angebot Speisen

SONDERVERANSTALTUNGEN

Suppe

Tomatierte Kraftbrühe mit Basilikumklößchen

Bedarf für 100 Personen

Für ca. 7 Liter Tomatenbrühe:
- 4 kg Fleischtomaten
- 1 l Tomatensaft
- 4 kg Bouquet garni
- 1 kg Schalotten
- 5 l Rinderbrühe

Für die Kraftbrühe:
- 6 Eiweiß
- 7 l Tomatenfond
- 5 kg Klärfleisch
- 250 g Tomatenpüree
- 50 Stück Eiweiß (ca. 1,5 L von Suppeneinlage und Dessert)
- 15 l Rinderbrühe
  Gewürzbeutel mit Wacholder, Lorbeer, Knoblauch, Pfefferkörnern

Für die Basilikumklößchen:
- 2 kg Quark
- 32 Stück Eigelb
- 750 Toastbrot (für Mie de pain)
- 350 g Mehl
- 300 g Basilikum gehackt
  Salz, weißer Pfeffer

Für die Garnitur:
- 2 kg Staudensellerie
  Tomatenfleischwürfel
  Basilikumblätter

- Von einem Drittel der Tomaten-Concassés (Tomatenfleischstücke) herstellen (s. S. 177), restliche Tomaten in Würfel schneiden.
- Zerkleinerte Wurzelgemüse und Zwiebeln sowie den Tomatensaft, die Tomatenstücke und -kerngehäuse in einen Topf geben.
- Mit 5 l kräftiger Rinderbrühe auffüllen, Gewürzbeutel zugeben, aufkochen und ca. 30 Minuten köcheln lassen.
- Danach den Ansatz durch ein Tuch abseihen.
- Grob durchgedrehtes Rindfleisch mit etwas Wasser vermischen (siehe auch S. 480).
- Dann Hühnereiweiß und Tomatenmark zugeben und gründlich einmischen.
- Mit der restlichen (15 l) Rinderbrühe auffüllen, unter Rühren zum Siedepunkt bringen und weitere 20 Minuten ziehen lassen.
- Den Eiweißkuchen mittels einer Schaumkelle abnehmen, die Kraftbrühe durch ein Tuch passieren und abschmecken.
- Für die Suppeneinlage Quark-Basilikum-Klößchen herstellen (s. S. 485), ein Probeklößchen zum Test fertigen, danach mit einem Kaffeelöffel die Klößchen abstechen und in Salzwasser pochieren.
- Den Staudensellerie in feine Scheibchen schneiden und wenn nötig kurz blanchieren.

Anrichteweise

In blattförmige Suppentasse oder kleinen Suppenteller Tomatenfleischwürfel, Staudenselleriescheiben und Topfen-Nockerl geben; mit heißer, klarer Tomatenkraftbrühe auffüllen. Danach Basilikumblatt anlegen. In vorbereiteter Servietten-Seerose (S. 717) mit Unterteller stellen und servieren.

3 Planung und Durchführung

Zwischengericht

Gebratene Kalbsnierenscheiben in leichter Senfsauce mit Wildreis

Bedarf für 100 Portionen

12 kg	Kalbsnieren (ohne Fett)
750 g	Mehl (zum Mehlieren)
1 kg	Langkornreis
1,3 kg	Wildreis
1 kg	Paprikaschote rot
1 kg	Schinken
8 l	Kalbsfond
600 g	süßen Senf
600 g	Butter
500 g	Schalotten
1 l	Sahne
500 g	Petersilie
	Salz, Pfeffer, Öl und Butter zum Braten

- Wildreis einweichen, später kochen (s. S. 210).
- Langkornreis kochen, mit Wildreis mischen.
- Paprikaschoten in feine Würfel schneiden und zusammen mit den Reissorten in Butter kurz anschwenken.
- Schalottenwürfel in Butter glasig schwitzen, Mehl zur Roux unterrühren, Senf zugeben, mit kräftigem Kalbsfond auffüllen, unter Rühren aufkochen und auskochen lassen.
- Sauce mit gehackter Petersilie, Salz und Pfeffer würzen und mit geschlagener Sahne und Butterflocken verfeinern.
- Kalbsnierenscheiben mehlieren und in heißem Öl kurz braten, mit Salz und Pfeffer würzen.

Anrichteweise
Auf einen quadratischen Teller mit ⌀ 26 cm in die Mitte Senfsauce geben, darauf je drei Scheiben Kalbsniere anrichten und den angeschwenkten Reis ringsum aufstreuen, mit Schinkenstreifen garnieren.

Hauptgericht

Feines vom Perlhuhn mit glasierten Karotten, Bohnengemüse, gebackenen Champignons und Schlosskartoffeln

Bedarf für 100 Portionen

25 Stück/ca. 20 kg	Perlhühner (Frischware)
2 kg	Toastbrot
2,5 kg	Lauch
32	Eier
5 kg	Mirepoix
750 g	Schalotten
1 kg	Butter
4 kg	Schnittbohnen
6 kg	Karotten
5 kg	Champignons (6 oder 12 Köpfe)
10	Zitronen
10 kg	Kartoffeln
5 l	Geflügelfond
	Salz, Pfeffer, Zucker, Honig Öl zum Braten

- Perlhühner in Brustteil und Keulchen zerlegen.
- Keulen hohl auslösen.
- Karkasse zur Sauce ansetzen und mit Geflügelfond auskochen.
- Lauch-Brot-Füllung herstellen (s. S. 651) und damit die Keulen füllen und zunächst in leicht gefettete Alufolie wickeln, im Ofen garen, später in der Pfanne ringsum knusprig braten.
- Brust leicht poëlieren und dann den Bratensatz mit Jus loskochen. Dabei eine leichte Geflügeljus herstellen.
- Kartoffeln tournieren, und blanchieren, gut abtrocknen lassen und in geklärter Butter braten.
- Schnittbohnen kochen, abgießen, dann in Eiswasser abschrecken, vom Fond eine Velouté kochen und Bohnen damit abbinden.
- Champignons panieren, frittieren, auf Küchenkrepp abtropfen lassen und in Butter in der Pfanne schwenken. Blanchierte Karotten mit Honig glasieren.

Anrichteweise
Perlhuhnteile und Schlosskartoffeln auf Platten, die Gemüse in Porzellanschalen (Légumes) und die Sauce in Saucieren anrichten. Nach dem Vorlegen soll das Gericht wie oben aussehen.

Angebot Speisen
SONDERVERANSTALTUNGEN

Dessert

Himbeercreme im Baumkuchen-Dinnerjacket mit Kiwi- und Apfelspalten

Bedarf für 100 Portionen

Für den Baumkuchen:
- 750 g Butter
- 250 g Puderzucker
- 10 g Salz, Tonkabohne, Vanille
- 350 g Stärke
- 450 g Marzipanrohmasse
- 35 Eigelb
- 35 Eiweiß
- 500 g Zucker
- 400 g Mehl
- Kastenform aus Alu oder Gastronorm 18 × 8 × 5 cm

Für die Pralinenmasse:
- 500 g Kuvertüre
- 250 g Sahne
- 150 g Zucker

Für die Creme:
- 5 kg Himbeeren, evtl. TK-Ware (400 Beeren ganz, der Rest für 2 l Mark)
- 3,5 l Milch
- 35 Blatt Gelatine
- 600 g Zucker
- 25 Eigelb
- 2 l Himbeermark
- 4 Zitronen
- 4 Vanilleschoten
- 3,5 l Sahne

Für die Fruchtsauce:
- 3 kg Äpfel
- 50 Kiwi
- 400 g Zucker
- Calvados, Rum

Für die Hippenmasse:
- 10 Eier
- 500 g Puderzucker
- 500 g Mehl
- Silikonmatte zum Backen

Garnitur:
- 500 g Kuvertüre

- Hippenmasse herstellen und daraus mit einer Ahornblattschablone herbstliche Blätter aufstreichen und backen (s. S. 615).
- Die Blätter im heißen Zustand schalenartig formen.
- Aus Kuvertüre 110 Krawatten-Fliegen auf Papier spritzen.
- Für den Baumkuchen weiche Butter mit Würzstoffen, Salz, Stärke und Puderzucker schaumig rühren.
- Eigelb mit Marzipan klumpenfrei vermischen und ebenfalls schaumig rühren. Beide Massen vermischen.
- Eiweiß mit Zucker zu Schnee schlagen und zunächst ein Drittel vom Eischnee unter die Mischung arbeiten, den Rest des Eischnees unterheben und danach das Mehl.
- Die Masse nun Schicht für Schicht in die gefettete Form geben, dünn einstreichen und ebenfalls Schicht für Schicht im Salamander gold-gelb backen.
- Für die Pralinenmasse (Canache) Sahne mit Zucker aufkochen und dann die geschnittene Kuvertüre einrühren. Die Masse erkalten lassen und verschließen.
- Für die Creme Blattgelatine in kaltem Wasser einweichen.
- Milch mit Vanilleschoten aufkochen, Eigelb und Zucker schaumig rühren, unter die heiße Milch geben und sämig abziehen.
- Gelatine aus dem Wasser nehmen, gut ausdrücken, im noch warmen Cremeansatz auflösen und das Ganze durch ein Haarsieb abseihen.
- Cremeansatz unter gelegentlichem Umrühren abkühlen.
- Für die Schablone auf Pappe eine Kreisscheibe ⌀ 20 cm aufzeichnen und ein Stück mit 17 cm Grundlinie abschneiden.
- Baumkuchen mit Aufschnittmaschine in dünne Scheiben schneiden und mit Hilfe der Schablone Einlegestücke vorbereiten.
- 105 Timbaleförmchen à 0,1 l mit Papierstreifen auslegen, je 1 Scheibe Baumkuchen und seitlich in die Timbales einlegen.
- Die Hälfte der Himbeeren zu Mark pürieren, restliche Himbeeren ganz belassen.
- Sahne schlagen, zusammen mit dem Cremeansatz und dem Himbeermark eine Bayerische Creme herstellen, in vorbereitete Timbales füllen und sofort kalt stellen.
- Äpfel schälen, entkernen, in 200 Spaltenstücke schneiden, in Zuckerwasser und Calvados blanchieren, danach aus dem Fond nehmen und auf Gitter legen.
- 30 Kiwi schälen, in je 10 Schnitze schneiden und in Apfelzuckerwasser ebenfalls 200 Spalten einlegen. Zum Abtropfen auf ein Gitter legen, den Rest zusammen mit einem Teil des Blanchierfonds zu einer Sauce mixen.

Anrichteweise
Auf einen Teller mit ⌀ 28 cm einen Violinschlüssel mit Canache-Creme aufspritzen und Kiwisauce verteilen. Die Creme aus den Timbales stürzen, auf Teller setzen und mit Fliege garnieren. Apfel- und Kiwispalten anlegen. Die ganzen Himbeeren gezielt auf Teller verteilen und das Hippenblatt an die Creme stecken.

3 Planung und Durchführung

Checkliste für Logistik

Der Erfolg einer kulinarischen Sonderaktion beginnt mit einer wohlüberlegten Detailplanung. Nachdem der Termin, das Motto, das Gala-Menü, die Personenzahl, die Rezepturen und Warenanforderungen feststehen, wird ein zeitlicher Ablaufplan in Form einer Checkliste erstellt.

Die Checkliste ist für den **Bereich Küche** und enthält Informationen darüber,
- wer → verantwortlich ist,
- was → an Tätigkeiten erledigt werden muss,
- wann → die einzelnen Arbeiten durchgeführt und fertiggestellt sein müssen,
- wo → im Küchenbereich (Küchenposten) die Arbeiten verteilt sind,
- wie → Arbeitsabläufe und Anrichteweisen eingehalten werden müssen.

Abb. 1 Gedeck für geplantes Menü (Couvert)

Checklisten für den Bereich Küche

Waren	
W-bestellung	Küchenchef 2 Wochen vorher
W-kontrolle	Sous-Chef
W-verteilung	Sous-Chef
W-lagerung	Partie-Chefs
Besonderheit	Kalbsnieren frühzeitig ordern
	Frische Perlhühner
	Frische Forellen
	Frische Himbeeren
Liefertermine	Festlegung durch Küchenchef

Allgemeines	
Aktion	Kulinarisch-musikalischer Herbst
Datum	
Personenzahl	100
Aperitif	Getränke gemischt anbieten
Menü	Gala-Menü, 5-gängig
Büfett	
Stehempfang	
Kaffeetafel	
Tagung	

Küchenposten	
Saucier	
2 Tage vorher	
Grundbrühen	✓
Bouillon	✓
Geflügelfond	
Perlhühner auslösen	
Perlhuhnkeulen hohl auslösen	
Perlhuhnjus ansetzen	
1 Tag vorher	
Tomatenkraftbrühe herstellen	
Senfsauce vorbereiten	
Aktionstag	
Basilikumklößchen herstellen	
Kraftbrühe erhitzen und abschmecken	
Saucen erhitzen und abschmecken	
Perlhühner füllen, bratfertig	
Perlhuhn poelieren	
Kalbsnieren schneiden	
Kalbsnieren braten	

Angebot Speisen — SONDERVERANSTALTUNGEN

Küchenposten	
Entremetier	
1 Tag vorher	
Kartoffeln tournieren	
Kartoffeln blanchieren	
Karotten tournieren	
Reis kochen	
Champignons panieren	
Tomatenwürfel herstellen	
Staudensellerie schneiden	
Bohnen schneiden	
Bohnen kochen	
Paprikaschoten schneiden	
Aktionstag	
Gemüse fertigstellen	
Velouté erstellen	
Reis mit Paprika sautieren	
Schlosskartoffeln braten	

Küchenposten	
Gardemanger	
1 Tag vorher	
Forellen filetieren	
Fischfarce herstellen	
Forellenröllchen füllen und garen	
Salatdressing herstellen	
Grüne Sauce herstellen	
Kräuterbutter in Fässchen füllen	
Aktionstag	
Salate waschen und zupfen	
Forellenröllchen schneiden	
Radieschenstreifen schneiden	
Auf kalten Tellern anrichten	

Küchenposten	
Pâtissier	
3 Tage vorher	
Baumkuchen herstellen	
Hippenblätter backen und formen	
2 Tage vorher	
Kuvertüretfliegen aufspritzen	
Apfelspalten-Kompott herstellen	
Himbeermark herstellen	
Kiwispalten blanchieren	
1 Tag vorher	
Kiwisauce zubereiten	
Kiwischnitze marinieren	
Baumkuchen schneiden	
Timbale mit Baumkuchen vorbereiten	
Bayerische Creme herstellen	
In Timbaleförmchen füllen	
Aktionstag	
Timbale stürzen	
Violinschlüssel aufspritzen	
Kiwisaucentupfen anbringen	
Apfel- und Kiwischnitze auflegen	
Timbale anrichten	
Schokofliege anlegen	
Hippenblatt anlegen	

Sonstiges		
Stoffserviette	Seerose für Suppe falten lassen (S. 717)	
Geschirr	kontrollieren und bereitstellen	
Platten	kontrollieren, evtl. reinigen 10 Stück für 10 Personen wärmen	
Saucieren	15 Stück wärmen	
Gemüseschüsseln	15 Stück wärmen	
Porzellanfässchen	für Butterservice bereitstellen	
Flache Teller		
⌀ 28 cm	110 Vorspeise kalt stellen	
⌀ 26 cm	110 Zwischengericht wärmen	
⌀ 26 cm	110 Hauptgericht wärmen	
⌀ 28 cm	110 Dessert kalt stellen	
Tiefe Teller		
0,2 l	110 Suppentassen warm stellen entsprechende Unterteller vorbereiten	

Seerose für Suppenservice vorbereiten

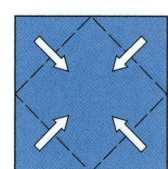 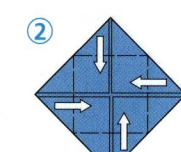   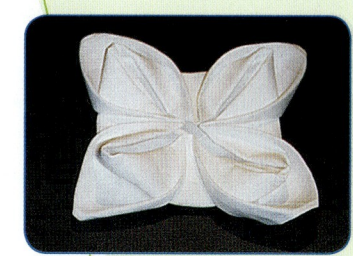

① Serviette mit dem Saum nach oben legen und die vier Ecken zur Mitte falten.
② Den Vorgang wiederholen.
③ Serviette wenden.
④ Die Ecken abermals zur Mitte falten.

3.4 Erfolgskontrolle durch Manöverkritik

Unmittelbar nach einer solchen Aktionswoche muss in einem gemeinsamen Gespräch eine Erfolgskontrolle mit Manöverkritik stattfinden.

Der Erfolg ist auf Grund der Umsatzzahlen leicht messbar. Doch der Schein kann trügen. Beispielsweise, wenn auf Grund des sehr attraktiven Angebotes zusammen mit dem guten Ruf des Hotels alle Veranstaltungen ausgebucht waren, die Aktionen und Ausführungen jedoch nicht das hielten, was die Gäste erwarteten.

In einer solchen Situation muss sofort reagiert und Schadensbegrenzung eingeleitet werden.

Daher ist es besonders wichtig die Probleme zu erkennen. Das kann nur über Manöverkritik bei einer Nachbetrachtung der Veranstaltungen erreicht werden.

Erfolg oder Misserfolg beantworten Fragen wie:
- Waren alle Gäste zufrieden?
- Gab es Reklamationen?
- War die Zusammenarbeit der einzelnen Abteilungen in Ordnung?
- Wurde die Teamfähigkeit durch die Aktion gefördert?
- Wurde die Identifizierung mit dem Betrieb gestärkt?
- War der Umgangston trotz Hektik und starker Belastung fair?
- Bedarf es einer Klärung oder Entschuldigung?
- Waren die vorausgegangenen Schulungen und Fortbildungen sinnvoll?
- Wo sind personelle Engpässe entstanden?
- Waren die vorbereiteten Mengen ausreichend?
- War die gesamte Planung richtig?
- Gibt es Verbesserungsmöglichkeiten bei den Arbeitsabläufen?
- Stimmte die Qualität der gelieferten Waren?
- Wurden die Liefertermine eingehalten?
- Welche Gerichte schafften Probleme?
- Wie war die Resonanz in der Presse?
- Welche hier nicht angesprochenen Probleme sind aufgetreten?
- Welche Verbesserungsvorschläge können gemacht werden?

● Für die nächste Veranstaltung gilt: Negatives vermeiden, Positives ausbauen. Außerdem sollten positive Aspekte auch in den betrieblichen Alltag übernommen werden.

3.5 Weitere Aktionen

Die restlichen Abende sind im Rittersaal des Schlosses vorgesehen. In diesem Saal finden 250 Personen Platz. Das Hotel Mozart übernimmt das komplette Catering. Wegen der hohen Personenzahl ist es sinnvoll, das Bankett außer Haus in Form von täglich wechselnden warm-kalten Büfetts als kulinarische Höhepunkte anzubieten. Es ist damit zu rechnen, dass nur ein kleiner Teil der Gäste mehrmals an den Büfetts teilnimmt. Die Aktionen haben jeweils unterschiedliche Themen und Dekorationen zu Ehren der musizierenden Künstler.

Das nachfolgende festliche, warm-kalte Büfett wird zu Ehren eines bekannten Geigenvirtuosen aus Hamburg gegeben.

Für die anderen Tage des Musik-Festivals wurden drei weitere warm-kalte Büfetts zu Ehren der Künstler mit entsprechendem Motto geplant:
- Bufetto Bella Italia
- Österreichische Schmankerln
- Zu Gast in Europa

Impressionen von der Waterkant

Geräucherte Kieler Sprotten, Räucheraale, Schillerlocken, Heilbutt, Pfeffermakrelen

Galantine vom Zander mit Krabben
Heilbuttmedaillons mit Wachteleiern
Hausgebeizter Lachs in Dill-Senf-Sauce
Erlesene Fischterrinen mit Sauerampfersauce

Gefüllte Gurken mit Rauchlachssalat
Krabbencocktail mit Champignons
Tomaten mit Thunfisch gefüllt
Gefüllte Eier mit Sardellenschaum
Matjessalat mit Äpfeln und Zwiebeln
Rollmöpse in verschiedenen Marinaden

Hamburger Aalsuppe
Suppe von Miesmuscheln mit Safranfäden

Labskaus
Hamburger National

Hechtklößchen in Kerbelschaum
Gebratene Seeteufelmedaillons mit Kräutern und Tomaten, Blattspinat, Champignonreis, Petersilienkartoffeln

Rote und gelbe Grütze mit flüssigem Schmant
Weingelee mit Früchten ·
Rumcreme mit Rosinen
Früchtesavarin

Verschiedene Brotsorten und Butter

Aufgaben

1. Erstellen Sie jeweils eine Karte für die drei oben aufgeführten Büfetts nach dem Muster des warm-kalten Büfetts „Impressionen von der Waterkant".
2. Arbeiten Sie für eines der Büfetts Rezepturen, Warenanforderungslisten und Arbeitsfolgen aus.
3. Erstellen Sie für die Büfetts eine Checkliste nach vorgegebenem Muster.
4. Unterbreiten Sie Dekorationsvorschläge für die einzelnen Büfetts.
5. Nennen Sie Getränke, die zu den verschiedenen Büfetts angeboten werden sollen.

PROJEKT

Festliches Essen

Besondere Anlässe und familiäre Feste wie Muttertag, Konfirmation/Kommunion oder runde Geburtstage werden gefeiert. Familien treffen sich, man geht aus. Für unser Restaurant sind das Gelegenheiten, besondere Angebote zu machen und damit unseren Ruf, unser Image zu stärken. „Bei diesem großen Anlass gehen wir doch zu xy." Wenn an der Stelle xy unser Haus steht, dann haben wir ein wichtiges erstes Ziel erreicht: Man hat sich für unser Haus entschieden.

Das Verkaufsgespräch ist ein zweiter Schritt, in dem das Menü, die korrespondierenden Getränke und der Gesamtablauf festgelegt werden. Dabei kann der Gastgeber genaue Vorstellungen zum festlichen Essen äußern oder sich eingehend beraten lassen oder auch einige Vorgaben einbringen und im Übrigen den Vorschlägen des Hauses vertrauen. Diese Art von Gastgeber lässt Ihnen für das Projekt „Festliches Essen" viele Möglichkeiten. Bei der Planung sind Sie nur gebunden an die untenstehenden Notizen der Verkaufsabteilung und den Anmerkungen zur Situation der Küche.

Der Gastgeber, auf seine Wünsche befragt, antwortet: „Ja, eine klare Suppe soll es sein, so eine sehr schöne mit mehreren kleinen, feinen Einlagen, und dann den Hauptgang so schön von der Platte serviert, damit wir das Fest angemessen gestalten. Und dann noch: Fünf Gänge sollen es schon sein. Wir treffen uns so selten, dann wollen wir 24 Leutchen an diesem Tag schon richtig feiern und uns Zeit lassen. Ach ja, um 19.00 Uhr wollen wir beginnen. Sie machen das schon."

Und jetzt die Information der Küche: „Um Gottes Willen, noch eine Gesellschaft. Wie sollen wir das schaffen? Wir haben an diesem Tag doch schon …"

Planen

1 Nachdem der Gastgeber uns für die Menügestaltung viel Freiheit lässt, ergeben sich vielfältige Möglichkeiten der Menüplanung. Wir planen das Fest zeitlich einmal für Juni und einmal für Oktober und nutzen das Angebot der jeweiligen Saison. Die Arbeitsbelastung für die Küche muss zusätzlich bedacht werden.

    1.1 Wer gut plant, arbeitet leichter. Notieren Sie zunächst die Vorgaben aus dem Gespräch mit dem Gastgeber.

    1.2 Erstellen Sie zwei Menüs, die den Vorgaben unter Berücksichtigung der Jahreszeit entsprechen. (Das sind dann vier Vorschläge, je zwei für Juni und zwei für Oktober.)

    1.3 Welche Getränke passen zu den Speisenfolgen?

2 Wir gehen davon aus, dass die Gesellschaft in einem kleinen Nebenzimmer unter sich sein kann.

    2.1 Welche Tafelformen sind grundsätzlich bei der Größe der beschriebenen Gesellschaft möglich?

    2.2 Machen Sie zu jedem Termin einen Vorschlag für eine Tischdekoration.

    2.3 Stellen Sie in einer Liste alle Geschirr- und Besteckteile für ein Gedeck zusammen.

PROJEKT

Ausführen

1 Die Arbeiten zu diesem Projekt sind so umfassend, dass im Einzelfall ausgewählt werden muss, welche Gerichte hergestellt werden.

1.1 Erstellen Sie für die Ihrer Gruppe zugewiesenen Aufgaben eine Materialanforderung.

1.2 Fertigen Sie für Ihren Bereich einen Arbeitsablaufplan.

2 Führen Sie die Arbeitsaufträge aus.

Bewerten

Aus den einzelnen Arbeitsgruppen werden „Gäste" gewählt. Diese nehmen an der eingedeckten Tafel Platz und haben vorbereitete Unterlagen für eine Bewertung bei sich.

1 Bewerten Sie jede Zubereitung mit (mindestens zwei) Worten.

2 Ist das gesamte Menü harmonisch aufgebaut? Würden Sie bei einer Wiederholung etwas ändern? Zusammenstellung, Arbeitsablauf, Arbeitsbelastung.

Werbung und Verkaufsförderung

1 Werbung

🇬🇧 advertising 🇫🇷 publicité (w)

Werben bedeutet: sich um etwas bemühen, auf sich aufmerksam machen. Die internationale Hotellerie bezeichnet Werbung auch als Marketing.

1.1 Positionierung

Wer nicht weiß, wohin er will, braucht sich nicht zu wundern, wenn er ganz woanders ankommt. Damit wird ausgedrückt:

„Wer etwas erreichen will, muss zunächst klar festlegen, was er anstrebt."

Nach einer ersten Analyse lassen sich die vielfältigen Betriebstypen in der Gastronomie unter zwei Gesichtspunkten unterscheiden:

- **Produktangebot:** Was wird angeboten?
  Vorwiegend eine Produktgruppe wie z. B. in einem Steakhaus, oder eine Palette von Gerichten wie in einem klassischen Restaurant.
- **Serviceaufwand:** Von der Selbstbedienung bis zum personalaufwendigen klassischen Service?

Wichtigste Leistungsmerkmale von Betriebstypen

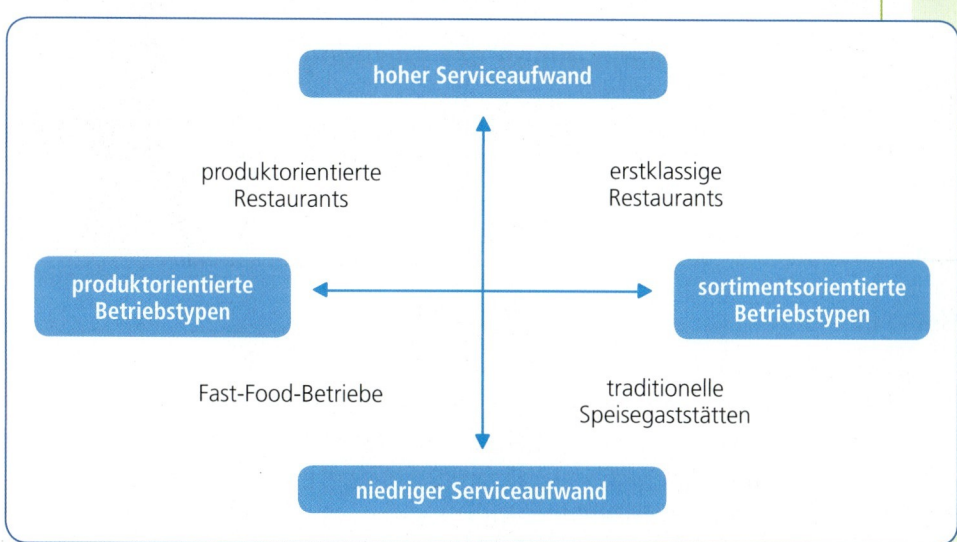

Die vor Beginn von Werbemaßnahmen zu klärenden Fragen müssen lauten:

- Wie soll unser Angebot sein? Gutbürgerlich, Richtung mediterran, gehoben, für den „schnellen Gast", Biokost?
- Auf welchem Niveau wollen wir arbeiten? Welchen Aufwand für Qualität und damit Einkaufspreis der Rohstoffe, für Kosten für Geschirr, für Dekoration und Raumausstattung, für Service?
- Welche Art von Gast erhoffen wir? Wen wollen wir ansprechen?

In den allermeisten Fällen wird das Ziel der Werbung steigender Umsatz sein mit der Möglichkeit, einen ausreichenden Gewinn zu erzielen. Das Ziel könnte aber auch heißen: Wir wollen das erste Haus am Platz bleiben.
Oder: Wir wollen uns von den anderen abheben.

Die Auslastung soll verbessert werden. Das kann z. B. geschehen durch Einführung von
- Sonntags-Frühstücksbüfett (Brunch),
- Abendkarte nach Musical, Oper, Kino,
- mittags „Kleinen Gerichten", die man rasch serviert,
- saisonalen Angeboten wie Spargelwochen oder Salate als Hauptgericht,
- Herausstellen regionaler Besonderheiten
- oder Förderung des Kaffeegeschäftes in den ruhigen Nachmittagsstunden.

1.2 Ziele der Werbung

Hat man sich für ein Marktsegment entschieden, können die **Werbeziele** festgelegt werden.

- **Umsatzerhöhung oder Expansionswerbung**
  Dieses Ziel kann mit verschiedenen Mitteln angestrebt werden, z. B. durch eine bessere Auslastung der Betriebsräume oder durch einen höheren Umsatz je Gast.

- **Umsatzfestigung oder Stabilisierungswerbung**
  Hier ist man mit dem Erreichten eigentlich zufrieden, will aber in Erinnerung bleiben. Darum beteiligt man sich z. B. an einer Anzeigenserie zum Jahreswechsel oder wirbt im Prospekt des Fremdenverkehrsamtes mit einer kleinen Fläche.

Konkrete Ziele können sein:
- Die **Auslastung** zur Mittagszeit/am Abend/am Wochenende soll erhöht werden,
- der **Umsatz je Sitzplatz** soll steigen,
- **neue Gäste** sollen gewonnen werden,
- **Abwechslung** für Stammgäste soll angeboten werden.

„Das Restaurant muss im kommenden Monat mehr Umsatz machen" ist als Planungsziel nicht gut und kaum zu verwirklichen. Man kann nicht von heute auf morgen denken, sondern muss mittelfristig handeln, in einem Zeitraum von ein bis zwei Jahren. Ferner können Ziele umso besser erfüllt werden, je präziser sie formuliert werden.

1.3 Maßnahmen der Werbung

Wenn die Ziele festgelegt sind, muss überlegt werden, wie diese zu erreichen sind und welche konkreten Maßnahmen man ergreifen will.

Drei Stufen der Entscheidung

Ziele (Endzustand)	
Was wollen wir erreichen?	„Wir wollen …"
Grundregeln (Vorgehensweise)	
Wie wollen wir es erreichen?	„… indem wir …"
Maßnahmen (Tätigkeitsbereiche)	
Was unternehmen wir?	„… deshalb geschieht"

Mit ganz **bestimmten Maßnahmen** versucht man nun, die gesteckten Vorgaben zu erreichen.

Welche Möglichkeiten sich im speziellen Betrieb verwirklichen lassen, muss jeweils geprüft werden. Es gilt die Frage zu beantworten: Welcher Gästekreis soll angesprochen werden? Wer hat „Bedarf" für unser Angebot? Oder umgekehrt: Was kann/muss ich einem möglichen Gästekreis bieten?

Nur wenn Angebot und möglicher Bedarf oder Wünsche übereinstimmen, fühlen sich neue Zielgruppen angesprochen.

1.4 Arten der Werbung

Die vielfältigen Möglichkeiten der Werbung werden überschaubar, wenn man sie nach fachlichen Gesichtspunkten gliedert.

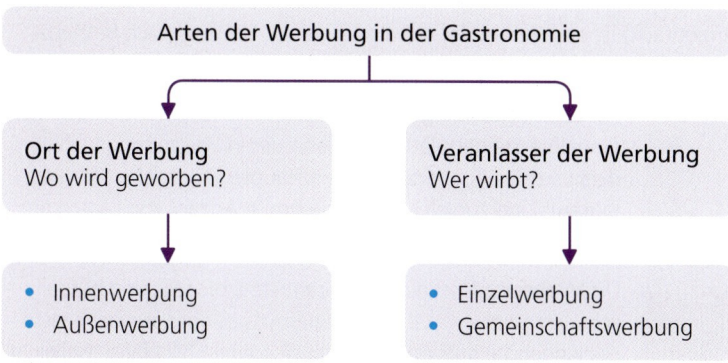

Ort der Werbung

Die Innenwerbung oder interne Werbung wendet sich an den Gast, der sich bereits im Hause befindet. Sie will den Verkauf unterstützen oder fördern. In der Fachsprache der Werbung nennt man dies auch **Salespromotion** oder **Verkaufsförderung**.

Abb. 1 Speisekarte im Lift eines Hotels

Möglichkeiten der internen Werbung

- **Servierpersonal,** das freundlich, aufgeweckt und sachkundig das Haus vertritt, steht an erster Stelle. Wie wichtig das Persönliche sein kann, zeigen Betriebsbezeichnungen wie „Bei Toni". Hier macht sich die Person bewusst selbst zum Werbeträger.

- **Empfehlungen** durch das Personal, z. B. „Besonders empfehlen kann ich …", „Ganz frisch haben wir …".

- **Speisekarte,** die so gestaltet ist, dass sie den Gast informiert, neugierig macht und Appetit aufkommen lässt.

- **Tischaufsteller** mit werbewirksamen Abbildungen und informativen Texten z. B. Sonderkarten für Spargel, Artischocken, spezielle Weine.

- Auslegen von **Informationsbroschüren/Speisekarten** in den Gastzimmern, Poster in Liften.

- **„Mustergedeck"** zum Tagesmenü im Eingangsbereich.

Abb. 2 Speisekarte, Speisekarten-Einleger

Angebot Speisen

WERBUNG UND VERKAUFSFÖRDERUNG

Die Marktforschung hat ermittelt, dass Gastronomiebetriebe mit folgenden Haupteinzugsbereichen zu rechnen haben:

- Gaststätte, bürgerliches Restaurant etwa 3 km Umkreis;
- anspruchsvolles Restaurant etwa 20 km Umkreis;
- Spitzenrestaurant, „In-Restaurant" weiterer Umkreis.

Möglichkeiten externer Werbung

Externe Werbung richtet sich nach außen mit dem Ziel, mögliche (potenzielle) Gäste in das Haus zu bringen.

Was nützt die beste Küche, wenn sie den Gästen nicht bekannt ist?

Als Möglichkeiten der externen Werbung bieten sich an:

Ein **Hausprospekt** für das Restaurant und/oder Nebenräume zeigt die geschmackvoll eingerichteten Räumlichkeiten mit eingedeckten Tischen und netten Menschen, die sich sichtbar wohl fühlen. Die erwünschte Atmosphäre einzufangen, ist eine Aufgabe für den professionellen Fotografen.

Der **Werbebrief** als Mittel der Direktwerbung kann mithilfe einer Adressdatei als Serienbrief erstellt werden. Ein handgeschriebener persönlicher Gruß an den gedruckten Text angefügt, gibt eine individuelle Note.

Angebracht ist ein Werbebrief etwa nach einem Umbau, nach Betriebsferien, bei Aktionen wie Spargel- oder Wildwochen.

Für **Zeitungsanzeigen** bieten sich örtliche Zeitungen und regionale Anzeigenblätter an, denn deren Verbreitungsgebiet deckt sich weitgehend mit dem Haupteinzugsgebiet für Restaurants und zugleich wird eine große Anzahl von Lesern angesprochen.

Die **Webseite** lässt ein Restaurant stets präsent und aktuell sein. Um werbewirksam zu sein, muss es aber aus der Masse der Angebote auffallen, braucht also einen Blickfang, vielleicht in Verbindung mit einer Aktion oder einem Sonderangebot. Der „Blick in unser Restaurant" ist dazu nicht geeignet. Wenn die Gerichte aufgezählt werden, ist die leichte Lesbarkeit wichtiger als Vollständigkeit.

Eine eindeutige Verkaufswerbung enthält klare Angaben über das Angebot z. B. Spezialitäten oder Menüs für Familienfeste.

Mit **Plakaten** wirbt man hauptsächlich für besondere Aktionen wie „Zu Gast in Frankreich", „Aus heimischer Jagd" oder Festlichkeiten wie Silvesterball.

Abb. 1 Plakat für Spargelwoche

Veranlasser der Werbung

Einzelwerbung liegt dann vor, wenn die Werbung von einem einzelnen Betrieb veranlasst wird.

Beispiele: Plakate für eine Wildwoche, Anzeige für Sonntagsbrunch. Der Vorteil einer solchen Aktion liegt darin, dass der einzelne Betrieb sich profilieren kann und der Werbeerfolg auf diesen Betrieb allein zurückfällt. Das ist aber verbunden mit dem Nachteil, dass alle Kosten allein zu tragen sind. Werbung kostet Geld und darum ist zu überlegen, ob man nicht auch hier gemeinsam stärker sein kann.

Von **Gemeinschaftswerbung** spricht man, wenn sich mehrere Betriebe zu einer gemeinsamen Aktion zusammenschließen und z. B. unter dem Motto „Goldener Oktober" die Herbstsaison zu verlängern suchen.

Abb. 2 Logo für eine Gemeinschaftswerbung

Zielgenaue Werbung

Werbung soll „ankommen", sie soll gezielt einen bestimmten Personenkreis ansprechen. Je spezieller ein Angebot ist, umso genauer ist die Zielgruppe einzugrenzen.

Streuung nennt man die planvolle Verteilung von Werbemitteln. Je genauer man die Zielgruppe auswählt, desto geringer ist der *Streuverlust*. Bei schriftlichen Werbemitteln muss versucht werden, die *„Papierkorbfalle"* zu umgehen, denn die meisten schriftlichen Informationen wandern unbeachtet in den Papierkorb.

Erfolgreiche Werbung muss
- **die Streubreite gering halten,** also sich auf eine bestimmte Zielgruppe beschränken,
- **den Text möglichst kurz fassen,** damit die Information rasch aufgenommen werden kann,
- **interessanten Text bieten,**
- **das Auge ansprechen,** durch eine attraktive Gestaltung.

Die Aufgabe der Werbung kann zusammenfassend durch die AIDA-Formel dargestellt werden.

A	ttention	Aufmerksamkeit wecken
I	nterest	Interesse des Gastes wecken (Was gibt es da? Schauen wir mal.)
D	esire	Wünsche wecken (Das will ich! oder: Warum nicht einmal probieren?)
A	ction	Durch Handeln zum Kaufabschluss

Aufgaben

1. Welche Ziele können mit einer Werbung verfolgt werden?
2. Was versteht man unter Expansionswerbung?
3. Werbung führt nur zum Erfolg, wenn konkrete Ziele angestrebt werden. Nennen Sie drei Beispiele für eine auf den Speisenverkauf bezogene Werbung.
4. Die Werbung unterscheidet zwischen internen und externen Maßnahmen. Nennen Sie je zwei Beispiele.
5. „Ihr Servierpersonal ist ein wichtiger Werbeträger!" lautet die Überschrift in einer Fachzeitung. Erläutern Sie an zwei Beispielen.
6. Ein Spezialitätenrestaurant Ihres Ortes will inserieren. Geben Sie Beispiele für sinnvolle Möglichkeiten. In welchen Zeitungen wird das Inserat wenig erfolgreich sein?
7. Nennen Sie zwei Gästetypen, bei denen Sie persönlich eher Schwierigkeiten im Umgang haben.
8. Ein Gast beschwert sich, weil das bestellte Glas Wein zu knapp eingeschenkt ist. Ihre Reaktion?
9. Ihr Betrieb versucht zur Belebung in umsatzschwachen Wochen Aktionen zu starten. Welche könnten in welcher Jahreszeit sinnvoll sein? Nennen Sie jeweils Gründe.
10. Welche Möglichkeiten sehen Sie, Stammgäste für ein Speiserestaurant zu gewinnen?

Angebot Speisen — WERBUNG UND VERKAUFSFÖRDERUNG

2 Unser Gast

🇬🇧 our guest 🇫🇷 notre hôte (m)

Wer mit Menschen zu tun hat, wird bei guter Beobachtung feststellen, dass auf der einen Seite zwar jeder Gast ein Individuum ist, auf der anderen Seite wird er aber bestimmte wiederkehrende Merkmale wahrnehmen. Gäste mit vergleichbaren Merkmalen gehören zu Gästegruppen/ Gästetypen.

2.1 Gästetypen

Selbstverständlich ist jeder Mensch eine unverwechselbare Persönlichkeit und darf nicht vorschnell und ausschließlich einem bestimmten Gästetyp oder einer Situation zugeordnet werden.

Weil Servierpersonal aber nach dem ersten Eindruck handeln muss, ist es angebracht und sinnvoll, die Gäste zunächst nach äußeren Merkmalen zu unterscheiden. Denn wird der Gast richtig eingeschätzt, kann er entsprechend seiner Eigenheiten bedient und zufriedengestellt werden.

Die Übersicht zeigt häufige Gästetypen und nennt mögliche Reaktionen des Servicepersonals.

Wie tritt der Gast auf?

Der Schüchterne
kennt sich nicht aus, wirkt suchend, weiß nicht genau, was er will.

Verhalten des Service
Freundlich und unaufdringlich führende Hilfe anbieten, Vorschläge unterbreiten, doch nur wenige Alternativen nennen.

Der Selbstbewusste
tritt sicher auf, manchmal auch überheblich, hat feste Vorstellungen, gibt klare und eindeutige Antworten.

Verhalten des Service
Zuhören, die Meinung des Gastes bekräftigen, kein längeres Beratungsgespräch, Bestellung lobend bestätigen.

Was erwartet der Gast?

Der Sparsame
richtet sich vorwiegend nach dem Preis, ist auf seinen Vorteil bedacht. Hat wenig Geld oder will in der konkreten Situation nicht mehr ausgeben.

Verhalten des Service
Keine hochpreisigen Angebote unterbreiten, auf preisliche Vorteile hinweisen, das genügsame Verhalten respektieren.

Der Anspruchsvolle
Preis steht nicht im Vordergrund. Wenn Spitzenerzeugnisse angeboten werden, spielt der Preis keine Rolle.

Verhalten des Service
Hochwertige Gerichte anbieten, auf Spezialitäten aufmerksam machen; tadelloser Service.

Wie wählt der Gast aus?

Der Unentschlossene
quält sich durch die Speisenkarte, weiß nicht genau, was er will, sitzt nachdenklich.

Verhalten des Service
Beratung mit Alternativfragen. Wünschen Sie … oder …? Zeit für Entscheidung lassen.

Der Entschlossene
weiß genau, was er will, hat gute Kenntnisse, drückt Wünsche klar aus.

Verhalten des Service
Beratung kaum erforderlich; wenn, dann mit klaren und begründeten Argumenten. Umgehend bedienen.

Wie verhält sich der Gast?

Der Eilige
wirkt in seinem Verhalten ungeduldig, hektische Bewegungen, tritt von einem Fuß auf den anderen, spricht schnell.

Verhalten des Service
Bei der Beratung auf eventuelle Zubereitungszeiten hinweisen. Zügig bedienen und abrechnen.

Der Beschauliche
strahlt Ruhe aus, lässt sich Zeit bei der Speisenauswahl und beim Essen. Bestellt gerne Plätze vor.

Verhalten des Service
Bei der Beratung auf Besonderheiten hinweisen, zur Entscheidung Zeit lassen. Zusatzverkäufe wie Aperitif, Vorspeise, Digestif anbieten.

Angebot Speisen

WERBUNG UND VERKAUFSFÖRDERUNG

2.2 Das Verkaufsgespräch

Wenn ein Gast ein Restaurant oder ein anderes Speiselokal betritt, entwickelt sich ein Verkaufsgespräch, schon allein deswegen, weil wir den Gast begrüßen und einen Kaufwunsch entgegennehmen.

Bei einer allgemeinen Gliederung von Verkaufsgesprächen werden folgende Abschnitte unterschieden.

Begrüßung, einleitende Worte

Der Gast wird freundlich begrüßt, wenn möglich mit seinem Namen und seinem Titel. Bei Reservierungen führt man die Gäste an den entsprechenden Tisch. Dabei geht man voraus.

Gastwünsche ermitteln

Bei der Ermittlung der Wünsche können verschiedene Frageformen eingesetzt werden. Meist beginnt man mit einer **offenen Frage** ①.

① Beispiele:
- Woran haben Sie gedacht?
- Was wünschen Sie zu speisen?
- Darf ich Ihnen etwas zu trinken bringen?
- Womit kann ich Ihnen behilflich sein?

Dabei werden nicht Rezept und Arbeitsschritte aufgezählt, man beschreibt dem Gast das fertige Gericht.

Vergl. dazu *Beschreiben* von *Speisen* Seite 157. Auch die *Verkaufshilfen*, die bei vielen Zubereitungen angeführt sind, sollen dabei helfen.

Das **Angebot der Karte** muss durch das Servierpersonal sachlich richtig und positiv beschrieben werden.

Der Gast kann darauf
- eine eindeutige Antwort geben,
- nachfragen, um einen Sachverhalt zu klären,
- unentschieden sein.

Dann kann eine **Alternativfrage** zur Klärung beitragen.

Beispiele:
- Das Filet Wellington besteht aus einem kurz angebratenen Rinderfilet, das dann mit gehackten Pilzen und Zwiebeln umhüllt im Blätterteigmantel gebacken wird.
- Unser … wird jeden Tag frisch zubereitet. Das garantiert den besonderen Geschmack.
- Tut mir leid, jetzt ist nicht Spargelsaison. Wir bieten schockgefrostete Qualitätsware.

Beispiele:
- Das Schnitzel paniert oder natur?
- Die Forelle blau oder nach Art der Müllerin?

Sonderwünsche/nicht erfüllbarer Gästewunsch
- Äußert der Gast **Sonderwünsche**, wird „nie Nein gesagt". Wir bemühen uns und fragen nach, am Pass, am Büfett.
  „Einen Moment bitte, ich werde nachfragen, ob das möglich ist."
- Bei nicht erfüllbaren Wünschen versuchen wir ein Alternativangebot zu unterbreiten. „Statt des Hirschrückens könnte ich Rehmedaillons empfehlen, sehr zart, mit vergleichbaren Beilagen."

Mit dem **Aufnehmen der Bestellung** wird der Kauf abgeschlossen.

Die Serviermethode richtet sich nach der Art des Hauses. Vergleichen Sie: Grundlagen im Service.

In vielen Restaurants ist es üblich, eine bestimmte Zeit nach dem Einsetzen der Speisen nachzufragen. „Sind Sie mit … zufrieden?", „Ist es nach Ihren Wünschen?"

Das ermöglicht kurzfristige Nachbesserungen etwa bei der Garstufe von Kurzbratfleisch oder bei fehlenden Teilen (z. B. Salat, Brot).

Garnituren und Zubereitungsarten (AkA)

Die AkA[1] erstellt die Aufgaben zu Prüfungen der Industrie- und Handelskammern. Die folgenden Garnituren und Zubereitungsarten sind in einer ANLAGE ZUM STOFFKATALOG AkA für verbindlich erklärt.

Bezeichnung	Anwendung	Wichtige Zutaten	vgl. Seite
Nach Bäckerinart	Lamm, Schwein	Rohe Kartoffelscheiben mit Zwiebeln und Jus geschmort	543
Baden-Baden	Wild	Wildrahmsauce, halbierte und mit Preiselbeeren (Johannisbeergelee) gefüllte Birnen	564
Nach Berliner Art	Kalbsleber	Apfelringe, Röstzwiebeln, Kartoffelpüree	683
Nach Bordeauxer Art	Rind, Kurzbratfleisch	Sauce Bordelaise mit Markeinlage	546
Doria	Fisch	Oval geformte, in Butter gedünstete frische Gurke, Zitrone, Petersilie	589
Nach flämischer Art	Rind	Krautköpfchen, Speck, Karotten, weiße Rübchen (Sellerie), Lauch, Brühwurst	539
Nach Florentiner Art	Fisch, Geflügel, Eier, Fleisch	Blattspinat, Mornaysauce	547
Nach Gärtnerinart	Fleisch	Bukettartig mit frischen Gemüsen umlegt	552
Nach Mailänder Art	Fleisch/Kalb	Julienne von Pökelzunge, Schinken, Champignons, Trüffel, Käse, Tomatensauce	547
Nach Müllerinart	Fisch	Butter, Petersilie, Zitronenscheiben	589
Orly	Fisch, Gemüse	Bierteig, Tomatensauce	590
Rossini	Rind/Tournedos	Gänseleberscheiben, Trüffelscheiben, Croûtons, Madeirasauce	546
Nach Tiroler Art	Kurzbratfleisch	Gebackene Zwiebelringe in Bierteig, in Butter sautierte Tomatenwürfelchen	546

[1] AkA – Aufgabenstelle für kaufmännische Abschluss- und Zwischenprüfungen

Sachwortverzeichnis

A

Aal 451
Aalsuppe
– Hamburger 684
abboccato 313
Abfall 30
Abkühlung 39
Ablagesysteme 56, 353
Ablaufplan 54
Abrechnung, Salate 192
Absinth 331
Abstimmung
– kulinarische 694
Abtropfgewicht 345, 373
Abtropfschüssel 123
Abwällen 139
Abziehen 119
– zur Bindigkeit 620
– zur Rose 620
Ackersalat 366
Acrylamid 67, 126, 146, 194
Aerobier 22
Agar-Agar 393
Ahornblatt 243
AIDA-Formel 725
AkA 729
Aktionen 708, 718
Akvavit 330
À-la-carte-Service 251
Albumin 71, 72, 411
Alfalfa 372
Alkoholfreie Biere 298
Alkoholfreie Mischgetränke 283
Alkoholische Gärung 295, 296
Alkoholkonservierung 107
Allergie 33, 464
Allerlei
– Leipziger 598, 686
Alsterwasser 300
Altbacken werden 647
Altbier 298
Alternative Ernährungsformen 93
Altfett 31
Altglas 30, 31
Altmetall 31
Altpapier 31
Alttier 447
amabile 313
Aminosäuren 70, 75
– begrenzende 75
– essenzielle 420

Amuse-Bouche 661
Amuse-Gueule 661
Amylopektin 61
Amylose 61
Anaerobier 22
Ananas 381
Anbaugebiet 302
Anbaugebiete
– bestimmte 304
Anchovis 454
Angebotsform 345
Angebotsformen für Kaffee 287
Angebotsvergleich 345
Angels on horseback 689
Anlieferungstemperatur 346
Anmachen von Salaten 188
Annakartoffeln 196
Anrichten 55, 156
Antibakteriell 42, 81
Antihaftbeschichtung 123
Antioxidantien 34
Anwirken 607
à part 156
Apfel 380
Apfelausstecher 118
Apfelkuchen 604
Apfelsauce 520
Appenzeller 413
Appetit 97
Aprikose 380
Aprikotur 639
Aquakultur 456, 459, 466
Aqua Plus 282
Aquavit 330
Arbeitsabläufe 57
Arbeitsablaufpläne 353
Arbeitsanleitung 55
Arbeitsbekleidung 217
Arbeitsfolge 481
Arbeitsgestaltung 108
Arbeitshand 253
Arbeitsmittel 115
Arbeitspläne 54
Arbeitsplanung 51
Arbeitsschutz 29
Armagnac 328
Aromastoffe 59
Aromatisierte Spirituosen 327
Aromen 397
Arrosieren 561
Arten des Vorlegens 256

Arten, Fett 406
Artischocke 171, 371
Artischockenböden 171
Asado 688
Ascorbinsäure 34, 78
Aspik 72, 74
Aubergine 171, 367
Aufbewahrung 102
Aufgussgetränke 286
– servieren 293
Aufläufe 627
Auflaufformen 233
Auflaufomelett 629
Auflaufpudding 630
Aufschnittmaschine 139
Auftauen 105
Augenverletzung 50
Ausbackteig 614
Ausbeinmesser 116
Ausbeute 165
Ausbildungsberufe
– Fachkraft im Gastgewerbe 16
– Fachmann/-frau für System-
  gastronomie 16
– Restaurantfachmann/-frau 16
– Hotelfachmann/-frau 16
– Hotelkaufmann/-frau 16
– Koch/Köchin 16
Ausbildungsordnung 15
Ausbildungsrahmenpläne 15
Ausbohrer 116
Auslese 308
Ausstecher 118
Auster 466, 601
– europäische 466
– flache 466
– Gigas 466
– portugiesische 466
– Handelsbezeichnung 466
Austerngabel 226
Austernpilze
– gedünstete 184
Austernsaitling 376
Auszugsmehle 386
Avocado 382
a_w-Wert 21

B

Bache 447
Bachforelle 451

Backen 388, 147
Bäckerinkartoffeln 196
Backfett 67
Backformen 232
Backhendl
– Wiener 578, 690
Backmargarine 408
Backmischung 387
Backrohr 132
Back-up 355
Backverfahren 388
Backwaren 388
Badisch Rotgold 306
Bag-in-Box (BiB)-Postmix 337
Baisermasse 614
Baked Beans 692
Bakterizid 42
Ballaststoffe 59, 63, 81
Balsamico 403
Bamberger Hörnchen 197
Bananensplit 644
Bankett-Service 251
Barbarieenten 441
Barcodeleser 354
Bardieren 560, 569
Bären 448
Bargläser 230
Bärlauch 398
Barrique 312
Bärtchen 465
Basen 21
Basilikum 398
Basiszubereitungen 649
Bataviasalat 366
Bâtonnets de légumes 168
Bauchspeichel 63
Bauchspeicheldrüse 63
Bauernart 168
Baumwolle 219
Baustoffe 59, 75, 80
Bavaria blue 413
Bayerische Crème 620
Bazillen 22
Béarner Sauce 517
Béchamelsauce 510
Bechergläser 229
Bedarfsermittlung 343
Beefsteakhack 433
Beerenauslese 308
Beerenobst 379, 381
BEFFE 432
Begleitfett 69
Begleitstoffe 59, 81
Behältnis

– für Parmesan 234
– für Reibkäse 234
Beifuß 399
Beignets 614
Beilagen 193
Beistelltisch 259
Beizen 561
Bel paese 413
Beluga 469
Benzoesäure 34
Bereich
– kritischer 21
Bergkäse 413
Berliner Weiße 298, 300
Berner Rösti 198
Bernykartoffeln 200
Bestand
– eiserner 344
Bestecke 224
Besteckgruppen 225
Besteckpflege 228
Bestellmenge 343
Bestellzeitpunkt 344
Bestimmte Anbaugebiete 304
Bete
– rote 175, 365
Betriebe 14
Betriebshygiene 37
Betriebstypen 721
Betriebswirtsch. Überlegungen 112
Beurre manié 62, 503
Bewertungsblatt 160
Bewertungsmerkmale 55
Bewirtungsbetriebe 14
Bewusstlosigkeit 48, 49
Bezeichnungen
– geschützte 702
Bezugskosten 345
Bezugsquellenermittlung 345
Bier 296
Bierarten 298
Bierausschank 300
Biere
– alkoholfreie 298
– anderer Länder 300
Biergattungen 298
Biergläser 230
Biermischgetränke 300
Bierschankanlage 337
Biersorten 298
Bierwurst 437
Bindegewebe 73, 421, 422
Bindenadel 116
Bindung 73

Bioaktive Pflanzenstoffe 81, 359
Biokatalysatoren 84
Biologische Wertigkeit 75
Bio-Siegel 35
Birne 380
– Helene 643
Birnenkartoffeln 199
Biskuitmasse 612
– All-in-Verfahren 612
Biskuitroulade 612
Bismarckhering 454, 458
Biss 465
Bitoks 691
Bitterliköre 331
Bitter-Limonaden 281
Blanc de Blancs 312
Blanchieren 139
Blankett 540, 572
Blankett von Lamm 540
Blätterpilz 375
Blätterteig 68, 606
– deutscher 606
– französischer 606
Blätterteiggebäck 608
Blattgrün 60
Blattsalate 187
Blaukraut 175, 363
Blauleng 453
Blauschimmelkäse 413
Blausieden 587
Blechkuchen 604
Bleichsellerie 175, 364
Bleichspargel 371
Blini 691
Blitzblätterteig 606
Blockware 464
Blumen 236
Blumenkohl 171, 362
Blutvergiftung 48
Blutwurst 437
Blutzuckerspiegel 63, 393
BMI 91
Bock 447
Bockbier 299
Bockshornklee 372
Bodenbakterien 25
Bodenisolierung 50
Body-Mass-Index 91
Bohnen 368
– grüne 173
Bohnenkern 369
Bohnenkraut 399
Bohnensuppe 685
Bohnen, weiße 369

Bombage 22
Bon 343
Bordeaux 312
Bordeauxglas 229
Bordelaiser Sauce 506
Bördetopf
– Magdeburger 687
Borretsch 399
Borschtsch 690
Bötel mit Lehm 687
Botulinus-Bazillen 22
Boucher 108
Bouillabaisse 689
Bouillon 479
Bouillonkartoffeln 196
Bouquet garni 497
Bourbon Whiskey 329
Bowle 283, 324
Brägenwurst
– Grünkohl 685
Braisière 122
Branchensoftware 354
Brandblase 49
Brände 327, 328
Brandfaktoren 46
Brandig 610
Brandmasse 613
Brät 73, 437
Braten 144, 152
– im Ofen 145, 151
– in der Pfanne 144, 150
Bratenaroma 144
Bratenkoch 108
Bratenpfanne 122
Bratensauce 507, 542
Bratfett 69
Bratheringe 458
Bratkartoffeln 198
Bratverfahren 541
Braune Kalbsbrühe 470
Braune Wildbrühe 470
Braunkappe 376
Braunreis 391
Braunschweiger 438
Brechbohnen 368
Brick 413
Bridieren 568
Bridiernadel 568, 116
Brie 414
Bries 433
Brioche 647
Broiler 441
Brokkoli 172, 362
Brokkolisuppe 491

Bröselbutter 526
Brot 388
Brötchentoaster 127
Brotgerüst 73
Brotkörbe 235
Brotsauce 520
Brotteller 249
Brühen 470
– vorgefertigte 498
Brühwurst 437
Brunch 273, 275
Brunnenkresse 399
Brunoise 168
Büfett
– Bestandsaufnahme 341
– dekorieren 679
– vorbereiten 678
Büfettangebot 676
Büfett-Inseln 677
Büfettkontrollen 339
Büfett-Service 251, 680
Büffetplanung 677
Bug 428
Bügeln 223
Buletten 683
Buntmesser 169
Buntoaster 127
Buntschneidemesser 115
Burgund 312
Burgunderglas 229
Büroorganisation 353
Butter 67, 406
– Bindung 503
– gesalzene 406
Butterbrösel 526
Buttercreme 626
Butterkäse 413
Butterkrebse 461
Buttermilchbeize 561
Buttermilchcreme 618
Buttermischungen 524
Butternockerln 485
Butterschmalz 67, 406
Butterzubereitungen 406

C

Cacik 522
Calamares 468
Calciferol 78
Calcium 80
Calmari 468
Calmaritti 468
Calvados 329
Cambozola 414

Camembert 414
Canadian Whisky 329
Canapés 654
Cappuccino 288
Capsaicin 395
Carotin 34
Caseinogen 71, 74
Casserole 122
Casserole de Bain-Marie 122
Cava 321
Cervelatwurst 438
Ceviche 690
Chafing-Dish 235
Chambrieren 316
Champagne 312
Champagner 321
Champignon 376
Champignons
– gebackene 182
– gedünstete 182
Chantillysauce 519
Charlotte 621
Château 312
Chateaubriand 429
Checklisten 52, 53, 261, 353
Cheddar 413
Cheeseburger 57
Chef de cuisine 108
Chemische Konservierungsmittel 34
Chemisieren 653
Chicorée 172, 366
Chiffonade 675
Chili con carne 690
Chilis 395
Chilisauce 402
Chinakohl 363
Chinois 123, 526
Chlorophyll 60
Chops 536
Choronsauce 517
Chutney 522
Claire 467
Clam Chowder 692
Clamshellgrill 130
Clarete 314
Clear Oxtail Soup 689
Clochen 234
Club-Steak 532
CO_2-Schnee 457
Coating 374
Cocktailhappen 654, 655
Cocktails
– alkoholfreie 283
– Vorspeisen 656

Cognac 328
Cola-Getränke 281
Colbertbutter 525
Comté 413
Consommé 479
Convenience 373, 378
Convenience Food 110
Convenience-Grad 111
Convenienceprodukte 498
Cook & Chill 155
Cook & Hold 155
Cook & Serve 155
Coq au vin 574, 689
Corail 459, 595, 602
Côte de bœuf 429
Counter 265
Counterservice 263
Court bouillon 587
Cremant 321
Crème
– bayerische 620
Crème Brûlée 625
Crème double 410
Cremeeis 640, 641
Crème fraîche 410
Crèmemargarine 408
Crèmes
– Übersicht 616
Crèmespeisen 616
Crèmesuppen 488, 492
Crêpes 628
Crêpes Suzette 628
Crevetten 463
Crewtrainer 18
Croissants 605
Croûtons 487
Cru 312
Cumberlandsauce 521
Curry 397

D

Damast 219
Dampfdruckgaren 133
Dampfdrucktopf 83, 133
Dämpfen 142
Dampf-Schnellgargerät 133
Damwild 446, 447
Danablu 413
Danbo 413
Darbieten von der Platte 258
Dame 592
Darren 296
Datenkommunikation 355
Datenschutz 355

Datensicherung 355
Datenverarbeitung 354
Dauerausscheider 23
Dauerwurst 438
Deckservietten 221
Decktücher 221
Deglacieren 526
Degustation 159
Dekantieren von Rotwein 319
Dekantierkorb 235
Dekorationsserviette 241
Dekorpulver 392
Delikatessbohnen 368
Delta-Garen 544
Demiglace 505, 506
Denaturierung 74
Depot 319
Desinfektionsmittel 28
Desinfizieren 28, 42
Dessertbüfett 648
Dessertbesteck 225
Desserts 603
Dessertwein 315
Destillation 295
– Prinzip 326
Detailplanung 709
Deutsche Anbaugebiete 304
Deutscher Kaviar 469
Deutscher Weinbrand 328
Deutsche Sauce 509, 510
Dextrine 61, 62
DGE
– Regeln 90
Diabetiker 63, 65, 393
Diätbier 299
Diätetische Erfrischungsgetränke 282
Dibbelabbes 686
Diglyceride 34
Dijon-Senf 396
Dill 399
Dim Sum 688
Dips 185, 521
Disaccharide 60
Dokumentation 36
dolce 313
Domaine 312
Doppelrahmfrischkäse 414
Doppelte Bischofsmütze 244
Doppelter Tafelspitz 243
Dorsch 453
Dotter 416
Drehgrill 130
Dressiernadel 116
Dressings 185

Drink-Drawer 265
Drive-in-Service 263
Druckfritteuse 127
Druckgaren 143
Druckkessel 129
Druckprobe 545
Druckverband 48
Dunst 386
Dünsten 142, 152
Durchlaufgrill 130
Durchlaufofen 132
Duroplaste 121
Duxelles 183, 651

E

Eau-de-vie de vin 328
Echter Rum 329
Edamer 413
Edelfische 449
Edelpilze 20
Edelpilzkäse 413
Edelstahl 121
Edelstahlbesteck 224
Egerling 376
Egouttoir 123
Ei 416
– Bindemittel 418
– Gewichtsklassen 417
– Haltungssysteme 417
– Lockerungsmittel 418
– Luftkammer 416
– Mindesthaltbarkeitsdauer 419
– Qualität 417
– Schüttelprobe 418
– Sichtprobe 418
Eichblattsalat 366
Eierkennzeichnung 417
Eierkuchen 215
Eierplatten 232
Eierschwamm 375
Eierspeisen 211, 267
– frittierte 214
– gekochte 211
– pochierte 142, 212
– im Glas 212
Eierstich 418, 487
Eierteigwaren 389
Eigelb 416
– Emulgator 419
Eigenfertigung 110, 112
Eigenkontrolle 39
Eignungsprofil von Speisen 161
Eignungswert 101
Ei im Näpfchen 214

Eiklar 416
– Klärmittel 419
Einbröseln 546
Eindecken 248
Einfachzucker 60, 62
Einrichtungsgegenstände 218
Einrollen 607
Einschneiden 544
Einwegflaschen 30
Einzeltische 218
Einzelwerbung 724
Eiprodukte 418
Eirolle 418
Eisbecher 642, 643
Eisbein 430, 535
Eisbergsalat 366
Eisbomben 645
Eiscreme 640
Eisen 80
Eiskaffee 643, 288
Eismaschine 641
Eisparfait 644
Eisschokolade 293
Eisspeisen 640
Eistee 291
Eiswasser 139
Eiswein 308
Eitererreger 23, 24
Eiweiß 416
– Arten 70
– Aufbau 70
Eiweißgerinnsel 74
Eiweißgerinnung 140
Eiweiß (Protein) 70
Eiweißspritzglasur 639
Eiweißstoffe 71
– faserförmige 70
– kugelförmige 70
Eiweißverderb 75
Elektrische Anlagen 45
Elektrischer Strom 45, 50
Elektrolyte 282
Elektrolytgetränke 282
Elsass 312
Emaillierter Stahl 121
Emmentaler 413
Empfang 17
Empfangsschein 343, 346
Empfehlen von Speisen 156
Emulgatoren 34, 66
Emulgieren 28
Emulsionen 66, 67
Emulsionsliköre 331
Enchiladas 690
Endivie 366

Energieaufnahme 90
Energiebedarf 88, 90
Energieberechnung 98
Energiedichte 97
Energieeinsparung 30, 31
Energiegehalt 98
Energiegewinnung 75
Energiereserve 69
Energiestoffe 59
Energieverbrauch 69
Energiezufuhr 91
Energy Drinks 281
Enteisent 279
Enten 577
Entenbrust
– gebraten 577
Entfetten 477
Entkoffeinierter Kaffee 286
Entkoppelung 39
Entquellung 62
Entrecôte 429
Entremetier 108
Entwicklung des Gastgewerbes 13
E-Nummer 33
Enzian 329
Enzyme 22, 63, 75, 84, 86
– Wirksamkeit 85
Enzymtätigkeit 85
Erbsen 172, 369, 372
Erdbeere 381
Erdnussfett 407
Erfolgskontrolle 717
Erfrischungsgetränke 280
– diätetische 282
Ernährung 59
– richtige 696
– vollwertige 88, 93
Ernährungsformen
– alternative 93
Ernährungspyramide 89, 404
Erste Hilfe 48
Erste Hilfezeichen 47
Erweitertes Menü 693
ESL-Milch 284, 409
Espresso 288
Espuma 624
Essbare Pflanzenteile 360
Essenziell 75
Essenzielle Aminosäuren 420
Essenzielle Fettsäuren 69, 404
Essig 403
Essig-Essenz 403
Essigmarinade 561
Essig- und Ölflaschen 234
Estragon 399

Estragon-Senf-Butter 525
Etage/Housekeeping 17
Etagenfrühstück 266, 272
Etagenservice 272
Etamine 526
Eubakterien 19
EU-Bio-Siegel 35
E-V-A-Prinzip 354
Exportbier 299
Extraessen 703
Extrakte 477

F

Fachbuch 51
Fachkraft im Gastgewerbe 16
Fachzeitschriften 52
Fachzeitungen 52
Fadennudeln 390
Fahne 156
Fakultative Anaerobier 22
Farbe der Speisen 158
Farbenspiel 668
Farbstoffe 34
Farce 73, 437, 649
Farmlachs 451
Färsen 426
Fasan 444, 579
Faserstoffe 59, 81
Fäulniserreger 25
Federwild 444
Fehlbestand 350
Feijoada 688
Feindesinfektionsmittel 28
Feinfische 449
Feingemüse 362
Feinkostprodukte 662
Feinzerlegung 425
Felchen 451
Feldsalat 366
Felsenauster 466
Fenchel 172, 367
– gebacken 153
– gebraten 152
– gedünstet 152
– gekocht 152
– geschmort 153
– überbacken 152
Fenchelrohkost 153
Fenchelsalat 153
Ferment 84
Fermentation 289, 292
Fermentieren 289
Fertigmehle 605
Fertig-Mischsalat 373

Festliches Essen 719
Festmenü 693
Fest-Tafel 218, 250
Fett 185
– verbrauchtes 31
Fettabdeckung 426
Fettabscheider 31
Fettaufnahme 69
Fett-Augen 66
Fettbackgerät 146
Fettbrand 405
Fette
– Arten 64
– Aufbau 64
– Behandlung 65
– sichtbare 404
– unsichtbare 404
– verderben 68
Fettfische 450
Fettgehalt 64
Fettgehaltsstufen von Käse 414
Fettsäuren
– essenzielle 69, 404
– gesättigte 64
– ungesättigte 64, 69
Fettverbrauch 69
Fettzellen 421
Feuchtigkeit (a_w-Wert) 21
Feuchtigkeitsmesser 347
Feuerlöscher 46
Feuerschutz 46
Fibrilläre Proteine 70
FiFo 349
Filet
– Einteilen 533
Filetgulasch 145
Filetieren von Rundfischen 584
Filetiermesser 117
Filetkotelett 535
Filetspitzen Stroganow 548
Filetsteak 429
Filze 220
Fines herbes 401
Fingerbowle 235
Finger-Food 661
Fingerschale 235
Fingerschutz 115
Fisch 449
– Angebotsformen 456
– backen 591
– braten 589
– eingesalzener 457
– frittieren 590
– geräuchert 457

– grillen 591
Fischbesteck 226
Fischbrühe 470, 475
Fische
– dämpfen 587
– dünsten 588
– vorbereiten 583
Fischfilets
– Frischemerkmale 452
Fischkennzeichnung 456
Fischkessel 122
Fischkoch 108
Fischkonserven 458
Fischkraftbrühe 482
Fischschere 117
Fischsud 587
Fischwoche 593
Flachgrill 130
Flädle 487
Flammeris 633
Flan 179
Flaschengärung 320
Flaschenweinservice 316
Fleisch 420
– Aufbau 421
– Bündner 436
– Genusswert 425
– Haltbarmachen 434
– Handelsklassen 426
– Lagerung 423
– Materialkosten 582
– Portionierung 425
– Qualitätsbeurteilung 425
– Reifedauer 422
– taugliches 420
– Teilstücke 424
– überreifes 424
– verderben 423
– Verwendungszweck 422
Fleischbrühe 141
Fleischextrakt 479
Fleischfasern 73
Fleischkühlräume 104
Fleischportionen
– Rohgewichte 537
Fleischteile 424
– Qualität 422
Fleischthermometer 542
Fleisch- und Knochenbrühe 470, 474, 479
Fleischuntersuchung 420, 448
Fleischwaren 436
Fleischwolf 124
Fleurons 608

Fliegen 26
Flocken 387
Flossensäume 585
Flossenschere 117
Flöte 229
Flunder 455
Flusskrebs 461, 597
Folienkartoffeln 197
Folsäure 78
Fondant 392, 639
Fondue 691
Food and Beverage 343
Foodvillage-Konzept 264
Forelle 451
Forellenkaviar 469
Forellenröllchen 711
Fotosynthese 60
Frankfurter Brotkirschpudding 632
Frankfurter Grüne Sauce 522
Frappieren 316
Freeflow-Service 263
Freeline-Service 263
Fremdfertigung 110, 112
French Dressing 186
Friaul 313
Frikassee 540, 572
Frischfisch 456
Frischkäse 414
Frischling 447
Frischlingsmedaillons 566
Frischmilch 284
Fritteuse 125
Frittieren 146, 151, 153
Frittürenfette 407
Frosten 104
Frostfisch 457
Fruchsaftschorle 281
Früchte des Meeres 459, 594
Fruchteis 640, 641
Fruchteiscreme 640
Fruchtgemüse 361
Fruchtkaltschale 495
Fruchtliköre 331
Fruchtmark
– Herstellung 624
Fruchtmousse 624
Fruchtnektar 281
Fruchtsäfte 280
Fruchtsaftgetränk 281
Fruchtsahnecreme 621
Fruchtsalat 638
Frucht- und Gemüseteiler 119
Fruchtzucker 60
Frühkartoffeln 197

SACHWORTVERZEICHNIS

Frühlingsröllchen 688
Frühlingszwiebel 172, 370
Frühmastente 441
Frühmastgans 441
Frühstück 266
– Arten 266
– mise en place 270
– servieren 271
Frühstücksbestellliste 272
Frühstücksbüfett 266, 273
Frühstückseier
– gekochte 267
Frühstücksgedecke 270
Frühstücksgerichte 267
Frühstücksplatte 268
Frühstücksservice 269
Frühstückssituation 269
Frühstücksspeck 73
Füllmassen 649
Füllstrich 300
Fürst-Pückler-Eis 640
Fürst-Pückler-Parfait 645, 684
Fußboden 37, 43

G

Gaisburger Marsch 683
Gala-Menü 710
Galantine 439, 663
Galizier 461
Gallensaft 68, 86
Gallerte 74
Gambas 463
Gänse 441, 576
Gänseleberparfait 662
Gans
– junge 441
Garautomaten 131
Gardemanger 108
Garen 140
Garnelen 462
Garnituren 729
Garprofile 134
Garprogramme
– erstellen 154
Garpunkt 542, 545
Gartemperatur 141, 143
Gartenkresse 399
Gärung 295, 296
Garverfahren 422, 538
– feuchte 140
– kombiniertes 147
– trockene 140
– Übersicht 148
Gärvorgang 295

Garzeit 83
Garziehen 142
Gästetypen 726
Gastfreundschaft 13
Gastgewerbe
– Personal 17
Gasthöfe 15
Gastro-Norm 123
Gazpacho 692
Gebäckstücke
– tiefgefroren 609
Gebietscharakter 302
Gebietseinteilung für Weine 304
Gebietsleiter 18
Gebotszeichen 47
Gebrauchszucker 61
Gebundene braune Suppen 488
Gedecke 247, 255
– Menübeispiele 704
Gefahrenanalyse 36
Gefahrenpunkte (CCP) 346
Geflügel 440, 568
– Angebotszustand 443
– braten 575
– frittieren 577
– füllen 571
– grillen 578
– Handelsklassen 442
– Herrichtungsform 442
– Lagerung 444
– Verkehrsbezeichnung 440
– vorbereiten 568
– Zubereitungsreihe 150
Geflügelbrühe 470, 475
Geflügelcremesuppe 492
Geflügelkraftbrühe 482
Geflügelrahmsauce 509, 510
Geflügelsamtsuppe 490
Gefrierbrand 105, 349, 443
Gefriergetrocknet 374
Gegenprobe 42
Gehacktes 432
Geiß 447
Geiste 327, 330
Gekochtes Rindfleisch 141
Gelatine 74, 393
Gelbei 416
Gelee 384, 637, 652
Geleeguss 393
Geleespiegel 652, 667
Geliermittel 392, 393, 652
Gemeinschaftswerbung 724
Gemüse
– Einkauf 360

– exotische 371
– getrocknetes 374
– Lagerung 373
– Nährwerterhaltung 359
– Schnittarten 168
– vorgefertigtes 181
– Zubereitungsreihe 152
Gemüsebrühe 470, 475
Gemüsebündel 471
Gemüsefertigstellung
– Übersicht 180
Gemüsehobel 139
Gemüsekoch 108
Gemüsemesser 115
Gemüsenektar 280
Gemüsepaprika 368
Gemüsesäfte 280
Gemüsestäbe 168
Gemüsestreifen 168
Gemüsesuppen 494
Gemüse- und Kartoffelhobel 115
Gemüsewürfel 168
Gemüsezwiebel 370
Genever 330
Genusswert 101
Gerichte
– kleine 681
– sautierte 547
Gerinnsel 73
Gerinnung 74
Gerste 385
Gerstengraupensuppe 691
Geruch 394
Gesamtaufschlag 706
Gesamtumsatz 89
Gesättigte Fettsäuren 64
Geschirrarten 122
Geschmack 158, 394
Geschmacksrichtungen bei Schaumwein 321
Geschmacksstoffe 59
Geschmackstest 160
Geschmacksveränderung 140
Geschmacksverbesserung 140
Geschnetzeltes 144
Gesundheitsschädigungen 32
Gesundheitswert 101
Getränke 278
– bereitstellen 335
– weinhaltige 324
Getränkebüfett 332
Getränkekarte 332
– Gestaltung 332
Getränkeschankanlagen 336

Getränkeservice 278
Getränketassen 232
Getreide 372
– Arten 385
Getreideerzeugnisse 387
Getreidekorn 385
Getreidemotte 26
Getrockneter Pilz 376
Getrocknetes Gemüse 374
Gewiegtes 432
Gewürzbeutel 471
Gewürze 394
Gewürzmischungen 397
Gewürzzubereitungen 397
Gift 24
Gin 330
Glace 477, 526
Glace de viande 479
Glas 31
Gläser 229
– Einsetzen 249
Gläserformen 229
Gläserpflege 230
Glasieren 143, 156
Glasur 143
Glasuren 639
Globulin 70, 71, 73
Glühwein 324
Glutamat 398
Glycerin 64
Glykogen 63
Gnocchi 666
Goldbutt 455
Gorgonzola 413
Göttliche Sauce 516
Gouda 413
Granatapfel 382
Granité 646
Grapefruit 381
Grappa 328
Gratinieren 143, 156, 415,
Graupen 387
Graved Lachs 451, 458, 691
Gremolata 554
Grenzwerte 36
Greyerzer 413
Grieß 386
Grießflammeri 633
Grießnocken 205
Grießnockerln 486
Grießpudding 631
Grießteigwaren 389
Grill 129
Grillen 146

Grillvorgang 549
Grobdesinfektionsmittel 28
Grobgemüse 362
Grobzerlegung 425
Großes Besteck (Tafelbesteck) 225
Grundbesteck 225
Grundbrühen 470
– braune 470
– helle 470, 473
Grundgedeck
– erweitertes 247
Grundlagen
– Garen 140
Grundmenge 162
Grundmenü 693
Grundsauce
– kalte 518
Grundsaucen 501
– weiße 509
Grundtechniken 136
Grundumsatz 88
Grüne Bohnen 173
Grüner Tee 289
Grüner Veltliner 311
Grünkernsuppe 492
Grünkohl 173, 363, 685
Grünschalenmuscheln 467
Grünspargel, 371
Grütze 387
GS-Zeichen 44
Guacamole 521, 690
Guéridon 238, 259
Guéridon-Service 258
Gulasch 556
Gumpoldskirchner 311
Gurke 173, 367
Guss 121
Güteklassen von Wein 307
Guylasleves 692

H

HACCP 36
HACCP-Konzept 36
HACCP-Selbstkontrolle 40
Hackbeil 116
Hackbraten 149
Hackfleisch 432
– Zubereitungsreihe 148
Hackfleischmasse 148
Hacksteaks 150
Hafer 385
Hafermastgans 576
Hagelschnur 416
Hagelzucker 392

Hähnchen 441
– gebackenes 151
Hähnchenbrust
– gebratene 151
– gegrillte 578
Hähnchenkeulen
– geschmorte 151
Halbfettmargarine 408
Halbgefrorenes 640, 644
Halbleinen 219
Haltbarmachung 105
Haltbarmachungsverfahren 102
Hamburger 57
Hamburger Aalsuppe 684
Hamburger National 684
Hammelfleisch 431
Hämoglobin 71
Hände 38
Handelsklasse 441
Handkäs 684
Handkäse 414
Handservietten 221
Handterminals 354
Handtücher 38
Hardware 354
Hartkäse 413
Härtung 65
Hartwürste 438
Harzer 414
Hase 446
Haselnuss 383
Hasenkeule
– geschmorte 566
Hausgeflügel 440
– zubereiten 571
Haushaltsreis 391
Hausprospekt 724
Heben 43
Hecht 451
Hefe
– obergärige 297
– untergärige 296
Hefeklöße 204
Hefen 19, 20, 22
Hefeschnecken 605
Hefeteig 604
Hefeweißbier
– einschenken 301
Hefezopf 605
Heftpflaster 48
Heilbutt 455
Heißluftdämpfer 134, 576
– Saucengewinnung 508
Heißräuchern 106

SACHWORTVERZEICHNIS

Herbes de Provence 401
Herbst- und Wintergemüse 361
Herd 132
Hering 454
Heringsfilets 458
Heringssalat 658
Herkunftsangabe Wein 305
Herstellmenge 162
Herz 433
Herzmuscheln 467
Herzoginkartoffeln 199
Heuriger 311
Hilfsbesteck 227
Himbeercreme 714
Himbeere 381
Hippenmasse 615
Hirn 433
Hirsch 446, 447
Hirschkalb 447
Hirschkalbsattel
– gebratener 562
Hirschkalbskoteletts 565
Hirschkalbsrücken
– gefüllter 563
H-Milch 284, 411
Hochrippe 532
Höchstbestand 344
Hoher Tumbler 230
Hohlauslösen 537
Holländische Sauce
– Fehler 515
Homogenisieren 410
homogenisierte Milch 284
Hopfen 296
Hörnchen 605, 246
Hors-d'œuvres 675
Hors-d'œuvrier 108
Hotel 14
Hotelfachmann/-frau 16
Hotel garni 15
Hotelkaufmann/-frau 16
Hotelporzellan 231
Hotel-Systembesteck 226
Hotspots 131
Huhn 441
– zerlegen 570
Hühnercurry 690
Hühnerei 416
Hühnerfrikassee 572
Hülsenfrüchte 361, 369, 372
Hummer 461, 594
– vorbereiten 594
Hummerbutter 602
Hummer Newburg 596

Hummer Thermidor 596
Hunger 97
Hürden-Effekt 107
Hüttenkäse 414
Hutzucker 392
Hygiene 19, 348
Hygieneanweisungen 55
Hygieneplan 40
Hygieneregeln 216
Hygrometer 347
Hygroskopisch 61
Hypervitaminose 77
Hypovitaminose 77

I

Ihlen 454
Immunsystem 81
Imperial Kaviar 469
Individualgastronomie 14, 108
Induktionstechnik 132
Infektion 42
Infizieren 28
Informationen 51
Ingwer 396
Inhaltsverzeichnis 51
Inklusivpreis 34, 706
Inkubationszeit 42
Innereien 433, 534
Instant-Kaffee 286
Instantmehle 387
Insulin-Produktion 63
Internet 52
Internet-Adressen 730
Inventur 350
Inventurliste 341
IQF 464
Irish Coffee 288
Irish Whiskey 329
Irreversibel 74
Isotonisch 282
Istbestand 350
Istwert 135
i. Tr. 412

J

Jagdzeiten 448
Jahresplanung 709
Jährlingsbock 447
Jod 80
Joghurt 410
Jo-Jo-Effekt 97
Julienne 168
Juliennereißer 117
Jungbulle 426

Jungrind 426
Jungrindfleisch 427
Jus 507, 542

K

Kabeljau 453
Kabinett 308
Kabinettpudding 632
Käfer 26
Kaffee 286
– Zubereitung 287
Kaffee-Ersatz 286
Kaffee-Extraktpulver 286
Kaffee-Konzentrat 286
Kaffee mit Spirituose 288
Kaffeesahne 410
Kaffeeweißer 410
Kaisergranat 462, 598
Kaiserschmarrn 628, 690
Kaiserschote 173
Kakao 292, 293
Kakaobutter 292
Kakaomasse 292
Kakaopulver 292
Kaki 382
Kaktusfeige 382
Kalb 426, 528
– Nierenbraten 530
– Sattel 530
– Teilstücke 427
Kalbfleisch 427
Kalbsbries 534
Kalbsbrühe 470, 474
– braune 476
Kalbsbrust 531
Kalbsbruststück 555
Kalbsbug
– geschmorter 552
Kalbsfrikassee 540
Kalbsgulasch 557
Kalbshaxe 555
– abgebräunte 683
Kalbshaxenscheiben
– geschmorte 554
Kalbsherz 534
Kalbshirn 534
Kalbsleber 683
Kalbslunge 434, 534
Kalbsmilch 433
Kalbsnierenbraten 543
Kalbsnierenscheiben 713
Kalbssteak
– gebraten 144
Kalbszunge 539

Kalium 80
Kalkablagerungen 82
Kalkulationsfaktor 706
Kalmar 468, 602
Kaltbinder 393
Kalte Ente 324
Kalte Kraftbrühe 483
Kalte Platten 667
Kaltpressung 406
Kalträuchern 106
Kaltschale 495
Kaltschalen 495
Kaltzone 125
Kandierte Früchte 384
Kaninchen 446
Kännchen 232
Kanneliermesser 117
Kapern 397
Karamell 61
Karkasse 602
Karotin 78
Karotten 172, 364
Karpfen 451
Karteien 353
Kartoffel 377
– Kocheigenschaften 377
Kartoffelchips 194
Kartoffelgratin 197
Kartoffelklöße 202
Kartoffelkloßmehl 378
Kartoffelkrapfen 200
Kartoffelkroketten 199
Kartoffellagerung 378
Kartoffelmasse mit Brandteig 200
Kartoffeln 377
– gedämpfte 142
Kartoffelnester 194
Kartoffelnocken 203
Kartoffelnudeln 203
Kartoffelplätzchen 199
Kartoffelprodukte – Convenience 201
Kartoffelpüree 199
Kartoffelsalate 191
Kartoffelschnee 198
Kartoffelstäbe 195
Kartoffelstärke 387
Kartoffelstrauben 200
Kartoffelsuppe 493
Kartoffelzubereitungen 193
Käse 412
   Fettgehaltsstufen 414
Käsearten 412
Käsebiskuit 485
Käse-Etagere 269

Käsegewinnung 412
Käseherstellung 412
Kasein 411
Käsemesser 117, 227
Käseplatte 269, 415
Käsespätzle 208, 683
Käsespießchen 655
Käsestangen 609
Kasseler 436, 535
Kassentheke 261
Kasserollen 233
Kastenbrot 388
Katalysatoren 84
Käufliche Rohware 165
Kaviar 469
Kaviarersatz 469
Kaviarlöffel 227
Kaviarmesser 227
Kaviarselektion 469
Kedgeree 690
Keiler 447
Keime 24, 42
– Vermehrung 24
Keimling 372, 385
Keimvorgang 372
Kenn- und Prüfzeichen 45
Kerbel 399
Kernobst 379, 380
Kerntemperatur 40, 134
Kerzen 236
Ketchup 402
Keule
– Auslösen 528
Kichererbsen 372
Kieler Sprotten 454
Kippbratpfanne 128
Kirsche 380
Kitz 447
Kiwi 382
Klären 72
Klärfleisch 480
Klärvorgang 480
Kleber 71
Klebereiweiß 73
Kleiner Suppentopf 494
Kleines Besteck 225
Kleinstlebewesen 19, 136
Kleister 62
Klößchen 484
Klöße 202
Knoblauch 370
Knochen 434
Knochenmark 434
Knochensäge 116

Knochenschinken 436
Knödel 202
Knollensellerie 175
Knorpelfische 586
Koagulation 74
Koch/Köchin 16
Koch der kalten Küche 108
Kochen 141, 152
Kochfett 69
Kochgeschirr 121
Kochkessel 129
Kochsalami 437
Kochsalz 80
Kochtopf 122
Kochwurst 437
Koch-Zentrum 109
Koffein 286
Kohlenhydrate 60, 63
Kohlensäure 279
Köhler 453
Kohlgemüse 361, 362
Kohlköpfchen
– gefüllte 149, 177
Kohlrabi 174, 362
Kokosfett 407
Kollagen 71, 74
Kolonien 19
Kölsch 299
Kombidämpfer 134
Kompensböden 121
Kondensmilch 410
Konditoreicrème 626
Konditormesser 117
Konfitüre 384
Königsberger Klopse 149
Königskrabbe 462
Konservierung 102
Konservierungsmittel
– chemische 34
Konservierungsstoffe 33, 107
Konsumfische 449
Kontakt 140
Kontaktwärme 146
Kontamination 42
Kontrollen 42
Kontrollpunkte 36, 40, 41
Konvektion 140
Konvektomaten-Fette 407
Kopf-Brust-Stück 459
Kopffüßler 468
Kopfsalat 365
Korbkäse 414
Korinthen 384
Korn 329

SACHWORTVERZEICHNIS

Kornbrand 329
Körpergewicht 91
Kost
– Diabetiker 95
– eiweißarme 95
– natriumarme 95
– pflanzliche 93
– vegetarische 93
Kostenberechnung bei Verlusten 166
Kostformen 94
Kotelett 430
Kotelett Pojarski 691
Köttbullar 691
Krabben 463
Kraftbrühe 479
– Arbeitsfolge 481
– doppelte 483
– geeiste 483
– kalte 483
Kraftbrühen 480
– Übersicht 480
Kraftsauce 504
Krake 468, 602
Krallengriff 138
Krankheitserreger 23
Krapfen 614
Kräuterbutter 406, 525
Kräuteressig 403
Kräuterliköre 331
Kräutermischungen 401
Kräutersträußchen 470
Kräutertees 290
Kräuterteigwaren 389
Krebsbesteck 227
Krebse 597
– ausbrechen 597
Krebsnase 461, 597
Krebspanzer 597
Krebstiere 459, 594
– töten 460
– Transport 460
– Verderb 460
Kremeis 640
Kresse 399
Kreuzkontamination 23
Krimskoje 321
Kristallzucker 392
Kritische Kontrollpunkte 36
Kritischer Bereich 21
Krokettenmasse 199
Krone 244
Kroppkakor 691
Krume 147
Kruste 144, 147

Krusteln 665
Küche 17, 677
– Checklisten 715
Küchenchef 108
Küchengabel 115
Küchenkonditor 108
Küchenkräuter 398
Küchenmesser 115, 137
Küchenmetzger 108
Küchenorganisation 108
Küchentechnische Eigenschaften
– Eiweiß 71
– Fette 66
– Kohlenhydrate 61
– Wasser 82
Küchenzwiebel 370
Kühlen 103
Kuhlenmesser 116
Kühlräume 37, 104, 348
Kühlschrank 104
Kulturhefen 295
Kulturträuschling 376
Kümmel 330, 396
Kunststoffbesteck 224
Kunststoffe 121
Kürbissuppe 492
Kurzbraten 144, 544
Kurzmarinaden 548
Kurzschluss 45
Kutter 124
Kuvertüre 639

L

Lab 74
Labskaus 684
Lachs 451
Lachsforelle 451
Lachskaviar 469
Lachsmesser 117
Lachsschinken 436, 535
Lageraufwand 112
Lagerbedingungen 347
Lagerbestand 344
– durchschnittlicher 351
Lagerbier 299
Lagerdauer
– durchschnittliche 351
Lagerfachkarte 350
Lagerhaltung 347
Lagerkartei 340
Lagerkennzahlen 351
Lagermängel 105
Lagerräume 343, 348
Lagertemperatur 347

– Wein 309
Lagerung 102, 343
Lakto-Vegetarier 93
Lamm 431, 536
Lammfleisch 685
Lammkeule 55, 539, 543
Lammragout 557
Landbau
– ökologischer 35
Landwein 304, 307
Längerfrische Milch 284
Langkornreis 390
Längsbrüche 239
Languedoc-Roussillon 312
Languste 461
Langzeitbraten 145
Lardieren 561
Lardoir 116
Latium 313
Lauch 370, 399
Laufrichtung am Büfett 274
Läutern 296
Läuterzucker 61, 641
Lebensmittel 59, 86, 103
Lebensmittelabfälle 31
Lebensmittelhygiene (Basishygiene) 36
Lebensmittelhygieneverordnung 36
Lebensmittelinfektionen 23
LebensmittelkennzeichnungsVO 33
Lebensmittelkontrolleure 42
Lebensmittelüberwachung 42
Lebensmittel- und Futtermittelgesetzbuch (LFGB) 32
Lebensmittelverderb 103
Lebensmittelvergiftungen 23
Leber 434
Leberklößchen 486
Leberknödelsuppe 683
Leberwurst 437
Legieren 73, 418
Legierte Suppe 488, 489
Legierung 490
Leichtbier 299
Leimeiweiß 74
Leinen 219
Leipziger Allerlei 598, 686
Leistungsbereitschaft 92
Leistungsumsatz 88
Leitung 140
Leng 453
Leverpostej 689
LFGB 32
Liaison 490
Liebstöckel 399

Lieferant 343
Lieferschein 346
Light-Getränke 281
Liköre 327, 331
Likörwein 315
Lilie 245
Limabohnen 369
Limburger 414
Limette 381
Limonade 281, 283
Linolsäure 64
Linsen 369
Litschi 382
LMKV 33
Lockerung 68, 140
Löffelerbsensuppe 683
Loire-Tal 312
Lorbeerblätter 395
Lorettekartoffeln 200
Lösungsmittel 83
Luftfeuchtigkeit 347
Luftgetrocknet 374
Luftkammer 417
Luftsprühkühlen 443
Lymphbahn 68
Lyoner 437
Lyoner Kartoffeln 198

M

Macis 396
Madeira 315
Madeirasauce 506
Magazin 17, 343, 348
Magerfische 450
Magermilch 284
Maggi-Kraut 399
Magnesium 80
Magnetfeld 132
Mainzer 414
Mais 368, 385
Maische 306
Maischeerwärmung 306
Maischegärung 306
Maischen 296
Maishähnchen 441
Maisstärke 387
Majoran 400
Makrele 453
Malaga 315
Malossol 469
Malteser Sauce 516
Malz 296
Malzbier 299
Mälzen 296

Malzzucker 60
Mandel 383
Mandelkruste 591
Mandelkrusteln 200
Mandoline 115
Mängel 346
– offene 346
– versteckte 346
Mangelkrankheiten 77
Mangeln 223
Mango 382
Mangold 174
Manöverkritik 717
Maracuja 383
Marc 328
Margarine 67, 407
Margarinearten 408
Marillenbrand 329
Marinaden 552, 561, 185
Marinieren 188, 189
Markerbsen 369
Märkischer Topf 684
Markklößchen 486
Marmelade 384
Marmite 122
Marone 371
Martinsgans 441
Märzenbier 299
Mascarpone 414
Maschinen 44
Massen
– melieren 611
– schlagen 611
– unterheben 611
Mastlammfleisch 536
Materialanforderung 343
Matjeshering 454
Maultaschen 389, 683
Maus (PC) 354
Mäuse 26
Mayonnaise 518
Mazerieren 621
Meeresfrüchte 459, 594
Meerrettich 365
Meerrettichsahne 521
Mehl 386
Mehlbutter 62, 503, 512
Mehle
– backfertige 387
Mehlkörper 385
Mehlmischung 388
Mehlschwitze 62, 502
Mehltype 386
Mehrwegflaschen 30

Meldebestand 344
Melisse 400
Melonensuppe 496
Menagen 234
Mengenangaben 55
Mengenelemente 80
Mengenkennzeichnung 33
Menü 693
– Aufbau 693
Menüboard 261
Menügedecke 248
Menügerüst 693
Menükomponente
– Geflügel 580
Meringen 614
Merlot 303
Mesophil 21
Messer 44
– Unfallverhütung 120
Messerpflege 119
Messersatz 124
Mettwurst 438
Miesmuscheln 465, 599
– überbacken 599
Mikroben
– Lebensäußerungen 22
– Lebensbedingungen 20
– Nahrung 19
– Wachstumsbereiche 21
Mikrobenarten 19
Mikrobenvermehrung 23
Mikrobenzerstörung 140
Mikroorganismen 19
Mikrowellen 147
Mikrowellengerät 130
Milben 26
Milch 284, 409
– entrahmte 409
– teilentrahmte 409
Milcherzeugnisse 410
Milchgetränke 284
Milchkaltschale 495
Milchlamm 431
Milchmixgetränke 285
Milchpulver 411
Milchsäure 74
Milchshake 285
Milchzucker 60
Milieu (pH-Wert) 21
Mindestanforderungen 37
Mindestbestand 344
Mindesthaltbarkeit 33
Mindesthaltbarkeitsdatum 34, 349
Mineralstoffe 59, 77, 80
Mineralstoffgetränke 282

SACHWORTVERZEICHNIS

Mineralwasser 278
Minestrone 690
Minutengerichte 547
Minzesauce 521
Mirepoix 471
Mischgetränke
– alkoholfreie 283
Mise en place 237
Mis en bouteille 312
Mittelbesteck (Dessertbesteck) 225
Mittelbruch 239
Mixen 472
Mixer 125
Modellieren 647
Möhren 172, 364
– gedünstete 143
Molton 220
Monosaccharide 60
Mono- und Diglyceride 34
Montieren 503, 526
Moorhuhn 444
Morchel 376
Morchelsuppe 490
Mornaysauce 512
Mortadella 437
Moselweinglas 229
Most 306
Motels 15
Motten 26
Mousse 622, 664
Mozzarella 414
MSC-Siegel 35
Mu-Err-Pilze 184
Müll 30
Müllerinbutter 526
Müller-Thurgau 303
Mulligatawny 690
Mundservietten 221
Mundspeichels 63
Mungobohne 372
Mürbeteig 73, 609
Muscheln 686
Muskatblüte 396
Muskatnuss 396
Muskelfasern 421
Muskelstarre 421, 424
Müsli 268
Müslispender 235
Myoglobin 71
Myzel 25

N

Nachhaltigkeit 35
Nachlässe 345

Nachservice 259
Nadelprobe 542
Nährstoffberechnungen 98
Nährstoffdichte 91, 97
Nährstoffe 59
Nährstoffgehalt 98
Nahrungsaufnahme 92
Nahrungsauswahl 89
Nährwerterhaltung 359
Nährwerttabelle 98
Nappieren 156, 523
Nasenbluten 49
Nasskonserven 181, 373
Nasspökeln 436
Nationalgerichte 688
Nationalsuppen 496
Naturreis 391
Navarin de mouton 689
Navelorangen 381
Near Water 282
Nektarinen 380
Nelke 396
Nennvolumen 300
Netzwerk 355
Neue Kartoffeln 197
Niedertemperatur-Garen 543
Nieren 433, 534
Nierenstück 428
Nitritpökelsalz 435
Nitrosamine 146
Nocken 484
Nordseegarnelen 463
Nordseekrabben 463
Normalgewicht 91
Normallager 348
NPS 435
NT 543
Nudeln 206
Nudelteig 206
Nussbutter 525
Nusskartoffeln 196

O

Oberbruch 239
Oberflächenspannung 27, 66
Obergriff 253
Obst 379
Obstler 328
Ochse 426
Ochsenschwanz 534
Ochsenschwanzsuppe 493
Office 237
Officemesser 115
Ohnmacht 48

Öl 67, 185
– raffinierte 407
Olivenkartoffeln 195
Olivenöl 407
Olla podrido 692
Olmützer Quargel 414
Ölsäure 64
Omelett 213, 267
Omelette surprise 646
Omeletts
– süße 629
Online-Service 263
Orangen 381
Ordnungssysteme 353
Oregano 400
Osietra 469
Osmose 282
Ossobuco 554, 690
Ouzo 330
Ovo-Lakto-Vegetarier 93

P

Paella 692
Paksoi 363
Palatschinken 628
Palerbsen 369
Palette 118
Palmitinsäure 64
Palmkernfett 407
Panaden 651
Pangasius 452
Panieren 546
Panierung
– Englische 546
– Mailänder 546
– Pariser 546
– Wiener 546
Panna Cotta 619
Panzerkrebse 461
Papaya 382
Papierhandtücher 38
Paprika 368, 395
Paprikaschoten 174
Parboiled Reis 391
Parfait 640, 662
– Fürst-Pückler 645, 684
Pariser Kartoffeln 196
Pariser Nocken 206
Park 265
Parmaschinken 436
Parrillada 688
Passe-sauce 123
Passieren 472
Passionsfrucht 383

Pastagerichte 690
Pasteten 439, 608, 662
Pasteurisieren 106
Pastis 330
Patentsilber 224
Pâtissier 108
Paysanne 168
Peking-Ente 441, 688
Pektin 393
Pellkartoffeln 141, 197
Pelmeni 691
Pensionen 15
Perlhuhn 442, 713
Perlzwiebel 179, 370
Personal im Gastgewerbe 17
Personalhygiene 37, 38
Persönliche Ausrüstung 217
Persönliche Hygiene 216
Pesto 523
Petersfisch 454
Petersilie 400
Pfahlmuschel 465
Pfannkuchen 215, 628
– Kieler 687
Pfannkuchenmasse 215
Pfannkuchenstreifen 487
Pfeffer 395
Pfefferminze 400
Pfeffermühlen 234
Pfefferpotthast 685
Pfifferling 375
Pfifferlinge
– sautierte 183
Pfirsich 380
Pfirsich Melba 644
Pflanzenfette 67, 406
Pflanzenschutzmittel 136
Pflanzenstoffe
– bioaktive 84, 359
– sekundäre (SPS) 59, 81, 97, 359
Pflanzenteile
– essbare 360
Pflaume 380
Pflückerbsen 369
PHB-Ester 34
Phosphor 80
pH-Wert 21
Piemont 313
Pikante Sauce 507
Pilaw 209
Pils 299
Pilze 182, 375
– getrocknete 182, 376
Pilzfüllung 651

Pilzrasen 25
Pilzwurzeln 25
Piment 395
Pinot noir 303
Piroggen 691
Piroschki 691
Pistazie 383
Plakate 724
Planen 52
Platten 232
– Gestaltung 669
– kalte 667
Plattenservice 252, 256
Plattfische 449, 455, 585
Plattiereisen 116
Plattieren 544
Platzteller 232
Plinsen 684
Plockwurst 438
Plunder 647
Plundergebäck 605
Pochieren 142
Pochierte Eier 267
Poêle lyonnaise 122
Poëlieren 573
Poissonnier 108
Poissonnière 122
Pökeln 106, 435
Pökelrippchen 539
Pökelverfahren 436
Polenta 205
Polysaccharide 60
Pommes frites 195
Pörkölt 692
Porree 370, 399
Porterhouse-Steak 429, 532
Portionsflaschen 279
Port Salut 413
Portugieser 303
Portwein 315
Porzellan
– feuerfestes 233
– Pflege 233
Porzellaneigenschaften 231
Porzellangeschirr 231
Postenküche 108
Postmix-Anlage 336
Potager 108
Poularde
– gebratene 151
– gedünstete 150
– gekochte 150
Powidl Datschgerl 692
Prädikatswein 307

Präserven 458
Prawns 462, 463, 598
Preisangaben 34
Preisauszeichnung 701
Premixanlage 336
Presssack 437
Primeur 312
Produkte, vorgefertigte 378
Produkthygiene 37, 38
Produktion 343
Produktionsfluss 41
Produktionsmenge 162
Profiteroles 485, 613
Prosecco 321
Prospekte 52
Protein 420
Prüflisten 52
Prüfzeichen 45
Psychrophil 21
Puddinge 630
Puderzucker 392
Püreesuppen 488, 492
Pürieren 472
Pute 442

Q

Qualität 101
Qualitätsschaumwein 321
Qualitätssiegel 35
Qualitätsweine 304, 307
Qualitätsweine b. A 305
Quarkkäulchen
– Sächsische 686
Quarkklößchen 485
Quellstärke 387, 393
Querbrüche 239
Quiche 675
Quick-Restaurant 261
Quick-Service-Restaurant 109
QUID-Richtlinie 33

R

Rabatt 345
Raclette 691
Raclette-Käse 413
Radiation 140
Radicchio rosso 366
Radieschen 364
Radler 300
Raffinade 392
Raffination 65
Ragout 556
Rahmeis 640, 644
Rahmfrischkäse 414

Rahmkartoffeln 198
Rahmmorcheln 183
Rahmsuppen 488, 492
Raita 522
Randschichten 385
Ratatouille 178, 689
Ratten 26
Rauchbereich 67
Räucherlachs 451
Räuchern 435, 106
Raviès 675
Ravioli 207, 389
Rebhuhn 445, 579
Rebhuhnessenz 483
Rebsorte 302, 303
Rechauds 156, 234, 257
Rechnungswesen 17
Recycling 30, 42
Reduktion 513, 526
Reduktionskost 96
Reduzieren 526
Regenbogenforelle 451
Regenerieren 131, 147, 438
Regensburger 437
Regionalgerichte 683
Regionalsuppen 496
Reglerstoffe 59, 80
Regler- und Schutzstoffe 77
Reh 447
Reherl 375
Rehragout 566
Rehrückenfilets 565
Rehwild 446
Reiber 28
Reineclaude 380
Reinheitsgebot 296
Reinigung 27
Reinigungsmittel 27
Reinleinen 219
Reis 209, 390
Reisflammeri 633
Reispudding 631
Reis Trauttmansdorff 634
Relish 521
Remouladensauce 519
Renke 451
Resorption 86
Restaurant 14, 237
Restaurantfachmann/-frau 16
Restaurantleiter 18
Restauranttisch 237
Restmüll 31
Retinol 78
Retrogradation 62

Rettich 364
Rettungszeichen 47
Rezeptbuch 56
Rezeptdatei 56
Rezepte 52, 55
– Kostenberechnung 164
– verwalten 56
Rezeptmenge 162
Rezeptordner 56
Rheinweinglas 229
Rhône-Tal 312
Riboflavin 34, 78
Richtlinien für Counterservice 264
Richtlinien für Drive-in- oder
    Drive-through-Service 264
Ricke 447
Ricotta 414
Riebelesuppe 683
Riesengarnelen 463
Riesling 303
Rieslinghuhn 686
Rind 428, 532
– Teilstücke 428
Rinderbraten 552
Rinderbrust 539
Rinderherz 534
Rinderkotelett 429
Rindfleisch
– gekochtes 684
Rindsroulade 555, 687
Rippenkotelett 535
Risotto 184, 209, 690
Roastbeef 532
– flaches 532
Robertsauce 506
Rogen 459, 602
Roggen 385
Rohgewicht 165
Rohkost 187
Rohkostsalat 188
Rohmilch 409
Röhrenpilz 375
Rohrzucker 60
Rohschinken 436
Rohstoffeinsparung 31
Rohware
– gekühlte 181
Rohwurst 438
Rollmops 454, 458
Rollschinken 436
Romadur 414
Römerglas 229
Roomservice 272
Roquefort 413

Rosado 314
Rosé 306
Rosenkohl 363, 174
Rosine 384
Rosmarin 400
Rostbrätel
– Thüringer 687
Rostbraten 532
Rostbratwürste 437
Röstbrotstücke 487
Röstgemüse 471
Rösti 691
Röststoffe 144
Rotbarsch 453
Rote Bete 175, 365
Rote Rüben 175
Rote Zwiebel 370
Rôtisseur 108
Rôtissoire 122
Rotkohl 363, 175
Rotkraut 175
Rotling 306
Rotwein 306
Rotweinbutter 526
Rotweinservice 319
Rotwild 446, 447
Rotwurst 437
Rotzunge 455
Roux 502
Royal Black Kaviar 469
Royale 418
Rüben, gelbe 364
Rüben, rote 365
Rübenzucker 60
Rückkalkulation 707
Rühreier 213, 267
Rum 329
Rumpsteak 429, 533
– vom Grill 146
Rum-Verschnitt 329
Rundfische 449, 453, 583
Rundkornreis 390
Runner 265
Russ 300
Rüttelanlage 320
Rye Whiskey 329

S

Sachwortverzeichnis 51
Safran 397
Säfte 280
Sago 387, 488
– deutscher 387
Sahnecreme 617

Sahneeis 640, 644
Sahneerzeugnisse 410
Sahne
– saure 410
Saibling 451
Saisongemüse 361
Saisonzeiten 361, 448
Salami 438
Salatbesteck 227
Salatbüfett 192
Salate 185
– anmachen 188
– anrichten 190
– kombiniert 658
Salatgemüse 361
Salatgurke 367
Salathygiene 190
Salatkomposition 190
Salat
– römischer 366
Salatsaucen 185, 186, 187
Salbei 400
Salespromotion 723
Salmonellen 23, 214
Salmoniden 450
Salsa rossa 523
Salsa verde 523
Salzen 106
Salzkartoffeln 141, 197
Salzsäure 86
Salz- und Pfefferstreuer 234
Samen 372
Samos 315
Samtsuppe Dubarry 490
Samtsuppen 488, 489
Sandwiches 654
Sankt-Jakobs-Muscheln 600
Sardellen 454
Sardinen 454
Sättigung 97
Sättigungswert 193
Sauce
– Béarner 513
– Bindemittel 502
– holländische 513
Saucen 501
– anrichten 523
– aufbewahren 508
– aufgeschlagene 513
– braune 501
– süße 635
– weiße 508
Saucenbinder 503, 512
Saucenbindung 502

Saucendispenser 119
Saucenkoch 108
Saucenlöffel 227
Saucenseiher 123
Saucenspiegel 523, 636
Saucier 108
Saucieren 156, 232
Sauerbraten
– Rheinischer 685
Sauerkirschen 380
Sauerkraut 363, 178
Sauerkrautsuppe 687
Säuerling 279
Sauermilcherzeugnisse 285
Sauermilchkäse 412, 414
Säuern 106
Sauerrahmbutter 406
Sauerstoff 22
Sauerstoffmangel 48
Säure 21, 74, 185
Säurearmer Kaffee 286
Saure Kartoffeln 198
Sauteuse 122, 144
Sautieren 144
Sautoir 122
Savarin 606
Savoyardkartoffeln 197
Scampi 462, 598
Scanner 354
Schabefleisch 433
Schaben 26
Schädlinge 26
Schädlingsbekämpfung 26
Schädlingsbekämpfungsmittel 26
Schaf 431, 536
– Fleischteile 431
Schale 230
Schälen 137
Schalenobst 379, 383
Schalotten 179, 370
Schankbier 298
Schankgefäße 338
Schattenmorellen 380
Schätzen 166
Schaummasse 614
Schaumsauce 516
Schaumwein 320
Schaumweinservice 322
Schauplatten 670
Scheerkohl 684
Schellfisch 453, 687
Scheurebe 303
Schichtführer 18
Schichtkäse 414

Schieler 306
Schillerwein 306
Schimmel 25
Schimmelbefall 25
Schimmelpilze 19, 20
Schinken 436
– gekocht 437
– Prager 692
Schinkenwurst 437
Schlachten
– Veränderungen 421
Schlachtfleisch 528
– braten 541
– dünsten 540
– frittieren 549
– grillen 548
– kochen 538
– schmoren 551
Schlagmesser 116
Schlagsahne 410, 617
Schleimzucker 60
Schlosskartoffeln 195
Schlüsselzahl 162
Schmalreh 447
Schmaltier 447
Schmant 410
Schmelzbereiche 67
Schmelzkartoffeln 196
Schmelzkäse 414
Schmelzmargarine 408
Schmelzpunkt 67
Schmorbraten 147
Schmorbratensaucen 472
Schmoren 147, 153, 553, 566
Schmorgurke 367
Schmorhähnchen 574
Schmorpfanne 122
Schmorsteaks 147
Schmutz 27
Schneckenbutter 525
Schneckengabel 227
Schneckenpfannen 232
Schneckenzange 227
Schnee 349
Schneebildung 443
Schneidebewegung 138
Schneidedruck 138
Schneiden 138
Schneidevorgang 138
Schneidewerkzeuge 44
Schnellkochtopf 133
Schnellrestaurant 110
Schnittbohnen 368
Schnittarten von Gemüse 168

Schnittformen 139
Schnittkäse 413
– halbfester 413
Schnittlauch 400
Schnittnudeln 390
Schnittwunden 48
Schöberl 485
Schöberlsuppe 690
Schockfrosten 104
Schokolade 292
Schokoladenmousse 623
Schokoladenspritzglasur 639
Scholle 455
Schonzeiten 448
Schorle 283
Schrot 386, 387
Schuko-Steckdose 45
Schuppen 583
Schüsselcremes 619, 620
Schüsseln und Terrinen 232
Schusterpfanne
– Köthener 687
Schutzleiter 45
Schutzstoffe 77
Schutzvorrichtungen 44
Schwaden 647
Schwammtücher 28
Schwanenhals 246
Schwarzwaldbecher 643
Schwarzwild 446
Schwarzwurzeln 176, 364
Schwein 430, 535
– Teilstücke 430
Schweinekamm 553
– saurer 686
Schweinenetz 434, 561
Schweinerippenstück 145
Schweinsbratwürste 437
Schweinsgulasch
– Szegediner 557
Schwemmklößchen 484
Schwenken 144
Schwenker 230
Schwenkkasserolle 122
Schwertmuscheln 467
Scotch Whisky 329
secco 313
Seefische 449, 453
Seelachs 453
Seerose 246
Seeteufel 454, 586
Seewasserkrebse 598
Seezunge 455
Segelboot 245

Seife 38
Seitenlage 49
Sekt 321
Sektkelch 229
Sektschale 229
Sektspitz 229
Sekundäre Pflanzenstoffe (SPS) 59, 81, 97, 359
Sellerie 175, 364
Semmelknödel 204
Semmel- oder Brotfüllung 651
Senf 396
Senfbutter 526
– Schellfisch 687
Senfdispenser 119
Senftöpfe 234
Sepia 468
Service 17
– Methoden 251
– Mitarbeiter 216
– Planung 676
Service-Richtlinien 252
Servicestation 238
Servicetisch 237, 238
Servicetisch für Frühstücksservice 270
Serviergeräte 227
Servierregeln 260
Serviertemperaturen für Getränke 335
Servietten 221, 241
– dreifache Welle 242
– falten 242
– Jakobinermütze 242
Serviettenknödel 204
Sevruga 469
Sherry 315
Sherryglas 229
Shiitake-Pilze 184
Shrimps 146, 462, 463, 598
Sicherheitszeichen 46
Sicherungen 45
Sichtkontrolle 40
Siedepunkt 83, 133
Siedesalz 402
Signalwörter 46
Sikawild 446
Silberbesteck 224
– Pflege 228
Silberfischchen 26
Silvaner 303
Skelettmuskelfleisch 420, 433
Skonto 345
Slibowitz 329
Smoothies 280
Smørrebrød 689

Snacks 654
Snap-drape-Skirting 678
Sofortzahlung 345
Software 354
Soja 372
Sojasauce 402
Sollbestand 350
Sollwert 135
Sommelier 316
Sommergemüse 361
Sonderveranstaltungen 708
Sorbet 646
Sorbinsäure 34
Soufflés 627
Soupe à l'oignon 689
Sous-Vide-Garen 587
Spachtel 118
Spanferkel 535
Spargel 371
– grüner 176
Spargelheber 227
Spargelsuppe 490
Sparschäler 116, 137
Spätburgunder 303
Spätlese 308
Spätzle 208
Speck 436
Speiseeis
– Hygiene 640
– portionieren 642
Speisefette 404
Speisefettglasur 639
Speisekarte
– Aufgaben 697
– Gestaltung 697
– rechtliche Bestimmungen 701
– Rechtschreibung 699
Speisen
– beschreiben 157
– bewerten 159
– Kalkulation 706
Speisenproduktionssysteme 155
Speisentemperatur 158
Speiseöle 404, 407
Speisequark 414
Speisereste 31
Speiserübe 365
Speisesalz 402
– jodiertes 402
Speisewürze 402
Spezi 283
Spezialbestecke 226
Spicken 560
Spicknadel 116

Spickrohr 116
Spiegeleier 212, 267
Spiegelkarpfen 451
Spießer 447
Spinat 176, 367
Spirituosen 326
– aus Getreide 329
– aus Obst 328
– aus Wein 328
– aus Zuckerrohr 329
Spirituosenglas 230
Spirituosenherstellung 327
Spitzbein 430, 535
Spitzenreis 391
Spitzkäse 414
Spitzkohl 362
Spitzsieb 123
Spore 20
Sportgetränke 282
Spreizgriff 256
Spritzmürbeteig 610
Spritztüllen 118
Spritztüte 636
Sprossen 372
Sprotten 454
SPS 359
Spülbürste 28
Spüllappen 28
Spülmaschinen 37
Spurenelemente 80
Stabile Seitenlage 49
Stahl 121
Stammwürze 297
Stamper 230
Standardreis 391
Stangenkäse 414
Stangensellerie 364
Staphylokokken 23, 24
Starkbier 298
Stärke 60, 62, 387, 503
Stärkeabscheider 31
Stärkekleister 62
Stärkemehl 503
Stärkepuder 503
Stärkeverkleisterung 140
Steakmesser 226
Stearinsäure 64
Stechschutzhandschuh 44
Steckgräten 592
Steinbutt 455
Steinchampignon 376
Steinobst 379, 380
Steinpilz 375
Steinpilze mit Brotkrüstchen 183

Steinsalz 402
Sterilisieren 105
Sterilmilch 284
St.-Hubertus-Suppe 494
Stichwunden 48
Stickstoff 70
Stielbratpfanne 122
Stielgläser 229
Stielkasserolle 122
Stielmangold 174
Stille Wässer 279
Stilton 413
St.-Jakobs-Muschel 467
Stoffhandtuchspender 38
Stoffspezifisch 84
Stoffwechsel 86
Strahlung 140
Strahlungswärme 145, 146, 147
Streichfett 69
Streichholzkartoffeln 194
Streusel 610
Streuselkuchen 604
Strohkartoffeln 194
Stromschlag 45
Stromunfall 50
Strömung 140
Strudel 615, 692
Stubenfliege 26
Stubenküken 441
Stürzcremes 621
Stürze 43
Südfrüchte 379, 381
Südtirol 313
Südwein 315
Sultaninen 384
Sülze 74, 664
Sülzwurst 437
Suppen
– dekorieren 497
– gebundene braune 493
– legieren 489
Suppenarten
– Übersicht 478
Suppeneinlagen 484
Suppenhuhn 441
Suppenkoch 108
Suppentassen 232
Suppe, Projekt 499
Supplément 259
Surf and Turf 692
Surimi 464
Süßmilchkäse 412
Süßmost 281
Süßrahmbutter 406

Süßspeisen 603
Süßstoffe 393
Süßungsmittel 392
Süßwasserfische 449
Systemgastronomie 14, 18, 109, 217
Systemgeschirr 123
Systemhotellerie 15
Szechuan-Pfeffer 395
Szegediner Schweinsgulasch 557

T

Tabascosauce 402
Tabellen 54
Tabellenfunktion 53
Table-d'hôte-Service 251
Tabulator 53
Tafelessig 403
Tafelformen 218
Tafelgetränk 279
Tafelobst 379
Tafelspitz 141, 534, 690
Tafeltücher 239
Tail on 464
Taleggio 413
Tapioka 488
Taschenrechner-Hinweise 164
Tastatur 354
Tatar 433
Tatarensauce 519
Tauchkühlverfahren 443
Tauglichstempel 420
Täuschung 32
Tauverlust 345
T-Bone-Steak 429, 532
Tee 289
– Aufbereitung 289
– Zubereitung 291
Teeähnliche Erzeugnisse 290
Teearten 289
Teebrühdauer 291
Teemischungen 290
Teewurst 438
Teigbereitung 388
Teige
– ausrollen 611
Teigkneifer 117
Teiglinge 388
Teiglockerung 388, 604
Teigmantel 591
Teigrädchen 117
Teigwaren 206, 389
– gefüllte 207
Teller
– ausheben 254

– einsetzen 254
Tellerarten 231
Tellergerichte 156
Tellerservice 252, 253
Temperaturmessung 40
Temperaturregler 135
Temperaturzone 104
Temperieren 316, 647
Tenside 42
Terrinen 439, 662
Teufelssalat 658
Teufelssauce 507
Text
– Anordnung 698
Textilien
– Behandlungssymbole 222
Thermo-Frühstück 266
Thermometer 347
Thermophil 21
Thermoplaste 121
Thermostat 135
Thiamin 78
Thronfolgerkartoffeln 200
Thunfischsalat 658
Thüringer Klöße 203
Thüringer Rostbrätel 687
Thymian 400
Tiefgefrieren 104
Tiefkühlen 435
Tiefkühlgemüse 374
Tiefkühlkost 105
Tiefkühlmesser 118
Tiefkühlprodukte 201
Tiefkühlräume 348
Tiefkühlware 181
Tiefseegarnelen 463
Tierkörper 424
Tiger Prawns 464
Tilapia 452
Tilsiter 413
Tintenfisch 468, 602
Tiroler Graukäse 414
Tischdamast 219
Tische 218
Tischtuch
– Falten 239
Tischtuchunterlagen 220
Tisch- und Tafeltücher 220
– Auflegen 240
Tischwäsche 219, 239
Toaster 127
Toiletten 37
Tokajer 315
Tomaten 177, 368

Tomatenentstieler 119
Tomatenfleischwürfel 177
Tomatenkraftbrühe 483
Tomatensauce 520
Tomatenschneider 118
Tomatensuppe 492
Tomatierte Kraftbrühe 712
Topf
– Märkischer 684
Tortellini 208, 389
Tortelloni 389
Tortenboden 612
Tortenguss 393
Tortenmesser 117
Toskana 313
Tourieren 607, 647
Tournant 108
Tournedos 429
Tournieren 169
Tourniermesser 115, 137
Toxinbildung 24
Toxine 23, 25
Tragehand 253
Tragen 43
Tranche 156
Tranchierbesteck 227
Tranchierbretter 235
Tranchieren 156
Tranchiermesser 117
Transportmittel 83
Transvasierverfahren 320
Traube
– Tafeltraube 381
Traubenzucker 60
Trester 328
Tresterbrand 328
Trinkschokolade 293
Trinkwasser 27, 82, 278
Trockenbeerenauslese 308
Trockendampf-Schnellgarer 133
Trockeneis 457
Trocken-Feuerlöscher 46
Trockenmasse 412
Trockenmilch 410
Trockenobst 379, 383
Trockenpökeln 436
Trockenware 181
Trocknen 106
Trübstoffe 72
Trüffel 375
Truthahn 442
Tsatsiki 522
Tücher 37
Tuckeraal 685

Tumbler 230
Tüte 244

U

Überbacken 143, 152, 156
Überlappung 241
Überläufer 447
Überraschungsomelett 646
Umbrien 313
Umgangsformen 216
Umhüllungen 546
Umluftgerät 131
Umrechnungszahl 162
Umrechnung von Rezepten 162
Umschlagshäufigkeit 351
Umweltbelastung 31
Umweltschutz 29, 30
Unfallbereiche 43
Unfallschwerpunkte 43
Unfallverhütung 43, 120
Ungesättigte Fettsäuren 64, 69
Ungeziefer 37
Unterbruch 239
Untergriff 253
Unternehmenszentrale 18
Unverdaulich 63

V

Vakuumieren 107
Vakuumreifung 423
Vakuumverpacken 25, 423
Vanille 397
Vatapá 688
VDE-Kennzeichen 44
Veganer 93
Vegetarier 76
Vegetarische Kost 93
Velouté 509
Venusmuschel 467
Verarbeitungsobst 379
Verbotszeichen 47
Verbraucherschutz 32
Verbrauchsdatum 33, 34, 349
Verbrennungen 49
Verbrühungen 49
Verdauung 63, 86, 87
– von Eiweiß 75
Verderb
– Lebensmittel 103
Verkaufsförderung 721, 723
Verkaufsgespräch 55, 728
Verkehrsbezeichnung 33
Verkleistert 62
Verkostung 159

Verlustberechnung 165
Vermahlung 386
Verpackungsmaterial 30
Versorgungslücken 77
Versuche 61, 66, 71, 85, 295, 326
Vertretungskoch 108
Vielfachzucker 60
Vignette 156
Vinaigrette 186
Vin cremant 321
Vin de Pay 312
Vin mousseux 321
Vino bianco 313
Vino blanco 314
Vino frizzante 313
Vino rosato 313
Vino rosso 313
Vino spumante 313
Vino tinto 314
Vitamine 59, 77
– Aufgaben 78
– Vorkommen 78
Vitaminpräparate 77
Vitaminverluste 79
Vliesstoffe 220
Vogerlsalat 366
Vollbier 297, 298
Vollheringe 454
Vollkonserven 458
Vollkornerzeugnisse 386
Vollkornteigwaren 389
Vollkost 94
– leichte 94
Vollmilch 284, 409
Vollwerternährung 88, 93
Vollwertkost 81
Vorbereitungsarbeiten 262
Vorderschinken 437
Vorgefertigte Produkte 110
Vorlegen
– Technik 256
Vorlegen am Beistelltisch 258
Vorlegeservice 257
Vorspeisen
– kalt 654
Vorspeisenkoch 108
Vorspeisenteller 660
Vorspeisenvariationen 659
Vorzugsmilch 409

W

Wacholder 330
Wacholderbeere 396
Wachsbohnen 368

Wachtel 445
Waffelkartoffeln 194
Waist-to-Height-Ratio (WtHR) 92
Walnuss 383
Wände 37
Wanderfische 449
Warenanforderung 163, 711
Warenannahme 346
Warenausgabe 350
Warenbeschaffung 343
Wareneingang 346
Wareneinsatz 165, 350
Warenlagerung 347
Warenverbrauch 350
Warmbiersuppe 686
Wärmeregelung 83
Wärmeströmung 145
Warmräuchern 106
Warnzeichen 46
Wäsche
– Pflege 221
Waschen 136
Waschplätze 37
Waschvorgang 221
Wasser 21, 27, 82
Wässer 278
Wasseraktivität 21
Wasseranziehend 62
Wasserbadbehälter 122
Wasserbedarf 83
Wasserdruck 27, 28
Wasserglasur 639
Wasserhärte 82
Wässern 136
Webseite 724
Wegeunfälle 43
Weichkäse 413
Weichseln 380
Weichtiere 465
Weihnachtsgans 441
Wein 302
– französischer 311
– Güteklassen 307
– italienischer 313
– österreichischer 311
– Produktbeschreibung 309
– spanischer 313
Weinbereitung 306
Weinbergschnecken 468
Weinbeurteilung 314
Wein-Branntwein-Essig 403
Weinessig 403
Weinetikett 308
Weingelee 72, 74

– Früchte 637
Weinkarte 334
Weinkäse 414
Weinlagerung 309
Weinmarinade 561
Weinschorle 324
Weinsiegel 309
Weißbier 299
Weißei 416
Weiße mit Schuss 300
Weißherbst 306
Weißkohl 177, 362
Weißreis 391
Weißwein 306
Weißweinsauce 509, 510
Weißweinservice 316
Weißwürste 437
Weißwurstsenf 396
Weißzucker 392
Weizen 385
Weizenbier 299
Weizenkleingebäck 388
Weizenstärke 387
Welken 373
Welsh rarebits 689
Werbebrief 724
Werbung 721
– Arten 723
– externe 724
– interne 723
– Maßnahmen 722
– Ziele 722
Wermut 324
Werterhaltung 103
Wertigkeit
– biologische 75
Wetzstahl 115
Whisky/Whiskey 329
Wiederbelebung 50
Wiedererwärmen 131, 147
Wiederverwertung 30, 31
Wiegeschnitt 138
Wiener Backhähnchen 151
Wiener Backhendl 578, 690
Wienerbrod 689
Wild 446
– Vorbereiten 559
Wildbret 446
Wildbrühe 476
Wildente 445, 579
Wildgeflügel 440, 444
– braten 579
– schmoren 580
– zubereiten 579

Wildkalb 447
Wildkraftbrühe 482
Wildlachs 451
Wildpilz 375
Wildreis 210, 391
Wildsauce 507
Wildschweine 446, 447, 448
Wildzubereitungen
– Beigaben 564
Windbeutel 613
Windbeutelchen 485
Winkelpalette 118
Wirkstoffe 59, 80
Wirkungsspezifisch 84
Wirsing 177, 363
Wirtschaftsdirektor 343
Wodka 331
Woihinkelche 686
Wolf 124
Wolfen 74
Wolfsbarsch 454
Wollwürste 437
Worcestershire Sauce 402
Worte, die verkaufen helfen 158, 192
Wundstarrkrampf 48
Würfelkartoffeln 195
Würfelzucker 392
Wurstwaren 437
Würze 296
Wurzelgeflecht (Myzel) 20
Wurzelgemüse 361
Würzen

– Grundregeln 398
Würzpasten 521
Würzsaucen 234, 402, 521

Y

Yorkshire-Pudding 689

Z

Zahlungsbedingungen 345
Zampone 675
Zander 451
Zangengriff 256
Zapfen von Pils 301
Zeitleiste 53
Zeitungsanzeigen 724
Zellulose 61, 63
Zerlassene Butter 525
Zersetzungsbereich 67
Zerwirkt 559
Zestenmesser 117
Ziehfett 607
Ziehmargarine 408
Zielzahlung 345
Zimt 396
Ziselieren 583
Zitronengras 400
Zitrusfrüchte
– filetieren 638
Zubereitungsarten 729
Zubereitungsreihen 148
Zucchini 178, 368
Zuchtpilze 376

Zucker 392, 61
Zuckeraustauschstoffe 393
Zuckererbsen 369
Zuckergehalt 282
Zuckerkranke 63
Zuckermais 368
Zuckern 106
Zuckerschote 173, 369
Zuckerstreuer 234
Zungen 433, 534
Zur Bindigkeit abziehen 620
Zur Rose abziehen 620
Züricher Geschnetzeltes 548, 691
Zusatzstoffe 33, 34, 701
Zutaten 33
– geschmackbildende 503
Zutatenliste 33
Zweifachzucker 60
Zwetschenkuchen 604
Zwickelbier 299
Zwiebel
– gespickt 471
– rote 370
Zwiebelbutter 526
Zwiebelgemüse 361
Zwiebeln 179
– Schnittarten 169
Zwiebelpüree 179
Zwiebelsuppe 689
Zwischengerichte 665
Zwischenmahlzeiten 682
Zwischenprüfung 357
Zwischenrippenstück 429

Internet-Adressen

Jedermann kann Informationen ins Internet stellen. Niemand prüft, ob die Aussagen wahr sind, ob sich die Hinweise als brauchbar erweisen. Doch es ist anzunehmen, dass Firmen Aussagen zu ihrem Vorteil machen. **Darum muss man lernen auszuwählen.** Begleitende Werbung kann Hinweise geben. Wer in eine Suchmaschine Firmennamen von Produzenten eingibt, erhält viele Treffer. Hier eine Zusammenstellung von Institutionen, die verwertbare Informationen liefern.

www.der-junge-koch.de Internetseite zu diesem Fachbuch

www.aid.de Vielfältige Informationen zu Lebensmitteln

www.uni-graz.at/~katzer/germ/ Sehr gutes Lexikon für Gewürze und Kräuter

www.univeg.de Umfassendes Lexikon zu Gemüse und Obst

www.bier.de Alles über Bier

www.deutscheweine.de Deutsches Weininstitut informiert über deutsche Weine

http://europa.eu/int/comm/agriculture/foodqual/quali1_de.htm Zusammenstellung der „geschützten Bezeichnungen"

www.fischinfo.de Fischinformationszentrum

www.fleisch-teilstuecke.at Sehr gute Informationen zu Benennung und Verwendung von Teilstücken von Schlachttieren

www.gesetze-im-internet.de Verordnungen und Gesetze auf Bundesebene

www.kaffeeverband.de Gute Informationen zu Kaffee

www.lebensmittellexikon.de Ein gutes Lebensmittellexikon

www.mediatime.ch/gemuese Umfassende Warenkunde Gemüse, Früchte, Gewürze

www.ruhr-uni-bochum.de/kochfreunde Große Rezeptsammlung, Rezeptverwaltungsprogramm Kochfreunde zum Herunterladen

www.verbraucherministerium.de Informationen der Bundesregierung

www.was-wir-essen.de Umfassende Warenkunde

Bildquellen

Achenbach Delikatessenmanufaktur, Sulzbach 439/2, 662/3, 671/3, 672/3, 673/3, 674/3
Agrarmarkt Austria Marketing GmbH, Wien 429/1
aid infodienst, Bonn 105/2, 349/1
alias medienproduktion GmbH, Berlin 691/1
Ammergauer Alpen, Oberammergau 724/2
Arbeitsblätter Koch/Köchin II, Fachbuchverlag Pfanneberg 72/2, 230/3, 230/4, 444/1
Archiv des Verlags Europa-Lehrmittel 27/3
Asbach, Rüdesheim 288/4
Biologische Anstalt für Land- und Forstwirtschaft, Braunschweig 26/7, 26/8
Blanco Professional, Oberderdingen 123/6
Brandes, Frank 620/2, 620/3, 620/4, 620/5, 620/6, 621/2, 631/2, 632/1, 633/1
Buir, Benno 168/1, 168/2, 168/3, 185/1, 261/1, 261/2, 262/1, 262/2, 262/3, 262/4, 263/1, 264/2, 265/1, 280/2, 284/1, 468/1, 667/1, 667/2, 667/3, 668/1, 701/2, 723/2
Buvo, Detmold 388/1, 388/2, 388/3, 388/4
Carma Drübendorf, CH 347/2, 347/3, 622/1, 623/1
Chemie für Schule und Beruf, Verlag Europa-Lehrmittel 82/1, 83/1
Contacto Bander GmbH, Erkrath 123/1
Culinary Institute of America, Hydepark N.Y., USA 205/2, 205/3, 205/4, 206/2, 206/3, 208/2, 208/3, 208/4, 209/1, 209/2, 209/3, 209/4, 210/1, 210/2, 210/3, 212/1, 212/2, 212/3, 213/1, 213/2, 213/3, 213/4, 267/3, 267/4, 456/2, 456/7, 472/1, 473/1, 473/2, 473/3, 473/4, 473/5, 473/6, 473/7, 473/8, 473/9, 480/1, 480/2, 487/3, 491/1, 491/2, 491/3, 511/1, 511/2, 511/3, 512/1, 555/1
Degen, Bernd 239/1, 249/2, 279/1, 316/1, 316/2, 317/1, 317/2, 317/3, 317/4, 317/5, 318/1, 318/2, 318/3, 319/1, 319/2, 319/3, 319/4, 321/2, 322/1, 322/2, 322/3, 322/4, 323/1, 323/2
DEHOGA, Berlin 218/1, 218/5
Deutsche Gesellschaft für Ernährung e. V., Bonn 404/1
Deutsche Weininformation, Mainz 303/1, 303/2, 303/3, 303/4, 303/5, 303/6, 303/7, 303/8, 304/1, 309/1, 309/2, 309/3, 309/4
Deutscher Brauerbund, Berlin 296/1

Deutsches Teebüro, Hamburg 289/1
Die kalte Küche, Fachbuchverlag Pfanneberg 71/1, 71/2, 71/4, 71/5, 71/6, 74/2, 134/4, 144/1, 175/1, 179/2, 179/3, 186/1, 186/2, 186/3, 187/1, 187/2, 188/1, 188/2, 188/3, 189/1, 191/3, 211/2, 269/2, 269/3, 365/4, 393/1, 398/2, 398/3, 399/1, 399/2, 399/3, 399/4, 399/5, 399/6, 399/7, 399/8, 399/9, 400/1, 400/2, 400/3, 400/4, 400/5, 400/6, 400/7, 400/8, 400/9, 403/1, 406/1, 413/1, 413/2, 413/3, 413/4, 413/5, 413/6, 413/7, 413/8, 413/9, 413/10, 413/11, 413/12, 414/1, 414/2, 414/3, 414/4, 414/5, 414/6, 414/7, 414/9, 414/10, 414/11, 417/3, 419/1, 421/1, 424/1, 424/2, 424/3, 424/4, 434/2, 441/1, 441/2, 441/3, 442/1, 442/2, 444/2, 445/1, 446/1, 447/1, 454/5, 457/3, 458/1, 460/2, 461/1, 471/4, 474/1, 474/2, 475/1, 475/2, 475/3, 475/4, 479/1, 481/1, 483/1, 483/2, 496/1, 496/3, 496/4, 497/1, 497/5, 497/6, 521/2, 521/3, 521/4, 521/5, 522/1, 522/4, 522/5, 523/1, 525/1, 528/1, 530/7, 530/8, 530/9, 533/1, 534/1, 534/2, 534/3, 534/4, 534/5, 538/2, 541/1, 545/1, 545/2, 545/3, 545/4, 562/1, 570/1, 570/2, 570/3, 570/4, 570/5, 570/6, 570/7, 570/8, 570/12, 582/1, 591/1, 592/1, 595/1, 595/2, 595/3, 595/4, 595/5, 595/6, 595/7, 595/8, 595/9, 597/2, 598/2, 601/3, 602/3, 603/1, 603/2, 606/3, 608/3, 608/4, 615/2, 617/1, 626/1, 648/1, 651/2, 652/1, 652/2, 653/2, 653/3, 653/4, 653/5, 653/6, 653/7, 655/2, 656/1, 657/1, 657/2, 659/1, 662/1, 662/4, 663/8, 663/9, 663/10, 664/1, 668/7, 668/8, 669/8, 669/9, 679/1, 682/2, 682/4, 682/5, 689/1, 719/1
Ernährungswissenschaft, Verlag Europa-Lehrmittel 406/3, 407/2
Eto, Ettlingen 605/1
F&B Tec GmbH, Neukirchen 127/1
Fachkunde Bäcker in Lernfeldern, Fachbuchverlag Pfanneberg 62/1, 62/2, 62/3, 384/1, 384/2, 384/3, 604/1
Fachwissen Bekleidung, Verlag Europa-Lehrmittel 220/1, 220/2
Fotolia.com, Berlin 13/1 © Martina Berg, 13/3 © CandyBox Images, 13/4 © Yuri Arcurs, 13/5 © contrastwerkstatt, 14/1 © brodtcast, 15/1 © Martina Berg, 15/2 © moodboard Pre-

mium, 22/1 © Thomas Francois 28/2 © Jürgen Fälchle, 28/3 © Marina Lohrbach, 38/1 © Gina Sanders, 40/2 © Quade, 51/1 © ojoimages4, 59/1 © Liddy Hansdottir, 65/1 © volff, 65/2 © JoLin, 69/1 © photocrew, 71/3 © photocrew, 74/3 © photocrew, 76/3 © photocrew, 77/1 © Heino Pattschull, 88/1 © Gina Sanders, 94/1 © st-fotograf, 95/1 © Alexander Raths, 96/2 © evgenyatamanenko, 98/1 © Wrangler, 102/1, 112/1 © WavebreakmediaMicro, 125/2 © Leonardo Franko, 130/1 © Miredi, 130/3 © mrgarry, 136/1 © K.-U. Häffler, 140/1 © Kzenon, 141/2 © Tom Bayer, 145/1 © Dalmatin.o, 146/4 © photocrew, 147/1 © Jörg Beuge, 148/1 © Lucky Dragon, 150/2 © Firma V, 159/1 © Robert Kneschke, 162/1 © anna, 167/2 © Lucky Dragon, 175/2 © ExQuisine, 177/2 © Inga Nielsen, 178/1 © Gresei, 178/2 © Ildi, 180/1 © viperagp, 197/2 © Kathleen Rekowski, 201/1 © ExQuisine, 201/2 © Printemps, 202/1 © photocrew, 202/2 © ExQuisine, 203/3 © Printemps, 204/1 © Fotowerk, 204/2 © ExQuisine, 211/1 © robynmac, 211/3 © Joe Gough, 216/1 © contrastwerkstatt, 216/2 © CandyBox Images, 216/3 © Gina Sanders, 219/1 © Esther Hildebrandt, 221/1 © Reicher, 223/1 © Brigitte Bonaposta, 224/2 © rsester, 242/1 © A_Lein, 252/1 © Robert Kneschke, 252/2 © Yuri Arcurs, 268/2 © Ilka Burckhardt, 276/1 © Nitr, 276/2 © tinyal, 276/3, 276/4 © photocrew, 280/1, 281/1 © dreamer12, 283/1 © Tom Klimmeck, 285/1 © womue, 285/2 © Felix Pergande, 288/1 © S Hagebusch, 290/1 © Marina Lohrbach, 290/2 © chamillew, 292/1 © volff, 292/2 © BeTa-Artworks, 292/3 © Marco Mayer, 293/1 © Teamarbeit, 293/2 © hg_media, 300/1 © Nitr, 300/2 © Pescatore 310/1 © samott, 325/1, 326/1 © Xavier, 328/1 © Kirill Livshitskiy, 329/1 © draghicich, 329/2 © tsoergel, 334/1 © Markus Mainka, 339/1 © fotodesign-jegg.de, 345/1a © Comugnero Silvana, 345/1b © Fotocat4, 356/1 © Christophe Fouquin, 358/2 © contrastwerkstatt, 359/1 © Yantra, 360/1 © brodtcast, 361/1 © PhotoSG, 363/2 © eyetronic, 369/2 © silencefoto, 373/1 © paylessima-

ges, 374/1 © victoria p., 374/2 © Yvonne Bogdanski, 379/1 © M.studio, 383/6 © M.studio, 389/1, 389/2 © Printemps, 389/3 © Thomas Francois, 390/1 © rdnzl, 390/2 © Xavier, 391/4 © hessbeck, 392/1 © ExQuisine, 397/6 © Herby (Herbert) Me, 398/1 © Team 5, 401/2 © PhotoSG, 401/3, 401/4 © jh Fotografie, 410/2 © Ruth Black, 411/1 © SunnyS, 422/2 © amenic181, 423/1 © foodinaire, 425/2 © Jacek Chabraszewski, 426/1 © contrastwerkstatt, 432/1 © Hildebrandt, 459/1 © JPC-PROD, 478/4 © silencefoto, 484/1 © Simone Andress, 492/1 © photocrew, 493/1 © Quade, 495/1 © Printemps, 500/1 © msl33, 500/2 © Igor Zakowski, 512/2 © Christian Schwier, 515/2 © Foodlovers, 517/1, 520/1 © strauscher, 521/1 © Nadine Conrad, 522/2 © ExQuisine, 522/3 © HLPhoto, 523/2 © Ivan Floriani, 540/1 © Barbara Pheby, 542/2 © byggarn.se, 542/3 © simonkr, 543/2 © rainersart, 548/1 © ExQuisine, 549/3 © Kathleen Rekowski, 553/1 © blende40, 555/3 © ExQuisine, 559/1 © Christian Jung, 565/1 © Christian Jung, 568/1 © rickochet12, 572/1 © Firma V, 583/1 © zavgsg, 588/1 © ExQuisine, 610/2 © kristina rütten, 612/1 © photocrew, 614/1 © DoraZett, 617/2 © Barbara Pheby, 624/1 © Viktorija, 637/1 © Perednainkina, 640/1 © unpict, 641/1 © stockcreations, 642/1 © HLPhoto, 654/3 © volff, 665/2 © Printemps, 665/4 © kristina rütten, 666/1 © kab-vision, 683/1 © victoria p., 683/2 © ExQuisine, 683/3 © ExQuisine, 684/1 © Heike Rau, 684/2 © PhotoSG, 684/4 © ExQuisine, 685/2 © Stephanie Eckgold, 685/3 © ExQuisine, 688/1 © senoldo, 688/2 © Sergio Martìnez, 688/3 © Comugnero Silvana, 689/2 © Joe Gough, 689/3 © Lukas Skup, 690/3 © S.E. shooting, 690/4 © Daorson, 701/1 © Gina Sanders, 709/1 © ojoimages4, 717/3 © Monkey Business, 721/2 © PhotoSG, 722/1 © Photo-K, 723/1 © naypong, 728/1 © Minerva Studio
Grand Hyatt Hotel, Santiago, Chile 13/2, 323/3
Grüner, Hermann 5/2, 22/2, 22/3, 44/2, 151/1, 151/2, 152/2, 153/1, 161/1, 161/2, 346/2, 346/3, 349/3, 362/1, 362/2, 362/3, 363/1, 363/3, 363/4, 363/5,

BILDQUELLEN

363/6, 364/1, 364/2, 364/3, 364/4, 365/1, 365/2, 365/3, 365/5, 366/1, 366/2, 366/3, 366/4, 366/5, 366/6, 366/7, 366/8, 367/1, 367/2, 367/3, 367/4, 367/5, 368/1, 368/2, 368/3, 368/4, 368/5, 369/1, 369/3, 369/4, 369/5, 370/1, 370/2, 370/3, 370/4, 370/5, 370/6, 370/7, 370/8, 371/1, 371/2, 371/3, 372/6, 375/4, 375/5, 376/1, 376/2, 376/3, 376/4, 377/2, 377/3, 377/4, 380/1, 380/2, 380/3, 380/4, 380/5, 380/6, 380/7, 381/1, 381/2, 381/3, 381/4, 381/5, 381/6, 381/7, 382/1, 382/2, 382/3, 382/4, 382/5, 382/6, 382/7, 382/8, 383/1, 383/2, 383/3, 383/4, 383/5, 384/7, 387/2, 387/3, 387/4, 387/5, 390/3, 390/4, 462/3, 466/1, 466/2, 466/3, 467/2, 544/2, 605/4, 608/1, 608/2, 609/1, 610/1, 611/1, 614/2, 614/3

Hecht, Michael, Soltau 726/1, 726/2, 726/3, 727/1, 727/2, 727/3, 727/4, 727/5

Hepp, Pforzheim 287/1, 287/2, 288/2, 291/3

Hilton, Dresden 334/2

Hofinger Tier-Präparationen, Steyrermühl, A 451/1, 451/2, 451/3, 451/4, 451/5, 451/6, 452/5, 453/1, 453/2, 453/3, 453/4, 453/5, 453/6, 454/1, 454/2, 454/3, 454/4, 454/6, 455/1, 455/2, 455/3, 455/4, 455/5, 455/6

Homann Lebensmittelwerke, Dissen 605/2, 609/3, 612/4

Hotel Sonnengarten, Bad Wörishofen 272/1

Hotelwäschefabrik Zollner, Vilsbiburg 219/3, 219/2, 220/3, 220/4

Hutschenreuther-Bauscher, Weiden 704/1, 704/2, 704/3, 704/4, 704/5, 705/1, 705/2, 705/3, 705/4, 705/5

Informationszentrum Eiskrem, Bonn 642/2, 642/3, 642/4, 642/5

iSi Deutschland GmbH, Solingen 624/2

iStockphoto.de 619/1 © GrenouilleFilms, 620/1 © NightAndDayImages, 625/2 © GMVozd

K+S AG, Kassel 402/1

Kraft Foods, Bremen 167/4, 182/1, 187/3, 193/1

Kreativ Kochen lernen, Verlag Europa-Lehrmittel 391/5

Landesvereinigung der bayerischen Milchwirtschaft e.V., München 283/4, 283/5, 283/6, 415/1

Lükon Lüscher-Werke, Täuffelen, CH 234/3

Manitowoc Foodservice, USA 130/2

Maschinenfabrik Dorhan GmbH, Dorhan 124/3, 125/1

Meggle, Wasserburg 524/1

Meistermarken, Bremen 408/1

Metz, Reinhold 19/1, 78/1, 78/2, 108/1, 117/6, 117/7, 118/2, 118/3, 118/4, 118/6, 143/1, 152/1, 156/1, 156/3, 168/4, 169/1, 169/2, 169/3, 169/4, 169/5, 169/6, 171/1, 171/2, 171/3, 171/4, 172/1, 172/2, 172/3,

173/1, 174/1, 174/3, 176/1, 176/2, 176/3, 177/1, 177/3, 182/2, 182/3, 190/1, 190/2, 190/3, 190/4, 190/5, 190/6, 191/1, 191/2, 199/1, 203/1, 203/2, 205/1, 205/5, 206/1, 210/4, 211/4, 212/4, 214/1, 214/2, 215/1, 215/2, 215/3, 233/2, 233/6, 233/7, 235/3, 235/4, 246/1, 246/3, 246/5, 246/7, 251/1, 251/2, 251/3, 251/4, 251/5, 253/1, 253/2, 253/3, 253/4, 254/1, 254/2, 255/1, 256/1, 256/2, 256/3, 257/2, 258/1, 259/2, 267/2, 268/1, 269/1, 270/2, 287/3, 287/4, 291/1, 291/2, 293/3, 293/4, 293/5, 293/6, 306/1, 306/2, 320/3, 321/1, 335/1, 344/1, 350/1, 358/1, 362/4, 362/5, 372/1, 376/5, 384/4, 384/5, 384/6, 401/1, 439/1, 439/3, 470/1, 470/2, 471/1, 471/2, 476/1, 476/2, 476/3, 476/4, 476/5, 477/3, 478/1, 478/2, 478/3, 480/3, 482/1, 484/2, 484/3, 485/1, 485/2, 485/3, 486/1, 486/2, 486/3, 487/1, 487/2, 488/1, 488/2, 489/1, 490/1, 490/2, 490/3, 492/2, 493/2, 493/3, 494/1, 496/2, 497/2, 497/3, 497/4, 501/1, 502/1, 503/1, 503/2, 503/3, 507/1, 510/1, 510/2, 514/1, 519/1, 519/2, 519/3, 523/3, 523/4, 523/5, 523/6, 524/2, 524/3, 528/2, 528/3, 528/4, 529/1, 529/2, 529/3, 529/4, 529/5, 529/6, 529/7, 530/1, 530/2, 530/3, 530/4, 531/2, 531/3, 532/1, 532/2, 532/3, 533/3, 535/1, 536/1, 536/2, 536/3, 537/1, 537/2, 545/5, 545/6, 545/7, 545/8, 546/1, 546/2, 548/2, 549/2, 550/1, 550/2, 550/3, 554/2, 554/3, 554/4, 554/5, 554/6, 555/2, 557/1, 557/2, 557/3, 557/4, 557/5, 557/6, 559/3, 560/3, 560/4, 561/1, 563/2, 570/9, 570/10, 570/11, 570/13, 573/1, 573/2, 573/3, 573/4, 573/5, 573/6, 574/1, 575/1, 575/2, 576/2, 577/1, 583/4, 584/1, 584/2, 584/3, 584/4, 584/5, 585/1, 585/2, 585/3, 585/4, 590/1, 594/2, 594/3, 597/1, 597/3, 611/2, 611/3, 611/4, 612/2, 612/3, 613/1, 613/2, 613/3, 616/1, 619/2, 621/1, 625/1, 627/1, 628/1, 629/1, 632/2, 637/3, 638/1, 638/2, 645/1, 651/1, 654/1, 654/2, 656/2, 658/1, 658/2, 659/1, 659/4, 660/1, 660/2, 662/2, 663/1, 666/2, 680/1, 680/2, 683/4, 686/3, 687/3, 694/1, 695/1, 698/1, 699/1, 702/3, 708/1, 711/2, 712/1, 713/1, 713/2, 717/2, 719/2, 719/5, 720/1, 728/2

Mikroorganismen in Lebensmitteln, Fachbuchverlag Pfanneberg 37/1, 39/2

MKN, Wolfenbüttel 37/2

Naturfoto-Online, Steinburg 447/3

Nestlé Schöller, Nürnberg 111/1, 111/2, 111/3, 111/4, 111/5, 111/6, 111/7, 111/8, 111/9, 157/2

Dr. August Oetker KG, Bielefeld 559/4, 560/1, 560/2

Palux AG, Bad Mergentheim 125/4, 128/2, 129/1

Paulaner, München 301/1, 301/2, 301/3, 301/4, 301/5, 301/6

Prince Castle, Carol Stream, Illinois, USA 118/5, 119/1, 119/2, 119/3, 119/4, 127/2, 128/1

Rational, Landsberg/Lech 112/2, 134/1, 134/3, 134/2, 154/1, 155/1, 576/1

Rösle Metallwaren, Marktoberdorf 116/2, 117/10, 118/1, 118/5, 118/7, 149/1, 150/1, 116/1

Rousseau, Brigitte, Paris, F 115/8

Rudolf Richter GmbH, Heimsheim 132/2

Särve, Weiding 337/1, 337/2

Schönwald Porzellanfabrik, Schönwald 123/4, 219/4, 231/1, 231/2, 232/1, 233/3, 233/4, 233/5, 233/1, 237/1, 255/2, 332/1, 499/1, 499/2, 499/3, 659/2, 676/2, 682/1, 709/2, 710/1, 711/1, 716/1

Schweizerische Käseunion, Bern, CH 691/3

Servicebund Rittner, München 594/1, 601/2, 602/1, 615/1, 665/1, 688/4

Seubert Feinkostmanufaktur, Werbach-Wenkheim 113/1, 438/2

Shake it! Die Barschule, Fachbuchverlag Pfanneberg 283/2, 324/1, 330/1, 331/1, 331/2, 331/3

Shutterstock.com 174/2 stockstudios – Shutterstock.com, 174/4 ElenaKor – Shutterstock.com, 575/3

Siemens Haushaltsgeräte, München 133/1

Silit Werke, Riedlingen 132/4

Sopexa, Düsseldorf 312/1, 601/1

Steigenberger-Hotel Der Sonnenhof, Bad Wörishofen 681/1, 681/2, 681/3

Stockfood, München 141/1, 160/1, 183/1, 207/2, 207/3, 208/1, 320/4 © A. Faber/StockFood 435/1 © Volk, Friedhelm/StockFood, 469/2 © Maximilian Stock Ltd./StockFood, 469/3 © Maximilian Stock Ltd./StockFood, 469/4 © Maximilian Stock Ltd./StockFood, 469/5 © Maximilian Stock Ltd./StockFood, 469/6 © Maximilian Stock Ltd./StockFood, 469/7 © Maximilian Stock Ltd./StockFood, 539/1, 543/1 © FoodPhotogr. Eising/StockFood, 559/2, 598/1 © Bischof, Harry/StockFood, 564/2 © Brauner, M./StockFood, 567/1 © Feiler Fotodesign/StockFood, 565/3 © Kirmse, U./StockFood, 564/1 © Lehmann, H./StockFoof, 561/4 © Medilekt/StockFood, 561/5 © Medilekt/StockFood, 589/1 © Plewinski, A./StockFood, 602/2 © StockFood

Subway, Köln 113/2

Teubner Foodfoto, Füssen 106/3, 157/1, 179/1, 185/2, 266/1, 267/1, 379/2, 407/1, 418/1, 433/1, 433/2, 433/3, 433/4, 433/5, 434/1, 436/1, 436/2, 436/3, 444/3, 445/2, 445/3, 452/1, 452/2, 457/2, 464/4, 465/1, 465/2, 468/2, 468/3, 468/4, 477/1, 477/2, 506/1, 510/3, 515/1, 518/1, 518/2, 518/3, 524/4, 524/5, 530/5, 530/6, 531/1, 535/2, 538/1, 547/1,

549/1, 556/1, 556/2, 561/6, 565/2, 566/1, 578/1, 578/2, 579/1, 580/1, 583/2, 583/3, 593/1, 596/1, 600/1, 600/2, 600/3, 605/3, 606/1, 623/2, 623/7, 630/1, 631/1, 635/1, 636/7, 636/8, 644/2, 646/2, 646/3, 649/1, 650/1, 650/2, 650/3, 650/4, 652/3, 653/1, 660/3, 660/4, 660/5, 661/1, 661/2, 661/3, 661/4, 661/5, 661/6, 661/7, 661/8, 661/9, 663/2, 663/3, 663/4, 663/5, 663/6, 663/7, 664/2, 664/3, 664/4, 664/5, 664/6, 665/3, 668/2, 668/3, 668/4, 668/5, 668/6, 669/1, 669/2, 669/3, 669/4, 669/5, 669/6, 669/7, 676/1, 677/2, 678/1, 679/2, 682/3, 684/3, 687/1, 690/1, 690/2, 691/2, 692/1, 692/2, 692/3, 692/4, 693/1, 718/1, 718/2, 719/3, 719/4

THIEMT GmbH, Dortmund 161/3 © Sensoriklabor, THIEMT GmbH (www.thiemt.com/sensoriklabor)

Ullstein Bild, Berlin 263/4 ullstein bild – Werner OTTO, 721/1 © ullstein bild – imagebroker.net/Thomas Frey

Unilever Foodsolution, Heilbronn 498/1, 504/1, 505/1, 505/2, 505/3, 505/4, 505/5, 505/6, 505/7, 514/2, 514/3, 514/4, 514/5, 514/6, 516/1, 516/2, 516/3, 516/4, 723/3, 724/1

Verband Deutscher Sektkellereien, Wiesbaden 320/1, 320/2

Villeroy & Boch, Mettlach 255/3

Vorratsschutz GmbH, Laudenbach 26/1, 26/2, 26/3, 26/4, 26/5, 26/6

Warsteiner Brauerei, Warstein 235/5, 236/1, 236/2, 242/3, 242/5, 242/4, 242/6, 243/2, 243/4, 243/1, 243/3, 244/1, 244/3, 244/2, 244/4, 245/2, 245/4, 245/1, 245/3

Winterhalter, Meckenbeuren 228/1

WMF, Geislingen 122/1, 122/10, 122/2, 122/3, 122/4, 122/5, 122/7, 122/8, 122/9, 122/6, 123/2, 123/3, 224/1, 225/1, 226/1, 226/2, 227/5, 227/6, 227/7, 227/8, 227/9, 228/2, 234/1, 234/2, 234/4, 235/1, 235/2, 250/3 273/3, 277/1, 277/2, 277/3, 587/2

Wolffgang, Thomas 194/2, 194/3, 194/4, 194/5, 195/1, 195/2, 195/3, 195/4, 195/5, 196/1, 196/2, 196/3, 196/4, 196/5, 197/1, 197/3, 198/2, 198/3, 199/2, 199/3, 199/4, 200/1, 200/2, 200/3, 460/1, 463/2, 463/3, 464/1, 464/2, 464/3, 467/1, 467/3, 561/3, 568/2, 568/3, 569/1, 569/2, 569/3, 569/4, 569/5, 634/1, 568/4, 623/3, 623/4, 623/5, 623/6, 629/2

Wpr communication, Hennef 437/1, 437/2, 437/3, 438/1

Zwilling, Solingen 115/3, 115/4, 115/5, 115/6, 115/7, 115/1, 116/10, 116/11, 116/3, 116/4, 116/5, 116/6, 116/7, 116/8, 116/9, 117/1, 117/2, 117/3, 117/4, 117/5, 117/8, 117/9